2025 최신판

JN348635

1위 해커스

주간동아 2024 한국고객만족도 교육
(온·오프라인 취업) 1위

단/기/합/격

해커스공기업 NCS 통합 기본서

모듈형+피듈형+PSAT형

한국전력공사·한국철도공사(코레일)·
국민건강보험공단·IBK기업은행 등
공사 공단 및 금융권 필기 전형 대비

베스트셀러 **1위**

윤종혁 · 김소원 · 김태영 · 복지훈 · 최수지 · 김동민 · 해커스 취업교육연구소 공저

필수과목

1 의사소통능력
2 수리능력
3 문제해결능력
4 자원관리능력

문제풀이 훈련을 돕는
영역별 적중예상문제 수록

특별제공

- 김소원의 수리능력 3초 풀이법 강의
- 실력 점검 테스트 해설강의
- NCS 온라인 모의고사
- 무료 바로 채점 및 성적 분석 서비스

- 가이드북에 없는 NCS 필수 암기 노트 PDF
- 초단기 완성 NCS 6개 영역 모듈 이론 요약 노트 PDF
- 공기업 인성검사&면접 합격 가이드 PDF

해커스잡 | ejob.Hackers.com **본 교재 인강**(할인쿠폰 수록)

교보문고 취업/수험서 베스트셀러 공기업/공사/공무원 분야 1위(2025.01.03. 온라인 주간 베스트 기준)

공기업

합격을 위한 추가 혜택 8종

본 교재 강의 2만원 할인쿠폰

6D3BA504C2A6A000

이용방법 해커스잡 사이트(ejob.Hackers.com) 접속 후 로그인 ▶ 사이트 메인 우측 상단 **[나의 정보]** 클릭 ▶ **[나의 쿠폰 - 쿠폰/수강권 등록]**에 위 쿠폰번호 입력 후 강의 결제 시 사용

* 쿠폰 유효기간: 2026년 12월 31일까지(ID당 1회에 한해 등록 가능)
* 본 교재 인강 외 이벤트 강의 및 프로모션 강의에는 적용 불가, 쿠폰 중복 할인 불가합니다.

김소원의 수리능력 3초 풀이법 강의 수강권

628BA506K3357000

실력 점검 테스트 해설강의 수강권

ABE7A5085F47E000

이용방법 해커스잡 사이트(ejob.Hackers.com) 접속 후 로그인 ▶ 사이트 메인 우측 상단 **[나의 정보]** 클릭 ▶ **[나의 쿠폰 - 쿠폰/수강권 등록]**에 위 쿠폰번호 입력 ▶ **[마이클래스 - 일반강좌]**에서 수강 가능

* 쿠폰 유효기간: 2026년 12월 31일까지(ID당 1회에 한해 등록 가능) * 쿠폰 등록 시점부터 30일간 수강 가능합니다.

NCS 온라인 모의고사 응시권

K367A509K2245000

이용방법 해커스잡 사이트(ejob.Hackers.com) 접속 후 로그인 ▶ 사이트 메인 우측 상단 **[나의 정보]** 클릭 ▶ **[나의 쿠폰 - 쿠폰/수강권 등록]**에 위 쿠폰번호 입력 ▶ **[마이클래스 - 모의고사]**에서 응시 가능

* 쿠폰 유효기간: 2026년 12월 31일까지(ID당 1회에 한해 등록 가능)
* 쿠폰 등록 시점 직후부터 30일 이내 PC에서 응시 가능합니다.

가이드북에 없는 NCS 필수 암기 노트(PDF)

초단기 완성 NCS 6개 영역 모듈 이론 요약 노트(PDF)

공기업 인성검사& 면접 합격 가이드(PDF)

RKA2L3E54MHNR8SH

이용방법 해커스잡 사이트(ejob.Hackers.com) 접속 후 로그인 ▶ 사이트 메인 중앙 **[교재정보 - 교재 무료자료]** 클릭 ▶ 교재 확인 후 이용하길 원하는 무료자료의 **[다운로드]** 버튼 클릭 ▶ 위 쿠폰번호 입력 후 다운로드

* 쿠폰 유효기간: 2026년 12월 31일까지

FREE 무료 바로 채점 및 성적 분석 서비스

이용방법 해커스잡 사이트(ejob.Hackers.com) 접속 후 로그인 ▶ 사이트 메인 상단 **[교재정보 - 교재 채점 서비스]** 클릭 ▶ 교재 확인 후 채점하기 버튼 클릭

* 사용 기간: 2026년 12월 31일까지 사용 가능(ID당 1회에 한해 이용가능)

▲ 바로 이용

* 이 외 쿠폰 관련 문의는 해커스 고객센터(02-537-5000)로 연락 바랍니다.

취업강의 1위, 해커스잡 ejob.Hackers.com

헤럴드 선정 2018 대학생 선호 브랜드 대상 '취업강의' 부문 1위

단/기/합/격

해커스공기업

NCS

통합 기본서

모듈형+피듈형+PSAT형

필수과목

해커스

윤종혁

이력
- (현) 해커스잡 공기업 취업 전문 컨설턴트
- (현) 해커스잡 금융권/공기업 논술 전임강사
- 공공기관 채용정보 박람회 NCS 직업기초능력 초빙강사 (2024, 2023, 2022, 2021, 2019, 2017, 2016, 2015)
- 한국직업방송 투데이잡스 취업 전문 컨설턴트 출연
- 금융권 공동취업박람회 초빙 강사(2024, 2023)
- 전라북도, 경상북도, 강원도 취업박람회 초빙강사
- 한국철도협회, 남부발전, 양천구청 등 지자체/공기업 특강
- 서울대, 이화여대, 고려대, 서강대, 전북대, 전남대 등 40여 개 대학 취업 특강 진행

저서
- 단기 합격 해커스공기업 NCS 통합 기본서(2025)
- 해커스 따라하면 합격하는 공기업 면접 전략(2024)
- 해커스 공기업 논술(2023)
- 해커스공기업 NCS 통합 봉투모의고사 모듈형/피듈형/PSAT형 + 전공 (2022)
- 해커스 쉽게 합격하는 공기업 NCS 자소서(2022)
- 해커스 한 권으로 끝내는 공기업 기출 일반상식(2022)
- 해커스 스펙을 뒤집는 자소서(2019)

김태형

이력
- (현) 해커스잡 NCS 직업기초능력 및 직무상식 전임강사
- (현) 해커스잡 자기소개서/면접 전임강사
- 공공기관 채용정보 박람회 NCS 직업기초능력 초빙강사 (2024, 2023, 2022, 2021, 2019, 2017, 2015)
- 금융권 공동취업박람회 초빙 강사(2023)
- 한국직업방송 투데이잡스 취업 전문 컨설턴트 출연
- 전라북도 지역인재 채용박람회 컨설턴트
- 성균관대, 이화여대, 서강대, 아주대 등 공기업 NCS 강의 진행
- 한양대, 성균관대, 이화여대 외 30여 개 대학 취업 특강 진행

저서
- 단기 합격 해커스공기업 NCS 통합 기본서(2025)
- 해커스 따라하면 합격하는 공기업 면접 전략(2024)
- 해커스공기업 NCS 통합 봉투모의고사 모듈형/피듈형/PSAT형+전공 (2022)
- 해커스 한 권으로 끝내는 공기업 기출 일반상식(2022)
- NCS 핵심요약 직무적성검사+직업기초능력평가(2015)

최수지

이력
- (현) 해커스잡 자소서/NCS 전임강사
- (현) 해커스잡 직무적성/PSAT 언어영역 전임강사
- (현) 해커스편입 논술 전임강사
- 공공기관 채용정보 박람회 NCS 직업기초능력 초빙강사 (2024, 2023, 2022, 2017)
- 성균관대, 한국기술교육대, 이화여대 등 전국 30여 개 대학 취업 특강 진행
- 동구마케팅고등학교, 서울여자상업고등학교 등 고등학교 취업 특강 진행
- 수능 언어 교재 모의고사 문제 출제

저서
- 단기 합격 해커스공기업 NCS 통합 기본서(2025)
- 한달합격 해커스독학사 1단계 국어 최신기출 이론+문제(2024)
- 해커스 민간경력자 PSAT 14개년 기출문제집(2024)
- 해커스 공기업 논술(2023)
- 해커스 KBS 한국어능력시험 최수지 어휘·어법 핵심노트(2022)
- 해커스공기업 NCS 통합 봉투모의고사 모듈형/피듈형/PSAT형+전공 (2022)
- 해커스 한 권으로 끝내는 공기업 기출 일반상식(2022)
- 10일합격 해커스독학사 1단계 국어 빈출핵심정리(2021)

김소원

이력
- (현) 해커스잡 NCS 직업기초능력 및 직무적성능력 전임강사
- 공공기관 채용정보 박람회 NCS 직업기초능력 초빙강사 (2024, 2023, 2022, 2021, 2019, 2017, 2016, 2015)
- 금융권 공동취업박람회 초빙강사(2024, 2023, 2022)
- 충청도, 경상북도, 전라남도 주관 취업박람회 초빙강사
- 국민체육진흥공단, 양천구청 등 지자체/공기업 특강
- 한국직업방송 투데이잡스 취업 전문 컨설턴트 출연
- 성균관대, 이화여대, 경희대, 전북대, 전남대 외 40여 개 대학 및 고등학교 NCS 직업기초능력 특강 진행
- 서울대, 동국대, 성신여대 외 30여 개 대학 직무적성검사 강의 진행

저서
- 단기 합격 해커스공기업 NCS 통합 기본서(2025)
- 해커스 민간경력자 PSAT 14개년 기출문제집(2024)
- 해커스 NCS&인적성 응용수리 500제(2023)
- 해커스공기업 PSAT 기출로 끝내는 NCS 수리·자료해석 집중 공략 (2023)
- 해커스공기업 NCS 통합 봉투모의고사 모듈형/피듈형/PSAT형+전공 (2022)
- 해커스공기업 PSAT 기출로 끝내는 NCS 수리·자료해석 실전서(2021)

복지훈

이력
- (현) 해커스잡 NCS 직업기초능력 및 직무적성능력 전임강사
- 공공기관 채용정보 박람회 NCS 직업기초능력 초빙강사 (2024, 2023, 2022, 2021, 2017)
- 금융권 공동 채용박람회 NCS 직업기초능력 강의 진행 (2024, 2023, 2022)
- 중앙대, 한양대, 전남대 등 다수 대학 PSAT, LEET 강의 진행
- 이화여대, 동국대, 성균관대, 전북대 등 전국 30여 개 대학 직무적성 검사 강의 진행
- 서울대, 카이스트, 성균관대, 서강대 등 전국 30여 개 대학 강의 진행

저서
- 단기 합격 해커스공기업 NCS 통합 기본서(2025)
- 해커스 민간경력자 PSAT 14개년 기출문제집(2024)
- 해커스공기업 PSAT 기출로 끝내는 NCS 문제해결·자원관리 집중 공략 (2023)
- 해커스공기업 NCS 통합 봉투모의고사 모듈형/피듈형/PSAT형+전공 (2022)

김동민

이력
- (현) 해커스잡 NCS 직업기초능력 및 직무적성능력 전임강사
- (현) 해커스잡 반도체 전공 전임강사
- 공공기관 채용정보 박람회 초빙강사(2024, 2023, 2022)
- 금융권 공동 채용박람회 NCS 직업기초능력 강의 진행(2024, 2023)
- 전라북도 지역인재 채용박람회 컨설턴트
- 경희대, 한국외대, 중앙대, 인천대, 성균관대 등 30여 개 대학 취업 특강 진행

저서
- 단기 합격 해커스공기업 NCS 통합 기본서(2025)
- 해커스 NCS&인적성 응용수리 500제(2023)
- 해커스공기업 PSAT 기출로 끝내는 NCS 문제해결·자원관리 집중 공략 (2023)
- 해커스공기업 NCS 통합 봉투모의고사 모듈형/피듈형/PSAT형+전공 (2022)
- 해커스 한 권으로 끝내는 공기업 기출 일반상식(2022)

서문

NCS 채용 어떻게 준비해야 하나요?

NCS 채용 대비에 어려움을 겪는 여러분의 마음을 알기에,
『단기 합격 해커스공기업 NCS 통합 기본서』를 펴내며 많은 고민을 할 수밖에 없었습니다.

NCS 채용이 무엇인지 이해하고 철저히 대비할 수 있도록,
한국산업인력공단 직업기초능력 가이드북과 문제 풀이에 필요한 이론을 확실히 정리하고 문제 풀이 감각을 극대화할 수 있도록,
인성검사, 면접까지 확실히 준비할 수 있도록,

해커스는 수많은 고민을 거듭한 끝에
『단기 합격 해커스공기업 NCS 통합 기본서』를 출간하게 되었습니다.

『단기 합격 해커스공기업 NCS 통합 기본서』는

01 [1권 필수과목편], [2권 전략과목편], [3권 모의고사편], [4권 정답해설편]으로 분권하여 필요한 부분만 휴대하며 편리하게 학습할 수 있습니다.

02 NCS 직업기초능력평가 최신 출제 경향을 반영하여 최신 문제 유형에 철저히 대비할 수 있습니다.

03 실전모의고사 4회분을 수록하여 실전 감각을 극대화할 수 있습니다.

04 시험 직전까지 이론을 정리할 수 있는 NCS 필수 암기 노트(PDF)와 NCS 6개 영역 모듈 이론 요약 노트(PDF), 실전 연습이 가능한 공기업 인성검사&면접 합격 가이드(PDF)를 무료로 제공합니다.

이 책을 통해 NCS 채용에 대비하는 수험생 모두 합격의 기쁨을 누리시기를 바랍니다.

윤종혁, 김소원, 김태형, 복지훈, 최수지, 김동민, 해커스 취업교육연구소

목차

1권 필수과목편

교재 학습법 6
NCS 채용 가이드 10
NCS 합격 가이드 18
실력 점검 테스트&학습 가이드 22
맞춤 학습 플랜 34

1. 의사소통능력
핵심이론정리 38
대표기출유형 74
적중예상문제 82
고난도 PSAT형 문제 128

2. 수리능력
핵심이론정리 136
대표기출유형 152
적중예상문제 158
고난도 PSAT형 문제 180

3. 문제해결능력
핵심이론정리 196
대표기출유형 210
적중예상문제 218
고난도 PSAT형 문제 240

4. 자원관리능력
핵심이론정리 258
대표기출유형 268
적중예상문제 278
고난도 PSAT형 문제 314

2권 전략과목편

5. 자기개발능력
핵심이론정리 6
대표기출유형 20
적중예상문제 26

6. 대인관계능력
핵심이론정리 40
대표기출유형 60
적중예상문제 66

7. 정보능력
핵심이론정리 82
대표기출유형 100
적중예상문제 106

8. 기술능력
핵심이론정리 142
대표기출유형 156
적중예상문제 164

9. 조직이해능력
핵심이론정리 182
대표기출유형 204
적중예상문제 212

10. 직업윤리
핵심이론정리 246
대표기출유형 258
적중예상문제 262

3권 모의고사편

실전모의고사 1회 의·수·문·자 통합형 6
실전모의고사 2회 의·수·문·자 통합형 44
실전모의고사 3회 전 영역 통합형 84
실전모의고사 4회 전 영역 통합형 128

4권 정답해설편

1권 필수과목편
실력 점검 테스트 4
1. 의사소통능력 8
2. 수리능력 17
3. 문제해결능력 28
4. 자원관리능력 45

2권 전략과목편
5. 자기개발능력 60
6. 대인관계능력 65
7. 정보능력 73
8. 기술능력 84
9. 조직이해능력 90
10. 직업윤리 104

3권 모의고사편
실전모의고사 1회 의·수·문·자 통합형 110
실전모의고사 2회 의·수·문·자 통합형 120
실전모의고사 3회 전 영역 통합형 130
실전모의고사 4회 전 영역 통합형 143

PDF

가이드북에 없는 NCS 필수 암기 노트
초단기 완성 NCS 6개 영역 모듈 이론 요약 노트
공기업 인성검사&면접 합격 가이드

모든 PDF 자료는 해커스잡 사이트(ejob.Hackers.com)에서 무료로 다운받으실 수 있습니다.

교재 학습법

1 1권 필수과목편, 2권 전략과목편, 3권 모의고사편, 4권 정답해설편의 분권 구성으로 편리하게 학습한다.

1권 필수과목편&2권 전략과목편 & 3권 모의고사편&4권 정답해설편

대부분의 기업에서 출제하는 과목인 의사소통능력, 수리능력, 문제해결능력, 자원관리능력을 [1권 필수과목편]으로, 기업에 따라 출제 여부가 다른 과목인 자기개발능력, 대인관계능력, 정보능력, 기술능력, 조직이해능력, 직업윤리를 [2권 전략과목편]으로, 4회분의 실전모의고사를 [3권 모의고사편]으로, 정답과 해설을 [4권 정답해설편]으로 분권하여 필요한 부분만 휴대하며 편리하게 학습한다.

2 실력 점검 테스트와 맞춤 학습 플랜으로 전략적으로 학습한다.

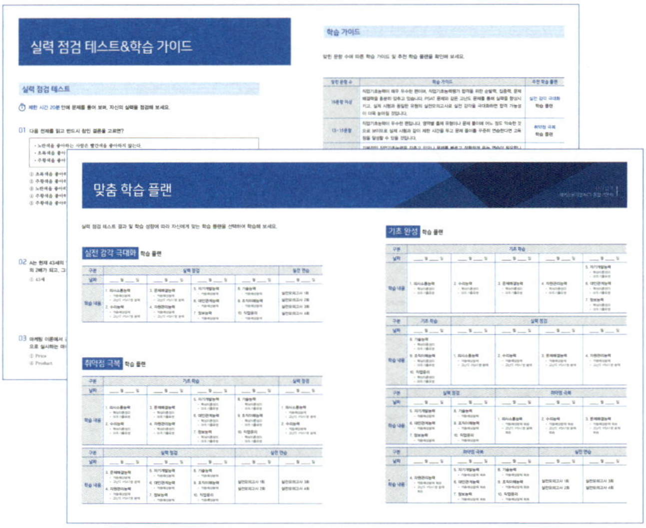

실력 점검 테스트&학습 가이드

학습 전 실력 점검 테스트를 풀어보며 실력을 파악하고, 학습 가이드를 통해 실력에 맞는 학습 방법을 확인한다.

맞춤 학습 플랜

학습 가이드 확인 후 실력에 따라 '실전 감각 극대화 학습 플랜', '취약점 극복 학습 플랜', '기초 완성 학습 플랜' 중 한 가지를 선택하여 전략적으로 학습한다.

3 핵심이론정리로 자주 출제되는 이론을 효율적으로 학습한다.

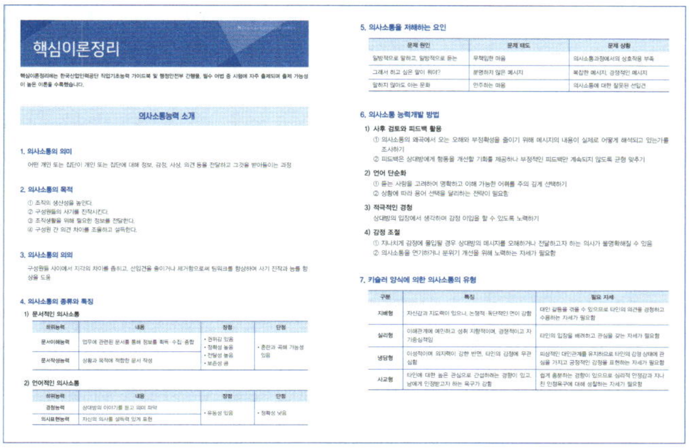

핵심이론정리

한국산업인력공단 직업기초능력 가이드북 및 행정안전부 간행물 중 시험에 자주 출제되며 출제 가능성이 높은 이론을 정리하여 단기간에 핵심만 학습한다.

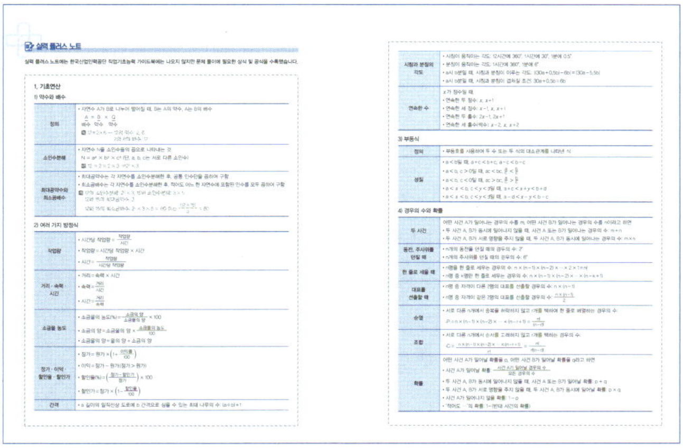

실력 플러스 노트

한국산업인력공단 직업기초능력 가이드북에는 나오지 않지만 문제 풀이에 필요한 의사소통능력, 수리능력, 문제해결능력, 자기개발능력, 정보능력, 조직이해능력 상식 및 공식을 추가로 학습한다.

4 대표기출유형과 적중예상문제, 고난도 PSAT형 문제로 체계적으로 학습한다.

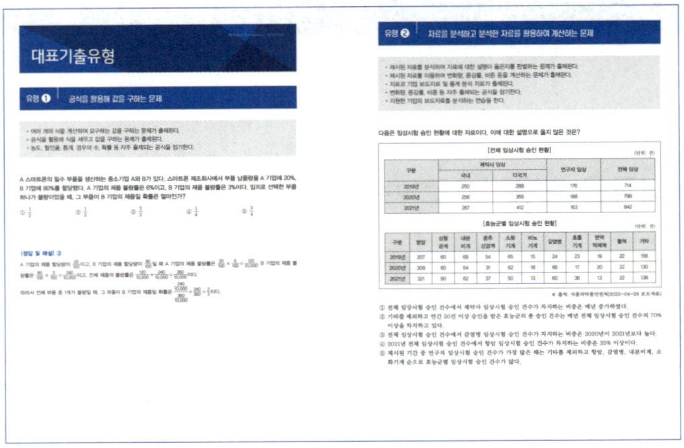

대표기출유형

자주 출제되는 대표기출유형을 파악하고 유형별 특징과 대응 전략을 익힌다.

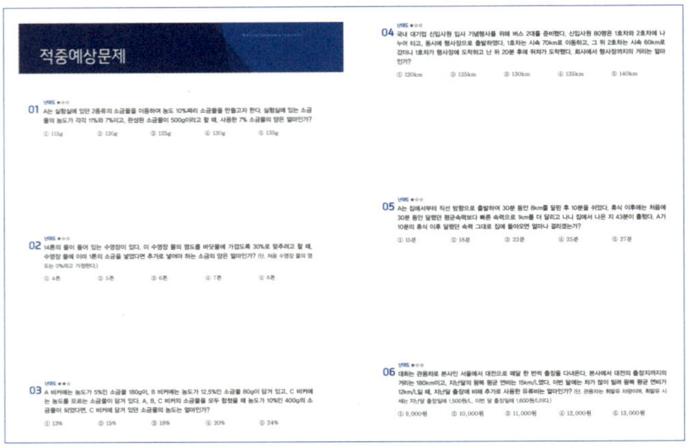

적중예상문제

출제 가능성이 높은 문제를 풀어보며 유형별 대응 전략을 문제에 적용하는 연습을 한다.

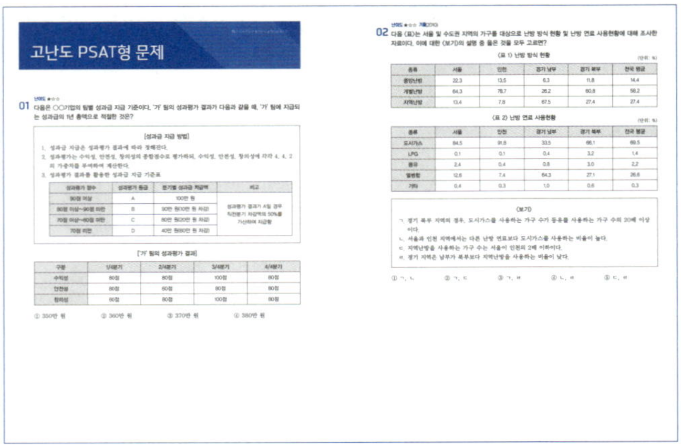

고난도 PSAT형 문제

의사소통능력, 수리능력, 문제해결능력, 자원관리능력 PSAT형 문제를 풀어보며 고난도 시험까지 철저하게 대비한다.

5 실전모의고사로 실전 감각을 극대화한다.

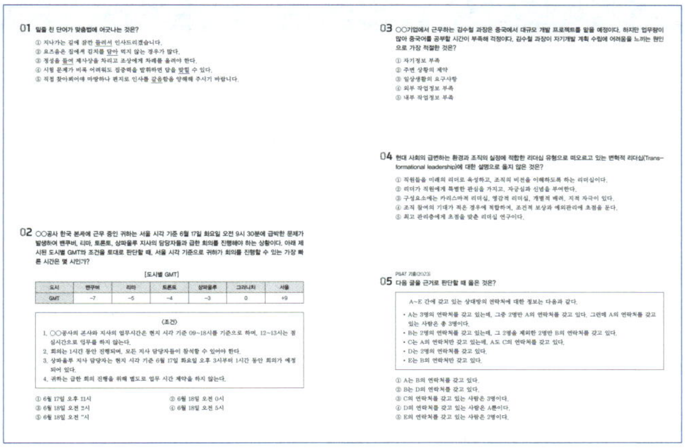

실전모의고사

출제 경향을 반영한 실전모의고사 4회분을 제한 시간 내에 풀고, 답안지 작성까지 해보며 시험 전 실전 감각을 극대화할 수 있다. 실전모의고사 풀이 후 하단에 수록된 '바로 채점 및 성적 분석 서비스' QR코드를 스캔하여 응시 인원 대비 본인의 성적 위치를 확인할 수 있다.

6 PDF 자료집으로 최종 마무리한다.

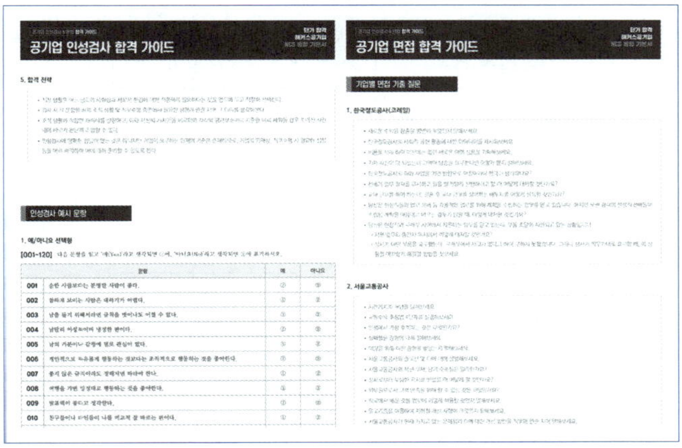

온라인 제공 PDF 자료집

무료로 제공하는 가이드북에 없는 NCS 필수 암기 노트, 초단기 완성 NCS 6개 영역 모듈 이론 요약 노트, 공기업 인성검사&면접 합격 가이드 PDF 자료집을 통해 NCS 이론을 최종 점검하고 인성검사와 면접까지 대비한다.

NCS 채용 가이드

국가직무능력표준(NCS)이란?

1. 국가직무능력표준(NCS)의 개념

국가직무능력표준은 산업현장의 직무를 수행하기 위해 요구되는 지식·기술·태도 등의 내용을 국가가 산업부문별·수준별로 체계화한 것으로, 현장의 '직무 요구서'를 의미한다.

2. 국가직무능력표준(NCS)의 특성

- 한 사람의 근로자가 해당 직업 내에서 소관 업무를 성공적으로 수행하기 위하여 요구되는 실제적인 수행능력을 의미한다.
- 해당 직무를 수행하기 위한 모든 종류의 수행능력을 포괄하여 제시한다.
- 모듈(Module) 형태로 구성된다.
- 산업계 단체가 주도적으로 참여하여 개발한다.

3. 국가직무능력표준(NCS)의 구성

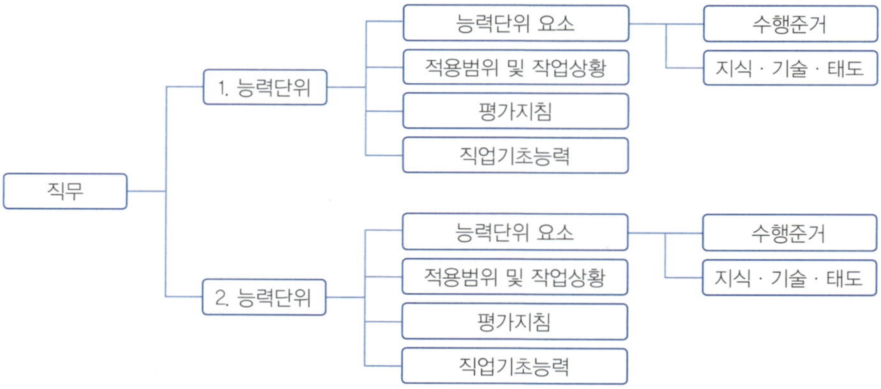

4. 국가직무능력표준(NCS)의 분류

한국고용직업분류(KECO) 등을 참고하여 분류하였으며, '대분류(24개) → 중분류(81개) → 소분류(273개) → 세분류(1,093개)'의 순으로 구성된다.

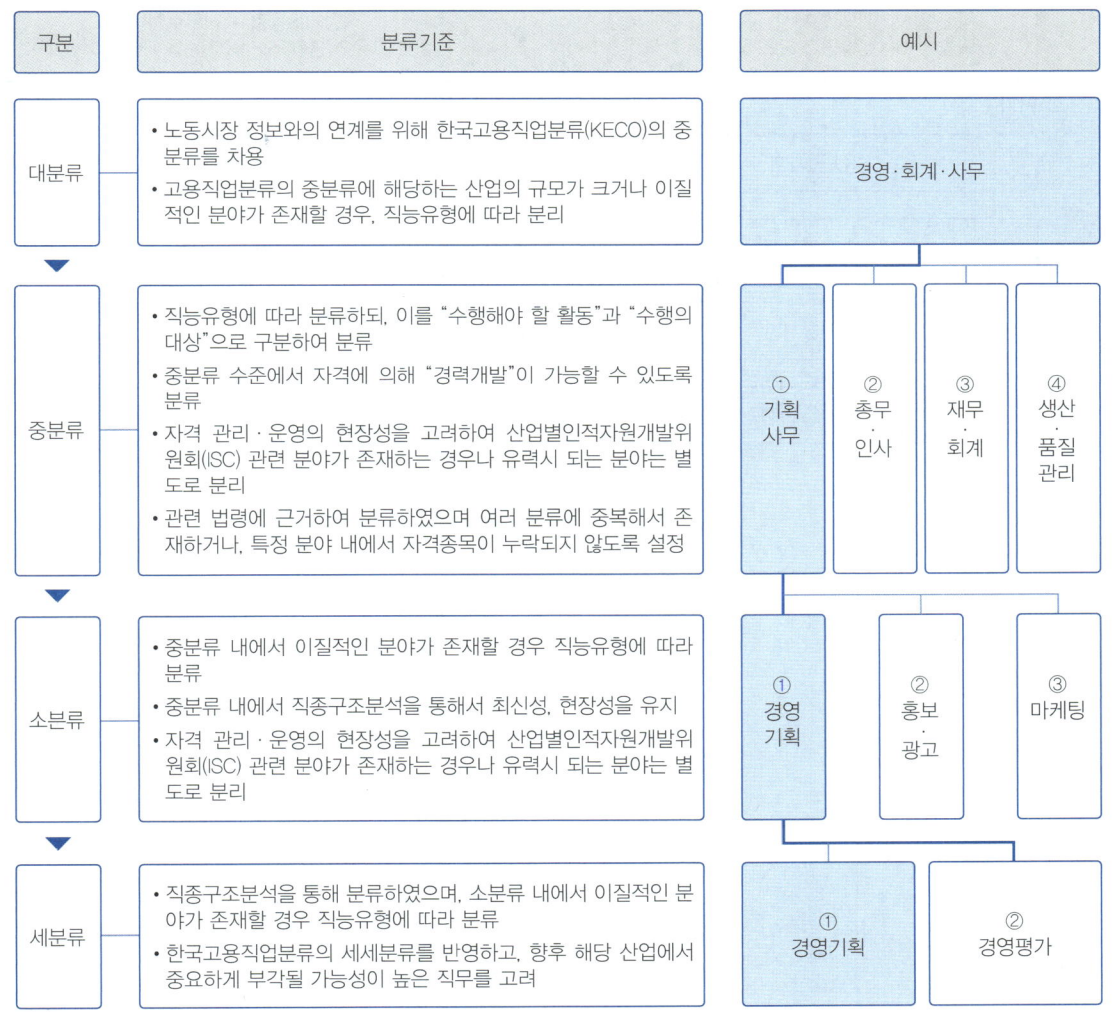

구분	분류기준	예시
대분류	• 노동시장 정보와의 연계를 위해 한국고용직업분류(KECO)의 중분류를 차용 • 고용직업분류의 중분류에 해당하는 산업의 규모가 크거나 이질적인 분야가 존재할 경우, 직능유형에 따라 분리	경영·회계·사무
중분류	• 직능유형에 따라 분류하되, 이를 "수행해야 할 활동"과 "수행의 대상"으로 구분하여 분류 • 중분류 수준에서 자격에 의해 "경력개발"이 가능할 수 있도록 분류 • 자격 관리·운영의 현장성을 고려하여 산업별인적자원개발위원회(ISC) 관련 분야가 존재하는 경우나 유력시 되는 분야는 별도로 분리 • 관련 법령에 근거하여 분류하였으며 여러 분류에 중복해서 존재하거나, 특정 분야 내에서 자격종목이 누락되지 않도록 설정	① 기획사무 ② 총무·인사 ③ 재무·회계 ④ 생산·품질관리
소분류	• 중분류 내에서 이질적인 분야가 존재할 경우 직능유형에 따라 분류 • 중분류 내에서 직종구조분석을 통해서 최신성, 현장성을 유지 • 자격 관리·운영의 현장성을 고려하여 산업별인적자원개발위원회(ISC) 관련 분야가 존재하는 경우나 유력시 되는 분야는 별도로 분리	① 경영기획 ② 홍보·광고 ③ 마케팅
세분류	• 직종구조분석을 통해 분류하였으며, 소분류 내에서 이질적인 분야가 존재할 경우 직능유형에 따라 분류 • 한국고용직업분류의 세세분류를 반영하고, 향후 해당 산업에서 중요하게 부각될 가능성이 높은 직무를 고려	① 경영기획 ② 경영평가

NCS 능력중심채용은?

1. NCS 기반 능력중심채용의 개념

불필요한 스펙이 아니라 해당 직무에 맞는 스펙(On-Spec)을 갖춘 인재를 NCS 기반의 평가도구를 활용하여 선발하는 채용방식을 의미한다.

2. 기존 채용과의 차이점

① 평가요소

기존 채용		NCS 능력중심채용
각 기업 · 기관의 인재상, 공유가치 등에서 도출한 채용선발평가 요소 및 기준을 적용	▶	**직업기초능력 + 직무수행능력** (회사 고유의 평가요소 및 기준을 매칭하여 적용)

② 평가도구

기존 채용		NCS 능력중심채용
일반 입사지원서	▶	능력중심 입사지원서
일반 직무적성 검사	▶	직업기초능력평가
전공시험	▶	직무수행능력평가
역량면접/인성면접	▶	직업기초능력 면접/직무수행능력 면접

채용 준비 단계

1. 채용공고문 확인

채용공고문은 직무별 평가요소를 구체화하고, 그 요건을 명확히 제시하여 지원자들에게 자신이 지원하는 분야에서 수행해야 할 직무 내용을 사전에 안내해 주는 역할을 한다. 지원자는 채용공고문을 통해 지원 직무와 자신과의 적합성, 자격 여부 등을 확인할 수 있다.

채용공고문에 직무에 대한 상세한 소개가 없다면, 국가직무능력표준 사이트(www.ncs.go.kr)에 접속하여 'NCS및 학습모듈검색 → 분야별검색 → 중/소/세분류 선택' 순으로 검색해 직무수행에 필요한 능력단위를 미리 파악하도록 한다.

<table>
<tr><th>채용분야</th><td colspan="12">사무직 신입사원</td></tr>
<tr><th rowspan="4">분류체계</th><th colspan="3">대분류</th><th colspan="3">중분류</th><th colspan="3">소분류</th><th colspan="3">세분류</th></tr>
<tr><td colspan="3" rowspan="3">02. 경영 · 회계 · 사무</td><td colspan="3">01. 기획사무</td><td colspan="3">01. 경영기획</td><td colspan="3">01. 경영기획</td></tr>
<tr><td colspan="3" rowspan="2">02. 총무 · 인사</td><td colspan="3">01. 총무</td><td colspan="3">01. 총무</td></tr>
<tr><td colspan="3">03. 일반사무</td><td colspan="3">02. 사무행정</td></tr>
<tr><th>주요사업</th><td colspan="12">글로벌 비즈니스 지원으로 국민 행복과 인류 사회 번영에 기여</td></tr>
<tr><th>능력단위</th><td colspan="12">• (경영기획) 01. 사업환경 분석, 03. 경영 계획 수립, 04. 신규사업 기획, 06. 예산 관리
• (총무) 01. 사업계획수립, 07. 업무지원, 08. 총무문서관리
• (사무행정) 01. 문서 작성, 02. 문서 관리, 05. 사무행정 업무관리</td></tr>
<tr><th>직무수행 내용</th><td colspan="12">• (경영기획) 경영목표를 효과적으로 달성하기 위한 전략을 수립하고 최적의 자원을 효율적으로 배분하도록 경영진의 의사결정을 체계적으로 지원하는 직무
• (총무) 조직의 경영목표를 달성하기 위하여 자산의 효율적인 관리, 임직원에 대한 원활한 업무지원 및 복지지원, 대 · 내외적인 회사의 품격 유지를 위한 제반 업무를 수행하는 직무
• (사무행정) 조직이나 부서 구성원들이 본연의 업무를 원활하게 수행할 수 있도록 조직 내부와 외부에서 요청하거나 필요로 하는 업무를 지원하고 관리하는 직무</td></tr>
<tr><th>전형방법</th><td colspan="12">채용공고 및 원서 접수 → NCS 기반 서류전형 → NCS 기반 필기전형 → NCS 기반 면접전형 → 최종합격자 발표 → 신체검사, 신원조사 → 최종 임용</td></tr>
<tr><th rowspan="2">일반요건</th><th colspan="2">연령</th><td colspan="2">제한없음</td><th colspan="2" rowspan="2">교육요건</th><th colspan="2">학력</th><td colspan="2">제한없음</td></tr>
<tr><th colspan="2">성별</th><td colspan="2">제한없음</td><th colspan="2">전공</th><td colspan="2">제한없음</td></tr>
<tr><th>필요지식</th><td colspan="12">• (경영기획) 거시환경 분석 단계별 프로세스, 경쟁자에 대한 정의, 고객 · 소비자에 대한 정의 등
• (총무) 관리회계, 기업재무회계, 문서작성 기법 등
• (사무행정) 매체의 특성, 문서 유형의 특성, 문서 작성 규칙 등</td></tr>
<tr><th>필요기술</th><td colspan="12">• (경영기획) 경영환경 분석능력, 경쟁자 분류 기술, 고객 · 소비자 분류 기술 등
• (총무) 분석 기법 활용 능력, 예산 전산시스템 활용 기술, 우선순위 설정 기법 등
• (사무행정) 매체 선정 능력, 매체 활용 능력, 명확하게 표현할 수 있는 디자인 능력 등</td></tr>
<tr><th>직무수행 태도</th><td colspan="12">• (경영기획) 고객 · 소비자 특성을 정확히 파악하려는 자세, 내부역량을 객관적으로 분석하려는 자세, 목표중심적 사고 등
• (총무) 논리적 사고력, 분석적 사고력, 분석적 접근 등
• (사무행정) 꼼꼼함, 문서 보고 일정 계획을 준수하려는 노력, 문서 작성 계획을 위한 성실한 태도 등</td></tr>
<tr><th>필요자격</th><td colspan="12">제한없음</td></tr>
<tr><th>직업기초능력</th><td colspan="12">의사소통능력, 조직이해능력, 수리능력, 문제해결능력, 자기개발능력, 자원관리능력, 정보능력, 대인관계능력, 기술능력, 직업윤리</td></tr>
<tr><th>참고사이트</th><td colspan="12">www.ncs.go.kr</td></tr>
</table>

2. 서류전형

① 입사지원서 작성

입사지원서는 해당 직무를 성공적으로 수행할 수 있는 가능성이 큰 지원자를 선별하기 위한 것이다. 주로 해당 기업과 기관에서 모집하는 분야의 직무수행에 필요한 교육, 경력, 경험, 성과, 자격 등을 기재할 수 있도록 구성되어 있다. 입사지원서를 작성할 때는 채용공고문 확인 단계에서 파악한 능력단위에 맞는 교육 내용, 경험 및 경력이 강조되도록 작성한다.

1. 인적사항
* 인적사항은 필수 항목이므로 반드시 모든 항목을 기입해 주십시오.

지원구분	신입[ ] / 경력[ ]	지원분야		접수번호	(자동 부여)
성명	(한글)		생년월일		
주소					
연락처	(휴대폰)		e-mail		
	(비상연락처)				

2. 교육사항

학교교육
* 학교교육은 제도화된 학교 내에서 이루어지는 교육과정을 의미합니다.
아래 지시에 따라 해당되는 내용을 기입해 주십시오.

• 귀하는 [경영/경제] 관련 학교교육과목을 이수한 경험이 있습니까?	예[ ]	아니오[ ]
• 귀하는 [통계] 관련 학교교육과목을 이수한 경험이 있습니까?	예[ ]	아니오[ ]
• 귀하는 [회계] 관련 학교교육과목을 이수한 경험이 있습니까?	예[ ]	아니오[ ]

'예'라고 응답한 항목에 해당하는 내용을 아래에 기입해 주십시오.

과목명	주요내용

학교교육 외 교육
* 학교 외의 기관에서의 실업교육, 기능교육, 직업훈련 등의 교육과정을 의미합니다.
아래 지시에 따라 해당되는 내용을 기입해 주십시오.

• 귀하는 [경영/경제] 관련 학교교육과정 이외의 교육을 이수한 경험이 있습니까?	예[ ]	아니오[ ]
• 귀하는 [통계] 관련 학교교육과정 이외의 교육을 이수한 경험이 있습니까?	예[ ]	아니오[ ]
• 귀하는 [회계] 관련 학교교육과정 이외의 교육을 이수한 경험이 있습니까?	예[ ]	아니오[ ]

'예'라고 응답한 항목에 해당하는 내용을 아래 기입해 주십시오.

교육과정명	주요내용	기관명	교육기간

3. 직무능력관련 자격사항
* 자격은 직무와 관련된 자격을 의미합니다.
코드를 확인하여 해당 자격증을 정확히 기입해 주십시오.

코드	구분	자격증명
A	국가기술자격	(직무 관련 자격 제시)
B	개별법에 의한 전문자격	(직무 관련 자격 제시)
C	국가공인 민간자격	(직무 관련 자격 제시)
D	기타자격	(직무 관련 자격 제시)

위의 자격 목록에 제시된 자격 중 보유하고 있는 자격을 아래에 기입해 주십시오.

코드	발급기관	취득일자	코드	발급기관	취득일자

그 외, 직무 혹은 직무관련 지식에 대한 자격은 아래에 기입해 주십시오.

자격명	발급기관	취득일자	자격명	발급기관	취득일자

4. 경력사항
* 경력은 금전적 보수를 받고 일정기간 동안 일했던 이력을 의미합니다.
아래 지시에 따라 해당되는 내용을 기입해 주십시오.

• 귀하는 기업조직에 소속되어 [경영/경제] 관련 업무를 수행한 경험이 있습니까?	예[ ]	아니오[ ]
• 귀하는 기업조직에 소속되어 [통계] 관련 업무를 수행한 경험이 있습니까?	예[ ]	아니오[ ]
• 귀하는 기업조직에 소속되어 [회계] 관련 업무를 수행한 경험이 있습니까?	예[ ]	아니오[ ]

'예'라고 응답한 항목에 해당하는 내용을 아래 기입해 주십시오.

근무기간	기관명	직위/역할	담당업무

그 외, 경력 사항은 아래에 기입해 주십시오.

근무기간	기관명	직위/역할	담당업무

* 자세한 경력 사항은 경력기술서에 작성해 주시기 바랍니다.

5. 직무 관련 기타 활동
* 직무 관련 기타 활동은 직업 외적인(금전적 보수를 받지 않고 수행한) 활동을 의미하며, 산학, 팀 프로젝트, 연구회, 동아리/동호회, 온라인 커뮤니티, 재능기부 등이 포함될 수 있습니다.
아래 지시에 따라 해당되는 내용을 기입해 주십시오.

• 귀하는 [경영/경제] 관련 활동을 수행한 경험이 있습니까?	예[ ]	아니오[ ]
• 귀하는 [통계] 관련 활동을 수행한 경험이 있습니까?	예[ ]	아니오[ ]
• 귀하는 [회계] 관련 활동을 수행한 경험이 있습니까?	예[ ]	아니오[ ]

'예'라고 응답한 항목에 해당하는 내용을 아래 기입해 주십시오.

활동기간	조직명	역할	활동업무

* 자세한 직무관련 기타 활동 사항은 경험기술서 및 자기소개서에 작성해 주시기 바랍니다.

위 사항은 사실과 다름이 없음을 확인합니다.

지원날짜:
지원자: (인)

② 직무능력소개서 작성

직무능력소개서는 입사지원서에서 작성한 경험 및 경력사항에 대해서 보다 자세히 기술하는 것으로, 크게 경험기술서와 경력기술서로 나뉜다. 대부분 당시에 맡았던 역할 및 주요 업무, 성과에 대해 자세히 작성하도록 되어 있으며, 작성한 내용은 입사지원서에 작성한 경험 및 경력에 대한 사실 여부 판단, 면접 시 지원자에 대한 이해자료로 활용된다.

직무능력소개서는 직무를 수행함에 있어서 필요한 역량을 발휘한 경험이나, 역량을 발전시킬 수 있었던 사례 위주로 작성한다.

경험기술서
• 입사지원서에 작성한 직무 관련 기타 활동에 대해 상세히 작성해 주시기 바랍니다. • 본인이 수행한 활동 내용, 소속 조직이나 활동에서의 역할, 그 결과에 대해 구체적으로 작성해 주시기 바랍니다.

경력기술서
• 입사지원서에 작성한 경력사항에 대해 상세히 작성해 주시기 바랍니다. • 본인의 직무영역, 활동/경험/수행 내용, 본인의 역할 및 구체적인 행동, 주요 성과에 대해 구체적이고 자세하게 작성해 주시기 바랍니다.

③ 자기소개서 작성

NCS 기반 자기소개서의 가장 큰 특징은 해당 지원자의 지원 동기(조직·직무) 및 조직적합성(핵심가치·인재상), 직업기초능력을 평가하기 위한 질문 문항으로 구성된다는 점이다. 지원자가 작성한 자기소개서는 해당 기업·기관의 기준에 따라 평가되며, 경험기술서 또는 경력기술서와 함께 면접에서 지원자에 대한 이해자료로 활용된다.

자기소개서는 시간의 흐름에 따른 나열 방식은 지양하고, 자신의 지원 동기와 조직 적응력 등을 직접적으로 드러낼 수 있는 내용을 선별하여 간결하게 작성하도록 한다.

[자기개발능력]	지원분야와 관련된 자신의 전문성을 향상시키기 위해 어떠한 노력을 했는지 최근의 사례를 중심으로 구체적으로 서술해 주십시오.

[문제해결능력]	예상치 못했던 문제로 인해 계획대로 일이 진행되지 않았을 때, 책임감을 가지고 적극적으로 끝까지 업무를 수행해내어 성공적으로 마무리했던 경험이 있으면 구체적으로 서술해 주십시오.

[대인관계능력]	자신이 활동했던 조직이나 단체에서 다른 사람과 갈등 상황이 생겼을 때 그 문제를 효과적으로 해결했던 경험이 있으면 상황, 행동, 결과를 중심으로 구체적으로 서술해 주십시오.

[직 업 윤 리]	최근에 겪었던 윤리적인 딜레마에 대하여 딜레마의 내용과 본인의 대응, 결과를 중심으로 구체적으로 서술해 주십시오.

[조직이해능력]	조직에 속했던 경험 가운데, 개인의 관점이 아닌 조직의 발전전략을 고민하고 효율적으로 이 전략을 실행에 옮겼던 경험이 있으면 구체적으로 서술해 주십시오.

[문제해결능력]	기존 방식이나 현상에 대해 문제의식을 갖고 전략적으로 해결한 경험이 있으면 구체적으로 서술해 주십시오.

[의사소통능력]	자신의 생각이나 의견을 상대방에게 성공적으로 설득했던 경험을 상황, 행동, 결과 중심으로 구체적으로 서술해 주십시오.

[자원관리능력]	제한된 자원(예: 시간, 비용, 인력 등)에도 불구하고 목표를 달성했던 경험을 상황, 행동, 결과 중심으로 구체적으로 서술해 주십시오.

3. 필기전형

① 직업기초능력평가

대부분의 산업분야에서 공통적으로 사용되는 능력인 직업기초능력을 필기시험 형태로 평가하는 단계이다. 기업에 따라 문항 수와 시험시간, 출제 과목, 문제 유형(모듈형/PSAT형/피듈형), 난이도 등이 상이하므로 지원 기업의 최근 출제 경향을 파악하면 보다 효율적인 준비가 가능하다.

※ 모듈형은 NCS 학습 모듈을 기반으로 한 문제로, 모듈형을 출제하는 기업은 한국산업인력공단 직업기초능력 가이드북 이론을 학습하여 대비할 수 있다. 반면, PSAT형은 PSAT(공직적격성검사)과 유사한 문제로, 복잡하고 생소한 자료가 제시되어 난도가 높기 때문에 PSAT 기출 문제를 풀어보며 자료 이해 및 분석능력을 키우는 방식으로 대비할 수 있다.

② 직무수행능력평가

직무를 수행함에 있어서 필요한 전반적인 능력을 필기시험 형태로 평가하는 단계로, 대부분 직업기초능력평가와 함께 진행된다. 채용공고 및 직무수행능력평가 항목을 확인하고, 해당하는 영역에서 개론 수준의 지식을 갖추도록 해야 한다.

4. 직업기초능력/직무수행능력 면접

앞선 채용 단계 및 도구로는 파악하지 못하는 지원자의 역량을 파악하기 위한 채용의 최종 단계이다. 스터디, 시뮬레이션 등을 통해 대응 방식을 미리 터득해야 한다. 특히 NCS 기반의 면접전형은 시작 질문을 중심으로 점차 심화·구조화하는 경향이 있으므로 구조화 면접의 방향성을 미리 파악하도록 한다.

NCS 합격 가이드

직업기초능력평가 소개

1. 직업기초능력 정의

효과적인 직무수행을 위해 대부분의 산업 분야에서 공통적으로 필요한 능력으로, 다음과 같이 10개 영역 및 34개 하위능력으로 구분된다.

구분	하위능력
의사소통능력	문서이해능력, 문서작성능력, 경청능력, 의사표현능력, 기초외국어능력
수리능력	기초연산능력, 기초통계능력, 도표분석능력, 도표작성능력
문제해결능력	사고력, 문제처리능력
자기개발능력	자아인식능력, 자기관리능력, 경력개발능력
자원관리능력	시간관리능력, 예산관리능력, 물적자원관리능력, 인적자원관리능력
대인관계능력	팀워크능력, 리더십능력, 갈등관리능력, 협상능력, 고객서비스능력
정보능력	컴퓨터활용능력, 정보처리능력
기술능력	기술이해능력, 기술선택능력, 기술적용능력
조직이해능력	국제감각, 조직체제이해능력, 경영이해능력, 업무이해능력
직업윤리	근로윤리, 공동체윤리

2. 직업기초능력평가 정의

직업기초능력을 보유하고 있는지 객관적으로 측정하는 평가 방법이다. 직업 상황, 직업기초능력, 행동 중심의 세 가지 기준이 모두 포함되는데, 이는 응시자의 직업기초능력 관련 지식만을 단순히 평가하는 것에서 더 나아가 직무 관련 특정 상황에서 직업기초능력 관련 지식을 응용하여 구체적으로 어떻게 행동할 수 있는지를 확인하기 위한 것이다.

직업 상황	실제 산업현장에서 직무를 수행하면서 일어날 수 있는 상황이 문항의 배경으로 제시된다.
직업기초능력	기존 인·적성 검사가 단순한 지적능력을 평가한 것과 달리, 실제 직무를 수행할 때 필요한 기초능력, 즉 10개 영역에 대한 능력을 평가한다.
행동 중심	특정한 직무를 수행하고 있는 사람이 직업기초능력에 대한 지식을 토대로 할 수 있는 구체적인 행동을 찾도록 한다.

3. 직업기초능력평가 출제 유형

① 출제 유형

- 모듈형: 한국산업인력공단 NCS 학습모듈을 기반으로 한 문제가 출제되는 시험
- PSAT형: 공직적격성평가(PSAT)와 유사한 형태의 문제가 출제되는 시험
- 피듈형: 모듈형 문제와 PSAT형 문제가 모두 출제되는 시험

② 기업별 출제 유형

분야	구분	모듈형	PSAT형	피듈형
에너지	한국전력공사		○	
	한국수력원자력		○	
	한국수자원공사			○
	한전KDN	○		
	한전KPS			○
	한국전력기술			○
	한국남부발전			○
	한국중부발전			○
	한국동서발전			○
	한국가스공사			○
SOC	한국철도공사		○	
	인천국제공항공사		○	
	한국토지주택공사		○	
	한국도로공사		○	
	도로교통공단			○
	한국공항공사			○
	한국국토정보공사			○
	부산시설공단	○		
	서울주택도시공사			○
보건	국민건강보험공단		○	
	근로복지공단		○	
	국민연금공단			○
	건강보험심사평가원			○
	한국산업인력공단		○	
	국민체육진흥공단			○
	한국보훈복지의료공단			○
금융	IBK기업은행			○
	KDB산업은행			○
	한국수출입은행		○	
	신용보증기금			○
	한국자산관리공사			○
	한국주택금융공사			○
농림	한국농어촌공사		○	
	한국마사회		○	

※ 2023~2024년 시행된 가장 최근 시험 기준이며, 기업별 상황에 따라 출제 유형이 달라질 수 있음

4. 직업기초능력평가 기업별 출제 영역

분야	구분	의사소통	수리	문제해결	자원관리	자기개발	대인관계	정보	기술	조직이해	직업윤리
에너지	한국전력공사	○	○	○	△			△	△		
	한국수력원자력	○	○	○	○			△	△	△	
	한국수자원공사	○	○	○	○						
	한전KDN	○	○	○	△	△	△	△	△	△	△
	한전KPS	○	○	○	○			△	△		
	한국전력기술	○	○	○	○			○	○	○	
	한국남부발전	○	○	○	○		○	△	△	○	○
	한국중부발전	○	△	△	△	△	△	△	△	△	△
	한국동서발전	○	○	○	○						
	한국가스공사	○	○	○	△			△	△		
SOC	한국철도공사	○	○	○							
	인천국제공항공사	○	○	○	○			○	△	△	
	한국토지주택공사	○	○	○							
	한국도로공사	○	△	○	△			○	△	△	
	도로교통공단	○	○	○				○			
	한국공항공사	○	○	○	△			○	△		
	한국국토정보공사	△	△	○	△			△	△	△	
	부산시설공단	○	○	○	○					○	
	서울주택도시공사	○	○	○			○			○	○
보건	국민건강보험공단	○	○	○							
	근로복지공단	○	○	○	○						
	국민연금공단	○	△	○	△			△	△	○	○
	건강보험심사평가원	○	△	○			△	○		△	○
	한국산업인력공단	○	○	○						○	○
	국민체육진흥공단	○		○	○					○	
	한국보훈복지의료공단	○	○	○	○					○	
금융	IBK기업은행	○	○	○	○			○		○	
	KDB산업은행	○	○	○				○			
	한국수출입은행	○	○	○							
	신용보증기금	○	○	○							
	한국자산관리공사	○	○	○				○		○	
	한국주택금융공사	○	○	○							
농림	한국농어촌공사	○	○	○	△			○	△		
	한국마사회	○	○	○	○			○		○	

※ 2023~2024년 시행된 가장 최근 시험 기준이며, 지원 직군에 따라 출제 영역이 상이할 수 있음(직군에 따라 출제 여부가 다른 영역은 △ 표기함)

직무수행능력평가 소개

1. 직무수행능력평가 정의

업무를 수행하는 데 있어서 필요한 지식과 기술, 태도 등의 직무수행능력을 NCS 기반 평가를 통해 검증하여 인재를 선별하는 방식을 의미한다.

2. 직무수행능력평가 특징

- 해당 기업·기관의 모집분야별 직무와 NCS를 비교 및 분석하여 선발인원이 필수적으로 갖추어야 할 직무능력(지식, 기술, 태도)을 객관적·타당적으로 평가한다.
- 일반적인 지식 측정 위주의 평가가 아닌, 해당 기업·공공기관의 직무수행을 위해 필수적으로 갖추어야 할 직무수행능력을 실제 직무환경에서 어떻게 발현할 수 있는지를 창의적으로 평가한다.
- 직군(직무)별 NCS의 능력단위에 제시된 지식을 활용하여 문항을 도출한다.

3. 직무수행능력평가 개발 절차

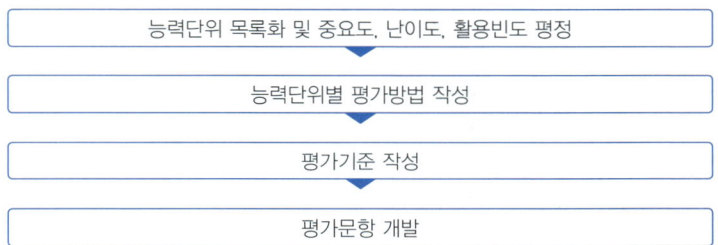

능력단위 목록화 및 중요도, 난이도, 활용빈도 평정

↓

능력단위별 평가방법 작성

↓

평가기준 작성

↓

평가문항 개발

4. 직무수행능력평가 대표 출제 범위

구분	출제 범위
경영	경영학원론, 마케팅, 경영전략, 재무회계, 인사론, 조직론 등
경제	경제학원론, 미시경제, 거시경제, 국제경제, 재정학 등
행정	행정학원론, 행정조직론, 인사행정, 재무행정, 지방행정 등
기계	재료역학, 열역학, 유체역학, 동역학, 기계공작법, 기계재료, 기계설계 등

실력 점검 테스트&학습 가이드

실력 점검 테스트

제한 시간 20분 안에 문제를 풀어 보며, 자신의 실력을 점검해 보세요.

01 다음 전제를 읽고 반드시 참인 결론을 고르면?

- 노란색을 좋아하는 사람은 빨간색을 좋아하지 않는다.
- 초록색을 좋아하는 사람은 빨간색을 좋아한다.
- 주황색을 좋아하지 않는 사람은 노란색을 좋아한다.

① 초록색을 좋아하지 않는 사람은 빨간색을 좋아하지 않는다.
② 주황색을 좋아하는 사람은 빨간색을 좋아한다.
③ 노란색을 좋아하지 않는 사람은 빨간색을 좋아하지 않는다.
④ 주황색을 좋아하지 않는 사람은 초록색을 좋아하지 않는다.
⑤ 주황색을 좋아하는 사람은 노란색을 좋아하지 않는다.

02 A는 현재 43세의 남편, 10살, 8살, 5살의 자녀들과 함께 살고 있다. 몇 년 후에는 부부 나이의 합이 자녀 나이의 합의 2배가 되고, 그때 남편의 나이가 자녀들 나이의 합보다 2살 적어진다고 할 때 A의 현재 나이는?

① 43세 ② 44세 ③ 45세 ④ 46세 ⑤ 47세

03 마케팅 이론에서 경영자가 통제 가능한 요소를 4P라고 하는데, 이는 기업의 마케팅 목표를 달성하기 위해 전략적으로 실시하는 마케팅 활동으로 마케팅 믹스(Marketing mix)라고도 한다. 다음 중 4P가 아닌 것은?

① Price ② Promotion ③ Portfolio
④ Product ⑤ Place

04 다음은 건강보험 통계의 지역별 현황에 대한 자료이다. 이에 대한 설명으로 옳지 않은 것은?

[시도별 신규 중증(암) 등록 환자의 암 유형별 등록 현황]

(단위: 명)

구분	서울	부산	대구	인천	광주	대전	울산	세종	경기
폐암	5,017	2,100	1,397	1,419	660	676	559	108	6,349
위암	4,999	2,319	1,349	1,606	732	950	608	143	6,609
간암	3,200	1,565	789	933	495	458	375	89	3,948
대장암	5,329	2,037	1,307	1,562	641	741	484	112	6,639
식도암	497	246	108	121	50	65	52	8	549
피부암	1,234	464	305	341	192	176	149	40	1,504

※ 2018년 1월부터 12월까지 국민건강보험공단에 등록한 신규 중증(암) 등록 인원 기준이며 사망자, 재등록자 포함

[시도별 신규 중증(암) 등록 환자의 암 유형별 진료 현황]

(단위: 명)

구분	서울	부산	대구	인천	광주	대전	울산	세종	경기
폐암	5,405	2,226	1,490	1,482	752	712	590	115	6,803
위암	5,554	2,535	1,497	1,732	860	1,024	669	158	7,251
간암	3,520	1,725	911	1,014	595	502	409	96	4,264
대장암	6,034	2,272	1,449	1,717	762	837	536	133	7,486
식도암	576	285	131	133	58	77	60	12	657
피부암	1,341	530	337	369	247	192	157	42	1,663

※ 2018년 1월부터 12월까지 국민건강보험공단에 등록한 신규 중증(암) 등록 환자의 수진 기준이며 약국, 사망자, 재등록자 포함

※ 출처: KOSIS(국민건강보험공단, 건강보험통계)

① 제시된 모든 지역에 대하여 위암과 식도암 등록 환자 수의 합보다 진료 환자 수의 합이 더 많다.
② 대장암 진료 환자 수가 가장 많은 지역의 피부암 등록 환자 수는 인천의 피부암 등록 환자 수의 5배 이상이다.
③ 제시된 지역별로 간암 등록 환자 수는 식도암과 피부암 등록 환자 수를 합친 수보다 항상 크다.
④ 제시된 지역의 전체 등록 환자 수가 가장 적은 중증(암)의 진료 환자 수는 울산이 세종의 5배이다.
⑤ 부산의 위암 진료 환자 수는 울산의 피부암 등록 환자 수의 15배 이상이다.

05 다음을 읽고 바르게 이해하지 못한 것은?

환율은 외국 통화에 대한 자국 통화의 교환 비율을 의미한다. 이런 환율은 장기적인 현상과 단기적인 현상이 등장하게 되는데 장기적인 현상은 국가의 생산성, 물가 등 기초 경제 여건을 반영하며 나타난다. 반면 단기적인 현상에서는 환율이 예상과 다른 방향으로 움직이는 경우도 있고, 예상과 같더라도 변동 폭이 너무 커 경제 주체들이 과도한 위험에 노출될 가능성도 있다. 이렇게 환율이나 주가 등의 경제 변수가 단기에 지나치게 상승하고 하락하는 현상이 있는데, 이를 오버슈팅(Overshooting)이라고 한다. 오버슈팅은 물가 경직성(여기에서 물가 경직성이라고 하는 것은 시장에서 가격이 조정되기 어려운 것을 말한다.)이나 금융 시장 변동에 따른 불안 심리에 의해 나타나는 현상이라고 할 수 있다.

물가 경직성과 환율의 오버슈팅의 관계를 이해하기 위해 먼저 통화를 금융 자산의 일종으로 보아야 한다. 경제에 충격이 생기면 물가와 환율은 충격을 흡수하는 조정 과정이 발생한다. 물가는 단기적으로 보면 장기 계약 및 공공 유금 규제 등으로 인해 경직적인 부분이 등장하지만 장기적으로는 신축적으로 물가는 조정된다. 반면 환율은 단기적인 부분에서도 유동적이거나 신축적인 조정이 가능하다. 물가와 환율의 조정 속도 차이로 인해 오버슈팅 현상이 등장하기도 한다. 물가와 환율이 모두 신축적으로 조정되는 장기적인 요소에서 환율은 구매력 평가설에 의해 설명된다. 구매력 평가설은, 국가 간의 통화의 교환비율은 장기적으로 각국 통화의 상대적 구매력을 반영한 수준으로 결정되는 것을 말한다. 결국 장기 환율은 균형 환율로 이어지는데 이는 다음과 같은 비율로 나타난다. 예를 들어 국내 통화량이 증가하여 유지될 경우 장기적으로는 자국 물가도 높아지기 때문에 장기 환율은 상승하게 된다. 이때 통화량을 물가로 나눈 실질 통화량은 변화하지 않는다.

$$\text{장기 환율(균형 환율)} = \frac{\text{자국 물가 수준}}{\text{외국 물가 수준}} \times 100$$

그런데 단기적으로는 물가가 시장에서 가격 조정이 어려운 물가 경직성으로 인해 구매력 평가설에 기초한 환율과 다른 움직임이 나타나면서 오버슈팅이 발생할 수 있는 가능성이 있다. 예를 들어 국내 통화량이 증가하여 유지된다면 물가가 경직적이어서 실질 통화량은 증가하고 이에 따라 시장 금리는 하락하게 된다. 현재 국가 간에 자본 이동이 자유롭기 때문에 시장 금리 하락은 투자의 기대 수익률 하락으로 이어져 단기성 외국인 투자 자금이 해외로 빠져나가거나 신규 해외 투자 자금 유입을 위축시키게 된다. 결국 이러한 과정에서 자국 통화의 가치는 하락하게 되고 환율은 상승한다. 통화량의 증가로 인한 효과는 물가가 신축적인 경우, 예상되는 환율 상승과 금리 하락에 따른 자금의 해외 유출이 유발되는 상황에서 환율 상승이 더해진 것으로 나타난다. 이렇게 추가적인 환율 상승 현상이 더해진 것이 환율의 오버슈팅이다. 물가 경직성이 클수록 오버슈팅은 더 크게 나타난다. 물론 시간이 경과함에 따라 물가가 상승하여 실질 통화량이 원래 수준으로 돌아오고 해외로 유출된 자금이 시장 금리 반등으로 국내로 복귀하면서, 단기적인 과도한 환율 상승은 장기적으로는 구매력 평가설에 의거한 환율로 돌아오게 된다.

① 국내 통화량이 증가하여 유지될 경우 장기에는 실질 통화량이 변하지 않으므로 장기 환율도 변함이 없을 것이다.
② 물가가 신축적인 경우가 경직적인 경우에 비해 국내 통화량 증가에 따른 국내 시장 금리 하락 폭이 작을 것이다.
③ 물가 경직성에 따른 환율의 오버슈팅은 물가의 조정 속도보다 환율의 조정 속도가 빠르기 때문에 발생하는 것이다.
④ 환율의 오버슈팅이 발생한 상황에서 외국인 투자 자금이 국내 시장 금리에 민감하게 반응할수록 오버슈팅 정도는 커질 것이다.
⑤ 환율의 오버슈팅이 발생한 상황에서 물가 경직성이 클수록 구매력 평가설에 기초한 환율로 돌아오는 데 걸리는 기간이 길어질 것이다.

06 필요한 정보를 수집할 수 있는 원천을 정보원이라고 하는데, 정보원은 크게 1차 자료와 2차 자료로 구분할 수 있다. 다음 중 2차 자료에 해당하는 것은?

㉠ 백과사전
㉡ 메타데이터
㉢ 정부간행물
㉣ 편람
㉤ 잡지
㉥ 특허정보

① ㉠, ㉡, ㉣　② ㉡, ㉢, ㉣　③ ㉡, ㉣, ㉥
④ ㉢, ㉣, ㉤　⑤ ㉣, ㉤, ㉥

07 다음 중 Excel에 대한 설명으로 옳지 않은 것은?

① xlsb 확장자는 기존의 xlsx 확장자에 비해 용량이 줄어든다는 장점이 있다.
② 페이지 나누기 미리 보기를 통해 출력했을 때 1페이지에 출력되는 범위를 확인할 수 있다.
③ 행은 숫자로 구분되고, 열은 알파벳으로 구분된다.
④ Excel 행의 확장은 제한 없이 가능하다.
⑤ Excel의 같은 셀 안에서 텍스트 줄 바꿈은 [Alt]+[Enter] 또는 자동 줄 바꿈 기능을 통해 할 수 있다.

08 ○○공사 관리팀에 근무하는 A 팀장은 이번에 관리팀 내 진급자 선발 업무를 진행하고 있다. 역량평가 점수와 업적평가 점수, 그리고 가점과 감점을 고려하여 진급 대상자 중 최종 점수가 가장 높은 1명을 선발한다고 할 때, A 팀장이 진급자로 선발하기에 가장 적절한 사람은?

[진급 대상자 점수]

이름	역량평가 점수	업적평가 점수	가점/감점
갑	92	95	+1
을	94	91	
병	93	95	−1
정	93	92	+1
무	94	96	−2

※ 1) 최종 점수는 역량평가 60%, 업적평가 40%의 비중으로 합산한 후 가점과 감점을 합산하여 산출함
2) 관리팀 내 진급 대상자는 갑~무 5명 외에 없음

① 갑　② 을　③ 병　④ 정　⑤ 무

PSAT 기출(2020)

09 **다음 〈상황〉과 〈기준〉을 근거로 판단할 때, A 기관이 원천징수 후 甲에게 지급하는 금액은?**

〈상황〉

○○국 A 기관은 甲을 '지역경제 활성화 위원회'의 외부위원으로 위촉하였다. 甲은 2020년 2월 24일 오후 2시부터 5시까지 위원회에 참석해서 지역경제 활성화와 관련한 내용을 슬라이드 20면으로 발표하였다. A 기관은 아래 〈기준〉에 따라 甲에게 해당 위원회 참석 수당과 원고료를 지급한다.

〈기준〉

• 참석 수당 지급기준액

구분	단가
참석 수당	• 기본료(2시간): 100,000원 • 2시간 초과 후 1시간마다 50,000원

• 원고료 지급기준액

구분	단가
원고료	10,000원/A4 1면

※ 슬라이드 2면을 A4 1면으로 함

• 위원회 참석 수당 및 원고료는 기타소득이다.
• 위원회 참석 수당 및 원고료는 지급기준액에서 다음과 같은 기타소득세와 주민세를 원천징수하고 지급한다.
  – 기타소득세: (지급기준액 – 필요경비) × 소득세율(20%)
  – 주민세: 기타소득세 × 주민세율(10%)
  ※ 필요경비는 지급기준액의 60%로 함

① 220,000원
② 228,000원
③ 256,000원
④ 263,000원
⑤ 270,000원

10 **집단의사결정은 한 사람이 가진 지식보다 집단이 가지고 있는 지식과 정보가 더 많아 효과적인 결정을 할 수 있다. 집단에서 의사결정을 하는 대표적인 방법인 브레인스토밍의 4원칙으로 보기 어려운 것은?**

① 수집된 아이디어들을 대상으로 팀원들의 무기명 투표를 진행한다.
② 아이디어는 많이 나올수록 좋다.
③ 다른 사람이 아이디어를 제시할 때는 비판하지 않는다.
④ 모든 아이디어가 제안되고 나면 이를 결합하고 해결책을 마련한다.
⑤ 문제에 대한 제안은 자유롭게 이루어질 수 있다.

11 **관리그룹에 근무하고 있는 귀하는 이번 주 중에 제조, 기술, 관리그룹장 3명이 모두 참석할 수 있는 시간에 회의실을 예약하라는 업무 지시를 받았다. 다음 각 그룹장의 주요 스케줄 표를 참고할 때, 귀하가 예약하기에 가장 적절한 회의시간은?** (단, 회의는 2시간이며 업무시간 외에는 회의를 진행하지 않는다.)

[그룹장별 주요 스케줄]

<table>
<tr><th>구분</th><th>시간</th><th>월</th><th>화</th><th>수</th><th>목</th><th>금</th></tr>
<tr><td rowspan="8">제조
그룹장</td><td>09~10</td><td colspan="5">Daily 생산회의</td></tr>
<tr><td>10~11</td><td rowspan="2">제조팀
관리자회의</td><td></td><td rowspan="2">제조팀
관리자회의</td><td></td><td rowspan="2">제조팀
관리자회의</td></tr>
<tr><td>11~12</td><td></td><td></td></tr>
<tr><td>13~14</td><td></td><td rowspan="5">오후 반차</td><td></td><td></td><td></td></tr>
<tr><td>14~15</td><td rowspan="2">제조/기술
공정점검회의</td><td></td><td rowspan="2">제조/기술
공정점검회의</td><td></td></tr>
<tr><td>15~16</td><td></td><td></td></tr>
<tr><td>16~17</td><td></td><td></td><td></td><td></td></tr>
<tr><td>17~18</td><td></td><td></td><td></td><td></td></tr>
<tr><td rowspan="8">기술
그룹장</td><td>09~10</td><td></td><td></td><td></td><td></td><td></td></tr>
<tr><td>10~11</td><td></td><td></td><td></td><td></td><td></td></tr>
<tr><td>11~12</td><td colspan="5">기술팀장 주관 업무보고</td></tr>
<tr><td>13~14</td><td></td><td></td><td></td><td></td><td rowspan="5">오후 반차</td></tr>
<tr><td>14~15</td><td rowspan="2">제조/기술
공정점검회의</td><td></td><td rowspan="3">프로젝트
점검회의</td><td rowspan="2">제조/기술
공정점검회의</td></tr>
<tr><td>15~16</td><td></td></tr>
<tr><td>16~17</td><td></td><td></td><td></td></tr>
<tr><td>17~18</td><td></td><td></td><td></td><td></td></tr>
<tr><td rowspan="8">관리
그룹장</td><td>09~10</td><td></td><td rowspan="3">오전 반차</td><td></td><td></td><td rowspan="3">관리팀장 주관
주간점검회의</td></tr>
<tr><td>10~11</td><td></td><td></td><td></td></tr>
<tr><td>11~12</td><td></td><td></td><td></td></tr>
<tr><td>13~14</td><td colspan="5">관리/재무 Daily 회의</td></tr>
<tr><td>14~15</td><td></td><td></td><td></td><td></td><td></td></tr>
<tr><td>15~16</td><td></td><td></td><td rowspan="2">관리팀
간부회의</td><td></td><td></td></tr>
<tr><td>16~17</td><td rowspan="2">제조/관리
업무회의</td><td></td><td></td><td></td></tr>
<tr><td>17~18</td><td></td><td></td><td></td><td></td></tr>
</table>

① 월요일 14~16시
② 화요일 16~18시
③ 목요일 09~11시
④ 목요일 16~18시
⑤ 금요일 13~15시

12 다음 보도자료에서 '6+6 부모 육아휴직제'와 관련된 내용으로 옳지 않은 것은?

아빠와 엄마가 함께 어린 자녀를 돌볼 수 있는 환경을 조성하기 위해 정부가 내년부터 '6+6 부모 육아휴직제'를 도입하기로 했다. 이 제도가 시행될 경우, 생후 18개월 이내의 자녀를 돌보기 위해 부모가 함께 육아휴직을 하면 첫 6개월 동안 부모가 각각 통상임금의 100%를 육아휴직 급여로 받게 된다. 고용노동부는 부모 공동육아 인센티브를 높이고 '맞돌봄' 문화를 확산하기 위해 기존의 '3+3 부모 육아휴직제'를 '6+6 부모 육아휴직제'로 확대 개편하는 내용의 고용보험법 하위법령 개정안을 10월 6일 입법예고했다. 저출산고령사회위원회에서 발표한 저출산 대책의 후속 조치이다.

작년에 도입된 3+3 부모 육아휴직제는 생후 12개월 내의 자녀를 돌보기 위해 부모가 동시에 또는 순차적으로 육아휴직을 하면 첫 3개월간 부모 각자에게 통상임금의 100%(월 200만~300만 원 상한)를 지급하는 제도다. 기본적인 육아휴직 급여는 통상임금의 80%(상한 월 150만 원 상한)다. 제도 시행의 효과는 바로 나타났다. 2019년 21.2%였던 남성 육아휴직자 비율은 작년에 28.9% 수준까지 높아졌다.

이처럼 아빠 육아휴직 사용이 증가 추세이나 여전히 여성이 70% 이상을 차지하고 있다. 남성 육아휴직을 좀 더 활성화시켜 맞돌봄 문화를 확대할 필요성이 있다. 이에 정부는 '6+6 부모 육아휴직제'로 확대 개편해 특례를 적용받는 기간을 첫 3개월에서 첫 6개월로 늘리고, 자녀 연령도 생후 12개월 내에서 생후 18개월 내로 확대하기로 했다. 육아휴직 급여 상한액도 월 최대 200만~300만 원에서 200만~450만 원으로 인상한다. 상한액은 매월 50만 원씩 오르는 구조다. 예를 들어, 부모 모두 통상임금이 월 450만 원이 넘을 경우, 동반 육아휴직을 사용한 첫 달엔 200만 원씩 400만 원을 받고, 6개월 차엔 450만 원씩 900만 원을 받는 식이다. 개정안에는 65세 이상 구직급여 수급자에 대해 '조기재취업수당' 조건을 완화하는 내용도 담겼다.

현재는 구직급여 수급자가 소정급여일수의 절반이 지나기 이전에 재취업해 12개월 이상 고용을 유지할 경우 남은 구직급여의 50%를 조기재취업수당으로 지급하고 있다. 고용부는 구직급여 수급자의 재취업 촉진 기능을 강화하기 위해 조기재취업수당 지원을 우대할 필요성이 있다고 보고 이번 개정안을 마련했다. 개정 내용이 시행되면, 앞으로는 65세 이상 구직급여 수급자에 대해서는 6개월 이상 계속 고용이 확실한 직업에 재취업한 경우 근로계약서 등을 확인해 조기재취업수당을 지급하게 된다.

고용부는 또 고용창출 기업의 고용보험료율 적용시기 개선 등의 내용을 담은 고용산재보험료징수법 하위법령 일부개정안도 함께 입법예고했다. 현재 고용안정·직업능력개발사업의 보험료율을 상시근로자 수에 따라 4단계로 차등 적용 중(0.25%~0.85%)인데, 기업의 고용 확대 등으로 요율 변동이 일어나는 경우 기업의 고용 증대·고용 유지에 대한 부담이 커질 수 있다는 지적이 있다. 이를 개선하기 위해, 이번 개정안은 기업이 고용을 증가시켜 고용안정·직업능력개발사업 요율 중 다음 단계의 요율을 적용받게 되는 경우, 사유 발생 다음 연도부터 3년간 기존 요율을 적용하도록 개선했다. 고용부 이○○ 고용정책실장은 "금번 개정을 통해 영아를 양육하는 맞벌이 부부, 65세 이상 구직급여 수급자, 일자리 창출 중소기업에 꼭 필요한 지원을 할 수 있게 됐다"면서 앞으로도 "노동시장에서의 다층적 위험을 예방하고 극복할 수 있도록 고용보험 제도를 지속 보완해 나가겠다"라고 밝혔다.

※ 출처: 정책브리핑(2023-10-06 보도자료)

① '6+6 부모 육아휴직제'는 부모가 함께 육아휴직을 할 경우, 첫 6개월 동안 부모가 각각 통상임금의 100%를 육아휴직 급여로 받는 제도이다.
② '6+6 부모 육아휴직제'는 생후 18개월 이내의 자녀를 돌보기 위해 부모가 함께 육아휴직을 할 수 있는 제도이다.
③ '6+6 부모 육아휴직제'는 기존의 '3+3 부모 육아휴직제'를 확대 개편한 제도이다.
④ '6+6 부모 육아휴직제'의 육아휴직 급여 상한액은 월 최대 200만~300만 원이다.
⑤ '6+6 부모 육아휴직제'는 저출산고령사회위원회에서 발표한 저출산 대책의 후속 조치로 개발되었다.

PSAT 기출(2007)

13 **어떤 회사의 영업부서에서 해외영업팀을 새로 조직하려고 한다. 9명의 사원을 세 명씩 나누어 세 팀을 만들고자 한다. 각 팀에는 A, B, C라는 팀명이 붙어 있다. 그런데 9명의 사원 중 4명(가, 나, 다, 라)은 한국인이고, 나머지 5명(마, 바, 사, 아, 자)은 외국인이다. 각 사원은 반드시 세 팀 중 어느 한 곳에 속해야 한다. 또한 팀 구성에는 〈보기〉의 조건들이 만족되어야 한다. 만일 '다'와 '마'가 B 팀에 속한다면 A 팀에 속해야 할 사원들은?**

〈보기〉

- 각 팀에는 적어도 한 명의 한국인 직원이 포함되어야 한다.
- 가는 반드시 두 명의 외국인과 같은 팀에 속해야 한다.
- 바는 반드시 C 팀에 속해야 한다.
- 아는 반드시 A 팀에 속해야 한다.
- 가, 라, 사 중 누구도 바와 같은 팀에 속해서는 안 된다.

① 가, 라, 아　② 가, 사, 아　③ 가, 아, 자
④ 라, 사, 아　⑤ 라, 아, 자

14 **2년 차 직장인 박 대리는 최근 일에 적응은 잘하고 있지만 매너리즘에 빠져 신입 시절 가지고 있던 의지가 생겨나지 않는다. 이를 지켜보던 동기 정 대리는 박 대리의 동기부여를 위한 방법을 고민해 보았고, 고전적이지만 아직도 잘 이용되는 동기부여이론을 이용하기로 결정한 후 연구 중이다. 다음 중 정 대리가 참고한 동기부여이론에 대한 설명으로 옳지 않은 것은?**

① 매슬로의 욕구 단계 이론은 욕구를 생리적 욕구 – 안전 욕구 – 사회적 욕구 – 존경 욕구 – 자아실현 욕구 5가지로 계층화했어. 박 대리는 이 중 존경 욕구나 자아실현 욕구의 만족이 필요하지 않을까?
② 앨더퍼의 ERG 이론은 욕구를 존재 욕구 – 관계 욕구 – 성장 욕구 3단계로 구분했어. ERG 이론에 따르면 박 대리는 성장 욕구의 실현이 필요하겠군.
③ 앨더퍼의 ERG 이론은 두 가지 이상의 욕구가 동시에 작용할 수 있다고 전제해. 이에 따르면 박 대리가 관계 욕구와 성장 욕구 두 가지를 동시에 실현시킬 수 있다면 더 빨리 의지가 생길 것 같아.
④ 허츠버그의 2요인 이론은 인간이 상호 독립적인 2가지 욕구인 동기요인과 위생요인을 가지고 있다고 전제해. 박 대리가 일에 잘 적응하는 것을 보면 위생요인보다는 동기요인에 문제가 있는 것 같아.
⑤ 허츠버그의 2요인 이론에서 대인관계와 승진(발전성)은 위생요인에 해당해. 박 대리는 성장이 필요하니까 승진이 필요할 듯하고, 그렇다면 위생요인을 만족시켜야 하는군.

15 다음은 국적 및 체류 자격별 등록 외국인 현황에 대한 자료이다. 이에 대한 설명으로 옳은 것은?

[국적 및 체류 자격별 등록 외국인 현황]

(단위: 명)

국적	총계	성별	구직 (D-10)	유학 (D-2)	일반연수 (D-4)	종교 (D-6)	기업투자 (D-8)	무역경영 (D-9)	연구 (E-3)	예술흥행 (E-6)
중국	72,157	남	1,259	20,676	5,048	15	702	107	236	170
		여	1,847	35,905	5,720	36	211	31	77	117
네팔	1,982	남	77	1,008	146	59	48	37	62	0
		여	25	417	75	12	3	4	9	0
인도네시아	1,834	남	47	537	73	15	14	18	92	3
		여	61	758	128	34	7	0	12	35
타이	778	남	0	112	33	14	36	7	6	6
		여	22	343	137	2	30	8	13	9
몽골	9,622	남	184	1,363	1,756	22	31	29	14	93
		여	512	3,036	2,449	7	25	59	17	25
일본	5,404	남	5	299	182	27	1,929	70	302	38
		여	44	1,547	827	26	58	5	9	36
타이완	1,541	남	5	121	46	2	68	6	14	8
		여	28	834	349	12	33	2	2	11
싱가포르	441	남	5	103	11	2	32	26	1	3
		여	2	197	32	2	15	5	1	4
미국	2,392	남	104	361	64	254	232	139	69	85
		여	57	696	127	133	32	11	5	23
캐나다	271	남	14	53	15	7	32	25	12	8
		여	7	71	18	2	5	0	0	2

※ 출처: KOSIS(법무부, 출입국및체류외국인통계)

① 제시된 자료의 모든 국적 성별 외국인은 유학을 목적으로 체류하는 인원이 가장 많다.
② 제시된 자료의 전체 여성 등록 외국인 수가 가장 적은 나라의 E-3 자격 등록 외국인 수는 남녀가 같다.
③ 종교, 무역경영을 목적으로 체류하는 인원의 합은 네팔이 몽골보다 많다.
④ 무역경영을 목적으로 체류하는 인원이 가장 많은 나라의 전체 체류 인원 대비 유학 자격 등록 인원 비율은 40% 이상이다.
⑤ 미국의 유학 자격 등록 인원 중 남성 비율은 일반연수 자격 등록 인원 중 남성 비율보다 낮다.

16 귀하는 프로그램상에 간단한 문제가 발생하여 이를 해결하기 위해 다음과 같이 알고리즘을 만들었다. 최종 출력값은 얼마인가?

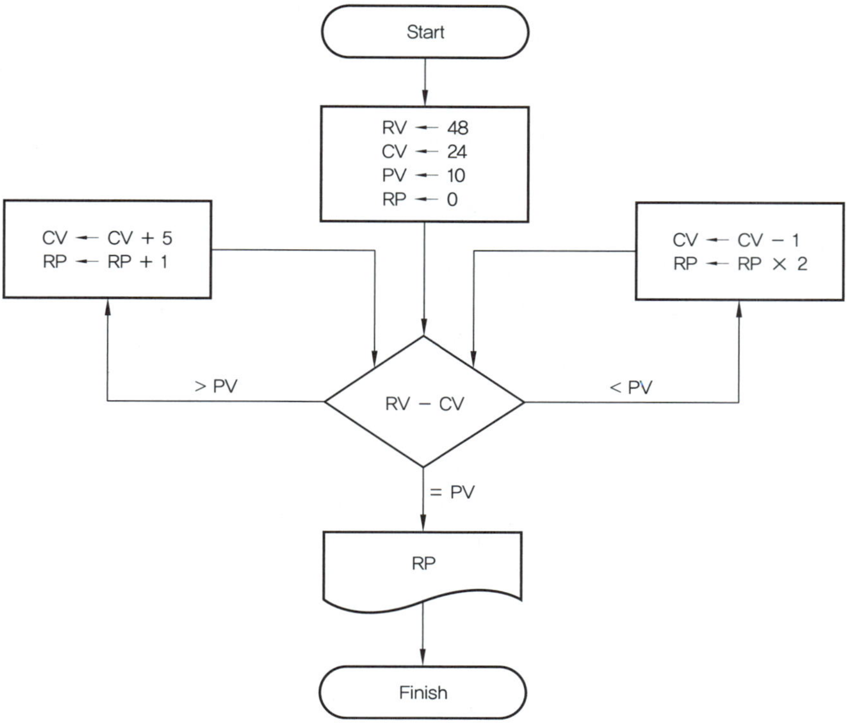

① 3 ② 4 ③ 5 ④ 6 ⑤ 7

17 ○○공사는 새로운 지사를 설립하기 위해 가장 적절한 후보지를 물색하고 있다. 아래의 내용을 토대로 할 때, ○○공사가 모든 후보지에 대해 사전 답사를 시작하는 시점부터 타당성 평가를 완료하기까지 걸리는 최소 예상 소요시간은?

[타당성 평가 절차]

1. 최종 지사 설립 지역 선택을 위해서는 후보지 사전 답사를 통해 정보를 수집하고 수집된 정보를 통해 타당성을 평가하는 과정을 거쳐야 한다.
2. A 팀은 후보지 사전 답사 업무, B 팀은 타당성 평가 업무를 담당하며, 각 팀은 2개 지역에 대한 사전 답사 또는 타당성 평가 업무를 동시에 진행할 수 없다.
3. 업무별 예상 소요시간은 아래와 같다.

(단위: 일)

구분	가 지역	나 지역	다 지역	라 지역	마 지역	바 지역
사전 답사	2	5	4	1	4	4
타당성 평가	4	4	5	3	3	2

※ 사전 답사는 우선순위 없이 무작위로 진행 가능하나, 타당성 평가는 반드시 사전 답사가 진행된 순서에 따라 진행되어야 함

① 20일 ② 21일 ③ 22일 ④ 23일 ⑤ 24일

18 다음 내용을 읽고 문단을 바르게 나열한 것은?

(가) 코로나19 위기 속에서도 지난해 한국의 1인당 국내총생산(GDP)은 3만 1497달러로 처음으로 G7 국가인 이탈리아(3만 1288달러)를 추월했다. 경제 순위도 지난 2019년 12위로 하락한 지 1년 만에 러시아와 브라질을 제치고 전 세계 톱 10에 진입했다. 코로나19 팬데믹에 효과적이고 신속히 대응하면서 경제 충격을 최소화한 데 따른 것이다. 한국 경제는 세계적인 저성장 국면 속에서 비교적 선방하고 있으며 지속 성장하고 있다. 착실한 성장은 2018년 국민총소득(GNI) 3만 1349달러로 2006년 2만 달러 돌파 이후 처음으로 3만 달러를 넘어서면서 30-50클럽(1인당 국민총소득 3만 달러 이상, 인구 5,000만 명 이상의 조건을 만족하는 국가) 가입으로 이어졌다. 이는 미국, 독일, 일본, 영국, 이탈리아, 프랑스에 이어 세계 7번째이며 식민지배를 경험한 국가로는 최초이다.

(나) 한국은 일제강점기와 6·25 전쟁을 거치며 폐허가 된 땅에서 불굴의 의지로 '한강의 기적'을 일궈냈고, IMF 외환위기를 딛고 이를 경제·사회적 도약의 기회로 만들었다. 글로벌 경제를 덮친 코로나19 팬데믹 속에서는 가장 빠르고 강한 경제 반등을 이룬 모범국가로 평가받고 있다. 주요 7개국(G7) 정상회의에 2년 연속 초청받은 데 이어, 유엔무역개발회의(UNCTAD)는 한국을 선진국으로 공식 인정했다. 코로나19 이후 한국은 어떻게 달라졌는지 살펴보아야 할 시점이다.

(다) 또한 경제 강국의 면모도 보여주고 있다. 지난해 우리나라 반도체 수출액은 992억 달러로, 2019년(939억 달러)보다 5.6% 증가하면서 역대 2위라는 수출 기록을 세웠다. 이 중 데이터를 저장하거나 빠르게 전달하는 메모리 반도체 글로벌 시장 점유율은 삼성전자 469억 달러(36.6%), SK하이닉스 259억 달러(20.2%) 등 총 56.9%로 2위 미국(28.6%)을 압도하고 있다. IT 기기 내에서 각종 연산과 기능 제어를 담당하는 시스템 반도체 수출액은 303억 달러로 역대 최대를 기록했다. 수출 강국으로서의 면모를 증명한 것이다.

(라) 지난해 자동차 생산도 전기차, 수소차 등 친환경차에서 앞서나가면서 세계 5대 강국으로 진입한 가운데 수소차는 3년 연속 세계 판매 1위를 유지하며 건재함을 과시하고 있다. 세계 5대 강국인 한국 제조업이 우리 경제를 살리고 있는 것이다. 조선업 역시 마찬가지이다. 지난해 전 세계 선박 발주 1,924만CGT 중 한국은 819만CGT(42.6%)를 수주해 세계 1위를 달성했다. 특히 2020년 발주한 액화천연가스(LNG) 운반선은 모두 49척으로 한국은 이 중 73%인 36척을 수주했고 초대형 유조선(VLCC)은 전체 발주량 41척 중 35척(85%)을, 대형 컨테이너선도 38척 중 18척(47%)을 수주하며 초고가 선종에서 높은 경쟁력을 보였다.

(마) 한국을 대하는 국제사회의 자세도 달라졌다. 대표적인 예가 주요 7개국(G7) 정상회의에 한국이 2020년에 이어 올해까지 2년 연속 초대된 것과 유엔무역개발회의(UNCTAD)가 한국의 국제 지위를 선진국 그룹으로 변경한 것이다. UNCTAD는 지난 7월 한국의 국제 지위를 개발도상국 회원인 그룹 A에서 선진국 회원인 그룹 B로 격상했다. 이는 1964년 UNCTAD 설립 이후 약 57년 만의 일이자 세계 최초의 사례이다. 한국의 첨단 산업 경쟁력은 이미 세계 최상위 수준이다. 세계 10번째로 달 탐사 프로젝트 '아르테미스 약정'에 가입한 한국은 지난 3월 미국, 러시아, 중국, 일본, EU, 인도에 이어 세계 7번째 우주발사체 독자 기술개발에 성공했다.

(바) 수출 강국 대한민국은 여기서 안주하지 않고 경제·사회구조 전환과 산업혁신에 속도를 내고 있다. 혁신을 무기로 디지털과 그린 대전환을 강력히 추진하고, 신산업·신기술 육성에 박차를 가하는 중이다. 그 역량은 국제사회에서 최고 수준으로 평가받고 있다.

※ 출처: 정책브리핑(2021-10-08 보도자료)

① (가) - (나) - (다) - (라) - (바) - (마)
② (가) - (나) - (마) - (다) - (라) - (바)
③ (나) - (마) - (다) - (라) - (바) - (가)
④ (나) - (가) - (마) - (다) - (라) - (바)
⑤ (나) - (가) - (다) - (바) - (라) - (마)

정답해설편 p.4

학습 가이드

맞힌 문항 수에 따른 학습 가이드 및 추천 학습 플랜을 확인해 보세요.

맞힌 문항 수	학습 가이드	추천 학습 플랜
16문항 이상	직업기초능력이 매우 우수한 편이며, 직업기초능력평가 합격을 위한 순발력, 집중력, 문제 해결력을 충분히 갖추고 있습니다. PSAT 문제와 같은 고난도 문제를 통해 실력을 향상시키고, 실제 시험과 동일한 유형의 실전모의고사로 실전 감각을 극대화하면 합격 가능성이 더욱 높아질 것입니다.	실전 감각 극대화 학습 플랜
13~15문항	직업기초능력이 우수한 편입니다. 영역별 출제 유형이나 문제 풀이에 어느 정도 익숙한 것으로 보이므로 실제 시험과 같이 제한 시간을 두고 문제 풀이를 꾸준히 연습한다면 고득점을 달성할 수 있을 것입니다.	취약점 극복 학습 플랜
10~12문항	기본적인 직업기초능력을 갖추고 있으나 문제를 빠르고 정확하게 푸는 연습이 필요합니다. 다양한 유형의 문제를 풀어보며 유형별 문제 풀이에 익숙해지도록 하고, 틀린 문제는 반복적으로 학습하여 취약 유형의 정답률을 높이도록 합니다.	취약점 극복 학습 플랜
7~9문항	직업기초능력이 다소 부족한 편입니다. 문제 해결을 위한 기본적인 개념이나 공식에 대한 학습이 부족하거나 이를 문제에 적용하는 능력이 부족하므로 교재에 수록된 이론을 학습한 후에 이와 관련된 문제를 푸는 연습을 해야 합니다.	기초 완성 학습 플랜
6문항 이하	직업기초능력이 많이 부족한 것으로 보입니다. 교재에 수록된 이론을 꼼꼼히 학습하여 기본기를 다진 후에 '대표기출유형'을 통해 유형별 특징과 대응 전략을 익히는 것이 좋습니다. 이후 난도가 낮은 문제부터 시작하여 점차 문제 풀이에 익숙해지도록 합니다.	기초 완성 학습 플랜

맞춤 학습 플랜

실력 점검 테스트 결과 및 학습 성향에 따라 자신에게 맞는 학습 플랜을 선택하여 학습해 보세요.

실전 감각 극대화 학습 플랜

구분	실력 점검				실전 연습
날짜	____ 월 ____ 일	____ 월 ____ 일	____ 월 ____ 일	____ 월 ____ 일	____ 월 ____ 일
학습 내용	1. 의사소통능력 • 적중예상문제 • 고난도 PSAT형 문제 2. 수리능력 • 적중예상문제 • 고난도 PSAT형 문제	3. 문제해결능력 • 적중예상문제 • 고난도 PSAT형 문제 4. 자원관리능력 • 적중예상문제 • 고난도 PSAT형 문제	5. 자기개발능력 • 적중예상문제 6. 대인관계능력 • 적중예상문제 7. 정보능력 • 적중예상문제	8. 기술능력 • 적중예상문제 9. 조직이해능력 • 적중예상문제 10. 직업윤리 • 적중예상문제	실전모의고사 1회 실전모의고사 2회 실전모의고사 3회 실전모의고사 4회

취약점 극복 학습 플랜

구분	기초 학습				실력 점검
날짜	____ 월 ____ 일	____ 월 ____ 일	____ 월 ____ 일	____ 월 ____ 일	____ 월 ____ 일
학습 내용	1. 의사소통능력 • 핵심이론정리 • 대표기출유형 2. 수리능력 • 핵심이론정리 • 대표기출유형	3. 문제해결능력 • 핵심이론정리 • 대표기출유형 4. 자원관리능력 • 핵심이론정리 • 대표기출유형	5. 자기개발능력 • 핵심이론정리 • 대표기출유형 6. 대인관계능력 • 핵심이론정리 • 대표기출유형 7. 정보능력 • 핵심이론정리 • 대표기출유형	8. 기술능력 • 핵심이론정리 • 대표기출유형 9. 조직이해능력 • 핵심이론정리 • 대표기출유형 10. 직업윤리 • 핵심이론정리 • 대표기출유형	1. 의사소통능력 • 적중예상문제 • 고난도 PSAT형 문제 2. 수리능력 • 적중예상문제 • 고난도 PSAT형 문제

구분	실력 점검			실전 연습	
날짜	____ 월 ____ 일	____ 월 ____ 일	____ 월 ____ 일	____ 월 ____ 일	____ 월 ____ 일
학습 내용	3. 문제해결능력 • 적중예상문제 • 고난도 PSAT형 문제 4. 자원관리능력 • 적중예상문제 • 고난도 PSAT형 문제	5. 자기개발능력 • 적중예상문제 6. 대인관계능력 • 적중예상문제 7. 정보능력 • 적중예상문제	8. 기술능력 • 적중예상문제 9. 조직이해능력 • 적중예상문제 10. 직업윤리 • 적중예상문제	실전모의고사 1회 실전모의고사 2회	실전모의고사 3회 실전모의고사 4회

기초 완성 학습 플랜

구분	기초 학습				
날짜	____ 월 ____ 일	____ 월 ____ 일	____ 월 ____ 일	____ 월 ____ 일	____ 월 ____ 일
학습 내용	1. 의사소통능력 • 핵심이론정리 • 대표기출유형	2. 수리능력 • 핵심이론정리 • 대표기출유형	3. 문제해결능력 • 핵심이론정리 • 대표기출유형	4. 자원관리능력 • 핵심이론정리 • 대표기출유형	5. 자기개발능력 • 핵심이론정리 • 대표기출유형 6. 대인관계능력 • 핵심이론정리 • 대표기출유형 7. 정보능력 • 핵심이론정리 • 대표기출유형

구분	기초 학습	실력 점검			
날짜	____ 월 ____ 일	____ 월 ____ 일	____ 월 ____ 일	____ 월 ____ 일	____ 월 ____ 일
학습 내용	8. 기술능력 • 핵심이론정리 • 대표기출유형 9. 조직이해능력 • 핵심이론정리 • 대표기출유형 10. 직업윤리 • 핵심이론정리 • 대표기출유형	1. 의사소통능력 • 적중예상문제 • 고난도 PSAT형 문제	2. 수리능력 • 적중예상문제 • 고난도 PSAT형 문제	3. 문제해결능력 • 적중예상문제 • 고난도 PSAT형 문제	4. 자원관리능력 • 적중예상문제 • 고난도 PSAT형 문제

구분	실력 점검		취약점 극복		
날짜	____ 월 ____ 일	____ 월 ____ 일	____ 월 ____ 일	____ 월 ____ 일	____ 월 ____ 일
학습 내용	5. 자기개발능력 • 적중예상문제 6. 대인관계능력 • 적중예상문제 7. 정보능력 • 적중예상문제	8. 기술능력 • 적중예상문제 9. 조직이해능력 • 적중예상문제 10. 직업윤리 • 적중예상문제	1. 의사소통능력 • 적중예상문제 복습 • 고난도 PSAT형 문제 복습	2. 수리능력 • 적중예상문제 복습 • 고난도 PSAT형 문제 복습	3. 문제해결능력 • 적중예상문제 복습 • 고난도 PSAT형 문제 복습

구분	취약점 극복			실전 연습	
날짜	____ 월 ____ 일	____ 월 ____ 일	____ 월 ____ 일	____ 월 ____ 일	____ 월 ____ 일
학습 내용	4. 자원관리능력 • 적중예상문제 복습 • 고난도 PSAT형 문제 복습	5. 자기개발능력 • 적중예상문제 복습 6. 대인관계능력 • 적중예상문제 복습 7. 정보능력 • 적중예상문제 복습	8. 기술능력 • 적중예상문제 복습 9. 조직이해능력 • 적중예상문제 복습 10. 직업윤리 • 적중예상문제 복습	실전모의고사 1회 실전모의고사 2회	실전모의고사 3회 실전모의고사 4회

1

의사소통능력

핵심이론정리
대표기출유형
적중예상문제
고난도 PSAT형 문제

출제 특징

의사소통능력은 제시된 문서의 내용을 이해하고 답을 찾는 문제와 제시된 문서의 내용을 토대로 할 수 있는 업무상 행동 및 태도를 고르는 문제가 출제된다. 안내문, 보고서, 기획서, 공문서 등 실제로 업무를 하면서 접할 수 있는 문서가 제시문으로 출제되며, 정부 정책 및 회사 사업에 대한 보도자료도 자주 출제된다. 지원한 기업 및 직무에서 자주 사용되는 문서의 종류 및 특징을 알아두고, 다양한 문제를 풀어보며 제시문의 중심 내용과 세부내용을 분석하는 연습을 하면 실제 시험에서 문제 풀이 시간을 단축할 수 있다.

출제 비중

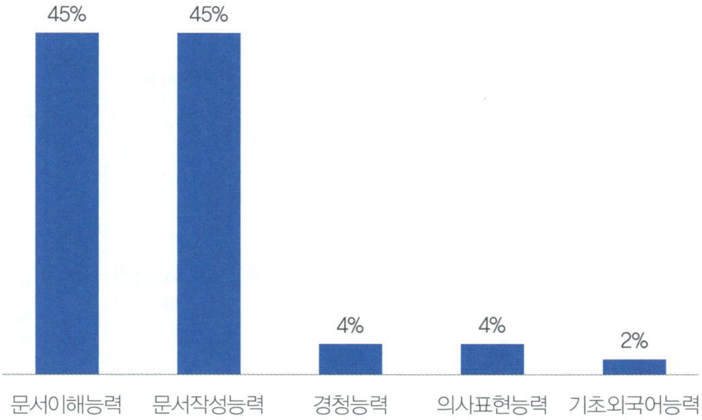

출제 기업

한국철도공사, 국민건강보험공단, 서울교통공사, 한국보훈복지의료공단, 부산교통공사, 건강보험심사평가원, 한국수자원공사, 국민연금공단, IBK기업은행, 한국토지주택공사, 한국도로공사, 한전KPS, 한국수력원자력, 한국국토정보공사, 한국전기안전공사, 한국환경공단, 한국농어촌공사, 도로교통공단, 한전KDN, 인천국제공항공사, 근로복지공단, 한국산업인력공단, 국가철도공단, 한국공항공사, 한국남부발전, 한국가스공사, 한국지역난방공사, 한국수출입은행, KDB산업은행, 한국전력기술, 한국중부발전, 한국동서발전, 한국석유공사, 서울교통공사 9호선, 한국남동발전, 예금보험공사, 한국산업안전보건공단 등

National Competency Standards

핵심이론정리

핵심이론정리에는 한국산업인력공단 직업기초능력 가이드북 및 행정안전부 간행물, 필수 어법 중 시험에 자주 출제되며 출제 가능성이 높은 이론을 수록했습니다.

의사소통능력 소개

1. 의사소통의 의미

어떤 개인 또는 집단이 개인 또는 집단에 대해 정보, 감정, 사상, 의견 등을 전달하고 그것을 받아들이는 과정

2. 의사소통의 목적

① 조직의 생산성을 높임
② 구성원들의 사기를 진작시킴
③ 조직생활을 위해 필요한 정보를 전달함
④ 구성원 간 의견 차이를 조율하고 설득함

3. 의사소통의 의의

구성원들 사이에서 지각의 차이를 좁히고, 선입견을 줄이거나 제거함으로써 팀워크를 향상하여 사기 진작과 능률 향상을 도움

4. 의사소통의 종류와 특징

1) 문서적인 의사소통

하위능력	내용	장점	단점
문서이해능력	업무에 관련된 문서를 통해 정보를 획득·수집·종합	• 권위감 있음 • 정확성 높음 • 전달성 높음 • 보존성 큼	• 혼란과 곡해 가능성 있음
문서작성능력	상황과 목적에 적합한 문서 작성		

2) 언어적인 의사소통

하위능력	내용	장점	단점
경청능력	상대방의 이야기를 듣고 의미 파악	유동성 있음	정확성 낮음
의사표현능력	자신의 의사를 설득력 있게 표현		

5. 의사소통을 저해하는 요인

문제 원인	문제 태도	문제 상황
일방적으로 말하고, 일방적으로 듣는	무책임한 마음	의사소통과정에서의 상호작용 부족
그래서 하고 싶은 말이 뭐야?	분명하지 않은 메시지	복잡한 메시지, 경쟁적인 메시지
말하지 않아도 아는 문화	안주하는 마음	의사소통에 대한 잘못된 선입견

6. 의사소통 능력개발 방법

1) 사후 검토와 피드백 활용

① 의사소통의 왜곡에서 오는 오해와 부정확성을 줄이기 위해 메시지의 내용이 실제로 어떻게 해석되고 있는가를 조사하기

② 피드백은 상대방에게 행동을 개선할 기회를 제공하나 부정적인 피드백만 계속되지 않도록 균형 맞추기

2) 언어 단순화

① 듣는 사람을 고려하여 명확하고 이해 가능한 어휘를 주의 깊게 선택하기

② 상황에 따라 용어 선택을 달리하는 전략이 필요함

3) 적극적인 경청

상대방의 입장에서 생각하며 감정 이입을 할 수 있도록 노력하기

4) 감정 조절

① 지나치게 감정에 몰입될 경우 상대방의 메시지를 오해하거나 전달하고자 하는 의사가 불명확해질 수 있음

② 의사소통을 연기하거나 분위기 개선을 위해 노력하는 자세가 필요함

7. 키슬러 양식에 의한 의사소통의 유형

구분	특징	필요 자세
지배형	자신감과 지도력이 있으나, 논쟁적·독단적인 면이 강함	대인 갈등을 겪을 수 있으므로 타인의 의견을 경청하고 수용하는 자세가 필요함
실리형	이해관계에 예민하고 성취 지향적이며, 경쟁적이고 자기중심적임	타인의 입장을 배려하고 관심을 갖는 자세가 필요함
냉담형	이성적이며 의지력이 강한 반면, 타인의 감정에 무관심함	피상적인 대인관계를 유지하므로 타인의 감정 상태에 관심을 가지고 긍정적인 감정을 표현하는 자세가 필요함
사교형	타인에 대한 높은 관심으로 간섭하려는 경향이 있고, 남에게 인정받고자 하는 욕구가 강함	쉽게 흥분하는 경향이 있으므로 심리적 안정감과 지나친 인정욕구에 대해 성찰하는 자세가 필요함

하위능력 ❶ 문서이해능력

1. 문서이해능력의 의미

① 다양한 종류의 문서에서 전달하고자 하는 핵심 내용을 요약·정리하는 능력
② 문서에서 전달하는 정보의 출처를 파악하고, 옳고 그름을 판단하는 능력

2. 일 경험 중 현장에서 요구되는 문서이해능력

① 문서의 내용을 이해하고 요점을 파악하며 통합할 수 있는 능력
② 업무와 관련하여 요구되는 행동이 무엇인지 추론하는 능력
③ 자신이 이해한 업무 지시의 적절성을 판단하는 능력

3. 문서의 종류

구분	내용
공문서	행정기관에서 대내적 또는 대외적 공무를 집행하기 위해 작성하는 문서로, 보통 기관끼리 주고받는 문서
기안서	업무 협조를 구하거나 의견을 전달하기 위해 작성하는 문서로, '사내공문서' 또는 '회사 내 공문서'라고도 불림
기획서	아이디어를 통해 도출된 프로젝트 시행을 상대방에게 설득하기 위해 작성하는 문서 ※ 구성: 기획목적 → 기획내용 → 기대효과
보고서	특정한 일에 관한 현황이나 진행상황, 연구·검토 결과 등을 보고하기 위해 작성하는 문서
설명서	상품의 특성이나 사물의 성질과 가치, 작동 방법이나 과정을 소비자에게 설명하기 위해 작성하는 문서
안내문	어떠한 행사나 사실(제도), 기업의 사안에 따른 안내 정보를 제공하는 문서
보도자료	정부기관이나 기업체, 각종 단체 등이 언론을 상대로 자신들의 정보를 기사로 보도되도록 하기 위해 작성하는 문서
품의서	업무의 수행과 관리를 시행하기에 앞서 결재권자에게 특정한 사안을 승인해 줄 것을 요청하기 위해 작성하는 문서
결의서	어떤 안건에 대해 수행을 목적으로 의사를 표시 및 결정한 것을 기록한 서식
자기소개서	기업이 요구하는 개인적인 배경이나 경력 등을 진술함으로써 입사, 계약 등의 목적을 위해 작성하는 문서
비즈니스 레터	사업상의 이유로 고객이나 단체에 공식적 또는 비공식적으로 편지를 쓰기 위해 작성하는 문서
비즈니스 메모	업무상 중요한 일이나 전화, 회의 등의 체크할 사항을 메모하기 위해 작성하는 문서

4. 문서이해의 구체적인 절차

단계	내용
1단계	문서의 목적 이해
2단계	문서작성 배경과 주제 파악
3단계	문서의 정보를 밝히고, 제시된 현안 파악
4단계	상대방의 욕구와 의도 및 내게 요구되는 행동에 관한 내용을 분석
5단계	문서에서 이해한 목적을 달성하기 위해 취해야 할 행동을 생각하고 결정
6단계	상대방의 의도를 도표나 그림 등으로 메모하여 요약 및 정리

5. 문서의 효력 발생 시기(효력 발생에 대한 입법주의)

구분	내용	특징
표백주의 (表白主義)	의사표시가 성립한 때에 효력이 발생한다는 원칙	• 시기의 입증이 곤란함 • 서면 작성에 관하여 부당함 • 상대방 없는 의사 표시는 표시가 완료된 때에 효력이 발생함
발신주의 (發信主義)	성립한 문서가 상대에게 발신된 때에 효력이 발생한다는 원칙	• 신속을 요하는 거래의 요구에 적합함 • 다수의 사람에게 동일하게 통지하여야 할 경우 장점임
도달주의 (到達主義)	문서가 상대에게 도달한 때에 효력이 발생한다는 원칙	• 양 당사자의 이익을 잘 조화한 입법주의 • 의사 표시의 효력 발생 시기를 객관적으로 확정할 수 있음 • 표의자도 그 시점을 예상할 수 있어 법률관계가 간단명료함
요지주의 (了知主義)	상대방이 문서의 내용을 안 때에 효력이 발생한다는 원칙	• 상대방이 요지한 시기를 입증하기 곤란함

참고 문서별 효력 발생 시기
- 일반문서: 도달주의(다른 규정이 없는 경우)
  ※ 분쟁이 일어날 수 있는 문서는 수령증, 등기우편, 배달 및 내용증명 등 도달을 증명할 수 있는 발송 방법 이용
- 공고문서: 고시, 공고가 있는 날로부터 5일 경과한 날로부터 효력 발생
- 전자문서: 수신자의 컴퓨터 파일에 등록된 때에 효력 발생

하위능력 ❷ 문서작성능력

1. 문서작성 시 고려사항

대상, 목적, 시기, 기대효과

2. 상황에 따른 문서 작성의 종류

① 요청이나 확인을 부탁하는 경우 → 공문서
② 구체적인 정보제공을 위한 경우 → 설명서, 안내서
③ 명령이나 지시가 필요한 경우 → 업무 지시서
④ 제안이나 기획이 필요한 경우 → 제안서, 기획서
⑤ 약속이나 추천을 위한 경우 → 추천서

3. 종류에 따른 문서작성법

구분	형식	내용
공문서	• 연도와 월일을 반드시 함께 기입해야 함 • 날짜 다음에 괄호를 사용할 경우 마침표를 찍지 않음 • 한 장에 담아내야 함 • 마지막에는 반드시 '끝.' 자로 마무리해야 함	• 육하원칙이 정확하게 드러나도록 작성해야 함 • 대외문서이며 장기간 보관되는 문서이므로 정확하게 기술해야 함
설명서	• 명령문보다 평서형으로 작성함 • 복잡한 내용은 도표를 통해 시각화함 • 동일한 문장 반복을 피하고 다양하게 표현해야 함	• 상품이나 제품의 특성에 대해 정확하게 기술해야 함 • 정확한 내용 전달을 위해 간결하게 작성해야 함 • 소비자들이 이해하기 어려운 전문 용어는 가급적 쓰지 않음
기획서	• 내용이 한눈에 파악되도록 목차를 구성함 • 핵심 내용의 표현을 신중히 해야 함 • 효과적인 내용 전달을 위해 표나 그래프를 활용하여 시각화함	• 설득력을 높이기 위해 상대가 요구하는 것이 무엇인지 고려해야 함 • 충분한 검토를 한 후 제출해야 함 • 인용한 자료의 출처가 정확한지 확인해야 함
보고서	• 내용이 복잡할 때는 도표나 그림을 활용함 • 핵심 사항만 간결하게 표현함	• 핵심 내용을 구체적으로 제시함 • 제출 전에 반드시 최종 점검해야 함 • 예상 질문을 사전에 추출하고 그에 대한 답을 미리 준비해야 함

4. 문서작성의 원칙과 주의사항

① 간단한 표제를 붙일 것
② 문서의 주요 내용을 먼저 쓸 것
③ 불필요한 한자 사용은 배제할 것
④ 부정문이나 의문문의 형식은 피할 것
⑤ 문서작성 시기를 정확하게 기입할 것
⑥ 문서작성 후 반드시 내용을 재검토할 것
⑦ 첨부자료는 반드시 필요한 자료일 것
⑧ 금액, 수량, 일자 등을 정확하게 기재할 것

5. 문서 표현의 시각화

① 차트 시각화
통계 수치 등을 도표나 차트로 명확하고 효과적으로 표현
② 다이어그램 시각화
정보를 도형, 선, 화살표 등의 상징을 통해 시각적으로 표현
③ 이미지 시각화
전달하고자 하는 내용을 관련 그림이나 사진 등으로 표현

6. 문서의 작성 방법과 기준

문서의 작성	내용
용지	• 도면, 통계표, 기타 별도로 정한 사항을 제외하고는 A4 용지(가로 210㎜, 세로 297㎜)를 세워서 사용함 • 흰색으로 함
여백	• 위로부터 3㎝, 왼쪽 및 오른쪽 2㎝, 아래로부터 1.5㎝씩 띄워서 씀 • 문서의 편철 위치나 용도에 따라 각 여백을 달리할 수 있음
글의 색채	• 검정색 또는 푸른색으로 함 • 적색은 수정 또는 주의, 환기 등 특별한 표시를 할 필요가 있을 경우에만 사용함
제목	• 문서의 내용을 알 수 있게 표기함 • 비유는 하지 않음
문서의 마지막	• 문서의 마지막에는 모두 '끝.' 자를 표시함 • 첨부물이 있는 경우 첨부의 표시를 한 다음 1자 띄우고 '끝.' 자를 표시함 • 본문 또는 첨부의 표시문이 오른쪽 한계선에서 끝나는 경우 다음 줄의 왼쪽 기본 선에서 1자 띄우고 '끝.' 자를 표시함 • 연명부 등의 서식을 작성하는 경우 – 기재사항이 서식의 중간에서 끝나는 경우 기재사항 마지막 자 다음 줄에 '이하 빈칸'을 표시함 – 기재사항이 서식의 마지막 칸까지 작성되는 경우 서식의 칸 밖의 아래 왼쪽 기본선에서 1자를 띄우고 '끝.' 자를 표시함 – 일괄 기안의 경우 각 안마다 위의 요령에 의하여 표시함
숫자	• 아라비아 숫자로 표시함
날짜	• 숫자로 표기하되 연, 월, 일의 글자는 생략하고 그 자리에 온점을 찍어 표시함 예 2023. 12. 12.
시간	• 시, 분은 24시각제에 따라 숫자로 표시하되, 시, 분의 글자는 생략하고 그 사이에 쌍점을 찍어 구분함 예 15:30

금액	• 숫자로 표시하되, 숫자 다음에 괄호를 하고 한글로 기재함 예 금 254,570원(금이십오만사천오백칠십원)
쪽 번호	• 문서의 중앙 하단에 일련번호를 숫자로 표시하되, 문서의 순서 또는 연결 관계를 명백히 밝힐 필요가 있는 중요 문서에는 해당 문서의 전체 쪽수와 그 쪽의 일련번호를 붙임표(-)로 이어 표시함 예 300-12 또는 12-300
바코드	• 문서 상단의 '행정기관명' 표시줄의 오른쪽 끝에 2cm × 2cm 범위에서 표시함
보고자 표시	• 업무관리시스템 또는 전자문서시스템을 이용하여 보고하거나 결재권자에게 직접 보고하지 않는 경우 생략함
띄어쓰기	• 행정기관명은 붙여 씀 예 한국전력공사 • 직함과 직위는 띄어 씀 예 ○○○ 과장 • 쌍점(:)은 시간을 제외하고 앞말과는 붙여 쓰고 뒷말과는 띄어 씀 예 가. 일시: 2023. 5. 25.
항목	• 문서의 내용을 둘 이상의 항목으로 구분할 필요가 있으면 다음 구분에 따라 그 항목을 순서대로 표시하되, 필요한 경우 ㅁ, ㅇ, -, · 등의 특수기호로 표시할 수 있음 • 첫째 항목 기호는 왼쪽 처음부터 띄어쓰기 없이 바로 시작함 • 둘째 항목부터는 상위 항목 위치에서 오른쪽으로 2타씩 옮겨 시작함 • 항목이 한 줄 이상이면 항목 내용의 첫 글자에 맞추어 정렬함 • 항목 표시 순서 - 첫째 항목: 1. 2. - 둘째 항목: 가. 나. - 셋째 항목: 1) 2) - 넷째 항목: 가) 나) - 다섯째 항목: (1) (2) - 여섯째 항목: (가) (나) - 일곱째 항목: ① ② - 여덟째 항목: ㉮ ㉯

참고 문서의 수정

가. 원안의 글자를 알 수 있도록 중앙에 가로로 두 선을 그어 삭제 또는 수정하고 그곳에 서명 또는 날인함

나. 중요한 문서를 수정 또는 삭제 시는 문서 여백에 수정 또는 삭제한 자수를 표시하고 서명 또는 날인함

다. 전자문서를 수정할 수 없을 경우 수정한 내용대로 재작성하여 결재하고, 수정 전의 문서는 처리과의 장이 보존할 필요가 있다고 인정하는 경우에는 이를 보존함

예

번 호	성 명	주민등록번호	주 소
3	홍 길 동 ~~홍 길 동~~	600415-0000000	만안구 안양6동 00-0

3자 수정㊞

7. 결재 규정에 따른 결재 양식

1) 결재 양식에 필요한 용어

① 전결

- 회사의 경영활동이나 관리활동을 수행함에 있어 의사결정이나 판단을 요하는 일에 대하여 최고결재권자의 결재를 생략하고, 자신의 책임하에 최종적으로 의사결정이나 판단을 하는 행위(전결을 가진 사람을 '전결권자'라고 하고, 전결권자는 최종결재권자가 됨)
- 전결권자가 있는 경우 결재 양식에 전결권자 서명란에는 '전결' 표기하고 서명함
- 전결사항에 대해서도 위임받은 자를 포함한 이하 직책자의 결재를 받아야 함

② 대결

결재권자가 출장, 휴가, 기타 사유로 부재 시 그 직무를 대리하는 자가 결재하는 행위로 결재권자가 결재한 것과 같은 동일한 효력을 가짐(단, 동일한 효력을 가졌다고 해서 '대결권자'가 '최종결재권자'가 되는 것은 아님)

2) 서명 표기를 하지 않는 사람의 경우

① '전결' 표시를 아니하는 사람의 서명란은 만들지 아니하거나 대각선 사선 표시를 함

② 문제에서는 반드시 서명란을 만들지 않거나 대각선 사선 표시를 하도록 조건이 주어짐

3) 사례(부장 전결 사항인 경우, 전결 표시를 아니하는 사람의 서명란은 만들지 않는 경우)

<table>
<tr><th>대리</th><th>과장</th><th>차장</th><th>부장</th></tr>
<tr><td rowspan="2">대리서명</td><td rowspan="2">과장서명</td><td rowspan="2">차장서명</td><td>전결</td></tr>
<tr><td>부장서명</td></tr>
</table>

참고 부장보다 위의 직급이 될 수 있는 본부장, 이사, 사장의 서명란은 만들지 않음

8. 필수 어법

1) 언어의 기능과 특성 기출 부산교통공사

① 언어의 기능

구분	내용
표현의 기능	말하는 이가 현실세계에 대한 자신의 판단이나 감정을 언어로 표현하는 기능 • 감화적(지령적) 기능: 듣는 이에게 무엇을 하게 하거나, 하지 않게 하는 기능 예 어서 집에 가거라. / 여기는 금연 장소입니다. / 하루에 30분씩 걸읍시다. • 정보 전달 및 보존의 기능(지시적(指示的) 기능): 어떤 사실, 정보, 지식에 대하여 말하는 이가 듣는 이에게 내용을 알려 주는 기능 예 대한민국은 동북아시아에 속한다. • 친교적(사교적) 기능: 말하는 이와 듣는 이와 친교를 확인하거나 확보하기 위한 수단으로 사용되는 기능 예 (인사치레로) 안녕하세요? • 관어적 기능: 언어가 언어끼리 관계하고 있는 기능 예 "영어의 'Father'는 우리말의 '아버지'라는 말이다."라고 했을 경우 영어와 한국어의 관계를 나타냄 • 미적 기능: 말의 형식을 아름답게 가다듬는 기능 예 가는 말이 고와야 오는 말이 곱다
표출의 기능	말하는 이가 표현 의도나 전달 의도 없이 의사소통을 전제로 하지 않고 본능적으로 사용하는 기능 예 으악! / 에구머니나!

② 언어의 특성

구분	내용
자의성	언어는 인간이 의사소통하는 데 쓰이는 기호이며, 일정한 말소리와 의미의 자의적인 결합으로 이루어짐 예 '집'이라는 의미를 가진 말을 한국어에서는 '집[집]', 영어에서는 'House[하우스]', 중국어에서는 '家[지아]'라고 함
사회성	언어는 언어 공동체 안에서의 사회적인 약속으로서 개인이 마음대로 바꿀 수 없음 예 '길'이라는 의미의 말소리 [길]을 내 마음대로 [골]로 바꾸면 다른 사람들은 그 말을 '길'이라는 의미로 이해할 수 없음
역사성	시간의 흐름에 따라 의미와 말소리의 관계에 대한 사회적 약속이 변함 예 '어리다'는 예전에는 '어리석다'라는 뜻이었지만, 지금은 '나이가 적다'라는 뜻으로 변함
규칙성	언어가 가진 일정한 구조들이 유지되도록 일정한 규칙의 적용을 받음 예 한국어를 사용하는 사람은 "나는 학교에 간다."가 아닌 "나를 학교에 간다."라고 말하면 그 말뜻을 이해하지 못함
창조성	언어의 규칙성에 기대어 무한한 수의 새로운 단어와 문장을 생성함 예 "나는 학교에 간다."라는 문장을 배운 아이는 "너는 학교에 간다.", "나는 우체국에 간다."라는 새로운 문장을 만들어 냄
분절성	언어는 물리적으로 연속된 실체를 분절적으로 쪼개어 표현함 예 '뺨, 턱, 이마' 사이에 정확한 구획이 있지는 않지만 각각을 지칭해서 부름

2) 음운의 변동 기출 부산교통공사

어떤 음운이 그 놓이는 환경에 따라 다른 음운으로 바뀌어 소리 나는 현상

① 교체

- 음절의 끝소리 규칙: 음절의 끝, 즉 받침 위치에서는 'ㄱ, ㄴ, ㄷ, ㄹ, ㅁ, ㅂ, ㅇ'의 7개 자음으로만 발음되는 현상

받침 표기	끝소리 발음	예
ㄱ, ㄲ, ㅋ	ㄱ	박[박], 밖[박], 부엌[부억]
ㄴ	ㄴ	간[간], 반[반]
ㄷ, ㅌ, ㅅ, ㅆ, ㅈ, ㅊ, ㅎ	ㄷ	낟[낟], 낱[낟], 낫[낟], 났(다)[낟(따)], 낮[낟], 낯[낟], 히읗[히읃]
ㄹ	ㄹ	말[말], 발[발]
ㅁ	ㅁ	밤[밤], 섬[섬]
ㅂ, ㅍ	ㅂ	법[법], 숲[숩]
ㅇ	ㅇ	방[방], 정[정]

- 자음 동화
  - 비음화: 비음이 아닌 자음이 비음의 영향을 받아 비음 'ㄴ, ㅁ, ㅇ'으로 동화되는 현상
    예 닫는다[단는다], 잡는다[잠는다], 먹는다[멍는다]
  - 유음화: 유음이 아닌 자음이 유음의 영향을 받아 유음 'ㄹ'로 동화되는 현상
    예 달님[달림], 권력[궐력]
- 모음 동화
  - 'ㅣ' 모음 역행 동화: 후설 모음 'ㅏ, ㅓ, ㅗ, ㅜ'가 뒤에 오는 전설 모음 'ㅣ'의 영향을 받아 각각 'ㅐ, ㅔ, ㅚ, ㅟ'로 바뀌는 현상
    예 아기 → [애기], 어미 → [에미], 고기 → [괴기], 죽이다 → [주기다] → [쥐기다]
- 구개음화: 구개음이 아닌 자음 'ㄷ, ㅌ'이 모음 'ㅣ'와 만나 경구개음인 'ㅈ, ㅊ'으로 동화되는 현상
  예 굳이 → [구지], 미닫이 → [미다지], 밭이 → [바치], 붙이다 → [부치다]

② 탈락

구분	내용	예
자음군 단순화	음절 말의 겹받침 가운데 하나가 탈락하고 하나만 발음되는 현상	• 닭[닥], 맑다[막따], 읊다[읍따] • 넋[넉], 여덟[여덜], 외곬[외골], 핥다[할따], 값[갑]
'ㄹ' 탈락	동사나 형용사의 어간 말 자음 'ㄹ'이 몇몇 어미 앞에서 탈락하는 현상	• 놀다: 노니 논 놉니다 노시다 노오 • 둥글다: 둥그니 둥근 둥급니다 둥그시다 둥그오
'ㅎ' 탈락	동사나 형용사의 어간 말 자음 'ㅎ'이 모음으로 시작하는 어미 앞에서 탈락하는 현상	• 그렇다: 그럴 그러면 그러오 • 낳은[나은], 많아[마:나], 싫어도[시러도]
'ㅡ' 탈락	동사나 형용사의 어간 말 모음 'ㅡ'가 모음으로 시작하는 어미 앞에서 탈락하는 현상	• 끄다: 꺼 껐다 • 쓰다: 써 썼다

③ 첨가

사잇소리 현상

구분	예
뒤의 예사소리가 된소리로 나는 경우	• 초+불 → 촛불[초뿔/촏뿔] • 배+사공 → 뱃사공[배싸공/밷싸공] • 논+둑 → 논둑[논뚝] • 길+가 → 길가[길까] • 밤+길 → 밤길[밤낄] • 등+불 → 등불[등뿔]
앞말이 모음으로 끝나고 뒷말이 'ㅁ, ㄴ'으로 시작될 때, 앞말의 끝소리에 'ㄴ' 소리가 첨가되는 경우	• 이+몸 → 잇몸[인몸] • 코+날 → 콧날[콘날]
앞말의 음운과 상관없이 뒷말이 모음 'ㅣ'나 반모음 [j]로 시작될 때, 'ㄴ'이 하나 혹은 둘 첨가되는 경우	• 집안+일 → 집안일[지반닐] • 물+약 → 물약[물략 → 물냑] • 가외+일 → 가욋일[가왼닐] • 나무+잎 → 나뭇잎[나문닙]

참고 사이시옷의 예외

한자어에는 사이시옷을 붙이지 않되, 다음의 6개 한자어에만 사이시옷을 붙임

곳간(庫間), 셋방(貰房), 숫자(數字), 찻간(車間), 툇간(退間), 횟수(回數)

④ 축약

- 자음 축약: 'ㅂ, ㄷ, ㅈ, ㄱ'과 'ㅎ'이 서로 만나면 'ㅍ, ㅌ, ㅊ, ㅋ'(거센소리)이 되는 현상
  예 잡히다 → [자피다], 놓다 → [노타]
- 모음 축약: 두 형태소가 서로 만날 때 앞뒤 형태소의 두 음절이 한 음절로 줄어드는 현상
  예 ㅗ+ㅏ → ㅘ: 오-+-아서 → 와서, ㅣ+ㅓ → ㅕ: 가지-+-어 → 가져

3) 한글맞춤법에 따른 정확한 표현

① 높임표현 기출 한국중부발전

주체 높임	예 너, 선생님이 빨리 오시래. → 오라고 하셔 예 할머니, 어머니가 오셨어요. → 왔어요 예 주례 선생님 말씀이 계시겠습니다. → 있으시겠습니다
객체 높임	예 할머니에게 열쇠를 주었다. → 께, 드렸다 예 시골에 계신 할머니를 보고 오너라. → 뵙고
상대 높임	예 아버지, 제가 은행에 다녀오겠습니다.

② 불필요한 습관적인 표현 바로잡기

추측표현	예 오늘 본 영화는 재미있었던 것 같아요. → 재미있었습니다
조사의 쓰임	예 우리가 우승했다라는 사실이 믿기지 않아요. → 우승했다는
잘못된 용언의 활용	예 아버님, 올해도 건강하세요. → 건강하시길 바랍니다

③ 정확한 의미에 맞는 단어 사용하기

예 리보솜과 리소좀은 서로 틀린 거야. → 다른

④ 부자연스러운 사동표현과 피동표현 바로잡기

부자연스러운 사동표현	예 그 선생님은 영어를 교육시키는 분이다. → 교육하는
부자연스러운 피동표현	예 일이 잘 진행되어지고 있습니다. → 진행되고

⑤ 문장 다듬기 기출 인천도시공사

문장 성분 갖추기	예 예식이 끝난 뒤 하객들이 모두 식당으로 옮겨 앉으면서 시작되었다. → 피로연은 예식이 끝난 뒤 하객들이 모두 식당으로 옮겨 앉으면서 시작되었다. 예 본격적인 공사가 언제 시작되고, 언제 개통될지 모른다. → 본격적인 공사가 언제 시작되고, 도로가 언제 개통될지 모른다. 예 인간은 환경을 지배하고, 때로는 순응하면서 산다. → 인간은 환경을 지배하고, 때로는 환경에 순응하면서 산다.
문장 성분의 호응	• 주어와 서술어의 호응 예 현재의 복지 정책은 앞으로 손질이 불가피할 전망입니다. → 현재의 복지 정책은 손질이 불가피할 것으로 전문가들은 전망합니다. • 수식어와 피수식어의 호응 예 한결같이 어려운 이웃을 돕는 사람들이 많습니다. → 어려운 이웃을 한결같이 돕는 사람들이 많습니다. • 부사어와 서술어의 호응 예 동아리에 가입하기 위해서는 절대로 직접 손으로 쓴 작품을 제출해야 합니다. → 동아리에 가입하기 위해서는 반드시 직접 손으로 쓴 작품을 제출해야 합니다.
관형화·명사화 구성 바르게 하기	• 관형화 구성 예 유구한 빛나는 전통문화를 단절시킬 가능성이 큰 융통성 없는 문화 정책은 재고해야 한다. → 유구하고 빛나는 전통문화를 단절시킬 가능성이 큰, 융통성 없는 문화 정책은 재고해야 한다. • 명사화 구성 예 여름이 되면 수해 방지 대책 마련에 철저를 기해야 한다. → 여름이 되면 수해를 방지할 대책을 마련하는 데 철저를 기해야 한다.

정확한 의미를 알 수 없는 문장	• 수식의 모호성 예 용감한 그의 아버지는 적군을 향해 돌진하였다. → 그의 용감한 아버지는 적군을 향해 돌진하였다. • 비교 구문의 모호성 예 남편은 나보다 비디오를 좋아한다. → ① 남편은 나를 좋아하기보다는 비디오를 좋아한다. ② 남편은 내가 비디오를 좋아하는 것보다 더 비디오를 좋아한다. • 병렬 구문의 모호성 예 어머니께서 사과와 귤 두 개를 주셨다. → ① 합이 두 개 ② 귤만 두 개(사과 한 개, 귤 두 개) • 의존 명사 구문의 모호성 예 그가 걸음을 걷는 것이 이상하다. → ① 그의 걸음이 ② 그가 걸음을 걷는다는 사실 자체가 • 조사의 모호성 예 시간이 이십 분뿐이 안 남았다. → 시간이 이십 분밖에 안 남았다. • 부정문의 모호성 예 우연치 않게 준성이를 만났다. → 우연히 준성이를 만났다.
불필요한 문장 성분 생략하기	예 그의 사상이 밖으로 표출되어 있는 것이 바로 이 책이다. → 그의 사상이 표출되어 있는 것이 바로 이 책이다.
우리말답지 않은 표현 다듬기	예 우리 모두 내일 오전 10시에 회의를 갖도록 하자. → 우리 모두 내일 오전 10시에 회의를 하도록 하자.

⑥ 띄어쓰기

- 조사는 그 앞말에 붙여 씀

  예 꽃이, 꽃마저, 꽃밖에, 꽃에서부터, 꽃으로만, 꽃이나마, 꽃이다, 꽃처럼

- 의존 명사는 띄어 씀

  예 아는 것이 힘이다. 나도 할 수 있다. 먹을 만큼 먹어라. 아는 이를 만났다.

- 단위를 나타내는 명사는 띄어 씀

  예 한 개, 차 한 대, 금 서 돈, 신 두 켤레

  다만, 순서를 나타내는 경우나 숫자와 어울리어 쓰이는 경우에는 붙여 쓸 수 있음

  예 두시 삼십분 오초, 제일과, 삼학년, 10개, 7미터, 제1어학실습실

- 수를 적을 때에는 '만(萬)' 단위로 띄어 씀

  예 십이억 삼천사백오십육만 칠천팔백구십팔, 12억 3456만 7898

- 두 말을 이어 주거나 열거할 적에 쓰이는 말들은 띄어 씀

  예 국장 겸 과장, 열 내지 스물, 청군 대 백군, 책상, 걸상 등

- 단음절로 된 단어가 연이어 나타날 적에는 붙여 쓸 수 있음

  예 좀더 큰것, 이말 저말, 한잎 두잎

- 보조 용언은 띄어 씀을 원칙으로 하되, 경우에 따라 붙여 씀도 허용함

  예 [원칙] 불이 꺼져 간다. / [허용] 불이 꺼져간다.

  다만, 앞말에 조사가 붙거나 앞말이 합성 용언인 경우, 그리고 중간에 조사가 들어갈 적에는 그 뒤에 오는 보조 용언은 띄어 씀

  예 잘도 놀아만 나는구나! 네가 덤벼들어 보아라. 그가 올 듯도 하다.

- 성과 이름, 성과 호 등은 붙여 쓰고, 이에 덧붙는 호칭어, 관직명 등은 띄어 씀

  예 김양수(金良洙), 서화담(徐花潭), 채영신 씨, 충무공 이순신 장군

  다만, 성과 이름, 성과 호를 분명히 구분할 필요가 있을 경우에는 띄어 쓸 수 있음

  예 남궁억/남궁 억, 독고준/독고 준, 황보지봉/황보 지봉

하위능력 ③ 경청능력

1. 경청의 의미

상대방이 보내는 메시지 내용에 주의를 기울이고 이해를 위해 노력하는 행동

2. 경청의 의의

① 대화 과정에서 신뢰를 쌓을 수 있음
② 상대방에게 나의 말과 메시지, 감정이 효과적으로 전달됨
③ 상대방으로 하여금 개방적이고 솔직한 의사소통을 하도록 촉진함

3. 경청의 종류

1) 적극적 경청

① 자신이 상대방의 이야기에 주의를 집중하고 있음을 행동을 통해 외적으로 표현하며 듣는 것
② 상대방의 말 중 이해가 안 되는 부분을 질문하거나 자신이 이해한 내용을 확인하거나 상대의 발언 내용과 감정에 공감함

2) 소극적 경청

① 상대의 이야기에 특별한 반응을 표현하지 않고 듣는 것
② 상대가 하는 말을 중간에 자르거나 다른 화제로 돌리지 않고 상대의 이야기를 수동적으로 따라감

4. 경청의 방해 요인

구분	내용
짐작하기	상대방의 말을 듣고 받아들이기보다 자신의 생각에 들어맞는 단서들을 찾아 자신의 생각을 확인하는 것
대답할 말 준비하기	상대방의 말을 듣고 곧 자신이 다음에 할 말을 생각하는 데 집중해 상대가 말하는 것을 잘 듣지 않는 것
걸러내기	상대의 말을 듣기는 하지만 상대방의 메시지를 온전하게 받아들이지 않고 듣고 싶지 않은 메시지는 회피하는 것
판단하기	상대방에 대한 부정적인 선입견 때문에, 또는 상대방을 비판하기 위해 상대방의 말을 듣지 않는 것
다른 생각하기	상대방에게 관심을 기울이지 못하고 상대가 말하는 동안 다른 생각을 하는 것
조언하기	다른 사람의 문제를 본인이 해결해 주고자 공감과 위로보다는 조언에 집중하는 것
언쟁하기	상대의 설명을 무시하고 자신의 생각만을 늘어놓거나 지나치게 논쟁적인 태도를 취하는 것
자존심 세우기	자신에 대한 비판적 언급에 대해 강한 거부감을 드러내는 것
슬쩍 넘어가기	문제점이나 상대방의 부정적 감정을 회피하기 위해 유머를 사용하거나 초점을 빗겨가는 것
비위 맞추기	상대방을 위로하거나 비위를 맞추기 위해 너무 빨리 동의하는 것

5. 효과적인 경청 방법

구분	내용
준비하기	강의 내용에 나오는 용어를 친숙하게 받아들이기 위해 수업계획서나 자료를 미리 읽어 두고 듣는 것
주의를 집중하기	말하는 사람의 모든 것에 집중하며 적극적으로 듣는 것
예측하기	상대방이 말하는 동안 시간 간격이 발생했을 때, 다음에 말할 내용을 추측하려고 노력하며 듣는 것
나와 관련짓기	상대방이 전달하려는 메시지를 생각하며 나의 삶, 경험 등과 관련지으며 듣는 것
질문하기	질문할 수 없는 상황이거나 답변을 바로 들을 수 없더라도 질문하려는 태도로 듣는 것
요약하기	대화 도중 주기적으로 상대방이 전달하려는 메시지를 요약하며 듣는 것
반응하기	상대방이 말한 내용에 대해 이야기하고 질문을 통해 명료하게 이해한 후 피드백하며 듣는 것

6. 경청훈련 방법

① 주의 기울이기(바라보기, 듣기, 따라 하기)
② 상대방의 경험을 인정하고 추가 정보 요청하기
③ 정확성을 위해 요약하기
④ 개방적인 질문하기
⑤ '왜'라는 질문 삼가기

7. 공감 반응을 위한 노력

① 상대방의 관점에서 이해하려는 노력
② 상대방의 말에 담긴 감정과 생각을 이해하려는 노력
③ 자신이 느낀 상대방의 감정을 전달해 주려는 노력

하위능력 ④ 의사표현능력

1. 의사표현능력의 의미

말하는 이가 자신의 감정, 사고, 욕구, 바람 등을 음성언어와 신체언어를 이용해 효과적으로 전달하는 기술

2. 의사표현의 목적

① 설득
말하는 이가 듣는 이의 생각이나 태도를 변화시키고자 함
② 정보 전달
말하는 이가 자신에게 필요한 정보를 제공받고자 함
③ 요청
말하는 이가 청자에게 자신에게 필요한 일을 하도록 함

3. 의사표현의 종류

구분	내용
공식적 말하기	사전에 준비된 내용을 대중을 상대로 말하는 것 예 연설, 토의, 토론
의례적 말하기	정치적, 문화적 행사에서와 같이 의례 절차에 따라 하는 말하기 예 식사, 주례, 회의
친교적 말하기	친근한 사람들 사이에서 떠오르는 대로 주고받는 말하기

4. 의사표현의 의의

의사표현을 통해 자신이 보이고 싶은 성격, 능력, 매력 등을 타인에게 보여줄 수 있으므로 당사자의 이미지를 결정하고 인간관계를 시작하거나 관리할 수 있음

5. 의사표현에 영향을 미치는 비언어적 요소

연단공포증, 말, 몸짓, 유머

6. 효과적인 의사표현 방법

① 전달하고 싶은 의도, 생각, 감정이 무엇인지 분명히 인식해야 함
② 전달하고자 하는 내용을 명료하고 적절한 메시지로 바꾸어야 함
③ 메시지를 전달하려는 매체와 경로를 신중히 선택해야 함
④ 듣는 이가 자신의 메시지를 어떻게 받아들였는지 피드백을 받아야 함
⑤ 말하는 이의 표정, 음성적 특성, 몸짓 등 비언어적 방식을 활용해야 함
⑥ 확실한 의사표현을 위해 반복적으로 전달해야 함

7. 상황과 대상에 따른 의사표현법

구분	내용
상대방의 잘못을 지적할 때	• 질책상황에서: '칭찬의 말', '질책의 말', '격려의 말' 순서에 따르는 샌드위치 화법을 통해 부드럽게 받아들이도록 함 • 충고상황에서: 상대에게 부정적 반응을 보이는 것에 신중해야 하며 예를 들거나 비유법을 통해 우회적으로 표현하도록 함
상대방을 칭찬할 때	• 빈말이나 아부로 여겨지지 않도록 중요하고 의미 있는 내용을 칭찬해야 하며, 대화 서두에 분위기 전환용으로 사용함
상대방에게 요구해야 할 때	• 부탁할 때: 상대방의 사정을 듣고 들어줄 수 있는 상황인지 확인한 후, 응하기 쉽게 구체적으로 해야 하며, 거절을 당해도 싫은 내색을 하지 않음 • 명령할 때: 강압적 표현보다는 청유형 표현을 사용함
상대방의 요구를 거절해야 할 때	• 모호한 태도보다는 단호하게 거절하는 것이 좋고, 거절에 대해 사과한 후 응해줄 수 없는 이유를 설명함
상대방을 설득해야 할 때	• 일방적인 강요가 되지 않도록 주의함

참고 설득력 있는 의사표현 지침
- 문 안에 한 발 들여놓기 기법: 말하는 이가 요청하고자 하는 도움이 100이라면 처음에는 50~60 정도로 부탁하여 상대방이 'Yes'라고 할 수 있도록 하고, 점차 도움의 내용을 늘려서 상대방의 허락을 유도하는 방법
- 얼굴 부딪히기 기법: 말하는 이가 원하는 도움의 크기가 50이라면 처음에 100을 상대방에게 요청하고 거절을 유도하는 방법으로, 이후 이미 한 번 도움을 거절한 듣는 이는 말하는 이에게 미안한 마음을 가지게 되고 좀 더 작은 도움을 요청받으면 미안한 마음을 보상하기 위해 요청에 응하게 됨

하위능력 ⑤ 기초외국어능력

1. 기초외국어능력의 의미

일 경험 중에 필요한 문서이해나 문서작성, 의사표현, 경청 등 의사표현을 기초외국어로 가능하게 하는 능력

2. 기초외국어능력이 필요한 상황

① 전화, 메일 등 의사소통을 위해 외국어를 사용하는 경우
② 매뉴얼, 서류 등 외국어 문서를 이해해야 하는 경우
③ 필요한 정보를 얻기 위한 경우

3. 외국인과의 비언어적 의사소통

표현 방식	구분	의미
표정	웃는 표정	행복, 만족, 친절
	눈살을 찌푸리는 표정	불만족, 불쾌
	눈을 마주 쳐다봄	흥미, 관심
	눈을 맞추지 않음	무관심
음성	높은 어조	적대감, 대립감
	낮은 어조	만족, 안심
	큰 목소리	내용 강조, 흥분, 불만족
	작은 목소리	자신감 결여
	빠른 속도	공포, 노여움
	느린 속도	긴장, 저항

4. 외국인과의 의사소통에서 피해야 할 행동

① 상대를 볼 때 흘겨보거나 아예 보지 않는 것
② 팔이나 다리를 꼬는 것
③ 표정 없이 말하는 것
④ 대화에 집중하지 않고 다리를 흔들거나 펜을 돌리는 것
⑤ 맞장구를 치지 않거나 고개를 끄덕이지 않는 것
⑥ 자료만 보는 것
⑦ 바르지 못한 자세로 앉는 것
⑧ 한숨을 쉬거나 하품을 하는 것
⑨ 다른 일을 하면서 듣는 것
⑩ 상대방에게 이름이나 호칭을 어떻게 할지 먼저 묻지 않고 마음대로 부르는 것

실력 플러스 노트

실력 플러스 노트에는 한국산업인력공단 직업기초능력 가이드북에는 나오지 않지만 문제 풀이에 필요한 상식 및 공식을 수록했습니다.

1. 혼동하기 쉬운 어휘

가름 갈음 거름 걸음	• 쪼개거나 나누어 따로따로 되게 하는 일 예 둘로 가름 • 다른 것으로 바꾸어 대신함 예 새 책상으로 갈음하였다. • 식물이 잘 자라도록 땅을 기름지게 하기 위하여 주는 물질 예 풀을 썩힌 거름 • 두 발을 번갈아 옮겨 놓는 동작 예 빠른 걸음
그러므로 그럼으로(써)	• 앞의 내용이 뒤의 내용의 이유나 원인, 근거가 될 때 쓰는 접속 부사 예 그는 부지런하다. 그러므로 잘 산다. • '그렇게 하는 것으로써'라는 수단의 의미 예 그는 열심히 공부한다. 그럼으로(써) 은혜에 보답한다.
느리다 늘이다 늘리다	• 어떤 동작을 하는 데 걸리는 시간이 길다 예 진도가 너무 느리다. • 본디보다 더 길게 하다 예 고무줄을 늘인다. • 물체의 넓이, 부피 따위를 본디보다 커지게 하다 예 수출량을 더 늘린다.
다치다 닫히다 닫치다	• 부딪치거나 맞거나 하여 신체에 상처를 입다 예 부주의로 손을 다쳤다. • '닫다(문짝, 뚜껑, 서랍 따위를 도로 제자리로 가게 하여 막다)'의 피동사 예 문이 저절로 닫혔다. • 열린 문짝, 뚜껑, 서랍 따위를 꼭꼭 또는 세게 닫다 예 문을 힘껏 닫쳤다.
바치다 받치다 밭치다	• 무엇을 위하여 모든 것을 아낌없이 내놓거나 쓰다 예 나라를 위해 목숨을 바쳤다. • 물건의 밑이나 옆 따위에 다른 물체를 대다 예 우산을 받치고 간다. • '밭다(건더기와 액체가 섞인 것을 체나 거르기 장치에 따라서 액체만을 따로 받아 내다)'를 강조 예 술을 체에 밭친다.
부딪치다 부딪히다	• '부딪다(무엇과 무엇이 힘 있게 마주 닿거나 마주 대다)'의 강조 예 차와 차가 마주 부딪쳤다. • '부딪다'의 피동사 예 마차가 화물차에 부딪혔다.
아름 알음 앎	• 두 팔을 둥글게 모아서 만든 둘레 예 세 아름 되는 둘레 • 사람끼리 서로 아는 일 예 전부터 알음이 있는 사이 • 아는 일 예 앎이 힘이다.
안치다 앉히다	• 밥, 떡, 찌개 따위를 만들기 위하여 그 재료를 솥이나 냄비 따위에 넣고 불 위에 올리다 예 밥을 안친다. • '앉다(어떤 직위나 자리를 차지하다)'의 사동사 예 윗자리에 앉힌다.
이따가 있다가	• 조금 지난 뒤에 예 이따가 오너라. • 어떤 사실이나 현상이 현실로 존재하는 상태 예 돈은 있다가도 없다.
조리다 졸이다	• 양념을 한 고기나 생선, 채소 따위를 국물에 넣고 바짝 끓여서 양념이 배어들게 하다 예 생선을 조린다. / 통조림 / 병조림 • '졸다(찌개, 국, 한약 따위의 물이 증발하여 분량이 적어지다)'의 사동사 예 국을 약불에 졸이다.
하노라고 하느라고	• 말하는 이가 자기 또는 남의 동작이나 의사의 어떠함을 나타내는 연결어미 예 하노라고 한 것이 이 모양이다. • 앞말이 뒷말의 원인이나 이유가 됨을 나타내는 종속적 연결어미 예 공부하느라고 밤을 새웠다.
–느니보다 –는 이보다	• (어미) 예 나를 찾아오느니보다 집에 있거라. • (의존명사) 예 오는 이가 가는 이보다 많다.

-(으)리만큼 -(으)ㄹ 이만큼	• (어미) 예 나를 미워하리만큼 그에게 잘못한 일이 없다. • (의존 명사) 예 찬성할 이도 반대할 이만큼이나 많을 것이다.
-(으)러 -(으)려	• (목적) 예 공부하러 간다. • (의도) 예 서울 가려 한다.
-(으)로서 -(으)로써	• (자격) 예 사람으로서 그럴 수는 없다. • (수단) 예 닭으로써 꿩을 대신했다.
-(으)므로 (-ㅁ, -음)으로(써)	• (어미) 예 그가 나를 믿으므로 나도 그를 믿는다. • (조사) 예 그는 믿음으로(써) 산 보람을 느꼈다.

2. 속담

가난한 집 제사 돌아오듯 한다.	가난한 집에서는 제사가 돌아오면 준비하는 것에 큰 부담을 느끼고 더 빈번하다고 생각하게 되는 데서, 힘든 일이 자주 닥쳐옴을 이르는 말
가는 방망이, 오는 홍두깨	홍두깨는 다듬잇감을 감아서 다듬이질할 때 쓰는 방망이에 비해 매우 단단하고 큰 물건으로, 작은 피해를 입히면 더 큰 화를 입게 되는 경우를 이르는 말
개밥에 도토리	개는 도토리를 먹지 않기 때문에 개밥 속에 도토리를 먹지 않고 남겨둔다는 데서, 따돌림을 받아 여럿이 있는 축에 끼지 못하는 사람을 이르는 말
굽은 나무가 선산(先山)을 지킨다.	자손이 빈한해지면 선산의 나무까지 팔아 버리나 줄기가 굽어 쓸모없는 것은 남아 오히려 선산을 지키게 된다는 뜻으로, 쓸모없이 보이는 것이 도리어 제 구실을 하게 됨을 비유적으로 이르는 말
고양이 쥐 생각한다.	고양이는 쥐를 잡아먹는 존재라는 데서, 속으로 해칠 생각을 품고 있는데도 당치도 않게 겉으로만 위하는 체하는 상황을 이르는 말
과부 사정은 홀아비가 안다.	남편을 잃고 홀로 살아가는 과부의 사정은 아내 없이 홀로 살아가는 홀아비가 안다는 뜻으로, 같은 처지에 있는 사람들이 서로의 마음을 이해함을 이르는 말
구멍은 깎을수록 더 커진다.	다른 것은 깎을수록 작아지지만 구멍은 깎을수록 그 모양이 점점 더 커지는 데서, 잘못된 일을 자꾸 얼버무리고 무마하려고 하면 할수록 허물이 더 드러남을 이르는 말
굴러 온 돌이 박힌 돌 뺀다.	밖에서 굴러 온 돌이 원래 그 자리를 차지하고 있던 박힌 돌을 빼낸다는 데서, 새로 들어온 사람이나 세력이 기존의 것을 밀어냄을 이르는 말
기름 먹인 가죽이 부드럽다.	미끌미끌한 기름을 먹이면 가죽이 부드러워진다는 데서, 어떤 일을 할 때 그 사람이 기분이 좋아지도록 뇌물을 주거나 사례 등을 하면 일이 잘 풀림을 가리키는 말
까마귀 날자 배 떨어진다.	까마귀가 날아간 것과 배나무에서 배가 떨어지는 것은 서로 관계가 없는 일인데도 두 사건이 겹침으로써 공연히 의심을 사게 된다는 것으로, 상황이 겹침으로써 괜히 의심받게 됨을 이르는 말
꿔다 놓은 보릿자루	여럿이 모여 있는 자리에 끼어들지 않고 아무 말도 하지 않은 채 옆에 가만히 앉아 있는 사람을 비유적으로 이르는 말
꿩 잡는 것이 매다.	꿩을 잡는 역할을 하는 존재가 매라는 데서 제 역할을 다해야 인정받을 수 있음을 이르는 말로, 꿩을 잡아내야 비로소 매라고 인정될 수 있다는 데서 목적을 이루는 것의 중요성을 나타내기도 함
나중 난 뿔이 우뚝하다.	먼저 난 뿔보다 나중에 난 뿔이 더 우뚝하고 보기에 좋다는 것으로, 먼저의 것(형)과 나중의 것(동생)을 비교하여 나중의 것(동생)이 더 나음을 이르는 말
남의 다리 긁는다.	가려움을 없애기 위해서는 자기 다리를 긁어야 하는데 엉뚱하게 남의 다리를 긁는다는 데서, 자기가 할 일은 하지 않고 엉뚱하게 다른 일을 함을 비유하는 말

드문드문 걸어도 황소걸음	드문드문은 잦지 않은 모양을 가리키는 말로, 재게 걷지 않아도 황소의 걸음이라 멀리 갈 수 있다는 것으로, 속도는 느리지만 믿음직하고 알찬 경우를 이르는 말
단단한 땅에 물이 고인다.	땅에 물이 고이려면 땅이 새는 곳 없이 단단해야 한다는 것으로, 헤프게 쓰지 않고 아끼는 사람에게 돈이 모임을 이르는 말
달도 차면 기운다.	달도 보름달이 되고 나면 다시 이지러지는 것이 순리인 것처럼 세상사는 한 번 번성하면 다시 쇠하기 마련임을 가리키는 말
모기 보고 칼 빼기	모기와 같이 작은 곤충을 잡는 데에 칼을 빼드는 것은 격에 맞지 않는 일이라는 뜻으로, 시시한 일에 크게 성을 내거나 야단스레 덤빔을 이르는 말
제 논에 물 대기	농사를 지을 때 물을 대는 것은 매우 중요한데 자기 논에만 물을 댄다는 것으로, 자기 이익을 우선 챙기거나 자기에게만 유리하게 해석함을 이르는 말
쏘아 놓은 살이요, 엎지른 물이다.	이미 쏜 화살을 되돌릴 수 없고 엎지른 물은 다시 담을 수 없다는 것으로, 한 번 저지른 일이 어떻게 다시 고치거나 중단할 수 없는 지경임을 이르는 말
혀 아래 도끼 들었다.	말을 내뱉는 기관인 혀 밑에 눈에 보이지는 않지만 사람을 상하게 할 수 있는 도끼가 들어 있다는 것으로, 말을 잘못하면 그 때문에 큰 화를 당할 수 있음을 이르는 말
소 뒷걸음질 치다 쥐 잡기	소가 쥐를 잡으려고 했던 것은 아닌데 뒷걸음질을 치다가 우연히 그렇게 되었다는 뜻으로, 우연히 공을 세운 경우를 비유적으로 이르는 말

3. 고사성어

관포지교(管鮑之交)	'관중과 포숙의 사귐'이라는 뜻으로, 매우 친한 친구 사이임을 이르는 말
타산지석(他山之石)	'다른 산의 나쁜 돌이라도 자기 산의 옥돌을 가는 데 쓸 수 있다.'라는 뜻으로, 남의 하찮은 말이나 행동도 자신의 지식과 인격을 수양하는 데 도움이 될 수 있음을 비유적으로 이르는 말
결자해지(結者解之)	'맺은 사람이 그것을 푼다.'라는 뜻으로, 자기가 저지른 일은 자기가 해결해야 함을 이르는 말
순망치한(脣亡齒寒)	'입술이 없으면 이가 시리다.'라는 뜻으로, 서로 이해관계가 밀접한 사이에 어느 한쪽이 망하면 다른 한쪽도 그 영향을 받아 온전하기 어려움을 이르는 말
조변석개(朝變夕改)	'아침저녁으로 뜯어고친다.'라는 뜻으로, 계획이나 결정 따위를 일관성이 없어 자주 고침을 이르는 말
흥진비래(興盡悲來)	'즐거운 일이 다하면 슬픈 일이 닥쳐온다.'라는 뜻으로, 세상일은 순환되는 것임을 이르는 말
자가당착(自家撞着)	'자신('自家'는 자신을 이름)이 스스로 부딪치고 충돌한다.'라는 뜻으로, 언행의 앞뒤가 맞지 않는 경우를 가리키는 말
견리사의(見利思義)	눈앞의 이익을 보면 의리를 먼저 생각함을 이르는 말
망양보뢰(亡羊補牢)	'양을 잃고 우리를 고친다.'라는 뜻으로, 이미 어떤 일을 실패한 뒤에 뉘우쳐도 아무 소용이 없음을 이르는 말
교각살우(矯角殺牛)	'소의 뿔을 바로잡으려다가 소를 죽인다.'라는 뜻으로, 잘못된 점을 고치려다가 그 방법이나 정도가 지나쳐 오히려 일을 그르침을 이르는 말
득롱망촉(得隴望蜀)	후한(後漢)의 광무제가 농(隴) 지방을 평정한 후에 다시 촉(蜀) 지방까지 원하였다는 데서 유래한 것으로, 만족할 줄을 모르고 계속 욕심을 부리는 경우를 이르는 말
수주대토(守株待兎)	한 가지 일에만 얽매여 발전을 모르는 어리석은 사람을 비유적으로 이르는 말로, 고지식하고 융통성이 없어 구습(舊習)과 전례(前例)만 고집하는 경우나 힘들이지 않고 요행수를 바라는 경우를 가리킴
교언영색(巧言令色)	'남의 환심을 사기 위해서 번지르르하게 발라맞추는 말과 알랑거리는 낯빛'이라는 뜻으로, 교묘한 말과 남을 속이는 경우를 이르는 말

도탄지고(塗炭之苦)	'진구렁이나 숯불에 빠진 것과 같은 고통'이라는 뜻으로, 몹시 고생스러운 생활이나 비참한 지경에 빠져 있음을 이르는 말
권토중래(捲土重來)	'땅을 휘말아 거듭 쳐들어오다.'라는 뜻으로, 실패에 굴하지 않고 힘을 가다듬어 다시 시작함을 이르는 말
발본색원(拔本塞源)	'나무를 뿌리째 뽑고 물의 근원을 없앤다.'라는 뜻으로, 폐단의 근본 원인이 되는 것을 아주 없애 버림을 이르는 말
고장난명(孤掌難鳴)	'외로운 손바닥은 울릴 수 없다.'라는 뜻으로, 혼자서는 일을 이룰 수 없는 상황을 가리키는 말
망운지정(望雲之情)	'멀리 구름을 바라보면서 부모님을 생각한다.'라는 뜻으로, 부모를 그리워하는 마음을 이르는 말
호구지책(糊口之策)	'호구'는 '입에 풀칠을 한다.'라는 뜻으로, 간신히 끼니만 이으며 사는 일을 비유한 것으로 '호구지책'은 겨우 먹고 살아가는 방책을 이름
호가호위(狐假虎威)	'여우가 범의 권세를 빌려 위세를 부린다.'라는 뜻으로, 자신은 그만한 힘이 없으면서도 남의 권세에 의지해서 위세를 부리는 경우를 이르는 말
동가홍상(同價紅裳)	'같은 값이면 다홍치마'라는 뜻으로, 이왕이면 보기에 좋은 것을 골라 가지게 됨을 이르는 말
견위치명(見危致命)	'위태로운 것을 보고 목숨을 바친다.'라는 뜻으로, 나라가 위급할 때 그것을 극복하기 위해 목숨을 버리는 것을 이르는 말
방약무인(傍若無人)	'곁에 사람이 없는 것 같다.'라는 뜻으로, 주변에 아무도 없는 것처럼 거리낌 없이 함부로 행동하는 태도가 있음을 이르는 말
염량세태(炎凉世態)	'더웠다 서늘해졌다 하는 세태'라는 뜻으로, 세력이 있을 때는 아부하고 몰락하면 푸대접하는 세상의 인심을 이르는 말
목불식정(目不識丁)	'아주 간단한 글자인 '정(丁)'자를 보고도 그것이 '고무래'인 줄을 알지 못한다.'라는 뜻으로, 아주 까막눈임을 이르는 말

4. 관용구

귀가 여리다.	속는 줄도 모르고 남의 말을 그대로 잘 믿다.
오리발을 내밀다.	잘못하고도 시치미를 떼거나 딴소리를 하다.
입이 짧다(밭다).	음식을 심하게 가리거나 적게 먹다.
눈에 선하다.	지난 일이나 물건의 모양이 눈앞에 보이는 듯 기억에 생생하다.
코 묻은 돈	어린아이가 가진 적은 돈
살을 떨다.	몹시 무섭거나 격분하여 온몸을 떨다.
코가 꿰이다.	약점이 잡히다.
다리를 놓다.	상대편과 관련을 짓기 위하여 중간에 다른 사람을 넣다.
동티가 나다.	땅, 돌, 나무 따위를 잘못 건드려 지신(地神)을 화나게 하여 재앙을 받다.
벼락 맞다.	아주 못된 짓을 하여 큰 벌을 받다.
입에 발린(붙은) 소리	마음에도 없이 겉치레로 하는 말
말짱 도루묵이다.	심혈을 기울인 일이 노력한 보람도 없이 헛되게 되다.
눈도장을 찍다.	눈짓으로 허락을 얻어 내는 일 또는 상대편의 눈에 띄는 일
목구멍에 풀칠하다.	굶지 않고 겨우 살아가다.

덜미를 잡히다.	못된 일을 꾸미다가 발각되다.
떼어 놓은 당상	어떤 일이 확실하여 조금도 염려가 없다.
머리를 굴리다.	머리를 써서 생각하다.
발바닥에 흙 안 묻히고 살다.	가만히 앉아서 편하게 살다.
코가 납작해지다.	몹시 무안을 당하거나 기가 죽어 위신이 뚝 떨어지다.
귀를 의심하다.	잘못 들은 것이 아닌가 하여 믿지 못하다.
밑도 끝도 없다.	앞뒤의 연관관계 없이 말을 불쑥 꺼내어 갑작스럽거나 갈피를 잡을 수 없다.
딴 주머니를 차다.	다른 속셈을 가지거나 일을 꾀하다.
얼굴이 피다.	얼굴에 살이 오르고 화색이 돌다.
발을 끊다.	오가지 않거나 관계를 끊다.
삼천포로 빠지다.	이야기가 곁길로 나가거나 어떤 일을 엉뚱한 방향으로 이끌고 가다.
잔뼈가 굵다.	오랜 기간 일정한 곳이나 직장에서 일을 하여 그 일에 익숙하다.
머리를 맞대다.	어떤 일을 의논하거나 결정하기 위하여 서로 마주 대하다.
머리가 굵다.	어른이 되다. 성장하다.
땅을 칠 노릇	몹시 분하고 애통하다.
손을 씻다.	부정적인 일에 대한 관계를 청산하다.
변죽을 울리다.	바로 집어 말하지 않고 둘러서 말을 하다.
손을 떼다.	하던 일을 그만두다. 하던 일을 끝마치고 다시 손대지 않다.
발 벗고 나서다.	적극적으로 나서다.
손(길)을 뻗치다.	① 이제까지 하지 않던 일을 해 보다. 또는 세력을 넓히다. ② 적극적인 도움, 요구, 침략, 간섭 따위의 행위가 멀리까지 미치게 하다.
손이 크다.	① 씀씀이가 후하고 크다. ② 수단이 좋고 많다.
전철을 밟다.	이전 사람의 잘못이나 실패를 되풀이하다.
뼈에 사무치다.	원한이나 고통 따위가 뼛속에 파고들 정도로 깊고 강하다.
깨가 쏟아지다.	몹시 아기자기하고 재미가 나다.
손에 붙다.	능숙해져서 의욕과 능률이 오르다.
눈에 차다.	흡족하게 마음에 들다.
점을 찍다.	마음속으로 선택하여 두다.
쐐기를 박다.	뒤탈이 없도록 미리 단단히 다짐을 두다.
오금을 박다.	사람에게 말이나 행동을 함부로 하지 못하게 단단히 이르거나 으르다.

5. 다의어 및 동음이의어

가다	• 가다[1](자동사) ① 이곳에서 저곳으로 옮아 움직이다 예 은행에 가다. ② (있던 자리를) 떠나다 예 나 보기가 역겨워 가실 때에는 말없이 고이 보내 드리오리다. ③ (직업·학업·복무 따위로 해서) 몸 둘 곳을 옮기다 예 대학에 가다. ④ (정보·기별·소식 따위가) 전하여지다 예 기별이 가다. ⑤ (어떤 지경이나 처지에) 이르다 예 사람들은 어려운 지경에 가서야 잘못을 깨닫는다. ⑥ 몫으로 돌아가다 예 나한테는 한 조각이 왔는데 너에게는 세 조각이 갔구나. ⑦ (시간·세월·계절 따위가) 지나다 예 시간이 가고 나이가 들다. ⑧ (어느 시기·지경까지) 이어지다. 견디다. 예 나의 결심이 일 년은 가겠지. ⑨ (금·구김살·주름 따위 말에 이어 쓰이어) 생기다 예 금이 간 거울 ⑩ (맛·입맛·음식 이름 따위 말에 이어 쓰이어) 상하다. 변하다. 예 김밥 맛이 갔다. ⑪ (눈길·짐작·관심 따위 말에 이어 쓰이어) 그 방향으로 돌려지다 예 자꾸 눈길이 가다. ⑫ (차례나 등급 따위가) 그만한 정도가 되다 예 둘째가라면 서러워하는 고집쟁이라네. • 가다[2](보조 동사) (보조적 연결 어미인 '-아', '-어', '-여' 뒤에 쓰이어) 동작이나 상태가 앞으로 진행됨을 나타내는 말 예 딸기가 붉게 익어 가다.
길	• 길[1](명사) ① 사람이 다닐 수 있도록 만들어진 곳 예 그는 하염없이 길을 걸었다. ② 항로(航路) 예 배로 가는 길 ③ 도중(途中). 주로 '-은(는) 길에', '-은(는) 길이다.'의 꼴로 쓰임 예 출근하는 길에 편의점에 들렀다. ④ 시간이나 공간을 거치는 과정 예 백범 김구 선생이 걸어온 길 ⑤ 목표로 하는 방향 예 실력 향상에의 길 ⑥ 방법이나 수단. 주로 '-은(는)/-을 길'의 꼴로 쓰임 예 해결할 길이 없다. ⑦ 사람으로서 해야 할 도리 예 교사로서의 길 ⑧ 여정(旅程) 예 유럽 방문 길 ⑨ 방면이나 분야 예 그 길의 선구자 • 길[2](명사) ① (짐승을 잘 가르쳐서) 부리기 좋게 된 버릇 예 늑대는 길을 들이기가 어렵다. ② 물건에 손질을 잘하여 생기는 윤기 예 그 집 장독은 길이 잘 나 있다. ③ 어떤 일에 익숙해진 솜씨 예 도시생활에 제법 길이 들었다.
나다	• 나다[1](자동사) ① 태어나다. 출생하다. 예 이 세상에 나서 처음 먹어본 음식 ② 자라다. 겉으로 나오다. 예 싹이 나다. / 이마에 땀이 송송 나다. ③ 발생하다 예 화재가 나다. / 사달이 났다. ④ (뛰어난 사람이) 나오다 예 우리 고장에서 유명인이 많이 났다. ⑤ (감정·심리·심경 등에) 어떤 변화가 일어나다 예 화가 나다. / 생각이 나다. / 신이 나다. ⑥ (능률·기세·성과 따위가) 오르다 예 능률이 나다. / 효과가 나다. ⑦ 생산되다. 산출되다. 예 이 동네에서는 복숭아가 많이 난다. ⑧ 빈자리가 생기다 예 언제쯤 자리가 날까요? ⑨ 구하던 대상이 나타나다 예 취직자리가 나다. ⑩ 결과나 결말이 지다 예 결론이 나다. ⑪ 알려지다. 유명해지다. 예 이름이 나다. / 소문이 나다. ⑫ (신문·잡지 따위에) 실리다 예 신문에 기사가 나다.

나다	⑬ (나이를 나타내는 말과 함께 쓰이어) 그 나이가 되다 예 다섯 살 난 아이 • 나다²(타동사) ① 지내다. 보내다. 예 여름을 나다. ② 딴살림을 차리다 예 장가를 들어 살림을 나다.
놓다	• 놓다(타동사) ① 잡은 것을 도로 풀어 주다 예 내 손을 놓지 마. ② 일정한 자리에 두다 예 그릇은 식탁 위에 놓아라. ③ 걱정이나 시름 따위를 풀어 없애다 예 한시름 놓다. ④ 불을 지르다 예 불을 놓자마자 타기 시작했다. ⑤ 주사나 침 같은 것을 몸에 찌르다 예 허리에 침을 놓았다. ⑥ 실로 무늬나 수 따위를 꾸미어 만들다 예 손수건에 수를 놓다. ⑦ 집이나 돈 등을 세나 이자를 붙여 남에게 빌려주다 예 전세를 놓다. ⑧ 있는 힘을 다하다 예 목을 놓아 울다. ⑨ 시설하거나 가설하다 예 TV를 놓다. ⑩ 말을 낮추어 하다 예 말씀을 놓다. ⑪ 겁주거나 방해하는 말을 하다 예 엄포를 놓다. ⑫ 문제의 대상으로 삼다 예 이 문제를 놓고 토론을 하였다.
먹다	• 먹다¹(자동사) ① (일부 날이 있는 도구와 함께 쓰이어) 잘 들거나 잘 갈리거나 하다 예 이 칼은 잘 먹지 않는다. ② 벌레가 갉거나 하여 헐어 들어가다 예 벌레 먹은 복숭아 ③ (물감이나 화장품 따위가) 잘 배어들거나 고르게 퍼지다 예 풀이 잘 먹어 빳빳하다. ④ 말의 효과가 있다 예 말이 잘 먹어 들어가다. ⑤ (어떤 일에 돈이나 물자 또는 노력이) 들다 예 재료를 많이 먹다. • 먹다²(타동사) ① 음식물을 입에 넣고 씹어서 삼키다 예 음식을 먹다. ② 음식을 마시거나 빨아서 씹지 않고 삼키다 예 젖을 먹다. ③ 담배나 아편 따위를 피우다 예 담배를 먹다. ④ (어떤 등급을) 차지하다 예 수학 경시대회에서 우승을 먹다. ⑤ (생각이나 느낌 등을) 품다 예 겁을 먹다. / 그렇게 할 마음을 먹다. ⑥ (어떤 나이에) 이르다 예 세 살 먹은 아이 ⑦ (꾸지람이나 욕을) 듣다 예 욕을 먹다. ⑧ (남의 것을) 제 것으로 삼다 예 공금을 먹다. ⑨ 구기 시합 등에서 상대편에게 득점을 하게 하다 예 우리 편이 선제골을 먹었다. ⑩ 농사를 지어 추수하다 예 이 논배미에서 석 섬은 먹는다네. ⑪ 천이나 종이가 기름이나 물감 따위를 빨아들이다 예 종이가 물을 먹다.
보다	• 보다¹(타동사) ① (시각으로) 사물의 모양을 알다 예 하늘을 보다. ② (시각으로) 즐기거나 감상하다 예 그림을 보다. ③ 대상의 내용이나 상태 등을 알려고 살피다 예 선을 보다. / 맛을 보다. ④ (일 따위를) 맡아서 하다 예 학생회의 일을 보다. ⑤ 맡아서 관리하거나 지키다 예 아이를 보다. / 집을 보다. ⑥ (어떤 행사나 격식 따위를) 치르거나 겪다 예 시험을 보다. ⑦ 자손이 생기거나 며느리나 사위를 맞이하다 예 아들을 보다. ⑧ (궂은일이나 좋은 일을) 맞이하거나 당하다 예 욕을 보다. / 재미를 보다.

보다	⑨ 마무리를 짓다 예 결과를 보다. ⑩ 평가하다. 그렇게 여기다. 예 좋지 않게 보다. / 만만히 볼 상대가 아니다. ⑪ 고려하다. 생각하다. 예 사정을 보다. ⑫ 물건을 사거나 팔러 가다 예 시장을 보다. ⑬ (음식상 따위를) 차리다 예 손님이 오셨으니 상을 좀 보아라. ⑭ (볼일이 있어) 만나다 예 아내를 보러 가다. • 보다²(보조 동사) (동사의 어미 '-아', '-어' 뒤에 쓰이어) 시험 삼아 함을 나타냄 예 돌다리도 두드려 보고 건너라. • 보다³(보조 형용사) (용언의 어미 '-ㄴ가', '-는가', '-ㄹ까', '-을까', '-나' 등의 뒤에 쓰이어) 짐작이나 막연한 의향을 나타냄 예 그가 드디어 결심했나 보다.
서다	• 서다¹(자동사) ① 위를 향하여 곧은 자세가 되다 예 책상 옆에 서서 창밖을 보다. ② 일어서다 예 재활 훈련 끝에 가까스로 서다. ③ 움직이던 것이 멈추다 예 이 차가 서면 뛰어내릴 거야. ④ 꼿꼿이 위로 뻗다 예 머리털이 쭈뼛 서다. ⑤ 건립(建立)되다 예 새 건물이 서다. ⑥ (연장 따위의) 날이 날카롭게 되다 예 칼날이 서다. ⑦ 점(占)하다. 위치를 잡다. 어떤 지위에 오르다. 예 우위에 서다. / 대표자 자리에 서다. ⑧ (무지개·핏발 따위가) 줄이 서서 길게 나타나다(생기다) 예 핏대가 선 얼굴로 소리쳤다. ⑨ (씨름판이나 시장 따위가) 열리다. 판이 벌어지다. 예 장이 서면 구경을 가곤 했다. ⑩ 배 속에 아이가 생기다 예 아이가 서나 보다. ⑪ (나라나 기관 따위가) 창건되다. 설립되다. 예 산골에도 학교가 서다. ⑫ 상품의 값이 매겨지다 예 금이 서다. ⑬ 명령·규칙·기강·위엄 등이 제대로 시행되다(유지되다·관통되다) 예 교통질서가 서다. / 위신이 서다. ⑭ 이치·논리 따위가 맞다. 일관성이 있다. 예 논리가 서다. / 말발이 서지 않다. ⑮ 수립되다. 결정되다. 예 계획이 서다. / 결심이 서다. • 서다²(타동사) 어떤 일을 맡아보거나 책임을 지다 예 보증을 서다. / 중매를 서다.
손	• 손(명사) ① 사람의 팔목 아래. 손바닥·손등·손가락으로 이루어진 부분 예 손을 흔들며 인사했다. ② 손가락 예 손을 꼽아 기다리다. ③ 도움이 될 힘이나 기술·수완 예 이 일의 결과는 네 손에 달렸어. ④ 일손, 품, 노동력 예 손이 많이 가는 일 ⑤ 사귀는 관계, 교제 예 그의 친구와 손을 끊겠다. ⑥ 잔꾀, 나쁜 수완 예 그의 손에 놀아나다. ⑦ 재물을 다루는 규모, 씀씀이 예 손이 크다. ⑧ 알맞은 기회나 시기 예 손을 놓치지 말고 제때에 팔아라. ⑨ 거치는 경로(사람) 예 밥 한 그릇이 상에 오르려면 여러 손을 거쳐야 한다. ⑩ 필요한 조처 예 손을 보다. / 이번 일은 어떻게 손을 쓸 수가 없다.
쓰다	• 쓰다¹(타동사) ① 붓, 펜 등으로 글씨를 이루다 예 글씨를 또박또박 써라. ② 글을 짓다 예 글을 쓰기 전에 계획을 해야 한다. ③ 모자 등을 머리에 얹다 예 모자를 쓴 모습이 멋지다. ④ 우산 등을 받쳐 들다 예 우산을 함께 쓰다.

쓰다	• 쓰다[2] ① 사람을 두어 부리다 예 일꾼을 쓰다. ② 정신을 기울이다 예 머리를 좀 써라. ③ 힘이나 기술을 발휘하다 예 힘을 쓰면 부러질 것 같다. ④ 돈을 들이거나 없애다 예 돈을 흥청망청 쓰다. ⑤ 연장, 원료를 사용해서 물건을 만들다 예 밀가루를 충분히 쓰세요. ⑥ 약을 먹이거나 바르다 예 약을 쓰는 것보다는 운동이 좋아요. • 쓰다[3] 묏자리를 잡아서 시체를 묻다 예 명당자리에 묘를 쓰다. • 쓰다[4](형용사) ① 맛이 소태와 같다 예 이 약은 써서 못 먹겠다. ② 입맛이 없다 예 입맛이 써서 밥이 넘어가지 않는다. ③ 마음이 언짢다 예 실패의 경험은 언제나 쓰다.
타다	• 타다[1](타동사) ① 불씨나 높은 열로 불이 붙어 번지거나 불꽃이 일어나다 예 장작이 벌겋게 타고 있었다. ② 피부가 햇볕을 오래 쬐어 검은색으로 변하다 예 해변에서 얼굴이 탔다. ③ 뜨거운 열을 받아 검은색으로 변할 정도로 지나치게 익다 예 고기를 빨리 뒤집지 않아 탔다. ④ 몹시 애가 쓰이거나 걱정이 되어 조바심이 나고 답답하다 예 그리움으로 속이 타다. ⑤ 물기가 없어 바싹 마르다 예 오랜 가뭄으로 농작물이 다 타 버렸다. • 타다[2](타동사) ① 탈것이나 짐승의 등 따위에 몸을 얹다 예 비행기에 타다. / 자동차를 타다. ② 도로, 줄, 산, 나무, 바위 따위를 밟고 오르거나 그것을 따라 지나가다 예 원숭이는 나무를 잘 탄다. ③ 어떤 조건이나, 시간, 기회 등을 이용하다 예 아이들은 밤을 타 닭서리를 하였다. ④ 바람이나 물결, 전파 따위에 실려 퍼지다 예 연기가 바람을 타고 하늘로 올라간다. ⑤ 바닥이 미끄러운 곳에서 어떤 기구를 이용하여 달리다 예 스키를 타려면 보호 장구를 갖추어야 한다. ⑥ 그네나 시소 따위의 놀이 기구에 몸을 싣고 앞뒤로, 위아래로 또는 원을 그리며 움직이다 예 그네를 타러 가자. • 타다[3](타동사) 다량의 액체에 소량의 액체나 가루 따위를 넣어 섞다 예 커피를 타다. / 미숫가루를 물에 타서 마신다. • 타다[4](타동사) ① 몫으로 주는 돈이나 물건 따위를 받다 예 회사에서 월급을 타다. / 부모님에게 용돈을 타서 쓰다. ② 복이나 재주, 운명 따위를 선천적으로 지니다 예 운명을 잘 타고 태어났는지 하는 일마다 운수대통이다. • 타다[5](동사) ① 박 따위를 톱 같은 기구를 써서 밀었다 당겼다 하여 갈라지게 하다 예 흥부가 톱으로 박을 타다. ② 줄이나 골을 내어 두 쪽으로 나누다 예 흙을 파서 골을 탄 다음 씨를 뿌렸다. ③ 콩, 팥 따위를 맷돌에 갈아서 알알이 쪼개다 예 맷돌에 콩을 타서 콩국수를 만들다. • 타다[6](타동사) 악기의 줄을 퉁기거나 건반을 눌러 소리를 내다 예 가야금을 타다. / 풍금을 타다. • 타다[7](타동사) ① 먼지나 때 따위가 쉽게 달라붙는 성질을 가지다 예 이 옷은 때를 잘 탄다. ② 몸에 독한 기운 따위의 자극을 쉽게 받다 예 옻을 타다. ③ 부끄럼이나 노여움 따위의 감정이나 간지럼 따위의 육체적 느낌을 쉽게 느끼다 예 노여움을 타다. / 간지럼을 타다. / 부끄럼을 타다. ④ 계절이나 기후의 영향을 쉽게 받다 예 가을을 타다. / 더위를 타다.

6. NCS 의사소통 지문의 종류

1) 보도자료

① 보도자료의 종류: 사업이나 행사를 홍보하는 목적으로 하는 보도자료와 제도나 사업을 소개하는 목적으로 하는 보도자료로 나눠짐

② 출제빈도: 2019년까지 비문학지문보다 적었으나, 2020년 이후 증가함

③ 출제유형: 정부의 정책과 관련한 내용이나 회사의 사업에 대한 내용이 가장 많음

④ 문제유형: 주제 찾기, 요약하기, 일치·불일치 문제가 가장 많음

〈사업이나 행사를 홍보하는 목적으로 하는 보도자료〉

국토교통부는 중앙부처와 지자체, 공공기관을 대상으로 제7차 공공건축물 리뉴얼 선도사업 공모를 시행한다고 10일 밝혔다. 노후 공공건축물 리뉴얼 사업은 오래된 청사 등 비좁고 위험한 공공건축물을 복합개발해 이용자의 안전과 편익을 높이고 지역경제를 활성화하는 사업이다.

지난해 기준 전국의 국·공유 공공건축물은 18만 3000여동으로 이 중 25%인 4만 6000여동이 30년 이상된 노후시설로 이용에 불편할 뿐 아니라 지진 등 재해에도 취약해 정비가 필요한 상황이다.

국토부는 지난 2015년부터 매년 공공건축물 리뉴얼 선도사업 공모를 진행해 6차까지 전국 17개 사업 후보지를 선정한 바 있다. 올해 선도사업은 10월 13일까지 신청을 받아 공익성과 노후도 등을 평가해 11월 중 사업지를 선정할 예정이다. 지자체뿐 아니라 중앙부처, 공공기관 소유의 건축물도 사업 신청이 가능하다.

엄○○ 국토부 건축정책관은 "공공건축물 리뉴얼 사업은 기존 낡은 청사를 복합개발해 보다 안전하고 이용이 편리한 건축물로 개선하는 사업"이라며 "이번 공모를 통해 노후 공공건축물이 도심 내 활력을 불어넣는 거점공간으로 탈바꿈할 수 있도록 중앙부처·지자체·공공기관의 적극적인 신청을 기대한다"고 밝혔다.

※ 출처: 국토교통부(2021-08-10 보도자료)

• 특징: 마지막 문단 등에서 ○○○의 이야기를 빌려 주제를 전달하는 형태

〈제도나 사업을 소개하는 목적으로 하는 보도자료〉

정부가 코로나19 극복과 지역경제 활성화를 위해 지방세를 보다 지원하고, 나아가 경제·사회적 환경 변화에 맞게 지방세입 과세제도를 합리적으로 개선하며 납세자의 권익 보호를 강화한다. 행정안전부는 10일 코로나19 등 감염병에 효율적으로 대응하고 코로나19 장기화로 피해를 겪고 있는 지역경제를 살리기 위해 마련한 '2021년 지방세입 관계법률 개정안'을 11일 입법예고한다고 밝혔다.

특히 이번 예고안에는 지난 7월 26일 기획재정부가 발표한 2021년 국세 개정안 내용이 일부 반영돼 있는데, ▲코로나19 극복 및 지역경제 활성화 지원 ▲지방세정 운영 효율화 및 납세자 권익 강화 ▲지방세입 과세제도 합리화 등을 추진한다.

먼저 코로나19 등 감염병의 예방·진료 지원을 위해 지방의료원 등 의료기관의 취득세와 재산세 감면이 3년 연장되고, 감염병 전문병원의 취득세와 재산세도 각각 10%p 추가로 감면된다. 또한 코로나19로 어려움을 겪는 사회적 취약계층을 지원하기 위해 장애인·국가유공자, 한센인 및 다자녀가구에 대한 지방세 감면이 3년 연장되고, 학령인구 감소로 어려움을 겪고 있는 학교, 평생교육시설 등 교육시설에 대해서도 지방세 감면이 3년 연장된다. 아울러 서민들의 안정적인 주거환경 마련을 위해 주택임대사업자가 취득·보유하는 임대주택, 생애최초 취득 주택 및 서민주택에 대한 지방세 감면이 연장된다.

특히 코로나19로 인한 경제위기 극복을 위해 항공기, 버스, 택시, 국제선박 등 항공업·운송업 관련 지방세 감면과 위기지역 내 사업전환 중소기업에 대한 지방세 감면이 3년 연장된다. 이와 함께 탄소중립 실현을 위해 전기·수소 및 천연가스 등 친환경 수송·교통수단에 대한 취득세 감면 혜택도 연장될 예정이다.

※ 출처: 행정안전부(2021-08-10 보도자료)

• 특징: 문단별로 제도나 사업에 대한 자세한 내용이 나옴

2) 비문학지문

① 비문학지문의 종류: 경제·철학·과학·산업·사회·정치·역사 등에서 출제되고 있으며, 문예비평이나 문예사조는 출제된 적 없음

② 출제빈도: 모든 공공기관에 골고루 출제되고 있고, 난이도는 지문의 길이에 따라 구별되며, 경제지문은 짧아도 난도가 높은 편

③ 문제유형: 주제 찾기, 요약하기, 일치·불일치, 문단배열, 빈칸 넣기 문제로 다양한 문제가 출제되고 있음

〈자주 출제되는 비문학지문의 범위〉

범위	자주 출제되는 범위	특징
경제	환율, 금리, GDP, 채권, 금융위기, 금융용어 등	용어를 명확하게 이해해야 하며, 용어 설명이 어려울 경우 사례가 나오니 사례를 중심으로 이해할 것
철학	서양 근·현대철학, 도시론, 환경이론, 동양철학 등	철학자의 이름이 낯선 경우 독해가 제대로 이루어지지 않거나, 문장이 길어서 제대로 해석하지 못하는 경우가 많으므로 끊어 읽기 연습을 반드시 해야 함
과학·기술	천문, 기계, 반도체의 원리 등	글쓴이의 주장이 들어가 있지 않으며, 상위개념과 하위개념을 통해 설명하는 형식이 많으므로 카테고리를 만들면서 연습해야 함
산업	4차 산업혁명, 환경 등	4차 산업혁명과 관련된 용어, 환경과 관련된 산업에 대한 용어 정리가 우선되어야 함
사회	다양한 사회 현상	범위 중에서 가장 쉬운 지문으로 사회 현상과 주장을 잘 파악해야 함
정치	민주주의의 원리, 직접민주주의와 간접민주주의, 숙의민주주의 등	범위 중에서 가장 글쓴이의 주장이 많이 담겨 있는 지문으로 원리에 대해 파악하고 글쓴이의 주장을 명확하게 파악해야 함
역사	역사관, 역사적 사건(국사)	범위 중에서 가장 적게 나오는 지문으로 역사적 사건에 대한 기술이나 역사관에 대해 이야기하고 있음

3) 안내문(안내서)

① 안내문의 종류
- 설명문: 지식이나 정보를 읽는 이에게 전달하고 이해시키기 위해 풀어쓴 객관적인 글로서 상품설명서, 안전수칙 등이 여기에 들어감
- 안내문: 어떤 내용을 다른 사람에게 소개하고 알려주기 위한 목적으로 쓴 글로서 제도나 사업에 대한 안내문이 여기에 들어감

② 안내문의 특징
- 안내문은 대부분 제도에 대한 소개, 신청 양식에 대한 소개가 많음
- 2019년 상반기까지 설명서와 안내문이 혼용되어 출제되었으나 현재는 안내문이 가장 많이 출제되고 있음

③ 출제빈도
- PSAT형으로 출제되는 곳에서는 거의 출제되지 않고 있음
- 하지만 피듈형으로 출제되는 곳에서는 비문학지문 다음으로 출제가 많이 되고 있음
- 특히 한국토지주택공사 NCS 직업기초능력 심화(사무직)에서 많이 출제됨

④ 문제유형: 모두 일치·불일치 문제로 이루어져 있음

〈상품설명서〉

이 설명서는 은행이용자의 상품에 대한 이해를 돕고 약관의 중요내용을 알려드리기 위한 참고자료이며, 실제 계약은 (약관명)이 적용됩니다. 계약을 신청하는 경우 약관이, 계약을 체결하는 경우 계약서류가 교부됩니다. (단, 인터넷뱅킹 등 비대면채널을 통해 가입 시 통장 또는 증서가 교부되지 않습니다.)

1. 상품의 개요 및 특징
   - 상품명: ○○예금
   - 상품특징: 예치기간 또는 매일의 예치잔액에 따라 단계별로 정해진 해당이율을 적용하는 입출금이 자유로운 예금
2. 이자에 관한 사항
   - 이자율: 가입일 당시 영업점 및 인터넷 홈페이지에 고시한 기본이율 적용. 기본이율을 변경한 경우에는 변경한 날로부터 영업점 및 홈페이지에 고시한 금리 적용
   - 수익률: 일반과세대상자는 이자율이 계산된 이자소득에서 원천징수 세율을 공제하여 지급

– 이자지급시기: 매분기 마지막 월 둘째 주 토요일을 결산기준일로 하여 다음날 원금에 가산

3. 유의사항

이 설명서는 「금융소비자 보호에 관한 법률」 제19조제1항, 동 법 시행령 제14조제1항에 따라 금융상품에 관한 중요한 사항을 이해하기 쉽도록 설명하기 위해 약정 전에 제공되는 자료로서, 상담일 이후 가입금액, 계약기간 등 변경에 의하여 일부 내용이 달라질 수 있습니다.

〈제도안내문〉

[중소기업 자금지원 제도안내문]

1. 지원대상
   – 혁신성장분야, 뿌리산업, 소재·부품산업, 지역특화(주력)산업, 지식서비스산업, 융복합 및 프랜차이즈산업, 물류산업, 유망소비재산업의 중점지원분야 영위 및 사업재편 승인 기업에 대해서 연간 예산의 일정 부분을 우선 배정 지원
   – 주된 사업 업종이 융자제외 대상 업종에 해당하는 경우, 융자제한 기업에 해당하는 경우는 지원이 되지 않음
2. 융자범위
   – 시설자금과 운전자금으로 구분하여 융자하며, 각 사업의 목적에 따라 자금용도 및 융자범위를 구분하여 지원
3. 융자한도
   – 개별기업당 융자한도는 중소벤처기업부 소관 정책자금의 융자잔액기준으로 60억 원(수도권을 제외한 지방소재기업은 70억 원)
     ※ 잔액기준 한도 예외 적용의 경우에도, 최대 100억 원 이내에서 지원
4. 융자방식
   – 중진공에서 융자신청·접수하여 융자대상 결정 후, 중진공(직접대출) 또는 금융회사(대리대출)에서 신용, 담보부 대출

(이하 생략)

4) 그 외 문서

① 공문서, 기안서
- 공문서: 공공기관이나 회사 등에서 업무의 필요성에 의해 발송, 수신하는 문서로 기관끼리 주고받는 문서
- 기안서: 회사 내 공문서로 부서 간 주고받는 문서
- 문제유형: 모듈형으로 출제

② 기획서
- 기업 내·외에서 일어날 수 있는 다양한 일들에 대해 계획을 수립하는 문서
- 문제유형: 모듈형으로 출제

③ 보고서
- 사건사고보고서와 시장조사분석보고서로 구분됨
- 문제유형: 독해유형으로 출제빈도는 가장 낮음

5) 법률

① 법률지문의 특징
- 법률지문은 의사소통능력에서도 출제되고 문제해결능력에서도 출제됨
- 기본법만 나오며, 시행령·규칙은 지문으로 등장하지 않음
- 에너지 기본법, 금융관련 법령 등이 출제됨
- 사회복지 공기업(국민연금공단, 국민건강보험공단)은 해당 법령문제가 따로 출제됨

② 법률지문 읽는 방법
- 가장 시간이 오래 걸리는 지문으로 꼼꼼하게 읽어야 함
- 단어와 내용을 정확하게 파악해야 함

〈법률지문 읽는 방법〉

제9조[1](저탄소 녹색성장 국가전략)

① 정부는 국가의 저탄소 녹색성장을 위한 정책목표·추진전략·중점추진과제 등을 포함하는 저탄소 녹색성장 국가전략[2](이하 "녹색성장국가전략"이라 한다)을 수립·시행하여야 한다.

② 녹색성장국가전략에는 다음 각호의 사항이 포함되어야 한다.[3]
1. 제22조에 따른 녹색경제 체제의 구현에 관한 사항
2. 녹색기술·녹색산업[4]에 관한 사항
3. 기후변화대응 정책, 에너지 정책 및 지속가능발전[5] 정책에 관한 사항
4. 녹색생활[6], 제51조에 따른 녹색국토, 제53조에 따른 저탄소 교통체계[7] 등에 관한 사항
5. 기후변화 등 저탄소 녹색성장과 관련된 국제협상 및 국제협력에 관한 사항
6. 그밖에 재원조달, 조세·금융, 인력양성, 교육·홍보 등 저탄소 녹색성장을 위하여 필요하다고 인정되는 사항

③ 정부는 녹색성장국가전략을 수립하거나 변경하려는 경우 제14조에 따른 녹색성장위원회의 심의 및 국무회의의 심의를 거쳐야 한다. 다만, 대통령령으로 정하는 경미한 사항을 변경하는 경우에는 그러하지 아니한다.[8]

제10조(중앙행정기관의 추진계획 수립·시행)

① 중앙행정기관의 장은 녹색성장국가전략을 효율적·체계적으로 이행하기 위하여 대통령령으로 정하는 바에 따라 소관 분야의 추진계획(이하 "중앙추진계획"이라 한다)을 수립·시행하여야 한다.[9]

② 중앙행정기관의 장은 중앙추진계획을 수립하거나 변경하는 때에는 대통령령으로 정하는 바에 따라 제14조에 따른 녹색성장위원회에 보고하여야 한다.[10] 다만, 대통령령으로 정하는 경미한 사항을 변경하는 경우에는 그러하지 아니하다.

※ 1) 법령은 조, 항, 호로 구분된다. ①은 '항'이라고 부르고 그 뒤의 항목은 '호'라고 부른다.
2) 저탄소 녹색성장 국가전략에는 정책목표·추진전략·중점추진과제가 들어가야 한다.
3) 반드시 다음 6개의 호는 들어가야 한다.
4) 녹색기술과 산업은 환경과 관련 있는 사업을 말한다.
5) 에너지 정책, 기후변화대응 정책은 일시적이지 않아야 한다.
6) 그린리모델링 사업 등이 여기에 들어갈 수 있다.
7) 수소자동차, 전기자동차 등이 여기에 들어간다.
8) 예외 규정을 말한다.
9) 대통령령으로 정하는 것이 중요하다.
10) 보고자와 보고대상을 반드시 확인해야 한다.

7. NCS 의사소통 독해 기본기 다지기

1) 독해력의 의미

① 독해력은 종합적 사고력을 요구하며, 글을 읽고 그 뜻을 빠르고 정확하게 이해하는 능력

② 글을 읽고 전체 내용이나 핵심 내용을 파악하지 못한다면 그것은 그냥 글자를 눈으로 보는 것일 뿐, 글을 읽는 것이라고 할 수 없음

③ 독해는 지문에 있는 정보(즉 세상에 있는 지식)를 자신의 머리로 가져오는 과정이므로 긴 글일수록 통째로 이해하는 것이 아니라 '문단'을 파악하고, 각 '문단 간의 관계'를 파악해야 함

④ 독해력은 NCS 수리, 문제해결, 자원관리능력의 문제를 이해하는 데도 도움이 되기 때문에 매우 중요한 능력이라고 할 수 있음

2) 독해력 늘리는 방법

① 문장에서 핵심어의 뜻과 문장 구조를 파악해야 함

- 우리는 단어의 뜻을 모르고 앞과 뒤의 맥락만 파악하여 대강의 뜻을 이해하며 독해하지만 정확한 뜻을 알고 문장을 이해해야 함

예 많은 도시시스템이 타당하게 작동하기 위한 적정밀도의 확보는 미덕이었지, 혐오의 대상은 아니었다.
→ 여기에서 '적정밀도'란 도시에서 인구의 밀도와 도로, 건물들의 밀집도에서 쾌적하게 생활할 수 있는 정도를 말함

② 반드시 예측하며 읽어야 함

- 글은 항상 유기적으로 만들어져 있으므로 뒤에 나오는 문장이나 문단을 예측할 수 있음
- 또한 접속사를 반드시 체크하면서 읽어야 하는데, 접속사는 뒤에 나오는 문장을 결정짓는 경우가 많으므로 앞의 문장이 이해되지 않더라도 접속사 뒤의 문장을 보면 이해되는 경우가 많음

예 – 기업들이 캠페인에 참여하기 위한 조건은 다음과 같다.
→ 기업들이 어떤 캠페인에 참여한다는 내용과 그에 대한 조건이 뒤에 나온다는 것을 암시하고 있음
– 이처럼 환율이 오르면 수출액은 늘고 수입액은 줄어들기 때문에 경상수지는 개선된다. 하지만 환율 상승이 늘 경상수지를 개선하는 것은 아니다.
→ 앞의 문장에서 환율이 오르면 경상수지는 개선된다고 나오는데, '하지만'이라는 접속사가 나오면서 환율 상승이 경상수지를 개선하는 것만은 아니라고 한정하고 있음. 또한 그 뒤에는 환율이 상승하더라도 늘 경상수지를 개선할 수 없는 이론이나 사례가 나오리라는 것을 알 수 있음

③ 읽었다면 문단은 반드시 요약해야 함

- 실전에서는 쓰는 일이 많이 없겠지만, 문단을 요약하는 습관을 만들어 놓게 된다면 실전에서도 습관처럼 문단을 요약하여 문단 간의 관계를 잘 파악할 수 있음

〈문단 요약 방법〉

실체는 자체적으로 존재하는 것이고 자체적으로 파악되는 것이다. 즉 다른 어떤 것의 도움도 없이 스스로 존재하고, 자기 외부에 자기 존재를 간섭하는 그 어떤 것도 두지 않는다. 실체의 본질은 속성들로 구성되어 있다. 따라서 실체의 본질을 규정하기 위해서는 무엇보다 실체의 속성들을 알아야 한다. 실체는 실체 외부의 사물이 아니라 실체에 내재하는 속성을 통해서 파악해야 하는데, 실체란 그 개념을 형성하기 위해 다른 것의 개념을 필요로 하지 않기 때문이다. 실체의 속성은 무한히 많다. 물체들이 가지고 있는 공통 속성, 즉 길이, 크기, 운동의 변화와 같은 것을 연장속성이라고 한다. 한편 감정이나 생각이 품고 있는, 크기도 길이도 없는 것의 공통 속성을 사유속성이라고 부른다. 실체의 본질은 최소한 연장속성과 사유속성으로 구성되어 있다. ➡ **실체에 대한 정의와 실체의 본질에 대한 구성요소**

양태란 실체가 변화한 것으로서 인간, 동물, 책상, 구름, 바람, 식욕, 지구, 우주와 같은 만물을 지시하는 개념이다. 이러한 것들은 스스로 존재할 수 없는 의존적인 사물들로 이뤄져 있으며 결코 실체일 수 없는 존재이다. 따라서 양태는 실체의 변용이라고도 하는데, 실체의 창조물이 아니라 실체가 자신을 변화시켜 만들어낸 상태의 하나라는 것이다. 그러므로 인간이라는 양태를 알기 위해서는 실체와 속성을 먼저 알아야 한다. ➡ **양태의 정의와 실체와의 관계**

요약: 문단 간을 미루어보아 실체라는 것이 존재하고 속성이라는 개념이 있다. 그리고 또한 양태라고 하는 것이 있는데 이 양태는 변용(즉 변화하는 것)으로 생각해 볼 수 있다.

④ 기본기를 쌓을 때는 공부하듯이 읽어야 함

- 대부분 지문을 읽고 풀이를 할 때 문제를 풀기 위해 지문을 보는 경우가 많지만, 실제 문제 풀이를 할 때 배경지식이 도움이 되는 경우가 많음
- 비문학지문이나 보도자료는 없는 이야기를 지어서 하지 않으므로 지문을 통해 배경지식을 쌓듯이 하나하나 풀어보는 것이 중요함

⑤ 지문과 문장은 한 번만 읽어야 함

- 우리가 착각하는 것이 있는데, 바로 독해속도와 읽기속도가 같다고 생각하는 것
- 독해는 문장의 뜻과 전달하는 내용을 명확하게 이해하고 있어야 하지만, 읽는 것은 한글이기 때문에 읽히는 것일 뿐 정확하게 이해하고 읽지 않음
- 본인이 읽는 것보다 더 천천히, 예측하며 읽어보고, 모르는 단어는 늘 찾아보는 것이 좋음

3) 정답과 오답을 찾는 방법

① 대부분이 일치·불일치인 경우가 많음

참고 일치·불일치 문제의 디렉션
- 일치하는 것은? 불일치하는 것은?
- 내용을 읽고 이해한 것으로 바른 것은? 바르지 않은 것은?
- 추론한 내용으로 바른 것은? 바르지 않은 것은?
- 읽고 난 후의 반응으로 바른 것은? 바르지 않은 것은?

② 지문 속의 단어가 다른 단어로 선택지에 나온다면 오답임

③ 선택지에 불필요한 단어가 덧붙여 있거나 중요한 단어가 삭제되어 있으면 오답임

④ 선택지의 단어순서가 바뀌어 원인과 결과를 잘못 이야기하고 있는 경우가 있다면 오답임

8. NCS 의사소통 독해 실력 늘리기

1) 우리가 독해를 빨리해야 하는 이유: 시험을 치기 위한 기능적 요소

① NCS 직업기초능력은 의사소통능력만 시험을 보는 것이 아니라 짧은 시간 내(60~90분)에 적게는 3개, 많게는 10개의 영역을 보는 시험

② 기본기가 마련되어 있다면 빨리 읽고, 문제를 풀어야 함. 의사소통능력은 전체적인 시간을 조율할 수 있는 과목이기 때문

③ 의사소통능력은 지문이 아무리 길어도 2~3분 만에 한 문제를 풀 수 있음. 하지만 한 문제에 2~3분을 사용하게 된다면 나머지 시간에 수리나 문제해결, 자원관리능력 문제를 풀 수 있는 시간이 적음

④ 수리능력은 자료해석 같은 경우 3~4분 정도, 자원관리능력 역시 3~4분 정도 걸리는 문제들이 등장함. 대부분의 수험생은 이 문제를 포기하는 경우가 많은데, 상대평가기 때문에 이 문제를 포기해서는 안 됨

⑤ 그러므로 의사소통능력에서 시간을 줄여 수리와 자원관리능력에서 시간이 오래 걸리는 문제를 해결하면 직업기초능력 점수가 상승해 합격까지 갈 수 있을 것

2) 보도자료 문제 풀이 방법

① 보도자료의 문제는 주제 찾기(제목, 주제, 주제와 표어) 문제와 일치·불일치(일치하는 것, 읽고 난 후의 반응, 추론한 것, 파악한 것) 문제로 나눠짐

② 보도자료의 유형은 사업이나 행사를 홍보하는 목적으로 하는 보도자료, 제도나 사업을 소개하는 목적으로 하는 보도자료로 나눠짐

〈사업이나 행사를 홍보하는 목적으로 하는 보도자료 읽는 방법〉

- 사업이나 행사를 홍보하는 목적으로 하는 보도자료는 '개요 → 내용 → 기대효과 → 정리'의 구성
- '개요'에는 사업이나 행사에 대한 주최, 주관, 장소, 날짜, 제목, 간단한 소개가 들어감
- '정리'에는 관계자 혹은 이 사업이나 행사 주최의 대표가 정리해서 말하는 내용이 들어감
- 이런 유형에서는 개요와 주최의 대표가 정리해서 말하는 내용이 '주제'가 되는데, 일단 가장 중요한 것은 주제를 파악하고 문제를 푸는 것이기 때문에 이런 유형에서는 개요와 주최의 대표가 말하는 부분을 가장 먼저 읽는 것이 필요함
- 일치·불일치에서도 역시 주제를 먼저 파악해야 선택지에 나오는 문장을 이해할 수 있음
- 아래 지문에서도 개요와 주최의 대표가 정리해서 말하는 부분만 읽어보면 "지역경제를 활성화하는 공공건축물 리뉴얼 선도사업 공모"라는 주제가 등장하게 된다.

> 국토교통부는 중앙부처와 지자체, 공공기관을 대상으로 제7차 공공건축물 리뉴얼 선도사업 공모를 시행한다고 10일 밝혔다. 노후 공공건축물 리뉴얼 사업은 오래된 청사 등 비좁고 위험한 공공건축물을 복합개발해 이용자의 안전과 편익을 높이고 지역경제를 활성화하는 사업이다.
>
> 지난해 기준 전국의 국·공유 공공건축물은 18만 3000여동으로 이 중 25%인 4만 6000여동이 30년 이상된 노후시설로 이용에 불편할 뿐 아니라 지진 등 재해에도 취약해 정비가 필요한 상황이다.
>
> 국토부는 지난 2015년부터 매년 공공건축물 리뉴얼 선도사업 공모를 진행해 6차까지 전국 17개 사업 후보지를 선정한 바 있다. 올해 선도사업은 10월 13일까지 신청을 받아 공익성과 노후도 등을 평가해 11월 중 사업지를 선정할 예정이다. 지자체뿐 아니라 중앙부처, 공공기관 소유의 건축물도 사업 신청이 가능하다.
>
> 엄○○ 국토부 건축정책관은 "공공건축물 리뉴얼 사업은 기존 낡은 청사를 복합개발해 보다 안전하고 이용이 편리한 건축물로 개선하는 사업"이라며 "이번 공모를 통해 노후 공공건축물이 도심 내 활력을 불어넣는 거점공간으로 탈바꿈할 수 있도록 중앙부처·지자체·공공기관의 적극적인 신청을 기대한다"고 밝혔다.

〈제도나 사업을 소개하는 목적으로 하는 보도자료 읽는 방법〉

- 제도나 사업을 소개하는 목적으로 하는 보도자료는 보통 3~5문단으로 이루어지게 되는데, 이때 각 문단의 첫 문장과 마지막 문장만 읽고 주제를 파악해야 함(이는 비문학을 빨리 읽을 때도 필요한 방법으로 '각단첫마'라고 부르기로 함)

> 정부가 코로나19 극복과 지역경제 활성화를 위해 지방세를 보다 지원하고, 나아가 경제·사회적 환경 변화에 맞게 지방세입 과세제도를 합리적으로 개선하며 납세자의 권익 보호를 강화한다. 행정안전부는 10일 코로나19 등 감염병에 효율적으로 대응하고 코로나19 장기화로 피해를 겪고 있는 지역경제를 살리기 위해 마련한 '2021년 지방세입 관계법률 개정안'을 11일 입법예고한다고 밝혔다.
>
> 특히 이번 예고안에는 지난 7월 26일 기획재정부가 발표한 2021년 국세 개정안 내용이 일부 반영돼 있는데, ▲코로나19 극복 및 지역경제 활성화 지원 ▲지방세정 운영 효율화 및 납세자 권익 강화 ▲지방세입 과세제도 합리화 등을 추진한다.
>
> 먼저 코로나19 등 감염병의 예방·진료 지원을 위해 지방의료원 등 의료기관의 취득세와 재산세 감면이 3년 연장되고, 감염병 전문병원의 취득세와 재산세도 각각 10%p 추가로 감면된다. 또한 코로나19로 어려움을 겪는 사회적 취약계층을 지원하기 위해 장애인·국가유공자, 한센인 및 다자녀가구에 대한 지방세 감면이 3년 연장되고, 학령인구 감소로 어려움을 겪고 있는 학교, 평생교육시설 등 교육시설에 대해서도 지방세 감면이 3년 연장된다. 아울러 서민들의 안정적인 주거환경 마련을 위해 주택임대사업자가 취득·보유하는 임대주택, 생애최초 취득 주택 및 서민주택에 대한 지방세 감면이 연장된다.
>
> 특히 코로나19로 인한 경제위기 극복을 위해 항공기, 버스, 택시, 국제선박 등 항공업·운송업 관련 지방세 감면과 위기지역 내 사업전환 중소기업에 대한 지방세 감면이 3년 연장된다. 이와 함께 탄소중립 실현을 위해 전기·수소 및 천연가스 등 친환경 수송·교통수단에 대한 취득세 감면 혜택도 연장될 예정이다.

3) 일치·불일치 문제 풀이 방법

① 불일치 문제 풀이 방법

- 불일치 문제 풀이는 먼저 선택지를 보는 것이 좋음. 5지선다일 경우 참이 4개, 거짓이 1개인 정보가 들어있는 선택지이기 때문에, 좀 더 많은 양의 참인 정보가 있게 되는 것이므로 선택지를 보고 지문을 유추해야 함
- 또한 선택지를 보면서 중요한 단어이거나 중복되지 않을 것 같은 단어, 영어나 숫자 등에 체크를 해 두는 것이 좋음
- 위 두 가지 사항이 된 다음에는 지문으로 올라가 '각단첫마'를 하는데, 이때 첫 문장을 읽고 본인이 체크해놓은 단어를 찾아 훑어가며 마지막 문장을 읽음
- 단어를 찾았다면, 그 단어가 들어가 있는 문장은 반드시 다 읽어야 함. 문장의 구조상 단어가 같다고 하더라도 다른 내용일 수 있기 때문
- 만약 회사에 대한 내용이나, 알고 있는 제도에 대한 내용이라면 '배경지식'을 동원해서 풀어도 상관이 없음

> **다음 글의 내용과 일치하지 않는 것은?**
>
> **2. '각단첫마'를 하면서 지문을 훑어본다.**
>
> 대한민국 정부가 해외에서 발행한 채권의 CDS 프리미엄은 우리가 매체에서 자주 접하는 경제 지표의 하나이다. 이 지표를 이해하기 위해서는 채권의 '신용 위험'과 '신용 파산 스와프(CDS)'의 개념을 살펴볼 필요가 있다.[6)]
>
> 채권은 정부나 기업이 자금을 조달하기 위해 발행하며[7)] 그 가격은 채권이 매매되는 채권 시장에서 결정된다. 채권의 발행자[8)]는 정해진 날에 일정한 이자와 원금을 투자자에게 지급할 것을 약속한다. 채권을 매입한 투자자는 이를 다시 매도하거나 이자를 받아 수익을 얻는다. 그런데 채권 투자에는 발행자의 지급 능력 부족 등의 사유로 이자와 원금이 지급되지 않을 가능성인 신용 위험이 수반된다.[9)] 이에 따라 각국은 채권의 신용 위험을 평가해 신용 등급으로 공시하는 신용 평가 제도를 도입하여 투자자를 보호하고 있다.[10)]
>
> 우리나라의 신용 평가 제도에서는 원화로 이자와 원금의 지급을 약속한 채권 가운데 발행자의 지급 능력이 최상급인 채권에 AAA라는 최고신용 등급이 부여된다.[11)] 원금과 이자가 지급되지 않아 부도가 난 채권에는 D라는 최저 신용 등급이 주어진다. 그 외의 채권은 신용 위험이 커지는 순서에 따라 AA, A, BBB, BB 등 점차 낮아지는 등급 범주로 평가된다. 이들 각 등급 범주 내에서도 신용 위험의 상대적인 크고 작음에 따라 각각 '-'나 '+'를 붙이거나 하여 각 범주가 세 단계의 신용 등급으로 세분되는 경우가 있다. 채권의 신용 등급은 신용 위험의 변동에 따라 조정될 수 있다. 다른 조건이 일정한 가운데 신용 위험이 커지면 채권 시장에서 해당 채권의 가격이 떨어진다.[12)]
>
> CDS는 채권 투자자들이 신용 위험을 피하려는 목적으로 활용하는 파생 금융 상품이다. CDS 거래는 '보장 매입자'와 '보장 매도자' 사이에서 이루어진다. 여기서 '보장'이란 신용 위험으로부터의 보호를 뜻한다. 보장 매도자는, 보장 매입자가 보유한 채권에서 부도가 나면 이에 따른 손실을 보상하는 역할을 한다. CDS 거래를 통해 채권의 신용 위험은 보장 매입자로부터 보장 매도자로 이전된다. CDS 거래에서 신용 위험의 이전이 일어나는 대상 자산을 '기초 자산'이라 한다.

가령 은행 갑은, 기업 을이 발행한 채권을 매입하면서 그것의 신용 위험을 피하기 위해 보험 회사 병과 CDS 계약을 체결할 수 있다. 이때 기초자산은 '을'이 발행한 채권이다. 보장 매도자는 기초 자산의 신용 위험을 부담하는 것에 대한 보상으로 보장 매입자로부터 일종의 보험료를 받는데, 이것의 요율이 CDS 프리미엄이다. CDS 프리미엄은 기초 자산의 신용 위험이나 보장 매도자의 유사시 지급 능력과 같은 여러 요인의 영향을 받는다. 다른 요인이 동일한 경우, 기초 자산의 신용 위험이 크면 CDS 프리미엄도 크다. 한편, 보장 매도자의 지급 능력이 우수할수록 보장 매입자는 유사시 손실을 보다 확실히 보전받을 수 있으므로 보다 큰 CDS 프리미엄을 기꺼이 지불하는 경향이 있다. 만약 보장 매도자가 발행한 채권이 있다면, 그 신용 등급으로 보장 매도자의 지급 능력을 판단할 수 있다. 이에 따라 다른 요인이 동일한 경우, 보장 매도자가 발행한 채권의 신용 등급이 높으면 CDS 프리미엄은 크다.

1. 불일치 문제에서는 선택지부터 본다.

① 정부는 자금을 조달하기 위해 채권을 발행한다.[1)]

② 채권 발행자의 지급 능력이 커지면 신용 위험은 커진다.[2)]

③ 신용 평가 제도는 채권을 매입한 투자자를 보호하는 장치이다.[3)]

④ 다른 조건이 일정할 경우, 어떤 채권의 신용 등급이 낮아지면 해당 채권의 가격은 하락한다.[4)]

⑤ 채권 발행자는 일정한 이자와 원금의 지급을 약속하지만, 채권에는 그 약속이 지켜지지 않을 위험이 수반된다.[5)]

※ 1) 지문은 채권과 관련된 내용임을 알 수 있다. 채권이라는 것을 모른다고 할 경우라도 '정부'가 '채권'을 발행한다는 내용만 들어가 있으면 된다.

2) 채권 발행자의 지급 능력이 무엇인지는 모르겠지만 여기에서 알 수 있는 정보는 채권을 발행하는 주체를 채권 발행자라고 하는 것을 알 수 있다. 또한 "그 발행자의 지급 능력이 커지면 신용 위험은 커진다."라는 원인과 결과의 문장임을 알 수 있다.

3) 신용 평가 제도에 대한 내용임을 알 수 있다. ①과 ②의 내용을 미루어보아 지문은 채권과 신용 평가에 대한 내용임을 알 수 있다. 또한 신용 평가 제도의 정의에 대해 이야기하고 있는 부분이다. 그러므로 이 제도는 채권 매입자를 투자자로 보고 그 투자자를 보호한다고 우리에게 정보를 주고 있다.

4) 다른 조건이 일정하다는 것은 이 뒤에 나오는 정보를 제외하고 조건이 같다는 것을 의미한다. 그렇다면 원인과 결과로 되어 있는 부분만 살펴보면 되는 것이다. 즉 '채권의 신용 등급이 낮아지면'(채권에도 신용 등급이 있다는 것을 알게 되었다.) 결과인 '채권의 가격이 하락'한다는 것이다.

5) ②에 있는 채권 발행자가 여기에서도 나오는 것으로 보아 ②와 같은 문단에 있거나, 앞뒤 문단에 붙어 있을 가능성이 있다. 여기에서 얻을 수 있는 정보는 채권은 발행자의 일정한 이자와 원금의 지급에 대한 약속이 지켜지지 않을 수도 있다는 내용이다.

6) 첫 문단은 CDS에 대해 소개하면서 개념은 다음 문단에 나온다고 이야기하고 있으므로 '신용 위험'과 '신용 파산 스와프'의 개념은 확실하게 알고 가야 한다는 것을 알 수 있다. 또한 '신용 위험'이라는 단어는 ②에서 나오고 있기 때문에 정확하게 파악할 필요가 있다는 것을 알 수 있다.

7) ①에 대한 내용이 그대로 나오고 있다. 채권 발행의 이유에 대해 이야기하고 있다. 그러므로 ①은 정확한 정보이다.

8) 채권 발행자에 대한 내용이므로 이 문단에서 ②와 ⑤에 대한 내용이 있다고 가정해볼 수 있다.

9) 이 문장은 ②와 ⑤를 모두 해결할 수 있는 문장이다. ②에서 채권 발행자의 지급 능력이 커진다는 것은 지급할 수 있는 능력이 커지는 것이기 때문에 '지급 능력 부족'과는 반대의 말임을 알 수 있다. 또한 지급 능력 부족이 되면 신용 위험이 따라온다고 했으므로 ②의 내용이 틀렸음을 알 수 있다. 또한 이 문장에서 이자와 원금이 지급되지 않을 가능성이 있다고 했으므로 ⑤의 내용은 일치한다는 것을 알 수 있다.

10) 신용 평가 제도를 도입하여 투자자를 보호한다는 내용은 ③의 내용과 같으므로 ③도 맞는 내용이 된다.

11) 이 문단은 신용 등급에 대한 내용임을 알 수 있다.

12) ④와 같은 말이다. 신용 위험이 커진다는 말은 신용 등급이 낮아진다는 말임을 알 수 있고, 이는 채권 가격의 하락을 가져온다는 말과 동일하다.

② 일치 문제 풀이 방법

- 일치 문제 풀이는 선택지부터 보지 않는 것이 좋음. 즉 지문부터 읽어야 하는데, 이때는 '각단첫마'를 통해 각 문단의 주제부터 파악하는 것이 좋음
- '각단첫마'를 통해 각 단락의 주제를 파악하게 되면 선택지를 보며 몇 단락에 있는지를 유추해 그 문단에서 답을 해결하면 됨

다음을 이해한 내용으로 가장 적절한 것은?

보험은 같은 위험을 보유한 다수인이 위험 공동체를 형성하여 보험료를 납부하고 보험 사고가 발생하면 보험금을 지급받는 제도이다.[1] 보험 상품을 구입한 사람은 장래의 우연한 사고로 인한 경제적 손실에 대비할 수 있다. 보험금 지급은 사고 발생이라는 우연적 조건에 따라 결정되는데, 이처럼 보험은 조건의 실현 여부에 따라 받을 수 있는 재화나 서비스가 달라지는 조건부 상품이다. ➡ **1문단: 보험의 정의와 보험 상품의 성격**

위험 공동체의 구성원이 납부하는 보험료와 지급받는 보험금은 그 위험 공동체의 사고 발생 확률을 근거로 산정된다.[2] 특정 사고가 발생할 확률은 정확히 알 수 없지만 그동안 발생된 사고를 바탕으로 그 확률을 예측한다면 관찰 대상이 많아짐에 따라 실제 사고 발생 확률에 근접하게 된다. 본래 보험 가입의 목적은 금전적 이득을 취하는 데 있는 것이 아니라 장래의 경제적 손실을 보상받는 데 있으므로 위험 공동체의 구성원은 자신이 속한 위험 공동체의 위험에 상응하는 보험료를 납부하는 것이 공정할 것이다. 따라서 공정한 보험에서는 구성원 각자가 납부하는 보험료와 그가 지급받을 보험금에 대한 기댓값이 일치해야 하며 구성원 전체의 보험료 총액과 보험금 총액이 일치해야 한다. 이때 보험금에 대한 기댓값은 사고가 발생할 확률에 사고 발생 시 수령할 보험금을 곱한 값이다. 보험금에 대한 보험료의 비율(보험료 / 보험금)을 보험료율이라 하는데, 보험료율이 사고 발생 확률보다 높으면 구성원 전체의 보험료 총액이 보험금 총액보다 더 많고, 그 반대의 경우에는 구성원 전체의 보험료 총액이 보험금 총액보다 더 적게 된다. 따라서 공정한 보험에서는 보험료율과 사고 발생 확률이 같아야 한다.[3] ➡ **2문단: 보험금 산정의 원리와 공정한 보험에 대한 내용**

물론 현실에서 보험사는 영업 활동에 소요되는 비용 등을 보험료에 반영하기 때문에 공정한 보험이 적용되기 어렵지만 기본적으로 위와 같은 원리를 바탕으로 보험료와 보험금을 산정한다.[4] 그런데 보험 가입자들이 자신이 가진 위험의 정도에 대해 진실한 정보를 알려 주지 않는 한, 보험사는 보험 가입자 개개인이 가진 위험의 정도를 정확히 파악하여 거기에 상응하는 보험료를 책정하기 어렵다. 이러한 이유로 사고 발생 확률이 비슷하다고 예상되는 사람들로 구성된 어떤 위험 공동체에 사고 발생 확률이 더 높은 사람들이 동일한 보험료를 납부하고 진입하게 되면, 그 위험 공동체의 사고 발생 빈도가 높아져 보험사가 지급하는 보험금의 총액이 증가한다. 보험사는 이를 보전하기 위해 구성원이 납부해야 할 보험료를 인상할 수밖에 없다. 결국 자신의 위험 정도에 상응하는 보험료보다 더 높은 보험료를 납부하는 사람이 생기게 되는 것이다. 이러한 문제는 정보의 비대칭성에서 비롯되는데 보험 가입자의 위험 정도에 대한 정보는 보험 가입자가 보험사보다 더 많이 갖고 있기 때문이다.[5] 이를 해결하기 위해[6] 보험사는 보험 가입자의 감춰진 특성을 파악할 수 있는 수단이 필요하다. ➡ **3문단: 공정하지 못한 보험금 산정의 원인은 정보의 비대칭성**

우리 상법에 규정되어 있는 고지의무는 이러한 수단이 법적으로 구현된 제도이다.[7] 보험 계약은 보험 가입자의 청약과 보험사의 승낙으로 성립된다. 보험 가입자는 반드시 계약을 체결하기 전에 '중요한 사항'을 알려야 하고, 이를 사실과 다르게 진술해서는 안 된다. 여기서 '중요한 사항'은 보험사가 보험 가입자의 청약에 대한 승낙을 결정하거나 차등적인 보험료를 책정하는 근거가 된다. 따라서 고지의무는 결과적으로 다수의 사람들이 자신의 위험 정도에 상응하는 보험료보다 더 높은 보험료를 납부해야 하거나, 이를 이유로 아예 보험에 가입할 동기를 상실하게 되는 것을 방지한다. ➡ **4문단: 고지의무로 문제를 방지하는 방법(공정한 보험으로 작동하기 위한 고지의무)**

보험 계약 체결 전 보험 가입자가 고의나 중대한 과실로 '중요한 사항'을 보험사에 알리지 않거나 사실과 다르게 알리면 고지의무를 위반하게 된다.[8] 이러한 경우에 우리 상법은 보험사에 계약 해지권을 부여한다. 보험사는 보험 사고가 발생하기 이전이나 이후에 상관없이 고지의무 위반을 이유로 계약을 해지할 수 있고, 해지권 행사는 보험사의 일방적인 의사 표시로 가능하다. 해지를 하면 보험사는 보험금을 지급할 책임이 없게 되며, 이미 보험금을 지급했다면 그에 대한 반환을 청구할 수 있다. 일반적으로 법에서 의무를 위반하게 되면 위반한 자에게 그 의무를 이행하도록 강제하거나 손해 배상을 청구할 수 있는 것과 달리, 보험 가입자가 고지의무를 위반했을 때에는 보험사가 해지권만 행사할 수 있다. 그런데 보험사의 계약 해지권이 제한되는 경우도 있다. 계약 당시에 보험사가 고지의무 위반에 대한 사실을 알았거나 중대한 과실로 인해 알지 못한 경우에는 보험 가입자가 고지의무를 위반했어도 보험사의 해지권은 배제된다. 이는 보험 가입자의 잘못보다 보험사의 잘못에 더 책임을 둔 것이라 할 수 있다. 또 보험사가 해지권을 행사할 수 있는 기간에도 일정한 제한을 두고 있는데, 이는 양자의 법률관계를 신속히 확정함으로써 보험 가입자가 불안정한 법적 상태에 장기간 놓여 있는 것을 방지하려는 것이다. 그러나 고지해야 할 '중요한 사항' 중 고지의무 위반에 해당되는 사항이 보험 사고와 인과 관계가 없을 때에는 보험사는 보험금을 지급할 책임이 있다. 그렇지만 이때에도 해지권은 행사할 수 있다.[9] ➡ **5문단: 고지의무 위반에 대한 내용과 그에 대한 해지권 행사**

보험에서 고지의무는 보험에 가입하려는 사람의 특성을 검증함으로써 다른 가입자에게 보험료가 부당하게 전가되는 것을 막는 기능을 한다. 이로써 사고의 위험에 따른 경제적 손실에 대비하고자 하는 보험 본연의 목적이 달성될 수 있다. ➡ **6문단: 고지의무를 통해 공정한 보험에 대한 목적 달성**

① 보험사가 청약을 하고 보험 가입자가 승낙해야 보험 계약이 해지[10]된다.
② 구성원 전체의 보험료 총액보다 보험금 총액이 더 많아야 공정한 보험[11]이 된다.
③ 보험 사고 발생 여부와 관계없이 같은 보험료를 납부한 사람들은 동일한 보험금[12]을 지급받는다.
④ 보험에 가입하고자 하는 사람이 알린 중요한 사항[13]을 근거로 보험사는 보험 가입을 거절할 수 있다.
⑤ 우리 상법은 보험 가입자보다 보험사의 잘못을 더 중시하기 때문에 보험사에 계약 해지권[14]을 부여하고 있다.

※ 1) 보험의 정의에 대한 내용이다. 이를 미루어보아 보험에 대한 내용이 나타나리라는 것을 알 수 있다.
2) 보험료와 지급받는 보험금의 근거에 대해 이야기하고 있으므로 그 뒤에 나오는 내용은 보험금 산정 방법에 대한 내용일 것임을 추론할 수 있다.
3) '따라서'라는 단어가 나오는 것을 보아 어떤 원인에 대한 결과가 등장한 것으로 앞에서는 보험금 산정 방법과 공정한 보험에 대한 논의가 되어 있다는 것을 알 수 있는 부분이다.
4) 여기에서 주목해야 하는 것은 '위와 같은 원리'이다. 위와 같은 원리는 보험료와 보험금을 공정하게 산정하고 있다고 이야기하고 있다. 여기에 더해 2문단에서 보험료와 보험금 산정의 원리를 이야기하고 있다는 것을 알 수 있다.
5) 문제의 원인은 정보의 비대칭성 때문에 일어난다고 보고 있고, 앞 문장을 보아 위험 정도에 상응하는 보험료보다 더 높은 보험료를 납부하는 사람이 생기는 것을 문제로 삼고 있다는 것을 알 수 있다.
6) 이를 해결한다는 말로 미루어보아 앞 문장에 어떤 문제가 있다는 것을 알 수 있다. 문단을 정확하게 이해하기 위해서 앞 문장까지 보아야 한다.
7) 앞 문단을 정확하게 이해하지 못했다면 이 문장을 이해할 수 없다. 이 문장은 정보의 비대칭성으로 인해 위험 정도에 상응하는 보험료보다 더 높은 보험료를 납부하는 사람이 생기는 것은 문제가 있기 때문에 고지의무가 있다고 말하고 있다.
8) 이 문단에서는 고지의무 위반에 대한 내용이 들어가 있을 것으로 예상할 수 있다.
9) '그렇지만'이라고 명시되어 있는 것으로 미루어보아 고지의무 위반 사항의 예외에 대한 내용이 앞에 있을 것이라고 예측할 수 있다. 그리고 그 뒤에 해지권은 행사할 수 있다고 나와 있으므로 고지의무를 위반하게 되면 해지권을 행사할 수 있다는 내용이 이 문단에 나와 있을 것이라고 유추해볼 수 있다.
10) 해지권에 대한 내용이므로 4문단 또는 5문단에 나와 있을 것으로 생각해 볼 수 있다. 4문단에서 보험 계약은 보험 가입자의 청약과 보험사의 승낙으로 성립된다고 하였다. 그런데 이를 바탕으로 보험사가 청약을 하고 보험 가입자가 승낙을 해야 보험이 해지된다고 판단할 수는 없으므로 적절하지 않다. 또한 이를 알 수 없다고 하더라도 5문단에서 중요한 사항을 알리지 않는 고지의무에 대한 위반 시 해지권에 대한 내용이 나와 있으므로 잘못된 내용임을 유추해볼 수 있다.
11) 보험료 산정에 대한 내용이므로 2문단에서 나온다는 것을 알 수 있다. 2문단에서 공정한 보험은 보험료 총액과 보험금 총액이 일치해야 한다고 하였으므로 적절하지 않다.
12) 보험금의 성격에 대한 내용이므로 1문단에서 보험의 정의를 보면 잘못된 내용임을 알 수 있다. 1문단에서 보험은 보험 사고가 발생하면 보험금을 지급받는 제도라고 설명하였다. 그러므로 보험금은 사고가 발생해야 지급받는 것이라고 할 수 있다.
13) 중요한 사항에 대한 내용이므로 4문단에서 나온다는 것을 알 수 있다. 4문단에서는 고지의무의 '중요한 사항'은 보험사가 보험 가입자의 청약에 대한 승낙을 결정하는 근거가 된다고 서술하였다. 그러므로 보험사는 보험에 가입하고자 하는 사람이 알린 '중요한 사항'을 근거로 보험 가입을 거절할 수 있다는 것을 추론할 수 있다.
14) 계약 해지권에 대한 상세한 내용이므로 5문단에서 나온다는 것을 알 수 있다. 5문단에서 상법이 보험사에 계약 해지권을 준다고 하였다. 하지만 계약 해지권은 보험 본연의 목적 달성을 위한 것이지, 보험사의 잘못을 중시하기 때문에 부여하는 권한이 아니므로 적절하지 않다.

National Competency Standards

대표기출유형

유형 1 문서의 종류 및 특징을 파악하는 문제(모듈형)

- 문서의 종류 및 특징을 파악하는 문제와 올바른 결재 양식을 묻는 문제가 출제된다.
- 제시문으로 공문서, 기안서, 기획서, 품의서, 결의서 등이 출제된다.
- 문서의 종류 및 특징과 행정안전부 간행물의 문서작성 방법, 전결, 대결 등 결재 관련 용어를 숙지한다.

다음의 문서를 읽고 난 후 문서의 작성에서 잘못된 점을 지적한 것으로 바른 것은?

○○주식회사

문서번호:
시행일자: 202X년 04월 XX일
수　신:
참　조:
제　목: 5월 임대료 청구의 건

---

1. 귀사의 번창과 발전을 기원합니다.

2. 당사는 귀사가 그동안 본 건물을 임차하시면서 보여주신 성실함에 감사드립니다.

3. 코로나19로 인해 귀사의 운영에 상당한 어려움이 있을 것이라 판단하여 그 고충을 덜어드리기 위해 5월에 한해 귀사의 임대료를 낮춰 청구하고자 합니다.
   1) 현재 임대료: 금 3,200,000원(금삼백이십만원)
   2) 5월 임대료: 50% 삭감
   3) 기간: 202X. 5. 1.~202X. 5. 31.

4. 다만, 직접비용인 관리비, 전기요금, 상하수도요금은 이에 해당하지 않음을 양해 부탁드립니다.

5. 그 외에 비용은 다음과 같습니다.

붙임 1. 임대차 계약서(사본) 1부.
붙임 2. 관리비 내역서 1부.
붙임 3. 그 외 기타 내역서 1부. 끝.

○○주식회사
대표이사 홍길동 (인)

① 기간에 있는 날짜를 202X년 5월 1일로 바꿔 써야 한다.
② 3. 다음에 나오는 항목인 1), 2), 3)을 가., 나., 다.로 바꿔 써야 한다.
③ 붙임 1, 2, 3을 '임대차 계약서(사본), 관리비 내역서, 그 외 기타 내역서 각 1부'라고 바꿔 쓴다.
④ 임대료를 이야기할 때는 한글로만 기재하여, '금삼백이십만원'이라고 기입한다.
⑤ 문서 마지막의 '끝.'을 5. 마지막으로 보내 기입한다.

|정답 및 해설| ②

항목을 구분할 때는 '1. → 가. → 1) → 가) → (1) → (가) → ① → ㉮' 순서로 항목을 만들어야 한다.
따라서 3. 다음 항목을 가., 나., 다.로 바꿔 쓰는 것이 올바른 내용이다.

① 날짜는 숫자로 표기하되 연, 월, 일의 글자는 생략하고 그 자리에 마침표를 찍어 표시한다.
③ 붙임은 제목을 자세히 표기하고 부수까지 모두 각각 표기해야 한다.
④ 금액을 표시할 때는 아라비아 숫자로 쓰되, 숫자 다음에 괄호를 하고 한글로 기재한다.
⑤ 문서의 마지막에는 '끝.' 자를 표기해야 한다.

유형 ❷ 회사의 사업 및 정책에 대해 묻는 문제

- 4차 산업혁명, 코로나19 이후 대응 전략, ESG 경영 등 회사 사업 및 정책, 관련 법률에 대한 문제가 출제된다.
- 제시문으로 보도자료, 안내문, 설명서 등이 출제된다.
- 에너지 발전 공기업 및 SOC 공기업에서 자주 출제되며, 에너지 발전 공기업은 에너지 전환 관련 용어, SOC 공기업은 도시재생사업 관련 내용이 출제된다.
- 제시문을 읽는 시간을 단축할 수 있도록 회사 사업 및 정책에 대한 정보를 숙지한다.

다음 보도자료를 읽고 바르게 이해하지 못한 것은?

오래된 도시 지역이나 노후화된 지역을 현대적이고 살기 좋은 공간으로 재탄생시키는 과정을 도시재생사업이라고 말한다. 이 과정을 통해 지역사회는 새로운 활력을 얻고, 경제는 활성화된다. 도시재생은 지역의 역사와 문화를 보존하면서도 새로운 가치를 창출하여 지역 주민들의 삶의 질을 향상시키는 중요한 정책이다. 이러한 도시재생의 중요성과 필요성을 알리기 위해 '도시재생 종합정보체계' 웹사이트가 운영되고 있다.

도시재생 종합정보체계 웹사이트는 도시재생의 기본 개념, 국가 도시재생 기본방침, 도시재생 계획체계 등 다양한 정보를 제공하며, 이를 통해 도시재생과 관련된 다양한 정책 및 사업들을 소개하고 있다. 이 웹사이트는 도시재생의 전반적인 정보를 제공하며, 도시재생에 대한 국가의 기본 방향과 계획을 확인할 수 있도록 돕고 있다. 또한, 도시재생과 관련된 다양한 사업과 정책들을 확인하고, 이에 참여하거나 의견을 제시할 수 있다.

도시재생은 도시의 물리적 환경뿐만 아니라 사회적, 경제적 환경까지 개선하여 지역사회 전체의 삶의 질을 향상시키는 중요한 역할을 한다. 이를 통해 지역 경제가 활성화되고, 지역 주민들의 일자리가 창출되며, 도시의 활력이 증진된다. 도시재생은 지역 주민들의 적극적인 참여와 의견이 반영되어야 성공할 수 있다. 도시재생 종합정보체계 웹사이트는 국민들이 도시재생에 쉽게 접근하고 이해할 수 있도록 도움을 주며, 다양한 사업과 정책에 대한 정보를 제공하여 국민들의 적극적인 참여를 유도하고 있다.

도시재생은 단순히 물리적인 공간을 개선하는 것을 넘어서, 지역사회의 다양한 이해관계자들이 함께 참여하고 소통하는 과정에서 새로운 가치와 미래를 만들어가는 중요한 프로젝트다. 정부는 앞으로도 지속적인 도시재생 정책을 통해 국민들의 삶의 질을 높이는 데 기여할 것이다.

자세한 내용은 도시재생 종합정보체계 웹사이트(www.city.go.kr)에서 확인할 수 있다. 웹사이트를 통해 도시재생의 다양한 정보와 사례를 확인하고, 도시재생에 대한 국가의 기본 방향과 계획을 확인할 수 있다. 도시재생은 우리 모두의 삶을 더 나은 방향으로 이끌어 갈 중요한 도구이다. 이를 위해 우리 모두가 관심을 가지고 참여하는 것이 중요하다. 도시재생 종합정보체계 웹사이트를 통해 도시재생에 대한 다양한 정보를 얻고, 도시재생에 참여하여 우리 도시를 더 나은 곳으로 만들어 가자.

① 도시재생의 필요성과 중요성을 알리기 위해 도시재생 종합정보체계 웹사이트가 운영되고 있다.
② 도시재생사업은 오래된 도시지역이나 노후화된 지역을 역사와 문화를 보존하면서 새로운 가치를 창출하는 정책이라고 할 수 있다.
③ 도시재생은 물리적인 공간을 개선하는 것을 넘어서 지역사회의 다양한 이해관계자들이 함께 참여하고 소통하여 만들어가는 프로젝트이다.
④ 도시재생은 정부에서 주도적으로 나서서 하는 사업으로 정부의 국토정책을 중심으로 도시의 발전을 주도하는 사업이다.
⑤ 도시재생을 통해 지역 경제가 활성화되고, 지역 주민들의 일자리가 창출될 수 있다.

|정답 및 해설| ④

3문단에서 "도시재생은 지역 주민들의 적극적인 참여와 의견이 반영되어야 성공할 수 있다."라고 했기 때문에 정부와 주민들의 적극적인 소통에 의해서 이루어진다는 것을 알 수 있다.

① 1문단 마지막에서 "도시재생의 중요성과 필요성을 알리기 위해 '도시재생 종합정보체계' 웹사이트가 운영되고 있다."라고 하고 있기 때문에 맞는 내용임을 알 수 있다.
② 1문단에서 보면 도시재생은 "오래된 도시 지역이나 노후화된 지역을 현대적이고 살기 좋은 공간으로 재탄생"시킨다고 하면서 "지역의 역사와 문화를 보존하면서도 새로운 가치를 창출하여 지역 주민들의 삶의 질을 향상시키는 중요한 정책이다."라고 하고 있기 때문에 맞는 내용임을 알 수 있다.
③ 4문단에서 "도시재생은 단순히 물리적인 공간을 개선하는 것을 넘어서, 지역사회의 다양한 이해관계자들이 함께 참여하고 소통하는 과정에서 새로운 가치와 미래를 만들어가는 중요한 프로젝트다."라고 하고 있기 때문에 맞는 내용임을 알 수 있다.
⑤ 3문단에서 "지역 경제가 활성화되고, 지역 주민들의 일자리가 창출되며, 도시의 활력이 증진된다."라고 하고 있기 때문에 맞는 내용임을 알 수 있다.

유형 ③ 제시문의 이해, 추론, 적용능력을 평가하는 문제

- 제시문의 주제나 세부 정보를 묻는 문제가 출제된다.
- 제시문을 읽고 할 수 있는 추론, 반응, 평가 등을 묻는 문제가 출제된다.
- 제시문의 내용을 다른 상황에 적용하는 문제와 논지 전개 방식을 묻는 문제가 출제된다.
- 제시문으로 인문, 사회, 과학, 기술, 예술 및 관련 산업에 대한 내용이 출제된다.
- 다양한 분야의 문서를 꼼꼼히 읽고 내용을 정리하는 연습을 한다.
- 지원 분야와 관련된 용어를 숙지한다.

다음 글을 읽고 추론한 내용으로 적절한 것은?

반 보크트는 히틀러의 영향을 받아 '확신인간'이라는 인간 유형을 제시했다. 그는 이들의 비인도적 행위에 대해 다음과 같은 질문을 던진다. "이들의 행동을 이끄는 동기는 무엇인가? 자기와 다른 생각을 가진 사람을 부정직하거나 악한 사람으로 단정하는 근거는 어디에 있는가? 그들의 마음속 깊은 곳에는 자신이 결코 잘못을 저지르지 않는 신과 같다고 믿는 무언가가 있는 것은 아닐까?"

반 보크트는 확신인간을 이상주의자로 규정한다. 그들은 자신만의 고립된 정신세계에서 살면서, 현실의 다양한 측면이 자신의 세계와 충돌할 때 이를 외면하려 애쓴다. 그리고 권력을 쥐게 되면, 자신이 구상하는 이상적 세계에 맞춰 현실을 제멋대로 변화시키려고 한다.

그러나 확신인간은 자신과 밀접한 관계에 있던 사람이 자신을 떠나면, 순식간에 심리적 공황 상태에 빠질 수 있다. 이때 그들은 완전히 의기소침해져 앞으로는 자신의 행실을 고치겠다고 다짐하지만, 그럼에도 불구하고 상황이 나아지지 않으면 알코올 중독이나 마약에 빠지고, 심지어 자살에 이르는 경우도 있다. 그들의 근본적인 문제는 마음 깊숙이 자리 잡은 뿌리 깊은 열등감이다. 설령 그들이 자신이 그린 이상세계를 실현할 만큼 성공한다 해도, 그러한 성공은 이 내면의 근본적인 문제를 해결하지 못한다.

확신인간은 결코 타인에 의해 통제받지 않겠다는 강한 의지를 지니고 있다. 일반적으로 사람은 사회 속에서, 특히 타인과의 관계에서 자제심을 발휘해야 하지만, 확신인간은 통제를 극도로 싫어해 쉽게 자제력을 잃고 비이성적인 행동을 보인다. 더 큰 문제는 그들이 자신의 이런 행동을 전혀 반성하지 않고, 오히려 당연한 것으로 여긴다는 점이다. 확신인간에게 분노와 같은 격렬한 감정 폭발은 이 '당연함'이라는 생각을 더욱 강화시킨다. 이러한 당연함은 감정에 대한 자기 통제력을 약화시켜 감정 폭발을 더욱 부추기며, 결국 폭력으로 이어지게 만든다.

① 확신인간은 사회적 갈등을 중재하려는 이상주의자이다.
② 확신인간은 자신의 성공이 내면의 문제를 해결하는 방법이라고 믿는다.
③ 확신인간은 타인과의 갈등을 피하기 위해서 자제력을 발휘하고자 애쓴다.
④ 확신인간은 자신과 생각이 다른 사람에 대해 외면과 무관심으로 대응한다.
⑤ 확신인간은 내면의 열등감과 통제력 부족으로 인해 비이성적인 행동을 일삼는다.

|정답 및 해설| ⑤

제시문에서 확신인간은 내면 깊은 곳에 뿌리 깊은 열등감을 가지고 있으며, 통제받는 것을 극도로 싫어해 쉽게 자제력을 잃고 비이성적인 행동을 한다는 것을 확인할 수 있으므로 이 글을 통해 추론할 수 있는 내용이다.

① 제시문에서 확신인간은 이상주의자이긴 하지만, 사회적 갈등을 중재하려는 인물이 아니라 이상적 세계에 맞춰 현실을 제멋대로 변화시키려고 한다는 것을 확인할 수 있으므로 적절하지 않다.

② 제시문에서 확신인간은 자신이 성공하면 내면의 문제도 해결된다고 믿을 수 있으나, 실제로는 성공을 이루더라도 내면 깊은 열등감은 해결되지 않는다는 것을 확인할 수 있으므로 적절하지 않다.

③ 제시문에서 확신인간은 통제받는 것을 매우 싫어하고, 오히려 감정의 폭발로 이어지며 이를 당연하게 여긴다는 것을 확인할 수 있으므로 적절하지 않다.

④ 제시문에서 확신인간은 자신과 생각이 다른 사람을 부정직하거나 나쁜 사람으로 단정 짓고, 자신의 이상에 맞지 않으면 무시하려 한다는 것을 확인할 수 있으므로 적절하지 않다.

유형 ❹ 문법 지식의 이해와 적용을 평가하는 문제

- 한글 맞춤법에 대한 이해도를 확인하는 문제가 출제된다.
- 일상에서 틀리기 쉬운 띄어쓰기, 높임법 등의 정확한 표현을 묻는 문제가 출제된다.
- 언어의 특징, 음운의 변동 등 심화된 국어 지식을 묻는 문제가 출제된다.
- 문법 전반에 대해 학습한 후 학습한 내용을 실전에 적용할 수 있도록 문법 문제를 반복해서 푼다.

다음 중 ㉠~㉤을 고쳐 쓰기 위한 방안으로 적절하지 않은 것은?

> 양자 컴퓨터는 ㉠ 다수의 여러 개의 이진수들을 단 한 번에 처리함으로써 일반 컴퓨터보다 훨씬 빠른 속도로 연산을 수행한다. 연산 속도에 영향을 미치는 다른 요소들을 배제하면, 이진수를 처리하는 횟수가 ㉡ 적어질수록 연산 결과를 빨리 얻을 수 있기 때문이다.
>
> n자리 이진수를 나타내기 위해서는 n비트가 필요하고 n자리 이진수는 모두 2n개 존재한다. 일반 컴퓨터는 한 개의 비트에 ㉢ 0과 1중 하나만을 담을 수 있어, 두 자리 이진수인 00, 01, 10, 11을 2비트를 이용하여 연산할 때 네 번에 걸쳐 처리한다. ㉣ 아울러 공존의 원리를 이용하는 양자 컴퓨터는 0과 1을 하나의 비트에 동시에 담아 정보를 처리할 수 있어 두 자리 이진수를 2비트를 이용하여 연산할 때 단 한 번에 처리가 가능하다. 양자 컴퓨터는 처리할 이진수의 자릿수가 커질수록 (㉤) 압도적인 위력을 발휘한다.

※ 비트(bit): 컴퓨터가 0과 1을 이용하는 이진법으로 연산을 수행하기 위해 사용하는 최소의 정보 저장 단위

① ㉠은 의미가 중복되므로 '다수의'를 생략해야 한다.
② ㉡은 정확한 의미 전달을 위해 '적을수록'으로 바꾸어야 한다.
③ ㉢은 띄어쓰기 규정에 따라 '0과 1 중'으로 수정해야 한다.
④ ㉣은 문맥의 자연스러운 흐름을 위해 '하지만'으로 고쳐야 한다.
⑤ ㉤은 호응관계를 고려하여 '연산 속도에서'를 추가해야 한다.

|정답 및 해설| ②

연산 속도에 영향을 미치는 다른 요소를 제외하면, 이진수를 처리하는 횟수가 '줄어들수록' 연산 결과를 빨리 얻을 수 있다는 의미이므로 비교대상 대비 상대적으로 '적을수록'이 아닌 '적어질수록'으로 쓰는 것이 적절하다.

① '여러 개'라는 표현에 이미 '다수'의 의미가 포함되어 있으므로 의미 중복 방지를 위해 '다수의'를 생략하는 것이 적절하다.
③ '중'은 '여럿의 가운데'를 나타내는 의미의 의존명사이므로 띄어 쓰는 것이 적절하다.
④ 문맥상 일반 컴퓨터와 양자 컴퓨터의 차이를 설명하고 있으므로 앞의 내용과 뒤의 내용이 상반될 때 쓰는 접속 부사인 '하지만'을 쓰는 것이 적절하다.
⑤ 해당 문장에서 압도적인 위력을 발휘하는 대상이 빠져있으므로 '연산 속도에서'를 추가하는 것이 적절하다.

유형 5 의미와 맥락에 맞는 어휘력을 평가하는 문제

- 문맥에 맞는 정확한 어휘를 찾는 문제가 출제된다.
- 적절한 한자성어나 한자어, 순우리말 등을 묻는 문제가 출제된다.
- 다의어의 다양한 의미를 확인하는 문제가 출제된다.
- 어휘의 정확한 의미를 숙지하고, 맥락적 의미를 파악하는 연습을 한다.

다음 밑줄 친 ㉠~㉤을 수정한 어휘로 적절하지 않은 것은?

○○전략연구소의 보고서 '차세대 열린 경영'에서는 'CFT(Cross Functional Team)'를 수직적 경영방식을 ㉠ 답습한다는 의미가 강하다고 여겨 '기능횡단팀'으로 번역했습니다. CFT는 한 팀이 여러 가지 기능을 복합적으로 ㉡ 강행하는 팀을 말합니다. 최근 들어 팀제가 크게 유행하는 이유는 첫째, 경제환경이 급변함에 따라 경직된 조직의 필요성이 갈수록 커지고 있고, 둘째, 업무의 성격도 예전에 비해 훨씬 복잡해져서 단일부서에서만 처리하기 곤란한 경우가 많기 때문입니다. 마지막으로 팀제를 통해 부서 간 장벽을 넘어 뛰어난 인재들을 고루 ㉢ 수용하기 위해서이기도 합니다. 이렇듯 특별한 직무를 ㉣ 완비하기 위해 다양한 부서에서 멤버를 ㉤ 차출해서 구성하는 팀제가 CFT입니다.

① ㉠ 타파　② ㉡ 수행　③ ㉢ 활용　④ ㉣ 완수　⑤ ㉤ 축출

|정답 및 해설| ⑤

'축출'은 '직위나 자리에서 강제로 쫓아낸다'라는 의미이므로 '뽑아서 쓴다'는 의미의 '차출'이 적절하다.

① '답습'은 '예로부터 해 오던 방식이나 수법을 좇아 그대로 행함'이라는 의미이므로 '부정적인 규정, 관습, 제도 따위를 깨뜨려 버림'이라는 의미의 '타파'가 적절하다.
② '강행'은 '어려운 점을 무릅쓰고 행함'이라는 의미이므로 '생각하거나 계획한 대로 일을 해냄'이라는 의미의 '수행'이 적절하다.
③ '수용'은 '어떠한 것을 받아들임'이라는 의미이므로 '충분히 잘 이용함'이라는 의미의 '활용'이 적절하다.
④ '완비'는 '빠짐없이 완전히 갖춤'이라는 의미이므로 '뜻한 바를 완전히 이루거나 다 해냄'이라는 의미의 '완수'가 적절하다.

적중예상문제

난이도 ★★☆

01 다음을 읽고 문서 이해 절차에서 "문서의 정보 및 현안문제 파악하기" 단계와 가장 밀접하게 관련된 활동은 무엇인가?

> 문서를 이해하는 것은 일상 업무, 학문 연구, 그리고 다양한 분야에서 중요한 역할을 한다. 복잡하고 다양한 정보가 담긴 문서를 어떻게 효과적으로 이해하고 활용할 것인가는 현대 사회에서 필수적인 능력으로 여겨지고 있다. 이런 이유로, 문서 이해 절차를 체계적으로 접근하는 방법이 주목을 받고 있다.
>
> 문서 이해 절차는 대략 여섯 단계로 나뉘며, 이 단계들은 문서의 목적 이해, 배경과 주제 파악, 정보 및 현안문제 파악, 상대방의 의도 및 요구되는 행동 분석, 취해야 할 행동 결정, 그리고 상대방의 의도를 도표나 그림으로 정리하기로 구성되어 있다.
>
> "문서의 정보 및 현안문제 파악하기" 단계는 특히 중요하다. 여기서는 문서에서 제시하는 핵심 데이터나 사실을 정확하게 이해하고, 그 중요성을 파악하는 활동이 포함된다. 이 단계에서는 문서에서 제시하는 데이터나 사실을 체크리스트로 만들어, 중요한 정보를 명확하게 파악하고 이해하는 것이 중요하다고 전문가들은 말한다.
>
> 이런 절차적 접근은 문서의 내용을 체계적이고 꼼꼼하게 이해하는 데 도움을 주며, 특히 복잡하고 방대한 정보를 효과적으로 정리하고 분석하는 데에 큰 역할을 한다. 또한, 이를 바탕으로 한 문서 이해는 결정 과정이나 문제 해결, 그리고 효과적인 커뮤니케이션에도 큰 도움이 된다고 학자들은 설명한다.
>
> 체계적인 문서 이해 절차는 개인의 업무 능률 향상은 물론, 조직의 의사 결정 과정에서도 중요한 역할을 한다. 이를 통해 개개인과 조직은 보다 명확하고 정확한 정보를 기반으로 한 결정을 내릴 수 있게 되며, 이는 결국 성공적인 결과로 이어질 수 있다.
>
> 다양한 분야의 전문가들은 체계적인 문서 이해와 분석 능력을 갖추는 것이 현대 사회에서의 핵심 역량 중 하나라고 강조하고 있다. 이를 위한 다양한 교육과 훈련 프로그램도 계속해서 개발되고 있으며, 이를 통해 개개인이 보다 효과적인 정보 이해와 활용 능력을 키울 수 있게 되고 있다.
>
> 체계적이고 꼼꼼한 문서 이해 절차를 통해 우리는 복잡한 정보 사회에서 보다 명확하고 정확한 의사결정을 내릴 수 있게 되며, 이는 개인과 조직, 그리고 사회 전반의 발전을 위한 기반을 마련해 줄 것이다.

① 문서의 주제와 목적을 명확히 정의하는 활동
② 문서에서 제시하는 데이터나 사실을 체크리스트로 만드는 활동
③ 문서의 내용을 기반으로 다음 행동 계획을 세우는 활동
④ 문서의 내용을 도표나 그림으로 시각화하는 활동
⑤ 문서의 작성 배경이나 작성자의 의도를 분석하는 활동

난이도 ★☆☆

02 다음에 제시된 문서의 종류로 옳은 것은?

> 일자: 20X3. ○○. ○○.
> 문서번호: 00제08423-34호
> 발신: 총무부
> 수신: 기획부, 회계부, 해외사업부, 신사업부
>
> 제목: 빅데이터 공공플랫폼을 만들기 위한 자료 제출
>
> 1. 우리 기관 빅데이터 공공플랫폼을 만들기 위해 자료를 수집하고자 합니다.
> 2. 20X3. ○○. ○○.~20X3. ○○. ○○.까지 붙임에 있는 자료를 제출하여 주시기 바랍니다.
>
> 붙임. 공공플랫폼 민간사업자 공유 자료 1부. 끝.

① 기획서 ② 보고서 ③ 기안서
④ 공문서 ⑤ 품의서

난이도 ★★☆

03 다음에 제시된 문서에 대한 생각으로 적절하지 않은 것은?

〇〇연석회의

보고 일자: 202X. 4. 8.
보고자: 〇〇〇

1. 목적: 3월 정기 사내 연석회의 당 부서 대표로 참석
   협의 결정사항 보고드림

2. 의제: 202X년 하반기 예산 조정 관련(주관: 재무부)

3. 일시: 202X. 3. 31.(목)

4. 참석자: 총 3명(△△부서 김△△ 부장, 이□□ 팀장, ◇◇부서 박◇◇ 과장)

5. 결정사항
   가. 202X년 하반기 예산 조정 필요 이유를 각 부문에서 검토
      이달 내 문서 제출 후 부서별 절감 가능 방법 검토
   나. 부서별 예산 집행 내역 재조사 진행

6. 조치사항
   가. 부서 내 전 사원을 대상으로 아이디어 공모 고려
   나. 결정사항에 따른 부서별 자료 제출 요청

7. 기타
   가. 재무부: 영업이익률 감소로 인한 예산 감축의 절대적 필요 강조
   나. 인사부: 신사업 확장으로 인한 채용규모 확대로 인건비 증액 요청

① 특정한 일에 관한 현황이나 진행 상황 등을 보고하기 위해 작성한 문서이군.
② 나올 수 있는 예상 질문을 미리 생각해 보고 적절한 답변을 미리 준비해야지.
③ 핵심 내용을 간결하게 제시하고 제출 전에 반드시 최종 점검해야 하겠군.
④ 설득 가능성을 높이기 위해 상대의 요구사항을 정확히 파악해야겠어.
⑤ 복잡한 내용일 때는 도표나 그림을 활용하는 것이 좋겠어.

난이도 ★☆☆

04 **〈보기〉는 행정효율과 협업 촉진에 관한 규정 중 일부이다. 다음 중 〈보기〉의 ㉠~㉣에 들어갈 문서를 순서대로 바르게 나열한 것은?**

> 〈보기〉
>
> 제4조(공문서의 종류) 공문서(이하 "문서"라 한다)의 종류는 다음 각호의 구분에 따른다.
> 1. (㉠): 헌법·법률·대통령령·총리령·부령·조례·규칙(이하"법령"이라 한다) 등에 관한 문서
> 2. (㉡): 훈령·지시·예규·일일명령 등 행정기관이 그 하급기관이나 소속 공무원에 대하여 일정한 사항을 지시하는 문서
> 3. (㉢): 고시·공고 등 행정기관이 일정한 사항을 일반에게 알리는 문서
> 4. 비치문서: 행정기관이 일정한 사항을 기록하여 행정기관 내부에 비치하면서 업무에 활용하는 대장, 카드 등의 문서
> 5. (㉣): 민원인이 행정기관에 허가, 인가, 그 밖의 처분 등 특정한 행위를 요구하는 문서와 그에 대한 처리문서
> 6. 일반문서: 제1호부터 제5호까지의 문서에 속하지 아니하는 모든 문서

	㉠	㉡	㉢	㉣
①	법규문서	지시문서	공고문서	민원문서
②	법규문서	공고문서	민원문서	지시문서
③	지시문서	법규문서	민원문서	공고문서
④	공고문서	민원문서	법규문서	지시문서
⑤	공고문서	지시문서	법규문서	민원문서

난이도 ★☆☆

05 **다음은 문서의 작성기준에 관한 내용이다. 틀린 것은 모두 몇 개인가?**

> ㉠ 문서에는 시각장애인 등의 편의 도모를 위해 음성정보 또는 영상정보 등이 수록되거나 연계한 바코드 등을 표기할 수 있다. 이 경우 바코드는 문서 하단의 '행정기관명' 표시줄의 오른쪽 끝에 표기한다.
> ㉡ 숫자를 표기할 때에는 한글로 쓴다.
> ㉢ 금액을 표시할 때에는 아라비아 숫자로 쓰되, 숫자 다음에 괄호를 하고 한글로 기재한다.
> ㉣ 문서의 쪽 번호를 표시할 때에는 중앙 하단에 일련번호를 표시하되, 문서의 순서 또는 연결관계를 명백히 밝힐 필요가 있는 중요 문서에는 해당 문서의 전체 쪽수와 그 쪽의 일련번호를 붙임표(-)로 이어 표시한다.
> ㉤ 업무관리시스템 또는 전자문서시스템을 이용하여 보고하거나 결재권자에게 직접 보고하지 아니하는 경우에는 보고자 표시를 생략한다.

① 1개　② 2개　③ 3개　④ 4개　⑤ 5개

난이도 ★★☆

06 다음의 내용을 보고 입법주의에 대한 문서의 효력 발생시기 관련 설명으로 옳지 않은 것은?

문서의 효력 발생 시기는 문서가 언제부터 법적인 효과를 발휘하는지를 결정하는 중요한 요소다. 이는 법률, 계약서, 공식 통지서와 같은 다양한 법적 문서에서 큰 역할을 한다. 행정안전부는 문서의 효력기준을 정하기 위해 문서의 효력 발생 시기에 대한 네 가지 주요 입법주의를 소개하고 있다. 이를 바탕으로 각 입법주의의 핵심과 적용 사례를 살펴보자.

표백주의는 문서의 작성과 결재가 완료되는 시점에서 문서의 효력이 발생한다는 이론이다. 이는 내부 결재 문서와 같이 상대방이 없는 문서의 경우에는 합당하다고 볼 수 있다. 그러나 상대방이 있는 경우, 상대방이 문서의 작성에 대해 알지 못하는 상황에서도 효력이 발생하게 되어, 문서 발신 지연 등 발신자의 귀책사유로 인한 불이익을 상대방이 감수해야 하는 문제가 발생할 수 있다.

발신주의는 문서가 상대방에게 발신된 시점에서 그 효력이 발생한다는 주장이다. 이는 신속한 거래에 적합하며, 다수의 자에게 동일한 통지를 해야 할 경우에 획일적으로 효력을 발생하게 할 수 있다는 장점이 있다. 그러나 문서의 효력 발생 시기가 발신자의 의사에 좌우되며, 상대방이 아직 알지 못하는 상황에서 효력이 발생한다는 단점이 있다.

도달주의는 문서가 상대방에게 도달하는 시점에서 효력이 발생한다고 주장한다. 여기서 '도달'은 문서가 상대방의 지배 범위 내에 들어가, 사회 통념상 그 문서의 내용을 알 수 있는 상태가 되었다고 인정되는 것을 의미한다. 이는 쌍방의 이익을 가장 잘 조화시키는 견해로 볼 수 있다.

요지주의는 상대방이 문서의 내용을 알게 되는 시점에서 문서의 효력이 발생한다고 한다. 이는 상대방의 부주의나 고의 등으로 인한 부지의 경우 발신자가 불이익을 감수해야 하는 문제가 발생하며, 지나치게 상대방의 입장에서 치우친 것으로 볼 수 있다.

이 네 가지 입법주의는 각각의 장단점을 가지고 있으며, 특정 상황과 문서의 성격에 따라 적합한 주의를 선택하여 적용할 필요가 있다. 이는 문서의 효력 발생 시기를 명확히 규정함으로써, 관련된 모든 당사자들이 공정하고 투명한 거래를 할 수 있도록 보장하는 데 중요한 역할을 한다. 이러한 다양한 입법주의에 대한 이해는 법률 전문가뿐만 아니라 일반 시민들에게도 필요하며, 이를 통해 보다 명확하고 공정한 사회를 만드는 데 기여할 수 있다.

① 표백주의는 문서의 작성과 결재가 완료되면 즉시 효력이 발생하지만, 상대방이 문서의 내용을 알지 못하는 상황에서도 효력이 발생할 수 있다는 문제점이 있다.

② 발신주의는 문서가 상대방에게 발신된 시점에서 효력이 발생하며, 이는 신속한 거래에 적합하다는 장점이 있다.

③ 도달주의는 문서가 상대방에게 도달한 시점에서 효력이 발생하며, 이는 상대방이 문서의 내용을 알 수 있는 공정한 시점을 기준으로 문서의 효력이 발생하게 된다는 장점이 있다.

④ 요지주의는 상대방이 문서의 내용을 알게 되는 시점에서 효력이 발생하며, 이는 상대방의 부주의나 고의로 인한 문서 미도달의 경우 발신자가 불이익을 감수해야 한다는 단점이 있다.

⑤ 발신주의는 문서가 상대방에게 도달한 시점에서 효력이 발생하며, 다수의 자에게 동일한 통지를 해야 할 경우에 획일적으로 효력을 발생하게 할 수 있다는 장점이 있다.

난이도 ★☆☆

07 다음 문서를 읽고 난 후 문서의 작성에서 잘못된 점을 지적한 것으로 가장 적절한 것은?

△△연합회

수신자 ○○기관 연합회 운영위원

(경 유)

제 목 202X년도 정기총회 소집 공문

---

1. 먼저 귀 기관의 무궁한 발전을 기원하며 그간 귀 기관이 보내 주신 관심과 성원에 감사드립니다.
2. 본 연합회에서 다음과 같이 202X년도 정기총회를 개최합니다.

   가. 일 시: 202X년 5월 25일
   나. 시 간: 15:00
   다. 장 소: △△연합회 대회의실

3. 본 연합회에서는 지금까지의 활동과 앞으로의 사업계획에 대한 귀하의 의견을 듣고자 합니다. 부디 참석하시어 귀 기관의 권리를 행사하시기 바랍니다.
4. 사정상 참가를 못하시는 운영위원님께서는 귀 기관을 대표할 수 있는 분을 위임해 주시기 바랍니다.
5. 정기총회 당일 각 회원 대표님들은 동봉한 참가 동의서를 작성, 제출해 주시고 위임자는 별도로 첨부한 위임장을 당일 소지하셔야 합니다.

붙임 1. 참가동의서 1부.
 2. 정기총회 안건 1부.
 3. 위임장 1부.
 4. 기타자료 1부. 끝.

△△연합회장

담당 홍길동

시행 AAA 01-0001-01 접수

우 616-111 서울시 강남구 역삼동 ○○빌딩 2F

① 마지막 '끝.'을 문서의 마지막 내용인 5. 내용의 마지막에 넣어야 한다.
② '가', '나', '다'의 세부적인 내용을 붙임표(-)로 표기해야 한다.
③ 일시를 202X. 5. 25.로 표기해야 한다.
④ 시간을 '오후 3시'로 표기해야 한다.
⑤ 붙임에 있는 문서는 모두 한 줄에 기재하여 '각 1부'라고 표기해야 한다.

난이도 ★★☆

08 다음은 신입사원이 작성한 행사 기획서 초안이다. 귀하가 기획서를 살펴보니 수정해야 할 부분이 있어 신입사원에게 조언해 주고자 한다. 다음 중 귀하가 조언할 내용으로 가장 적절한 것은?

[행사 기획서 초안]

제목: 인공지능대학원 도전잇기(챌린지) 개최

목적: 과학기술정보통신부는 20X2. 7. 4.부터 20X2. 7. 29.까지 '인공지능대학원 챌린지'를 개최하기로 했습니다. 이번 행사는 인공지능대학원 소속 재학생의 실전 능력 제고를 위해 기업과 대학의 교류·협력을 확대, 산업계의 실제 데이터를 활용하여 문제를 해결하는 역량을 키우는 데 목적이 있습니다. 행사의 개요는 다음과 같습니다.

1. 행사명: 20X2 인공지능대학원 챌린지
2. 기간: 20X2. 7. 4.~20X2. 7. 29.
3. 대상: 과기정통부 인공지능대학원·융합연구센터·융합혁신대학원 소속 재학생
4. 주제: 백신 및 면역치료제 개발을 위한 항원·항체 반응예측
5. 시상: 총상금 2,000만 원 / 총 5개 팀

훈격	순위	시상팀	비고
과학기술정보통신부 장관상	1등	1팀	상금 1,000만 원
○○기업 AI연구원장상	2등	2팀	상금 300만 원
정보통신기획평가원장상	3등	2팀	상금 200만 원

기대효과: 인공지능대학원을 통해 세계적 수준의 인공지능 석·박사급 선도 연구자를 양성하고 있으며, 챌린지를 계기로 다양한 기업 현장의 프로젝트 경험과 경쟁을 통해 실전 역량을 겸비한 핵심 인재가 양성되기를 기대할 수 있습니다.

붙임. 인공지능대학원 챌린지 개요, 인공지능대학원 챌린지 포스터 각 1부. 끝.

※ 출처: 과학기술정보통신부(2022-07-03 보도자료)

귀하: 작성하신 기획서 잘 확인하였습니다. 몇 가지만 수정하면 될 것 같습니다. 우선 ① 제목은 간단하게 챌린지 개최라고 작성하시면 좋을 것 같습니다. 그리고 ② 목적과 기대효과는 한 번에 읽을 수 있도록 하나로 합쳐서 기재하는 것이 좋겠습니다. 또한 ③ 행사명과 기간, 대상은 삭제하는 것이 좋습니다. 기획서는 진행 과정에 대한 내용이 자세하게 나오지 않아도 되기 때문입니다. 그리고 ④ 붙임에는 각 1부라고 쓰지 않고 '인공지능대학원 챌린지 개요 1부'라고 적고 단락을 나눠서 '인공지능대학원 챌린지 포스터 1부'라고 적어주세요. 또한 ⑤ 붙임의 맨 뒤에 '끝.'이라고 표기하지 말고 기대효과 맨 뒤에 '끝.'이라고 표기해 주세요.

난이도 ★★☆

09 다음은 ○○공사의 결재 규정이다. 다음 상황과 같을 때 해당 결재 문서의 서명 위치와 처리 방법으로 옳은 것은?

> **[○○공사의 결재 규정]**
>
> 1. 금액이 50만 원 이하인 결재 사항은 대결로 처리할 수 있다.
> 2. 금액이 50만 원 초과 100만 원 이하인 경우 전결로 처리해야 하며, 결재 서명란에 "전결" 표시를 추가해야 한다.
> 3. 결재권자가 출장 중일 경우, 금액에 상관없이 대결로 처리할 수 있다.
> 4. 금액이 100만 원을 초과하는 경우 반드시 결재권자의 서명이 필요하며, 대결 및 전결이 불가하다.
> 5. 전결의 경우 결재권자의 서명란은 표시하지 않으며, 전결권자의 서명란에 전결 표시 후 서명한다.

> **[상황]**
>
> • ○○공사에서 새로운 구매 승인 결재 문서를 작성 중이다. 해당 결재 문서는 결재 규정에 따라 작성되어야 한다.
> • 구매 금액은 120만 원이다.
> • 결재권자는 출장 중이나, 100만 원 이상의 금액에 대해서는 대결권자의 서명을 배제하기로 하였다.

① 결재권자의 서명란에 "대결" 표시 후 대결권자가 서명한다.
② 전결권자가 전결 표시 후 서명하고 결재권자의 서명란은 표시하지 않는다.
③ 결재권자의 서명란에 결재권자가 서명해야 하며, 대결이나 전결 권한이 없다.
④ 결재권자의 서명란에 "전결" 표시 후 전결권자가 서명하고 결재권자의 서명란을 남겨둔다.
⑤ 전결권자가 전결 표시 없이 서명하고, 결재권자의 서명란에 결재권자가 출장 후 서명한다.

난이도 ★☆☆

10 다음은 귀하가 부장과 나눈 대화이다. 이를 읽고 사내 결재 규정에 따라 결재 양식을 가장 올바르게 작성한 것은?

> 부장: ○○ 씨, 정례보고서 결재가 언제까지죠?
> 귀하: 네, 부장님. 이번 주 금요일까지입니다.
> 부장: 그렇군요. 정례보고서의 경우 제 전결사항이라는 점 아시죠? 그런데 제가 그날 출장을 가야 해서 결재를 하지 못할 것 같습니다. 대신 차장에게 정례보고서 결재를 지시해 놓을 테니 결재 양식 작성에 유의해 주세요.
> 귀하: 네, 알겠습니다. 서명란에 서명날짜를 표시할까요?
> 부장: 아뇨, 날짜에 대한 부분은 생략해도 좋습니다.

[사내 결재 규정]

- 결재를 받으려는 업무에 대해서는 최고결재권자(본부장)를 포함한 이하 직책자의 결재를 받아야 한다.
- '전결'이라 함은 회사의 경영활동이나 관리활동을 수행함에 있어 의사결정이나 판단을 요하는 일에 대하여 최고결재권자의 결재를 생략하고, 자신의 책임하에 최종적으로 의사결정이나 판단을 하는 행위를 말한다.
- '대결'이라 함은 결재권자가 출장, 휴가, 기타 사유로 부재 시 그 직무를 대리하는 자가 결재하는 행위로, 결재권자가 결재한 것과 동일한 효력을 갖는다.
- 전결사항에 대해서도 위임받은 자를 포함한 이하 직책자의 결재를 받아야 한다.
- 결재 양식: 행정자치부의 '행정업무의 효율적 운영에 관한 규정 시행규칙 제7조(문서의 결재)'에 따른다.

> 제7조(문서의 결재)
> ① 결재권자의 서명란에는 서명날짜를 함께 표시한다.
> ② 영 제10조 제2항에 따라 위임전결하는 경우에는 전결하는 사람의 서명란에 '전결' 표시를 한 후 서명하여야 한다.
> ③ 영 제10조 제3항에 따라 대결(代決)하는 경우에는 대결하는 사람의 서명란에 '대결' 표시를 하고 서명하되, 위임전결사항을 대결하는 경우에는 전결하는 사람의 서명란에 '전결' 표시를 한 후 대결하는 사람의 서명란에 '대결' 표시를 하고 서명하여야 한다.
> ④ 제2항과 제3항의 경우에는 서명 또는 '전결' 표시를 하지 아니하는 사람의 서명란은 만들지 아니한다.

①

<table>
<tr><td>대리</td><td>과장</td><td>차장</td></tr>
<tr><td rowspan="2">대리서명</td><td rowspan="2">과장서명</td><td>전결</td></tr>
<tr><td>차장서명</td></tr>
</table>

②

<table>
<tr><td>대리</td><td>과장</td><td>차장</td><td>부장</td><td>본부장</td></tr>
<tr><td rowspan="2">대리서명</td><td rowspan="2">과장서명</td><td>전결</td><td rowspan="2">대결</td><td rowspan="2"></td></tr>
<tr><td>차장서명</td></tr>
</table>

③

<table>
<tr><td>대리</td><td>과장</td><td>차장</td><td>부장</td></tr>
<tr><td rowspan="2">대리서명</td><td rowspan="2">과장서명</td><td>대결</td><td rowspan="2">전결</td></tr>
<tr><td>차장서명</td></tr>
</table>

④

<table>
<tr><td>대리</td><td>과장</td><td>차장</td><td>부장</td><td>본부장</td></tr>
<tr><td rowspan="2">대리서명</td><td rowspan="2">과장서명</td><td>대결</td><td rowspan="2"></td><td rowspan="2"></td></tr>
<tr><td>차장서명</td></tr>
</table>

⑤

<table>
<tr><td>대리</td><td>과장</td><td>차장</td><td>부장</td><td>본부장</td></tr>
<tr><td rowspan="2">대리서명</td><td rowspan="2">과장서명</td><td>대결</td><td>전결</td><td rowspan="2">본부장서명</td></tr>
<tr><td>차장서명</td><td>부장서명</td></tr>
</table>

난이도 ★★☆

11 다음 중 아래의 문서를 읽고 보인 반응으로 적절하지 않은 것은?

[○○전자 ○○○○가습기 사용설명서]

1. 제품 구성
- 가습기 본체
- 물통
- 전원 어댑터

2. 사용 전 주의사항
- 가습기를 평평한 곳에 설치하십시오.
- 어린이의 손이 닿지 않는 곳에 두십시오.
- 깨끗한 물을 사용하고, 향수나 오일, 화학물질을 넣지 마십시오.
- 물통 최대 용량을 초과하지 마십시오.
- 본체를 물에 담그지 마십시오. 감전 위험이 있습니다.

3. 사용 방법

① 물통 채우기
물통을 분리하여 깨끗한 물로 채운 후, 다시 본체에 장착하세요.

② 전원 연결
전원 어댑터를 연결하고 콘센트에 꽂습니다.

③ 전원 버튼 작동
전원 버튼을 눌러 가습기를 작동시키고, 가습 강도를 조절합니다.

④ 가습 시간 설정
타이머 버튼을 눌러 원하는 가습 시간을 설정하세요.

4. 세척 및 관리
- 매일 사용 후 남은 물을 비우고, 물통과 본체를 부드러운 천으로 닦아주세요.
- 일주일에 한 번은 물통을 분리하여 식초를 희석한 물로 청소하세요.
- 본체는 물에 담그지 말고, 습기가 닿지 않도록 주의하세요.

5. 안전 수칙
- 가습기를 청소할 때는 전원을 끄고 플러그를 뽑으세요.
- 어린이의 손이 닿지 않는 곳에 두고, 넘어지지 않게 안전한 위치에 설치하세요.
- 전원 코드를 잡아당기지 마세요.
- 장기간 사용하지 않을 때는 물을 비우고 전원을 차단하세요.

6. 고장 및 문제 해결
- 가습기가 작동하지 않음: 전원 연결 상태를 확인하세요.
- 물이 제대로 분사되지 않음: 물이 충분한지 확인하고 분사구를 청소하세요.
- 이상한 소음 발생: 물통이 올바르게 장착되었는지 확인하고, 물이 충분한지 확인하세요.

7. A/S 안내
- 문제가 발생할 경우, 고객 서비스 센터로 연락하세요.
- 고객센터: 123-456-7890
- 운영시간: 월~금 09:00-18:00(주말 및 공휴일 휴무)

① 간결한 표현으로 내용을 정확하게 전달하고 있어.
② 제품의 작동 방법이나 과정을 설명하기 위해 만든 문서군.
③ 명령문이 아닌 평서문으로 작성되어 있어서 읽기가 편하군.
④ 이해가 어려운 전문용어를 지양하는 방식으로 독자를 배려하고 있군.
⑤ 이런 문서는 내용이 복잡할 경우 도표를 통해 시각화할 필요가 있어.

난이도 ★★☆

12 **다음 대화에서 나타나고 있는 경청의 방해 요인으로 적절한 것은?**

직원 1: 무엇보다도 홍보 안내 게시물을 어떤 형식으로 작성할지가 결정되어야 합니다. 저는 직원들이 행사에 관심을 가질 수 있도록 '행복 장터' 관련 정보를 쉽게 파악할 수 있는 게시물이어야 한다고 생각합니다.
직원 2: 그런데 게시물의 형식부터 결정하는 건 내용이 제한되는 부작용이 있지 않을까요?
직원 3: '열린 장터' 행사 때에도 형식을 늦게 결정해서 내용까지 다시 선정하는 문제가 있었잖아요.
직원 1: 그렇습니다. 그래서 이번에는 형식을 먼저 정했으면 합니다. 그리고 개최 시기나 장소 등 '행복 장터' 관련 정보를 효과적으로 전달하기에 적절한 광고 포스터 형식을 제안하는 바입니다.
직원 3: 좋아요. 형식을 무엇으로 결정하느냐에 따라 내용 전달의 효율성이 달라지는데 그런 측면에서 광고 포스터 형식은 적절할 것 같습니다. 그런데 작년 행사 후 설문조사에 의하면 행사 참여 대상과 참가 방법을 행사 직전까지 몰랐다는 의견이 많았어요.
직원 1: 그렇다면 참여 대상과 참가 방법 등은 안내 글 형식으로 사전에 개별 공지하고 회사 곳곳에 '행복 장터'의 구체적인 행사 관련 정보를 안내하는 포스터를 게시하는 것은 어떨까요?
직원 3: 알겠습니다. 그러면 안내 글은 직원 2 씨가 작성해 보는 게 어떨까요? 작년 행사의 문제점을 정리한 보고서를 참고하면 도움을 받을 수 있을 겁니다.
직원 2: 네. 알겠습니다. 그렇다면 내용과 형식 중 무엇을 먼저 정할지 결정해야겠군요.

① 직원 1의 '짐작하기'
② 직원 1의 '판단하기'
③ 직원 2의 '조언하기'
④ 직원 2의 '걸러내기'
⑤ 직원 3의 '언쟁하기'

난이도 ★★☆

13 다음 보도자료의 주제로 가장 적절한 것은?

정부가 2050 탄소중립 실현과 2030 국가온실가스감축목표 달성을 위해 공공건축물부터 선도적으로 에너지 성능을 개선하기로 했다. 국토교통부는 이 같은 내용이 담긴 '기존 건축물의 에너지 성능개선 기준' 개정안을 이번 달 11일부터 20일간 행정예고할 계획이라고 밝혔다. 국토부는 지난 2015년부터 연면적의 합계가 3,000m^2 이상인 문화·집회시설 등 6개 용도 공공건축물의 에너지소비량을 매년 공개하고 있다. 그중 에너지소비량이 다른 건축물에 비해 많은 경우 개선요구 등을 통해 소비행태를 개선하게 하거나 그린리모델링을 통해 건물의 에너지 성능을 개선하는 등 녹색건축물로의 전환을 유도하고 있다.

지금까지의 녹색건축물 전환 인정 기준은 2015년 마련된 기준으로, 상향된 국가온실가스감축목표 등을 반영하지 못해 이를 현실화할 필요성이 대두됐다. 또 에너지다소비건축물의 적극적인 녹색건축물 전환 유도를 위해 에너지소비량 공개방법 개선 및 절차 간소화 등의 제도 운영상 개선이 필요한 사항도 있어 이번 개정을 추진하게 됐다고 국토부는 설명했다. 이번 개정안에 따르면, 녹색건축물 전환 기준이 높아지고 절차가 간소화된다.

국토부는 공공건물에 대해 강화된 에너지허가 기준 등을 반영하도록 녹색건축물 전환 인정 기준을 높여 노후한 공공건축물의 녹색건축물 전환이 국가온실가스 감축에 실질적으로 기여할 수 있도록 개선한다. 이에 녹색건축물 전환 인정 기준이 기존 에너지효율인증 3등급에서 1등급으로 상향되고, 1차 에너지소요량 절감량 기준은 20%에서 30%로 높아진다. 건축물의 에너지 성능 개선과정에서 제로에너지건축물 및 에너지효율등급 인증 등을 취득한 경우에는 별도의 현장 조사 없이 바로 녹색건축물로 전환됐음을 인정받도록 절차도 간소화한다.

국토부는 건축물에너지소비량 공개제도도 개선한다. 우선 건축물에너지소비량 공개 시기를 분기마다로 명확히 정해 보고기관의 혼선을 줄인다. 소비량 비교를 위한 지역구분을 신축건축물 허가 시 단열을 위해 구분하는 지역기준과 일치시켜 신축부터 기축까지 건물에 요구되는 단열기준도 동일하게 통일했다.

자발적으로 녹색건축물로 전환하려는 건물에 대해 지원이 가능하도록 근거를 마련하는 등 제도 운영상 개선이 필요한 사항들도 개정한다. 이번에 행정예고된 개정안이 확정·고시되면 간소화된 절차를 통해 노후한 공공건축물의 녹색건축물 전환이 확대되고, 상향된 전환 기준에 따라 건물 부문 국가온실가스감축목표 달성에도 공공이 선도적으로 기여할 수 있을 것으로 전망된다.

행정예고는 이번 달 11일부터 다음 달 1일까지이며, 관계부처 협의 등을 거쳐 다음 달 8일부터 시행된다. 개정안 전문은 국토부 누리집(www.molit.go.kr)에서 확인할 수 있다. 개정안에 대해 의견이 있는 경우 우편, 팩스, 국토부 누리집을 통해 제출할 수 있다.

엄○○ 국토부 건축정책관은 "이번 개정에 따라 전 세계적으로 확산하고 있는 기후위기에 공공부문부터 적극적으로 대응하게 될 것으로 기대된다"며 "공공부문의 선도적 역할이 녹색건축물 확산과 시장생태계 조성을 견인해 탄소중립과 국가온실가스감축목표 달성에 있어 민간까지 참여하는 계기가 될 수 있길 바란다"고 말했다.

※ 출처: 국토교통부(2022-07-11 보도자료)

① 국토교통부는 2015년 마련된 녹색건축물 전환 인정 기준은 에너지다소비건축물에 적합하므로 절차 간소화를 추가하여 발표하였다.
② 국토교통부는 '기존 건축물의 에너지 성능개선 기준' 개정안에서 녹색건축물 전환 기준을 높이고 절차를 간소화하였다.
③ 국토교통부는 '기존 건축물의 에너지 성능개선 기준' 개정안을 발표하면서 공공부문이 녹색건축물 확산과 시장생태계 조성을 견인하여 탄소중립과 국가온실가스감축목표 달성에 있어 민간까지 참여하는 계기로 삼고 있다.
④ 국토교통부는 '기존 건축물의 에너지 성능개선 기준' 개정안에서 녹색건축물 전환 인정 기준을 기존 에너지효율인증 3등급에서 1등급으로 상향하였다.
⑤ '기존 건축물의 에너지 성능개선 기준' 개정안 전문은 국토부 누리집에서 확인할 수 있고, 개정안에 대한 의견은 국토부 누리집을 통해 제출할 수 있다.

난이도 ★★☆

14 다음 중 〈보기〉에서 설명하는 의사소통에 관한 내용으로 적절한 것끼리 묶인 것은?

〈보기〉

상대방의 이야기를 듣고 의미를 이해, 파악하며 상대방이 한 말에 반응하고, 자신의 의사를 표현하는 의사소통

ㄱ. 비대면(非對面)의 특성으로 인한 혼란과 곡해의 소지가 있다.
ㄴ. 청자와 화자 간의 즉각적인 대응이 가능하므로 유동성이 있다.
ㄷ. 업무와 관련된 문서를 통해 정보를 획득, 수집, 종합하는 능력이 요구된다.
ㄹ. 이와 같은 의사소통을 수행하기 위해서는 경청능력과 의사표현능력이 요구된다.
ㅁ. 이러한 의사소통의 종류에는 공문서, 기획서, 제안서, 보고서, 보도자료 등이 있다.

① ㄱ, ㄴ ② ㄱ, ㄷ ③ ㄴ, ㄹ ④ ㄴ, ㅁ ⑤ ㄷ, ㄹ

난이도 ★☆☆

15 다음 중 효과적인 의사표현 방법으로 적절하지 않은 것은?

① 전달하고자 하는 내용을 명료하고 적절한 메시지로 바꾸어야 한다.
② 말하는 이의 표정, 음성적 특성, 몸짓 등 비언어적 방식을 적절히 활용해야 한다.
③ 확실한 의사표현을 위해 정확한 발성으로 한 번만 전달해야 한다.
④ 듣는 이가 자신의 메시지를 어떻게 받아들였는지 피드백을 받아야 한다.
⑤ 전달하고 싶은 의도, 생각, 감정이 무엇인지 분명히 인식해야 한다.

난이도 ★★★

16 다음 중 〈보기〉에서 제시하고 있는 의사표현 전략으로 적절한 것은?

〈보기〉

이 기법의 효과는 프리맨(Freedman)과 프레이저(Fraser)가 1966년 연구 결과를 발표하면서 공개되었다. 프리맨과 프레이저는 연구 과정에서 집집마다 방문하여 자신들이 ○○의원회의 직원임을 밝힌 후 안전운전 촉진과 관련 입법을 요구하는 청원서에 서명을 부탁했다. 대부분의 사람은 모두의 생명과 건강을 보호하는 데 기여하는 부탁을 쉽게 승낙했다. 얼마 후 연구자들은 기존에 서명에 참여했던 사람들과 방문하지 않았던 사람들에게 안전운전 포스터를 집 앞에 붙일 것을 부탁했다. 그 결과 기존에 서명에 참여했던 55%의 사람들은 포스터를 붙이는 데 동의했지만, 새롭게 만난 사람들은 17% 이하만이 포스터 부착 요청에 응했다.

① 문 안에 한 발 들여놓기 기법
② 얼굴 부딪히기 기법
③ 단순 노출 기법
④ 엉덩방아 기법
⑤ 헤일로 기법

난이도 ★★☆

17 다음 보도자료의 제목으로 가장 적절한 것은?

환경부는 전국 지자체를 대상으로 2023년도 환경교육도시를 공모한 결과, 부산광역시·제주특별자치도 등 광역지자체 2곳과 수원시·시흥시·광명시·창원시·통영시 등 기초지자체 5곳으로 총 7곳을 선정했다고 26일 밝혔다. 이번 환경교육도시 공모는 지난 5월 22일부터 7월 21일까지 진행됐으며, 광역 5곳과 기초 13곳 등 총 17곳의 지자체가 신청했다.

평가는 환경교육도시에 대한 비전 및 기반, 환경교육 계획의 적절성, 환경교육 성과 등을 중점으로 이뤄졌다. 교육, 환경교육, 도시 행정 전문가 등으로 구성된 평가위원들이 서류 심사와 현장 평가를 거쳐 선정했다.

이번에 선정된 7곳의 지자체들은 지자체 환경교육 활성화 조례, 자체 환경교육 계획 수립 및 이행, 지역환경교육센터의 운영 활성화 등 전반적으로 환경교육 기반을 잘 갖추고 있는 것으로 평가됐다. 환경부는 환경교육도시가 지역 주도의 환경교육 활성화의 본보기로 발전시킬 수 있도록 지정 기간에 전문가 상담을 제공하고, 환경교육도시 간 상호 학습을 위한 협의회를 구성·지원한다. 또한 해마다 연말에 여는 환경교육토론회(포럼)를 통해 우수 성과를 전국에 알릴 예정이다. 한편 환경교육도시 지정은 환경교육의 활성화 및 지원에 관한 법률에 따라 지난해 처음 도입됐다. 올해 7곳을 추가 선정으로, 인천광역시 등 지난해 환경교육도시 6곳을 포함해 총 13곳으로 늘어났다.

장○○ 환경부 녹색전환정책관은 "환경교육도시는 기업, 학교, 국민들의 친환경 실천 확산을 통해 지역의 탄소중립·녹색성장을 실현하는 중요한 디딤돌 역할을 하게 될 것"이라며 "올해 지정된 신규 환경교육도시가 탄소중립 실현의 새로운 본보기를 만들 수 있길 기대한다"고 말했다.

※ 출처: 환경부(2023-10-26 보도자료)

① 환경부가 지정한 탄소중립 지자체는 총 17곳으로 지정됨
② 환경부, 지역주도 탄소중립 환경교육도시 7곳 추가 지정
③ 환경부가 지정한 환경교육도시는 환경교육 계획의 적절성과 환경교육 성과 등을 중점으로 이루어짐
④ 환경부가 지정한 탄소중립 지자체는 6곳으로 늘어남
⑤ 환경교육도시로 선정되지 못한 지자체는 내년에 다시 심사할 계획

난이도 ★☆☆

18 **다음 보도자료의 주제로 가장 적절한 것은?**

수전해를 활용한 수소생산기지 2곳과 천연가스 개질을 통한 수소생산 과정에서 발생하는 이산화탄소를 포집하는 탄소포집형 수소생산기지 1곳 구축에 참여할 사업자를 모집한다. 산업통상자원부는 27일 국내 청정수소 생산 인프라 확대를 지원하기 위한 2023년도 수소생산기지 구축사업 신규과제를 공고했다.

수전해 수소생산기지 구축사업은 지난해 전북 부안과 강원 평창 등 2곳을 처음 선정한 바 있다. 부안 수전해 사업은 현대건설이 주관기관으로 참여해 수전해 생산시설의 설계, 토목, 건축 등을 담당한다. 국내 수소 수전해 생산사업 참여 경험을 토대로 향후 칠레 등 해외 수전해 구축 프로젝트 진출이 기대된다. 평창 수전해 사업은 한화솔루션이 주관기관으로서 강원도와 협력해 도 소유의 풍력발전기에서 발생하는 전기를 활용, 그린수소를 생산해 인근 대관령 수소충전소에 공급할 계획이다.

탄소포집형 수소생산기지 구축은 올해 새롭게 추진하는 사업으로 인근 지역 수소충전소에 공급할 수소를 생산할 뿐만 아니라 이산화탄소를 포집, 액화해 조선업계 및 식음료업계에 제공하는 등 국내 탄산수급 안정화에 기여할 것으로 기대된다. 산업부는 평가위원회 평가 등을 거쳐 선정한 컨소시엄(민간기업 + 지자체)에 3년에 걸쳐 수전해 생산기지는 55억 원, 탄소포집형 생산기지는 68억 원을 지원할 계획이다.

공모에 참여하고자 하는 민간기업 및 지자체는 오는 6월 30일까지 수소융합얼라이언스 홈페이지(h2korea.or.kr)에 신청서를 제출하면 된다. 한편, 산업부는 이번 사업에 대한 이해도 제고 및 사업 참여 유도를 위해 지자체 및 수소 관련 기업을 대상으로 다음 달 17일 사업설명회를 개최한다.

※ 출처: 산업통상자원부(2023-04-27 보도자료)

① 산업통상자원부, 수전해 수소 생산 인프라 확대 지원
② 국내 청정수소 생산 인프라 확대를 위한 수소생산기지 구축사업 신규 공고
③ 산업통상자원부, 탄소 포집 기술을 활용한 수소 생산 계획 발표
④ 부안과 평창에서의 수전해 수소 생산기지 구축과 관련한 사업 현황
⑤ 수전해와 탄소포집 기술을 활용한 수소생산의 경제적 효과

난이도 ★★☆

19 다음 중 지문 내용과 일치하지 않는 것은 무엇인가?

주택청약 제도는 주택 시장에서 국민의 내 집 마련을 지원하기 위해 도입된 제도이다. 최근 한국의 주택청약 제도는 여러 변화를 겪고 있으며, 이러한 변화는 주택 시장에 다양한 영향을 미치고 있다. 이 지문에서는 주택청약 제도의 주요 변화와 그에 따른 경제적, 사회적 영향을 고찰하고자 한다.

주택청약 제도의 개편은 주택 공급 부족과 부동산 가격 상승으로 인한 주거 불안을 해소하기 위한 방안으로 추진되었다. 최근 몇 년간 급격한 부동산 가격 상승은 많은 국민에게 주택 구입을 더욱 어려운 목표로 만들었다. 이에 따라 정부는 주택청약 제도를 통해 보다 공정하고 효율적인 주택 공급을 추진하고자 한다.

1) 청약 가점제 개편: 청약 가점제는 무주택 기간, 부양가족 수, 청약 통장 가입 기간 등을 종합하여 청약 당첨자를 선정하는 방식이다. 최근 개편으로 무주택 기간의 가중치가 증가하고, 다자녀 가구에 대한 혜택이 강화되었다. 이를 통해 무주택자와 다자녀 가구의 내 집 마련 기회를 확대하고자 한다.

2) 부부 동시 청약 허용: 기존에는 부부 중 한 명만 청약 신청이 가능했으나, 개편 이후 부부가 각각 청약 신청을 할 수 있게 되었다. 이로 인해 가구의 주택 구입 기회가 증가하게 되었다.

3) 신혼부부 특별공급 확대: 신혼부부를 대상으로 하는 특별공급의 비율이 확대되었다. 이는 결혼 초기에 주택 마련의 부담을 덜어주고, 저출산 문제 해결에도 기여할 수 있다.

4) 다자녀 특별공급 기준 완화: 다자녀 가구에 대한 특별공급 기준이 기존 3자녀에서 2자녀로 완화되었다. 이는 다자녀 가구의 주택 구입 기회를 확대하고, 저출산 문제를 완화하는 데 기여할 것으로 기대된다.

주택청약 제도의 변화는 여러 경제적, 사회적 영향을 미친다. 첫째, 무주택자와 신혼부부, 다자녀 가구의 주택 구입 기회가 확대되면서 주거 안정성이 증가할 것으로 기대된다. 이는 장기적으로 주택 시장의 안정을 도모하고, 사회적 불평등을 완화하는 데 기여할 수 있다.

둘째, 청약 가점제 개편으로 인해 주택 구입에 대한 경쟁이 심화될 수 있다. 이는 가점제에서 높은 점수를 받기 위한 전략적 준비가 필요함을 의미한다. 또한, 부부 동시 청약 허용은 주택 구입 기회를 확대하지만, 그로 인한 청약 경쟁도 심화될 수 있다.

셋째, 주택청약 제도의 변화는 주택 시장의 수급 균형을 조정하는 역할을 할 수 있다. 특별공급 확대와 기준 완화는 주택 수요를 증가시키고, 이에 따라 정부의 주택 공급 정책도 더욱 탄력적으로 운영될 필요가 있다.

주택청약 제도의 변화는 주택 시장의 안정을 도모하고 국민의 주거 안정을 지원하기 위한 중요한 정책적 노력이다. 이러한 변화가 지속 가능하고 효과적으로 이루어지기 위해서는 정부의 지속적인 모니터링과 정책적 지원이 필요하다. 주택청약 제도가 국민의 실질적 주거 안정을 도모하고, 부동산 시장의 장기적 안정을 이끄는 데 기여하길 기대한다.

① 최근 주택청약 제도 개편으로 무주택 기간의 가중치가 증가하고 다자녀 가구에 대한 혜택이 강화되었다.
② 개편 이후 부부는 각각 청약 신청이 가능하게 되어 가구의 주택 구입 기회가 증가하였다.
③ 신혼부부 특별공급의 비율은 감소하여 결혼 초기에 주택 마련의 부담이 커졌다.
④ 다자녀 특별공급 기준은 3자녀에서 2자녀로 완화되었다.
⑤ 주택청약 제도의 변화는 주택 시장의 수급 균형을 조정하는 역할을 할 수 있다.

난이도 ★★★

20 **다음을 읽고 신재생에너지 기본계획에 대한 설명으로 옳지 않은 것을 고르면?**

산업통상자원부는 최근 제5차 신재생에너지 기본계획을 발표하며 2034년까지 신재생에너지 보급 확대와 탄소중립 사회로의 이행을 위한 전략과 목표를 공개했다. 이번 계획은 기존 에너지 정책과 연계하여 신재생에너지 기술개발 및 보급 촉진을 위한 구체적인 목표와 과제를 담고 있으며, 정부는 이를 통해 온실가스 배출을 줄이고 지속 가능한 에너지 전환을 가속화할 방침이다.

이번 계획에 따르면, 2034년까지 최종 에너지 소비 중 신재생에너지 비중을 13.7%로 확대하고, 발전량 기준으로 신재생에너지 비중을 25.8%까지 끌어올릴 예정이다. 이는 상위 계획인 제3차 에너지 기본계획 및 그린뉴딜, 제9차 전력수급계획과 일치하며, 신재생에너지 설비용량 확대와 발전비중을 통해 국가 에너지 구조를 근본적으로 전환하는 것을 목표로 한다. 특히, 온실가스 감축을 위한 재생에너지 보급량을 69백만 톤 CO2까지 늘려, 2017년 감축량 대비 약 4.7배 증가를 달성할 계획이다.

이번 계획의 핵심은 '지속 가능한 신재생에너지 확산 기반 구축'이다. 이를 위해 정부는 신재생에너지 보급 체계와 시장 구조를 혁신하고, 다양한 수요 기반 창출과 산업 생태계 활성화를 위한 전략을 추진할 예정이다. 구체적으로는 보급, 시장, 수요, 산업, 인프라 5대 혁신을 통해 2034년까지 신재생에너지를 대한민국의 주력 에너지원으로 성장시키겠다는 비전을 제시하고 있다.

정부는 보급 체계를 질서 있게 확산하고, 민간 및 공공투자의 활성화를 도모함으로써 신재생에너지의 안전하고 지속 가능한 확산을 추구할 예정이다. 이를 위해 지역 주민의 참여와 이익 공유를 장려하고, 지자체와의 협력으로 지역 주도의 재생에너지 확산 체계를 구축하여, 재생에너지가 국민 생활의 일부로 자리 잡을 수 있도록 지원할 계획이다.

또한, 신재생에너지 시장의 효율성을 높이기 위해 RPS(신재생에너지 공급의무화) 시장을 장기계약 중심으로 개편하고, 비전력 에너지원의 확산 기반을 마련하여 다양한 에너지원이 안정적으로 공급될 수 있도록 할 예정이다. 이러한 시장 혁신을 통해 신에너지를 분리하고, 재생에너지 중심의 RPS 시장을 강화하는 동시에 비전력 분야에서의 신재생에너지 활용을 확대해 나갈 방침이다.

아울러, 정부는 RE100(기업의 100% 재생에너지 사용) 참여를 촉진하고 자가용 설비와 지역 수요 거점을 확대하여 재생에너지 사용 기반을 강화할 계획이다. 기업과 공공기관이 재생에너지 전력을 구매하고 사용할 수 있도록 다양한 이행 수단을 제공하며, 인센티브와 지원책을 마련해 재생에너지 사용을 유도할 예정이다. 이로써, 기업의 사회적 책임을 높이고, 산업단지 및 지역사회가 자발적으로 재생에너지에 참여할 수 있는 기반을 마련하게 된다.

산업 경쟁력 강화와 R&D 혁신을 통해 신재생에너지 산업 생태계도 적극적으로 육성할 계획이다. 정부는 차세대 태양광, 풍력, 수소 등 유망 분야의 기술 개발을 지원하고, R&D 성과물이 상용화될 수 있도록 공공기관과의 협력 및 실증 프로젝트를 추진할 예정이다. 이를 통해 신재생에너지 관련 기업들이 세계 시장에 진출하고, 일자리를 창출할 수 있도록 지원함으로써 경제 성장과 에너지 전환이 동시에 이루어질 수 있는 선순환 구조를 만들어 나갈 것이다.

산업통상자원부 관계자는 "이번 제5차 신재생에너지 기본계획은 대한민국의 에너지 전환과 탄소중립 사회로의 이행을 위한 중요한 기틀이 될 것이며, 정부와 민간이 협력하여 에너지 혁신을 이루어 나가겠다"고 밝혔다. 이와 함께 정부는 계통 보강과 운영 관리 체계를 정비하여 신재생에너지의 적기 계통접속을 지원하고, 계통 혼잡 및 변동성 완화를 위한 체계를 개선해 안정적인 에너지 공급을 보장할 방침이다.

이번 계획은 정부가 신재생에너지 확산을 위한 종합적인 전략을 제시한 것으로, 탄소중립 시대를 대비한 신재생에너지 정책의 로드맵 역할을 할 것이다. 산업통상자원부는 앞으로도 국민의 참여와 지지를 바탕으로 대한민국의 신재생에너지 산업을 글로벌 경쟁력을 갖춘 미래 성장 동력으로 키워나갈 계획이다.

※ 출처: 산업통상자원부(2020-12-29 보도자료)

① 제5차 신재생에너지 기본계획은 2034년까지 최종 에너지 소비 중 신재생에너지 비중을 13.7%까지 확대하는 것을 목표로 하고 있다.
② 이번 계획에서는 2034년까지 신재생에너지 발전량 비중을 25.8%로 끌어올릴 예정이다.
③ 정부는 재생에너지 사용 기반을 강화하기 위해 RE100 참여 기업을 대상으로 인센티브와 다양한 지원책을 제공할 예정이다.
④ 산업통상자원부는 이번 계획을 통해 2040년까지 수소 경제 활성화를 목표로 하며, 이를 위해 수소 생산, 저장, 활용 전반의 생태계를 조성할 예정이다.
⑤ 이번 계획은 신재생에너지 기술 개발과 상용화를 위해 R&D 지원을 강화하고, 공공기관과의 협력을 통해 실증 프로젝트를 추진하여 산업 생태계를 활성화하는 것을 목표로 한다.

난이도 ★★★

21 ○○공사의 신입사원인 A, B, C, D, E는 다음 글을 읽고 직장 내 괴롭힘에 대해 대화했다. 다음의 글을 잘못 이해한 사람은 누구인가?

> 퇴사 경험이 있는 직장인을 대상으로 한 설문조사에서 과반수가 진짜 퇴사 사유를 밝히지 않고 회사를 그만뒀다고 응답했으며, 숨겨야 했던 퇴사 사유 중 1위는 직장 내 갑질 등 상사·동료와의 갈등인 것으로 나타났다. 이렇듯 '갑질'이 우리 사회의 큰 문제로 부상함에 따라 고용노동부는 직장에서 발생하는 여러 갑질 문제를 해소하고자 '직장 내 괴롭힘 금지법'을 포함한 근로기준법 개정안을 공포하게 되었다. 여기서 직장 내 괴롭힘이란 사용자 또는 근로자가 다른 근로자에게 직장에서의 지위 또는 관계 등의 우위를 이용하여 업무상 적정 범위를 넘어 신체적·정신적 고통을 주거나 근무 환경을 악화시키는 행위를 말한다.
>
> 직장 내 괴롭힘의 판단 요소에는 크게 행위자, 행위요건, 행위장소가 있다. 행위자는 크게 사용자와 근로자로 구분된다. 근로자는 사업장에서 근로를 행하는 자를 의미하며, 사용자는 「근로기준법」 제2조 제1항 제2호에 따른 사용자로서 사업주 또는 사업경영담당자, 근로자에 관한 사항에 대해 사업주를 위해 행위를 하는 자를 의미한다. 특히 파견근로자를 사용하는 사용사업주도 「파견근로자보호 등에 관한 법률」 제34조 제1항에 따라 「근로기준법」상의 사용자로 볼 수 있기 때문에 직장 내 괴롭힘 행위자로 인정될 수 있다.
>
> 한편, 행위요건에는 총 세 가지 핵심요소가 있다. 첫 번째는 직장에서의 지위 또는 관계 등의 우위를 이용해야 한다는 것이다. 이때 지위의 우위란 지휘·명령 관계에서 상위에 있는 경우는 물론, 회사 내 직위나 직급 체계상 상위에 있음을 이용하는 경우도 인정된다. 관계의 우위란 수적 측면, 정규직 여부, 직장 내 영향력, 연령이나 학벌 등 인적 속성, 근속연수 등 업무 역량, 노조 등 근로자 조직 구성원 여부와 같이 우위가 있다고 판단되는 모든 관계가 해당된다. 두 번째 요소는 업무상 적정범위를 넘는 행위여야 한다는 것으로, 문제시된 행위가 사회 통념에서 봤을 때 업무상 필요성이 인정되지 않거나 그 필요성이 인정되더라도 행위 양태가 사회 통념상 적절하지 않다고 인정되어야 한다는 것이다. 따라서 업무 수행 중 지시나 주의·명령에 대해 불만을 느낀 경우라도 업무상 필요에 의한 것이었다면 직장 내 괴롭힘으로 인정하기 어려우나, 만약 그 행위의 양태가 과도한 폭언이나 물리적 폭력을 수반하는 등 사회 통념상 상당성이 결여되었다면 업무상 적정 범위를 넘어선 것으로 볼 수 있다. 마지막으로는 신체적·정신적 고통을 주거나 근무환경을 악화시키는 행위여야 한다는 것이다. 행위요건은 한 가지 요소만 충족되어서는 안 되며, 세 가지 핵심 요소가 모두 충족되는 행위가 이루어졌을 때만 직장 내 괴롭힘으로 인정된다.
>
> 행위 장소의 경우 단순히 외근·출장지를 포함해 업무 수행이 이루어지는 곳이라고 생각하기 쉽지만, 회식이나 기업 행사 현장이 될 수도 있고 사적인 공간도 포함된다. 이 외에도 스마트폰을 통한 SNS 연락, 사내 메신저와 같은 온라인 공간에서 발생한 경우도 직장 내 괴롭힘에 해당할 수 있다. 직장 내 괴롭힘이 성립하는지에 대해서는 당사자와의 관계, 행위 장소 및 상황, 행위에 대한 피해자의 반응, 내용과 정도, 기간 등의 구체적 사정을 참작하고 종합적으로 판단하게 된다.

① A: 사업주, 사업경영담당자 등 외에 파견근로자를 사용하는 사용사업주 역시 사용자로 볼 수 있는 만큼 사용사업주도 파견근로자에 대하여 직장 내 괴롭힘 행위자로 인정될 수 있겠어.

② B: 직장에서 관계 우위를 남용하면서 업무상 적정 범위를 넘어서는 행위를 통해 피해자에게 신체적 또는 정신적으로 피해를 주었다면 직장 내 괴롭힘의 행위요건이 성립해.

③ C: 업무상 적정 범위는 조금 모호한 개념 같은데, 행위 양상이 사회 통념상 용납하기 어려울 정도라도 업무상 필요하다고 인정된다면 적정 범위를 넘었다고 보기 어려워 행위요건이 성립하지 않겠네.

④ D: 행위요건의 세 가지 핵심요소를 모두 충족한다면, 일반적인 업무 수행 공간이 아닌 회식이나 기업 행사 현장에서 발생한 경우라도 직장 내 괴롭힘으로 인정 가능해.

⑤ E: 사적 공간도 행위장소로 볼 수 있고, 최근에는 SNS나 사내 메신저로 업무 지시를 내리는 일이 많아 온라인 공간도 행위 장소로 볼 수 있어.

난이도 ★★☆

22 다음은 도시 재생 사업에 대한 보도자료이다. 다음을 읽고 〈보기〉에 제시된 도시 재생 사업 유형으로 옳은 것은?

국토교통부는 도시재생 뉴딜사업을 통해 지역경제를 활성화하고, 주거환경을 개선하며, 국민들의 삶의 질 향상과 지역사회의 활력을 증진하는 다양한 노력을 기울이고 있다고 밝혔다. 이 사업은 '함께 만드는 도시재생'이라는 철학 아래 지역사회와 협력하여 도시 문제를 해결하고 지속 가능한 발전을 추구한다.

도시재생 뉴딜사업은 지역의 특성과 규모에 따라 다음의 5가지 유형으로 구분된다.

우리동네살리기	소규모 주거 (5만m^2 이하)	인구유출, 주거지 노후화로 활력을 상실한 지역에 대해 소규모 주택정비사업, 생활편의시설 공급 등으로 마을공동체 회복
주거지지원형	주거 (5~10만m^2 내외)	골목길 정비 등 소규모 주택정비의 기반 마련 후 소규모 주택정비사업, 생활편의시설 공급 등으로 주거지 전반의 여건 개선
일반근린형	준주거, 골목상권 (10~15만m^2 내외)	주거지와 골목상권이 혼재된 지역을 대상으로 골목상권 활력 증진을 목표로 주민공동체 거점 조성, 마을가게 운영, 보행환경 개선
중심시가지형	상업, 지역상권 (20만m^2 내외)	원도심의 공공서비스 저하와 상권쇠퇴가 심각한 지역을 대상으로 공공기능 회복, 역사·문화·관광과의 연계사업을 추진하여 상권 활력 증진
경제기반형	산업, 지역경제 (50만m^2 내외)	국가·도시 차원의 경제적 쇠퇴가 심각한 지역을 대상으로 복합앵커시설 구축 등 新경제거점 형성 및 일자리 창출

위의 사업으로 2019년까지 시행되었다가 국토교통부는 사업의 실행력을 제고하기 위해 도시재생법을 개정하여 혁신지구, 총괄사업관리자, 인정사업 등 새로운 재생수단을 만들어 보다 체계적이고 효과적인 도시재생을 추구하고 있다.

도시재생혁신지구	50만m^2 이하	도시재생을 촉진하기 위해 공공주도 쇠퇴지역 내 주거·상업·산업 등 기능이 집적된 지역거점을 신속히 조성하는 지구단위 개발사업
총괄사업관리자 뉴딜사업	-	공기업이 시행하는 거점 개발사업을 중심으로 재생 계획을 수립하고, 사업을 시행하여 재생효과를 극대화하는 사업
도시재생인정사업	10만m^2 이하	도시재생 전략계획이 수립된 지역 내에서 활성화계획 없이 생활SOC, 임대주택·상가 공급 등을 추진할 수 있는 점단위 도시재생사업

국토교통부는 도시재생 뉴딜사업을 통해 지역사회의 문제를 해결하고, 경제를 활성화하며, 주거환경을 개선하는 등 지역의 지속 가능한 발전을 도모하고 있다. 이를 통해 각 지역의 특성에 맞는 맞춤형 재생을 실현하고, 국민들의 삶의 질을 향상시킬 수 있을 것으로 기대된다.

〈보기〉

이 프로젝트는 순천시 ○○동에서 진행되었습니다. 이 지역은 1970년대 지어진 노후 주택이 밀집해 있고, 젊은 층의 지속적인 인구 유출로 고령화가 심각한 상태였습니다. 이에 지자체는 마을 단위의 소규모 정비사업을 실시하여 주민들의 정주 여건을 개선하고자 했습니다. 주요 활동으로는 노후 주택 개보수 지원, 쌈지공원 조성, 마을 작은 도서관 설치, 노인복지센터 리모델링 등 동네 차원의 생활편의시설을 확충했습니다. 또한 주민들이 함께 모여 소통할 수 있는 마을회관을 새로 건립하고, 주민들이 직접 운영하는 마을 텃밭도 조성했습니다. 이러한 소규모 정비사업을 통해 주거환경이 개선되었고, 주민 커뮤니티가 활성화되어 마을의 활력을 되찾을 수 있었습니다.

① 우리동네살리기
② 도시재생혁신지구
③ 도시재생인정사업
④ 일반근린형
⑤ 중심시가지형

난이도 ★★☆

23 다음 중 보도자료 내용과 일치하지 않는 것은 무엇인가?

정부가 한시적으로 규제를 면제하거나 유예해주는 규제샌드박스의 운영 개선방안을 마련했다. 과정에서 발생하는 이견 해소를 위한 중립적 조정기구를 마련하고 심의기간 지연 등을 방지함으로써 규제혁신에 속도를 낸다는 계획이다. 정부는 1일 정부서울청사에서 개최한 제43차 국정현안관계장관회의에서 신산업 육성을 체계적으로 지원하기 위한 규제샌드박스 운영 개선방안을 발표했다.

규제샌드박스는 기업들이 자율차, 드론, AI 등 신기술을 활용한 혁신사업을 하려고 하나 현행 규제에 막혀 시장출시가 불가능한 경우에 한시적으로 규제를 유예해 주어 그 기간(특례기간)에 사업의 안전성과 유효성을 시장에서 검증하고 안전성 등에 문제가 없으면 규제를 과감히 혁파하는 제도다. 그동안 규제샌드박스는 1,266건 승인, 308건 규제개선(6월 기준) 등 다양한 신산업 육성의 테스트베드로서의 역할을 수행해 왔지만 샌드박스 운영과정에서 발생한 문제점들에 대한 개선이 필요하다는 의견도 꾸준히 제기되어 왔다.

이에 정부는 여러 차례의 기업과 학계 등으로부터 의견수렴을 하고 규제개혁위원회에서 논의해 이번 개선방안을 마련했다.

정부는 먼저, 규제샌드박스의 체계적 관리·지원 체계를 구축하기로 했다. 이해관계자·규제부처 반대가 심한 사안의 경우 규제특례를 부여하기 위한 심의 절차가 상당 기간 지연되는 사례가 종종 발생하고 있다. 이를 개선하기 위해 규제개혁위원회 산하 신산업 규제혁신 위원회 기능을 확대·개편해 이견 사항에 대한 조정 역할을 강화할 계획이다. 위원회는 ▲규제특례위원회 심의·상정 지연 ▲실증 목적에 맞지 않는 부가조건 부여 ▲법령정비 지연에 대해 심의하고, 주관부처 또는 사업자가 신청하거나 위원회가 직권으로 심의 대상을 선정한 경우 이를 조정하거나 권고안을 의결한다. 또한, 전 분야에 공통으로 적용되는 표준업무 처리절차를 마련해 통일성 있는 제도 운영을 추진할 계획이다.

아울러, 규제부처와 지자체 등의 참여 유인을 높이기 위한 방안도 추진해 반기별로 성과를 점검해 우수·미흡사례를 선정하고, 추진성과 등을 정부업무평가 등에 반영할 예정이다. 현재 8개 샌드박스별로 별도로 운영되고 있는 홈페이지와 규제정보화 시스템을 연계하여 사업별 데이터의 통합관리도 강화할 계획이다.

정부는 또 실증 단계별 운영을 개선하기로 했다. 접수·심의 단계는 이해관계자와 규제부처 반대로 인한 심의 지연 문제를 해결하기 위해 '주관–규제부처' 협의체 구성을 의무화하고, 협의 불성립 때 혁신위가 추가로 조정해 이견 조정 능력을 강화할 계획이다. 이미 승인된 사업과 동일·유사한 사업임에도 전문위부터 본위원회까지 절차를 진행해 심의가 장기화하는 문제를 해결하기 위해서는 샌드박스 주관부처 산하 전문위원회(사전검토위원회)에서 동일·유사 사업의 특례를 부여할 수 있도록 하고, 기존의 다른 샌드박스 승인 사업도 동일·유사 사업으로 처리해 특례 부여의 신속성을 높일 예정이다. 특례부여·실증준비 단계에서는 규제특례위는 부가조건의 적정성을 검토하고, 혁신위는 주관부처 요청 또는 직권으로 부가조건 변경 여부를 심의해 규제특례위에 부가조건 변경 여부를 권고할 계획이다. 그동안 실증 목적에 맞지 않는 부가조건으로 인해 사업자들의 사업 개시와 실증 진행이 어려운 경우도 자주 발생하고 있었다. 아울러, 규제특례 부여 이후에도 사업 개시가 6개월 이상 지연되면 국조실은 부가조건 적정성 재검토를 추진할 예정이다.

인·허가 반려 등 지자체의 소극적 태도로 실증 개시가 지연되면 공모를 통해 지자체–사업자 매칭을 지원하고, 지자체가 계속 협조하지 않으면 행안부 지방규제혁신위원회를 통해 지자체 협조를 강화할 방침이다. 더불어, 실증 목적과 부합하지 않는 경직적인 안전기준으로 인해 실증에 차질이 발생하면 사업자가 자율적인 안전기준을 수립·적용할 수 있도록 하고, 실증 중 안전관리는 시설·자격을 갖춘 민간기관까지 확대할 계획이다. 실증진행 단계에서는 규제부처는 실증 개시 전 데이터 요구사항을 확정하고 목록 수정은 실증 개시 후 1년 이내로 제한할 방침이다.

아울러, 원활한 안전성 검증계획 수립 및 필요 데이터 항목을 정하기 위해 표준화된 안전성 검증 방식을 마련해 시행할 계획이다. 법령정비 단계에서는 현재 축적된 데이터로는 법령정비가 불가능함을 규제부처가 규제특례위원회에서 입증하도록 할 계획이며 실증이 끝나지 않은 사업에 대해서도 법령정비 가능여부 및 임시허가 전환 가능성을 정기적으로 종합 점검할 계획이다. 정부는 이번 규제샌드박스 운영 개선방안을 안정적으로 시행할 수 있도록 후속조치 시행에 힘쓰고 각 부처의 이행을 독려하기로 했다.

※ 출처: 국무조정실(2024-08-01 보도자료)

① 규제샌드박스 운영 개선방안은 신기술과 신산업의 발전을 촉진하기 위해 마련되었다.
② 중립적 조정기구는 규제개혁위원회 산하에 설치되어 이견 조정과 심의 기간 지연을 방지한다.
③ 규제샌드박스는 기업이 신기술을 활용한 사업을 추진할 때 항상 영구적으로 규제를 면제해 준다.
④ 성과 평가 시스템은 반기별로 규제샌드박스의 성과를 점검하여 우수 사례와 미흡 사례를 선정한다.
⑤ 정부는 자율적인 안전기준 수립을 허용하여 실증 중 발생할 수 있는 안전기준 문제를 해결하고자 한다.

난이도 ★★☆

24 다음 중 지문 내용과 일치하지 않는 것은 무엇인가?

2024년 한국수력원자력(KHNP)은 국내외에서 원자력 발전소 건설 및 수출을 통해 에너지 자립과 경제 성장을 도모하고 있다. 특히, 국내는 물론 해외에서도 대규모 원전 프로젝트를 수주하며 글로벌 원전 시장에서의 입지를 강화하고 있다. KHNP는 지속 가능한 에너지원으로서 원자력을 확대하고, 이를 통해 탄소 배출을 줄이는 데 중점을 두고 있다.

2024년 7월, KHNP는 체코 정부로부터 약 24조 원 규모의 두코바니(Dukovany) 원전 두 기 건설 프로젝트를 수주했다. 이는 한국이 유럽 시장에서 처음으로 수주한 대형 원전 프로젝트로, 두 기의 원전이 완성되면 체코 전력의 50%가 원자력에서 생산될 예정이다. 이 프로젝트는 체코 정부의 적극적인 지원 아래 진행될 예정이며, 추가로 템엘린(Temelin) 지역에도 원전 두 기를 건설할 가능성이 열려 있다.

KHNP는 2028년까지 원자력 기반 수소 생산을 목표로 하며, 2031년까지 소형 모듈 원자로(SMR) 개발을 완료할 계획이다. SMR은 기존 대형 원전에 비해 비용이 적고 건설 기간이 짧으며, 다양한 용도로 활용 가능하다. KHNP는 이러한 기술을 바탕으로 향후 글로벌 원전 시장에서의 경쟁력을 더욱 높일 계획이다.

KHNP는 체코 외에도 폴란드, 네덜란드, 핀란드, 스웨덴 등 유럽 주요 국가에서 원전 수출을 확대하기 위한 논의를 진행 중이다. 특히, 폴란드와는 2024년 중으로 추가 원전 수주 가능성이 높아지고 있으며, 네덜란드와는 원전 건설을 위한 타당성 조사를 진행 중이다. 이러한 해외 수출은 한국 원전 산업의 글로벌 경쟁력을 강화하고, 장기적으로 안정적인 경제 성장에 기여할 것으로 예상된다.

KHNP는 국내에서도 신규 원전 건설과 기존 원전의 수명 연장을 통해 안정적인 전력 공급을 추진 중이다. 특히, 사울(Saeul) 원전 4호기는 2024년 완공 예정이며, 이는 국내 전력 수요를 안정적으로 충족시키는 데 중요한 역할을 할 것이다. 또한, 기존 원전의 효율성을 높이고 안전성을 강화하기 위한 지속적인 투자가 이루어지고 있다.

KHNP는 원전 운영에서 환경과 안전을 최우선으로 고려하고 있다. 원전에서 발생하는 방사성 폐기물 관리를 강화하고 있으며, 안전성을 보장하기 위한 최첨단 기술을 적용하고 있다. 특히, 지진, 홍수 등 자연재해에 대비한 안전 시스템을 개선하고, 관련 규제 준수를 철저히 이행하고 있다.

① 한국수력원자력은 체코 두코바니 지역에서 24조 원 규모의 원전 두 기 건설을 수주했다.
② 한국수력원자력은 2028년까지 원자력 기반 수소 생산을 목표로 하고 있다.
③ 한국수력원자력은 국내 사울 원전 4호기의 완공을 2024년에 목표하고 있다.
④ 한국수력원자력은 소형 모듈 원자로(SMR) 개발을 2025년까지 완료할 계획이다.
⑤ 한국수력원자력은 원전 운영 시 환경과 안전을 최우선으로 고려하고 있다.

난이도 ★☆☆

25 다음 안내문을 읽고 바르게 이해하지 못한 것은?

[한류생활문화한마당 모꼬지 대한민국 안내문]

멕시코시티에서의 한류의 향연, '한류생활문화한마당 모꼬지 대한민국'에 여러분을 초대합니다.

1. 행사 개요
   가. 일시: 202X. 10. 27.~202X. 10. 28.
   나. 장소: 멕시코올림픽위원회(Mexican Olympic Committee), 멕시코시티
   다. 주최: 문체부, 주멕시코 한국문화원, 한국관광공사, 한국농수산식품유통공사

2. 행사 내용
   가. 한국 생활문화 전시와 체험
   나. 모꼬지 콘서트: 엔○○, 엠△△ 공연
   다. 크리스티안의 이야기쇼
   라. 한국 기업의 소비재 상품 소개

3. 특별 안내
   가. 모꼬지 콘서트는 11월 중순, 공식 누리집과 유튜브 채널을 통해 다시 감상 가능
   나. '2030 부산세계박람회' 홍보 및 응원 공간 운영 예정

4. 한국과 멕시코의 교류가 1962년부터 지속되고 있으며, 특히 최근 젊은 층을 중심으로 한류의 인기가 더욱 확산되고 있습니다. 이번 행사를 통해 한국의 다양한 생활문화와 함께 '2030 부산세계박람회'에 대한 홍보도 진행될 예정입니다.

더 자세한 프로그램 및 일정은 공식 누리집에서 확인하실 수 있습니다.
기대 가득한 이번 행사에서 여러분을 만나 뵙기를 기대합니다!
감사합니다.

① 2021년에 한국의 생활문화는 브라질, 아르헨티나, 칠레에서 소개되었다.
② '모꼬지 콘서트'에는 엔○○과 엠△△가 참여한다.
③ 이번 행사는 멕시코시티의 멕시코올림픽위원회(Mexican Olympic Committee)에서 열린다.
④ 모꼬지 콘서트는 전 세계 누구나 11월 중순에 공식 누리집과 유튜브 채널에서 볼 수 있다.
⑤ 이번 콘서트를 통해 2030 부산세계박람회에 대한 홍보도 진행될 예정이다.

난이도 ★★☆

26 다음 안내문을 읽고 이해한 내용으로 가장 적절하지 않은 것은?

[정부 음주운전 방지 및 민생·경제 지원 관련 법률 개정 시행 안내]

법제처에서는 국민의 일상생활 향상과 국가 발전을 위한 주요 법률 개정에 대하여 아래와 같이 안내해 드립니다.

1. **조건부 운전면허 발급 개정법**
   가. 음주운전 방지를 위해 음주운전 방지장치 부착이 필수화됩니다.
   나. 상습적인 음주운전을 방지하고 국민을 보호하기 위한 조치입니다.
   다. 시행일: 2023년 10월 25일

2. **공동주택관리법 일부개정법률**
   가. 층간소음 분쟁 예방 및 조정을 위한 법률이 공포되었습니다.
   나. 지방자치단체의 층간소음 측정·진단 지원, 공동주택 층간소음관리위원회 설치 의무화
   다. 층간소음 측정·진단 지원 시행일: 2023년 4월 25일
   라. 층간소음관리위원회 설치 의무화 시행일: 2023년 10월 25일

3. **도심항공교통 활용 촉진 및 지원에 관한 법률**
   가. 도심 교통 정체 해결을 위한 도심형항공기 활용 촉진 법률이 제정되었습니다.
   나. 일정 구역에 대한 규제특례 도입으로 신기술 개발·검증 지원
   다. 시행일: 2024년 4월 25일

4. 그 외, 청소년 지원, 탄소중립 사회 이행, 디지털 전환 등을 위한 다양한 법률들이 추가로 공포되었습니다. 이들 법률의 시행을 통해 국민 여러분께서 일상에서 직접 변화를 느낄 수 있을 것으로 기대합니다.

5. 마지막으로, 법제처는 앞으로도 국정과제에 신속하게 대응하며 필요한 법적 지원을 아끼지 않겠다는 의지를 밝힙니다.

① 조건부 운전면허 발급 개정법 시행일은 2023년 10월 25일이다.
② 개정된 법률에서 음주운전 방지를 위한 음주운전 방지장치 부착은 선택 사항이다.
③ 층간소음 측정·진단 지원의 시행일은 2023년 4월 25일이다.
④ 개정된 법률에서는 공동주택의 층간소음관리위원회 설치는 의무 사항이다.
⑤ 조건부 운전면허 발급 개정법은 상습적인 음주운전을 방지하기 위한 조치이다.

난이도 ★★★

27 다음은 국민기초생활보장제도에 대한 내용이다. 이를 읽고 기초생활보장제도에 대해 설명한 것으로 적절하지 않은 것은?

「국민기초생활보장법」은 구(舊) 생활보호법을 대체한 법률로 1999년 9월 7일 제정되고, 2000년 10월 1일부터 시행되었다. 지난 40여 년간의 시혜적 단순보호차원의 생활보호제도로부터 저소득층에 대한 국가책임을 강화하는 종합적 빈곤대책으로 전환한 것이 국민기초생활보장제도이다. 즉 국가의 보호가 있어야 하는 최저생계비 이하의 저소득층에 대한 기초생활을 국가가 보장하되 종합적 자립자활서비스 제공으로 생산적 복지구현을 한다는 것이 목적이다. 그리고 2015년 7월 1일부터 그간 최저생계비 이하의 가구에 대해 모든 급여를 통합하여 지원하던 방식에서 상대 빈곤선을 도입하고, 급여별 선정기준을 다층화하여 욕구별 지원을 강화하기 위한 「맞춤형 기초생활보장제도」로 개편하였다.

이러한 보장 단위로는 가구(세대) 단위로 보장하는 것을 원칙으로 하고 있으며 특히 필요하다고 인정하는 경우에는 개인을 단위로 하여 급여를 행할 수 있다. 수급자로 선정되기 위해서는 소득인정액 기준과 부양의무자 기준을 동시에 충족시켜야 한다. 소득인정액 기준은 급여별 선정기준 이하인 가구를 말하는데, 2018년을 기준으로 생계급여 선정기준은 기준 중위소득의 30% 이하가 되어야 한다. 예를 들어 4인 가구 기준 중위소득이 4,519,202원이라면 1,355,761원 이하는 선정기준에 포함된다. 소득인정액을 산정할 때에는 소득평가액과 재산의 소득환산액을 모두 합한다. 소득평가액과 재산의 소득환산액이 마이너스인 경우는 0원으로 처리한다. 부양의무자 기준에는 부양의무자가 없는 경우, 부양의무자가 있어도 부양 능력이 없는 경우, 부양의무자가 부양 능력이 미약한 경우로서 수급권자에 대한 부양비 지원을 전제로 부양 능력이 없는 것으로 인정하는 경우, 부양 능력이 있는 부양의무자가 있어도 부양을 받을 수 없는 경우가 포함된다. 부양의무자의 범위에는 수급권자의 1촌의 직계혈족인 부모, 아들, 딸이 들어가고, 또한 수급권자의 1촌의 직계혈족의 배우자(며느리, 사위, 계부, 계모)도 포함된다. 단, 수급권자의 사망한 1촌의 직계혈족의 배우자인 사위와 며느리는 부양의무자가 아니다.

부양의무자는 소득기준, 재산기준, 가구특성의 기준에 모두 해당하는 경우 부양 능력이 없는 것으로 인정한다. 소득기준은 부양의무자의 부양 능력 판정소득액이 부양의무자 가구 기준 중위소득 50% 미만인 경우이다. 재산기준은 부양의무자의 재산의 소득환산액이 '수급권자 및 당해 부양의무자 가구 각각의 기준 중위소득의 합'의 18% 이상 50% 미만인 경우이다. 가구특성은 부양의무자 가구원 중 국민기초생활보장법 시행령 제7조에 따른 근로 능력이 있는 가구원이 없거나 부양의무자뿐만 아니라 함께 거주하는 개별가구원을 포함하여 가구의 재산이 주택(전세 포함)에 한정된 경우를 말한다.

※ 1) 소득평가액 = 실제소득 − 가구특성별 지출비용 − 근로소득공제
2) 재산의 소득환산액 = (재산 − 기본재산액 − 부채) × 소득환산율

① 기초생활보장제도는 종합적 빈곤대책으로 전환되기 전 시혜적 단순보호차원의 생활보호제도였다.
② 기초생활보장제도의 수급자로 선정되려면 소득인정액 기준과 부양의무자 기준 중 하나만 충족해도 된다.
③ 3인 가구 중위소득이 3,683,150원이라면 소득인정액의 선정기준은 1,104,945원 이하가 된다.
④ 4인 가구 중위소득이 4,000,000원일 경우 소득인정액 생계급여가 1,200,000원 이하에 부양의무자가 없으면 기초생활보장제도의 수급자가 된다.
⑤ 부양의무자가 되려면 수급권자의 1촌의 직계혈족이 부양 능력이 없어야 한다.

난이도 ★★☆

28 다음 정책모기지신용보증 안내문을 읽고 이해한 내용으로 가장 적절하지 않은 것은?

[정책모기지신용보증(MCG) 안내문]

1. 상품개요
   - 주택담보대출 시 대출가능금액에서 최우선변제 소액임차보증금을 지역 및 주택유형에 따라 공제하는데, 이 공제액을 차감하지 않고 최대 주택담보대출비율(LTV)까지 대출을 받을 수 있도록 하는 보증입니다.
     ※ 소액임차보증금 우선변제권: 주택임대차보호법에서는 소액보증금으로 집을 임차해서 살고 있는 임차인들을 보호하기 위해 최우선변제 소액임차보증금을 정하여 주택이 경매로 넘어가거나, 보증금을 반환받지 못하는 임차인들을 보호하고 있음. 또한 소액임차인의 우선변제를 받을 수 있는 채권은 압류할 수 없음

2. 보증이용절차
   - 정책모기지신용보증(MCG)은 은행 또는 공사 홈페이지를 통해 보금자리론 또는 내집마련디딤돌대출 신청 시 동시에 신청 가능합니다.
   - 보증이용절차는 다음과 같습니다.
     1) 취급은행에 보증상담을 한다.
     2) 취급은행 또는 ○○공사 홈페이지에 보증신청을 한다.
     3) ○○공사를 통해 보증심사 및 승인을 받는다.
     4) 취급은행으로부터 보증약정 및 보증서 발급을 받는다.
     5) 취급은행으로부터 대출승인 및 대출실행을 받는다.
     ※ 내집마련디딤돌대출 취급은행: A 은행, B 은행, C 은행, D 은행, E 은행, F 은행, G 은행, H 은행, I 은행, J 은행, K 은행, L 은행, M 은행

3. 보증대상자
   - MCG 요건을 모두 충족하고 보금자리론 또는 내집마련디딤돌대출을 신청하는 자

4. 보증대상자금
   - 주택가격 6억 원 이하의 주택을 구입하는 데 소요되거나 소요된 자금
     ※ 내집마련디딤돌대출의 경우 전용면적 85㎡ 이하(수도권을 제외한 읍, 면 지역은 100㎡ 이하)이고, 주택가격 3억 원 이하의 주택을 구입하는 데 소요된 자금

5. 보증신청시기
   - 구입용도: 담보주택의 매매계약을 체결한 날부터 소유권 보존·이전등기 후 3개월까지 신청 가능합니다.
   - 보전용도: 담보주택의 소유권 보존·이전등기 후 3개월을 초과하여 30년까지 신청 가능합니다.
   - 상환용도: 구입 또는 보전용도의 기존 주택담보대출을 상환하기 위해 대출 신청한 경우
   ※ 내집마련디딤돌대출의 경우 구입용도 이외는 취급 불가

※ 출처: 한국주택금융공사 홈페이지

① 정책모기지신용보증은 은행에서 주택을 담보로 대출 시 소액임차보증금을 공제하지 않고 최대 주택담보대출비율까지 대출받을 수 있는 보증을 말한다.
② 내집마련디딤돌대출은 수도권에 전용면적 100㎡ 이하이고, 주택가격 3억 원 이하의 주택을 구입하는 데 사용될 수 있다.
③ 정책모기지신용보증의 절차는 보증상담, 보증신청, 보증심사 및 승인, 보증약정 및 보증서 발급, 대출승인 및 대출실행 순으로 이루어진다.
④ 정책모기지신용보증을 주택구입용도로 신청할 때에는 담보주택의 매매계약을 체결한 날부터 소유권보존·이전등기 후 3개월까지 신청할 수 있다.
⑤ 보증이용절차를 거쳐 내집마련디딤돌대출을 하는 경우 취급은행을 D 은행으로 정해도 무관하다.

난이도 ★★☆

29 ○○공항에서 항공편 KA704가 이륙에 실패하는 사고가 발생하였다. 이에 국토교통부는 급하게 김안전 팀장을 중심으로 TF를 소집하였고, 김안전 팀장은 ○○공항 KA704 사고 분석 보고서와 항공법 시행 규칙과 관련된 자료를 받았다. 이를 통해 김안전 팀장이 사고 재발 방지 및 인력 부족 대책에 대한 단기 대책을 마련한다고 할 때, 가장 적절하지 않은 것은?

[○○공항 KA704 이륙 실패 사고 분석 보고서]

□ 사고 개요

- 20XX. 8. 3.(토) 10:00 관제탑의 승인을 받고 이륙하려던 KA704가 이륙에 실패함
- 2번 활주로를 50% 남겨 놓고 이륙 필요속도에 도달하지 못하자, 기체에 이상이 있을 것으로 판단한 기장이 급제동을 결정하여 활주로 끝에 정지함
- 기체에 이상이 없음을 확인한 후, 활주로의 출발 지점에 재진입하여 1시간 연기된 스케줄로 운항함
  – 두 번째 이륙은 성공하여 이후 정상 운행함

□ 사고 원인 분석

- 이륙 필요속도에 도달하지 못한 이유는 가속 기어 조작을 누락한 기장의 실책
- KA704 이륙 전, 일주일간(20XX. 7. 28.~20XX. 8. 2.) 기장의 비행 일정: 20시간의 비행 일정을 소화하여 피로가 누적된 상황
- 직전 비행(KA511: 총 20시간 비행)과 KA704 비행 간 시간 간격: 22시간
- 부기장도 지난 일주일간 30시간의 비행 일정을 소화하여 피로가 누적된 상황이었음
- 비행 일정이 짧은 이유는 항공 노선과 파일럿 비율이 맞지 않은 것에 있음

□ 현직 B 항공 파일럿과의 인터뷰

- 국내 항공 산업의 가장 큰 문제점은 '파일럿 양성'입니다. 현재 국내 항공사에는 외국인 파일럿이 많습니다. 국내 파일럿들이 높은 연봉에 이끌려 외국 항공사로 나가는 것도 문제지만, 인력이 부족하여 채용한 외국인 파일럿들도 경력이 쌓이면 고국으로 돌아가게 됩니다. 따라서 외국인 파일럿을 채용하는 것은 인력 부족에 대한 장기적·단기적 해결 방안이 될 수는 없습니다.

□ 사고에 대한 장기적 대책 방안(안)

- 항공운항학과 신규 설립 및 공항 활용률 비교 후 활용
- 민간 조종사 훈련 기관에 대한 지원 및 교육기관 설립

□ 사고에 대한 단기적 대책 방안(안)

- 조종사 정년 연장은 국토교통부 장관의 명령에 의해서 바로 실시할 수 있음
- 법률 위반사항이 나왔을 때는 처벌 및 처벌 규정 인지
- 항공사에 중복되는 노선 삭감 요청

[항공법 시행규칙]

제1조(목적)
이 법은 국제민간항공기구(International Civil Aviation Organization)에서 채택한 표준과 방식에 따라 항공기 등이 안전하게 항행하기 위한 방법을 정하고, 항공시설을 효율적으로 설치·관리하도록 하며, 항공운송사업 등의 질서를 확립함으로써 항공의 발전과 공공복리 증진에 이바지함을 목적으로 한다.

제55조(조종사 정년)
항공기 조종사의 정년은 만 65세로 한다. 단, 정년은 전문가 부족, 항공기 수요 개편 등으로 인해 조종사가 부족할 경우 2년을 늘릴 수 있다.

제62조(노선)
항공노선과 조종사의 비율은 항상 일정해야 하며 수요가 증가할 경우 노선을 일시적으로 늘릴 수 있으나 수요가 줄어들거나 또한 그 외의 문제가 있을 경우 노선을 삭제할 수 있다.

제142조(조종사의 비행시간 한계)
조종사의 연속 비행시간은 20시간을 초과할 수 없으며, 연속 비행시간이 20시간에 이르기 전에 교대근무가 이루어져야 하며, 비행시간과 휴식시간의 기준은 비행을 한 후 비행시간에서 24시간 이상을 휴식한 후 비행이 이루어져야 한다.

① 기장의 휴식시간 규정 미준수가 발견되었으므로 항공사 및 책임자를 엄격하게 처벌한다.
② 조종사 정년을 만 67세로 연장함으로써 조종사 수급 불균형의 문제를 완화할 수 있다.
③ 조종사 인력 부족 현상을 일시적으로 완화하기 위해 일본, 독일, 스페인 등에서 조종사를 채용한다.
④ 파일럿 휴식 규정과 정년 규정을 위반할 경우 엄격하게 처벌된다는 점을 국내의 모든 항공사에 알린다.
⑤ 모든 항공사에 항공노선과 조종사의 비율을 확인한 후 중복되는 노선이나 삭제해도 되는 노선을 삭제할 것을 요청한다.

난이도 ★★☆

30 다음은 수소경제와 관련한 시장보고서이다. 이를 읽고 이해한 내용으로 가장 적절하지 않은 것은?

[수소경제 시장조사 보고서]

1. 개요

수소는 깨끗하고 효율적인 에너지 원천으로서의 가능성을 보이며, 지구 온난화와 전세계적인 환경 문제의 해결을 위한 중요한 해법으로 각광받고 있다. 이 보고서는 현재 수소경제의 시장 현황, 국제적인 활성화 동향, 그리고 기회 및 위협요인에 대해 조사하고 분석하였다.

2. 수소시장 현황

[전세계 수소생산량 변화]

연도	수소생산량(단위: 백만 톤)
2019	70
2020	75
2021	82
2022	90

전세계적으로 수소 생산량은 꾸준히 증가하고 있으며, 특히 재생에너지를 활용한 녹색 수소 생산의 증가가 두드러지고 있다.

3. 국제적인 수소시장 활성화

많은 국가들이 수소를 국가 에너지 전략의 핵심으로 포함하고 있으며, 유럽연합, 일본, 한국, 오스트레일리아 등의 주요 국가들은 수소 경제 활성화를 위한 다양한 정책과 예산을 배정하고 있다.

[주요 국가별 수소 연구개발 예산 변화]

(단위: 백만 달러)

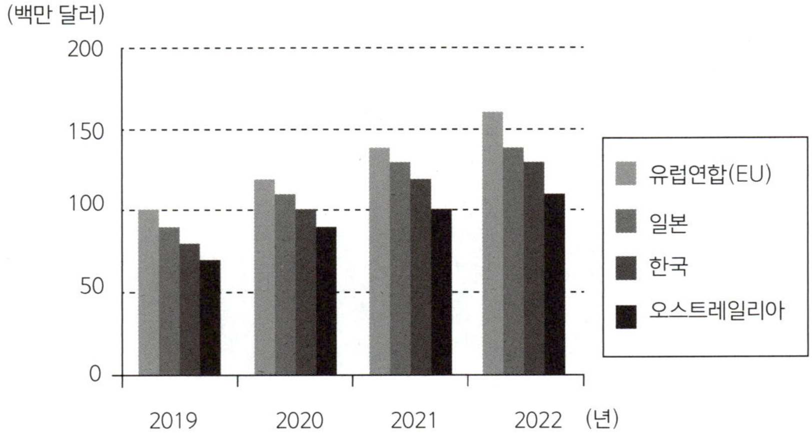

4. **기회요인**
  가. 재생에너지 비용 하락: 특히 태양광 및 풍력 발전의 비용이 하락함에 따라, 녹색 수소 생산 비용도 점점 감소하고 있다.
  나. 기술 발전: 수소 저장 및 운송 기술의 발전으로 수소의 활용 범위가 확대되고 있다.
  다. 정부 정책 및 지원: 많은 국가에서 수소 경제 활성화를 위한 장려금, 연구개발 지원, 인프라 구축 등의 정책을 시행 중이다.

5. **위협요인**
  가. 저장 및 운송: 수소의 저장 및 운송이 어렵고 비용이 발생하는 문제가 있다.
  나. 현재의 생산 비용: 녹색 수소의 생산 비용은 아직 기존의 회색 수소에 비해 높은 편이다.
  다. 인프라 부족: 수소 연료 전지 자동차 등의 확산을 위해서는 충전 인프라의 확대가 필요하다.

① 수소의 연구개발 예산은 2019년부터 2022년까지 지속적으로 증가했다.
② 한국은 2022년 수소 연구개발 예산으로 150백만 달러를 할애하였다.
③ 수소 경제는 환경 이슈와 밀접한 관련이 있다.
④ 국제적인 수소시장 활성화에는 다양한 기회요인과 위협요인이 존재한다.
⑤ 수소 연구개발 예산 중 일본이 2021년에 130백만 달러를 지출하였다.

[31-32] 다음을 읽고 각 물음에 답하시오.

〈보기 1〉

임대주택 수선비 부담 및 원상복구 기준

제1장 총칙

제1조(목적)
이 기준은 ○○의 임대주택에 대한 임대사업자와 임차인의 수선비 부담 및 시설물 원상복구에 관한 기준을 정함을 목적으로 한다.

제2조(임대인의 의무)
① 임대사업자(이하 "임대인"이라 한다)는 임대차 계약 전에 다음 각호의 사항을 임차인에게 충분히 설명하고, 확인서에 임차인의 서명을 받아 계약서와 함께 보관하여야 한다.
 1. 임차인의 선량한 관리자로서의 의무
 2. 수선 및 원상복구 비용부담 기준
 3. 제2호에 따른 비용 산정 기준
② 임대인은 임차인이 입주 시 임차인 입회하에 각 시설물의 상태를 확인시키고 별지의 「입주 및 퇴거 시 세대점검표」에 이상 유무를 체크한 후 각각 날인하여 임차인이 퇴거할 때까지 보관하여야 하며, 임차인의 퇴거 시 동일 점검표를 활용하여 시설물 상태의 변동 및 임차인의 과실 유무 등을 체크하여야 한다. 임대인은 입, 퇴거 시 작성한 입·퇴거 세대점검표 사본을 임차인에게 교부하여야 한다.

제3조(임차인의 의무)
① 임차인은 선량한 관리자로서 임대주택에 대해 다음 각호의 유지·관리 의무를 부담한다.
 1. 간단한 손질(고침), 나사조임, 기름을 치는 등 주택을 사용하는 데 필요한 일상적인 유지·관리
 2. 모든 시설물에 대하여 퇴거 시까지 청결한 상태로 유지
 3. 배수구 및 오·배수관이 막히지 않도록 주의하여 사용
 4. 전구, 건전지, 렌지후드 필터 등 소모성 자재의 교체 등 유지·관리
② 임차인은 시설물의 2차 피해가 수반되는 누수 등의 결함 발생(발견) 즉시 임대인에게 점검 및 보수를 요구하여 피해가 확산되지 않도록 조치하여야 한다.
③ 임차인은 세대 내부 또는 발코니에 결로가 발생하는 경우 주기적인 환기, 온·습도 조절 등 결로 및 곰팡이 발생을 줄이기 위하여 필요한 조치를 하여야 한다.
④ 임차인이 제1항 내지 제2항의 의무를 소홀히 하여 발생한 추가적인 보수사항에 대하여는 임차인이 비용을 부담한다.

〈보기 2〉

갑: ㉠ 이 글은 ○○의 임대주택 수선비 부담 및 원상복구 기준에 관한 내용이라 개인 간 임대차 계약이 이루어진 경우에는 해당하지 않겠군.

을: 맞아. 하지만 이 내용은 개인 간 임대차 상황에서도 대체로 적용되기 때문에 알아두면 도움이 될 거야.

갑: ㉡ 이 글에 의하면 임대인은 임대차 계약 관련 세부사항을 임차인에게 설명하고 이를 확인받을 의무가 있군.

을: ㉢ 결국 서명도 받고, 시설물 상태도 함께 봐야 하니까 임대인과 임차인은 계약 전과 후에 의사소통이 이루어져야겠구나.

갑: ㉣ 그래. 특히 입주 및 퇴거 시 세대점검표는 총 4부로 만들어 임대인과 임차인이 각각 2부씩 가지고 있어야 해.

을: ㉤ 그리고 임차인은 거주과정에서 소모된 자재를 직접 관리할 의무가 있어. 또한 시설물의 2차 피해가 수반되는 결함이 발생했을 때 이를 즉시 임대인에게 알리지 않았다면 수리비용을 임차인이 부담해야 해.

갑: 그럼 임차기간동안 발생하는 모든 결함을 결국 임차인이 책임져야 하는 거네. 이는 너무 부당하다고 느껴져.

난이도 ★★☆

31 〈보기 1〉은 임대주택 수선비 부담 및 원상복구 기준의 일부 내용이고, 〈보기 2〉는 〈보기 1〉을 읽고 나눈 대화 내용이다. ㉠~㉤ 중 적절하지 않은 것은?

① ㉠ ② ㉡ ③ ㉢ ④ ㉣ ⑤ ㉤

난이도 ★★☆

32 다음 중 〈보기 2〉의 '갑'의 말에서 드러나는 경청을 방해하는 요인은?

① 짐작하기 ② 걸러내기 ③ 판단하기
④ 언쟁하기 ⑤ 슬쩍 넘어가기

[33-34] 다음 글을 읽고 각 물음에 답하시오.

고대인들은 평상시에는 생존하기 위해 각자 노동에 힘쓰다가, 축제와 같은 특정 시기가 되면 함께 모여 신에게 제의를 올리며 놀이를 즐겼다. 노동은 신이 만든 자연을 인간이 자신에게 유용하게 만드는 속된 과정이다. 이는 원래 자연의 모습을 훼손하는 것이기에 신에게 죄를 짓는 것이다. 이러한 죄를 씻기 위해 유용하게 만든 사물을 다시 원래의 상태로 되돌리는 집단적 놀이가 바로 제의였다. 고대 사회에서는 가장 유용한 사물을 희생물로 바치는 제의가 광범하게 나타났다. 바친 희생물은 더 이상 유용한 사물이 아니기에 신은 이를 받아들였다. 고대인들은 신에게 바친 제물을 함께 나누며 모두 같은 신에게 속해 있다는 연대감을 느꼈다.

고대 사회에서의 이러한 놀이는 자본주의 사회에 와서 많은 변화를 겪었다. 자본주의 사회는 노동을 합리적으로 조직하여 생산성을 극대화하고자 한다. 이를 위해 노동의 강도를 높이고 시간을 늘렸지만, 오히려 노동력이 소진되어 생산성이 떨어지는 문제점이 발생하였다. 그래서 노동 시간을 축소하고 휴식 시간을 늘릴 필요가 있었다. 하지만 이 휴식 시간마저도 대부분 상품을 소비하는 과정으로 이루어진다. 예를 들어, 여행을 가려면 여행 상품을 구매하여 소비해야 한다. 이런 소비는 소비자에게는 놀이이지만 여행사에게는 돈을 버는 수단이다. 결국 소비자의 놀이가 자본주의 시대에 가장 유용한 사물인 자본을 판매자의 손 안에 가져다준다.

놀이가 상품 소비의 형식을 띠면서 놀이를 즐기는 방식도 변화한다. 과거의 놀이가 주로 직접 참여하는 형식으로 이루어졌다면, 자본주의 사회의 놀이는 대개 참여가 아니라 구경이나 소비의 형태로 이루어진다. 생산자가 이미 특정한 방식으로 소비하도록 놀이 상품을 만들어 놓았기 때문이다. 여행의 예를 다시 들면, 여행사는 여러 가지 여행 상품을 마련해 놓고 있고 소비자는 이를 구매하여 수동적으로 소비한다. 놀이로서의 여행은 탐구하고 창조하기보다는 주어진 일정에 그저 몸을 맡기면 되는 그런 것이 되었다.

그런데 이른바 디지털 혁명이 일어나면서 놀이에 자발적으로 직접 참여하여 즐기고자 하는 사람들이 늘어나고 있다. 이런 성향은 비교적 젊은 세대로 갈수록 더하다. 젊은 세대는 놀이의 주체가 되려는 욕구가 크다. 인터넷은 그런 욕구의 실현 가능성을 높여 준다. 인터넷의 주요 특성은 쌍방향성이다. 이는 텔레비전과 같은 대중 매체가 대다수의 사람들을 구경꾼으로 만들었던 것과 근본적으로 차이가 있다. 거의 모든 인터넷 사이트에서 사람들은 구경꾼이면서 참여자이며 수신자이자 송신자로 활동하며, 이러한 쌍방향적 활동 중에 참여자들 사이에 연대감이 형성된다.

난이도 ★☆☆

33 다음 중 윗글의 서술 방식으로 가장 적절한 것은?

① 두 개념의 장단점을 비교하여 우열을 가리고 있다.
② 필자의 관점을 명시한 후 다른 관점과 비교하고 있다.
③ 다양한 경험적 사례를 바탕으로 개념의 타당성을 따지고 있다.
④ 서로 다른 두 이론을 통합하여 새로운 이론을 도출하고 있다.
⑤ 시대의 변화에 따른 중심 화제의 성격 변화를 서술하고 있다.

난이도 ★☆☆

34 윗글의 필자가 제시문을 바탕으로 세미나 발표를 준비하고자 할 때, 다음 중 효과적인 의사표현을 위한 계획으로 적절한 것은?

① 현장감을 살리기 위해 나의 생각과 의견을 즉흥적으로 제시해야겠어.
② 말하고자 하는 바가 잘 전달되었는지 청중들의 피드백을 받아야겠어.
③ 주제가 확실히 드러나도록 반복 없이 한 번만 얘기해야겠어.
④ 최대한 몸을 움직이지 않고 반듯한 자세를 유지해야겠어.
⑤ 청중들이 지루하지 않게 가능한 한 발표 속도를 높여야겠어.

난이도 ★★★

35 다음은 신용정보업 등의 허가와 수집 및 처리의 원칙에 관한 법률이다. 이를 읽고 해석한 것으로 가장 적절하지 않은 것은?

> 제4조(신용정보업 등의 허가) [시행일: 2020. 8. 5.]
>
> ① 누구든지 이 법에 따른 신용정보업, 본인신용정보관리업, 채권추심업 허가를 받지 아니하고는 신용정보업, 본인신용정보관리업 또는 채권추심업을 하여서는 아니 된다.
>
> ② 신용정보업, 본인신용정보관리업 및 채권추심업을 하려는 자는 금융위원회로부터 허가를 받아야 한다.
>
> ③ 제2항에 따른 허가를 받으려는 자는 대통령령으로 정하는 바에 따라 금융위원회에 신청서를 제출하여야 한다.
>
> ④ 금융위원회는 제2항에 따른 허가에 조건을 붙일 수 있다.
>
> ⑤ 제2항에 따른 허가와 관련된 허가신청서의 작성 방법 등 허가신청에 관한 사항, 허가심사의 절차 및 기준에 관한 사항, 그 밖에 필요한 사항은 총리령으로 정한다.
>
> 제15조(수집 및 처리의 원칙) [시행일: 2020. 8. 5.]
>
> ① 신용정보회사, 본인신용정보관리회사, 채권추심회사, 신용정보집중기관 및 신용정보제공·이용자(이하 "신용정보회사등"이라 한다)는 신용정보를 수집하고 이를 처리할 수 있다. 이 경우 이 법 또는 정관으로 정한 업무 범위에서 수집 및 처리의 목적을 명확히 하여야 하며, 이 법 및 「개인정보 보호법」 제3조 제1항 및 제2항에 따라 그 목적달성에 필요한 최소한의 범위에서 합리적이고 공정한 수단을 사용하여 신용정보를 수집 및 처리하여야 한다.
>
> ② 신용정보회사등이 개인신용정보를 수집하는 때에는 해당 신용정보주체의 동의를 받아야 한다. 다만, 다음 각호의 어느 하나에 해당하는 경우에는 그러하지 아니하다.
>
> 1. 「개인정보 보호법」 제15조 제1항 제2호부터 제6호까지의 어느 하나에 해당하는 경우
> 2. 다음 각 목의 어느 하나에 해당하는 정보를 수집하는 경우
>   가. 법령에 따라 공시(公示)되거나 공개된 정보
>   나. 출판물이나 방송매체 또는 「공공기관의 정보공개에 관한 법률」 제2조 제3호에 따른 공공기관의 인터넷 홈페이지 등의 매체를 통하여 공시 또는 공개된 정보
>   다. 신용정보주체가 스스로 사회관계망서비스 등에 직접 또는 제3자를 통하여 공개한 정보. 이 경우 대통령령으로 정하는 바에 따라 해당 신용정보주체의 동의가 있었다고 객관적으로 인정되는 범위 내로 한정한다.
> 3. 제1호 및 제2호에 준하는 경우로서 대통령령으로 정하는 경우

① 금융위원회로부터 허가를 받지 않으면 채권추심업을 할 수 없다.

② 출판물이나 방송매체 또는 공공기관의 인터넷 홈페이지 등의 매체를 통하여 공시 또는 공개된 정보는 신용정보주체의 동의를 받지 않아도 된다.

③ 신용정보주체의 동의가 있었다고 객관적으로 인정되는 정보라도 동의를 받아야 한다.

④ 신용정보업의 허가를 받아야 하는 사항 중 허가신청에 관한 사항 및 절차는 총리령으로 한다.

⑤ 신용정보집중기관 및 신용정보제공 이용자는 신용정보주체의 동의를 받아 개인신용정보를 수집할 수 있다.

난이도 ★☆☆

36 다음 ㉠~㉤ 중 맞춤법이 옳은 것은?

요즘 ㉠ 왠일인지 새로운 아이디어가 떠오르지 않는다. 직장에서도, 집에서도 모두가 나에게 더 나은 실력을 원하고 ㉡ 있을는지 모른다는 생각 때문에 커진 부담감 때문인 것 같다. 지난번 실수의 원인을 ㉢ 곰곰히 생각할수록 내가 부족한 사람이라는 확신이 더욱 깊어지게 ㉣ 됬다. ㉤ 하옇튼 내일은 대리님께 꼭 의논을 드려봐야겠다.

① ㉠ ② ㉡ ③ ㉢ ④ ㉣ ⑤ ㉤

난이도 ★★★

37 다음 중 밑줄 친 부분의 맞춤법이 옳은 것은?

① 이번 인사이동으로 인해 하마트면 프로젝트가 무산될 뻔했다.
② 생각컨대 우리 사회에는 진정한 리더가 없는 것 같다.
③ 아뭏든 그 사건에 대한 기억은 전혀 남아있지 않다.
④ 기초과학은 시간과 노력을 들여서 연구토록 하자.
⑤ 그 사건의 범인을 어디 한 번 맞혀보아라.

난이도 ★★☆

38 다음 중 어법에 맞고 자연스러운 문장은?

① 멀리서 온 친구들과 형제들은 그를 축하하기 위해 노래를 불렀다.
② 어떤 상황이더라도 주어진 여건에서 최선을 다하는 것이 중요하다.
③ 우리의 후손들을 위해서라도 반드시 환경문제에 관심을 가져야 한다.
④ 두발 규정은 학교 선생님과 학생들의 토론을 거쳐 결정되어져야 한다.
⑤ 올해 정년퇴직하신 아버지는 나보다 축구를 더 좋아하시는 것 같았다.

난이도 ★★☆

39 다음 중 언어의 자의성을 설명하는 예문으로 적절한 것은?

① 백두산을 한국인은 '백두산'으로, 중국인은 '장백산'으로 부른다.
② 푸들, 치와와, 요크셔테리어 등의 공통점을 추출해서 '개'라고 한다.
③ 무지개의 색깔을 빨강, 주황, 노랑, 초록, 파랑, 남색, 보라색으로 표현한다.
④ 대한민국에서는 지평선이나 수평선 위로 보이는 무한대의 넓은 공간을 '하늘'이라 부른다.
⑤ '어리다'는 과거에 '어리석다'의 뜻으로 쓰였지만, 오늘날에는 '나이가 적다'의 뜻으로 쓰인다.

난이도 ★★☆

40 〈보기〉를 바탕으로 할 때, 다음 중 밑줄 친 부분의 띄어쓰기가 적절하지 않은 것은?

〈보기〉

뿐
[Ⅰ] 「의존 명사」
「1」 다만 어떠하거나 어찌할 따름이라는 뜻을 나타내는 말
「2」 오직 그렇게 하거나 그러하다는 것을 나타내는 말
[Ⅱ] 「조사」
'그것만이고 더는 없음' 또는 '오직 그렇게 하거나 그러하다는 것'을 나타내는 보조사

지 「의존 명사」
어떤 일이 있었던 때로부터 지금까지의 동안을 나타내는 말

-는지 「어미」
[1] 막연한 의문이 있는 채로 그것을 뒤 절의 사실이나 판단과 관련시키는 데 쓰는 연결 어미

① 풍문으로만 들었을 뿐이다.
② 이제 나에게 남은 건 오직 자존심뿐이다.
③ 네가 그곳에 도착한 지 벌써 1년이나 지났구나.
④ 발표 내용 중에서 무엇이 틀렸는 지 생각해 보자.
⑤ 바람이 얼마나 세게 부는지 정신을 차릴 수가 없었다.

난이도 ★★★

41 〈보기〉의 ㉠~㉤의 밑줄 친 부분과 동일한 음운 변동이 일어난 예가 모두 바르게 제시된 것은?

〈보기〉

㉠ 나는 매일 지하철역까지 걷는다[건는다].
㉡ 슬슬 추워지니 난로[날로] 생각이 난다.
㉢ 어머니께서는 늘 아침을 먹고[먹꼬] 가라고 하셨다.
㉣ 우리는 약해지지[야캐지지] 않기로 하자.
㉤ 운동장에 있는 흙까지[흑까지] 다 살펴보았다.

① ㉠의 예: 국민, 솜이불
② ㉡의 예: 설날, 목걸이
③ ㉢의 예: 같이, 값싸다
④ ㉣의 예: 맏형, 숱하다
⑤ ㉤의 예: 묶다, 넓죽하다

난이도 ★☆☆

42 다음 중 관용적인 표현을 쓴 사례로 적절하지 않은 것은?

① 아쉬운 네가 머리를 숙이고 들어가야 한다.
② 이번에는 교육 환경 문제로 눈을 돌려 생각해 봅시다.
③ 그가 그 분야에 손이 크니 다양한 사람들을 만날 수 있을 거다.
④ 갑작스러운 태풍으로 비행기를 기다리던 여행객들의 발이 묶였다.
⑤ 설마 산 입에 거미줄 치겠어? 닥치는 대로 일을 하다 보면 밥은 안 굶겠지.

난이도 ★☆☆

43 다음 중 〈보기〉의 밑줄 친 부분에 해당하는 한자성어로 적절한 것은?

〈보기〉

인공생명론은 아직까지 아무도 규명해 내지 못한 생명탄생의 신비와 생명체가 가진 역동성의 원리를 설명하면서, 그간의 생물학 연구에서 나타난 한계를 보완해 줄 것으로 기대되고 있다.

① 사필귀정(事必歸正)
② 유일무이(唯一無二)
③ 진퇴유곡(進退維谷)
④ 절차탁마(切磋琢磨)
⑤ 전인미답(全人未踏)

난이도 ★☆☆

44 **다음 ㉠~㉤ 중 제시된 문장에 사용될 단어에 대한 설명으로 적절하지 않은 것은?**

> ㉠ 사무실에서는 이어폰 (사용(使用) / 이용(利用))을 삼가십시오.
> ㉡ 김 박사의 (반증(反證) / 방증(傍證))으로 인해 기존 이론은 뒤집어졌다.
> ㉢ 그 회사는 부도를 막기 위해 어음을 (결재(決裁) / 결제(決濟))해야 했다.
> ㉣ 진정한 리더는 어떤 상황에서도 부하직원들을 (조정(調停) / 조종(操縱))하고 통솔해야 한다.
> ㉤ 21세기에도 여전히 일제의 (잔재(殘滓) / 잔해(殘骸))는 청산되지 못했다는 비판의 목소리가 높다.

① ㉠은 '자가용 이용, 지하철 이용' 등의 표현으로 보아 이어폰도 '이용'이라고 해야 한다.
② ㉡은 '뒤집어졌다'라는 표현으로 보아 '방증'보다는 '반증'이라고 해야 한다.
③ ㉢은 '어음 거래를 마무리한다'라는 뜻이므로 '결제'라고 해야 한다.
④ ㉣은 '다른 사람을 자기 마음대로 다루어 부리다'라는 뜻이므로 '조종'이라고 해야 한다.
⑤ ㉤은 '일제 강점기의 사고방식이나 생활 양식'을 뜻하므로 '잔재'라고 해야 한다.

난이도 ★★☆

45 다음 중 제시된 단어의 용법이 적절하지 않은 것은?

① ┌ 거치다: 제주도를 거쳐 왔다.
└ 걷히다: 회비가 잘 걷히고 있다.

② ┌ 그러므로: 그는 성실하다. 그러므로 칭찬받는다.
└ 그럼으로: 그는 열심히 일한다. 그럼으로 은혜에 보답한다.

③ ┌ 맞추다: 정확한 답을 맞추지 못했다.
└ 맞히다: 그의 화살은 언제나 과녁을 맞혔다.

④ ┌ 이따가: 지금은 바쁘니 이따가 오너라.
└ 있다가: 돈이 있다가도 없다.

⑤ ┌ 가노라고: 가노라고 간 것이 여기까지다.
└ 가느라고: 공원에 가느라고 편의점에 들르지 못했다.

정답해설편 p.8

고난도 PSAT형 문제

난이도 ★★★

01 다음 글을 읽고 추론한 내용으로 적절한 것은?

정부는 조세를 부과해 재정 사업을 위한 재원을 마련한다. 그런데 조세 정책의 원칙 중 하나가 공평 과세, 즉 조세 부담의 공평한 분배이기 때문에 누구에게 얼마의 조세를 부과할 것인가는 매우 중요하다. 정부는 특정 조세에 대한 납부자를 결정하게 되면 조세법을 통해 납부 의무를 지운다. 그러나 실제로는 납부자의 조세 부담이 타인에게 전가되는 현상이 흔히 발생하는데, 이를 '조세전가(租稅轉嫁)'라고 한다.

정부가 볼펜에 자루당 100원의 물품세를 생산자에게 부과한다고 하자. 세금 부과 전에 자루당 1,500원에 100만 자루가 거래되고 있었다면 생산자는 총 1억 원의 세금을 추가로 납부해야 하므로 볼펜 가격을 100원 더 올리려고 한다. 생산자가 불만을 갖게 되면 가격이 상승하는 것이다. 그러나 가격이 한없이 올라가는 것은 아니다. 가격이 상승하면 생산자와 달리 소비자의 불만이 증가하기 때문이다. 결국 시장의 가격 조정 과정을 통해 양측의 힘이 균형을 이루는 지점에서 새로운 가격이 형성된다. 즉 생산자는 법적 납부자로서 모든 세금을 납부하겠지만 가격이 상승하기 때문에 자루당 실제 부담하는 세금을 그만큼 줄이게 되는 셈이다. 반면에 소비자는 더 높은 가격을 지불하게 되므로 가격이 상승한 만큼 세금을 부담하는 셈이 된다.

한편, 조세전가가 한 방향으로만 발생하는 것은 아니다. 동일한 세금을 소비자에게 부과한다고 하자. 소비자는 자루당 1,500원을 생산자에게 지불해야 하므로 실제로는 1,600원을 지출해야 한다. 이에 대해 소비자는 불만을 가질 수밖에 없다. 소비자의 불만이 시장에 반영되면 시장의 가격 조정 기능이 작동하여 가격이 하락하게 되며, 최종적으로 소비자는 가격 하락 폭만큼 세금 부담을 덜 수 있게 된다. 즉 정부가 소비자에게 세금을 부과한다 해도 생산자에게 조세가 전가된다.

그렇다면 양측의 실제 부담 비중은 어떻게 결정될까? 이는 소비자나 생산자가 제품 가격의 변화에 어떤 반응을 보이는가에 따라 달라진다. 예를 들어 가격 변화에도 불구하고 소비자가 구매량을 크게 바꾸지 못하는 경우, 어느 측에 세금을 부과하든 소비자가 더 많은 세금을 부담하게 된다. 생산자에게 세금을 부과할 때에는 가격 상승 요구가 더욱더 강하게 반영되어 새로운 가격은 원래보다 훨씬 높은 수준에서 형성될 것이다. 즉 생산자의 세금이 소비자에게 많이 전가된다. 그러나 소비자에게 세금을 부과할 때에는 가격 하락 요구가 잘 반영되지 않아 가격이 크게 떨어지지 않는다. 그로 인해 소비자가 대부분의 세금을 부담하게 된다. 한편, 가격 변화에도 불구하고 생산자가 생산량을 크게 바꾸지 못하는 경우에는 누구에게 세금이 부과되든 생산자가 더 많은 세금을 부담하게 될 것이다.

① 조세전가가 발생하게 되면 시장의 자연스러운 가격 조정 기능은 상실될 것이다.
② 소비자에게 조세가 부과될 경우 결국 생산자가 세금을 전액 부담하게 될 것이다.
③ 조세전가가 발생하면 그에 따라 물품세의 단위당 조세액이 달라질 수밖에 없을 것이다.
④ 세금 부과 대상이 어느 쪽이든 소비자와 생산자는 동시에 조세전가 혜택을 누릴 것이다.
⑤ 소비자나 생산자가 제품의 가격 변화 상황에서 각각 소비량과 생산량을 통제하는 정도에 따라 조세부담 비중은 달라질 것이다.

난이도 ★☆☆ 기출(2022)

02 다음 글에서 알 수 없는 것은?

'계획적 진부화'는 의도적으로 수명이 짧은 제품이나 서비스를 생산함으로써 소비자들이 새로운 제품을 구매하도록 유도하는 마케팅 전략 중 하나이다. 여기에는 단순히 부품만 교체하는 것이 가능함에도 불구하고 새로운 제품을 구매하도록 유도하는 것도 포함된다.

계획적 진부화의 이유는 무엇일까? 첫째, 기업이 기존 제품의 가격을 인상하기 곤란한 경우, 신제품을 출시한 뒤 여기에 인상된 가격을 매길 수 있기 때문이다. 특히 제품의 기능은 거의 변함없이 디자인만 약간 개선한 신제품을 내놓고 가격을 인상하는 경우도 쉽게 볼 수 있다. 둘째, 중고품 시장에서 거래되는 기존 제품과의 경쟁을 피할 수 있기 때문이다. 자동차처럼 사용 기간이 긴 제품의 경우, 기업은 동일 유형의 제품을 팔고 있는 중고품 판매 업체와 경쟁해야만 한다. 그러나 기업이 새로운 제품을 출시하면, 중고품 시장에서 판매되는 기존 제품은 진부화되고 그 경쟁력도 하락한다. 셋째, 소비자들의 취향이 급속히 변화하는 상황에서 계획적 진부화로 소비자들의 만족도를 높일 수 있기 때문이다. 전통적으로 제품의 사용 기간을 결정짓는 요인은 기능적 특성이나 노후화·손상 등 물리적 특성이 주를 이루었지만, 최근에는 심리적 특성에도 많은 영향을 받고 있다. 이처럼 소비자들의 요구가 다양해지고 그 변화 속도도 빨라지고 있어, 기업들은 이에 대응하기 위해 계획적 진부화를 수행하기도 한다.

기업들은 계획적 진부화를 통해 매출을 확대하고 이익을 늘릴 수 있다. 기존 제품이 사용 가능한 상황에서도 신제품에 대한 소비자들의 수요를 자극하면 구매 의사가 커지기 때문이다. 반면, 기존 제품을 사용하는 소비자 입장에서는 크게 다를 것 없는 신제품 구입으로 불필요한 지출과 실질적인 손실이 발생할 수 있다는 점에서 계획적 진부화는 부정적으로 인식된다. 또한 환경이나 생태를 고려하는 거시적 관점에서도, 계획적 진부화는 소비자들에게 제공하는 가치에 비해 에너지나 자원의 낭비가 심하다는 비판을 받고 있다.

① 계획적 진부화로 소비자들은 불필요한 지출을 할 수 있다.
② 계획적 진부화는 기존 제품과 동일한 중고품의 경쟁력을 높인다.
③ 계획적 진부화는 소비자들의 요구에 대응하기 위하여 수행되기도 한다.
④ 계획적 진부화를 통해 기업은 기존 제품보다 비싼 신제품을 출시할 수 있다.
⑤ 계획적 진부화로 인하여 제품의 실제 사용 기간은 물리적으로 사용 가능한 수명보다 짧아질 수 있다.

난이도 ★★☆ 기출(2024)

03 다음 글에서 알 수 있는 것은?

과학자가 고안한 새로운 이론이 과학적 진보에 기여하는지를 평가할 때, 다음의 세 가지 조건이 고려된다.

첫째는 통합적 설명 조건이다. 새로운 이론은 여러 현상들을 통합하여 설명할 수 있는 단순한 개념 틀을 제공해야 한다. 예컨대 뉴턴의 새로운 이론은 오랫동안 서로 다르다고 여겨졌던 지상계의 운동과 천상계의 운동을 단지 몇 가지 개념을 통해 설명할 방법을 제시하였다. 하지만 통합적 설명 조건만을 만족한다고 해서 과학적 진보에 기여한다고 보기는 어렵다.

둘째는 새로운 현상의 예측 조건이다. 새로운 이론은 기존의 이론이 예측할 수 없는 새로운 현상을 예측해야 한다. 새로운 현상을 예측하면, 과학자들은 그 예측이 맞는지 확인하기 위해 다양한 반증 시도를 하게 된다. 그 과정에서 과학자들은 기존에 관심을 두지 않았던 영역을 탐구하게 되고 새로운 관측 방법을 개발한다. 통합적 설명 조건을 만족하면서 동시에 새로운 현상을 예측하여 반증 시도를 허용하는 이론이 과학적 진보에 기여하게 되는 것이다.

셋째는 통과 조건이다. 이 조건은 위 두 조건을 모두 만족하는 이론이 제시한 새로운 예측이 실제 관측이나 실험 결과에 들어맞아야 한다는 것을 뜻한다. 혹자는 통과 조건을 만족하지 못하고 반증된 이론은 실패한 이론이고 과학적 진보에 기여하지 못한다고 생각하지만, 그렇지 않다. 그런 이론도 새로운 이론을 고안하도록 과학자를 추동하는 역할을 하기 때문이다. 따라서 통과 조건을 만족하지 못하더라도 통합적 설명 조건과 새로운 현상의 예측 조건을 모두 만족하는 이론은 과학적 진보에 기여하는 것으로 평가할 수 있다.

① 단순하면서 통합적인 개념 틀을 제공하는 이론은 통과 조건을 만족한다.
② 통과 조건을 만족하지 못하더라도 과학적 진보에 기여하는 이론이 있을 수 있다.
③ 반증된 이론은 과학자들이 새로운 이론을 고안하도록 추동하는 역할을 하지 못한다.
④ 새로운 현상의 예측 조건을 만족하지 못하는 이론은 통합적 설명 조건을 만족하지 못한다.
⑤ 통합적 설명 조건과 새로운 현상의 예측 조건 중 하나만 만족하는 이론도 과학적 진보에 기여한다.

난이도 ★★★

04 다음 글에 대한 반론 근거로 가장 적절한 것은?

> 경쟁 시장에서 몇몇 경영자들은 '경쟁 기업에 대한 체계적 분석은 불가능하다.'라거나 '매일 경쟁을 하고 있기 때문에 경쟁 기업들에 대해서는 모르는 것이 없다.'라는 생각을 하는 경우가 많다. 그러나 경쟁 기업을 체계적으로 분석하려는 특별한 노력이 없으면 경쟁 기업을 올바로 이해할 수 없다.
>
> 경쟁 기업 분석을 위해서는 경쟁 기업이 가진 미래의 목표, 가정적 판단, 현재 실행 중인 전략, 능력 등을 살펴보아야 한다. 대부분의 기업은 대개 경쟁기업의 현재 전략과 그들의 강·약점에 대해 직관적으로 판단하는 경우가 많다. 그러나 경쟁 기업이 어떠한 미래 목표를 갖고 있고 이들이 자기 자신, 경쟁사, 혹은 고객 등에 대해 어떠한 생각을 하고 있는지에 대해서는 정확히 알지 못한다. 따라서 이에 대한 올바른 정보 수집과 판단이 있어야 경쟁 기업의 반응이나 미래 활동 등을 예측하고, 경쟁에서 이길 수 있는 전략을 세울 수 있다.
>
> 경쟁 기업 분석의 첫 번째 단계는 미래 목표가 무엇인지를 파악하는 것이다. 이를 통해 경쟁 기업이 현재 상황에 만족하는지의 여부, 계속 이 산업에 잔류할 것인지의 여부, 또 기존 전략의 수정 여부를 예측할 수 있다. 가령 국내 운송회사들은 외국 해운사들이 무엇 때문에 수익성이 없는 국내 육상 운송 시장을 개방시켜 뛰어들고 있는가라는 질문에 대한 답을 구해 보아야 한다. 경쟁 기업이 추구하는 미래 목표를 알지 못하면 그들이 채택하고 있는 전략을 올바로 이해할 수 없으며, 따라서 성공적인 대응 전략을 수립할 수가 없는 것이다.
>
> 두 번째 단계는 경쟁 기업의 경영자들의 가정적 판단을 밝혀내는 것이다. 가정적 판단이란 경쟁 기업에서 활동하고 있는 경영자들이 암묵적으로 믿고 있는 생각들이다. 경쟁 기업의 현재 전략은 대부분 이러한 주관적, 묵시적인 판단을 기초로 하여 형성된 것이다. 예를 들어 어느 기업이 스스로를 진취적 기업이라고 생각하고 있다면 이 기업은 아무리 좋은 기회가 있더라도 제조업, 농업 등에는 관심이 없을 것이다. 또한, 항상 원가 면에서 우위를 지키고 있다고 믿는 기업은 가격 인하를 통해 경쟁하는 습관을 버리지 못할 것이라는 사실을 추론할 수 있다.

① 기업의 진정한 힘은 과거의 실패 사례를 통한 철저한 자기분석과 반성에서 나온다는 견해가 있다.
② 독특하고 창의적인 마케팅 전략에 앞서 품질에서 타협하지 않는 태도가 무엇보다 중요하다는 견해가 있다.
③ 지금껏 경쟁에서 우위를 점한 기업이라도 새로운 경쟁자의 출현에 항상 촉각을 세우고 있어야 한다는 견해가 있다.
④ 결국 기업은 소비자의 선택을 받는 제품을 만들어야 살아남을 수 있으므로 소비자의 성향을 정확히 파악해야 한다는 견해가 있다.
⑤ 시장의 빠른 변화 추세에 효과적으로 대비하기 위해서는 직감에 의한 판단과 즉각적인 깨달음이 우선적으로 요구된다는 견해가 있다.

[05-06] 다음 글을 읽고 각 물음에 답하시오.

통화 정책은 중앙은행이 물가 안정과 같은 경제적 목적의 달성을 위해 이자율이나 통화량을 조절하는 것이다. 대표적인 통화 정책 수단인 '공개 시장 운영'은 중앙은행이 민간 금융 기관을 상대로 채권을 매매해 금융 시장의 이자율을 정책적으로 결정한 기준 금리 수준으로 접근시키는 것이다. 중앙은행이 채권을 매수하면 이자율은 하락하고, 채권을 매도하면 이자율은 상승한다. 이자율이 하락하면 소비와 투자가 확대되어 경기가 활성화되고 물가 상승률이 오르며, 이자율이 상승하면 경기가 위축되고 물가 상승률이 떨어진다. 이와 같이 공개 시장 운영의 영향은 경제 전반에 파급된다.

중앙은행의 통화 정책이 의도한 효과를 얻기 위한 요건 중에는 '선제성'과 '정책 신뢰성'이 있다. 먼저 통화 정책이 선제적이라는 것은 중앙은행이 경제 변동을 예측해 이에 미리 대처한다는 것이다. 기준 금리를 결정하고 공개 시장 운영을 실시하여 그 효과가 실제로 나타날 때까지는 시차가 발생하는데 이를 '정책 외부 시차'라 하며, 이 때문에 선제성이 문제가 된다. 예를 들어 중앙은행이 경기 침체 국면에 들어서야 비로소 기준 금리를 인하한다면, 정책 외부 시차로 인해 경제가 스스로 침체 국면을 벗어난 다음에야 정책 효과가 발현될 수도 있다. 이 경우 경기 과열과 같은 부작용이 수반될 수 있다. 따라서 중앙은행은 통화 정책을 선제적으로 운용하는 것이 바람직하다.

또한 통화 정책은 민간의 신뢰가 없이는 성공을 거둘 수 없다. 따라서 중앙은행은 정책 신뢰성이 손상되지 않게 유의해야 한다. 그런데 어떻게 통화 정책이 민간의 신뢰를 얻을 수 있는지에 대해서는 견해 차이가 있다. 경제학자 프리드먼은 중앙은행이 특정한 정책 목표나 운용 방식을 '준칙'으로 삼아 민간에 약속하고 어떤 상황에서도 이를 지키는 '준칙주의'를 주장한다. 가령 중앙은행이 물가 상승률 목표치를 민간에 약속했다고 하자. 민간이 이 약속을 신뢰하면 물가 불안 심리가 진정된다. 그런데 물가가 일단 안정되고 나면 중앙은행으로서는 이제 경기를 부양하는 것도 고려해 볼 수 있다. 문제는 민간이 이 비일관성을 인지하면 중앙은행에 대한 신뢰가 훼손된다는 점이다. 준칙주의자들은 이런 경우에 중앙은행이 애초의 약속을 일관되게 지키는 편이 바람직하다고 주장한다.

그러나 민간이 사후적인 결과만으로는 중앙은행이 준칙을 지키려 했는지 판단하기 어렵고, 중앙은행에 준칙을 지킬 것을 강제할 수 없는 것도 사실이다. 준칙주의와 대비되는 '재량주의'에서는 경제 여건 변화에 따른 신축적인 정책 대응을 지지하며 준칙주의의 엄격한 실천은 현실적으로 어렵다고 본다. 아울러 준칙주의가 최선인지에 대해서도 물음을 던진다. 예상보다 큰 경제 변동이 있으면 사전에 정해 둔 준칙이 장애물이 될 수 있기 때문이다. 정책 신뢰성은 중요하지만, 이를 위해 중앙은행이 반드시 준칙에 얽매일 필요는 없다는 것이다.

난이도 ★★☆

05 다음 중 윗글의 논지전개방식으로 적절하지 않은 것은?

① 통화 정책의 목적을 유형별로 나누어 제시하고 있다.
② 통화 정책에서 선제적 대응의 필요성을 예를 들어 설명하고 있다.
③ 공개 시장 운영이 경제 전반에 영향을 미치는 과정을 인과적으로 설명하고 있다.
④ 관련된 주요 용어의 정의를 바탕으로 통화 정책의 대표적인 수단을 설명하고 있다.
⑤ 통화 정책의 신뢰성 확보를 위해 준칙을 지켜야 하는지에 대한 두 견해의 차이를 드러내고 있다.

난이도 ★★★

06 다음 중 〈보기〉의 '경제학자 병'이 제안한 내용으로 가장 적절한 것은?

〈보기〉

어떤 가상의 경제에서 20○○년 1월 1일부터 9월 30일까지 3개 분기 동안 중앙은행의 기준 금리가 4%로 유지되는 가운데 다양한 물가 변동 요인의 영향으로 물가 상승률은 아래 표와 같이 나타났다. 단, 각 분기의 물가 변동 요인은 서로 관련이 없다고 한다.

기간	1/1~3/31	4/1~6/30	7/1~9/30
	1분기	2분기	3분기
물가 상승률	2%	3%	3%

경제학자 병은 1월 1일에 위 표의 내용을 예측할 수 있었고 국민들의 생활 안정을 위해 물가 상승률을 매 분기 2%로 유지해야 한다고 주장하였다. 이를 위해 다음 사항을 고려한 선제적 통화 정책을 제안했으나 받아들여지지 않았다.

[경제학자 병의 고려 사항]

기준 금리가 4%로부터 1.5%p*만큼 변하면 물가 상승률은 위 표의 각 분기 값을 기준으로 1%p만큼 달라지며, 기준 금리 조정과 공개 시장 운영은 1월 1일과 4월 1일에 수행된다.

정책 외부 시차는 1개 분기이며 기준 금리 조정에 따른 물가 상승률 변동 효과는 1개 분기 동안 지속된다.

* %p는 퍼센트 간의 차이를 말한다. 예를 들어 1%에서 2%로 변화하면 이는 1%p 상승한 것이다.

① 중앙은행은 기준 금리를 1월 1일에 2.5%로 인하하고 4월 1일에도 이를 2.5%로 유지해야 한다.
② 중앙은행은 기준 금리를 1월 1일에 2.5%로 인하하고 4월 1일에는 이를 4%로 인상해야 한다.
③ 중앙은행은 기준 금리를 1월 1일에 4%로 유지하고 4월 1일에는 이를 5.5%로 인상해야 한다.
④ 중앙은행은 기준 금리를 1월 1일에 5.5%로 인상하고 4월 1일에는 이를 4%로 인하해야 한다.
⑤ 중앙은행은 기준 금리를 1월 1일에 5.5%로 인상하고 4월 1일에도 이를 5.5%로 유지해야 한다.

정답해설편 p.15

2

수리능력

핵심이론정리
대표기출유형
적중예상문제
고난도 PSAT형 문제

출제 특징

수리능력은 주로 기초연산 문제와 도표분석 문제가 출제된다. 기초연산 문제는 방정식, 확률, 통계 등 기본적인 수학 공식을 활용하여 값을 구하는 문제가 출제되며, 도표분석 문제는 제시된 기업 관련 보도자료 및 통계자료를 바탕으로 변화량, 증감량 등을 계산한 값을 구하는 문제가 출제된다. 제시된 자료를 다른 형태의 자료로 변환하는 문제와 규칙을 파악해 값을 추론하는 문제 등 수학적 사고가 필요한 유형의 문제도 출제된다. 문제 난도가 높은 편은 아니지만 자료 분석에 익숙하지 않거나 PSAT형 문제를 많이 풀어보지 않으면 실제 시험에서 문제 풀이 시간이 부족할 수 있어 반복해서 문제를 풀어보는 것이 중요하다.

출제 비중

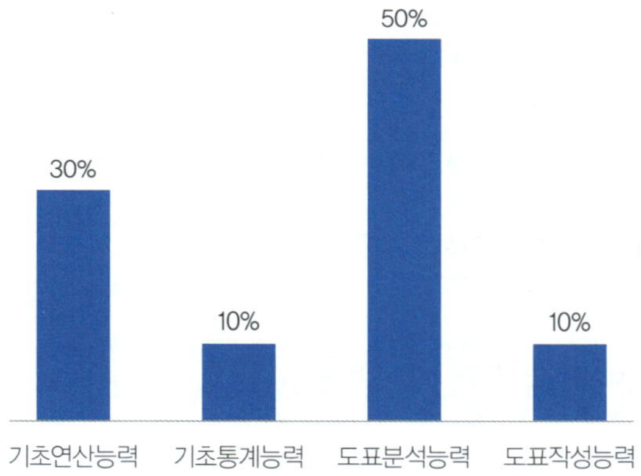

출제 기업

한국철도공사, 국민건강보험공단, 서울교통공사, 건강보험심사평가원, 한국수자원공사, 국민연금공단, IBK기업은행, 한국토지주택공사, 한국도로공사, 한전KPS, 한국수력원자력, 한국국토정보공사, 한국전기안전공사, 한국환경공단, 한국농어촌공사, 도로교통공단, 한전KDN, 인천국제공항공사, 근로복지공단, 한국산업인력공단, 국가철도공단, 한국공항공사, 한국남부발전, 신용보증기금, 한국장애인고용공단, 한국교통안전공단, 한국가스공사, 한국동서발전, 한국가스기술공사, 한국지역난방공사, 한국중부발전, 한국전력거래소, 주택도시보증공사, 한국승강기안전공단, 한국수출입은행, KDB산업은행, 서울교통공사 9호선, 예금보험공사 등

National Competency Standards

핵심이론정리

핵심이론정리에는 한국산업인력공단 직업기초능력 가이드북 중 시험에 자주 출제되며 출제 가능성이 높은 이론을 수록했습니다.

수리능력 소개

1. 수리능력의 의미

직장생활에서 요구되는 사칙연산과 기초적인 통계를 이해하고, 도표의 의미를 파악하거나 도표를 이용해서 합리적인 의사결정을 위한 객관적인 판단근거를 제시하는 능력

2. 수리능력의 구성 요소

1) 기초연산능력

① 의미

직장생활에서 필요한 기초적인 사칙연산과 계산방법을 이해하고 활용하는 능력

② 활용되는 상황

- 업무상 계산을 수행하고 결과를 정리하는 경우
- 조직의 예산안을 작성하는 경우
- 업무비용을 측정하는 경우
- 업무수행 경비를 제시해야 하는 경우
- 고객과 소비자의 정보를 조사하고 결과를 종합하는 경우
- 다른 상품과 가격 비교를 하는 경우

2) 기초통계능력

① 의미

직장생활에서 평균, 합계, 빈도와 같은 기초적인 통계기법을 활용하여 자료를 정리하고 요약하는 능력

② 활용되는 상황

- 연간 상품 판매실적을 제시하는 경우
- 업무비용을 다른 조직과 비교해야 하는 경우
- 업무결과를 제시해야 하는 경우
- 상품 판매를 위한 지역조사를 실시하는 경우

3) 도표분석능력

① 의미

직장생활에서 도표의 의미를 파악하고, 필요한 정보를 해석하여 자료의 특성을 규명하는 능력

② 활용되는 상황

- 도표로 제시된 자료를 해석하는 경우
- 도표로 제시된 업무비용을 측정하는 경우
- 조직의 생산가동률 변화표를 분석하는 경우
- 계절에 따른 고객의 요구도가 그래프로 제시된 경우
- 경쟁업체와의 시장점유율이 그림으로 제시된 경우
- 고객과 소비자의 정보를 조사하여 자료의 경향성을 제시해야 하는 경우

4) 도표작성능력

① 의미

직장생활에서 데이터를 이용하여 도표를 효과적으로 제시하는 능력

② 활용되는 상황

- 도표를 사용하여 업무결과를 제시하는 경우
- 업무의 목적에 맞게 계산결과를 묘사하는 경우
- 업무 중 계산을 수행하고 결과를 정리하는 경우
- 업무에 소요되는 비용을 시각화해야 하는 경우
- 고객과 소비자의 정보를 조사하고 결과를 설명하는 경우

3. 수리능력이 중요한 이유

1) 수학적 사고를 통한 문제해결

수학적 사고를 적용하여 업무를 수행하는 습관을 갖게 되면 여러 문제들에 대한 해법을 쉽게 찾을 수 있음

2) 직업세계의 변화에 적응

수리능력은 논리적이고 단계적인 학습을 통해 향상되므로 수학적인 지식을 요구하는 직업으로 전직할 때 수리능력 학습에 어려움이 따를 수 있음

3) 실용적 가치의 구현

일상생활 혹은 업무수행에 필요한 수학적 지식이나 기능을 습득할 수 있음

하위능력 ❶ 기초연산능력

1. 사칙연산

기출 한국철도공사, 한국전력공사, 국민건강보험공단, 한국수자원공사, 한국도로공사, 한국수력원자력, 인천국제공항공사, 한국산업인력공단, 한국가스공사, 한국서부발전, 한국중부발전, 한국전력거래소, 주택도시보증공사

1) 의미

수에 관한 덧셈(+), 뺄셈(−), 곱셈(×), 나눗셈(÷) 네 종류의 계산법이며, 사칙계산이라고도 함

2) 연산 방법

① 괄호가 있는 식에서는 괄호 안의 연산을 가장 먼저 계산함
② 덧셈과 뺄셈만 혼합된 식의 연산은 왼쪽 항부터 차례로 계산함
③ 곱셈과 나눗셈만 혼합된 식의 연산도 왼쪽 항부터 차례로 계산함
④ 네 종류의 연산이 혼합된 식의 연산은 덧셈과 뺄셈보다 곱셈과 나눗셈을 먼저 계산함

3) 연산 법칙

구분	덧셈	곱셈
교환법칙	$a+b=b+a$	$a\times b=b\times a$
결합법칙	$a+(b+c)=(a+b)+c$	$a\times(b\times c)=(a\times b)\times c$
분배법칙	$(a+b)\times c=a\times c+b\times c$	

2. 검산

1) 의미

연산의 결과를 확인하는 과정

2) 검산 방법

① 역연산법
- 본래의 풀이와 반대로 연산을 해가면서 본래의 답이 맞는지를 확인하는 방법
- 덧셈은 뺄셈으로, 뺄셈은 덧셈으로, 곱셈은 나눗셈으로, 나눗셈은 곱셈으로 확인하는 방법

② 구거법
- 원래의 수를 9로 나눈 나머지와 각 자릿수의 합을 9로 나눈 나머지는 서로 같다는 원리를 이용하는 방법
- 좌변에 제시된 각 수를 9로 나눈 나머지와 우변에 제시된 수를 9로 나눈 나머지가 같은지 확인하는 방법

3. 단위환산 기출 한국토지주택공사

1) 단위의 종류

① 길이

물체의 한 끝에서 다른 한 끝까지의 거리

예 ㎜, ㎝, m, ㎞ 등

② 넓이

평면의 크기를 나타내는 것으로, 면적이라고도 함

예 ㎟, ㎠, ㎡, ㎢ 등

③ 부피

입체가 점유하는 공간 부분의 크기

예 ㎣, ㎤, ㎥, ㎦ 등

④ 들이

통이나 그릇 따위의 안에 넣을 수 있는 물건 부피의 최댓값으로, 용적이라고도 함

예 mℓ, dℓ, ℓ, kℓ 등

2) 단위환산표

단위	환산
길이	• 1㎝=10㎜ • 1m=100㎝=1,000㎜ • 1㎞=1,000m=100,000㎝=1,000,000㎜
넓이	• 1㎠=100㎟ • 1㎡=10,000㎠=1,000,000㎟ • 1㎢=1,000,000㎡
부피	• 1㎤=1,000㎣ • 1㎥=1,000,000㎤=1,000,000,000㎣ • 1㎦=1,000,000,000㎥
들이	• 1mℓ=1㎤ • 1dℓ=100㎤=100mℓ • 1ℓ=1,000㎤=10dℓ
무게	• 1kg=1,000g • 1t=1,000kg=1,000,000g
시간	• 1분=60초 • 1시간=60분=3,600초

하위능력 ❷ 기초통계능력

1. 통계

1) 정의

① 집단적 현상이나 수집된 자료에 대한 양적 표현을 반영하는 숫자 또는 수량적인 기술
② 사회 집단이나 자연 현상을 정리하거나 분석하는 수단

2) 종류

① 정태 통계
일정한 시점에 대상이 되는 집단의 상태를 파악하는 통계
② 동태 통계
일정한 기간에 대상이 되는 집단의 누적 상태를 파악하는 통계

3) 기능

① 많은 수량적 자료를 처리 가능하고 쉽게 이해할 수 있는 형태로 축소시키는 도구
② 표본을 통해 연구대상 집단의 특성을 유추하는 도구
③ 관찰 가능한 자료를 통해 논리적으로 어떠한 결론을 추출 및 검증하는 도구
④ 의사결정의 객관적인 근거가 되는 도구

2. 대푯값 기출 한국철도공사

1) 평균(Mean)

① 자료의 모든 관찰값을 합한 후 관찰값의 개수로 나눈 값
예 관찰값 91, 85, 67, 81, 76에 대한 평균: $\frac{91+85+67+81+76}{5}=80$
② 자료에 대한 일종의 무게중심으로 대상집단의 성격을 함축하여 나타냄
③ 극단적이거나 이질적인 값에 크게 영향을 받아 자료 전체를 대표하지 못할 가능성이 있음
④ 평균의 종류
- 산술평균: 전체 관찰값을 모두 더한 후 관찰값의 개수로 나눈 값
- 가중평균: 각 관찰값에 자료의 상대적 중요도(가중치)를 곱하여 모두 더한 값을 가중치의 합계로 나눈 값

2) 중앙값(Median)

① 전체 관찰값을 최솟값부터 최댓값까지 크기순으로 배열했을 때 정중앙에 위치하는 값
예 관찰값 91, 85, 67, 81, 76에 대한 중앙값은 크기순으로 정중앙에 위치하는 81임
② 너무 작거나 너무 큰 값에 영향을 받지 않고 자료 전체를 대표할 수 있음

3) 최빈값(Mode)

① 관찰값 중에서 가장 자주 나오는 값
예 관찰값 1, 2, 3, 5, 3, 7, 4에 대한 최빈값은 두 번 나오는 3임
② 한 개 이상 존재할 수 있음

3. 퍼진 정도

1) 분산(Variance)

① 각 관찰값과 평균값과의 차이의 제곱을 모두 더한 값을 관찰값의 개수로 나눈 값

예 관찰값 91, 85, 67, 81, 76의 평균값이 80일 때의 분산: $\frac{(91-80)^2+(85-80)^2+(67-80)^2+(81-80)^2+(76-80)^2}{5}=66.4$

② 관찰값의 퍼져 있는 정도를 구체적인 수치로 계산하는 도구

2) 표준편차(Standard Deviation)

① 분산값의 제곱근 값

② 각 관찰값이 평균값으로부터 얼마나 떨어져 있는지를 나타내는 도구

③ 표준편차가 크면 관찰값들이 평균값으로부터 넓게 퍼져 있고 이질성이 큰 것을 의미하며, 작으면 관찰값이 평균값에 집중되어 있고 동질성이 큰 것을 의미함

3) 범위(Range)

① 최댓값에서 최솟값을 뺀 값

② 분포의 흩어진 정도를 나타내는 가장 간단한 도구

③ 계산이 용이한 반면, 극단적인 값에 크게 영향을 받을 수 있음

4. 통계자료 해석 시 유의사항

① 평균, 중앙값, 최빈값은 서로 다른 개념이므로 어떤 값을 사용했는지 명확히 제시해야 함

② 평균, 중앙값, 최빈값은 모두 중요한 개념이므로 똑같은 중요도를 가지고 활용해야 함

③ 자료 전체의 특징을 파악하기 위해 평균과 표준편차 이외의 다양한 요약값을 알아두어야 함

참고 다섯 숫자 요약

- 최솟값: 원자료 중 값의 크기가 가장 작은 값
- 최댓값: 원자료 중 값의 크기가 가장 큰 값
- 중앙값: 원자료를 최솟값부터 최댓값까지 크기순으로 배열했을 때 순서상 정중앙에 위치하는 값
- 하위 25%값(제25백분위수): 원자료를 크기순으로 배열하여 4등분한 값 중 하위 값
- 상위 25%값(제75백분위수): 원자료를 크기순으로 배열하여 4등분한 값 중 상위 값

하위능력 ❸ 도표분석능력

1. 도표

1) 정의

직장생활에서 데이터를 선, 그림, 원 등을 이용해서 시각적으로 표현하여 타인에게 자신의 주장을 한눈에 알아볼 수 있게 나타낸 것

2) 종류

크게 목적, 용도, 형상별로 구분할 수 있지만, 실제로는 목적과 용도, 형상을 여러 가지로 조합하여 사용됨

목적	용도	형상
• 관리(계획 및 통제) 그래프 • 해설(분석) 그래프 • 보고 그래프	• 경과 그래프 • 내역 그래프 • 비교 그래프 • 분포 그래프 • 상관 그래프 • 계산 그래프	• 선(꺾은선) 그래프 • 막대 그래프 • 원 그래프 • 점 그래프 • 층별 그래프 • 방사형 그래프

2. 도표 종류별 용도

기출 한국철도공사, 한국전력공사, 국민건강보험공단, 한국수자원공사, 한국수력원자력, 인천국제공항공사, 한국공항공사, 한국산업인력공단, 한국서부발전, 한국가스공사, 한국산업안전보건공단, 한국지역난방공사, 한국전력거래소

1) 선(꺾은선) 그래프

① 정의

주로 시간의 경과에 따라 수량에 의한 변화의 상황을 꺾은선의 기울기로 나타내는 그래프

② 용도

• 시간적 추이, 즉 시계열 변화를 표시하는 용도로 쓰임

• 경과, 비교, 분포(도수, 곡선 그래프)를 비롯하여 상관관계 등을 나타내는 용도로 쓰임

예 연도별 방송광고 매출액 추이

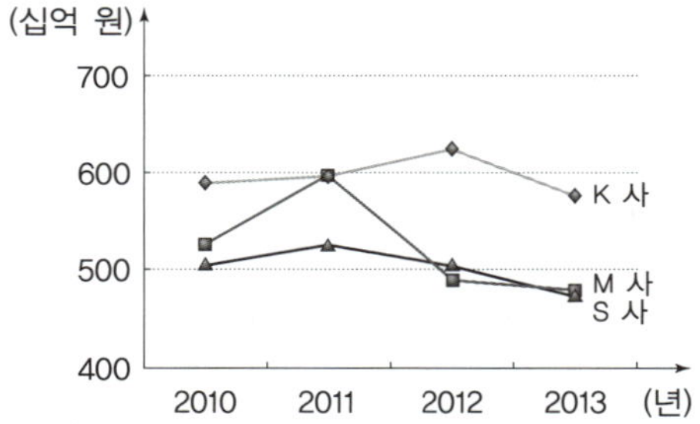

2) 막대 그래프

① 정의

수량을 의미하는 막대의 길이를 비교하여 각 수량 간의 대소관계를 나타내는 그래프

② 용도

내역, 경과, 비교, 도수 등을 표시하는 용도로 쓰임

예 산업별 기타 경비 규모

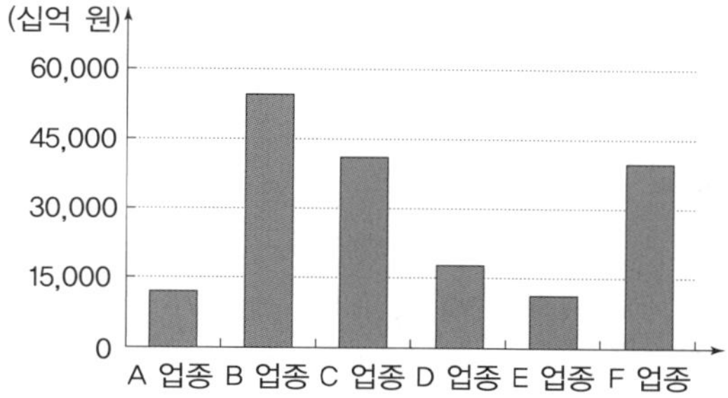

3) 원 그래프

① 정의

하나의 원을 전체 수량에 대한 부분의 비율에 따라 비례하는 면적의 부채꼴로 나타내는 그래프

② 용도

내역, 내용의 구성비 등을 나타내는 용도로 쓰임

예 신문산업별 매출액 구성비

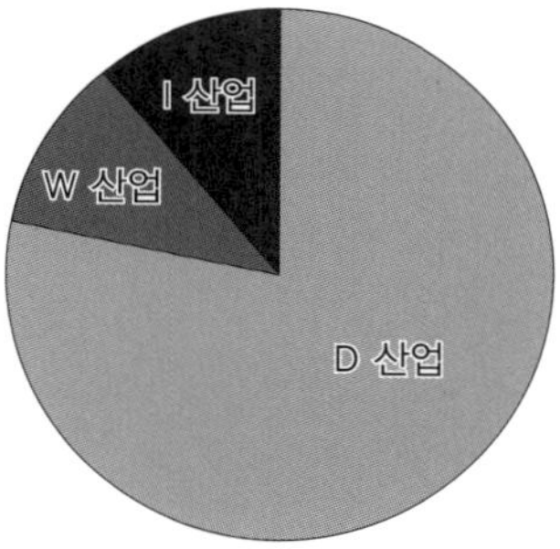

4) 점 그래프

① 정의

가로축과 세로축의 요소가 각기 다른 데이터들의 분포를 점으로 나타내는 그래프

② 용도

지역분포를 비롯하여 도시, 지방, 기업, 상품 등의 평가나 위치, 성격을 표시하는 용도로 쓰임

예 업종별 자산과 부채의 관계

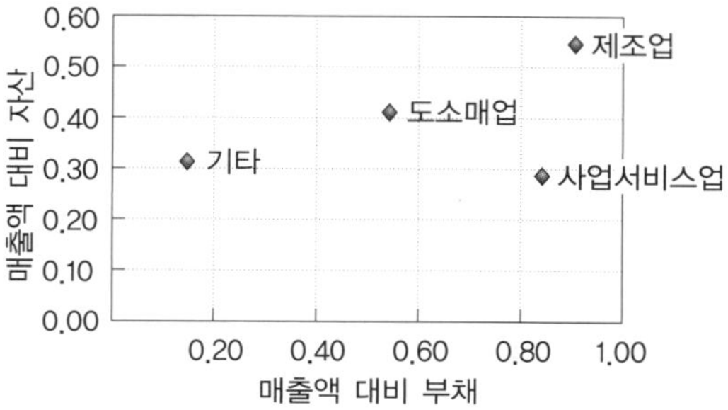

5) 층별 그래프

① 정의

선 그래프의 변형된 형태로, 크기를 뜻하는 선과 선 사이의 데이터 변화를 나타내는 그래프

② 용도

합계와 각 부분의 크기를 백분율이나 실수로 나타내고 시간적 변화를 확인하는 용도로 쓰임

예 시도별 주요생산비 추이

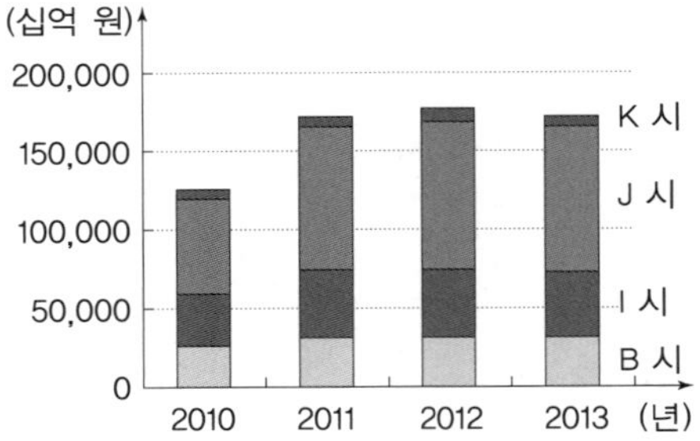

6) 방사형 그래프(레이더 차트, 거미줄 그래프)

① 정의

원 그래프의 한 종류로, 비교하는 수량을 직경, 또는 반경으로 나누어 원의 중심에서의 거리에 따라 각 수량의 관계를 나타내는 그래프

② 용도

다양한 요소를 한 번에 비교하거나 경과를 나타내는 용도로 쓰임

예 상반기 월별 출원 건수 추이

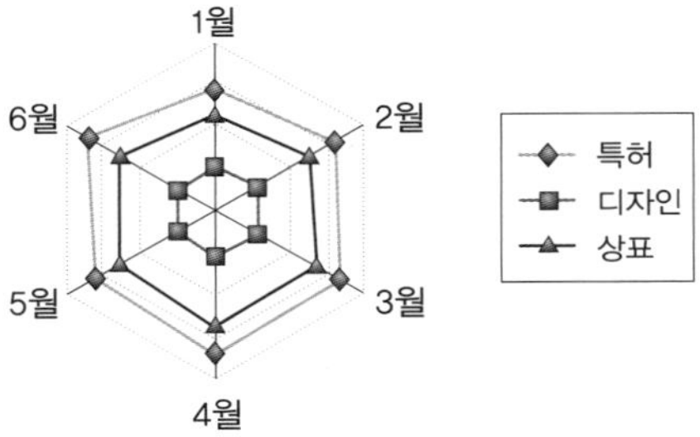

3. 도표분석 시 유의사항

① 자신의 업무와 관련된 지식을 상식화해야 함
② 도표에 제시된 자료의 의미에 대한 정확한 숙지가 필요함
③ 도표로부터 알 수 있는 것과 알 수 없는 것을 완벽히 구별해야 함
④ 총량의 증가와 비율의 증가를 구분해야 함
⑤ 백분위수와 사분위수의 의미를 정확히 이해해야 함

참고 백분위수와 사분위수

구분	백분위수	사분위수
정의	원자료를 크기순으로 배열하여 100등분 했을 때의 각 등분점을 의미함	원자료를 크기순으로 배열하여 4등분 했을 때의 각 등분점을 의미함
백분위수와 사분위수의 관계	• 제1사분위수=제25백분위수 • 제2사분위수=제50백분위수(중앙값) • 제3사분위수=제75백분위수	

하위능력 ④ 도표작성능력

1. 도표작성의 이점

① 보고 및 설명이 용이함
② 상황분석을 할 수 있음
③ 관리목적에 활용이 가능함

2. 도표작성의 절차

1단계	어떠한 도표로 작성할 것인지를 결정
2단계	가로축과 세로축에 나타낼 것을 결정
3단계	가로축과 세로축의 눈금의 크기를 결정
4단계	자료를 가로축과 세로축이 만나는 위치에 표시
5단계	표시된 점에 따라 도표 작성
6단계	도표의 제목 및 단위 표시

3. 도표작성 시 유의사항

1) 전반적인 유의사항

① 보기 쉽고 깨끗하게 그려야 함
② 하나의 도표에 여러 가지 내용을 넣지 않음
③ 순서가 없는 것은 큰 것부터, 왼쪽에서 오른쪽으로, 위에서 아래로 그려야 함
④ 적정한 눈금을 잡아 그려야 함
⑤ 최대한 수치를 생략하지 않고 그려야 함
⑥ 컴퓨터에 의한 전산 그래프를 최대한 이용함

2) 선(꺾은선) 그래프 작성 시 유의사항

① 일반적으로 세로축에 수량(금액, 매출액 등), 가로축에 명칭 구분(연, 월, 장소 등)을 제시함
② 축의 모양은 L 자형으로 나타냄
③ 세로축의 눈금을 가로축의 눈금보다 크게 나타내어 높이에 따른 수치 파악을 용이하게 함
④ 선이 두 종류 이상인 경우에는 선마다 명칭을 기입해야 함
⑤ 중요한 선은 다른 선보다 굵게 하거나 색을 다르게 나타내어 강조함

3) 막대 그래프 작성 시 유의사항

① 세로 막대 그래프와 가로 막대 그래프 중 세로 막대 그래프를 일반적으로 사용함
② 축의 모양은 L 자형이 일반적이지만 가로 막대 그래프는 사방을 틀로 싸는 것이 좋음
③ 가로축은 명칭 구분(연, 월, 장소, 종류 등), 세로축은 수량(금액, 매출액 등)을 제시함
④ 부득이하게 막대 수가 많을 경우에는 눈금선을 기입하는 것이 좋음
⑤ 각 항목에 따른 막대의 폭은 모두 같게 나타내야 함

4) 원 그래프 작성 시 유의사항

① 일반적으로 정각 12시의 선을 시작선으로 하여, 이를 기점으로 오른쪽으로 그려야 함
② 분할선은 구성비율이 큰 순서로 그리며, '기타' 항목은 가장 마지막에 그리는 것이 좋음
③ 각 항목의 명칭은 일반적으로 같은 방향으로 기록하며, 각도가 적어서 명칭을 기록하기 힘든 경우에는 지시선을 써서 기록함

5) 층별 그래프 작성 시 유의사항

① 층을 세로로 할지, 가로로 할지는 작성자의 기호나 공간에 따라 판단함
② 눈금은 선 그래프나 막대 그래프보다 적게 나타내야 함
③ 눈금선은 넣지 않아야 하며, 층별로 색이나 모양은 완전히 다르게 그려야 함
④ 같은 항목은 옆에 있는 층과 선으로 연결하여 보기 쉽도록 해야 함
⑤ 중요한 항목은 세로 방향일 경우 위에서 아래로, 가로 방향일 경우 왼쪽에서 오른쪽으로 나열해야 함

4. 도표작성의 실제

1) 엑셀 프로그램을 활용한 도표작성의 장점

엑셀을 이용하여 작성한 도표는 호환성이 대단히 높고, 비교적 간편하게 작성할 수 있음

2) 엑셀 프로그램을 활용한 도표작성의 단계

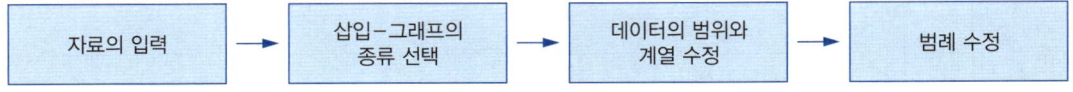

자료의 입력 → 삽입-그래프의 종류 선택 → 데이터의 범위와 계열 수정 → 범례 수정

실력 플러스 노트

실력 플러스 노트에는 한국산업인력공단 직업기초능력 가이드북에는 나오지 않지만 문제 풀이에 필요한 상식 및 공식을 수록했습니다.

1. 기초연산

1) 약수와 배수

정의	• 자연수 A가 B로 나누어 떨어질 때, B는 A의 약수, A는 B의 배수 $\underset{\text{배수}}{\underline{A}} = \underset{\text{약수}}{\underline{B}} \times \underset{\text{약수}}{\underline{Q}}$ 예 12=2×6 → 12의 약수: 2, 6 2와 6의 배수: 12
소인수분해	• 자연수 N을 소인수들의 곱으로 나타내는 것 $N = a^x \times b^y \times c^z$ (단, a, b, c는 서로 다른 소인수) 예 $12 = 2 \times 2 \times 3 = 2^2 \times 3$
최대공약수와 최소공배수	• 최대공약수는 각 자연수를 소인수분해한 후, 공통 인수만을 곱하여 구함 • 최소공배수는 각 자연수를 소인수분해한 후, 적어도 어느 한 자연수에 포함된 인수를 모두 곱하여 구함 예 12의 소인수분해: $2^2 \times 3$, 15의 소인수분해: 3×5 12와 15의 최대공약수: 3 12와 15의 최소공배수: $2^2 \times 3 \times 5 = 60$ 또는 $\frac{(12 \times 15)}{3} = 60$

2) 여러 가지 방정식

작업량	• $\text{시간당 작업량} = \frac{\text{작업량}}{\text{시간}}$ • 작업량 = 시간당 작업량 × 시간 • $\text{시간} = \frac{\text{작업량}}{\text{시간당 작업량}}$
거리 · 속력 · 시간	• 거리 = 속력 × 시간 • $\text{속력} = \frac{\text{거리}}{\text{시간}}$ • $\text{시간} = \frac{\text{거리}}{\text{속력}}$
소금물 농도	• $\text{소금물의 농도}(\%) = \frac{\text{소금의 양}}{\text{소금물의 양}} \times 100$ • $\text{소금의 양} = \text{소금물의 양} \times \frac{\text{소금물의 농도}}{100}$ • 소금물의 양 = 물의 양 + 소금의 양
정가 · 이익 · 할인율 · 할인가	• $\text{정가} = \text{원가} \times \left(1 + \frac{\text{이익률}}{100}\right)$ • 이익 = 정가 − 원가(정가 > 원가) • $\text{할인율}(\%) = \left(\frac{\text{정가} - \text{할인가}}{\text{정가}}\right) \times 100$ • $\text{할인가} = \text{정가} \times \left(1 - \frac{\text{할인율}}{100}\right)$
간격	• a 길이의 일직선상 도로에 b 간격으로 심을 수 있는 최대 나무의 수: (a÷b)+1

시침과 분침의 각도	• 시침이 움직이는 각도: 12시간에 360°, 1시간에 30°, 1분에 0.5° • 분침이 움직이는 각도: 1시간에 360°, 1분에 6° • a시 b분일 때, 시침과 분침이 이루는 각도: $\|(30a+0.5b)-6b\|=\|30a-5.5b\|$ • a시 b분일 때, 시침과 분침이 겹쳐질 조건: $30a+0.5b=6b$
연속한 수	x가 정수일 때, • 연속한 두 정수: x, $x+1$ • 연속한 세 정수: $x-1$, x, $x+1$ • 연속한 두 홀수: $2x-1$, $2x+1$ • 연속한 세 홀수(짝수): $x-2$, x, $x+2$

3) 부등식

정의	• 부등호를 사용하여 두 수 또는 두 식의 대소관계를 나타낸 식
성질	• $a<b$일 때, $a+c<b+c$, $a-c<b-c$ • $a<b$, $c>0$일 때, $ac<bc$, $\frac{a}{c}<\frac{b}{c}$ • $a<b$, $c<0$일 때, $ac>bc$, $\frac{a}{c}>\frac{b}{c}$ • $a<x<b$, $c<y<d$일 때, $a+c<x+y<b+d$ • $a<x<b$, $c<y<d$일 때, $a-d<x-y<b-c$

4) 경우의 수와 확률

두 사건	어떤 사건 A가 일어나는 경우의 수를 m, 어떤 사건 B가 일어나는 경우의 수를 n이라고 하면 • 두 사건 A, B가 동시에 일어나지 않을 때, 사건 A 또는 B가 일어나는 경우의 수: $m+n$ • 두 사건 A, B가 서로 영향을 주지 않을 때, 두 사건 A, B가 동시에 일어나는 경우의 수: $m\times n$
동전, 주사위를 던질 때	• n개의 동전을 던질 때의 경우의 수: 2^n • n개의 주사위를 던질 때의 경우의 수: 6^n
한 줄로 세울 때	• n명을 한 줄로 세우는 경우의 수: $n\times(n-1)\times(n-2)\times\cdots\times2\times1=n!$ • n명 중 k명만 한 줄로 세우는 경우의 수: $n\times(n-1)\times(n-2)\times\cdots\times(n-k+1)$
대표를 선출할 때	• n명 중 자격이 다른 2명의 대표를 선출할 경우의 수: $n\times(n-1)$ • n명 중 자격이 같은 2명의 대표를 선출할 경우의 수: $\frac{n\times(n-1)}{2}$
순열	• 서로 다른 n개에서 중복을 허락하지 않고 r개를 택하여 한 줄로 배열하는 경우의 수: $_nP_r=n\times(n-1)\times(n-2)\times\cdots\times(n-r+1)=\frac{n!}{(n-r)!}$
조합	• 서로 다른 n개에서 순서를 고려하지 않고 r개를 택하는 경우의 수: $_nC_r=\frac{n\times(n-1)\times(n-2)\times\cdots\times(n-r+1)}{r!}=\frac{n!}{r!(n-r)!}$
확률	어떤 사건 A가 일어날 확률을 p, 어떤 사건 B가 일어날 확률을 q라고 하면 • 사건 A가 일어날 확률: $\frac{\text{사건 A가 일어날 경우의 수}}{\text{모든 경우의 수}}$ • 두 사건 A, B가 동시에 일어나지 않을 때, 사건 A 또는 B가 일어날 확률: $p+q$ • 두 사건 A, B가 서로 영향을 주지 않을 때, 두 사건 A, B가 동시에 일어날 확률: $p\times q$ • 사건 A가 일어나지 않을 확률: $1-p$ • '적어도 …'의 확률: 1-(반대 사건의 확률)

2. 도표분석

1) 빈출 계산식

변화량	기준연도 대비 비교연도 A의 변화량 = 비교연도 A − 기준연도 A 예 2022년 매출액이 500억 원, 2023년 매출액이 700억 원일 때, 2022년 대비 2023년 매출액의 변화량: 700 − 500 = 200억 원
증감률	기준연도 대비 비교연도 A의 증감률(%) = {(비교연도 A − 기준연도 A) / 기준연도 A} × 100 예 2022년 매출액이 500억 원, 2023년 매출액이 700억 원일 때, 2022년 대비 2023년 매출액의 증감률: {(700 − 500) / 500} × 100 = 40%
비중	전체에서 A가 차지하는 비중(%) = (A / 전체) × 100 예 2023년 제조된 A 제품은 100만 개, 전체 제품은 400만 개일 때, 2023년 제조된 전체 제품 중 A 제품이 차지하는 비중: (100 / 400) × 100 = 25%

2) 자료 해석법

접근 방법	• 문제를 풀기 전 자료의 소재와 형태를 미리 확인함 • 자료의 소재 및 내용을 먼저 확인하면 문제를 미리 추론할 수 있으므로 풀이 시간을 단축할 수 있음. 단, 추론을 하되 제시된 자료 이외에 자신이 알고 있는 지식을 덧붙여 문제를 풀이해서는 안 됨 • 시계열 형태의 자료가 제시된 경우 항목별 추세를 파악하고, 시계열이 아닌 형태의 자료가 제시된 경우 항목 간의 관계를 파악함 • 자료의 단위가 비율인 경우 제시된 비율을 통해 또 다른 정보를 도출할 수 있음 예 여성의 비율과 전체 인원수가 제시된 경우 여성의 인원수를 구할 수 있음 • 계산이 필요 없는 보기가 정답이 될 수도 있으므로 계산이 필요한 보기를 가장 마지막에 확인하여 문제 풀이 시간을 단축하고, 계산이 필요한 보기는 계산 과정을 최소한으로 줄여서 풀이함

3. 수추리

1) 기본수열

등차수열

• 앞항에 차례로 일정한 수를 더하면 다음 항이 얻어지는 수열

예

1	→	3	→	5	→	7	→	9	→	11	→	13
	+2		+2		+2		+2		+2		+2	

등비수열

• 앞항에 차례로 일정한 수를 곱하면 다음 항이 얻어지는 수열

예

1	→	2	→	4	→	8	→	16	→	32	→	64
	×2		×2		×2		×2		×2		×2	

계차수열

• 등차 계차수열: 앞항과 다음 항의 차가 순서대로 등차를 이루는 수열

예

1	→	3	→	7	→	13	→	21	→	31	→	43
	+2	→	+4	→	+6	→	+8	→	+10	→	+12	
		+2		+2		+2		+2		+2		

• 등비 계차수열: 앞항과 다음 항의 차가 순서대로 등비를 이루는 수열

예

1	→	3	→	7	→	15	→	31	→	63	→	127
	+2	→	+4	→	+8	→	+16	→	+32	→	+64	
		×2		×2		×2		×2		×2		

피보나치수열

• 앞의 두 항을 합하면 다음 항이 얻어지는 수열

예

0	→	1	→	1	→	2	→	3	→	5	→	8
			0+1		1+1		1+2		2+3		3+5	

반복수열

• 앞항과 다음 항 사이에 여러 개의 연산기호가 반복적으로 적용된 수열

예

1	→	3	→	6	→	4	→	6	→	12	→	10
	+2		×2		−2		+2		×2		−2	

• 앞항과 다음 항 사이에 여러 개의 연산이 반복적으로 적용된 수열

예

1	→	3	→	9	→	11	→	33	→	35	→	105
	+2		×3		+2		×3		+2		×3	

기타수열

• 홀수항에 적용되는 연산과 짝수항에 적용되는 연산이 각각 일정한 규칙으로 변화하는 수열

예

1	→	2	→	4	→	7	→	28	→	33	→	198
	+1		×2		+3		×4		+5		×6	

• 앞항과 다음 항 사이에 적용되는 연산이 분기점을 중심으로 변화하는 수열

예

1	→	1	→	2	→	6	→	24	→	72	→	144
	×1		×2		×3		×4		×3		×2	

• 앞항에 두 개 이상의 연산을 적용시키면 다음 항이 얻어지는 수열

예

1	→	3	→	8	→	19	→	42	→	89	→	184
	×2+1		×2+2		×2+3		×2+4		×2+5		×2+6	

2) 문자 순서

기본 한글 자음

ㄱ	ㄴ	ㄷ	ㄹ	ㅁ	ㅂ	ㅅ
1	2	3	4	5	6	7
ㅇ	ㅈ	ㅊ	ㅋ	ㅌ	ㅍ	ㅎ
8	9	10	11	12	13	14

복자음이 포함된 한글 자음

ㄱ	ㄲ	ㄴ	ㄷ	ㄸ	ㄹ	ㅁ	ㅂ	ㅃ	ㅅ
1	2	3	4	5	6	7	8	9	10
ㅆ	ㅇ	ㅈ	ㅉ	ㅊ	ㅋ	ㅌ	ㅍ	ㅎ	
11	12	13	14	15	16	17	18	19	

기본 한글 모음

ㅏ	ㅑ	ㅓ	ㅕ	ㅗ	ㅛ	ㅜ	ㅠ	ㅡ	ㅣ
1	2	3	4	5	6	7	8	9	10

복모음이 포함된 한글 모음

ㅏ	ㅐ	ㅑ	ㅒ	ㅓ	ㅔ	ㅕ
1	2	3	4	5	6	7
ㅖ	ㅗ	ㅘ	ㅙ	ㅚ	ㅛ	ㅜ
8	9	10	11	12	13	14
ㅝ	ㅞ	ㅟ	ㅠ	ㅡ	ㅢ	ㅣ
15	16	17	18	19	20	21

알파벳

A	B	C	D	E	F	G	H	I
1	2	3	4	5	6	7	8	9
J	K	L	M	N	O	P	Q	R
10	11	12	13	14	15	16	17	18
S	T	U	V	W	X	Y	Z	
19	20	21	22	23	24	25	26	

National Competency Standards

대표기출유형

유형 ❶ 공식을 활용해 값을 구하는 문제

- 여러 개의 식을 계산하여 요구하는 값을 구하는 문제가 출제된다.
- 공식을 활용해 식을 세우고 값을 구하는 문제가 출제된다.
- 농도, 할인율, 통계, 경우의 수, 확률 등 자주 출제되는 공식을 암기한다.

A 스마트폰의 필수 부품을 생산하는 중소기업 A와 B가 있다. 스마트폰 제조회사에서 부품 납품량을 A 기업에 20%, B 기업에 80%를 할당했다. A 기업의 제품 불량률은 6%이고, B 기업의 제품 불량률은 3%이다. 임의로 선택한 부품 하나가 불량이었을 때, 그 부품이 B 기업의 제품일 확률은 얼마인가?

① $\frac{1}{2}$　② $\frac{1}{3}$　③ $\frac{2}{3}$　④ $\frac{1}{4}$　⑤ $\frac{3}{4}$

|정답 및 해설| ③

A 기업의 제품 할당량이 $\frac{20}{100}$이고, B 기업의 제품 할당량이 $\frac{80}{100}$일 때 A 기업의 제품 불량률은 $\frac{20}{100} \times \frac{6}{100} = \frac{120}{10,000}$, B 기업의 제품 불량률은 $\frac{80}{100} \times \frac{3}{100} = \frac{240}{10,000}$이고, 전체 제품의 불량률은 $\frac{120}{10,000} + \frac{240}{10,000} = \frac{360}{10,000}$이다.

따라서 전체 부품 중 1개가 불량일 때, 그 부품이 B 기업의 제품일 확률은 $\frac{\frac{240}{10,000}}{\frac{360}{10,000}} = \frac{240}{360} = \frac{2}{3}$이다.

유형 ❷ 자료를 분석하고 분석한 자료를 활용하여 계산하는 문제

- 제시된 자료를 분석하여 자료에 대한 설명이 옳은지를 판별하는 문제가 출제된다.
- 제시된 자료를 이용하여 변화량, 증감률, 비중 등을 계산하는 문제가 출제된다.
- 자료로 기업 보도자료 및 통계 분석 자료가 출제된다.
- 변화량, 증감률, 비중 등 자주 출제되는 공식을 암기한다.
- 지원한 기업의 보도자료를 분석하는 연습을 한다.

다음은 임상시험 승인 현황에 대한 자료이다. 이에 대한 설명으로 옳지 않은 것은?

[전체 임상시험 승인 현황]

(단위: 건)

구분	제약사 임상		연구자 임상	전체 임상
	국내	다국가		
2019년	250	288	176	714
2020년	256	355	188	799
2021년	267	412	163	842

[효능군별 임상시험 승인 현황]

(단위: 건)

구분	항암	심혈관계	내분비계	중추신경계	소화기계	비뇨기계	감염병	호흡기계	면역억제제	혈액	기타
2019년	207	60	69	54	65	15	24	23	19	22	156
2020년	309	60	64	31	62	18	66	17	20	22	130
2021년	321	90	62	37	50	13	60	36	13	22	138

※ 출처: 식품의약품안전처(2022-04-28 보도자료)

① 전체 임상시험 승인 건수에서 제약사 임상시험 승인 건수가 차지하는 비중은 매년 증가하였다.
② 기타를 제외하고 연간 50건 이상 승인을 받은 효능군의 총 승인 건수는 매년 전체 임상시험 승인 건수의 70% 이상을 차지하고 있다.
③ 전체 임상시험 승인 건수에서 감염병 임상시험 승인 건수가 차지하는 비중은 2020년이 2021년보다 높다.
④ 2021년 전체 임상시험 승인 건수에서 항암 임상시험 승인 건수가 차지하는 비중은 35% 이상이다.
⑤ 제시된 기간 중 연구자 임상시험 승인 건수가 가장 많은 해는 기타를 제외하고 항암, 감염병, 내분비계, 소화기계 순으로 효능군별 임상시험 승인 건수가 많다.

|정답 및 해설| ②

기타를 제외하고 연간 50건 이상 승인을 받은 효능군은 2019년에 항암, 심혈관계, 내분비계, 중추신경계, 소화기계로 총 207+60+69+54+65=455건이고, 전체 임상시험 승인 건수의 (455/714)×100 ≒ 63.7%를 차지하고 있다.

2020년에는 항암, 심혈관계, 내분비계, 소화기계, 감염병으로 총 309+60+64+62+66=561건이고, 전체 임상시험 승인 건수의 (561/799)×100 ≒ 70.2%를 차지하고 있다.

2021년에는 항암, 심혈관계, 내분비계, 소화기계, 감염병으로 총 321+90+62+50+60=583건이고, 전체 임상시험 승인 건수의 (583/842)×100 ≒ 69.2%를 차지하고 있다.

따라서 매년 전체 임상시험 승인 건수의 70% 이상을 차지하고 있지는 않으므로 옳지 않은 설명이다.

① 전체 임상시험 승인 건수에서 제약사 임상시험 승인 건수가 차지하는 비중은 2019년에 {(250+288)/714}×100 ≒ 75.4%, 2020년에 {(256+355)/799}×100 ≒ 76.5%, 2021년에 {(267+412)/842}×100 ≒ 80.6%로 매년 증가하였으므로 옳은 설명이다.

③ 전체 임상시험 승인 건수에서 감염병 임상시험 승인 건수가 차지하는 비중은 2020년에 (66/799)×100 ≒ 8.3%, 2021년에 (60/842)×100 ≒ 7.1%로 2020년이 2021년보다 높으므로 옳은 설명이다.

④ 2021년 전체 임상시험 승인 건수에서 항암 임상시험 승인 건수가 차지하는 비중은 (321/842)×100 ≒ 38.1%이므로 옳은 설명이다.

⑤ 제시된 기간 중 연구자 임상시험 승인 건수가 가장 많은 해는 2020년이고, 이때 효능군별 임상시험 승인 건수는 기타를 제외하고 항암, 감염병, 내분비계, 소화기계 순으로 많으므로 옳은 설명이다.

유형 ❸ 규칙을 파악하여 빈칸에 들어갈 숫자를 추론하는 문제

- 제시된 식에 적용된 연산을 추론하여 새로운 식에 대입해 계산하는 문제가 출제된다.
- 등차수열, 등비수열 등 기본수열을 숙지한다.
- 문자 순서를 숫자로 변환하는 규칙을 숙지한다.
- 많은 문제를 풀어보며 규칙을 빠르게 찾는 연습을 한다.

다음 빈칸에 들어갈 수로 옳은 것은?

$$1.6 \quad \frac{2}{5} \quad 1.2 \quad 0.3 \quad 0.9 \quad \frac{9}{40} \quad (\quad)$$

① $\frac{9}{10}$ ② $\frac{27}{10}$ ③ $\frac{27}{20}$ ④ 0.056 ⑤ 0.675

|정답 및 해설| ⑤

각 숫자 간의 값이 ÷4, ×3이 반복되는 것을 알 수 있다.

따라서 $\frac{9}{40} \times 3 = \frac{27}{40} = 0.675$이다.

유형 ❹ 자료를 그래프로 변환하는 문제

- 제시된 자료를 그래프나 도표로 변환할 때 옳은 것을 고르는 문제가 출제된다.
- 제시된 자료를 나타내기에 적절한 도표의 종류를 고르는 문제가 출제된다.
- 제시된 자료에서 변환된 그래프에 해당하는 부분을 빠르게 찾아 데이터값이 정확한지 확인하는 연습을 한다.

다음은 2013~2018년 연안해송 물동량을 나타낸 자료이다. 이를 보기 쉽게 그래프로 변경할 때, 다음 중 옳은 것은?

[연도별 연안해송 물동량]

(단위: 천 톤)

구분	2013년	2014년	2015년	2016년	2017년	2018년
전체	117,860	115,631	123,137	133,441	130,926	109,371
유류	33,753	31,759	31,624	33,807	34,552	34,437
모래	25,125	26,920	30,109	31,402	20,255	9,749
시멘트	14,373	14,361	15,395	17,065	19,713	16,222
광석	16,552	16,780	17,338	17,328	18,828	18,349
철재	16,695	15,260	17,817	17,398	13,280	11,591
기타	11,362	10,551	10,854	16,441	24,298	19,023

※ 출처: e-나라지표(해양수산부, 해양수산통계연보)

① 전체 연안해송 물동량의 전년 대비 변화량

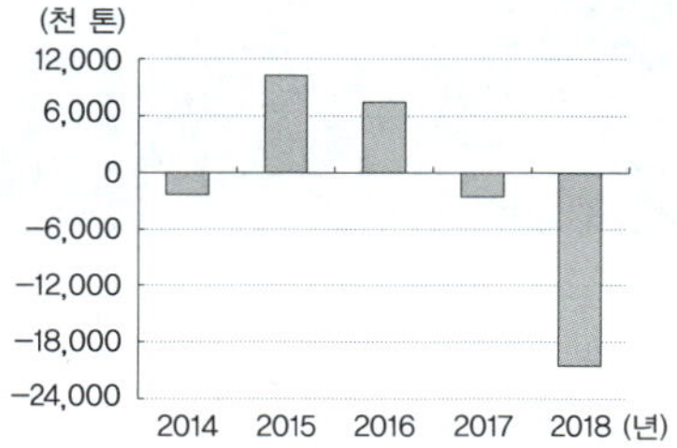

② 2018년 연안해송 물동량의 비중

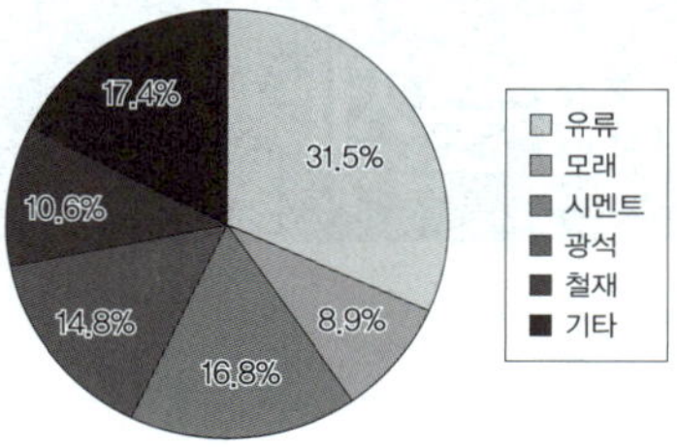

③ 철재 연안해송 물동량의 전년 대비 증감률

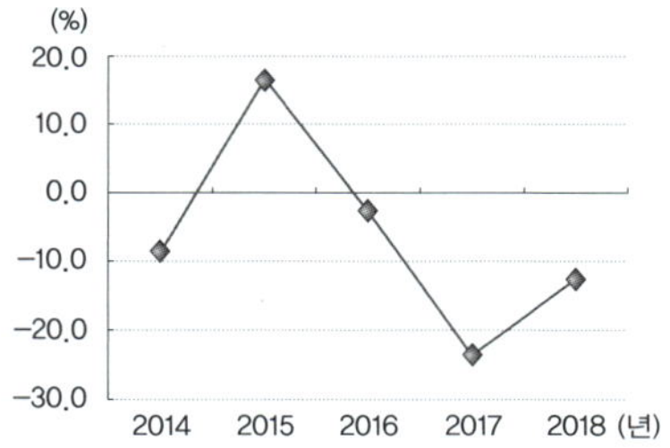

④ 연도별 유류 연안해송 물동량

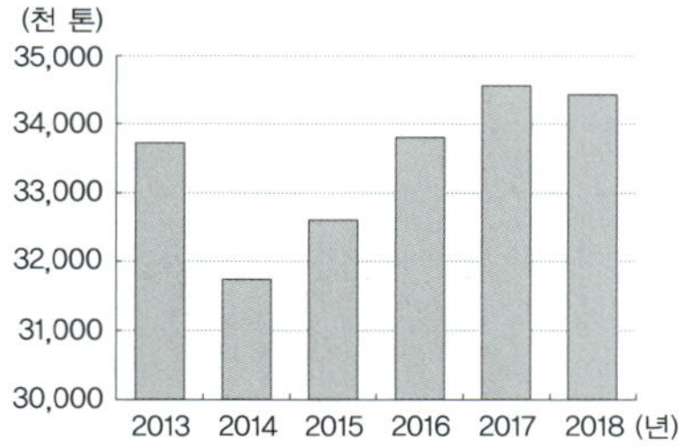

⑤ 2014~2016년 모래 및 시멘트 연안해송 물동량

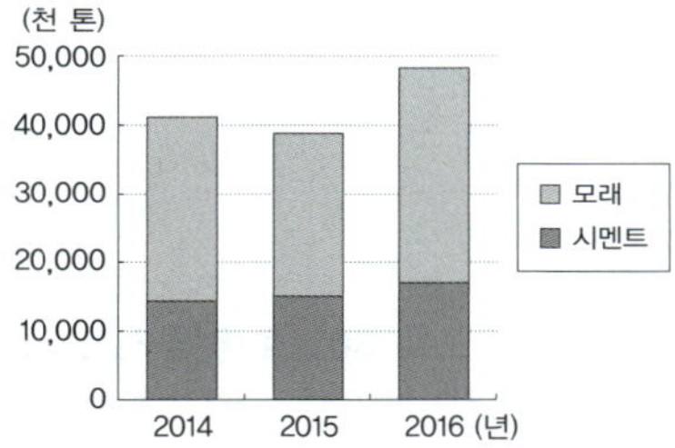

|정답 및 해설| ③

① 전체 연안해송 물동량의 전년 대비 변화량은 2015년에 123,137−115,631=7,506천 톤, 2016년에 133,441−123,137=10,304천 톤이어야 한다.

② 2018년 연안해송 물동량 전체에서 광석이 차지하는 비중은 시멘트가 차지하는 비중보다 커야 한다.

④ 2015년 유류 연안해송 물동량은 31,624천 톤으로 32,000천 톤 이하여야 한다.

⑤ 2015년 모래와 시멘트 연안해송 물동량은 각각 전년 대비 증가하였으므로 그 합도 전년 대비 증가해야 한다.

빠른 문제 풀이 Tip

통계자료를 그래프로 변환하는 문제는 그래프의 높이가 수치를 정확히 반영하였는지를 확인하기 전에 제시된 자료와 그래프의 증감 추이 일치 여부, 최고점 및 최저점의 수치, 순위 등을 비교하면 문제가 쉽게 풀리는 경우가 많다. 이 문제에서는 그래프가 연도별 또는 항목별로 구분되어 나타났으므로 각 항목의 전년 대비 증감 추이 등을 비교해나가면 오답을 소거할 수 있다.

적중예상문제

난이도 ★☆☆

01 A는 실험실에 있던 2종류의 소금물을 이용하여 농도 10%짜리 소금물을 만들고자 한다. 실험실에 있는 소금물의 농도가 각각 11%와 7%이고, 완성된 소금물이 500g이라고 할 때, 사용한 7% 소금물의 양은 얼마인가?

① 115g ② 120g ③ 125g ④ 130g ⑤ 135g

난이도 ★☆☆

02 14톤의 물이 들어 있는 수영장이 있다. 이 수영장 물의 염도를 바닷물에 가깝도록 30%로 맞추려고 할 때, 수영장 물에 이미 1톤의 소금을 넣었다면 추가로 넣어야 하는 소금의 양은 얼마인가? (단, 처음 수영장 물의 염도는 0%라고 가정한다.)

① 4톤 ② 5톤 ③ 6톤 ④ 7톤 ⑤ 8톤

난이도 ★★☆

03 A 비커에는 농도가 5%인 소금물 180g이, B 비커에는 농도가 12.5%인 소금물 80g이 담겨 있고, C 비커에는 농도를 모르는 소금물이 담겨 있다. A, B, C 비커의 소금물을 모두 합쳤을 때 농도가 10%인 400g의 소금물이 되었다면, C 비커에 담겨 있던 소금물의 농도는 얼마인가?

① 13% ② 15% ③ 18% ④ 20% ⑤ 24%

난이도 ★☆☆

04 국내 대기업 신입사원 입사 기념행사를 위해 버스 2대를 준비했다. 신입사원 80명은 1호차와 2호차에 나누어 타고, 동시에 행사장으로 출발하였다. 1호차는 시속 70km로 이동하고, 그 뒤 2호차는 시속 60km로 갔더니 1호차가 행사장에 도착하고 난 뒤 20분 후에 뒤차가 도착했다. 회사에서 행사장까지의 거리는 얼마인가?

① 120km ② 125km ③ 130km ④ 135km ⑤ 140km

난이도 ★☆☆

05 A는 집에서부터 직선 방향으로 출발하여 30분 동안 8km를 달린 후 10분을 쉬었다. 휴식 이후에는 처음에 30분 동안 달렸던 평균속력보다 빠른 속력으로 1km를 더 달리고 나니 집에서 나온 지 43분이 흘렀다. A가 10분의 휴식 이후 달렸던 속력 그대로 집에 돌아오면 얼마나 걸리겠는가?

① 15분 ② 18분 ③ 22분 ④ 25분 ⑤ 27분

난이도 ★☆☆

06 대희는 관용차로 본사인 서울에서 대전으로 매달 한 번씩 출장을 다녀온다. 본사에서 대전의 출장지까지의 거리는 180km이고, 지난달의 왕복 평균 연비는 15km/L였다. 이번 달에는 차가 많이 밀려 왕복 평균 연비가 12km/L일 때, 지난달 출장에 비해 추가로 사용한 유류비는 얼마인가? (단, 관용차는 휘발유 차량이며, 휘발유 시세는 지난달 출장일에 1,500원/L, 이번 달 출장일에 1,600원/L이다.)

① 9,000원 ② 10,000원 ③ 11,000원 ④ 12,000원 ⑤ 13,000원

난이도 ★★☆

07 A는 둘레가 1,000m인 운동장 3바퀴를 도는 달리기 연습을 하고 있다. 처음 1,500m를 달리는 동안은 평균 속력 15km/h로 달렸으며, 3바퀴를 모두 달리는 데 걸린 시간은 12분 40초였다. A가 후반부 1,500m를 달리는 동안의 평균 속력은 얼마인가?

① 12.5km/h ② 13km/h ③ 13.5km/h ④ 14km/h ⑤ 14.5km/h

난이도 ★★☆

08 동일한 시각에 서울에서 출발한 KTX 열차와 대전에서 출발한 새마을호 열차가 천안아산역에서 동시에 정차하였다. 정차역 간 거리가 아래와 같고, 서울에서 천안아산역까지 KTX의 평균 속도는 160km/h라고 할 때, 새마을호 열차의 평균 속도는 약 얼마인가? (단, 소수점 첫째 자리에서 반올림하여 계산한다.)

구분	역 간 거리(km)	누적 거리(km)
서울	–	0
용산	3.2	3.2
광명	18.8	22
천안아산	74	96
오송	28.7	124.7
대전	35.1	159.8

① 94km/h ② 97km/h ③ 100km/h ④ 103km/h ⑤ 106km/h

난이도 ★☆☆

09 갑, 을 두 사람이 일을 하는데 작업 A는 둘이 함께 하면 10일이 걸리고, 작업 B는 둘이 함께 하면 15일이 걸린다. 갑 혼자 작업 A를 마무리하기 위해서는 15일이 필요하고, 을 혼자 작업 B를 마무리하기 위해서는 24일이 필요하다고 한다. 작업 A는 을이, 작업 B는 갑이 맡아 동시에 일을 시작했을 때, 먼저 끝나는 사람과 나중에 끝나는 사람이 걸린 시간 차이는 며칠인가?

① 9일 ② 10일 ③ 11일 ④ 12일 ⑤ 13일

난이도 ★★☆

10 A가 하면 24일, B가 하면 60일이 걸리는 일을 A와 B가 같이 하다가 5일째부터 A가 출근하지 못하여 C가 교체 투입되어 총 27일이 걸렸다. C가 단독으로 하였을 때 걸리는 시간은 며칠인가?

① 24일 ② 33일 ③ 42일 ④ 51일 ⑤ 60일

난이도 ★☆☆

11 가득 찬 수영장 물을 빼내는 3개의 배수구가 있다. A 마개만 열어 물을 모두 빼는 데 6시간이 걸리고, A 마개와 B 마개를 열어 물을 모두 빼는 데 2시간 24분이 걸린다. A, B, C 마개를 모두 열면 2시간 만에 물을 모두 뺄 수 있다고 할 때, C 마개만 열어 물을 모두 빼는 데 걸리는 시간은 얼마인가?

① 10시간 ② 12시간 ③ 15시간 ④ 18시간 ⑤ 21시간

난이도 ★☆☆

12 찬희가 일정한 속도로 8시간 동안 초콜릿을 만들었더니 수영이가 9시간 동안 만든 초콜릿보다 11개 많았다. 다음 날 찬희가 어제와 같은 속도로 2시간 동안 만든 초콜릿의 개수와 수영이가 4시간 동안 만든 초콜릿의 개수를 합쳐보니 34개일 때, 찬희와 수영이가 1시간 동안 만들어 내는 초콜릿은 총 몇 개인가?

① 12개 ② 14개 ③ 16개 ④ 18개 ⑤ 20개

난이도 ★☆☆

13 A는 마트에서 두부와 사과를 구매하려고 한다. 두부 1모의 가격은 3,500원이고, 사과 1개의 가격은 1,500원이며, 과일은 10개 이상 구매하면 20% 할인을 해준다. A가 지불한 총 금액이 28,400원이고, 총 구매 수량이 16개일 때, A가 구입한 사과의 개수는?

① 9개 ② 10개 ③ 11개 ④ 12개 ⑤ 13개

난이도 ★☆☆

14 K 커피숍은 커피 한 잔을 3천 원에 판매하다가 이번 달에 가격을 인상했다. 한 잔당 원가가 300원인 특제 시럽을 넣고 800원을 인상하여 이익이 25%가 올랐을 때, 현재 커피 한 잔의 원가는 얼마인가?

① 700원 ② 1,000원 ③ 1,300원 ④ 1,600원 ⑤ 1,900원

난이도 ★☆☆

15 갑은 40억 원을 A 상품과 B 상품에 분산 투자하여 총 12억 원의 이익을 얻었다. A 상품의 수익률은 45%, B 상품의 수익률은 −15%일 때, 갑이 B 상품에 투자한 금액은? (단, 수수료는 고려하지 않는다.)

① 5억 원 ② 10억 원 ③ 15억 원 ④ 20억 원 ⑤ 25억 원

난이도 ★☆☆

16 100명이 자격증 시험에 응시하였는데 20명이 합격 기준 점수에 미달하여 불합격하였다. 합격 기준 점수는 전체 응시자 평균 점수보다 4점이 높고, 불합격자의 평균 점수의 2배와 같았다. 이때 합격 기준 점수는 합격자들의 평균 점수보다 5점이 낮았다고 할 때, 합격 기준 점수를 구하면 몇 점인가?

① 70점 ② 75점 ③ 80점 ④ 85점 ⑤ 90점

난이도 ★★☆

17 어느 자격증 시험에 총 6,000명이 지원하였고, 이 중 80%가 시험에 응시하였다. 응시생 전체의 평균 점수는 55점이고, 합격자의 평균 점수가 63점, 불합격자의 평균 점수는 48점이었다. 이 자격증 시험에 불합격한 인원은 합격한 인원보다 몇 명 더 많은가?

① 300명 ② 310명 ③ 320명 ④ 330명 ⑤ 340명

난이도 ★☆☆

18 어느 학교에서 학생들의 편익을 돕고자 식당의 좌석을 새롭게 배열하는 공사를 시작했다. 원래 7명씩 앉던 탁자에 5명씩 앉을 수 있도록 좌석을 배열한 후 전교생을 탁자마다 5명씩 앉힌 결과 28명의 학생이 앉을 좌석이 모자랐다고 한다. 공사 전 탁자마다 7명씩 꽉 채워 앉았을 때에는 하나의 탁자에만 3명이 앉고 탁자 2개가 비었다면 이 학교의 전교생은 몇 명인가?

① 130명 ② 134명 ③ 140명 ④ 143명 ⑤ 150명

난이도 ★☆☆

19 A는 가지고 있는 사탕을 32명에게 똑같이 최대한 많이 나누어주고 나니, 3개씩 주고 몇 개가 남았다. B는 A와 똑같은 개수의 사탕을 가지고 와서 본인이 1개 먹고 25명에게 똑같이 5개씩 나누어주고 몇 개가 남았다면 B의 사탕의 총 개수는 몇인가?

① 125개　② 126개　③ 127개　④ 128개　⑤ 129개

난이도 ★★☆

20 연말 우수사원 시상식에 참석하기 위해 B 사의 임직원이 강당에 모였다. 강당에는 여러 명이 함께 앉을 수 있는 긴 의자들이 배치되어 있다. 한 의자에 6명씩 앉으면 10명이 남고 7명씩 앉으면 의자 1개가 남을 때, 시상식에 참석한 임직원은 최대 몇 명인가?

① 160명　② 154명　③ 148명　④ 142명　⑤ 136명

난이도 ★☆☆

21 부부와 한 아이가 있다. 현재 부부 나이의 합은 아이 나이의 7배가 되는데, 5년 전에는 12배였다고 한다. 부부 나이의 합이 아이 나이의 4배가 되는 것은 아이가 몇 살 때인가?

① 20살　② 21살　③ 23살　④ 25살　⑤ 27살

난이도 ★☆☆

22 A 회사 탕비실의 간식 상자에는 1개에 16g인 비스킷과 40g인 에너지바가 총 100개 있다. 직원들이 비스킷 전체 개수의 절반을 먹고, 에너지바는 $\frac{1}{4}$밖에 남지 않았을 때 간식 총무게를 측정하니 912g이었다. 처음 간식 상자 안에 에너지바는 비스킷보다 몇 개 더 들어있었는가?

① 9개　② 10개　③ 12개　④ 14개　⑤ 16개

난이도 ★☆☆

23 긴 의자에 임원 3명, 직원 3명이 번갈아 가면서 일렬로 자리에 앉아야 한다. 이때 가능한 경우의 수는 몇인가?

① 30가지 ② 36가지 ③ 48가지 ④ 72가지 ⑤ 81가지

난이도 ★☆☆

24 원형 테이블에서 신입사원 2명과 임직원 4명이 환영회를 진행하려고 한다. 신입사원 2명이 서로 이웃하지 않는 경우의 수는 몇 가지인가?

① 24가지 ② 48가지 ③ 72가지 ④ 136가지 ⑤ 180가지

난이도 ★★☆

25 연희가 허들을 넘을 확률은 $\frac{4}{5}$이고, 재영이가 허들을 넘을 확률은 $\frac{5}{6}$이다. 연희와 재영이가 2개의 허들을 놓고 시합을 한다고 할 때, 재영이가 더 많은 허들을 넘을 확률은 얼마인가?

① $\frac{19}{36}$ ② $\frac{37}{90}$ ③ $\frac{47}{180}$ ④ $\frac{94}{180}$ ⑤ $\frac{47}{360}$

난이도 ★☆☆

26 H 제조업체는 부품을 A 사, B 사, C 사 세 개의 협력업체에서 납품을 받고 있다. 세 개의 업체에서 납품받는 부품 물량은 각각 2 : 5 : 3이고, 생산 라인의 양품률은 각각 96%, 98%, 97%이다. 제품 생산 중 부품이 불량일 경우, 해당 부품이 C 사의 불량품일 확률은 얼마인가?

① $\frac{1}{3}$ ② $\frac{2}{3}$ ③ $\frac{1}{4}$ ④ $\frac{1}{2}$ ⑤ $\frac{3}{4}$

난이도 ★☆☆

27 다음은 A 팀과 B 팀의 업무 평가 점수이다. 다음 중 A 팀과 B 팀에 대한 설명으로 옳지 않은 것은?

- A 팀: 10, 20, 30, 40, 50, 60, 70, 80, 90
- B 팀: 46, 47, 48, 49, 50, 51, 52, 53, 54

① A 팀의 평균은 50점이다.
② B 팀의 표준편차가 A 팀보다 크다.
③ B 팀의 평균값은 A 팀보다 팀원들의 평가 점수를 대표하기에 더 적합하다.
④ A 팀과 B 팀의 중앙값은 같다.

난이도 ★☆☆

28 다음은 ○○기업 오리엔테이션 기간 중 실시한 평가 시험 성적 결과이다. ○○기업 평가 시험 점수의 최빈값과 중앙값의 합은 얼마인가?

(단위: 점)

등록번호	점수	등록번호	점수
10001	76	10011	92
10002	92	10012	82
10003	74	10013	84
10004	79	10014	76
10005	94	10015	82
10006	78	10016	72
10007	82	10017	88
10008	89	10018	79
10009	92	10019	82
10010	78	10020	88

① 158점 ② 160점 ③ 162점 ④ 164점 ⑤ 166점

난이도 ★★☆ PSAT 기출(2017)

29 다음 〈표〉는 학생 A~F의 시험점수에 관한 자료이다. 〈표〉와 〈조건〉을 이용하여 학생 A, B, C의 시험점수를 바르게 나열한 것은?

〈표〉 학생 A~F의 시험점수

(단위: 점)

학생	A	B	C	D	E	F
점수	( )	( )	( )	( )	9	9

〈조건〉

- 시험점수는 자연수이다.
- 시험점수가 같은 학생은 A, E, F뿐이다.
- 산술평균은 8.5점이다.
- 최댓값은 10점이다.
- 학생 D의 시험점수는 학생 C보다 4점 높다.

	A	B	C
①	8	9	5
②	8	10	4
③	9	8	6
④	9	10	5
⑤	9	10	6

난이도 ★☆☆

30 다음은 어떤 금융기관의 투자 건수와 금액을 나타낸 자료이다. 이에 대한 설명으로 옳지 않은 것은?

[연도별 투자 건수 및 투자 금액 규모]

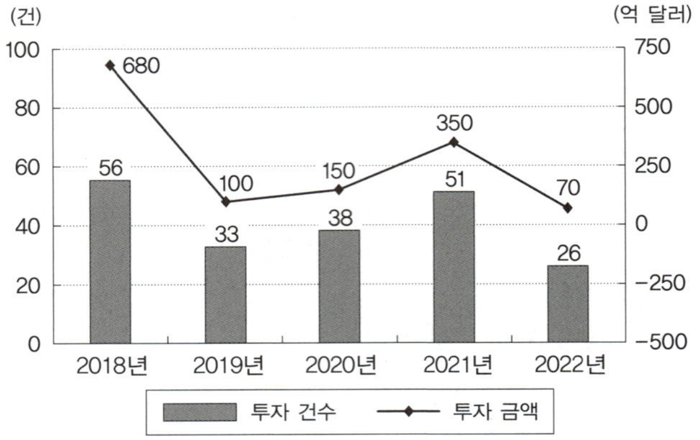

① 투자 건수가 세 번째로 많은 해의 투자 금액은 2019년부터 2022년까지 투자 금액의 평균보다 적다.
② 2019년 투자 건수의 전년 대비 감소율은 2022년 투자 건수의 전년 대비 감소율보다 낮다.
③ 투자 건수와 투자 금액은 서로 같은 전년 대비 증감률을 보인다.
④ 2022년 투자 건수의 전년 대비 감소율은 50% 이하이다.
⑤ 연도별 건당 평균 투자 금액은 투자 건수와 같은 증감 추이를 보인다.

난이도 ★☆☆

31 다음 〈표〉는 우리나라 유류제품 종류별 소비 추이에 대한 자료이며, 〈정보〉는 각 유류제품에 대한 설명이다. 다음 중 A, B, C, D, E에 들어갈 유류제품의 종류를 바르게 짝지은 것은?

〈표〉 우리나라 유류제품 종류별 소비 추이

(단위: 천 BBL)

종류 \ 연도	2018	2019	2020	2021	2022
제트유	19,303	17,290	18,376	18,231	20,072
A	95,025	61,457	76,928	69,909	61,707
B	71,358	61,089	63,879	62,382	62,707
C	71,623	67,992	77,007	84,688	84,377
D	164,742	110,645	120,610	129,721	128,073
E	166,790	120,372	126,072	129,429	132,168

〈정보〉

가. 중질유는 2018년에서 2022년 사이에 소비량이 가장 많이 감소하였다.
나. 휘발유의 전년 대비 소비량의 증감패턴은 제트유와 동일한 형태를 띠고 있다.
다. 등유의 전년 대비 소비량의 증감패턴은 '감소 – 증가 – 감소 – 감소'의 형태를 띠고 있다.
라. 유류제품 소비량에서 경유와 중질유의 순위가 서로 바뀐 적이 있다.
마. LPG는 2021년에 소비량이 전년 대비 증가하였다.

	A	B	C	D	E
①	등유	경유	LPG	중질유	휘발유
②	등유	중질유	LPG	휘발유	경유
③	등유	휘발유	중질유	경유	LPG
④	등유	휘발유	LPG	중질유	경유
⑤	등유	휘발유	경유	중질유	LPG

난이도 ★☆☆

32 다음 〈표〉는 기관별 공무원 직장협의회 및 가입자 수를 나타낸 것이며, 〈정보〉는 각 기관에 대한 설명이다. 다음 중 A, B, C, D, E에 들어갈 기관을 바르게 짝지은 것은?

〈표〉 기관별 공무원 직장협의회 및 가입자 수

(단위: 개, 명)

구분		2011년	2012년	2013년	2014년	2015년
전체	직장협의회	147	134	130	147	148
	가입자	29,400	29,219	24,654	28,098	25,319
A	직장협의회	1	1	2	1	1
	가입자	134	138	461	144	150
B	직장협의회	102	97	95	106	108
	가입자	8,754	8,380	7,629	8,269	7,897
C	직장협의회	5	2	4	6	4
	가입자	1,820	1,636	293	372	183
D	직장협의회	31	30	26	31	32
	가입자	18,491	19,021	16,159	19,206	17,042
E	직장협의회	8	4	3	3	3
	가입자	201	44	112	107	47

※ 출처: e-나라지표(행정안전부, 공무원직장협의회가입현황)

〈정보〉

가. 2014년 지방교육청과 헌법기관의 공무원 직장협의회 가입자 수는 전년 대비 감소하였다.
나. 전체 공무원 직장협의회에서 중앙행정기관의 공무원 직장협의회가 차지하는 비중이 매년 가장 크다.
다. 2011년 대비 2015년 공무원 직장협의회 가입자 수가 가장 많이 감소한 기관은 광역자치단체이다.
라. 2015년 기관별 공무원 직장협의회 수 대비 가입자 수 비율이 가장 작은 기관은 지방교육청이다.
마. 기초자치단체의 공무원 직장협의회 수는 2012년부터 전년 대비 감소하다가 2014년부터는 전년 대비 증가하였다.

	A	B	C	D	E
①	지방교육청	기초자치단체	헌법기관	중앙행정기관	광역자치단체
②	헌법기관	중앙행정기관	광역자치단체	기초자치단체	지방교육청
③	지방교육청	기초자치단체	광역자치단체	중앙행정기관	헌법기관
④	헌법기관	중앙행정기관	기초자치단체	광역자치단체	지방교육청
⑤	지방교육청	중앙행정기관	광역자치단체	기초자치단체	헌법기관

난이도 ★☆☆

33 다음은 ○○회사의 신입 선발 및 임직원 현황에 대한 자료이다. 자료에 대한 설명으로 옳은 것을 모두 고르면?

[연도별 신규채용 및 임직원 수]

(단위: 명)

구분	2017	2018	2019	2020	2021	2022	2023
신규채용 지원자 수	1,525	1,771	1,742	1,779	1,763	1,696	1,670
신규채용 합격자 수	45	32	48	50	24	37	45
총 임직원 수	1,254	1,278	1,317	1,324	1,340	1,372	1,397

※ 1) 합격률(%) = (신규채용 합격자 수 / 신규채용 지원자 수) × 100
2) 총 임직원 수 = 전년도 임직원 수 + 신규채용 합격자 수 − 퇴직 임직원 수

ㄱ. 2018년 이후 매년 퇴직 임직원 수가 신규채용 합격자 수보다 많다.
ㄴ. 2018년 이후 신규채용 합격자 수의 전년대비 증감 추이와 총 임직원 수의 전년대비 증감 추이는 동일하다.
ㄷ. 2017년 이후 합격률이 가장 높았던 해는 2017년이다.
ㄹ. 2018년 이후 퇴직 임직원 수가 가장 많았던 해는 2020년이다.

① ㄱ, ㄴ　② ㄱ, ㄷ　③ ㄱ, ㄹ　④ ㄴ, ㄷ　⑤ ㄷ, ㄹ

난이도 ★☆☆ PSAT 기출(2023)

34 다음 〈표〉는 2020년과 2021년 '갑'국의 발화요인별 화재발생 건수에 관한 자료이다. 이에 대한 설명으로 옳지 않은 것은?

〈표〉 2020년과 2021년 '갑'국의 발화요인별 화재발생 건수

(단위: 건)

발화요인 \ 연도	2020	2021
전기적 요인	9,329	9,472
기계적 요인	4,053	4,038
제품 결함	101	168
가스 누출	141	146
화학적 요인	630	683
교통사고	458	398
부주의	19,186	16,875
자연적 요인	238	241
방화	1,257	1,158
미상	3,266	3,088
전체	38,659	36,267

※ 화재발생 1건에 대해 발화요인은 1가지로만 분류함

① 2021년 화재발생 건수의 전년 대비 증가율이 가장 큰 발화요인은 '제품 결함'이다.
② 전체 화재발생 건수 중 발화요인이 '부주의'인 화재발생 건수가 차지하는 비중은 2021년이 2020년보다 크다.
③ 화재발생 건수가 많은 것부터 순서대로 나열했을 때, 상위 3개 발화요인은 2020년과 2021년이 같다.
④ 2021년 화재발생 건수가 전년 대비 감소한 발화요인은 5개이다.
⑤ 2021년 전체 화재발생 건수는 전년 대비 6% 이상 감소하였다.

난이도 ★★☆

35 다음 〈표〉는 4개 지역 인구 및 인구밀도를 나타낸 것이다. 이에 대한 〈보기〉의 설명 중 옳은 것을 모두 고르면?

〈표〉 지역별 인구 및 인구밀도

(단위: 천 명, 명/km^2)

구분	2018		2019		2020	
	인구	인구밀도	인구	인구밀도	인구	인구밀도
A	10,032	16,574	10,036	16,582	10,039	16,593
B	3,498	4,566	3,471	4,531	3,446	4,493
C	2,457	2,779	2,444	2,764	2,431	2,750
D	2,629	2,602	2,645	2,576	2,661	2,586

※ 인구밀도 = 인구 / 면적

〈보기〉

㉠ 2018년 대비 2019년에 감소한 인구가 2019년 전체 인구에서 차지하는 비중은 C가 B보다 더 높다.
㉡ D의 면적은 1,000㎢보다 넓다.
㉢ B의 면적은 C의 면적보다 넓다.

① ㉠ ② ㉡ ③ ㉢ ④ ㉡, ㉢ ⑤ ㉠, ㉡, ㉢

난이도 ★☆☆

36 다음은 산업별 에너지 절약 실적에 관련한 자료이다. 이에 대한 설명으로 옳은 것은?

[에너지 절약 실적 종합]

구분			식품	섬유	제지 목재	화공	요업	금속
2015년	사용량(천 toe)		1,168	901	1,293	23,259	5,558	37,988
	절감량(천 toe)		34	17	17	531	149	469
	투자비(억 원)		614	212	380	3,498	372	4,696
		융자금액	229	61	124	404	35	128
		자체금액	385	151	256	3,094	337	4,568
2016년	사용량(천 toe)		1,228	855	1,333	23,533	5,944	40,723
	절감량(천 toe)		28	17	11	520	177	489
	투자비(억 원)		391	168	431	2,298	829	4,774
		융자금액	55	35	199	134	413	95
		자체금액	336	133	232	2,164	416	4,679

※ 1) 절감률(%) = (절감량 / 사용량) × 100

2) 융자비율(%) = (융자금액 / 투자비) × 100

※ 출처: KOSIS(산업통상자원부, 에너지사용량통계)

① 2016년의 에너지 사용량은 전년 대비 모든 분야에서 증가하였다.

② 2016년의 요업 분야 에너지 절감률은 전년 대비 감소하였다.

③ 2016년의 섬유 분야 융자비율은 전년 대비 증가하였다.

④ 2016년에 전년 대비 투자비가 가장 적게 증가한 분야의 2015년 에너지 절감률은 1.5% 이하이다.

⑤ 연도별 에너지 총 사용량에 대한 금속 분야 에너지 사용량의 비중은 매년 50% 이하이다.

난이도 ★★☆

37 **다음은 갑국의 인구 부양비를 나타낸 자료이다. 이에 대한 설명으로 옳은 것은?** (단, 전국은 A 지역과 B 지역으로만 구성된다.)

[갑국의 인구 부양비]

(단위: %)

구분 \ 연도		1980	2000	2020
총 부양비	A	77.9	53.8	37.0
	B	89.5	70.4	50.0
	전국	85.9	60.5	39.5
유소년 부양비	A	74.0	49.9	29.5
	B	82.4	60.8	28.0
	전국	79.9	54.3	29.2
노년 부양비	A	3.9	3.9	7.5
	B	7.1	9.6	22.0
	전국	6.0	6.2	10.2

※ 1) 총 부양비 = {(유소년 인구 + 노년 인구) / 부양 인구} × 100
2) 유소년 부양비 = (유소년 인구 / 부양 인구) × 100
3) 노년 부양비 = (노년 인구 / 부양 인구) × 100

① 1980년 유소년 인구는 A 지역이 B 지역보다 적다.
② 2000년 A 지역에서는 유소년 인구와 노년 인구의 합이 부양 인구보다 크다.
③ 2020년 B 지역에서는 노년 인구가 유소년 인구보다 많다.
④ 1980년 대비 2020년에 A 지역에서 부양 인구의 증가율은 노년 인구의 증가율보다 더 크다.
⑤ 2000년 대비 2020년에 유소년 부양비의 감소율은 A 지역이 B 지역보다 크다.

난이도 ★★☆

38 다음은 자격 등급별 신규 취득 인원 및 성별 기능사 이상 자격증 취득 인원에 대한 자료이다. 이에 대한 설명으로 옳은 것은?

[자격 등급별 신규 취득 인원]

(단위: 명)

구분	2013년	2014년	2015년	2016년	2017년	2018년	2019년
기술사	1,358	1,084	1,079	1,350	1,624	1,919	2,227
기능장	3,837	3,654	3,677	6,589	6,336	4,862	4,365
기사	57,331	54,060	73,627	82,070	83,274	89,380	114,883
산업기사	41,660	46,634	49,178	48,963	49,077	51,538	57,527
기능사	356,129	339,584	373,022	392,779	400,272	399,182	415,496

[성별 기능사 이상 자격증 신규 취득 인원]

(단위: 명)

구분	2013년	2014년	2015년	2016년	2017년	2018년	2019년
남자	305,096	305,291	336,069	365,525	378,330	382,795	417,645
여자	155,219	139,725	164,514	166,226	162,253	164,086	176,853

※ 자격 등급은 가장 높은 등급부터 기술사, 기능장, 기사, 산업기사, 기능사 순임

※ 출처: KOSIS(한국산업인력공단, 국가기술자격통계)

① 2013년 이후 기능사 이상 자격증 취득 인원은 매년 증가하는 추세이다.

② 2016년에 적어도 27,254명의 여자는 기능사 자격증을 취득했다.

③ 2013년 이후 기능장 자격증 취득 인원과 기능사 자격증 취득 인원의 증감 추이는 동일하다.

④ 2013년 이후 전체 기능사 이상 자격증 취득 인원 중 여자가 차지하는 비중은 항상 30% 미만이다.

⑤ 전년 대비 2015년 신규 취득 인원의 증가율이 가장 높은 자격증은 기능사 자격증이다.

난이도 ★★☆

39 다음은 북아메리카 주계 국적자의 연령, 비자별 등록 외국인 현황을 나타낸 자료이다. 자료에 대한 설명으로 옳지 않은 것은?

〈표 1〉 연령별 등록 외국인 현황

(단위: 명)

구분		0~9세	10~19세	20~29세	30~39세	40~49세	50~59세	60세 이상	계
미국	남	51	198	268	345	285	175	124	1,446
	여	68	203	247	311	287	185	115	1,416
캐나다	남	48	187	245	309	265	117	85	1,256
	여	38	197	246	331	215	172	64	1,263

〈표 2〉 30~39세의 비자별 등록 외국인 현황

(단위: 명)

구분	종교(D-6)	주재(D-7)	기업투자(D-8)	계
미국	148	326	182	656
캐나다	105	213	322	640

① D-7 비자를 보유한 30~39세 미국 국적 남성 등록 외국인은 최소 15명 이상이다.
② 30~39세 캐나다 국적 여성 등록 외국인 중 D-8 비자는 5% 이상이 보유 중이다.
③ 미국 국적 등록 외국인 중 20세 이상 등록자 비율은 남녀 모두 80% 이상이다.
④ 제시된 자료에서 캐나다 국적 등록 외국인 중 기업투자 비자 보유자는 최소 10% 이상이다.
⑤ 연령대별 등록 외국인 증감의 추이는 국적 및 성별과 관계없이 동일하다.

난이도 ★★☆

40 다음은 2013년 6월의 7개 지역 전출입 인구를 조사한 자료이다. 이와 같은 수치가 매월 지속된다고 가정할 때, 〈보기〉의 설명 중 옳은 것을 모두 고르면?

[7개 지역 전출입 인구]

(단위: 명)

전출 \ 전입	서울	부산	대구	인천	광주	대전	울산	계
서울	140,927	1,234※	799	3,581	856	1,080	343	148,820
부산	1,991	41,312	454	303	115	245	1,147	45,567
대구	1,103	457	33,309	197	61	176	250	35,553
인천	3,709	236	115	32,475	196	186	58	36,975
광주	1,233	126	37	184	17,188	155	36	18,959
대전	1,240	178	107	231	123	18,491	63	20,433
울산	444	813	221	82	25	81	14,680	16,346
계	150,647	44,356	35,042	37,053	18,564	20,414	16,577	322,653

※ 서울에서 전출하여 부산으로 전입한 인구가 1,234명임을 의미함

〈보기〉

㉠ 울산의 인구는 점차 증가하게 될 것이다.
㉡ 지역별 총 전출인구 중 다른 지역으로의 전입인구 비율이 가장 높은 곳은 서울이다.
㉢ 전출입 인구 차이가 가장 큰 곳은 서울이다.
㉣ 대구의 인구는 점차 증가하고 인천의 인구는 점차 감소하게 될 것이다.

① ㉠, ㉡　② ㉠, ㉢　③ ㉡, ㉣　④ ㉠, ㉡, ㉢　⑤ ㉠, ㉢, ㉣

정답해설편 p.17

고난도 PSAT형 문제

난이도 ★☆☆

01 다음은 ○○기업의 팀별 성과급 지급 기준이다. '가' 팀의 성과평가 결과가 다음과 같을 때, '가' 팀에 지급되는 성과급의 1년 총액으로 적절한 것은?

[성과급 지급 방법]

1. 성과급 지급은 성과평가 결과에 따라 정해진다.
2. 성과평가는 수익성, 안전성, 창의성의 종합점수로 평가하되, 수익성, 안전성, 창의성에 각각 4, 4, 2의 가중치를 부여하여 계산한다.
3. 성과평가 결과를 활용한 성과급 지급 기준표

성과평가 점수	성과평가 등급	분기별 성과급 지급액	비고
90점 이상	A	100만 원	성과평가 결과가 A일 경우 직전분기 차감액의 50%를 가산하여 지급함
80점 이상~90점 미만	B	90만 원(10만 원 차감)	
70점 이상~80점 미만	C	80만 원(20만 원 차감)	
70점 미만	D	40만 원(60만 원 차감)	

['가' 팀의 성과평가 결과]

구분	1/4분기	2/4분기	3/4분기	4/4분기
수익성	80점	80점	100점	80점
안전성	80점	60점	80점	80점
창의성	60점	80점	100점	80점

① 350만 원 ② 360만 원 ③ 370만 원 ④ 380만 원

난이도 ★☆☆ 기출(2010)

02 다음 〈표〉는 서울 및 수도권 지역의 가구를 대상으로 난방 방식 현황 및 난방 연료 사용현황에 대해 조사한 자료이다. 이에 대한 〈보기〉의 설명 중 옳은 것을 모두 고르면?

〈표 1〉 난방 방식 현황

(단위: %)

종류	서울	인천	경기 남부	경기 북부	전국 평균
중앙난방	22.3	13.5	6.3	11.8	14.4
개별난방	64.3	78.7	26.2	60.8	58.2
지역난방	13.4	7.8	67.5	27.4	27.4

〈표 2〉 난방 연료 사용현황

(단위: %)

종류	서울	인천	경기 남부	경기 북부	전국 평균
도시가스	84.5	91.8	33.5	66.1	69.5
LPG	0.1	0.1	0.4	3.2	1.4
등유	2.4	0.4	0.8	3.0	2.2
열병합	12.6	7.4	64.3	27.1	26.6
기타	0.4	0.3	1.0	0.6	0.3

〈보기〉

ㄱ. 경기 북부 지역의 경우, 도시가스를 사용하는 가구 수가 등유를 사용하는 가구 수의 20배 이상이다.

ㄴ. 서울과 인천 지역에서는 다른 난방 연료보다 도시가스를 사용하는 비율이 높다.

ㄷ. 지역난방을 사용하는 가구 수는 서울이 인천의 2배 이하이다.

ㄹ. 경기 지역은 남부가 북부보다 지역난방을 사용하는 비율이 낮다.

① ㄱ, ㄴ　　② ㄱ, ㄷ　　③ ㄱ, ㄹ　　④ ㄴ, ㄹ　　⑤ ㄷ, ㄹ

난이도 ★☆☆

03 다음은 근골격계 작업위험요인 노출 정도에 대한 설문조사 결과이다. 자료에 대한 설명으로 옳은 것은?

〈표〉 근골격계 작업위험요인 노출 정도 설문 조사 결과

(단위: %)

구분		25회 이상	20회 이상 25회 미만	15회 이상 20회 미만	10회 이상 15회 미만	5회 이상 10회 미만	1회 이상 5회 미만	없음
성별	남성	1.8	3.7	5.3	9.2	22.5	35.9	21.6
	여성	0.6	1.9	2.9	6.2	19.9	39.9	28.6
연령별	15~19세	1.8	4.0	3.0	6.9	26.0	41.9	16.4
	20~29세	0.7	1.6	3.2	5.8	17.7	41.3	29.7
	30~39세	0.9	2.2	3.3	5.9	16.1	41.3	30.3
	40~49세	1.5	2.7	3.8	7.5	19.2	38.8	26.5
	50~59세	1.7	4.1	5.5	9.5	23.9	34.6	20.7
	60세 이상	1.4	3.8	5.6	10.5	29.9	32.0	16.8

※ 위 설문은 근무시간 동안 10kg의 물건을 드는 횟수에 대하여 응답한 결과임

① 10kg의 물건을 15회 이상 20회 미만 횟수로 드는 작업을 하는 남성이 여성보다 많다.
② 10kg의 물건을 드는 횟수가 25회 이상이라고 응답한 15~19세의 응답자와 남성의 수는 같다.
③ 최소 1회 이상 10kg의 물건을 드는 작업을 하는 사람은 연령대별로 각각 75% 이상이다.
④ 작업 횟수가 5회 이상 10회 미만인 응답자 대비 10회 이상 15회 미만인 응답자의 비율은 남성이 여성보다 크다.
⑤ 연령대가 낮아질수록 해당 작업 횟수가 1회 이상 5회 미만이라고 응답한 사람이 많다.

난이도 ★★☆

04 다음 〈표〉는 2023년 11월 7개 도시의 아파트 전세가격 지수 및 전세수급 동향 지수에 대한 자료이다. 이에 관한 〈보기〉의 설명 중 옳은 것만을 모두 고르면?

〈표〉 아파트 전세가격 지수 및 전세수급 동향 지수

도시 \ 지수	면적별 전세가격 지수			전세수급 동향 지수
	소형	중형	대형	
서울	115.9	112.5	113.5	114.6
부산	103.9	105.6	102.2	115.4
대구	123.0	126.7	118.2	124.0
인천	117.1	119.8	117.4	127.4
광주	104.0	104.2	101.5	101.3
대전	111.5	107.8	108.1	112.3
울산	104.3	102.7	104.1	101.0

※ 1) 2023년 11월 전세가격 지수 $= \frac{\text{2023년 11월 평균 전세가격}}{\text{2022년 11월 평균 전세가격}} \times 100$

2) 전세수급 동향 지수는 각 지역 공인중개사에게 해당 도시의 아파트 전세공급 상황에 대해 부족·적당·충분 중 하나를 선택하여 응답하게 한 후, '부족'이라고 응답한 비율에서 '충분'이라고 응답한 비율을 빼고 100을 더한 값임
예: '부족' 응답비율 30%, '충분' 응답비율 50%인 경우 전세수급 동향 지수는 (30−50)+100=80

3) 아파트는 소형, 중형, 대형으로만 구분됨

〈보기〉

ㄱ. 2022년 11월에 비해 2023년 11월 7개 도시 모두에서 아파트 평균 전세가격이 상승하였다.
ㄴ. 중형 아파트의 2022년 11월 대비 2023년 11월 평균 전세가격 상승액이 가장 큰 도시는 대구이다.
ㄷ. 각 도시에서 아파트 전세공급 상황에 대해 '부족'이라고 응답한 공인중개사는 '충분'이라고 응답한 공인중개사보다 많다.
ㄹ. 광주의 공인중개사 중 60% 이상이 광주의 아파트 전세공급 상황에 대해 '부족'이라고 응답하였다.

① ㄱ, ㄴ ② ㄱ, ㄷ ③ ㄴ, ㄷ ④ ㄴ, ㄹ ⑤ ㄷ, ㄹ

난이도 ★☆☆ 기출(2024)

05 다음 〈표〉는 2018~2023년 짜장면 가격 및 가격지수와 짜장면 주재료 품목의 판매단위당 가격에 관한 자료이다. 이에 대한 설명으로 옳은 것은?

〈표 1〉 2018~2023년 짜장면 가격 및 가격지수

(단위: 원)

구분 \ 연도	2018	2019	2020	2021	2022	2023
가격	5,011	5,201	5,276	5,438	6,025	( )
가격지수	95.0	98.6	100	103.1	114.2	120.6

※ 가격지수는 2020년 짜장면 가격을 100으로 할 때, 해당 연도 짜장면 가격의 상대적인 값임

〈표 2〉 2018~2023년 짜장면 주재료 품목의 판매단위당 가격

(단위: 원)

품목	판매단위 \ 연도	2018	2019	2020	2021	2022	2023
춘장	14kg	26,000	27,500	27,500	33,000	34,500	34,500
식용유	900mL	3,890	3,580	3,980	3,900	4,600	5,180
밀가루	1kg	1,280	1,280	1,280	1,190	1,590	1,880
설탕	1kg	1,630	1,680	1,350	1,790	1,790	1,980
양파	2kg	2,250	3,500	5,000	8,000	5,000	6,000
청오이	2kg	4,000	8,000	8,000	10,000	10,000	15,000
돼지고기	600g	10,000	10,000	10,000	13,000	15,000	13,000

※ 짜장면 주재료 품목은 제시된 7개뿐임

① 짜장면 가격지수가 80.0이면 짜장면 가격은 4,000원 이하이다.
② 2023년 짜장면 가격은 2018년에 비해 20% 이상 상승하였다.
③ 2018년에 비해 2023년 판매단위당 가격이 2배 이상인 짜장면 주재료 품목은 1개이다.
④ 2020년에 식용유 1,800mL, 밀가루 2kg, 설탕 2kg의 가격 합계는 15,000원 이상이다.
⑤ 매년 판매단위당 가격이 상승한 짜장면 주재료 품목은 2개 이상이다.

난이도 ★☆☆ 기출(2024)

06 다음 〈표〉는 2022학년도 '갑'대학교 졸업생의 취업 및 진학 현황에 관한 자료이다. 이에 대한 설명으로 옳지 않은 것은?

〈표〉 2022학년도 '갑'대학교 졸업생의 취업 및 진학 현황

(단위: 명, %)

구분 / 계열	졸업생 수	취업자 수	취업률	진학자 수	진학률
A	800	500	( )	60	7.5
B	700	400	57.1	50	7.1
C	500	200	40.0	40	( )
전체	2,000	1,100	55.0	150	7.5

※ 1) 취업률(%) = $\frac{\text{취업자 수}}{\text{졸업생 수}} \times 100$

2) 진학률(%) = $\frac{\text{진학자 수}}{\text{졸업생 수}} \times 100$

3) 진로 미결정 비율(%) = 100 − (취업률 + 진학률)

① 취업률은 A 계열이 B 계열보다 높다.
② 진로 미결정 비율은 B 계열이 C 계열보다 낮다.
③ 진학자 수만 계열별로 20%씩 증가한다면, 전체의 진학률은 10% 이상이 된다.
④ 취업자 수만 계열별로 10%씩 증가한다면, 전체의 취업률은 60% 이상이 된다.
⑤ 진학률은 A~C 계열 중 C 계열이 가장 높다.

난이도 ★☆☆ 기출(2022)

07 다음 〈표〉는 2016~2020년 갑국의 해양사고 심판현황이다. 이에 대한 〈보기〉의 설명 중 옳은 것을 모두 고르면?

〈표〉 2016~2020년 해양사고 심판현황

(단위: 건)

구분 \ 연도		2016	2017	2018	2019	2020
	전년 이월	96	100	( )	71	89
	해당 연도 접수	226	223	168	204	252
심판대상		322	( )	258	275	341
재결		222	233	187	186	210

※ '심판대상' 중 '재결'되지 않은 건은 다음 연도로 이월함

〈보기〉

ㄱ. '심판대상' 중 '전년 이월'의 비중은 2018년이 2016년보다 높다.
ㄴ. 다음 연도로 이월되는 건수가 가장 많은 연도는 2016년이다.
ㄷ. 2017년 이후 '해당 연도 접수' 건수의 전년 대비 증가율이 가장 높은 연도는 2020년이다.
ㄹ. '재결' 건수가 가장 적은 연도에는 '해당 연도 접수' 건수도 가장 적다.

① ㄱ, ㄴ　② ㄱ, ㄷ　③ ㄴ, ㄷ　④ ㄴ, ㄹ　⑤ ㄷ, ㄹ

난이도 ★☆☆ 기출(2011)

08 다음 〈표〉는 어느 국가의 지역별 영유아 인구수, 보육시설 정원 및 현원에 관한 자료이다. 이에 대한 〈보기〉의 설명 중 옳은 것을 모두 고르면?

〈표〉 지역별 영유아 인구수, 보육시설 정원 및 현원

(단위: 천 명)

구분 / 지역	영유아 인구수	보육시설 정원	보육시설 현원
A	512	231	196
B	152	71	59
C	86	(　　)	35
D	66	28	24
E	726	375	283
F	77	49	38
G	118	67	52
H	96	66	51
I	188	109	84
J	35	28	25

※ 1) 보육시설 공급률(%) = $\frac{\text{보육시설 정원}}{\text{영유아 인구수}} \times 100$

2) 보육시설 이용률(%) = $\frac{\text{보육시설 현원}}{\text{영유아 인구수}} \times 100$

3) 보육시설 정원충족률(%) = $\frac{\text{보육시설 현원}}{\text{보육시설 정원}} \times 100$

〈보기〉

ㄱ. A 지역의 보육시설 공급률과 보육시설 이용률의 차이는 10%p 미만이다.
ㄴ. 영유아 인구수가 10만 명 이상인 지역 중 보육시설 공급률이 50% 미만인 지역은 2곳이다.
ㄷ. 영유아 인구수가 가장 많은 지역과 가장 적은 지역 간 보육시설 이용률의 차이는 40%p 이상이다.
ㄹ. C 지역의 보육시설 공급률이 50%라고 가정하면 이 지역의 보육시설 정원충족률은 80% 이상이다.

① ㄱ, ㄴ　② ㄱ, ㄷ　③ ㄷ, ㄹ　④ ㄱ, ㄴ, ㄹ　⑤ ㄴ, ㄷ, ㄹ

난이도 ★☆☆ 기출(2024)

09 다음 〈표〉는 2023년 '갑'국의 생활계 폐기물 처리실적에 관한 자료이다. 이에 대한 설명으로 옳은 것은?

〈표〉 2023년 처리방법별, 처리주체별 생활계 폐기물 처리실적

(단위: 만 톤)

처리방법 / 처리주체	재활용	소각	매립	기타	합
공공	403	447	286	7	1,143
자가	14	5	1	1	21
위탁	870	113	4	119	1,106
계	1,287	565	291	127	2,270

① 전체 처리실적 중 '매립'의 비율은 15% 이상이다.
② 기타를 제외하고, 각 처리방법에서 처리실적은 '공공'이 '위탁'보다 많다.
③ 각 처리주체에서 '매립'의 비율은 '공공'이 '자가'보다 높다.
④ 처리주체가 '위탁'인 생활계 폐기물 중 '재활용'의 비율은 75% 이하이다.
⑤ '소각' 처리 생활계 폐기물 중 '공공'의 비율은 90% 이상이다.

난이도 ★★☆ 기출(2011)

10 다음 〈표〉는 2015년 1월 1일자 갑 기업 7개 팀(A~F)의 전출입으로 인한 직원 이동에 관한 자료이다. 이에 대한 〈보기〉의 설명 중 옳은 것을 모두 고르면?

〈표〉 팀 간 전출입 직원 수

(단위: 명)

전출 부서 \ 전입 부서		식품 사업부				외식 사업부				전출 합계
		A 팀	B 팀	C 팀	소계	D 팀	E 팀	F 팀	소계	
식품 사업부	A 팀	–	4	2	6	0	4	3	7	13
	B 팀	8	–	0	8	2	1	1	4	12
	C 팀	0	3	–	3	3	0	4	7	10
	소계	8	7	2	17	5	5	8	18	35
외식 사업부	D 팀	0	2	4	6	–	0	3	3	9
	E 팀	6	1	7	14	2	–	4	6	20
	F 팀	2	3	0	5	1	5	–	6	11
	소계	8	6	11	25	3	5	7	15	40
전입 합계		16	13	13	42	8	10	15	33	75

※ 1) 갑 기업은 식품 사업부와 외식 사업부로만 구성
 2) A 팀에서 전출하여 B 팀으로 전입한 직원 수가 4명임을 의미함

〈보기〉

ㄱ. 전출한 직원보다 전입한 직원이 많은 팀들의 전입 직원 수의 합은 기업 내 전체 전출입 직원 수의 70%를 초과한다.
ㄴ. 직원을 가장 많이 전출한 팀에서 전출한 직원의 40%는 전입 직원 수가 가장 많은 팀에 배치되었다.
ㄷ. 식품 사업부에서 외식 사업부로 전출한 직원 수는 외식 사업부에서 식품 사업부로 전출한 직원 수보다 많다.
ㄹ. 동일한 사업부 내에서 전출입한 직원 수는 기업 내 전체 전출입 직원 수의 50% 미만이다.

① ㄱ, ㄷ ② ㄱ, ㄹ ③ ㄴ, ㄷ ④ ㄷ, ㄹ

난이도 ★☆☆ 기출(2014)

11 다음 〈표〉는 2006~2010년 '갑'국 연구개발비에 관한 자료이다. 이에 대한 설명으로 옳은 것은?

〈표〉 연도별 연구개발비

구분 \ 연도	2006	2007	2008	2009	2010
연구개발비(십억 원)	27,346	31,301	34,498	37,929	43,855
전년대비 증가율(%)	13.2	14.5	10.2	9.9	15.6
공공부담 비중(%)	24.3	26.1	26.8	28.7	28.0
인구 만 명당 연구개발비(백만 원)	5,662	6,460	7,097	7,781	8,452

※ 연구개발비=공공부담 연구개발비+민간부담 연구개발비

① 연구개발비의 공공부담 비중은 매년 증가하였다.
② 전년에 비해 인구 만 명당 연구개발비가 가장 많이 증가한 해는 2010년이다.
③ 2009년에 비해 2010년 '갑'국 인구는 증가하였다.
④ 전년대비 연구개발비 증가액이 가장 작은 해는 2009년이다.
⑤ 연구개발비의 전년대비 증가율이 가장 작은 해와 연구개발비의 민간부담 비중이 가장 큰 해는 같다.

난이도 ★★☆ 기출(2014)

12 다음 〈표〉는 '갑'국의 2013년 11월 군인 소속별 1인당 월지급액에 대한 자료이다. 이에 대한 설명으로 옳지 않은 것은?

〈표〉 2013년 11월 군인 소속별 1인당 월지급액

(단위: 원, %)

구분 \ 소속	육군	해군	공군	해병대
1인당 월지급액	105,000	120,000	125,000	100,000
군인수 비중	30	20	30	20

※ 1) '갑'국 군인의 소속은 육군, 해군, 공군, 해병대로만 구분됨
2) 2013년 11월, 12월 '갑'국의 소속별 군인수는 변동 없음

① 2013년 12월에 1인당 월지급액이 모두 동일한 액수만큼 증가한다면, 전월대비 1인당 월지급액 증가율은 해병대가 가장 높다.
② 2013년 12월에 1인당 월지급액이 해군 10%, 해병대 12% 증가한다면, 해군의 전월대비 월지급액 증가분은 해병대의 전월대비 월지급액 증가분과 같다.
③ 2013년 11월 '갑'국 전체 군인의 1인당 월지급액은 115,000원이다.
④ 2013년 11월 육군, 해군, 공군의 월지급액을 모두 합하면 해병대 월지급액의 4배 이상이다.
⑤ 2013년 11월 공군과 해병대의 월지급액 차이는 육군과 해군의 월지급액 차이의 2배 이상이다.

난이도 ★★☆

13 다음 〈그림〉은 2015~2019년 A 지역 지자체 도서관 현황에 관한 자료이다. 이에 대한 〈보기〉의 설명 중 옳은 것을 모두 고르면?

〈그림 1〉 2015~2019년 도서관 수와 총 좌석 수 추이

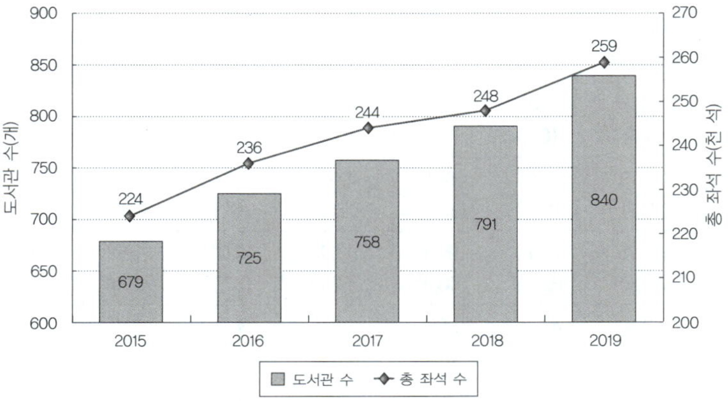

〈그림 2〉 2015~2019년 총 보유 도서 수와 연간 대출 도서 수 추이

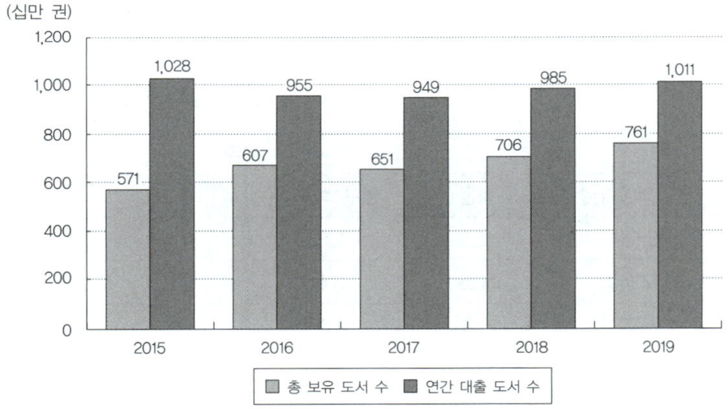

〈보기〉

ㄱ. 2018년 도서관 수와 도서관 1개당 보유 도서 수는 모두 3년 전 대비 증가하였다.
ㄴ. 도서관 1개당 보유 도서 수가 가장 많은 해에 연간 대출 도서 수도 가장 많다.
ㄷ. 2019년의 도서관 수의 전년 대비 증가율은 총 보유 도서 수의 전년 대비 증가율보다 크다.
ㄹ. 2018년의 도서관 수, 총 좌석 수, 총 보유 도서 수, 연간 대출 도서 수 중에서 전년 대비 증가율은 총 보유 도서 수가 가장 크다.

① ㄱ, ㄴ ② ㄱ, ㄷ ③ ㄱ, ㄹ ④ ㄴ, ㄹ ⑤ ㄷ, ㄹ

난이도 ★★★

14 다음 〈표〉는 정부지원 과제의 연구책임자 현황에 대한 자료이다. 이에 대한 설명으로 옳지 않은 것은?

〈표 1〉 연령대 및 성별 연구책임자 분포

(단위: 명, %)

연령대	2020년			2021년			2022년		
	연구 책임자 수	남자	여자	연구 책임자 수	남자	여자	연구 책임자 수	남자	여자
21~30세	88 (0.4)	64 (0.4)	24 (1.3)	187 (0.9)	97 (0.5)	90 (4.1)	415 (1.9)	164 (0.9)	251 (10.7)
31~40세	3,708 (18.9)	3,107 (17.5)	601 (32.0)	4,016 (18.9)	3,372 (17.7)	644 (29.1)	4,541 (21.1)	3,762 (19.7)	779 (33.3)
41~50세	10,679 (54.4)	9,770 (55.0)	909 (48.4)	11,074 (52.2)	10,012 (52.7)	1,062 (48.0)	10,791 (50.3)	9,813 (51.3)	978 (41.8)
51~60세	4,334 (22.1)	4,046 (22.8)	288 (15.4)	5,075 (23.9)	4,711 (24.8)	364 (16.4)	4,958 (23.1)	4,659 (24.3)	299 (12.8)
61세 이상	824 (4.2)	770 (4.3)	54 (2.9)	875 (4.1)	821 (4.3)	54 (2.4)	768 (3.6)	736 (3.8)	32 (1.4)
계	19,633 (100.0)	17,757 (100.0)	1,876 (100.0)	21,227 (100.0)	19,013 (100.0)	2,214 (100.0)	21,473 (100.0)	19,134 (100.0)	2,339 (100.0)

〈표 2〉 2022년 전공별 연구책임자 현황

(단위: 명, %)

연구책임자 전공	합		남자		여자	
	연구책임자 수	비율	연구책임자 수	비율	연구책임자 수	비율
이학	3,534	16.5	2,833	14.8	701	30.0
공학	12,143	56.5	11,680	61.0	463	19.8
농학	1,453	6.8	1,300	6.8	153	6.5
의학	1,548	7.2	1,148	6.0	400	17.1
인문사회	2,413	11.2	1,869	9.8	544	23.3
기타	382	1.8	304	1.6	78	3.3
계	21,473	100.0	19,134	100.0	2,339	100.0

① 31~40세의 연구책임자 수와 51~60세의 연구책임자 수의 차이는 2020년이 2022년보다 크다.

② 2022년 41~60세의 여자 연구책임자 중 적어도 193명 이상이 이학 또는 인문사회 전공이다.

③ 2020~2022년 사이 전체 연구책임자 수는 지속적으로 증가하였다.

④ 2020~2022년 사이 21~30세의 연구책임자 수는 여자가 남자보다 더 많이 증가하였다.

⑤ 2022년 공학 전공인 남자 연구책임자의 경우, 41~50세의 남자가 적어도 2,359명 이상이다.

난이도 ★★★ 기출(2023)

15 다음 〈표〉는 2019~2021년 발생한 열차사고의 종류와 원인에 관한 자료이다. 이에 대한 설명으로 옳지 않은 것은?

〈표〉 2019~2021년 발생한 열차사고의 종류와 원인

(단위: 건)

구분	항목	2019년	2020년	2021년
사고종류	계	(　　)	(　　)	(　　)
	열차충돌	0	1	5
	열차접촉	0	0	0
	열차탈선	6	3	12
	열차화재	0	0	0
	기타	0	0	0
사고원인	계	(　　)	(　　)	(　　)
	취급부주의	2	1	12
	차량결함	2	1	2
	시설결함	0	0	3
	정비보수검사미비	0	1	0
	미승인작업	0	0	0
	기타	2	1	0

※ 1) 제시된 모든 사고는 각각 단 하나의 사고원인에 기인해 발생함
2) 제시된 사고 외에 2019~2021년 발생한 열차사고는 존재하지 않음

① 2019~2021년 동안 실제로 발생한 열차사고의 원인은 최대 7종류이다.
② 열차탈선 사고의 원인 중 차량결함이 차지하는 비중은 2021년이 2019년에 비해 절반 이하로 감소하였다.
③ 2019~2021년 동안 발생한 모든 열차사고에서 열차충돌 사고가 차지하는 비중은 25% 이하이다.
④ 2021년 열차탈선 사고의 절반 이상은 취급부주의로 인해 발생하였다.
⑤ 만약 2020년 발생한 모든 열차충돌 사고가 천재지변으로 인해 발생했다면, 2019~2021년 동안 매년 열차탈선 사고를 발생시킨 공통된 사고원인은 존재하지 않는다.

정답해설편 p.24

3

문제해결능력

핵심이론정리
대표기출유형
적중예상문제
고난도 PSAT형 문제

출제 특징

문제해결능력은 조건명제를 이용한 명제 문제와 제시된 조건을 이용하여 순서나 위치를 찾거나 제시된 상황에서 진실/거짓 또는 범인을 추론하는 등의 논리퀴즈 문제가 출제된다. 또한, 계산이나 규칙의 이해를 통한 의사결정 문제와 제시문의 내용을 이용하여 옳고 그른 내용을 판단하는 제시문형 문제가 출제된다. 진실/거짓을 추론하는 문제 등 문제 접근 방법을 익히면 간단히 풀 수 있는 문제는 정확한 풀이법을 익혀 문제 풀이 시간을 단축하고 정답률을 높이는 것이 중요하다. 상황판단 계산형 문제 등 문제 해석 능력 및 계산 능력이 필요한 문제는 다양한 문제를 반복해서 풀어보며 문제별 난이도와 문제 풀이 시간을 정리하는 것이 좋다. 기업마다 의사소통능력이나 수리능력 등 다른 영역과 구분하기 어려운 문제가 출제되기도 해 지원한 기업의 문제 유형을 미리 파악하는 것이 좋다.

출제 기업

한국철도공사, 국민건강보험공단, 서울교통공사, 한국보훈복지의료공단, 건강보험심사평가원, 한국수자원공사, 국민연금공단, IBK기업은행, 한국토지주택공사, 한국도로공사, 한전KPS, 한국수력원자력, 한국전기안전공사, 한국환경공단, 한국농어촌공사, 도로교통공단, 한전KDN, 인천국제공항공사, 근로복지공단, 한국산업인력공단, 국가철도공단, 한국공항공사, 한국남부발전, 신용보증기금, 한국산림복지진흥원, 한국장애인고용공단, 한국교통안전공단, 한국가스공사, 한국동서발전, 한국가스기술공사, 한국남동발전, 한국산업안전보건공단, 한국가스안전공사, 한국지역난방공사, 한국중부발전, 한국마사회, 한국전력거래소, 예금보험공사, 주택도시보증공사, 한국승강기안전공단, 한국수출입은행, KDB산업은행, 서울교통공사 9호선 등

National Competency Standards

핵심이론정리

핵심이론정리에는 한국산업인력공단 직업기초능력 가이드북 중 시험에 자주 출제되며 출제 가능성이 높은 이론을 수록했습니다.

문제해결능력 소개

1. 문제해결능력 기출 한국전력공사, 서울교통공사

1) 의미

창조적, 논리적, 비판적 사고를 통해 직장생활 및 업무수행 중에 발생하는 여러 가지 문제를 올바르게 인식하고 적절히 해결하는 능력

2) 구성요소

① 사고력

직장생활에서 발생하는 문제 해결 시 요구되는 기본 요소로서, 창의적, 논리적, 비판적으로 생각하는 능력

② 문제처리능력

목표와 현상을 분석하고 이 분석 결과를 토대로 문제를 도출하여 최적의 해결책을 찾아 실행·평가 처리해 나가는 일련의 활동을 수행하는 능력으로, 일반적으로 다섯 단계의 문제해결 절차를 의미함

문제 인식 → 문제 도출 → 원인 분석 → 해결안 개발 → 실행 및 평가

2. 문제 기출 한국공항공사

1) 의미

① 조직에서의 목표와 현상과의 차이

- 목표: 있어야 할 모습과 바람직한 상태, 기대되는 결과
- 현상: 현재의 모습과 예상되는 상태, 예기치 못한 결과

② 업무를 수행함에 있어서 해결하기를 원하지만 실제로 해결하는 방법을 모르거나, 해답을 얻는 데 필요한 일련의 행동을 알지 못하는 상태

2) 기준에 따른 문제의 유형

기능	해결 방법	시간	업무수행 과정
• 제조 문제 • 판매 문제 • 자금 문제 • 인사 문제 • 경리 문제 • 기술상 문제	• 창의적 문제 • 논리적 문제	• 과거 문제 • 현재 문제 • 미래 문제	• 발생형 문제 • 탐색형 문제 • 설정형 문제

① 해결 방법에 따른 문제의 유형

구분	창의적 문제	논리적 문제
문제제시 방법	• 현재 문제가 없더라도 보다 나은 방법을 찾기 위한 문제 탐구 • 문제 자체가 명확하지 않음	• 현재의 문제점이나 미래의 문제로 예견될 것에 대한 문제 탐구 • 문제 자체가 명확함
해결 방법	• 창의력에 의한 많은 아이디어 작성을 통해 해결	• 분석, 논리, 귀납과 같은 논리적 방법을 통해 해결
해답 수	• 해답의 수가 많음 • 많은 해답 중 최선을 선택	• 해답의 수가 적음 • 해답이 한정되어 있음
주요 특징	• 주관적, 직관적, 감각적, 정성적, 개별적, 특수성	• 객관적, 논리적, 이성적, 정량적, 일반적, 공통성

② 업무수행 과정에 따른 문제의 유형

구분	발생형 문제(보이는 문제)	탐색형 문제(찾는 문제)	설정형 문제(미래 문제)
의미	현재 직면하여 걱정하고, 해결하기 위해 고민하는 이미 일어난 문제	현재 상황을 개선하거나 효율을 높이기 위해 더 잘해야 할 문제	앞으로 어떻게 미래 상황에 대응할지와 관련된 장래 경영전략의 문제
대체 용어	• 일탈 문제 • 미달 문제 • 원인지향적인 문제	• 잠재 문제 • 예측 문제 • 발견 문제	• 목표지향적 문제 • 창조형 문제

3. 문제해결

1) 의미

목표와 현상을 분석하고, 이 분석 결과를 토대로 과제를 도출하여 최적의 해결책을 찾아 실행 및 평가하는 활동

2) 중요성

① 조직 측면

자신이 속한 조직의 관련 분야에서 세계 일류수준을 지향하며, 경쟁사와 대비하여 탁월하게 우위를 확보할 수 있음

② 고객 측면

고객이 불편하게 느끼는 부분을 찾아 개선하고 고객감동을 통한 고객만족을 높일 수 있음

③ 자기 자신 측면

불필요한 업무를 제거하거나 단순화하여 업무를 효율적으로 처리하게 됨으로써 자신을 경쟁력 있는 사람으로 만들 수 있음

3) 기본 요소

① 체계적인 교육훈련
② 문제해결 방법에 대한 지식
③ 문제 관련 지식에 대한 가용성
④ 문제해결자의 도전의식과 끈기
⑤ 문제에 대한 체계적인 접근

4. 문제해결의 준비와 실행 기출 한국산업인력공단

1) 문제해결을 위해 갖추어야 할 사고

① 전략적 사고를 통한 문제해결

현재 당면한 문제와 그 해결 방법에만 집착하지 말고, 그 문제와 해결 방법이 상위 시스템 또는 다른 문제와 어떻게 연결되어 있는지를 생각해야 함

② 분석적 사고를 통한 문제해결

전체를 각각의 요소로 나누어 그 요소의 의미를 도출한 다음 우선순위를 부여하고 구체적인 문제해결 방법을 실행해야 함

성과지향의 문제	가설지향의 문제	사실지향의 문제
기대하는 결과를 명시하고 효과적으로 달성하는 방법을 사전에 구상함	현상 및 원인분석 전에 일의 과정이나 결론을 가정한 후 사실일 경우 다음 단계의 일을 수행함	객관적 사실로부터 사고와 행동을 시작함

③ 발상의 전환을 통한 문제해결

기존에 가지고 있는 사물과 세상을 바라보는 인식의 틀을 전환하여 새로운 관점에서 사고해야 함

④ 내·외부자원을 효과적으로 활용한 문제해결

문제해결 시 기술, 재료, 방법, 사람 등 필요한 자원 확보 계획을 수립하고 내·외부자원을 효과적으로 활용해야 함

2) 문제해결의 방해 요인

① 문제를 철저하게 분석하지 않는 경우
② 고정관념에 얽매이는 경우
③ 쉽게 떠오르는 단순한 정보에 의지하는 경우
④ 너무 많은 자료를 수집하려고 노력하는 경우

3) 문제해결을 위한 방법

구분	내용
소프트 어프로치	문제해결을 위해서 직접적인 표현이 바람직하지 않다고 여기며, 무언가를 시사하거나 암시를 통하여 의사를 전달하고 기분을 서로 통하게 함으로써 문제를 해결하는 방법
하드 어프로치	상이한 문화적 토양을 가지고 있는 구성원을 가정하며, 서로의 생각을 직설적으로 주장하고 논쟁이나 협상을 통해 서로의 의견을 조정하는 방법
퍼실리테이션	깊이 있는 커뮤니케이션을 통해 서로의 문제점을 이해하고 공감함으로써 창조적으로 문제를 해결하는 방법이자 미팅이 효율적이고 체계적으로 진행되도록 촉진하고, 미팅의 주제나 목표를 달성하도록 지원하는 방법

참고 퍼실리테이션의 기본 역량
- 문제의 탐색과 발견
- 문제해결을 위한 구성원 간의 커뮤니케이션 조정
- 합의를 도출하기 위한 구성원 간의 갈등 관리

하위능력 ① 사고력

1. 창의적 사고 기출 한국산업인력공단

1) 의미

당면한 문제를 해결하기 위해 개인이 가지고 있는 경험과 지식을 가치 있는 새로운 아이디어로 결합함으로써 참신한 아이디어를 산출하는 능력

2) 특징

① 정보와 정보의 조합
② 사회나 개인에게 새로운 가치를 창출
③ 창조적인 가능성

3) 개발 방법

구분	자유연상법	강제연상법	비교발상법
의미	어떤 생각에서 다른 생각을 계속해서 떠올리는 작용을 통해 어떤 주제에서 생각나는 것을 계속해서 열거해 나가는 발산적 사고 방법 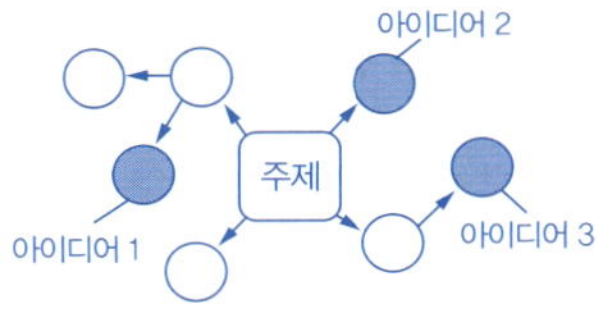	각종 힌트를 강제적으로 연결 지어서 발상하는 방법 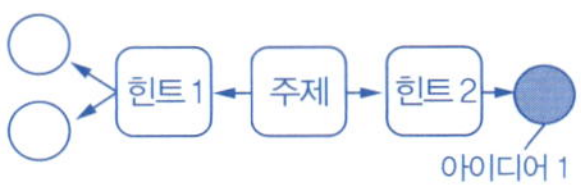	주제와 본질적으로 닮은 것을 힌트로 하여 새로운 아이디어를 얻는 방법 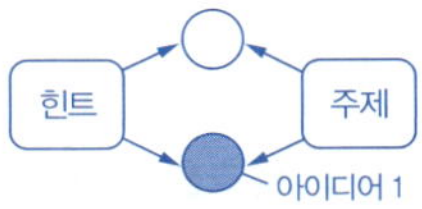
예	브레인스토밍	체크리스트	NM법, Synectics

참고 브레인스토밍

- 의미: 두뇌에 폭풍을 일으킨다는 뜻으로, 발산적 사고를 일으키는 대표적 기법
- 진행 방법

1단계	구체적이고 명확한 주제 선정
2단계	구성원들이 마주 볼 수 있는 좌석 배치&기록할 용지 준비
3단계	구성원들의 다양한 의견을 도출할 수 있는 리더 선출
4단계	다양한 분야의 5~8명 정도의 사람으로 구성원 구성
5단계	구성원들의 자유로운 발언&발언 내용 기록 후 구조화
6단계	독자적이고 실현 가능한 아이디어 채택

- 4대 원칙: 비판 엄금(Support), 자유분방(Silly), 질보다 양(Speed), 결합과 개선(Synergy)

2. 논리적 사고

1) 의미

① 사고 전개에 있어서 전후관계가 일치하는지를 살피고, 아이디어를 평가하는 사고능력
② 자신이 만든 계획이나 주장을 주위 사람에게 이해시켜 실현하기 위해 필요한 능력

2) 구성요소

① 생각하는 습관
② 상대 논리의 구조화
③ 구체적인 생각
④ 타인에 대한 이해
⑤ 설득

3) 개발 방법

① **피라미드 구조 방법**
하위의 사실이나 현상부터 사고함으로써 상위의 주장을 만들어 가는 방법
② **So what 방법**
눈앞에 있는 정보로부터 의미를 찾아내어 가치 있는 정보를 끌어내는 방법

3. 비판적 사고

1) 의미

① 어떤 주제나 주장 등에 대해서 적극적으로 분석하고 종합하여 평가하는 능동적인 사고능력
② 어떤 논증, 추론, 증거, 가치를 표현한 사례를 타당한 것으로 수용할 것인가 아니면 불합리한 것으로 거절할 것인가에 대한 결정을 내릴 때 요구되는 사고능력

2) 비판적 사고를 위한 태도

① 지적 호기심, 객관성, 개방성, 융통성, 지적 회의성, 지적 정직성, 체계성, 지속성, 결단성, 다른 관점에 대한 존중
② 비판적인 사고를 개발하기 위해서는 어떤 현상에 대해서 문제의식을 가지고, 고정관념을 버려야 함

하위능력 ❷ 문제처리능력

1. 문제 인식 단계 기출 한국전력공사, 한국공항공사

1) 의미

① 문제해결 과정 중 'What'을 결정하는 단계

② 해결해야 할 전체 문제를 파악하여 우선순위를 정하고, 선정문제에 대한 목표를 명확히 하는 단계

2) 절차

<table>
<tr><th>절차</th><th>내용</th></tr>
<tr><td>환경 분석</td><td>
• Business System상 거시적 환경 분석
• 문제가 발생했을 때 가장 먼저 고려해야 함
• 주요 기법
– 3C 분석
ⓐ 3C: 자사(Company), 경쟁사(Competitor), 고객(Customer)
ⓑ 3C에 대한 체계적인 분석을 통해서 환경 분석을 수행할 수 있음
– SWOT 분석
ⓐ 기업 내부의 강점(Strength), 약점(Weakness) 요인과 외부 환경의 기회(Opportunity), 위협(Threat) 요인을 분석 · 평가하고 이들을 서로 연관 지어 전략을 개발하고 문제해결 방안을 개발하는 방법
ⓑ 전략 수립 방법
<table>
<tr><th></th><th></th><th colspan="2">내부 환경 요인</th></tr>
<tr><th></th><th></th><th>강점</th><th>약점</th></tr>
<tr><th rowspan="2">외부 환경 요인</th><th>기회</th><td>SO
외부 환경의 기회 활용을 위해 내부 강점을 사용</td><td>WO
내부 약점을 극복하여 외부 환경의 기회 활용</td></tr>
<tr><th>위협</th><td>ST
외부 환경의 위협 회피를 위해 내부 강점을 사용</td><td>WT
외부 환경의 위협을 회피하고 내부 약점 최소화</td></tr>
</table>
</td></tr>
<tr><td>↓</td><td></td></tr>
<tr><td>주요 과제 도출</td><td>
• 환경 분석을 통해 현상을 파악한 후에는 분석 결과를 검토하여 주요 과제를 도출해야 함
• 다양한 과제 후보안을 도출하는 일이 선행되어야 함
• 주요 과제 도출 시 과제안을 작성할 때는 과제안 간의 수준이 동일한지, 표현은 구체적인지, 주어진 기간 내에 해결 가능한지 등을 확인해야 함
</td></tr>
<tr><td>↓</td><td></td></tr>
<tr><td>과제 선정</td><td>
• 과제안 중 효과 및 실행 가능성 측면을 평가하여 우선순위를 부여한 후 가장 우선순위가 높은 안을 선정함
• 우선순위 평가 시에는 과제의 목적, 목표, 자원 현황 등을 종합적으로 고려하여 평가해야 함
</td></tr>
</table>

2. 문제 도출 단계

1) 의미

① 선정된 문제를 분석하여 해결해야 할 것이 무엇인지를 명확히 하는 단계
② 현상에 대해 문제를 분해하여 인과관계 및 구조를 파악하는 단계

2) 절차

절차	내용
문제 구조 파악	• 전체 문제를 작고, 다룰 수 있는 이슈들로 세분화하는 과정 • 문제의 내용 및 미치고 있는 영향 등을 파악하여 문제 구조를 도출해야 함 • Logic Tree – 문제의 원인을 깊이 파고들거나 해결책을 구체화할 때 제한된 시간 속에 넓이와 깊이를 추구하는 데 도움이 되는 기술로, 주요 과제를 나무 모양으로 분해, 정리하는 기술 참고 Logic Tree 작성 시 유의사항 • 전체 과제를 명확히 해야 함 • 분해해 가는 가지의 수준을 맞춰야 함 • 원인이 중복되거나 누락되지 않고 각각의 합이 전체를 포함해야 함
↓	
핵심 문제 선정	• 문제에 큰 영향력을 미칠 수 있는 이슈를 핵심 이슈로 설정함

3. 원인 분석 단계

1) 의미

파악된 핵심 문제에 대한 분석을 통해 근본 원인을 도출하는 단계

2) 절차

절차	내용
이슈(Issue) 분석	• 핵심 이슈 설정: 현재 수행하고 있는 업무에 가장 크게 영향을 미치는 문제로 설정함 • 가설 설정: 이슈에 대해 자신의 직관, 경험, 지식, 정보 등에 의존하여 일시적인 결론을 예측해보는 가설을 설정함 참고 가설 설정의 조건 • 관련 자료, 인터뷰 등을 통해 검증 가능해야 함 • 간단명료하게 표현해야 함 • 논리적이며 객관적이어야 함 • Output 이미지 결정: 가설 검증계획에 의거하여 분석 결과를 미리 이미지화함
↓	
데이터(Data) 분석	• 데이터 수집계획 수립: 데이터 수집 범위 결정 • 데이터 정리 · 가공: 정보를 항목별로 정리 • 데이터 해석: 'What', 'Why', 'How' 측면에서 의미 해석
↓	
원인 파악	• 이슈와 데이터 분석을 통해서 얻은 결과를 바탕으로 최종 원인을 확인하는 단계 • 인과관계 종류 – 단순한 인과관계: 원인과 결과를 분명하게 구분할 수 있는 경우 – 닭과 계란의 인과관계: 원인과 결과를 구분하기 어려운 경우 – 복잡한 인과관계: 두 가지 유형이 서로 얽혀 있는 경우

4. 해결안 개발 단계

1) 의미

문제로부터 도출된 근본 원인을 효과적으로 해결할 수 있는 최적의 해결방안을 수립하는 단계

2) 절차

절차	내용
해결안 도출	• 열거된 근본 원인을 어떠한 시각과 방법으로 제거할 것인지를 명확히 해야 함 • 독창적이고 혁신적인 방안을 도출함 • 전체적인 관점에서 보아 해결의 방향과 방법이 같은 것을 그룹핑(Grouping)함 • 최종 해결안 정리
↓	
해결안 평가 및 최적안 선정	• 문제(What), 원인(Why), 방법(How)을 고려해서 해결안을 평가하고 가장 효과적인 해결안을 선정함 • 중요도와 실현 가능성(개발 기간, 개발 능력, 적용 가능성) 등을 고려해서 종합적인 평가를 내리고 채택 여부를 결정하는 과정

5. 실행 및 평가 단계

1) 의미

① 해결안 개발을 통해 만들어진 실행계획을 실제 상황에 적용하는 활동
② 해결안을 사용하여 장애가 되는 문제의 원인을 제거하는 단계

2) 절차

절차	내용
실행계획 수립	• 무엇을(What), 어떤 목적으로(Why), 언제(When), 어디서(Where), 누가(Who), 어떤 방법(How)의 물음에 대한 답을 가지고 계획하는 단계 • 실행계획 수립 시 고려해야 할 사항 – 자원(시간, 예산, 물적, 인적)을 고려해야 함 – 해결안별 난이도를 고려하여 세부 실행 내용을 구체적으로 수립해야 함 – 실행의 목적과 과정별 진행 내용을 일목요연하게 정리해야 함
↓	
실행 및 Follow-up	• 가능한 사항부터 실행하며, 그 과정에서 나온 문제점을 해결해 가면서 해결안의 완성도를 높이고 일정한 수준에 도달하면 전면적으로 전개해 나가는 단계 • 실행 단계에서의 문제점 해결방안 – Pilot Test를 통해 문제점을 발견 – 해결안을 보완한 후 대상 범위를 넓혀서 전면적으로 실시 – 실행상의 문제점을 해결하기 위한 모니터링(Monitoring) 체제를 구축해야 함 참고 모니터링 체제 구축 시 유의사항 • 바람직한 상태가 달성되었는지 확인해야 함 • 문제가 재발하지 않을 것을 확신할 수 있는지 확인해야 함 • 사전에 목표한 기간 및 비용은 계획대로 지켜졌는지 확인해야 함 • 혹시 또 다른 문제를 발생시키지 않았는지 확인해야 함 • 해결책이 주는 영향은 무엇인지 확인해야 함

실력 플러스 노트

실력 플러스 노트에는 한국산업인력공단 직업기초능력 가이드북에는 나오지 않지만 문제 풀이에 필요한 상식 및 공식을 수록했습니다.

1. 명제

정의	• 참/거짓을 판단할 수 있는 문장
종류 및 성질	• '바람이 분다.'를 P로, '나무가 흔들린다.'를 Q로 나타내면

구분	기호	의미	예
합접명제	$P \wedge Q$	P이고 Q이다.	바람이 불고 나무가 흔들린다.
이접명제	$P \vee Q$	P이거나 Q이다.	바람이 불거나 나무가 흔들린다.
조건명제	$P \rightarrow Q$	P이면 Q이다.	바람이 불면 나무가 흔들린다.
부정명제	$\sim P$	P가 아니다.	바람이 불지 않는다.

합접명제	• 둘 이상의 명제가 '그리고', '-이고' 등으로 연결되는 명제(=연언명제, ∧, and) • 합접명제로 나타난 문장은 시간의 순서나 인과관계와는 관련이 없음 • 합접명제가 참이 되기 위해서는 두 사건이 모두 일어나야 함
이접명제	• 둘 이상의 명제가 '또는', '-거나' 등으로 연결되는 명제(=선언명제, ∨, or) • '또는'이 양자택일을 의미하는 것이 아님을 주의해야 함 • 이접명제에 포함된 P나 Q 가운데 어떤 하나의 명제가 옳다는 것을 알았다고 해서 다른 명제는 틀렸다고 생각해서는 안 됨 • 이접명제가 참이 되기 위해서는 이접명제를 구성하는 명제 중 최소 하나만 참이면 됨
합접명제와 이접명제의 진릿값	• 명제 P와 Q가 각각 참 또는 거짓일 경우, 합접명제와 이접명제의 참/거짓 여부를 살펴보면

P	Q	$P \wedge Q$	$P \vee Q$
T	T	T	T
T	F	F	T
F	T	F	T
F	F	F	F

부정명제	• 어떤 명제 P의 부정명제를 ~P라고 하면, P가 거짓일 때 참이고, P가 참일 때 거짓인 명제 • 합접명제와 이접명제의 부정(드모르간의 법칙) $\sim(P \text{ and } Q) \equiv \sim P \text{ or } \sim Q$ $\sim(P \text{ or } Q) \equiv \sim P \text{ and } \sim Q$

조건명제

- 어떤 가정이나 조건으로 표현되는 명제로, 조건명제에서 '조건'을 전건 혹은 충분조건, '결과'를 후건 혹은 필요조건이라고도 하며 후건(= 결과, 필요조건)은 항상 전건(= 조건, 충분조건)을 포함하게 됨
- 역, 이, 대우

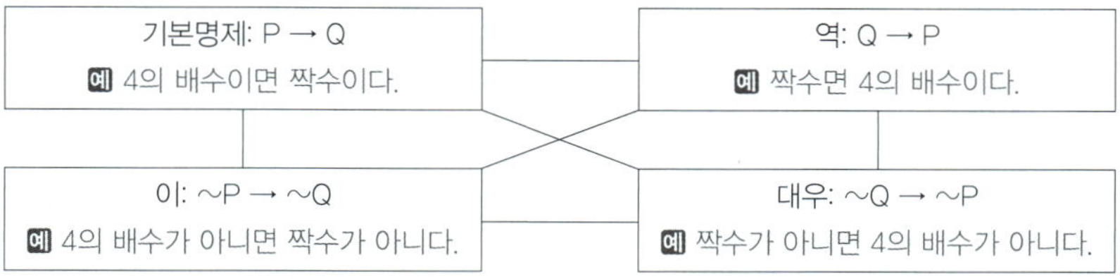

- 기본명제와 역, 이, 대우의 참/거짓 관계

기본명제(P → Q)가 참인 경우		기본명제(P → Q)가 거짓인 경우	
역(Q → P)	알 수 없음	역(Q → P)	알 수 없음
이(~P → ~Q)	알 수 없음	이(~P → ~Q)	알 수 없음
대우(~Q → ~P)	반드시 참	대우(~Q → ~P)	반드시 거짓

- 전건(= 조건, 충분조건)과 후건(= 결과, 필요조건)의 판단

P일 때에만 Q이다. P이어야 Q이다. P일 때 한하여 Q이다. P를 해야 Q가 된다.	≡	Q → P

예 월급날에는 치킨을 먹는다. ≡ 월급 O → 치킨 O

예 월급날에만 치킨을 먹는다. ≡ 치킨 O → 월급 O

- 조건명제의 분리

분리 전	분리 후	참/거짓 여부
P → (Q and R)	P → Q P → R	참
P → (Q or R)	P → Q P → R	알 수 없음 (거짓이 아님에 유의)
(P and Q) → R	P → R Q → R	알 수 없음 (거짓이 아님에 유의)
(P or Q) → R	P → R Q → R	참

2. 논리퀴즈

1) 나열하기

의의	• 주어진 정보를 토대로 제시된 대상들을 일렬로 나열하여 나열된 순서를 찾아내거나 몇 번째에 있는 사람 또는 사물을 찾아내는 식으로 문제가 출제됨
접근 방법	• A가 B의 바로 옆인 경우는 밑줄이나 '–' 등으로 묶어서 표시 예 영희는 철수의 바로 오른쪽에 있다. = 철수 영희 / 철수 – 영희 • A가 B의 바로 옆인지 확실치 않으나 선후관계가 확실한 경우는 '>', '…' 등으로 표시 예 영희는 철수의 오른쪽에 있다. = 철수 > 영희 / 철수 … 영희 • A와 B의 관계는 불확실하지만, 각각과 C의 관계가 확실한 경우는 두 줄로 표시 예 민수는 영희와 철수의 오른쪽에 있다. = $\frac{\text{영희}}{\text{철수}}$ > 민수 / $\frac{\text{영희}}{\text{철수}}$ … 민수
주어진 정보로부터 추론	• 정보들을 연결하여 추론 예 A는 B보다 먼저이다. / B는 C보다 먼저이다. → 두 조건을 연결하면 'A는 C보다 먼저이다.'라는 것을 알 수 있음 • 규칙을 결합하여 추론 예 A는 4명 가운데 3위이다. / B와 C는 연속으로 들어왔다. → 두 조건을 결합하면 'B와 C는 4위가 아니다.'라는 것을 알 수 있음 • 제한 조건들을 검토하여 추론 예 A, B, C, D 중 B는 처음이나 끝이다. / A나 C는 두 번째가 아니다. → 두 조건 중 전자에서 B는 두 번째가 아니고, 후자에서 A와 C 모두 두 번째가 아니므로, '두 번째는 D만이 가능하다.'라는 것을 알 수 있음
원형으로 나열 · 배열하기	• '일렬로 나열·배열하기'의 발전된 형태로 그 시작과 끝이 연결되며 오른쪽, 왼쪽, 맞은편과 같은 위치에 관련된 요소가 다소 상이함 • '맞은편'이라는 요소가 있는지 파악 – 변수의 개수가 확실치 않은 경우 맞은편이라는 말이 있다면 변수는 짝수 개이며, 맞은편에 위치하는 두 변수를 함께 고려할 수 있음 • 가지를 이용 – 맞은편이라는 요소가 있는 경우 단순히 원형으로 그리기보다 가지를 이용하여 도식화할 수 있음 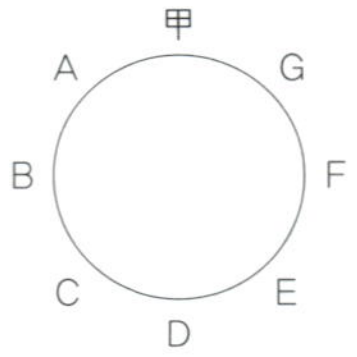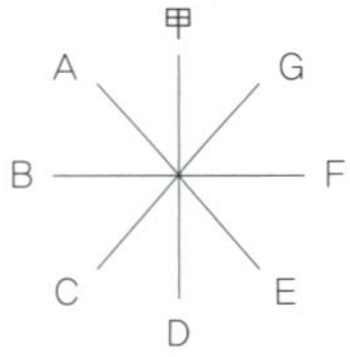 • '~의 오른쪽(왼쪽)'의 기준은 변수 – 위의 그림에서 '甲의 오른쪽에 乙이 앉는다.'라는 조건이 주어졌다면 乙의 위치는 G가 아니라 A임 • 특정 자리가 정해지지 않더라도 일단 임의의 위치에 변수를 적용 – 일렬 나열과 달리 원형 나열은 그 위치가 달라지면 원형을 회전하여 원하는 위치에 놓을 수 있으므로 어느 정도 정리된 변수가 있다면 이를 임의의 자리에 넣어서 문제해결을 시작

2) 속성 연결하기

의의

• 유사한 속성끼리 연결하거나 또는 그룹을 생성하는 게임을 가리키는 것으로, 주로 어떤 사람과 대상을 연결하거나 다수의 사람을 그룹으로 묶는 식으로 문제가 출제됨

접근 방법

• 도식화하기
  – 어떤 형태로 도식화할 것인지, 표를 그릴 경우 몇 칸 몇 줄의 표를 그릴 것인지를 문제에서 파악

• 단정적인 조건 우선 검토
  – 가정적인 조건은 독립적으로 정보를 제공하지 못하고 다른 정보에 종속되어 정보를 제공하는 반면, 단정적인 조건은 그 자체로 독립적인 정보를 제공하므로 단정적인 조건을 우선 검토하는 것이 바람직함
  예 'A는 서울 사람이다.'라는 조건과 'B가 광주 사람이면 A는 서울 사람이다.'라는 조건이 있는 경우 앞의 조건을 우선 검토해야 함

• 가정적인 조건 검토
  – 단정적인 조건의 검토에서 얻은 정보를 바탕으로 가정적인 조건을 검토
  예 'A가 B를 좋아하면 C는 A를 좋아하지 않는다.'라는 가정적인 조건을 아무런 정보 없이 이용할 때에는 그다지 유용한 정보를 얻을 수 없지만, 앞에서 'A가 B를 좋아한다.'라는 정보를 이미 검토한 바 있었다면 'C는 A를 좋아하지 않는다.'라는 정보도 확보할 수 있음

• 여러 가지 정보 추론
  – 하나의 단어나 조건을 통해 여러 가지 정보를 추론
  예 'Miss A'라는 단어의 경우 'A는 여자이다.'라는 정보뿐 아니라 'A는 결혼을 하지 않았다.'라는 정보도 얻을 수 있음
  예 'A는 B의 장모이다.'라는 조건의 경우 A에 대해서는 'A는 여자이다.', 'A에게는 딸이 있다.'라는 정보를 얻을 수 있으며 B에 대해서는 'B는 A의 딸과 결혼을 했다.', 'B는 남자이다.'라는 정보를 얻을 수 있음

• 문제의 선택지 검토
  – 경우가 여러 개로 나뉘는 경우, 즉 '문제에서 주어진 조건으로는 더 이상의 정보를 알 수 없어 그 자체가 완성된 형태'이거나 '조건을 제대로 정리하지 못해 문제가 해결되지 않는 경우'일 때, 선택지를 우선적으로 검토

• 최소 경우의 수 이용
  – 여러 경우의 수를 검토해야 하는 경우, 경우의 수가 가장 적은 조건을 기준으로 검토
  예 C는 과장이다. / C는 다 기업에 다닌다.

구분	과장	부장
가 기업		
나 기업		
다 기업		

→ 위 표를 채우기 위해 두 조건 중 하나의 조건만 이용해야 한다고 할 때, 전자를 기준으로 하면 C가 과장인 경우 세 가지를 모두 검토해야 하지만, 후자를 기준으로 하면 C가 과장, 부장인 경우 두 가지만 검토하면 됨

3. 진실 혹은 거짓

아래 예시 문제를 통해 진실 혹은 거짓을 추론하는 유형의 문제해결전략을 살펴보면 다음과 같다.

A, B, C, D 네 명은 그룹스터디의 조원이다. 어느 날 이들이 스터디룸에서 공부를 한 뒤 스터디룸에 있는 의자가 파손되었다는 것을 담당자가 알게 되었다. 담당자의 질문에 네 명이 아래와 같이 진술하였고, 네 명 중 한 명만 거짓말을 하고 있다. 의자를 파손한 사람은 누구인가? (단, 의자를 파손한 사람은 한 명이다.)

- A: C가 의자를 파손했어요.
- B: 저는 의자를 파손한 적이 없어요.
- C: D가 의자를 파손했어요.
- D: C는 지금 거짓말을 하고 있어요.

<table>
<tr>
<td>진실(혹은 거짓)을 말하는 사람의 숫자로 문제를 해결하는 경우</td>
<td>
• 일반적인 해결 방법
– 진실(혹은 거짓)을 말하는 사람의 숫자가 제시되는 경우, 대부분 한 명으로 제한되는 경우가 많으므로 말하는 사람 중 한 사람씩 진실(혹은 거짓)로 가정하면 나머지는 거짓(혹은 진실)이 됨
예 문제에서 한 명이 거짓말을 한다고 하였으므로 A, B, C, D 한 명씩 거짓말을 했다고 가정하여 문제를 해결할 수 있음
– 이러한 방법은 시간이 오래 걸리고, 비효율적임
– 아래와 같이 '어긋나는 관계'를 찾아 해결하면 모든 경우를 가정하지 않고 문제를 해결할 수 있음
• 어긋나는 관계를 찾아 해결하는 방법
– 여러 개의 진술 중 동시에 참일 수 없는 관계 또는 동시에 거짓일 수 없는 관계를 가진 진술을 찾으면, 이외 나머지 진술은 반드시 진실이거나 거짓임을 알 수 있음
예 동시에 참일 수 없는 관계
<table>
<tr><td>A의 진술
vs
C의 진술</td><td>• A와 C는 동시에 참일 수 없으므로 둘 중 최소 한 명은 거짓
• B와 D는 반드시 진실
• D의 진술에서 C가 거짓이라고 하였으므로 A, B, D는 진실, C가 거짓
• A가 진실이므로 C가 범인</td></tr>
</table>
예 동시에 참일 수도, 거짓일 수도 없는 관계
<table>
<tr><td>C의 진술
vs
D의 진술</td><td>• C가 진실이면 D가 거짓이고, C가 거짓이면 D가 진실이므로 둘 중 한 명은 진실이고 다른 한 명은 거짓
• A와 B는 반드시 진실
• A가 진실이므로 C가 범인</td></tr>
</table>
</td>
</tr>
</table>

범인의 숫자로 문제를 해결하는 경우

• 범인의 숫자가 제시된 경우도 위와 마찬가지로 그 숫자가 한 사람으로 제한되는 경우가 가장 많으므로, 용의자 가운데 한 사람씩 범인으로 가정하고 아래 표를 채워가며 각 진술의 참/거짓 여부를 살펴봐야 함

– A가 범인이라고 가정했을 때, 각 진술의 참/거짓을 파악해서 거짓의 개수가 문제의 조건과 맞으면 A가 범인이고, 그렇지 않으면 A는 범인이 아닌 것임

구분	A가 범인	B가 범인	C가 범인	D가 범인
A의 진술(C가 범인)				
B의 진술(B는 범인 아님)				
C의 진술(D가 범인)				
D의 진술(C는 거짓)				
거짓의 개수				
모순 여부				

• 표를 채울 때 세로로 채우지 않고, 가로로 채운 뒤 세로로 읽어 내려서 표를 해석하는 것도 가능함

– A의 진술을 보면 A는 C가 범인이라고 하였으므로, 아래와 같이 범인을 C로 가정한 경우에만 A의 진술은 참이 되고 나머지 경우에는 거짓이 됨

구분	A가 범인	B가 범인	C가 범인	D가 범인
A의 진술(C가 범인)	F	F	T	F
B의 진술(B는 범인 아님)				
C의 진술(D가 범인)				
D의 진술(C는 거짓)				
거짓의 개수				
모순 여부				

– 나머지 B, C, D의 진술을 토대로 나머지 표를 채우면 아래와 같음

구분	A가 범인	B가 범인	C가 범인	D가 범인
A의 진술(C가 범인)	F	F	T	F
B의 진술(B는 범인 아님)	T	F	T	T
C의 진술(D가 범인)	F	F	F	T
D의 진술(C는 거짓)	T	T	T	F
거짓의 개수	2개	3개	1개	2개
모순 여부	모순 있음	모순 있음	모순 없음	모순 있음

– 결국 거짓을 말한 사람이 한 명뿐이라는 조건에 맞는 경우는 C가 범인이라고 가정했을 때뿐이므로 C가 범인이라는 것을 알 수 있음

National Competency Standards

대표기출유형

유형 ❶ 제시된 전제를 바탕으로 결론을 추론하는 문제

- 제시된 전제를 바탕으로 가능한 결론을 추론하는 문제가 출제된다.
- 조건명제를 이용한 문제가 출제된다.
- 역, 이, 대우 등 명제의 기본 개념을 숙지한다.
- 제시된 문장을 정확히 이해하고 기호로 표시하는 연습을 한다.

다음 전제를 읽고 반드시 참인 결론을 고르면?

- 매화를 좋아하지 않는 사람은 단풍을 좋아한다.
- 난초를 좋아하는 사람은 매화를 좋아한다.
- 난초를 좋아하지 않는 사람은 국화를 좋아하지 않는다.
- 모란을 좋아하는 사람은 단풍을 좋아하지 않는다.

① 매화를 좋아하는 사람은 국화를 좋아하지 않는다.
② 국화를 좋아하는 사람은 모란을 좋아하지 않는다.
③ 난초를 좋아하지 않는 사람은 모란을 좋아한다.
④ 모란을 좋아하는 사람은 매화를 좋아한다.
⑤ 단풍을 좋아하는 사람은 매화를 좋아하지 않는다.

|정답 및 해설| ④

주어진 정보를 정리하면 다음과 같다.

- 매화 X → 단풍 O
- 난초 O → 매화 O
- 난초 X → 국화 X
- 모란 O → 단풍 X

네 번째 명제인 모란 O → 단풍 X와 첫 번째 명제의 대우인 단풍 X → 매화 O를 연결하면 모란 O → 매화 O가 성립한다.
따라서 모란을 좋아하는 사람은 매화를 좋아한다는 것을 알 수 있다.

유형 ❷ 제시된 정보를 바탕으로 순서나 위치를 정하는 문제

- 제시된 정보를 연결, 결합, 제거하여 순서를 나열하거나 위치를 선정하는 문제가 출제된다.
- 결론을 도출하는 데 필요한 조건을 묻는 문제가 출제된다.
- 제시된 정보 중 거짓이 섞여 있는 문제는 확정적인 정보를 찾아 문제를 해결한다.
- 조건 간의 관계를 한눈에 파악할 수 있도록 정보를 간단히 표시하는 연습을 한다.
- 모든 경우의 수를 확인할 수 있도록 제시된 조건을 표나 그림으로 도식화하는 연습을 한다.

가은, 나희, 다성, 라온, 마루 다섯 명이 출근한 순서에 대해 다음과 같이 이야기를 나누었다. 이에 의할 때 옳은 것은?

> **가은**: 나는 라온보다 먼저 출근했어.
> **나희**: 나와 마루 사이에 출근한 사람이 있어.
> **다성**: 내가 라온보다 먼저 출근했는데 라온 뒤에 출근한 사람이 있어.
> **라온**: 다성과 나 사이에 한 명이 출근했어.
> **마루**: 가은이 세 번째는 아니야.

① 가은이 나희보다 나중에 출근했다.
② 나희는 네 번째로 출근했다.
③ 다성은 나희보다 먼저 출근했다.
④ 라온은 나희보다 나중에 출근했다.
⑤ 마루는 마지막으로 출근했다.

|정답 및 해설| ③

각각의 진술을 기호로 정리하면 다음과 같다.

- 가은: 가은 > 라온
- 나희: ~~나희–마루~~, ~~마루–나희~~
- 다성: 다성 > 라온, 라온 ≠ 5
- 라온: 다성 ____ 라온, 라온 ____ 다성
- 마루: 가은 ≠ 3

조건들 가운데 다성과 라온의 진술을 참고로 경우의 수를 정리하면 다음과 같다.

구분	1	2	3	4	5
경우 1	다성		라온		
경우 2		다성		라온	

가은의 진술에서 가은이 라온 앞에 있다고 하였고 마루의 진술에서 가은은 세 번째가 아니라고 했으므로 이를 정리하면 다음과 같다.

구분	1	2	3	4	5
경우 1	다성	가은	라온		
경우 2	가은	다성		라온	

나희의 진술에서 나희는 마루와 연속일 수 없으므로 경우 1은 성립할 수 없고 경우 2를 정리하면 다음과 같이 두 경우가 성립된다.

구분	1	2	3	4	5
~~경우 1~~	~~다성~~	~~가은~~	~~라온~~		
경우 2	가은	다성	나희	라온	마루
경우 2–1	가은	다성	마루	라온	나희

이를 토대로 선택지를 살펴보면 다음과 같다.

③ 두 경우 모두 다성은 나희보다 먼저 출근했으므로 옳은 내용이다.

① 가은은 나희보다 먼저 출근했으므로 반드시 옳지 않은 내용이다.
② 나희는 세 번째나 다섯 번째로 출근했으므로 반드시 옳지 않은 내용이다.
④ 경우 2에서는 라온이 나희보다 나중에 출근했지만 경우 2–1에서는 라온이 나희보다 먼저 출근했으므로 반드시 옳은 내용은 아니다.
⑤ 경우 2에서는 마루가 마지막으로 출근했지만 경우 2–1에서는 마루가 세 번째로 출근했으므로 반드시 옳은 내용은 아니다.

유형 ❸ 제시된 정보를 바탕으로 최적의 의사결정을 하는 문제

- 제시된 정보와 상황을 바탕으로 최단 거리, 최소 비용, 최소 인력 등 최적의 의사결정을 도출하는 문제가 출제된다.
- 계산을 기반으로 하는 문제와 규칙의 해석을 기반으로 하는 문제가 출제된다.
- 다양한 자료 중 문제 해결에 필요한 정보를 빠르고 정확하게 찾아내는 연습을 한다.

갑~무 다섯 명은 이번에 장학금을 신청하였는데, 이들 중 성적이 좋은 상위 2명에게 장학금을 지급한다고 한다. 성적 산출 방식과 장학금 신청자 현황이 다음과 같을 때 장학금을 받는 사람을 바르게 짝지은 것은?

[성적 산출 방식]

- 성적은 중간고사, 기말고사, 과제, 출석의 네 항목으로 측정하며 100점 만점으로 한다.
- 각각의 비율은 중간고사와 기말고사는 합해서 70%, 과제 20%, 출석 10%로 한다.
- 중간고사는 객관식으로 20문제를 출제하며, 기말고사보다 10%p 낮은 비율로 산정한다.
- 기말고사는 객관식으로 40문제를 출제한다.
- 과제는 2회 제출하며, 과제별로 정시에 제출한 경우 10점, 늦게 제출한 경우 7점, 제출하지 않은 경우 0점으로 한다.
- 출석은 10점 만점으로 하되 결석은 −2점, 지각은 −1점으로 처리하며 4회 이상 결석한 경우 이번 학기 성적은 0점으로 처리한다.
- 동점자가 있는 경우 출석 점수가 더 높은 사람의 순위를 높은 순위로 한다.

[장학금 신청자 현황]

구분	중간고사	기말고사	과제		출석
			1차	2차	
갑	20	38	O	/	결석 1회, 지각 1회
을	17	40	O	O	지각 5회
병	18	37	/	O	−
정	18	35	O	O	지각 1회
무	20	40	O	/	결석 4회

※ 1) 중간고사와 기말고사는 맞힌 개수를 기록함
2) 과제의 표시는 O: 정시제출, /: 지각제출, X: 미제출로 함

① 갑, 병 ② 을, 병 ③ 병, 정 ④ 갑, 정 ⑤ 을, 무

|정답 및 해설| ①

두 번째 조건에서 중간고사와 기말고사의 비율은 합해서 70%라고 하였고, 세 번째 조건에서 중간고사는 기말고사보다 10%p 낮은 비율로 산정한다고 하였으므로 중간고사는 30점 만점, 기말고사는 40점 만점으로 산정됨을 알 수 있다.
그런데 중간고사는 20문제인데 중간고사의 비율이 30%이므로 20문제를 전부 맞힌 경우 30점을 모두 얻게 되고 1문제를 틀릴 때마다 1.5점씩 삭감됨을 알 수 있으며, 기말고사는 40문제인데 기말고사의 비율이 40%이므로 전부 맞힌 경우 40점을 모두 얻게 되고 1문제를 틀릴 때마다 1점씩 삭감됨을 알 수 있다. 과제와 출석의 점수 산정 방식을 함께 고려하여 각각의 점수를 정리하면 다음과 같다.

구분	중간고사	기말고사	과제		출석	총합
			1차	2차		
갑	30	38	10	7	7	92
을	25.5	40	10	10	5	90.5
병	27	37	7	10	10	91
정	27	35	10	10	9	91
무	30	40	10	7	4회 결석으로 성적 산출 불가	

이에 따르면 순위는 갑이 1위, 병과 정이 동점으로 2위이다. 그런데 일곱 번째 조건에서 동점자가 있는 경우 출석 점수가 더 높은 사람의 순위를 높은 순위로 한다고 하였으므로 병의 출석 점수는 10점, 정의 출석 점수는 9점으로 병의 출석 점수가 더 높아 병이 2위가 된다.
따라서 장학금을 받는 사람은 갑, 병이다.

유형 4 제시문을 읽고 옳고 그름을 판단하는 문제

- 제시문을 읽고 옳고 그름을 판단하는 문제가 출제된다.
- 제시문으로 설명문, 법조문 등이 출제된다.
- 제시문에서 문제 해결에 필요한 정보를 빠르고 정확하게 찾아내는 연습을 한다.
- 제시문으로 법조문이 출제된 문제를 많이 풀어보며 법조문의 문장 형태를 숙지한다.

PSAT 기출(2024)

다음 글을 근거로 판단할 때 옳은 것은?

자기조절력은 스스로 목표를 설정하고 그 목표를 달성하기 위해 집념과 끈기를 발휘하는 능력을 말한다. 또한 자기조절력은 자기 자신의 감정을 잘 조절하는 능력이기도 하며, 내가 나를 존중하는 능력이기도 하다. 자기조절을 하기 위해서는 도달하고 싶으나 아직 구현되지 않은 나의 미래 상태를 현재 나의 상태와 구별해 낼 수 있어야 한다. 자기조절력의 하위 요소로는 자기절제와 목표달성 등이 있다. 이러한 하위 요소들은 신경망과도 관련이 있는 것으로 알려져 있다.

우선 자기절제는 충동을 통제하고, 일상적이고도 전형적인 혹은 자동적인 행동을 분명한 의도를 바탕으로 억제하는 것이다. 이처럼 특정한 의도를 갖고 자신의 행동이나 생각을 의식적으로 억제하거나 마음먹은 대로 조절하는 능력은 복외측전전두피질과 내측전전두피질을 중심으로 한 신경망과 관련이 깊다.

한편 목표달성을 위해서는 두 가지 능력이 필요하다. 첫 번째는 자기 자신에 집중할 수 있는 능력이다. 나 자신에 집중하기 위해서는 끊임없이 자신을 되돌아보며 현재 나의 상태를 알아차리는 자기참조과정이 필요하다. 자기참조과정에 주로 관여하는 것은 내측전전두피질을 중심으로 후방대상피질과 설전부를 연결하는 신경망이다. 두 번째는 자신이 도달하고자 하는 대상에 집중할 수 있는 능력이다. 특정 대상에 주의를 집중하는 데 필요한 뇌 부위는 배외측전전두피질로 알려져 있다. 배외측전전두피질은 주로 내측전전두피질과 연결되어 작동한다. 내측전전두피질과 배외측전전두피질 간의 기능적 연결성이 강할수록 목표를 위해 에너지를 집중하고 지속적인 노력을 쏟아 부을 수 있는 능력이 높아진다.

① 자기조절을 위해서는 현재 나의 상태와 아직 구현되지 않은 나의 미래 상태를 구분할 수 있어야 한다.
② 내측전전두피질과 배외측전전두피질 간의 기능적 연결성이 약할수록 목표를 위한 집중력이 높아진다.
③ 목표달성을 위해서는 일상적이고 전형적인 행동을 강화하는 능력이 필요하다.
④ 자신이 도달하고자 하는 대상에 집중하는 과정을 자기참조과정이라 한다.
⑤ 자기조절력은 자기절제의 하위 요소이다.

|정답 및 해설| ①

첫 번째 문단에서 자기조절을 하기 위해서는 도달하고 싶으나 아직 구현되지 않은 나의 미래 상태를 현재 나의 상태와 구별해 낼 수 있어야 한다고 하였으므로 자기조절을 위해서는 현재 나의 상태와 아직 구현되지 않은 나의 미래 상태를 구분할 수 있어야 한다는 내용은 옳다.

② 마지막 문단에서 내측전전두피질과 배외측전전두피질 간의 기능적 연결성이 강할수록 목표를 위해 에너지를 집중하고 지속적인 노력을 쏟아 부을 수 있는 능력이 높아진다고 하였으므로 내측전전두피질과 배외측전전두피질 간의 기능적 연결성이 약할수록 목표를 위한 집중력이 높아진다는 내용은 옳지 않다.

③ 첫 번째 문단에 의하면 자기조절력은 스스로 목표를 설정하고 그 목표를 달성하기 위해 집념과 끈기를 발휘하는 능력을 말하며, 자기조절력의 하위 요소로는 자기절제와 목표달성 등이 있다고 하였는데, 두 번째 문단에서 자기절제는 충동을 통제하고, 일상적이고도 전형적인 혹은 자동적인 행동을 분명한 의도를 바탕으로 억제하는 것이라고 하였으므로 목표달성을 위해서는 일상적이고 전형적인 행동을 강화하는 능력이 필요하다는 내용은 옳지 않다.

④ 세 번째 문단에서 끊임없이 자신을 되돌아보며 현재 나의 상태를 알아차리는 자기참조과정이 필요하다고 하였으므로 자신이 도달하고자 하는 대상에 집중하는 과정이 자기참조과정이라는 내용은 옳지 않다.

⑤ 첫 번째 문단에서 자기조절력의 하위 요소로는 자기절제와 목표달성 등이 있다고 하였으므로 자기조절력이 자기절제의 하위 요소가 아니라 자기절제가 자기조절력의 하위 요소임을 알 수 있다.

적중예상문제

난이도 ★☆☆

01 A, B, C, D, E 중에 학회에 참가하는 사람을 선정하려고 한다. 상황이 아래와 같을 때 다음 중 옳은 것은?

- A가 참가하면 B는 참가하지 않는다.
- B가 참가하면 E는 참가하지 않는다.
- C가 참가하면 A는 참가하지 않는다.
- D가 참가하지 않으면 B는 참가한다.
- E가 참가하지 않으면 C는 참가한다.

① A가 참가하지 않으면 E도 참가하지 않는다.
② B가 참가하면 D는 참가하지 않는다.
③ B가 참가하지 않으면 A는 참가한다.
④ E가 참가하지 않으면 D는 참가한다.
⑤ C가 참가하지 않으면 D는 참가한다.

난이도 ★★☆

02 이번에 새로 선발된 사원에 대한 정보는 다음과 같다. 아래 내용에 의할 때 반드시 참인 결론을 고르면?

- 키가 큰 사람은 인사팀이다.
- 열정적인 사람만 키가 크지 않다.
- 2000년대생이 아닌 사람은 키가 크다.
- 인사팀이거나 열정적이지 않은 사람은 경제학 전공이 아니다.

① 경제학 전공이 아닌 사람은 인사팀이 아니다.
② 2000년대생이 아닌 사람은 열정적이지 않다.
③ 인사팀이 아닌 사람은 경제학 전공이다.
④ 키가 큰 사람은 2000년대생이다.
⑤ 경제학 전공인 사람은 2000년대생이다.

난이도 ★★☆

03 이번 사내 워크숍에 참석할 인원에 대한 내용은 다음과 같다. 워크숍에 참석하지 않는 사람으로만 짝지어진 것은?

• 인사팀장, 감사실장, 물류팀장, 총무팀장, 비서실장, 마케팅팀장 중 3명만 참석한다.
• 총무팀장이 참석하면 인사팀장도 참석한다.
• 마케팅팀장이 참석하지 않으면 감사실장도 참석하지 않는다.
• 총무팀장이 참석하지 않으면 비서실장도 참석하지 않는다.
• 인사팀장과 감사실장 중 한 명만 참석하는 일은 없다.

① 인사팀장, 비서실장
② 감사실장, 마케팅팀장
③ 물류팀장, 총무팀장
④ 총무팀장, 마케팅팀장
⑤ 인사팀장, 감사실장

난이도 ★☆☆

04 이번 사내 근무 성적 평가 대상은 갑, 을, 병, 정, 무 다섯 명이다. 이들의 평가 점수와 순위에 대한 정보가 다음과 같을 때 다음 중 성적이 높은 사람부터 나열한 것으로 가능한 것은?

• 병의 점수가 갑의 점수보다 높다.
• 정은 무보다 순위가 낮다.
• 을, 병, 정의 순위는 연속이다.
• 을은 무 바로 다음 순위이다.

① 갑, 을, 정, 무, 병
② 병, 갑, 을, 정, 무
③ 무, 을, 정, 병, 갑
④ 병, 갑, 무, 을, 정
⑤ 정, 병, 을, 무, 갑

난이도 ★☆☆

05 인사팀, 기획팀, 감사팀, 물류팀, 비서팀에서 각 한 명씩 대표를 선발하여 사내 체육대회에 참가하였다. 달리기 순위에 대한 정보가 다음과 같을 때 다음 중 반드시 옳은 것은?

- 참가자는 A, B, C, D, E 다섯 명이고 3위까지 상금이 수여된다.
- C는 비서팀 대표 바로 앞 순위로 들어왔다.
- 물류팀 대표인 A가 1위를 차지했다.
- B는 인사팀 대표가 아니다.
- D는 상금을 받았다.
- 5위를 차지한 것은 비서팀 대표도 아니고 E도 아니다.
- 감사팀 대표는 D 바로 다음으로 들어왔다.

① 비서팀 대표는 상금을 받았다.
② B는 감사팀 대표이다.
③ 인사팀 대표는 2위를 차지했다.
④ 기획팀 대표는 5위를 차지하지 않았다.
⑤ E는 D보다 순위가 높다.

난이도 ★☆☆

06 8자리로 이루어진 둥근 탁자에 공학부, 이학부, 어문학부, 법학부의 교수와 조교 각각 1명씩 총 8명이 둘러앉아 식사를 하고 있다. 이들이 앉은 자리에 대한 〈정보〉가 다음과 같을 때 반드시 옳은 것은?

〈정보〉

가. 어문학부 조교의 왼쪽에 앉은 사람은 법학부 교수 맞은편에 앉은 조교이다.
나. 공학부 조교의 맞은편에 앉은 사람은 교수인데, 이 교수의 바로 오른쪽에는 이학부 교수가 앉아 있다.
다. 법학부 교수의 바로 왼쪽은 공학부 교수이고, 바로 오른쪽은 조교이다.
라. 한 학부를 제외한 나머지 학부의 교수와 조교는 바로 옆자리에 앉아 있다.

① 이학부 교수의 양옆에는 교수와 조교가 1명씩 앉아 있다.
② 법학부 조교의 맞은편에는 교수가 앉아 있다.
③ 어문학부 교수의 오른쪽에는 조교가 앉아 있다.
④ 공학부는 조교와 교수가 떨어져 앉아 있다.
⑤ 어문학부는 조교와 교수가 바로 옆자리에 앉아 있다.

난이도 ★☆☆

07

상훈, 지현, 도영, 연우, 준혁, 진영 여섯 명이 무대를 바라보며 아래와 같은 여섯 개의 좌석에 앉아 있다. 아래 조건에 의할 때, 다음 중 반드시 거짓인 것은?

무대

1열			
2열			

- 상훈은 지현의 바로 왼쪽에 앉는다.
- 연우는 준혁보다 무대에 가까이 앉으나 준혁의 바로 앞에 앉지는 않는다.
- 지현은 1열에 앉으며 지현의 바로 뒤에 도영이 앉는다.

① 상훈의 뒤에는 준혁이 앉는다.
② 도영은 진영보다 왼쪽에 앉는다.
③ 상훈과 연우는 같은 열에 앉는다.
④ 여섯 명이 앉을 수 있는 경우의 수는 4가지이다.
⑤ 지현의 양옆에 좌석이 있다.

난이도 ★☆☆

08

甲사는 매년 가을 체육대회를 열어 1위부터 3위까지 포상금을 수여한다. 작년에는 그 순위가 기획, 총무, 인사, 물류, 영업팀의 순서였는데 올해의 결과는 다음과 같았다. 올해 순위가 동률인 팀은 없다고 할 때 다음 중 반드시 거짓인 것은?

1. 기획팀의 순위는 3위가 아니다.
2. 영업팀과 물류팀의 순위는 2위가 아니다.
3. 인사팀은 포상금을 받지 못했다.
4. 영업팀과 인사팀 모두 4위를 하지는 않았다.
5. 작년과 같은 순위를 기록한 팀은 없다.

① 올해 기획팀의 순위는 작년 인사팀의 순위보다 높다.
② 올해 인사팀의 순위는 작년 기획팀의 순위보다 높지 않다.
③ 총무팀과 기획팀 중에 올해 포상금을 받지 못한 팀이 있다.
④ 올해 영업팀의 순위는 작년 총무팀의 순위보다 높지 않다.
⑤ 작년에 포상금을 받지 못한 팀 중에 올해도 포상금을 받지 못한 팀이 있다.

난이도 ★★☆

09 강의실에 A, B, C, D, E, F, G, H 8명의 학생이 있다. 이들은 아래 그림과 같이 2명씩 짝을 지어 앉아 있으며, 각각의 자리에는 번호가 붙어 있다. 이들은 빨간색, 파란색, 초록색, 검은색 티셔츠를 각각 2명씩 입고 있으며, 옆 사람과 같은 색의 티셔츠를 입고 있는 사람은 없다. 다음의 조건들을 통해 자리가 배정되었을 때, 반드시 참인 진술은?

앞

가 1	나 1
가 2	나 2
가 3	나 3
가 4	나 4

뒤

1. C와 D는 짝이다.
2. C의 티셔츠 색과 G의 티셔츠 색은 같다.
3. G는 맨 앞줄에 앉고 A와 짝이며 검은색 티셔츠를 입은 사람 바로 앞에 앉는다.
4. 파란색 티셔츠를 입은 사람은 항상 자기와 같은 열의 검은색 티셔츠를 입은 사람 바로 앞에 앉는다.
5. 빨간색 티셔츠를 입은 사람 중 한 사람은 맨 앞에, 한 사람은 맨 뒤에 앉아 있다.
6. F의 앞에는 파란색 티셔츠를 입은 사람이, 뒤에는 초록색 티셔츠를 입은 사람이 앉는다.
7. H는 '가 2'번 자리에 앉으며 초록색 티셔츠를 입는다.
8. 가열에 앉은 4명은 모두 다른 색의 티셔츠를 입고 있어야 한다.

① G의 뒷자리에는 E가 앉는다.
② C의 뒷자리에는 B가 앉는다.
③ D의 앞자리에는 F가 앉는다.
④ A와 C 사이에는 두 명이 있다.
⑤ H와 B는 같은 가열에 앉아 있다.

난이도 ★★☆

10 1~4반이 참가하는 합창대회를 준비하기 위해 각 반에서 연습실 이용을 신청하였다. 연습실은 A~C 연습실 3개가 있고, 각 반의 연습실 이용 현황이 다음과 같을 때, 다음 중 (ㄱ)~(ㄹ)에 들어갈 내용이 바르게 연결된 것은?

- 연습은 월요일부터 목요일까지 4일간 진행하며, 이 기간 동안 연습실이 비는 요일은 없다.
- 한 반이 같은 날 여러 연습실을 이용하는 경우는 없으며 한 연습실을 다른 요일에 이용하는 경우도 없다.
- C 연습실은 1반이 4반보다 먼저 이용한다.
- B 연습실을 가장 먼저 이용하는 것은 3반이다.
- A 연습실을 목요일에 이용하는 것은 2반이다.
- B 연습실은 2반이 4반보다 먼저 이용한다.
- 3반은 수요일에 A 연습실을 이용한다.
- 월요일에는 1반이, 목요일에는 3반이 연습하지 않는다.

구분	1반	2반	3반	4반
A 연습실		(ㄱ)		(ㄴ)
B 연습실	(ㄷ)			
C 연습실			(ㄹ)	

① ㄱ: 목요일, ㄴ: 화요일
② ㄱ: 목요일, ㄷ: 목요일
③ ㄴ: 수요일, ㄷ: 목요일
④ ㄴ: 월요일, ㄹ: 월요일
⑤ ㄷ: 화요일, ㄹ: 수요일

난이도 ★★☆

11 **A 방송국에서는 새해 첫날에 은퇴한 스포츠계의 유명 인사를 찾아가 신년 계획을 들어 보는 시간을 마련하고 있다. 작년과 올해에는 범근, 만기, 동열, 주엽을 찾아갔고 리포터로 활동한 사람은 지성, 호동, 승엽, 태환인데 그들이 찾은 선수들에 관한 정보는 다음과 같다. 유명 인사 1명당 리포터가 1명씩 찾아간다고 할 때 다음 중 옳은 것은?**

1. 지성은 올해에는 범근을 찾아갔으며 작년에는 동열을 찾아간 것은 아니었다.
2. 호동은 만기를 만난 적이 없다.
3. 올해 태환이 찾아간 선수는 작년에 승엽이 찾아간 선수이다.
4. 올해 승엽이 찾아간 선수는 작년에 호동이 찾아간 선수이다.
5. 작년에 찾아간 선수에게 올해 다시 찾아간 사람은 없다.

① 작년에 지성은 주엽을 찾아가지 않았다.
② 만기가 작년에 만난 사람은 태환이다.
③ 호동이 작년에 만난 사람은 동열이다.
④ 태환이 작년에 만난 사람을 올해 만난 사람은 호동이다.
⑤ 올해 승엽은 동열을 찾아가지 않았다.

난이도 ★☆☆

12 **이번 근무성적평가 결과 승진한 사람은 갑, 을, 병, 정, 무 가운데 한 명이다. 누가 승진했는지에 대해 다음과 같은 대화를 나누었는데 이 가운데 한 명은 진실을 말하고 나머지 네 명은 거짓을 말하였다. 그렇다면 승진한 사람은 누구인가?**

> **갑**: 나와 정은 승진하지 못했어.
> **을**: 병이 승진했어.
> **병**: 정의 말은 거짓이야.
> **정**: 갑과 무 가운데 승진한 사람이 있어.
> **무**: 갑은 승진하지 못했어.

① 갑 ② 을 ③ 병 ④ 정 ⑤ 무

난이도 ★★☆

13 **이번 근무성적평가 결과 승진한 사람은 갑, 을, 병, 정, 무 가운데 한 명이다. 누가 승진했는지에 대해 다음과 같은 대화를 나누었는데 이 가운데 두 명은 진실을 말하고 나머지 세 명은 거짓을 말하였다. 그렇다면 승진한 사람은 누구인가?**

> **갑**: 나와 정은 승진하지 못했어.
> **을**: 병이 승진했어.
> **병**: 정의 말은 거짓이야.
> **정**: 갑과 무 가운데 승진한 사람이 있어.
> **무**: 갑은 승진하지 못했어.

① 갑 ② 을 ③ 병 ④ 정 ⑤ 무

난이도 ★★☆

14 **A, B, C, D 네 명의 학생이 조별 발표 준비를 하고 있다. 이들 가운데 두 명이 도서관에서 관련 자료를 준비해 오기로 하였다. 이 가운데 두 사람은 거짓을, 두 사람은 진실을 말하고 있다고 할 때 자료를 준비해 오기로 한 사람으로 확실한 사람은?**

> A: 나는 자료를 준비해 오기로 한 사람은 아니었어.
> B: 자료를 준비해 오기로 한 두 명 가운데 한 명은 C였어.
> C: 자료를 준비해 오기로 한 두 명 가운데 한 명은 B였어.
> D: 나는 자료를 준비해 오기로 한 두 명 가운데 한 명이 아니고 A는 진실을 말하고 있어.

① A ② B ③ C ④ D ⑤ 없음

난이도 ★★☆

15 **다음은 어제 있었던 A 팀과 B 팀의 야구 경기 결과에 대한 대화이다. 네 명이 말한 내용은 각각 하나는 진실, 하나는 거짓이라고 할 때 승리한 팀과 승리한 팀의 점수를 순서대로 올바르게 나열한 것은?** (단, 경기 결과가 무승부는 아니었다.)

> **민석:** B 팀이 승리했어. B 팀의 점수는 5점이야.
> **소현:** A 팀이 승리했어. A 팀의 점수는 4점이야.
> **주호:** 1점 차 승부였어. B 팀은 6점 이상을 득점했어.
> **새빛:** 양 팀 득점의 합은 11이야. A 팀이 승리했어.

① A, 5 ② A, 6 ③ B, 5 ④ B, 6 ⑤ B, 7

난이도 ★★☆

16 다음 부동산 중개 수수료에 관한 자료를 근거로 판단할 때 옳지 않은 것을 모두 고르면?

주택 중개 수수료의 실비 한도 등에 관하여 필요한 사항은 법령이 정하는 범위 안에서 특별시, 광역시 또는 도의 조례로 정한다. 아래 표를 바탕으로 구한 중개 수수료는 중개의뢰인 쌍방이 각각 부담한다.

[부동산(주택) 중개 수수료]

종별	거래가액	수수료율	한도액
매매 및 교환	5천만 원 미만	6/1,000	250,000원
	5천만 원 이상 2억 원 미만	5/1,000	800,000원
	2억 원 이상 6억 원 미만	4/1,000	없음
임대차	2천만 원 미만	5/1,000	70,000원
	2천만 원 이상 5천만 원 미만	4/1,000	200,000원
	5천만 원 이상 1억 원 미만	4/1,000	300,000원
	1억 원 이상 3억 원 미만	3/1,000	없음

1) 중개 수수료는 거래가액에 수수료율을 곱한 금액으로 하되, 한도액을 초과하는 경우에는 한도액의 범위 안에서만 받을 수 있다.
2) 매매가 6억 원 이상 또는 임대가 3억 원 이상의 주택은 중개 수수료 한도(매매 및 교환 9/1,000, 임대차 8/1,000) 내에서 중개의뢰인과 중개업자가 별도 체결하는 계약에 따른다.
3) 임대차 중 보증금 외에 차임이 있는 경우에는 월 단위의 차임액에 100을 곱한 금액을 보증금에 합산한 금액을 거래금액으로 한다. 합산한 금액이 5천만 원 미만인 경우에는 월 단위의 차임액에 70을 곱한 금액과 보증금을 합산한 금액을 거래금액으로 한다.

〈보기〉

ㄱ. 매매가 2억 원짜리 주택을 매매하였다면 매도인과 매수인이 부담하는 중개 수수료의 합은 160만 원이다.
ㄴ. 임대가 6억 원인 주택을 임대하면서 중개의뢰인과 중개업자가 수수료율을 1천분의 6으로 계약을 체결했다면 한 사람이 부담하는 중개 수수료는 360만 원이다.
ㄷ. 보증금 3천만 원에 차임이 월 19만 원인 주택을 임대하였다면 한 사람이 부담하는 중개 수수료는 19만 6천 원이다.
ㄹ. 보증금 5천만 원에 차임이 월 40만 원인 주택을 임대하였다면 한 사람이 부담하는 중개 수수료는 36만 원이다.

① ㄱ, ㄴ ② ㄱ, ㄷ ③ ㄱ, ㄴ, ㄹ ④ ㄷ, ㄹ ⑤ ㄴ, ㄷ, ㄹ

난이도 ★★☆

17 **A 씨는 현재 자신의 승용차로 서울외곽순환도로를 이용해 출퇴근하고 있는데 경비 절감을 위해 B 회사의 연비향상장치를 장착할지 고민하고 있다. 아래 〈상황〉을 토대로 할 때 〈보기〉 중 옳지 않은 것을 모두 고르면?** (단, 휘발유 가격 이외의 경비는 고려하지 않는다.)

〈상황〉

- 현재 A 씨는 집에서 서울외곽순환도로 입구까지와 서울외곽순환도로 출구에서 회사까지는 시속 40km, 서울외곽순환도로 구간에서는 시속 80km로 주행하고 있다.
- 집에서 서울외곽순환도로 입구까지는 1시간, 서울외곽순환도로 구간에서는 30분, 서울외곽순환도로 출구에서 회사까지는 1시간이 소요된다.
- B 회사의 연비향상장치는 10만 원이다.
- 1L당 휘발유 가격은 1,000원이다.
- 연비향상장치 장착 전 평균 연비는 리터당 10km이고, 연비향상장치 장착 후 평균 연비는 리터당 12km이다.
- 다음 달 회사에 출퇴근하는 날은 20일이다.
- A 씨는 승용차를 출퇴근 시에만 이용하고 있다.

〈보기〉

ㄱ. A 씨가 출퇴근하는 동안 운행하는 거리는 240km이다.
ㄴ. 연비향상장치를 장착하면 다음 한 달간 절감되는 경비는 80,000원이다.
ㄷ. 다음 달 출근일수가 25일로 늘어나는 경우 다음 달에 연비향상장치 장착으로 인해 절감되는 경비는 연비향상장치 가격보다 높다.
ㄹ. 휘발유 가격이 1,200원으로 상승하는 경우 다음 달에 연비향상장치 장착으로 인해 절감되는 경비는 연비향상장치 가격보다 낮다.

① ㄱ　② ㄱ, ㄷ　③ ㄷ　④ ㄷ, ㄹ　⑤ ㄴ, ㄷ, ㄹ

난이도 ★☆☆

18 아래 〈그림〉의 점선은 A 국의 영토를, 실선은 A 국의 고속국도들을 표시한 것이며 가, 나, 다, 라는 간선노선을, 마, 바는 보조간선노선을 나타내고 있다. 다음 제시문을 근거로 할 때 〈그림〉의 도로에 노선번호를 부여한 것으로 가장 올바른 것은?

> A 국의 자동차도로는 그 관리상 고속국도, 일반국도, 특별광역시도, 지방도, 시도, 군도, 구도의 일곱 가지로 구분된다. 이들 각 도로에는 고유번호가 부여되어 있고, 이는 지형도상의 특정 표지판 모양 안에 표시되어 있다. 그러나 군도와 구도는 구간이 짧고 노선 수가 많아 노선번호가 중복될 우려가 있어 표지상에 번호를 표기하지 않는다.
>
> 고속국도 가운데 간선노선의 경우 두 자리 숫자를 사용하며, 남북을 연결하는 경우는 서에서 동으로 가면서 숫자가 증가하는데 끝자리에 5번을 부여하고, 동서를 연결하는 경우는 남에서 북으로 가면서 숫자가 증가하는데 끝자리에 0번을 부여한다.
>
> 보조간선노선은 간선노선 사이를 연결하는 고속국도로서 이 역시 두 자리 숫자로 표기한다. 그런데 보조간선노선이 남북을 연결하는 모양에 가까우면 첫 자리는 남쪽 시작점의 간선노선 첫 자리를 부여하고, 끝자리는 5를 제외한 홀수를 부여한다. 한편, 동서를 연결하는 모양에 가까우면 첫 자리는 동서를 연결하는 간선노선 가운데 해당 보조간선노선의 바로 아래쪽에 있는 간선노선의 첫 자리를 부여하고, 끝자리는 0을 제외한 짝수를 부여한다.

〈그림〉

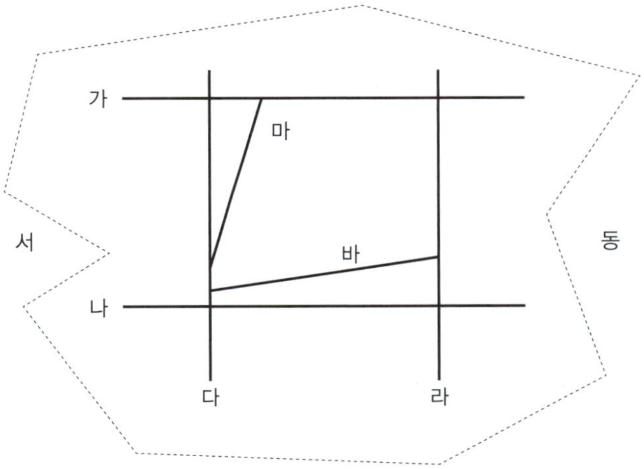

	가	나	다	라	마	바
①	25	15	10	20	19	12
②	20	10	15	25	18	14
③	25	15	20	10	17	12
④	20	10	15	25	13	19
⑤	20	10	15	25	17	12

난이도 ★☆☆

19 **인수를 포함한 12명의 여행 동호회 회원들이 이번 여행을 위해 계획을 짜고 있다. 현재 차는 A, B의 두 대가 준비되어 있으며 각 차에 6명씩 탑승이 가능하다. 누가 어떤 차를 탈 것인지 정하기 위해 다음과 같은 방법을 적용하기로 하였다.**

[배치 규칙]

1. 동그란 시계 모양을 하고 있는 테이블의 각 시각의 위치에 회원들이 무작위로 앉는다. 이때, 인수는 12시 자리에 앉는다.
2. 1부터 12까지 번호가 쓰인 카드를 1세트 준비한다.
3. 우선 인수가 12장의 카드에서 가장 낮은 번호를 가지고, 나머지 카드를 왼쪽 사람에게 전해 준다.
4. 카드를 받은 사람은 나머지 카드에서 가장 높은 번호를 가지고, 나머지 카드를 왼쪽 사람에게 전해 준다.
5. 다시 카드를 받은 사람은 나머지 카드에서 가장 낮은 번호를 가지고, 그 왼쪽에 앉은 사람은 남은 카드에서 가장 높은 번호를 가지면서 카드가 소진될 때까지 계속 반복한다.

[배치 규칙]에 따라 위와 같이 각자 카드를 가진 후에 마지막으로 카드를 받은 사람과 인수가 가위바위보를 해 마지막으로 카드를 받은 사람이 이기는 경우 1~6번을 가진 사람이 A 차에, 7~12번을 가진 사람이 B 차에 타기로 하였다. 하지만 인수가 이기는 경우에는 짝수를 가진 사람이 A 차에, 홀수를 가진 사람이 B 차에 타기로 하였을 때, 다음 〈보기〉 중 항상 옳은 것은?

〈보기〉

ㄱ. 인수가 이길 경우 누구든 자신의 맞은편에 앉은 사람과 같은 차에 탈 수는 없다.
ㄴ. 인수의 바로 양옆에 앉은 두 사람은 언제나 다른 차에 탄다.
ㄷ. 4시 자리에 앉은 사람과 8시 자리에 앉은 사람은 반드시 인수와 같은 차에 탄다.
ㄹ. 3시, 7시, 11시 자리에 앉은 사람은 항상 B 차에 타게 된다.

① ㄴ　② ㄱ, ㄹ　③ ㄴ, ㄷ
④ ㄱ, ㄷ, ㄹ　⑤ ㄱ, ㄴ, ㄷ, ㄹ

[20-21] '소수국'에서 다음과 같은 규칙을 가진 대회가 벌어졌다. 각 물음에 답하시오.

1. 대회에서는 O, X로만 답할 수 있는 질문이 제시된다.
2. 참가자들은 O, X 중 하나의 답변을 반드시 선택해야 하는데 반드시 진실만을 말할 필요는 없다. 예를 들어, 질문이 '나는 미성년자이다.'라고 했을 때 성년이더라도 O를 선택할 수 있다.
3. 5분 안에 투표해야 하며 투표지에는 자신의 이름과 질문에 대한 답을 적는다.
4. O와 X 가운데 다수의 인원이 선택한 선택지를 선택한 사람은 탈락하고, 소수의 인원이 선택한 선택지를 선택한 사람이 다음 질문을 받을 자격이 생긴다. 예를 들어, O가 3명, X가 4명이라면 X를 선택한 참가자들은 탈락하고 O를 선택한 3명이 다음 라운드에 진출한다.
5. O와 X를 선택한 인원수가 동일하거나 어느 한쪽이 한 명도 없는 라운드는 무효로 하여 라운드로 계산하지 않는다.
6. 최종 1명을 우승자로 한다. 만약 마지막에 2명이 남는다면 2명을 공동 우승으로 한다.

난이도 ★☆☆

20 **위 대회에 대한 설명으로 옳은 것은?**

ㄱ. 라운드가 진행되면서 A, B, C 3명이 남았는데 A와 B 2명이 팀을 이루어 A는 무조건 O를 쓰고 B는 무조건 X를 쓰기로 한다면 C는 반드시 탈락한다.
ㄴ. 라운드가 진행되면서 7명이 남았는데 두 번의 라운드를 거쳐 우승자가 결정되었다면 우승자는 1명일 것이다.
ㄷ. 참가자가 몇 명이든 관계없이 1라운드에서 대회가 끝나는 경우도 있다.
ㄹ. 만약 1라운드에서 대회가 끝난다면 우승자가 1명일 수도 있고 2명일 수도 있다.

① ㄱ, ㄴ ② ㄴ, ㄷ, ㄹ ③ ㄷ, ㄹ
④ ㄱ, ㄷ, ㄹ ⑤ ㄱ, ㄴ, ㄷ, ㄹ

난이도 ★☆☆

21 **대회에 남자 14명, 여자 15명이 참가했는데 질문이 '당신은 남성이다.'였다. 이 질문에 단 한 사람만이 거짓을 말했다면 다음 중 옳은 것은?**

① 거짓을 말한 사람이 남자라면 그 사람은 탈락하지 않지만 여성들은 전부 탈락한다.
② 거짓을 말한 사람이 남자라면 그 사람은 탈락하고 남성들이 전부 탈락한다.
③ 거짓을 말한 사람이 여자라면 그 사람은 탈락하고 여성들이 전부 탈락한다.
④ 거짓을 말한 사람이 여자라면 그 사람은 탈락하지 않지만 남성들이 전부 탈락한다.
⑤ 거짓을 말한 사람의 성별에 관계없이 거짓을 말한 사람은 탈락하고 거짓을 말한 사람의 진짜 성별을 가진 사람들만 남게 된다.

난이도 ★★★

22 다음 글을 읽고 P 새의 부리 형태에 대해 추론한 것으로 적절하지 않은 것은?

P 새는 개체에 따라 부리의 형태가 W형, X형, Y형, XY형, N형의 5가지 중 한 가지에 속한다. 이 부리 형태는 각 개체가 가진 유전자 쌍으로 결정되는데 w, x, y, n 4종의 유전자에서 2가지 유전자가 쌍으로 조합된다. 이 유전자 쌍을 ww, xy 등과 같이 표현하는데 순서에 의미가 없기 때문에 xy 쌍과 yx쌍 사이에 구별이 없다.

유전자 쌍은 그 개체의 양친(부친과 모친)으로부터 각각의 유전자 쌍 중 하나씩 물려받아 조합한 것이다. 예를 들어 wx의 유전자 쌍을 가진 암컷(모친)과 yn의 유전자 쌍을 가진 수컷(부친) 한 쌍에서 태어난 개체는 모친에게서 w 또는 x의 유전자를, 부친에게서 y 또는 n의 유전자를 물려받아, wy, wn, xy, xn 4가지 가운데 한 가지의 유전자 쌍을 보유하게 된다. 암수 각각이 보유한 2개의 유전자 중 하나를 물려받을 가능성은 동일하며 4가지 쌍의 유전자 중 하나를 물려받을 가능성도 동일하다.

이 유전자 쌍과 P의 부리 형태 간에는 다음과 같은 관계가 있다.

(1) w 유전자를 1개라도 보유한 경우, 부리 형태는 W형이 된다.
(2) x 유전자를 보유하고, y 유전자를 보유하지 않은 경우, 부리 형태는 X형이 된다.
(3) y 유전자를 보유하고, x 유전자를 보유하지 않은 경우, 부리 형태는 Y형이 된다.
(4) x 유전자와 y 유전자를 모두 보유하는 경우, 부리 형태는 XY형이 된다.
(5) (1)~(4) 이외의 경우, 부리 형태는 N형이 된다.

① 「W형과 XY형을 부모로 둔 W형의 암컷」과 「N형의 수컷」을 교배하여 태어난 개체는 모친과 부리 형태가 일치할 수 있다.
② 「X형과 Y형을 부모로 둔 암컷」과 「N형의 수컷」을 교배하여 태어난 개체는 부친과 부리 형태가 일치할 수 있다.
③ 「양친 모두 X형인 X형 암컷」과 「양친 모두 Y형인 Y형 수컷」을 교배하여 태어난 개체는 부리 형태가 N형일 수 있다.
④ 「양친 모두 XY형인 X형 암컷」과 「양친 모두 XY형인 Y형 수컷」을 교배하여 태어난 개체는 부모 어느 쪽과도 같은 부리 형태일 수 없다.
⑤ 「XY형과 X형을 부모로 가진 X형 암컷」과 「양친 모두 W형인 Y형 수컷」을 교배하여 태어난 개체는 부모 어느 쪽과도 같은 부리 형태일 수 없다.

난이도 ★★☆

23

A, B, C, D 네 친구가 대한민국의 축구경기를 관람하기 위해 모였다. 이들은 경기 결과에 따라 참가비를 내거나 상금을 받게 되는데 그 방식에 따라 아래 세 가지 종류의 티켓이 있다. A, B, C, D가 각각 하나의 티켓을 선택해야 하고 이들의 성향이 다음과 같다고 할 때 각각 선택할 티켓을 적절하게 연결한 것은?

(단위: 만 원)

경기결과 / 티켓	대한민국 승	무승부	대한민국 패
티켓 1	6	4	−4
티켓 2	3	−2	4
티켓 3	−1	3	2

※ 해당하는 칸의 수가 양수인 경우 해당 상금을 받고 음수인 경우 참가비를 내는 것임. 예를 들어 티켓 1을 선택하였는데 대한민국이 이긴 경우에는 6만 원의 상금을 받고, 티켓 2를 선택하였는데 경기가 무승부인 경우 2만 원의 참가비를 냄

[성향]

A: 나는 어떤 티켓을 선택하든 경기 결과가 항상 나에게 가장 유리하게 전개될 것이라고 생각해서 최대성과를 가져다주는 티켓을 선택할 거야.

B: 나는 어떤 티켓을 선택하든 경기 결과가 항상 나에게 가장 불리하게 전개될 것이라고 생각해서 최대성과를 가져다주는 티켓을 선택할 거야.

C: 나는 각 결과가 발생할 확률이 동일할 것 같으니 티켓별로 기댓값을 계산해서 기댓값이 가장 큰 티켓을 선택할 거야.

D: 나는 일정한 상황에서 내가 선택한 티켓으로 발생한 결과와 최선의 티켓을 선택하였더라면 얻을 수 있었던 결과와의 차이를 후회로 볼 건데, 모든 상황별로 후회를 계산한 후 그 가운데 티켓별 최대 후회를 비교해서 가장 후회가 적은 티켓을 선택할 거야.

① A – 티켓 1, B – 티켓 2
② B – 티켓 2, C – 티켓 1
③ A – 티켓 1, D – 티켓 2
④ B – 티켓 3, D – 티켓 3
⑤ C – 티켓 1, D – 티켓 1

난이도 ★★☆

24 신년을 맞아 사원 단체 여행 계획을 세우려고 하고 있다. 여행 계획의 단계와 단계별 걸리는 시간, 먼저 행해져야 할 작업이 다음 표와 같다고 할 때 여행 계획에 필요한 최소한의 시간은? (단, 여행 계획에 동원할 수 있는 사원은 여러 명이 존재하며, 이들은 모두 모든 작업을 할 수 있다.)

	단계	작업시간(일)	선행 작업
A	인원 확정	5	없음
B	날짜 선정	2	A
C	예산 결정	4	A
D	항공권 확보	2	B, C
E	차량 준비	2	B
F	숙소 예약	6	D
G	일정표 작성	3	D, E
H	여행 계획 확정 및 공지	2	F, G

① 15일 ② 19일 ③ 20일 ④ 23일 ⑤ 26일

난이도 ★★☆

25 A, B, C, D, E, F 여섯 친구가 여행을 떠났다. 이들의 숙소를 잡기 위해 각각의 선호를 조사하였는데 그 결과는 다음과 같았다. 그렇다면 이들의 선호를 반영해서 숙소를 잡으려면 최소 몇 개의 숙소가 필요한가?

[선호]

A: 나는 B, E와 같은 숙소에 있기 싫어.
B: 나는 D, E와는 같은 숙소가 아니었으면 해.
C: 나는 A, E와 같은 숙소에 있기 싫어.
D: 나는 F와 같은 숙소만 아니면 돼.
E: 나는 누구와도 같은 숙소에 있을 수 있어.
F: 나는 B, D와 같은 숙소가 아니었으면 좋겠어.

① 2개 ② 3개 ③ 4개 ④ 5개 ⑤ 6개

난이도 ★☆☆

26 제시된 자료를 근거로 참/거짓을 바르게 판단한 것은?

승경도는 벼슬살이하는 도표의 의미를 지니고 있으며, 관직체계를 기본 내용으로 종이 말판 위에서 누가 가장 먼저 높은 관직에 올라 퇴관(退官)하는가를 겨루는 놀이이다. 초기에는 정육면체의 나무막대인 윤목을 이용하여 진행하였으나 그 방법이 변천하여 현재는 1부터 5까지 숫자가 새겨진 오각기둥의 나무막대인 윤목을 이용한다. 윤목을 굴려 나온 수대로 말을 이동하여, 최종점인 봉조하(奉朝賀)에 도착해 먼저 퇴관한 사람이 승리한다. 원래는 계절에 상관없이 즐기던 놀이였으나, 일반적으로 정월에 많이 하였다.

성현의 《용재총화》에 따르면 '승가(僧家)에 성불도가 있으니 지옥으로부터 대각에 이르기까지 그 사이 제천제계가 무려 수십여 처요, 윤목 육면에 나무아미타불 여섯 자를 써서 던짐을 따라 옮기며 혹은 올라가고 혹 내려와서 승부를 정한다. 정승 하륜이 승경도를 만들어 구품으로부터 일품에 이르기까지 관직의 차례가 있어 윤목 육면에 덕·재·근·감·연·빈의 여섯 자를 써서 덕과 재면 올라가고 연과 빈이면 그만두되 마치 벼슬길과 같았다'라고 언급한 내용을 확인할 수 있다. 이를 통해 승경도는 하륜이 불교에서 행했던 성불도를 기반으로 하여 조선의 관직체계를 반영해 만들었음을 추측할 수 있다. 한편, 이유원은 《임하필기》에서 승경도의 기원이 당대 중국에서 제작된 《투자선격》에 있다고 기록하였다.

승경도가 조선시대 전반에 걸쳐 크게 유행했던 것은 사실이지만, 모든 이들의 호응을 받은 것은 아니다. 권필은 승경도가 운을 시험하는 것에 불과함에도 승부에 따라 현명함과 우둔함을 가르듯이 한다고 하여 동료들이 승경도를 하지 못하도록 막았다. 이덕무는 《사소절》에서 승경도를 '아이들의 정신을 소모하고 뜻을 어지럽히며 공부를 해치고 품행을 망치며 경쟁을 조장하고 사기를 기르는' 놀이 가운데 하나로 꼽았다. 1930년 조선총독부의 조사에 따르면 조사대상 225개 지역 가운데 132개 지역에서 승경도를 하였는데, 그 가운데 70개 지역에서 정월에 집중적으로 승경도를 하였다고 한다. 그러나 과거제도의 폐지와 함께 관직체계가 재편되며 놀이 내용의 현실감이 떨어지자 차츰 사라지게 되었다.

① 〈거짓〉 승경도가 만들어져 일반에 널리 보급되었다면 그 시대는 관직체계가 완성되어 일반에 알려진 사회일 가능성이 높다.

② 〈참〉 승경도에 대한 이덕무의 평가는 당시 승경도가 상당히 유행했음을 방증하고 있다고 할 수 있다.

③ 〈거짓〉 승경도를 하기 위해서 윤목이 없는 경우 윷을 이용하여 진행할 수도 있을 것이다.

④ 〈참〉 제시문의 내용에 의하면 하륜이 승경도를 제작할 때에는 당대 중국의 성불도를 기초로 하였을 것이다.

⑤ 〈참〉 일제강점기하의 조사 자료에 의하면 조사대상 지역 가운데 1/3이 넘는 지역에서 정월에 집중적으로 승경도를 가지고 놀았던 것으로 추정된다.

난이도 ★☆☆

27 다음 제시문으로부터 추론한 내용으로 가장 적절하지 않은 것은?

> '브루투스, 너마저'라는 말은 라틴어 'Et tu, Brute'를 번역한 것인데, 암살자들에게 습격당한 줄리어스 시저가 그 속에서 아들과 다름없이 생각하던 브루투스를 보았을 때 무심코 던진 말이라고 알려져 있다.
>
> 그런데 시저가 죽은 뒤 약 90년 후 태어난 그리스의 전기 작가 플루타르코스의 《영웅전》에는 시저가 아무 말 없이 죽었다고 되어 있다. 또 플루타르코스 이후의 로마의 전기 작가 스에트니우스가 라틴어로 쓴 《황제열전》에서는 시저가 고대 로마의 국어인 라틴어가 아니라 그리스어로 브루투스를 향해 '아들아, 너마저'라고 말하면서 죽는다.
>
> 라틴어의 '브루투스, 너마저'라는 문장은 라틴어의 문헌에서는 찾아볼 수 없으며, 영어로 쓰인 영국의 희곡 《요크공 리처드의 진실의 비극》(1595)에 처음 나타난다. 이 희곡은 셰익스피어의 《헨리 6세 제3부》(1590~1591)의 어설픈 개작이라는 것이 정설이다. 셰익스피어가 1599년에 쓴 《줄리어스 시저》도 영어로 쓰였는데, 죽음에 임박한 시저가 라틴어로 '브루투스, 너마저'라고 말하는 장면이 있다.

① 그리스어의 '아들아, 너마저'를 라틴어의 '브루투스, 너마저'로 바꾼 것은 셰익스피어의 생각이라고 볼 수 있다.
② 오래된 문헌에 신뢰를 둔다면 시저는 임종 시 아무 말도 하지 않았을 가능성이 더 높다.
③ 죽음 직전의 시저가 그리스어로 말했다는 설은 플루타르코스의 《영웅전》보다 후에 생겨났을 가능성이 크다.
④ 셰익스피어는 《줄리어스 시저》에서 시저의 최후 장면을 쓸 때, 플루타르코스의 《영웅전》에 의거하지 않았을 것이다.
⑤ 라틴어의 '브루투스, 너마저'라는 문장은 16세기 말경의 영국에서는 비교적 잘 알려져 있었을 것이다.

난이도 ★★☆

28 다음 제시문의 '업무'에 관한 내용에 따를 때 〈보기〉 중 옳은 것을 모두 고른 것은?

업무상 과실치사상죄의 업무는 생명과 신체를 침해하는 죄이므로 여기서의 업무는 자동차의 운전이나 의료업자 등 사람의 생명이나 신체에 대한 위험을 수반하며, 행위자 자신이 직접 종사하는 업무 이외에 위험이 발생하기 쉬운 생활관계에서 예상되는 위험성을 방지할 것이 기대되는 지위의 종사자의 업무도 포함되고, 형법상 보호 가치 없는 업무나 보호하기에 적합하지 않은 업무도 포함된다.

반면 업무방해죄의 업무는 사람이 그 사회 생활상의 지위에 기하여 계속적으로 종사하는 사무, 사업을 말하는데 반드시 경제적인 사무에 제한되는 것은 아니며, 보수를 받는지 여부, 주된 업무인가 부수적 업무인가 여부도 불문한다. 다만 보호할 가치가 있어야 하며 어떤 사무나 활동 자체가 위법의 정도가 중하여 사회생활상 도저히 용인될 수 없는 정도로 반사회성을 띠는 경우에는 업무방해죄의 보호대상이 되는 업무에 해당한다고 볼 수 없다.

〈보기〉

가. 갑이 성형수술을 위해 면허가 없는 을을 찾아갔다. 수술을 하기 위해 준비하던 중 병이 들어와 이 수술은 불안하여 할 수 없다면서 난동을 부리며 업무를 방해하였다. 결국 이를 제지하고 을은 갑의 성형수술을 하였는데 성형수술 도중 을의 과실로 갑이 사망하였다. 이 경우 을에게는 업무상 과실치사죄가 적용되지만 병에게는 업무방해죄가 적용되지 않는다.

나. 회사 운영권의 양도, 인수 여부가 불분명하여 이를 다투는 중, 양수인이 임원 변경등기를 모두 마친 상황에서 양도인이 양수인의 업무를 방해한 경우 이는 업무방해죄가 성립되지 않는다.

다. 백화점 입주 상인들이 영업을 하지 않고 매장 내에서 점거농성만을 하면서 매장 내의 전기시설에 임의로 전선을 연결하여 각종 전열 기구를 사용함으로써 화재위험이 높아 백화점 경영회사의 대표이사가 단전 조치를 취한 경우 대표이사는 백화점 입주 상인들에 대해 업무방해죄가 성립된다.

① 가, 나 ② 가, 다 ③ 나, 다 ④ 가, 나, 다 ⑤ 없음

난이도 ★☆☆

29 다음 [법률 규정]에서 밑줄 친 두 부분의 책임이 있는 경우를 〈보기〉에서 모두 고르면?

[법률 규정]

제○○조(회사에 대한 책임)

① 이사가 법령 또는 정관에 위반한 행위를 하거나 그 임무를 해태한 때에는 그 이사는 회사에 대하여 연대하여 <u>손해를 배상할 책임이 있다</u>.

② 전항의 행위가 이사회의 결의에 의한 것인 때에는 그 결의에 찬성한 이사도 전항의 책임이 있다.

③ 전항의 결의에 참가한 이사로서 이의를 한 기재가 의사록에 없는 자는 그 결의에 찬성한 것으로 추정한다.

제○○조(제3자에 대한 책임)

① 이사가 악의 또는 중대한 과실로 인하여 그 임무를 해태한 때에는 그 이사는 제3자에 대하여 연대하여 <u>손해를 배상할 책임이 있다</u>.

② 회사에 대한 책임에 관한 규정의 제2항과 제3항의 규정은 전항의 경우에 준용한다.

제○○조(업무집행지시자 등의 책임)

① 다음 각호의 1에 해당하는 자는 그 지시하거나 집행한 업무에 관하여 회사에 대한 책임과 제3자에 대한 책임 규정의 적용에 있어서 이를 이사로 본다.

1. 회사에 대한 자신의 영향력을 이용하여 이사에게 업무집행을 지시한 자
2. 이사의 이름으로 직접 업무를 집행한 자
3. 이사가 아니면서 명예회장·회장·사장·부사장·전무·상무·이사·기타 회사의 업무를 집행할 권한이 있는 것으로 인정될 만한 명칭을 사용하여 회사의 업무를 집행한 자

② 회사 또는 제3자에 대하여 손해를 배상할 책임이 있는 이사는 제1항에 규정된 자와 연대하여 그 책임을 진다.

〈보기〉

ㄱ. 甲 회사에서 법령에 위반한 이사 A의 거래에 대한 이사회 결의에 참석하였으나, 추후 아무런 행동도 취하지 않았던 甲 회사의 이사 B

ㄴ. 이사회에서 법정한도를 넘은 사채를 발행한 甲 회사의 최대주주 C

ㄷ. 甲 회사의 이사인 E에게 정관에 위반한 행위를 지시한 영향력 있는 지배주주 D

ㄹ. 甲 회사의 상무라는 직책이 이사와 실제로 동등한 정도의 의사결정 권한이 없음에도 불구하고 있는 것처럼 속여 법령에 저촉되는 거래를 한 甲 회사의 상무 F

ㅁ. 甲 회사의 평사원이면서, 甲 회사의 법령에 어긋난 업무를 집행한 乙 회사의 이사인 G

① ㄱ, ㄴ　　② ㄱ, ㄷ　　③ ㄱ, ㄷ, ㄹ

④ ㄴ, ㄹ, ㅁ　　⑤ ㄷ, ㄹ, ㅁ

난이도 ★★☆

30 다음 법률 규정에 의할 때 금지되지 않는 경우로 가장 적절한 것은?

> 제○○조 공기업 지분의 30%는 국가의 소유로 하며 나머지는 민간 소유로 한다.
> 제○○조 각 주주는 지분의 20% 이상을 소유하지 못한다.
> 제○○조 6촌 이내의 혈연관계인 두 주주의 지분 합은 29%를 넘을 수 없다.
> 제○○조 공기업의 최고경영자의 6촌 이내의 친인척은 공기업의 지분의 10% 이상을 소유하지 못하며 4촌 이내의 친인척 공무원이 공기업의 최고경영자인 경우 해당 공기업 관련 업무를 맡을 수 없다.
> 제○○조 공기업 관련 업무를 맡고 있는 공무원은 해당 공기업에 대한 지분을 소유하지 못한다. 단, 해당 공무원이 해당 공기업의 특채로 채용된 경우에는 그러하지 아니하다.
> 제○○조 공기업 최고경영자의 4촌 이내 친인척은 특채로 채용할 수 없다.
> 제○○조 사기업의 이사 이상 되는 직책을 맡은 자는 공기업 지분의 15% 이상을 소유할 수 없다.

① 큰아버지가 공기업의 최고경영자인 甲이 그 회사 지분의 15%를 소유한 경우
② 사기업의 이사인 아버지를 둔 乙이 A 공기업 지분의 22%를 소유한 경우
③ B 공기업에 특채로 채용되어 해당 기업관련 부서에서 일하게 된 丙이 스스로 저축한 돈으로 해당 공기업 지분의 25%를 소유한 경우
④ 丁은 공기업 지분 15%를 소유하고 있는데 일반 기업에 다니는 친동생도 그 공기업 지분의 15%를 소유한 경우
⑤ 戊는 5촌 당숙이 최고경영자로 일하고 있는 공기업의 지분을 8% 가지고 있었는데, 이번에 해당 공기업에 특채로 채용된 경우

정답해설편 p.28

고난도 PSAT형 문제

난이도 ★☆☆ 기출(2011)

01 다음 진술들이 참일 때, 반드시 참인 것은?

- 범인의 머리카락이 갈색이거나 키가 크다.
- 만약 범인의 머리카락이 갈색이라면, 그는 안경을 쓴다.
- 범인은 안경을 쓰거나 왼손잡이다.
- 만약 범인의 머리카락이 갈색이라면, 그는 안경을 쓰지 않는다.
- 만약 범인이 안경을 쓰지 않는다면, 그는 키가 크지 않다.

① 범인은 왼손잡이고 키가 크다.
② 범인은 키가 크고 안경을 쓴다.
③ 범인은 안경을 쓰고 왼손잡이다.
④ 범인의 머리카락이 갈색인지는 확실히 알 수 없지만 키는 크다.
⑤ 범인이 왼손잡이인지도 확실히 알 수 없고 키가 큰지도 확실히 알 수 없다.

난이도 ★☆☆ 기출(2016)

02 다음을 참이라고 가정할 때, 회의를 반드시 개최해야 하는 날의 수는?

- 회의는 다음 주에 개최한다.
- 월요일에는 회의를 개최하지 않는다.
- 화요일과 목요일에 회의를 개최하거나 월요일에 회의를 개최한다.
- 금요일에 회의를 개최하지 않으면, 화요일에도 회의를 개최하지 않고 수요일에도 개최하지 않는다.

① 0 ② 1 ③ 2 ④ 3 ⑤ 4

난이도 ★☆☆ 기출(2015)

03 **다음 글의 내용이 참일 때, 반드시 채택되는 업체의 수는?**

> 농림축산식품부는 구제역 백신을 조달할 업체를 채택할 것이다. 예비 후보로 A, B, C, D, E 다섯 개 업체가 선정되었으며, 그 외 다른 업체가 채택될 가능성은 없다. 각각의 업체에 대해 농림축산식품부는 채택하거나 채택하지 않거나 어느 하나의 결정만을 내린다.
>
> 정부의 중소기업 육성 원칙에 따라, 일정 규모 이상의 대기업인 A가 채택되면 소기업인 B도 채택된다. A가 채택되지 않으면 D와 E 역시 채택되지 않는다. 그리고 수의학산업 중점육성 단지에 속한 업체인 B가 채택된다면, 같은 단지의 업체인 C가 채택되거나 혹은 타지역 업체인 A는 채택되지 않는다. 마지막으로 지역 안배를 위해, D가 채택되지 않는다면, A는 채택되지만 C는 채택되지 않는다.

① 1개 ② 2개 ③ 3개 ④ 4개 ⑤ 5개

난이도 ★☆☆ 기출(2004)

04 **모처럼 서류를 정리하려고 했던 회사원 P 씨는 지금 꽤 난처해하고 있다. 지난달 체결한 7건의 계약에 대한 자료들을 시간 순서대로 정리하려고 하는 중이었는데, 그만 커피를 엎질러 자료들에 잉크가 번져서 계약이 이루어진 날짜가 지워졌기 때문이다. P 씨는 기억을 더듬고, 잉크가 번지지 않은 자료에 있는 단서들을 근거로 7개의 회사(A, B, C, D, E, F, G)와 맺은 계약이 어떤 순서로 맺어진 것인지 정리하려고 한다. 그가 지금까지 모은 정보는 다음과 같다.** (단, 위 7건의 계약 이외에 지난달에 체결한 계약은 없는 것으로 간주한다.)

> • B와의 계약이 F와의 계약에 선행한다.
> • G와의 계약은 D와의 계약보다 먼저 이루어졌는데, E와의 계약, F와의 계약보다는 나중에 이루어졌다.
> • B와의 계약이 지난달 가장 먼저 맺어진 계약은 아니다.
> • D와의 계약은 A와의 계약보다 먼저 이루어졌다.
> • C와의 계약은 G와의 계약보다 나중에 이루어졌다.

"이 정보만으로는 각각의 계약이 어떤 순서로 이루어졌는지 알 수가 없군." P 씨는 고민에 빠졌다. 하지만 잉크가 번지다가 만 종이에서 발견한 단서로 그는 이 7건의 계약 순서를 정확하게 배열할 수 있게 되었다. 다음 정보 중 이 결정적인 단서가 될 수 있는 것은?

① E와의 계약은 B와의 계약에 선행한다.
② B와의 계약은 G와의 계약에 선행한다.
③ C와의 계약이 가장 나중에 이루어지지는 않았다.
④ D와의 계약은 A와의 계약과 인접하여 이루어지지는 않았다.
⑤ F와의 계약은 D와의 계약과 인접하여 이루어지지는 않았다.

난이도 ★★☆ 기출(2010)

05 다음 글에 근거하여 5행(行)-5수(數)-5상(常)-4신(神)을 바르게 짝지은 것은?

가. 음양오행론(陰陽五行論)은 상생(相生)과 상극(相克)의 두 작용을 통해 생명이 창출된다고 본다. 오행은 5상(常)[인(仁)·의(義)·예(禮)·지(智)·신(信)]과 5수(數)[5·6·7·8·9]로 연결되어 해석된다.
나. 상생은 물(水)이 나무를 낳고, 나무(木)가 불을 낳고, 불(火)이 흙을 낳고, 흙(土)이 금을 낳고, 금(金)이 물을 낳는다는 원리이다. 신라, 고려, 조선의 순서로 왕조가 교체된 것은 상생 원리로 해석할 수 있다. 정감록에 따르면 조선 다음에는 불의 기운을 가진 정 씨가 새로운 세상을 연다고 한다. 불의 숫자는 7이다.
다. 신라, 고려, 조선은 오행에 대응하는 5수를 선호하여 그에 따른 특징을 가지고 있었다. 그래서 조선은 전국을 8도로 나누었고, 고려는 6구역(5도+양계)으로 나누었으며, 신라는 9층 탑을 세우고 전국을 9주로 나누었다.
라. 5상과 방위를 연결하여 사대문[돈의문(敦義門), 소지문(炤智門), 숭례문(崇禮門), 흥인문(興仁門)]과 중앙에 보신각(普信閣)이 건립되었다. 흥인문과 돈의문, 숭례문과 소지문이 서로 마주 보고 있다. 이는 4신(神: 청룡, 백호, 주작, 현무)과도 연결된다. 고구려 고분벽화의 사신도에는 청룡 맞은편에 백호가, 주작 맞은편에 현무가 4방(方)에 각각 위치해 그려져 있다. 이 중 주작은 붉은(火) 봉황을 의미하며, 숭례문과 연결된다. 흥인문은 청룡을 뜻하고 인(仁)은 목(木)과 연결된다.
마. 사대문과 4신의 배치에는 상극의 원리를 적용하여, 물(水)이 불(火)을, 금(金)이 나무(木)를 마주 보게 하였다.

	5행	5수	5상	4신
①	수	6	지	현무
②	화	7	의	주작
③	목	9	인	청룡
④	금	8	예	백호
⑤	토	5	신	백호

난이도 ★★☆ 기출(2010)

06 쓰레기를 무단투기하는 사람을 찾기 위해 고심하던 주민센터 직원은 다섯 명의 주민 A, B, C, D, E를 면담했다. 이들은 각자 아래와 같이 이야기했다. 이 가운데 두 명의 이야기는 모두 거짓인 반면, 세 명의 이야기는 모두 참이라 하자. 다섯 명 가운데 한 명이 범인이라고 할 때, 쓰레기를 무단투기한 사람은 누구인가?

A: 쓰레기를 무단투기하는 것을 나와 E만 보았다. B의 말은 모두 참이다.
B: 쓰레기를 무단투기한 것은 D이다. D가 쓰레기를 무단투기하는 것을 E가 보았다.
C: D는 쓰레기를 무단투기하지 않았다. E의 말은 참이다.
D: 쓰레기를 무단투기하는 것을 세 명의 주민이 보았다. B는 쓰레기를 무단투기하지 않았다.
E: 나와 A는 쓰레기를 무단투기하지 않았다. 나는 쓰레기를 무단투기하는 사람을 아무도 보지 못했다.

① A ② B ③ C ④ D ⑤ E

난이도 ★★☆ 기출(2008)

07 어떤 일에 관해서 A, B, C가 〈보기 1〉과 같이 주장했다. 이들 3명은 각각 반은 진실을 말하고, 반은 거짓을 말하고 있다. 〈보기 2〉의 진술 중 옳은 진술로만 묶인 것은?

〈보기 1〉

- A: 나는 교육을 받지 않았다. C도 교육을 받지 않았다.
- B: 나는 교육을 받았다. A는 교육을 받지 않았다.
- C: 나는 교육을 받지 않았다. A도 교육을 받지 않았다.

〈보기 2〉

ㄱ. 한 사람만 교육을 받은 경우는 없다.
ㄴ. 두 사람만 교육을 받은 경우는 없다.
ㄷ. 모두 함께 교육을 받은 경우는 없다.

① ㄱ ② ㄴ ③ ㄷ ④ ㄱ, ㄷ ⑤ ㄱ, ㄴ, ㄷ

난이도 ★☆☆ 기출(2020)

08 다음 [지정 기준]과 [신청 현황]을 근거로 판단할 때, 신청병원(甲~戊) 중 산재보험 의료기관으로 지정되는 것은?

[지정 기준]

- 신청병원 중 인력 점수, 경력 점수, 행정처분 점수, 지역별 분포 점수의 총합이 가장 높은 병원을 산재보험 의료기관으로 지정한다.
- 전문의 수가 2명 이하이거나, 가장 가까이 있는 기존 산재보험 의료기관까지의 거리가 1km 미만인 병원은 지정 대상에서 제외한다.
- 각각의 점수는 아래의 항목별 배점 기준에 따라 부여한다.

항목	배점 기준
인력 점수	전문의 수 7명 이상은 10점
	전문의 수 4명 이상 6명 이하는 8점
	전문의 수 3명 이하는 3점
경력 점수	전문의 평균 임상경력 1년당 2점(단, 평균 임상경력이 10년 이상이면 20점)
행정처분 점수	2명 이하의 의사가 행정처분을 받은 적이 있는 경우 10점
	3명 이상의 의사가 행정처분을 받은 적이 있는 경우 2점
지역별 분포 점수	가장 가까이 있는 기존 산재보험 의료기관이 8km 이상 떨어져 있을 경우, 인력 점수와 경력 점수 합의 20%에 해당하는 점수
	가장 가까이 있는 기존 산재보험 의료기관이 3km 이상 8km 미만 떨어져 있을 경우, 인력 점수와 경력 점수 합의 10%에 해당하는 점수
	가장 가까이 있는 기존 산재보험 의료기관이 3km 미만 떨어져 있을 경우, 인력 점수와 경력 점수 합의 20%에 해당하는 점수 감점

[신청 현황]

신청병원	전문의 수	전문의 평균 임상경력	행정처분을 받은 적이 있는 의사 수	가장 가까이 있는 기존 산재보험 의료기관까지의 거리
甲	6명	7년	4명	10km
乙	2명	17년	1명	8km
丙	8명	5년	0명	1km
丁	4명	11년	3명	2km
戊	3명	12년	2명	500m

① 甲　② 乙　③ 丙　④ 丁　⑤ 戊

난이도 ★☆☆ 기출(2023)

09 다음 글과 〈상황〉을 근거로 판단할 때, △△대회 개최지로 선정될 곳은?

甲 위원회는 △△대회를 개최하기 위해 후보지 5곳(A~E)에 대하여 다음과 같은 세 단계의 절차를 거쳐 최종 점수가 높은 상위 2곳을 개최지로 선정하기로 하였다.

- 1단계: 인프라, 안전성, 홍보효과 항목에 대해 점수를 부여한다.
- 2단계: 안전성 점수에는 2배의 가중치를, 홍보효과 점수에는 1.5배의 가중치를 부여한 후, 각 항목별 점수를 합산한다.
- 3단계: △△대회를 2회 이상 개최한 적이 있는 곳에 대해서는 합산 점수에서 10점을 감점한다.

〈상황〉

- 1단계에서 부여된 각 평가 항목의 점수는 다음과 같다.

구분	A	B	C	D	E
인프라	13	12	18	23	12
안전성	18	20	17	14	19
홍보효과	16	17	13	20	19

- △△대회를 2회 이상 개최한 적이 있는 곳은 C, D이다.

① A, B
② A, C
③ A, E
④ B, D
⑤ B, E

난이도 ★★☆ 기출(2008)

10 어느 대학에서 같은 강의를 듣는 8명의 학생들이 두 팀을 구성하여 주어진 과제를 수행하기로 하였다. 8명 구성원의 학과와 학년이 〈보기〉와 같을 경우, 다음의 〈규칙〉에 따라 편성 가능한 팀에 대해서 반드시 옳은 진술은?

〈보기〉

화 학 과: A(2학년), B(2학년), C(1학년)
생물학과: 갑(1학년), 을(2학년)
물리학과: 가(2학년), 나(1학년), 다(1학년)

〈규칙〉

- 동일 학과의 학생들이 어느 한 팀에만 속하지는 않도록 한다.
- 1학년과 2학년의 비율은 한 팀 안에서 50:50이 되도록 한다.
- 동일 학과, 동일 학년의 사람들은 같은 팀에 속하지 않도록 한다.

① B와 을은 서로 다른 팀에 속해 있다.
② 가와 B는 서로 다른 팀에 속해 있다.
③ A와 을은 서로 같은 팀에 속해 있다.
④ 가와 갑은 서로 같은 팀에 속해 있다.
⑤ B와 갑은 서로 다른 팀에 속해 있다.

난이도 ★★☆ 기출(2012)

11 다음 글에 근거할 때 가장 옳지 않은 것은?

상은이가 집에서 회사까지 출근을 하는 방법은 전철을 이용하는 방법, 버스를 이용하는 방법, 자가용을 이용하는 것이다. 길이 전혀 막히지 않을 때는 전철을 이용할 경우 40분, 버스를 이용할 경우 30분, 자가용을 이용할 경우 20분이 소요된다. 그리고 전철 이용비용은 1,000원, 버스 이용비용은 1,200원, 자가용 이용비용은 5,000원이 든다. 이때 출근시간이 20분까지는 추가비용이 없지만 20분 초과부터는 1분이 추가될 때마다 추가비용 300원씩이 든다고 가정하자.

그런데 차가 막힐 경우에는 전철은 비용과 소요시간이 변함이 없고, 버스는 비용은 변함없지만 소요시간이 50분으로 늘어나며, 자가용은 기름값 비용도 추가로 3,000원이 발생하고 소요시간이 40분으로 늘어나게 된다. 이때 출근시간에 막힐 확률은 월요일과 금요일은 50%이고, 화요일과 수요일과 목요일은 30%이다. 그리고 가끔 특근을 위해서 출근하는 토요일과 일요일은 차가 전혀 막히지 않는다.

① 토요일과 일요일에는 전철을 타고 출근하는 것이 가장 비경제적이다.
② 월요일에는 전철을 타고 출근하는 것이 가장 경제적이다.
③ 화요일은 버스를 타고 출근하는 것이 가장 경제적이다.
④ 토요일과 일요일을 제외한 평일에는 자가용을 타고 출근하는 것이 가장 비경제적이다.
⑤ 수요일에는 전철을 타고 가는 것과 버스를 타고 가는 것 사이의 비용차이가 1,200원 이상이다.

난이도 ★★☆ 기출(2021)

12 다음 글과 지원대상 후보 현황을 근거로 판단할 때, 기업 F가 받는 지원금은 얼마인가?

□□부는 2021년도 중소기업 광고비 지원사업 예산 6억 원을 기업에 지원하려 하며, 지원대상 선정 및 지원금 산정 방법은 다음과 같다.

- 2020년도 총매출이 500억 원 미만인 기업만 지원하며, 우선 지원대상 사업분야는 백신, 비대면, 인공지능이다.
- 우선 지원대상 사업분야 내 또는 우선 지원대상이 아닌 사업분야 내에서는 '소요 광고비 × 2020년도 총매출'이 작은 기업부터 먼저 선정한다.
- 지원금 상한액은 1억 2,000만 원이나, 해당 기업의 2020년도 총매출이 100억 원 이하인 경우 상한액의 2배까지 지원할 수 있다. 단, 지원금은 소요 광고비의 2분의 1을 초과할 수 없다.
- 위의 지원금 산정 방법에 따라 예산 범위 내에서 지급 가능한 최대 금액을 예산이 소진될 때까지 지원대상 기업에 순차로 배정한다.

[지원대상 후보 현황]

기업	2020년도 총매출(억 원)	소요 광고비(억 원)	사업분야
A	600	1	백신
B	500	2	비대면
C	400	3	농산물
D	300	4	인공지능
E	200	5	비대면
F	100	6	의류
G	30	4	백신

① 없음　② 8,000만 원　③ 1억 2,000만 원
④ 1억 6,000만 원　⑤ 2억 4,000만 원

1권 필수과목편 3 문제해결능력 단기 합격 해커스공기업 NCS 통합 기본서

난이도 ★☆☆ 기출(2019)

13 다음 [국내 대학(원) 재학생 학자금 대출 조건]을 근거로 판단할 때, 〈보기〉에서 옳은 것을 모두 고르면? (단, 甲, 乙, 丙은 국내 대학(원)의 재학생이다.)

[국내 대학(원) 재학생 학자금 대출 조건]

구분		X 학자금 대출	Y 학자금 대출
신청 대상	신청 연령	• 35세 이하	• 55세 이하
	성적 기준	• 직전 학기 12학점 이상 이수 및 평균 C 학점 이상 (단, 장애인, 졸업학년인 경우 이수학점 기준 면제)	• 직전 학기 12학점 이상 이수 및 평균 C 학점 이상 (단, 대학원생, 장애인, 졸업학년인 경우 이수학점 기준 면제)
	가구소득 기준	• 소득 1~8분위	• 소득 9, 10분위
	신용 요건	• 제한 없음	• 금융채무불이행자, 저신용자 대출 불가
대출 한도	등록금	• 학기당 소요액 전액	• 학기당 소요액 전액
	생활비	• 학기당 150만 원	• 학기당 100만 원
상환 사항	상환 방식 (졸업 후)	• 기준소득을 초과하는 소득 발생 이전: 유예 • 기준소득을 초과하는 소득 발생 이후: 기준소득 초과분의 20%를 원천 징수 ※ 기준소득: 연 □천만 원	• 졸업 직후 매월 상환 • 원금균등분할상환과 원리금균등분할상환 중 선택

〈보기〉

ㄱ. 34세로 소득 7분위인 대학생 甲이 직전 학기에 14학점을 이수하여 평균 B 학점을 받았을 경우 X 학자금 대출을 받을 수 있다.

ㄴ. X 학자금 대출 대상이 된 乙의 한 학기 등록금이 300만 원일 때, 한 학기당 총 450만 원을 대출받을 수 있다.

ㄷ. 50세로 소득 9분위인 대학원생 丙(장애인)은 신용 요건에 관계없이 Y 학자금 대출을 받을 수 있다.

ㄹ. 대출금액이 동일하고 졸업 후 소득이 발생하지 않았다면, X 학자금 대출과 Y 학자금 대출의 매월 상환금액은 같다.

① ㄱ, ㄴ ② ㄱ, ㄷ ③ ㄷ, ㄹ ④ ㄱ, ㄴ, ㄹ ⑤ ㄴ, ㄷ, ㄹ

난이도 ★★☆ 기출(2019)

14 다음 글과 〈상황〉을 근거로 판단할 때, 〈보기〉에서 옳은 것을 모두 고르면?

K 국에서는 모든 법인에 대하여 다음과 같이 구분하여 주민세를 부과하고 있다.

구분	세액(원)
• 자본 금액 100억 원을 초과하는 법인으로서 종업원 수가 100명을 초과하는 법인	500,000
• 자본 금액 50억 원 초과 100억 원 이하 법인으로서 종업원 수가 100명을 초과하는 법인	350,000
• 자본 금액 50억 원을 초과하는 법인으로서 종업원 수가 100명 이하인 법인 • 자본 금액 30억 원 초과 50억 원 이하 법인으로서 종업원 수가 100명을 초과하는 법인	200,000
• 자본 금액 30억 원 초과 50억 원 이하 법인으로서 종업원 수가 100명 이하인 법인 • 자본 금액 10억 원 초과 30억 원 이하 법인으로서 종업원 수가 100명을 초과하는 법인	100,000
• 그 밖의 법인	50,000

〈상황〉

법인	자본 금액(억 원)	종업원 수(명)
甲	200	?
乙	20	?
丙	?	200

〈보기〉

ㄱ. 甲이 납부해야 할 주민세 최소 금액은 20만 원이다.
ㄴ. 乙의 종업원이 50명인 경우 10만 원의 주민세를 납부해야 한다.
ㄷ. 丙이 납부해야 할 주민세 최소 금액은 10만 원이다.
ㄹ. 甲, 乙, 丙이 납부해야 할 주민세 금액의 합계는 최대 110만 원이다.

① ㄱ, ㄴ ② ㄱ, ㄷ ③ ㄱ, ㄹ ④ ㄴ, ㄷ ⑤ ㄴ, ㄹ

난이도 ★★☆ 기출(2024)

15 다음 글을 근거로 판단할 때, 인쇄에 필요한 A4용지의 장수는?

甲 주무관은 〈인쇄 규칙〉에 따라 문서 A~D를 각 1부씩 인쇄하였다.

〈인쇄 규칙〉

- 문서는 A4용지에 인쇄한다.
- A4용지 한 면에 2쪽씩 인쇄한다. 단, 중요도가 상에 해당하는 보도자료는 A4용지 한 면에 1쪽씩 인쇄한다.
- 단면 인쇄를 기본으로 한다. 단, 중요도가 하에 해당하는 문서는 양면 인쇄한다.
- 한 장의 A4용지에는 한 종류의 문서만 인쇄한다.

종류	유형	쪽수	중요도
A	보도자료	2	상
B	보도자료	34	중
C	보도자료	5	하
D	설명자료	3	상

① 11장 ② 12장 ③ 22장 ④ 23장 ⑤ 24장

난이도 ★★☆ 기출(2019)

16 다음 〈상황〉과 〈대화〉를 근거로 판단할 때, 6월생인 사람은?

〈상황〉

- 같은 해에 태어난 5명(지나, 정선, 혜명, 민경, 효인)은 각자 자신의 생일을 알고 있다.
- 5명은 자신을 제외한 나머지 4명의 생일이 언제인지는 모르지만, 3월생이 2명, 6월생이 1명, 9월생이 2명이라는 사실은 알고 있다.
- 아래 〈대화〉는 5명이 한 자리에 모여 나눈 대화를 순서대로 기록한 것이다.
- 5명은 〈대화〉의 진행에 따라 상황을 논리적으로 판단하고, 솔직하게 대답한다.

〈대화〉

민경: 지나야, 네 생일이 5명 중에서 제일 빠르니?
지나: 그럴 수도 있지만 확실히는 모르겠어.
정선: 혜명아, 네가 지나보다 생일이 빠르니?
혜명: 그럴 수도 있지만 확실히는 모르겠어.
지나: 민경아, 넌 정선이가 몇 월생인지 알겠니?
민경: 아니, 모르겠어.
혜명: 효인아, 넌 민경이보다 생일이 빠르니?
효인: 그럴 수도 있지만 확실히는 모르겠어.

① 지나 ② 정선 ③ 혜명 ④ 민경 ⑤ 효인

난이도 ★★☆ 기출(2020)

17 다음 글을 근거로 판단할 때, 〈보기〉에서 A 사업의 상황별 대안의 기대이익에 대한 설명으로 옳은 것을 모두 고르면?

기준 Ⅰ, 기준 Ⅱ, 기준 Ⅲ을 이용하여 불확실한 상황에서 대안을 비교·평가할 수 있다.

기준 Ⅰ은 최상의 상황이 발생할 것이라는 가정에서 최선의 대안을 선택하는 것이다. 〈표 1〉에서 각 대안의 최대 기대이익을 비교하여, 그중 가장 큰 값을 갖는 '대안 1'을 선택하는 것이다.

기준 Ⅱ는 최악의 상황이 발생할 것이라는 가정에서 최선의 대안을 선택하는 것이다. 〈표 1〉에서 각 대안의 최소 기대이익을 비교하여, 그중 가장 큰 값을 갖는 '대안 3'을 선택하는 것이다.

〈표 1〉 ○○사업의 상황별 대안의 기대이익

구분	상황 1	상황 2	상황 3	최대 기대이익	최소 기대이익
대안 1	30	10	−10	30	−10
대안 2	20	14	5	20	5
대안 3	15	15	15	15	15

기준 Ⅲ은 최대 '후회'가 가장 작은 대안을 선택하는 것이다. 후회는 일정한 상황에서 특정 대안을 선택함으로써 최선의 대안을 선택하였더라면 얻을 수 있는 기대이익을 얻지 못해 발생하는 손실을 의미한다. 〈표 1〉의 상황별 최대 기대이익에서 각 대안의 기대이익을 차감하여 〈표 2〉와 같이 후회를 구할 수 있다. 이후 각 대안의 최대 후회를 비교하여, 그중 가장 작은 값을 갖는 '대안 2'를 선택하는 것이다.

〈표 2〉 ○○사업의 후회

구분	상황 1	상황 2	상황 3	최대 후회
대안 1	0	5	25	25
대안 2	10	1	10	10
대안 3	15	0	0	15

[A 사업의 상황별 대안의 기대이익]

구분	상황 S_1	상황 S_2	상황 S_3
대안 A_1	50	16	−9
대안 A_2	30	19	5
대안 A_3	20	15	10

〈보기〉

ㄱ. 기준 Ⅰ로 대안을 선택한다면, 대안 A_2를 선택하게 된다.
ㄴ. 기준 Ⅱ로 대안을 선택한다면, 대안 A_3을 선택하게 된다.
ㄷ. 상황 S_2에서 대안 A_2의 후회는 11이다.
ㄹ. 기준 Ⅲ으로 대안을 선택한다면, 대안 A_1을 선택하게 된다.

① ㄱ, ㄴ ② ㄱ, ㄷ ③ ㄴ, ㄹ ④ ㄷ, ㄹ ⑤ ㄴ, ㄷ, ㄹ

난이도 ★☆☆ 기출(2010)

18 **다음은 레저용 차량을 생산하는 A 기업에 대한 SWOT 분석의 결과이다. 아래의 〈보기〉 중 전략에 따른 대응이 옳은 것을 모두 고르면?**

다음은 SWOT 분석에 대한 설명이다.

SWOT 분석이란 조직진단 시 조직의 외부 환경 분석을 통해 기회와 위협요인을 규정하고, 조직의 내부 역량 분석을 통해서 조직의 강점과 약점을 파악하여, 이를 토대로 강점은 최대화하고, 약점은 최소화하며, 기회는 최대한 활용하고, 위협은 최대한 억제하는 전략을 세워서 조직의 성공을 기하는 분석 방법이다.

〈표 1〉 SWOT 분석 매트릭스

구분	강점(S)	약점(W)
기회(O)	SO 전략: 공격적 전략. 강점을 가지고 기회를 살리는 전략	WO 전략: 방향전환 전략. 약점을 보완하여 기회를 살리는 전략
위협(T)	ST 전략: 다양화 전략. 강점을 가지고 위협을 회피하거나 최소화하는 전략	WT 전략: 방어적 전략. 약점을 보완하여 위협을 회피하거나 최소화하는 전략

〈표 2〉 A 기업의 SWOT 분석 결과

강점(Strengths)	약점(Weaknesses)
• 높은 브랜드 이미지와 평판 • 훌륭한 서비스와 판매 후 보증수리 • 확실한 거래망, 딜러와의 우호적인 관계 • 막대한 R&D 역량 • 자동화된 공장 • 대부분의 차량 부품 자체 생산	• 한 가지 차종에의 집중 • 고도 기술에의 집중 • 생산 설비에 대한 막대한 투자에 따른 차량 모델 변경의 어려움 • 한 곳의 생산 공장만 보유 • 전통적인 가족형 기업 운영
기회(Opportunities)	**위협(Threats)**
• 소형 레저용 차량에 대한 수요 증대 • 새로운 해외시장의 출현 • 저가형 레저용 차량에 대한 선호 급증	• 휘발유의 부족 및 가격의 급등 • 레저용 차량 전반에 대한 수요 침체 • 다른 회사들과의 경쟁 심화 • 차량 안전 기준의 강화

〈보기〉

ㄱ. ST 전략 – 기술 개발을 통하여 연비를 개선한다.
ㄴ. SO 전략 – 대형 레저용 차량을 생산한다.
ㄷ. WO 전략 – 규제 강화에 대비하여 더욱 안전한 레저용 차량을 생산한다.
ㄹ. WT 전략 – 생산량 감축을 고려한다.
ㅁ. WO 전략 – 국내 다른 지역이나 해외에 공장들을 분산 설립한다.
ㅂ. ST 전략 – 경유용 레저 차량 생산을 고려한다.
ㅅ. SO 전략 – 해외시장 진출보다는 내수 확대에 집중한다.

① ㄱ, ㄴ, ㅁ, ㅂ ② ㄱ, ㄷ, ㄹ, ㅂ ③ ㄴ, ㄹ, ㅁ, ㅂ
④ ㄹ, ㅁ, ㅅ ⑤ ㄱ, ㄹ, ㅁ, ㅂ

난이도 ★☆☆ 기출(2011)

19 다음 글을 근거로 판단할 때, 옳지 않은 것은?

훈민정음이란 우리말의 표기체계인 한글의 본래 이름이다. 한글의 제자원리에 대해 훈민정음 〈제자해(制字解)〉에는 "정음 28자는 각각 그 모양을 본떠 만들었다."고 기술되어 있는데, 이것을 『주역』의 천지인(天地人) 삼재(三才)와 음양오행원리로 설명할 수 있다. 즉 중성의 기본 모음자 '·'는 하늘의 둥근 모양을, 'ㅡ'는 땅의 평평한 모양을, 'ㅣ'는 사람이 서 있는 모양을 각각 본뜬 것이다. 하늘과 땅이 한 번 더 분화하면 사계절 모음이 나온다. 입안을 자연스레 오므리면 하늘 소리 '·'가, 입술을 둥글게 오므리면 겨울소리 'ㅗ'가 되고, 환하게 펴면 봄소리 'ㅏ'가 되니, 모두 양에 해당한다. 땅소리 'ㅡ'를 쭉 내밀면 여름소리 'ㅜ'가 되고, 어둡게 하면 가을소리 'ㅓ'가 되니, 모두 음에 해당한다. 음양오행상으로 봄은 목, 여름은 화, 가을은 금, 겨울은 수이다.

자음 역시 오행설의 원리에 따라 만든 것이다. 기본 자음을 각각 오행에 대입하였으며, 나머지 자음은 이 기본자에 획을 더하여 만든 것이다. 오음(五音)은 오행의 상생순서에 따라 나온다. 축축하고 둥근 목구멍에서 물소리[水] 'ㅇ'이 나오면 뒤이어 혀뿌리에서 힘찬 나무소리[木] 'ㄱ'이 나오고, 이어서 혓바닥을 나불대는 불소리[火] 'ㄴ'이 나오면, 입술이 합해져서 흙소리[土] 'ㅁ'이 된다. 마지막으로 이빨에 부딪혀나는 쇳소리[金] 'ㅅ'이 된다.

① 기본 자음은 ㄱ, ㄴ, ㅁ, ㅅ, ㅇ이다.
② 중성의 기본 모음자는 삼재에 근거하여 만든 것이다.
③ 오행의 상생순서는 수 → 목 → 화 → 토 → 금이다.
④ 자음 ㅇ과 모음 ㅓ는 계절상으로 겨울에 해당한다.
⑤ 한글 자음은 자음의 기본자와 그 기본자에 획을 더한 것으로 구성되어 있다.

난이도 ★☆☆ 기출(2024)

20 다음 글을 근거로 판단할 때 옳은 것은?

제00조 이 법에서 사용하는 용어의 뜻은 다음과 같다.

1. "산림병해충"이란 산림에 있는 식물과 산림이 아닌 지역에 있는 수목에 해를 끼치는 병과 해충을 말한다.
2. "예찰"이란 산림병해충이 발생할 우려가 있거나 발생한 지역에 대하여 발생 여부, 발생 정도, 피해 상황 등을 조사하거나 진단하는 것을 말한다.
3. "방제"란 산림병해충이 발생하지 아니하도록 예방하거나, 이미 발생한 산림병해충을 약화시키거나 제거하는 모든 활동을 말한다.

제00조 ① 산림소유자는 산림병해충이 발생할 우려가 있거나 발생하였을 때에는 예찰·방제에 필요한 조치를 하여야 한다.

② 산림청장, 시·도지사, 시장·군수·구청장 또는 지방산림청장은 산림병해충이 발생할 우려가 있거나 발생하였을 때에는 예찰·방제에 필요한 조치를 할 수 있다.

③ 시·도지사, 시장·군수·구청장 또는 지방산림청장(이하 '시·도지사 등'이라 한다)은 산림병해충이 발생할 우려가 있거나 발생하였을 때에는 산림소유자, 산림관리자, 산림사업 종사자, 수목의 소유자 또는 판매자 등에게 다음 각 호의 조치를 하도록 명할 수 있다. 이 경우 명령을 받은 자는 특별한 사유가 없으면 명령에 따라야 한다.

1. 산림병해충이 있는 수목이나 가지 또는 뿌리 등의 제거
2. 산림병해충이 발생할 우려가 있거나 발생한 산림용 종묘, 베어낸 나무, 조경용 수목 등의 이동 제한이나 사용 금지
3. 산림병해충이 발생할 우려가 있거나 발생한 종묘·토양의 소독

④ 시·도지사 등은 제3항 제2호에 따라 산림용 종묘, 베어낸 나무, 조경용 수목 등의 이동 제한이나 사용 금지를 명한 경우에는 그 내용을 해당 기관의 게시판 및 인터넷 홈페이지 등에 10일 이상 공고하여야 한다.

⑤ 시·도지사 등은 제3항 각 호의 조치이행에 따라 발생한 농약대금, 인건비 등의 방제비용을 예산의 범위에서 지원할 수 있다.

① 산림병해충이 발생하지 않도록 예방하는 활동은 방제에 해당하지 않는다.
② 산림병해충이 발생할 우려가 있는 경우, 수목의 판매자는 예찰에 필요한 조치를 하여야 한다.
③ 산림병해충 발생으로 인한 조치 명령을 이행함에 따라 발생한 인건비는 시·도지사 등의 지원 대상이 아니다.
④ 산림병해충이 발생한 종묘에 대해 관할 구청장이 소독을 명한 경우, 그 내용을 구청 게시판 및 인터넷 홈페이지에 10일 이상 공고하여야 한다.
⑤ 산림병해충이 발생하여 관할 지방산림청장이 해당 수목의 소유자에게 수목 제거를 명령하였더라도, 특별한 사유가 있으면 그 명령에 따르지 않을 수 있다.

정답해설편 p.39

4

자원관리능력

핵심이론정리
대표기출유형
적중예상문제
고난도 PSAT형 문제

출제 특징

자원관리능력은 근무 규정 및 기준을 토대로 출장 대상자나 진급 대상자를 고르는 문제, 유류비와 출장비를 계산하는 문제, 최소 시간/비용을 구하는 문제, 최단 경로를 구하는 문제 등 출제되는 문제 유형이 다양하다. 문제 유형은 다양하지만 제시된 자료를 바탕으로 조건을 파악해서 문제를 풀어야 하는 경우가 많아 다양한 유형의 문제를 미리 풀어보고 문제 접근 방식을 익히는 것이 좋다. 직접비/간접비, 자원관리 순서, 물적자원관리 원칙 등 이론 문제는 출제 빈도가 낮아졌지만 꾸준히 출제되어 자주 출제되는 이론을 숙지해 두는 것이 좋다.

출제 비중

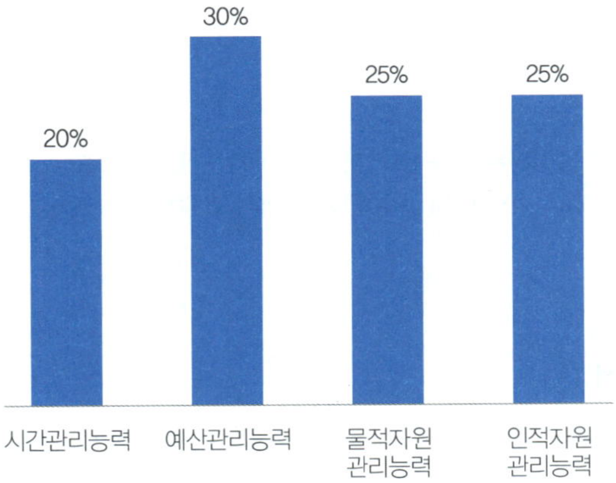

출제 기업

서울교통공사, 한국보훈복지의료공단, 한국수자원공사, 국민연금공단, IBK기업은행, 한국도로공사, 한전KPS, 한국수력원자력, 한국국토정보공사, 한국전기안전공사, 한국농어촌공사, 한전KDN, 인천국제공항공사, 근로복지공단, 국가철도공단, 한국공항공사, 한국남부발전, 한국장애인고용공단, 한국교통안전공단, 한국가스기술공사, 한국남동발전, 한국산업안전보건공단, 한국가스안전공사, 한국지역난방공사, 한국중부발전, 한국마사회, 한국전력거래소, 한국석유공사, 서울교통공사 9호선 등

핵심이론정리

핵심이론정리에는 한국산업인력공단 직업기초능력 가이드북 중 시험에 자주 출제되며 출제 가능성이 높은 이론을 수록했습니다.

자원관리능력 소개

1. 자원의 개념

1) 자원의 정의

① 사전적 정의
인간생활에 도움이 되는 자연계의 일부

② 기업적 정의
기업 활동을 위해 사용되는 기업 내의 모든 시간·예산·물적·인적자원으로, 더 높은 성과를 내고, 경쟁 우위의 발판이 될 수 있는 노동력이나 기술을 통틀어 이르는 말

2) 자원관리의 의미

모든 자원은 공통적으로 '유한성'이라는 특성을 가지고 있어 자원관리는 목표달성을 위해 한정된 자원을 효율적으로 사용하는 선택의 과정이며, 최소의 비용이나 희생으로 최대의 효과를 거두는 것을 목표로 함

2. 자원의 낭비 요인

1) 자원 낭비 요인들의 공통점

구분	내용	해결책
비계획적 행동	충동적이고 즉흥적인 행동으로, 목표치가 없기 때문에 얼마나 낭비하는지조차 파악하지 못함	극복을 위해 지적, 각성, 교육이 필요함
편리성 추구	편리함을 최우선적으로 추구함	
자원에 대한 인식 부재	자원을 인식하지 못함	
노하우 부족	자원의 중요성은 인식하고 있지만 효과적으로 활용하는 방법을 모름	경험을 통해 극복 가능함

2) 시간자원의 낭비 요인

① 외적인 시간 낭비 요인
외부인이나 외부에서 일어나는 사건에 의한 시간 낭비로, 본인 스스로 조절하기 어려움
예 동료, 가족, 세일즈맨, 고객들, 문서, 교통 혼잡 등으로 인한 시간 낭비

② 내적인 시간 낭비 요인
자신 내부에 있는 습관에 의한 시간 낭비로, 분명히 하기도 어렵고 정복하기도 어려움
예 일정 연기, 사회활동, 계획 부족, 우유부단함, 혼란된 생각

③ 기타 요인
- 시간관리에 대한 오해
  - 시간관리는 상식에 불과하다.
  - 시간에 쫓기면 일을 더 잘할 수 있다.
  - 시간관리는 할 일에 대한 목록만으로 충분하다.
  - 시간관리 자체는 유용하지만 창의적인 일을 하기에는 부적합하다.
- 완벽에 가깝지만 기한을 넘긴 일 vs 완벽하지는 않지만 기한 내에 끝낸 일
  - 어떤 일이든 기한을 넘기는 것은 인정받기 어려움

3) 물적자원의 낭비 요인(물적자원 활용 방해 요인)

① 보관 장소를 파악하지 못하는 경우
② 훼손된 경우
③ 분실한 경우
※ 분명한 목적 없이 물건을 구입하는 경우 물적자원에 대한 관리가 소홀해질 수 있음

참고 예산자원 낭비와 물적자원 낭비의 구분

> 낭비의 대상이 무엇인지를 파악할 것
> **예** 특별히 필요하지 않지만 있으면 사용할 것 같아서 물건을 구입한 후 사용하지 않음
> → 사용하지도 않을 물건을 구입했으므로 '예산' 낭비
> 기존 물건의 위치를 몰라 새롭게 구매한 후 기존 물건을 찾은 경우
> → 새롭게 구매한 물건을 사용하고 있으므로 기존 '물건'이 낭비

3. 효과적인 자원관리 과정 기출 서울교통공사

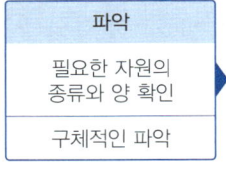

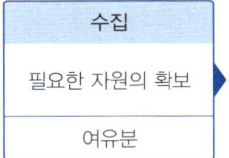

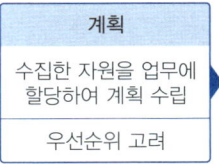

파악	수집	계획	수행
필요한 자원의 종류와 양 확인	필요한 자원의 확보	수집한 자원을 업무에 할당하여 계획 수립	수립한 계획에 맞춰 업무 수행
구체적인 파악	여유분	우선순위 고려	가능한 한 계획대로

하위능력 ❶ 시간관리능력

1. 시간의 특성

① 매일 24시간이 주어짐
② 속도가 일정함
③ 멈출 수 없음
④ 빌리거나 저축할 수 없음
⑤ 사용 방법에 따라 가치가 달라짐
⑥ 시기에 따라 밀도가 달라짐

2. 시간관리의 효과

1) 기업이 얻을 수 있는 효과

① 생산성 향상
② 가격 인상
③ 위험 감소
④ 시장점유율 증가

2) 개인이 얻을 수 있는 효과

① 스트레스 감소
② 균형적인 삶
③ 생산성 향상
④ 목표 성취

3. 효과적인 시간계획 방법 기출 한국전력공사

1) 시간계획의 순서

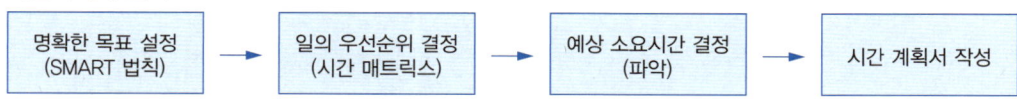

명확한 목표 설정 (SMART 법칙) → 일의 우선순위 결정 (시간 매트릭스) → 예상 소요시간 결정 (파악) → 시간 계획서 작성

① SMART 법칙

목표 설정 후 그 목표를 성공적으로 달성하기 위해 꼭 필요한 필수 요건들을 'S.M.A.R.T'라는 5개 철자에 따라 제시한 것

구분	내용
S(Specific) : 구체성	목표를 구체적으로 작성하기 예 나는 책을 읽을 것이다. (X) → 나는 인문학 서적을 읽을 것이다. (O)
M(Measurable) : 측정 가능하도록	수치화, 객관화하여 측정 가능한 척도 세우기 예 나는 인문학 서적을 읽을 것이다. (X) → 나는 인문학 서적을 1권 읽을 것이다. (O)
A(Action-oriented) : 행동 지향적으로	사고 및 생각에 그치는 것이 아닌 행동 중심으로 목표 세우기 예 하루에 한 번 부모님 생각을 하겠다. (X) → 하루에 한 번 부모님께 전화를 드리겠다. (O)
R(Realistic) : 현실성 있게	실현 가능한 목표 세우기 예 이번 주 안에 5개 국어를 마스터하겠다. (X) → 두 달 안에 OPIc IM2 이상을 취득하겠다. (O)
T(Time limited) : 시간적 제약이 있게	목표를 설정함에 있어 제한시간을 두기 예 나는 인문학 서적을 1권 읽을 것이다. (X) → 나는 한 달 안에 인문학 서적을 1권 읽을 것이다. (O)

② 시간 매트릭스

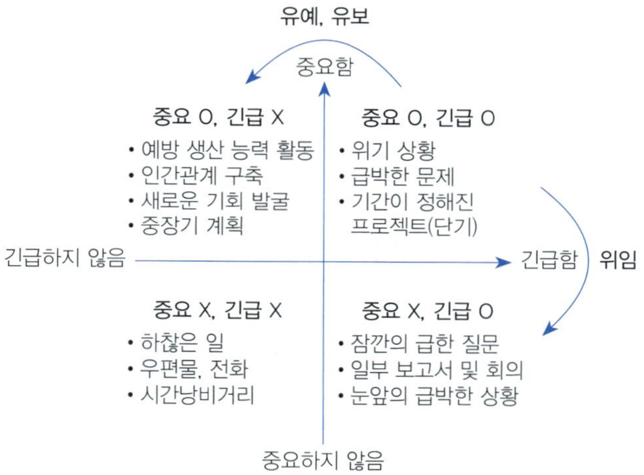

참고 업무 우선순위 분류 방법
- 중요하고 긴급한 일: 바로 해야 할 일
- 중요하지만 긴급하지 않은 일: 유예, 유보
- 중요하지 않지만 긴급한 일: 위임
- 중요하지 않고 긴급하지 않은 일: 하지 않을 일

2) 60:40 규칙(시간계획의 기본 원리)

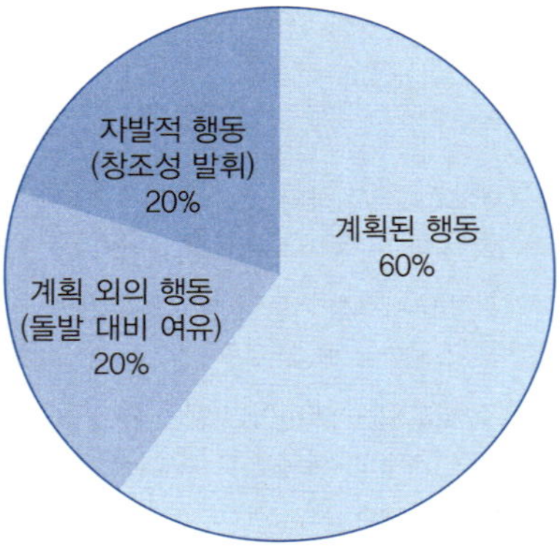

3) 그 외 시간계획 시 고려사항

① 어디에 어떻게 시간을 사용하고 있는지 행동과 시간, 시간관리 저해요인을 분석할 것
② 해당 시간에 예정된 일·행동을 모두 리스트화할 것
③ 시간계획을 규칙적·체계적으로 체크하여 일관성 있게 마무리할 것
④ 실현 가능한 것만 현실적으로 계획할 것
⑤ 시간계획이란 결국 목표달성을 위해 필요한 것임을 알고 유연성 있게 계획을 수립할 것
⑥ 시간의 손실이 일어났을 경우 미루지 않고 바로 보상할 것
⑦ 체크리스트나 스케줄 표 등을 사용하여 전체 상황을 파악할 것
⑧ 해야 할 일을 끝내지 못했을 경우 차기 계획에 반영할 것
⑨ 예정된 행동 외에 기대되는 성과와 행동의 목표도 기록할 것
⑩ 적절한 시간 프레임(Frame)을 설정하고 특정 일을 하는 데 필요한 시간만 계획에 포함할 것
⑪ 우선순위를 고려하여 여러 일 중에 어느 일을 먼저 처리할 것인지 결정할 것
⑫ 자신의 업무 일부를 부하에게 위임하고 그 수행 책임을 지도록 하는 권한위양을 실행할 것

참고 권한위양은 조직을 탄력적으로 운용하고 조직구성원들의 근로의욕을 높여주는 데 효과적임

⑬ 예상치 못한 일들이 발생할 경우와 이동시간 및 대기시간과 같은 자유시간 등을 고려하여 여유시간을 확보할 것
⑭ 일의 경중에 따라 시간을 할애하며, 전체적인 계획을 정리하는 시간을 갖도록 할 것
⑮ 본인 이외의 사람들의 시간계획도 감안하여 계획을 수립할 것

하위능력 ❷ 예산관리능력

1. 예산관리의 중요성 기출 한국전력공사, 한국수자원공사, 한국수력원자력, 근로복지공단, 한국공항공사, 한국산업안전보건공단, 한국중부발전

1) 예산의 정의

사전적 의미로는 필요한 비용을 미리 헤아려 계산함을 의미하나, 넓은 의미에서 개인 및 조직의 수입과 지출에 관한 것도 포함됨

2) 예산관리능력의 정의

이용 가능한 예산을 확인하고 어떻게 사용할 것인지 계획하여 계획대로 사용하는 능력을 의미하며, 최소의 비용으로 최대의 효과를 얻기 위해 필요함

3) 책정 비용과 실제 비용의 균형

책정 비용	>	실제 비용	→	경쟁력 손실
책정 비용	<	실제 비용	→	적자 발생
책정 비용	=	실제 비용	→	이상적

4) 예산관리의 구성

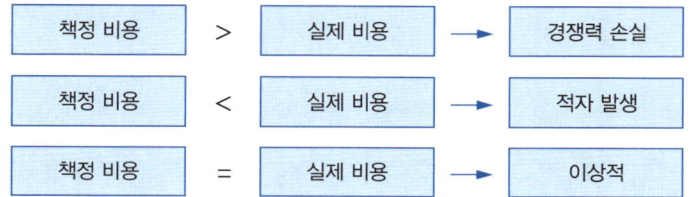

예산관리에는 활동이나 사업에 소용되는 비용 산정, 예산 편성뿐만 아니라 예산을 통제하는 것까지 포함됨

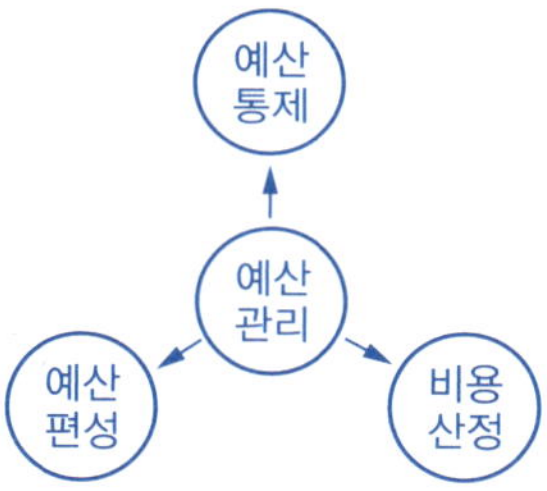

2. 예산의 구성요소 기출 서울교통공사

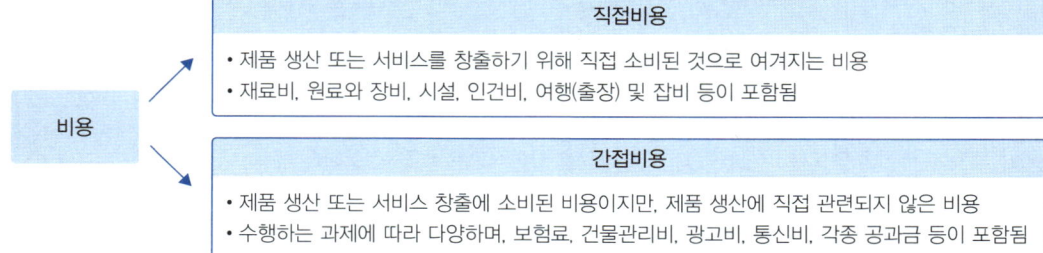

비용

직접비용
- 제품 생산 또는 서비스를 창출하기 위해 직접 소비된 것으로 여겨지는 비용
- 재료비, 원료와 장비, 시설, 인건비, 여행(출장) 및 잡비 등이 포함됨

간접비용
- 제품 생산 또는 서비스 창출에 소비된 비용이지만, 제품 생산에 직접 관련되지 않은 비용
- 수행하는 과제에 따라 다양하며, 보험료, 건물관리비, 광고비, 통신비, 각종 공과금 등이 포함됨

3. 예산수립 방법

1) 예산수립의 절차

필요한 과업 및 활동 구명	예산 범위 내에서 수행해야 하는 활동과 소요예산을 정리
우선순위 결정	우선적으로 예산이 배정되어야 하는 활동을 도출하기 위하여 활동별 예산 지출 규모를 확인하고 우선순위를 확정함
예산 배정	우선순위가 높은 활동부터 예산을 배정하고 사용함

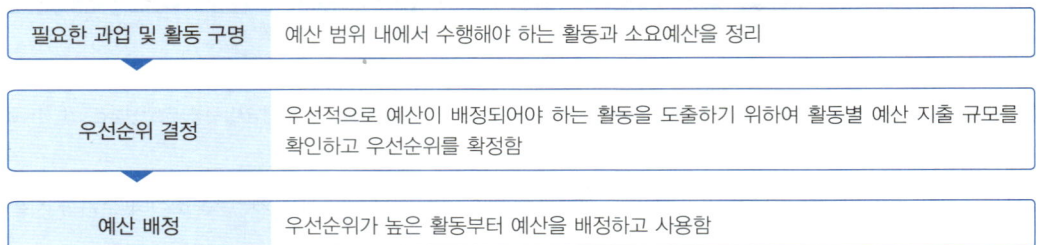

※ 1) 확보 순서: 고정비 → 유동비 → 예비비
2) 삭감 순서: 유동비 → 예비비 → 고정비

2) 과업세부도

① 과제 및 활동계획 수립 시 가장 기본적인 수단으로 활용되는 그래프

② 모든 일을 중요한 범주에 따라 체계화해 구분한 그래프로, 구체성에 따라 2단계, 3단계, 4단계 등으로 구분할 수 있음

예 생일파티 과업세부도

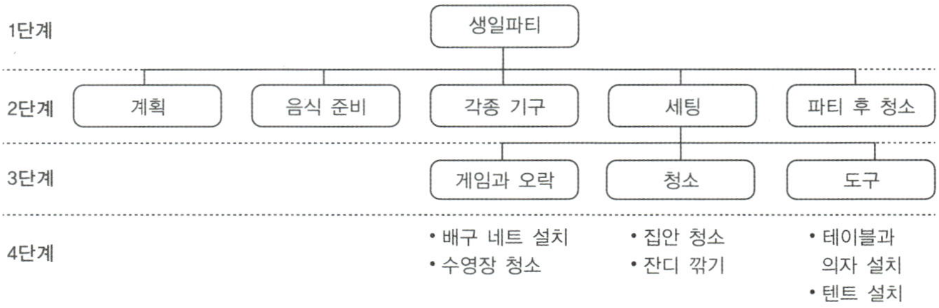

3) 예산수립 시 주의사항

큰 단위의 예산을 수립할 경우 기관의 규정을 확인하여 반영해야 함

4. 예산집행 관리

1) 예산집행 관리 방법

① 업무적 차원
직장에서 과제나 프로젝트 수행상에서 예산을 관리하기 위해서 예산집행 실적을 워크시트로 작성함

② 개인적 차원
수기(手記), 또는 각종 프로그램과 애플리케이션을 사용하여 가계부를 작성함

2) 예산집행 시 주의사항

예산계획에 차질이 없도록 예산집행 내역과 계획을 지속적으로 비교·검토해야 함

하위능력 ❸ 물적자원관리능력

1. 물적자원의 개념 및 종류

1) 물적자원의 개념

인간이 약한 신체적 특성을 보완하기 위하여 사용하는 자원으로, 세상에 존재하는 모든 물체가 포함됨

2) 물적자원의 종류

① 자연자원

석유, 석탄, 나무 등 자연 상태에 있는 그대로의 자원

② 인공자원

시설 및 장비 등 인간이 인위적으로 가공하여 만든 자원

3) 물적자원관리의 중요성

물적자원을 효과적으로 관리할 경우 과제 및 사업의 성공으로 경쟁력을 향상할 수 있으나, 물적자원관리가 부족할 경우 과제 및 사업에 실패하여 경제적 손실을 얻게 됨

2. 물적자원관리 과정

1) 물적자원관리 절차

사용 물품과 보관 물품의 구분	물품의 활용 계획을 철저히 확인하여 물품을 꺼냈다가 다시 넣는 반복 작업을 방지하고 물품 활용의 편리성을 키워야 함
동일 및 유사 물품으로의 분류	동일성의 원칙(같은 품종은 같은 장소에 보관)과 유사성의 원칙(유사품은 인접 장소에 보관)에 따라 물품을 보관하여 효율성을 높임
물품 특성에 맞는 보관 장소 선정	재질, 무게와 부피 등의 물품 특성을 반영하여 보관 장소를 선정함

2) 회전대응 보관의 원칙

① 입·출하의 빈도가 높은 품목은 출입구에서 가까운 곳에 보관

② 물품의 활용 빈도가 상대적으로 높은 것은 가져다 쓰기 쉬운 위치에 보관하도록 함

3. 물적자원관리 방법

1) 바코드의 원리 활용

① 다량의 물품을 취급하는 곳에서는 바코드, QR코드 등을 활용하여 물품을 관리하고 있음

② 개인의 사적인 물품도 바코드처럼 기호화하여 효과적으로 관리하도록 함

2) 물품관리 프로그램 활용

① 쉽고 체계적으로 물품 관리를 할 수 있는 각종 프로그램이 개발되고 있음

② 개인보다는 기업이나 조직 차원에서 활용하는 경우가 많으며, 큰 조직에서 다량의 물품을 효과적으로 관리하는 데 도움이 됨

하위능력 ❹ 인적자원관리능력

1. 인적자원관리의 개념 및 원칙 기출 근로복지공단, 한국서부발전

1) 인적자원의 필요성

사업의 발달로 생산 현장이 첨단화·자동화되었으나, 물적자원과 예산 등의 생산요소를 효율적으로 결합시켜 가치를 창조하는 일은 사람이 하므로 기업 경영에서는 구성원의 자발적인 협력이 필요함

2) 인적자원관리의 개념

목적을 달성하기 위하여 필요한 인적자원을 조달·확보·유지·개발하여 경영 조직 내 구성원의 능력을 최고로 발휘하도록 하며, 근로자와 사용자 간의 협력 체계가 이루어지도록 관리하는 등의 인적자원관리를 해야 함

3) 효율적인 인적자원관리의 원칙

① 적재적소 배치의 원리
② 공정 보상의 원칙
③ 공정 인사의 원칙
④ 종업원 안정의 원칙
⑤ 창의력 계발의 원칙
⑥ 단결의 원칙

2. 인적자원관리의 중요성 기출 서울교통공사

1) 기업적 차원

① 조직의 성과는 인적자원에 대한 관리의 영향을 크게 받으며, 이는 인적자원의 특성에서 비롯됨

② **인적자원의 특성**

- 능동성: 예산, 물적자원과 달리 인적자원은 능동적이고 반응적인 성격을 지니고 있으며, 성과는 인적자원의 욕구와 동기, 태도와 행동, 만족감 여하에 따라 달라지고 이는 경영관리에 의해 조건화됨
- 개발가능성: 인적자원은 자연적인 성장과 성숙은 물론, 오랜 기간에 걸쳐 개발될 수 있는 잠재능력과 자질을 보유하고 있음
- 전략적 자원: 결국 다양한 자원을 활용하는 것은 사람이므로 다른 어떤 자원보다도 전략적 중요성이 강조됨

2) 개인적 차원

① 각종 정보와 정보의 소스를 획득할 수 있음
② 나 자신의 인간관계와 행동에 대해서 알 수 있으며, 삶의 탄력을 얻을 수 있음
③ 참신한 아이디어나 도움을 얻을 수 있음

3. 개인적 차원의 인적자원관리

1) 개인의 인적자원관리(=인맥관리)

① 인맥은 가족, 친구, 직장동료 등 자신이 알고 있거나 관계를 형성하고 있는 다양한 사람들을 의미함

② 인맥은 핵심 인맥과 파생 인맥으로 분류할 수 있음

- 핵심 인맥: 자신과 직접적인 관계가 있는 사람들
- 파생 인맥: 핵심 인맥을 통해 알게 된 사람, 우연히 알게 된 사람 등

2) 인맥관리 방법

① 명함관리

- 받은 명함을 인맥관리에 적극적으로 사용하도록 함
- 명함관리 프로그램, 애플리케이션 등을 활용함
- 명함에 상대에 대한 구체적인 정보를 메모하도록 함

② 인맥관리카드 작성

- 이름, 관계, 직장 및 부서, 학력, 출신지, 연락처, 친한 정도 등의 내용을 정리하여 관리함
- 핵심 인맥과 파생 인맥을 구분하여 작성하도록 하며, 파생 인맥 카드에는 어떤 관계에 의해 파생되었는지 포함하도록 함

③ 소셜네트워크(SNS, Social Network Service)

- 직접 대면하지 않고 시간과 공간을 초월하여 네트워크상에서 인맥을 형성하고 관리함
- 비즈니스 특화 인맥관리서비스(BNS, Business social Network Service)

예 링크드인(Linked in)

4. 팀원 관리 방법

1) 인력 배치의 원칙

① 적재적소주의(The right man for the right job)

팀의 효율성을 높이기 위해 팀원의 능력이나 성격 등과 가장 적합한 위치에 배치하여 팀원 개개인의 능력을 최대로 발휘할 수 있도록 함

② 능력주의

개인에게 능력을 발휘할 수 있는 기회와 장소를 부여하고, 그 성과를 바르게 평가하며, 평가된 능력과 실적에 상응하는 보상을 주는 원칙

③ 균형주의

전체와 개체가 균형을 이룰 수 있도록 모든 팀원에 대해 평등한 적재적소를 고려할 필요성이 있음

2) 인력 배치의 유형

① 양적 배치

작업량과 조업도, 여유 또는 부족 인원을 감안하여 소요 인원을 결정 및 배치하는 것

② 질적 배치(=적재적소의 배치)

능력이나 성격 등과 가장 적합한 위치에 배치하는 것

③ 적성 배치

팀원의 적성 및 흥미에 따라 배치하는 것

④ 양적·질적·적성 배치는 따로 분리되는 것이 아닌 적절히 조화하여 운영되어야 함

3) 과업세부도

인력을 배치하여 업무를 수행하는 과정에서 팀원들에게 할당된 일을 적절히 관리하기 위해서는 과업세부도를 작성하는 것이 효과적임

대표기출유형

유형 ❶ 제시된 상황에 적절한 시간자원관리 방법을 찾는 문제

- 최소 소요시간, 시차 등을 계산하고 일정을 수립하는 문제가 출제된다.
- 조건을 파악하여 풀이하는 문제는 난도가 높은 편이다.
- 시간관리의 효과, 시간을 계획하는 방법 등 기본적인 시간자원관리 이론을 숙지한다.
- 최소 소요시간을 구하는 방법 및 시차에 대해 숙지하고, 조건이 제시된 문제를 반복해서 풀어보며 조건을 파악하는 연습을 한다.

[1 - 2] 다음 자료를 보고 각 물음에 답하시오.

[업체별 정보]

업체명	개당 단가	제작 소요일	배송 소요일	비고
A	3,000	15	2	2,000개 이상 주문 시 총비용에서 40만 원 할인
B	2,700	17	3	1,700개 이상 주문 시 총비용에서 10% 할인
C	2,800	16	2	1,500개 이상 주문 시 총비용에서 30만 원 할인

1. 모든 업체는 제품 생산 요청을 받은 다음 날 제품 제작을 시작한다.
2. 모든 업체는 제품 생산이 종료된 다음 날 배송을 시작하며, 배송 소요일은 배송 시작일을 포함한 값이다.
3. 제품 생산과 배송은 주말을 제외한 평일에만 진행한다. (주말 외 공휴일은 고려하지 않는다.)

1 귀하는 박람회에서 회사 홍보를 위해 배포할 제품 제작 의뢰를 하고자 한다. 이번 박람회에 참가를 신청한 인원은 총 2,500명이며, 이 중 60%가 회사의 홍보 부스를 방문할 것으로 예상되는 상황이다. 해당 인원 모두에게 홍보용 제품을 1개씩 배포할 수 있도록 제품을 제작하면서 총비용이 가장 저렴한 업체를 선정하려고 할 때, 귀하가 제품 제작 업체에 지불해야 하는 총비용은?

① 3,645,000원 ② 3,900,000원 ③ 4,050,000원
④ 4,250,000원 ⑤ 4,500,000원

2 위와 같이 업체를 선정한 귀하는 2월 3일(화)에 해당 업체에 제품 생산을 의뢰했다. 귀하가 완성된 제품을 받는 날은 언제인가?

① 2월 23일 ② 2월 24일 ③ 2월 25일 ④ 2월 26일 ⑤ 2월 27일

|정답 및 해설| 1. ② 2. ⑤

1. 기한의 제한이 없는 상태로 총비용이 가장 저렴한 업체를 선정한다고 했으며, 제작해야 하는 제품의 수량은 참가를 신청한 인원 총 2,500명 중 60%에 해당하는 2,500 × 0.6 = 1,500개를 제작해야 한다. A 업체는 2,000개 이상을 주문할 때 할인이 되고, B 업체는 1,700개 이상을 주문할 때 할인이 되므로 두 업체에서는 별도의 할인을 받을 수 없으며, C 업체는 1,500개 이상을 주문할 때 할인을 받을 수 있으므로 최종 비용에서 30만 원을 할인받을 수 있다. 따라서 각 업체의 비용을 계산해 보면 아래와 같다.
   - A: 1,500 × 3,000 = 4,500,000원
   - B: 1,500 × 2,700 = 4,050,000원
   - C: 1,500 × 2,800 − 300,000 = 3,900,000원

   따라서 귀하가 제작을 의뢰해야 하는 업체는 C 업체이고, 지불해야 하는 총비용은 3,900,000원이다.

2. 1번 문제에서 선택한 업체는 C 업체이고, 2월 3일 화요일에 제작 의뢰를 한다고 했으므로, C 업체는 2월 4일 수요일에 제품 제작을 시작하고, 제작 소요일은 16일, 배송 소요일은 2일이 된다. 주말을 제외한 평일에만 제품 제작 및 배송이 이루어지고, 주말 외 공휴일은 고려하지 않는다고 했으므로 제품 제작이 완료되는 날과 배송이 완료되는 날은 아래와 같다. 따라서 배송이 완료되는 날은 2월 27일 금요일이다.

일	월	화	수	목	금	토
1	2	3 제작 의뢰	4 제작 시작	5	6	7
8	9	10	11	12	13	14
15	16	17	18	19	20	21
22	23	24	25 제작 완료	26 배송 시작	27 배송 완료	28

유형 ❷ 제시된 상황에 적절한 예산자원관리 방법을 찾는 문제

- 최저 비용, 환율, 유류비, 출장비 등을 계산하는 문제가 출제된다.
- 주로 시간자원/물적자원/인적자원 관리방법에 대한 문제와 복합 문제로 출제된다.
- 예산수립 우선순위 등 기본적인 예산자원관리 이론을 숙지한다.
- 환전에 대해 숙지하고, 여러 자료가 제시된 문제를 반복해서 풀어보며 금액 계산 연습을 한다.

A 기업에 근무 중인 차준혁 대리는 미국으로 출장을 다녀온 후 남은 달러를 가장 유리한 은행에서 환전하려고 한다. 다음 은행별 환율 정보를 토대로 할 때, 차준혁 대리가 받을 수 있는 원화는? (단, 출장 후 남은 달러는 150달러이다.)

[은행별 환율 정보]

(단위: 원/달러, %)

은행	매매 기준율	환전 수수료율	비고
갑 은행	1,320	5%	직장인 대상 Event 진행으로 직장인이 환전 시 우대율 70% 적용
을 은행	1,320	3%	-
병 은행	1,340	10%	차준혁 대리의 주거래 은행으로 환전 시 우대율 80% 적용
정 은행	1,340	2%	A 기업과의 업무 협약을 통해 A 기업 임직원이 환전 시 우대율 100% 적용
무 은행	1,300	2%	-

① 188,100원 ② 191,100원 ③ 195,030원
④ 196,980원 ⑤ 201,000원

|정답 및 해설| ⑤

출장 후 남은 150달러를 원화로 환전하려고 하고 있으므로 환전은 '팔 때'를 기준으로 진행된다. '팔 때'의 환율은 아래의 수식을 따른다.

지불 통화 × {매매 기준율 − 매매 기준율 × 환전 수수료율 × (1 − 우대율)}

이에 따라 계산을 해 보면 각 은행에서 환전했을 때 차준혁 대리가 받을 수 있는 금액은 아래와 같다.

- 갑 은행: 150 × {1,320 − 1,320 × 0.05 × (1 − 0.7)} = 150 × 1,300.2 = 195,030원
- 을 은행: 150 × (1,320 − 1,320 × 0.03) = 150 × 1,280.4 = 192,060원
- 병 은행: 150 × {1,340 − 1,340 × 0.1 × (1 − 0.8)} = 150 × 1,313.2 = 196,980원
- 정 은행: 150 × {1,340 − 1,340 × 0.02 × (1 − 1)} = 150 × 1,340 = 201,000원
- 무 은행: 150 × (1,300 − 1,300 × 0.02) = 150 × 1,274 = 191,100원

따라서 차준혁 대리가 받을 수 있는 원화는 201,000원이다.

유형 ❸ 제시된 상황에 적절한 물적자원관리 방법을 찾는 문제

- 가중치, 환산 점수 등을 활용하여 가장 적합한 물적자원을 선택하는 문제가 출제된다.
- 주어진 재료를 활용하여 생산 가능량을 계산하거나, 주어진 조건에 따라 적절한 바코드를 부여하는 문제가 출제된다.
- 물적자원관리 순서, 회전대응 보관의 원칙 등 기본적인 물적자원관리 이론을 숙지한다.
- 가중치를 활용해 점수를 산출하는 방법, 생산 가능량을 산출하는 방법 등을 숙지한다.
- 문제에 주어진 조건을 정확히 파악하는 연습을 한다.

다음은 효과적이고 효율적인 물적자원을 관리하는 순서와 정리 방법을 메모해 둔 자료이다. 자원 활용에 대한 교육을 받은 신입사원 A 씨는 아래의 내용을 토대로 본인의 정리 방법 중 잘못된 것을 찾아보았다. 다음 A 씨의 행동 중 잘못된 정리 방법은?

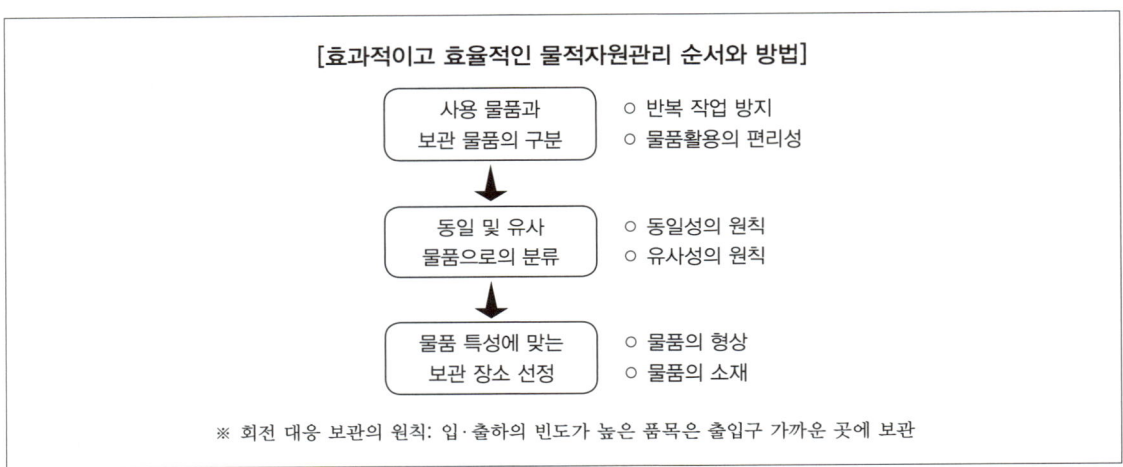

[효과적이고 효율적인 물적자원관리 순서와 방법]

단계	내용
사용 물품과 보관 물품의 구분	○ 반복 작업 방지 ○ 물품활용의 편리성
↓	
동일 및 유사 물품으로의 분류	○ 동일성의 원칙 ○ 유사성의 원칙
↓	
물품 특성에 맞는 보관 장소 선정	○ 물품의 형상 ○ 물품의 소재

※ 회전 대응 보관의 원칙: 입·출하의 빈도가 높은 품목은 출입구 가까운 곳에 보관

① 업무를 수행하면서 매일 확인이 필요한 컴퓨터 파일은 바탕화면에 정리해 두었다.
② 책상 위에는 현재 수행중인 프로젝트에 관련된 서류와 책자를 정리해 두었다가, 프로젝트가 종료되면 서류 보관소로 이동 보관하였다.
③ 책상 서랍을 정리할 때는 기존에 서랍에 있던 물건을 크기에 따라 크기가 작은 물건은 가장 위쪽 서랍에 정리해 두고, 크기가 큰 물건은 가장 아래쪽 서랍에 정리해 두었다.
④ 유리컵과 같은 깨지기 쉬운 물건들은 높이가 낮은 창고의 아래쪽에 주의 표시를 함께 부착하여 정리해 두었다.
⑤ 컴퓨터 파일은 업무별로 폴더를 만들어서 보관하고 있으며, 그 안에서도 회의록, 보고서, 참고자료 등 주제별로 구분하여 보관해 두었다.

|정답 및 해설| ③

보관 장소를 선정할 때는 크기와 같은 특성만을 고려하는 것이 아니라, 사용과 보관, 동일과 유사를 우선 고려하여 서랍에 보관하는 것이 맞는지를 살펴보고, 그 후에 회전 대응 보관 원칙에 따라 위쪽 서랍에는 사용 빈도가 높은 물건을, 아래쪽 서랍에는 사용 빈도가 낮은 물건을 정리해 두어야 한다.

유형 ❹ 제시된 상황에 적절한 인적자원관리 방법을 찾는 문제

- 가중치, 환산 점수 등을 활용하여 가장 적합한 인적자원을 선택하는 문제가 출제된다.
- 근무 규정을 해석하는 문제가 출제된다.
- 인적자원의 특성, 인적자원 배치 원칙 등 기본적인 인적자원관리 이론을 숙지한다.
- 가중치를 활용하는 방법을 숙지하고, 다양한 근무 조건이 제시된 문제를 풀어보며 근무 조건을 해석하는 연습을 한다.

○○회사에 근무 중인 귀하는 공개경쟁 입찰에 참여한 A~E 5개 업체에 대한 평가 결과를 토대로 최종 업체 선정을 하고자 한다. 다음 업체별 평가 결과와 최종 점수 산출 방식을 토대로 할 때, 귀하가 선택해야 하는 업체는? (단, A~E 5개 업체 외에 입찰에 참여한 업체는 없다.)

[업체별 평가 결과]

(단위: 점)

구분	업체 신뢰도	디자인 평가	내구성 평가	가격 평가	추가 가점
A 업체	88	92	85	76	5
B 업체	87	80	92	82	3
C 업체	86	92	75	94	0
D 업체	87	84	95	94	0
E 업체	86	94	91	92	1

[최종 점수 산출 방식]

1. 업체 신뢰도, 디자인 평가, 내구성 평가, 가격 평가 각 항목은 100점을 만점으로 회사 임직원들이 함께 평가한 결과이다.
2. 평가 점수는 업체 신뢰도와 디자인 평가를 같은 가중치로, 내구성 평가와 가격 평가를 같은 가중치로 하여 100점 만점으로 산출한다.
   (업체 신뢰도, 디자인 평가 가중치는 내구성 평가, 가격 평가 가중치의 1.5배이다.)
3. 추가 가점은 가중치를 고려하여 산출한 평가 점수에 합산하며, 추가 가점을 합산한 점수를 최종 점수로 한다. (추가 가점을 포함한 최종 점수는 100점을 초과할 수 있다.)
4. 최종 점수가 동일한 경우 업체 신뢰도 점수가 더 높은 업체를 선정하며, 업체 신뢰도 점수도 동일한 경우 가격 평가 점수가 더 높은 업체를 선정한다.

① A 업체　② B 업체　③ C 업체
④ D 업체　⑤ E 업체

|정답 및 해설| ⑤

평가 점수를 산출할 때 업체 신뢰도와 디자인 평가를 같은 가중치로, 내구성 평가와 가격 평가를 같은 가중치로 한다고 했으며, 100점 만점으로 산출한다고 하였다. 각 항목이 모두 100점 만점으로 산출된 점수이고, 가중치를 고려한 평가 점수 또한 100점 만점으로 산출이 된다고 했으므로, 가중치의 총합은 100%가 된다. 따라서 내구성 평가와 가격 평가 항목의 가중치를 X라고 하면, 업체 신뢰도와 디자인 평가 가중치는 1.5배인 1.5X가 되고 가중치의 총합이 100%이므로 1.5X+1.5X+X+X=100%가 된다. 5X=100%이므로 X=20%임을 알 수 있다. 따라서 업체 신뢰도와 디자인 평가 가중치는 30%, 내구성 평가와 가격 평가 가중치는 20%가 된다.
이를 토대로 추가 가점까지 포함한 업체별 최종 점수를 산출해 보면 아래와 같다.

- A 업체: 88×0.3+92×0.3+85×0.2+76×0.2+5=91.2점
- B 업체: 87×0.3+80×0.3+92×0.2+82×0.2+3=87.9점
- C 업체: 86×0.3+92×0.3+75×0.2+94×0.2=87.2점
- D 업체: 87×0.3+84×0.3+95×0.2+94×0.2=89.1점
- E 업체: 86×0.3+94×0.3+91×0.2+92×0.2+1=91.6점

따라서 최종 점수가 가장 높은 업체는 E 업체이며, 귀하가 선택해야 하는 업체 또한 E 업체가 된다.

유형 ❺ 주어진 조건에 따라 적절한 경로나 편익을 구하는 문제

- 주로 시간자원/예산자원 관리방법에 대한 문제와 복합 문제로 출제된다.
- 여러 조건이 복잡하게 제시되어 난도가 높은 편이다.
- 경로를 찾는 순서 및 방법을 숙지하고, 다양한 문제를 풀어보며 문제에 제시된 조건을 정확히 파악하고 적용하는 연습을 한다.

[1 - 2] 다음 자료를 보고 각 물음에 답하시오.

[각 지점 간 거리]

(단위: km)

구분	사무실	A	B	C	D	E
사무실	–	4.7	3.6	–	–	–
A	4.7	–	–	2.4	–	–
B	3.6	–	–	–	1.8	2.0
C	–	2.4	–	–	1.4	2.1
D	–	–	1.8	1.4	–	0.9
E	–	–	2.0	2.1	0.9	–

※ 1) 각 지점 간 이동은 항상 도로의 제한 속도와 동일한 속도를 유지했다고 가정함
2) 거리가 표시되지 않은 경로로의 이동은 불가능하다고 가정함
3) 사무실 – A, 사무실 – B 도로는 민자도로로 통행 시 편도 3,000원의 통행료를 지불해야 함

1 **○○회사의 사무실에서 근무하고 있는 김준영 과장은 오전 8시에 1시간 동안 업무 회의를 마치고 판매점 점검 업무를 시작했다. 각 판매점 점검 시간은 30분씩 소요되었으며, 이동과 점검 외 소요시간은 없다고 가정할 때, 김준영 과장이 다시 사무실에 도착하는 시간은?** (단, 김준영 과장은 최단 거리 경로로 점검을 진행했으며, 제시된 모든 도로의 제한 속도는 60km/h로 동일하다.)

① 오전 11시 15분 00초 ② 오전 11시 15분 30초 ③ 오전 11시 30분 36초
④ 오전 11시 45분 00초 ⑤ 오전 12시 15분 30초

2 **김준영 과장이 업무에 이용한 차량의 정보가 아래와 같을 때, 김준영 과장이 위의 계획대로 판매점 점검을 위해 지불한 총 비용은?** (단, 주어진 비용 외 사항은 고려하지 않는다.)

[차량 정보]

사용 유종	연비	기준 유가(휘발유)
휘발유	13.2 km/L	1,672원/L

① 1,900원 ② 1,963원 ③ 4,900원 ④ 7,900원 ⑤ 7,963원

|정답 및 해설| 1. ④ 2. ④

1. 사무실에서 출발하여 사무실로 돌아오는 경로를 살펴보면 다음과 같다.
사무실 – A – C – D – E – B – 사무실 = 4.7 + 2.4 + 1.4 + 0.9 + 2.0 + 3.6 = 15.0km
사무실 – A – C – E – D – B – 사무실 = 4.7 + 2.4 + 2.1 + 0.9 + 1.8 + 3.6 = 15.5km
따라서 최단 거리 경로로 이동한 김준영 과장은 총 15.0km를 이동하였고, 도로의 제한속도와 항상 동일한 속도를 유지했다고 했으므로 총 소요시간은 15.0 ÷ 60 = 0.25시간 = 15분이 소요되었다. 각 판매점 점검은 30분씩 소요되었으므로 총 5곳의 판매점을 점검하는 데 2시간 30분이 소요되었으며, 오전 8시에 회의를 시작하여 1시간 후 출발했다고 했으므로 오전 9시에 출발하여 2시간 45분 후인 오전 11시 45분에 다시 사무실에 도착한다.

2. 김준영 과장은 사무실 – A – C – D – E – B – 사무실 경로로 이동을 했으며, 따라서 사무실 – A 도로와 사무실 – B 도로를 각 1번씩 이용했다. 그러므로 통행료는 총 6,000원을 지불해야 하며, 총 이동거리는 15.0km, 연비 13.2km/L, 기준유가 1,672원/L를 통해 유류비를 계산해 보면 15.0 ÷ 13.2 × 1,672 = 1,900원이 된다. 따라서 총 비용은 6,000 + 1,900 = 7,900원이 된다.

적중예상문제

[01-02] 다음 자료를 보고 각 물음에 답하시오.

[잔여 수강신청 가능 과목]

과목명	과목 구분	학점	수업 요일	수업 시간
성인 교육론	전공 필수	3	화	09~12시
리더십 개발론	전공 선택	3	화	14~17시
조직 커뮤니케이션	전공 선택	3	목	13~16시
조직 개발론	전공 선택	3	금	09~12시
심리학개론	교양 선택	2	목	10~12시

※ 1) 과목 구분은 전공(전공 필수, 전공 선택)과 교양(교양 필수, 교양 선택)으로 구분됨
2) 3학점 과목은 1주일에 3시간, 2학점 과목은 1주일에 2시간으로 수업 시간이 편성됨

[A 씨의 현재 시간표]

<table>
<tr><th>구분</th><th>월</th><th>화</th><th>수</th><th>목</th><th>금</th></tr>
<tr><td>09~10시</td><td rowspan="2">기초 영어회화
(교양 필수)</td><td></td><td rowspan="3">HRD 기초
(전공 필수)</td><td></td><td></td></tr>
<tr><td>10~11시</td><td></td><td></td><td></td></tr>
<tr><td>11~12시</td><td></td><td></td><td></td><td></td></tr>
<tr><td>12~13시</td><td></td><td></td><td></td><td></td><td></td></tr>
<tr><td>13~14시</td><td rowspan="3">Global
HRD 세미나
(전공 선택)</td><td></td><td rowspan="3">HRD
연구방법론
(전공 필수)</td><td></td><td rowspan="3">전략적
HRM 세미나
(전공 선택)</td></tr>
<tr><td>14~15시</td><td></td><td></td></tr>
<tr><td>15~16시</td><td></td><td></td></tr>
<tr><td>16~17시</td><td></td><td></td><td></td><td></td><td rowspan="2">교양 테니스
(교양 선택)</td></tr>
<tr><td>17~18시</td><td></td><td></td><td></td><td></td></tr>
</table>

※ 1) 학기당 최소 17학점 이상 이수해야 하며, 최대 20학점까지 이수 가능함
2) A 씨는 졸업 요건 충족을 위해 학기당 전공 과목을 5과목 이상 이수해야 함

난이도 ★☆☆

01

잔여 수강신청 가능 과목과 A 씨의 현재 시간표, 그리고 다음의 A 씨의 상황 및 과목 선택 기준을 토대로 했을 때, A 씨가 신청하기에 가장 적합한 과목은?

[A 씨의 상황 및 과목 선택 기준]

- 화요일과 금요일 오전에는 학교 근로장학생으로 도서관에서 아르바이트를 진행 중이다.
- 목요일 17시에는 아르바이트가 있어서 늦어도 30분 전에는 학교에서 출발해야 한다.
- 선택 가능한 과목이 여러 개라면 아래의 기준에 따라 우선순위를 두고 선택한다.
  - 이수 구분에 따라 전공 필수 > 전공 선택 > 교양 필수 > 교양 선택을 우선순위로 둔다.
  - 이수 구분이 동일하다면, 수업이 있는 날 최종 종료 시각이 더 빠른 과목을 선택한다.
  - 종료 시각도 동일하다면, 월요일부터 금요일 순으로 수업 요일이 빠른 과목을 선택한다.

① 성인 교육론 ② 리더십 개발론 ③ 조직 커뮤니케이션
④ 조직 개발론 ⑤ 심리학개론

난이도 ★★☆

02

과목에 대한 정보를 아래와 같이 수집한 A 씨는 기준에 따른 최종 점수가 가장 높은 과목으로 수강신청을 한 뒤 아르바이트와 같은 일정은 수업 일정에 맞춰 조정하기로 했다. 아래의 평가표와 최종 점수 산출 기준에 따른다고 할 때, A 씨가 신청하기에 가장 적합한 과목은?

[평가표]

과목명	과제 난이도	시험 난이도	만족도 평가	흥미
성인 교육론	3	2	5	4
리더십 개발론	5	2	4	5
조직 커뮤니케이션	5	3	4	3
조직 개발론	4	5	3	3
심리학개론	3	5	4	4

※ 1) 각 항목은 5점을 만점으로 평가함
2) 과제 난이도와 시험 난이도는 각 20%의 가중치를, 만족도 평가와 흥미는 각 30%의 가중치를 두고 최종 점수를 산출함 (산출한 최종 점수는 5점을 만점으로 하며, 5점을 초과할 수 없음)
3) 최종 점수가 동일한 경우 시험 난이도 > 흥미 > 만족도 평가 > 과제 난이도 순으로 점수가 높은 과목을 선택함

① 성인 교육론 ② 리더십 개발론 ③ 조직 커뮤니케이션
④ 조직 개발론 ⑤ 심리학개론

난이도 ★☆☆

03 A 회사에 근무 중인 김현수 대리는 재고관리 업무를 담당하고 있다. 아래의 [상황]과 [물품별 입출고 기록], 그리고 [물품 가격]을 토대로 할 때, 김현수 대리가 추가 물품 구매를 위해 지불해야 하는 총비용은? (단, 재고는 입고와 출고에 의해서만 변화한다.)

[상황]

A 회사의 재고관리 업무를 담당하는 김현수 대리는 7월 19일 대량 주문이 들어와서 7월 19일 판매가 시작되기 전 여유 수량까지 고려하여 모든 물품의 재고 수량을 100개로 맞춰야 하는 상황이다. 7월 14일 전 모든 물품의 재고 수량은 0개였고, 7월 14일부터 7월 18일까지의 입고와 출고를 감안하여 물품 입고량을 결정하려고 한다.

[물품별 입출고 기록]

(단위: 개)

구분	물품 A		물품 B		물품 C	
	입고	출고	입고	출고	입고	출고
7월 14일	75	33	20	5	28	8
7월 15일	25	30	20	33	22	40
7월 16일	30	15	25	20	30	15
7월 17일	15	10	40	30	55	20
7월 18일	45	38	33	21	38	29

[물품 가격]

구분	물품 A	물품 B	물품 C
가격(원/개)	1,700	2,300	3,100

① 307,100원 ② 312,600원 ③ 324,700원 ④ 345,400원 ⑤ 367,200원

난이도 ★☆☆

04 **다음은 ○○공사 하반기 워크숍을 위해 작성한 과업세부도 중 일부이다. 제시된 과업세부도에 대한 설명으로 잘못된 것은?**

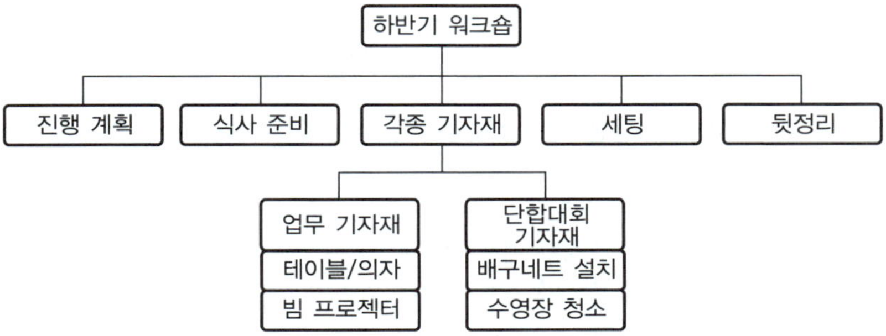

① 제시된 과업세부도는 하반기 워크숍 계획을 수립하기 위한 가장 기본적인 수단으로 범주에 따라 체계화하여 구분해 놓은 것이다.

② 제시된 과업세부도는 구체성에 따라 진행 계획, 식사 준비, 각종 기자재, 세팅, 뒷정리로 구분된 1단계부터 업무 기자재, 단합대회 기자재로 구분된 2단계, 테이블/의자, 빔 프로젝터, 배구네트 설치, 수영장 청소로 구분된 3단계로 구성되어 있다.

③ 경우에 따라 나열된 업무를 모두 수행하기 어려울 수 있는데, 이럴 경우 상대적인 중요도를 고려하여 우선순위를 반영하는 것이 효과적이다.

④ 제시된 과업세부도를 토대로 하반기 워크숍에서 핵심적인 활동과 부수적인 활동을 고려하여 예산 여건이 되지 않는 경우 핵심 활동 위주로 예산을 편성해야 한다.

⑤ 제시된 과업세부도를 토대로 비용과 연결하면 어떤 항목에 얼마만큼의 비용이 소요되는지를 정확하게 파악할 수 있고, 과제 수행에 필요한 예산 항목을 빠뜨리지 않고 확인할 수 있으며, 이러한 항목을 통해 전체 예산을 정확하게 분배할 수 있다는 장점이 있다.

[05-06] 다음 자료를 보고 각 물음에 답하시오.

> **[자원 관리의 중요성]**
>
> 우리는 살아가면서 많은 자원을 소비하고, 특히 기업의 입장에서 자원은 무엇보다 중요하다. '성공하는 사람들의 7가지 습관'의 저자로 유명한 스티븐 코비(Stephen R. Covey)는 사람들이 가지고 있는 기본적인 자산을 물질적 자산, 재정적 자산, 인적 자산으로 나눴다. 이는 자원을 물적자원, 돈, 인적자원으로 구분하고 있는 것이다. 하지만 오늘날은 1분 1초를 다투는 무한 경쟁 시대라는 점에서 시간 역시 중요한 자원이라고 할 수 있다.
>
> 이러한 자원들이 갖고 있는 공통점은 바로 유한성이다. 자원의 양이 제한되어 있기 때문에 자원을 효과적으로 확보, 유지, 활용하는 자원관리가 매우 중요하다고 할 수 있다. 이렇게 중요한 자원을 효율적으로 활용하기 위해서는 자원의 낭비를 줄여야만 한다. 자원의 낭비 요인은 자원의 유형이나 개인에 따라 매우 다양하지만, 크게 ⓐ 4가지의 공통점을 가지고 있다.
>
> 다음으로는 효과적으로 자원을 관리하기 위한 과정에 대해서 알아보자. 적절하게 자원을 관리하기 위해서는 일반적으로 ⓑ 4단계의 자원관리 과정을 거쳐야 한다. 가장 먼저, 필요한 자원의 종류와 양을 확인하고, 두 번째로 이용 가능한 자원을 수집하고, 세 번째로 자원 활용 계획을 세우고, 네 번째로는 계획대로 수행하는 단계이다.

난이도 ★☆☆

05 ⓐ에 대한 설명으로 옳지 않은 것은?

① 일반적으로 자원을 낭비하게 되는 요인은 비계획적 행동, 편리성 추구, 자원에 대한 인식 부재, 노하우 부족의 4가지 형태로 나타난다.

② 비계획적으로 행동을 하게 되면 목표치가 없기 때문에 자원이 얼마나 낭비되는지조차 파악하지 못하게 된다.

③ 편리성 추구 행동은 물적자원뿐 아니라 시간과 돈의 낭비는 물론 주위의 인맥까지도 줄어들게 만든다.

④ 자원에 대한 인식 부재는 자신이 가지고 있는 중요한 자원을 인식하지 못하는 것을 의미하며 물적자원에 국한되어 나타나는 자원 낭비 유형이다.

⑤ 노하우가 부족하여 나타나는 자원 낭비는 실패한 경험을 통해 노하우를 축적해 나가면서 해결할 수 있다.

난이도 ★☆☆

06 신규 프로젝트를 효율적으로 진행하기 위해 ⓑ에 따라 업무를 수행했을 경우 적절한 업무 방식이 아닌 것은?

① 가장 먼저 프로젝트의 목표를 수립한 후 구체적으로 필요한 자원이 무엇이고, 얼마나 필요한지를 정확하게 파악했다.

② 업무 수행에 필요한 물품 및 비품을 파악한 양만큼 정확하게 구매 요청했으며, 함께 업무를 수행할 팀원도 미리 선발하여 팀 합류 가능 여부를 확인했다.

③ 프로젝트 진행을 위한 예산을 구체적으로 파악한 후 예비비까지 고려하여 예산을 확보했다.

④ 팀원들과 함께 회의를 통해 확보한 자원들을 효율적으로 활용하기 위한 구체적인 계획을 수립하였다.

⑤ 프로젝트 수행 중 예상치 못한 상황이 발생했을 때, 팀원들과 회의를 통해 계획 수정 가능 여부와 필요성, 그리고 효과에 대해 논의하고 최소한의 계획 수정을 통해 프로젝트를 마무리했다.

난이도 ★★☆

07 새로 사무실을 이전한 김태영 씨는 사무실에서 사용할 인터넷 업체를 선정하고자 한다. 아래의 대화 내용과 업체별 정보를 토대로 할 때, 김태영 씨가 계약기간 동안 지불해야 하는 총 비용은?

[대화 내용]

김태영: 이번에 사무실 이전을 하면서 인터넷 업체를 새로 고르려고 하고 있어.
친 구: 그래? 아무래도 업무를 하려면 인터넷은 필수로 필요하지. 어떤 조건으로 보고 있어?
김태영: 아무래도 고용량 파일들을 전송해야 할 일이 많으니 업무 처리 속도를 위해 다운로드 속도가 500Mbps 이상은 되는 업체로 선정하려고 해.
친 구: 속도 외에는 고려할 만한 부분은 없고?
김태영: 당연히 망 안정성도 생각 해야지. 망 안정성 평가 결과가 C 등급 이하인 업체는 선택하지 않을 거야.
친 구: 조건을 만족하는 업체가 여러 군데 있다면 아무래도 저렴한 곳이 좋겠지?
김태영: 당연하지. 3년 약정 계약을 할 예정인데, 3년간 지불할 금액이 가장 저렴한 곳으로 해야지.

[업체별 정보]

구분	A 업체	B 업체	C 업체	D 업체	E 업체
가입비(원)	32,000	28,000	34,000	29,000	31,000
월 요금(원/월)	27,000	25,000	30,000	29,000	26,000
업로드 속도	50Mbps	10Mbps	100Mbps	70Mbps	40Mbps
다운로드 속도	500Mbps	100Mbps	1Gbps	700Mbps	500Mbps
망 안정성 평가	A	B	A	C	B
3년 약정 시 할인율	20%	15%	30%	25%	10%

※ 1) 망 안정성 평가는 A > B > C > D 순서로 평가함
2) 3년 약정 시 할인은 가입비를 제외한 월 요금에 한하여 적용됨
3) 1Gbps = 1,024Mbps

① 779,800원 ② 790,000원 ③ 809,600원
④ 873,400원 ⑤ 897,800원

난이도 ★☆☆

08 올해 대리로 진급하게 된 김현웅 씨는 대리 진급 교육에서 업무의 우선순위를 나누는 시간 매트릭스에 대한 수업을 듣게 되었다. 그에 따라 주어진 업무 4가지를 아래와 같이 분했다고 할 때, 각 업무의 우선순위가 높은 항목부터 낮은 항목 순으로 순서대로 올바르게 나열한 것은?

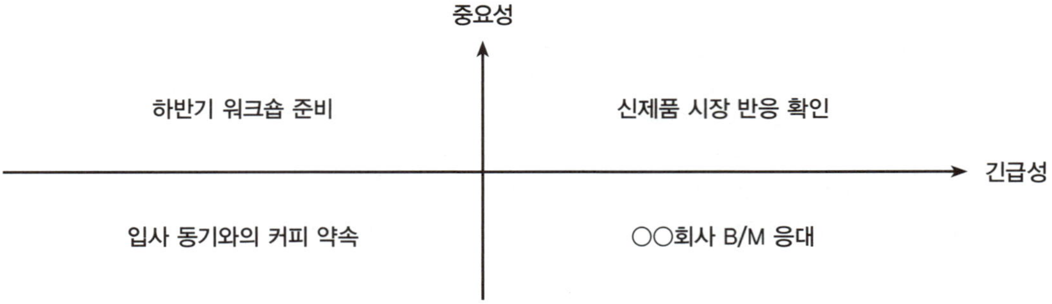

① 신제품 시장 반응 확인 → ○○회사 B/M 응대 → 입사 동기와의 커피 약속 → 하반기 워크숍 준비
② 입사 동기와의 커피 약속 → ○○회사 B/M 응대 → 하반기 워크숍 준비 → 신제품 시장 반응 확인
③ 입사 동기와의 커피 약속 → 하반기 워크숍 준비 → ○○회사 B/M 응대 → 신제품 시장 반응 확인
④ 신제품 시장 반응 확인 → 입사 동기와의 커피 약속 → ○○회사 B/M 응대 → 하반기 워크숍 준비
⑤ 신제품 시장 반응 확인 → ○○회사 B/M 응대 → 하반기 워크숍 준비 → 입사 동기와의 커피 약속

[09-10] 다음 자료를 보고 각 물음에 답하시오.

다년간 전자제품 업계에서 갑 회사와 라이벌 구도를 형성하고 있는 을 회사는 지속적인 시장 반응과 경험을 토대로 주력 홍보 제품에 따른 갑 회사와 을 회사의 수익 예상치를 표로 나타내었다.

[갑, 을 회사의 수익 체계표]

(단위: 백억 원)

을 \ 갑	냉장고	세탁기	TV
냉장고	(5, 4)	(5, 6)	(7, 4)
세탁기	(4, 6)	(−1, −2)	(7, 8)
TV	(−2, 10)	(7, 3)	(4, 5)

※ 위 표는 (갑 회사의 한 분기 수익, 을 회사의 한 분기 수익)을 의미함

[분기별 소비자 선호 제품]

분기	1/4분기	2/4분기	3/4분기	4/4분기
소비자 선호 제품	냉장고	TV	세탁기	냉장고, 세탁기

※ 분기별 소비자 선호 제품을 홍보하면 홍보하는 기업의 수익이 50% 증가하거나 손해가 50% 감소함

난이도 ★☆☆

09 위의 내용을 토대로 했을 때, 시기를 고려하지 않고 갑 회사와 을 회사가 각각 하나의 제품을 홍보할 때, 두 회사의 예상 수익의 합이 가장 큰 경우는?

	갑 회사 홍보 제품	을 회사 홍보 제품
①	냉장고	세탁기
②	세탁기	TV
③	TV	냉장고
④	TV	세탁기
⑤	세탁기	냉장고

난이도 ★★☆

10 을 회사의 마케팅 담당자는 갑 회사의 내년도 사업 계획을 입수했다. 갑 회사는 내년 1년간 TV 홍보에만 전념할 예정이라는 자료를 토대로 을 회사는 내년도 분기별 수익이 갑 회사보다 높으면서도, 자사의 수익을 극대화 할 수 있는 방안으로 사업 계획을 수립하고자 한다. 을 회사의 내년도 분기별 홍보 제품을 올바르게 연결한 것은?

	1/4분기	2/4분기	3/4분기	4/4분기
①	냉장고	세탁기	TV	냉장고
②	세탁기	TV	세탁기	세탁기
③	TV	냉장고	TV	TV
④	TV	세탁기	세탁기	세탁기
⑤	세탁기	TV	TV	TV

난이도 ★☆☆

11 A 회사에 근무하고 있는 ○○ 씨는 아래와 같이 주어진 [프로젝트 예산 구분] 표를 조금 더 세분화하기 위해 각 예산 항목을 직접비와 간접비 항목으로 구분하고자 한다. ○○ 씨가 직접비 예산으로 편성할 총비용은?

[프로젝트 예산 구분]

구분	항목	금액(원)	비고
1	직원 출장비	620,000	총 2명
2	장비비	4,540,000	
3	건물 관리비	767,000	
4	전기세	427,600	8월 전기세
5	수도세	214,800	8월 수도세
6	인건비	13,420,000	
7	건물 보험료	824,600	
8	회사 광고비	4,740,000	온라인 및 지하철 홍보

※ 직원 출장비는 1명당 금액이며, 인건비는 모든 임직원들 인건비의 합임

① 9,370,100원
② 14,040,000원
③ 18,580,000원
④ 18,864,600원
⑤ 19,200,000원

난이도 ★★☆

12 **하반기 워크숍을 준비하고 있는 김준영 씨는 20X5년 4월 23일 현재 준비하고 있는 프로젝트의 레퍼런스 자료로 활용하기 위해 20X1년 4월 13일에 작성된 프로젝트 보고 자료를 서류 보관소에서 찾으려고 한다. 아래의 [서류 보관소 관리 기준]에 따를 때, 김준영 씨가 찾는 자료가 보관되어 있는 위치로 올바른 것은?** (단, 윤년은 고려하지 않는다.)

[서류 보관소 관리 기준]

1. 작성일 기준 1년이 초과되는 서류는 서류 보관소에 보관한다.
   1) 서류 이관 업무는 매달 1일을 기준으로 하며, 1일이 휴일인 경우 매월 첫 번째 평일에 수행한다.
2. 서류 보관 위치 선정은 회전대응 보관 원칙에 따른다.
   1) 서류 보관소 보관 기간이 3년 이하인 문서는 A~C 열에 보관한다.
   2) 서류 보관소 보관 기간이 3년 초과인 문서는 D~F 열에 보관한다.
   3) 알파벳 기준 A 열이 출입구에서 가장 가까운 곳에 위치하며, F 열이 출입구에서 가장 먼 곳에 위치한다. (보관장은 알파벳 순서로 나열되어 있다.)
   4) 하나의 열에는 한 종류의 문서만 보관한다.

[문서별 열람 빈도]

구분	문서 종류	평균 열람 빈도
1	회계 장부	1회/년
2	프로젝트 기획 자료	3회/년
3	프로젝트 보고 자료	1회/분기

※ 서류 보관소에는 회계 장부, 프로젝트 기획 자료, 프로젝트 보고 자료 외의 자료는 없다고 가정함

① A 열　　② B 열　　③ C 열　　④ D 열　　⑤ E 열

난이도 ★★☆

13 **○○업체는 7월 28일 금요일에 8월 예상 매출을 산출하여 회사 운영 계획을 수립하고자 한다. 아래의 자료를 토대로 할 때, ○○업체의 8월 예상 매출은?** (단, 제작이 완료된 제품은 모두 판매가 되고, 완성품만 판매할 수 있다고 가정한다.)

[○○업체 근무 관련 정보]

1. 모든 업무는 평일에만 진행하며, 주말과 공휴일에는 업무를 하지 않는다.
   ※ 8월 15일은 광복절로 공휴일이며, 8월 중 주말과 광복절을 제외한 휴일은 없음
2. 주말, 공휴일 외 평일은 예외 없이 업무를 진행하며, 업무 효율은 항상 동일하다.

[○○업체 공정 작업표]

구분	작업명	소요시간(일)	선행 작업	비고
A	원료 선별	1	–	
B	원료 배합	0.5	A	
C	원료 화학 처리	0.5	B	
D	원료 열처리	1	C	
E	설비 예열	2	B	
F	가공	0.5	D, E	
G	후처리	0.8	F	
H	검사	1.2	G	평균 불량률 10%
I	불량 폐기	0.7	H	
J	포장	1	H	

※ 1) ○○업체의 제품 제작은 첫 번째 공정을 시작하면, 전체 공정이 마무리된 후에 다시 첫 번째 공정부터 시작할 수 있으며, 제품은 모든 공정이 종료되어야 완성됨
2) 모든 공정은 동시에 진행할 수 있으나, 반드시 선행 작업이 완료된 공정만 진행할 수 있음
3) 각 공정 사이에 시간 지연은 없음
4) 1번의 공정 당 불량품을 포함하여 총 200개의 제품을 제작할 수 있음
→ 불량품은 폐기하므로 판매할 수 없고, 양품은 1개당 476,000원에 판매함

① 231,300,000원
② 243,780,000원
③ 257,040,000원
④ 260,860,000원
⑤ 262,220,000원

난이도 ★★☆

14 인사팀에서 근무하는 귀하는 출장비 정산 업무를 수행하고 있다. 아래의 내용을 토대로 귀하가 지급해야 하는 총출장비는?

[2월 18일 대화 내용]

이상엽 과장: 안녕하세요, 차장님! 우선 다음 달 진급을 축하드립니다.
신형섭 차장: 안녕하세요, 이 과장님. 감사합니다. 오늘은 다음 달 출장 일정과 세부 내용을 논의해야 할 것 같은데, 잠시 시간 괜찮으신가요?
이상엽 과장: 네, 괜찮습니다. 출장이라면 중국 광저우에서 개최되는 ESG 포럼을 말씀하시는 것 맞으시죠?
신형섭 차장: 네, 맞습니다. 3월 7일 화요일부터 3월 9일 목요일까지 개최되는 ESG 포럼에 관련된 출장입니다. 광저우 지사에서 회의도 예정되어 있어서 3월 6일 월요일에 출국해서 3월 9일 목요일에 귀국하는 일정입니다.
이상엽 과장: 네, 알겠습니다. 참석 대상자는 차장님과 저 두 사람으로 기획하겠습니다.
신형섭 차장: 아닙니다. 이번에 김주연 과장도 함께 참석할 예정입니다. 그리고 광저우 현지에서의 이동은 모두 지사에서 제공해 주기로 했습니다.
이상엽 과장: 아, 그렇군요! 네, 알겠습니다. 김주연 과장님까지 총 3명에 대한 비행기와 숙박을 예약하도록 하겠습니다.

[출장비 지급 규정]

1. 출장비는 교통비, 숙박비, 식비만을 포함한다.
2. 교통비는 항공료, 유류비 등 이동에 필요한 제반 비용을 모두 포함하며, 모든 항목에 대해 실비 지급을 원칙으로 한다.
   ※ 항공료 산출 기준은 출장 당일 직급을 기준으로 하며, 부장 이상 직급은 Business Class 이용을 기준으로 함(부장 미만 직급은 Economy Class)
3. 숙박비와 식비는 직급에 따라 차등으로 정해진 금액을 지급함을 원칙으로 한다.

직급	숙박비(원/박)	식비(원/일)
부장	320,000	150,000
차장~과장	250,000	90,000

[인천↔광저우 항공료]

구분	Business Class	Economy Class
금액(원)	680,000	324,000

※ 제시된 금액은 편도 금액이며, 평일/주말을 구분하지 않음

① 4,524,000원 ② 4,678,000원 ③ 5,640,000원
④ 6,436,000원 ⑤ 7,256,000원

난이도 ★★☆

15 **신제품 기획 업무를 담당하게 된 임동근 대리는 관련 부서 담당자들과 회의를 진행하기 위해 일정을 살펴보고 있다. 다음 조건과 회의 가능 시간표, 회의실 예약 일정표를 토대로 판단할 때, 귀하가 회의실을 예약하기에 적절한 요일과 시간은?** (단, 가능한 일정이 많다면 가장 빠른 일정으로 예약한다.)

〈조건〉

1. 회의는 회의 참석 대상자 모두가 참석할 수 있어야 한다.
   - 회의 참석 대상자

기술부서	제조부서	기획부서
과장, 대리 직급 전원	과장, 대리 직급 전원	과장 1인, 임동근 대리

2. 회의는 2시간 동안 진행되며, 모든 회의 참석 대상자는 회의의 시작부터 끝까지 참석할 수 있어야 한다.
   - 회의는 업무 시간인 평일 09~18시 사이에만 진행한다. (점심시간 12~13시 제외)
3. 회의실은 모든 회의 참석 대상자를 수용할 수 있어야 하며, 빔 프로젝터를 사용할 수 있어야 한다.

[다음 주 기술부서, 제조부서, 기획부서 회의 가능 시간표]

부서	이름	직급	월	화	수	목	금
기술	유지민	차장	13~18시	09~12시	15~18시	09~12시 13~16시	–
	서영호	과장	09~12시 16~18시	09~12시	09~12시 14~18시	13~18시	–
	김민정	대리	13~18시	–	10~12시 15~18시	09~12시 15~18시	13~18시
제조	박재상	과장	09~12시 16~18시	–	09~12시 15~18시	09~12시 15~18시	–
	홍서연	대리	15~18시	–	10~12시 15~17시	14~18시	09~12시
	이혜성	사원	–	10~12시 14~16시	09~12시 13~16시	09~12시	09~12시 16~18시
기획	민윤기	과장	09~12시	–	09~11시 16~18시	09~12시	13~18시
	김태형	과장	09~12시 13~18시	09~12시 16~18시	10~12시 14~16시	13~18시	10~12시 14~16시
	임동근	대리	10~12시 14~16시	09~12시 16~18시	09~12시 15~18시	15~18시	09~12시 13~16시

※ 1) –: 회의 가능한 시간이 없음
   2) 표에 제시된 인원 외에는 고려하지 않음

[다음 주 회의실 예약 일정표]

회의실 명	머큐리	비너스	마스	주피터	세턴
수용 인원(명)	5	6	7	8	10
빔 프로젝터 유/무	O	O	X	X	O
예약 일정	–	수 10~12시 목 13~16시	–	월 09~12시 금 09~12시	수 09~12시 목 13~18시

※ 1) –: 예약 일정이 없음
2) 제시된 회의실 외에는 고려하지 않음

① 월요일 16~18시 ② 수요일 10~12시 ③ 수요일 15~17시
④ 목요일 15~17시 ⑤ 목요일 16~18시

난이도 ★☆☆

16 **○○기업에 다니는 귀하는 이번에 인사팀으로 발령받은 후 첫 회의에 참석하게 되었다. 회의 주제는 신규 사원 채용이다. 아래의 회사 상황 및 채용 목표를 고려하여 귀하가 회의에서 할 발언을 적절하게 정리한 것은?**

> **[○○기업 신규 사원 채용의 件]**
> - 채용 사유: 중국, 러시아 해외지사 파견인력 선발
> - 필요 인력: 지사별 60명(채용 예산 고려 시 지사별 최대 70명까지 선발 가능)
> - 필요 부문: 제조 엔지니어, 경영지원, 법무, 회계, 공정지원

① 해외지사에 파견하는 인력인 만큼 언어능력은 필수입니다. 따라서 영어능력을 우선으로 고려하여 선발하고, 인력은 최소 120명에서 최대 140명까지 가능성을 열어 두고 선발하는 것이 중요할 것 같습니다. 해외지사에 파견되어야 하는 인력인 만큼 해외 어학연수나 유학 등 해외 경험이 있는 인력에게 가산점을 주는 것이 좋을 것 같습니다.

② 우선 60명을 선발하여 중국지사와 러시아지사에 파견하는 것이 좋을 것 같습니다. 각 전공은 물론이며, 언어능력도 함께 평가하여 현지에서 업무를 원활하게 진행할 수 있는 인력으로 확보하는 것이 중요할 것 같습니다.

③ 이번 채용 인원은 120명 모두 필요 부문 전공자로 선발하는 것이 좋을 것 같습니다. 선발할 때 언어능력은 현지 통역을 할 인원을 추가로 선발하여 대응하면 조금 더 전문적일 수 있으니, 일단은 전공능력만 평가하여 선발하는 것이 좋을 것 같습니다.

④ 부문별로 전공능력을 우선 평가하여 선발하되 중국어와 러시아어가 능통한 사람에게는 가산점을 주어 선발하는 것이 좋을 것 같습니다. 또한 해외지사 파견 인원을 선발하는 것을 미리 공고하여 해외 적응을 잘할 수 있는 인력을 선발하는 것 또한 중요해 보입니다. 당장 부족한 인력을 이번 채용을 통해 확보해야 하므로 적어도 120명 정도는 채용할 필요가 있을 것 같습니다.

⑤ 선발하려는 직군 외에도 품질 검사를 위한 인력은 반드시 필요합니다. 따라서 현재 채용 직군 외에 품질 검사 인력에 대한 채용도 함께 진행해야 할 것 같습니다. 전체 인력은 140명은 선발해야 하고, 미리 말씀드린 품질 검사 인력은 적어도 40명 정도는 선발해야 합니다. 품질은 굉장히 중요한 부분이기 때문에 절대 놓쳐서는 안 되는 부분입니다.

난이도 ★★☆

17 하반기 업무 계획을 수립 중인 귀하는 하반기 전략 과제 5개를 최대한 빠른 시간 안에 마무리할 수 있도록 업무 계획을 수립하고자 한다. 아래의 [부서원 정보]와 [프로젝트 정보], 그리고 [조건]을 토대로 판단할 때, 업무일을 기준으로 주어진 모든 과제를 진행하기 위해 최소 며칠이 필요한가?

[부서원 정보]

직급	부서장	차장	과장	대리	사원
인원(명)	1	2	4	5	4

[프로젝트 정보]

구분	필요 인원(명)	소요 기간(업무일)
과제 A	11	15
과제 B	7	16
과제 C	6	11
과제 D	9	24
과제 E	8	17

[조건]

1. 모든 과제는 필요 인원이 충족되지 않으면 진행이 불가능하다.
2. 모든 과제는 필요 인원 이상이 투입되더라도 소요 기간 단축이 발생하지 않는다.
3. 모든 부서원의 업무 능력은 동일하고, 모든 과제에 투입 가능하나, 부서장은 별도로 과제 수행 인원에 편성하지 않는다.
4. 과제 A~E는 필요 인원만 충족된다면, 모든 프로젝트를 동시에 진행할 수 있다.
5. 하나의 과제에 편성된 부서원은 해당 과제가 종료되기 전에 다른 과제에 편성할 수 없다.

① 56일 ② 57일 ③ 58일 ④ 59일 ⑤ 60일

난이도 ★☆☆

18 **아래의 상황을 토대로 할 때, 김지훈 팀장의 시간 관리 방법 ⓐ~ⓓ 중 옳은 것은 모두 몇 개인가?**

[상황]

김지훈 팀장은 업무 효율의 향상을 위한 시간 관리에 항상 신경을 쓰고 있다. 가장 먼저 업무를 분배하거나 전체적인 업무 계획을 수립할 때 ⓐ 팀원들의 시간 계획을 고려해서 프로젝트의 계획을 수립하고, ⓑ 최대한 많은 업무를 수행하기 위해서 시간 계획을 1분 단위로 쪼개서 정확하게 수립한다. 또한, ⓒ 팀원들보다는 스스로의 업무 성과가 뛰어나다고 판단하여, 다른 팀원들의 몫까지 스스로 도맡아 업무를 수행했다. 그러다 보니 업무 시간 안에 제대로 업무를 마무리하지 못하는 상황이 발생되었고, ⓓ 1주일 후에 있을 중요한 미팅 업무를 처리하기 위해 중국어 학원을 가지 않고 야근을 하게 되었다.

① 0개 ② 1개 ③ 2개 ④ 3개 ⑤ 4개

난이도 ★☆☆

19 **SMART 법칙은 목표를 어떻게 설정하고, 그 목표를 성공적으로 달성하기 위해 꼭 필요한 필수 요건들을 S, M, A, R, T라는 5개 철자에 따라 제시한 것이다. 이와 같은 5개의 항목 중 아래에서 구체적으로 설명하는 항목은?**

'나는 안정적으로 노후 생활을 하기 위해 여러 가지 준비를 하겠다.'라는 목표는 SMART 법칙의 기준으로 봤을 때 적절하게 수립된 목표라고 볼 수 없다. '안정적인 노후'라는 것은 주관적인 개념으로 개개인의 사람이 원하는 바가 다를 수 있으며, 이를 위한 '여러 가지 준비' 또한 사람에 따라 주관적으로 해석될 수 있는 부분이기 때문이다. 이렇게 주관적인 개념으로 목표를 수립하게 되면 상황에 따라 목표가 달라질 수 있는 것이기 때문에 스스로도 목표를 정확히 파악하지 못해서 중간에 포기하는 상황이 발생할 수 있게 된다. 따라서 '매달 50만 원씩 저축을 하겠다.' 또는 '월수입의 20%는 저축을 하겠다.'와 같이 수치화, 객관화시켜서 측정이 가능한 척도를 세우는 것이 중요하다.

① S – Specific(구체적으로)
② M – Measurable(측정 가능하도록)
③ A – Action-oriented(행동 지향적으로)
④ R – Realistic(현실성 있게)
⑤ T – Time limited(시간적 제약이 있게)

난이도 ★☆☆

20 아래의 자료를 읽고 '시간'의 특성에 대해 설명한 것 중 옳지 않은 것은?

> 우리는 모두 1년은 365일이고, 하루는 24시간, 1시간은 60분이라는 것을 잘 알고 있다. 또한 이러한 시간은 소리 소문 없이 흘러가기도 하고, 개개인에 따라 또는 상황에 따라 실제로 주어진 시간보다 훨씬 짧게 느껴지기도 한다. 시험 시간에 집중해서 문제를 풀이하다 보면 어느새 시험 종료 시각이 다가오고, 관심 없는 강의를 수강할 때는 시간이 더디게만 느껴지기도 한다. 하지만 시간은 그 흐름이 빠르게 느껴지든 느리게 느껴지든 항상 똑같이 흘러가고 있으며, 그냥 흘려보내면 낭비되기 마련이다.
> 이처럼 항상 시간은 흘러간다. 하지만 어떻게 흘러가는지에 따라 성과는 달라진다. 치열하게 고민하고 발전을 위해 노력하는 1분과 초조하게 버스 시간을 기다리는 1분을 비교해 보면 서로 같은 1분이지만 그 가치는 판이하다.
> 오늘 시간이 여유롭다고 해서 오늘의 시간을 저축해 두었다가 내일 대신 사용할 수 없다. 마찬가지로 오늘 바쁘다고 해서 내일의 시간을 미리 앞당겨 사용할 수도 없다. 그렇기 때문에 우리는 시간을 잘 관리해야 하고, 어떻게 시간을 관리하느냐에 따라서 성과가 크게 달라질 수 있다.
> 우리는 항상 현재를 살아가면서 낭비되고 있는 시간은 없는지 한 번 살펴볼 필요가 있다. 만약에 낭비되고 있는 시간이 있다면, 그 이유를 자세히 분석하고 낭비되지 않도록 바꿔야 한다. 그러면 그 시간을 효율적으로 활용해서 생산적이고 창조적인 일에 투자할 수 있게 될 것이다.

① 시간은 누구에게나 동일하게 주어지는 자원이다.
② 시간은 언제나 동등한 가치를 가지는 자원이다.
③ 시간은 빌리거나 저축할 수 없는 자원이다.
④ 시간의 흐름은 멈추거나 늦출 수 없다.
⑤ 시간은 계획 없이 보내면 낭비되기 쉬운 자원이다.

[21-22] 다음 자료를 보고 각 물음에 답하시오.

[홍보용 기념품 제작 계획 보고서]

1. **제작 목적:** 신입사원 리크루팅을 위한 홍보용 기념품 제작
2. **제작 수량:** 1,000개
3. **필요 항목**
   ① 기본 케이스
   ② 회사명 문구 삽입
   ③ 선물 포장
4. **제작 및 배송 기한:** 7월 21일 화요일까지 배송 필수
   ※ 제작 및 배송 기한 단축 가능 업체 확인 시 해당 업체로 선정

[업체별 정보]

구분	기본 비용(원)	추가 비용(원)			할인율(%)	소요일(일)		비고
		케이스 추가	문구 삽입	포장		제작	배송	
갑	7,000	-	700	150	15	16	2	토 휴무
을	6,500	500	-	-	-	14	2	토, 일 휴무
병	7,500	-	300	-	15	16	2	일 휴무
정	8,000	-	-	-	10	17	1	화 휴무
무	6,000	500	1,000	200	-	16	1	토, 일 휴무

※ 1) 모든 업체는 제작 의뢰를 받은 당일 제작을 시작하며, 제작 소요일은 제작 의뢰일을 포함한 값임
2) 배송은 제작이 완료된 다음날 시작되며, 배송 소요일은 배송 시작일을 포함한 값임
3) 모든 업체는 제시된 휴무일에는 제작을 하지 않으며, 그 외 휴일은 고려하지 않음
(단, 배송 시에는 별도의 휴일을 고려하지 않음)
4) 추가 비용 표시가 되지 않은 항목은 무료 제공 항목임

난이도 ★★☆

21 ○○회사의 인사팀에 근무하는 귀하는 7월 1일 수요일에 위와 같이 홍보용 기념품 제작을 위한 계획을 수립하고 업체별 정보에 따라 업체를 선정하여 다음날 제작 의뢰를 하고자 한다. 귀하가 선정된 업체에 지불해야 하는 비용은?

① 6,600,000원 ② 6,630,000원 ③ 6,672,500원
④ 7,000,000원 ⑤ 7,200,000원

난이도 ★★☆

22 업체 선정 업무를 진행하던 중 리크루팅 일정이 2일 지연되어 제작 및 배송 기한 또한 7월 21일 화요일에서 7월 23일 목요일로 연장되었다. 기한에 여유가 생김에 따라 제작 의뢰 또한 제작 및 배송 기한을 지킬 수 있는 한 가장 저렴한 업체로 선정한다고 할 때, 귀하가 선정된 업체에 지불해야 하는 비용은?

① 6,600,000원 ② 6,630,000원 ③ 6,672,500원
④ 7,000,000원 ⑤ 7,200,000원

난이도 ★☆☆

23 아래의 [상황]과 [업체별 정보]를 토대로 판단할 때, 각 업체에 대한 평가로 적절하지 않은 것은?

[상황]

신규 프로젝트를 준비하고 있는 ○○공사는 프로젝트의 기본이 되는 애플리케이션을 개발할 업체를 공개경쟁 입찰을 통해 선택하고자 한다. 총 3개의 업체가 입찰을 한 상황으로 모든 업체가 관련 업무를 수행했던 경험은 없어 새롭게 애플리케이션을 개발해야 하며, 해당 애플리케이션을 개발하기 위한 비용은 5억 원이 필요하다.

[업체별 정보]

구분	A 업체	B 업체	C 업체
개발 책정 비용	7억 원	5억 원	3억 원

※ 모든 업체는 개발 책정 비용의 10%를 이윤으로 하여 입찰 가격을 책정함

① A 업체는 너무 과도하게 비용을 책정했군. 유동 자금이 줄어들어 기업의 경쟁력이 손실될 수밖에 없어.
② ○○공사의 담당자라면 B 업체를 선택하는 것이 가장 안정적인 선택이 될 것 같아.
③ ○○공사의 담당자가 C 업체를 선택한다면 C 업체가 적자 발생으로 문제가 생길 수 있는 상황이라는 것을 감안하고 업체의 동향을 예의 주시할 필요는 있을 것 같아.
④ B 업체는 예상되는 개발 비용과 유사한 비용을 개발 비용으로 책정했네. 가장 이상적인 상황이라고 볼 수 있겠어.
⑤ C 업체는 애플리케이션 개발을 위한 비용을 너무 적게 잡았네. 이래서는 업체의 경쟁력이 손실되는 상황이 발생할 거야.

난이도 ★★☆

24 다음 시차 계산 방법과 〈상황〉을 토대로 판단할 때, 김영호 대리가 보낸 메일을 김주현 과장이 확인하기까지 소요되는 시간은?

[시차 계산 방법]

① 그리니치 평균시(GMT)는 본초 자오선이 지나는 영국의 그리니치 천문대를 기준으로 하여 국가 또는 지역의 경도를 기준으로 정해지는 시간을 의미한다.
② 영국의 그리니치 천문대를 경도 기준 0도로 하고 동쪽을 동경, 서쪽을 서경이라 칭하며, 동경 180도와 서경 180도가 만나는 선을 날짜 변경선이라 한다.
③ 그리니치에서 경도 기준 15도씩 동쪽으로 이동할 때마다 1시간씩 기준 시간이 빨라지며, 경도 기준 15도씩 서쪽으로 이동할 때마다 1시간씩 기준 시간이 느려진다.

〈상황〉

동경 75도에 위치한 A 국에서 근무하고 있는 김영호 대리는 A 국에서 경도 기준 105도만큼 서쪽에 위치한 B 국에서 근무하고 있는 김주현 과장에게 A 국 기준 시간으로 4월 24일 오후 5시에 메일을 보냈다.

하지만 B 국에 근무하고 있는 김주현 과장은 B 국에서 경도 기준 45도만큼 서쪽에 위치한 C 국으로 출장을 가기 위해 B 국 기준 시간으로 4월 24일 오전 9시 20분에 출발하는 비행기에 탑승했다. B 국에서 C 국으로 이동하는 비행기의 비행 소요 시간은 4시간 20분이며, 비행기를 탑승한 상태에서는 메시지를 확인할 수 없고, 비행기가 출발하기 전 또는 도착 직후에는 즉시 메일을 확인한다.

① 0시간 ② 40분 ③ 1시간 40분 ④ 2시간 40분 ⑤ 3시간 40분

난이도 ★☆☆

25 다음 중 인적자원 및 인적자원관리에 대해 잘못 설명하고 있는 사람을 모두 고르면?

- A: 상대방에게 받은 명함은 후속 교류를 위한 도구로 사용할 수 있는 중요한 인맥관리 수단이므로 메모를 지양하고 명함수첩이나 명함관리 프로그램을 활용하여 깨끗하게 보관해야 한다.
- B: 인적자원을 배치할 때에는 인적자원을 적합한 위치에 배치한 뒤 성과를 바르게 평가하고 평가 결과를 토대로 적절한 보상을 한다는 '적재적소주의'를 고려해야 한다.
- C: 효율적이고 합리적으로 인적자원을 관리하기 위해서는 근로자가 창의력을 발휘할 수 있도록 새로운 제안, 건의 등의 기회를 마련하고, 적절한 보상을 하여 인센티브를 제공해야 한다는 '창의력 계발의 원칙'이 필요하다.
- D: 인사관리의 원칙 중에는 직무 배당, 승진, 상벌, 근무 성적의 평가, 임금 등을 처리할 때 공정해야 한다는 '공정 보상의 원칙'도 존재한다.
- E: 인적자원은 능동적인 자원이기 때문에 관리와 동기부여가 굉장히 중요한 자원이다.

① A, B ② A, D ③ C, E ④ A, B, D ⑤ A, C, E

[26-27] 다음 자료를 보고 각 물음에 답하시오.

[○○지역 지도]

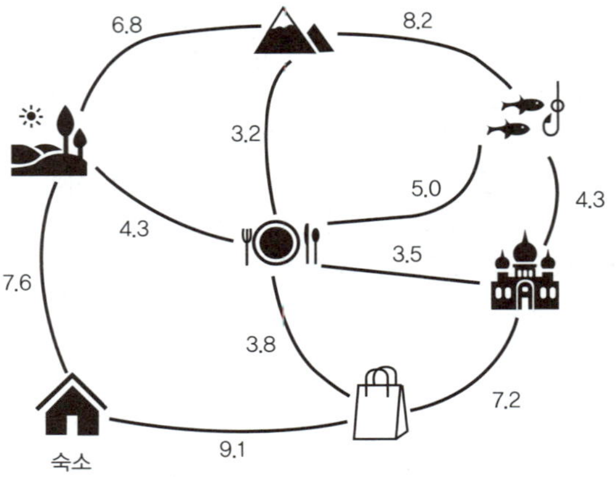

※ 1) 지도에 표시된 숫자는 위치별 거리를 나타내며 km 단위임
2) 지도에 표시된 경로 외 다른 경로는 사용할 수 없음

난이도 ★★☆

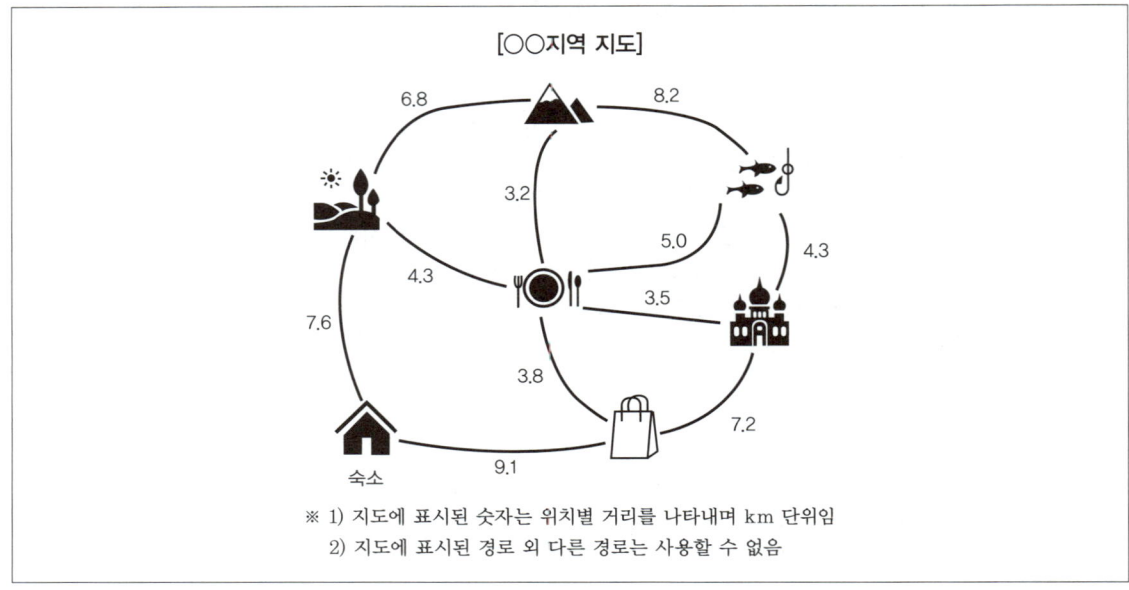

26 **○○지역으로 여행을 떠난 민주는 숙소에 머물면서 오늘 [○○지역 지도]에 표시된 6곳을 모두 방문한 뒤 다시 숙소로 돌아오는 계획을 수립하고자 한다. 아침 8시에 출발하여 각 방문 지역마다 2시간씩 관광을 하고 다시 숙소로 돌아온다고 할 때, 민주가 숙소에 도착하는 시간은?** (단, 민주의 이동 속도는 항상 60km/h로 동일하다고 가정하고, 최대한 빨리 돌아올 수 있는 방법을 강구하며, 관광 및 이동 외 소요 시간은 없다고 가정한다.)

① 오후 8시 38분 30초
② 오후 8시 43분 12초
③ 오후 8시 52분 24초
④ 오후 9시 01분 36초
⑤ 오후 9시 09분 00초

난이도 ★☆☆

27 렌터카를 이용하여 위의 계획대로 여행을 다녀온 민주는 렌터카를 반납하기 위해 주유를 하려고 한다. 아래의 [차량 정보]와 [조건]을 토대로 할 때, 민주가 주유를 하기 위한 비용은?

[차량 정보]

차량 연비	사용 유종	주유소 공시 가격(휘발유)
12.0km/L	휘발유	1,720원/L

[조건]

1. 민주는 처음 렌터카 대여소에서 렌터카를 대여해서 숙소로 이동했고, 렌터카는 대여한 곳에 반납해야 한다.
2. 민주는 렌터카를 반납하기 직전 대여소에 있는 주유소에서 주유한다.
3. 소모된 기름의 양은 주어진 연비에 따른 계산값과 정확하게 일치한다고 가정한다.
4. 민주는 사용한 만큼만 정확하게 주유한다고 가정한다.
5. 렌터카 대여소에서 숙소까지의 거리는 30km이다.
6. 민주는 주어진 상황 외에는 렌터카를 이용하지 않았다.

① 6,192원 ② 8,234원 ③ 10,618원 ④ 12,376원 ⑤ 14,792원

난이도 ★★☆

28 **해외여행을 계획하고 있는 은진이는 평소에 구매하고 싶었던 옷을 면세 구역에서 구매하게 되었다. 은진이가 구매한 옷의 구매 정보가 아래와 같을 때, 은진이가 옷을 백화점에서 구매하지 않고 면세 구역에서 구매함에 따라 절약한 금액은?** (단, 은진이는 각 장소에서 가능한 모든 할인을 받고 옷을 구매했다.)

[구매 정보]

구분	정가	할인 정보
백화점	485,000원	카드 할인 10% 가능
면세 구역	300달러	최종 결제 금액에서 20달러 할인(쿠폰)

※ 은진이는 시중 은행에서 환전한 금액으로 옷을 구매함

[은진이의 시중 은행 환전 정보]

매매 기준율	환전 수수료율	우대율
1,380원/달러	4%	75%

① 18,360원
② 23,234원
③ 31,618원
④ 38,372원
⑤ 46,236원

난이도 ★☆☆

29 **독일 출장이 예정되어 있는 귀하는 출장 일정을 수립하고 있다. 공항에서 1시간 거리에 떨어져 있는 독일 지사에서 4월 23일 오후 3시에 시작되는 회의에 참석하기 위해 계획을 세운다고 할 때, 아래의 [비행기 운항 정보]와 [조건]을 토대로 하여, 귀하가 독일 공항에 도착하는 독일 현지 기준 시간은?** (단, 주어진 시간 외 소요 시간은 고려하지 않는다.)

[비행기 운항 정보]

비행편	A	B	C	D	E
출발 시간	4/23 09:45	4/23 10:15	4/23 10:45	4/23 08:35	4/23 09:45
소요 시간	11시간 20분	10시간 15분	10시간 35분	11시간 40분	12시간

※ 출발 시간은 서울 기준 시간이며, GMT 기준 독일과 서울의 시차는 7시간이고, 서울이 독일보다 빠름

[조건]

1. 독일 지사에서 진행되는 회의에 여유롭게 참석할 수 있도록 늦어도 회의 시작 30분 전에는 도착할 수 있도록 계획을 수립한다.
2. 독일 지사에서 귀하를 위한 차량을 공항에 독일 현지 시간 기준 4월 23일 오후 1시에 대기시켜 둘 예정이므로 오후 1시보다 일찍 도착하지 않도록 계획을 수립한다.
3. 가능한 비행기가 여러 대라면 최대한 일찍 도착하는 비행편을 선택한다.

① 4월 23일 13시 10분 ② 4월 23일 13시 15분 ③ 4월 23일 13시 20분
④ 4월 23일 13시 25분 ⑤ 4월 23일 13시 30분

[30-31] 다음 자료를 보고 각 물음에 답하시오.

빛날 컴퍼니는 실내 디자인 및 리모델링을 하는 업체로 이번에 ○○회사의 사무실 리모델링과 회의실 디자인 변경 업무를 계약하기 위해 관련된 자료를 준비하고 있다. ○○회사의 사무실 리모델링과 회의실 디자인 변경 업무는 공개경쟁 입찰 형식으로 진행되고 있으며, 디자인 평면도 4장(CAD 도면), 3D 렌더링 도면 4장, 그리고 사무실과 회의실 모델링 모형을 각 1개씩 제출해야 한다. 이후 업체로 선정될 경우 세부적인 조정과 함께 가격 협상을 진행할 예정이다.

[재료비 및 인건비]

구분	일반 재료			모형 재료			
	우드락	목재	아크릴	책상	의자	테이블	화분
가격(원)	1,650	3,100	2,800	4,700	2,100	1,800	500

구분	CAD 도면 작성	3D 렌더링 도면 작성	모델링 모형 제작
A 업체	78,000원/장	102,000원/장	447,000원/개
B 업체	84,000원/장	100,000원/장	512,000원/개
임시 계약 근로자	90,000원/장	99,000원/장	407,000원/개

※ 일반 재료는 1장당, 모형 재료는 1개당 가격임

[모델링 모형별 재료 필요 수량 및 재고]

구분	일반 재료			모형 재료			
	우드락	목재	아크릴	책상	의자	테이블	화분
사무실	15	5	3	20	24	1	4
회의실	10	0	1	0	20	4	1
재고	5	5	2	0	4	0	0

난이도 ★★☆

30 **귀하는 빛날 컴퍼니의 예산 관리 업무를 담당하고 있다. ○○회사의 사무실 리모델링 및 회의실 디자인 변경 공개경쟁 입찰과 관련하여 모델링 모형 제작을 위한 예산이 얼마인지 파악하는 업무를 진행하고 있다. 모델링 모형을 제작하기 위한 재료 수량 및 재고가 위와 같을 때, 귀하가 모델링 모형을 제작하기 위해 확보해야 하는 예산은 총 얼마인가?** (단, 제작은 모두 사내에서 진행되며, 재료비 외에 추가 비용은 발생하지 않는다.)

① 207,200원 ② 228,100원 ③ 241,700원
④ 253,400원 ⑤ 267,800원

난이도 ★★★

31 **빛날 컴퍼니는 현재까지 디자인 평면도 1장과 3D 렌더링 도면 1장을 완성한 상태이다. 하지만 갑작스럽게 발생한 긴급 업무로 인해 회사의 모든 인력이 ○○회사 업무에 투입될 수 없게 되어 부득이 외부 업체에 외주를 주거나 임시 계약 근로자를 활용하여 업무를 진행할 수밖에 없는 상황이 되었다. 그에 따라 필요 예산을 확인하여 예산이 가장 적게 드는 방향으로 업무를 진행한다고 할 때, 빛날 컴퍼니에서 업무 진행을 위해 계약할 대상과 필요한 예산을 차례대로 나열한 것은?** (단, 모델링 모형 제작을 위한 재료는 확보되어 있다고 가정한다.)

① A 업체, 987,000원
② 임시 계약 근로자, 1,381,000원
③ 임시 계약 근로자, 1,479,000원
④ A 업체, 1,434,000원
⑤ B 업체, 1,576,000원

난이도 ★★☆

32 다음 자료를 토대로 판단할 때, A 부서에서 20X5년 평가에 따라 가장 많은 성과급을 지급받는 부서원이 지급받는 성과급은?

[상황]

○○회사는 매년 2번의 평가를 진행하며, 그 결과에 따라 평가 등급을 산정한다. 이후 각 직원의 기본급에 평가 등급에 따른 지급률을 곱하여 성과급을 산출하여 연말에 직원들에게 지급하고 있으며, 성과가 좋은 직원들은 해외 4박 5일 연수를 보내주고 있다.

[성과 등급 기준 및 성과급 지급 비율]

구분	S	A	B	C
기준	총점 90점 이상	총점 90점 미만 ~80점 이상	총점 80점 미만 ~70점 이상	총점 70점 미만 ~60점 이상
지급률	150%	120%	100%	80%
비고	해외 연수			

※ 총점은 1차 평가 점수와 2차 평가 점수에 각각 35%와 65%의 가중치를 두어 산출함

[A 부서의 20X5년 평가 점수 및 기본급]

이름	직급	1차 평가(점)	2차 평가(점)	기본급(만 원)
김도윤	차장	95	86	560
이서영	과장	85	93	510
박지훈	대리	94	88	460
최은별	대리	88	65	420
정현우	사원	93	88	340

※ A 부서의 부서원은 표에 제시된 5명 외에 고려하지 않음

① 6,300,000원 ② 6,720,000원 ③ 6,900,000원
④ 7,650,000원 ⑤ 8,400,000원

난이도 ★★☆

33 백현우 과장은 뉴욕으로 업무 출장을 가게 되어 지사 근처 숙소를 예약하려고 한다. 아래의 [숙소 정보]와 [상황]을 바탕으로 백현우 과장이 예약할 숙소는?

[숙소 정보]

구분	지사와의 거리(km)	숙박비(달러/박)		평점(점)	비고
		주중	주말		
A 호텔	20.4	110	130	3.8	
B 호텔	23.0	110	140	2.6	
C 호텔	12.4	140	180	4.2	업무 협약으로 20% 할인 가능
D 호텔	21.6	120	150	3.1	
E 호텔	33.6	170	200	4.6	

※ 1) 지사와 호텔 사이는 택시로만 이동하며 100m당 0.05달러가 소요됨
2) 모든 호텔은 일요일~목요일 숙박은 주중 가격으로 책정하며, 금요일~토요일 숙박은 주말 가격으로 책정함

[상황]

뉴욕 지사로 업무 출장을 가게 된 백현우 과장은 숙소를 예약하려고 한다. 총숙박일정은 3월 5일 수요일에 체크인하여 3월 9일 일요일에 체크아웃하는 4박 5일 일정이다. 숙박하는 기간 중 수요일부터 토요일까지 매일 지사로 출근해야 하는 백현우 과장은 평점이 3점 이상이면서도 지사와의 거리가 30km 이하인 호텔 중 지사까지의 왕복 교통비와 숙박비의 총합이 가장 저렴한 숙소를 선택하려고 하며, 만약 비용이 동일하다면 평점이 더 높은 숙소를 선택하려고 한다.

① A 호텔 ② B 호텔 ③ C 호텔 ④ D 호텔 ⑤ E 호텔

[34-35] 다음 자료를 보고 각 물음에 답하시오.

○○건축사무소는 건축주의 요청에 따라 총 6개의 건물 모형을 제작해야 하는 상황이다. 설계부터 제작까지 일정이 촉박하여 최대한 빠른 시간 안에 모든 업무를 마무리하기 위해 인원을 설계팀 1팀과 제작팀 1팀으로 구분하여 업무를 담당할 예정이다. 설계팀은 설계에 관련된 인원으로만 구성되어 제작 업무는 수행할 수 없고, 제작팀은 설계 업무는 담당할 수 없는 상태이며, 한 번에 2개 모형의 설계 업무나 2개 모형의 제작 업무를 동시에 진행할 수는 없는 상황이다. 각 모형의 설계와 제작 업무에 소요되는 기간은 아래와 같다.

(단위: 일)

건물 모형	설계 소요 기간	제작 소요 기간
A	2	4
B	6	3
C	3	1
D	1	3
E	3	4
F	5	2

※ 1) 제시된 일정은 평일을 기준으로 산출한 일정임
2) 모형을 제작하기 위해서는 반드시 설계가 마무리되어야만 함

난이도 ★☆☆

34 ○○건축사무소가 A~F 6개의 건물 모형을 가장 빠른 시간 안에 제작할 수 있는 순서로 올바른 것은?

① D - A - C - E - B - F
② D - A - E - B - F - C
③ E - F - A - B - C - D
④ D - A - E - B - C - F
⑤ D - A - E - C - F - B

난이도 ★★☆

35 위와 같이 업무 계획을 세운 ○○건축사무소는 5월 18일 수요일에 첫 번째 건물 모형의 설계를 시작했다. ○○건축사무소가 건물 모형 6개의 제작을 완료하는 날은 무슨 요일인가? (단, ○○건축사무소는 평일에만 업무를 진행하며, 주말 외 공휴일은 고려하지 않는다.)

① 월요일 ② 화요일 ③ 수요일 ④ 목요일 ⑤ 금요일

난이도 ★★☆

36 인사팀에 근무하는 귀하는 일주일간 해외 연수를 보내기 위해 20X5년 상반기 평가 우수자들 중 1명을 선발하고자 한다. 아래의 [평가 우수자 평가 정보]와 [임직원 선발 기준]을 토대로 할 때, 귀하가 선발할 임직원으로 가장 적절한 사람은?

[평가 우수자 평가 정보]

이름	직급	근속(년)	근태 평가(점)	업무 평가(점)		외국어 평가(점)	비고
				역량	업적		
김하준	과장	12	90	86	87	78	
김전일	과장	11	83	90	93	80	가점 2점
이다영	과장	10	85	79	94	78	
박지수	대리	7	90	88	83	83	감점 1점
최민서	대리	6	84	91	92	74	

[임직원 선발 기준]

1. 최종 점수가 85점 이상이면서 외국어 평가 점수가 75점 이상인 사람 중 선발한다.
2. 최종 점수는 근태 평가 30%, 업무 평가 40%, 외국어 평가 30%의 가중치를 감안한 점수에 가점이나 감점을 가감하여 산출한다.
   1) 업무 평가 점수는 역량과 업적 점수를 6:4의 비율로 합산하여 산출한다.
3. 조건을 만족하는 임직원이 2명 이상인 경우 직급이 높은 인원을 선발하며, 직급도 동일한 경우 근속이 오래된 임직원을 선발한다.

① 김하준 ② 김전일 ③ 이다영 ④ 박지수 ⑤ 최민서

난이도 ★★☆

37 **인사팀에 근무하는 귀하는 해외 파견 임직원 선발 업무를 하고 있다. 아래의 내용을 바탕으로 귀하가 해외 파견 임직원으로 선발 가능한 임직원의 조합을 고르면?**

○○공사에서는 아래 8명의 임직원 중 5명을 선발하여 해외 지사에 파견을 보내고자 한다. 각 임직원의 직급과 파견 이력은 아래의 [표]와 같다.

[표]

임직원 이름	갑	을	병	정	무	기	경	신
직급	과장	대리	사원	과장	대리	과장	차장	사원
파견 이력	없음	있음	없음	있음	없음	있음	없음	없음

[임직원 선발 기준]

1. 동일 직급을 3명 이상 파견 대상자로 선발할 수 없다.
2. 차장~사원의 모든 직급을 각각 1명 이상 파견 대상자로 선발해야 한다.
3. 파견 이력이 있는 임직원을 2명 이상 파견 대상자로 선발할 수 없다.

① 갑, 을, 병, 정, 신
② 갑, 병, 무, 경, 신
③ 갑, 정, 기, 경, 신
④ 을, 병, 정, 무, 경
⑤ 을, 병, 무, 기, 경

난이도 ★★☆

38 아래에 주어진 [○○공사 입사 지원자 명단]과 [평가 기준]을 토대로 판단할 때, ○○공사 최종 합격자를 고르면?

[○○공사 입사 지원자 명단]

지원자	필기 점수(점)	면접 점수(점)	경력 유무	관련 자격증	제2외국어
안영이	85	93	有	2개	프랑스어
장백기	95	87	無	3개	중국어
한석률	78	94	有	0개	일본어
장그래	92	90	無	2개	스페인어
하성태	88	89	有	1개	X

[평가 기준]

1. 최종 점수는 필기 점수에 30%의 가중치를 두고, 면접 점수에 70%의 가중치를 두어 산출한 점수에 경력, 자격증, 제2외국어에 따른 가점을 합산하여 산출한다.
2. 경력이 있는 경우 최종 점수에 1점을 가산한다.
3. 관련 자격증이 2개 이상 있는 경우 최종 점수에 1점을 가산한다.
4. 제2외국어 중 스페인어, 일본어, 중국어를 할 수 있는 경우 최종 점수에 1점을 가산한다.
5. 가중치와 가산점을 모두 고려하여 최종 점수가 가장 높은 1인을 합격자로 선정하며 최종 점수가 서로 동점일 경우 관련 자격증 개수 > 가점 인정 제2외국어 유무 > 경력 유무 순서로 판단하여 우선순위가 높은 지원자를 선발한다.

① 안영이 ② 장백기 ③ 한석률 ④ 장그래 ⑤ 하성태

[39-40] 다음 자료를 보고 각 물음에 답하시오.

[상황]

○○회사는 매년 3월 각 직원들의 지난해 성과 등급에 따라 계약 연봉 인상 및 성과급을 지급하고 있다. 계약 연봉은 각 직원의 지난해 계약 연봉에 성과 등급에 따른 인상률을 가산하여 산출하고, 성과급은 지난해 계약 연봉에 성과 등급별 지급 비율을 곱하여 산출한다. A 부서의 인원은 20X4년부터 20X6년까지 변동이 없다.

[연봉 인상 및 성과급 지급 기준]

구분		S	A	B
성과 점수 기준		상위 20% 이상	상위 20% 미만~ 상위 40% 이상	상위 40% 미만
성과급 지급 비율	과장 이상	13%	12%	11%
	과장 미만	12%	11%	10%
연봉 인상률		10%	5%	3%

※ 단, 산업안전기사가 있는 경우 산출한 성과급 지급 비율에 1%p를 가산함

[20X4년 A 부서 임직원 평가 결과 및 정보]

이름	직급	상반기 평가(점)	하반기 평가(점)	계약 연봉	비고
박재민	과장	90	91	7,200만 원	-
김수연	과장	92	88	6,900만 원	-
이태훈	대리	90	92	5,800만 원	산업안전기사
최영준	사원	89	90	5,500만 원	-
정소민	사원	88	83	4,800만 원	산업안전산업기사

※ 1) 단, A 부서에는 위에 제시된 임직원 외 없다고 가정함
2) 성과 점수 산출 시 직급에 따른 산출 방법이 서로 다름
- 과장 이상 직급: (상반기 평가 점수 + 하반기 평가 점수) × 0.9
- 과장 미만 직급: 상반기 평가 점수 × 0.8 + 하반기 평가 점수

난이도 ★★☆

39 위의 자료를 토대로 판단했을 때, A 부서 임직원 중 20X5년 3월 성과급을 가장 많이 지급받는 임직원은?

① 박재민　② 김수연　③ 이태훈　④ 최영준　⑤ 정소민

난이도 ★★★

40 다음은 20X5년 A 부서 임직원의 평가 결과이다. 이를 토대로 20X5년 성과 평가가 가장 높은 임직원이 20X6년 3월에 지급받는 성과급은 얼마인가?

[20X5년 A 부서 임직원 평가 결과]

이름	직급	상반기 평가(점)	하반기 평가(점)
박재민	과장	88	80
김수연	과장	80	82
이태훈	대리	87	92
최영준	사원	88	90
정소민	사원	90	88

① 6,646,000원　② 6,960,000원　③ 7,308,000원
④ 7,656,000원　⑤ 8,294,000원

정답해설편 p.45

National Competency Standards

고난도 PSAT형 문제

난이도 ★★☆

01 **○○공사에 근무하고 있는 귀하는 4주 차 초과 근무 수당을 신청하고자 한다. 다음 근무 규정과 이번 달 출퇴근 기록을 토대로 귀하가 신청할 초과 근무 수당의 총액은?** (단, 귀하의 통상 임금은 16,400원/시간이다.)

[근무 규정]

1. 1일의 기준은 06:00부터 익일 06:00까지로 한다.
2. 평일 근무 시간은 자율 출퇴근제를 적용하여 8시간/일을 기본 근무 시간으로 한다.
   2-1. 06:00 이전 출근은 불가하며, 22:00 이후의 근무는 야간 근무로, 평일 근무 시간에 포함하지 아니한다. (06:00 이전 출근 시 06:00 출근으로 간주한다.)
   2-2. 식사 시간은 점심시간 12:00~13:00, 저녁시간 18:00~19:00로 하며, 해당 시간이 근무 시간에 포함될 경우 근무 시간으로 산정하지 아니한다. (휴일 근무도 동일하다.)
   2-3. 평일 근무 시간 산정은 1주일을 기준으로 하며, 주당 기본 근무 시간을 만족하지 못할 경우 무단결근으로 처리한다. (1주일의 기준은 월요일~일요일로 한다.)
   2-4. 평일 초과 근무는 1주일을 기준으로 1시간 단위로 상신 가능하며, 직급과 무관하게 20,000원/시간을 지급한다.
3. 휴일 초과 근무는 주말 및 공휴일을 모두 포함한 근무를 의미한다.
   3-1. 휴일 초과 근무는 별도의 시간 제약을 하지 아니하며, 1시간 단위로 상신 가능하다.
   3-2. 휴일 초과 근무 수당은 1시간당 통상 임금의 50%를 가산하여 지급한다.
4. 야간 초과 근무는 평일 및 휴일 22:00 이후부터 익일 06:00 사이에 근무한 경우를 의미한다.
   4-1. 야간 초과 근무는 1시간 단위로 상신 가능하며, 통상 임금의 50%를 가산하여 지급한다.
5. 가산 임금 지급 사유가 중복되는 경우, 각각의 사유에 따른 가산 임금을 중복 지급한다.
   예) 휴일 22:00 이후부터 익일 06:00 사이에 근무한 경우에는 통상 임금에 휴일 초과 근무 가산 임금 50%와 야간 초과 근무 가산 임금 50%를 합하여 통상 임금의 200%를 지급한다.

[이번 달 3, 4주 차 출퇴근 기록]

구분	월	화	수	목	금	토	일
3주 차	11일	12일	13일	14일	15일	16일	17일
출근	08:30	10:00	07:30	06:00	07:40	11:00	-
퇴근	19:20	18:10	15:30	15:00	18:00	16:00	-
4주 차	18일	19일	20일	21일	22일	23일	24일
출근	07:20	08:00	05:40	06:20	10:00	09:30	-
퇴근	19:20	12:00	18:00	15:30	16:30	13:30	-

※ 19일은 ○○공사 창립기념일로 휴일임

① 135,000원 ② 176,800원 ③ 212,200원 ④ 221,400원 ⑤ 310,600원

난이도 ★☆☆

02 다음 글을 근거로 판단할 때, ○○공사가 거래 대상으로 선정할 업체를 모두 고르면?

- ○○공사는 거래할 업체를 선정하고자 한다. 업체별 기본 평가, 임직원 수 등 업체별 현황은 아래와 같다.

현황 / 업체	평가 점수	임직원 수	신뢰도 평가	최근 2개 프로젝트 평가 점수	
				이전	직전
A	70	55	S	85	79
B	85	45	A	76	78
C	75	50	A	77	92
D	65	65	B	84	81

- 최종 점수는 업체별 평가 점수에 아래 기준에 따른 점수를 가감하여 산출한다.

기준	가점 및 감점
임직원 수가 50명 미만	−10
신뢰도 평가가 S 등급	+10
최근 2개 프로젝트 평가 점수가 모두 80점 이상	+10
가장 최근 프로젝트 평가 점수가 80점 미만	−10

- 최종 점수가 75점 이상인 업체만 거래 대상으로 선정한다.

① A, C　② A, D　③ B, C　④ B, D　⑤ C, D

난이도 ★★☆

03 다음 글과 [입찰 업체 정보]를 근거로 판단할 때, 입찰 업체로 선정될 업체는?

○○공사는 공개경쟁 입찰을 통해 용역 사업자를 선정하고자 한다. 평가 항목별 합산 점수가 가장 높은 업체를 용역 사업자로 선정하려고 하지만, 기술 평가 등급이 D 등급인 업체는 선정하지 않으며, 합산 점수가 서로 동일한 경우에는 실적 건수가 더 많은 사업자를 용역 사업자로 선정한다.

1. 기술 평가 등급
기술 평가 등급은 가장 높은 A 등급부터 가장 낮은 D 등급으로 총 4개의 등급으로 구분하며, A 등급을 4점으로 하고 등급이 낮아질 때마다 1점씩 점수가 감소한다.

2. 사업 기간
사업 기간의 구분은 아래의 표에 따르며 10년 이상을 8점으로 하고, 사업 기간 구분이 감소할 때마다 1점씩 점수가 감소한다.

사업 기간	10년 이상	10년 미만 9년 이상	9년 미만 8년 이상	8년 미만 7년 이상	7년 미만

3. 실적 건수
실적 건수의 구분은 아래의 표에 따르며 14건 이상을 5점으로 하고, 실적 건수 구분이 감소할 때마다 1점씩 점수가 감소한다.

실적 건수	14건 이상	14건 미만 12건 이상	12건 미만 10건 이상	10건 미만 8건 이상	8건 미만

※ 최종 점수는 위의 3가지 항목 점수를 기술 평가 등급 점수 30%, 사업 기간 점수 30%, 실적 건수 점수 40%의 비율로 환산하여 합산한 점수로 함

[입찰 업체 정보]

입찰 업체	기술 평가	사업 기간	실적 건수
갑	C	9.5년	13건
을	B	9년	12건
병	A	8.5년	9건
정	A	8년	10건
무	D	13년	14건

① 갑 업체 ② 을 업체 ③ 병 업체 ④ 정 업체 ⑤ 무 업체

난이도 ★★☆

04 ○○공사의 인사 담당자인 귀하는 올해 선발된 신입직원 8명(갑~신)을 각 부서에 배치하고자 한다. 다음 글을 근거로 판단할 때, 귀하의 부서 배치 결과로 옳지 않은 것은?

1. 부서별 요구 인원

관리팀	구매팀	환경안전팀
4명	2명	2명

2. 배치 기준

1) 신입직원들의 선호도를 최우선으로 고려한다.

① 최대 2지망까지 지원하며, 우선 1지망 부서에 배치하되, 요구 인원보다 지원 인원이 많은 경우 부서에서 요구한 가중치에 따라 입사 성적이 높은 신입직원을 우선적으로 배치한다.

② 1지망 지원 부서에 배치되지 못한 신입직원은 2지망 지원 부서에 배치되는데, 이 경우 1지망에 따른 배치 후 남은 요구 인원만큼만 배치 가능하며, 남은 요구 인원보다 2지망 지원 인원이 많은 경우 부서에서 요구한 가중치에 따라 입사 성적이 높은 신입직원을 우선적으로 배치한다.

③ 1, 2지망으로도 배치가 되지 못한 경우 요구 인원이 남은 부서에 강제로 할당하며, 이 경우 부서에서 제시한 필수 조건에 부합하지 않더라도 배치할 수 있다.

3. 부서별 요구사항

구분	관리팀	구매팀	환경안전팀
필수 조건	-	TOEIC 850 이상	환경공학 전공자
요구 가중치	30:20:50	30:40:30	40:30:30

※ 1) 필수 조건에 부합하지 않는 경우 1, 2지망 배치에서 해당 팀에 배치할 수 없음
2) 요구 가중치는 서류:필기:면접 성적 순서임

4. 신입직원 평가표

이름	전공	서류	필기	면접	1지망	2지망	TOEIC 성적
갑	경제학	88	86	90	관리	구매	790
을	경영학	94	82	96	구매	환경안전	860
병	경영학	84	90	90	관리	환경안전	950
정	환경공학	90	94	80	구매	환경안전	835
무	산업공학	86	80	88	관리	구매	860
기	환경공학	82	74	80	환경안전	관리	800
경	산업공학	88	95	89	구매	관리	840
신	국제경영	91	87	90	환경안전	관리	840

※ 서류, 필기, 면접 점수는 각각 100점 만점이며, 가중치를 고려한 총점은 100점을 초과할 수 없음

① 부서별 필수 조건에 부합하지 않더라도 강제 할당한 경우는 없다.
② 산업공학을 전공한 사람들은 모두 관리팀에 배치한다.
③ 환경공학을 전공한 사람들은 모두 환경안전팀에 배치한다.
④ 토익 점수가 가장 높은 사람과 토익 점수가 가장 낮은 사람은 같은 부서에 배치한다.
⑤ 신을 구매팀에 배치한다.

난이도 ★★☆

05 아래의 [상황]과 [피자별 재료 기준 및 판매 가격]을 근거로 판단할 때, ○○피자 가게가 오늘 하루 피자를 판매하여 얻을 수 있는 최대 금액은 얼마인가?

[상황]

○○피자 가게는 피자 A와 B를 생산 및 판매한다. 피자를 만들기 위해서는 반드시 정해진 재료를 기준에 맞게 사용해야만 하며, 준비한 재료가 모두 소진되면 더 이상 생산 및 판매하지 않는다. ○○피자 가게는 어제 근처 중학교에서 단체 사전 주문을 받아서 오늘 A 피자를 120판 생산 및 판매를 해야만 하는 상황이다.

[피자별 재료 기준 및 판매 가격]

구분	밀가루	페퍼로니	양송이 버섯	모차렐라 치즈	토마토 소스	1판당 판매 가격
A 피자	200g	50g	–	200g	100g	17,000원
B 피자	180g	–	100g	150g	100g	18,500원

※ 1) 오늘 ○○피자 가게에서 준비한 재료는 밀가루 39kg, 페퍼로니 6kg, 양송이버섯 7.5kg, 모차렐라 치즈 34kg, 토마토소스 22kg임

2) 주어진 재료로 만들 수 있는 모든 피자가 오늘 다 판매된다고 가정함

① 3,261,000원 ② 3,279,500원 ③ 3,427,500원

④ 3,575,500원 ⑤ 3,890,000원

난이도 ★★★

06 구매팀에 근무하는 귀하는 내년(20XX년) 자재 구매 계획을 수립하고자 한다. 귀하의 팀원인 A 대리와 B 대리, C 대리가 각각 자재 구매 계획에 대해 아래와 같은 의견을 제시했으며, 귀하는 아래의 의견 중 총비용이 더 저렴한 방안을 선택하고자 한다. 내년(20XX년) 자재 활용 계획과 각 의견을 토대로 귀하가 선택해야 하는 의견과 그에 따른 총비용을 올바르게 연결한 것은?

[20XX년 자재 활용 계획]

20XX년 업무 수행을 위해 필요한 자재는 총 180개이며, 이 중 80개는 상반기에 활용할 예정이다. 자재 단가는 상반기에 1개당 800,000원으로 예상되고, 하반기에는 상반기 대비 20%의 가격 인상이 예상되고 있다. 하반기에 활용할 자재를 상반기에 구매할 경우 별도의 창고에 보관해야 하며, 10개까지는 개당 100,000원, 10개 초과 20개 이하까지는 개당 200,000원, 20개를 초과하는 경우 개당 300,000원의 재고 관리비가 발생한다. 예를 들어 재고가 12개라면 총 재고 관리비는 100,000원 10개, 200,000원 2개로 1,400,000원이 된다.

[팀원들의 의견]

(단위: 개)

구분	A 대리		B 대리		C 대리	
	상반기	하반기	상반기	하반기	상반기	하반기
구매 수량	120	60	100	80	90	90

※ 총비용은 구매 비용과 재고 관리비의 합으로 산출함

① C 대리, 1,594십만 원
② B 대리, 1,598십만 원
③ A 대리, 1,606십만 원
④ C 대리, 1,612십만 원
⑤ B 대리, 1,626십만 원

난이도 ★★★

07 프로젝트 보조금 지급 업무를 담당하게 된 귀하는 프로젝트별 지급 금액을 산출하고 있다. 아래의 기준안과 각 자료를 토대로 판단할 때, 귀하가 모든 프로젝트에 지급해야 하는 보조금의 총합은?

[프로젝트 보조금 지급 기준안]

1. 프로젝트는 S, A, B, C형의 총 4가지 형태로 구분한다.
2. A형 프로젝트 중 10%는 S형 프로젝트에 해당하며, S형 프로젝트는 A형 프로젝트 건당 지급기준액에 추가로 500만 원을 지급한다.
3. 1건당 지급 금액은 프로젝트 성과 금액에 따라 차등 적용된다.
   - 구체적인 프로젝트 성과 금액대별 지급율은 [성과 금액대별 지급률] 표에 따른다.
     ex) A형 프로젝트 중 성과 금액이 8,000만 원 이하인 경우 건당 지급기준액 1,000만 원 중 50%인 500만 원만 보조금으로 지급함

[전체 프로젝트 수 및 건당 지급기준금액]

프로젝트 구분	총 프로젝트 건	건당 지급기준액
A형 프로젝트(S형 포함)	1,000건	1,000만 원
B형 프로젝트	500건	1,500만 원
C형 프로젝트	20건	3,000만 원
합계	1,520건	-

[성과 금액대별 지급률]

성과 금액	지급률
8,000만 원 초과	100%
8,000만 원 이하	50%

[프로젝트별 성과 금액 구성 비율]

프로젝트 구분	8,000만 원 초과	8,000만 원 이하
A형 프로젝트(S형 포함)	80%	20%
B형 프로젝트	60%	40%
C형 프로젝트	50%	50%

※ 모든 S형 프로젝트는 프로젝트 성과 금액이 8,000만 원을 초과함

① 159.5억 원 ② 176.0억 원 ③ 190.5억 원 ④ 205.0억 원 ⑤ 219.5억 원

난이도 ★★☆

08 **다음 글을 근거로 판단할 때, 가장 많은 프로젝트 예산을 배정받는 프로젝트팀의 배정액은?**

○○회사는 20X5년 각 프로젝트팀에게 프로젝트 지원 예산 50억 원을 배정하려 한다. 지원 대상이 되는 프로젝트팀의 선정 및 배정액 산정·지급 방법은 다음과 같다.

1. 예상 성과가 A 등급 이상이거나 리스크 발생 가능성이 50% 미만인 프로젝트팀을 선정한다. (예상 성과는 S > A > B > C 순서이다.)
2. 사업 분야가 제조인 프로젝트의 배정액은 (운영비 × 0.4) + (사업비 × 0.6)으로 산정한다.
3. 사업 분야가 지원인 프로젝트의 배정액은 (운영비 × 0.6) + (사업비 × 0.4)로 산정한다.
4. 예상 성과가 높은 프로젝트팀부터 순차적으로 지급한다. 다만 예산 부족으로 산정된 금액 전부를 지급할 수 없는 프로젝트팀에는 예산 잔액을 배정액으로 한다.

[20X5년 프로젝트 신청 현황]

프로젝트팀	예상 성과	사업 분야	리스크 발생 가능성(%)	운영비 (십억 원)	사업비 (십억 원)
갑	C	제조	50	2.8	3.5
을	S	지원	60	1.0	2.8
병	A	제조	50	2.5	2.0
정	B	지원	45	1.8	3.8

※ 20X5년 프로젝트 신청은 위의 4가지 항목 외에 없음

① 17억 2천만 원 ② 20억 8천만 원 ③ 22억 원 ④ 26억 원 ⑤ 27억 원

난이도 ★★☆

09 다음 자료를 토대로 각 직원의 성과금을 산출했을 때, 성과금 지급액이 가장 많은 직원과 가장 적은 직원의 차액은 얼마인가?

[성과금 지급 기준]

1. 성과금은 근무태도, 근무성과, 역량 점수를 토대로 산출한 점수에 가점 또는 감점을 가감한 최종 근무점수를 토대로 순위를 산출하여 지급한다.
   1) 최종근무점수 = 근무태도 점수 × 0.4 + 근무성과 점수 × 0.3 + 역량 점수 × 0.3 + (가점/감점)
   2) 근무태도, 근무성과, 역량 점수는 각각 50점 만점을 기준으로 평가한다.
   3) 가점을 포함한 최종근무점수는 50점 만점을 초과할 수 있다.
2. 성과금은 임직원별 기준급에 순위에 따른 지급률을 곱한 금액을 지급한다.
3. 성과금은 직급별 최대 지급 가능액을 초과할 수 없다.

[근무자별 평가 정보]

구분	직급	기준급	근무태도	근무성과	역량	가점/감점
갑	4급	400만 원	38	42	38	–1
을	계약직	200만 원	45	38	42	1
병	7급	230만 원	40	43	40	2
정	5급	300만 원	40	45	44	–
무	6급	250만 원	45	43	42	–1

※ 갑~무 외 직원은 고려하지 않음

[평가 순위별 성과금 지급률]

구분	1위	2~3위	4~5위
지급률	200%	150%	100%

[직급별 최대 지급 가능액]

(단위: 만 원)

구분	4급	5급	6급	7급	계약직
금액	600	550	450	420	360

※ 성과금은 4급~계약직까지만 지급하는 것을 원칙으로 함

① 150만 원 ② 175만 원 ③ 200만 원 ④ 225만 원 ⑤ 250만 원

난이도 ★★☆

10 **○○대학교에 근무 중인 귀하는 6월 4일 월요일 A~D 업체에 기념품 290개의 제작을 의뢰하고자 한다. 기한이 매우 촉박한 상황이라 A~D 모든 업체에 동시에 의뢰를 맡기면서 가능한 비용을 최소화하려고 할 때, D 업체에 지불해야 하는 비용은?** (단, 모든 업체는 의뢰 받은 다음날부터 제작을 시작한다.)

[업체별 정보]

업체명	제작 소요 시간	직원 수	1일 근무 시간	1개당 비용	비고
A	4시간	6명	8시간	7,600원	토, 일 휴무
B	7시간	8명	7시간	8,200원	일 휴무
C	6시간	10명	9시간	10,300원	토, 일 휴무
D	3시간	5명	6시간	6,800원	일 휴무

※ 1) 제작 소요 시간은 직원 1명이 1개의 기념품을 제작하는 데 소요되는 시간을 의미함
2) 제작에 투입된 직원 수가 많아지면 기념품 제작 소요 시간은 감소함
(1개의 기념품을 직원 2명이 제작하면 소요되는 시간은 절반으로 감소됨)
3) 모든 업체는 기념품 제작 시 업체의 직원을 모두 투입하며, 휴무일에는 제작하지 않음
(휴무일 외 별도의 휴일은 고려하지 않음)

① 437,400원 ② 450,800원 ③ 464,200원 ④ 476,000원 ⑤ 489,600원

정답해설편 p.55

2025 최신판

단/기/합/격

해커스공기업 NCS 통합 기본서

개정 16판 2쇄 발행 2025년 6월 23일
개정 16판 1쇄 발행 2025년 1월 2일

지은이	윤종혁, 김소원, 김태형, 복지훈, 최수지, 김동민, 해커스 취업교육연구소 공저
펴낸곳	㈜챔프스터디
펴낸이	챔프스터디 출판팀
주소	서울특별시 서초구 강남대로61길 23 ㈜챔프스터디
고객센터	02-537-5000
교재 관련 문의	publishing@hackers.com 해커스잡 사이트(ejob.Hackers.com) 교재 Q&A 게시판
학원 강의 및 동영상강의	ejob.Hackers.com

ISBN	978-89-6965-576-9 (13320)
Serial Number	16-02-01

단/기/합/격
해커스공기업

NCS 필수과목 통합 기본서

13320
9 788969 655769
ISBN 978-89-6965-576-9

2025 최신판

1위 해커스

주간동아 2024 한국고객만족도 교육 (온·오프라인 취업) 1위

단/기/합/격

해커스공기업

NCS 통합 기본서

모듈형+피듈형+PSAT형

한국전력공사·한국철도공사(코레일)·국민건강보험공단·IBK기업은행 등
공사 공단 및 금융권 필기 전형 대비

베스트셀러 1위

윤종혁 · 김소원 · 김태형 · 복지훈 · 최수지 · 김동민 · 해커스 취업교육연구소 공저

전략과목

5 자기개발능력
6 대인관계능력
7 정보능력
8 기술능력
9 조직이해능력
10 직업윤리

문제풀이 훈련을 돕는
영역별 적중예상문제 수록

특별제공

- 김소원의 수리능력 3초 풀이법 강의
- 실력 점검 테스트 해설강의
- NCS 온라인 모의고사
- 무료 바로 채점 및 성적 분석 서비스
- 가이드북에 없는 NCS 필수 암기 노트 PDF
- 초단기 완성 NCS 6개 영역 모듈 이론 요약 노트 PDF
- 공기업 인성검사&면접 합격 가이드 PDF

해커스잡 | ejob.Hackers.com　본 교재 인강(할인쿠폰 수록)

교보문고 취업/수험서 베스트셀러 공기업/공사/공무원 분야 1위(2025.01.03. 온라인 주간 베스트 기준)

공기업 합격을 위한 추가 혜택 8종

본 교재 강의 2만원 할인쿠폰

6D3BA504C2A6A000

이용방법 **해커스잡 사이트(ejob.Hackers.com)** 접속 후 로그인 ▶ 사이트 메인 우측 상단 **[나의 정보]** 클릭 ▶ **[나의 쿠폰 - 쿠폰/수강권 등록]**에 위 쿠폰번호 입력 후 강의 결제 시 사용

* 쿠폰 유효기간: 2026년 12월 31일까지(ID당 1회에 한해 등록 가능)
* 본 교재 인강 외 이벤트 강의 및 프로모션 강의에는 적용 불가, 쿠폰 중복 할인 불가합니다.

김소원의 수리능력 3초 풀이법 강의 수강권

628BA506K3357000

실력 점검 테스트 해설강의 수강권

ABE7A5085F47E000

이용방법 **해커스잡 사이트(ejob.Hackers.com)** 접속 후 로그인 ▶ 사이트 메인 우측 상단 **[나의 정보]** 클릭 ▶ **[나의 쿠폰 - 쿠폰/수강권 등록]**에 위 쿠폰번호 입력 ▶ **[마이클래스 - 일반강좌]**에서 수강 가능

* 쿠폰 유효기간: 2026년 12월 31일까지(ID당 1회에 한해 등록 가능) * 쿠폰 등록 시점부터 30일간 수강 가능합니다.

NCS 온라인 모의고사 응시권

K367A509K2245000

이용방법 **해커스잡 사이트(ejob.Hackers.com)** 접속 후 로그인 ▶ 사이트 메인 우측 상단 **[나의 정보]** 클릭 ▶ **[나의 쿠폰 - 쿠폰/수강권 등록]**에 위 쿠폰번호 입력 ▶ **[마이클래스 - 모의고사]**에서 응시 가능

* 쿠폰 유효기간: 2026년 12월 31일까지(ID당 1회에 한해 등록 가능)
* 쿠폰 등록 시점 직후부터 30일 이내 PC에서 응시 가능합니다.

가이드북에 없는 NCS 필수 암기 노트(PDF) | 초단기 완성 NCS 6개 영역 모듈 이론 요약 노트(PDF) | 공기업 인성검사& 면접 합격 가이드(PDF)

RKA2L3E54MHNR8SH

이용방법 **해커스잡 사이트(ejob.Hackers.com)** 접속 후 로그인 ▶ 사이트 메인 중앙 **[교재정보 - 교재 무료자료]** 클릭 ▶ 교재 확인 후 이용하길 원하는 무료자료의 **[다운로드]** 버튼 클릭 ▶ 위 쿠폰번호 입력 후 다운로드

* 쿠폰 유효기간: 2026년 12월 31일까지

FREE 무료 바로 채점 및 성적 분석 서비스

이용방법 **해커스잡 사이트(ejob.Hackers.com)** 접속 후 로그인 ▶ 사이트 메인 상단 **[교재정보 - 교재 채점 서비스]** 클릭 ▶ 교재 확인 후 채점하기 버튼 클릭

* 사용 기간: 2026년 12월 31일까지 사용 가능(ID당 1회에 한해 이용가능)

▲ 바로 이용

* 이 외 쿠폰 관련 문의는 해커스 고객센터(02-537-5000)로 연락 바랍니다.

취업강의 1위, 해커스잡 ejob.Hackers.com

헤럴드 선정 2018 대학생 선호 브랜드 대상 '취업강의' 부문 1위

단/기/합/격

해커스공기업

NCS

통합 기본서

모듈형+피듈형+PSAT형

전략과목

해커스

목차

1권 필수과목편

교재 학습법 6
NCS 채용 가이드 10
NCS 합격 가이드 18
실력 점검 테스트&학습 가이드 22
맞춤 학습 플랜 34

1. 의사소통능력
핵심이론정리 38
대표기출유형 74
적중예상문제 82
고난도 PSAT형 문제 128

2. 수리능력
핵심이론정리 136
대표기출유형 152
적중예상문제 158
고난도 PSAT형 문제 180

3. 문제해결능력
핵심이론정리 196
대표기출유형 210
적중예상문제 218
고난도 PSAT형 문제 240

4. 자원관리능력
핵심이론정리 258
대표기출유형 268
적중예상문제 278
고난도 PSAT형 문제 314

2권 전략과목편

5. 자기개발능력
핵심이론정리 6
대표기출유형 20
적중예상문제 26

6. 대인관계능력
핵심이론정리 40
대표기출유형 60
적중예상문제 66

7. 정보능력
핵심이론정리 82
대표기출유형 100
적중예상문제 106

8. 기술능력
핵심이론정리 142
대표기출유형 156
적중예상문제 164

9. 조직이해능력
핵심이론정리 182
대표기출유형 204
적중예상문제 212

10. 직업윤리
핵심이론정리 246
대표기출유형 258
적중예상문제 262

3권 모의고사편

실전모의고사 1회 의·수·문·자 통합형 6
실전모의고사 2회 의·수·문·자 통합형 44
실전모의고사 3회 전 영역 통합형 84
실전모의고사 4회 전 영역 통합형 128

4권 정답해설편

1권 필수과목편

실력 점검 테스트 4
1. 의사소통능력 8
2. 수리능력 17
3. 문제해결능력 28
4. 자원관리능력 45

2권 전략과목편

5. 자기개발능력 60
6. 대인관계능력 65
7. 정보능력 73
8. 기술능력 84
9. 조직이해능력 90
10. 직업윤리 104

3권 모의고사편

실전모의고사 1회 의·수·문·자 통합형 110
실전모의고사 2회 의·수·문·자 통합형 120
실전모의고사 3회 전 영역 통합형 130
실전모의고사 4회 전 영역 통합형 143

PDF

가이드북에 없는 NCS 필수 암기 노트
초단기 완성 NCS 6개 영역 모듈 이론 요약 노트
공기업 인성검사&면접 합격 가이드

모든 PDF 자료는 해커스잡 사이트(ejob.Hackers.com)에서 무료로 다운받으실 수 있습니다.

5

자기개발능력

핵심이론정리
대표기출유형
적중예상문제

출제 특징

자기개발능력은 자기개발의 정의, 거절의 의사결정, 경력개발 단계 등 이론을 기반으로 한 문제가 출제된다. 반복해서 출제되는 이론을 집중해서 학습하면 고득점이 가능하며, 경력개발 최신 이슈나 직업 트렌드에 대한 문제가 출제되기도 하나 이론 위주로 학습하는 것이 효율적이다. 자기개발능력은 출제빈도가 낮아지고 있지만 자기소개서, 인성검사, 인성면접 등 채용 전형 전반에 걸쳐 평가되는 영역이므로 이론 학습을 통해 평가 기준을 확실히 파악해 두는 것이 좋다.

출제 비중

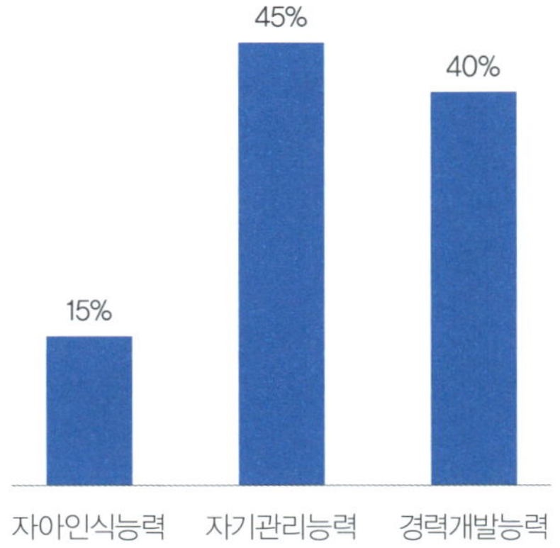

출제 기업

서울교통공사, 서울교통공사 9호선, 한전KDN, 한국농업기술진흥원, 한국탄소산업진흥원, 한국장애인개발원, 한국의료기기안전정보원, 한국전기공사협회, 한국연구재단, 우체국금융개발원, 카이스트(행정/기술), 광주과학기술원, 도봉구시설관리공단 등

핵심이론정리

핵심이론정리에는 한국산업인력공단 직업기초능력 가이드북 중 시험에 자주 출제되며 출제 가능성이 높은 이론을 수록했습니다.

자기개발능력 소개

1. 자기개발의 개념

1) 자기개발과 자기개발능력의 의미

① 자기개발
자신의 능력, 적성 및 특성 등에 있어서 강점과 약점을 탐색 및 확인하여 강점은 강화하고 약점은 관리함으로써 성장 기회로 활용하는 것

② 자기개발능력
직업인으로서 능력, 적성, 특성 등의 이해를 기초로 자기발전 목표를 스스로 수립하고 성취하는 능력

2) 자기개발의 필요성

① 변화하는 환경에 적응
② 업무의 성과 향상
③ 주변 사람들과 긍정적인 인간관계 형성
④ 달성하고자 하는 목표 성취
⑤ 보람된 삶 영위

3) 자기개발의 특징

① 자기개발의 주체는 타인이 아닌 자기 자신
② 개별적인 과정이므로 사람마다 지향하는 바와 선호하는 방법 등이 상이
③ 평생에 걸쳐서 이루어지는 과정
④ 일과 관련하여 이루어지는 활동
⑤ 생활 가운데에서 이루어지는 활동
⑥ 모든 사람이 해야 하는 활동

2. 자기개발 과정과 방해요인

1) 자기개발이 이루어지는 과정

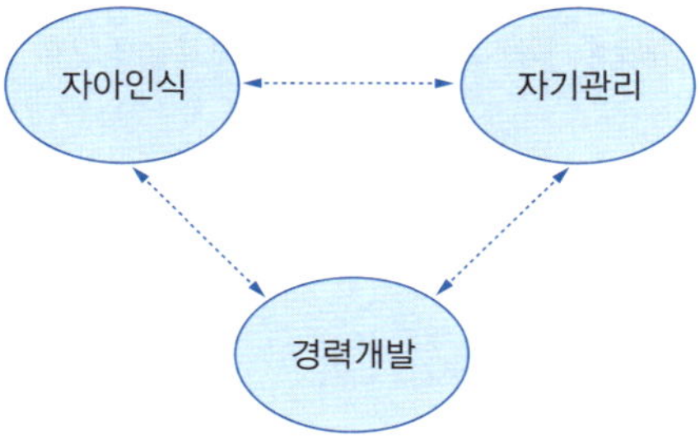

① 자아인식

- 직업생활과 관련하여 자신의 가치, 신념, 흥미, 적성, 성격 등 자신이 누구인지 파악하는 과정
- 자기개발의 첫 단계에 해당함
- 내가 아는 나를 확인하는 방법, 다른 사람과의 대화를 통해 알아가는 방법, 표준화된 검사 척도를 이용하는 방법 등이 있음

② 자기관리

- 자신에 대한 이해 및 목표 성취를 위해 자신의 행동 및 업무수행을 관리하고 조정하는 과정
- '비전과 목표 수립 → 과제 발견 → 일정을 수립 및 조정하여 자기관리 수행 → 반성하여 피드백' 순으로 과정이 이루어짐

③ 경력개발

- 개인의 경력목표와 전략을 수립 및 실행하며 피드백하는 과정
- '경력 관련 목표 설정 → 목표달성을 위한 경력계획 → 경력계획을 준비·실행하며 피드백하는 경력관리' 순으로 과정이 이루어짐

2) 자기개발 설계전략

① 장단기 목표 수립

장기목표 (5~20년 뒤)	• 자신의 욕구, 가치, 흥미, 적성 및 기대를 고려하여 수립함 • 직장에서의 일과 관련하여 직무의 특성, 타인과의 관계 등을 고려해야 함
단기목표 (1~3년 정도)	• 장기목표를 이루기 위한 기본 단계 • 직무 관련 경험, 개발해야 할 능력 또는 자격증, 쌓아 두어야 할 인간관계 등을 고려하여 수립함

② 인간관계 고려

- 가족, 친구, 직장동료, 부하직원, 상사, 고객 등 인간관계를 고려하지 않고 자기개발 계획을 수립한다면 계획을 실행하기 어려움
- 다른 사람과의 관계를 발전시키는 것도 하나의 자기개발 목표

③ 현재의 직무 고려

- 현재의 직무 상황 및 만족도가 자기개발 계획 수립 시 중요한 역할을 담당함
- 현재의 직무에 필요한 능력과 이에 대한 자신의 수준, 개발해야 할 능력, 관련 적성 등을 고려해야 함

④ 구체적인 방법 계획

- 자기개발 방법을 명확하고 구체적으로 수립하면 집중적·효율적으로 노력할 수 있고, 진행 과정도 쉽게 파악할 수 있음
- 장기목표는 구체적인 방법을 계획하는 것이 어렵거나 바람직하지 않은 경우가 있을 수 있음

⑤ 자신의 브랜드화

- 단순히 자신을 알리는 것을 넘어 다른 사람과 차별화되는 자신만의 특징을 밝혀내고, 이를 부각시키기 위해 지속적으로 자기개발을 하며 알리는 것(PR, Public Relations)
- 소셜 네트워크와 인적 네트워크를 활용하는 방법, 경력 포트폴리오를 구성하는 방법 등이 있음

3) 자기개발 계획 수립 장애요인

① 자기정보 부족

자신의 흥미, 장점, 가치, 라이프스타일 등에 대한 무지

② 내부 작업정보 부족

회사 내 경력기회 및 직무 가능성에 대한 무지

③ 외부 작업정보 부족

다른 작업, 회사 밖의 기회에 대한 무지

④ 의사결정 시 자신감 부족

자기개발과 관련된 결정을 내릴 때 자신감 부족

⑤ 일상생활의 요구사항

개인의 자기개발 목표와 일상생활 간의 갈등

⑥ 주변 상황의 제약

재정적 문제, 연령, 시간 등

4) 자기개발 실패 이유

① 욕구와 감정의 작용

자기실현에 대한 욕구보다 더 우선적으로 여겨지는 욕구 존재

② 제한적 사고

자신에게 필요하지 않은 자기개발 활동에 참여하거나 자신에게 필요한 자기개발 활동인데도 필요성을 깨닫지 못함

③ 문화적인 장애

가정, 사회, 직장 등 외부적인 요인

④ 자기개발 방법에 대한 무지

어디서 어떻게 자기개발을 할 수 있는지 그 방법을 모름

5) 매슬로의 욕구 5단계

5단계	자아실현의 욕구 (자기실현의 욕구)	개인의 잠재력을 최대한 개발하여 실현하고자 하는 욕구로, 자기만족을 느끼는 단계
4단계	존경의 욕구 (명예의 욕구)	타인으로부터 인정받고자 하는 욕구
3단계	사회적 욕구 (애정의 욕구)	남녀 간의 사랑, 가족 간의 사랑, 우정, 동료애, 사회집단의 소속감 등을 추구하는 욕구
2단계	안정의 욕구 (안전의 욕구)	신체적, 정서적으로 안정을 추구하는 욕구
1단계	생리적 욕구	의식주에 관한 본능적 욕구

하위능력 ❶ 자아인식능력

1. 자아인식의 의미

1) 직업인으로서 자아인식

다양한 방법을 활용하여 자신이 어떤 분야에 흥미가 있고, 어떤 능력의 소유자이며, 어떤 행동을 좋아하는지 등을 종합적으로 분석하여 이해하는 것

2) 올바른 자아인식의 효과

① 자아정체감 확인
② 성장욕구 증가
③ 자기개발 방법 결정
④ 개인과 팀 성과 향상

2. 자아와 자아존중감

1) 자아(自我)

내면적 자아	외면적 자아
• 자신의 내면을 구성하는 요소 • 적성, 흥미, 성격, 가치관 등(측정하기 어려운 특징)	• 자신의 외면을 구성하는 요소 • 외모, 나이 등

① 스스로에 대한 인식과 신념의 체계적이고 일관된 집합
② 내면적인 성격이자 정신
③ 자신의 삶에서 갖고 있는 경험과 경험에 대한 해석에 영향을 받음

2) 자아존중감

① 개인의 가치에 대한 주관적인 평가와 판단을 통해 자기결정에 도달하는 과정으로, 자신에 대한 긍정적·부정적 평가를 통해 가치를 결정짓는 것(정체성 형성의 중요 요소)
② 주변의 의미 있는 타인에게 영향을 받으며, 환경에 적응할 수 있게 도와주어 긍정적인 자아 형성에 중요함
③ **자아존중감 구분**
- 가치 차원: 다른 사람이 자신을 가치 있게 여기며 좋아한다고 생각하는 정도
- 능력 차원: 과제를 완수하고 목표를 달성할 수 있다는 신념
- 통제감 차원: 자신이 세상에서 경험하는 일과 그것에 영향을 미칠 수 있다고 느끼는 정도

3) 자아인식 모델 – 조해리의 창(Johari's window)

구분	내가 아는 나	내가 모르는 나
타인이 아는 나	공개된 자아/열린창/개방형(Open self)	눈먼 자아/장님영역/자기주장형(Blind self)
타인이 모르는 나	숨겨진 자아/은폐영역/신중형(Hidden self)	아무도 모르는 자아/미지영역/고립형 (Unknown self)

① 공개된 자아
- 원만한 인간관계, 적절한 자기표현, 타인의 말 경청, 친밀감을 통해 호감을 얻어 인기가 많음
- 지나친 수다로 경박해 보일 수도 있음

② 눈먼 자아
- 자기의 의견이나 기분을 잘 표현하며, 다른 사람의 반응에 둔감해 때로는 독선적으로 보일 위험이 있음

③ 숨겨진 자아
- 속이 깊고 신중하며, 수용적이라 경청은 잘하나 속마음을 잘 드러내지 않고 다소 계산적임
- 적응력은 좋지만 내면이 고독함(다수의 현대인)

④ 아무도 모르는 자아
- 소극적인 인간관계를 가지고 타인과의 접촉이 불편해 고립된 생활을 하는 경향이 있음
- 자기주관이 강하나 대체로 심리적 고민이 많음

3. 자아인식 방법

1) 내가 아는 나 확인하기

① 객관적으로 자신을 파악할 수 없다는 한계가 있으나, 다른 사람이 모르는 내면이나 감정 파악이 가능함

② 확인 질문
- 일할 때 나의 성격의 장단점은 무엇인가?
- 현재 일과 관련된 나의 부족한 점은 무엇인가?
- 일과 관련된 나의 목표는 무엇인가?
- 그것이 나에게 어떠한 의미가 있는가?
- 현재 내가 하고 있는 일이 정말로 내가 원했던 일인가?

2) 다른 사람의 의견

① 다른 사람과의 대화를 통해 자신이 무심코 지나친 부분을 알게 되고, 다른 사람은 나를 어떻게 판단하는지 객관적으로 파악이 가능함

② 확인 질문
- 나의 장단점은 무엇인가?
- 나는 무엇을 할 때 가장 재미있는가?
- 어려움이나 문제 상황에 처했을 때 나는 어떻게 행동하는가?

3) 표준화된 검사 도구

① 자신을 다른 사람과 객관적으로 비교해 볼 수 있는 척도를 제공하며, 자신의 특성을 객관적으로 파악하면 진로를 계획하거나 직업을 탐색하고 결정하는 데 도움이 됨

② 여러 가지 검사 도구
- 진로정보망 커리어넷(www.career.go.kr): 진로개발준비도검사, 주요능력효능감검사, 직업가치관검사
- 고용24/취업지원/취업가이드/직업심리검사(www.work24.go.kr): 직업선호도검사, 직업가치관검사, 성인용직업적성검사
- 한국행동과학연구소(kirbs.re.kr): 적성검사, 인성검사, 직무지향성검사
- 어세스타 온라인심리검사센터(www.career4u.net): MBTI, STRONG 진로탐색검사, 직업흥미검사, AMI 성취동기검사
- 중앙적성연구소(www.cyber-test.co.kr): 생애진로검사, 학과와 직업 적성검사, GATB 적성검사, 적성진단검사
- 한국사회적성개발원(www.qtest.co.kr): KAD(Korean Aptitute Development) 검사, 인성검사, 인적성검사

4. 흥미 및 적성 개발 방법

1) 흥미와 적성의 중요성

① 흥미

- 일에 대한 관심이나 재미
- 직업에 대한 흥미를 가지고 잘할 수 있을 때 직업에 만족하고 적응하는 것이 가능함

② 적성

- 개인의 잠재적 재능이자 보다 쉽게 잘할 수 있도록 주어진 학습 능력
- 자신에게 알맞은 일을 찾고 성공적인 직업생활을 영위하기 위해 적성 파악 및 개발 필요

2) 흥미와 적성 개발 방법

① 마인드컨트롤 하기

'나는 이 일을 잘할 수 있다', '나는 이 일이 적성에 맞는다' 등으로 자기암시하기

② 작은 단위로 시작

단기적인 목표인 작은 단위로 시작해야, 조금씩 성취감 느껴 일에 흥미 생김

③ 기업의 문화 및 풍토 이해하기

일에 대한 적응력 및 흥미 향상, 적성 개발

5. 반성적 성찰

1) 반성적 성찰의 필요성

① 다른 일을 하는 데 필요한 노하우 축적

어떤 일을 마친 후 잘한 점과 개선점을 깊이 생각하면 앞으로 다른 일을 해결해 나가는 노하우 축적이 가능함

② 지속적인 성장의 기회 제공

현재 부족한 점을 파악하여 보완할 수 있는 기회를 제공하고, 실수를 미연에 방지하면서 노력하게 만듦

③ 신뢰감 형성의 원천 제공

현재 저지른 실수의 원인을 파악하고 이를 수정하게 되므로 같은 실수를 반복하지 않게 되어 다른 사람에게 신뢰감을 줌

④ 창의적인 사고능력 개발 기회 제공

창의력은 지속적인 반성과 사고를 통해 신장될 수 있으며, 성찰을 지속하다 보면 어느 순간 창의적인 생각이 떠오름

2) 반성적 성찰 연습 방법

① 성찰노트 작성하기

- 매일 자신이 오늘 한 일 중 잘한 일과 잘못한 일을 생각해 보고, 그 이유와 앞으로의 개선점을 아무 형식 없이 적기
- 종이와 펜을 항상 가까이 두고 광고지나 신문지, 수첩에 생각나는 대로 적기

② 끊임없이 질문하기

- 지금 일이 잘 진행되거나 그렇지 않은 이유는 무엇인가?
- 이 상태를 변화시키거나 혹은 유지하기 위해 해야 하는 일은 무엇인가?
- 이번 일 중 다르게 수행했다면 더 좋은 성과를 냈을 방법은 무엇인가?

1. 자기관리 단계별 계획 수립

1) 자기관리와 자기관리능력의 의미

자기관리는 자신을 이해하고 목표를 성취하기 위해 자신의 행동 및 업무수행을 관리하고 조정하는 것을 의미하며, 자기관리능력은 이러한 자기관리를 잘할 수 있는 능력을 가리킴

2) 자기관리 단계

1단계	비전 및 목적 정립	• 자신에게 가장 중요한 것 파악 • 가치관, 원칙, 삶의 목적 정립 • 삶의 의미 파악
2단계	과제 발견	• 현재 주어진 역할 및 능력 파악 • 역할에 따른 활동목표 수립 • 역할 및 활동목표별로 해야 할 일을 우선순위에 따라 구분 • 1순위 긴급 & 중요한 문제, 2순위 중요한 문제, 3순위 긴급한 문제, 4순위 긴급 X & 중요 X
3단계	일정 수립	• 일의 우선순위에 따라 월간 계획 → 주간 계획 → 하루 계획 순으로 작성 • 우선순위에 따라 중요한 일을 모두 수행할 수 있도록 계획 수립
4단계	수행	• 수행에 영향을 미치는 요소 분석 예 시간, 능력, 돈 등 • 수행 방법 찾기 • 계획에 따라 수행
5단계	반성 및 피드백	• 수행 결과 분석 • 결과를 피드백하여 다음 수행 시 반영

3) 자기관리 단계별 질문

구분	질문
[1단계] 비전 및 목적 정립	• 나에게 가장 중요한 것은 무엇인가? • 나의 가치관은 무엇인가? • 내가 생각하는 의미 있는 삶은 어떤 삶인가? • 내가 살아가는 원칙은 무엇인가? • 내 삶의 목적은 무엇인가?
[2단계] 과제 발견	• 현재 내가 수행하고 있는 역할과 능력은 무엇인가? • 내가 수행하고 있는 역할들 간에 상충되는 것은 없는가? • 현재 변화가 필요한 것은 없는가?
[5단계] 반성 및 피드백	• 어떤 목표를 성취하였는가? • 일을 수행하는 동안 어떤 문제에 부딪혔는가? • 어떻게 결정을 내리고 행동했는가? • 우선순위, 일정에 따라 일을 계획적으로 수행하였는가?

2. 합리적인 의사결정하기

1) 합리적인 의사결정 과정

1단계	문제의 근원을 파악하기	발생한 문제의 원인, 특성, 유형을 파악함
2단계	의사결정 기준과 가중치를 결정하기	개인의 관심, 가치, 목표 및 선호에 따라 결정함
3단계	의사결정에 필요한 정보를 수집하기	정보를 너무 많이 수집하면 시간이나 비용 소모가 크며, 너무 적게 수집하면 다각도로 검토할 수 없으므로 적절히 수집해야 함
4단계	가능한 모든 대안을 탐색하기	의사결정을 하기 위한 가능한 모든 대안 탐색
5단계	각 대안을 분석 및 평가하기	가능한 대안들을 앞서 수집한 자료에 기초하여 의사결정 기준에 따라 장단점을 분석하고 평가함
6단계	최적안 선택하기	가장 최적의 안을 선택하거나 결정함
7단계	의사결정 결과를 평가하고 피드백하기	의사결정을 내리면 결과를 분석하고 다음에 더 좋은 의사결정을 내리기 위해 피드백을 함

2) 거절의 의사결정 시 고려해야 할 부분

① 거절함으로써 발생될 문제와 거절하지 못했을 때의 기회비용을 따져보아야 함

② 거절하기로 결정했다면 이를 추진할 수 있는 의지가 필요함

3) 거절의 의사결정을 표현할 때 유의해야 하는 사항

① 상대방의 말을 들을 때 주의를 기울여 문제의 본질을 파악해야 함
② 거절의 의사결정이 지체될수록 상대방은 긍정의 대답을 기대하며, 의사결정자는 거절하기 더욱 어려워지므로 거절의 의사결정은 최대한 빨리 표현해야 함
③ 거절할 때는 분명한 이유를 만들어야 함
④ 대안을 제시해야 함

4) 의사결정의 오류

① 숭배에 의한 논증(동굴의 우상)
권위 있는 전문가의 말이 일반적으로 옳지만 고정 행동 유형으로 따르면 문제가 됨
② 상호성의 법칙
상대의 호의에 부담을 느껴 부당한 요구를 거절하지 못하면 문제가 됨
③ 사회적 증거의 법칙
많은 사람이 하는 것을 무의식적으로 따르면 문제가 됨
④ 호감의 법칙
호감을 주는 상대의 권유에 무의식적으로 따르면 문제가 됨
⑤ 권위의 법칙
권위에 맹종하여 따르면 문제가 됨
⑥ 희귀성의 법칙
꼭 필요하지 않지만 얼마 남지 않았다는 유혹에 넘어가면 문제가 됨

3. 내면관리와 업무수행 성과 향상

1) 자신의 내면을 관리하는 방법

① 인내심 기르기
- 자신의 목표를 분명히 하기
- 새로운 시각으로 상황 분석하기

② 긍정적인 마음 가지기
- 자기 자신 긍정하기
- 자신의 성장 가능성을 믿고 자기개발 방법 터득하기

2) 업무수행 성과를 높이는 방법

① 업무수행 성과에 영향을 미치는 요인
- 활용할 수 있는 자원: 시간, 물질
- 업무 지침: 회사나 팀의 업무 지침
- 개인의 능력: 다른 사람과 상대적으로 평가되며, 지식이나 기술이 포함됨
- 상사 및 동료의 지원: 도움을 주는 경우도 있으나 그렇지 않는 경우도 있음

② 업무수행 성과 향상을 위한 행동전략
- 일을 미루지 않고 가장 중요한 일 먼저 처리하기
- 비슷한 속성의 업무 묶어서 처리하기
- 다른 사람과 다른 방식으로 일하기
- 회사와 팀의 업무 지침 따르기
- 역할 모델 설정하기

하위능력 ❸ 경력개발능력

1. 경력개발의 의미와 중요성

1) 경력개발 배경

직무 변화 등의 외부적 상황 변화 또는 개인의 기대 및 목표 변화 등의 주관적 인식 변화에 따라 경력개발이 이루어짐

2) 경력개발 개념

① 개인이 경력목표와 전략을 수립하고 실행하며 피드백하는 과정
② 자신과 자신의 환경 상황을 인식하고 분석하여 합당한 경력 관련 목표를 설정하는 과정
③ 외부적 상황의 변화와 주관적 인식의 변화가 서로 상호 작용하는 가운데 추구되는 과정

3) 경력개발 구성요소

① 경력계획
- 자신과 자신의 환경 상황을 인식하고 분석하여 합당한 경력 관련 목표를 설정하는 과정

② 경력관리
- 경력계획을 준비하고 실행하며 피드백하는 활동
- 잘못된 정보와 부족한 이해로 경력목표를 잘못 설정하는 경우, 환경 또는 조직의 변화에 따라 새로운 미션을 수립해야 하는 경우가 있으므로 경력관리가 규칙적·지속적으로 이루어져야 함

4) 경력개발능력이 필요한 이유

① 환경 변화
지식 정보의 빠른 변화, 인력난 심화, 삶의 질 추구, 중견사원 이직 증가 등

② 조직의 요구
조직의 경영전략 변화, 승진 적체, 직무환경 변화, 능력주의 문화 등

③ 개인의 요구
발달 단계에 따른 가치관 및 신념 변화, 전문성 축적 및 성장 요구 증가, 개인의 고용시장 가치 증대 등

2. 경력개발계획 수립 과정과 방법

1) 개인의 경력 단계

1단계	직업선택(0~25세)	자신에게 적합한 직업이 무엇인지 탐색 및 선택하고, 필요한 능력을 키우는 단계
2단계	조직입사(18~25세)	자신이 선택한 경력분야에서 원하는 조직의 일자리를 얻으며 직무를 선택하는 단계
3단계	경력초기(25~40세)	조직에 입사하여 직무와 조직의 규칙 및 규범에 대해 배우고, 조직에서 자신의 입지를 확고히 다져 나가 승진에 많은 관심을 가지는 단계
4단계	경력중기(40~55세)	자신이 그동안 성취한 것을 재평가하고, 생산성을 그대로 유지하는 단계
5단계	경력말기(55세~퇴직)	조직의 생산적인 기여자로 남고, 자신의 가치를 유지하기 위해 노력하며, 퇴직을 고려하는 단계

2) 경력개발 계획 수립 기출 서울교통공사

① 경력개발 단계

1단계	직무정보 탐색	• 관심 직무에서 요구하는 능력 파악 • 고용이나 승진 전망 파악 • 현직 종사자의 직무만족도 파악
2단계	자신과 환경 이해	• 자기탐색: 자신의 능력, 흥미, 적성, 가치관 파악 • 환경탐색: 직무 관련 환경의 기회와 장애요인 분석
3단계	경력목표 설정	• 장기목표 수립: 5~7년 • 단기목표 수립: 2~3년
4단계	경력개발 전략수립	• 현재 직무의 성공적 수행 • 교육 프로그램 참가, 워크숍 참가, 상급학교 진학 등을 통한 역량 개발 • 타인과 상호 작용할 수 있는 기회를 통해 인적 네트워크 강화 • 직장에서 업무시간에 경력개발 실행
5단계	실행 및 평가	• 전략에 따라 목표달성을 위해 실행 • 수립한 전략을 검토하고, 실행 과정에서 경력목표 및 전략을 수정

② 경력개발 단계의 특징

- 각 단계는 명확하게 구분되지 않으며 중복적으로 이루어질 수 있음
- 각 단계는 실행과 평가를 통해 수정될 수 있음

3. 경력개발 최근 이슈 기출 서울교통공사

1) 평생학습사회

지식과 정보의 폭발적 증가로 신기술이 개발됨에 따라 직업에서 요구되는 능력 역시 변하고 있으며, 이와 함께 생애에 걸쳐 지속적으로 능력을 개발하는 평생학습사회가 도래함

2) 투잡스(Two-jobs)

지속적인 경기 불황과 주 5일제의 시행으로 2개 혹은 그 이상의 직업을 가지는 사람들이 증가하고 있음

3) 청년 실업

외환위기 이후 경기 침체로 대부분의 기업이 신규채용을 억제하면서 청년 실업 문제가 심각해짐

4) 창업경력

인터넷의 확산으로 공간 또는 시간 제약 없이 손쉽게 창업을 할 수 있는 환경이 조성됨

5) 독립근로자 등 새로운 노동 형태 등장

프리랜서, 계약근로자, 자유근로자, 포트폴리오 근로자 등의 독립근로자는 전문성을 갖추기 위해 다른 방식으로 경력개발을 준비해야 함

6) 일과 생활의 균형(WLB)

일과 생활의 균형에 대한 관심이 증가하고 있으나, 기업 측면에서 WLB 프로그램은 경영적 비용이 많이 들어가지만 가시적 효과가 나타나지 않아 국내에서 보편화되지 않은 것이 사실임

실력 플러스 노트

실력 플러스 노트에는 한국산업인력공단 직업기초능력 가이드북에는 나오지 않지만 문제 풀이에 필요한 상식 및 공식을 수록했습니다.

<table>
<tr><td>진로적응성
(Career adaptability)</td><td>• 직무를 준비하고 수행하는 등의 예측 가능한 일뿐만 아니라 직업환경과 직무조건의 변화로 유발되는 예측 불가능한 상황에도 대처할 수 있는 능력
• Savickas(2005)에 의하면 진로적응성은 4C, 즉 관심(Concern), 통제(Control), 호기심(Curiosity), 자신감(Confidence)으로 구성됨
– 관심(Concern): 미래 진로에 대한 관심을 말하는 것으로서, 미래를 긍정적으로 바라보고, 생각하고, 계획을 세우는 것
– 통제(Control): 미래 진로에 대하여 조절할 수 있는 통제력으로서, 자신의 진로에 대해 책임감을 가지고 주도적으로 의사를 결정하는 것
– 호기심(Curiosity): 외적 경험에 대한 개방성을 나타내는 것으로서, 자신과 직업세계 간의 적합성을 탐색하려는 탐구적 태도
– 자신감(Confidence): 진로에 대한 확신을 말하는 것으로서, 도전적인 문제해결 상황에서도 성공할 수 있다는 자기 능력에 대한 자신감
• 진로 결정 자기효능감, 진로 소명, 진로 자기효능감, 내적 동기, 사회적 지지, 진로 지향성, 진로 준비 행동 등 다양한 변인이 진로적응성에 긍정적인 영향을 미침
• 진로 장벽 등 개인이 느끼는 진로 스트레스를 낮추는 방법 중 하나는 목표 설정을 제시하는 것으로, 설정한 목표를 달성하기 위해 노력하는 가운데 스트레스가 낮아져서 진로적응성에 미치는 부정적인 영향을 줄일 수 있음
• 높은 진로적응성의 효과
– 청소년기의 긍정적인 발달과 진로 준비를 촉진함
– 진로적응성이 높은 대학생은 스스로 목표를 설정하고, 생활 중에 경험하는 문제를 적절히 해결하기 때문에 대학생활에 잘 적응함
– 진로적응성이 높을수록 고용의 질이 좋아지며, 직업만족도가 높고 승진의 기회가 많으며, 직무 스트레스는 낮아짐</td></tr>
<tr><td>진로탄력성
(Career resiliency)</td><td>• 진로를 선택하는 과정에서 겪을 수 있는 고난과 시련을 빠르게 극복하여 도약의 발판으로 삼는 힘으로, 진로와 관련하여 개인이 좌절하거나 스트레스를 받는 상황에서도 긍정적인 정서를 유지하는 능력이나 태도
• 진로탄력성이 높은 사람은 역경에 부딪혔을 때에도 긍정적인 힘으로 자신이 원래 있던 위치로 되돌아갈 뿐만 아니라 그 이상의 상태로 올라갈 수 있음
• 진로탄력성의 개념은 심리학에서 사람들이 배우자를 잃거나 힘든 상황을 겪었을 때 그것을 회복하는 능력을 조사하는 과정에서 발전되었고, 그 후 진로 상담 및 동기 이론에 반영되고 응용됨
• 진로탄력성의 구성요소
<table>
<tr><td>적응성/
변화대처</td><td>• 급변하는 환경에 적응할 수 있는 유연한 대처능력으로 변화를 받아들이고 적극적으로 진로목표를 달성하는 것
• 개인이 세운 진로목표를 달성하는 과정에서 예기치 않게 발생한 사건 또는 그로 인한 결과를 받아들이며, 실패를 두려워하지 않고, 부정적인 결과에서도 긍정적인 요소를 찾아 대처하는 태도나 행동</td></tr>
<tr><td>자기이해/
자기신뢰</td><td>• 자신을 긍정적으로 인식하고 자신의 내·외적 특성을 바르게 이해하는 것
• 자신에 대한 긍정적인 지각과 어려운 상황이나 스트레스에도 불구하고 자신을 믿고 확신하며 자기긍정성을 발휘하는 태도나 행동</td></tr>
<tr><td>자기조절/
진로자립</td><td>• 자신의 감정과 행동을 인식하고 바람직한 방향으로 조절하는 것
• 개인이 원하는 진로목표를 달성하는 능력과 노력으로서, 지속적으로 학습하고 새로운 기술과 훈련을 주도적으로 계획하여 직무기술을 향상시키는 태도나 행동</td></tr>
</table></td></tr>
</table>

<table>
<tr>
<td>진로탄력성
(Career resiliency)</td>
<td>
<table>
<tr><td>긍정적 태도/
성취열망</td><td>• 미래의 어려운 상황에서도 극복할 수 있다는 긍정적인 믿음으로 부정적인 감정을 다스리는 것
• 개인이 세운 목표를 달성하고자 하는 의지이며, 어려움과 역경에 부딪혔을 때에도 자신의 미래를 낙관적으로 보고 인내와 끈기로 더 높은 목표를 달성하려는 태도나 행동</td></tr>
<tr><td>대인·정보관계/
관계활용</td><td>• 사회적 관계망을 형성하여 상호 관계를 맺고 이를 긍정적으로 유지하여 진로를 개척하는 것
• 진로 상황에서 어려움이나 역경에 부딪혔을 때 활용 가능한 사회적 자원을 확보하고 대인관계 네트워크 구축과 긍정적인 관계를 활용하는 태도나 행동</td></tr>
</table>
• 진로탄력성의 구성요소와 하위요소
<table>
<tr><td>적응성</td><td>• 도전정신: 현실에 안주하지 않고 새롭게 도전함
• 변화수용: 기술과 사회의 변화에 따라 능동적으로 대처함
• 진로유연성: 진로 관련 상황과 환경에 따라 융통성을 발휘함</td></tr>
<tr><td>자기이해</td><td>• 자기이해: 자신의 능력, 적성, 목표 등을 이해함
• 자기효능감: 할 수 있다는 신념으로 자기긍정성을 발휘함</td></tr>
<tr><td>자기조절</td><td>• 정서조절: 쉽게 단념하지 않고 긍정적인 도전의식을 가짐
• 진로자립: 스스로 진로목표를 설정하고 계획을 수립함</td></tr>
<tr><td>긍정적 태도</td><td>• 감사하기: 자신의 상황에 감사하는 마음을 가짐
• 미래지향: 미래를 낙관적으로 생각하고 끊임없이 노력함</td></tr>
<tr><td>대인·정보관계</td><td>• 협력: 조직의 공동목표를 인지하고 책임을 완수함
• 연결성: 자신과 연결된 인적·물적·사회적 자원을 활용함
• 공감능력: 긍정적인 태도로 감정과 정보를 나눠 신뢰를 형성함</td></tr>
</table>
</td>
</tr>
<tr>
<td>자기효능감
(Self-efficacy)</td>
<td>
• 주어진 과제나 임무 등을 성공적으로 마치고 목표에 도달할 수 있다고 믿는 자신의 능력에 대한 신념으로, 계획을 끝까지 완성할 수 있다는 자기확신
• 능력 유무와 상관없이 자기효능감이 높으면 더 높은 성과를 낼 수 있는데, 주어진 과제에 실패할 경우 그 정도가 높은 사람은 주변 환경의 방해 등의 외적 요인으로 인해 실패했다고 생각하는 반면, 그 정도가 낮은 사람은 대개 자신의 능력 탓이라고 생각함
• 자기효능감이 있는 사람은 스트레스가 많은 도전적인 과제에서도 실력을 발휘할 수 있는데, 특히 회복탄력성이 크기 때문에 스트레스 내성이 높으며, 곤란한 상황에 강인하게 대처하고, 역경을 극복하는 불굴의 정신력을 가짐
• 자기효능감이 높을수록 노력의 양과 지속성이 증가하는데, 어려움에 직면했을 때 자기효능감이 낮은 사람은 노력을 줄이거나 완전히 포기하지만 자기효능감이 높은 사람은 더 많이 노력함
• 자기효능감에 영향을 미치는 4가지 요인
<table>
<tr><td>자기암시·
성공 경험</td><td>• 자기효능감에 영향을 미치는 가장 중요한 요인
• 작은 도전을 통해 작은 성취부터 하나씩 쌓아가야 하는데, 이러한 과정은 곧 습관이 되어 문제를 해결하는 과정이 점점 수월해짐
예 시험 공부, 자격증 공부, 운동 등</td></tr>
<tr><td>모델링·
대리적 경험</td><td>• 자기효능감은 타인의 성공을 보면 높아지고 실패를 보면 낮아지는데, 타인과 자신을 동일시할 때 효과가 강하게 나타남
• 주위 동료의 시범이나 협동 학습을 통해 간접적인 경험을 얻을 수 있음
• 성공 경험만큼 영향력이 크진 않지만, 자기 자신에게 확신이 없을 때 유용함</td></tr>
</table>
</td>
</tr>
</table>

자기효능감 (Self-efficacy)	사회적 설득·언어적 설득	• 다른 사람의 직접적인 격려 혹은 질책으로, 자기효능감을 높이기 위해 사용하는 언어적·비언어적 전략을 통칭함 • 주변에서 격려해 주면 자신감이 생기며, 해당 분야의 전문가가 해줄 때 효과가 큼 • 의욕을 꺾는 부정적인 말의 영향력이 격려와 같은 긍정적인 말의 영향력보다 큼
	생물학적 반응·생리적 상태	• 스트레스를 받는 상황에 놓인 사람들이 보이는 떨림, 통증, 피로, 공포, 구토 등의 신체적 이상 증상을 자각하는 것이 자기효능감에 큰 영향을 미치는데, 자기효능감이 높은 사람은 이러한 신체 증상을 정상적인 반응이며 능력과 무관한 것으로 여김 • 심박수 증가, 몸의 긴장 등 신체와 정서 상태를 어떻게 해석하느냐에 따라 자기효능감에 영향을 주는데, 긍정적 정서(재미, 성취감)는 자기효능감을 높이지만, 부정적 정서(실망감, 당황)는 자기효능감을 낮춤

에릭슨의 심리·사회적 발달 8단계

• 에릭 에릭슨(Erik Erikson)의 심리·사회적 발달 8단계는 개인의 심리적 발달과 사회적 상호작용을 이해하는 데 중요한 통찰을 제공하는데, 각 단계는 독특한 도전과 과제를 포함하며, 성공적으로 해결되면 긍정적인 발달이 가능하나 실패할 경우 부정적인 결과를 초래할 수 있으므로, 각 단계에서 개인이 건강하게 발달할 수 있도록 사회적 지지와 환경적 배려가 필요함

• 연령별 심리·사회적 갈등과 극복방법

영아기 (0~1세)	• 신뢰 대 불신의 단계로, 양육자의 양육 태도에 따라 아기가 세상에 대한 신뢰 관계를 수립함 • 부모의 사랑, 관심, 일관된 양육 태도가 중요함
유아기 (1~3세)	• 자율성 대 수치심의 단계로, 자신의 의지와 통제력을 발달시킴 • 성인이 유아가 음식 먹기, 대소변 가리기, 옷 입기 등 자율적 조절을 시도할 수 있도록 격려해야 자율성이 형성됨
아동기 (3~6세)	• 주도성 대 죄책감의 단계로, 주도적으로 자신의 삶에 관여함으로써 목표감과 가치를 추구함 • 성인이 명확한 한계를 제시하되, 아동이 주도적으로 시도하는 것에 대해 인내심을 가져야 함
학령기 (6~12세, 후기 아동기)	• 근면성 대 열등감의 단계로, 인지적, 사회적 기술을 연마하여 역량감을 키움 • 성인이 재능을 발견하고 격려하는 태도를 가져야 하며, 그렇지 못하면 도전에 대해 어려워하고 열등감을 느낌
청소년기 (12~18세)	• 자아정체감 대 역할혼란의 단계로, 다양한 실험을 통해 자신의 위치를 파악함 • 성역할과 직업선택에서 안정성을 확립하지 못하면 자아정체성의 혼란이 생김
청년기 (18~40세, 성인 초기)	• 친밀감 대 고립감의 단계로, 결혼과 가정을 이루며 친밀한 대인 관계를 형성함 • 자신과 타인 간의 경계를 설정하고 상호 신뢰와 존중을 바탕으로 관계를 형성하도록 돕는 것이 중요함
장년기 (40~65세, 중년기)	• 생산성 대 침체의 단계로, 다음 세대를 위해 생산을 하고 희생을 함 • 자신의 경험과 지식을 다음 세대에 전수하고, 사회에 기여할 수 있는 기회를 제공하는 것이 중요함
노년기 (65세 이상)	• 자아통합 대 절망의 단계로, 자신의 인생을 평가하고 삶이 의미 있었음을 인식함 • 노인들이 자신의 삶을 수용하고 긍정적으로 평가할 수 있도록 지지하는 것이 중요함

National Competency Standards

대표기출유형

유형 ① 자기개발의 특징을 묻는 문제

- 자아인식, 자기관리, 경력개발의 특징을 묻는 문제가 출제된다.
- 제시된 상황에 적절한 자아인식 방법, 합리적인 의사결정 과정, 업무수행 성과 향상 방법을 묻는 문제와 성찰에 대해 묻는 문제가 출제된다.
- 자기개발 목적, 자아인식, 자기관리, 경력개발 등 자기개발능력 이론을 숙지한다.

자기개발은 자신의 능력, 적성 및 특성 등의 객관적 이해에 기초하여 자기개발 목표를 스스로 수립하고 성취해 나가는 것이다. 자기개발을 해야 하는 이유는 다양하지만 자기개발의 특징은 대체로 유사하다. 자기개발의 특징에 대해 잘못 말한 사람은?

김 과장: 자기개발은 목표를 위해 스스로를 관리하며 개발하는 것이기 때문에 사람들이 자기개발에 있어서 지향하는 바가 모두 비슷해.
최 대리: 자기개발도 다 때가 있어. 학교 다닐 때나 신입사원일 때 정말 열심히 노력해야지 발전할 수 있어.
박 대리: 자기개발은 일과 관련하여 이루어지는 활동이라 현재 구직활동을 하는 것도 포함할 수 있지.
유 부장: 자기개발은 별도의 교육을 받는 것만 아니라 대인관계를 맺고 의사소통을 하는 등 생활 가운데 이루어져야 해.
오 차장: 자기개발은 명확한 목표가 중요해. 그래서 승진이나 이직을 원하는 사람에게 더 필요한 거야.

① 김 과장, 최 대리, 박 대리
② 김 과장, 박 대리, 유 부장
③ 김 과장, 최 대리, 오 차장
④ 최 대리, 박 대리, 오 차장
⑤ 최 대리, 유 부장, 오 차장

|정답 및 해설| ③

- 김 과장: 자기개발은 개별적인 과정으로서 사람마다 자기개발을 통해 지향하는 바와 선호하는 방법이 다르기 때문에 잘못 말했다.
- 최 대리: 자기개발은 평생에 걸쳐서 이루어지는 과정이기 때문에 잘못 말했다.
- 오 차장: 자기개발은 모든 사람이 해야 하는 것이기 때문에 잘못 말했다.

따라서 자기개발의 특징에 대해 잘못 말한 사람은 김 과장, 최 대리, 오 차장이다.

더 알아보기

자기개발의 특징

- 자기개발은 주체와 객체가 모두 자신이다. 따라서 자기개발에서는 자신을 이해하는 것이 첫걸음이라고 할 수 있다.
- 자기개발은 개별적인 과정으로서 사람마다 자기개발을 통해 지향하는 바가 모두 다르다. 따라서 자신에게 적합한 목표를 설정하며, 알맞은 자기개발전략이나 방법을 선정하여야 한다.
- 자기개발은 평생에 걸쳐서 이루어지는 과정이다. 우리의 직업생활을 둘러싸고 있는 환경은 끊임없이 변화하고 있으므로 실생활에 적응하기 위해서는 지속적인 자기개발이 필요하다.
- 자기개발은 일과 관련하여 이루어지는 활동이다. 우리는 대부분 일과 관련하여 인간관계를 맺으며, 일과 관련하여 우리의 능력을 발휘하고 개발하고자 한다.
- 자기개발은 생활 가운데 이루어져야 한다. 자신이 현재 하고 있는 직무나 지향하는 직업세계와 관련하여 개발계획을 수립하며, 시간을 관리하고, 대인관계를 맺으며, 의사소통을 한다.
- 자기개발은 모든 사람이 해야 하는 것이다. 자신이 설정한 목표를 달성하고, 보다 보람되고 나은 삶을 영위하고자 노력하는 사람이라면 누구나 해야 하는 것이다.

유형 ② 자기개발 및 경력개발 과정에 적절한 행동을 고르는 문제

- 제시된 상황이 자기개발 및 경력개발 과정의 어떤 단계에 속하는지 고르는 문제가 출제된다.
- 제시문으로 지원한 기업 및 직무에 대한 내용이 출제되기도 한다.
- 자기개발, 경력개발 등 자기개발능력 이론을 숙지한다.
- 지원한 기업 또는 직무에 소속된 사원의 가장 이상적인 자기개발 및 경력개발 사례를 숙지한다.

다음 글은 경력개발 과정을 배의 항해에 비유한 경력닻(Career Anchor)에 대한 설명이다. 이를 토대로 경력닻에 대해 잘못 기술한 내용을 〈보기〉에서 모두 고르면?

미국의 조직심리학자인 샤인(Schein, E. H.) 교수는 개인이 인생을 살아가던 중 자신에 대해 알아가는 과정을 배의 항해에 비유하여 경력닻(Career Anchor) 이론을 만들었다. 경력닻은 말 그대로 경력(Career)과 닻(Anchor)으로 구성되어 있는데 경력은 직업, 가치, 관심사 등을 뜻하고 닻은 배를 항구에 멈추게 하는 역할을 한다. 다시 말해 경력닻은 경력개발에 결정적 역할을 하는 중요한 가치 혹은 동기를 뜻한다.

경력닻은 개인의 동기요인에 따라 크게 일반 관리자 역량(관리자 추구형), 기술 및 기능적 역량(전문성 추구형), 자율 및 독립(자율/독립 추구형), 안전 및 안정(안전/안정성 추구형), 기업가적 창의성(기업가적 창의성 추구형) 이상 다섯 가지 유형으로 구분된다. 서비스 봉사(봉사/헌신 추구형), 순수한 도전(순수도전 추구형), 인생 스타일(생활 균형 추구형)을 더해 여덟 가지로 나누기도 한다.

(1) **일반 관리자 역량**(General Managerial Competence)
리더십 발휘가 요구되는 일, 도전적인 일을 직업으로 정하며, 해당 분야의 최고 경영자가 되고자 한다. 업적 인정, 승진, 상장 등의 외부적 인정이 동기를 부여한다.

(2) **기술 및 기능적 역량**(Technical-functional Competence)
경영자나 리더가 되는 것을 바라지 않으며, 해당 분야에서 전문가로서 일하기를 원한다. 특정한 분야에 대한 재능과 흥미를 느끼고 자신의 직무에 도전하는 스타일로, 이들은 주로 동료들의 인정에 동기부여가 된다.

(3) **자율 및 독립**(Autonomy/Independence)
독립적으로 업무를 수행하기를 원하며, 명확한 기준과 지침이 있는 전문적인 일이나 자율권이 높은 직무의 직업유형을 추구한다.

(4) **안전 및 안정**(Security/Stability)
안정적이고 예측 가능한 일 또는 관공서 같은 공공 직무 수행의 직업유형을 선호하며 안전하고 안정적인 직무 상황, 안정적인 경력의 발전, 예측 가능한 경력 추구 등의 성향이다. 충성심과 지속적인 성과에 기초한 인정이 동기부여 요소이다.

(5) **기업가적 창의성**(Entrepreneurial Creativity)
새로운 창조에서의 도전을 추구하며 자신의 사업을 운영하고 이를 통해 성공을 거두려는 욕구가 강하다. 사업의 구축과 발전, 재산 소유와 축적 등이 중요한 보상이다.

(6) **서비스 봉사**(Service or Dedication to a Cause)
세상을 변화시키려는 욕구가 강하며 인류에 대한 봉사, 조국에 대한 기여 등이 기본가치이다. 자신의 가치실현에 영향력을 높일 수 있는 지위로 승진하는 것이 중요 보상책이다.

(7) **순수한 도전**(Pure Challenge)
강한 승부욕과 승리에 대한 집착이 특징이며 조종사, 탐험가, 영업직 등의 직무를 선호한다. 동기부여 요소는 도전 기회가 꾸준히 지속되는 게임 같은 상황이다.

(8) **인생 스타일**(Life Style)
일과 삶의 균형을 추구하고 삶을 즐기는 스타일이다. 대부분 경제적인 안정과 주거지의 안정성을 추구하며 출장, 근무지 이동, 업무시간, 연구 휴가 등의 작업조건에서 융통성이 많은 직업을 선호한다.

〈보기〉

㉠ 경력에 관한 선택을 할 때 개인이 포기할 수 없는 직무상 가치나 관심사를 의미한다.
㉡ 개인이 자신의 적성에 맞게 특정한 업무 역할을 추구하는 경향이 있다는 것을 설명한다.
㉢ 단기간에 쉽게 변하지 않으며 개인의 경력을 인도하고 규제하고 안전화하는 기능을 한다.
㉣ 담당 업무와 일치하지 않는 경우 업무를 효과적으로 수행하기 어려우며 심리적으로 불안함을 느끼게 된다.
㉤ 8가지 유형 중에서 기본적인 경력은 기술 및 기능적 역량과 안전 및 안정이다.
㉥ 기술 및 기능적 역량은 한 조직에서 오랫동안 일하는 것을 원하며, 근속연수에 따른 보수체계와 연공기준 승진체계를 선호한다.

① ㉠, ㉢, ㉤
② ㉠, ㉣, ㉥
③ ㉡, ㉢, ㉤
④ ㉡, ㉣, ㉤
⑤ ㉡, ㉤, ㉥

|정답 및 해설| ⑤

㉡ 배가 닻 주위에 정박하고 있는 것에 비유해서 개인이 자신의 자아개념(self-concept) 주위에 닻을 내려 특정한 업무 역할을 추구하는 경향이 있다는 것을 설명하는 개념이므로 '적성'에 맞다고 한 표현은 잘못되었다.
㉤ 8가지 유형 중에서 기본적인 경력은 일반 관리자 역량과 기술 및 기능적 역량이다.
㉥ 한 조직에서 오랫동안 일하는 것을 원하며, 근속연수에 따른 보수체계와 연공기준 승진체계를 선호하는 것은 안전 및 안정성이다.

㉠, ㉢, ㉣은 옳은 설명이다. 경력닻은 경력개발을 할 때 바탕이 되는 직업적 가치관이 바탕이 되기 때문에 직업 가치관 검사로 활용된다.

더 알아보기

8가지 경력닻과 직업의 유형
- 일반 관리자 역량: 최고경영자, 부서장, 공장장
- 기술 및 기능적 역량: 엔지니어, 기능분야 부서장
- 자율 및 독립: 컨설팅, 연구개발직, 교수 등 많은 자유가 있는 직무
- 안전 및 안정: 공무원, 시민 공공서비스 관계 직무
- 기업가적 창의성: 벤처기업가, 사업가
- 서비스 봉사: 사회사업가, 노동문제전문가, 교사, 의료인, 성직자, 신약개발연구자
- 순수한 도전: 탐험가, 조종사, 영업직, 운동선수
- 인생 스타일: 출장, 근무지이동, 업무시간, 연구휴가 등의 작업조건에 융통성이 있는 업무

유형 ❸ 인적자원개발(HRD)에 대한 문제

- 진로적응성, 진로탄력성, 자기효능감 등 인적자원개발(HRD)에 대한 내용을 묻는 문제가 출제된다.
- 인적자원개발(HRD) 개념을 숙지하고, 실제 적용 사례를 파악한다.
- 노동 형태 및 채용 트렌드의 변화와 의미를 파악한다.

인공지능(AI)이 일하는 현장에 광범위한 변화를 가져오고 있다. 다음은 AI가 주도하고 있는 4차 산업혁명으로 인해 변하고 있는 최근 채용 트렌드에 관한 용어이다. ㉠~㉣을 순서대로 바르게 연결한 것은?

> ㉠ 기업 조직 내에서 커뮤니케이션, 협업, 협상, 팀워크, 리더십 등을 활성화할 수 있는 능력으로, 채용시장에 광범위한 변화를 가져오고 있는 'AI 시대'에 수요가 더욱 늘어날 것으로 전망된다.
> ㉡ 기업문화와 인재의 적성 및 취향이 얼마나 잘 어울리는지를 나타내는 채용 방식으로, 신입사원의 조직 퇴사를 방지하고 회사의 장기적인 성장을 도모할 목적으로 도입되고 있다.
> ㉢ 구직자의 학력, 경력, 자격, 인성, 대인관계, 업무의 성과 등에 대해 종합적으로 평가하는 채용 절차를 말하며, 많은 기업들이 채용 마지막 단계에서 활용하고 있다.
> ㉣ 현재와 다른 직무전환을 위해 새로운 지식을 습득하고 기술을 배우는 것으로, 유통기업 월마트는 매장 내 제품을 추천해 주는 '퍼스널 쇼퍼'라는 직무를 신설해 이를 지원한 사례가 유명하다.

① 하드 스킬, 온보딩, 백그라운드 체크, 업스킬링
② 하드 스킬, 온보딩, 레퍼런스 체크, 리스킬링
③ 하드 스킬, 컬처핏, 백그라운드 체크, 리스킬링
④ 소프트 스킬, 컬처핏, 레퍼런스 체크, 리스킬링
⑤ 소프트 스킬, 컬처핏, 백그라운드 체크, 업스킬링

|정답 및 해설| ④

순서대로 소프트 스킬(Soft Skill), 컬처핏(Culture Fit), 레퍼런스 체크(평판 조회, Reference Check), 리스킬링(Reskilling)에 해당한다.

- 하드스킬(Hard Skill)은 생산, 재무, 회계, 인사 등 실무에 필요한 기술적 능력을 말한다.
- 온보딩(On-boarding)은 조직에 신규 입사자가 합류하는 것을 의미하며, 이 과정에서 조직의 문화에 잘 적응할 수 있도록 업무지식, 문화 등을 교육하고 안내하는 커리큘럼을 뜻하기도 한다.
- 백그라운드 체크(Background Check)는 개인의 과거 학력, 경력, 범죄 기록, 신용 정보 등 신뢰성을 판단할 수 있는 정보들을 확인하는 절차로 지원자의 답변이 실제와 일치하는지 확인하고, 입사 후 문제가 될 만한 이력이 있는지 조사하는 것을 말한다.
- 업스킬링(Upskilling)은 현재 맡고 있는 분야에서 더 나은 일을 할 수 있도록 새로운 기술을 배우는 것이다.

더 알아보기

AI시대 채용 트렌드 용어

소프트 스킬 (Soft Skill)	• 기업 조직 내에서 커뮤니케이션, 협업, 협상, 팀워크, 리더십 등을 활성화할 수 있는 능력으로, 다양한 팀과의 협업 환경에서 성공적인 업무 수행에 필수적이다. 직무 전문성만으로는 생존하기 어려운 환경으로 변모함에 따라 다양한 경험을 통해 소프트 스킬을 강화하는 것이 중요해지고 있다. • '하드 스킬(Hard Skill)'이 생산, 재무, 회계, 인사 등 업무를 수행하기 위해 필요한 전문 지식 및 기술(technical skills)이라면 소프트 스킬은 경력을 지속하기 위해 필요한 기술로 지식을 활용하고 다른 사람과 상호작용하는 능력(human skills)을 의미한다. 소프트 스킬은 기술의 수명이 길어, 오래가는 기술(durable skills)이라고 불린다.
컬처핏 (Culture Fit)	• 문화적 적합성을 의미하는 말로, 기업문화와 인재의 적성 및 취향이 얼마나 잘 어울리는지를 나타내는 채용 방식을 말한다. 신입사원의 조직 퇴사를 방지하고 회사의 장기적인 성장을 도모할 목적뿐만 아니라, 수시채용과 경력직 채용의 증가에 따라 채용 즉시 조직 내 빠른 안정화를 통해 능력을 발휘할 수 있는 인재가 필요해지면서 채용에 컬처핏이 부각되고 있다. • 기존의 채용이 지원자의 '직무적합도'에 비중을 두고 전형단계별로 직무에 필요한 기술과 능력을 측정했다면, 컬처핏 채용은 지원자의 일반적인 인성과 직무역량 평가보다 기업의 인재상과 조직 문화, 조직 특성에 잘 맞는 인재인지 확인하는 데 비중을 둔다.
레퍼런스 체크 (평판 조회, Reference Check)	• 주로 지원자의 업무 수행 능력과 성과, 업무 태도와 팀워크, 직장 윤리에 관한 평판을 조사한다. 지원자의 이전 직장이나 교육기관에서 함께 일하거나 공부한 사람들에게 연락하여 지원자의 평판을 수집한다. • 반면 백그라운드 체크(Background Check)는 개인의 과거 학력, 경력, 범죄 기록, 신용 정보 등 신뢰성을 판단할 수 있는 정보들을 확인하는 절차로 지원자의 답변이 실제와 일치하는지 확인하고, 입사 후 문제가 될 만한 이력이 있는지 조사한다. • 둘 다 지원자의 동의가 반드시 있어야 하며, 개인정보보호 원칙에 근거하여 최소한의 정보만 수집해야 한다는 공통점이 있다.
리스킬링 (Reskilling)	• 현재와 다른 직무와 역할을 수행하기 위해 새로운 지식을 습득하고 기술을 배우는 것을 말한다. 반면 업스킬링(Upskilling)은 현재 맡고 있는 분야에서 더 나은 일을 할 수 있도록 새로운 기술을 배우는 것이다. • 빠른 환경 변화에 대응하기 위한 역량강화 스킬로 주목받고 있으며, 조직뿐만 아니라 개인의 역량강화에도 도움을 준다는 장점이 있다. 예를 들어 고령 근로자의 숙련된 기술, 경험, 노하우를 발휘할 수 있도록 직무를 개발하고 그에 따른 리스킬링 전략이 적용될 필요가 있다. 반면 고령층이 상대적으로 우수한 역량인 코칭 및 리더십과 관련된 역량의 경우는 업스킬링이 중요하다.

적중예상문제

난이도 ★★☆

01 **자기개발은 직업인으로서 자신의 능력, 적성, 특성 등을 이해하고 목표 성취를 위해 스스로를 관리하며 개발해 나가는 것으로, 직업 환경이 끊임없이 변화하기 때문에 지속해서 노력해야 한다. 다음은 자기개발에 대한 특징에 대해 설명한 것이다. 바르게 설명한 것을 모두 고르면?**

> ㉠ 자기개발은 조직의 인재상에 맞게 인사부서에서 설계해야 한다.
> ㉡ 자기개발은 조직이 원하는 방향에 맞게 일률적인 과정으로 구성된다.
> ㉢ 자기개발은 직장인과 취업을 준비하는 사람이 해야 하는 것이다.
> ㉣ 자기개발은 근무시간 동안 이루어져야 한다.
> ㉤ 자기개발은 직장생활을 시작하여 퇴직할 때까지 이루어지는 과정이다.
> ㉥ 자기개발은 일뿐만 아니라 개인적 생활과도 연관된 활동이다.

① ㉠, ㉡, ㉢
② ㉡, ㉢, ㉥
③ ㉢, ㉣, ㉤
④ ㉣, ㉤, ㉥
⑤ 답 없음

난이도 ★★★

02 귀하는 입사 직후 나름대로 촉망받는 인재였으나, 최근 업무에 시달리면서 자신의 능력이 신입사원보다도 뒤처지는 것 같다고 느꼈다. 고민에 빠진 귀하는 사내 교육 프로그램을 통해 자기개발이 아래와 같이 이루어져 있다는 것을 알게 되었다. 다음 중 자기관리를 위해 귀하가 생각해 봐야 하는 사항으로 가장 적절한 것은?

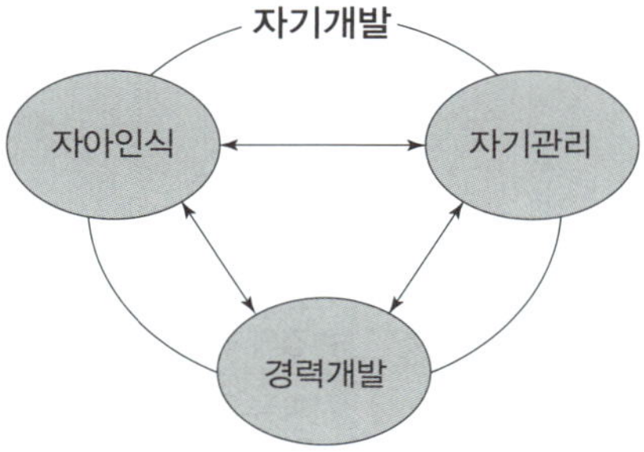

① 나의 직업적 흥미와 적성은 무엇인가?
② 나의 업무수행상 장단점은 무엇인가?
③ 나는 언제쯤 승진을 하고, 퇴직을 하게 될까?
④ 나의 업무 생산성을 향상시킬 수 있는 방법은 무엇일까?
⑤ 내가 설계하는 나의 경력은 무엇인가?

난이도 ★★★

03 신입사원인 귀하가 자기개발 계획을 수립하려고 하자 직장 선배들이 이에 대해 조언해 주기 시작했다. 다음 중 귀하가 받아들이기 어려운 조언을 한 사람은 몇 명인가?

> A **부장**: 7년 후를 설계하는 장기목표를 수립하되, 혼돈되지 않게 단기목표는 별도로 세우도록 하게.
> B **차장**: 팀원들과의 관계를 발전시키는 것도 하나의 자기개발 목표가 될 수 있으므로 주변 사람들도 함께 고려해야 해.
> C **과장**: 자신을 브랜드화하기 위해서는 SNS나 인맥을 활용하여 자신을 알리는 방법도 있어.
> D **대리**: 자기개발 계획의 초점은 미래 상황이므로, 현재 직무를 배제하고 앞으로 맡게 될 직무를 고려해야 할 거야.
> E **주임**: 예를 들어 외국어 공부를 계획하고 있다면, 막연하게 외국어를 공부하겠다고 하지 말고 '매일 아침 영어 강의를 듣겠다.'라는 식의 구체적인 계획을 세우는 것이 좋아.

① 4명　② 3명　③ 2명　④ 1명　⑤ 0명

난이도 ★★★

04 미국의 심리학자 아브라함 매슬로는 인간은 무의식적 동기나 환경만으로 움직이는 존재가 아니며, 인간에게 동기를 일으키는 욕구가 생리적 욕구, 안정의 욕구, 사회적 욕구, 존경의 욕구, 자기실현의 욕구 순으로 단계별 계층을 이루고 있다고 주장하였다. 다음은 매슬로의 5단계 욕구 이론과 관련된 설명이다. 하위 욕구부터 상위 욕구까지 순서대로 연결한 것은?

㉠ 직장을 그만두거나 이직하는 분들의 이야기를 들어보면 일은 할만한데 사람 관계가 힘들어서 못하겠다는 얘기를 많이 하죠. 어디에서든 서로를 배려하고 존중하여 좋은 관계를 유지하려고 노력해야 잘 지낼 수 있는 거 같아요.

㉡ TV를 보면 아프리카 어린이들이 병에 걸리는 줄 알면서도 어쩔 수 없이 오염된 물을 마시다가 아파하는 모습을 볼 때가 있어. 마시면 안 된다는 생각이 들면서도 당장 살기 위해서는 어쩔 수 없이 그러는 걸 알기에 더 마음이 아파.

㉢ 어제보다 나은 삶을 추구해야 합니다. 지금 행복한가요? 외부의 평가가 아닌 본인 스스로 만족하고 더 나아진 나를 찾으세요.

㉣ 최근 특정 지역의 묻지마 흉기 난동이 연쇄적으로 발생하여 해당 지역의 시민이 공포에 떨고 있습니다. 이런 사건은 인종 갈등과 사회적 문제로 인해 발생한 대표적인 사례라고 할 수 있죠. '신변안전' 문제가 주요 관심사가 되면서 지방자치단체가 진행하는 호신술 교육이 인기를 끌고 있어요.

㉤ 부모들이 아이를 사랑하고 예뻐하면서도 표현이 서툴러 잘못하는 경우가 많지. 아이가 자기 의견을 말하려고 하면 버릇없다고 윽박지르거나 야단만 치는 경우가 있어. 이런 경우 성인이 되어서도 타인과 쉽게 교류하지 못해.

① ㉠, ㉢, ㉣, ㉡, ㉤
② ㉡, ㉣, ㉠, ㉤, ㉢
③ ㉢, ㉣, ㉡, ㉠, ㉤
④ ㉣, ㉠, ㉤, ㉡, ㉢
⑤ ㉤, ㉣, ㉠, ㉢, ㉡

난이도 ★★★

05 자아존중감이란 스스로에 대한 긍정적 또는 부정적 평가를 통해 가치를 결정짓는 것으로, 자신의 정체성 형성에 중대한 영향을 주는 요소이다. 자아존중감의 세 가지 차원을 바르게 연결한 것은?

A	나는 내가 하고 싶은 일을 끝까지 잘 해낼 수 있어.
B	난 뭘 해도 운이 없어 안 되는 거 같아.
C	주위 사람들이 나를 좋아해.

	A	B	C
①	가치 차원	능력 차원	통제감 차원
②	능력 차원	통제감 차원	가치 차원
③	통제감 차원	가치 차원	능력 차원
④	가치 차원	통제감 차원	능력 차원
⑤	능력 차원	가치 차원	통제감 차원

난이도 ★☆☆

06 다음은 객관적으로 자신을 인식하기 위해 만들어진 '조해리의 창(Johari's Window)'이다. 최근 이직한 최정호 사원을 분석한 자료에 나타난 영역의 창을 순서대로 연결한 것을 고르면?

최정호 사원은 신중한 성격으로 다른 사람들의 이야기를 잘 경청하여 자신에 대해 성찰하려고 노력하는 편입니다. 하지만, 자기 자신에 대하여 별로 노출하지 않으려고 합니다. 아무래도 자신의 단점을 드러내면 갈등이 생길 것을 꺼리는 것 같습니다. 원만한 직장생활을 위해서 앞으로 의식적으로 다른 사람과 대화를 많이 해서 굳이 따로 얘기 안 하더라도 사람들이 쉽게 알 수 있게 만들어야 합니다.

	자신이 아는 부분	자신이 모르는 부분
다른 사람이 아는 부분	열린 창 (Open Window)	보이지 않는 창 (Blind Window)
다른 사람이 모르는 부분	숨겨진 창 (Hidden Window)	미지의 창 (Unknown Window)

① 열린 창 – 보이지 않는 창
② 열린 창 – 숨겨진 창
③ 보이지 않는 창 – 숨겨진 창
④ 보이지 않는 창 – 미지의 창
⑤ 숨겨진 창 – 미지의 창

난이도 ★☆☆

07 해외영업팀의 사원인 귀하는 회사에 적응하지 못해 입사 초기부터 전직을 고민했다. 그러는 사이 3년 근속을 달성했지만, 여전히 업무가 적성에 맞지 않는 것 같다는 생각이 들어 어려움을 겪고 있다. 결국 귀하는 지역인력개발센터를 이용하게 되었고 흥미 및 적성 개발 과정에 가입하여 현재의 상황을 극복하는 방법을 배웠다. 다음 중 배운 내용을 토대로 귀하가 취할 행동으로 가장 적절하지 않은 것은?

① 하루의 업무가 끝난 후 결과물을 점검하여 잘된 부분을 파악한다.
② 일을 큰 단위로 구분하여 수행하고 이를 통해 성공의 경험을 축적한다.
③ "나는 지금 주어진 일이 적성에 맞다."라고 긍정적인 자기암시를 한다.
④ 회사가 적극적으로 권장하고 있는 사내 정책 및 활동을 확인한다.
⑤ 집중력 향상, 잠재 능력 개발 등 다양한 심리 치료를 통해 자기 마음을 관리한다.

난이도 ★☆☆

08 ○○공단 신입사원 안용수 씨는 입사한 지 3개월이 지났지만 여전히 회사 업무에 적응하지 못해 고민이다. 옆에서 이를 지켜보던 선배 차소연 대리는 스스로 반성하고 성찰하는 법을 연습해야 한다며 사내 인재개발원에서 마련한 자서전 쓰기 강좌를 추천했다. 안용수 씨가 자서전 쓰기 강좌를 통해 반성적 성찰을 했을 때 기대되는 변화로 보기 어려운 것은?

① 자신이 하는 일에 관심과 애착을 느끼게 될 것이다.
② 앞으로 다른 일을 하는 데 필요한 노하우를 축적할 수 있게 될 것이다.
③ 창의적인 사고능력을 개발할 것이다.
④ 과거에 했던 실수를 다시 반복하지 않게 될 것이다.
⑤ 현재의 부족한 부분을 파악하여 보완할 것이다.

난이도 ★★☆

09 자기개발은 자기인식, 자기관리, 경력개발로 이루어지는데, 그중에서 자기관리는 자신을 이해하고, 목표를 성취하기 위하여 자신의 행동 및 업무수행을 관리하고 조정하는 과정이다. 다음은 자기관리 단계에 대한 설명이다. 각 단계를 바르게 연결한 것은?

> ㉠ '어떻게 결정을 내리고 행동했는가?', '어떤 목표를 성취하였는가?' 등의 질문을 통해 분석하고, 결과를 다시 반영한다.
> ㉡ 시간, 능력, 돈, 대인관계, 건강 등의 요소들이 영향을 미치므로 지금 하려고 하는 일이 무엇인지, 이 일에 영향을 미치는 요소들은 무엇인지, 관리하기 위한 방법은 어떤 것이 있는지를 찾아야 한다.
> ㉢ 월간 계획 → 주간 계획 → 하루 계획 순으로 구체적인 일정을 수립하는데, 중요한 것부터 수행하도록 계획을 세워야 한다.
> ㉣ 어떤 일을 수행하기 위해서는 방향성을 가지는 것이 중요하다. 이 단계는 모든 업무의 기초가 되며, 의사결정에 있어서 가장 중요한 지침으로 적용된다.
> ㉤ 현재 자신의 역할과 능력을 검토하고 할 일을 조정하여 역할을 도출한 후 역할에 따른 활동목표를 설정한다.

① ㉠ – ㉤ – ㉢ – ㉡ – ㉣
② ㉡ – ㉢ – ㉤ – ㉠ – ㉣
③ ㉢ – ㉣ – ㉤ – ㉠ – ㉡
④ ㉣ – ㉤ – ㉢ – ㉡ – ㉠
⑤ ㉤ – ㉣ – ㉢ – ㉡ – ㉠

난이도 ★★☆

10 **다음 글을 읽고 ○○도가 향후 동일한 문제를 방지하기 위해 해야 하는 행동으로 적절한 것을 고르면?**

> ○○경제진흥원은 얼마 전 제출한 보고서로 인해 곤욕스러운 상황에 놓였다. 두 달 전 ○○도의 관광객이 폭발적으로 증가했고, 시장 수요와 트렌드를 분석한 결과 더 많은 관광객을 수용할 수 있는 시설투자를 해야 한다는 보고서를 ○○도에 올렸다. 이에 ○○도 의회는 ○○경제진흥원의 보고서를 반영해 ○○도의 예산이 여유가 있다는 예산운영처의 의견을 받아 1안은 도 자체 여유 예산을 사용하고, 2안은 채권을 발행해 추가 예산을 확보하는 방안을 수립했다. 안정적 예산 운영을 생각할 때는 1안이 더 나은 대안으로 보였지만, 현재 관광객의 증가 추세를 고려하면 중장기적으로는 2안이 더 나은 안이었다. ○○도 의회는 대안에 대해 자세히 검토해 보지 않고 당장 자금이 투입되는 문제를 ○○도와 논의할 여유가 없다며 2안으로 의사결정을 했다.
>
> 한 달 후, 코로나19 재확산으로 인해 ○○도의 관광객 수는 절반으로 감소했다. 거기에 관광지 바가지요금이 문제가 되어 ○○도는 소비량 예측과 품질관리 양쪽에 문제가 발생해 어려운 상황이 되었다.

① 가능한 모든 대안을 탐색한다.
② 의사결정 기준과 가중치를 정한다.
③ 의사결정에 필요한 정보를 수집한다.
④ 의사결정 결과를 평가하고 피드백한다.
⑤ 문제의 근원을 파악한다.

난이도 ★★★

11 정신분석학자 에릭 에릭슨(Erik Erikson)은 인간의 발달을 사회적 맥락에서 이해하는 데 중요한 공헌을 하였다. 그의 심리·사회적 발달 8단계는 각 단계에서 발생하는 과제를 해결하고 성취함으로써 개인은 자아정체성을 형성하고 사회와의 관계에서 발달할 수 있다고 본다. 심리·사회적 발달 단계 중 ㉠과 ㉡을 바르게 묶은 것은?

[에릭슨의 심리·사회적 발달 8단계]

연령	심리 대 사회적 갈등
영아기(0~1세)	신뢰 대 불신
유아기(1~3세)	자율성 대 수치심
아동기(3~6세)	주도성 대 죄책감
학령기(6~12세)	근면성 대 열등감
청소년기(12~18세)	자아정체감 대 역할혼란
청년기(18~40세)	친밀감 대 고립감
장년기(40~65세)	생산성 대 침체
노년기(65세 이상)	자아통합 대 절망

㉠ 세상에 대한 신뢰 관계를 수립하는 시기로, 부모(혹은 주 양육자)가 필요를 충족시키며 돌봐주면, 세상에 대한 신뢰를 배우고, 이는 장래에 타인과 관계를 맺을 때 기초가 된다. 하지만 돌봄을 받지 못하거나 방치될 경우 세상을 불신하고 다음 발달 단계에 부정적인 영향을 미칠 수 있다.

㉡ 친밀한 관계를 형성하고 유지하려는 욕구를 갖는 시기로, 이때 성공적으로 친밀감을 형성하면 타인과의 깊은 관계를 통해 정서적 만족을 느끼나, 실패하거나 고립을 경험하면 정서적 외로움과 고립감을 느끼게 된다. 따라서 이 단계에서는 자신과 타인 간의 경계를 설정하고 상호 신뢰와 존중을 바탕으로 관계를 형성하도록 돕는 것이 중요하다.

① 영아기, 청소년기　② 영아기, 청년기　③ 유아기, 학령기
④ 유아기, 청소년기　⑤ 아동기, 청년기

난이도 ★★★

12 귀하는 종합상사의 경영지원팀에서 일하고 있는 입사 2년 차 사원이다. 과중한 업무량에도 불구하고 열심히 일해 왔지만 상사로부터 업무수행 성과를 높이라는 지시를 받았다. 다음 중 업무수행 성과를 높이기 위한 귀하의 행동전략으로 가장 적절하지 않은 것은?

① 해야 할 일은 미루지 않고 지금 바로 한다.
② 회사의 업무 지침에 얽매이지 않고 효과적인 업무 방식을 찾는다.
③ 비슷한 업무를 하나로 묶어 한 번에 처리해 업무 속도를 향상시킨다.
④ 실력 있는 선배를 벤치마킹하기 위해 노력한다.
⑤ 다른 사람이 생각하는 순서와 반대로 생각해 본다.

[13-14] ○○공사는 직장생활에서 자기개발능력을 향상하는 방법에 대한 퀴즈를 통해 신입사원들의 직무역량을 향상시키려고 한다. 각 물음에 답하시오.

난이도 ★★★

13 직장생활에서 거절하는 방법에 대한 퀴즈이다. 다음 중 거절의 의사결정 방법에 대한 설명이 가장 적절하게 적힌 카드는?

우리 회사는	이번에 입사한	모든 신입사원을
상대가 상처받지 않게 최대한 천천히 거절한다.	상대방의 말을 경청하여 문제의 본질을 파악한다.	거절을 하더라도 인간관계를 위해 긍정적인 표현을 사용한다.

진심을 다해	환영합니다.
거절할 때 분명한 이유를 밝힐 필요는 없다.	거절을 하면서 대안을 제시하면 오해할 여지가 있다.

① 우리 회사는　② 이번에 입사한　③ 모든 신입사원을
④ 진심을 다해　⑤ 환영합니다.

난이도 ★★☆

14 경력개발 관련 최신 이슈에 대한 퀴즈이다. 다음 중 경력개발 관련 최신 이슈에 대한 설명이 가장 적절하지 않은 것은?

워라밸	SNS 구인구직	창업 감소
잦은 야근, 강도 높은 업무 등으로 개인의 삶이 없어지면서 일과 삶의 균형이 직업을 선택할 때 중요한 요소 중 하나로 떠올랐다.	코로나19 여파로 채용을 중단했던 기업들이 인맥 기반 SNS인 링크드인을 활용하고 있다.	장기적인 불경기로 인해 취업난이 심해지고 있는 가운데 온라인 기반의 도소매업을 제외하고 전체 창업자 수가 축소되고 있다.

청년실업	투잡스
코로나19로 인한 실업 피해가 청년층에 집중되면서 체감실업률이 13.5%로 급등하는 등 고용 상황이 최악으로 치닫고 있다.	주 5일 근무제가 자리 잡으면서 공공기관에서 근무하는 사람들도 퇴근 이후 자유롭게 겸업을 하는 경우가 증가하고 있다.

① 워라밸　② SNS 구인구직　③ 창업 감소
④ 청년실업　⑤ 투잡스

난이도 ★★☆

15 **경력개발은 일과 관련되어 일어나는 연속적인 과정이며, 경력개발 단계는 직업선택, 조직입사, 경력초기, 경력중기, 경력말기로 나누어 볼 수 있다. 다음 내용에서 나경이의 경력개발 단계를 순서대로 연결한 것은?**

> 대학에서 환경 분야를 공부한 나경이는 취업을 앞두고 어떤 쪽으로 준비해야 할까 고민하던 중 공공기관 채용박람회를 통해 환경 관련 공기업이 전공을 살리면서 안정적인 근무환경을 제공한다는 것을 알게 되었다. 공공기관에 근무하고 있는 선배들의 조언을 받아 발전 공기업에서 인턴을 하면서 실무 경험도 쌓으면서 자신의 흥미와 적성이 잘 발휘될 수 있다는 것을 다시 확인하였다. 차근차근 준비한 끝에 나경이는 인턴 경험을 토대로 모든 전형을 무사히 통과해 원하던 공기업에 입사하게 되었다.

① 직업선택, 경력초기, 경력중기
② 직업선택, 조직입사, 경력초기
③ 직업선택, 조직입사, 경력중기
④ 조직입사, 경력초기, 경력중기
⑤ 조직입사, 직업선택, 경력초기

난이도 ★☆☆

16 **귀하는 지금까지 해온 경력을 토대로 재테크 전문가가 되기로 결정하고 구체적으로 경력개발을 계획하고 실행하려고 한다. '커리어넷'을 통해 진로심리검사를 받거나 '고용24'를 이용해 채용정보를 알아보는 것은 경력개발 5단계 중 어느 단계에 해당하는가?**

[경력개발 5단계]

1단계	직무정보 탐색
⇩	
2단계	자신과 환경 이해
⇩	
3단계	경력목표 설정
⇩	
4단계	경력개발 전략수립
⇩	
5단계	실행 및 평가

① 1단계 ② 2단계 ③ 3단계 ④ 4단계 ⑤ 5단계

난이도 ★★★

17 **경력정체는 조직 내에서 승진이 정체되거나 책임 있는 직위로 이동이 막히게 되는 상태를 말한다. 경력정체가 나타났을 때 보이는 반응에 따라 구분한 경력정체 유형을 바르게 연결한 것은?**

> ㉠ 경력정체의 원인이 자신이라는 것을 인정하지 않고 이렇게 만든 회사를 비난하고 이직하려는 안치열 대리
> ㉡ 자신의 경력정체를 받아들이지 않으면서 왜 발생했는지 찾아보려고도 하지 않는 최수진 과장
> ㉢ 자신은 능력도 있고 높은 성과를 내는데도 회사의 평가시스템이 불공정해서 경력정체가 발생했다고 비난하는 이선호 차장
> ㉣ 경력정체가 본인 때문이라고 생각은 하지만, 현재 업무에 만족하고 별다른 행동을 하지 않는 진호영 대리
> ㉤ 자신의 역량 부족으로 인해 경력정체가 발생한 것을 인식하고 이를 극복하기 위해 새로운 직무인 데이터분석을 수행하고 있는 김혜진 과장

> ⓐ 이상형 ⓑ 성과미달형 ⓒ 방어형 ⓓ 절망형

① ㉠ - ⓐ, ㉢ - ⓒ, ㉣ - ⓑ, ㉤ - ⓓ
② ㉠ - ⓒ, ㉡ - ⓑ, ㉣ - ⓓ, ㉤ - ⓐ
③ ㉡ - ⓐ, ㉢ - ⓒ, ㉣ - ⓑ, ㉤ - ⓓ
④ ㉡ - ⓒ, ㉢ - ⓓ, ㉣ - ⓐ, ㉤ - ⓑ
⑤ ㉡ - ⓓ, ㉢ - ⓒ, ㉣ - ⓑ, ㉤ - ⓐ

난이도 ★★☆

18 **경력개발의 필요성은 환경변화, 조직의 요구, 개인의 요구에 따라 구분되기도 하지만 외부환경과 내부환경으로 나눌 수도 있다. 다음 중 경력개발의 필요성 중 내부환경에 해당하는 것은?**

① 경제 규모가 커짐에 따라 전체적인 성장률 추이는 둔화되어 기업도 과거처럼 두 자릿수 성장은 기대하기 어렵게 되었다.
② ○○공단은 최근 빈번히 발생하는 횡령 사고에 대처하기 위해 내부통제 역량과 감사 전문성을 강화하기 위해 '감사전문교육과정'을 개설하였다.
③ 과거 노동시장에서 이리저리 직장을 옮기는 잦은 이직은 '사회 부적응자'라는 인식이 강했던 것과 달리 오늘날 Z세대 사이에선 이러한 부정적 인식은 사라지고 '경력개발'의 일부로 보고 있다.
④ 기업들의 개발자 구인난이 심화되고 있는 가운데 경력 10년 이상의 개발자들은 돈보다 워라밸을 중시하는 것으로 나타났다. 반면 경력 3년 미만의 개발자는 커리어나 급여 등을 중요하게 생각한다.
⑤ 저성장기에 개인주의 가치관을 지닌 밀레니얼 세대는 회사가 나를 키워줄 거라 믿지 않고, 자기의 경력관리는 자기가 하겠다는 생각을 갖고 있으며 자신과 맞지 않으면 언제든지 회사를 그만둔다.

난이도 ★★★

19 인공지능(AI)과 로봇으로 대표되는 4차 산업혁명이 가져올 미래의 변화는 긍정적·부정적 요소를 동시에 가지면서 고용, 교육, 경제, 일상생활에 이르기까지 광범위한 분야에서 일어날 것으로 예상된다. 전통적인 일자리는 사라지고 직업의 생성·분화·소멸 속도는 빨라질 것이라는 전망이 나오고 있어 4차 산업혁명 시대에는 개인에게 진로탄력성, 창의성, 융복합성 등을 요구할 것으로 보인다. 특히 변화된 환경에 효과적으로 대처하고 적응할 수 있는 진로탄력성이 떠오르고 있는데, 다음에서 설명하는 진로탄력성의 구성요소로 옳은 것은?

> 사람은 누구나 다양한 역경과 위기를 겪으며 살게 된다. 특히 커리어에 역경과 위기를 맞게 되면 생존과 직결되는 만큼 삶의 자신감과 자존감이 급속도로 떨어지는 것을 확인할 수 있다.
> 그래서 미래의 어려운 상황에서도 극복할 수 있다는 긍정적인 믿음으로 부정적인 감정을 다스려야 한다. 자신의 상황에 감사하는 마음과 미래를 낙관적으로 생각하고 끊임없이 노력하는 미래지향적 태도가 필요하다. 이를 위해서는 감사일기 쓰기와 규칙적인 운동이 가장 효과적이다.

① 적응성 ② 자기이해 ③ 자기조절
④ 긍정적 태도 ⑤ 대인·정보관계

난이도 ★★★

20 자기효능감이 높을수록 스스로 과업을 수행할 수 있다는 믿음이 강해 업무성과가 뛰어나다. 다음 중 업무성과에 큰 영향을 미치는 자기효능감에 대한 설명으로 옳지 않은 것은?

① 자기효능감을 높이기 위해서는 비교적 쉬운 도전을 통해 작은 성취 경험을 하나씩 쌓아가야 한다.
② 자기효능감이 높은 사람은 성숙한 방어기제를 형성해 실패해도 쉽게 좌절하지 않는다.
③ 자기효능감은 자신의 노력을 알아주는 주변 사람들로부터 칭찬을 받았을 때 더 높아진다.
④ 자기효능감이 높을수록 도전적인 과업이 부여되었을 때 역량이 잘 발휘된다.
⑤ 자기효능감에 가장 큰 영향을 미치는 것은 다른 사람의 성공을 보는 간접 경험이다.

정답해설편 p.60

6

대인관계능력

핵심이론정리
대표기출유형
적중예상문제

출제 특징

대인관계능력은 팀워크의 의미, 갈등의 유형과 해결방안, 협상전략, 고객불만처리 프로세스 등이 출제되며, 반복해서 출제되는 이론을 집중적으로 학습하면 문제를 어렵지 않게 풀 수 있다. 경청 태도는 의사소통능력과 직업윤리에서 출제되며, 퍼실리테이션과 전략적 사고는 문제해결능력에서 출제되고, 매슬로의 욕구 단계 이론은 조직이해능력에서도 출제되므로 다른 영역의 이론과 함께 학습하는 것이 좋다.

출제 비중

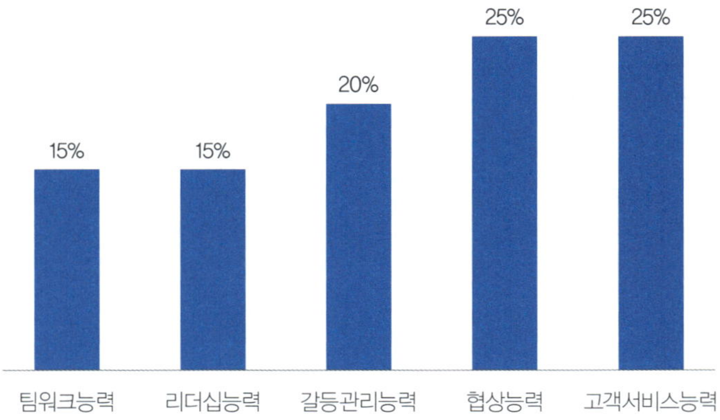

출제 기업

서울교통공사, 서울교통공사 9호선, 서울주택도시공사, 대구교통공사, 인천교통공사, 대전교통공사, 광주교통공사, 한전KDN, 한국중소벤처기업유통원, 공무원연금공단, 소상공인시장진흥공단, 한국에너지공단, 한국산업안전보건공단, 한국법무보호복지공단, 한국광해광업공단, 대한적십자사, 한국연구재단, 우체국금융개발원, 코레일유통, 코레일네트웍스, 방송통신위원회, 방송통신심의위원회, 영화진흥위원회, 강원랜드, 대한체육회, 한국국제교류재단, 한국전기공사협회, 한국자산관리공사, 한국방송광고진흥공사, 한국석유관리원, 한국발명진흥회, 한국보육진흥원, 한국산림복지진흥원, 한국양성평등교육진흥원, 한국탄소산업진흥원, 한국산업기술진흥원, 한국의료기기안전정보원, 한국사회보장정보원, 한국보건의료정보원, 한국건설생활환경시험연구원, 한국과학기술정보연구원, 한국항로표지기술원, 한국체육산업개발, 국립항공박물관, 한국도핑방지위원회, 노사발전재단, 카이스트(행정/기술), 대전시 공공기관 통합채용, 용인도시공사 등

핵심이론정리

핵심이론정리에는 한국산업인력공단 직업기초능력 가이드북 중 시험에 자주 출제되며 출제 가능성이 높은 이론을 수록했습니다.

대인관계능력 소개

1. 대인관계능력의 의미와 중요성

1) 대인관계능력의 의미

직장생활에서 협조적인 관계를 유지하고, 조직구성원들에게 도움을 줄 수 있으며, 조직 내부 및 외부의 갈등을 원만히 해결하고 고객의 요구를 충족시켜줄 수 있는 능력

2) 대인관계 형성 시 가장 중요한 요소

말이나 행동이 비롯되는 사람됨, 즉 내면 또는 내적 성품

3) 건강한 대인관계에서 소중한 것

자신을 존중하고 배려할 수 있을 때 비로소 타인을 존중하고 배려할 수 있음

2. 대인관계 향상 방법

1) 대인관계 향상의 의미

인간관계에서 구축하는 신뢰의 정도를 높이는 것

2) 대인관계 향상을 위한 행동(감정은행계좌 예금 적립 수단)

① 상대방에 대한 이해와 양보
② 사소한 일에 대한 관심
③ 약속의 이행
④ 칭찬하고 감사하는 마음
⑤ 언행일치
⑥ 진지한 사과(진정성 있는 태도)

3. 다양한 대인관계 양식

1) 대인관계 양식의 구분

① 타인을 마음대로 통제하려는 지배성(Dominance) 차원과 타인을 호의적으로 대하는 정도인 친화성(Affiliation) 차원에 따라 총 8개의 유형으로 구분됨

② **지배성 차원**
지배–복종의 연속선상에서 대인행동 평가

③ **친화성 차원**
사랑–미움의 연속선상에서 대인행동 평가

2) 대인관계 양식의 유형

구분	특징	보완점
지배형	• 타인을 통제하려는 경향이 있음 • 지도력과 추진력이 있으나 독단적이고 논쟁적임	• 타인의 의견을 경청하고, 자신의 지배적 욕구를 반성해야 함
실리형	• 실리적 이익을 추구하는 성향 • 자기중심적이고 타인에 대한 배려가 부족함	• 타인의 이익을 배려하는 노력이 필요하며, 타인의 신뢰를 얻는 일에 관심을 가져야 함
냉담형	• 타인의 감정에 무관심하고 타인과 거리를 두는 경향이 있음 • 이성적이고 의지력이 강하나 따뜻한 감정을 표현하지 못함	• 타인의 감정 상태에 깊은 관심을 가지고, 긍정적인 감정을 부드럽게 표현하는 연습이 필요함
고립형	• 혼자 있거나 혼자 일하는 것을 좋아하는 유형 • 타인을 두려워하고 사회적으로 고립될 가능성이 있음	• 대인관계의 중요성을 인식하기 위해 적극적으로 노력해야 하며, 대인관계에서 느끼는 불편함에 대해 깊이 생각해 봐야 함
복종형	• 대인관계에서 수동적이고 의존적인 유형 • 자신감이 없고, 타인에게 자신이 원하는 바를 전달하지 못함	• 대인관계에서 독립성을 키우고, 자기주장을 할 필요가 있음
순박형	• 겸손하고 너그러움 • 원치 않아도 반대하지 못하고, 주관 없이 끌려다닐 가능성이 높음	• 타인의 의도를 신중히 파악하고, 자신의 의견을 주장하려는 노력이 필요함
친화형	• 자기희생적인 태도로 타인을 배려하는 유형 • 타인의 요구를 잘 거절하지 못하고, 타인을 도와주려고 과도하게 나서는 경향이 있음	• 타인과의 정서적 거리를 유지하려는 노력이 필요하며, 자신의 이익도 타인의 이익만큼 중요함을 인식해야 함
사교형	• 외향적이고, 타인에게 간섭하는 경향이 있음 • 흥분을 잘하고 충동적이며, 혼자서 시간을 보내는 것을 어려워 함	• 혼자만의 내면적 생활에 좀 더 깊은 관심이 필요하며, 타인으로부터 인정받으려는 욕구에 대한 성찰이 필요함

하위능력 ❶ 팀워크능력

1. 팀워크의 의미와 특징

1) 팀워크의 의미

① 팀워크의 정의

팀워크(Teamwork) = 팀(Team) + 일(Work)

② 팀워크와 응집력

- 팀워크: 팀 구성원이 공동의 목적을 달성하기 위해 상호 관계성을 가지고 협력하여 업무를 수행하는 것
- 응집력: 사람들로 하여금 집단에 머물고, 그 집단의 멤버로서 계속 남아 있기를 원하게 만드는 힘

2) 효과적인 팀워크

훌륭한 팀워크를 위한 팀원의 기본요소	팀워크를 저해하는 요소
• 팀원 간 공동의 목표의식과 강한 도전의식 • 팀원 간 상호 신뢰 및 존중 • 서로 협력하면서 각자의 역할과 책임 수행 • 솔직한 대화로 서로 이해 • 강한 자신감으로 상대방의 사기 진작	• 조직에 대한 이해 부족 • 자기중심적인 이기주의 • '내가'라는 자아의식의 과잉 • 질투나 시기로 인한 파벌주의 • 그릇된 우정과 인정 • 사고방식의 차이에 대한 무시

3) 효과적인 팀의 특성 기출 한전KDN

① 팀의 사명과 목표를 명확하게 기술함
② 창조적으로 운영함
③ 결과에 초점을 맞춤
④ 역할과 책임을 명료화함
⑤ 조직화가 잘 되어 있음
⑥ 개인의 강점을 활용함
⑦ 리더십 역량을 공유하며 구성원 상호 간에 지원을 아끼지 않음
⑧ 팀 풍토를 발전시킴
⑨ 의견 불일치를 건설적으로 해결함
⑩ 개방적으로 의사소통함
⑪ 객관적인 결정을 내림
⑫ 팀 자체의 효과성을 평가함

4) 팀의 발전 과정

① 1단계 형성기(forming): 리더에게 의지, 심각한 논의 회피
② 2단계 격동기(storming): 경쟁과 마찰, 리더십·구조·권한·권위에 대한 문제 전반에 걸쳐서 경쟁심과 적대감
③ 3단계 규범기(norming): 팀원 간 신뢰 형성, 공동체 형성과 팀의 문제해결에 더욱 집중, 단결력 심화, 솔직한 의사소통과 응집력, 창의력과 생산성 왕성
④ 4단계 성취기(performing): 더 높은 성과 창출 목표, 개방적 소통 통해 상호 신뢰, 지시 없어도 각자 자율적으로 업무 수행

2. 멤버십의 의미와 특징 기출 서울교통공사

1) 멤버십의 의미

조직의 구성원으로서 자격과 지위를 갖는 것

2) 멤버십과 리더십

멤버십과 리더십은 서로 다른 개념으로 각기 다른 역할을 가지고 있으나, 독립적인 관계가 아닌 상호 보완적이며 필수적인 관계

3) 멤버십과 팔로워십

훌륭한 멤버십은 팔로워십의 역할을 충실하게 잘 수행하는 것이므로 멤버십과 팔로워십은 같은 개념으로 볼 수 있음

4) 멤버십의 유형

구분	소외형	순응형	실무형	수동형	주도형(모범형)
자아상	• 자립적인 사람 • 일부러 반대 의견 제시 • 조직의 양심	• 기쁜 마음으로 과업 수행 • 팀플레이 수행 • 리더나 조직을 믿고 헌신함	• 조직의 운영방침에 민감함 • 사건을 균형 잡힌 시각으로 봄 • 규정과 규칙에 따라 행동함	• 판단, 사고 시 리더에 의존함 • 지시가 있어야 행동함	• 독립적/혁신적 사고 측면에서 스스로 생각하고 건설적 비판을 함 • 적극적 참여와 실천 측면에서 솔선수범하고 주인의식을 가지고 있음
동료와 리더의 시각	• 냉소적 • 부정적 • 고집이 셈	• 아이디어가 없음 • 인기 없는 일을 하지 않음 • 조직을 위해 자신과 가족의 요구를 양보함	• 개인의 이익을 극대화하기 위한 흥정에 능함 • 적당한 열의와 평범한 수완으로 업무 수행	• 하는 일이 없음 • 제 몫을 하지 못함 • 업무수행에는 감독이 반드시 필요함	
조직에 대한 자신의 느낌	• 자신을 인정하지 않음 • 적절한 보상이 없음 • 불공정하고 문제가 있음	• 기존 질서를 따르는 것이 중요함 • 리더의 의견을 거스르는 것이 어려움 • 획일적인 태도 및 행동에 익숙함	• 규정 준수를 강조 • 명령과 계획의 빈번한 변경 • 리더와 부하 간의 비인간적 풍토	• 조직이 나의 아이디어를 원치 않음 • 노력과 공헌을 해도 아무 소용이 없음 • 리더는 항상 자기 마음대로 함	

5) 썩은 사과의 법칙

① 팀워크를 저해하는 썩은 사과가 있다고 생각되면 먼저 그 팀원과 문제 상황에 대해 대화 나누기
② 그 팀원에게 문제가 있는 것으로 판명되면 그에게 기대하는 것을 분명히 전하고 스스로 변화할 기회 주기
③ 그로 하여금 책임감 갖게 하기
④ 만약 그가 변한다면 그것은 팀을 위한 승리
⑤ 그가 끝내 변하지 않는다면 그를 팀에서 내보내기

6) 부적응적 인간관계 유형

① 타인에게 불쾌감을 주고 기능적인 인간관계를 유지하지 못하는 경우

② 회피하고 고립된 생활을 하는 회피형, 겉으로는 원만하나 속으로는 고독한 피상형, 사교기술이 부족해 대인관계가 원만하지 못한 미숙형, 친밀한 관계를 강박적으로 추구하는 탐닉형으로 구분

회피형	경시형	• 인간관계를 무의미하다고 여기며 학업, 예술 활동 등 중시 • 외로움 없이 고독을 즐기지만 장기화될 경우 권태와 무력감에 빠질 가능성 있음 • 인간관계의 부정적 신념(인간은 혼자, 상처만 남음) • 성장배경 – 긍정적 인간관계 경험 결여(거부, 배신, 좌절)
	불안형	• 인간관계 욕구가 있으나 불안과 두려움으로 고립 • 불안이 심화될 경우 대인공포증으로 발전할 수도 있음 • 인간관계의 부정적 신념(나는 무가치, 사람은 비판적) • 성장배경 – 엄격, 비판, 평가적
피상형	실리형	• 인간관계를 거래관계로 여겨 실리적 목적만 중시 • 업무중심적, 성취지향적 • 인간관계의 부정적 신념(성공을 위한 폭넓은 인간관계 필요, 현실적 이해관계가 중요)
	유희형	• 인간관계는 항상 즐거워야 한다고 여기며, 깊고 친밀한 관계를 불편해하는 유형 • 자기조절능력, 절제, 자기통제력, 책임감 부족 • 인간관계가 넓으나 상대를 자주 바꾸며 내적으로 고독
미숙형	소외형	• 대인관계 기술이 미숙해 따돌림을 당하는 유형 • 인간관계에는 적극적이나 타인에게 비호감 • 악의적 의도는 없으나 상황에 부적절한 행동해 무례해 보임
	반목형	• 인간관계에서 대립과 갈등을 반복해 경쟁자와 적이 많음 • 타인과 친밀한 관계 형성을 잘하기도 하지만, 자기주장이 강하고 인내심과 자제력이 약해 타인의 말과 행동에 쉽게 감정이 상함 • 충동적, 자기중심적, 직선적
탐닉형	의존형	• 자신을 나약하게 여겨 항상 타인에게 결정을 미루고 의지함 • 자존감 낮고 상대를 과대평가하고 우상화 • 유지에 대한 두려움으로 상대에게 집착, 애정결핍
	지배형	• 타인을 뜻대로 지휘 통솔하는 지배자, 자기주장이 강하고 경쟁적인 경향 • 자기주장이 강해 반대 세력이나 경쟁자를 용납 안 함 • 협력상황에서 갈등하고 격렬한 감정 대립 • 의존형과 욕구에 있어 상호 보완적

3. 팀워크 촉진 방법

1) 팀워크 촉진의 필요성

① 팀 내의 갈등과 혼동을 해결함
② 팀을 보다 생산적으로 발전시킴

2) 팀이 비효율적일 때 나타나는 징후

① 생산성이 하락함
② 불평불만이 증가함
③ 팀원 간 적대감이나 갈등이 발생함
④ 할당된 임무와 관계에 대한 혼동을 일으킴
⑤ 결정에 대해 오해하거나 결정을 이행하지 않음
⑥ 냉담과 전반적인 관심 부족
⑦ 제안과 혁신 또는 효율적인 문제해결의 부재
⑧ 회의가 비효율적임
⑨ 리더에 대한 의존도가 높음

3) 팀워크 촉진을 위한 노력

① 동료 피드백 장려하기

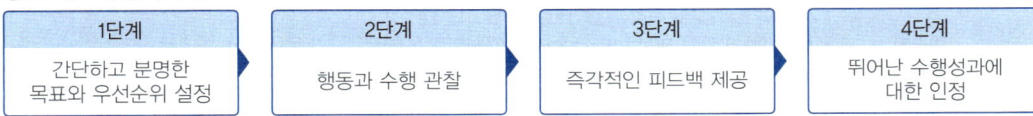

1단계	2단계	3단계	4단계
간단하고 분명한 목표와 우선순위 설정	행동과 수행 관찰	즉각적인 피드백 제공	뛰어난 수행성과에 대한 인정

② 갈등 해결하기

- 제3자로서 재빨리 개입하여 중재
- 갈등을 일으키고 있는 구성원과의 비공개적인 미팅을 통해
- 다음과 같은 질문을 하고 의견은 교환하면 갈등 해결에 도움
  - 내가 보기에 상대방이 꼭 해야만 하는 행동
  - 상대방이 보기에 내가 꼭 해야만 하는 행동
  - 내가 보기에 내가 꼭 해야만 하는 행동
  - 상대방이 보기에 스스로 꼭 해야만 하는 행동

③ 창의력 조성을 위해 협력하기

협력을 장려하는 환경 조성 비결	
• 팀원의 말에 흥미를 가지고 대하기 • 모든 아이디어를 기록하기 • 많은 양의 아이디어를 요구하기 • 관점을 바꾸기	• 상식에서 벗어난 아이디어를 비판하지 않기 • 아이디어를 개발하도록 팀원을 고무시키기 • 침묵을 지키는 것을 존중하기 • 일상적인 일에서 벗어나기

④ 참여적으로 의사결정하기

양질의 의사결정을 위해 고려할 질문	구성원 동참을 위해 고려할 질문
• 쟁점의 모든 측면을 다루었는가? • 모든 팀원과 협의하였는가? • 추가 정보나 조언을 얻기 위해 팀 외부와 협의할 필요가 있는가?	• 모든 팀원이 의사결정에 동의하는가? • 팀원들은 의사결정을 실행함에 있어 각자의 역할을 이해하고 있는가? • 팀원들이 의사결정을 열정적으로 실행하고자 하는가?

하위능력 ❷ | 리더십능력

1. 리더십의 의미 및 유형

1) 리더십의 의미

조직의 목표달성을 위하여 개인이 조직원들에게 영향을 미치는 과정

2) 리더와 관리자 비교

구분	특징
리더	• 비전이 있음 • 비전을 선명하게 구축하고, 그 비전이 팀원의 협력하에 실현되도록 환경을 조성함 • 사람의 마음을 중시하고 사람의 마음에 불을 지핌 • 미래를 향한 새로운 상황 창조자의 역할을 함 • '무엇을 할까'에 초점을 맞춤
관리자	• 비전이 없음 • 자원을 관리 및 분배하고 당면한 문제를 해결함 • 사람이나 물건을 관리하는 것에 주로 관심을 둠 • 오늘의 구체적인 문제를 대상으로 삼음 • '어떻게 할까'에 초점을 맞춤

3) 리더십 유형과 특징 기출 서울교통공사, 한전KDN, 주택도시보증공사

유형	특징	활용 상황
독재자 유형	질문 금지, 정보 독점, 실수 불허	통제 없이 방만한 상태, 가시적인 성과물이 안 보일 때
민주주의에 근접한 유형	참여, 토론의 장려, 거부권	혁신적이고 탁월한 부하직원들을 거느리고 있을 때
파트너십 유형	평등, 집단의 비전, 책임 공유	소규모 조직에서 경험, 재능을 소유한 조직원이 있을 때
변혁적 리더십 유형	카리스마, 자기 확신, 존경심과 충성심, 풍부한 칭찬, 감화	개인, 집단, 조직에 있어서 획기적인 변화가 요구될 때

2. 리더십 역량 강화

1) 동기부여 시 고려할 사항

조직원들이 지속적으로 자신의 잠재력을 발휘하도록 만들기 위해서는 금전적 보상, 편익, 승진 등과 같은 외적인 동기유발제 그 이상을 제공해야 함

2) 대표적인 동기부여 방법

① 긍정적 강화법 활용하기
② 새로운 도전 기회 부여하기
③ 창의적인 문제해결법 찾도록 하기
④ 책임감을 갖도록 하기
⑤ 코칭하기
⑥ 변화를 두려워하지 않도록 하기
⑦ 지속적으로 교육하기

3) 임파워먼트

① 의미

조직구성원들을 신뢰하고, 그들의 잠재력을 믿으며, 그 잠재력의 개발을 통해 고성과(High performance) 조직이 되도록 하는 일련의 행위

② 이점

조직의 모든 사람으로부터 시너지적·창조적인 에너지를 끌어내 진보적·성공적인 조직을 만듦

③ 충족 기준

여건의 조성	임파워먼트는 사람들이 자유롭게 참여하고 기여할 수 있는 일련의 여건을 조성하는 것이지 사람들에게 행해지는 어떤 행동이 아님
재능과 에너지의 극대화	임파워먼트는 사람들의 재능과 욕망을 최대한으로 활용할 뿐만 아니라 확대할 수 있게 함
명확하고 의미 있는 목적에 초점	임파워먼트는 사람들이 분명하고 의미 있는 목적과 사명을 위해 최대의 노력을 발휘하도록 함

④ 여건

도전적이고 흥미 있는 일, 학습과 성장의 기회, 높은 성과와 지속적인 개선을 가져오는 요인들에 대한 통제, 성과에 대한 지식, 긍정적인 인간관계, 개인들이 공헌하며 만족한다는 느낌, 상부로부터의 지원

⑤ 장애요인

개인 차원	주어진 일을 해내는 역량의 결여, 대응성, 동기의 결여, 결의의 부족, 책임감 부족, 성숙 수준의 전반적인 의존성, 빈곤의 정신
대인 차원	다른 사람과의 성실성 결여, 약속 불이행, 성과를 제한하는 조직의 규범, 갈등 처리능력의 결여, 승패의 태도
관리 차원	통제적 리더십 스타일, 효과적 리더십 발휘능력 결여, 경험 부족, 정책 및 기획의 실행능력 결여, 비전의 효과적 전달능력 결여
조직 차원	공감대 형성이 없는 구조와 시스템, 제한된 정책과 절차

3. 변화관리 방법

1) 변화관리의 필요성

현대 비즈니스는 끊임없이 변하고 유동적이라는 점에서 변화관리가 리더의 중요한 자질로 부각됨

2) 리더의 변화관리 기술

열린 커뮤니케이션, 역지사지의 자세, 신뢰감 형성, 긍정적인 자세, 직원의 의견을 수용하고 그들에게 창조적으로 권한을 위임하는 방법 등

3) 일반적인 변화관리 3단계

1단계	변화 이해하기 • 리더는 변화의 실상을 정확하게 파악하고, 익숙했던 것을 버리는 데서 오는 감정과 심리적 상태를 어떻게 다룰지 심사숙고함
2단계	변화 인식하기 • 리더는 직원들에게 변화와 관련된 상세한 정보를 제공함 • 리더는 변화에 저항하는 직원을 성공적으로 이끌어야 함 – 개방적인 분위기 조성 – 객관적인 자세 유지 – 직원들의 감정을 세심하게 관찰 – 변화의 긍정적인 면 강조 – 변화에 적응할 시간 부여
3단계	변화 수용하기 • 리더는 변화가 왜 일어나야 하는지 직원에게 상세하게 설명함 • 리더는 변화를 위한 직원의 노력에 아낌없이 지원함 • 리더는 변화에 부정적인 행동을 보인 직원에게 관심을 보임 • 리더는 수시로 직원과 커뮤니케이션을 진행함

4) 변화에 저항하는 직원들을 성공적으로 이끄는 데 도움이 되는 방법

① 개방적인 분위기를 조성함
② 객관적인 자세를 유지함
③ 직원들의 감정을 세심하게 살핌
④ 변화의 긍정적인 면을 강조함
⑤ 변화에 적응할 시간을 줌

하위능력 ❸ 갈등관리능력

1. 갈등의 의미와 원인

1) 갈등의 정의

① 의미

- 조직을 구성하는 개인과 집단, 조직 간에 잠재적 또는 현재적으로 대립하고 마찰하는 사회적·심리적 상태
- 당사자 간에 가치, 규범, 이해, 아이디어, 목표 등이 서로 불일치하여 충돌하는 상태

② 어원

- 라틴어 콘피게레(configere)로 'con(함께)'과 'figere(충돌, 다툼)'가 합쳐진 합성어로, 개인이나 집단 간에 서로 충돌한다는 뜻
- 한자 '칡나무 갈(葛)' 자와 '등나무 등(藤)' 자로, 풀어낼 방법이 없다는 뜻

③ 갈등과 조직성과의 관계

갈등 수준이 전혀 없거나 낮을 때	조직 내부는 의욕이 상실되고, 환경변화에 대한 적응력도 떨어져 조직성과가 낮아짐
갈등 수준이 적정할 때	조직 내부에 생동감이 넘치고, 변화지향적이며 문제해결 능력이 발휘되어 조직성과는 높아지고, 갈등의 순기능이 작용함
갈등 수준이 너무 높을 때	조직 내부에 혼란과 분열이 생기고, 조직에 비협조적이 되어 조직성과는 낮아지며, 갈등의 역기능이 작용함

2) 갈등의 단서

① 지나치게 감정적인 논평과 제안
② 타인의 의견 발표가 끝나기도 전에 타인의 의견에 대해 공격
③ 핵심을 이해하지 못한 것에 대해 서로 비난
④ 편을 가르고 타협하기를 거부
⑤ 개인적인 수준에서 미묘한 방식으로 서로 공격

3) 갈등의 증폭 원인

① 적대적 행동

- 팀원들이 승·패의 경기를 시작함
- 팀원들은 문제를 해결하기보다는 승리하기를 원함

② 입장 고수

- 팀원들이 공동의 목표를 달성할 필요성을 느끼지 않음
- 팀원들이 각자의 입장만 고수하고, 의사소통의 폭을 줄이며, 서로 접촉하는 것을 피함

③ 감정적 관여

- 팀원들이 자신의 입장에 감정적으로 묶임

2. 갈등의 쟁점 및 유형

1) 갈등의 두 가지 쟁점

① 핵심 문제
- 역할 모호성
- 방법에 대한 불일치
- 목표에 대한 불일치
- 절차에 대한 불일치
- 책임에 대한 불일치
- 가치에 대한 불일치
- 사실에 대한 불일치

② 감정적 문제
- 공존할 수 없는 개인적 스타일
- 통제나 권력 확보를 위한 싸움
- 자존심에 대한 위협
- 질투
- 분노

2) 갈등의 유형

구분	발생 상황
불필요한 갈등	• 근심, 걱정, 스트레스, 분노 등 부정적인 감정이 생길 경우 • 잘못된 이해나 부족한 정보 등 전달이 불분명한 커뮤니케이션이 발생할 경우 • 편견, 변화에 대한 저항, 항상 해오던 방식에 대한 거부감 등으로 의견이 불일치할 경우
해결할 수 있는 갈등	• 목표와 욕망, 가치, 문제를 바라보는 시각과 이해하는 시각이 다를 경우 • 두 사람이 정반대되는 욕구나 목표, 가치, 이해에 놓인 경우

3) 갈등 진행 과정

의견 불일치	서로 다른 생각이나 신념, 가치관, 성격 때문에 발생함
대결 국면	감정이 개입되어 상대방의 입장을 부정하고 자기주장만 함
격화 국면	상대방에 적대적이고, 상대방의 생각이나 의견을 부정하고 반격으로 대응함
진정 국면	정점으로 치닫던 갈등이 점차 감소하며 협상이 시작되고, 제3자의 개입이 도움이 되기도 함
갈등의 해소	회피형, 지배 또는 강압형, 타협형, 순응형, 통합 또는 협력형 등의 방법으로 갈등 해소

3. 갈등해결 방안 기출 한전KDN

1) 갈등해결 방법의 종류

회피형	'나도 지고 너도 지는 방법'으로, 상황이 나아질 때까지 문제를 덮어두거나 위협적인 상황에서 피하고자 함
경쟁형	'나는 이기고 너는 지는 방법'으로, 상대방의 목표달성을 희생시키면서 자신의 목표를 이루기 위해 전력을 다함
수용형	'나는 지고 너는 이기는 방법'으로, 상대방의 관심을 충족하기 위하여 자신의 관심이나 요구를 희생함
타협형	서로가 받아들일 수 있는 결정을 하기 위해 중간 정도 지점에서 타협함
통합형	'나도 이기고 너도 이기는 방법'으로, 서로 정보를 교환하면서 모두의 목표를 달성할 수 있는 윈-윈 해법

2) 윈-윈 갈등관리의 의미와 과정

① 의미

갈등과 관련된 모든 사람으로부터 의견을 받아 문제의 본질적인 해결책을 구하는 것

② 윈-윈 갈등관리법 모델

1단계	충실한 사전 준비 • 비판적인 패러다임 전환 • 자신의 위치와 관심사 확인 • 상대방의 입장과 드러내지 않은 관심사 연구
2단계	긍정적인 접근 방식 • 상대방이 필요로 하는 것에 대해 생각해 보았다는 점을 인정하기 • 자신의 '윈-윈 의도' 명시하기 • 윈-윈 절차, 즉 협동적인 절차에 임할 자세가 되어 있는지 알아보기
3단계	두 사람의 입장을 명확히 하기 • 동의하는 부분 인정하기 • 기본적으로 다른 부분 인정하기 • 자신이 이해한 바를 점검하기
4단계	윈-윈에 기초한 기준에 동의하기 • 상대방에게 중요한 기준을 명확히 하기 • 자신에게 어떠한 기준이 중요한지 말하기
5단계	몇 가지 해결책을 생각해내기
6단계	몇 가지 해결책을 평가하기
7단계	최종 해결책을 선택하고, 실행하는 것에 동의하기

하위능력 ④ 협상능력

1. 협상의 의미

1) 협상의 의미

갈등 상태에 있는 이해당사자들이 대화와 논쟁을 통해서 서로를 설득하여 문제를 해결하려는 정보전달 과정이자 의사결정 과정

2) 다양한 차원에서의 협상의 의미

의사소통 차원	상대방을 설득하기 위한 목적으로 하는 커뮤니케이션
갈등해결 차원	대화를 통해서 갈등을 해결하고자 하는 상호 작용 과정
지식과 노력 차원	승진, 돈, 안전, 지위, 명예 등 얻고자 하는 것을 가진 사람의 호의를 얻어내기 위한 것에 관한 지식과 노력
의사결정 차원	둘 이상의 이해당사자들 모두가 수용 가능한 대안을 찾기 위한 의사결정 과정
교섭 차원	둘 이상의 당사자가 갈등 상태에 있는 쟁점에 대해 합의를 찾기 위한 과정

2. 협상의 과정

1) 협상의 5단계

협상 시작	• 협상당사자들 사이에 상호 친근감 구축 • 간접적 방식으로 협상 의사 전달 • 상대방 협상 의지를 확인 • 협상 진행을 위한 체제를 구축
상호 이해	• 갈등 문제의 진행 상황 및 현 상황을 점검 • 적극적 경청 및 자기주장 제시 • 협상을 위한 협상대상 안건을 결정
실질 이해	• 겉으로 주장하는 것과 실제로 원하는 것을 구분하여 실제로 원하는 것을 찾아냄 • 분할과 통합 기법을 활용하여 이해관계를 분석함
해결 대안	• 협상 안건마다 대안들을 평가 • 개발한 대안들을 평가 • 최선의 대안에 대해 합의 및 선택 • 대안 이행을 위한 실행 계획을 수립
합의 문서	• 합의문을 작성 • 합의문의 합의 내용, 용어 등을 재점검 • 합의문에 서명

2) 협상의 3단계

협상 전	협상을 진행하기 위한 준비 단계 • 협상기획: 협상과정(준비, 집행, 평가 등)을 계획 • 협상준비: 목표설정, 협상환경분석, 협상형태파악, 협상팀 선택과 정보수집, 자기분석, 상대방분석, 협상전략과 전술수립, 협상대표 훈련
협상 진행	협상이 실제로 진행되는 단계 • 협상진행: 상호인사, 정보교환, 설득, 양보 등 협상전략과 전술구사 • 협상종결: 합의 및 합의문 작성과 교환
협상 후	합의된 내용을 집행하는 단계 • 협의 내용 비준: 비준 • 협의 내용 집행: 실행 • 분석평가: 평가와 피드백

3) 협상에서 주로 나타나는 7가지 실수와 대처방안

협상의 주요 실수	대처 방안
준비되기 전에 협상 시작	• 아직 준비가 덜 되었다고 솔직히 말하고, 그런 때를 상대방의 입장을 묻는 기회로 삼거나 듣기만 할 것
잘못된 사람과의 협상	• 협상 상대가 협상에 대해 책임질 수 있고 타결 권한을 가지고 있는 사람인지 확인한 후 협상을 시작할 것 • 상급자나 최고책임자는 협상의 세부사항을 잘 모르기 때문에 협상의 올바른 상대가 아님
특정 입장만 고집(입장협상)	• 협상에서 한계를 설정하고 그 다음 단계를 대안으로 제시할 것
협상의 통제권을 잃을까 봐 두려워함	• 통제권을 잃을까 봐 염려된다면 그 사람과의 협상 자체를 다시 고려해볼 것 • 자신의 한계를 설정하고 그것을 고수하면 그런 염려를 하지 않게 됨
설정한 목표와 한계에서 벗어남	• 한계와 목표를 잃지 않도록 그것을 기록하고, 기록된 노트를 협상의 길잡이로 삼을 것 • 더 많은 것을 얻기 위해 한계와 목표를 바꾸기도 함
상대방에 대한 과도한 염려	• 협상을 타결하기 전에 자신과 상대방이 각자 만족스러운 결과를 얻었는지, 협상 결과가 현실적으로 효력이 있었는지, 모두 만족할 만한 상황이 되었는지 확인할 것
협상 타결에 초점을 맞추지 못함	• 협상의 모든 단계에서 협상의 종결에 초점을 맞추고, 항상 종결을 염두에 둘 것

3. 협상전략의 종류

1) 다양한 협상전략

① 협력전략(문제해결전략)

- 문제를 해결하는 합의에 이르기 위해 협상당사자들이 서로 협력하는 문제해결전략
- 나도 잘되고 상대방도 잘되어 모두가 잘되는 'I Win, You Win, We Win' 전략
- 협동적 원인 탐색, 정보 수집과 제공, 쟁점의 구체화, 대안 개발, 개발된 대안들에 대한 공동 평가, 협동하여 최종안 선택 등

② 유화전략(양보전략)

- 상대방의 욕구와 주장에 자신의 욕구와 주장을 조정하고 순응시켜 굴복하는 양보전략
- 당신의 승리를 위해서 나는 손해를 보아도 괜찮다는 'I Lose, You Win' 전략
- 유화, 양보, 순응, 수용, 굴복, 요구사항의 철회 등

③ 회피전략(무행동전략)

- 협상을 피하거나 잠정적으로 중단하거나 철수하는 무행동전략
- 나도 손해를 보고 상대방도 피해를 입어 모두가 손해를 보게 되는 'I Lose, You Lose, We Lose' 전략
- 협상 회피, 무시, 상대방의 도전에 무반응, 협상 안건을 타인에게 넘겨주기, 협상으로부터 철수 등

④ 강압전략(경쟁전략)

- 상대방의 주장을 무시하고 힘으로 일방적으로 밀어붙여 상대방에게 자신의 입장을 강요하는 경쟁전략
- 내가 승리하기 위해서 당신은 희생되어야 한다는 'I Win, You Lose' 전략
- 위압적인 입장 천명, 협박과 위협, 협박적 설득, 확고한 입장에 대한 논쟁, 협박적 회유와 설득, 상대방 입장에 대한 강압적 설명 요청 등

2) 타인 설득 방법

① See-Feel-Change 전략

See	Feel	Change
시각화하여 이해시키기	느끼게 하여 감동시키기	변화시켜 설득 성공하기

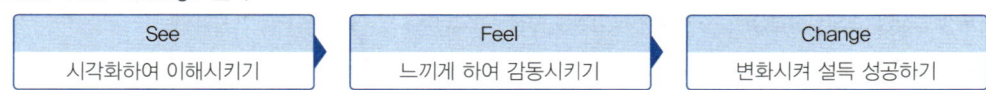

② 상대방 이해 전략
상대방에 대한 이해가 선행되어 있으면 갈등해결이 용이

③ 호혜관계 형성 전략
협상당사자 간에 어떤 혜택들을 주고받은 관계가 형성되어 있으면 갈등해결이 용이

④ 헌신과 일관성 전략
협상당사자 간에 기대하는 바에 일관성 있게 헌신적으로 부응하여 행동하게 되면 갈등해결이 용이

⑤ 사회적 입증 전략
어떤 과학적인 논리보다도 동료 또는 사람들의 말과 행동으로 상대방을 설득하면 갈등해결이 용이

⑥ 연결 전략
갈등 상태 발생 시 갈등 문제와 갈등관리자가 아닌 갈등을 야기한 사람과 관리자를 연결하면 갈등해결이 용이

⑦ 권위 전략
직위나 전문성, 외모 등을 이용하면 갈등해결이 용이

⑧ 희소성 해결 전략
인적, 물적자원 등의 희소성을 해결하면 갈등해결이 용이

⑨ 반항심 극복 전략
자신의 행동을 통제하려는 상대방에게 반항하는 심리를 적절히 억제시키면 갈등해결이 용이

하위능력 5 고객서비스능력

1. 고객서비스의 의미

1) 고객서비스의 정의

① 다양한 고객의 요구를 파악하고, 대응법을 마련하여 고객에게 양질의 서비스를 제공하는 것

② 고객서비스에서 고객에 대한 직원의 태도는 매우 중요한 요소이며, 대부분의 고객은 품질에 대한 만족감과 동시에 직원의 친절함 및 인상 등을 평가함

③ 오늘날 많은 기업이 고객서비스를 주요 경쟁우위 수단으로 간주하고 '고객만족헌장'이나 '고객서비스헌장'을 정하여 실천하고 있음

2) 고객 중심 기업의 특성

① 내부 고객과 외부 고객을 모두 중요시함

② 고객 만족에 중점을 둠

③ 고객이 정보, 제품, 서비스 등에 쉽게 접근할 수 있도록 함

④ 보다 나은 서비스를 제공할 수 있도록 하는 기업정책을 수립

⑤ 기업의 전반적 관리시스템이 고객서비스 업무를 지원함

⑥ 기업이 실행한 서비스에 대해 지속적으로 재평가하여 고객에게 양질의 서비스를 제공하도록 서비스 자체를 끊임없이 변화시키고 업그레이드함

3) 고객서비스를 통한 기업의 성장

2. 고객 불만 표현 유형 및 대응 방안

1) 고객의 불만 표현 유형

유형	개념	주의사항
거만형	자신이 타인보다 우월하다고 생각하며 과시적으로 자신의 지식이나 능력, 소유를 드러내고 싶어 하는 유형	• 정중하게 대할 것 • 고객의 과시욕이 충족되도록 언행을 제지하지 않고 인정할 것 • 의외로 단순한 면이 있으므로 일단 호감을 얻으면 여러 면으로 득이 될 경우가 많음
의심형	타인과 세상을 잘 신뢰하지 않는 유형	• 분명한 증거나 근거를 제시하여 스스로 확신을 갖도록 유도할 것 • 책임자가 응대하는 것이 효과적
트집형	사소한 것으로 트집 잡는 까다로운 유형	• 고객의 이야기를 경청하고, 고객의 말에 맞장구치며, 고객을 치켜세우고, 설득하는 것이 효과적 • 고객의 지적이 옳음을 표시한 후 '저도 그렇게 생각하고 있습니다만…' 하고 설득할 것 • 잠자코 고객의 의견을 경청하고 사과하는 것이 바람직함
빨리빨리형	매사에 성격이 급하며, 특히 일처리가 늦어지는 것에 불만을 갖는 유형	• 애매한 화법을 사용하지 않을 것 • 여러 가지 일을 신속하게 처리하는 모습을 보이는 것이 효과적

2) 고객 불만 활용 방안

① 대부분의 불만족 고객은 불평하지 않으며, 불평하는 고객은 사업자를 도와주려는 생각에서 불평하는 경우가 많으므로 고객의 불평을 감사하게 생각해야 함

② 종종 거친 말로 불평을 표현하는 고객이 있으나, 그것은 꼭 불만의 내용이 공격적이기 때문은 아님

③ 불평하는 고객은 대부분 단지 기업이 자신의 불평을 경청하고, 잘못된 내용을 설명하고 제대로 고치겠다고 약속하면서 사과하기를 원함

④ 미리 들을 준비를 하고서 침착하고 긍정적으로 고객을 대하며, 대부분의 불평은 빠르고 심적으로 큰 소진 없이 해결됨

3. 고객 불만 처리 프로세스 및 고객만족조사 방법

1) 불만고객과 발생 원인

① 불만고객

서비스 제공자(기업)를 상대로 불만을 표현하고 해결을 요구하는 고객

② 불만고객 발생 원인

- 서비스 제공자의 불친절한 태도
- 고객에 대한 무관심(Apathy)
- 고객의 요구를 외면 또는 무시(Brush-off)
- 건방 떨기 및 생색내기(Condescension)
- 무표정과 기계적 서비스(Robotism)
- 규정 핑계(Rule book)
- 이 문제는 자기네 담당 소관이 아니라는 식의 고객 뺑뺑이 돌리기(Run around)

2) 고객 불만 처리 프로세스 8단계

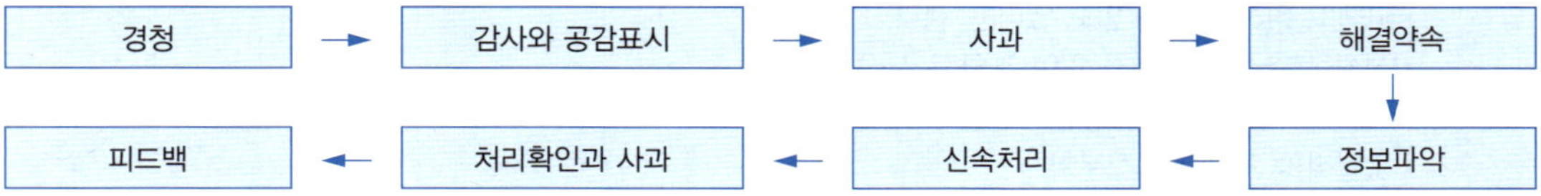

① 경청
- 고객의 항의를 끝까지 경청함
- 선입관을 버리고 문제를 파악함

② 감사와 공감표시
- 일부러 시간을 내서 해결의 기회를 준 것에 감사를 표시함
- 고객의 항의에 공감을 표시함

③ 사과
- 고객의 이야기를 듣고 문제점에 대해 인정하며, 잘못된 부분에 대해 사과함

④ 해결약속
- 고객이 불만을 느낀 상황에 대해 관심과 공감을 보이며, 문제의 빠른 해결을 약속함

⑤ 정보파악
- 문제해결을 위해 꼭 필요한 질문만 하여 정보를 습득함
- 최선의 해결방법을 찾기 어려우면 고객에게 어떻게 해 주면 만족스러울지 질문함

⑥ 신속처리
- 잘못된 부분을 신속하게 시정함

⑦ 처리확인과 사과
- 불만 처리 후 고객에게 처리 결과에 만족하는지 질문함

⑧ 피드백
- 고객 불만 사례를 회사 및 전 직원에게 알려 같은 문제의 발생을 방지함

3) 고객만족조사

① 고객만족조사의 목적

고객의 주요 요구를 파악하여 가장 중요한 고객요구를 도출하고, 자사가 가지고 있는 자원을 토대로 경영 프로세스 개선에 활용함으로써 경쟁력을 증대시키는 것

② 고객만족조사 방법

설문조사	• 고객만족을 측정할 수 있는 문항으로 구성된 설문지를 통하여 응답자들의 인식을 조사하는 방법 • 비교적 빠른 시간 내에 조사 실시 • 조사결과를 통계적으로 처리 • 응답자들이 쉽게 알아들을 수 있는 말로 질문을 구성해야 함
심층면접법	• 조사자와 응답자 간의 일대일 대면접촉에 의해 응답자의 잠재된 동기, 신념, 태도 등을 발견하는 데 사용 • 30분에서 1시간 정도의 비교적 긴 시간 소요 • 다른 방법을 통해 포착할 수 없는 심층적인 정보를 경험적으로 획득 • 독특한 정보 수집 • 인터뷰 결과를 사실과 다르게 해석 우려

③ **고객만족 측정 시 오류 유형**

- 고객이 원하는 것을 알고 있다는 생각
- 적절한 측정 프로세스 없이 조사를 시작
- 비전문가에게 도움을 받음
- 포괄적인 가치만을 질문함
- 중요도 척도의 오용
- 모든 고객이 동일한 수준의 서비스를 원하고 필요해한다고 가정

④ **고객만족조사 계획**

구분	내용
조사분야 및 대상 설정	• 조사분야 및 대상을 명확하게 설정해야 함
조사목적 설정	• 전체적 경향 파악 • 고객에 대한 개별대응 및 고객과의 관계유지 파악 • 평가 목적 • 개선 목적
조사방법 및 횟수	• 조사방법: 설문조사, 심층면접법 등 • 조사횟수: 정확한 조사결과를 얻기 위해 연속조사 권장
조사결과 활용 계획	• 조사목적에 따라 조사결과 활용 방안이 달라지게 됨

대표기출유형

유형 ❶ 직장 내 대인관계의 특징 및 모범 사례를 묻는 문제

- 대인관계능력의 의미, 대인관계 향상 방법을 묻는 문제가 출제된다.
- 팀워크 형성 및 발전 방법, 모범적인 팀 사례, 멤버십 및 리더십의 특징, 모범적인 멤버십 및 리더십 사례를 묻는 문제가 출제된다.
- 대인관계 종류 및 향상 방법, 리더십, 팀워크 향상 등 팀워크능력 및 리더십능력 이론을 숙지한다.

대인관계를 형성하고 유지할 때 다양한 대인관계 양식에 대해 이해하는 것이 도움된다. 다음 키슬러의 대인관계 8가지 유형 중 〈상황〉에 등장하는 두 사람의 유형을 바르게 연결한 것은?

[키슬러의 대인관계 8가지 유형]

- 지배형: 대인관계에서 주도적이고 자신감이 넘치며 자기주장이 강해 타인을 통제하고자 하는 경향이 있다.
- 실리형: 대인관계에서 실리적인 이익을 추구하는 성향으로 이해관계에 예민하고 치밀하며 성취 지향적이다.
- 냉담형: 대인관계에서 이성적이고 냉철하며 의지력이 강하고, 타인과 거리를 두는 경향이 있다.
- 고립형: 혼자 있거나 혼자 일하는 것을 좋아하며 감정을 잘 드러내지 않는다.
- 복종형: 대인관계에서 수동적이고 의존적이며 타인의 의견을 잘 따르고 주어지는 일을 순종적으로 잘한다.
- 순박형: 대인관계에서 단순하고 솔직하며 겸손하고 너그러운 경향이 있다.
- 친화형: 대인관계에서 따뜻하고 인정이 많으며 타인을 잘 배려하고 도와주는 자기희생적인 태도를 보인다.
- 사교형: 대인관계에서 외향적이고 쾌활하며 타인과 대화하기를 좋아하고 인정받고자 하는 욕구가 강하다.

〈상황〉

○○발전회사 자재관리부 오상인 팀장은 재치 있는 입담으로 회식은 물론 회의 때도 부서 직원들을 즐겁게 해서 초반에는 친밀한 인간관계를 잘 형성해 왔다. 하지만 연말 평가에서 자재관리부가 하위 평가를 받은 후 사람이 변했다는 소리를 듣고 있다. 최근에는 자기주장이 강하고 자신의 업무에 대한 비판이나 피드백을 유연하게 수용하지 못해 쉽게 화를 내거나 직급을 내세워 하급자를 막 대하는 경우가 잦아 팀원들과 갈등을 빚는 편이다.

○○전자 연구개발부에서 근무하고 있는 장현희 대리는 사업부를 옮기라는 상사의 제안에 대해 고민하고 있다. 상사는 다양한 업무를 경험할 좋은 기회라고 설득했지만 장 대리는 원래부터 연구개발 업무를 하고 싶어했다. 장 대리는 항상 사람들에게 솔직하고 겸손하지만 싫어도 싫다는 말을 못해 이용당하는 경우가 종종 있다.

① 지배형 – 순박형 ② 지배형 – 실리형 ③ 친화형 – 순박형
④ 친화형 – 복종형 ⑤ 사교형 – 친화형

|정답 및 해설| ①

제시된 〈상황〉에서 오상인 팀장은 자기주장이 강해 타인을 통제하고자 하는 경향이 있는 '지배형'임을 알 수 있다. 장현희 대리는 대인관계에서 단순하고 솔직하며 겸손하고 너그러운 경향을 가진 '순박형'임을 알 수 있다.

더 알아보기

대인관계 양식의 특징

다양한 대인관계 양식은 타인을 마음대로 통제하려는 지배성(dominance) 차원과 타인을 호의적으로 대하는 정도인 친화성(affiliation) 차원에 따라 총 8개의 대인관계 양식 유형으로 구분된다.

구분	특징
지배형	• 대인관계에서 주도적이고 자신감이 넘치며 자기주장이 강함 • 타인을 통제하려는 경향이 있음 • 지도력과 추진력이 있으나 독단적이고 논쟁적
실리형	• 실리적 이익을 추구하는 성향 • 이해관계에 예민하고 치밀하며 성취 지향적 • 자기중심적이고 타인에 대한 배려가 부족함
냉담형	• 대인관계에서 이성적이고 냉철하며 의지력이 강함 • 타인의 감정에 무관심하고 타인과 거리를 두는 경향이 있음 • 이성적이고 의지력이 강하나 따뜻한 감정을 표현하지 못함
고립형	• 혼자 있거나 혼자 일하는 것을 좋아하는 유형 • 감정을 잘 드러내지 않음 • 타인을 두려워하고 사회적으로 고립될 가능성이 있음
복종형	• 대인관계에서 수동적이고 의존적인 유형 • 타인의 의견을 잘 따르고 주어지는 일을 순종적으로 잘함 • 자신감이 없고, 타인에게 자신이 원하는 바를 전달하지 못함
순박형	• 겸손하고 너그러움 • 대인관계에서 단순하고 솔직함 • 원치 않아도 반대하지 못하고, 주관 없이 끌려 다닐 가능성이 높음
친화형	• 자기희생적인 태도로 타인을 배려하는 유형 • 대인관계에서 따뜻하고 인정이 많음 • 타인의 요구를 잘 거절하지 못하고, 타인을 도와주려고 과도하게 나서는 경향이 있음
사교형	• 대인관계에서 외향적이고 쾌활하며 타인과 대화하기를 좋아함 • 인정받고자 하는 욕구가 강하며, 타인에게 간섭하는 경향이 있음 • 흥분을 잘하고 충동적이며, 혼자서 시간을 보내는 것을 어려워 함

유형 ❷ 고객서비스 관련 이론 및 고객 불만 대처방법을 묻는 문제

- 제시된 상황에서 고객의 불만 표현 유형을 파악하고 적절한 행동 및 대응 방법을 찾는 문제가 출제된다.
- 고객 불만 처리 프로세스 각 단계에 적절한 행동 및 대화 방법을 묻는 문제가 출제된다.
- 고객의 불만 표현 유형, 고객과의 갈등해결 방법, 고객 불만 처리 프로세스 등 고객서비스능력 이론을 숙지한다.

○○공단은 최근 고객만족도 조사 결과 고객들의 불만이 많아 하위등급을 받았다. 이에 ○○공단은 직원들의 고객서비스능력을 강화시키기 위해 직원들이 사내교육 프로그램에 의무적으로 참여하게 하였다. 교육에 참여한 직원이 고객서비스에 대해 정리한 내용 중 잘못 설명한 것은?

고객서비스능력은 직업생활에서 고객서비스에 대한 이해를 바탕으로 실제 현장에서 다양한 고객에 대처할 수 있으며, 고객만족을 이끌어 낼 수 있는 능력을 의미한다. ㉠ 고객서비스에서 고객을 대하는 직원의 태도는 매우 중요한 부분을 차지하고 있다. 대부분의 고객들은 회사의 품질에 대한 만족감과 동시에 직원의 친절함 및 인상 등 태도에 대한 평가를 많이 한다.

㉡ 고객중심 기업은 고객만족에 중점을 두고 고객이 정보, 제품, 서비스 등에 쉽게 접근할 수 있도록 한다. 또한 기업의 전반적 관리시스템이 고객서비스 업무를 지원하며 보다 나은 서비스를 제공할 수 있도록 하는 기업정책을 수립한다.

고객은 자신이 느끼는 불만을 표현하는 방식이 매우 다양한데 크게 거만형, 의심형, 트집형, 빨리빨리형으로 나눌 수 있다. 이 중에서 ㉢ 거만형은 과시적으로 자신이 가진 지식이나 능력, 소유를 드러내고 싶어 하는 유형으로 정중하게 대하는 것이 좋고, 의외로 단순한 면이 있어 호감을 얻게 되면 여러 면으로 득이 될 경우가 많다.

고객의 불평은 서비스를 개선하기 위해 매우 중요한 정보가 된다. ㉣ 서비스에 불만이 있는 고객은 대부분 즉각적으로 반응하며, 종종 거친 말로 표현되기도 한다. 하지만 불평하는 고객은 사업자를 도와주려는 생각에서 불평을 하는 경우가 많다. 따라서 고객의 불평을 감사하게 생각해야 한다. 대부분의 불평고객은 단지 기업이 자신의 불평을 경청하고, 잘못된 내용을 설명하고 제대로 고치겠다고 약속하면서 사과하기를 원한다.

고객만족을 이끌어내기 위해서는 불만 고객을 잘 대처할 수 있어야 한다. 서비스 분야에 오랜 경력이 있는 베테랑들도 까다로운 고객이나 화가 난 고객을 응대할 경우에는 어렵다. 따라서 평소에 고객의 불만을 다루는 프로세스를 체득하고 있어야 한다. ㉤ 고객 불만처리 프로세스는 '경청 – 감사와 공감표시 – 사과 – 해결약속 – 정보파악 – 신속처리 – 피드백 – 처리확인과 사과' 순이다.

㉥ 고객만족 조사계획에서 수행되어야 할 것은, 조사 분야 및 대상 결정, 조사목적 설정, 조사방법 및 횟수, 조사결과 활용 계획이 있다. 조사 분야 및 대상을 명확히 결정해야만 정확한 조사가 될 수 있으며, 조사방법으로는 설문조사와 심층면접법이 주로 활용된다.

① ㉠, ㉢ ② ㉡, ㉣ ③ ㉢, ㉤ ④ ㉣, ㉤ ⑤ ㉤, ㉥

|정답 및 해설| ④

㉣ 불만족 고객 대부분은 불평하지 않으므로 서비스에 불만이 있는 고객은 대부분 즉각적으로 반응한다는 내용은 잘못된 것이다.
㉤ 고객 불만처리 프로세스는 '경청 – 감사와 공감표시 – 사과 – 해결약속 – 정보파악 – 신속처리 – 처리확인과 사과 – 피드백' 순이다.

유형 ❸ 갈등 관련 이론 및 갈등해결 방법을 묻는 문제

- 갈등 유형, 갈등 진행 과정에 대해 묻는 문제가 출제된다.
- 갈등해결 과정에서 협상의 특징, 협상 과정에 대해 묻는 문제가 출제된다.
- 갈등 유형, 갈등 해결 단계, 협상 등 갈등관리능력 및 협상능력 이론을 숙지한다.

○○진흥원 정책본부 산업정책팀에 근무하는 박선홍 대리는 정보분석팀 지현수 대리의 비협조적인 태도로 업무에 문제가 생겨 고민 중이다. 사회생활에서 겪을 수 있는 여러 가지 갈등을 해결하기 위한 방법의 단계가 다음과 같을 때, 갈등을 해결하기 위해 박선홍 대리가 지현수 대리에게 가장 먼저 해야 할 말은?

[윈-윈 갈등관리법]

- 1단계: 충실한 사전 준비
  - 비판적인 패러다임 전환
  - 자신의 위치와 관심사 확인하기
  - 상대방의 입장과 드러내지 않은 관심사 연구하기
- 2단계: 긍정적인 접근 방식
  - 상대방이 필요로 하는 것에 대해 생각해 보았다는 점 인정하기
  - 자신의 '윈-윈 의도' 명시하기
  - 윈-윈 절차, 즉 협동적인 절차에 임할 자세가 되어 있는지 알아보기
- 3단계: 두 사람의 입장을 명확히 하기
  - 동의하는 부분 인정하기
  - 기본적으로 다른 부분 인정하기
  - 자신이 이해한 바를 점검하기
- 4단계: 윈-윈에 기초한 기준에 동의하기
  - 상대방에게 중요한 기준을 명확히 하기
  - 자신에게 어떠한 기준이 중요한지 말하기
- 5단계: 몇 가지 해결책을 생각해 내기
- 6단계: 몇 가지 해결책을 평가하기
- 7단계: 최종 해결책을 선택하고, 실행하는 것에 동의하기

① "제가 중요하게 생각하는 것은 정보분석팀의 자료가 1차로 가공되어 제때 연락되는 것입니다."
② "왜 자료전달을 자꾸 늦추는 건지 이유를 말해보세요."
③ "정보분석팀의 업무를 가중시키는 요청을 자제하면, 원래대로 협조해줄 수 있다는 말인가요?"
④ "저는 우리 모두가 만족할 수 있는 해결책을 찾고 싶습니다."
⑤ "원하시는 것이 이게 맞나요?"

|정답 및 해설| ②

자신의 위치와 관심사를 확인하는 질문으로, 1단계 '충실한 사전 준비'에 해당한다.

① 자신에게 어떠한 기준이 중요한지 말하는 것으로, 4단계 '윈-윈에 기초한 기준에 동의하기'에 해당한다.
③ 상대방에게 중요한 기준을 명확히 하는 질문으로, 4단계 '윈-윈에 기초한 기준에 동의하기'에 해당한다.
④ 자신의 '윈-윈 의도'를 명시하는 것으로, 2단계 '긍정적인 접근 방식'에 해당한다.
⑤ 자신이 이해한 바를 점검하는 질문으로, 3단계 '두 사람의 입장을 명확히 하기'에 해당한다.

적중예상문제

난이도 ★★☆

01 **직장에서 조직구성원으로서 원만한 관계를 유지하며 자신의 역할을 충실히 수행하기 위해서는 대인관계능력을 함양해야 한다. 대인관계능력의 주요 개념을 이해하고자 다음과 같은 자료가 제시되었을 때, ㉠~㉢에 들어갈 내용으로 옳은 것은?**

> 미국 34대 대통령 아이젠하워는 미국의 영웅이자 리더십의 대가로 알려져 있다. 제2차 세계대전 당시 유럽 연합군 총사령관이었던 그는 뛰어난 리더십으로 노르망디 상륙작전을 지휘하여 프랑스 탈환과 독일 항복을 이끌어낸 것으로 유명하다.
>
> 어느 날 아이젠하워에게 친구가 찾아와 (㉠)이/가 뭐냐고 물었다. 아이젠하워는 실 한 올을 책상 위에 올려놓고 친구에게 실을 당겨보라고 말했다. 친구가 실을 당기자 실은 팽팽해지며 끌려왔다.
>
> 그다음 아이젠하워는 실을 뒤에서 밀어보라고 말했다. 친구가 열심히 실을 밀어보았지만 실은 구부러질 뿐 밀리지는 않았다. 이에 아이젠하워는 "리더는 뒤에서 밀지 않는다네. 다만 앞에서 당길 뿐이지."라고 말했고, 아이젠하워의 친구는 그의 말에 고개를 끄덕였다.
>
> 결과적으로 (㉡)이란 부하들이 서로 협력하여 일하도록 만드는 능력을 말한다. 단순히 당신이 그렇게 하라고 시켰기 때문에 그 명령에 복종하는 것이 아니라, 자기 스스로 그 일을 하도록 만드는 것이다. (㉢)를 때리면서 이끌 수 없다. 그것은 리더십이 아니라, 폭력이다.

	㉠	㉡	㉢
①	멤버십	멤버십	자기
②	관리자	멤버십	부하
③	리더십	리더십	부하
④	리더십	멤버십	자기
⑤	멤버십	리더십	부하

난이도 ★★☆

02 **협상은 갈등상태에 있는 이해당사자들이 대화와 논쟁을 통해서 서로를 설득하여 문제를 해결하려는 정보전달 과정이자 의사결정 과정이다. 다음 사례는 어떤 차원의 협상이 가장 부족한 것인가?**

> 어제 개최된 임금단체협상 본교섭에서 노동조합은 교섭 결렬을 선언했다. 사측은 임금 인상, 인력 충원 등 핵심 쟁점에 대해 시종 '장기적인 경제침체'라는 이유를 반복적으로 제시했다. 최근 3년간 실적 개선으로 임금 인상 여력이 있음에도 불구하고 사측은 무성의한 태도만 보이고 있다. 이런 상황에 노조와 사측은 다음 협상에 대한 여지도 주지 않아 임금협상은 더 이상 진전되지 못하고 있다.
>
> 게다가 사측은 최근 재택근무를 폐지한 데 이어 유연근무제도 축소하려고 시도해 노조원들의 반발이 더 커질 것으로 예상된다. 불만을 품은 직원들의 노조 가입률이 늘어나며 노조의 협상력도 확대되고 있다. 이로 인해 노사 갈등이 더 심각해질 것으로 보인다.

① 교섭 차원 ② 지식과 노력 차원 ③ 의사소통 차원
④ 갈등해결 차원 ⑤ 의사결정 차원

난이도 ★★☆

03 **경영환경이 급변하는 현 상황 속에서 다양한 형태의 리더십을 유연하게 적용하는 것이 필요하다. 다음은 다양한 유형의 리더십을 설명한 내용이다. 〈보기〉의 리더십 유형을 바르게 연결한 것은?**

> 〈보기〉
>
> ㉠ 집단이 통제가 없이 방만한 상태에 있을 때 혹은 가시적인 성과물이 보이지 않을 때 효과적일 수 있다.
> ㉡ 팀원들의 의견을 구하지 않고 독단적으로 결정을 내리면 신뢰를 잃을 수 있다.
> ㉢ 리더는 자신을 따르려는 사람들의 신뢰와 존경을 효과적으로 얻는다.
> ㉣ 직원의 보상이 충분하지 않다면, 리더는 통제를 잃는다.
> ㉤ 구성원에게 업무지시를 덜 하고 자율적으로 행동하게 한다.

① 독재적 리더십 – 서번트 리더십 – 변혁적 리더십 – 거래적 리더십 – 위임적 리더십
② 독재적 리더십 – 민주적 리더십 – 변혁적 리더십 – 거래적 리더십 – 위임적 리더십
③ 서번트 리더십 – 변혁적 리더십 – 카리스마적 리더십 – 거래적 리더십 – 위임적 리더십
④ 카리스마적 리더십 – 서번트 리더십 – 변혁적 리더십 – 거래적 리더십 – 위임적 리더십
⑤ 위임적 리더십 – 민주적 리더십 – 변혁적 리더십 – 거래적 리더십 – 카리스마적 리더십

난이도 ★★★

04 **새로 인사부를 책임지게 된 박훈 부장은 능력과 성과에 따라 근무성적을 평가하고 격무와 기피업무를 우수하게 수행하면 적극적으로 발탁 승진을 시행하겠다는 인사운영 기본계획을 밝혔다. 하지만 사람을 평가하는 것이 객관적이기 어렵기 때문에 공정한 평가가 이루어질지 우려의 목소리도 크다. 다음 글을 읽고 〈보기〉에서 발생한 오류를 바르게 연결한 것은?**

대인지각(interpersonal perception)은 상대로부터 수집한 말, 행동, 외모 등 다양한 정보로부터 상대의 성격, 의도, 욕구, 감정, 능력 등 내면적 특성과 심리과정을 추론하는 능력을 말한다. 상대방에 관한 정보는 대인지각에 영향을 주는데, 첫인상을 비롯해 행동, 외모, 복장 같은 외형적인 것과 직업, 취미, 연령, 출신 등 다양한 정보가 해당된다. 이를 객관적으로 지각하지 못하고 다양한 형태의 오류를 범하게 되는데 이를 지각오류라고 한다. 대인지각의 대표적인 오류는 다음과 같다.

- **연쇄효과(후광효과, halo effect)**: 상대방의 개인적인 특성으로 인해 호감이 생겨 상대의 평가에 좋은 인상을 미치는 오류
- **뿔효과**(horn effect): 후광효과와 상반되는 개념으로, 상대방이 가지는 비호감적 특성이 평가에 나쁜 영향을 미치는 오류
- **선택적 지각**: 자신의 관심, 배경, 경험, 태도 등에 따라 선택하여 지각하는 오류
- **대비효과**: 이전에 만난 사람과 대비되는 정보로 인하여 판단이 왜곡되는 오류
- **상동적 태도(stereotyping)**: 개인 간의 차이를 고려하지 않고, 타인의 행동 및 성격을 집단의 속성으로 규정하는 오류. 성별, 인종, 민족, 연령에 따른 많은 고정관념 존재
- **주관의 객관화(projection)**: 자신의 특성이나 관점을 상대방에게 전가하여 평가하려는 경향
- **관대화**: 실제 수준보다 관대하게 평가하는 경향. 평가 결과 분포가 우수한 쪽에 집중
- **엄격화(가혹화)**: 실제 수준보다 낮게 평가하는 경향. 평가 결과 분포가 열등한 쪽에 집중
- **집중화(중심화)**: 대부분 중간 수준의 점수를 주는 경향
- **초기효과(먼저효과)**: 처음 얻은 정보에 더 큰 비중을 두고 평가하려는 경향
- **최신효과(나중효과, 막바지효과)**: 최근에 얻은 정보에 더 큰 비중을 두고 평가하려는 경향
- **대비오류**: 절대적 기준에 기초하지 않고 다른 대상과의 비교를 통해 평가하는 오류. 비교대상이 자신이 되기도 하는데 자신과 비슷한 사람을 호의적으로 평가하는 오류는 유사효과
- **피그말리온 효과(자성적 예언 ≒ 로젠탈 효과)**: 타인이 기대하는 대로 행동하고 판단하게 되는 현상
- **근본적 귀속의 착오(이기적 착오)**: 타인의 실패에 대해 평가할 때는 상황적 요인의 영향은 과소평가하고 개인적 요인의 영향은 과대평가. 반면 타인의 성공에 대해 평가할 때는 상황적 요인의 영향은 과대평가하고 개인적 요인의 영향은 과소평가

〈보기〉

㉠ 누구보다 적극적인 태도로 팀을 이끌어온 이태림 과장은 차분하지만 나서기를 좋아하지 않는 태현실 사원이 마음에 들지 않는다. 반면, 잘 웃고 항상 활기차게 행동하는 임원희 사원을 보고 있으면 왠지 믿음이 간다.

㉡ 하상돈 팀장은 평소 오세훈 대리가 신선한 기획안을 잘 내기에 창의성에 높은 점수를 주었다. 동시에 이를 이유로 성실하고 리더십이 높다고 평가하였다.

	㉠	㉡
①	선택적 지각	최신효과
②	대비오류	연쇄효과
③	관대화	피그말리온 효과
④	최신효과	상동적 태도
⑤	근본적 귀속의 착오	초기효과

난이도 ★★★

05 **협상은 서로 다른 이해 관계인 두 사람이 상호 갈등을 해결하고 해결책을 찾아가기 위해 노력하는 과정이다. 일반적으로 협상은 분배적 협상과 통합적 협상으로 구분된다. 다음은 두 협상의 유형을 비교한 자료이다. 이를 토대로 설명한 내용 중 옳지 않은 것은?**

[분배적 협상과 통합적 협상]

	분배적 협상	통합적 협상
목표	제한된 파이 나누기	파이의 크기를 키워서 이익 극대화
승패방식	Win–Lose방식(zero–sum)	Win–Win방식(nonzero–sum)
협상전략	강압적 경쟁전략	협력적 문제해결전략
관계 초점	단기	장기
관심사	서로 반대	서로 조화
정보공유	최소화(은밀한 정보)	최대화(공개적 정보공유)
협상 초점	각자의 입장(position)	서로의 이해관계(interest)
토론성격	입장 토론	실질적 이해관계 토론

① 협상 테이블에서 하나의 쟁점만 다룬다면, 그 협상은 분배적 협상이 된다.
② 분배적 협상은 한 쪽이 얻는 만큼 다른 한쪽은 잃게 되므로 자원이 제한되어 있을 때 진행된다.
③ 통합적 협상에서는 제시된 협상의 이슈뿐만 아니라 협상 당사자의 관심사에도 초점을 맞춰야 좋은 협상 결과가 나온다.
④ 통합적 협상은 분배적 협상보다 정보의 공유가 상대적으로 많이 이루어지는 경향이 있다.
⑤ 협상해야 하는 쟁점이 하나뿐일 때는 주로 통합적 협상이 발생하며, 쟁점이 여러 개로 분화되면 분배적 협상이 유리하다.

[06-07] 조직 내 갈등은 조직의 문제점을 드러내 쇄신과 발전의 계기가 된다. 그러나 갈등을 합리적으로 해소하지 못하면 조직의 성과를 해치고, 조직원 개개인의 경력관리에도 나쁜 영향을 미치므로 조직 구성원 간 갈등을 정확하게 이해할 필요가 있다. 다음 〈보기〉는 갈등을 일으키는 5가지 유형이다. 각각의 물음에 답하시오.

〈보기〉

㉠ 나잘난형: 자부심이 높고 어떤 면에서든 본인 스스로를 상당히 높게 평가하는 유형
㉡ 속사포형: 남의 말을 듣지 않고 자기주장만 반복하는 유형
㉢ 나몰라형: 침착하고 냉정하며 자신의 관심사 밖에 있는 것에는 무관심한 유형
㉣ 완전무결형: 심사숙고하다 보니 의사결정이 늦으며, 유연성이 부족한 유형
㉤ 권위주의형: 지나친 의심과 걱정이 있으며, 자신이 항상 올바르다고 생각하는 유형

난이도 ★★★

06 다음 질문은 갈등을 유발하는 대표적인 사례들이다. 각 사례에 맞는 갈등 유형을 순서대로 바르게 묶은 것은?

(가) 대형 패밀리레스토랑을 운영하는 이태수 사장은 새 홍보팀장을 뽑기 위해 고민하고 있다. 실적이나 경력, 평판을 보면 임영희 차장이 적임이긴 한데 도무지 속내를 알 수 없는 사람이란 생각이 떠나지 않기 때문이다. 다른 간부사원들의 경우 자기 업무가 아니더라도 회사 일에 적극적으로 나서는 데 반해 임영희 차장은 정해진 의무가 아닌 일에는 전혀 관심없는 것처럼 행동한다. 연말 송년회 행사, 매년 개최되는 직원 가족 모임 등에도 한 번도 참석한 적 없었다.

(나) 스포츠 마케팅회사에서 근무하는 김희영 대리는 바로 위 선임자인 성시영 과장 때문에 회사 생활이 힘들다. 성시영 과장은 부서 내 모든 일에 간섭해야 직성이 풀리는 성격이라, 업무뿐만 아니라 심지어 개인적인 일에도 사사건건 참견이다. 김희영 대리도 처음에는 성시영 과장의 뛰어난 업무능력과 매너에 호감을 느꼈지만, 이제는 귀찮음을 넘어서 마주치는 것도 부담스럽다. 그래서 김희영 대리는 점차 성시영 과장의 말을 무시하고 조금씩 거리를 두고 있다.

(다) A 기업은 업계를 대표하는 게임개발회사인데도 입사하는 비서들마다 6개월을 넘기지 못하고 퇴사한다. 회사위치도 좋고 연봉도 동종업계에서 최상위급이지만 임원비서 포지션은 관련 분야 헤드헌터들도 권하지 않을 만큼 힘든 자리이다. 특히 문제가 되는 것은 개발담당임원인 박현영 전무이다. 매우 불같은 성격을 가져 비서가 사소한 실수를 해도 절대 넘어가지 않고 혼을 낸다. 해명할 기회도 주지 않고 눈물을 흘릴 때까지 쏘아붙이는 것으로 사내에 유명하다.

	임영희 차장	성시영 과장	박현영 전무
①	㉠	㉡	㉢
②	㉠	㉣	㉤
③	㉡	㉢	㉤
④	㉢	㉠	㉣
⑤	㉢	㉠	㉡

난이도 ★★★

07 한 경영연구보고서에 따르면 직장인들은 하루 평균 30% 이상의 업무 시간을 갈등 상황에 소요하고 있으며, 이러한 비중은 관리자로 갈수록 더욱 커져 고위 임원진에 이르면 62%에 달한다고 한다. 다음 글에서 두 사람 간의 갈등에 대한 효과적인 대응 전략은?

> ○○백화점은 해외 명품 브랜드 전략을 고도화하기 위해 전용 조직을 신설했다. 최근 인사에서 조직개편을 일부 단행해 해외 럭셔리 사업부 내 해외상품전략 팀을 운영하고 있다.
>
> 신생 팀을 맡은 강수정 팀장은 요즘 오세영 대리 때문에 머리가 아플 지경이다. 인력이 많지 않다 보니, 적은 인력으로 많은 업무량을 소화해야 하는데 강수정 팀장은 굵직굵직한 업무부터 빨리 처리해 나가려는 반면, 오세영 대리는 지나치게 세세한 업무까지 신경을 쓰려고 하기 때문이다. 그로 인해 업무 일정을 맞추기가 어려울 지경이라 두 사람이 업무 일정 수립 및 계획 미팅을 하게 되면, 크고 작은 충돌이 생길 수밖에 없다. 그렇다고 오세영 대리를 제외하고서는 점점 더 가중되는 업무량을 소화하기는 불가능하다.

① 더 큰 갈등으로 번지는 것을 막기 위해 객관적 입장의 중재자를 활용한다.
② 결과에 대한 책임을 분명히 인지시키고 스스로 계획을 세울 수 있도록 하는 것이 좋다.
③ 동의를 끌어내기 위해 인정해 주고 서서히 변화시킬 방안을 준비한다.
④ 업무의 경계를 확실히 밝혀 그 이상은 쓸데없이 넘어오지 않도록 한다.
⑤ 관계 개선을 위해 가벼운 대화를 통해 감정적 교류를 시도한다.

난이도 ★★☆

08 과거에는 리더십이 상사가 하급자에게 발휘하는 수직적 형태였다면 오늘날 리더십은 상사가 하급자에게 발휘하는 형태뿐 아니라 동료나 상사에게까지 전방위적으로 발휘된다. 리더십을 정확하게 이해하기 위해서는 리더(leader)와 관리자(manager)를 구분할 수 있어야 한다. 다음 〈보기〉에서 관리자에 대한 설명을 모두 고르면?

> 〈보기〉
>
> ㉠ 위험을 최소화하고 문제를 방지하고 해결하도록 노력한다.
> ㉡ 자원을 관리·분배하고 당면한 문제를 해결하는 역할을 한다.
> ㉢ 사람의 마음을 중시하고 동기를 부여하는 데 관심을 둔다.
> ㉣ 비전의 실현에 관련된 모든 사람을 중시한다.
> ㉤ 일을 올바르게 하기 위해 '어떻게 할까(How to do?)'에 초점을 맞춘다.
> ㉥ 매일 새로운 것을 배워야 뒤처지지 않는 것을 안다.

① ㉠, ㉡, ㉤
② ㉠, ㉡, ㉥
③ ㉡, ㉣, ㉤
④ ㉢, ㉣, ㉥
⑤ ㉣, ㉤, ㉥

난이도 ★★★

09 팔로워십은 팀원이 구성원으로서 자신의 역할을 충실하게, 잘 수행해 내는 것을 의미한다. 다음 글에서 알 수 있는 장인호 대리의 팔로워십 유형을 모범형으로 바꾸기 위해서 적합한 충고를 고르면?

> 고객관리부 이인하 팀장은 최근 승진한 장인호 대리에게 새로 진행할 프로젝트를 완전히 믿고 맡기기를 자꾸 주저하고 있다. 입사 초기에만 하더라도 매사에 적극적이고 다른 동료들과의 관계가 원만했는데, 대리로 승진한 이후로는 그런 열정을 볼 수가 없다. 위에서 지시한 일을 잘하는 편이지만 그 이상의 노력을 할 생각이 없다. 상사와 대립하는 경우가 없지만, 부하 직원에게 지시할 때는 중간에 변경해 혼란스럽게 하는 경우가 종종 보인다. 특히 공동 작업을 할 때는 잘못될 때 빠져나갈 해명 자료를 미리 준비해 두는 것 같아 걱정이 된다.

① 목표를 먼저 정해야 하고, 동료와 상사들이 가진 부정적 인식을 씻어낼 신뢰가 필요해.
② 계산적 사고보다는 배우고 성장하겠다는 의지를 가져야 해.
③ 관중의 자세를 버리고 선수로 참여하려는 자세가 필요해.
④ 리더로부터 불공정한 대우를 받는다는 인식을 극복하는 것이 우선이야.
⑤ 독립적이고 비판적 사고를 기르고 그것을 사용할 수 있는 담력을 키울 필요가 있어.

난이도 ★★☆

10 ○○공사는 모든 직원을 대상으로 리더십 교육을 진행하였다. 먼저 팀의 현재 상황을 진단하기 위해서는 팀의 발전 단계에 대해 이해해야 한다. 다음 중 각 팀의 상황과 팀의 발전 단계를 바르게 연결한 것은?

> • A 팀: 구성원 간의 이해가 안정화되고 서로 충돌을 최소화하며 조화를 이루는 방법을 터득한다. 서로를 하나의 팀으로 인식하여 '우리'라는 개념으로 활동하기 시작한다.
> • B 팀: 조직 내의 결속력이 단단하고 팀원 간의 조화가 최대를 이룬다. 팀원이 모이기만 해도 그 자체로 시너지 효과가 발생한다.
> • C 팀: 팀의 색깔보다 팀원 각각의 개별적 성향이 두드러진다. 자신의 의견을 자제하고 팀 리더에 의존하는 경향을 보인다.
> • D 팀: 각자 자신의 의견을 개진하면서부터 의견 충돌이 자주 일어난다. 충돌이 발생하지 않더라도 감정적인 긴장감이 있고, 상대에 대한 비판적인 자세가 견지된다.

	A 팀	B 팀	C 팀	D 팀
①	형성기	격동기	규범기	성취기
②	규범기	성취기	형성기	격동기
③	성취기	형성기	격동기	규범기
④	규범기	격동기	성취기	형성기
⑤	형성기	성취기	격동기	규범기

난이도 ★★☆

11 **다음 글은 대인관계능력을 향상시키는 방법에 대한 내용이다. 감정은행 계좌의 잔고를 채우기 위한 방법으로 적절한 것은?**

'성공하는 사람들의 7가지 습관'으로 유명한 컨설턴트 스티븐 코비 박사는 인간관계에서 구축하는 신뢰의 정도를 은유적으로 '감정은행 계좌'라고 표현했다. 우리는 은행에 계좌를 만들고 이를 통해 입금하며 필요할 때 인출할 수 있도록 잔고를 남긴다. 감정은행 계좌는 이와 같이 사람들이 서로 얼마나 신뢰하는지를 나타내는데, 저축은 신뢰를 쌓고 관계를 보수해 가는 반면, 인출은 관계에 대한 신뢰를 깨뜨리는 것이다.

인정이나 칭찬을 받으면 상대방에 대한 좋은 감정이 입금되고, 비난이나 무관심 또는 무반응을 받으면 계좌에서 감정 인출이 일어난다. 감정은행에 잔고가 충분한 사람은 항상 마음에 여유가 있고 일에서도 재미를 느낀다. 다른 사람을 인정하는 데도 인색하지 않다. 남을 인정하고 칭찬하다 보니 주위 사람과의 관계가 늘 따뜻하다.

반면, 입금보다 인출이 심해 감정은행 계좌에 잔고가 없는 사람은 항상 마음이 메마르고 불안하다는 것이다. 다른 사람이나 일에도 흥미를 잃고 열정도 사라지고, 그러다 보니 모든 것을 부정적 시각으로 들여다보게 된다. 다른 사람과의 관계는 갈수록 나빠진다. 잔고가 많은 여유로운 상태에서야 상대방이 다소 실수해도 이해하고 넘어갈 수 있지만, 깡통계좌 상태에서는 사소한 일에도 짜증과 노여움이 먼저 치솟기 때문이다.

① 작은 약속을 지키려다가 업무적인 성과를 놓쳐서는 안 된다.
② 반복되는 사과를 통해 상대방에게 항상 진지함을 보여준다.
③ 사소한 것에는 무관심해야 개인의 사생활을 보호할 수 있다.
④ 나보다 상대방의 입장을 먼저 이해하고 배려하는 노력이 있어야 한다.
⑤ 무조건 칭찬하면 불만이 없다고 생각하거나 가식적인 사람이라고 오해할 수 있다.

난이도 ★★☆

12 **팀워크란 공동의 목적을 달성하기 위해 팀 구성원 각자가 맡은 역할에 따라 서로 협력적으로 행동하는 것이다. 새로운 사업 프로젝트를 위해 팀원 간 회의를 진행 중인데 팀워크를 저해하는 발언을 한 사람은 누구인가?**

오 팀장: 지금 다들 맡은 업무가 많은 걸 알고 있습니다. 하지만 저는 여러분들이 잘 해낼 거라 믿습니다. 작년에도 다들 힘들 거라 우려했던 프로젝트 성공해 보였잖아요.

박 주임: 제가 다른 팀원보다 신규사업 경험이 많습니다. 다른 분들은 지금 여력이 없는 걸로 알고 있는데 저한테 맡겨주시면 반드시 성과를 보여드리겠습니다.

최 주임: 박 주임님 실력은 저도 잘 알고 있습니다. 하지만 각자가 맡은 역할을 잘 수행해야 프로젝트가 잘 진행되지 않을까요?

김 사원: 제가 아직 경험이 부족합니다. 하지만 서로 잘 협력한다면 충분히 제 몫을 잘할 자신 있습니다.

배 사원: 누구 한 사람이 너무 많은 책임을 지는 것은 효율적이지 않습니다. 팀원들 모두가 역량이 있는 분들이니 다 같이 열심히 해봤으면 합니다.

① 오 팀장 ② 박 주임 ③ 최 주임 ④ 김 사원 ⑤ 배 사원

난이도 ★★☆

13 **인간관계는 사회생활에 가장 큰 영향을 미치는 중요한 요소이다. 따라서 인간관계에 문제가 있다면 직장에서도 잘 적응하지 못하게 된다. 부적응적 인간관계는 우리의 삶에 부정적인 영향을 미칠 수 있지만, 이를 인식하고 개선하기 위한 노력을 통해 극복할 수 있다. 다음 사례에서 최현아 팀장이 해당하는 부적응적 인간관계 유형으로 가장 적절한 것은?**

> 최현아 팀장은 재치 있는 입담으로 회식 때만이 아니라 회의 때도 주변 사람들을 즐겁게 해 초반에는 누구와도 친밀한 인간관계를 형성했다. 하지만 최근에는 회의 때 자기주장을 무조건 수용하라고 하고, 자신의 업무에 대해 조금이라도 부정적인 피드백을 하면 유연하게 수용하지 못해 쉽게 화를 낸다. 뿐만 아니라 직급을 내세워 하급자를 막 대하는 경우가 잦아 팀원들과 갈등을 빚는 편이다.

① 반목형　② 소외형　③ 지배형　④ 경시형　⑤ 불안형

난이도 ★★★

14 **협상에 있어 상대방을 설득시키는 방법은 상대방에 따라, 상황에 따라 매우 다양하다. 다음은 ○○원자력발전소의 PR을 위한 활동에 대한 내용이다. ○○원자력발전소의 설득 방법으로 가장 적절한 것은?**

> ○○원자력발전소는 원자력발전을 완전히 이해시키기 위해 실시간 운영 현황을 웹사이트를 통해 공개하고 있다. 원전 연료, 원자로 계통, 원자로 건물, 터빈·전력 계통별 안전지표와 주변지역의 방사선량, 기상정보를 상세히 전달하고 있으며, 'SMS 알리미' 서비스를 통해 원자력발전소 운영에 대한 다양한 정보를 받아볼 수 있다. 또한 연중무휴(단, 신정, 설·추석 연휴, 매주 월요일, 회사가 지정한 날 등은 휴무)로 에너지관, 원자력관 등 홍보관을 견학할 수 있으며, 견학 일자를 유선으로 협의해 원자력발전소 시설을 직접 견학할 수 있다. 발전소 견학을 할 때는 반드시 신분증을 휴대해야 하며, 촬영기기나 노트북 등은 반입이 불가능하다.

① 희소성 해결 전략　② See-Feel-Change 전략　③ 호혜관계 형성 전략
④ 사회적 입증 전략　⑤ 상대방 이해 전략

난이도 ★★★

15 협상에 사용될 협상전략의 형태는 다양하며, 협상 당사자는 상황에 따라 적합한 협상전략을 선택해야 한다. 다음 협상전략의 특징과 협상전략이 유용한 경우를 바르게 연결한 것은?

> [협상전략의 특징]
>
> ㉠ 인간관계를 중요하게 여기지 않고 어떠한 수단 방법을 동원해서라도 자신의 입장과 이익극대화를 관철시키는 것에만 관심이 있다.
> ㉡ 상대방에게 돌아갈 결과나 자신에게 돌아올 결과에 대해서 전혀 관심을 가지지 않을 때 사용할 수 있다.
> ㉢ 자신이 가지고 있는 것 가운데서 우선순위가 낮은 것에 대해서는 상대방에게 양보하는 협력적 과정을 통해서 문제해결을 위한 합의에 이르게 된다.
> ㉣ 상대방과의 우호관계를 중시하며 그 우호관계를 지속하기 위해서 상대방의 이익과 입장을 고려한다.
> ㉤ 협상 상황이 자신에게 불리하게 전개되고 있을 때, 협상국면을 전환시키고자 할 때 사용할 수 있다.

> [협상전략이 유용한 경우]
>
> ⓐ 단기적으로는 손해를 보더라도 장기적 관점에서 이익이 되는 경우
> ⓑ 협상의 가치가 매우 낮은 경우
> ⓒ 협상 당사자 간에 신뢰가 쌓여 있는 경우
> ⓓ 상대방에 비해 자신의 힘이 강한 경우
> ⓔ 우호적 인간관계의 유지가 중요한 경우

① ㉠ – ⓓ ② ㉡ – ⓒ ③ ㉢ – ⓐ
④ ㉣ – ⓑ ⑤ ㉤ – ⓔ

난이도 ★★☆

16 **리더십 전문가 존 맥스웰(J. Maxwell)은 리더의 영향력이 커질수록 다른 사람들을 효과적으로 이끌고 더 많은 영감을 준다고 말했다. 그는 '리더십의 5단계'를 통해 리더가 개인적 성장, 관계 구축, 결과 중심의 행동으로 달성할 수 있는 더 상위 수준의 영향력과 효율성을 보여준다. 다음 중 5단계 리더십에 대한 설명으로 옳지 않은 것은?**

[5단계 리더십]

- 1단계 지위(Position): 특정한 지위를 가지고 있으므로 의무감에서 따른다.
- 2단계 허용(Permission): 지위 때문이 아니라 자신들이 따르는 것을 원하기 때문이며, 가장 중요하게 여겨지는 요소는 '관계'이다.
- 3단계 성과(Production): 사람들은 조직을 위해 이루어 놓은 일로 인해 따르게 되며, '결과'가 가장 중요하게 여겨진다.
- 4단계 인물 개발(People): 다른 사람들을 개발하고 훈련시키는 능력이 중요하다.
- 5단계 인격(Person-hood): 사람들은 리더의 인격과 일을 통해서 리더를 존경한다.

① 높은 단계로 올라갈수록 리드하기가 쉽지만 더 많은 시간이 걸린다.
② 상위 단계의 리더십은 더 발전된 수준이기 때문에 하위 단계를 포함하지 않는다.
③ 높은 단계로 올라갈수록 조직원뿐만 아니라 리더 자신의 개인적 성장도 크다.
④ 1단계는 리더의 직책이나 공식적인 권한에 기반하며, 오래 머무르면 이탈자가 늘어난다.
⑤ 5단계는 오랜 시간 동안 이전 단계를 잘 보낸다면 자동적으로 도달하며, 지속적인 영향력의 유산을 남긴다.

난이도 ★★★

17 **고객만족경영의 목표는 고객만족을 높이는 것뿐만 아니라 이를 통해 기업의 이윤을 증대시키는 데 있다. 경쟁력을 갖춘 대부분의 기업은 고객 및 고객서비스를 기업경영의 핵심요소로 인식하고, 이를 통해 기업의 경쟁우위를 달성할 수 있다고 보고 있다. ○○기업은 고객만족경영의 비전을 '고객 속으로'로 정하고, 고객만족을 높이기 위해 고객만족경영팀을 만들고 고객만족조사를 시행하려고 한다. 다음은 팀원들 간 회의에서 나온 발언이다. 다음 중 고객만족에 대해 잘못 알고 있는 사람은?**

A: 고객들이라고 다 원하는 게 다르지 않습니다. 그래서 동일한 수준의 서비스를 제공해야 공정하다고 평가할 것입니다.
B: 고객만족을 확실히 추진하기 위해서는 선택과 집중이 필요합니다. 다른 팀은 고객만족을 위한 업무에 참여시키지 말고, 우리 고객만족경영팀이 확실하게 책임집시다.
C: 고객만족은 어려운 것이 아닙니다. 고객을 직접 대하고 분석해온 우리는 이미 고객이 원하는 것을 알고 있습니다. 그걸 체계화시키면 됩니다.
D: 고객만족조사를 할 때 가장 먼저 이루어져야 할 것은 조사목적의 설정입니다. 그래야 고객의 요구를 정확하게 파악할 수 있습니다.

① A, B ② A, C ③ A, B, D
④ B, C, D ⑤ A, B, C, D

난이도 ★★★

18 **협상에서는 목적과 상황에 따라 다양한 협상전략이 사용된다. 다음 글의 역사기술을 통해 서희가 구사한 협상전략에 관한 설명으로 옳은 것은?**

> 서기 993년, 거란의 80만 대군이 기습적으로 고려를 침입했다. 소손녕이 이끄는 거란군이 기습적으로 압록강을 건너자 고려 성종은 직접 방어군을 이끌고 청천강 방어선이 있는 안주까지 북상했으나 봉산성 전투에서 참패하고 말았다.
>
> 당시 고려 조정은 거란의 침입에 혼비백산하여 갑론을박이 벌어졌다. 전쟁 준비가 안 되어 있기 때문에 철령 이북을 거란에 넘겨주는 조건으로 항복하자는 '할지론'으로 국론이 결정되려는 찰나에 서희가 강력히 반론을 제기하였다. 우선 침입한 이유를 파악하고 대응해야 하며, 만약 항복하더라도 한 번 싸워보고 결정해도 늦지 않다는 것이었다. 표면적으로 사건을 볼 것이 아니라 숨은 의도를 파악해야 한다는 견해이다.
>
> 성종은 서희의 말에 설득당해 서희를 거란과의 협상 책임자로 임명하였다. 7일간에 걸친 강화협상에서 소손녕은 외형적으로 두 가지 침략 이유를 밝혔다. 첫째, 고려가 거란 땅인 고구려의 옛 땅을 침식하였고, 둘째, 고려가 거란과 접하고 있으면서 바다 건너 송나라를 섬기고 있다는 것이다. 실제 침략 목적은 거란이 송과의 전면전이 발생 시 배후에 있는 고려의 침입이 두려워 먼저 고려가 송을 지원하지 못하도록 하는 것이었다.
>
> 서희는 다음과 같은 논리로 반박하였다. "고려는 고구려를 계승한 나라이기 때문에 나라 이름을 고려라 하고 평양을 국도로 정하였다. 또한 거란과 국교가 통하지 못하는 것은 여진 탓이니 여진을 몰아내면 국교를 맺을 수 있다." 이런 주장은 거란의 왕에게 받아들여져 소손녕은 서희와 강화협정을 체결한다. 고려는 협상을 통해 압록강 하류 영토를 점유하는 것을 인정받아 영토를 빼앗길 위기에서 오히려 영토를 북쪽으로 크게 확장할 수 있었다. 이후 고려는 여진족을 몰아내고 이 지역에 강동 6주를 설치하여 거란과의 전쟁에서 전략적인 우위를 점하게 된다.

① 상대방이 제시하는 것을 일방적으로 수용하여 협상의 가능성을 높이려는 전략이다.
② 협상 상황이 자신에게 불리하게 전개되어 협상 국면을 전환하고자 할 때 사용하는 전략이다.
③ 일방적인 의사소통으로 일방적인 양보를 받아내 제로섬(zero-sum)의 결과가 산출되는 전략이다.
④ 상대방과의 우호 관계를 중시하며 그 우호 관계를 지속하기 위해서 상대방의 이익과 입장을 먼저 고려하는 전략이다.
⑤ 자신이 가지고 있는 것 가운데서 우선순위가 낮은 것에 대해서는 상대방에게 양보하는 전략이다.

난이도 ★★★

19 **협상은 자신이 상대로부터 무엇을 얻고자 하고 상대가 자신으로부터 무엇을 얻고자 할 때 발생하는 의사소통과정이다. 끊임없이 의사결정을 해야 하는 직장에서는 협상능력을 반드시 갖춰야 하기 때문에 협상기법에 대해서도 알아야 한다. 다음 사례에서 설명하고 있는 협상기법은 무엇인가?**

> 옷 가게에 걸린 신상품을 보고 여성 A와 남성 B 두 명의 손님이 들어왔다. 점원에게 가격을 물어보니 "네, 정가 5만 원입니다."라고 대답했다. 여성 A는 '5만 원이면 너무 비싼데…'라고 속으로만 생각하는 반면, 남성 B는 "네? 5만 원이나 한다고요?"라고 충격을 받았다고 표현하였다.
> 점원은 여성 A의 덤덤한 표정을 보고 정가에 팔 수 있겠다고 생각했다. 하지만 깜짝 놀라는 남성 B를 보면서 '좀 심했나? 더 깎아줘야 되나?'라고 판단하였다. 남성 B는 이때, "옆 가게에서는 3만 5천 원이라고 했는데…"라고 한마디를 추가해 몇 천 원을 깎아서 살 수 있었다.

① 더블바인드(Double-Bind)
② 미러링(Mirroring)
③ 벨리업(Belly-up)
④ 니블링(Nibbling)
⑤ 플린칭(Flinching)

난이도 ★★★

20 **통신회사 고객센터에서 근무하는 귀하는 다양한 고객을 대해 왔으나, 이번 고객은 대하기가 특히 어려워 고민에 빠졌다. 다음 대화에 등장하는 고객에 대한 귀하의 대응 방안으로 가장 적절한 것은?**

> 귀하: 안녕하세요, 고객님. 무엇을 도와드릴까요?
> 고객: 통화할 때 상대방 목소리가 잘 안 들려요. 중요한 일로 전화할 때마다 이게 뭡니까?
> 귀하: 죄송합니다, 고객님. 통화가 안 되는 지역이 어디십니까? 확인되는 대로 음영지역에 품질관리팀을 파견하겠습니다.
> 고객: 아니, 매번 전화할 때마다 어디인지 확인해야 합니까? 요즘 휴대폰 요금도 전보다 많이 나오는 것 같던데.
> 귀하: 네, 고객님. 그렇다면 요금 내역을 확인해 드릴까요?
> 고객: 전에는 공짜로 휴대폰도 바꿔 주고 하더니 요즘은 서비스가 엉망이야.

① 잠자코 고객의 의견을 경청하고 고객을 치켜세우며 설득한다.
② 고객에게 만사를 시원스럽게 처리하는 모습을 보여 준다.
③ 고객의 과시욕이 채워지도록 뽐내든 말든 고객을 내버려 둔다.
④ 분명한 근거를 제시해 고객이 스스로 확신을 갖도록 유도한다.
⑤ 명확하게 결론을 얘기하기보다는 최대한 돌려서 말한다.

정답해설편 p.65

7

정보능력

핵심이론정리
대표기출유형
적중예상문제

출제 특징

정보능력은 Excel 함수 및 컴퓨터 프로그램 단축키가 주로 출제된다. 폴더 옵션, 오류 대처 방법, 바이러스 종류 및 예방법 등 기초 컴퓨터활용능력도 출제되므로 반드시 학습해야 한다. 클라우드 컴퓨팅, 키오스크, ZOOM, 메타버스 등 최신 IT 상식도 출제되며, 최근 출제되는 코딩 문제는 이론 학습보다 문제를 반복해서 풀어보며 문제 유형에 익숙해져야 한다. 코드 분석 문제는 제시된 정보를 잘 이해하면 문제를 쉽게 풀 수 있어 다양한 문제를 풀어보며 정확하게 푸는 연습을 하는 것이 좋다.

출제 비중

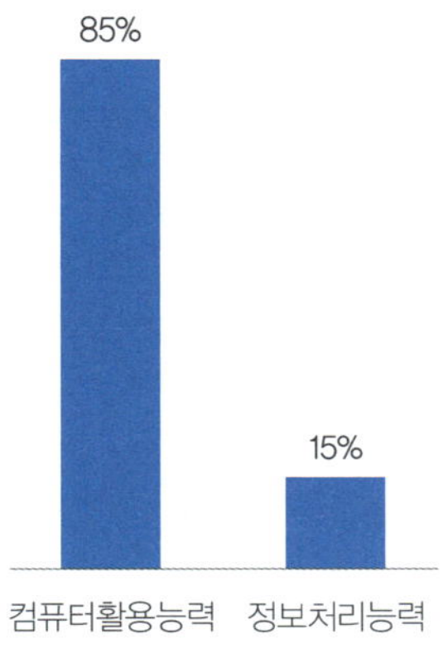

출제 기업

서울교통공사, 서울교통공사 9호선, 한국수력원자력, 국민연금공단, 공무원연금공단, 중소벤처기업진흥공단, 인천국제공항공사, 한국공항공사, 한국도로공사, 한국투자공사, 한국가스공사, 한국지역난방공사, 한국전기안전공사, 한국도로공사서비스, 한전KPS, 한전KDN, 한국서부발전, 한국중부발전, 한국전기안전공사, 건강보험심사평가원, 한국농어촌공사, 도로교통공단, 한국교통안전공단, 한국산업단지공단, 한국해외인프라도시개발지원공사, IBK기업은행, KDB산업은행, 농협중앙회, 신용보증재단중앙회, 해양환경공단, 한국원자력환경공단, 한국콘텐츠진흥원, 강원랜드, 서울시농수산식품공사, SGI서울보증, 수원시 공공기관 통합채용 등

핵심이론정리

핵심이론정리에는 한국산업인력공단 직업기초능력 가이드북 중 시험에 자주 출제되며 출제 가능성이 높은 이론을 수록했습니다.

정보능력 소개

1. 정보능력의 의미

직업생활에서 기본적인 컴퓨터를 활용하여 필요한 정보를 수집, 분석, 활용하는 능력

2. 자료·정보·지식의 차이

1) 자료·정보·지식·정보처리의 의미

자료 (Data)	• 단순한 사실의 나열이자 정보 작성을 위해 필요한 데이터 • 객관적 실제의 반영이며, 그것을 전달할 수 있도록 기호화한 것 • 아직 특정한 목적에 대하여 평가되지 않은 상태의 숫자나 문자들의 단순한 나열
정보 (Information)	• 의미 있는 자료로, 자료를 특정한 목적과 문제해결에 도움이 되도록 가공한 것 • 자료를 일정한 프로그램에 따라 컴퓨터가 처리·가공함으로써 특정한 목적을 달성하는 데 필요한 것, 특정한 의미를 지닌 것으로 다시 생산한 것
지식 (Knowledge)	• 가치 있는 정보이며, 특정한 목적을 달성하기 위해 과학적 또는 이론적으로 추상화되거나 정립되어 있는 일반화된 정보 • 어떤 대상에 대하여 원리적·통일적으로 조직되어 객관적 타당성을 요구할 수 있는 판단의 체계를 제시함
정보처리 (Information processing)	• 자료를 가공하여 이용 가능한 정보로 만드는 과정 • 자료처리(Data processing)라고도 하며 일반적으로 컴퓨터가 담당함

2) 켄트로의 지식삼각형

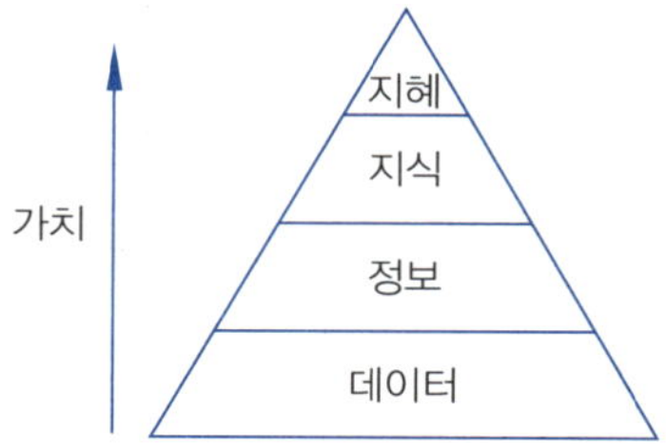

① 자료
가공하기 전 순수한 상태의 수치

② 정보
유의미하게 가공한 2차 자료

③ 지식
정보들 간의 관계를 통해 얻은 가치 있는 정보

④ 지혜
지식을 활용하는 창의적 아이디어

3) 정보의 가치

① 정보의 가치
우리의 요구, 사용 목적, 활용 시기 및 장소에 따라서 다르게 평가됨

② 정보의 핵심적인 특성

- 적시성과 독점성은 정보의 핵심적인 특성으로, 공개 정보보다는 반공개 정보가, 반공개 정보보다는 비공개 정보가 더 큰 가치를 가질 수 있음
- 공개 정보와 비공개 정보를 적절히 구성함으로써 경제성과 경쟁성을 동시에 추구해야 함

3. 빠르게 변화하는 정보화 사회의 속도

1) 정보화 사회의 의미

① 이 세상에서 필요로 하는 정보가 중심이 되는 사회
② 컴퓨터 기술과 정보통신 기술을 활용하여 사회 각 분야에서 필요로 하는 가치 있는 정보를 창출하고, 보다 유익하고 윤택한 생활을 영위하는 사회로 발전시켜 나가는 것

2) 미래의 사회

① 부가가치 창출 요인이 토지, 자본, 노동에서 지식 및 정보 생산 요소로 전환

- 지식·정보가 부가가치 창출의 3/4을 차지함
- 정보기술(IT) 이후 차세대 대표 주력 산업은 생명공학(BT), 나노공학(NT), 환경공학(ET), 문화산업(CT), 우주항공기술(ST)의 6T로 나타냄

② 세계화의 진전

- 모든 국가의 시장이 국경 없는 하나의 세계 시장으로 통합됨
- 실물 상품뿐만 아니라 노동, 자본, 기술 등의 생산 요소와 교육과 같은 서비스의 국제 교류도 모두 포함함

③ 지식의 폭발적인 증가

- 특히 과학적 지식이 폭발적으로 증가함

3) 정보화 사회에서 해야 할 일

정보검색, 정보관리, 정보전파

4. 컴퓨터 활용 분야와 정보처리 과정

1) 컴퓨터의 활용 분야

① 기업 경영 분야

생산에서부터 판매, 회계, 재무, 인사 및 조직 관리, 금융 업무 등에 널리 활용

경영정보 시스템(MIS)	• Management Information System • 기업 경영정보를 총괄해 의사결정을 지원하는 시스템
의사결정 지원시스템(DSS)	• Decision Support System • 기업경영에 필요한 정보 활용을 지원해 경영자가 신속한 의사결정을 할 수 있도록 돕는 시스템
사무자동화(OA)	• Office Automation • 문서 작성과 보관은 물론 컴퓨터로 업무를 결재하는 전자 결재 시스템 도입
전자상거래(EC)	• Electronic Commerce • 생산에서 소비까지 전 과정을 컴퓨터로 처리 • B2B(기업 간 거래), B2C(인터넷소매업), B2G(기업과 정부 간 전자상거래)

② 행정 분야

민원 처리, 각종 행정 통계 등 여러 행정 관련 정보를 데이터베이스로 구축(정부24)

③ 산업 분야

공업, 상업 등 각 분야에서 널리 활용될 뿐만 아니라 중요한 역할을 담당함

공장자동화 (Factory Automation)	컴퓨터를 이용하여 제품의 수주에서부터 설계, 제조, 검사, 출하에 이르기까지의 모든 제품 공정 과정을 자동화
판매시점관리 (POS)	편의점이나 백화점에서의 매출액 계산, 원가 및 재고 관리 등에 컴퓨터 활용
전자문서교환 (EDI)	전자상거래에서 데이터를 효율적으로 교환하기 위한 데이터와 문서의 표준화시스템

④ 기타 분야

교육, 연구소, 출판, 가정, 도서관, 예술 분야 등에 널리 활용됨

2) IT기기를 활용한 정보처리 과정

정보의 기획	• 정보활동의 첫 단계로서, 정보관리의 가장 중요한 단계이며 보통 5W 2H에 맞게 기획됨 **참고** 5W 2H • WHAT(무엇을): 입수 대상 • WHERE(어디에서): 정보의 소스(정보원) • WHEN(언제까지): 정보의 요구(수집)시점 • WHY(왜): 정보의 필요목적 • WHO(누가): 정보활동의 주체 • HOW(어떻게): 정보의 수집 방법 • HOW MUCH(얼마나): 정보 수집의 비용성(효용성)
정보의 수집	• 다양한 정보원으로부터 목적에 적합한 정보를 입수하는 것 • 정보 수집의 최종적인 목적은 '예측'을 잘하는 것에 있음
정보의 관리	• 수집된 다양한 형태의 정보를 문제해결이나 결론 도출에 사용하기 쉬운 형태로 바꾸는 일 **참고** 정보관리의 3원칙 • 목적성: 사용목적을 명확히 설명할 것 • 용이성: 쉽게 작업할 수 있을 것 • 유용성: 즉시 사용할 수 있을 것
정보의 활용	• 정보기기에 대한 이해나 최신 정보기술이 제공하는 주요 기능과 특성에 대한 지식을 아는 능력이 필요함 • 지식을 아는 것 외에도 정보가 필요하다는 문제 상황을 인지하는 능력, 문제해결에 적합한 정보를 찾고 선택하는 능력, 찾은 정보를 문제해결에 적용하는 능력, 윤리의식을 가지고 합법적으로 정보를 활용하는 능력 등 다양한 능력이 필요함

1. 다양한 인터넷 서비스

1) 이메일(E-mail)

인터넷을 통해 편지나 정보를 주고받는 서비스

2) 메신저(Messenger)

인터넷에서 실시간으로 메시지와 데이터를 주고받을 수 있는 소프트웨어

3) 인터넷 디스크/웹하드

① 웹 서버에 대용량의 저장 기능을 갖추고 사용자가 개인용 컴퓨터(PC)의 하드디스크와 같은 기능을 인터넷을 통하여 이용할 수 있게 하는 서비스

② 인터넷 디스크(Internet harddisk), 웹 디스크(Web disk), 웹하드(Web hard), 파일 박스, 피디 박스 등은 모두 같은 서비스

4) 클라우드(Cloud)

① 별도의 데이터 센터 없이 인터넷을 통해 제공되는 서버를 활용해 정보를 보관하고 필요할 때 꺼내 쓰는 기술

② 작업한 컴퓨터에서만 아니라 언제 어디서나 필요한 자료를 불러올 수 있음

5) SNS(Social Networking Service)

① 온라인 인맥 구축을 목적으로 개설된 커뮤니티형 웹사이트

② 현재 다른 사람과 의사소통을 하거나 정보를 공유·검색하는 데 일상적으로 이용됨

6) 전자상거래

① 인터넷이라는 전자매체를 통하여 상품을 사고팔거나, 재화나 용역을 거래하는 사이버 비즈니스

② 소비자와의 거래뿐만 아니라 공급자, 금융기관, 정부기관, 운송기관 등과 같은 거래에 관련되는 모든 기관과의 관련 행위

2. 인터넷을 이용한 정보검색 기출 한국전력공사

1) 정보검색의 의미

여러 곳에 분산되어 있는 수많은 정보 중에서 특정 목적에 적합한 정보만을 신속하고 정확하게 찾아내어 수집·분류·축적하는 과정

2) 정보검색 단계

검색 주제 선정 → 정보원 선택 → 검색식 작성 → 결과 출력

3) 검색엔진의 유형

① 키워드 검색방식

- 찾고자 하는 정보와 관련된 핵심 언어인 키워드를 직접 입력해 검색엔진에 보내면 검색엔진이 키워드와 관련된 정보를 찾는 방식
- 키워드만 입력하면 되기 때문에 검색이 간단하나 키워드가 불명확하게 입력될 경우 검색 결과가 지나치게 많아 비효율적인 검색이 될 수 있음

② 주제별 검색방식

- 인터넷상에 존재하는 웹 문서들을 주제·계층별로 정리하여 데이터베이스를 구축한 후 이용하는 방식
- 원하는 정보를 찾을 때까지 상위 주제부터 하위 주제까지 분류되어 있는 내용을 선택하여 검색하면 원하는 정보를 발견할 수 있음

③ 자연어 검색방식

- 검색엔진에서 문장형 질의어의 형태소를 분석해, 5W 2H를 읽어내고 각 질문에 답이 들어 있는 사이트를 연결해 주는 방식

④ 통합형 검색방식

- 사용자가 입력한 검색어들을 연계된 다른 검색엔진에 보내고, 이를 통해 얻어진 검색 결과를 사용자에게 보여주는 방식

4) 인터넷 정보검색을 할 때의 유의사항

① 키워드의 선택

- 키워드가 너무 짧으면 원하는 결과를 쉽게 찾을 수 없으므로 키워드는 구체적이고 자세하게 만들어야 함
- 특정한 키워드에 대하여 검색 결과가 너무 많을 경우 검색엔진에서 결과 내 재검색 기능을 활용해 검색 결과의 범위를 좁힘

② 다양한 방법 활용

- 웹 검색 이외에 각종 전자게시판(BBS)이나 뉴스 그룹, 메일링 리스트를 이용하고, 도서관 자료와 정보를 가지고 있는 사람에게 직접 전자우편으로 부탁하는 등의 다른 방법도 적극 활용

③ 검색엔진의 가중치에 대한 지나친 신뢰 주의

- 검색엔진 나름대로 정확성이 높다고 판단한 데이터를 화면 상단에 표시하나 실제로 그렇지 않은 경우가 많으므로 사용자 스스로 검색한 자료가 자신이 원하는 자료인지 판단해야 함

3. 업무에 필요한 소프트웨어 활용

기출 한국전력공사, 서울교통공사, 한국전기안전공사, 인천국제공항공사, 한국공항공사, 한국서부발전, 한국지역난방공사, 국토안전관리원

1) 워드프로세서

① 여러 형태의 문서를 작성·편집·저장·인쇄할 수 있는 프로그램

② 입력·표시·저장·편집·인쇄 기능 등

예 한글과 컴퓨터 한글 프로그램, MS Office 워드, 애플 iWork 페이지 등

2) 스프레드시트

① 문서 작성 및 편집 기능 외에 수치나 공식을 입력해 그 값을 계산하고 계산 결과를 차트로 표시할 수 있는 전자계산표 또는 표 계산 프로그램

② 계산·수식·차트·저장·편집·인쇄 기능, 데이터베이스 및 그래픽 기능, 통신 기능 등

예 MS Office 엑셀, 한글과 컴퓨터 한셀, 애플 iWork 넘버스 등

3) 프레젠테이션

① 프레젠테이션(보고·회의·상담·교육 등)에서 정보를 전달하는 데 널리 활용되는 프로그램

② 저장·편집·인쇄·슬라이드 쇼 기능 등

예 MS Office 파워포인트, 애플 iWork 키노트, 프리랜스 그래픽스 등

4) 데이터베이스

대량의 자료를 관리하고 구조화하여 검색이나 자료관리 작업을 효과적으로 실행하는 프로그램

예 오라클, MS Office 엑세스 등

5) 그래픽 소프트웨어

새로운 그림을 그리거나 그림 또는 사진 파일을 불러와 편집하는 프로그램

예 포토샵, 3DS MAX, 코렐드로 등

6) 유틸리티 프로그램

사용자가 컴퓨터를 좀 더 쉽게 사용할 수 있도록 도와주는 소프트웨어

예 파일 압축 유틸리티, 바이러스 백신 프로그램, 화면 캡처 프로그램, 이미지 뷰어 프로그램, 동영상 재생 프로그램 등

7) 소프트웨어 구분

시스템 소프트웨어	하드웨어를 제어하고 응용 소프트웨어를 위한 기반 환경 제공
응용 소프트웨어	운영 체제에서 실행되는 모든 소프트웨어

4. 데이터베이스 구축의 필요성

1) 데이터베이스의 의미

① 데이터베이스

서로 연관된 여러 개의 파일

② 데이터베이스 관리시스템

데이터와 파일, 그들의 관계 등을 생성·유지·검색할 수 있게 해 주는 소프트웨어

③ 파일 관리시스템

한 번에 한 개의 파일에 대해서 생성·유지·검색할 수 있는 소프트웨어

2) 데이터베이스 구축의 필요성

① 데이터의 중복 감소

데이터를 한곳에서만 가지고 있으므로 데이터 유지 비용이 감소함

② 데이터의 무결성 향상

결함 없는 데이터를 유지하는 것이 용이하며, 데이터 변경 시 모든 애플리케이션을 최신화하는 것이 가능함

③ 검색 용이화

원하는 검색이나 보고서 작성 등을 쉽게 할 수 있음

④ 데이터의 안정성 향상

사용자가 정보에 대한 보안 등급을 정해 보안 유지가 가능함

⑤ 프로그램의 개발 기간 단축

프로그램의 개발이 쉬워지고 기간도 단축됨

3) 데이터베이스의 기능

① **입력 기능**
형식화된 폼을 사용하여 내용을 편리하게 입력 가능

② **데이터 검색 기능**
필터나 쿼리 기능을 이용하여 데이터의 빠른 검색 및 추출 가능

③ **데이터 일괄 관리**
테이블을 사용하여 데이터 관리가 쉬우며, 많은 데이터를 종류별로 분류하여 일괄적으로 관리 가능

④ **보고서 기능**
데이터베이스에 있는 데이터로 청구서나 명세서 등의 서류 작성을 쉽게 할 수 있음

4) 데이터베이스의 작업 순서

하위능력 ② 정보처리능력

1. 정보의 수집 및 분석과 가공

1) 정보의 필요성

의사결정을 하거나 문제의 답을 알아내고자 할 때 새로운 정보가 필요함

2) 정보원(Sources)

필요한 정보를 수집할 수 있는 원천으로, 공개된 것과 비공개된 것을 모두 포함함

1차 자료	원래의 연구 성과가 기록된 자료 예 단행본, 학술지와 학술지 논문, 학술회의자료, 연구보고서, 학위논문, 특허정보, 표준 및 규격자료, 레터, 출판 전 배포자료, 신문, 잡지, 웹 정보자원 등
2차 자료	1차 자료를 효과적으로 찾아보기 위한 자료로, 1차 자료에 포함되어 있는 정보를 압축·정리하여 읽기 쉬운 형태로 제공하는 자료 예 사전, 백과사전, 편람, 연감, 서지 데이터베이스

3) 정보수집 방법

① 인포메이션 vs 인텔리전스

단순한 인포메이션(Information)을 수집할 것이 아니라 직접적으로 도움을 줄 수 있는 인텔리전스(Intelligence)를 수집할 필요가 있음

- 인포메이션: 하나하나의 개별적인 정보
- 인텔리전스: 수많은 인포메이션 중 몇 가지를 선별해 그것을 연결시켜 판단하기 쉽게 도와주는 하나의 정보 덩어리

② 선수필승(先手必勝)

다른 사람보다 1초라도 빨리 정보를 잡은 사람이 우위에 서게 됨

③ 머릿속에 서랍 만들기

머릿속에 서랍을 만들어 자기 나름대로 정리해 놓으면 효과적인 정보를 수집할 수 있음

④ 정보수집용 하드웨어 활용

물리적인 하드웨어를 활용해 기억력의 한계를 극복하고 나중에 유용해질 정보를 수집할 수 있음

4) 정보분석의 절차

① 정보분석의 정의

- 여러 정보를 상호 관련지어 새로운 정보를 생성해내는 활동
- 한 개의 정보만으로는 불분명한 사항을 다른 정보를 통해 명백히 할 수 있으며, 서로 상반되거나 큰 차이가 있는 정보의 내용을 판단하여 새로운 해석도 가능

② 정보분석의 절차

③ 정보분석의 중요성

- 좋은 정보의 수집과 훌륭한 분석은 업무수행에서 매우 중요함
- 훌륭한 분석이란 하나의 메커니즘을 그려낼 수 있고, 동향과 미래를 예측할 수 있는 것
- 1차 정보를 분석·압축·가공하여 2차 정보 작성

1차 정보 분석·압축·가공	2차 정보 작성
1차 정보가 포함하는 내용을 몇 개의 설정된 카테고리로 분석하여 각 카테고리의 상관관계를 확정함	1차 정보가 포함하는 주요 개념을 대표하는 용어(Key-word)를 추출하며, 이를 간결하게 서열화·구조화함

참고 수집정보의 서열화·구조화

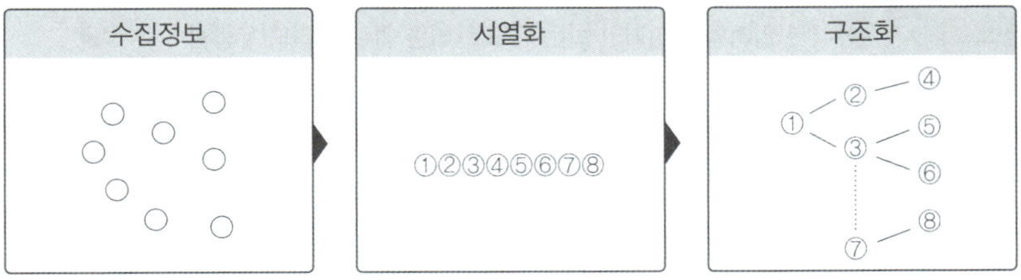

2. 정보의 효율적인 관리 및 효과적인 활용

1) 정보관리의 방법과 특징

① 목록을 이용한 정보관리
- 정보에서 중요한 항목을 찾아 기술한 후 정리하면서 만듦
- 목록을 디지털 파일로 저장해 놓으면 특정 용어를 이용하여 검색 가능

② 색인을 이용한 정보관리
- 주요 키워드나 주제어를 가지고 소장하고 있는 정보원(Sources)을 관리하는 방식
- 색인은 정보를 찾을 때 사용할 수 있는 키워드인 색인어와 색인어의 출처인 위치정보로 구성됨
- 디지털 파일에 색인을 저장할 경우 추가·삭제·변경이 용이함

③ 분류를 이용한 정보관리

유사한 정보끼리 모아 체계화하여 정리

시간적 기준	정보의 발생 시간별로 분류 예 202X년 봄, 7월 등
주제적 기준	정보의 내용에 따라 분류 예 정보사회, ○○대학교 등
기능적/용도별 기준	정보가 이용되는 기능 및 용도에 따라 분류 예 참고자료용, 강의용, 보고서 작성용 등
유형적 기준	정보의 유형에 따라 분류 예 도서, 비디오, CD, 한글 파일, 파워포인트 파일 등

2) 정보의 효과적인 활용

① 정보활용 형태
- 수집한 정보를 그대로 활용
- 수집한 정보를 그대로 활용하되 일정한 형태로 표현하여 활용
- 수집한 정보를 정리·분석·가공하여 활용
- 수집한 정보를 정리·가공하여 활용하되 일정한 형태로 표현하여 활용
- 생산된 정보를 일정한 형태로 재표현하여 활용
- 일정한 형태로 표현한 정보, 한 번 이용한 정보를 보존 및 정리하여 장래에 활용

② 동적정보와 정적정보

동적정보	• 신문, TV 뉴스 등 시시각각으로 변화하는 정보 • 대부분 밀려와 쌓이기만 하는 정보로 미련 없이 버려도 무방함 • 시의적절하게 수집·관리하고 활용하는 것이 중요함
정적정보 (저장정보)	• 잡지나 책에 있는 정보, CD-ROM이나 USB에 수록된 영상정보 등 보존되어 멈추어 있는 정보 • 생각하고 보존함

3. 사이버 공간에서의 예절 및 개인정보 유출 방지법

1) 사이버 공간에서 지켜야 할 예절(네티켓)

① 네티켓의 의미

- '네트워크'와 예절을 뜻하는 '에티켓'의 합성어로, 네티즌이 사이버 공간에서 지켜야 할 비공식적인 규약
- 법적 제재에 의존하는 타율적 해결보다 네티즌이 자율적으로 사이버 공간의 문제를 미리 방지하고 이성적으로 해결해 나가자는 적극적 의미

② 다양한 네티켓

전자우편(E-mail)을 사용할 때의 네티켓	• 메시지는 가능한 한 짧게 요점만 작성할 것 • 메일을 보내기 전에 주소가 올바른지 다시 한번 확인할 것 • 제목은 메시지 내용을 함축해 간략하게 작성할 것 • 가능하면 메시지 끝에 Signature(성명, 직위, 단체명, 메일주소, 전화번호 등)를 포함하되, 너무 길지 않도록 작성할 것 • 메일상에서 타인에 대해 말할 때는 정중함을 지키고, 비방이나 욕설같이 타인에게 피해를 주는 언어는 사용하지 않을 것
온라인 대화(채팅)를 할 때의 네티켓	• 마주 보고 이야기하는 마음가짐으로 임할 것 • 대화방에 들어가면 지금까지 진행된 대화의 내용과 분위기를 확인할 것 • 입력(Enter) 키를 누르기 전에 한 번 더 생각할 것 • 광고나 홍보 등을 목적으로 악용하지 말 것 • 유언비어, 속어와 욕설 게재는 삼가고, 상호 비방의 내용은 금할 것
게시판을 사용할 때의 네티켓	• 글의 내용은 간결하게 요점만 작성할 것 • 제목에는 글의 내용을 파악할 수 있는 함축된 단어를 쓸 것 • 글의 내용 중에 잘못된 점이 있으면 빨리 수정하거나 삭제할 것 • 타인의 의견에 대해 무조건적인 비판 및 비방을 하거나 유언비어를 남기지 말 것 • 게시판의 주제와 관련 없는 내용은 올리지 않을 것
공개 자료실을 사용할 때의 네티켓	• 음란물을 올리지 않을 것 • 상업용 소프트웨어를 올리지 않을 것 • 공개 자료실에 등록한 자료는 가급적 압축할 것 • 프로그램을 올릴 때는 사전에 바이러스 감염 여부를 점검할 것 • 유익한 자료를 받았을 때에는 올린 사람에게 감사의 편지를 보낼 것
인터넷 게임을 할 때의 네티켓	• 상대방을 존중하며, 경어를 사용할 것 • 인터넷 게임에 너무 집착하지 말 것 • 온라인 게임은 온라인상의 오락으로 끝낼 것 • 게임 중에 일방적으로 퇴장하는 것은 무례한 일임을 명심할 것 • 게이머도 일종의 스포츠맨이므로 스포츠맨십을 가질 것 • 이겼을 때는 상대를 위로하고 졌을 때는 깨끗하게 물러설 것

2) 인터넷의 역기능과 유의사항

① 불건전한 정보의 유통
음란 사이트, 엽기 사이트, 도박 사이트, 폭력 사이트, 반사회적 사이트 등

② 컴퓨터 바이러스
컴퓨터 내부에 침투하여 자료를 손상시키거나 다른 프로그램을 파괴시키는 컴퓨터 프로그램의 일종

③ 사이버 언어폭력
욕설, 비방(명예훼손), 도배, 성적 욕설(음담패설), 유언비어, 악성 댓글 등

④ 사이버 성폭력
인터넷 채팅이나 게시판, SNS 등을 통해 성적으로 수치심을 주는 행위

⑤ 인터넷 중독
인터넷 이용이 보편화되면서 인터넷에 지나치게 빠져 생활이 곤란한 경우

⑥ 저작권 침해
불법으로 복제된 소프트웨어 파일 등을 배포하거나 저작권자의 동의 없이 공개하는 행위

⑦ 해킹(Hacking)
다른 시스템에 불법으로 침입하여 시스템에 저장된 정보를 임의로 변경, 삭제 또는 절취하는 행위

⑧ 개인정보 유출
해킹이나 바이러스 감염 등으로 개인정보가 누출되어 사생활을 침해받는 경우

3) 개인정보의 종류

① 개인정보의 정의

- 생존하는 개인에 관한 정보로서, 개인을 식별할 수 있는 이름, 주민등록번호 등의 정보
- 해당 정보만으로는 특정 개인을 식별할 수 없더라도 다른 정보와 용이하게 결합하여 식별할 수 있는 것도 개인정보에 포함됨

② 개인정보의 종류
일반 정보, 가족 정보, 교육 및 훈련 정보, 병역 정보, 부동산 및 동산 정보, 소득 정보, 기타 수익, 신용 정보, 고용 정보, 법적 정보, 의료 정보, 조직 정보

4) 개인정보 유출 방지 방법

① 회원 가입 시 이용 약관을 읽을 것
② 이용목적에 부합하는 정보를 요구하는지 확인할 것
③ 비밀번호는 정기적으로 교체할 것
④ 정체불명의 사이트는 멀리할 것
⑤ 가입 해지 시 정보 파기 여부를 확인할 것
⑥ 뻔한 비밀번호를 쓰지 말 것

5) 컴퓨터 바이러스 예방법

① 출처가 불분명한 전자우편의 첨부파일은 백신 프로그램으로 바이러스 검사 후 사용
② 실시간 감시 기능이 있는 백신 프로그램을 설치하고 정기적으로 업데이트
③ 바이러스가 활동하는 날에는 시스템을 사전에 검사
④ 정품 소프트웨어를 구입하여 사용하는 습관
⑤ 중요한 파일은 습관적으로 별도의 보조 기억 장치에 미리 백업
⑥ 프로그램을 복사할 때는 바이러스 감염 여부 확인

실력 플러스 노트

실력 플러스 노트에는 한국산업인력공단 직업기초능력 가이드북에는 나오지 않지만 문제 풀이에 필요한 상식 및 공식을 수록했습니다.

1. Windows 주요 바로 가기 키

Alt 조합 바로 가기 키	• Alt + Enter: 선택한 파일 또는 폴더의 속성 대화상자 열기 • Alt + Esc: 실행 중인 프로그램 창을 순서대로 전환 • Alt + Tab: 활성화되어 있는 프로그램 창 전환 • Alt + Shift + Tab: 활성화되어 있는 프로그램 창을 역방향으로 전환 • Alt + Space bar: 활성화되어 있는 프로그램 창의 바로 가기 메뉴 표시 • Alt + D: 탐색기 또는 인터넷에서 주소창 선택 • Alt + F4: 사용 중인 프로그램 창 닫기, 프로그램 종료 • Alt + →: 탐색기 또는 인터넷에서 다음 화면으로 전환 • Alt + ←: 탐색기 또는 인터넷에서 이전 화면으로 전환
Ctrl 조합 바로 가기 키	• Ctrl + Esc: [시작] 메뉴 열기 • Ctrl + Shift + Esc: 작업 관리자 실행 • Ctrl + Alt + Del: 작업 관리자 창 표시 또는 윈도우 재부팅 • Ctrl + Tab: 탭 간 이동 • Ctrl + Alt + Tab: 활성 프로그램 전환을 고정모드로 실행 • Ctrl + A: 전체 선택 • Ctrl + C: 선택영역 복사 • Ctrl + D: 즐겨찾기 추가 • Ctrl + F: 찾기 또는 바꾸기 • Ctrl + X: 선택영역 잘라 내기 • Ctrl + V: 붙여 넣기 • Ctrl + Z: 실행한 작업 취소 • Ctrl + Shift + T: 방금 전에 닫은 탭 복구
Windows(⊞) 조합 바로 가기 키	• ⊞ 클릭: [시작] 메뉴 열기 또는 닫기 • ⊞ + D: 바탕 화면 이동 • ⊞ + E: 탐색기 실행 • ⊞ + F: 파일 또는 폴더 검색 • ⊞ + T: 작업 표시줄의 프로그램 차례대로 선택(미리보기 활성화) • ⊞ + ↑: 현재창 최대화 • ⊞ + ↓: 현재창 최소화 • ⊞ + Home: 활성화된 창을 제외한 모든 창 최소화 • ⊞ + Print Screen: 모니터 전체 스크린샷 저장 • ⊞ + Shift + S: 선택 영역 스크린샷
기타	• Shift + Del: 휴지통을 거치지 않고 폴더나 파일 바로 삭제 • Shift + F10: 바로 가기 메뉴 표시 • F1: 도움말 • F2: 이름 변경 • F3: 파일 또는 폴더 검색 • F5: 최신 정보로 고침

※ 현재 널리 쓰이는 PC 운영체제인 Windows 10을 기준으로 작성되었으며, 운영체제에 따라 달라질 수 있음

2. Microsoft Office Excel 기본 함수식

IF함수	조건식을 지정하고 참인지 거짓인지를 판단할 때 사용하는 함수 식 = IF(조건식, 참, 거짓) 예 = IF(A1 > = 80, "합격", "불합격") → [A1] 셀의 값이 80 이상일 경우 합격, [A1] 셀의 값이 80보다 작을 경우 불합격이 표시됨
COUNT함수	지정한 범위에서 숫자 셀의 개수를 구할 때 사용하는 함수
COUNTA함수	지정한 범위에서 빈 셀을 제외한 셀의 개수를 구할 때 사용하는 함수
COUNTIF함수	지정한 범위의 셀 값 중 조건에 만족하는 셀의 개수를 구할 때 사용하는 함수 식 = COUNTIF(지정한 범위, 조건식) 예 = COUNTIF(A1:A5, "합격") → [A1] 셀부터 [A5] 셀 사이에 셀 값이 "합격"인 셀의 개수가 표시됨 참고 COUNTIFS → 조건이 2개 이상일 때 사용하는 함수
COUNTIFS함수	지정한 범위의 셀 값 중 복수 조건에 만족하는 셀의 개수를 반환할 때 사용하는 함수 식 = COUNTIFS(지정한 범위 1, 조건식 1, 지정한 범위 2, 조건식 2, …)
SUM함수	지정한 범위의 합계를 구할 때 사용하는 함수
SUMIF함수	지정한 범위의 셀 값 중 조건에 만족하는 셀의 합을 구할 때 사용하는 함수 식 = SUMIF(지정한 범위, 조건식, 합을 구할 범위) 참고 합을 구할 범위 영역은 생략할 수 있으며, 생략하면 지정한 범위 영역에서 조건에 맞는 값을 합함 예 = SUMIF(A1:A5, "합격", D1:D5) → [A1] 셀부터 [A5] 셀 사이에 셀 값이 합격인 셀들과 대응되는 [D1] 셀부터 [D5] 셀의 값의 합이 표시됨 예 = SUMIF(A1:A5, " > = 80") → [A1] 셀부터 [A5] 셀 사이에 셀 값이 80 이상인 셀들의 합이 표시됨 참고 SUMIFS → 조건이 2개 이상일 때 사용하는 함수
AVERAGE함수	지정한 범위에서 빈 셀을 제외한 모든 셀(수치가 아닌 문자 · 기호 등은 제외함)의 평균을 구할 때 사용하는 함수
AVERAGEA함수	지정한 범위에서 빈 셀을 제외한 모든 셀(수치가 아닌 문자 · 기호 등은 '0'으로 처리함)의 평균을 구할 때 사용하는 함수
AVERAGEIF함수	지정한 범위의 셀 값 중 조건에 만족하는 셀의 평균을 구할 때 사용하는 함수 식 = AVERAGEIF(지정한 범위, 조건식, 평균을 구할 범위) 참고 평균을 구할 범위 영역은 생략할 수 있으며, 생략하면 지정한 범위 영역에서 조건에 맞는 값의 평균을 구함 예 = AVERAGEIF(A1:A5, " > = 80") → [A1] 셀부터 [A5] 셀 사이에 셀 값이 80 이상인 셀들의 평균이 표시됨 참고 AVERAGEIFS → 조건식이 2개 이상일 때 사용하는 함수
ROUND함수	대상값을 지정한 소수 이하 자릿수로 반올림할 때 사용하는 함수 식 = ROUND(대상값, 반올림하여 표시될 소수 이하 자릿수) 예 = ROUND(25.184, 2) → 소수 이하 두 번째 자릿수로 반올림된 값이 표시됨(25.18) 참고 ROUNDUP → 지정한 대상값을 지정한 소수 이하 자릿수에서 무조건 올림 ROUNDDOWN → 지정한 대상값을 지정한 소수 이하 자릿수에서 무조건 내림
MAX함수	지정한 범위의 셀 값 중 가장 큰 값을 구할 때 사용하는 함수
MIN함수	지정한 범위의 셀 값 중 가장 작은 값을 구할 때 사용하는 함수
LARGE함수	지정한 범위의 셀 값 중 k번째로 큰 값을 구하고자 할 때 사용하는 함수 식 = LARGE(지정한 범위, k) 예 = LARGE(A1:A5, 1) → [A1] 셀부터 [A5] 셀 사이에서 첫 번째로 큰 값이 표시됨

SMALL함수	지정한 범위의 셀 값 중 k번째로 작은 값을 구하고자 할 때 사용하는 함수 식 = SMALL(지정한 범위, k) 예 = SMALL(A1:A5, 1) → [A1] 셀부터 [A5] 셀 사이에서 첫 번째로 작은 값이 표시됨
REPLACE함수	기존 데이터의 시작 위치부터 지정한 개수만큼의 데이터를 새로운 내용으로 변경할 때 사용하는 함수 식 = REPLACE(변경할 텍스트의 위치, 변경하기 시작할 문자 위치, 변경하려는 문자 개수, 대체할 새 텍스트) 예 = REPLACE(E2, 2, 1, "○") → [E2] 셀에 있는 텍스트의 두 번째 문자부터 1개의 문자를 ○으로 변경함
VLOOKUP함수	열 방향의 표나 범위에서 원하는 값을 찾을 때 사용하는 함수 식 = VLOOKUP(검색값, 검색 범위, 열 번호, 옵션)
HLOOKUP함수	행 방향의 표나 범위에서 원하는 값을 찾을 때 사용하는 함수 식 = HLOOKUP(검색값, 검색 범위, 행 번호, 옵션)
RIGHT함수	텍스트의 오른쪽 끝에서부터 지정한 개수만큼 문자를 추출할 때 사용하는 함수 식 = RIGHT(문자열, 오른쪽 추출 개수)
MID함수	텍스트의 중간 부분의 문자를 추출할 때 사용하는 함수 식 = MID(문자열, 시작 위치, 추출 개수)
LEFT함수	텍스트의 왼쪽 끝에서부터 지정한 개수만큼 문자를 추출할 때 사용하는 함수 식 = LEFT(문자열, 왼쪽 추출 개수)
RANK함수	특정 데이터 영역에서 순위를 구하는 함수 식 = RANK(대상, 참조 범위, 유형)
INDEX함수	지정한 범위에서 행 번호와 열 번호가 만나는 위치의 값을 표시하는 함수 식 = INDEX(지정한 범위, 행 번호, 열 번호)
DSUM함수	데이터베이스 영역에서 지정한 조건에 맞는 숫자값의 합을 구하는 함수 식 = DSUM(데이터베이스, 열 이름 혹은 열 번호, 조건 범위)
DCOUNT함수	데이터베이스 영역에서 지정한 조건에 맞는 숫자값을 포함한 셀의 개수를 구하는 함수 식 = DCOUNT(데이터베이스, 열 이름 혹은 열 번호, 조건 범위)
CORREL함수	지정된 두 셀 범위 간의 상관 계수를 구할 때 사용하는 함수 식 = CORREL(지정한 범위 1, 지정한 범위 2)

3. Microsoft Office Excel 주요 바로 가기 키

Alt 조합 바로 가기 키	• Alt + Enter: 텍스트 줄 바꿈 • Alt + ↓: 목록의 현재 열 값을 드롭 다운 목록으로 나타냄 • Alt + F1: 차트 삽입 • Alt + F2: 다른 이름으로 저장 • Alt + F4: 종료 • Alt + D: 데이터 메뉴 • Alt + I: 삽입메뉴

Ctrl 조합 바로 가기 키	• Ctrl + Enter: 지정된 범위 내의 셀에 동일한 데이터 입력 • Ctrl + Home: 셀 포인터를 [A1] 셀로 이동 • Ctrl + Page Down: 다음(오른쪽) 워크시트로 이동 • Ctrl + Page Up: 이전(왼쪽) 워크시트로 이동 • Ctrl + Space bar: 셀 포인터가 위치한 세로열 전체 선택 • Ctrl + F6: 다음 통합문서로 이동 • Ctrl + -: 선택한 셀의 삭제 방식을 묻는 대화상자 표시 • Ctrl + D: 위 셀 복사하여 아래쪽 채우기 • Ctrl + Z: 바로 전 작업 내용 취소
Shift 조합 바로 가기 키	• Shift + Enter: 입력 완료 후 셀 포인터를 바로 위의 셀로 이동 (↔ Enter: 입력 완료 후 셀 포인터를 바로 아래의 셀로 이동) • Shift + Space bar: 행 전체 선택 • Shift + Delete: 잘라 내기(Ctrl + X와 같은 기능) • Shift + Insert: 붙여 넣기(Ctrl + V와 같은 기능) • Shift + 방향키: 방향키 방향 셀 한 칸씩 선택
기타	• F1: 도움말 • F2: 현재 셀 편집 • F4: 함수식 범위 지정 시 절대 참조 • Home: 작업 중인 행의 첫 번째 셀로 이동 • Tab: 다음(오른쪽) 셀로 이동 • Enter: 입력 • Delete: 삭제 • Insert: 삽입 • Page Down: 한 화면 아래로 이동 • Page Up: 한 화면 위로 이동

4. 한글 단축키

서식메뉴	• Alt + L: 글자 모양 • Alt + T: 문단 모양 • Ctrl + K, N: 문단 번호/글머리표 • F6: 스타일 • Ctrl + Shift + Insert: 문단 번호 속성 삽입/해제 • Ctrl + 1, 2, …, 0: 스타일 적용 • Ctrl +]: 글씨 크게 • Ctrl + [: 글씨 작게 • Alt + Shift + W: 자간 넓게 • Alt + Shift + N: 자간 좁게 • Alt + Shift + J: 장평 좁게 • Alt + Shift + K: 장평 넓게 • Alt + Shift + U: 밑줄 • Alt + Shift + B: 진하게 • Alt + Shift + I: 기울임

편집메뉴	• Ctrl + Z: 되돌리기 • Ctrl + Shift + Z: 다시 실행 • Ctrl + X: 오려 두기 • Ctrl + C: 복사하기 • Ctrl + V: 붙이기 • Ctrl + Alt + V: 골라 붙이기 • 커서 두고 Alt + C: 모양 복사 • 블록 상태 Alt + C: 복사한 모양 붙이기 • Ctrl + E: 지우기 • Ctrl + A: 모두 선택 • F3: 블록 설정
쪽메뉴	• F7: 편집 용지 • Ctrl + N + H: 머리말/꼬리말 • Ctrl + N + P: 쪽 번호 매기기 • Ctrl + N + S: 감추기 • Ctrl + N + G: 구역 • Ctrl + Enter: 쪽 나누기 • Ctrl + Shift + Enter: 단 나누기 • Ctrl + Alt + Enter: 다단 설정 나누기 • Alt + Shift + Enter: 구역 나누기
파일메뉴	• Alt + N: 새 문서 • Ctrl + Alt + N: 문서마당 • Alt + O: 불러오기 • Alt + F3: 최근 작업 문서 • Alt + S / Ctrl + S: 저장하기 • Alt + V: 다른 이름으로 저장하기 • Alt + P / Ctrl + P: 인쇄 • Alt + X: 끝 • Ctrl + F4: 문서 닫기 • F7: 용지

5. 주요 전자금융사기

랜섬웨어 (Ransomware)	암호화한 데이터를 인질 삼아 금품을 요구하는 공격
피싱(Phishing)	금융기관 등을 사칭한 이메일이나 웹사이트로 정보를 탈취하는 공격
스미싱(Smishing)	문자메시지(SMS)를 이용한 피싱(Phishing) 공격으로, 링크 클릭을 유도해 정보를 탈취하는 공격
파밍(Pharming)	가짜 사이트로 유인해 정보를 탈취하는 공격
스푸핑(Spoof · 사기)	적극적 공격, 악의적으로 다른 사람이나 시스템을 속여 정보를 탈취하는 공격
스니핑(Sniff · 킁킁)	소극적 공격, 네트워크 패킷을 가로채어 정보를 탈취하는 공격
메모리해킹	피해자 PC 메모리에 상주하는 데이터를 위변조하는 공격

National Competency Standards

대표기출유형

유형 ❶ 주어진 규칙을 분석하거나 적용하는 문제

- 제시된 정보를 분석하여 규칙 및 원리를 찾아내고 적용하는 문제가 출제된다.
- 자원 분류 코드, 전산 처리 규칙 등을 적용하여 답을 도출하는 문제가 출제된다.
- 제시된 형태가 복잡하지만 풀이 방법이 단순한 편이다.
- 문제를 반복해서 풀어보며 규칙을 빠르게 파악하고 빠진 규칙 없이 적용하는 연습을 한다.

귀하는 아래의 자료를 근거로 상품별 바코드를 부여하고 있다. 다음 중 [상품 정보]에 따른 상품별 바코드로 적절한 것은?

[바코드(Bar code)]

바코드(Bar code)란 컴퓨터가 제조 회사, 제품의 가격, 상품의 정보 따위를 쉽게 판독하고 데이터를 빠르게 입력하기 위해 굵기가 다른 검은 막대와 하얀 막대를 조합해 문자나 숫자를 코드화한 것이다. 그 중 의약품의 바코드 아래에는 13개의 숫자가 있는데, 가장 앞의 3자리 숫자는 국가별 식별코드를 나타낸다. 그다음 4자리 숫자는 업체코드, 그다음 4자리 숫자는 업체코드를 부여받은 업체가 자사에서 상품에 부여하는 품목코드이다. 그다음 1자리 숫자는 포장단위를 의미하며, 앞의 품목코드와 포장단위코드를 총칭하여 상품코드라고 한다. 마지막 1자리 숫자는 바코드가 정확히 구성되어 있는지 검증하는 검증번호인 체크디지트이다.

8 806499 123419

국가코드	업체코드	상품코드		체크디지트
		품목코드	포장단위코드	
880	6499	1234	1	9
대한민국	○○제약	○○감기약	10정	검증번호

[체크디지트 부여 방법]

단계	내용
1	바코드에 부여된 모든 숫자 중 왼쪽에서부터 짝수 번째 숫자의 총합을 산출한다.
2	1단계 결괏값에 3을 곱한다.
3	바코드에 부여된 모든 숫자 중 왼쪽에서부터 홀수 번째 숫자의 총합을 산출한다. (체크디지트는 제외)
4	2단계 결괏값과 3단계 결괏값을 합산한다.
5	10에서 4단계 결괏값의 1의 자리 숫자를 뺀 값이 체크디지트가 된다.

[상품 정보]

구분	A 감기약	B 감기약	C 감기약	D 해열제	E 해열제
국가	대한민국	대만	대한민국	대한민국	대만
업체코드	3786	4853	2397	1659	4512
품목코드	2347	2536	9861	2136	7658
포장단위	10정	10정	20정	50정	100정

※ 1) 국가코드: 대한민국(880), 대만(471)
2) 포장단위코드: 10정(1), 20정(2), 50정(3), 100정(4)

① A 감기약 – 8803786234719
② B 감기약 – 4714585253626
③ C 감기약 – 8802397986125
④ D 해열제 – 4712136165930
⑤ E 해열제 – 4717658451240

|정답 및 해설| ③

C 감기약은 국가가 대한민국이므로 국가코드는 880이고, 업체코드는 2397, 품목코드는 9861이다. 여기에 포장단위코드는 20정 단위 포장이므로 2가 된다. 따라서 여기까지의 바코드는 880239798612가 된다. [체크디지트 부여 방법]에 따라 바코드에 부여된 모든 숫자 중 왼쪽에서부터 짝수 번째 숫자를 더하면 8+2+9+9+6+2=36이 되고, 36에 3을 곱하면 108이 된다. 다음으로 체크디지트를 제외하고 바코드에 부여된 모든 숫자 중 왼쪽에서부터 홀수 번째 숫자를 더하면 8+0+3+7+8+1=27이다. 2단계 결괏값인 108과 3단계 결괏값인 27을 합산하면 135가 되고, 10에서 4단계 결괏값인 135의 1의 자리인 5를 빼면 5가 되므로 체크디지트는 5가 된다. 따라서 C 감기약의 최종 바코드는 8802397986125이므로 적절하다.

① 국가코드(880)+업체코드(3786)+품목코드(2347)+포장단위코드(1)이므로 체크디지트를 제외한 바코드는 880378623471이다. [체크디지트 부여 방법]에 따라 바코드에 부여된 모든 숫자 중 왼쪽에서부터 짝수 번째 숫자를 더하면 8+3+8+2+4+1=26이 되고, 26에 3을 곱하면 78이 된다. 다음으로 체크디지트를 제외하고 바코드에 부여된 모든 숫자 중 왼쪽에서부터 홀수 번째 숫자를 더하면 8+0+7+6+3+7=31이다. 2단계 결괏값인 78과 3단계 결괏값인 31을 합산하면 109가 되고 10에서 4단계 결괏값인 109의 일의 자리인 9를 빼면 1이 되므로, 체크디지트는 1이 된다. 따라서 A 감기약의 최종 바코드는 8803786234711이므로 적절하지 않다.
② B 감기약의 업체코드는 4853이나, 4585로 잘못 기입되어 있으므로 적절하지 않다.
④ D 해열제의 국가코드는 880이나, 471로 잘못 기입되어 있으므로 적절하지 않다.
⑤ 업체코드(4512)와 품목코드(7658)의 순서가 반대로 기입되어 있으므로 적절하지 않다.

유형 ❷ Excel 기초 이론 및 활용방법을 묻는 문제

- MS Office 프로그램 관련 문제 중 출제 비중이 가장 높은 편이다.
- 컴퓨터활용능력 2급 수준의 함수와 서식, 정렬, 바로 가기 키 등 Excel 프로그램의 기능 및 구체적인 활용방법을 묻는 문제가 출제된다.
- 자주 출제되는 함수를 숙지하고, 입력과 편집 기초를 학습한다.
- Excel 프로그램에 수치를 직접 입력하여 실행하며 프로그램을 익힌다.

다음은 인테리어 전문회사의 품목별 일평균 매출을 나타낸 자료이다. [D8] 셀에 가장 높은 단가를 넣으려면 입력해야 할 수식은 무엇인가?

	A	B	C	D
1	품명(규격)	단위	수량	단가
2	A-CLASS	ea	10	1,200,000
3	B-CLASS	ea	20	1,300,000
4	SUS	ea	30	3,300,000
5	UNIT	ea	40	5,000,000
6	PANEL	ea	50	100,000
7	DOOR	ea	60	1,500,000
8				

① =MAX(D2:D7)
② =LARGE(D2:D7, 2)
③ =MEDIAN(D2:D7)
④ =MODE(D2:D7, 1)
⑤ =ROUND(D2:D7, 1)

|정답 및 해설| ①

지정된 셀 범위의 최댓값을 구하는 MAX가 적절하다. LARGE(D2:D7, 2)는 두 번째 높은 단가인 3,300,000이 도출되기 때문에 잘못된 수식이다.

더 알아보기

순서 관련 엑셀 함수

- MAX(셀 범위): 지정된 셀 범위의 최댓값을 구하는 함수
- MIN(셀 범위): 지정된 셀 범위의 최솟값을 구하는 함수
- MEDIAN(셀 범위): 지정된 셀 범위의 중앙값을 구하는 함수
- LARGE(셀 범위, 숫자): 지정된 셀 범위에서 특정 번째로 큰 값을 구하는 함수
- SMALL(셀 범위, 숫자): 지정된 셀 범위에서 특정 번째로 작은 값을 구하는 함수
- MODE(셀 범위): 지정된 셀 범위에서 가장 많이 나오는(빈도수가 높은) 값을 구하는 함수
- ROUND(반올림할 수, 반올림할 자릿수): 지정한 자릿수로 반올림하는 함수
- INT(값): 소수점을 버리는 함수

유형 ❸ 컴퓨터 프로그램 활용능력을 확인하는 문제

- Windows 기본 프로그램 및 MS Office 프로그램 사용법, 컴퓨터 바이러스 대처법, 포털사이트 검색연산자 등에 대한 문제가 출제된다.
- 컴퓨터 및 인터넷 사용 시 유의사항에 대한 문제가 출제된다.
- 문서작성 및 정보검색에 필요한 정보를 숙지한다.
- 이론을 단순 암기하기보다는 직접 수행하며 감각을 익힌다.

다음 중 토글 키(Toggle key)에 대한 설명으로 옳지 않은 것은?

① 토글 키에는 대표적으로 [Scroll Lock], [Num Lock], [Caps Lock] 3가지가 있으나, 그 외 [Insert], [한/영] 키를 토글 키로 구분하기도 한다.

② 토글 키란 키보드에서 2가지 상태만을 가지고 있는 키를 의미한다.

③ [Caps Lock]은 영문 타이핑의 기본값을 대문자 형태로 고정시키는 역할을 한다.

④ [Num Lock]은 숫자 키패드 기능을 활성화하거나 비활성화하는 역할을 한다.

⑤ [Insert]는 문서의 삽입/수정 상태를 구분하는 키로, 한 번 누르면 문서의 내용이 삭제되는 것을 방지하는 역할을 한다.

|정답 및 해설| ⑤

[Insert]가 문서의 삽입/수정 상태를 구분하는 것은 맞지만, 한 번 누르면 문서를 작성할 때 기존 내용에 덮어쓰기 형태인 '수정' 형태로 전환하는 역할을 한다.

적중예상문제

난이도 ★★★

01 **귀하는 신입사원 멘토링에서 직장생활에서는 필요한 정보를 수집하고 분석하여 의미 있는 정보를 찾고, 찾아낸 정보를 업무수행에 적절하게 조직 및 관리하고 활용하는 정보처리능력이 매우 중요하다는 선배의 조언을 들었다. 다음 중 정보처리 과정 및 정보처리능력과 관련 있는 설명으로 가장 적절하지 않은 것은?**

① 정보수집에 필요한 정보원(Sources)은 1차 자료와 2차 자료로 나뉘는데, 1차 자료는 원래의 연구성과가 기록된 자료를 의미하며 단행본, 논문, 신문 등이 포함된다.

② 정보를 활용함에 있어서 밀려와서 쌓이기만 하는 정보의 대부분은 정적정보이다. 이들 정보는 입수한 그 자리에서 판단해 처리하면 미련 없이 버려도 아무 상관없다.

③ 하나하나의 개별적인 정보인 인포메이션(Information)을 수집할 것이 아니라, 이를 판단하기 쉽게 도움을 주는 인텔리전스(Intelligence)를 수집할 필요가 있다.

④ 효과적인 정보관리 방법의 하나로 목록을 이용한 정보관리가 있다. 특히 디지털 파일로 목록을 저장하여 정보를 관리하면 정보의 수정·변경이 쉽고, 검색기능을 활용하여 정보를 쉽게 찾을 수 있다.

⑤ 정보분석은 매우 중요한 단계이다. 정보를 분석함으로써 서로 상반되거나 큰 차이가 있는 정보의 내용을 판단해서 새로운 해석을 할 수도 있다.

난이도 ★☆☆

02 다음은 자료, 정보, 지식의 개념을 설명한 것이다. 이를 바탕으로 〈예시〉에서 자료, 정보, 지식을 바르게 분류한 것은?

자료	• 객관적 실제의 반영으로, 그것을 전달할 수 있도록 기호화한 것 • 아직 특정의 목적에 대하여 평가되지 않은 상태의 숫자나 문자들의 단순한 나열
정보	• 자료를 특정 목적과 문제해결에 도움이 될 수 있도록 가공한 것 • 데이터를 일정한 프로그램에 따라 컴퓨터가 처리·가공함으로써 특정한 목적을 달성하는 데 필요하거나 특정한 의미를 가진 것으로 다시 생산된 것
지식	• 정보를 집적하고, 체계화하여 장래의 일반적인 사항에 대비하여 보편성을 갖도록 한 것 • 어떤 특정의 목적을 달성하기 위해 과학적 또는 이론적으로 추상화되거나 정립되어 있는 일반화된 정보

〈예시〉

백○○ 씨는 직장을 그만두고 평소에 꿈꾸던 식당을 창업하였다. 프랜차이즈를 알아보다가 높은 비용과 과도한 프랜차이즈 수수료로 인해 직접 하나하나 준비하였다. 고심 끝에 간단한 조리 과정으로 적은 인력으로도 운영할 수 있고 홀과 배달을 가리지 않고 매출이 나오는 등심 돈가스 전문점으로 결정하고 3개월간 준비해서 바로 시작하였다.

근처에 전단지도 배포하고 배달앱에 등록도 해서 첫 주에는 괜찮게 매출이 나왔지만, 2주 차부터 손님이 급격히 줄어드는 것을 보고 직원들과 함께 돌파구를 찾아보려고 한다. 대학교를 휴학 중인 아르바이트생은 ㉠ MZ세대 고객의 비중이 낮으니 SNS 홍보를 위해 ㉡ 고객의 나이와 SNS 아이디를 수집하자고 제안했다. 식당에서 일해본 경험이 있는 주방장은 재방문 여부를 확인하기 위해 ㉢ 고객의 방문 횟수를 파악하고, ㉣ 매출을 늘리기 위한 신메뉴 개발 방안을 고민해 보겠다고 말했다. 백○○ 씨는 ㉤ 2주간 일평균 매출을 분석해 보니 금요일부터 주말까지 매출 하락으로 이어지는 것 같아 ㉥ 높은 직장인 고객의 비중에 대한 보완 대책이 필요하다고 의견을 내놓았다.

	자료	정보	지식
①	㉠, ㉢	㉡, ㉤	㉣, ㉥
②	㉡, ㉢	㉠, ㉤	㉣, ㉥
③	㉡, ㉣	㉠, ㉢	㉤, ㉥
④	㉢, ㉥	㉠, ㉣	㉡, ㉤
⑤	㉣, ㉤	㉡, ㉢	㉠, ㉥

난이도 ★★☆

03 **다음은 ○○공단 경영지원국 인사기획부에서 근무하고 있는 최수현 대리가 직장 내 성평등 교육 콘텐츠 기획서를 작성하는 과정에 대한 내용이다. 다음 중 최수현 대리가 팀장의 지시에 따라 정보를 기획할 때 고려한 것으로 적절하지 않은 것은 무엇인가?**

> 일반적으로 정보는 기획, 수집, 관리, 활용까지 총 네 단계로 처리된다. ○○공단 경영지원국 인사기획부 최수현 대리는 직장 내 성평등 교육 콘텐츠 기획서를 작성하기 위해 팀원들과 이러한 과정을 통해 작업을 했다. 최수현 대리는 전략적으로 정보원, 정보활동의 주체, 정보의 수집 시점, 정보수집의 효용성을 고려하라는 팀장의 지시에 따라 업무에 필요한 정보를 기획했다. 여러 가지 정보를 수집하는 방법에 대해 알아보면서 어떤 시점에서 어떤 사람들을 대상으로 정보를 수집해야 하는지를 검토한 다음에 정보를 수집했다. 그다음 수집한 다양한 형태의 정보를 기획서 활용의 형태로 변형시켰다. 사용 목적을 명확히 설명하고, 쉽게 작업할 수 있고, 즉시 사용할 수 있도록 수집한 정보를 정보의 발생 시간별로 분류하면서 정보를 관리하고 팀원들이 인터넷을 통해서라면 언제 어디서나 접근할 수 있도록 저장해 두었다. 그 후에는 목적에 맞게 정보를 변형하는 작업을 거쳤다. 마지막으로 최수현 대리는 활용의 형태로 바꾼 정보를 기획서에 작성하고 직접 활용하여 인사기획부가 원하는 기획서를 효율적으로 작성할 수 있었다.

① 워드프로세서의 협업 기능을 사용해 실시간 공동 문서 작업을 하였다.
② 관련 정보를 수집하는 기간을 3영업일로 정했다.
③ 같은 팀에 근무하는 팀원들과 함께 정보를 수집하였다.
④ 비용 절감을 위해 외부교육이 아니라 자체 교육 프로그램을 만들었다.
⑤ 공직윤리시스템의 자료를 기초로 하고, 다른 공공기관을 벤치마킹하였다.

난이도 ★★★

04 **컴퓨터의 기억용량 단위는 데이터의 양을 측정하는 데 사용되는데, 컴퓨터가 bit 단위(2진수)로 자료를 표현하기 때문에 기억용량도 2의 n승으로 표현한다. 연산속도는 1초 동안에 몇 개의 정보를 처리할 수 있느냐로 속도 단위를 표현하는데, 주로 컴퓨터의 처리 속도나 데이터 전송속도와 같은 시간 간격을 측정하는 데 사용된다. 다음 컴퓨터 기억용량과 연산속도 단위에 대한 설명 중 옳은 것은?**

① 기억용량 단위는 KB – MB – GB – TB – PB 순으로 커진다.
② 1GB는 1,024 × 1,024 Bytes이다.
③ 1TB는 1,024 × 1,024 × 1,024 Bytes이다.
④ 연산속도 단위는 ms – ㎲ – ps – ns – fs 순으로 빨라진다.
⑤ 1as는 10^{-15}초이다.

난이도 ★★★

05 신입사원인 김태이 사원은 업무를 할 때 컴퓨터에서 자주 오류가 발생하여 애를 먹고 있다. 이에 자주 발생하는 관련 문제의 해결책을 찾아 기록해 놓으려 한다. 다음 중 문제와 해결방안의 연결이 옳지 않은 것은?

① 인터넷이 정상적으로 작동하지 않는 경우: 네트워크 카드나 케이블이 바르게 연결되었는지 점검한다.
② 인터넷 사용 도중 '스크립트 오류'라는 메시지가 나오는 경우: 윈도우 업데이트 기능을 이용해 익스플로러와 관련된 부분을 업데이트한다.
③ 프로그램이 응답하지 않는 경우: 키보드의 Ctrl + Alt + Esc를 누른 후 [Windows 작업 관리자]의 [응용 프로그램] 탭에서 응답하지 않는 프로그램을 종료한다.
④ 인쇄 속도가 갑자기 느려진 경우: 프린터의 바로 가기 메뉴 중 [프린터 속성]을 선택한 후 [고급] 탭에서 스풀 관련 항목을 확인한다.
⑤ 인쇄가 되지 않는 경우: [시작] – [장치 및 프린터]에서 해당 프린터의 바로 가기 메뉴 중 [프린터 속성]에서 설정사항을 확인하고, 테스트 페이지 인쇄를 해본다.

난이도 ★★☆

06 파일은 자료가 디스크에 저장되는 기본단위이다. 컴퓨터를 이용하여 작업할 때는 파일을 선택·복사·삭제하는 일들이 반복된다. Windows 운영체제에서 파일을 이용하는 방법으로 옳은 것은?

① 임의의 폴더 내에서 모든 파일을 선택하려면 Ctrl + A를 누르거나 메뉴 모음에서 [편집] → [모두 선택]을 선택한다.
② Shift를 누른 상태에서 임의의 파일을 다른 드라이브의 폴더로 드래그하면 선택된 파일이 복사된다.
③ 선택된 데이터를 복사하면 클립보드에 일시적으로 보관되며 한 번의 붙이기 과정을 수행하면 데이터는 사라진다.
④ 탐색기에서 파일을 삭제하려면 파일을 선택한 후 Ctrl + Delete를 누르거나 휴지통으로 끌어다 놓는다.
⑤ 비연속적인 다수의 파일을 선택하려면 Shift를 누른 상태에서 해당되는 파일을 하나씩 클릭한다.

난이도 ★★☆

07 다음은 윈도우에서 자주 사용되는 바로가기 키와 그 기능을 연결한 내용이다. 바르게 연결되지 않은 것은?

① Alt + F4: 창 닫기, 프로그램 종료
② Alt + Tab: 활성화된 프로그램 창 전환
③ Ctrl + Alt + Del: 작업관리자 실행
④ Ctrl + Z: 실행 취소
⑤ ⊞ + D: 바탕화면 이동

난이도 ★★★

08 귀하는 총무과에서 프로그램 구입에 관한 수의계약을 담당하고 있다. 다음 프로그램 중 아래에 공개된 수의계약 조건에 적합한 것은?

제목	데이터베이스 프로그램 구입		
부서	총무과	작성자	김○○
작성일	2022-05-17	조회	887
계약개요	계약일: 2022. 05. 17. 계약기간: 2022. 05. 17.~2023. 04. 16. 예정가격: 12,500,000원	계약상대자	업체명: ㈜◇◇◇ 대표자: 박□□, 이△△△

① 셰어웨어 ② 공개 소프트웨어 ③ 상용 소프트웨어
④ 베타버전 ⑤ 패치버전

난이도 ★☆☆

09 개인정보란 생존하는 개인에 관한 정보로서 정보에 포함되어 있는 성명, 주민등록번호 등의 사항에 의하여 개인을 식별할 수 있는 정보를 말한다. 다양한 분야에서 사용할 수 있는 개인정보를 잘못 분류한 것은?

① 소득 정보 – 연봉, 소득의 원천, 소득세 지불 현황 등
② 신용 정보 – 이름, 주민등록번호, 운전면허정보, 주소, 전화번호, 생년월일, 성별, 국적 등
③ 가족 정보 – 가족의 이름, 직업, 생년월일, 주민등록번호, 출생지 등
④ 고용 정보 – 고용주, 회사주소, 상관의 이름, 직무수행 평가 기록, 훈련기록, 상벌기록 등
⑤ 교육 및 훈련 정보 – 최종학력, 성적, 기술자격증/전문면허증, 이수훈련 프로그램, 상벌 사항 등

난이도 ★★☆

10 **최근 전자금융사기 범죄가 사회적 이슈로 대두되면서 '전기통신금융사기 피해 방지 및 피해금 환급에 관한 특별법'이 제정되고 처벌 수위도 높아졌다. 다음에서 설명하고 있는 전자금융사기 범죄의 유형은 무엇인가?**

> 피해자의 휴대전화 문자나 카카오톡으로 인터넷 주소의 링크를 보내고, 피해자가 이를 누르면 휴대전화에 악성 애플리케이션을 설치해 원격 조종 등의 방식으로 개인정보를 탈취한다. 피해를 입게 되면 일반적으로 알뜰폰이 개통돼 기존 휴대전화는 먹통이 되고 그 사이 금융사기 범죄자들은 새로 개통한 휴대전화로 신규 대출을 받거나 예금을 편취해 간다.

① 피싱　② 파밍　③ 메모리해킹
④ 보이스피싱　⑤ 스미싱

난이도 ★★★

11 **다음은 악의적인 목적으로 만들어진 프로그램인 악성코드를 분류하여 설명한 것이다. 악성코드의 설명과 종류를 올바르게 짝지은 것은?**

> (A) 피해자의 파일을 암호화한 후, 데이터에 대한 액세스를 복구하려는 피해자에게 몸값을 요구하는 프로그램
> (B) 컴퓨터에 직접적인 피해를 주지는 않지만, 악의적인 공격자가 컴퓨터에 침투하여 사용자의 컴퓨터를 조종할 수 있는 프로그램
> (C) 특정 소프트웨어를 실행할 때 또는 설치 후 자동적으로 광고가 표시되는 프로그램

	(A)	(B)	(C)
①	바이러스	트로이목마	랜섬웨어
②	트로이목마	파밍	랜섬웨어
③	스파이웨어	트로이목마	웜 바이러스
④	애드웨어	랜섬웨어	트로이목마
⑤	랜섬웨어	트로이목마	애드웨어

난이도 ★★☆

12 IT 분야의 전문가인 귀하는 한 특성화 고등학교에 초청되어 학생들의 발표를 듣게 되었다. 그런데 최근 사물인터넷(IoT) 시대에 맞추어 주목을 받고 있는 인터넷 주소 체계인 IPv6(Internet Protocol version 6)에 대한 설명을 맡은 학생이 너무도 많은 오류를 저지르고 있다는 것을 알게 되어 이를 정정해 주고자 한다. 다음 설명 중 귀하가 정정해 주지 않아도 되는 것은?

① IPv6는 64비트의 주소를 사용하여 IP 주소의 부족 문제를 해결할 수 있습니다.
② IPv6는 각 부분을 10진수로 표현하고, 점(.)으로 구분합니다.
③ 유니캐스트, 멀티캐스트, 애니캐스트 3가지 주소 유형을 제공합니다.
④ IPv4와의 호환성이 낮다는 단점이 있습니다.
⑤ 약 43억 개의 인터넷 주소를 이용할 수 있으며, 예전 통신기기뿐만 아니라 최근 출시된 통신기기까지 지원됩니다.

난이도 ★★☆

13 현대사회는 '정보혁명', '컴퓨터혁명'을 넘어서 4차 산업혁명 시대라 부른다. 4차 산업혁명과 디지털 사회로의 변화에는 스마트 기기와 정보통신기술(ICT)의 발달이 가장 큰 영향을 미쳤다. 다음 제시문과 관련된 첨단기술을 순서대로 나열한 것은?

(A) 각종 사물에 센서를 내장해 실시간으로 인터넷에 연결하여 상호 소통하는 지능형 기술 및 서비스이다. 사람과 기기를 연결했던 기존의 IT기술에 더하여 '기기와 기기의 연결(Machine to Machine, M2M)'을 지향하며, 인터넷에 연결된 기기는 사람의 도움 없이 서로 알아서 정보를 주고받으며 대화를 나눌 수 있다.

(B) 기존 전력망에 ICT기술을 더해서 전력 생산 및 소비 관련 정보를 실시간·양방향으로 주고받아 에너지 효율을 향상시키는 차세대 전력망이다. 기존 전력망은 최대 수요량을 기준으로 예비율을 두고 예상되는 수요보다 15% 추가 생산하는 중앙집중형 발전 형태로, 전기가 생산되면서 동시에 버려지는 비효율적인 구조이다. 이 기술은 다양한 데이터를 활용해 사용 전기량을 예측하는 방식으로, 전기 사용자에게 전기 사용량과 요금을 알려주는 전력 수급 상황별 차등 요금제를 적용해 자발적으로 에너지를 절약하게 유도할 수 있다.

	(A)	(B)
①	인공지능(AI)	스마트시티(Smart City)
②	사물인터넷(IoT)	스마트그리드(Smart Grid)
③	빅데이터(Big data)	마이크로그리드(Micro Grid)
④	사물인터넷(IoT)	스마트시티(Smart City)
⑤	인공지능(AI)	스마트그리드(Smart Grid)

난이도 ★★★

14 은행에서 근무하는 귀하는 최근 인터넷·모바일 뱅킹을 담당하는 부서로 이동되었다. 이동 첫날 직원들과 함께 식사하는 자리에서 직원들이 은행권의 신기술 채택과 관련하여 관심이 많다는 것을 알게 되었다. 다음 대화 중 IT 기술에 대해 잘못 말한 직원은?

[김 사원]
경쟁 은행에서 이동 점포인 모바일 뱅크 차량에 '비콘 단말기'를 설치해 소비자들에게 좋은 반응을 얻고 있다고 합니다. 블루투스 기술을 기반으로 제공되는 비콘 서비스는 소비자가 단말기가 설치된 장소에 다가가면 각종 금융 혜택과 은행의 이벤트 소식을 스마트폰으로 전송해 준다고 합니다.

[최 사원]
우리 은행도 얼마 전부터 젊은 층에서 인기 있는 SNS 공식 계정을 개설했습니다. 이 SNS 채널은 '큐레이션 기능'을 통해 특정 단어와 연관된 이미지 검색이 쉽고 키워드 확산 속도도 빠른 것이 장점입니다.

[오 대리]
우리 은행이 이동통신사와 '사물인터넷(IoT) 및 핀테크 사업' 협력을 위한 협약을 체결하고 은행권 최초로 IoT 기반 핀테크 대출상품을 개발했습니다. 양사가 공동 개발하는 이 시스템을 통해 동산담보물건에 무선통신 및 GPS 센서가 탑재된 IoT 단말을 부착해 위치 추적이 가능해지고, 담보로서의 안정적인 관리가 가능해질 것으로 보입니다.

[박 대리]
'암호화폐'인 비트코인이 확산되면서 세계 각국에서 자국의 종이화폐를 전자화폐로 대체할 것으로 예상됩니다. 2013년 스웨덴의 한 은행에 강도가 침입하였지만, 현찰이 없어 빈손으로 나온 적도 있다고 합니다.

[윤 과장]
최근 자료에 따르면 60대 이상 은퇴연령 계층의 스마트폰 사용자 비율이 50%까지 늘어났다고 하네요. 한마디로 60대 이상 인구 2명 중 1명은 '실버서퍼'라는 얘기죠. 그들을 우리의 새로운 타깃층으로 잡아야 할 것 같습니다.

[박 과장]
무엇보다 우리가 해야 할 것은 태블릿 PC를 기반으로 대면과 비대면을 아우르는 '옴니채널' 구축을 통한 시장 선도입니다. 앞으로는 간단한 금융거래 수준의 서비스가 아니라 새로운 스마트기기를 활용해 1인 1은행 지점 시대가 열릴 것입니다.

① 김 사원 ② 최 사원 ③ 오 대리 ④ 윤 과장 ⑤ 박 과장

난이도 ★☆☆

15 인터넷은 익명성과 쌍방향성이라는 특성으로 인해 현실 공간에 비해 오히려 더욱더 예절이 필요하다. 다음 내용 중 네티켓으로 바른 것은 몇 개인가?

- 이메일을 보내기 전에 주소가 맞는지 한 번 더 확인한다.
- 이메일을 보낼 때는 가능한 상세히 메시지를 보낸다.
- 이메일을 사용할 때 제목은 메시지 내용을 최대한 상세히 써야 한다.
- 이메일을 보내고 확인하지 않아도 급한 일이니 알아서 처리한다.
- 온라인 채팅을 할 때는 멀리 있는 사람과 대화한다는 것을 명심해야 한다.
- 게시판에 글을 쓸 때는 빠진 게 없이 최대한 상세하게 작성한다.
- 공개 자료실에 자료를 등록할 때 가급적 압축하지 않고 원본 그대로 올린다.
- 공개 자료실에 프로그램을 올릴 때 바이러스 감염 여부를 사전에 점검한다.
- 공개 자료실에는 음란물이나 상업용 소프트웨어를 절대 올리지 않는다.

① 1개 ② 3개 ③ 4개 ④ 5개 ⑤ 6개

난이도 ★★★

16 ○○공사에 근무하는 A 씨는 Excel 문서 편집을 하면서 〈상황〉과 같이 행동했다. A 씨는 밑줄 친 행동을 할 때 단축키를 활용했는데, 〈보기〉 중 각 행동에 맞는 단축키가 적절하게 연결된 것을 모두 고르면?

〈상황〉

A 씨는 총 3개의 Sheet로 구성되어 있는 Excel 파일의 2번째 Sheet에서 작업 중이었다. 그러던 중 ㉠ 첫 번째 Sheet로 이동하여 ㉡ [A1] 셀로 커서를 옮긴 뒤 해당 Sheet의 제목을 수정했다. 이후 다시 ㉢ 두 번째 Sheet로 이동하여 작업 중이던 가장 마지막 셀로 커서를 이동한 뒤 ㉣ 함수 마법사를 활용하여 원하는 함수를 삽입하여 데이터를 산출했다. 작업을 하던 도중 과장님의 지시로 자리를 비우게 되어 ㉤ 저장을 하고 다른 업무를 처리했다.

〈보기〉

㉠ - Ctrl + Page Up
㉡ - Shift + Home
㉢ - Ctrl + Page Down
㉣ - Ctrl + F3
㉤ - Ctrl + S

① ㉠, ㉡, ㉢ ② ㉠, ㉢, ㉤ ③ ㉠, ㉣, ㉤
④ ㉡, ㉢, ㉣, ㉤ ⑤ ㉣, ㉤

난이도 ★★★

17 **인사부에 근무 중인 귀하는 신입사원 정보능력 교육자료를 준비 중이다. 다음은 업무 중에 Windows 단축키를 정리한 자료이다. 잘못된 부분은 모두 몇 개인가?**

단축키	기능
Alt + F4	열린 창을 종료한다.
Alt + Esc	시작 메뉴를 연다.
Ctrl + Delete	선택한 항목을 삭제하고 휴지통으로 이동한다.
Ctrl + Shift + Esc	작업관리자를 실행한다.
Ctrl + C	선택한 항목을 복사한다.
Ctrl + V	작업 실행을 취소한다.
⊞ + L	PC를 잠그거나 사용자 계정을 전환한다.
⊞ + Tab	열린 모든 창을 표시하고, 가상 데스크톱으로 바로 간다.
F2	파일 탐색기에서 파일 또는 폴더를 검색한다.
F5	활성화된 창을 새로 고친다.

① 2개 ② 3개 ③ 4개 ④ 5개 ⑤ 6개

난이도 ★★★

18 **개인정보가 누출되어 사생활에 침해를 받는 경우가 증가하면서 개인정보의 처리 및 보호에 관한 사항을 정한 개인정보보호법이 제정되었다. 개인정보보호법상 개인정보에 대한 설명으로 옳지 않은 것은?**

① 개인정보는 살아있는 개인에 관한 정보이다.
② 해당 정보만으로는 특정 개인을 알아볼 수 없더라도 다른 정보와 쉽게 결합하여 알아볼 수 있는 정보이다.
③ 정보를 가명처리함으로써 원래의 상태로 복원하기 위한 추가 정보의 사용과 결합 없이는 특정 개인을 알아볼 수 없으면 개인정보가 아니다.
④ 사망자 또는 법인의 정보는 개인정보에 포함되지 않는다.
⑤ 개인정보자기결정권의 보호대상이 되는 개인정보에 이미 공개된 개인정보까지도 포함된다.

난이도 ★★★

19 **기능과 정보가 결합하여 빠르게 변화하는 산업 변화를 4차 산업혁명이라고 부른다. 다음에서 설명하고 있는 4차 산업혁명 기술은 무엇인가?**

> 실재 사물을 가상 세계에 동일하게 3차원 모델로 구현하고, 시뮬레이션을 기반으로 한 분석, 예측, 최적화 등을 적용하여 의사결정을 지원하는 기술이다. 현장에 가지 않고도 산업 현장에서의 작업 절차를 미리 검증할 수 있고, 알고리즘을 적용해 돌발 사고를 최소화할 수 있다. 설계부터 제조까지 전 과정에 효율성을 향상하는 것이 가능해 제조업뿐 아니라 에너지, 자동차, 물류 등 여러 산업분야에서 다양한 산업·사회 문제를 해결할 수 있는 기술로 주목받는다.

① 빅데이터　② 인공지능(AI)　③ 가상현실(VR)
④ 사물인터넷(IoT)　⑤ 디지털 트윈(digital twin)

난이도 ★★★

20 **○○공사에서는 개인정보 유출로 인한 피해를 예방하기 위해 전직원들을 대상으로 개인정보보호 교육을 실시하였다. 이번 교육은 실제 업무 현장에서 흔히 발생할 수 있는 개인정보 유출 사례를 통해 실제 사고에 대비할 수 있도록 진행됐다. 다음 중 개인정보를 제대로 관리하지 못한 사례는 모두 몇 개인가?**

> ㉠ 공공장소에서 컴퓨터를 사용할 경우 다 끝나고 로그아웃을 한다.
> ㉡ 운영체제에서 제공하는 자동 업데이트 및 방화벽 기능을 사용한다.
> ㉢ 비밀번호는 기억하기 쉽도록 간단하게 설정하고, 주기적으로 변경한다.
> ㉣ 사이트별 비밀번호는 통일하여 설정한다.
> ㉤ 개인정보 문제 발생 시 반드시 관련 기관에 신고한다.
> ㉥ 출처 및 첨부파일이 의심스러운 이메일은 열람하여 확인 후 삭제한다.

① 1개　② 2개　③ 3개　④ 4개　⑤ 5개

난이도 ★★☆

21 김영철 사원은 파워포인트를 이용해서 발표할 때 어려움을 많이 느낀다. 업무효율성을 향상시키기 위해서 파워포인트 단축키를 찾던 중 다음 자료를 찾아 사용해 보았는데 뭔가 잘못된 것 같다는 생각이 든다. 다음 단축키 중에서 잘못된 부분은 어떤 것인가?

> ㉠ Ctrl + W: 프레젠테이션 닫기
> ㉡ Ctrl + F1: 전체화면으로 전환하기
> ㉢ Ctrl + Shift + F1: 전체화면 보기
> ㉣ Shift + F5: 첫 번째 슬라이드부터 슬라이드 쇼 시작하기
> ㉤ Alt + F5: 발표자 보기로 전환하기
> ㉥ Ctrl + F5: 현재 창 닫기

① ㉠, ㉡ ② ㉠, ㉢ ③ ㉢, ㉥ ④ ㉣, ㉤ ⑤ ㉣, ㉥

난이도 ★★★

22 엑셀 작업은 단순하고 빠를수록 업무효율성이 높아진다. 이때 단축키를 적절히 사용하면 도움이 된다. 엑셀 작업 시 Shift + Tap을 눌렀을 때의 설명으로 옳은 것은?

① 다른 이름으로 저장한다.
② 셀 포인터가 왼쪽 셀로 이동한다.
③ 지정한 셀에 동일한 데이터를 입력한다.
④ [A1] 셀로 이동한다.
⑤ 작업 중인 행의 첫 번째 셀로 이동한다.

난이도 ★★☆

23 다음은 20XX년 ○○월 화장품 브랜드 인지도 조사를 위한 자료이다. ㉠에 있는 커서를 ㉡으로 이동할 때 필요한 엑셀 단축키는?

	A	B	C	D	E	F	G
1	㉡	주력 제품	고객 연령대	참여	미디어	소통	커뮤니티
2	A 사	메이크업		7377	4353	7273	7960
3	B 사	스킨케어		2120	360	4210	1981
4	C 사	바디케어		3628	2046	2334	2878
5	D 사	남성용품		1897	865	3253	2090
6	E 사	헤어케어	㉠	4390	1307	1289	1716
7	F 사	향수		5380	1270	1554	1005
8	G 사	바디케어		3134	1061	2346	1698
9	H 사	헤어케어		3125	2409	4290	3984
10	I 사	메이크업		2376	1376	2671	1622
11	J 사	스킨케어		3520	2768	2194	2113

※ 브랜드 인지도 = 참여 + 미디어 + 소통 + 커뮤니티

① Alt + Enter
② Alt + Page Up
③ Home
④ Ctrl + Home
⑤ Ctrl + Page Up

난이도 ★★☆

24 ○○공사 인사팀에 근무 중인 귀하는 지원자들의 필기시험 점수 중 일부 특정한 인원의 점수를 확인하기 위해 [B14] 셀에 '=ROUND(DAVERAGE(A1:F11, D1, A1:A5), 1)'이라는 수식을 입력했다. 이때 [B14] 셀에 출력되는 값은?

	A	B	C	D	E	F	G
1	구분	의사소통능력	수리능력	문제해결능력	자원관리능력	정보능력	평균
2	갑	92	80	76	68	90	81.2
3	을	79	92	85	81	88	85
4	병	76	82	86	79	85	81.6
5	정	94	61	80	81	92	81.6
6	무	81	93	80	80	88	84.4
7	기	98	64	82	83	75	80.4
8	경	64	82	75	92	80	78.6
9	신	73	91	85	78	90	83.4
10	임	93	79	80	84	80	83.2
11	계	85	83	75	90	95	85.6
12							
13	구분	데이터산출					
14							

① 81　② 81.8　③ 82　④ 82.5　⑤ 83

난이도 ★★★

25 상여금 지급 업무를 담당하고 있는 귀하는 데이터 정리를 위해 아래와 같은 표를 구성하고 수식을 입력하여 지급받는 상여금 액수를 확인하는 업무를 진행하고 있다. 귀하가 [C7] 셀에 입력하기에 적절한 함수식은?

	A	B	C	D	E	F	G	H
1	이름	김석진	민윤기	김남준	정호석	박지민	김태형	전정국
2	직급	과장	과장	대리	대리	사원	사원	사원
3	부서	영업팀	관리팀	영업팀	재무팀	관리팀	인사팀	인사팀
4	상여금(원)	3,500,000	3,200,000	2,700,000	2,600,000	2,100,000	1,900,000	1,800,000
5								
6	구분	정호석의 부서	정호석의 상여금					
7		재무팀						

① = HLOOKUP(E1, B1:H4, 4, 0)
② = VLOOKUP(E1, B1:H4, 4, 0)
③ = FIND(E1, B1:H4, 4, 0)
④ = HLOOKUP(E1, B1:H4, 1, 0)
⑤ = VLOOKUP(E1, B1:H4, 1, 0)

난이도 ★★☆

26 다음은 사회복지시설에 근무하는 직원들의 근무수행태도를 평가한 자료이다. 아래 시트를 이용하여 제시된 함수식을 입력했을 때 나타나는 출력값으로 옳은 것은?

	A	B	C	D	E	
1	이름	책임성	적극성	협동성	평균	
2	이설현	83	90	73	82	
3	박초아	65	87	91	81	
4	오지민	80	75	100	85	
5	평균	76	84	88	82.6667	

	함수식	출력값
①	= SUM(COUNTA(B2:D4), MAXA(B2:D4))	102
②	= AVERAGE(SMALL(C2:C4, 2), LARGE(C2:C4, 2))	75
③	= AVERAGE(COUNTA(B2, D4), LARGE(C2:C4, 2))	38
④	= SUM(COUNTA(B2, D4), MINA(B2, D4))	109
⑤	= SUM(LARGE(B3:D3, 2), SMALL(B3:D3, 2))	174

난이도 ★★☆

27 귀하는 MS Excel을 이용하여 워크숍에 참가할 직원 명단을 정리하고 있다. 아래의 함수식을 [F2]~[F11] 셀에 입력하여 출력된 값을 비교했을 때, 다음 중 직원의 성명과 소속이 바르게 짝지어진 것은?

IF함수 정의	조건식을 지정하고 참인지 거짓인지를 판단할 때 사용하는 함수 =IF(조건식, 참, 거짓)
입력할 함수식	=IF(RIGHT(C2:C11, 3) >= "200", "기획본부", "관리본부")

	A	B	C	D	E	F	G
1	구분	참여일자	사원번호	성명	직급	소속	
2	1	202X-10-17	201509103	백종원	대리		
3	2	202X-10-17	201711275	임윤아	사원		
4	3	202X-10-17	201901121	차승원	사원		
5	4	202X-10-17	201903244	이수근	사원		
6	5	202X-10-17	201707117	최지우	주임		
7	6	202X-10-18	201405110	이서진	대리		
8	7	202X-10-18	201302239	김희철	대리		
9	8	202X-10-18	201809316	장우수	사원		
10	9	202X-10-18	201804107	정채연	사원		
11	10	202X-10-18	201612153	이진기	주임		

① 차승원 – 기획본부
② 최지우 – 관리본부
③ 김희철 – 관리본부
④ 정채연 – 기획본부
⑤ 이진기 – 기획본부

난이도 ★★★

28 ○○공사는 인건비 감축 방안을 수립하기 위해 부서별 인건비를 파악하려고 한다. 다음 엑셀 시트에서 총무부 직원의 연봉 합계액을 계산하려고 할 때, [E15] 셀에 들어갈 함수식으로 옳은 것은?

	A	B	C	D	E
1					
2		이름	입사일	부서	연봉
3		오나미	1996-06-13	회계부	30,000,000원
4		김준호	1993-08-14	영업부	35,000,000원
5		박나래	1996-06-13	총무부	38,000,000원
6		유재석	1990-12-15	기획부	42,000,000원
7		정형돈	1992-04-25	회계부	41,000,000원
8		김지민	1997-09-21	기획부	32,000,000원
9		이수근	1993-03-11	총무부	48,000,000원
10		김숙	1994-02-15	총무부	39,000,000원
11		장동민	1996-10-14	영업부	47,000,000원
12		신봉선	2001-06-12	기획부	36,000,000원
13		강유미	2002-07-22	총무부	45,000,000원
14		강호동	1991-04-08	영업부	43,000,000원
15		총무부의 연봉 합계			
16					

① =SUMIF(E3:E14, "총무부", D3:D14)
② =SUMIF(D3:D14, "총무부", E3:E14)
③ =SUM(E3:E14, "총무부", D3:D14)
④ =SUM(D3:D14, "총무부", E3:E14)
⑤ =DSUM(D3:D14, "총무부", E3:E14)

난이도 ★☆☆

29 다가오는 행사의 책임을 맡게 된 오 대리는 참석자 명부를 전해 받았다. 표에 주어진 참석자들을 생일별로 정렬하기 위해 월별로 나눈 후 날짜에서 일만 추출하려 한다. 주어진 날짜에서 일자만 표시하는 함수는 무엇인가?

	A	B	C	D
1	구분	생년월일	성별	참석여부
2	유재석	1972-08-14	남	
3	조세호	1982-08-09	남	
4	김신영	1983-12-20	여	
5	이수근	1975-02-10	남	
6	이영자	1968-05-15	여	
7	안정환	1976-01-27	남	
8	강호동	1970-06-11	남	
9	박나래	1985-10-25	여	
10	김종국	1976-04-25	남	
11	장도연	1985-03-10	여	

① MONTH ② DATE ③ TODAY
④ DAY ⑤ DATEVALUE

난이도 ★★☆

30 ○○공사 인사팀에 근무 중인 귀하는 면접 담당자에게 제공할 자료를 작성하고 있다. 공정한 블라인드 채용을 위해 이름을 익명으로 처리하여 전달하려는 귀하는 아래와 같이 A 열의 이름을 B 열의 익명 형태로 바꾸고자 한다. 이때 귀하가 [B2] 셀에 입력할 함수식으로 적절한 것은?

	A	B	C	D	E	F	G
1	이름	익명	자기소개서	자격사항	교육사항	경력사항	평균
2	최정	최○○	88	90	72	87	84.3
3	이경종	이○○	74	93	65	94	81.5
4	김수천	김○○	81	88	78	76	80.8
5	장정호	장○○	80	91	66	88	81.3
6	장대수	장○○	90	86	84	92	88.0
7	윤종식	윤○○	72	87	82	74	78.8
8	최태호	최○○	68	65	78	68	69.8
9	이필중	이○○	78	78	64	70	72.5
10	한정필	한○○	92	89	91	80	88.0
11	김해광	김○○	88	93	85	98	91.0

① =EXCHANGE(A2, 2, 1, "○")

② =EXCHANGE(A2, 2, 2, "○○")

③ =REPLACE(A2, 2, 1, "○")

④ =REPLACE(A2, 2, 2, "○")

⑤ =REPLACE(A2, 2, 2, "○○")

난이도 ★★★

31 ○○재단에서 근무하는 김석현 주임은 연말정산을 위해 지역별 기부금을 정리하고 있다. 다음 중 계산에 사용할 필요가 없는 엑셀 함수로 옳은 것은?

	A	B	C	D	E	F	G	H
1								
2			마포구 3월 기부금 총액					
3								
4		번호	지역	총액(원)	납부자 수(명)		지역명	기부액(원)
5		1	성산동	1,000,000	4		성산동	1,000,000
6		2	서교동	3,000,000	10			
7		3	동교동	2,000,000	8			
8		4	아현동	400,000	2		최고액 지역명	기부액(원)
9		5	공덕동	750,000	3		신수동	3,500,000
10		6	신수동	3,500,000	9			
11		7	합정동	2,500,000	8			
12		8	망원동	200,000	1		최저액 지역명	기부액(원)
13		9	상암동	900,000	3		망원동	200,000
14		10	토정동	1,350,000	6			
15				15,600,000	54			

① MAX ② MIN ③ SUM ④ SUMIF ⑤ VLOOKUP

난이도 ★☆☆

32 다음은 ○○마트의 과일 코너에서 하루 동안 판매한 과일의 판매량을 나타낸 표이다. [C2] 셀에 판매 비율 함수식을 넣고 엑셀의 드래그 기능을 이용하여 [C3]~[C8] 셀까지 채우려고 할 때, [C2] 셀에 들어갈 함수식으로 적절한 것은?

	A	B	C
1	구분	판매량	판매 비율
2	사과	10	
3	배	15	
4	바나나	7	
5	키위	8	
6	복숭아	12	
7	수박	18	
8	총 판매량	70	

① = (B2 / B8) * 100
② = ($B2 / B8) * 100
③ = ($B$2 / B8) * 100
④ = (B2 / B$8) * 100
⑤ = (B2 / $B8) * 100

난이도 ★★☆

33 다음은 엑셀 자료를 정리할 때 글자를 대체하거나 추출하는 함수이다. 함수값 중 틀린 것은?

① LEFT("950413-2456789", 6) = 950413
② REPLACE("YOUTH", 4, 2, "NG") = YOUNG
③ SUBSTITUTE("DODO", "D","G") = GOGO
④ LEN("famous") = 6
⑤ LARGE({2,5,6,7}, 2) = 5

난이도 ★★☆

34 ○○공사 인사팀에 근무하고 있는 귀하는 신입사원 선발과정 중 필기시험 성적을 통해 면접 대상자를 선발하는 업무를 담당하고 있다. 모든 과목에서 평균 이상의 점수를 획득한 사람을 면접 대상자로 선발할 예정이고, 우선 인원을 파악하기 위해 [F14] 셀에 함수식을 입력하고자 한다. 다음 중 귀하가 [F14] 셀에 입력할 함수식으로 가장 적절한 것은?

	A	B	C	D	E	F	G	H	I
1	이름	의사소통 능력	통과 여부	문제해결 능력	통과 여부	자원관리 능력	통과 여부	정보능력	통과 여부
2	최○○	88.0	O	90.0	O	72.0	X	87.0	O
3	이○○	74.0	X	93.0	O	65.0	X	94.0	O
4	김○○	81.0	X	88.0	O	78.0	O	76.0	X
5	장○○	80.0	X	91.0	O	66.0	X	88.0	O
6	정○○	90.0	O	86.0	O	84.0	O	92.0	O
7	윤○○	72.0	X	87.0	O	82.0	O	74.0	X
8	박○○	68.0	X	65.0	X	78.0	O	68.0	X
9	강○○	78.0	X	78.0	X	64.0	X	70.0	X
10	한○○	92.0	O	89.0	O	91.0	O	80.0	O
11	손○○	88.0	O	93.0	O	85.0	O	98.0	O
12	평균	81.1		86.0		76.5		82.7	
13									
14	모든 항목에서 합격 판정을 받은 인원의 수						명		

① =COUNTIFS(C2:C11,"O", E2:E11, "O", G2:G11, "O", I2:I11, "O")

② =COUNTIFS(C2:C11, E2:E11, G2:G11, I2:I11, "O", "O", "O", "O")

③ =COUNTIF(C2:C11, "O", E2:E11, "O", G2:G11, "O", I2:I11, "O")

④ =COUNTIF(C2:C11, E2:E11, G2:G11, I2:I11, "O", "O", "O", "O")

⑤ =COUNT(C2:C11, "O", E2:E11, "O", G2:G11, "O", I2:I11, "O")

난이도 ★★★

35 아래의 엑셀 시트에서 [B14] 셀에 '=DCOUNT(B1:E10, 2, B12:B13)'이라는 함수식을 입력했을 때, 그 결괏값으로 가장 적절한 것은?

	A	B	C	D	E
1	입고일	품명	수량(개)	단가(원)	금액(원)
2	8월 2일	무선 이어폰	12	30,000	360,000
3		무선 키보드	10	32,000	320,000
4		무선 마우스	15	24,000	360,000
5	8월 4일	외장 하드	7	110,000	770,000
6		태블릿 전용 키보드	4	120,000	480,000
7		터치 펜	5	80,000	400,000
8	8월 6일	무선 키보드	20	32,000	640,000
9		블루투스 선풍기	10	15,000	150,000
10		소형 공기청정기	5	100,000	500,000
11					
12		품명			
13		무선 키보드			
14		(a)			

① 2 ② 32 ③ 32,000 ④ 64,000 ⑤ 960,000

난이도 ★★★

36 다음은 어떤 학급의 성적을 정리한 표이다. 평균은 국어, 영어, 수학, 과학 점수의 산술평균이고, 등수는 평균을 이용하여 구했으며 평균은 [F2] 셀, 등수는 [G2] 셀에 함수식을 입력하여 드래그 기능을 통해 채워 넣었다. 다음 중 A와 B에 들어갈 알맞은 함수식을 순서대로 바르게 나열한 것은?

	A	B	C	D	E	F	G
1	구분	국어	영어	수학	과학	평균	등수
2	유재석	94	56	95	85	82.5	8
3	박나래	76	79	76	51	70.5	20
4	이영자	78	91	97	90	89	1
5	이광수	57	66	97	65	71.25	19
6	김신영	62	57	92	91	75.5	17
7	김종국	78	85	86	66	78.75	12
8	강호동	82	95	77	84	84.5	6
9	박명수	95	98	46	49	72	18
10	이효리	93	55	82	83	78.25	(B)
11	이혜리	64	93	55	94	(A)	16
12	이상민	78	54	94	85	77.75	14
13	김성주	99	88	86	83	89	1
14	전현무	93	76	97	85	87.75	3
15	안정환	81	83	82	75	80.25	10
16	표지훈	83	71	79	76	77.25	15
17	김희철	76	87	89	76	82	9
18	김영철	76	98	97	76	86.75	5
19	송지효	75	84	95	78	83	7
20	서장훈	99	65	97	87	87	4
21	신동엽	83	79	76	79	79.25	11

① =AVERAGE(B11:E11), =RANK(F10, F2:F21)

② =AVERAGE(B11:E11), =RANK(F2:F21, F10)

③ =AVERAGE(B$11:E$11), =RANK(F2:F21, F10)

④ =AVERAGE(B11:E11), =RANK(F10, $F2:$F21)

⑤ =AVERAGE(B11:E11), =RANK(F10, F$2:F$21)

난이도 ★★☆

37 다음은 Microsoft Word 프로그램을 사용하여 작성한 문서의 일부이다. 다음 중 박스 표시된 부분과 같이 문서를 편집할 수 있도록 하는 기능은?

> 기술의 진보에 따라 빠르게 변화하는 사회는 조직이 주도적이고 능동적으로 변화하기를 요구하고 있으며, 그에 따라 조직의 성과를 높이고 지속 가능한 경영을 실천할 수 있도록 하는 조직시민행동[1]에 대한 연구의 필요성은 꾸준히 제기되고 있다. 그와 더불어 기업의 윤리 문제가 부각되면서 성과지향적 조직관리에 대한 반성과 함께 사람의 인성을 전제로 한 '인본주의적 운영관리'에 대한 필요성이 부각되고 있다. 선행연구[1]에서는 윤리적 리더의 조건으로 특성, 윤리적 지각, 사람 지향, 성실성, 동기부여, 윤리적 책임 관리를 제시하였으며, 이러한 윤리적 리더십[2]을 발휘하는 리더는 구성원들을 인격적으로 존중하며, 공정한 대우를 통해 구성원들로 하여금 조직에 대한 애착심과 자긍심을 키워줄 수 있다.
>
> ---
> [1] 직무에 대한 최소한의 요구를 넘어서서 조직을 위해 과업 수행을 지원하는 행동
> [2] 윤리성에 기반한 리더십
>
> | |
> |---|
> | [1] 기존에 진행된 연구 |
>
> 페이지 1 / 1

① 미주 ② 각주 ③ 머리글 ④ 바닥글 ⑤ 색인

난이도 ★★☆

38 김효연 사원은 공공기관에서 주로 사용하는 한글 단축키를 잘 활용하여 입사 3개월인데도 업무를 빨리 처리한다는 평가를 받고 있다. 부러워하는 동기들을 위해 유용한 한글 단축키를 몇 가지 알려주면서 한 가지 틀린 것을 찾아보라고 하였다. 다음 단축키 중에서 설명이 옳지 않은 것은?

① Alt + L: 지우기
② Alt + Shift + W: 자간 넓게
③ Ctrl +]: 글씨 크게
④ Ctrl + P: 인쇄
⑤ Ctrl + X: 오려 두기

난이도 ★★★

39 데이터베이스를 조작하기 위해서는 SQL 명령어가 필요하다. 다음 주어진 명령어 중 DML(Data Manipulation Language)에 속하지 않는 것은?

① INSERT ② UPDATE ③ DELETE
④ SELECT ⑤ ALTER

[40-41] 다음은 시스템 오류 판단 기준에 대한 자료이다. 아래 내용을 보고 각 물음에 답하시오.

[시스템 오류 판단 기준]

항목	세부 사항
Monitoring system type	• JEUS: [System type code: JE] – 주어진 Error value 중 FRE 항목에 6, RIS 항목에 4의 가중치를 두고 두 항목을 더하여 최종 Value 값을 산출 • HADES: [System type code: HA] – 주어진 Error value 중 RIS 항목에 6, FA 항목에 4의 가중치를 두고 두 항목을 더하여 최종 Value 값을 산출
Error value	• FRE: 발생 빈도 값을 나타내며, 최근 10일간 발생 일수를 0~10의 정수 값으로 출력 • RIS: 위험 정도를 나타내며 0~10의 정수 값으로 출력(10에 가까울수록 위험도가 높음을 의미) • FA: 해결 용이성을 나타내며 0~10의 정수 값으로 출력(0에 가까울수록 해결이 용이하며, 10에 가까울수록 해결이 난해함을 의미)
Error code	• 최종 Value 값에 따라 구분됨 – 8점 초과: ESD – 6점 초과 8점 이하: HFP – 3점 초과 6점 이하: FIO – 3점 이하: NMM
Feedback code	• Monitoring system type과 가중치에 따른 최종 Value 값에 따름 – [Monitoring system type code], [가중치가 높은 Error value code], [가중치가 낮은 Error value code], [최종 Value 값에 따른 Error code] 순서로 구성되며, 각 항목 사이는 '_'로 연결

※ 모든 Code는 구분자를 제외하고 영문 대문자 또는 숫자로만 구성됨

난이도 ★★★

40 다음과 같은 시스템 상태에 적절한 Feedback code는?

```
JE monitoring system is processing……
Processing……

Error Found!
Error found in 1st index of File HACKERS
Error value is FRE 7, RIS 8, FA 3

Error code calculating……

Feedback value is (                                        )
```

① JE_FRE_RIS_FIO
② JE_FRE_RIS_ESD
③ JE_RIS_FRE_HFP
④ HA_RIS_FA_FIO
⑤ JE_FRE_RIS_HFP

난이도 ★★★

41 위의 시스템에서 Error가 발생했을 때, Input code 입력 기준이 아래와 같다. 귀하가 아래의 시스템 상태를 고려하여 입력해야 하는 Input code로 가장 적절한 것은?

[Input code 입력 기준]

Input code	우선순위	최종 Value 값 기준	FA 점수 기준
EFI_N	1	9점 이상	3점 미만
EFI_IOM	2	7점 이상	5점 미만
FA_OML	3	5점 이상	7점 미만
FA_TML	4	3점 이상	10점 미만
NMM_IOY	5	3점 미만	10점 이하

※ 1) 최종 Value 값과 FA 점수 기준을 모두 만족하는 Input code 중 우선순위가 가장 높은 1가지 code를 입력해야 함

2) JEUS monitoring system 기준이며, HADES monitoring system의 경우 최종 Value 값 기준이 JEUS monitoring system에 비해 1점씩 낮음(ex. HADES monitoring system FA_TML 최종 Value 값 기준: 2점 이상)

[시스템 상태]

HA monitoring system is processing……
Processing……

Error Found!
Error found in X1 index of File HACKERS
Error value is FRE 5, RIS 4, FA 6

Error code calculating……

Feedback value is HA_RIS_FA_FIO

① EFI_N ② EFI_IOM ③ FA_OML ④ FA_TML ⑤ NMM_IOY

[42-44] 다음은 System Error Code의 구성과 세부 사항, 그리고 Debugging Code의 구성과 세부 사항을 나타낸 자료이다. 다음 자료를 보고 각 물음에 답하시오.

구분	세부 사항
Error Code의 형태	Error_Code_A_B_C_D • A: object_name • B: filed_type • C: critical_value • D: duration_time
Error Value	① object_name: 오류 발생 Program의 영문 약자(2자리) • Application(AP), Background Program(BP), Security Program(SP) ② filed_type: File type에 따른 영문 약자(2자리) • Execution File(EF), Backup File(BF), Debugging File(DF) ③ critical_value: object_name과 filed_type 조합에 따라 산출 • object_name에 따른 할당 값(=object_name_value) – AP=4, BP=7, SP=9 • filed_type에 따른 할당 값(=filed_type_value) – EF=4, BF=9, DF=16 • 산출 방법: $(\text{object\_name\_value})^2+\sqrt{\text{filed\_type\_value}}$ ④ duration_time: Error 지속 시간에 따라 산출 • 1시간 미만: 01 • 1시간 이상 8시간 미만: 02 • 8시간 이상 24시간 미만: 03 • 24시간 이상: 04
Debugging Code의 형태	Debug_Code_E_F ※ 1) E: priority 2) B: intensity
Debugging Value	① priority • 현재 발생된 error 중 duration_time이 긴 error부터 짧은 error 순서대로 01~09까지 할당 • 동시 발생 error 10개 이상 시 00 입력 ② intensity • 현재 발생된 error 중 critical_value가 높은 error부터 낮은 error 순서대로 91~99까지 할당 • 동시 발생 error 10개 이상 시 00 입력

난이도 ★★★

42 다음 중 아래의 상태에서 System이 출력할 Error Code로 적절한 것은?

Checking error on system… Error Alert! Error Alert! Error founded Application Backup File Error duration time: 8hrs Error Code: (   )

① Error_Code_AP_BF_19_02
② Error_Code_AP_BF_19_03
③ Error_Code_AP_BF_52_01
④ Error_Code_AP_EF_52_02
⑤ Error_Code_BP_EF_53_03

난이도 ★★★

43 다음 중 아래의 상태에서 System이 출력할 Error Code로 적절한 것은?

Checking error on system… Error Alert! Error Alert! Error founded Background Program Debugging File Error duration time: 32hrs Error Code: (   )

① Error_Code_AP_BF_52_02
② Error_Code_AP_BF_53_03
③ Error_Code_BP_DF_52_03
④ Error_Code_BP_DF_53_04
⑤ Error_Code_BP_EF_53_03

난이도 ★★☆

44 다음은 현재 발생한 Error를 나타낸 프로그램 화면이다. 아래의 화면에 나타난 정보를 토대로 할 때, Error_Code_BP_EF_51_02를 Debugging하기 위해 입력해야 하는 Debugging Code로 가장 적절한 것은?

```
Checking error on system…
Error Alert!
Error Alert!

……

Sorting error on system: 4 errors founded!
Error_Code_AP_DF_20_01
Error_Code_BP_EF_51_02
Error_Code_AP_EF_18_01
Error_Code_SP_BF_84_03

Input Debugging Code for Error: (                              )
```

① Debug_Code_01_91
② Debug_Code_02_91
③ Debug_Code_02_92
④ Debug_Code_03_92
⑤ Debug_Code_00_00

난이도 ★★★

45 귀하는 아래와 같은 2가지 종류의 프로그램을 활용하여 시스템을 관리하고 있다. Checking program 결과 화면을 토대로 할 때, 다음 중 귀하가 입력할 코드로 적절한 것은?

[사용 프로그램 종류 및 사용 방법]

프로그램명	역할	프로그램 특징	비고
Checking program	오류 확인	2진수 기반 프로그램	1은 검정색, 0은 흰색으로 표현
Debugging program	오류 해결	16진수 기반 프로그램	16진수 외 사용 불가

※ Checking program을 통해 확인한 오류 코드를 16진수로 변환하여 Debugging program에 입력해야 함

[Checking program 결과 화면]

① 8467　② 8C6D　③ 8C6E　④ 9A4E　⑤ 35949

[46-47] 다음 자료를 보고 각 물음에 답하시오.

[EAN-13 코드 생성 방식]

[국가코드(3자리)] [업체코드(4자리)] [상품코드(5자리)] [체크섬(1자리)]

예 일본 ☆☆회사에서 생산된 수입맥주 A

4 901043 229884

국가코드		업체코드		상품코드				체크섬
				분류		상품		
490	일본	0088	○○회사	102	햄버거류	11	햄버거 A	바코드 짝수 번째 숫자의 합에 3을 곱한 값과 홀수 번째 숫자의 합을 더한 후, 그 값에 추가로 더하여 10의 배수로 만드는 최소 숫자
690	중국	1019	□□회사			22	핫도그 A	
880	한국	1030	△△회사	118	초콜릿류	33	바초콜릿 A	
		1043	☆☆회사			44	판초콜릿 A	
		1062	◇◇회사	221	빙과류	55	바 B	
		1111	♧♧회사			66	튜브 A	
		1411	♤♤회사	229	맥주	77	국산맥주 A	
						88	수입맥주 A	
				337	면류	99	봉지면 A	
						31	용기면 C	
				460	커피음료	53	캔/병커피 C	
						75	냉장커피 C	

난이도 ★☆☆

46 아래 바코드에서 체크섬 자리에 들어갈 숫자로 적절한 것은?

6 901019 11844

① 2　② 5　③ 6　④ 8　⑤ 9

난이도 ★★★

47 다음 중 한국 ♤♤회사에서 생산된 빙과류 튜브 A의 바코드로 적절한 것은?

① 8 801411 221556

② 8 801111 221665

③ 8 801411 221662

④ 6 901411 221555

⑤ 8 800088 118336

[48-50] 다음은 Power 함수를 이용한 코딩에 대한 내용이다. 각 물음에 답하시오.

Power 함수는 거듭제곱을 구하는 함수이다.
Power(a, n)은 a^n을 구하는 함수로 a를 n번 곱한 값을 의미한다. 예를 들어 n이 5인 경우
Power(a, 5) = a × a × a × a × a = a^5이 된다.
재귀 함수

```
def power(a, n):
  If n = 1:
    return a
else:
    return
    (        가        )
end
```

반복 함수

```
def power(a, n):
x = 1
  for i in range(n):
  (        나        )
print(x)
end
```

난이도 ★★★
48 (가)에 들어갈 코드로 적절한 것은?

① a × power(a−1, n)
② n × power(a, n−1)
③ a × power(a, n+1)
④ a × power(a, n−1)
⑤ power(a, n)

난이도 ★★★
49 (나)에 들어갈 코드로 적절한 것은?

① x = a × i
② i = x × i
③ x = a × x
④ i = i × i
⑤ x = x × x

난이도 ★★★

50 동찬이는 위의 반복함수를 보고 3의 4제곱을 나타낼 수 있는 알고리즘을 작성하였다. 아래 동찬이가 작성한 알고리즘을 보았을 때 알고리즘의 (?)에 들어가기에 가장 적합한 것은?

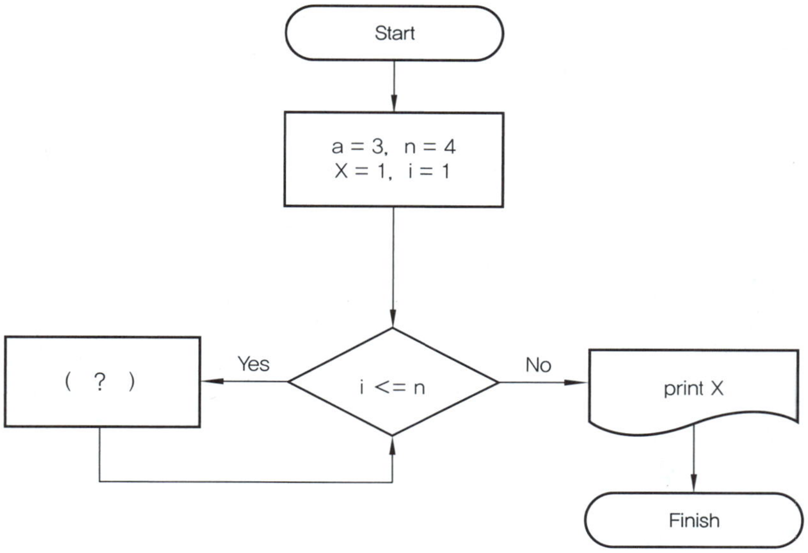

① X = X × a
   i = i + 1

② X = X + 1
   i = i × a

③ X = X × i
   i = a + 1

④ X = X × a
   i = i + a

⑤ X = X + a
   i = i + 1

정답해설편 p.73

8

기술능력

핵심이론정리
대표기출유형
적중예상문제

출제 특징

기술능력은 사무직, 행정직보다 기술직, 기계직, 전산직 등 이공계 직군에서 주로 출제된다. 기술교양, 기술혁신, 기술시스템 발전 단계를 묻는 문제는 이론을 학습하면 충분히 맞힐 수 있는 난도로 출제되며, 업무 매뉴얼 문제는 지원한 기업 및 직무 관련 매뉴얼과 용어를 미리 학습하면 충분히 맞힐 수 있다. 최근 4차 산업혁명 기술, 첨단기술에 대한 문제도 출제되고 있어 지원한 기업 및 직무 관련 기술 동향을 알아두면 문제 풀이 시간을 단축할 수 있다.

출제 비중

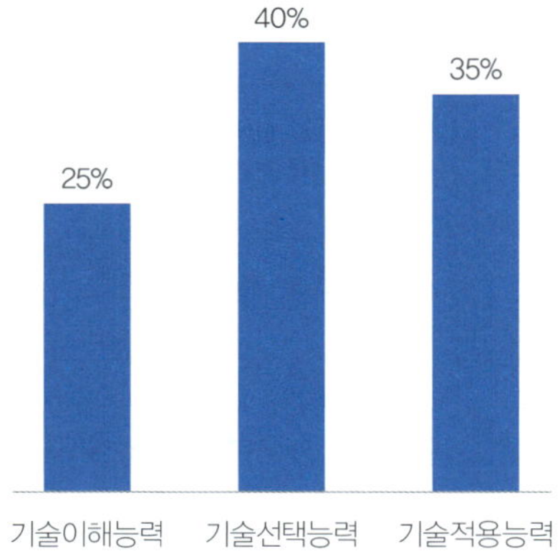

출제 기업

서울교통공사, 서울교통공사 9호선, 인천교통공사, 대구교통공사, 한전KDN, 한전KPS, 한전MCS, 한전원자력연료, 한국서부발전, 한국중부발전, 한국수력원자력, 한국지역난방공사, 한국가스기술공사, 한국농어촌공사, 한국공항공사, 한국도로공사, 한국교통안전공단, 국민연금공단, 한국승강기안전공단, 국립공원공단, 한국우편사업진흥원 등

National Competency Standards

핵심이론정리

핵심이론정리에는 한국산업인력공단 직업기초능력 가이드북 중 시험에 자주 출제되며 출제 가능성이 높은 이론을 수록했습니다.

기술능력 소개

1. 기술의 정의 기출 서울교통공사

1) 기술의 의미와 구분

① 기술의 의미

- 물리적인 것뿐만 아니라 사회적인 것으로서 지적인 도구를 특정한 목적에 사용하는 지식체계
- 인간이 주위 환경에 대한 통제를 확대시키는 데 필요한 지식의 적용
- 제품이나 용역을 생산하는 원료, 생산 공정, 생산 방법, 자본재 등에 관한 지식의 집합체

② 기술의 분류

구분	개념	획득과 전수 방법
노하우 (Know-how)	특허권을 수반하지 않는 과학자, 엔지니어 등이 가지고 있는 체화된 기술	경험적이고 반복적인 행위
노와이 (Know-why)	어떻게 기술이 성립하고 작용하는가에 관한 원리적 측면에 중심을 둔 개념	이론적인 지식으로서 과학적인 탐구

③ 기술의 변화

- 원래 Know-how의 개념이 강하였으나 시대가 지나면서 Know-how와 Know-why가 결합
- 현대적 기술은 주로 과학을 기반으로 하는 기술(Science-based technology)
  - 기술: 추상적인 이론보다는 실용성, 효용성, 디자인을 강조
  - 과학: 추상적 이론, 지식을 위한 지식, 본질에 대한 이해를 강조

2) 기술의 특징

① 하드웨어나 인간에 의해 만들어진 비자연적인 대상 혹은 그 이상을 의미
② 기술을 설계하고, 생산하고, 사용하기 위한 정보·기술·절차 등을 갖는 데 필요한 노하우를 포함하는 개념
③ 하드웨어를 생산하는 과정
④ 인간의 능력을 확장시키기 위한 하드웨어와 그것의 활용을 의미
⑤ 정의 가능한 문제를 해결하기 위해 순서화되고 이해 가능한 노력

3) 지속 가능한 발전과 기술

① 지속 가능한 발전
- 지구촌의 현재와 미래를 포괄하는 개념
- 우리의 현재 욕구를 충족시키는 동시에 후속 세대의 욕구 충족을 침해하지 않는 발전
- 경제적 활력, 사회적 평등, 환경의 보존을 동시에 충족시키는 발전

② 지속 가능한 기술
- 지속 가능한 발전을 가능하게 하는 기술
- 이용 가능한 자원과 에너지를 고려하고, 자원이 사용되고 그것이 재생산되는 비율의 조화를 추구하며, 이러한 자원의 질을 생각하고, 자원이 생산적인 방식으로 사용되는가에 관심을 두는 기술
- 태양에너지와 같이 고갈되지 않는 자연에너지를 활용하며, 낭비적인 소비 형태를 지양하고, 기술적 효용만이 아닌 환경 효용(Eco-efficiency)을 추구

2. 기술능력이 뛰어난 사람과 기술능력 향상 방법

1) 기술능력의 의미

① 기술능력의 개념
- 직업에 종사하는 모든 사람에게 필요한 능력으로, 기술을 사용·운영·이해하는 능력
- 넓은 의미로 확대하면 기술교양이라는 개념으로 사용될 수 있으나, 사실상 기술교양의 개념을 보다 구체화시킨 개념이라 할 수 있음

② 기술교양의 개념
- 모든 사람이 광범위한 관점에서 기술의 특성, 기술적 행동, 기술의 힘, 기술의 결과에 대해 어느 정도의 지식을 가지는 것
- 기술교양을 지닌 사람은 기술학의 특성 및 역할과 기술체계가 설계·사용·통제되는 방법을 이해하고, 기술과 관련된 이익을 가치화하고 위험을 평가할 수 있으며, 기술에 의한 윤리적 딜레마에 합리적으로 반응할 수 있음

2) 기술능력이 뛰어난 사람의 특징

① 실질적 해결을 필요로 하는 문제를 인식함
② 인식된 문제를 위해 다양한 해결책을 개발 및 평가함
③ 실제적 문제를 해결하기 위해 지식 또는 기타 자원을 선택 및 최적화시키며 적용함
④ 주어진 한계 속에서 제한된 자원을 가지고 업무를 수행함
⑤ 기술적 해결에 대한 효용성을 평가함
⑥ 여러 상황 속에서 기술의 체계와 도구를 사용하고 익힘

3) 기술능력 향상 방법

① 전문연수원을 통한 기술 과정 연수

연수시설 없는 회사도 전문적인 교육 가능, 이론 겸한 실무 중심의 교육, 체계적이고 현장과 밀착된 교육, 각종 부대시설 활용, 산학 및 우수연수기관과 협력한 연수 가능, 교육비 부담 감소

② e-learning을 활용한 기술교육

언제 어디서든 학습 가능, 학습자 스스로 조절·통제 가능, 멀티미디어 이용한 학습 가능, 자유로운 의사교환과 상호작용, 새로운 교육 업데이트 용이

③ 상급학교 진학을 통한 기술교육

최신 기술 흐름 반영한 기술교육 가능, 실무 중심의 기술교육 가능, 인적 네트워크 형성, 경쟁 통한 학습효과 향상

④ OJT를 활용한 기술교육

- 조직 안에서 피교육자인 종업원이 직무에 종사하면서 받게 되는 교육 훈련방법(On the Job Training)
- 교육자와 피교육자 사이 친밀감 조성, 시간 낭비 최소화, 조직의 필요에 합치된 교육훈련

3. 산업재해 방지 방법 기출 서울교통공사

1) 산업재해의 의미

① 산업활동 중의 사고로 인해 사망하거나 부상을 당하는 것, 또는 유해 물질에 의한 중독 등으로 직업성 질환에 걸리거나 신체적 장애를 갖게 되는 것

② 산업안전보건법에 따르면 근로자가 업무에 관계되는 건설물·설비·원재료·가스·증기·분진 등에 의하거나 작업 또는 그 밖의 업무에 의하여 사망 또는 부상당하거나 질병에 걸리는 것을 의미함

2) 산업재해의 원인

구분	내용
기본적 원인	• 교육적 원인: 안전 지식의 불충분, 안전 수칙의 오해, 경험 또는 훈련의 불충분, 작업관리자의 작업 방법에 대한 교육 불충분, 유해 위험 작업 교육의 불충분 등 • 기술적 원인: 건물·기계 장치의 설계 불량, 구조물의 불안정, 재료의 부적합, 생산 공정의 부적당, 점검·정비·보존의 불량 등 • 작업 관리상 원인: 안전 관리 조직의 결함, 안전 수칙 미제정, 작업 준비 불충분, 인원 배치 및 작업 지시 부적당 등
직접적 원인	• 불안전한 행동: 위험 장소 접근, 안전 장치 기능 제거, 보호 장비 미착용 및 오용, 운전 중인 기계의 속도 조작, 기계 및 기구의 잘못된 사용, 위험물 취급 부주의, 불안전한 상태 방치, 불안전한 자세와 동작, 잘못된 감독 및 연락 등 • 불안전한 상태: 시설물 자체 결함, 전기 시설물의 누전, 구조물의 불안정, 소방기구의 미확보, 안전 보호 장치의 결함, 복장 및 보호구의 결함, 시설물의 배치 및 장소 불량, 작업환경의 결함, 생산 공정의 결함, 경계 표시 설비의 결함 등

3) 산업재해가 개인과 기업에 끼치는 영향

① 개인에게 끼치는 영향

재해를 당한 본인 및 가족의 정신적·육체적 고통, 일시적 또는 영구적인 노동력 상실, 본인 및 가족 생계의 막대한 손실

② 기업에 끼치는 영향

재해를 당한 근로자에 대한 보상 부담, 재해를 당한 노동 인력의 결손으로 인한 작업 지연, 재해로 인한 건물·기계·기구 등의 파손, 재해로 인한 근로 의욕 침체 및 생산성 저하

4) 산업재해의 예방대책

안전 관리 조직	경영자가 안전 목표를 설정하고 안전 관리 책임자를 선정하며, 안전 계획을 수립한 후 이를 시행 및 감독함
사실의 발견	사고 조사, 안전 점검, 현장 분석, 작업자 제안 및 여론 조사, 관찰 및 보고서 연구 등을 통하여 사실을 발견함
원인 분석	재해 발생 장소, 재해 형태, 재해 정도, 관련 인원, 직원 감독의 적절성, 공구 및 장비 상태 등을 정확히 분석함
기술 공고화	원인 분석을 토대로 적절한 시정책, 즉 기술적 개선, 인사 조정 및 교체, 교육, 설득, 공학적 조치 등을 선정함
시정책 적용 및 뒤처리	안전에 대한 교육 및 훈련 실시, 안전시설 및 장비의 결함 개선, 안전 감독 실시 등의 선정된 시정책을 적용함

5) 불안전한 행동 방지 및 상태 제거 방법

① 불안전한 행동 방지 방법

- 근로자의 불안전한 행동을 지적할 수 있는 안전 규칙 및 수칙 제정
- 근로자 간에 불안전한 행동을 지적함으로써 안전에 대한 이해 증진
- 정리 정돈, 조명, 환기 등을 잘 수행하여 쾌적한 작업환경 조성

② 불안전한 상태를 제거하는 방법

- 각종 기계·설비 등을 안전성이 보장되도록 제작하고, 항상 양호한 상태로 작동되도록 유지·관리를 철저히 함
- 기후, 조명, 소음, 환기, 진동 등의 환경 요인을 잘 관리하여 사고 요인을 미리 제거함

하위능력 ❶ 기술이해능력

1. 기술시스템과 기술혁신 기출 서울교통공사

1) 기술시스템의 의미

① 개별 기술이 네트워크로 결합하여 만들어진 것으로, 과학에서는 볼 수 없는 기술만의 독특한 특성

② 인공물의 집합체만이 아니라 회사, 투자회사, 법적 제도, 정치, 과학, 자연자원을 모두 포함하는 개념으로, 기술적인 것(The technical)과 사회적인 것(The social)이 결합하여 공존하므로 사회기술시스템(Sociotechnical system)이라 불리기도 함

2) 기술시스템의 발전 단계

1단계	발명·개발·혁신의 단계	• 기술시스템이 탄생하고 성장 • 시스템을 디자인하고 초기 발전을 추진하는 기술자의 역할이 중요
2단계	기술 이전의 단계	• 성공적인 기술이 다른 지역으로 이동 • 시스템을 디자인하고 초기 발전을 추진하는 기술자의 역할이 중요
3단계	기술 경쟁의 단계	• 기술시스템 사이의 경쟁 • 기업가의 역할이 중요
4단계	기술 공고화 단계	• 경쟁에서 승리한 기술시스템의 관성화 • 자문 엔지니어와 금융전문가의 역할이 중요

3) 기술혁신의 특성

① 그 과정 자체가 매우 불확실하고 장기간의 시간이 필요함

② 지식 집약적인 활동임

③ 혁신 과정의 불확실성과 모호함은 기업 내 많은 논쟁과 갈등을 유발할 수 있음

④ 조직의 경계를 넘나듦

4) 기술혁신의 과정과 역할

기술혁신 과정	혁신활동	필요한 자질과 능력
아이디어 창안	• 아이디어 창출 및 가능성 검증 • 일을 수행하는 새로운 방법 고안 • 혁신적인 진보를 위한 탐색	• 각 분야의 전문지식 • 추상화와 개념화 능력 • 새로운 분야의 일을 즐겨 함
챔피언	• 아이디어 전파 • 혁신을 위한 자원 확보 • 아이디어 실현을 위한 헌신	• 정력적이고 위험을 감수함 • 아이디어 응용에 관심을 둠
프로젝트 관리	• 리더십 발휘 • 프로젝트 기획 및 조직 • 프로젝트의 효과적인 진행 감독	• 의사결정능력 • 업무수행 방법에 대한 지식
정보 수문장	• 조직 외부 정보를 내부 구성원들에게 전달 • 조직 내 정보원 기능	• 높은 수준의 기술적 역량 • 원만한 대인관계능력

후원	• 혁신에 대한 격려와 안내 • 불필요한 제약에서 프로젝트 보호 • 혁신에 대한 자원 획득을 지원	• 조직 내 주요 의사결정에 대한 영향력

2. 실패한 기술이 우리 사회에 미치는 영향

1) 실패의 원인과 교훈

① 실패의 10가지 원인

무지, 부주의, 차례 미준수, 오판, 조사 및 검토 부족, 조건의 변화, 기획 불량, 가치관 불량, 조직운영 불량, 미지

② 실패와 관련된 10가지 교훈

- 성공은 99%의 실패를 통해 얻은 교훈과 1%의 영감으로 구성된다.
- 실패는 어떻게든 감추려는 속성이 있다.
- 방치해 놓은 실패는 성장한다.
- 엄청난 실패는 29건의 작은 실패와 300건의 실수를 저지른 뒤에 발생한다. (실패의 하인리히 법칙)
- 실패는 전달되는 과정에서 항상 축소된다.
- 실패를 비난하거나 추궁할수록 더 큰 실패를 낳는다.
- 실패 정보는 모으는 것보다 고르는 것이 더 중요하다.
- 실패에는 필요한 실패와 일어나서는 안 될 실패가 있다.
- 실패는 숨길수록 병이 되고 드러낼수록 성공한다.
- 좁게 보면 성공인 것이 전체를 보면 실패일 수 있다.

2) 기술적 실패 또는 실패한 기술

① 혁신적인 기술능력을 가진 사람의 특징

성공과 실패의 경계를 유동적으로 만들어 실패의 영역에서 성공의 영역으로 자신의 기술을 이동시킴

② 실패를 대하는 올바른 태도

- 연구 개발과 같이 지식을 획득하는 과정에서 항상 실패를 겪는다는 점에서 실패는 용서받을 수 있고, 오히려 바람직한 것으로 여겨짐
- 실패를 은폐하다 보면 실패가 반복될 수 있고, 이로 인해 커다란 재앙이 발생할 수 있음

3) 미래사회 유망 기술

① 전기전자정보공학분야

타 분야에 대한 기술적 파급 효과가 큰 첨단 기술의 복합체인 '지능형 로봇분야'

② 기계공학분야

CO_2로 인한 환경오염을 방지하고, 화석연료의 고갈에 대비하여 새로운 대체에너지원을 찾고자 하는 '친환경 자동차 기술'

③ 건설환경공학분야

CO_2 배출량 저감을 위한 '지속 가능한 건축 시스템 기술'

④ 화학생명공학분야

나노미터(nm: 10억분의 1m) 크기의 '혈관 청소용 나노 로봇', 특정 질병의 바이러스를 맞닥뜨리면 약물을 내보내 바이러스를 물리치는 '나노 캡슐', 가정에서 손쉽게 의료 서비스를 받을 수 있는 알약 형태의 '바이오칩'

1. 기술선택 및 벤치마킹 방법

1) 기술선택을 위한 의사결정

① 기술선택의 의미

기업이 어떤 기술을 외부로부터 도입할 것인지, 자체 개발하여 활용할 것인지를 결정하는 것

② 기술선택을 위한 의사결정

구분	내용
상향식 기술선택 (Bottom up approach)	기업 전체 차원에서 필요한 기술에 대한 체계적인 분석이나 검토 없이 연구자나 엔지니어들이 자율적으로 기술을 선택하는 것
하향식 기술선택 (Top down approach)	기술경영진과 기술기획담당자들에 의한 체계적인 분석을 통해 기업이 획득해야 하는 대상 기술과 목표 기술 수준을 결정하는 것

2) 기술선택을 위한 우선순위 결정

① 제품의 성능이나 원가에 미치는 영향력이 큰 기술
② 기술을 활용한 제품의 매출과 이익 창출 잠재력이 큰 기술
③ 쉽게 구할 수 없는 기술
④ 기업 간에 모방이 어려운 기술
⑤ 기업이 생산하는 제품 및 서비스에 보다 광범위하게 활용할 수 있는 기술
⑥ 최신 기술로 진부화될 가능성이 적은 기술

3) 기술선택을 위한 절차

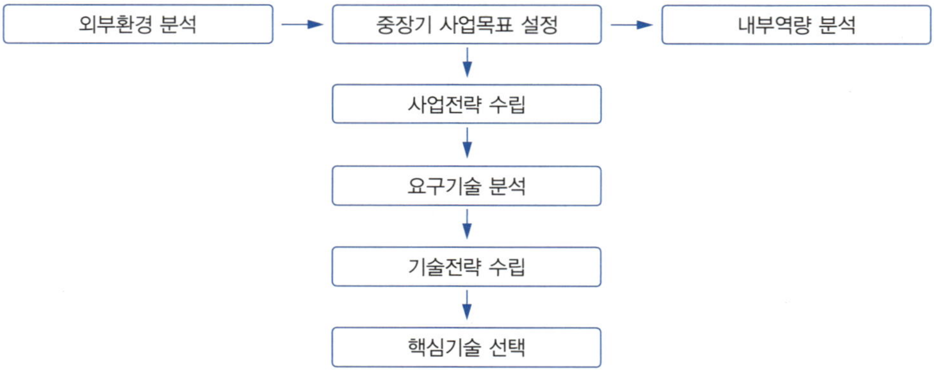

① **외부환경 분석**

수요 변화 및 경쟁자 변화, 기술 변화 등 분석

② **중장기 사업목표 설정**

기업의 장기 비전, 중장기 매출목표 및 이익목표 설정

③ **내부역량 분석**

기술능력, 생산능력, 마케팅 및 영업능력, 재무능력 등 분석

④ **사업전략 수립**

사업영역 결정, 경쟁 우위 확보 방안 수립

⑤ 요구기술 분석

제품 설계 및 디자인 기술, 제품 생산 공정, 원재료 및 부품 제조기술 분석

⑥ 기술전략 수립

핵심기술의 선택, 기술 획득 방법 결정

4) 벤치마킹의 의미 및 종류

① 벤치마킹의 의미

- 특정 분야에서 뛰어난 업체나 상품, 기술, 경영 방식 등을 배워 합법적으로 응용하는 것
- 모방과 달리 우수한 기업이나 성공한 상품, 기술, 경영 방식 등의 장점을 자사의 환경에 맞추어 재창조하는 것

② 벤치마킹의 종류

구분	내용
비교 대상에 따른 분류	• 내부 벤치마킹: 같은 기업 내의 다른 지역, 타 부서, 국가 간의 유사한 활용을 대상으로 함 • 경쟁적 벤치마킹: 동일 업종에서 고객을 직접적으로 공유하는 경쟁 기업을 대상으로 함 • 비경쟁적 벤치마킹: 제품, 서비스 및 프로세스의 단위 분야에 있어 가장 우수한 실무를 보이는 비경쟁적 기업 내의 유사 분야를 대상으로 함 • 글로벌 벤치마킹: 프로세스에 있어 최고로 우수한 성과를 보유한 동일 업종의 비경쟁적 기업을 대상으로 함
수행 방식에 따른 분류	• 직접적 벤치마킹: 벤치마킹 대상을 직접 방문하여 수행하는 방법 • 간접적 벤치마킹: 인터넷 및 문서 형태의 자료를 통해 수행하는 방법

③ 벤치마킹의 주요 단계

[1단계] 범위 결정	벤치마킹이 필요한 상세 분야 정의, 목표와 범위 결정, 수행할 인력들 결정
[2단계] 측정범위 결정	상세 분야에 대한 측정항목 결정, 측정항목이 벤치마킹의 목표를 달성하는 데 적정한가 검토
[3단계] 대상 결정	비교 분석의 대상이 되는 기업/기관들 결정, 대상 후보별 벤치마킹 수행의 타당성을 검토하여 최종적인 대상 및 대상별 수행방식 결정
[4단계] 벤치마킹	직접 또는 간접적인 벤치마킹 진행
[5단계] 성과차이 분석	벤치마킹 결과를 바탕으로 성과차이를 측정항목별로 분석
[6단계] 개선계획 수립	성과차이에 대한 원인 분석 진행, 개선을 위한 성과목표 결정, 성과목표를 달성하기 위한 개선계획 수립
[7단계] 변화 관리	개선목표 달성을 위한 변화사항을 지속적으로 관리, 개선 후 변화사항과 예상했던 변화사항 비교

참고 벤치마킹 프로세스: 계획 단계 – 자료 수집 단계 – 분석 단계 – 개선 단계

2. 매뉴얼의 이용 방법 기출 서울교통공사, 한국서부발전

1) 매뉴얼의 의미

어떤 기계의 조작 방법을 설명해 놓은 사용 지침서, 즉 사용서, 설명서, 편람, 안내서 등을 의미하며, 업무에도 적용 가능함

2) 매뉴얼의 종류

① 제품 매뉴얼

- 사용자를 위해 제품의 특징이나 기능 설명, 사용 방법과 고장 조치 방법, 유지 보수 및 A/S, 폐기 등 제품 관련 서비스에 대해 소비자가 알아야 할 모든 정보를 제공하는 것
- 사용자의 유형과 사용 능력을 파악하고, 혹시 모를 오작동까지 고려하여 제작
- 제품의 안전한 사용 방법과 제품 사용 중 해야 할 일 또는 하지 말아야 할 일까지 정의

② 업무 매뉴얼

- 여러 사람이 보고 따라 할 수 있도록 어떤 일의 진행 방식, 지켜야 할 규칙, 관리상의 절차 등을 일관성 있게 표준화하여 설명하는 지침서
- 프랜차이즈 점포의 경우 '편의점 운영 매뉴얼', '제품 진열 매뉴얼', 기업의 경우 '부서 운영 매뉴얼', '품질 경영 매뉴얼', 올림픽이나 스포츠의 경우 '올림픽 운영 매뉴얼', '경기 운영 매뉴얼' 등이 있고, 재난 대비 매뉴얼인 '재난 대비 국민행동 매뉴얼' 등도 있음

3) 매뉴얼 작성을 위한 Tip

① 내용이 정확해야 함
② 사용자가 알기 쉽게 쉬운 문장을 사용해야 함
③ 사용자에 대한 심리적 배려가 있어야 함
④ 사용자가 찾고자 하는 정보를 쉽게 찾을 수 있도록 해야 함
⑤ 사용이 쉬워야 함

3. 기술을 보호할 수 있는 방법 기출 서울교통공사, 한전KPS, 한국중부발전

1) 지식재산권의 개념과 특징

① 지식재산권의 의미

인간의 창조적 활동 또는 경험 등을 통해 창출하거나 발견한 지식·정보·기술이나 표현, 표시, 그 밖에 무형적인 것으로서 재산적 가치가 실현될 수 있는 지적 창작물에 부여된 권리이며, 지적소유권이라 불리기도 함

② 지식재산권의 특징

- 국가 산업 발전 및 경쟁력을 결정짓는 '산업자본'
- 눈에 보이지 않는 무형의 재산
- 지식재산권을 활용한 다국적기업화
- 연쇄적인 기술개발 촉진

③ 지식재산권 체계

구분	내용
산업재산권	산업분야의 창작물과 관련 • 특허권: 기술적 창작인 원천 핵심 기술(대발명, 20년) • 실용신안권: Life-cycle이 짧고 실용적인 주변 개량 기술(소발명, 10년) • 의장권(디자인권): 심미감을 느낄 수 있는 물품의 형상, 모양(20년) • 상표권: 타 상품과 식별할 수 있는 기호, 문자, 도형(10년, 갱신 가능)
저작권	문화예술분야의 창작물과 관련 • 협의저작권: 문학·예술분야 창작물(저작자 생존기간+사후 70년) • 저작인접권: 실연·음반제작자·방송사업자 권리(저작물 생산 후 70년)
신지식재산권	경제, 사회·문화의 변화나 과학기술의 발전에 따라 새로운 분야에서 출현 • 첨단산업저작권: 반도체 집적회로 배치설계, 생명공학, 식물신품종 • 산업저작권: 컴퓨터 프로그램, 인공지능, 데이터베이스 • 정보재산권: 영업 비밀, 멀티미디어, 뉴미디어 등

2) 산업재산권의 개념과 종류

① 특허
- 발명한 사람이 자기가 발명한 기술을 독점적으로 사용할 수 있는 권리
- 설정등록일 후 출원일로부터 20년간 권리를 인정
- 발명이 성립되어야 하고, 산업상 이용 가능해야 하며, 새로운 것으로의 진보적인 발명이어야 하고, 법적으로 특허를 받을 수 없는 사유에 해당하지 않아야 함

② 실용신안
- 기술적 창작 수준이 소발명 정도인 실용적인 창작(고안)을 보호하는 제도
- 발명처럼 고도하지 않은 것으로 물품의 형상, 구조 및 조합을 대상으로 함
- 등록일로부터 출원 후 10년간 존속

③ 의장(디자인)
- 심미성을 가진 고안으로서 물품의 외관에 미적인 감각을 느끼게 하는 것
- 보호 기간은 설정등록일로부터 20년

④ 상표
- 제조회사가 자사 제품의 신용을 유지하기 위해 제품 및 포장 등에 표시하는 표장으로서의 상호나 마크
- 배타적 권리 보장 기간은 등록 후 10년이며, 갱신 가능

하위능력 ❸ 기술적용능력

1. 기술적용 시 주의사항

1) 기술적용 형태

① 선택한 기술을 그대로 적용하는 경우
- 장점: 시간 및 비용을 절약할 수 있고, 쉽게 받아들여 적용할 수 있음
- 단점: 선택한 기술이 적합하지 않을 경우 실패할 수 있는 위험부담이 증가함

② 선택한 기술을 그대로 적용하되, 불필요한 기술은 과감히 버리고 적용하는 경우
- 장점: 시간 및 비용을 절약할 수 있고, 프로세스의 효율성이 향상됨
- 단점: 부적절한 기술을 선택할 경우 실패할 수 있는 위험부담이 있으며, 과감히 버린 기술이 정말 불필요한지에 대한 문제점이 발생

③ 선택한 기술을 분석하고 가공하여 활용하는 경우
- 장점: 직장에 대한 여건과 환경 분석을 토대로 업무 프로세스의 효율성을 최대화함
- 단점: 그대로 받아들여 적용하는 것보다 시간적 부담이 증가함

2) 기술적용 시 고려사항

① 기술적용에 따른 비용
② 기술의 수명 주기
③ 기술의 전략적 중요도
④ 기술의 잠재적 응용 가능성

2. 기술경영자의 역할

1) 기술경영자에게 필요한 능력

① 기업의 전반적인 전략목표에 기술을 통합시키는 능력
② 빠르고 효과적으로 새로운 기술을 습득하고 기존의 기술에서 탈피하는 능력
③ 기술을 효과적으로 평가할 수 있는 능력
④ 기술 이전을 효과적으로 할 수 있는 능력
⑤ 제품 개발 시간을 단축할 수 있는 능력
⑥ 복잡하고 서로 다른 분야에 걸쳐 있는 프로젝트를 수행할 수 있는 능력
⑦ 조직 내의 기술을 이용할 수 있는 능력
⑧ 기술 전문 인력을 운용할 수 있는 능력

2) 기술관리자에게 요구되는 능력

① 기술을 운용하거나 문제를 해결할 수 있는 능력
② 기술직과 의사소통할 수 있는 능력
③ 혁신적인 환경을 조성할 수 있는 능력
④ 기술적·사업적·인간적인 능력을 통합할 수 있는 능력
⑤ 시스템적인 관점에서 인식하는 능력
⑥ 공학적 도구나 지원 방식을 이해할 수 있는 능력
⑦ 기술이나 추세를 이해할 수 있는 능력
⑧ 기술팀을 통합할 수 있는 능력

3) 구체적인 행정능력

① 다기능적인 프로그램을 계획하고 조직할 수 있는 능력
② 우수한 인력을 유인하고 확보할 수 있는 능력
③ 자원을 측정하거나 협상할 수 있는 능력
④ 타 조직과 협력할 수 있는 능력
⑤ 업무의 상태, 진행 및 실적을 측정할 수 있는 능력
⑥ 다양한 분야에 걸쳐 있는 업무를 계획할 수 있는 능력
⑦ 정책이나 운영 절차를 이해할 수 있는 능력
⑧ 권한 위임을 효과적으로 할 수 있는 능력
⑨ 의사소통을 효과적으로 할 수 있는 능력

3. 네트워크 혁명과 기술융합 기출 한전KPS

1) 네트워크 혁명의 특징

① 정보통신 네트워크가 전 지구적이므로 네트워크 혁명도 본질적으로 전 지구적
② 네트워크 혁명의 사회는 연계와 상호의존으로 특징지어지며, 이러한 성숙한 사회에서는 이타적 개인주의라는 새로운 공동체 철학의 의미가 부각됨
③ 기업과 기업, 개인과 공동체, 노동자와 기업가 사이에 창조적인 긴장관계가 새롭게 형성됨

2) 네트워크 혁명의 3가지 법칙

① 무어의 법칙
컴퓨터의 반도체 성능이 18개월마다 2배씩 증가한다는 법칙
② 메트칼프의 법칙
네트워크의 가치는 사용자 수의 제곱에 비례한다는 법칙
③ 카오의 법칙
창조성은 네트워크에 접속되어 있는 다양성에 지수함수로 비례한다는 법칙

3) 네트워크 혁명의 역기능

① 디지털 격차(Digital divide), 정보화에 따른 실업 문제, 인터넷 게임 및 채팅 중독, 범죄 및 반사회적 사이트의 활성화, 정보기술을 이용한 감시 등
② 원격으로 온라인 침투가 용이하고, 누구나 접근 가능한 개방시스템의 특성으로 인해 발생함
③ 인터넷이 사람들을 연결하고 정보유통을 용이하게 하여 역기능이 쉽게 결합·증폭되며, 순기능과도 잘 분리되지 않기 때문에 해결책을 찾기 어려움

4) 기술 융합

① 융합기술(CT)
- 4대 핵심기술, 즉 나노기술(NT), 생명공학기술(BT), 정보기술(IT), 인지과학(Cognitive science)이 상호의존적으로 결합되는 것(NBIC)
- NT, BT, IT 등의 신기술 간, 신기술과 기존 산업·학문 간의 상승적인 결합으로 새로운 창조적 가치를 창출하여 미래 경제와 사회·문화의 변화를 주도하는 기술

② 4대 핵심기술의 융합
- 제조, 건설, 교통, 의학, 과학기술 연구에서 사용되는 새로운 범주의 물질, 장치, 시스템
- 나노 규모의 부품과 공정의 시스템을 가진 물질 중에서 가장 복잡한 생물 세포
- 유비쿼터스 및 글로벌 네트워크 요소를 통합하는 컴퓨터 및 통신시스템의 기본 원리
- 사람의 뇌, 마음의 구조와 기능에 관한 생명공학기술, 나노기술, 정보기술과 인지과학

4. 4차 산업혁명

1) 4차 산업혁명의 의미

① AI(인공지능), IoT(사물인터넷), VR(가상현실), 로봇기술, 드론, 자율주행차 등이 주도하는 차세대 산업혁명

② 2016년 다보스 포럼에서 클라우스 슈밥 의장이 처음 사용

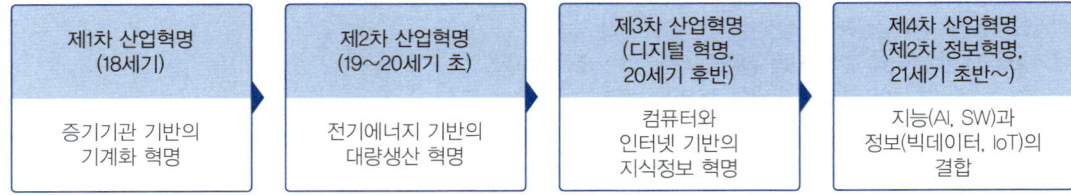

제1차 산업혁명 (18세기)	제2차 산업혁명 (19~20세기 초)	제3차 산업혁명 (디지털 혁명, 20세기 후반)	제4차 산업혁명 (제2차 정보혁명, 21세기 초반~)
증기기관 기반의 기계화 혁명	전기에너지 기반의 대량생산 혁명	컴퓨터와 인터넷 기반의 지식정보 혁명	지능(AI, SW)과 정보(빅데이터, IoT)의 결합

2) 4차 산업혁명의 특징

초융합	첨단정보통신기술이 융합
초연결	모든 제품이나 서비스가 네트워크로 연결
초지능	사물 스스로 인지하고 제어할 수 있도록 지능화

3) 4차 산업혁명 관련 기술

① 인공지능(AI)
인지, 판단, 추론, 문제해결, 학습 기능 등 인간의 두뇌활동과 같이 컴퓨터 스스로 추론·학습·판단하는 시스템

② 사물인터넷(IoT)
책상, 자동차, 가방 등 생활 속 각종 사물들을 인터넷으로 연결해 정보를 공유하는 기술이나 환경

③ 증강현실(AR)
실제 현실의 이미지에 3차원 가상의 이미지를 합성하여 하나의 영상으로 구현하는 기술

④ 가상현실(VR)
컴퓨터로 만들어 놓은 가상의 세계에서 사람이 실제와 같은 체험을 할 수 있도록 하는 최첨단 기술

⑤ 혼합현실(MR)
가상현실(VR)과 증강현실(AR)의 장점을 합하여 구축한 몰입형 가상세계

⑥ 디지털 트윈
현실의 시설물과 쌍둥이처럼 똑같은 모델을 가상공간에 만들어 시뮬레이션하는 기술

⑦ 드론
조종사 없이 무선전파의 유도에 의해서 비행 및 조종이 가능한 비행기나 헬리콥터 모양의 군사용 무인항공기(UAV)의 총칭

⑧ 자율주행
운전자가 직접 운전하지 않고 차량이 스스로 판단해 이동하면서 장애물을 피할 수 있도록 하는 기술

⑨ 클라우드 컴퓨팅
인터넷과 연결된 중앙컴퓨터에서 언제 어디서든 데이터를 이용할 수 있는 환경

⑩ 블록체인(Blockchain)
데이터를 복제하여 중앙 집중형 서버가 아닌 여러 대의 컴퓨터에 저장하는 분산형 데이터 저장 기술

⑪ 빅데이터(Big data)
디지털 환경에서 생성되는 방대한 양의 데이터를 수집·저장·분석하는 기술로, 3V(Volume, Velocity, Variety)의 특징이 있음

⑫ **핀테크(FinTech)**
금융(Financial)과 기술(Technology)의 합성어로 금융을 IT 기술에 접목한 금융 서비스 기술

⑬ **스마트팩토리**
설계, 개발, 유통 등 생산과정에 정보통신기술(ICT)을 결합한 지능형 생산공장

⑭ **스마트팜**
농림·축산·수산업에 정보통신기술(ICT)을 접목한 지능형 농업 시스템

⑮ **3D 프린터**
2D 프린터가 활자나 그림을 인쇄하듯이, 입력한 도면을 바탕으로 3차원의 입체 물품을 인쇄하는 장치

National Competency Standards

대표기출유형

유형 1 기술능력의 특징과 기술능력 향상 방법을 묻는 문제

- 기술능력의 특징과 기술능력이 뛰어난 사람의 특징을 묻는 문제가 출제된다.
- 제시된 상황에서 업무 담당자가 갖춰야 할 기술능력과 기술능력 향상 방법을 묻는 문제가 출제된다.
- 기술능력의 특징을 숙지하고, 지원한 기업 및 직무에 필요한 기술능력을 파악한다.

4차 산업혁명은 인공지능(AI)과 로봇이 인간의 업무를 대체하여 단순 업무만 담당하는 사람은 도태될 수밖에 없다. 따라서 기술능력을 향상시켜 변화하는 환경에 유동적으로 대처하고 자신만의 경쟁력을 갖춰야 한다. 다음은 기술능력과 관련된 개념을 설명한 내용이다. 잘못 설명하고 있는 보기를 바르게 묶은 것은?

㉠ 기술능력은 업무에 적절한 기술을 선택하여 적용하는 역할을 하며 문제 해결을 위한 도구를 개발하는 인간의 능력을 확장시킨다.
㉡ 기술능력은 직업에 종사하는 모든 사람들에게 필요한 능력으로, 기술교양을 보다 구체화시킨 개념으로 볼 수 있다.
㉢ 기술은 노하우(know-how)와 노와이(know-why)로 구분되는데, 노하우는 다양한 경험을 통해 체화하는 기술인 데 반해 노와이는 과학적 탐구로 얻을 수 있다.
㉣ 기술은 과거 과학의 영향을 받아 노와이의 개념이 강했으나 시대가 지남에 따라 노하우와 결합하게 되었으며, 현대적 기술은 주로 과학을 기반으로 하는 기술이 되었다.
㉤ 기술관리자는 반복적인 업무에 시간을 낭비하지 않기 위해 외부의 기술 전문 인력을 운용하여 직원들이 중요한 업무에 집중할 수 있게 해야 한다.
㉥ 기술경영자는 지능과 정보가 결합하는 4차 산업혁명 기술을 습득하여 기존 기술에서 빠르게 벗어나게 해야 한다.

① ㉠, ㉢ ② ㉡, ㉤ ③ ㉢, ㉥ ④ ㉣, ㉤ ⑤ ㉣, ㉥

|정답 및 해설| ④

㉣ 기술은 원래 노하우의 개념이 강하였으나 시대가 지남에 따라 노하우와 노와이가 결합하게 되었으며, 현대적 기술은 주로 과학을 기반으로 하는 기술(science-based technology)이 되었다.

㉤ 기술 전문 인력을 운용할 수 있는 능력은 기술경영자에게 필요한 능력이다.

더 알아보기

노하우와 노와이

노하우(know-how)	노와이(know-why)
• 특허권을 수반하지 않는 과학자, 엔지니어 등이 가지고 있는 체화된 기술 • 경험적이고 반복적인 행위로 획득	• 어떻게 기술이 성립하고 작용하는가에 관한 원리적 측면에 중심을 둔 개념 • 이론적인 지식으로서 과학적인 탐구로 획득

기술경영자와 기술관리자

기술경영자는 일반적으로 기술개발 과제의 전 과정을 전체적으로 조망할 수 있는 능력을 갖춰야 한다. 반면, 중간급 매니저라고 할 수 있는 기술관리자는 기술경영자와는 조금 다른 능력이 필요하다.

기술경영자	• 기술을 기업의 전반적인 전략 목표에 통합시키는 능력 • 빠르고 효과적으로 새로운 기술을 습득하고 기존의 기술에서 탈피하는 능력 • 기술을 효과적으로 평가할 수 있는 능력 • 기술 이전을 효과적으로 할 수 있는 능력 • 새로운 제품개발 시간을 단축할 수 있는 능력 • 크고 복잡하고 서로 다른 분야에 걸쳐 있는 프로젝트를 수행할 수 있는 능력 • 조직 내의 기술 이용을 수행할 수 있는 능력 • 기술 전문 인력을 운용할 수 있는 능력
기술관리자	• 기술을 운용하거나 문제 해결을 할 수 있는 능력 • 기술직과 의사소통을 할 수 있는 능력 • 혁신적인 환경을 조성할 수 있는 능력 • 기술적, 사업적, 인간적인 능력을 통합할 수 있는 능력 • 시스템적인 관점 • 공학적 도구나 지원 방식에 대한 이해 능력 • 기술이나 추세에 대한 이해 능력 • 기술팀을 통합할 수 있는 능력

유형 ❷ 제시된 매뉴얼을 파악하여 적절한 대응 방안을 찾는 문제

- 제시된 매뉴얼을 파악하고 제시된 상황에서의 적절한 대응 방안을 찾는 문제가 출제된다.
- 주로 하나의 매뉴얼에 2~3문제가 출제되며, 매뉴얼 이해 → 대응 방안 선택 → 대응 방안 적용이 적절한지를 확인한다.
- 하나의 매뉴얼에 2~3문제가 출제되는 문제는 매뉴얼에서 각각 다른 위치의 정보를 묻는 경우가 많으므로 먼저 매뉴얼을 전체적으로 빠르게 확인해 각 정보의 위치를 대략적으로 파악한다.
- 매뉴얼을 확인하면서 주요 항목 및 공통 키워드에 표시해 놓으면 문제 풀이 시 필요한 정보를 빠르게 찾을 수 있다.

다음은 중대재해를 예방하고 시민과 종사자의 생명과 신체를 보호하기 위해 도입된 중대재해처벌법 주요 조항에 대한 내용이다. 이에 대한 설명으로 옳은 것은?

제1조(목적)
이 법은 사업 또는 사업장, 공중이용시설 및 공중교통수단을 운영하거나 인체에 해로운 원료나 제조물을 취급하면서 안전·보건 조치의무를 위반하여 인명피해를 발생하게 한 사업주, 경영책임자, 공무원 및 법인의 처벌 등을 규정함으로써 중대재해를 예방하고 시민과 종사자의 생명과 신체를 보호함을 목적으로 한다.

제2조(정의)
이 법에서 사용하는 용어의 뜻은 다음과 같다.

1. "중대재해"란 "중대산업재해"와 "중대시민재해"를 말한다.
2. "중대산업재해"란 「산업안전보건법」 제2조 제1호에 따른 산업재해 중 다음 각 목의 어느 하나에 해당하는 결과를 야기한 재해를 말한다.
   가. 사망자가 1명 이상 발생
   나. 동일한 사고로 6개월 이상 치료가 필요한 부상자가 2명 이상 발생
   다. 동일한 유해요인으로 급성중독 등 대통령령으로 정하는 직업성 질병자가 1년 이내에 3명 이상 발생
3. "중대시민재해"란 특정 원료 또는 제조물, 공중이용시설 또는 공중교통수단의 설계, 제조, 설치, 관리상의 결함을 원인으로 하여 발생한 재해로서 다음 각 목의 어느 하나에 해당하는 결과를 야기한 재해를 말한다. 다만, 중대산업재해에 해당하는 재해는 제외한다.
   가. 사망자가 1명 이상 발생
   나. 동일한 사고로 2개월 이상 치료가 필요한 부상자가 10명 이상 발생
   다. 동일한 원인으로 3개월 이상 치료가 필요한 질병자가 10명 이상 발생
4. "공중이용시설"이란 다음 각 목의 시설 중 시설의 규모나 면적 등을 고려하여 대통령령으로 정하는 시설을 말한다. 다만, 「소상공인 보호 및 지원에 관한 법률」 제2조에 따른 소상공인의 사업 또는 사업장 및 이에 준하는 비영리시설과 「교육시설 등의 안전 및 유지관리 등에 관한 법률」 제2조 제1호에 따른 교육시설은 제외한다.

5. "공중교통수단"이란 불특정다수인이 이용하는 다음 각 목의 어느 하나에 해당하는 시설을 말한다.
   가. 「도시철도법」 제2조 제2호에 따른 도시철도의 운행에 사용되는 도시철도차량
   나. 「철도산업발전기본법」 제3조 제4호에 따른 철도차량 중 동력차·객차(「철도사업법」 제2조 제5호에 따른 전용철도에 사용되는 경우는 제외한다)
   다. 「여객자동차 운수사업법 시행령」 제3조 제1호 라목에 따른 노선 여객자동차운송사업에 사용되는 승합자동차
   라. 「해운법」 제2조 제1호의2의 여객선
   마. 「항공사업법」 제2조 제7호에 따른 항공운송사업에 사용되는 항공기
6. "제조물"이란 제조되거나 가공된 동산(다른 동산이나 부동산의 일부를 구성하는 경우를 포함)을 말한다.
7. "종사자"란 다음 각 목의 어느 하나에 해당하는 자를 말한다.
   가. 「근로기준법」상의 근로자
   나. 도급, 용역, 위탁 등 계약의 형식에 관계없이 그 사업의 수행을 위하여 대가를 목적으로 노무를 제공하는 자
   다. 사업이 여러 차례의 도급에 따라 행하여지는 경우에는 각 단계의 수급인 및 수급인과 가목 또는 나목의 관계가 있는 자
8. "사업주"란 자신의 사업을 영위하는 자, 타인의 노무를 제공받아 사업을 하는 자를 말한다.
9. "경영책임자등"이란 다음 각 목의 어느 하나에 해당하는 자를 말한다.
   가. 사업을 대표하고 사업을 총괄하는 권한과 책임이 있는 사람 또는 이에 준하여 안전보건에 관한 업무를 담당하는 사람
   나. 중앙행정기관의 장, 지방자치단체의 장, 「지방공기업법」에 따른 지방공기업의 장, 「공공기관의 운영에 관한 법률」 제4조부터 제6조까지의 규정에 따라 지정된 공공기관의 장

① 중대재해가 발생하면 사업주, 경영책임자, 공무원, 법인 등이 처벌받는다.
② 중대산업재해는 산업재해 중에서 사망자가 발생한 경우에 해당한다.
③ 공중교통수단의 관리상의 결함으로 인해 사망자가 발생하면 중대산업재해에 해당한다.
④ 공공기관에서 산업재해가 발생해 민원인이 사망하면 공공기관의 장이 처벌받는다.
⑤ 종사자는 근로기준법상의 근로자만 해당한다.

|정답 및 해설| ①

제1조에 따르면 중대재해처벌법은 사업 또는 사업장, 공중이용시설 및 공중교통수단을 운영하거나 인체에 해로운 원료나 제조물을 취급하면서 안전·보건 조치의무를 위반하여 인명피해를 발생하게 한 사업주, 경영책임자, 공무원 및 법인의 처벌 등을 규정한다.

② 제2조 제2항에 따르면 중대산업재해는 산업재해 중 사망자가 1명 이상 발생하거나, 동일한 사고로 6개월 이상 치료가 필요한 부상자가 2명 이상 발생하거나, 동일한 유해요인으로 급성중독 등 대통령령으로 정하는 직업성 질병자가 1년 이내에 3명 이상 발생한 결과를 야기한 재해를 말한다.

③ 제2조 제3항에 따르면 공중교통수단의 관리상의 결함으로 인해 사망자가 발생하면 중대시민재해에 해당한다.

④ 제1조와 제2조 제9항에 따르면 공무원 역시 중대재해처벌법에 적용을 받는다. 공공기관에서도 산업재해가 발생해서 공무원이나 민원인 등이 사망하게 되면 장관, 차관, 도지사, 시장 등이 처벌을 받게 된다.

⑤ 제2조 제7항에 따르면 종사자는 근로기준법상 근로자뿐만 아니라 도급, 용역, 위탁 등 계약의 형식에 관계없이 노무를 제공하는 자도 포함되며, 사업이 여러 차례의 도급에 따라 행하여지는 경우에는 각 단계의 수급인 및 수급인과 관계가 있는 자도 해당된다.

더 알아보기

중대재해처벌법

목적	• 기업의 안전보건조치를 강화하고, 안전투자를 확대하여 중대산업재해 예방, 종사자의 생명과 신체 보호 • 사업주·경영책임자 등이 안전보건확보 의무를 위반하여 중대산업재해가 발생한 경우 처벌
처벌 방법	• 사망 시: 1년 이상 징역 또는 10억 원 이하 벌금 • 그 외: 7년 이하 징역 또는 1억 원 이하 벌금 • 징역과 벌금은 임의적 병과 가능, 5년 내 재범 시에는 형의 1/2까지 가중 • 양벌규정(법인): 사망 시 50억 원 이하 벌금, 그 외 10억 원 이하 벌금
중대산업재해	• 노무를 제공하는 자가 업무와 관계되는 건설물, 설비 등에 의하거나 작업 또는 업무로 인하여 발생하는 사망·부상·질병 • 산업재해 중 ① 사망자가 1명 이상인 경우, ② 동일한 사고로 6개월 이상 치료가 필요한 부상자가 2명 이상인 경우, ③ 직업성 질병자가 3명 이상인 경우
사업주·경영책임자 등의 안전보건 확보의무	• 사업주: 자신의 사업을 영위하는 자, 타인의 노무를 제공받아 사업을 하는 자(개인사업주에 한함) • 경영책임자: 사업을 대표·총괄하는 책임이 있는 사람 또는 이에 준하여 안전·보건에 관한 업무를 담당하는 사람(중앙행정기관의 장, 지방자치단체의 장, 지방공기업의 장, 공공기관의 장은 위 정의에 해당하지 않더라도 경영책임자 해당). 단, 5인 미만 사업 또는 사업장인 경우에는 이 법이 적용되지 않음 • 사업주·법인·기관이 실질적으로 지배·운영·관리하는 사업 또는 사업장에서 종사자의 안전·보건상 유해 또는 위험을 방지하기 위한 다음 4가지 조치 의무 ① 안전보건관리체계의 구축 및 이행에 관한 조치 ② 재해 발생 시 재발방지 대책 수립 및 이행에 관한 조치 ③ 중앙행정기관 등이 관계법령에 따라 시정 등을 명한 사항의 이행에 관한 조치 ④ 안전·보건관계법령상 의무이행에 필요한 관리상의 조치
안전보건교육과 공표	• 중대산업재해 발생 → 안전보건교육(20시간) 의무(교육비용 본인부담) • 중대산업재해 발생+안전보건확보의무 위반+형의 확정+법무부장관의 통보 → 중대산업재해 발생 사실의 공표(1년간 게시, 소명기회 부여)

유형 ❸ 첨단 기술 적용 능력을 묻는 문제

- 4차 산업혁명 기술 및 공기업에서 적용했거나 적용할 예정인 기술을 묻는 문제가 출제된다.
- 4차 산업혁명 기술을 숙지하고 공기업에서 적용했거나 적용할 예정인 기술을 파악한다.

4차 산업혁명 시대를 맞아 공공기관들은 다양한 4차 산업혁명 기술을 활용한 사업을 추진하고 있다. 다음에서 설명하고 있는 이 기술은 무엇인가?

> 현실과 동일한 디지털 가상공간을 만들어 다양한 상황을 시뮬레이션하여 검증하는 기술이다. 2000년대 들어 제조업에 도입된 후 건설, 항공, 자동차, 국방, 도시설계 등 다양한 산업에서 활용되고 있다.
> 이 기술은 안전, 교통, 복지, 환경 등 각종 도시행정을 먼저 시험해 검증하는 데에도 활용되고 있다. 예를 들어 새로 도로를 만들면 도시 환경에 어떤 영향을 미치는지를 미리 파악하는 등 정책을 실제 도입하기 전 효율성을 검증하고 부족한 부분을 보완할 수 있다.

① 디지털트윈(Digital twin)
② 증강현실(AR)
③ 인공지능(AI)
④ 사물인터넷(IoT)
⑤ 자율주행

|정답 및 해설| ①

디지털트윈이란 현실 속 쌍둥이를 가상의 공간에 만들어 현실에서 발생할 수 있는 상황을 시뮬레이션함으로써 그 결과를 예측하는 기술이다. 가상공간에 실제 도시와 동일한 도시를 구축하고 여기에서 안전, 교통, 복지, 환경 등 각종 도시행정을 먼저 시험해 검증하는 데에도 디지털트윈 기술이 활용되고 있다. 행정에 적용하면 각종 행정 데이터와 현상 정보를 가상세계에 구현해 도시문제 해결을 위한 시뮬레이션과 합리적인 의사결정, 도시 모니터링 등을 지원할 수 있다.

더 알아보기

4차 산업혁명 핵심기술

인공지능(AI)	인지, 판단, 추론, 문제해결, 학습 기능 등 인간 두뇌와 같이 컴퓨터 스스로 추론·학습·판단하는 시스템
사물인터넷(IoT)	책상, 자동차, 가방 등 생활 속 각종 사물들을 유무선 네트워크로 연결해 정보를 공유하는 기술이나 환경
드론(Drone)	조종사 없이 무선전파의 유도에 의해서 비행 및 조종이 가능한 비행기나 헬리콥터 모양의 군사용 무인항공기(UAV)의 총칭
증강현실(AR)	실제 현실의 이미지에 3차원 가상의 이미지를 합성하여 하나의 영상으로 구현하는 기술
가상현실(VR)	컴퓨터로 만들어 놓은 가상의 세계에서 사람이 실제와 같은 체험을 할 수 있도록 하는 최첨단 기술
디지털트윈(Digital twin)	현실 속 쌍둥이를 가상의 공간에 만들어 현실에서 발생할 수 있는 상황을 시뮬레이션함으로써 그 결과를 예측하는 기술
블록체인	누구나 열람할 수 있는 장부에 거래 내역을 투명하게 기록하고, 수많은 컴퓨터에 이를 복제해 저장하는 분산형 데이터 저장 기술
빅데이터	인터넷에 존재하는 다양한 대규모 데이터를 구축하고 컴퓨터, 기계, 객체가 발생시키는 데이터를 실시간으로 수집하고 분석하는 것(3V: Volume, Velocity, Variety)
클라우드	ICT 자원을 물리적으로 설치하지 않고 네트워크에 접속해 그때그때 이용하는 서비스
자율주행	사람의 조작 없이 스스로 판단하고 운행하는 교통시스템

디지털트윈(Digital twin)

현실 속 쌍둥이를 가상의 공간에 만들어 현실에서 발생할 수 있는 상황을 시뮬레이션함으로써 그 결과를 예측하는 기술이다. 설계에서 제조까지 전 과정에 적용해 효율성을 향상할 수 있어 제조, 자동차, 항공, 물류, 에너지, 건설, 국방, 도시설계, 헬스케어 등 여러 산업 분야에서 활용된다.

한국국토정보공사(LX)는 디지털트윈 기반 '디지털 국토 플랫폼'을 구축해 정부, 지자체, 공공기관에서 공동 활용이 가능하도록 제공하고 있다. '디지털 국토 플랫폼'은 디지털트윈 기술을 국토분야에 접목하여, 새로운 디지털 국토 공간을 만들고 기후변화, 재난재해 등 직면한 문제를 예방·대응하는 시스템 의사결정 체계이다.

적중예상문제

난이도 ★★★

01 기술능력은 직업에 종사하는 모든 사람들에게 필요한 능력으로, 기술교양(technical literacy)의 개념을 보다 구체화시킨 것이다. 기술능력이 뛰어난 사람은 적절한 체계를 선택하는 데 현명한 의사결정을 할 수 있고, 효과적으로 기술적 지식, 기술적 과정, 기술적 조건들을 활용할 수 있다. 기술능력이 뛰어난 사람의 특성에 대한 설명으로 옳은 것을 모두 고른 것은?

㉠ 기술적 해결에 대한 효용성을 평가한다.
㉡ 기술에 의한 윤리적 딜레마에 대해 합리적으로 반응할 수 있다.
㉢ 인식된 문제를 위한 다양한 해결책을 개발하고 평가한다.
㉣ 기술체계가 설계되고, 사용되고, 통제되는 방법을 이해한다.
㉤ 주어진 한계 속에서 그리고 제한된 자원을 가지고 일한다.
㉥ 기술과 관련된 이익을 가치화하고 위험을 평가할 수 있다.
㉦ 기술학의 특성과 역할을 이해한다.

① ㉠, ㉢, ㉤
② ㉡, ㉣, ㉥
③ ㉢, ㉣, ㉤
④ ㉣, ㉤, ㉦
⑤ ㉤, ㉥, ㉦

난이도 ★★★

02 산업재해가 발생하면 현장 조치 후 1개월 이내에 산업재해 조사표를 작성하여 관할 지방고용노동관서에 보고해야 한다. 다음은 산업재해 조사표의 재해발생 개요에 대한 내용이다. 산업재해의 원인을 바르게 연결한 것은?

발생일시	• [2020]년 [5]월 [6]일 [수]요일 [10]시 [50]분
발생장소	• ○○도 ○○시 ○○면 소재 □□수산 부지 내 별도 건물인 원료창고(4단 철제 선반에 생멸치와 천일염을 담은 자루를 팔레트 위에 적재하여 사용)
재해관련 작업유형	• 당일 생산에 필요한 생멸치와 천일염의 수요를 파악·결정하고, 원료 창고 팔레트에 담겨 있는 생멸치(팔레트당 10개 자루, 1자루당 30kg)와 천일염(팔레트당 30개 자루, 1자루당 30kg)을 지게차를 활용하여 생산동으로 운반
재해발생 당시 상황	• 재해자는 당일 09:00에 출근하여 당일 생산에 필요한 생멸치와 천일염의 수요를 파악하고 생산설비를 점검한 후, 10:20분 경 멸치액젓 공정에 생멸치를 공급하기 위해 해산물 보관창고로 지게차를 운전하여 이동, 재해자는 원료 창고 내 바닥의 팔레트 위에 쌓인 생멸치 자루를 지게차 포크(1톤, 전동 탑승식지게차, 모델명 3F12)로 들어 올린 후 정지상태에서 자루에 표기된 생멸치 명칭을 확인하기 위해 지게차 마스트와 프레임 사이에 올라가 확인 중, 왼발로 지게차의 틸트레버(마스트를 앞뒤로 기울이는 장치)를 밟게 되어 지게차 마스트와 프레임 사이에 가슴이 끼이는 재해 발생
재해발생 원인	• 지게차 운전자가 운전위치에서 이탈하는 경우 포크는 지면 또는 가장 낮은 위치에 내려 두어야 하고, 운전석에서 이탈하는 경우 시동키를 분리해야 하나 할 줄 몰라 그러지 못함 • 지게차를 사용 작업 시 위험예방대책 및 지게차 운행경로·작업방법 등에 따른 작업계획서를 작성할 줄 몰라 못함

	직접적 원인	간접적 원인(기본적 원인)
①	불안전한 행동(인적 원인)	교육적 원인
②	불안전한 행동(인적 원인)	작업 관리상 원인
③	불안전한 행동(인적 원인)	기술적 원인
④	불안전한 상태(물적 원인)	교육적 원인
⑤	불안전한 상태(물적 원인)	기술적 원인

난이도 ★★★

03 귀하는 △△중소기업센터에서 인적자원개발사업지원을 담당하고 있다. 최근 인적자원개발과 관련하여 직원들의 부족한 기술능력을 향상시킬 수 있는 방안에 대해 문의하고 있는 기업이 많아지고 있어 귀하는 홈페이지에 기술능력 습득 방법에 대한 설명을 게시하였다. 이때, 귀하가 게시한 설명 중 수정이 필요한 부분으로 가장 적절한 것은?

e-learning을 활용한 기술교육	• 원하는 시간에 원하는 내용을 원하는 순서대로 학습할 수 있다. • 비디오, 사진, 소리 등 멀티미디어를 이용한 학습이 가능하다. ① 현장 중심의 실무 교육이 어렵다.
전문 연수원을 통한 기술 과정 연수	• 연수 시설을 보유하지 않고 있는 기업에 적합하다. • 이론을 겸한 실무 중심의 교육을 실시할 수 있다. ② 교수자와 동료들 간의 인간적인 접촉이 상대적으로 적으며 중도에 탈락할 가능성이 높다.
상급학교 진학을 통한 기술교육	• 학문적이고 최신의 기술 흐름을 반영한 기술교육이 가능하다. • 관련 분야 종사자들과 인적 네트워크를 형성할 수 있다. ③ 일정 시간을 할애해야 하며 학습자가 직접 학습을 조절하거나 통제할 수 없다.
OJT를 활용한 기술교육	④ 모든 관리자 및 감독자는 업무수행상 지휘감독자이자 부하직원의 능력 향상을 담당하는 교육자라는 사실에 기반한다. ⑤ 시간의 낭비가 적으며 교육자와 피교육자 사이에 친밀감이 조성된다. • 조직의 필요에 합치되는 교육훈련을 실시할 수 있다.

난이도 ★☆☆

04 기업들이 4차 산업혁명을 맞아 인공지능(AI) 기술을 도입하는 등 끊임없는 연구개발을 통한 기술혁신으로 업무를 개선하고 있다. 다음 기술혁신에 대한 설명으로 옳지 않은 것을 모두 고르면?

㉠ 기술혁신은 지식집약적인 활동이기 때문에 연구개발에 참여한 엔지니어들이 떠나면 기술 개발을 지속할 수 없는 경우가 종종 발생한다.

㉡ 인간의 개별적인 지능과 창의성, 상호학습을 통해 새로운 지식과 경험은 빠른 속도로 축적되고 학습되지만, 기술개발에 참여한 엔지니어의 지식은 문서화되기 어렵다.

㉢ 기술혁신에 있어서 신제품에 대한 소비자의 수요, 기술 개발의 결과 등은 예측하기가 어렵고, 기술 개발에 대한 기업의 투자가 구체적인 성과로 나타나기까지는 비교적 장시간을 필요로 한다.

㉣ 기술혁신은 기존의 기존 제품의 반복적인 생산 판매나 회계처리 등과는 달리 명확하고 확실한 특성을 갖고 있기 때문에 기업 내의 갈등과 논쟁을 감소시킨다.

㉤ 기술혁신은 독립성을 가지고 있어서 하나의 기술이 개발되면 그 기술이 다른 기술 개발에 영향을 미치지 않는다.

㉥ 기술혁신은 상호의존성을 갖고 있어서 조직 내 모든 집단이 이익을 공유하기 때문에 기술 개발 단계에서는 협력하게 된다.

① ㉠, ㉢, ㉣　　② ㉠, ㉣, ㉥　　③ ㉡, ㉢, ㉥
④ ㉢, ㉣, ㉤　　⑤ ㉣, ㉤, ㉥

난이도 ★★☆

05 △△리조트는 고의적으로 서비스 불량을 유발하여 과도한 보상을 요구하는 고객들의 횡포로 직원들의 정신적·육체적 스트레스가 심각한 수준에 이르렀다. 결국 △△리조트는 직원들이 받는 스트레스를 산업재해로 분류하고, 산업재해 예방대책 단계에 따라 해당 문제를 해결하기로 했다. △△리조트가 따라야 할 산업재해 예방대책 5단계가 다음과 같을 때, A~C에 들어갈 내용을 바르게 연결한 것은?

안전 관리 조직	A
사실의 발견	사고 조사, 안전 점검, 현장 분석, 작업자 제안 및 여론 조사, 관찰 및 보고서 연구 등을 통하여 사실을 발견한다.
원인 분석	재해 발생 장소, 재해 형태, 재해 정도, 관련 인원, 직원 감독의 적절성, 공구 및 장비 상태 등을 정확히 분석한다.
기술 공고화	B
시정책 적용 및 뒤처리	C

ㄱ. 산업재해 원인의 기술적 개선 방안에 대한 중장기 플랜을 연계한다.
ㄴ. 안전 관리를 총괄하는 책임자를 중심으로 컨트롤 타워를 구축한다.
ㄷ. 산업재해 예방대책에 따라 안전시설을 점검하고 안전 감독을 실행한다.

	A	B	C
①	ㄱ	ㄴ	ㄷ
②	ㄱ	ㄷ	ㄴ
③	ㄴ	ㄱ	ㄷ
④	ㄴ	ㄷ	ㄱ
⑤	ㄷ	ㄴ	ㄱ

[06-07] 다음은 기술과 사회의 관계에 대한 다양한 생각들에 관한 자료이다. 다음 글을 읽고 각 물음에 답하시오.

> 1960년대 들어 학자들은 기술이 사회를 결정짓는가, 아니면 사회가 어떤 기술을 채택하는가에 대한 연구를 수행하였다. 기술결정론은 '기술이 사회를 구성한다.'는 논리에 기초해, 기술 자체가 자율성을 갖고 사회를 일방적으로 변화시킨다고 주장한다. 자연의 기후처럼 인간사회의 외부에 존재하면서 사회를 변화시킨다는 것이다. 하지만 기술은 그 자체의 고유한 발전 논리를 가져 시공간에 상관없이 발전하기 때문에 곧바로 비판에 직면한다.
>
> 반면 과학기술 사회학자 트레버 핀치와 위비 바이커(Pinch&Bijker, 1987)는 기술결정론과 반대로 이해관계가 있는 사회집단들이 기술발전에 영향을 미친다고 주장한다. 즉, 기술적인 인공물들이 사회적으로 구성된다는 것이다.
>
> 이 두 가지에 반대하여 등장한 것이 기술 사학자 토머스 휴즈가 제창한 기술시스템 이론이다. 이 이론은 기술변화와 관련된 대표적인 시스템 접근으로, 사회가 기술로부터 영향을 받을 뿐만 아니라 기술형성에 영향을 미친다는 신념에 기초한다. 기술시스템을 구성하는 각 요소는 다른 요소들과 상호작용하면서 시스템 전체의 작동에 기여하게 된다. 만약 어떤 구성요소의 특성이 변화한다면 시스템 내부의 다른 요소들도 바뀌어야 한다.

난이도 ★★★

06 **다음은 기술시스템의 발전 단계와 핵심적인 역할을 하는 사람들에 대한 내용이다. 다음 2단계~4단계의 빈칸에 순서대로 들어갈 내용을 바르게 연결한 것은?**

구분	발전 단계	핵심 역할
1단계	발명·개발·혁신	기술자
2단계		
3단계		
4단계		

㉠ 기술시스템 사이의 경쟁
㉡ 성공적인 기술이 다른 지역으로 이동
㉢ 경쟁에서 승리한 기술시스템의 관성화
㉣ 기술시스템이 탄생하고 성장

A. 자문엔지니어
B. 기업가
C. 기술자
D. 금융전문가

	2단계	3단계	4단계
①	㉠-B	㉢-A	㉣-C
②	㉡-C	㉠-B	㉢-A
③	㉡-D	㉢-C	㉠-A
④	㉢-D	㉠-B	㉡-A
⑤	㉣-A	㉡-C	㉢-D

난이도 ★★☆

07 **다음은 기술과 인간의 욕구를 반영해 효율적인 조직운영을 위한 논의들이다. 기술시스템에 대한 답변으로 옳은 것은?**

① 과학과 마찬가지로 기술시스템은 개별 기술이 네트워크와 결합하여 만들어진다.
② 기술변화의 속도가 빠르기 때문에 대응하기 위해서는 모든 기술과 기술시스템을 다 알고 있어야 한다.
③ 기술시스템은 물리적 인공물뿐만 아니라 조직, 과학기반, 법적 장치, 자연자원 등 기술적인 것과 사회적인 것이 공존한다.
④ 기술시스템의 기술공고화 단계는 실험 환경을 더욱 복잡하게 하여 발명품이 실제 세계에서 적용할 수 있도록 하는 과정이다.
⑤ 발명에는 급진적인 발명과 보수적인 발명이 있는데, 전자는 기존의 시스템을 개선하거나 확장하며 후자는 새로운 시스템의 시작을 가능하게 하는 데 기여한다.

난이도 ★★☆

08 다음은 아이디어 단계부터 상업화 단계에 이르기까지의 기술혁신 과정과 각 과정에서 핵심 인력의 역할을 정리한 표이다. 다음 중 ㉠~㉤에 들어갈 내용으로 옳지 않은 것은?

기술혁신 과정	혁신활동	필요한 자질과 능력
아이디어 창안	• 아이디어 창출 및 가능성 검증 • 일을 수행하는 새로운 방법 고안 • 혁신적인 진보를 위한 탐색	• (㉠) • 추상화와 개념화 능력 • 새로운 분야의 일을 즐겨 함
(㉡)	• 아이디어 전파 • 혁신을 위한 자원 확보 • 아이디어 실현을 위한 헌신	• 정력적이고 위험을 감수함 • 아이디어 응용에 관심을 둠
프로젝트 관리	• (㉢) • 프로젝트 기획 및 조직 • 프로젝트의 효과적인 진행 감독	• 의사결정능력 • 업무수행 방법에 대한 지식
정보 수문장	• 조직 외부 정보를 내부 구성원들에게 전달 • 조직 내 정보원 기능	• 높은 수준의 기술적 역량 • (㉣)
후원	• 혁신에 대한 격려 및 안내 • 불필요한 제약에서 프로젝트 보호 • 혁신에 대한 자원 획득 지원	• (㉤)

① ㉠: 각 분야의 전문지식
② ㉡: 기업가
③ ㉢: 리더십 발휘
④ ㉣: 원만한 대인관계능력
⑤ ㉤: 조직 내 주요 의사결정에 대한 영향력

난이도 ★★☆

09 신입사원들이 기술능력을 계속 발전시킬 수 있어야만 생존할 수 있다는 현실을 파악하고 기술능력에 대해 집중하여 연구할 수 있도록 '기술능력의 차이'를 주제로 한 신입사원 교육이 진행되었다. 다음 기술능력이 뛰어난 사람에 관한 발표 내용이 적절하지 않은 사람을 바르게 연결한 것은?

> **나래:** 실질적으로 문제 해결보다 자신이 담당하는 분야의 전문가가 되어야 합니다.
> **동현:** 적절한 기술적 지식, 기술적 조건을 효과적으로 활용할 수 있는 사람입니다.
> **태연:** 부여된 한계 속에서, 그리고 제한된 자원을 가지고 일하는 사람이 해당합니다.
> **동엽:** 기술적 해결이 얼마나 쓰임새 있는지 평가할 수 있어야죠.
> **한해:** 다양한 해결 방안을 개발하여 주어진 문제를 해결할 수 있어야 합니다.
> **세윤:** 직무 훈련 프로그램을 통해 구체적인 기능을 소유하는 것만으로 충분합니다.

① 나래, 태연
② 나래, 세윤
③ 동현, 한해
④ 태연, 한해
⑤ 동엽, 세윤

[10-11] 다음 공기청정기 모델 TN242의 사용자 매뉴얼을 읽고 각 물음에 답하시오.

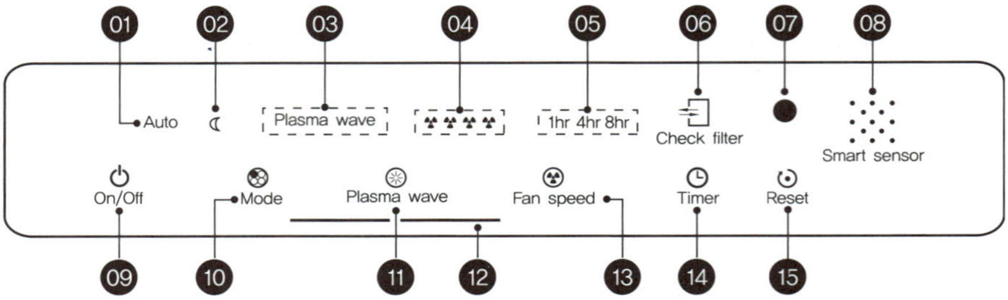

버튼	설명
① 자동 표시기	• 자동 모드의 활성화 여부 표시
② 수면 표시기	• 절전 모드의 활성화 또는 비활성화 여부 표시
③ 플라스마 표시기	• 플라스마의 활성화 여부 표시
④ 팬 속도 표시기	• 현재 팬 속도 표시
⑤ 타이머 표시기	• 타이머가 설정되어 있으면 LED 표시등이 설정된 작동 시간 표시
⑥ 필터 교체 표시기	• LED 표시등은 필터 교체 시기를 알려줌
⑦ 라이트 센서	• 주변의 광량 감지
⑧ 스마트 센서	• 환경에서 악취가 나는 가스의 양 감지 • 자동 모드에서는 감지된 가스의 양에 따라 팬 속도 조정
⑨ 전원 버튼	• 기기를 작동하거나 중지 • 전원을 켜고 처음 30초 동안 공기질 표시기는 파란색, 주황색 및 빨간색으로 순환 • 전원을 켜고 정상적인 작동이 시작되기 전에 스마트 센서가 주변의 공기질을 감지하는 데 약 4분 소요
⑩ 모드 버튼	• 작동 모드(자동, 절전)를 설정하며, 장치는 처음 전원을 켤 때 기본적으로 자동 모드로 설정됨 • 자동 모드 – 자동 모드는 실내 공기질에 따라 팬 속도를 자동으로 조정 – 팬 속도는 공기질이 좋을 때 낮게, 적당할 때 중간, 나쁠 때 높게 조정 • 절전 모드 – 절전 모드가 활성화되면 공기질 표시기의 LED 표시등 비활성화 – 팬 속도는 자동으로 최소 속도('낮음'보다 낮음)로 설정 – 절전 모드가 활성화되면 플라스마가 비활성화되지만 다시 작동 가능
⑪ 플라스마 버튼	• 플라스마를 활성화하거나 비활성화함
⑫ 공기질 표시기	• 색상으로 구분된 LED 표시등은 빨간색(나쁨), 호박색(보통), 파란색(양호)의 세 가지 수준 중 하나 표시
⑬ 팬 속도 버튼	• 장치의 팬 속도를 수동으로 작동 • 원하는 팬 속도(낮음, 중간, 높음, 터보)를 순환하여 설정
⑭ 타이머 버튼	• 원하는 작동 시간(1시간, 4시간, 8시간, 타이머 없음)을 순환하여 설정
⑮ 필터 재설정 버튼	• 필터 교체 후 전원을 켜고 클립과 같은 얇은 물체로 필터 재설정 버튼을 5초간 누름

난이도 ★★☆

10 위 자료를 근거로 판단한 내용으로 가장 적절하지 않은 것은?

① 공기질이 나빠지면 LED 표시등이 빨간색으로 표시된다.
② 모드 버튼을 눌러 절전 모드를 활성화하면 플라스마는 작동되지 않는다.
③ 전원을 켜면 스마트 센서가 바로 작동되지 않는다.
④ 팬 속도 버튼을 누를 때마다 팬 속도는 점점 빨라진다.
⑤ 원하는 작동 시간은 1시간 간격으로 설정할 수 있다.

난이도 ★☆☆

11 ○○전자의 서비스 센터에 근무하고 있는 귀하는 고객의 문의 전화에 답하는 업무를 하고 있다. 공기청정기 모델 TN242와 관련하여 고객과 통화할 때, ㉠~㉣에 들어갈 말을 순서대로 바르게 나열한 것은?

귀하: 안녕하십니까, 고객님. 무엇을 도와드릴까요?
고객: 공기청정기 모델 TN242를 구매한 지 1년이 다 되었습니다. 필터 교체를 해야 할 것 같은데 어떻게 해야 할까요?
귀하: 우선 필터 교체 시기를 파악하기 위해서 (㉠)의 LED 표시등에 불이 들어오는지 확인해 보세요.
고객: 네, 불이 들어와 있어요. 그다음에는 어떻게 하나요?
귀하: 필터 교체가 필요하니 구입하셔야 합니다. 필터 가격은 25,000원입니다. 필터 교체 후 (㉡)을 눌러 전원을 켜고 (㉢)을 5초간 눌러 주세요. 빠른 환기를 위해 터보로 순환하려면 (㉣)을 누르시면 됩니다.
고객: 생각보다 쉽네요. 감사합니다.
귀하: 네, 감사합니다.

① 공기질 표시기 – 필터 재설정 버튼 – 전원 버튼 – 팬 속도 버튼
② 필터 교체 표시기 – 전원 버튼 – 필터 재설정 버튼 – 팬 속도 버튼
③ 자동 표시기 – 모드 버튼 – 필터 재설정 버튼 – 팬 속도 버튼
④ 공기질 표시기 – 전원 버튼 – 필터 재설정 버튼 – 모드 버튼
⑤ 필터 교체 표시기 – 필터 재설정 버튼 – 팬 속도 버튼 – 모드 버튼

[12-13] 우리나라는 산업화와 고도성장을 통해 경제적으로는 많이 발전한 반면, 재난 인프라의 취약성과 사회 곳곳에 만연한 안전경시 관행으로 안전후진국이라는 오명을 벗어나지 못하고 있다. 다음 산업재해 감축을 위해 도입된 산업안전보건법의 주요 조항을 읽고, 각 물음에 답하시오.

제4조(정부의 책무)

① 정부는 이 법의 목적을 달성하기 위하여 다음 각 호의 사항을 성실히 이행할 책무를 진다.

1. 산업 안전 및 보건 정책의 수립 및 집행
2. 산업재해 예방 지원 및 지도
3. 「근로기준법」 제76조의2에 따른 직장 내 괴롭힘 예방을 위한 조치기준 마련, 지도 및 지원
4. 사업주의 자율적인 산업 안전 및 보건 경영체제 확립을 위한 지원
5. 산업 안전 및 보건에 관한 의식을 북돋우기 위한 홍보·교육 등 안전문화 확산 추진
6. 산업 안전 및 보건에 관한 기술의 연구·개발 및 시설의 설치·운영
7. 산업재해에 관한 조사 및 통계의 유지·관리
8. 산업 안전 및 보건 관련 단체 등에 대한 지원 및 지도·감독
9. 그 밖에 노무를 제공하는 사람의 안전 및 건강의 보호·증진

② 정부는 제1항 각 호의 사항을 효율적으로 수행하기 위하여 「한국산업안전보건공단법」에 따른 한국산업안전보건공단(이하 "공단"), 그 밖의 관련 단체 및 연구기관에 행정적·재정적 지원을 할 수 있다.

제4조의2(지방자치단체의 책무)

지방자치단체는 제4조 제1항에 따른 정부의 정책에 적극 협조하고, 관할 지역의 산업재해를 예방하기 위한 대책을 수립·시행하여야 한다.

제4조의3(지방자치단체의 산업재해 예방 활동 등)

① 지방자치단체의 장은 관할 지역 내에서의 산업재해 예방을 위하여 자체 계획의 수립, 교육, 홍보 및 안전한 작업환경 조성을 지원하기 위한 사업장 지도 등 필요한 조치를 할 수 있다.

② 정부는 제1항에 따른 지방자치단체의 산업재해 예방 활동에 필요한 행정적·재정적 지원을 할 수 있다.

③ 제1항에 따른 산업재해 예방 활동에 필요한 사항은 지방자치단체가 조례로 정할 수 있다.

제5조(사업주 등의 의무)

① 사업주(제77조에 따른 특수형태근로종사자로부터 노무를 제공받는 자와 제78조에 따른 물건의 수거·배달 등을 중개하는 자를 포함)는 다음 각 호의 사항을 이행함으로써 근로자(제77조에 따른 특수형태근로종사자와 제78조에 따른 물건의 수거·배달 등을 하는 사람을 포함)의 안전 및 건강을 유지·증진시키고 국가의 산업재해 예방정책을 따라야 한다.

1. 이 법과 이 법에 따른 명령으로 정하는 산업재해 예방을 위한 기준
2. 근로자의 신체적 피로와 정신적 스트레스 등을 줄일 수 있는 쾌적한 작업환경의 조성 및 근로조건 개선
3. 해당 사업장의 안전 및 보건에 관한 정보를 근로자에게 제공

② 다음 각 호의 어느 하나에 해당하는 자는 발주·설계·제조·수입 또는 건설을 할 때 이 법과 이 법에 따른 명령으로 정하는 기준을 지켜야 하고, 발주·설계·제조·수입 또는 건설에 사용되는 물건으로 인하여 발생하는 산업재해를 방지하기 위하여 필요한 조치를 하여야 한다.

1. 기계·기구와 그 밖의 설비를 설계·제조 또는 수입하는 자
2. 원재료 등을 제조·수입하는 자
3. 건설물을 발주·설계·건설하는 자

제6조(근로자의 의무)
근로자는 이 법과 이 법에 따른 명령으로 정하는 산업재해 예방을 위한 기준을 지켜야 하며, 사업주 또는 「근로기준법」 제101조에 따른 근로감독관, 공단 등 관계인이 실시하는 산업재해 예방에 관한 조치에 따라야 한다.

제7조(산업재해 예방에 관한 기본계획의 수립·공표)
① 고용노동부장관은 산업재해 예방에 관한 기본계획을 수립하여야 한다.
② 고용노동부장관은 제1항에 따라 수립한 기본계획을 「산업재해보상보험법」 제8조 제1항에 따른 산업재해보상보험및예방심의위원회의 심의를 거쳐 공표하여야 한다. 이를 변경하려는 경우에도 또한 같다.

난이도 ★★★

12 산업안전보건법은 산업 안전 및 보건에 관한 기준을 확립하고 그 책임의 소재를 명확하게 하는 목적을 갖고 있다. 다음 중 이행할 책무를 지는 주체가 다른 사항은?

① 산업안전 정책 수립
② 산업재해 예방 지원
③ 안전문화 확산 추진
④ 관할 지역 산업재해 예방 대책 수립 및 시행
⑤ 한국산업안전보건공단 재정적 지원

난이도 ★★☆

13 산업재해는 노동자가 업무에 관계되는 건설물·설비·원재료·가스·증기·분진 등에 의하거나 작업 또는 그 밖의 업무로 인하여 사망 또는 부상당하거나 질병에 걸리는 것을 말한다. 다음 중 산업재해 예방을 위한 기본계획을 수립하는 사람은?

① 정부
② 고용노동부장관
③ 지방자치단체
④ 한국산업안전보건공단
⑤ 사업주

난이도 ★★★

14 벤치마킹은 단순 모방과 달리 우수한 기업이나 기술, 경영 방식 등의 장점을 충분히 배우고 익혀 자사의 환경에 맞추어 재창조하는 것이다. 벤치마킹의 주요 단계 중에서 A, B, C에 해당하는 활동을 〈보기〉에서 찾아 바르게 짝지은 것은?

[벤치마킹의 주요 단계]

1단계	2단계	3단계	4단계	5단계	6단계	7단계
범위 결정	측정범위 결정	(A)	벤치마킹	(B)	(C)	변화 관리

〈보기〉

㉠ 성과차이에 대한 원인 분석을 진행하고, 개선을 위한 성과목표를 결정하며, 성과목표를 달성하기 위한 개선계획을 수립한다.
㉡ 직접 또는 간접적인 벤치마킹을 진행한다.
㉢ 벤치마킹 결과를 바탕으로 성과차이를 측정항목별로 분석한다.
㉣ 벤치마킹이 필요한 상세 분야 정의, 목표와 범위 결정, 수행할 인력들을 결정한다.
㉤ 비교분석의 대상이 되는 기업/기관들을 결정하고, 대상 후보별 벤치마킹 수행의 타당성을 검토하여 최종적인 대상 및 대상별 수행방식을 정한다.
㉥ 개선목표 달성을 위한 변화사항을 지속적으로 관리하고, 개선 후 변화사항과 예상했던 변화사항을 비교한다.
㉦ 상세 분야에 대한 측정항목을 결정하고, 측정항목이 벤치마킹의 목표를 달성하는 데 적정한가를 검토한다.

	A	B	C
①	㉠	㉣	㉦
②	㉡	㉣	㉥
③	㉤	㉢	㉠
④	㉥	㉢	㉣
⑤	㉦	㉠	㉤

난이도 ★★☆

15 **지식재산권은 무형의 자산으로 먼저 등록하고 권리를 취득한 사람이 절대적으로 유리함에도 불구하고 이를 간과하여 피해를 보는 경우가 많다. 특히 산업재산권은 산업 활동과 관련된 독점적 권리로 일정 기간 동안 독점 배타적인 권리를 부여한다. 다음 〈상황〉에서 산업재산권의 종류를 바르게 연결한 것은?**

〈상황〉

㉠ 서울대를 상징하는 '샤' 로고부터 연세대의 '연세'라는 이름까지 동네 병원 간판에는 특정 대학교들의 로고와 이름이 많이 보인다. 문제는 환자를 유치하기 위해 해당 대학 출신이 아님에도 무단으로 로고와 이름을 사용하는 곳이 있어 문제이다. 현재 국내 대부분 대학교들은 학교 로고, 이름 등에 대해 등록했기 때문에 이를 사용하려면 대학의 허가를 받아야 한다.

㉡ 이탈리아에서 수입된 비스코스 원단으로 만든 때수건이라서 이름 붙여진 이태리 타월은 1967년 부산의 한 섬유회사에서 처음 개발되었다. 발명자가 부도가 나서 소식이 끊기자 김필곤이라는 사람이 사업화하기 시작했다. 이태리 타월이 나오자 불티나게 팔리면서 유사 상품이 쏟아졌지만, 김필곤 씨는 사업화하기 전에 이것을 등록하여 최종 승자가 되었다.

㉢ 냉장고에 식품을 보관하기 위해 흔히들 지퍼백을 사용한다. 1950년대 미국 오하이오주 출신 로버트 버고비가 발명한 열로 잠금장치가 탑재된 비닐봉지를 개발했는데, 머리그립이라는 회사가 라이언스를 구매해 세계 최초의 지퍼백을 만들었다.

㉣ 락앤락이 자산의 '네임텀블러' 외관을 침해한 중국의 '짝퉁 텀블러'에 대응하기 위해 현지 법원에 소송을 제기하는 등 강력한 조치에 나섰다. 대부분의 소송이 합의로 끝나기 때문에 중국 판매상들이 소송을 두려워하지 않는 경향이 있는 것으로 알려졌다.

	㉠	㉡	㉢	㉣
①	특허권	실용신안권	상표권	디자인권
②	실용신안권	특허권	디자인권	상표권
③	상표권	실용신안권	특허권	디자인권
④	디자인권	특허권	상표권	실용신안권
⑤	디자인권	상표권	실용신안권	특허권

난이도 ★★★

16 **다음은 디지털 콘텐츠에 관한 법적 논란에 대한 내용이다. 다음 내용을 읽고 판단하였을 때, 가수와 음반제작자가 보호받을 것으로 기대되는 권리는?**

> 최근 NFT, 메타버스, 가상화폐 등 새로운 기술적 개념이 나오면서 가상세계에서 새로운 법적 논란이 발생하고 있다. 메타버스는 '초월'이라는 뜻의 '메타(Meta)'와 '우주'를 뜻하는 '유니버스(Universe)'의 합성어로 현실과 가상세계의 경계를 없앤 새로운 제3의 디지털세상을 의미한다. 사람들은 메타버스 안에서 사회, 경제, 문화활동을 한다. NFT는 '대체 불가능한 토큰(Non-Fungible Token)'이라는 뜻으로, 희소성을 갖는 디지털 자산을 대표하는 토큰을 말한다. 블록체인 기술을 기반으로 하여 위변조와 복제가 불가능하며 예술품, 부동산, 디지털 콘텐츠 등에 고유의 값을 매긴 세상에 단 하나뿐인 디지털 자산이다.
>
> 이러한 NFT가 강력한 팬덤이 주도하는 K-POP 업계에 새로운 시장을 개척할 것으로 기대된다. 음악인들은 NFT가 코로나19 시대의 생존수단이 될 것이라고 전망한다. 코로나19 팬데믹 이후 대면 공연을 열지 못해 그동안 음반 발매만으로 수익을 내야 하는 상황이었다. 특히 가수와 음반제작자들의 권리가 더 보호받을 수 있을 것이다.

① 실용신안권　② 저작인접권　③ 상표권
④ 정보재산권　⑤ 산업저작권

난이도 ★★☆

17 **소니의 Beta 방식 VTR, 애플 매킨토시 등은 뛰어난 기술력을 인정받았지만, 고객으로부터 외면당하고 실패한 대표적인 사례이다. 그만큼 기술선택은 기업의 미래를 결정짓는 중요한 일이다. 다음 중 기술선택에 있어 우선적으로 선택해야 하는 기술로 가장 거리가 먼 것은?**

① 작은 크기에 높은 에너지 밀도를 확보하는 초소형화 전지처럼 쉽게 모방하기 어려운 기술
② 세정 시간을 대폭 단축하는 친환경 세정기술로 원가절감 효과를 주는 기술
③ 폐기물을 가치 있는 자원으로 전환하는 혁신적 기술을 활용해 이익 창출 잠재력이 큰 기술
④ AI(인공지능) 전용 반도체를 개발하여 AI 생태계 전체에 광범위하게 활용하는 기술
⑤ 신제품이 나오는 2년마다 교체되는 스마트폰처럼 최신 기술로 진부화되는 기술

난이도 ★★☆

18 **벤치마킹은 단순한 모방과는 달리 우수한 기업의 성공한 기술이나 경영 방식 등을 익혀 자사의 환경에 맞게 재창조하는 경영기법이다. 최근 경쟁력이 약해지고 있는 한 자동차회사는 여러 공장 간의 생산 효율성을 비교하여 가장 우수한 공장을 선정하고자 하며, 다른 공장 직원들을 파견해 A 공장의 운영 방식을 전 공장에 적용할 예정이다. 다음 벤치마킹의 종류 중 A 공장의 운영 방식에 해당하는 것은?**

비교대상에 따른 분류	내부적 벤치마킹, 경쟁적 벤치마킹, 비경쟁적 벤치마킹, 글로벌 벤치마킹
수행방식에 따른 분류	직접적 벤치마킹, 간접적 벤치마킹

① 내부적 벤치마킹 – 직접적 벤치마킹　② 경쟁적 벤치마킹 – 직접적 벤치마킹
③ 비경쟁적 벤치마킹 – 직접적 벤치마킹　④ 내부적 벤치마킹 – 간접적 벤치마킹
⑤ 비경쟁적 벤치마킹 – 간접적 벤치마킹

난이도 ★☆☆

19 기업들이 새로운 비즈니스 환경에 적응하기 위해 디지털 전환(DX)을 서두르고 있다. 이에 따라 필요한 기술을 중에서 어떤 기술을 우선 도입해야 할지 고민이 크다. 다음 기술선택을 위한 우선순위 결정에 관한 대화에서 옳지 않은 내용끼리 묶은 것은?

> ㉠ A: 다른 회사가 쉽게 모방하기 어려운 기술을 선택해야 합니다.
> ㉡ B: 생산 원가를 절감할 수 있는 기술이라면 우선적으로 도입해야죠.
> ㉢ C: 적용했을 때 매출을 상승할 수 있다면 전 무조건 찬성합니다.
> ㉣ D: 쉽게 구할 수 없다면 활용하기 어렵지 않을까요.
> ㉤ E: 미래에도 사용 가능성이 여전히 높아야 할 것입니다.
> ㉥ F: 여기저기 활용되기보다는 확실하게 활용되는 범위가 있어야 합니다.

① ㉠, ㉣　② ㉡, ㉤　③ ㉢, ㉥
④ ㉣, ㉥　⑤ ㉤, ㉥

난이도 ★★☆

20 4차 산업혁명이 진행되면서 사회 전반의 다양한 수요를 충족시키기 위해 과학과 기술, 문화 등이 창조적으로 융합되고 있다. 4대 핵심기술이 융합되는 사례로 적절하지 않은 것은?

① 제조, 건설, 의학 연구에서 사용되는 완전히 새로운 범주의 물질이나 시스템을 위해서는 나노기술이 가장 중요하며, 정보기술 역시 그 역할이 막중하다.
② 오염된 물을 정화해 주는 필터가 들어있는 생명 빨대(Life Straw)는 나노기술과 생명공학기술을 토대로 만들어진 융합기술의 긍정적인 사례이다.
③ 나노 규모의 부품과 공정의 시스템을 가진 물질 중에서 가장 복잡한 생물 세포를 연구하는데 정보기술 중에서 가상현실(VR)과 증강현실(AR) 기법이 큰 도움이 된다.
④ 글로벌 네트워크 요소를 통합하는 컴퓨터 하드웨어의 신속한 향상을 위해 나노기술이 필요하며, 인지과학은 인간에게 가장 효과적으로 정보를 제시하는 방법을 제공한다.
⑤ 생명공학기술, 나노기술, 정보기술과 인지과학이 뇌와 마음의 연구에 새로운 기법을 제공한다.

정답해설편 p.84

9

조직이해능력

핵심이론정리
대표기출유형
적중예상문제

출제 특징

조직이해능력은 주로 경영의 4요소, SWOT 분석 등 기초경영이론과 기업 조직도, 조직변화의 과정 등 조직이론이 출제된다. 최근 ERP, 기업의 사회적 책임, ESG 경영 등 기업 경영 환경을 묻는 문제도 자주 출제되어 지원한 기업의 조직 구성 및 외부 경영 환경에 대해 미리 파악하는 것이 좋다. 국제 상식도 꾸준히 출제되며 출제 범위가 방대한 편이므로 국제감각 이론을 학습하고 관련 상식을 숙지해 두는 것이 좋다.

출제 비중

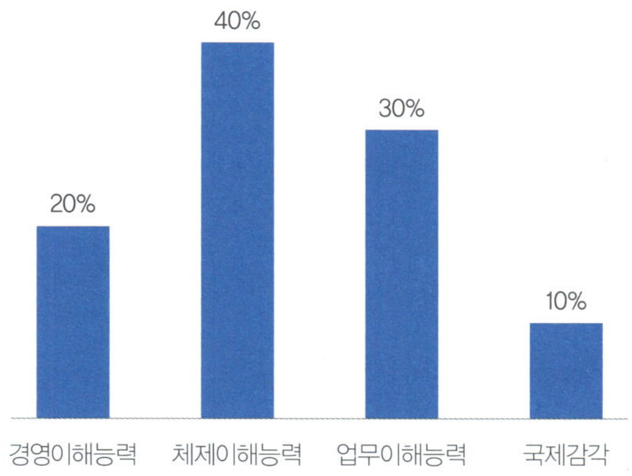

출제 기업

서울교통공사, 서울교통공사 9호선, 서울주택도시공사, 서울디자인재단, 서울시설공단, 경기교통공사, 경기도 공공기관 통합채용, 한전KDN, 한전KPS, 한전원자력연료, 한국서부발전, 한국중부발전, 한국전력거래소, 한국수력원자력, 한국도로공사, 한국전기안전공사, 한국가스기술공사, 한국국토정보공사, 한국자산관리공사, 한국지역난방공사, 인천국제공항공사, 주택도시보증공사, 한국농수산식품유통공사, 한국방송광고진흥공사, 한국마사회, 국민연금공단, 한국산업인력공단, 한국환경공단, 한국장애인고용공단, 한국교통안전공단, 국가철도공단, 국민체육진흥공단, 한국보훈복지의료공단, 한국해양교통안전공단, 한국법무보호복지공단, 국립공원공단, 한국수산자원공단, 한국산업안전보건공단, 한국수출입은행, IBK기업은행, 여수광양항만공사, 한국부동산원, 한국예탁결제원, 대한체육회, 한국중소벤처기업유통원, 대한적십자사, 한국교직원공제회 등

National Competency Standards

핵심이론정리

핵심이론정리에는 한국산업인력공단 직업기초능력 가이드북 중 시험에 자주 출제되며 출제 가능성이 높은 이론을 수록했습니다.

조직이해능력 소개

1. 조직생활의 특징 기출 한국산업인력공단, 주택도시보증공사

1) 조직 및 기업의 의미

① 조직의 정의

두 사람 이상이 공동의 목표를 달성하기 위해 의식적으로 구성된 상호 작용과 조정을 하는 행동의 집합체

② 조직의 특징

- 목적과 구조를 가지고 있음
- 구성원들은 목적을 달성하기 위해 서로 협동함
- 외부환경과 긴밀한 관계를 맺고 있음
- 재화 또는 서비스를 생산하는 경제적 기능을 가짐
- 조직구성원들에게 만족감을 주고 협동을 지속시키는 사회적 기능을 가짐

③ 직장

사람들이 일을 하는 데 필요한 물리적 장소이자 심리적 공간

④ 기업

- 노동, 자본, 물자, 기술 등을 투입하여 제품이나 서비스를 산출하는 기관
- 전통적으로 기업의 존재 목적은 최소 비용으로 최대 효과를 얻어 차액인 이윤을 극대화하는 것
- 최근 기업의 지속 가능성을 위해 이윤 창출만큼 고객에 대한 가치 전달, 직원에 대한 투자, 공급자와의 윤리적인 거래, 지역사회에 대한 책임, 장기적 관점의 주주가치 창출 등이 강조됨

2) 조직의 유형

구분	내용
공식화 정도	• 비공식조직으로부터 공식화가 진행되어 공식조직으로 발전하거나, 공식조직 내에서 인간관계를 지향하는 비공식조직이 새롭게 생성됨 • 공식조직: 조직의 구조, 기능, 규정 등이 조직화된 집단 • 비공식조직: 개인들의 협동과 상호 작용에 따라 형성된 자발적 집단
영리성	• 영리조직: 기업과 같이 이윤을 목적으로 하는 조직 • 비영리조직: 정부, 병원, 대학, 시민단체 등 공익을 추구하는 조직
규모	• 소규모조직: 가족 소유의 상점 등 • 대규모조직: 대기업 등 • 글로벌기업: 다수의 국가에서 활동하는 기업 등
퇴니스의 구분	• 공동체(Gemeinschaft): 내적 목적 달성(구성원의 만족) / 가족, 지역사회, 취미모임, 사교클럽 등 • 기능체(Gesellschaft): 외적 목적 달성(인류, 행정 서비스, 방위) / 기업, 관공서, 군대 등

2. 조직의 구성요소

1) 조직이해능력의 필요성

① 업무를 효과적으로 수행하기 위해 조직의 체제와 경영, 국제적인 동향 등을 파악하는 능력이 필요함

② 조직구성원이 개인의 업무성과를 높이고, 나아가 조직 전체의 경영 효과를 높이기 위해 개개인과 긍정적인 인간 관계를 갖는 것뿐만 아니라 조직의 체제와 경영 원리를 이해하는 것이 중요함

2) 조직체제 구성요소

구분	내용
조직목표	• 조직이 달성하고자 하는 장래의 상태로, 조직이 존재하는 정당성과 합법성을 제공함 • 전체 조직의 성과와 자원, 시장, 역량 개발, 혁신과 변화, 생산성에 대한 목표를 포함함
조직구조	• 조직 내 부문 사이에 형성된 관계로, 조직목표를 달성하기 위한 조직구성원들의 상호 작용을 보여줌 • 의사결정권의 집중 정도, 명령계통, 최고경영자의 통제, 규칙과 규제의 정도에 따라 달라지며, 구성원들의 업무나 권한이 분명하게 정의된 기계적 조직과 의사결정권이 하부구성원들에게 위임되고 업무가 비고정적인 유기적 조직으로 구분됨 • 조직도로 조직구조, 구성원들의 임무와 수행하는 과업, 일하는 장소 등을 파악할 수 있음
업무 프로세스	• 조직에 유입된 인풋 요소들이 최종 산출물로 만들어지기까지 구성원 간의 업무 흐름이 어떻게 연결되는지 보여줌 • 개발 프로세스, 오더처리 프로세스, 고객관리 프로세스 등이 있음
조직문화	• 조직구성원들이 공유하는 생활양식이나 가치 • 조직구성원들의 사고와 행동에 영향을 미치며, 일체감과 정체성을 부여하고, 조직을 안정적으로 유지시킴 • 최근 그 중요성이 부각되면서 조직문화를 긍정적인 방향으로 조성하기 위한 경영층의 노력이 강조됨
규칙 및 규정	• 조직의 목표나 전략에 따라 수립되며, 조직구성원들의 활동 범위를 제약하고 일관성을 부여함 • 인사 규정, 총무 규정, 회계 규정, 윤리 규정, 안전 규정 등이 있음 • 조직이 구성원들의 행동을 관리하기 위해 규칙이나 절차에 의존하고 있는 공식화 정도에 따라 조직구조가 결정되기도 함

3. 조직의 환경 변화 적응

1) 조직 변화의 정의

조직이 새로운 아이디어나 행동을 받아들이는 것

2) 조직 변화의 과정

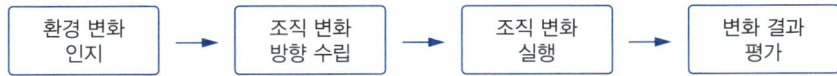

환경 변화 인지 → 조직 변화 방향 수립 → 조직 변화 실행 → 변화 결과 평가

3) 조직 변화의 유형

① 제품과 서비스

기존 제품이나 서비스의 문제점을 인식하고 고객의 요구에 부응하기 위한 것으로, 고객을 늘리거나 새로운 시장을 확대하기 위해 필요함

② 전략, 구조

조직의 경영과 관계된 것으로, 조직의 목적을 달성하고 효율성을 높이기 위해 조직구조나 경영방식, 각종 시스템 등을 개선하는 것

③ 기술

신기술이 발명되었을 때나 생산성을 높이기 위해 새로운 기술을 도입하는 것

④ 문화

구성원들의 사고방식이나 가치체계를 변화시키는 것으로, 조직의 목적과 일치시키기 위해 새로운 문화를 유도함

하위능력 ① 경영이해능력

1. 경영

1) 경영의 의미

조직이 수립한 목적을 달성하기 위해 계획을 수립·실행하고 그 결과를 평가하는 과정

2) 경영의 구성요소

① 경영목적

조직의 목적을 달성하기 위한 방법이나 과정

② 조직구성원

조직의 임직원, 인적자원의 배치와 활용

③ 자금

경영활동에 사용 가능한 금전, 경영의 방향과 범위 한정

④ 전략

변화하는 환경에 적응하기 위한 경영활동의 체계화

3) 경영의 과정

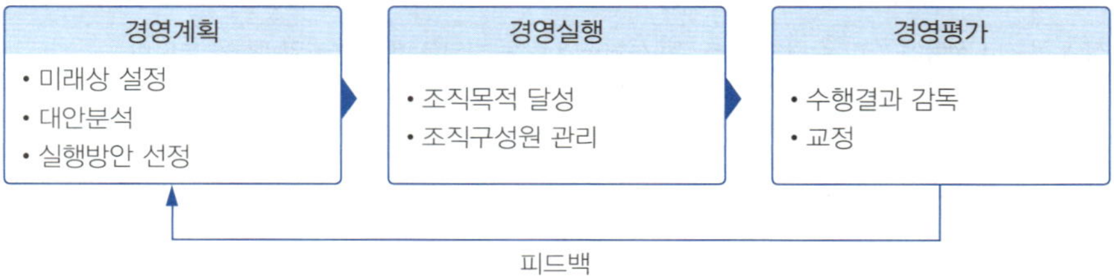

4) 경영활동 유형

① 외부경영활동

조직 외부에서 조직의 효과성을 높이기 위해 이루어지는 활동

예 마케팅 활동

② 내부경영활동

조직 내부에서 인적·물적 자원 및 생산기술을 효율적으로 관리하는 것

예 인사관리, 재무관리, 생산관리 등

5) 경영자의 역할

① 수직적 체계에 따른 경영자의 역할

최고경영자	조직의 최상위층으로 조직의 혁신기능과 의사결정기능을 조직 전체의 수준에서 담당
중간경영자	재무관리, 생산관리, 인사관리 등과 같이 경영부문별로 최고경영층이 설정한 경영목표, 전략, 정책을 집행하기 위한 제반활동을 수행
하위경영자	현장에서 실제로 작업을 하는 근로자를 직접 지휘, 감독하는 경영층

② 민츠버그의 경영자의 역할

대인적 역할	상징자 혹은 지도자로서 대외적으로 조직을 대표하고, 대내적으로 조직을 이끄는 리더로서의 역할
정보적 역할	조직을 둘러싼 외부 환경의 변화를 모니터링하고, 이를 조직에 전달하는 정보전달자로서의 역할
의사결정적 역할	조직 내 문제를 해결하고 대외적 협상을 주도하는 협상가, 분쟁조정자, 자원배분자로서의 역할

6) 경영참가제도

① 목적

경영의 민주성 제고, 경영의 효율성 향상, 노사 상호 신뢰 증진

② 유형

구분	내용
경영참가	• 공동의사결정제도: 근로자와 경영자가 공동으로 결정하고, 결과에 대해 공동 책임을 지는 제도 • 노사협의회제도: 노사 대표로 구성되는 합동기구로서, 생산성 향상, 근로자 복지 증진 등을 논의함
이윤참가	• 이윤분배제도: 경영의 성과 증진에 근로자나 노동조합이 적극적으로 기여하고 그 대가로서 임금 이외의 형태로 보상받음
자본참가	• 종업원지주제도: 근로자가 경영방침에 따라 회사의 주식을 취득 • 노동주제도: 노동 제공을 출자의 한 형식으로 간주하여 주식을 제공

2. 조직의 의사결정 과정

1) 의사결정 과정

확인 단계	• 의사결정이 필요한 문제를 인식하고 진단하는 단계 • 다양한 문제를 리스트한 후 주요 문제를 선별하거나 문제의 증상을 리스트한 후 그러한 증상이 나타나는 근본 원인을 찾음
개발 단계	• 확인된 주요 문제나 근본 원인에 대한 해결 방안을 모색하는 단계 – 탐색: 조직 내의 기존 해결 방법 중에서 당면한 문제의 해결 방법을 찾음 – 설계: 이전에 없었던 완전히 새로운 문제의 경우 이에 대한 해결안을 설계함
선택 단계	• 해결 방안을 마련하면 실행 가능한 해결안을 선택 • 의사결정권자 한 사람의 판단, 경영과학 기법과 같은 분석, 이해관계집단의 토의와 교섭 등의 방식으로 선택 • 조직 내에서 공식적인 승인절차를 거쳐 실행

2) 집단의사결정의 특징

① 장점

- 집단구성원의 다양한 견해를 가지고 문제에 접근할 수 있음
- 의사결정에 참여한 사람들이 결정된 사항을 수월하게 수용하고 의사소통의 기회가 향상됨

② 단점

- 의견이 불일치할 경우 의사결정을 내리는 데 시간이 오래 소요됨
- 특정 구성원에 의해 의사결정이 독점될 수 있음

3) 브레인스토밍(Brain storming)

① 정의

여러 사람이 한 가지 문제를 가지고 아이디어를 비판 없이 제시하여 그중에서 최선책을 찾는 방법

② 규칙

- 다른 사람이 아이디어를 제시할 때 비판하지 않음
- 자유롭게 문제에 대해 제안할 수 있음
- 아이디어는 많이 나올수록 좋음
- 모든 아이디어가 제안되고 나면 이를 결합하여 해결책을 마련

③ 브레인라이팅(Brain writing)

메모지에 의견을 적은 후 그 내용을 차례대로 공유하는 방법

3. 조직의 경영전략

기출 서울교통공사, 한국산업인력공단, 한국산업안전보건공단, 한국전력거래소

1) 경영전략의 추진 과정

전략목표 설정	환경분석	경영전략 도출	경영전략 실행	평가 및 피드백
• 비전 설정 • 미션 설정	• 내·외부환경 분석(SWOT)	• 조직전략 • 사업전략 • 부문전략	• 경영목적 달성	• 경영전략 결과 평가 • 전략목표 및 경영전략 재조정

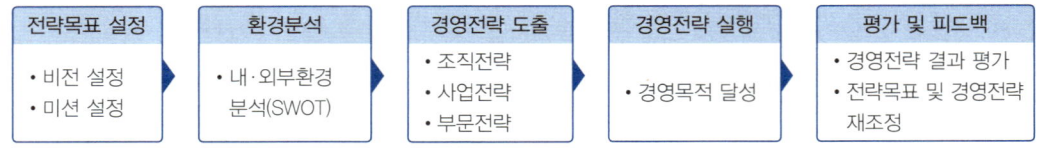

2) 경영전략의 유형(마이클 포터의 본원적 경쟁전략 매트릭스)

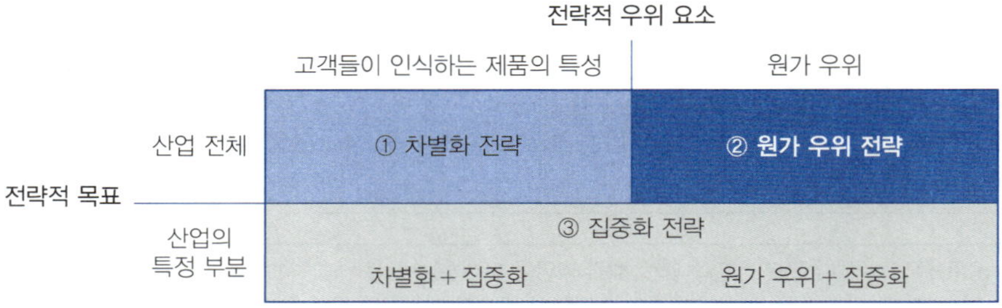

① 차별화 전략

- 조직이 생산품이나 서비스를 차별화하여 고객에게 가치가 있고 독특하게 인식되도록 하는 전략
- 연구개발이나 광고를 통해 기술, 품질, 서비스, 브랜드 이미지를 개선해야 함

② 원가 우위 전략

- 원가 절감을 통해 해당 산업에서 우위를 점하는 전략
- 대량 생산을 통해 단위 원가를 낮추거나 새로운 생산 기술을 개발해야 함

③ 집중화 전략

- 특정 시장이나 고객에게 한정된 전략
- 경쟁 조직들이 소홀히 하고 있는 한정된 시장을 원가 우위나 차별화로 집중 공략하는 전략

3) SWOT 분석

① SWOT 분석의 정의

기업의 환경 분석을 통해 강점(Strength)과 약점(Weakness), 기회(Opportunity)와 위협(Threat) 요인을 규정하고 이를 토대로 마케팅 전략을 수립하는 기법

② SWOT 분석에 의한 마케팅 전략

- SO(강점–기회) 전략: 시장의 기회를 활용하기 위해 강점을 사용하는 전략
- ST(강점–위협) 전략: 시장의 위협을 회피하기 위해 강점을 사용하는 전략
- WO(약점–기회) 전략: 약점을 극복함으로써 시장의 기회를 활용하는 전략
- WT(약점–위협) 전략: 시장의 위협을 회피하고 약점을 최소화하는 전략

1. 조직의 목표

1) 조직목표의 개념

① 조직이 달성하려는 미래의 상태
② 미래지향적이나 현재의 조직행동의 방향을 결정

2) 조직목표의 기능 및 특징

① 조직목표
- 조직구성원들로 하여금 소속감과 일체감을 느끼게 하고, 행동수행의 동기를 가지게 하는 동시에 조직구성원들의 수행을 평가하는 기준이 됨
- 조직구조, 운영 과정 등 조직체제를 구체화할 수 있는 기준이 됨

구분	내용
장기적 방향성	조직이 존재하는 이유와 관련된 장기적 관점의 조직 사명
단기적 목표	사명을 달성하기 위한 단기적 관점의 세부 목표

② 조직의 사명
- 조직의 비전, 가치와 신념, 조직의 존재 이유 등을 공식목표로 표현한 것
- 조직의 존재 이유에 대한 정당성과 합법성을 제공

③ 세부목표/운영목표
- 조직이 실제 활동을 통해 달성하려는 것으로, 사명에 비해 측정 가능한 형태로 기술되는 단기적인 목표
- 조직이 나아갈 방향을 제시하며, 조직구성원들이 행동 대안들 중 적합한 것을 선택하고 의사를 결정할 수 있는 기준을 제시

④ 조직목표의 기능과 특징

기능	특징
• 조직이 존재하는 정당성과 합법성 제공 • 조직이 나아갈 방향 제시 • 조직구성원 의사결정의 기준 • 조직구성원 행동수행의 동기유발 • 수행평가 기준 • 조직설계의 기준	• 공식적 목표와 실제적 목표가 다를 수 있음 • 다수의 조직목표를 추구하는 것이 가능함 • 조직목표 간에 위계적 관계가 있음 • 가변적 속성을 지님 • 조직의 구성요소와 상호 관계를 가짐

3) 조직목표의 분류

① 전체 성과
영리조직의 수익성, 사회복지기관의 서비스 제공과 같은 목표

② 자원
조직에 필요한 재료와 재무자원의 획득

③ 시장
시장점유율, 시장에서의 지위 향상과 같은 목표

④ 인력개발
조직구성원에 대한 교육훈련, 승진, 성장 등과 관련된 목표

⑤ 혁신과 변화

불확실한 환경 변화에 대한 적응 가능성과 내부 유연성의 향상

⑥ 생산성

투입된 자원 대비 산출량을 높이기 위한 목표로 단위생산비용, 조직구성원 1인당 생산량 및 투입비용 등으로 산출

2. 조직의 구조 기출 한국환경공단, 한국산업인력공단, 주택도시보증공사

1) 조직구조의 구분

① 조직구조의 의미

조직 내 부문 간에 형성된 관계로, 조직목표를 달성하기 위한 조직구성원들의 유형화된 상호 작용과 이에 영향을 미치는 매개체

② 조직구조의 구분

의사결정 권한의 집중 정도, 명령계통, 최고경영자의 통제, 규칙과 규제의 정도 등에 따라 구분

기계적 조직	유기적 조직
• 구성원들의 업무가 분명하게 정의되고 많은 규칙과 규제가 있는 조직 • 대량생산기술을 가진 조직 • 상하 간 의사소통이 공식적인 경로를 통해 이루어지고 엄격한 위계질서가 존재함 • 안정적이고 확실한 환경 • 군대, 정부, 공공기관 등 기능별 조직	• 의사결정 권한이 조직의 하부구성원들에게 많이 위임되어 있으며, 업무가 고정되지 않아 업무 공유가 가능한 조직 • 소량생산기술을 가진 조직 • 비공식적인 상호 의사소통이 원활히 이루어지며, 규제나 통제의 정도가 낮아 변화에 맞춰 쉽게 변함 • 급변하는 환경 • 프로젝트 조직, 매트릭스 조직, 팀제, 아메바 조직, 오케스트라 조직 등

2) 조직구조의 결정요인

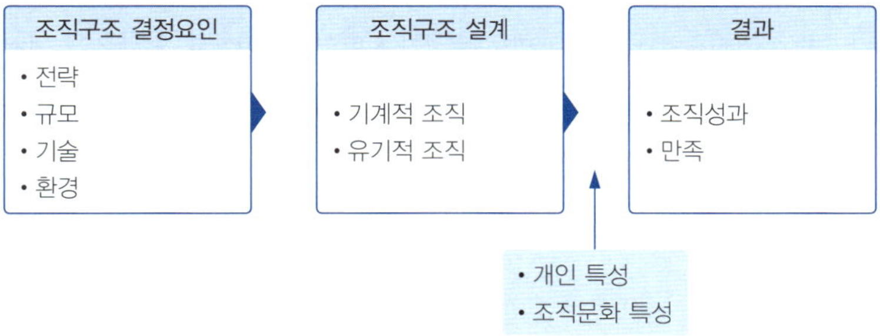

3) 조직구조의 형태

① 기능적 조직구조

환경이 안정적이고, 일상적인 기술과 조직의 내부 효율성을 중요시하며, 기업의 규모가 작을 때에는 업무의 내용이 유사하고 관련성 있는 것들을 결합한 기능적 조직구조 형태를 이룸

예

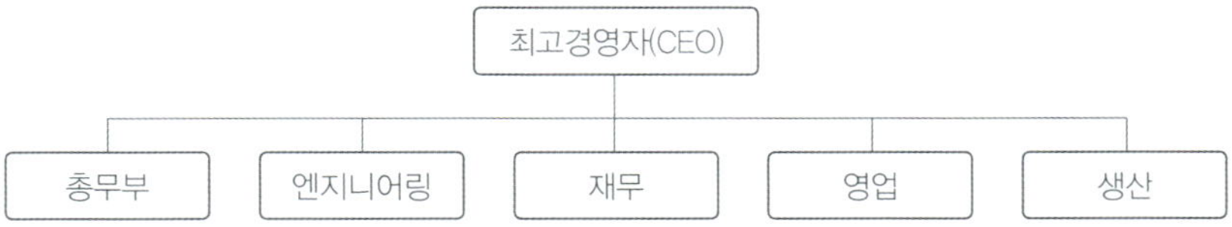

② 사업별 조직구조

개별 제품, 서비스, 제품그룹, 주요 프로젝트나 프로그램 등에 따라 조직화된 조직으로, 분권화된 의사결정이 가능해 급변하는 환경 변화에 효과적으로 대응할 수 있음

예

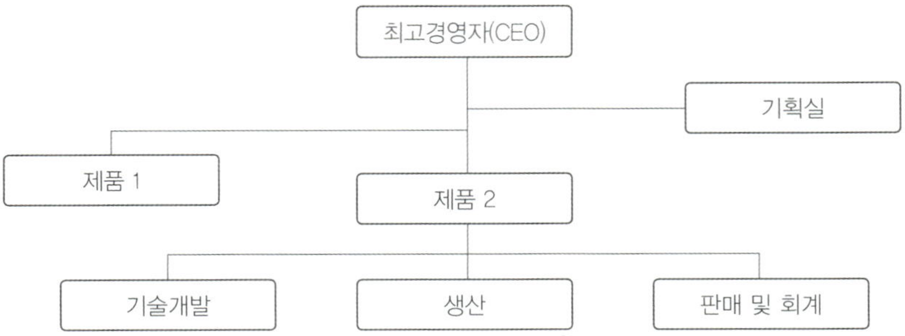

③ 조직구조의 특징

구분	강점	약점
기능 조직	• 기능부서 내에서 규모의 경제효과를 달성함 • 소품종 기업에 적절함	• 환경 변화에 대한 반응이 느림 • 의사결정이 최고경영층에 집중됨
사업부 조직	• 불안정한 환경에서 신속한 변화에 적합함 • 다품종 대규모 기업에 적절함	• 특정 분야에 대한 지식과 능력의 전문화가 곤란함 • 기능부서 내의 규모의 경제효과가 감소함
매트릭스 조직	• 불안정한 환경에서 복잡한 의사결정과 빈번한 변화에 적절한 대응이 가능함	• 이중보고체계로 인해 구성원 간 혼란이 발생함 • 명령일원화의 원칙에 위배됨
네트워크 조직	• 장비나 유통시설 등에 대한 투자 없이도 사업이 가능함 • 변화하는 욕구에 유연하고 신속한 대응이 가능함	• 협력업체와의 관계 유지 및 갈등해결에 많은 시간이 소요됨 • 종업원의 충성심과 기업문화가 약함

④ 애자일 조직

급변하는 시장환경 속에서 다양한 수요에 유연하고 민첩하게 대응하기 위한 경영방식으로, 부서 간 경계를 없애고 필요에 따라 소규모팀을 구성하여 업무를 수행하는 조직문화

3. 조직문화

1) 조직문화의 정의와 한계

① 정의

- 조직구성원들의 공유된 생활양식이나 가치
- 한 조직체의 구성원들이 모두 공유하고 있는 가치관과 신념, 이데올로기와 관습, 규범과 전통, 지식과 기술 등을 모두 포함하는 종합적인 개념

② 한계

- 업무수행의 가이드라인 역할을 하나, 조직에는 다양한 업무가 있고 업무에 따라 업무수행 절차, 과정, 방법, 노하우가 다름
- 업무를 효과적으로 수행하려면 조직문화에 대한 이해를 바탕으로 주어진 자원과 제약 요건을 확인하고, 이에 따라 구체적인 계획을 수립해야 함

2) 조직문화의 기능

일체감과 정체성 부여	• 외부환경이 변하게 되면 조직구성원의 결속력을 강화시켜주는 역할
조직몰입 향상	• 조직구성원들은 조직에 소속감을 느끼고 조직의 목표를 달성하기 위하여 자신의 노력과 능력을 기울임
조직구성원들의 행동지침	• 구성원의 사고방식과 행동양식을 규정하여 구성원들은 조직에서 해오던 방식대로 업무를 처리하게 됨 • 구성원을 조직에 적응하도록 사회화하고 일탈적 행동을 통제하는 기능
조직의 안정성 유지	• 조직들은 그 조직만의 독특한 조직문화를 만들기 위해 노력 • 강한 조직문화는 다양한 조직구성원들의 의견을 받아들일 수 없거나, 조직이 변화해야 할 시기에 장애요인으로 작용하기도 함

3) 조직문화의 구성요소(맥킨지 7-S 모형)

공유가치(Shared Value)	조직 구성원들의 행동이나 사고를 특정 방향으로 이끌어 가는 원칙이나 기준 (권위적, 위계적, 수평적 등)
리더십 스타일(Style)	구성원들을 이끌어 나가는 전반적인 조직관리 스타일
구성원(Staff)	조직의 인력 구성과 구성원들의 능력과 전문성, 가치관과 신념, 욕구와 동기, 지각과 태도 그리고 그들의 행동 패턴 등
제도·절차(System)	조직 운영의 의사 결정과 일상 운영의 틀이 되는 각종 시스템 (의사결정시스템, 지식경영시스템, 각종 보상시스템 등)
구조(Structure)	조직의 전략을 수행하는 데 필요한 틀로서 구성원의 역할과 그들 간의 상호관계를 지배하는 공식요소(기계적 구조, 유기적 구조, 구조도)
전략(Strategy)	조직의 장기적인 목적과 계획 그리고 이를 달성하기 위한 장기적인 행동지침 (원가우위전략, 시장확대전략 등)
기술(Skill)	하드웨어는 물론 이를 사용하는 소프트웨어 기술을 포함하는 요소

4) 조직문화의 유형

유형	주요 특징
집단문화	관계지향적, 조직내부 통합 강조, 인간미 중시, 비공식적인 유연한 문화 특징, 인간적 배려와 가족적인 분위기
개발문화	조직의 변화와 유연성 강조, 도전의식·창의성·혁신성 중시, 외부환경 적응능력 중점, 자율성과 재량권
합리문화	과업지향적·결과지향적, 구성원 간 경쟁 유도, 경쟁력과 생산성이 핵심가치, 외부관계자와의 거래 강조
계층문화	조직내부 통합, 질서와 안정 중시, 전통적인 관료제

4. 집단의 특성

1) 조직 내 집단의 유형

① 공식적 집단

조직에서 의도적으로 만든 집단으로, 집단의 목표나 임무가 비교적 명확하게 규정되어 있으며, 참여자도 인위적으로 결정되는 경우가 많음

예 임시 위원회, 임무수행을 위한 작업팀 등

② 비공식적 집단

조직구성원들의 요구에 따라 자발적으로 형성된 집단

예 스터디 모임, 봉사활동 동아리, 친목회 등

2) 조직 내 집단 간 관계

내부 응집성이 강화되고 집단의 활동이 더욱 조직화된다는 장점이 있으나, 집단 간 경쟁이 과열될 경우 자원 낭비, 업무 방해, 비능률 등의 문제가 발생하게 됨

3) 팀의 역할과 성공조건

① 팀은 생산성을 높이고 의사결정을 신속하게 내리며, 창의성을 향상시키기 위해 조직됨

② 팀이 성공적으로 운영되기 위해서는 조직구성원들의 협력의지와 관리자층의 지지가 있어야 함

하위능력 ❸ 업무이해능력

1. 업무의 특징 기출 한국산업안전보건공단

1) 업무의 개념

① 상품이나 서비스를 창출하기 위한 생산적인 활동
② 조직이 개인에게 부여한 의무이자 책임

2) 업무의 종류

부서	내용
총무부	주주총회 및 이사회 개최 관련 업무, 의전 및 비서 업무, 집기비품 및 소모품의 구입과 관리, 사무실 임차 및 관리, 차량 및 통신시설의 운영, 국내외 출장 업무 협조, 복리후생 업무, 법률자문과 소송관리, 사내외 홍보 광고 업무 등
인사부	조직기구의 개편 및 조정, 업무분장 및 조정, 인력수급계획 및 관리, 직무 및 정원의 조정 종합, 노사관리, 평가관리, 상벌관리, 인사발령, 교육체계 수립 및 관리, 임금제도, 복리후생제도 및 지원 업무, 복무관리, 퇴직관리 등
기획부	경영계획 및 전략 수립, 전사기획 업무 종합 및 조정, 중장기 사업계획의 종합 및 조정, 경영정보 조사 및 기획보고, 경영진단 업무, 종합예산 수립 및 실적관리, 단기사업계획 종합 및 조정, 사업계획, 손익추정, 실적관리 및 분석 등
회계부	회계제도의 유지 및 관리, 재무 상태 및 경영실적 보고, 결산 관련 업무, 재무제표 분석 및 보고, 법인세, 부가가치세 등 국세·지방세 업무자문 및 지원, 보험가입 및 보상 업무, 고정자산 관련 업무 등
영업부	판매계획, 판매예산의 편성, 시장조사, 광고 선전, 견적 및 계약, 제조지시서의 발행, 외상매출금의 청구 및 회수, 제품의 재고 조절, 거래처로부터의 불만 처리, 제품의 애프터서비스, 판매원가 및 판매가격의 조사 검토 등

※ 부서별 업무는 조직의 목적이나 규모에 따라 다양하게 구성될 수 있음

3) 업무의 특성

① 공통된 조직의 목적을 지향함
② 요구되는 지식, 기술, 도구가 다양함
③ 업무는 독립적으로 이루어지는 한편, 업무 간 관계성도 고려해야 함
④ 업무수행에 있어 임의로 선택할 수 있는 자율성과 재량권이 적음
⑤ 업무별로 가지는 특성이 매우 다양함

2. 업무수행 계획

1) 업무수행 절차

업무지침 확인	활용자원 확인	업무수행 시트 작성
• 조직의 업무지침 • 나의 업무지침	• 시간 • 예산 • 기술 • 인간관계	• 간트 차트 • 워크 플로 시트 • 체크리스트

2) 단계별 내용

구분	내용
업무지침 확인	• 조직의 업무지침은 개인이 임의로 업무를 수행하지 않고 조직의 목적에 부합할 수 있도록 안내 • 조직의 업무지침을 토대로 개인의 업무지침을 작성할 수 있으며, 이는 업무수행의 준거가 되고 시간 절약에 도움이 됨 • 개인의 업무지침 작성 시 조직의 업무지침, 장·단기 목표, 경영전략, 조직구조, 규칙 및 규정 등을 고려
활용자원 확인	• 업무와 관련된 자원은 시간, 예산, 기술 등의 물적자원과 조직 내·외부에서 공동으로 일을 수행하는 인적자원으로 구성됨 • 무한정으로 주어지는 것이 아니므로 제한된 조건에서 효과적으로 활용해야 함
업무수행 시트 작성	• 활용자원과 구성원 확인 후 구체적인 업무수행 계획 수립 • 간트 차트, 워크 플로 시트, 체크리스트 등이 있으며 개인의 경험에 따라 자유롭게 작성 • 주어진 시간 내에 일을 끝마칠 수 있고, 세부 단계로 구분하여 단계별로 협조를 구해야 할 사항과 처리해야 할 일을 체계적으로 알 수 있으며, 문제 발생 시 발생 지점을 정확히 파악하여 시간과 비용을 절약할 수 있음

3) 업무수행 시트

간트 차트 (Gantt chart)	단계별로 업무를 시작해서 끝나는 데 걸리는 시간을 바(bar) 형태로 표시한 것으로, 전체 일정을 한눈에 볼 수 있고 단계별 소요시간과 업무 사이의 관계를 보여줌
워크 플로 시트 (Work flow sheet)	일의 흐름을 동적으로 보여주는 시트로, 시트에 사용하는 도형을 다르게 표현하여 주된 작업과 부차적인 작업, 혼자 처리할 수 있는 일과 다른 사람의 협조가 필요한 일, 주의해야 할 일 등을 구분해서 표현할 수 있음
체크리스트 (Check list)	업무의 각 단계를 효과적으로 수행했는지 스스로 점검해 볼 수 있는 도구로, 시간의 흐름을 표현하는 데는 한계가 있으나 업무를 세부 활동으로 나누고 활동별로 기대되는 수행 수준을 달성했는지 확인하는 데는 효과적

3. 올바른 업무수행

1) 업무수행의 방해요인

① 업무 방해요인은 사소해 보이나 생산성을 방해하는 가장 큰 주범
② 업무를 효과적으로 수행하려면 방해요인에 어떤 것이 있는지 알고, 이를 효과적으로 통제하고 관리해야 함

2) 업무 방해요소

① 방문, 인터넷, 전화, 메신저
하루 일과 중 메일 확인시간, 외부 방문시간, 메신저 접속시간을 정해 놓고 효과적으로 통제하도록 함

② 갈등관리
- 갈등 상황을 받아들이고 이를 객관적으로 평가해야 함
- 갈등해결에 있어 가장 중요한 것은 대화와 협상으로, 의견 일치에 초점을 맞추고, 양측에 도움이 되는 해결 방법을 찾도록 함
- 갈등해결이 중대한 분열을 초래할 가능성이 있을 경우 충분한 해결시간을 가지고 서서히 접근하는 것이 효과적

③ 스트레스
- 과도한 업무 스트레스는 개인과 조직에 부정적인 결과를 가져오나 적정 수준의 스트레스는 개인의 능력을 개선하고 최적의 성과를 내게 해 줌
- 시간관리를 통해 업무 과중을 극복하고, 운동을 하거나 전문가의 도움을 받는 것이 필요함
- 조직 차원에서 직무를 재설계하거나 역할을 재설정하고, 심리적 안정을 찾을 수 있도록 사회적 관계 형성을 장려해야 함

하위능력 ④ 국제감각

1. 국제감각의 필요성

1) 글로벌화의 개념

① 3Bs(국경: Border, 경계: Boundary, 장벽: Barrier)가 완화되며, 활동 범위가 세계로 확대되는 것

② 조직은 세계 시장에서 경쟁하고 살아남는 역량을 가져야 하며, 최근에는 다국적기업의 등장으로 범지구적 시스템과 네트워크 안에서 기업활동이 이루어지는 국제경영이 중요시됨

2) 국제감각의 필요성

① 세계화의 진행으로 업무상 다양한 문화의 사람들과 거래 또는 협상해야 하는 일이 증가하고 있으므로 조직구성원들의 의식과 태도, 행동도 세계 수준으로 향상시켜야 함

② 다른 나라의 문화와 국제동향을 이해하고, 이를 업무에 활용할 수 있는 국제감각이 필요함

3) 국제동향 파악 방법

① 관련 분야 해외사이트 주기적으로 방문하기, 신문의 국제면 읽기, 국제잡지 구독하기, 해외 서점 사이트에서 최신 서적 확인하기 등

② 국제감각은 단시간에 길러지지 않으므로 매일 꾸준히 실행해야 함

2. 다른 문화 이해와 소통

1) 문화충격

① 정의

한 문화권에 속한 사람이 다른 문화를 접하게 되었을 때 체험하는 충격

② 대비책

- 다른 문화에 대해 개방적인 태도를 갖는 것이 가장 중요함(문화상대주의)
- 자신이 속한 문화를 기준으로 다른 문화를 평가하지 말고, 자신의 정체성은 유지하되 새롭고 다른 것을 경험하는 데 즐거움을 느끼는 적극적 자세를 취해야 함

2) 이문화 커뮤니케이션

① 정의

자신의 일을 수행하는 가운데 문화적 배경이 다른 사람과의 사이에서 이루어지는 커뮤니케이션으로, 언어적 커뮤니케이션과 비언어적 커뮤니케이션으로 구분됨

② 대비책

외국어 활용능력을 키우는 것뿐만 아니라 상대국의 문화적 배경에 입각한 생활양식과 행동규범, 가치관 등을 이해하기 위해 노력해야 함

3. 글로벌시대의 국제 매너 기출 건강보험심사평가원, 한국산업인력공단, 한국서부발전

1) 국제 매너의 중요성

한 사람의 실수는 자칫 조직 전체의 모습으로 비칠 수 있으며, 이러한 실수의 결과는 업무성과에 큰 영향을 미침

2) 국제 매너

악수	• 영미권 악수법 – 일어서서 상대방의 눈이나 얼굴을 보면서 악수함 – 오른손으로 상대방의 오른손을 잠시 힘주어 잡았다가 놓음 – 악수를 사양하는 것을 실례로 여기므로 형식적이라도 응해야 함 • 악수 순서 – 여성이 남성에게, 윗사람이 아랫사람에게, 선배가 후배에게, 기혼자가 미혼자에게, 상급자가 하급자에게 먼저 청함 – 국가원수, 왕족, 성직자 등은 예외 • 악수 에티켓 – 왼손잡이도 악수는 오른손으로 하는 것이 예의 – 외국인과 악수할 때는 허리를 굽히지 말고 상호대등하게 악수 – 남성은 악수할 때 장갑을 벗어야 하나, 여성은 실외에서 악수를 하는 경우 장갑을 벗을 필요가 없이 낀 채로 해도 무방
인사	• 미국 – 이름이나 호칭을 어떻게 부를지 먼저 물어봄 – 인사를 하거나 이야기할 때 상대방의 개인 공간을 지켜 주도록 함 • 아프리카 – 눈을 직접 보지 않고 코끝 정도를 보면서 대화함 • 러시아와 라틴아메리카 – 포옹 또는 입맞춤 인사는 친밀함의 표현이므로 이해하도록 함 • 이탈리아, 스페인, 프랑스 – 주로 양쪽 뺨에 키스–비주(Bisou)–를 하는데 연인 사이가 아니라면 소리만 내고 실제 키스는 하지 않음
명함	• 업무용 명함 – 영미권의 명함은 사교용과 업무용으로 나누어지며, 업무용 명함에는 성명, 직장주소, 직위 표시 – 악수를 한 이후 교환하며, 아랫사람이나 손님이 먼저 꺼내 오른손으로 상대방에게 주고, 받는 사람은 두 손으로 받는 것이 예의 • 예의에 맞는 행동 – 받은 명함은 한 번 보고나서 탁자 위에 보이게 놓은 채로 대화를 하거나, 명함지갑에 넣음 – 일단 명함을 받으면 찬찬히 읽어봄 – 오른손에 명함을 쥐고 왼손으로 오른손을 받치며 공손하게 건넴 – 글씨가 상대방에게 읽기 쉽도록 배려함 – 만난 지 오래돼 당신의 이름을 기억하지 못하는 사람에게는 다시 줌 – 초면이라도 잘 아는 사람에게는 건네지 않아도 됨 – 명함이 떨어졌을 경우엔 메모지 등에 이름과 연락처 등을 적어줌 • 예의에 맞지 않는 행동 – 명함을 꾸기거나 계속 만짐 – 받자마자 제대로 보지도 않고 집어넣음 – 상대방이 보는 앞에서 주머니나 가방 속에 넣음
시간 약속	• 미국 – 시간을 돈과 같이 생각해 시간 엄수를 중요하게 여김 • 라틴아메리카, 동부유럽, 아랍 – 시간 약속은 형식적이며, 상대방이 기다려 줄 것으로 생각하므로 인내를 가지고 기다리도록 함

서양 식사 예절	• 바른 식사 예절 – 스프는 소리 내면서 먹지 않으며 몸쪽에서 바깥쪽으로 숟가락을 사용함 – 빵은 원칙적으로 수프를 먹고 난 후부터 디저트 직전 식사가 끝날 때까지 먹을 수 있으며, 칼이나 치아로 자르지 않고 손으로 떼어 먹음 – 생선요리는 뒤집어 먹지 않고, 스테이크는 처음에 다 잘라놓지 않고 잘라가면서 먹도록 함 – 오른손은 나이프, 왼손으로는 포크를 잡는데, 종류가 많을 때 바깥쪽 것부터 사용함 – 나이프나 포크를 떨어뜨렸을 땐 자신이 줍지 않고 종업원을 부름 – 식사 중에 나이프와 포크를 놓을 땐 접시 위에 팔(八)자 또는 X자로 놓으며, 식사가 끝났을 때는 나란히 놓음 – 고급식당을 이용할 땐 정장을 입음 – 가장 편하고 무대가 잘 보이는 좌석은 호스트 또는 호스티스의 자리, 잘 모르는 경우 식당 종업원이 의자를 가장 먼저 반쯤 빼 주는 곳이 상석임 – 남자보다 여자가 먼저 앉는 것이 예의고, 종업원이 없을 땐 남자가 여자의 의자를 뒤로 빼 줘야 함 – 냅킨은 전원이 다 자리에 앉은 후 첫 요리가 나오기 직전에 펴는 것이 예의에 맞고, 셔츠 목에 거는 것은 좌석이 좁은 비행기 등에서 하는 행동임 – 자리를 비울 땐 의자 위에 냅킨을 두며, 식탁 위에 두는 것은 식사가 끝났다는 것을 의미함 • 잘못된 식사 예절 – 옆 사람의 빵이나 물에 손을 댐(왼편에 빵, 오른편에 물 위치함) – 입에 음식이 든 채로 이야기함(삼킨 후 말해야) – 냅킨을 테이블 위에서 흔들며 펼침(테이블 아래에서 펼쳐야) – 뜨거운 수프를 들고 '후'하고 불어 먹음(수프는 조용히 떠먹어야) – 식사 후 테이블에서 이쑤시개를 사용함(상대방이 안 보이는 곳에서 사용해야)
상석	• 엘리베이터 – 가장 좋은 자리는 버튼 대각선 방향 뒤쪽 – 버튼이 양쪽에 있는 엘리베이터는 뒤쪽 중앙이 상석 – 안내자나 아랫사람은 버튼 바로 앞에 서서 엘리베이터를 작동하는 게 보기 좋음 • 일반적인 상석 – 회사 응접실 등은 출입문에서 가장 먼 자리 – 창문이 있는 경우 경치가 좋은 자리나 전망을 볼 수 있는 자리 – 식당에 갔을 때는 좋은 그림이 보이는 좌석이나 웨이터가 가장 먼저 의자를 빼주는 곳 • 자동차 – 운전기사가 따로 있을 때는 운전사의 대각선 뒷좌석이 최상석, 그 옆이 상석, 그다음이 조수석 – 운전사 외에 4명이 탈 때는 뒷좌석 가운데가 말석 – 차주가 직접 운전할 때는 운전자의 옆 좌석에 나란히 앉는 게 예의 – 운전자의 배우자와 함께 탈 경우에는 배우자를 조수석으로 안내

실력 플러스 노트

실력 플러스 노트에는 한국산업인력공단 직업기초능력 가이드북에는 나오지 않지만 문제 풀이에 필요한 상식 및 공식을 수록했습니다.

1. 국제 경제 상식

기회비용	여러 가지 가능성 중 하나를 택했을 때, 그 한 가지 선택 때문에 포기하게 되는 다른 가능성의 이익을 비용으로 표시한 것
비교우위	한 나라가 다른 나라에 비해 더 적은 기회비용으로 어떤 재화나 서비스를 생산할 때 비교우위를 갖는다고 말함
절대우위	한 나라가 다른 나라에 비해 어떤 재화나 서비스를 생산하는 데 드는 단위당 생산비가 더 적을 때 절대우위를 가진다고 말함
환율	자국 통화와 외국 통화의 교환비율로, 한 단위의 외화를 얻고자 지불해야 하는 자국 통화의 양 • 환율의 변동: 외화의 수요와 공급에 의해 결정됨 [원인] 외환 시장에서의 수요 증가 및 공급 감소 ▶ [환율 변동] 환율 상승 (원화 약세) ▶ [영향] 수출 증가 및 수입 감소, 경상 수지 개선, 국내 물가 상승, 외채 상환 부담 증가 [원인] 외환 시장에서의 수요 감소 및 공급 증가 ▶ [환율 변동] 환율 하락 (원화 강세) ▶ [영향] 수출 감소 및 수입 증가, 경상 수지 악화, 국내 물가 하락, 외채 상환 부담 감소
구매력 평가지수(PPP)	국가 간 환율은 각국의 구매력에 의해 결정된다는 구매력평가설을 바탕으로, 맥도날드의 빅맥, 스타벅스의 카페라테처럼 전 세계적으로 팔리는 제품의 가격을 통해 각국의 화폐 가치와 물가 수준을 비교한 것
양적 완화 정책	중앙은행이 통화를 시중에 직접 공급해 신용경색을 해소하고 경기를 부양시키는 통화정책으로, 타국이 양적 완화 정책을 펼칠 경우 외환 공급이 증가하여 환율이 하락함 • 미국: 2008년 리먼브라더스 사태 이후 경제 불안이 지속되자, 경기 부양을 위해 양적 완화 정책을 실시함 • 일본: 아베노믹스의 일환으로 디플레이션의 장기화를 극복하기 위해 엔화의 공급을 늘려 수출을 확대하고 경기를 부양하고자 함
출구전략	경기 부양을 위해 각종 완화 정책을 취했다가, 경기가 회복되기 시작하면 이를 서서히 거두어 들이는 전략으로, 양적 완화 정책을 펼치던 타국이 출구전략을 실시할 경우 외환 공급이 감소하여 환율이 상승함 • 미국: 2008년 글로벌 경제위기 이후 지속된 양적 완화 정책으로 미국 경제가 점차 회복세를 보이자 2014년 10월에 양적 완화 종료를 발표하고 2015년 12월 금리 인상을 시작함
GDP (Gross Domestic Product)	'국내총생산'을 의미하는 것으로, 국적과 관계없이 한 나라의 국경 내에서 모든 경제 주체가 일정 기간 생산활동에 참여하여 창출한 최종 재화와 서비스의 시장 가치
GNP (Gross National Product)	'국민총생산'을 의미하는 것으로, 국경에 관계없이 한 나라의 국민이 일정 기간 국내와 국외에서 생산한 최종 재화와 서비스의 시장 가치
GNI (Gross National Income)	'국민총소득'을 의미하는 것으로, 국경과 관계없이 한 나라의 국민이 일정 기간 생산활동에 참여하여 벌어들인 소득

중앙은행의 통화량 조절	중앙은행은 지급준비율(금융기관의 총예금액에 대한 현금준비 비율), 국공채(중앙은행이 시장에 참여하여 보유하고 있던 유가증권), 기준금리(중앙은행의 금융통화위원회가 매달 회의를 통해 결정하는 금리), 총액한도대출(중앙은행이 시중은행별로 정해 놓은 한도 내에서 저금리로 돈을 대출해 주는 제도) 등을 통하여 통화량을 조절할 수 있음

중앙은행의 결정		기대효과
지급준비율 인상 국공채 매각 기준금리 인상 총액한도대출 자금 축소	▶	통화량 감소
지급준비율 인하 국공채 매입 기준금리 인하 총액한도대출 자금 확대	▶	통화량 증가

2. 경영 상식

기업가 정신	• 기업의 본질인 이윤추구와 사회적 책임을 수행하기 위해 기업가가 갖추어야 할 가치관이나 자세로, 미래의 불확실성 속에서도 장래를 정확히 예측하고 혁신을 위해 나아가는 것
BCG 매트릭스	• 보스턴 컨설팅 그룹이 개발한 사업포트폴리오 분석 기법으로 시장성장성과 시장점유율에 따라 사업을 Star, Cash cow, Question mark, Dog 4가지로 구분하며, 기업의 경영전략 수립에 기본적인 분석도구로 활용됨 – Star: 시장성장성과 상대적 시장점유율이 모두 높아 계속해서 투자가 필요한 성공사업 – Cash cow: 투자비용을 전부 회수하고 많은 이익을 내는 수익창출원으로 시장점유율은 높으나 성장성은 낮은 사업 – Question mark: 성장성은 높지만 시장점유율이 낮아 시장 확대를 위한 전략적 투자가 필요한 신규사업으로, 기업의 전략에 따라 Star가 될 수도 있으며, Dog가 될 수도 있음 – Dog: 성장성과 수익성이 모두 낮아 철수가 필요한 사양산업
SWOT 분석	• 기업 내부의 강점(Strength)과 약점(Weakness), 기업을 둘러싼 외부의 기회(Opportunity)와 위협(Threat)이라는 4가지 요소를 규정하고 이를 토대로 기업의 경영전략을 수립하는 기법
STP	• 소비자의 패턴에 따라 시장을 세분화(Segmentation)하여 타깃을 설정(Targeting)하고 목표 시장에 적절하게 제품을 포지셔닝(Positioning)하는 대표적인 마케팅 전략
3C	• 기업(Corporate), 소비자(Customer), 경쟁사(Competition)를 중심으로 시장환경을 분석하는 기법
4P	• 마케팅의 핵심 요소인 제품(Product), 가격(Price), 유통경로(Place), 판매촉진(Promotion)을 중심으로 마케팅 효과의 극대화를 추구하는 방법
5 Forces model	• 마이클 포터가 주장한 것으로, 기존 경쟁자 간의 경쟁 정도, 잠재적 진입자의 위협, 대체재의 위협, 공급자들의 교섭력, 구매자들의 교섭력이라는 5가지 요인에 의해 해당 산업의 경쟁력과 수익성이 결정된다는 것을 설명하는 산업 구조 분석 모델
허츠버그의 2요인 이론	• 직무 만족요인을 '동기요인', 직무 불만족 요인을 '위생요인'으로 분류하며, 동기요인이 충족되면 만족이 증가하지만 위생요인이 충족되면 '만족'이 증가하는 것이 아니라 '불만족이 없는 상태'가 됨 – 동기요인: 발전성, 성취감, 칭찬이나 인정, 성장 가능성, 책임감, 직무 자체가 주는 도전성 등 – 위생요인: 급여, 회사의 정책, 감독자와의 관계, 동료와의 관계, 직위, 직장의 안정성 등
소유경영자	• 기업의 출자자인 동시에 경영자인 사람 • 자본의 직접적인 출연과 운영, 기업 운영상 위험을 부담하며, 기업의 성장에 필요한 일련의 혁신 활동도 스스로의 책임하에 수행함 • 주로 소규모의 기업 경영에서 흔한 유형

전문경영자	• 경영 규모가 커지고 경영활동이 복잡해지면서 나타난 각 분야에 전문적인 지식을 갖춘 경영자 • 출자 기능을 제외한 혁신과 위험부담을 포함한 경영 전반에 걸친 포괄적인 권한이 부여됨

3. 국제 문화·스포츠 상식

주요 국제기구 및 협정	• APEC(Asia Pacific Economic Cooperation, 아시아태평양경제협력체) 회원국 간 경제적·사회적·문화적 이질성을 극복하고 환태평양 지역의 경제 협력과 무역 증진을 목적으로 결성한 기구 • AIIB(Asian Infrastructure Investment Bank, 아시아인프라투자은행) 중국이 추진하고 있는 아시아 지역의 국제금융기구로 아시아 국가들의 도로, 철도, 항만 등의 인프라 건설자금 지원을 목적으로 함과 동시에 미국 등 서구 국가가 주도하는 국제통화기금(IMF)이나 세계은행(WB), 아시아개발은행(ADB) 등의 기존 국제금융기구에 대항하려는 의도가 있음 • EU(European Union, 유럽연합) 유럽의 번영을 위해 결성된 기구로, 회원국의 정치적·경제적 통합과 집단 방위를 목표로 함 • IMF(International Monetary Fund, 국제통화기금) 브레턴우즈 협정에 따라 가맹국의 출자로 공동의 기금을 만들어, 각국이 이용하도록 함으로써 외화 자금의 조달을 원활히 하고, 나아가서는 세계 각국의 경제적 번영을 도모하기 위하여 설립한 국제금융기구 • NAFTA(North American Free Trade Agreement, 북미자유무역협정) 미국·캐나다·멕시코에 무역 방해 요인을 제거하고, 유럽통합의 가속화에 따른 경쟁 압력에 대응하기 위해 결성한 자유무역협정 • OECD(Organization for Economic Cooperation and Development, 경제협력개발기구) 경제 성장, 개발 도상국 원조, 통상 확대를 목적으로 1961년에 창설된 국제 경제 협력 기구 • OPEC(Organization of Petroleum Exporting Countries, 석유수출국기구) 이란·이라크·사우디아라비아·쿠웨이트·베네수엘라 등 주요 산유국이 석유수익성 안정과 국제 석유 자본에 대한 발언권을 강화하기 위해 결성한 전형적인 생산카르텔 형식의 국제기구 • RCEP(Regional Comprehensive Economic Partnership, 역내포괄적경제동반자협정) 중국이 주도하는 다자간 자유무역협정(FTA)으로 동남아시아국가연합(ASEAN) 10개국과 한·중·일, 호주, 뉴질랜드 등이 참여하고 있음 • CPTPP(Comprehensive and Progressive Agreement for Trans-Pacific Partnership, 포괄적·점진적 환태평양경제동반자협정, 구 TPP) 일본, 캐나다, 호주 등 아시아 및 태평양 지역의 국가들이 참여한 다자간 자유무역협정(FTA)이며, 지역 경제권을 심도 있게 묶는 지역 경제 공동체라는 점에서 의미가 있음 • UN(United Nations, 국제연합) 제2차 세계 대전 후 국제 평화와 안전의 유지, 국제 우호 관계의 촉진, 경제적·사회적·문화적·인도적 문제에 관한 국제 협력을 달성하기 위하여 창설한 국제 평화 기구로, 주요 기관에는 총회, 안전 보장 이사회, 신탁 통치 이사회, 경제 사회 이사회, 국제 사법 재판소, 사무국이 있음 • WTO(World Trade Organization, 세계무역기구) 전 세계적 경제 협력 기구로, 1995년 1월 1일에 출범하여 가트(GATT)의 업무를 대신하며, 세계 무역 분쟁 조정·관세 인하 요구·반덤핑 규제 따위의 법적인 권한과 구속력을 행사할 수 있음
아시안게임 개최지	• 제19회 항저우 하계 아시안게임(중국, 2023) • 제20회 아이치·나고야 하계 아시안게임(일본, 2026) • 제9회 네옴 동계 아시안게임(사우디아라비아, 2029)
올림픽 개최지	• 제32회 도쿄 하계 올림픽(일본, 2021) • 제24회 베이징 동계 올림픽(중국, 2022) • 제33회 파리 하계 올림픽(프랑스, 2024) • 제25회 밀라노·코르티나 동계 올림픽(이탈리아, 2026) • 제34회 로스앤젤레스 하계 올림픽(미국, 2028) • 제35회 브리즈번 하계 올림픽(호주, 2032)

월드컵 개최지	• 제22회 카타르 월드컵(2022) • 제23회 북중미 월드컵(미국·캐나다·멕시코, 2026)

4. 국제 비즈니스 매너 상식

나라별 식사예절	• 이슬람권 국가 – 돼지를 불결한 동물로 여기기 때문에 돼지고기를 먹지 않음 – 할랄 육류(이슬람식 알라의 이름으로 도살된 고기)만 섭취함 • 인도 – 소를 신성한 동물로 여기기 때문에 쇠고기를 먹지 않음 – 왼손은 화장실에서 사용하는 손이므로 밥을 먹을 때 오른손만 사용함 • 이스라엘 – 유대교의 식사에 대한 율법인 카슈루트에 의해 섭취가 허용된 음식을 코셔(Kosher)라고 함 – 채소와 과일은 모두 코셔로 인정되며, 육류의 경우 발굽이 갈라지고 되새김질을 하는 동물인 소, 양, 염소, 사슴 등만 먹을 수 있음 • 중국 – 기본적으로 젓가락으로 먹으며, 죽이나 국 종류를 먹을 때만 숟가락을 사용함 – 음식을 조금 남기는 것이 예의임 • 일본 – 왼손으로 밥그릇이나 국그릇을 들고 오른손으로는 젓가락만 사용함 – 밥을 조금 남겨 두면 더 먹고 싶다는 뜻임
나라별 제스처의 의미	• 엄지와 검지로 동그라미를 만드는 것 – 북미, 유럽: OK – 일본: 돈 – 프랑스, 벨기에: 가치 없는 것 – 러시아, 브라질: 모욕적인 의미 • 손등을 바깥쪽으로 하여 검지와 중지로 V 자를 만드는 것 – 영국: 모욕적인 의미 • 손바닥을 바깥쪽으로 하여 검지와 중지로 V 자를 만드는 것 – 그리스: 모욕적인 의미 • 엄지만 접고 나머지 네 손가락은 펴는 것 – 일반적으로는 숫자 4 – 일본: 모욕적인 의미 • 주먹을 쥐고 엄지를 치켜드는 것 – 일반적으로는 최고 – 호주, 그리스: 모욕적인 의미 • 고개를 위아래로 끄덕이는 것 – 일반적으로는 긍정 – 그리스, 불가리아: 부정의 의미

나라별 금기사항	• 러시아 – 꽃을 선물할 때는 홀수로 준비해야 함(짝수의 꽃은 장례식에 사용됨) • 싱가폴 – 공공장소에서 음식물을 섭취하거나 담배를 피우면 벌금을 물게 되며, 껌을 씹는 것도 금지함 • 중국 – 우산이 이별을 의미하여 상대방에게 우산을 선물하지 않음 • 태국 – 어린아이의 머리에 손을 대지 않아야 하며, 발로 사람이나 물건을 가리키는 것을 모욕적인 행위로 생각함
나라별 비즈니스 매너	• 영국 – 비즈니스 상담에서 유머는 중요한 역할을 하며, 다양한 조크와 일화는 도움 됨 – 미팅은 보통 오전 11시에서 오후 4시 사이에 이루어지며 약속 시간을 정확히 지키는 것을 선호 – 등을 두드리거나 껴안는 동작과 같은 신체적 감정표현은 바람직하지 않으며, 대화를 나눌 때도 상대방과 일정한 거리를 둠 • 프랑스 – 프랑스인들은 직설적이고, 의심이 많기 때문에 비즈니스를 할 때는 구체적이고 논리적인 전략이 필요함 – 프랑스 근로자들은 5주의 휴가를 가지는데 7~8월에 3주 정도 써 8월은 거의 휴업상태 • 러시아 – 비즈니스 문제로 조찬을 같이 하는 경우는 거의 없으며, 서로가 취한 상태에서 사업에 대한 논의를 하는 것을 선호 – 약속시간을 받아내기가 아주 힘들며, 한두 시간 약속시간에 늦거나 회의가 계획보다 길어지는 경우도 종종 발생 – 일반적으로 제삼자를 통해 자신을 상대에게 소개하기 때문에 모르는 사람들에게 자신을 소개하기 전에는 잠시 기다리는 것이 좋으며, 몇 분을 기다려도 아무도 소개시켜주지 않는다면 그때 스스로 말을 걸어도 됨

National Competency Standards

대표기출유형

유형 1 조직구조를 파악하는 문제

- 조직도를 통해 조직 유형 및 특징, 부서별 업무를 파악하는 문제와 개편된 조직도를 파악하는 문제가 출제된다.
- 제시문과 자료를 통해 업무분장을 파악하는 복잡한 문제가 출제되기도 한다.
- 기업의 부서별 담당 업무를 파악한다.
- 다양한 조직 유형을 파악하고 유형별 장단점을 학습한다.

다음은 혁신적인 성과를 낸 기업들의 사례이다. 공통적으로 도입된 조직 유형은 무엇인가?

최신 패션 트렌드를 빠르게 반영하고 저렴한 가격으로 제공하는 패스트패션이 패션업계를 주도하고 있다. 이런 흐름을 반영해 등장한 SPA브랜드는 기획에서부터 생산, 유통, 판매까지 전 과정을 직접 관리하는 패션 브랜드이다. 그중에서 독보적인 위상을 차지하고 있는 것이 '자라(ZARA)'이다.

'자라'는 독보적인 공급망 시스템 덕분에 어느 브랜드보다 빠르게 패션 트렌드를 반영하고 생산 및 유통과정이 효율적이다. 디자인 기획 및 구매, 생산, 출고, 진열, 배송까지의 전 과정을 '리드타임(Lead-Time)'이라고 하는데, 일반 SPA브랜드의 경우 리드타임이 평균적으로 3~4개월이 걸리는 반면, '자라'는 단 '2주'밖에 소요되지 않는다.

이런 독보적인 생산능력은 공급의 수직적 통합구조를 기반으로 한 '공급망 전략'이 있기 때문이다. 이런 공급망 전략을 채택한다는 것은 기업이 신속하게 낮은 비용과 높은 생산성을 유지한 채 시장 수요에 대응할 수 있는 공급망을 갖고 있다는 의미이다.

한편, 토스뱅크는 인터넷은행 3사(카카오뱅크, 케이뱅크, 토스뱅크) 가운데 가장 마지막, 후발주자로 출발했지만, 출범 2년 6개월 만인 올해 4월 1,000만 고객을 돌파했고 미국 유력 경제지 포브스(Forbes) 선정 '세계 최고의 은행'에 2년 연속 대한민국 1위에 올랐다.

이처럼 빠른 성장은 토스뱅크가 만들어낸 수많은 혁신 상품에서 비롯되었다. 매일 한 번씩 내가 원하는 시간에 이자를 받을 수 있는 '지금 이자 받기 서비스'부터 시작해 은행권 최초 '조건 없는 2% 요구불예금', 인터넷은행 최초 '100% 비대면 개인사업자대출', 인터넷은행 최초 '외국인 비대면 계좌개설' 등을 잇따라 내놓으며 기존 금융권에 파란을 일으켰다.

이처럼 혁신 상품을 만들어낼 수 있는 비결은 부서 간의 경계를 허물고 필요에 맞게 소규모 팀을 구성해 업무를 수행하는 조직 문화이다. 대다수 토스뱅크 직원이 기존 금융권 경력직 출신이지만 일하는 토양과 문화가 달랐기에 오늘날의 성과를 낼 수 있었다.

① 매트릭스 조직 ② 애자일 조직 ③ 네트워크 조직
④ 사업부 조직 ⑤ 프로젝트 조직

|정답 및 해설| ②

자라와 토스뱅크는 애자일 조직을 도입해 시장을 주도할 수 있었다. 애자일(Agile)은 '민첩한', '기민한'이라는 뜻을 가진 영단어로, 기업의 업무 방식에 적용되면서, 현재에는 "환경과 상황에 맞춰 빠르게 움직이다"라는 의미로 널리 사용되고 있다.

더 알아보기

애자일 조직

- 애자일(Agile)은 민첩하고 기민하다는 뜻으로, 부서 간의 경계를 허물고 필요에 맞게 소규모 팀을 구성해 업무를 수행하는 조직문화이다. 빠른 의사결정과 피드백을 특징으로 하기 때문에 시장이 불확실하고 유동적일수록 강점을 드러낸다.
- 원래 소프트웨어 개발 방식의 하나로 통용되던 용어인데, 오늘날에는 기업경영 및 마케팅으로 사용 범위가 확대되어 적용되고 있다. 급변하는 시장 환경 속에서 다양한 수요에 유연하고 민첩하게 대응하기 위해 필요한 경영 방식으로 구글, 페이스북, 마이크로소프트 등 글로벌 IT 기업에서 도입하였으며, 최근에는 업종과 관계없이 확산되고 있다.
- 조직 관점에서 기업 내 효율성을 크게 향상시킨다. 자율적인 팀 구조로 인해 의사결정 과정이 짧아지고, 각 팀원들은 문제 해결을 위해 더 큰 책임감을 느끼게 된다. 이는 궁극적으로 업무의 효율과 프로젝트의 성공률을 증가시킨다. 또한, 변화에 대한 유연성을 갖추고 있어 예상치 못한 시장 변화에도 빠르게 대응할 수 있다. 조직 구성원들이 각자의 역할을 명확히 인지하고 신속하게 협력할 수 있기 때문에 복잡한 상황에서도 효과적인 대응이 가능하다.
- 고객 관점에서 고객 만족도를 극대화하고, 긍정적인 고객 경험을 제공하는 데 유리하다. 지속적인 피드백 수집과 개선 작업을 통해 고객의 요구사항을 적시에 반영할 수 있으며, 이는 고객이 원하는 제품과 서비스를 더 빠르고 정확하게 제공하는 데 기여한다. 또한, 고객 중심의 접근 방식을 채택함으로써 기업은 고객과의 신뢰를 구축하고 장기적인 관계를 형성할 수 있어, 고객 충성도가 높아지고 궁극적으로 성과에 긍정적인 영향을 미친다.
- 컨설팅사인 맥킨지는 애자일 조직의 특성을 1) 조직 전체에 공유된 목적과 비전, 2) 권한위임을 받은 네트워크 팀 구조, 3) 빠른 의사결정과 학습 사이클, 4) 역동적인 사람 중심 모델, 5) 차세대 기술 활용 등의 5가지로 제시하였다.

유형 ❷ 경영환경분석에 대한 문제

- 제시된 사례를 SWOT 분석, BCG 매트릭스, 게임이론 등으로 분석하는 문제가 출제된다.
- 국제환율 변동, 유가 하락, 경제 강국의 경제 정책 등이 기업에 미치는 영향을 묻는 문제가 출제된다.
- 기업분석 방식 및 경영환경분석 이론을 숙지한다.
- 기업환경과 관련된 국제 경제 흐름 및 시장 동향을 미리 파악하고, 강점/약점 요인을 분석한다.

귀하는 화장품회사 입사를 준비하는 취업준비생이다. 지원하기 전 해당 기업에 대한 이해를 높이기 위해 SWOT 분석을 해보기로 하였다. 분석 결과가 다음과 같을 때, 분석 결과에 대응하는 전략으로 적절하지 않은 것은?

강점(Strength)	• 강력한 브랜드 인지도 • 폭넓은 해외 판매 네트워크 • 창업 이래 매년 성장하고 있는 견고한 재무 실적
약점(Weakness)	• 타사 브랜드 대비 고가의 라인업 • 순차적인 생산시스템으로 인한 느린 대응 • 느린 혁신 속도와 빈약한 M&A
기회(Opportunity)	• 해외 신규 수요 확대 • 온라인 직구 시장의 활성화 • 모바일 광고 시장의 확대 • 매력적인 기업이 많은 M&A 시장
위협(Threat)	• 잇따른 신생 브랜드 등장으로 새로운 경쟁자의 진입 가능성 • 급격히 변화하는 소비자의 요구와 습관 • 정부의 과도한 규제와 정책 번복

구분	강점(Strength)	약점(Weakness)
기회(Opportunity)	㉠ 기존에 구축되어 있던 당사의 해외 네트워크를 활용하여 동남아 신규 시장 진출 ㉡ 풍부한 자본력을 바탕으로 경쟁력 제고에 도움되는 기업 인수	㉢ 온라인 직영매장을 개설하고 제품단가를 낮춰 저가 온라인 시장 진입 ㉣ 해외시장을 대상으로 하는 새 제품 R&D 비중 확대
위협(Threat)	㉤ 국내 투자자들을 대상으로 제품경쟁력을 홍보하고 비판 여론 환기 ㉥ 충성고객을 대상으로 모바일 광고 강화	㉦ 유연생산시스템(FMS)을 이용하여 변화하는 고객의 니즈(Needs) 충족 ㉧ 마케팅, 연구개발, 생산부서를 통합하여 비용 절감

① ㉠, ㉢　② ㉡, ㉣　③ ㉢, ㉥　④ ㉤, ㉦　⑤ ㉥, ㉧

|정답 및 해설| ⑤

ⓑ 강력한 브랜드 인지도라는 강점과 모바일 광고 시장 확대라는 기회를 이용한 SO전략에 해당된다.
ⓞ 견고한 재무 실적이라는 강점이 있기 때문에 WT전략으로는 부적절하다.

유형 ❸ 국제 상식을 묻는 문제

- 국제 비즈니스에 적합한 비즈니스 매너를 묻는 문제가 출제된다.
- 각국의 문화, 스포츠, 예술, 경제, 국제 기구 등에 대한 상식을 묻는 문제가 출제된다.
- 국제감각 이론을 숙지하고, 신문, 뉴스 등을 활용하여 국제 상식을 숙지한다.

글로벌 시대 국제매너는 업무성과와 직결된다. 현지 문화를 제대로 고려하지 않고 자신들의 방식대로 행동하면 반발을 사 심각한 문제가 발생할 수 있다. 다음은 국가별 국제매너의 예시이다. 잘못된 국제매너는?

㉠ 중국: 처음 만나는 자리에서 악수를 하면서 허리를 약간 굽혀 인사하고, 명함을 교환했다.
㉡ 이라크: 상대편 회사 담당직원과 오후 3시에 대사관 앞에서 만나기로 했는데 1시간이 지났는데도 나타나지 않았다. 연락이 안 되어 일단 문자메시지를 남기고 숙소로 돌아왔다.
㉢ 프랑스: 사전에 미팅 약속을 잡으려고 했는데 8월은 휴가시즌이라 9월로 연기했다.
㉣ 미국: 메일로만 소통하던 미국인 바이어가 한국을 방문하여 한식당에서 만났다. 반가움을 표현하기 위해 악수하면서 반갑게 포옹하니 반갑게 웃었다.
㉤ 러시아: 비즈니스 미팅에서 술을 취할 때까지 마시면서 사업에 대해 대화를 나누었다.
㉥ 일본: 아는 인맥을 통해 새로운 거래처를 소개받았으며, 첫 미팅 때도 소개한 사람과 함께 만났다.

① ㉠, ㉢　② ㉡, ㉣　③ ㉢, ㉤　④ ㉣, ㉥　⑤ ㉤, ㉥

|정답 및 해설| ②

㉡ 아랍지역에서는 시간 약속은 형식적일 뿐이며, 상대방이 으레 기다려줄 것으로 생각한다. 따라서 이 지역 사람들을 만날 때는 인내를 가지고 기다려야 한다.

㉣ 미국인들은 포옹이나 과도한 신체 접촉이 동반된 인사를 비즈니스 미팅에서 삼가는 편이며, 악수가 가장 적당하다.

더 알아보기

국제매너

중국	• 중국인은 명함을 교환하는 것을 좋아하므로 명함을 충분히 준비하도록 하고, 명함의 한쪽은 영어로, 반대쪽은 가능하면 중국어로 표기하는 것이 좋음 • 중국인은 첫인사 때 악수나 묵례를 하거나 허리를 약간 굽히며, 중국인 파트너가 인사하는 방법을 관찰하고 이를 따르는 것이 무난함
일본	• 일본은 인맥을 통하지 않고는 비즈니스를 하기 어려우므로 일본 기업과 새로운 거래를 하고자 할 때는 반드시 양측을 잘 아는 사람의 소개가 필요함 • 우리나라의 음주문화와 달리 술을 따르거나 받을 때 한 손을 사용함 • 일본인은 관습적으로 사소한 일에도 "감사합니다", "미안합니다"라는 말을 입버릇처럼 함
미국	• 미국에서는 업무시간과 시간 약속에 정확성을 기해야 하는데, 점심 약속이든 저녁 약속이든 적어도 일주일 전에 약속을 정해야 함 • 미국인들은 포옹이나 과도한 신체 접촉이 동반된 인사를 비즈니스 미팅에서 삼가는 편이며, 악수가 가장 적당
독일	• 질서와 원칙과 완벽주의를 추구하며, '브레인스토밍', '리스크 테이킹(Risk-taking)' 또는 원칙과 권위에 대한 도전과 같은 관념을 좋아하지 않음 • 독일인은 허세나 과장을 싫어하고, 거래 시 상품에 대한 자세한 정보를 알기를 원함
영국	• 미팅은 보통 오전 11시에서 오후 4시 사이에 이루어지며 약속 시간을 정확히 지키는 것을 선호 • 등을 두드리거나 껴안는 동작과 같은 신체적 감정표현은 바람직하지 않으며, 대화를 나눌 때도 상대방과 일정한 거리를 둠
프랑스	• 프랑스인들은 직설적이고, 의심이 많기 때문에 비즈니스를 할 때는 구체적이고 논리적인 전략이 필요함 • 프랑스 근로자들은 5주의 휴가를 가지는데 7~8월에 3주 정도 써 8월은 거의 휴업상태
러시아	• 비즈니스 문제로 조찬을 같이 하는 경우는 거의 없으며, 서로가 취한 상태에서 사업에 대한 논의를 하는 것을 선호 • 약속시간을 받아내기가 아주 힘들며, 한두 시간 약속시간에 늦거나 회의가 계획보다 길어지는 경우도 종종 발생

유형 ❹ 기초적인 경영이론을 묻는 문제

- 경영학개론과 행정학개론에서 중복되는 이론이 출제된다.
- 전공시험을 치르지 않는 일부 기업은 학부 수준의 문제를 출제하기도 한다.
- 조직이론과 인적자원관리를 중심으로 기초적인 이론을 숙지하고, 기출 이론을 중심으로 학습한다.

프레데릭 테일러는 기존의 장인 정신에 의존하던 작업 방식을 과학적 방법으로 대체하여 생산성을 비약적으로 높였으며, 오늘날에도 과학적 관리론은 많은 경영기법과 생산관리 전략에 영향을 미치고 있다. 테일러의 과학적 관리론에 관한 설명 중에서 옳지 않은 것은?

① 조직 내의 인간을 경제적 유인에 의해 동기가 유발되는 존재로 가정한다.
② 조직이 추구하는 가치로서 사회적 능률성을 중시한다.
③ X 이론의 인간형에 입각한 것이다.
④ 조직의 기계화, 비인간화를 조장한다는 한계를 가지고 있다.
⑤ 시간 및 동작연구를 통해 표준작업량을 구해냈다.

|정답 및 해설| ②

과학적 관리론은 수량적으로 명시할 수 있는 기계적·물리적·금전적 측면에서만 능률을 파악하는 기계적 능률성을 중시한다. 반면 인간 관계론과 함께 등장한 사회적 능률성은 과학적 관리론에 입각한 기계적 능률성을 비판하며 사회적 합목적성·조직구성원의 만족도 등을 중시한다.

①, ③ 과학적 관리론은 인간을 경제적 유인에 의해 동기가 유발되는 합리적 경제인으로 가정하며, 이는 X 이론의 관점에 부합한다.
④ 과학적 관리론은 기계적 능률성을 중시하다 보니, 조직의 비인간화를 조장하는 한계를 가지고 있다.
⑤ 테일러는 시간 및 동작연구를 통해 분석 및 표준화하여 적정한 일일 작업량을 구했다. 이를 기준으로 과업 달성 시에는 고임금, 실패 시에는 저임금을 지급하는 차별적 성과급제를 제시하였다.

더 알아보기

주요 경영이론

구분	개요	핵심 개념
과학적 관리론(테일러)	작업 효율성을 극대화하고자 했으며, 작업을 세분화하고 표준화를 통해 생산성 향상 방법 제시	작업의 표준화, 시간 연구, 과업 관리, 성과급 제도
관리 과정론(페이욜)	관리 활동을 계획, 조직, 지휘, 조정, 통제의 다섯 가지 기능으로 구분	분업, 권한과 책임, 규율, 명령의 통일, 지휘의 일원화 등 14가지 경영 원칙
인간 관계론(메이요)	작업 환경이 노동자의 생산성과 만족도에 미치는 영향을 연구하여, 호손 실험을 통해 사회적 요인과 직무 만족이 생산성에 큰 영향을 미친다는 것을 발견	사회적 관계, 직무 만족, 비공식 조직의 중요성
경영 과학론	수학적 모델과 통계적 기법을 통해 경영 문제를 분석하고 해결	선형 계획법, 대기 이론, 시뮬레이션, 네트워크 분석
시스템 이론	조직을 하나의 시스템으로 보고, 구성 요소 간의 상호작용 분석	시스템, 서브시스템, 경계, 피드백 루프

적중예상문제

난이도 ★★☆

01 **우리는 다양한 조직에 속해서 살아간다. 이러한 조직의 유형을 구분하는 것은 조직의 성격과 활동을 이해하는 데 도움이 된다. 다음 보기에서 설명하고 있는 조직의 유형을 바르게 연결한 것은?**

> (가) 일반 시민들이 사회 전체의 이익을 위해 자발적으로 만든 집단이다. 인권 운동, 환경 운동, 소비자 운동, 정치 감시 등 다양한 활동을 한다.
> (나) 독서, 자전거, 공연, 영어회화 등 같은 취미를 가진 사람들이 모여 운영한다. 각자의 취향과 관심사에 맞춰 다양한 활동을 하며 최근에는 다양한 플랫폼을 활용하여 모임을 갖는다.
> (다) 노동과 자본, 물자, 기술 등을 투입하여 제품이나 서비스를 산출하는 기관이다. 최근에는 윤리경영, 고객만족경영, 사회적 책임 등이 강조되고 있다.

	(가)	(나)	(다)
①	공식조직	공동체	비영리조직
②	공동체	공식조직	비영리조직
③	비영리조직	비공식조직	기능체
④	비공식조직	공동체	영리조직
⑤	영리조직	비공식조직	기능체

난이도 ★★☆

02 **조직의 구성원들이 조직 전체의 목표를 파악하고 서로 협력해서 일해야 성과를 창출할 수 있다. 다음은 조직목표의 기능과 특징에 대해 설명한 내용이다. 잘못 이해하고 있는 내용은?**

> ㉠ 조직목표는 조직이 존재하는 이유와 관련된 장기적 목표와 이 목표를 달성하기 위한 단기적 방향성으로 구분할 수 있다.
> ㉡ 조직목표는 조직이 달성하려는 미래의 상태이며, 규모가 크고 장기적으로 존속하는 조직만 조직목표를 갖는 것이다.
> ㉢ 조직의 목표는 미래지향적이지만 현재의 조직행동의 방향을 결정해 주는 역할을 한다.
> ㉣ 조직목표에는 전체 조직의 성과와 자원, 시장, 역량개발, 혁신과 변화, 생산성에 대한 목표가 포함된다.
> ㉤ 조직목표는 조직구성원들이 소속감과 일체감을 느끼고 행동수행의 동기를 가지게 하며, 조직구성원들의 수행을 평가하는 기준이 된다.
> ㉥ 조직목표는 조직구조나 운영과정과 같이 조직체제를 구체화할 수 있는 기준이 되기도 한다.

① ㉠, ㉡　　② ㉡, ㉢　　③ ㉢, ㉤　　④ ㉣, ㉤　　⑤ ㉤, ㉥

난이도 ★★☆

03 귀하는 조직 변화의 중요성과 변화 과정에 대한 강의를 듣고 있다. 특히 오늘날 조직을 둘러싼 환경이 급변하고 있으며, 조직은 이러한 환경 변화를 읽고 적응해 나가야 한다는 내용에 공감이 간다. 강의 후 교수가 다음과 같은 도식을 보여 주며 질문을 한다. (A)에 관한 설명으로 가장 적절한 것은?

(A)	⇨	(B)	⇨	조직 변화 실행	⇨	변화 결과 평가

① 환경 변화에 적응하기 위한 조직 변화 방향을 수립한다.
② 조직구성원들이 현실에 안주하려는 경향이 있으면 인식하기 어렵다.
③ 조직의 세부 목표나 경영방식을 수정하거나, 규칙이나 규정 등을 새로 제정하기도 한다.
④ 조직개혁의 진행사항과 성과를 평가한다.
⑤ 체계적으로 구체적인 추진전략을 수립하고, 추진전략별 우선순위를 마련해야 한다.

난이도 ★★★

04 조직이해능력은 자신이 속한 조직의 경영과 체제, 업무를 이해하고 국제동향을 파악하는 능력을 의미한다. 이를 갖췄을 때 조직을 제대로 이해할 수 있으며, 업무 성과도 높일 수 있다. 다음 중 '경영의 구성요소'와 '조직체제의 구성요소'로 바르게 묶은 것은?

㉠ 규칙 및 규정	㉡ 업무 프로세스	㉢ 조직구조
㉣ 조직문화	㉤ 경영목적	㉥ 경영전략
㉦ 조직목표	㉧ 조직구성원	㉨ 자금

	경영의 구성요소	조직체제의 구성요소
①	㉠, ㉡, ㉢, ㉣, ㉦	㉤, ㉥, ㉧, ㉨
②	㉡, ㉢, ㉤, ㉦, ㉨	㉠, ㉣, ㉥, ㉧
③	㉢, ㉣, ㉥, ㉦	㉠, ㉡, ㉤, ㉧, ㉨
④	㉣, ㉤, ㉧, ㉨	㉠, ㉡, ㉢, ㉥, ㉦
⑤	㉤, ㉥, ㉧, ㉨	㉠, ㉡, ㉢, ㉣, ㉦

난이도 ★★☆

05 회사를 안정적으로 경영하기 위해서는 경영의 구성요소를 빠짐없이 마련해야 한다. 다음 사례에서 아직 확보하지 못한 경영의 구성요소에 대한 설명으로 옳은 것은?

수지는 직원들을 도구로만 보는 사장의 성과주의에 신물이 나 회사를 그만두고 자신의 가치관에 맞는 회사를 창업하였다. 회사를 창업하기 전, 전 직장의 사장이 이윤을 얻고 회사가 성장하는 데 수단과 방법을 가리지 않는 것을 보면서 이와 다른 회사가 있을 것으로 생각하고 다른 직장을 알아봤지만 별반 다를 게 없었다.

결국 스스로 컨설팅 회사를 창업하는 모험을 하게 되었다. 수지는 사람이 조직의 기본이므로 회사는 인간존중을 우선시해야 한다고 여겼다. 그래서 자신이 차린 회사가 인재를 소중히 여기고 인류사회에 공헌하는 것을 목표로 하고, 구체적인 경영 방안을 수립하였다. 또한, 10년간 모아둔 결혼자금으로 회사 운영 비용을 마련하여 법인 등록을 마쳤다.

① 조직에서 일하고 있는 임직원들로, 조직의 목적과 필요에 맞게 채용해야 한다.
② 조직의 목적을 어떤 과정과 방법으로 수행할 것인지를 구체적으로 제시해준다.
③ 조직에 유입된 인풋 요소들이 최종 산출물로 만들어지기까지 구성원 간의 업무 흐름이 어떻게 연결되는지를 보여준다.
④ 경영활동에 사용할 수 있는 금전을 의미하며, 부족한 경우 경영목표를 달성하는 데 어려움을 겪게 된다.
⑤ 조직이 가지고 있는 자원을 효과적으로 운영하여 무엇을 하고 무엇을 달성해야 하는지를 알려준다.

난이도 ★★☆

06 기업의 방향을 결정짓고 경영활동을 수행하는 경영자는 역할에 따라 대인적, 정보적, 의사결정적 활동의 3가지로 구분된다. ㉠~㉤은 실제 경영자의 활동들이다. 민츠버그가 분류한 경영자의 역할과 바르게 연결한 것은?

> ㉠ ○○타이어 임현희 전무는 장기화 국면으로 접어든 노사 분규를 연말까지 타결하기 위해 노조 대표와 단독 면담을 진행하고 있다.
> ㉡ 안정희 사장은 취임사를 통해 회사가 나아갈 방향을 제시하고 직원들에게 동기부여를 했다.
> ㉢ 식품기업 A 사가 생산하는 도시락으로 인해 단체 식중독이 발생해 차은숙 팀장은 사고 수습을 위해 태스크포스를 편성하고, 지속적으로 회의를 하며 대책을 마련 중이다.
> ㉣ 홍수아 회장은 경쟁우위를 확보하기 위해 반도체 설계기업 B 사를 인수·합병하려고 B 사 임직원들과의 협상을 진행 중이다.
> ㉤ 김진국 본부장은 국내외 온라인 광고 시장의 동향을 파악한 후에 기업의 신성장 전략을 제시하였다.

① 의사결정적 역할 – 대인적 역할 – 의사결정적 역할 – 의사결정적 역할 – 정보적 역할
② 대인적 역할 – 의사결정적 역할 – 대인적 역할 – 정보적 역할 – 정보적 역할
③ 대인적 역할 – 대인적 역할 – 정보적 역할 – 의사결정적 역할 – 의사결정적 역할
④ 정보적 역할 – 의사결정적 역할 – 정보적 역할 – 의사결정적 역할 – 대인적 역할
⑤ 정보적 역할 – 대인적 역할 – 대인적 역할 – 의사결정적 역할 – 의사결정적 역할

난이도 ★★☆

07 사장단 간담회에 초대받은 ○○대학교 경영학과 이수진 교수는 경영자에게 필요한 능력과 의사결정에 관한 강의를 진행하였다. 이수진 교수가 경영자의 능력에 대해 설명한 내용 중 옳은 것은?

> 미국의 경영학자 로버트 카츠(R. L. Katz)에 의하면 ㉠ 모든 경영관리계층에서 인간적 능력은 중요한 요인이라고 합니다.
> 우선 ㉡ 최고경영자는 주로 전략적 의사결정을 하므로 기술적 능력이 중요합니다. ㉢ 일선경영자에게 요구되는 업무적 능력은 모호하고 복잡한 현장의 상황으로 인해 최고경영자에게 요구되는 전략적 의사결정에 비해 복잡하고 비정형적인 경향이 있습니다.
> 반면 ㉣ 하위경영자는 상하 간의 의사소통과 부문 간의 상호조정 등을 주로 담당합니다. 따라서 ㉤ 하위경영자는 생산 현장에서 지휘·감독하는 역할을 주로 하므로 기술적 능력은 중요하지 않습니다.

① ㉠ ② ㉢ ③ ㉤ ④ ㉡, ㉢ ⑤ ㉣, ㉤

난이도 ★★☆

08 다음은 MZ 화장품 마케팅팀에서 새로운 마케팅 전략을 위해 준비한 사업보고서이다. 이와 관련 있는 경영 분석 기법에 대한 설명으로 적절한 것은?

시장		주요 타깃	홍보 전략
브랜드	특징		
A	민감한 피부를 위한 자연주의 기초 제품	10대 후반~20대	• 순수한 이미지의 여자 아이돌 가수를 모델로 기용 • 친환경적인 이미지 강조
B	화려함을 강조한 색조화장 제품	20대 초반~30대	• 메이크업 강좌 개설을 통한 체험 마케팅 강화 • PPL 마케팅을 통한 제품 홍보 및 유행 선도
C	주름 개선 및 피부 재생 제품	40대~50대	• 한방 등 제품의 성분 홍보 • 고급스러운 이미지 강조

① 고객, 기업, 경쟁사를 중심으로 시장 환경을 분석하는 기법
② 제품, 가격, 유통경로, 판매촉진을 중심으로 마케팅 효과의 극대화를 추구하는 방법
③ 시장성장률과 시장점유율에 따라 사업을 4가지로 구분하는 사업포트폴리오 분석 기법
④ 소비자의 연령, 관심 등에 따라 시장을 세분화하고 주요 타깃을 설정하여, 목표 시장에 적절하게 제품을 포지셔닝하는 전략
⑤ 기업 내부의 강점과 약점, 기업을 둘러싼 외부의 기회와 위협이라는 4가지 요소를 규정하고 이를 토대로 기업의 경영전략을 수립하는 기법

난이도 ★☆☆

09 조직의 경영전략은 조직이 목표를 달성할 수 있도록 경영활동을 체계화하여 나타내주는 수단이 되며, 경영전략은 조직의 경영자가 수립하게 되지만, 모든 직업인이 자신이 속한 조직의 경영전략을 이해해야 조직목표를 달성하는 데 기여할 수 있다. 다음 〈보기〉의 경영전략 추진과정에 대한 설명을 읽고 경영전략 추진과정을 순서대로 연결한 것은?

[경영전략 추진과정]

전략목표 설정	환경분석	경영전략 도출	경영전략 실행	평가 및 피드백

〈보기〉

㉠ 최적의 대안을 수립하기 위하여 조직의 내·외부 환경을 분석한다.
㉡ 경영전략을 실행하여 경영목적을 달성한다.
㉢ 결과를 평가하여 피드백하는 과정을 거친다.
㉣ 경영전략을 통해 미래에 도달하고자 하는 미래의 모습인 비전을 규명하고, 미션을 설정한다.
㉤ 조직의 경영전략은 조직전략, 사업전략, 부문전략으로 구분한다.

① ㉠ - ㉤ - ㉣ - ㉡ - ㉢
② ㉡ - ㉢ - ㉠ - ㉤ - ㉣
③ ㉢ - ㉣ - ㉠ - ㉤ - ㉡
④ ㉣ - ㉠ - ㉤ - ㉡ - ㉢
⑤ ㉤ - ㉡ - ㉣ - ㉠ - ㉢

난이도 ★★☆

10 홍보부서에 근무하고 있는 귀하는 계획대로 업무를 마무리하지 못해 고민이다. 항상 목표한 대로 성과를 내는 동료에게 조언을 구하니 SMART 기법을 이용해 계획을 수립해 보라고 한다. 다음 중 SMART 기법에 대한 설명으로 가장 적절하지 않은 것은?

[SMART 기법]

- 구체적 목표 설정(Specific)
- 측정 가능한 목표 설정(Measurable)
- 달성 가능한 목표 설정(Achievable/Acceptable)
- 현실적인/자신과 관련된 목표 설정(Realistic/Relevant)
- 시간을 염두에 둔 목표 설정(Time-bounded/Timely)

① 성공적인 목표관리를 위해서는 데드라인을 정하고 시간을 충분히 반영해야 한다.
② 목표를 측정 가능하도록 기간이나 수준에 맞게 세분화해야 달성하기 수월해진다.
③ 자신의 한계를 정확하게 알고 현실적인 수준으로 목표를 설정해야 한다.
④ 궁극적으로 목표에 도달하지 못해도 자신의 변화 과정을 중요시해야 한다.
⑤ 목표는 모호하거나 추상적이면 실천이 더디고 방향을 잃을 가능성이 있다.

난이도 ★★★

11 조직구조에는 조직의 전략과 규모, 기술, 환경 등이 영향을 미치며 최고경영자의 통제, 규칙과 규제의 정도, 의사결정 권한의 집중정도 등에 따라 기계적인 조직과 유기적인 조직으로 구분할 수 있다. 다음의 조직도를 통해 파악한 조직구조의 특성이 아닌 것을 모두 고르면?

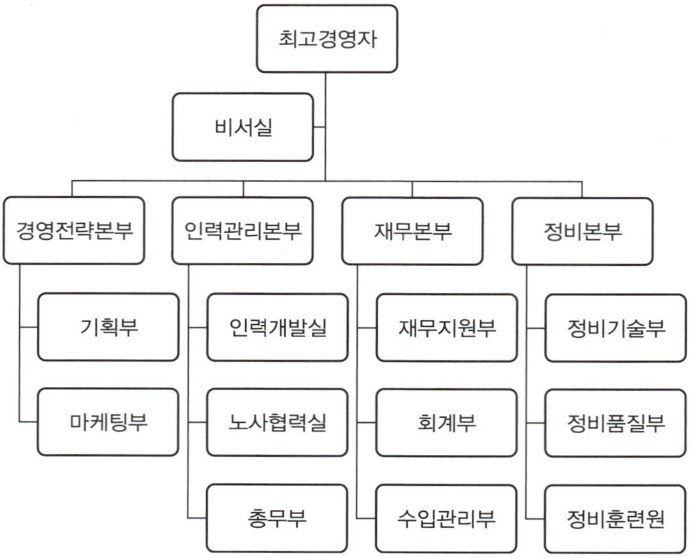

㉠ 분업이 어려운 과제 ㉡ 표준운영절차 ㉢ 공식적 대면 관계 ㉣ 분화된 채널 ㉤ 높은 공식화 수준 ㉥ 분명한 책임 관계 ㉦ 성과 측정의 어려움 ㉧ 계층제

① ㉠, ㉡, ㉣ ② ㉠, ㉣, ㉦ ③ ㉡, ㉤, ㉦
④ ㉡, ㉦, ㉧ ⑤ ㉢, ㉣, ㉥

난이도 ★★☆

12 귀하는 전자회사의 부품 조립 라인에 근무하는 근로자이다. 최근 부품 조립 라인에서 지속적으로 불량품이 발생하여 동료들과 이에 대한 해결책을 마련하기 위해 회의를 개최하였다. 회의는 지난 워크숍에서 배웠던 의사결정 과정 단계에 따라 진행한다고 했을 때, 가장 적절하지 않은 내용은?

[워크숍 자료]

1. 의사결정 과정

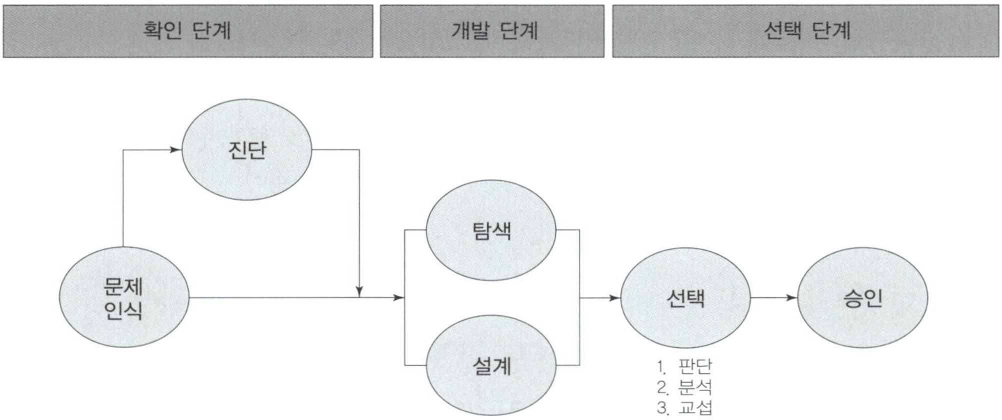

확인 단계	• 문제를 인식하고 진단하는 단계 • 문제의 심각성, 긴급성 등에 따라서 의사결정 과정의 시간이 달라짐
⇩	
개발 단계	• 확인된 문제에 대한 해결 방법을 모색하는 단계 – 탐색 단계: 조직 내 기존 해결 방법 중에서 해결 방법을 찾음 – 설계 단계: 이전에 없었던 새로운 문제의 경우 이에 대한 해결안을 설계함
⇩	
선택 단계	• 판단, 분석, 토의와 교섭 등의 방식으로 선택 • 조직 내에서 공식적인 승인절차를 거쳐 실행

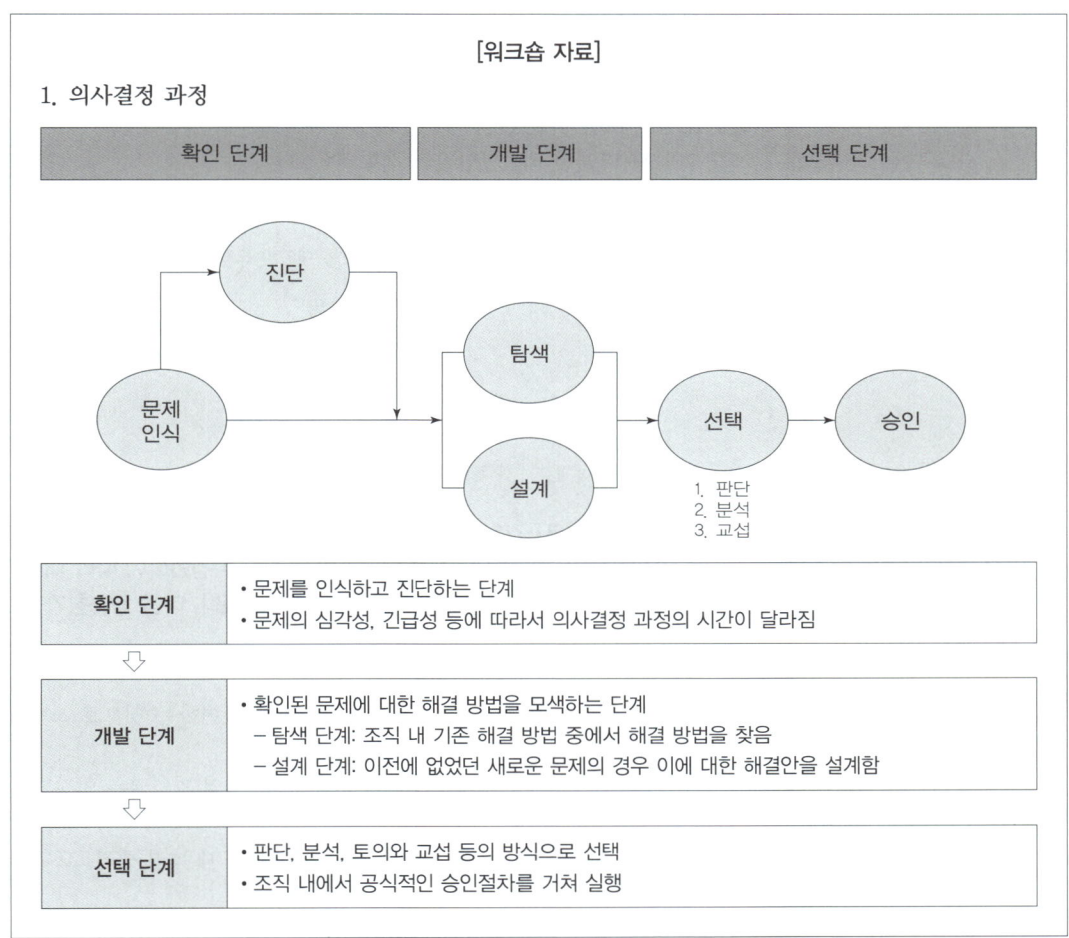

① 확인 단계: 불량률 발생에 대한 해결책을 마련하기 위하여 부품 조립 라인 전 직원이 참가하는 회의를 개최하였다.

② 탐색 단계: 그동안 부품 불량 문제가 발생할 경우 어떻게 해결을 해왔는지 관련 자료를 살펴보았으나 뚜렷한 해결책을 발견하지 못하였다.

③ 설계 단계: 타 부서에 관련 내용을 요청해본 결과 기존에는 신기술 도입이 주로 사용되었다는 점을 알게 되었다.

④ 선택 단계: 대안별 장단점을 비교해볼 때, 이 경우 부품 불량 문제가 발생하는 원인을 좀 더 과학적으로 분석할 필요가 있다고 판단하였다.

⑤ 승인 단계: 해결책을 결정하면 마지막으로 부품 조립 라인이 속한 생산본부의 공식 승인을 받은 후 실행한다.

난이도 ★★☆

13 **조직에서 문제가 발생하면 구성원들은 의사결정 과정에 참여하게 된다. 다음 중 집단의사결정의 특징에 대해 잘못 설명한 사람은 모두 몇 명인가?**

- A: 개인이 하는 의사결정에 비해 다소 복잡하지만 그 효과는 확실하다.
- B: 이미 논의한 사항이라 구성원들이 결정을 수월하게 수용한다.
- C: 강하게 주장하거나 권력을 가진 사람에 의해 의사결정이 독점될 위험이 있다.
- D: 여러 부서의 구성원들이 참여하고, 이들 간의 협력이 요구된다.
- E: 다른 관점으로 문제를 파악해 다양한 해결방안을 모색할 수 있다.
- F: 집단사고로 인해 사고가 단순해질 우려가 있다.

※ 집단사고: 응집력이 높은 집단에서 구성원 간 합의에 대한 요구가 너무 커 다른 대안의 모색을 저해하는 경향

① 1명 ② 2명 ③ 3명 ④ 4명 ⑤ 0명

난이도 ★★☆

14 **경영참가제도는 경영의 민주성을 제고하고 노사 간의 세력균형을 이루며 현장에 적합한 해결방안을 마련할 수 있는 장점을 가진다. 최근에는 국제경쟁의 가속화와 급격한 기술 발전 같은 환경변화에 따라 대립적인 노사관계만으로는 한계가 있다고 지적되면서 점차 경영참가의 중요성이 커지고 있다. 다음 경영참가제도에 대한 설명 중 바르지 못한 것은?**

㉠ 경영참가는 경영자의 권한인 의사결정과정에 근로자 또는 노동조합이 참여하는 것으로 노사협의회와 공동의사결정제도가 있다.
㉡ 노사협의회는 경영참가의 마지막 단계로, 이 단계에서는 경영자의 일방적인 경영권은 인정되지 않는다.
㉢ 노사협의회제도는 노사 대표로 구성되는 합동기구로서 생산성 향상, 근로자 복지 증진, 교육훈련, 기타 작업환경 개선 등을 논의한다.
㉣ 공동의사결정제도는 근로자와 경영자가 공동으로 결정하고 결과에 대하여 공동의 책임을 지는 결정참가 단계이다.
㉤ 자본참가는 근로자가 조직 재산의 소유에 참여하는 것으로, 종업원지주제도와 노동주제도 등이 있다.
㉥ 노동주제도는 자본참가의 한 방법으로 노동제공을 출자의 한 형식으로 간주하여 주식을 제공하는 것이다.
㉦ 종업원지주제도는 근로자가 경영방침에 따라 회사의 주식을 취득하는 것이다.
㉧ 이윤참가는 근로자들이 주인의식과 충성심을 가지게 되고, 성취동기를 유발할 수 있으며, 퇴직 후에 생활자금을 확보할 수 있는 한 방법이 된다.
㉨ 이윤참가는 조직의 경영성과에 대하여 근로자에게 배분하는 것으로 조직체에 대한 구성원의 몰입과 관심을 높일 수 있는 방법이다.
㉩ 이윤분배제도는 이윤참가의 한 방법으로 경영성과에 대하여 근로자에게 배분하는 것이다.

① ㉠, ㉢ ② ㉡, ㉧ ③ ㉣, ㉥ ④ ㉤, ㉨ ⑤ ㉦, ㉩

[15-16] 다음은 ○○금융그룹의 조직개편에 대한 내용이다. 다음을 읽고 각 물음에 답하시오.

> ○○금융그룹은 제한된 인력으로 업무수행의 효율을 높이기 위해 조직구조에 대한 혁신이 필요하다고 판단하여 조직구조를 개편하기로 했다. 대형화 및 겸업화를 추구하는 대부분의 해외 글로벌 금융그룹은 이 조직구조를 채택하여 운영하고 있으며, 이 조직구조는 다양하고 이질적인 구성요소로 이루어지는 금융그룹의 시너지효과를 극대화하기 위한 조직구조이다. 이번에 개편되는 조직구조의 형태는 특정 프로젝트를 수행하기 위한 것으로 해당 분야에 전문성을 지닌 다른 팀의 직원들이 자신의 직무와 특정 프로젝트를 동시에 수행하도록 할 계획이다.
>
> 미국에서는 1940년대 일반 제조업과 항공업체를 필두로 하여 이 조직구조를 최초로 도입하였고, 1969년 아폴로 11호의 달 착륙 때 수평적 커뮤니케이션이 가능한 이러한 구조의 힘이 컸다는 언론보도 이후 경영계에서 앞다퉈 이 시스템을 도입하기 시작했다. 하지만 이를 도입했던 대부분의 기업은 성과를 거두지 못하고 오히려 극심한 혼란과 부작용을 경험했다.
>
> 최근 경제의 글로벌화, 경쟁 심화 등을 배경으로 팀 중심 조직이 각광받게 되면서부터 금융그룹이 이 조직구조를 도입하여 운영하기 시작했다. 즉, 상품 및 고객이 다변화, 국제화되고 그룹 내에 이질적인 자회사들이 증가함에 따라 이 조직구조에 대한 관심이 다시 커지기 시작한 것이다.

난이도 ★★☆

15 다음 중 ○○금융그룹이 해외 금융그룹을 벤치마킹하여 채택하고자 하는 조직구조의 형태는?

① 네트워크 조직 ② 매트릭스 조직 ③ 오케스트라 조직
④ 사업부 조직 ⑤ 팀 조직

난이도 ★★★

16 다음 중 ○○금융그룹이 채택한 조직구조에서 부작용을 줄이기 위해 고려해야 할 사항으로 보기 어려운 것은?

① 부서 간 적극적인 소통을 통해 서로 이해하려는 노력이 필요하다.
② 조직구조뿐만 아니라 기업문화와 인사제도, 성과평가 제도도 조정해야 한다.
③ 조직구조의 최하단에 놓인 직원들의 적절한 업무량 배분을 감안해야 한다.
④ 조직구조 상단 기능별 리더들의 사고 혁신이 전제가 되어야 한다.
⑤ 업무상 경계가 모호하기 때문에 더 명확한 업무 지시가 필요하다.

[17-18] 다음 설명을 읽고 각 물음에 답하시오.

SWOT 분석이란 기업 내부의 강점(Strength)과 약점(Weakness), 기업을 둘러싼 외부의 기회(Opportunity)와 위협(Threat)이라는 4가지 요소를 규정하고 이를 토대로 기업의 경영전략을 수립하는 기법이다. SO(강점 – 기회) 전략은 시장의 기회를 활용하기 위해 강점을 적극 활용하는 전략이고, WO(약점 – 기회) 전략은 약점을 극복하거나 제거함으로써 시장의 기회를 활용하는 전략이다. ST(강점 – 위협) 전략은 시장의 위협을 회피하기 위해 강점을 사용하는 전략이고, WT(약점 – 위협) 전략은 시장의 위협을 회피하고 약점을 최소화하거나 없애는 전략이다.

내부환경 / 외부환경	강점(Strength)	약점(Weakness)
기회(Opportunity)	SO(강점 – 기회) 전략	WO(약점 – 기회) 전략
위협(Threat)	ST(강점 – 위협) 전략	WT(약점 – 위협) 전략

난이도 ★★★

17 **정년퇴직을 앞두고 새로운 삶을 계획 중인 이유나 부장은 자신의 현재 상황을 분석하고 처리하기 위해 스스로 SWOT 분석을 시행하였다. 다음 중 이유나 부장을 SWOT 분석한 결과로 가장 적절한 것은?**

정년퇴직을 앞둔 이유나 부장은 젊은 시절부터 꿈꿔왔던 통번역 대학원에 합격해 입학을 앞두고 있다. 대학원 등록금은 꾸준히 모아둔 적금과 퇴직금을 이용해 일부 충당할 예정이다. 평소 남편과 함께 의논하며 다수의 예·적금을 마련해 놓았으므로 큰 고민은 없었다. 나머지 모자라는 금액은 정년퇴직자를 위한 정부의 지원 프로그램을 이용할 예정이다.

출입국 관리소에서 일하면서 해외 출장을 자주 다니고 외국인과의 소통 및 기획을 해온 이유나 부장은 외국어를 능숙하게 구사할 줄 알며, 직장생활을 통해 관련 분야에 폭넓은 지식을 가지고 있어 전문 용어에도 매우 익숙하다. 따라서 통번역 대학원의 특성상 졸업 후 다양한 분야로 쉽게 진출할 수 있다.

다만, 타고난 체력이 약해 꾸준히 운동을 해왔지만 한계가 있으므로 앞으로의 살인적인 대학원 스케줄을 이행하려니 걱정이 앞서는 것은 사실이다. 또한 AI를 이용한 애플리케이션이 우후죽순 개발되고 있어 통역의 기회가 점점 감소하는 추세는 이유나 부장에게 또 하나의 고민거리이다.

① 퇴직금과 적금 등의 충분한 자원 및 남편의 신뢰는 강점(S)에 해당한다.
② 직장생활을 통해 알고 있는 전문 용어와 폭넓은 지식은 강점(S)에 해당한다.
③ 타고난 체력 부족은 위협(T)에 해당한다.
④ 정년 퇴직자를 위한 정부의 지원은 강점(S)에 해당한다.
⑤ AI 애플리케이션 개발로 인한 통역 기회 감소는 약점(W)에 해당한다.

난이도 ★★☆

18 코로나로 인해 해외여행을 가지 못하면서 국내에서 반미, 쌀국수 등 베트남 음식을 찾는 사람들이 증가하고 있다. 귀하는 베트남 음식점을 준비하면서 SWOT 분석을 통해 전략을 수립하려고 한다. 다음 중 SWOT 분석의 한계로 보기 어려운 것은?

강점(Strength)	• 이국적인 인테리어 • 베트남 식자재 조달 • 베트남 주방장 고용
약점(Weakness)	• 높은 인건비 • 높은 매장 임대료 • 낮은 브랜드 인지도
기회(Opportunity)	• 동남아 음식과 문화에 대한 관심 • 경쟁업체의 부실경영 • 외식이 잦은 1인 가구의 증가
위협(Threat)	• 상표 위조 우려 • 고수 향에 대한 거부감

내부환경 / 외부환경	강점(Strength)	약점(Weakness)
기회(Opportunity)	• 적극적 점포 확장 • 베트남 식자재 조달 유지 • 베트남 주방장 고용 유지	• 브랜드 인지도의 제고를 위해 베트남 문화의 날 참여 • 1인 가구가 많고 매장 임대료가 싼 지역에 점포 개설
위협(Threat)	• 베트남 식자재 조달을 강조해 경쟁업체와 차별화 • 베트남 고유의 인테리어를 통해 경쟁업체와 차별화	• 상표 도용 감시팀 설치 • 고수 대체재료 탐색 • TV광고 실시

① 시간에 따라 강점과 약점이 변한다.
② 분석이 복잡해 문제점을 파악하기 어렵다.
③ 기회요인과 위협요인의 인식이 쉽지 않다.
④ 분석방법이 제대로 갖춰져 있지 않으면 자의적인 해석을 할 위험이 있다.
⑤ 각 대안의 상관관계를 구분하기가 어렵다.

난이도 ★★★

19 조직구조는 조직의 전략, 규모, 기술, 환경 등의 영향을 받아 크게 기계적 조직과 유기적 조직으로 구분된다. 조직은 환경의 변화에 적절하게 대응하기 위하여 환경에 따라 조직의 구조가 달라지며 오늘날과 같은 급변하는 환경에서는 의사결정권이 하부구성원들에게 많이 위임되고 업무가 고정적이지 않은 유기적 조직이 적합하다. (가)~(라)는 유기적 조직의 대표적인 유형이다. 특징을 바르게 연결한 것은?

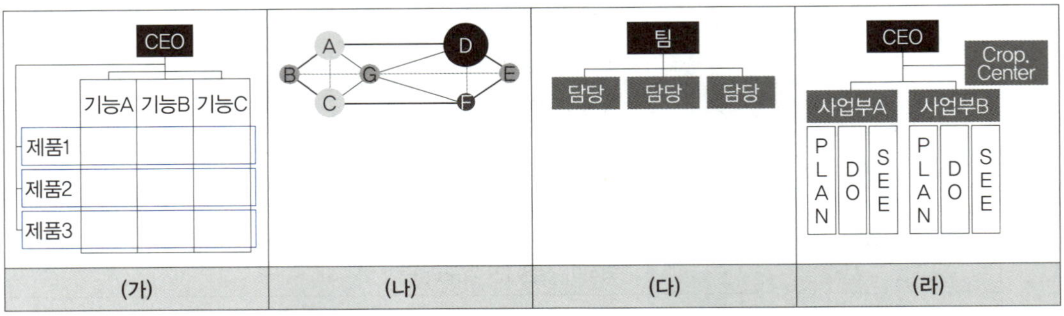

㉠ 장비나 유통시설 등에 대한 투자 없이도 사업이 가능하며, 변화하는 욕구에 유연하게 대응할 수 있다.
㉡ 단순하고 안정적인 환경에서 통제와 안전을 중요시하는 조직에 적합하다.
㉢ 제품, 지역, 고객별 차이에 신속하게 적응하기 위하여 분권화된 의사결정이 가능하다.
㉣ 의사결정단계를 축소하여 외부환경변화에 대응해 신속한 의사결정이 가능하다.
㉤ 성과에 대한 책임소재가 분명해져 업무에 대한 높은 주인의식을 유도할 수 있다.
㉥ 환경변화가 야기하는 복잡한 의사결정에 효과적이나 부문 간 갈등을 야기할 수 있다.

	(가)	(나)	(다)	(라)
①	㉠	㉤	㉡	㉣
②	㉡	㉣	㉠	㉥
③	㉢	㉠	㉤	㉥
④	㉤	㉢	㉣	㉡
⑤	㉥	㉠	㉣	㉤

난이도 ★★★

20 **○○건설회사는 해외사업을 확장하기 위해 하반기부터 조직구조를 새롭게 재편할 예정이다. 이를 위해 전략기획실 이상아 본부장은 기존 조직을 대체할 새로운 조직유형을 검토 중이다. 다음 중 이상아 본부장이 분석한 조직유형에 대한 설명으로 적절하지 않은 것은?**

① 사업부 조직은 부서 간 경쟁이 지나칠 경우 부서 간 조정이 곤란하다.
② 매트릭스 조직은 기능부서의 신속한 대응성과 사업부서의 기술적 전문성을 필요로 하여 결합된 조직이다.
③ 기능별 조직은 최고관리층의 업무 부담이 증가하기도 한다.
④ 프로젝트 조직은 프로젝트가 마무리되면 팀원들이 원래의 기능부서로 돌아가 자신의 담당 업무를 다시 수행한다.
⑤ 네트워크 조직은 정보 비대칭으로 인해 주인-대리인 문제가 발생할 수 있다.

난이도 ★★☆

21 **세계적인 커피 회사 ○○은 초기부터 고객을 위한 회사가 아니라 커피를 제공하는 사람을 위한 회사로 시작하였다. 존중받는 직원들은 고객을 존중하고 최고의 서비스를 제공하여 기업의 지속적인 성장을 이끌어왔다. 이렇게 조직문화는 조직 내 구성원들이 공통적으로 가진 규범과 가치로 조직의 발전을 이끄는 원동력이 된다. 다음 대화에서 조직문화에 대해 잘못 설명한 사람을 모두 고르면?**

A: 조직문화는 조직구성원들의 활동 범위를 제약하고 일관성을 부여하는 기능을 하지. 그래서 일탈 행동을 막아주고 사회화 기능을 하고 있어.
B: 21세기 글로벌화 추세에 따라 시장의 범위가 전 세계로 넓어지고 조직 분화가 심화되면서, 조직문화가 구성원들을 하나로 묶어주는 역할을 한다고 해.
C: 조직문화에 자연스럽게 융화되기도 하지만, 이직한 경우 조직문화의 특징을 알지 못해 적응에 어려움을 겪는 경우도 종종 있더라고.
D: 조직문화는 조직의 고유한 특징이다 보니 조직에 따라 다를 수밖에 없어.
E: 조직문화는 조직구성원들의 사고와 행동에 영향을 미치고, 일체감과 정체성을 부여해.

① A　② B　③ A, B
④ A, B, C　⑤ B, C, D

난이도 ★★★

22 조직문화를 진단하는 다양한 접근법이 존재한다. 다음 중 〈보기〉에서 설명하는 모형으로 옳은 것은 무엇인가?

〈보기〉

이 모형은 조직의 효과성을 측정하는 모형으로 퀸과 로보그에 의해 연구되었다. 단일 차원적으로 조직문화를 연구하던 기존 연구의 한계를 극복하기 위해 고안된 이 모형은 특히 다양한 가치를 공유해야 하는 공공조직에 유용한 모형으로 다중 차원적 접근방법 중 하나이다. 이 모형에 따르면 조직문화의 유형은 내부 대 외부, 그리고 통제성 대 유연성을 기준으로 인간관계모형, 개방체제모형, 내부과정모형, 합리적목표모형으로 구분된다.

① ERG이론　② 욕구충족요인 이원론　③ 공직동기이론
④ 경쟁가치모형　⑤ 형평성이론

난이도 ★★★

23 조직문화는 조직구성원들의 공유된 생활양식이나 가치로, 조직구성원들의 사고와 행동에 영향을 미치며, 일체감과 정체성을 부여하고, 조직이 안정적으로 유지되게 한다. 글로벌화 추세에 따라 시장의 범위가 전 세계로 넓어지고 조직 분화가 심화되면서, 조직문화가 구성원들을 하나로 묶어 주고 경영전략을 실현하는 기반이 되기 때문에 중요성이 부각되고 있다. 조직문화는 유연성과 자율성 대 안정과 통제, 내부지향과 통합 대 외부지향과 차별의 2가지 차원에 따라 집단문화, 개발문화, 합리문화, 계층문화의 4가지로 구분할 수 있는데, 다음에서 설명하는 조직문화의 유형을 바르게 연결한 것은?

(가)	• 조직경영 방식의 특징은 위험감수, 혁신, 자유, 독특성이다. • 조직 응집력은 최첨단 기술에 대한 강조 등 기술혁신과 개발을 바탕으로 한다. • 조직구성원의 업무수행에 대한 자율성과 자유재량권 부여 여부가 핵심요인이다.
(나)	• 조직경영 방식의 특징은 고용안정, 규칙준수, 예측가능성, 안정성이다. • 영속성과 안정성을 강조하며 효율성, 통제, 원활한 운영이 중요하다. • 관행과 안정, 문서와 형식, 보고와 정보관리, 명확한 책임소재 등을 강조하는 관리적 문화의 특징을 나타낸다.
(다)	• 리더십이란 일반적으로 조언자, 촉진자, 양육자로서의 역할을 의미한다. • 조직 응집력은 충성과 상호신뢰를 바탕으로 한다. • 성공은 인적자원개발, 팀워크, 헌신도, 동료에 대한 배려를 기준으로 평가한다.
(라)	• 결과를 매우 중요시하고, 성공적인 업무수행에 중점을 두며, 직원들은 매우 경쟁적이고 성과달성에 힘쓴다. • 경쟁과 성과를 중시하여 시장에서 목표달성과 경쟁에서 이기는 것을 강조한다. • 성공은 시장 경쟁에서 이기고, 앞서가는 등 경쟁적인 시장을 이끌어 가는 것을 기준으로 평가한다.

	(가)	(나)	(다)	(라)
①	집단문화	개발문화	계층문화	합리문화
②	계층문화	합리문화	집단문화	개발문화
③	개발문화	계층문화	집단문화	합리문화
④	집단문화	계층문화	개발문화	합리문화
⑤	합리문화	개발문화	집단문화	계층문화

난이도 ★★★

24 ○○공단은 경영혁신을 위해 조직개편을 단행하였다. ○○공단의 조직도를 보고 잘못된 설명은 모두 몇 개인가?

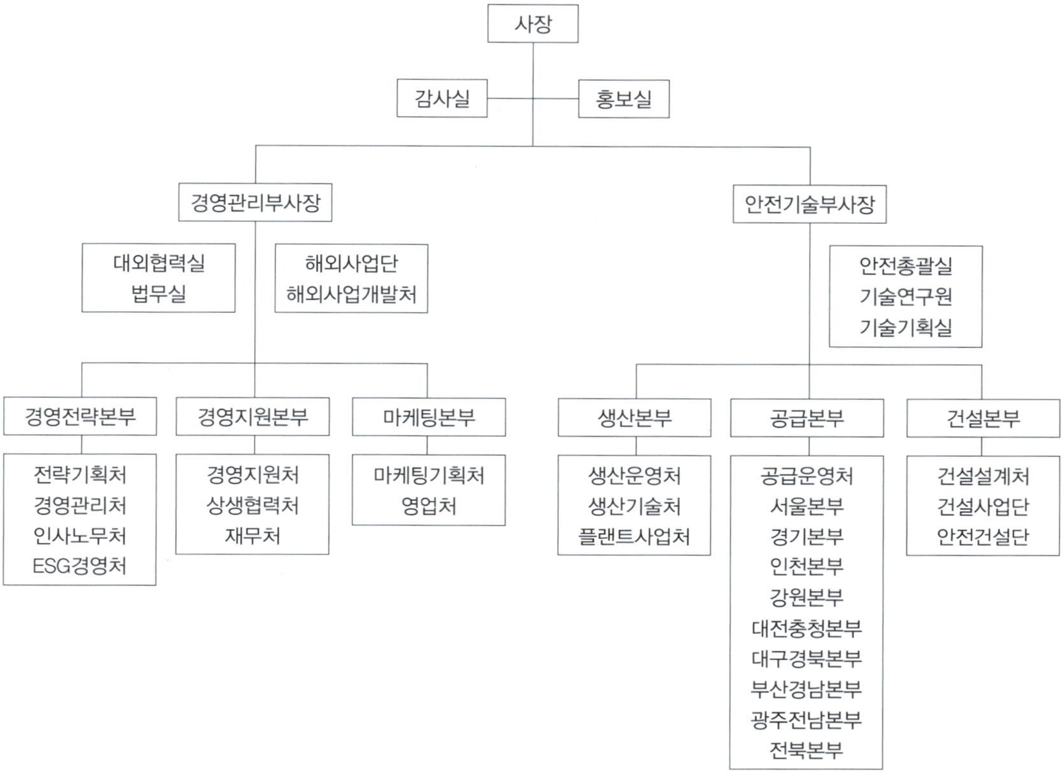

㉠ 경영과 안전 분야를 나눠서 운영하고 있다.
㉡ 6본부, 6실, 16처, 9지역본부로 구성되었다.
㉢ 각 지역본부는 공급본부에 속하며, 안전건설단은 건설본부 산하에 있다.
㉣ 마케팅본부가 가장 소규모이다.
㉤ 내부감사를 시행하고 외부감사를 지원하는 부서는 사장 직속인 감사실이다.
㉥ 사장은 공단을 대표하고 업무를 총괄하며, 부사장은 사장을 보좌한다.

① 0개　② 1개　③ 2개　④ 3개　⑤ 4개

난이도 ★★★

25 조직문화를 분석하기 위한 도구로 널리 사용되고 있는 '맥킨지 7S 모형'은 식별과 관리가 쉬운 하드웨어와 관리하기 어렵지만 조직의 기초이며 지속적인 경쟁우위 창출 가능성이 큰 소프트웨어로 구분된다. 다음은 A 사의 조직문화를 맥킨지 7S 모형으로 분석한 내용이다. 다음 중 바르게 구분한 것은?

㉠ A 사의 대표이사는 평소 고객과의 소통을 강조하며 언제나 포근한 분위기로 조직을 이끌어 왔다.
㉡ 생산성 향상을 위해 혁신적인 생산공정기법을 수시로 도입하여 기술력을 발전시켰다.
㉢ 변화와 도전에 익숙한 체계를 구축하기 위해 개개인의 역량을 중시하므로 고정된 승급제가 없다.
㉣ 제품기획 단계에서부터 고객의 의견을 반영하고, 고객품질평가단을 선발해 정기적으로 피드백을 받고 있다.
㉤ 고객 밀착 부서를 별도로 운영하고, 워라밸을 추구하는 조직구조를 가지고 있다.
㉥ 도전과 사회공헌을 기업의 비전으로 제시하여 신제품 개발과 혁신의 기반이 되고 있으며, 언제나 소비자 곁에서 함께하는 기업으로 인식되고자 한다.
㉦ 도전정신을 갖춘 인재를 우선적으로 선발하고, 지속적으로 자기개발을 할 수 있게 지속적인 교육 지원을 아끼지 않는다.

	하드웨어	소프트웨어
①	㉠, ㉢, ㉣	㉡, ㉤, ㉥, ㉦
②	㉠, ㉢, ㉥	㉡, ㉣, ㉤, ㉦
③	㉡, ㉣, ㉤	㉠, ㉢, ㉥, ㉦
④	㉢, ㉣, ㉤	㉠, ㉡, ㉥, ㉦
⑤	㉢, ㉥, ㉦	㉠, ㉡, ㉣, ㉤

난이도 ★★★

26 국제표준화기구(ISO)는 상품 및 서비스의 국제적 교환 및 세계의 표준화를 촉진하기 위해 활동하는 국제기구이다. 비록 강제력은 없지만 ISO에서 발의된 표준 권고는 대부분 협약을 통해 제도화되며, 무역분쟁이 발생할 때 규격 표준으로 규범화되고 있다. 다음은 ISO에서 제정한 대표적인 경영시스템표준(MSS)이다. 빈칸에 들어갈 경영시스템표준을 바르게 짝지은 것은?

구분	내용
(A)	기업의 사회적 책임에 대한 국제표준이며, 지배구조·인권·환경·공정거래·노동관행·소비자이슈·지역공동체와의 관계 등을 7대 핵심 주제로 규정했다.
(B)	환경경영에 대한 국제인증으로, 일반적으로는 제조업에서 가장 많이 취득하며 대외 경쟁력 강화 요인으로 작용한다.
(C)	제품 및 서비스에 관한 품질경영시스템 표준으로, 전 세계적으로 가장 많이 채택하는 국제표준이다.
(D)	식품위해요소를 사전에 예방·관리하는 식품안전경영시스템으로, 국내의 식품안전시스템을 입증하는 HACCP의 원칙을 모두 포함하고 있다.

	A	B	C	D
①	ISO 9001	ISO 50001	ISO 22000	ISO 14001
②	ISO 50001	ISO 26000	ISO 9001	ISO 22000
③	ISO 22000	ISO 14001	ISO 45001	ISO 9001
④	ISO 14001	ISO 45001	ISO 26000	ISO 9001
⑤	ISO 26000	ISO 14001	ISO 9001	ISO 22000

난이도 ★★★

27 의류회사에 근무하는 귀하는 매일 허둥지둥거리다가 선배 사원들의 꾸중을 받는다. 반면에 같은 사무실에서 근무하는 박 사원은 언제나 그렇듯 차분히 일하여 늘 귀하와 비교대상이 된다. 귀하는 자신이 야근도 더 많이 하고 점심을 거를 정도로 더 열심히 하는 것 같은데, 정작 회사에서 인정을 받는 사람은 박 사원인 것이 마음에 걸렸다. 그래서 박 사원을 관찰하던 귀하는 박 사원이 출근하자마자 다이어리에 다음과 같은 업무수행 시트를 적는다는 것을 발견하게 되었다. 이 업무수행 시트에 대한 설명으로 가장 적절한 것은?

진행계획	시작	종료	기간(일)
아이디어 및 계획 수립	09월 06일	09월 14일	9
조사	09월 14일	09월 21일	8
제작계획 수립 및 자재구입	09월 21일	09월 27일	7
설계 및 제작	09월 27일	10월 09일	13

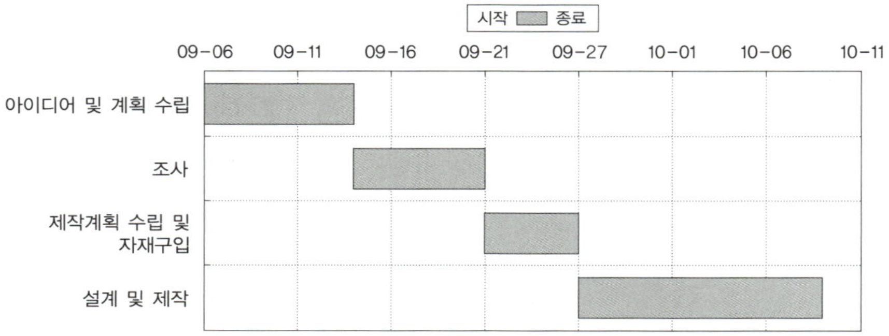

① 전체 일정을 한눈에 볼 수 있다.
② 일의 흐름을 동적으로 보여 준다.
③ 사용하는 도형을 다르게 표현하여 일의 속성을 구분해서 표현할 수 있다.
④ 업무의 단계별 수행 수준을 확인하는 데 효과적이다.
⑤ 일의 시간의 흐름을 표현하는 데 한계가 있다.

난이도 ★★☆

28 얼마 전 기본연수를 마친 신입사원 박시후 씨는 희망 부서를 제출하라는 지시를 받았다. 그래서 자신이 발령받게 되면 어떤 업무를 맡게 되는지 궁금해 부서별 업무분장표를 보고 있다. 다음 중 같은 부서 업무끼리 연결된 것은?

> ㉠ 퇴직 신청 처리
> ㉡ 소비자 선호 조사
> ㉢ 재무제표 검토 및 결산확인
> ㉣ 신제품 판매 계획 수립
> ㉤ 복리후생제도 개선방안
> ㉥ 신제품 출시 발표회 준비

① ㉠ – ㉢　② ㉡ – ㉣　③ ㉢ – ㉤　④ ㉣ – ㉥　⑤ ㉤ – ㉥

난이도 ★★★

29 ○○기업은 매주 월요일 아침에 전체 회의를 진행한다. 지난 분기 팀별 판매 경쟁에서 꼴찌를 하게 된 A 팀은 여러 가지 집단의사결정 기법의 도입을 시작으로 개선 방법을 찾아보려고 한다. 상사인 한 과장의 지적에 대해 팀원들이 나눈 대화 중 가장 적절하지 않은 것은?

> 한 과장: 알고 있겠지만, 지난 분기 우리 팀의 판매실적이 좋지 않네. 분명 회의 당시 반응은 좋았는데, 이상하군.
> (　　　　　　　　　　　　　　　　)
> 한 과장: 음…. 일리 있는 말이군. 새로운 길을 모색하는 것은 좋은 생각이지만 시간이 많이 소요될 우려가 있어 보이네.

① 김 대리: 한 가지 문제를 놓고 아이디어를 무작위로 쏟아내는 브레인스토밍을 다시 활용해 보는 게 어떨까요?
② 조 대리: 이미 이용해 보았으나, 팀원들이 서로 눈치를 보느라 더디게 진행되었어요. 아예 서면으로 의사소통을 하는 명목집단법을 이용하는 게 어떨까요?
③ 최 사원: 제가 봤을 때는 한 아이디어가 나오면 그 방향으로 확정되는 집단사고가 문제인 것 같아요. 아예 회의를 할 때 집단을 둘로 나누어 반론자를 두는 지명반론자법을 도입하는 건 어떨까요?
④ 이 사원: 변증법적 토의 기법을 통해 찬성과 반대로 상반되는 의견을 제시해 보는 건 어떨까요? 물론 윈-루즈(Win-lose) 방식의 태도에서 벗어나지 못하면 갈등을 유발할 위험은 있습니다.
⑤ 유 주임: 그 방법도 참 좋네요. 하지만 현재 팀 내 아이디어가 고착 상태인 것 같아서요. 전문가들에게 개별적으로 설문을 전하고 의견을 받아 수정하는 절차를 이용하는 전자회의 기법은 어떨까요?

난이도 ★★☆

30 ○○기업의 연구개발팀 2팀은 최근 유행에 맞추어 본사의 제품을 변형하려 한다. 하지만 계속해서 같은 제품을 연구했던 직원들은 객관적으로 문제점을 파악하지 못했으며, 새로운 아이디어가 떠오르지도 않았다. 이에 2팀 팀장은 팀이 당면한 문제를 해결하기 위해 새로운 의사결정 방법을 도입했다. 2팀 팀장이 도입한 다음의 의사결정 방법으로 옳은 것은?

[기법의 특징]

- 응답자: 동일 영역의 일반 전문가 다수
- 특징: 반복적인 설문조사, 완전한 익명성, 대면 접촉을 통한 상호 토론 없음, 통계된 의견처리, 합의를 도출하여 의견 일치를 유도함

① 델파이기법 ② 브레인스토밍 ③ 지명반론자기법
④ 명목집단법 ⑤ 게임이론

난이도 ★★☆

31 다음은 일상에서 마이클 포터의 본원적 경쟁전략이 쓰이는 사례를 나열한 것이다. 주어진 사례와 바르게 연결된 것은?

(A) ○○카페는 친환경 카페로 유명하다. 최근 환경오염의 주범으로 지목되는 플라스틱 빨대를 일절 사용하지 않고, 종이 빨대와 옥수수 빨대 등을 이용해 고객들에게 제공하고 있다. 환경에 관심이 많은 고객들 사이에 입소문이 나 ○○카페는 계속해서 매출 성장을 보이고 있다.
(B) 국내 **전자는 최근 증가하는 1인 가구 수의 증가에 힌트를 얻어 1인 냉장고를 출시하였다. 기존 대형 가전제품들 사이에서 소외 받았던 자취생들의 열정적인 수요에 1인 냉장고는 성공적으로 매출성장에 기여했고, 이후 **전자는 1인 전자제품에 더욱더 집중하게 되었다.
(C) ##마트는 오프라인 판매 매장을 줄이고 사람들이 몰리는 온라인 소매판매에 집중을 하고 있다.
(D) MM카페는 원두 수입의 중간 유통단계를 생략하고, 직접 원두를 수출하여 원가를 줄여왔다. 이로 인해 고객들에게 저렴하게 커피를 제공할 수 있게 되었고, MM커피는 직장인들의 성지로 유명해졌다.
(E) ○○전자는 캠핑을 즐기는 MZ세대의 감성을 살린 휴대용 모니터 Y&I를 출시하였다. 매우 비싼 가격에 출시되었지만, 캠핑을 즐기는 유명 연예인들이 애용하며 하이퀄리티 감성 모니터로 자리잡은 Y&I는 매번 품절 대란을 일으킨다.

	(A)	(B)	(C)	(D)	(E)
①	원가우위전략	차별화전략	집중화전략	원가우위전략	집중화전략
②	원가우위전략	집중화전략	원가우위전략	차별화전략	차별화전략
③	집중화전략	원가우위전략	차별화전략	집중화전략	차별화전략
④	차별화전략	집중화전략	집중화전략	원가우위전략	차별화전략
⑤	차별화전략	원가우위전략	차별화전략	집중화전략	원가우위전략

난이도 ★★☆

32 ○○사 사내연수원에서 다양한 경영환경 분석기법에 대해 교육이 진행되고 있다. 다음은 마이클 포터의 산업 구조 분석 모형(5 Forces model)에 대한 설명이다. 잘못된 것끼리 묶은 것은?

> ㉠ 신규 진입자의 위협을 결정짓는 요인은 산업 성장률, 제품차별화, 상표인지도, 교체비용, 경쟁자의 다양성, 기업의 전략적 이해관계 등이 있다.
> ㉡ 비슷한 가격대에 고객이 선택할 수 있는 브랜드가 다양하면 당연히 구매자가 우위에 설 수 있다.
> ㉢ 공급 업체가 협상력이 높으면 제품 가격이 상승하거나 제품 공급을 중단시킬 수 있다.
> ㉣ 신규 진입자는 새로운 고객을 타깃으로 하기 때문에 서비스의 차별화는 큰 효과를 보기 힘들다.
> ㉤ 강력한 브랜드를 갖춘 기업은 잠재적 진입기업의 위협으로부터 상대적으로 자유롭게 된다.
> ㉥ 공급자의 통제 가능 여부에 따라 기업의 협상력이 달라지는데, 원가 우위나 기술력을 갖춘 공급자는 통제하기 어렵다.

① ㉠, ㉣　② ㉡, ㉢　③ ㉢, ㉤　④ ㉣, ㉥　⑤ ㉤, ㉥

난이도 ★★☆

33 동기부여이론은 인간 행동의 요인이 동기에 있으며 이를 유발하기 위해서는 동기의 유발이 필요하다는 것으로, 구성원을 효과적으로 관리하여 성과를 향상시키기 위해 연구되었다. 공공의 복리를 위한 행정을 내실화하려면 공공기관 직원들의 동기부여가 핵심이다. 무수히 연구되고 있는 동기부여에 관한 욕구이론 중 그 성격이 가장 다른 것은?

① 맥그리거의 Y 이론　② 매슬로우의 생리적욕구　③ 허즈버그의 위생요인
④ 엘더퍼의 생존욕구　⑤ 아지리스의 미성숙인

난이도 ★★☆

34 경영학 평가시험을 준비하고 있는 귀하는 스터디 멤버들과 주식회사의 소유경영자 제도와 전문경영자 제도 중에서 어떤 것이 더 적합한지 이야기하고 있다. 다음 대화에서 소유경영자와 전문경영자에 대해 잘못 설명한 사람을 바르게 묶은 것은?

> **은수**: 소유경영자는 오늘날 소유와 경영이 분리된 대규모 주식회사에서 흔히 볼 수 있어.
> **지만**: 그래서 소유경영자는 전문경영자에 비해 강력한 리더십을 발휘하지.
> **시현**: 소유경영자는 기업의 출자자인 동시에 경영자인 사람으로서 흔히 기업가라고 불리기도 해.
> **민교**: 전문경영자에 비해 소유경영자는 단기적 성과에 집착할 수밖에 없어.
> **준표**: 전문경영자 체제의 단점인 대리인 문제를 해결하기 위해 스톡옵션 제도를 활용하기도 해.

① 은수, 지만　② 지만, 시현　③ 은수, 민교
④ 시현, 민교　⑤ 민교, 준표

난이도 ★★★

35 조직구조는 의사결정권의 집중 정도, 명령계통, 최고경영자의 통제, 규칙과 규제의 정도에 따라 기계적 조직과 유기적 조직으로 구분될 수 있다. 다음 중 기계적 조직의 특징을 잘못 설명한 것은?

> ㉠ 구성원들은 비공식적인 경로를 통해 수평적으로 의사소통한다.
> ㉡ 공식화 측면에서 보면 많은 규칙과 규제, 표준화된 절차 등이 작동한다.
> ㉢ 업무 조정은 다른 구성원과의 상호작용을 통해 이루어진다.
> ㉣ 업무가 고정적이지 않고 조직 구성원에게 많은 권한이 위임된다.
> ㉤ 환경 변화가 적고 같은 일을 반복하는 경우 효율적이다.
> ㉥ 대표적으로 군대, 정부, 공공기관 등이 있다.

① ㉠, ㉡, ㉢
② ㉠, ㉢, ㉣
③ ㉡, ㉢, ㉣
④ ㉡, ㉣, ㉤
⑤ ㉢, ㉣, ㉥

난이도 ★★☆

36 다음 글에 적용할 수 있는 이론에 대한 설명으로 옳지 않은 것은?

> ○○안전공사는 직원들의 근무의욕을 높이기 위해 업무 환경을 꾸준히 개선하였다. 보수도 동종업종 평균 이상으로 인상하고 작업조건도 지속적으로 신경 썼지만 큰 변화가 없었다. 특히 직원들의 직무 수행과 관련된 성취감, 책임감 등이 낮아 문제는 여전히 해결되지 않았다.

① 만족요인이 충분하지 않다는 것은 불만족이 아니라 만족이 없는 상태이다.
② 불만족요인과 만족요인은 상호 연계되어 서로에게 영향을 미친다.
③ 기업정책, 물리적 환경에 대해 불만족을 느끼는 것을 위생요인이라고 한다.
④ 연구자료가 중요사건기록법*을 근거로 수집되어 동기요인이 과대평가되어 있다.
⑤ 개인차에 대한 고려가 없으며, 위생요인이나 동기요인이 개인에게 미치는 영향은 개인의 연령이나 직위에 따라 다르다.

* 중요사건기록법: 근무성적평정에서 피평정자의 근무실적에 큰 영향을 주는 중요사건들을 기술하거나 주요 사건들에 대한 설명구를 미리 만들고 표시하게 하는 방법

난이도 ★★★

37 인사부 김수정 팀장은 소속기관이 국민권익위원회에서 실시하는 윤리경영 평가에서 종합청렴도 4등급을 받아 윤리경영 교육을 강화하려고 한다. 다음 중 윤리경영에 대한 설명으로 가장 적절하지 않은 것은?

① 윤리경영은 기업의 경쟁력 제고나 경제적 부가가치 창출과는 무관하지만, 기업이 사회 통념상 요구되는 도덕적인 활동을 하는 것을 가리킨다.
② 윤리경영의 이론적 토대가 되는 기업의 사회적 책임은 경제적 책임, 법적 책임, 윤리적 책임, 자선적 책임으로 구분할 수 있다.
③ 윤리경영의 실천으로 시민, 고객, 협력업체, 사회로부터 지속적인 신뢰와 자율성을 보장받을 수 있다.
④ 윤리경영 시스템의 구성 요소로는 가치체계, 임직원의 공감대 조성, 실행조직 구성이 있다.
⑤ 기업이나 개인의 이익추구 활동과 기업윤리 간에 갈등이 발생하는 경우 윤리적 측면을 우선 고려한다.

난이도 ★☆☆

38 업무를 수행하다 보면, 미처 인식하지 못한 여러 가지 방해요소들 때문에 업무에 집중하지 못할 경우가 있다. 따라서 자신의 업무에 방해요소로 작용하는 것들이 무엇인지를 확인하고 이를 효과적으로 통제하고 관리할 필요가 있다. 업무 방해요소의 특징과 극복방법에 대한 설명으로 바르지 못한 것은?

ㄱ 갈등상황에서 벗어나는 것은 갈등을 확대하여 더 나쁜 결과를 초래하기 때문에 반드시 직접적인 해결방안을 찾아야 한다.
ㄴ 다른 사람들의 방문, 인터넷, 전화, 메신저 등을 효과적으로 활용하기 위해서 이에 대한 시간을 정해놓아야 한다.
ㄷ 과중한 업무 스트레스는 심한 경우 질병을 유발할 수 있기 때문에 발생 자체를 원천적으로 차단해야 한다.
ㄹ 갈등을 효과적으로 관리하기 위해서는 먼저, 갈등상황을 받아들이고 이를 객관적으로 평가해 보아야 한다.
ㅁ 업무에 방해된다고 무조건 다른 사람들과 대화를 단절하는 것은 비현실적이며 바람직하지도 않다.
ㅂ 스트레스를 관리하려면 시간 관리를 통해 업무과중을 극복하고, 조직차원에서는 직무를 재설계하거나 역할을 재설정해야 한다.

① ㄱ, ㄷ ② ㄱ, ㄹ ③ ㄴ, ㄷ ④ ㄷ, ㅁ ⑤ ㄹ, ㅂ

난이도 ★★★

39 **환율의 변화는 국가의 경제뿐만 아니라 개인의 경제생활에도 영향을 미치게 된다. 따라서 환율 변동을 제대로 이해하고 이에 대처해야 한다. 다음 지문을 통해 예측할 수 있는 원/달러 환율 변동의 영향에 대해 바르게 말한 사람을 모두 고르면?**

> 백신 보급의 확대와 각종 경기부양책에 힘입어 세계 경제는 코로나19 상황을 극복하고 다시 회복세에 들어가고 있다. 특히 미국 경제는 바이든 행정부의 대규모 경기부양책과 연방준비제도이사회의 통화정책 확장 기조로 인해 회복세가 이어질 전망이다. 이에 따라 외국인 투자자들이 우리나라 주식시장에서 급격히 빠져나가는 움직임을 보이고 있다. 전문가들은 이러한 현상이 일시적인 현상이 아님을 강조하며 이에 대한 전략이 필요한 때라고 주장하였다.

> **창수:** 달러화 부채가 많은 인도네시아, 브라질 등 신흥국의 경기가 둔화될 거야.
> **효재:** 우리나라로 대규모의 외국인 투자 자금이 유입될 테니 주식시장도 호황을 누리지 않겠어?
> **웅렬:** 우리나라 부동산 시장에서 신규 계약이 증가하겠지.
> **진국:** 미국으로 어학연수를 가 있는 동생 때문에 부모님의 경제적 부담이 커질 것 같아.
> **현영:** 앞으로 미국 여행을 계획했던 사람들이 국내 여행으로 변경할 것 같아.

① 창수, 효재, 웅렬　② 효재, 진국, 현영　③ 웅렬, 진국, 현영
④ 창수, 진국, 현영　⑤ 효재, 웅렬, 진국

난이도 ★★☆

40 **환율 변동은 한 나라의 수출과 수입뿐만 아니라 개인의 경제생활에도 영향을 준다. 따라서 환율 변화를 이해하고 이에 대처하는 자세가 필요하다. 다음의 추세가 지속될 경우, 가장 합리적으로 판단한 것은?**

> 미국 달러화에 대한 원화 환율이 7년 2개월여 만에 1,020원대로 떨어졌다. 서울 외환 시장에서 어제 원-달러 환율은 2.09원 하락한 1,028.7원으로 거래를 마쳤다. 원화 가치가 오르면서 원-엔 환율도 이날 100엔당 995.26원까지 떨어졌다. 원-엔 환율이 1,000원 아래로 하락한 것은 2003년 7월 이후 처음이다.

① 여름휴가로 계획한 일본 여행 일정을 뒤로 미루기로 했다.
② 수출 대금으로 받은 달러를 가능한 한 늦게 원화로 바꾸기로 했다.
③ 일본과 경쟁 관계에 있는 수출업체들은 유리해질 것이다.
④ 미국에 자동차를 수출하는 업체들의 채산성이 좋아질 것이다.
⑤ 달러 표시 외채를 가진 우리나라 기업의 상환 부담은 증가할 것이다.

난이도 ★★☆

41 기획재정부가 공공기관 통합 공시 개편안을 발표하면서 이제는 민간기업은 물론 공공기관에서도 ESG경영은 선언이 아니라 실행에 옮겨야 할 주요 사업 중 하나가 되었다. 다음 중 ESG경영의 사례로 적절하지 않은 것은?

① A 사는 지역 건설사의 후원 및 지역 건축가의 재능기부를 통해 취약계층 이용시설의 개보수를 지원하는 'HOPE with A' 사업을 추진하고 있다.

② B 사는 국내 기업 최초로 사회적 채권을 발행해 조달한 자금으로 취약계층, 지역사회, 장애인 지원을 위한 '기초 인프라 서비스 제공'에 사용할 계획이다.

③ C 사는 편의점 업계 최초로 세탁세제, 섬유유연제를 리필해 구매할 수 있는 '리필스테이션'을 선보여 친환경 소비에 대한 인식을 개선하고 있다.

④ D 사는 이사회의 독립성을 강화하고 주주 의견을 존중하는 등 지배 구조 개선안을 발표해 기업 가치를 향상시켰다.

⑤ E 사는 닉네임을 등록하면 매장 안에서 직원이 본인의 이름을 불러 음료를 전달하는 'Call My Name' 서비스를 도입하여 고객에게 특별하고 개인화된 경험을 제공한다.

난이도 ★☆☆

42 다음 각 설명에 해당하는 BCG 매트릭스 용어를 바르게 나열한 것은?

㉠ 시장성장률은 높지만 시장점유율이 낮아 시장 확대를 위한 투자 전략을 필요로 하는 상태로, 기업의 전략에 따라 성장사업이 될 수도 있고 사양사업이 될 수도 있는 사업
㉡ 시장성장률과 상대적 시장점유율이 모두 높아 계속해서 투자가 필요한 성공사업
㉢ 투자비용을 전부 회수하고 많은 이익을 내고 있는 상태로, 시장점유율은 높으나 시장성장률은 낮은 사업
㉣ 시장성장률과 시장점유율이 모두 낮아 철수가 필요한 사양사업

	㉠	㉡	㉢	㉣
①	Star	Dog	Question mark	Cash cow
②	Cash cow	Star	Question mark	Dog
③	Star	Question mark	Dog	Cash cow
④	Cash cow	Question mark	Dog	Star
⑤	Question mark	Star	Cash cow	Dog

난이도 ★★★

43 **귀하가 속한 미래사업추진실에서는 기업의 장기발전전략을 수립하기 위해 기존 사업에 대한 전면적인 재평가를 하고 있다. 기업이 추진하는 사업의 전략적 평가와 선택에는 일반적으로 사업 포트폴리오 모형이 많이 사용된다. 가장 많이 사용되는 모형 중 하나인 BCG 매트릭스에 대한 설명 중 적절하지 않은 것은?**

> BCG 매트릭스는 미국의 보스턴 컨설팅 그룹(BCG)이 개발한 전략평가 기법으로, 시장성장률과 상대적 시장점유율을 기준으로 기업의 사업이 4가지로 나누어진다. 점유율과 성장성이 모두 좋은 사업을 'Star', 투자에 비해 수익이 월등한 사업을 'Cash cow', 미래가 불투명한 사업을 'Question mark', 시장점유율과 성장률이 둘 다 낮은 사업을 'Dog'로 구분한다. BCG 매트릭스는 사업을 단순화·유형화하여 어떤 방향으로 의사결정을 해야 하는지 명쾌하게 제시해 준다는 장점이 있지만, 사업의 평가요소가 두 가지밖에 없어 지나친 단순화의 오류에 빠지기 쉽다는 단점도 있다.

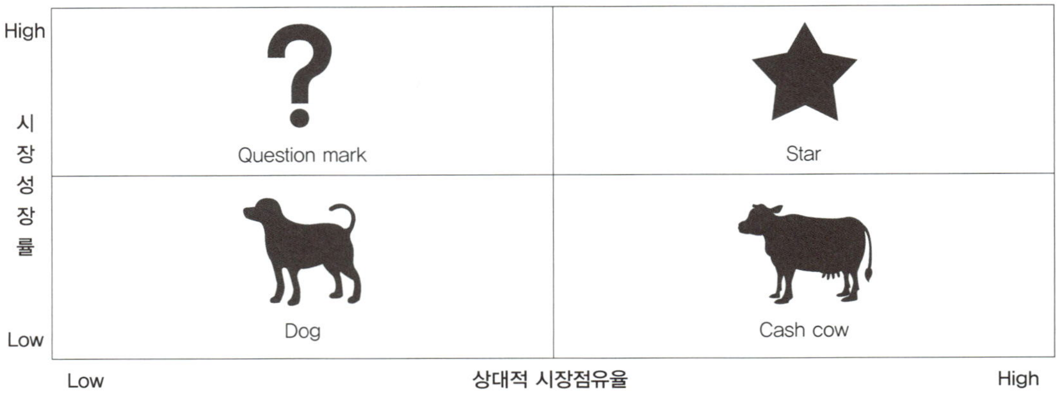

① 시장성장률은 높지만 시장점유율이 낮은 사업의 경우 안정적인 현금 확보가 가능하다.
② 기업의 자원을 집중적으로 투입하는 강화전략은 시장성장률과 시장점유율이 높은 사업에 적합하다.
③ 시장성장률은 낮지만 시장점유율이 높은 사업은 제품수명주기 중 성숙기에 속한다.
④ 시장성장률과 시장점유율이 모두 낮은 사업은 제품수명주기 중 쇠퇴기에 속한다.
⑤ 'Dog'는 많은 자금이 필요하지 않지만, 이익도 거의 없는 사업이다.

[44-45] 귀하는 A 사에 입사 후 아직 업무에 미숙해 누구에게 결재를 받아야 하는지 헷갈려 따로 공부하려고 한다. 다음은 A 사의 결재 규정과 단위업무별 전결권자에 대한 내용이다. 각 물음에 답하시오.

- "결재"는 결재권자가 결재란에 서명 또는 날인으로 하며, 필요에 따라 결재 일시를 기재한다.
- "정상 결재"라 함은 결재권자가 정상적으로 정해진 결재선에 따라 서명하는 것을 의미한다.
- "전결"이라 함은 사장으로부터 사무의 내용에 따라 결재권을 위임받은 자가 행하는 결재를 말한다. 기업의 경영 활동·관리 활동을 수행하는 중에 의사결정 및 판단을 요하는 업무에 대하여 최고결재권자의 결재를 생략하고, 그 권한을 위임받은 자가 자신의 책임하에 최종적으로 의사결정 및 판단을 한다. 전결 사항에 대해서도 위임받은 자를 포함한 이하 직책자의 결재를 받도록 한다.
- 최고결재권자로부터 전결 권한을 위임받은 자가 있을 경우 권한을 위임받은 자의 결재란에 "전결" 표시를 하고 최종결재란에 위임받은 자가 누구인지를 표시한다. 단, 결재가 불필요한 직책자의 결재란은 상향대각선으로 표시한다.
- 위임 전결 사항은 별표와 같다. 다만, 사장이 특히 필요하다고 인정하는 사항에 대하여는 이 위임 규정에도 불구하고 따로 지시하여 처리하게 할 수 있다.
- 이 규정에서 전결 사항으로 열거되지 아니한 사항으로 그 전결 사항과 유사한 사항은 당해 전결권자가 전결할 수 있다. 다만 전결권자를 판단하기 어려운 경우 또는 직제상 해당 직위자가 없는 경우에는 차상위 직위자의 결재를 받아야 한다.
- "대결"이라 함은 결재권자 또는 전결권자가 출장 및 휴가, 기타 사유로 상당 기간 부재중이거나 긴급하게 처리해야 할 문서의 경우 그 직무를 대행하는 자가 자신의 책임하에 최종적으로 의사결정 및 판단을 하는 행위를 의미한다. 단, 중요 문서 대결 시 기존의 결재권자에게 사후 보고해야 한다.
- 결재권자로부터 그 직무 대행을 위임받은 자의 결재란에 "대결" 표시를 하고, 전결하는 자의 서명란에 "전결" 표시를 한다. 대결 사항에 대해서도 위임받은 자를 포함한 이하 직책자의 결재를 받도록 한다. 단, 결재가 불필요한 직책자의 결재란은 상향대각선으로 표시한다.

[별표] 위임전결 사항

단위업무			전결권자		
			부문장	처장	팀장
사장 결재 사항 시행 조치			O	O	
사장 결재 사항 외 기본 계획 수립		주요 사항	O	O	O
		경미 사항		O	O
사장 결재 사항 외 기본 계획 시행 · 조치		주요 사항	O		
		경미 사항		O	O
각종 보고 및 통계 처리		정책 및 중요사항	O		
		일반사항		O	
출장		국내			O
		국외		O	
예산 집행 및 구매	계획	3,000만 원 이상	O		
		1,000만 원 이상~3,000만 원 미만		O	
		1,000만 원 미만			O
	청구	집행계획에 대한 결재를 받은 경우		O	
민원사무처리		일반사항			O
		다수인 관련 중요 민원사항		O	
		민원현황 관리			O
기록물 관리		기록물 생산 · 폐기 · 이관	O		

난이도 ★★★

44 위 자료를 근거로 판단한 내용으로 가장 적절하지 않은 것은?

① 결재란에는 결재권자의 서명이나 도장을 받아야 하며 업무의 경중에 따라 결재 날짜는 생략할 수 있다.
② 전결 사항에 대해 결재를 받는 경우 대표이사의 결재란은 상향대각선으로 표시해야 한다.
③ 결재권자가 부재중일 때 직무대행자가 중요 문서를 결재했다면 직무대행자는 결재권자에게 해당 사항을 반드시 보고해야 한다.
④ 전결 사항과 유사하지만 공사 규정에 제시되지 않은 위임 전결 사항은 전년도의 전결권자가 결재한다.
⑤ 사장 결재 사항 시행 조치에 대한 위임 전결 사항은 2명에게 결재를 받아야 한다.

난이도 ★☆☆

45 위 자료를 근거로 판단할 때, 결재를 잘못 받은 사람은?

① A는 사장 결재 사항 외의 기본 계획을 수립하는 업무를 맡아 소속 팀장, 소속 처장, 담당 부문장 모두에게 결재를 올렸다.

② B는 부산에 사흘간 출장을 다녀오기 위해 팀장에게 결재를 받았다.

③ C는 신입사원 교육 훈련을 위한 1,200만 원의 예산 계획을 부문장에게 결재받았다.

④ D는 지역주민들을 대상으로 하는 민원현황을 파악하기 위해 팀장에게 결재를 받았다.

⑤ E는 3년 이상 된 기록물들을 폐기하기 위해 부문장에게 결재 서류를 올렸다.

난이도 ★★★

46 코로나19 백신 경쟁이 치열해지면서 기업은 물론 국가들도 발 벗고 나섰지만 아직도 백신 효과에 대한 의문이 끊이지 않고 있다. 게다가 몇몇 제약사 CEO들이 임상 결과 직후 대량의 자사 주식을 처분해 비난을 받고 있다. 다음 중 코로나19 백신 개발 기업들이 비판받는 이유와 같은 문제인 경우는?

① 소득 증가와 정책 확대로 인해 국민들의 교육 수준이 높아짐에 따라 범죄율이 감소하였다.

② 공무원들이 서류를 위조해 사적으로 경조사에 다닌 것까지 출장비로 처리하여 국가 예산이 낭비되었다.

③ 보험회사가 평균적인 질병 발생 확률에 근거하여 보험비를 책정하면, 건강이 나쁜 고객들만 몰려 재정이 악화된다.

④ 중동지역에서 한국 드라마가 유행하면서 한국을 찾는 외국인 관광객이 늘고, 주요 관광지의 수입도 증가하였다.

⑤ 뷔페식당 주인은 적게 먹거나 보통의 식성을 가진 손님이 방문할 것을 기대하지만, 실제로 가게를 찾는 손님은 식성이 좋은 경우가 더 많다.

[47-48] 다음 글을 읽고 각 물음에 답하시오.

국가별 방역 상황이 코로나19로 시작된 글로벌 팬데믹 상황에서도 차이를 보이고 있다. 이미 우리는 일상적으로 착용하는 마스크만 하더라도 미국과 유럽의 착용률이 아시아 국가에 비해 현격히 떨어졌다. 아시아 국가는 90%가 넘는 착용률을 보인 반면, 미국은 71%, 북유럽 국가들은 5%에 그쳤다. 코로나19 확산 초기에 미국과 유럽의 보건당국과 전문가 사이에서 마스크 착용의 효용에 대한 엇갈린 의견을 보였고, 마스크를 착용하지 않는 정치인들이 있다 보니 발생한 문제이다.

좋은 방역 정책도 국민들이 이해하고 수용해야만 효과가 있다. 스웨덴 차머스공과대학교 연구팀은 코로나19 확산에 따른 개인의 선택을 이 이론으로 분석한 결과를 학술지 '사이언티픽 리포트'에 게재했다. 이 이론은 개인이 얻는 이득과 비용을 고려해서 의사결정을 내리는 상황을 분석하는 수학의 연구 분야이다.

연구팀은 전염병이 퍼진 상황에서 개인의 선택을 살펴보기 위해 먼저 두 명의 행위자만 존재하는 상황을 가정했으며, 시민 A와 시민 B는 서로 전염병에 걸렸는지 알 수 없다. 두 사람에게 마스크를 착용하거나 착용하지 않는 두 가지 선택지가 주어졌을 때 시민 A와 시민 B는 각각 어떤 선택을 내릴까.

구분		시민 B	
		착용	미착용
시민 A	착용	• 최대화된 예방 효과 • 둘 다 비용+불편함 발생	• 시민 A: 예방 효과, 비용+불편함 발생 • 시민 B: 예방 효과
	미착용	• 시민 A: 예방 효과 • 시민 B: 예방 효과, 비용+불편함 발생	• 예방 효과 없음 • 둘 다 비용+불편함 미발생

난이도 ★★★

47 다음 상황에 적용된 이론에 대한 설명으로 옳지 않은 것은?

① 죄수의 딜레마는 각 참여자가 서로 협력하기보다는 개인의 이익을 선택하기 때문에 발생한다.
② 참여자 간의 심한 경쟁을 야기하는 제로섬 게임은 일정합 성격의 게임이다.
③ 게임이론의 구성 요소는 경기자, 전략, 보수이다.
④ 게임이론은 경쟁 상황에 있는 각 참여자를 이기적인 존재로 규정한다.
⑤ 모든 게임에는 우월전략이 존재하며 우월전략을 가진 참여자는 이 전략을 선택한다.

난이도 ★★☆

48 시민 A와 시민 B가 선택한 전략에 따라 얻는 이익을 나타낸 보수행렬은 다음과 같다. ㉠~㉣ 중 내쉬균형을 이루는 전략 조합을 모두 고르면?

	시민 A	시민 B
㉠	착용	착용
㉡	착용	미착용
㉢	미착용	착용
㉣	미착용	미착용

① ㉠ ② ㉡ ③ ㉣ ④ ㉠, ㉣ ⑤ ㉡, ㉢

난이도 ★★☆

49 이슬람 문화권은 우리나라 식품 수출의 새로운 활로로 주목받고 있다. ○○식품회사의 직원인 귀하는 말레이시아에서 온 바이어와의 계약을 앞두고 있다. 이슬람교도인 바이어는 계약을 위해 1박 2일간 한국에 체류할 예정으로, 귀하의 상사가 바이어를 위한 식사 메뉴를 선정할 것을 지시하였다. 귀하가 조사한 내용이 다음과 같을 때, 말레이시아 바이어의 식사 메뉴로 가장 적절하지 않은 것은?

구분	식사 메뉴
첫째 날 점심 식사	쌀밥, 양갈비 숯불구이, 감자볶음, 계란찜
첫째 날 저녁 식사	순대국밥, 떡갈비, 배추김치
둘째 날 아침 식사	잡곡밥, 맑은 콩나물국, 호박전, 블루베리 요구르트
둘째 날 점심 식사	치킨버거, 채소 샐러드와 발사믹 드레싱
둘째 날 저녁 식사	쇠고기 마파두부 덮밥, 미역국

① 첫째 날 점심 식사 ② 첫째 날 저녁 식사 ③ 둘째 날 아침 식사
④ 둘째 날 점심 식사 ⑤ 둘째 날 저녁 식사

난이도 ★★★

50 일본 바이어를 만나 점심 식사를 하기로 한 유 대리는 일식 식사예절에 대해 미리 알아두기 위해 선배 사원들에게 조언을 구하려고 한다. 다음 중 올바른 일식 식사예절에 대해 말한 사람을 묶은 것은?

박 차장: 바이어보다 먼저 식당에 도착해서 기다리는 게 좋을 거야. 꼭 나이 많은 사람이 상석에 앉도록 해.
윤 부장: 초밥은 꼭 젓가락으로 먹을 필요는 없어. 물수건에 손을 닦으면서 먹어도 괜찮아.
오 대리: 음식을 싹싹 비우는 건 실례야. 그러면 음식이 부족하다는 의미로 이해할 수도 있어.
서 과장: 잔이 덜 비었을 때 술을 채우는 첨잔은 예의 없는 행동이니 주의하도록 해.
이 과장: 식사할 때는 젓가락만 사용하도록 해. 밥을 먹거나 국을 마실 때는 왼손으로 밥그릇이나 국그릇을 들고 젓가락을 이용하면 돼.

① 박 차장, 윤 부장 ② 윤 부장, 이 과장 ③ 오 대리, 서 과장
④ 오 대리, 이 과장 ⑤ 서 과장, 이 과장

정답해설편 p.90

10

직업윤리

핵심이론정리

대표기출유형

적중예상문제

출제 특징

직업윤리는 근로윤리, 공동체윤리 등 이론을 정확히 암기해야 풀 수 있는 문제와 이론을 직장예절, 인사예절 등 주어진 상황에 적용하는 문제가 출제된다. 제시문으로는 직장 내 괴롭힘 금지, 공직자윤리법 등 직업윤리 관련 법규가 자주 출제되며, 시험 전 이론을 읽어보는 것으로 충분히 시험에 대비할 수 있어 학습에 큰 어려움이 없는 편이다.

출제 비중

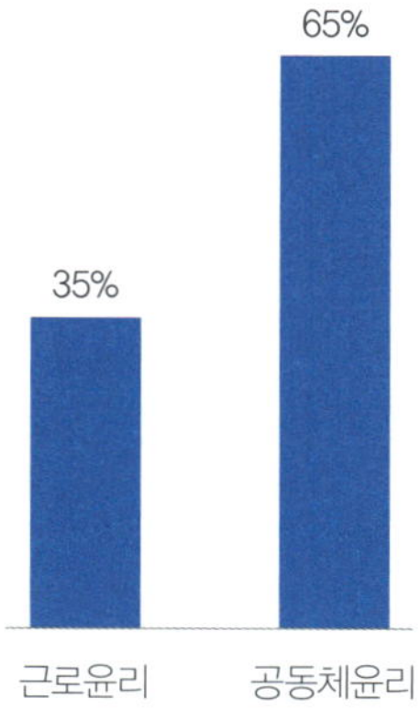

출제 기업

서울교통공사, 서울교통공사 9호선, 서울주택도시공사, 서울에너지공사, 수원시 공공기관 통합채용, 대구교통공사, 한국지역난방공사, 한전KDN, 한국남부발전, 국민연금공단, 한국산업인력공단, 한국수산자원공단, 한국에너지공단, 강원랜드, 방송통신심의위원회, 한국저작권위원회, 영화진흥위원회, 한국보건의료정보원, 한국보건의료연구원, 한국장애인개발원, 한국디자인진흥원, 신용보증재단중앙회, 노사발전재단 등

핵심이론정리

핵심이론정리에는 한국산업인력공단 직업기초능력 가이드북 중 시험에 자주 출제되며 출제 가능성이 높은 이론을 수록했습니다.

직업윤리 소개

1. 윤리의 의미

1) 윤리의 의미

① 윤리(倫理)의 의미

- 인간과 인간 사이에서 지켜져야 할 도리를 바르게 하는 것, 인간 사회에 필요한 올바른 질서
- 동양적 사고에서 윤리는 전적으로 인륜(人倫)과 같은 의미, 인륜은 후천적으로 맺은 사회적 관계
- 일상생활에서는 윤리와 도덕을 구별 없이 사용하나 도덕은 도를 실천해야 할 주체적 태도를 의미함

② 윤리적 인간의 성립

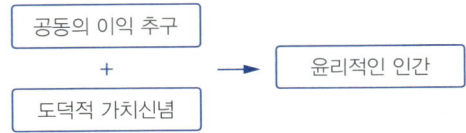

공동의 이익 추구 + 도덕적 가치신념 → 윤리적인 인간

2) 윤리규범

① 윤리규범의 형성

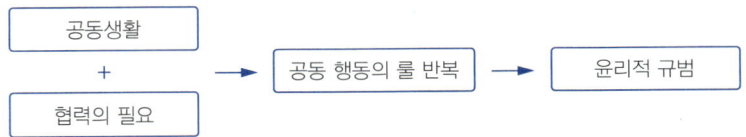

공동생활 + 협력의 필요 → 공동 행동의 룰 반복 → 윤리적 규범

② 비윤리적 행위의 원인

- 무지: '선'이라고 생각하고 노력하는 대상이 실제로는 '악'이라는 사실을 모르거나 그것을 달성하기 위한 수단적 덕목을 제대로 알지 못함
- 무관심: 자신의 행위가 비윤리적이라는 것은 알지만 윤리기준에 따라 행동하는 것을 중요시하지 않음
- 무절제: 자신의 행위가 잘못이라는 것을 알고 그러한 행위를 하지 않으려 하나 자신의 통제 밖에 있는 어떤 요인으로 인해 비윤리적 행위를 저지름

③ 비윤리적 행위의 유형

구분	내용
도덕적 타성	• 바람직한 행동이 무엇인지 알면서도 취해야 할 행동을 취하지 않는 무기력한 모습으로, 윤리적 문제에 무감각하거나 행동하지 않음 • 윤리적 문제를 제대로 인식하지 못하거나 일상생활에서 윤리적 배려가 선택의 우선순위에서 밀려나는 것이 원인
도덕적 태만	• 비윤리적인 결과를 피하기 위해 필요한 주의나 관심을 기울이지 않는 것으로, 어떤 결과가 나쁜 것인지 알지만 자신의 행위가 그러한 결과를 가져올 수 있다는 것을 모름 • 한국 사회에서는 자기기만적 요소가 강함
거짓말	• 상대를 속이려는 의도로 표현되는 메시지로, 침묵이나 표정 등도 표현 방법이 될 수 있으나 주로 말이나 글로 표현되는 것에 한정하며 상대를 속이려는 의도가 있는 것 • 자신의 입장을 보호하기 위한 보호적 거짓말, 우호관계를 맺고 있는 제3자도 보호하려는 거짓말, 타성적 거짓말

2. 직업의 의미

1) 인간의 삶과 일

① 일은 인간의 삶을 풍부하고 행복하게 만들어 주기 때문에 그 자체와 일의 결과가 사람의 기쁨과 연결됨

② 일은 경제적 욕구 충족뿐만 아니라 자기실현을 위한 수단

③ 일은 의무인 동시에 인간이 가진 하나의 권리

2) 직업의 의미

① 직업(職業)의 의미

- '직(職)'은 사회적 역할의 분배인 직분(職分)을, '업(業)'은 일 또는 행위, 더 나아가 불교에서 말하는 전생 및 현생의 인연을 뜻함
- 사회적으로 맡은 역할이자 하늘이 맡긴 소명, 전생의 허물을 벗기 위한 과제 등

② 직업의 속성

- 계속성: 매일·매주·매월 등 주기적으로 일하거나, 계절 또는 명확한 주기 없이도 계속 행해지며, 현재 하는 일을 계속할 의지와 가능성이 있어야 함
- 경제성: 직업이 경제적 거래관계가 성립되어야 함
- 윤리성: 비윤리적 영리행위나 반사회적 활동을 통한 경제적 이윤 추구는 직업활동으로 인정되지 않음
- 사회성: 모든 직업활동이 사회공동체적 맥락에서 의미 있어야 함
- 자발성: 속박된 상태에서의 제반활동은 경제성이나 계속성의 여부와 상관없이 직업으로 보지 않음

3) 우리 사회의 직업의식

① 직업의식의 의미

직업활동을 통해 얻고자 하는 내재적·외재적 목적달성을 위해 개인이 직업이나 일에 대하여 가지는 관념, 가치, 습관, 인식 등을 포괄적으로 이르는 가치체계

② 직업의식의 변화

근대 이전에는 직업에 차별이 있었으나 현대 사회에서는 개인의 능력을 자유롭게 표출하고, 이를 통해 공동체 일원으로서 사회적 임무를 수행하며, 나아가 자아실현의 도구로 직업을 선택함

③ 한국인의 직업의식
- 2010년부터 삶의 영역별 중요도가 가족생활, 여가생활, 일 순으로 나타나면서 한국인의 삶에서 여가생활이 일보다 중요해짐
- 지난 20년간 직업을 갖는 이유로 직업 자체를 통해 즐거움이나 만족을 얻으려는 내재적 가치보다 경제적 보상을 중시하는 외재적 가치가 부상함

④ 직업인의 기본자세
- 소명의식과 천직의식을 가져야 함
- 봉사정신과 협동정신을 지녀야 함
- 책임의식과 전문의식을 가져야 함
- 공평무사한 자세를 가져야 함

3. 직업윤리의 의미

1) 직업윤리의 의미

① 직업윤리의 의미

직업활동을 하는 개인이 자기 직무를 잘 수행하고, 자신의 직업과 관련된 직업과 사회에서 요구하는 규범에 부응하여 갖추고 발달시켜 나가는 직업에 대한 신념, 태도, 행위

② 직업윤리와 개인윤리
- 직업윤리는 개인윤리를 바탕으로 직업에 종사하는 과정에서 요구되는 특수한 윤리규범
- 직업윤리는 개인윤리의 연장선에 있으며, 개인윤리의 기본 덕목과 방법론상의 이념은 동일
- 좀 더 전문화된 분업체계로서의 직업이라는 특수 상황에서 요구되는 덕목과 규범이 존재

③ 현대 사회의 직업윤리

구분	내용
공통보편적 일반윤리 (직업 일반의 윤리)	• 사회시스템 전체의 관계를 규정하고 질서를 유지하는 윤리 • 모든 직업인은 투철한 사명감과 책임감을 가지고 맡은 직무를 충실히 수행해야 함
특수윤리 (직업별 윤리)	• 사회를 구성하는 개체로서 각자의 목적을 달성하기 위해 노력하는 기업과 단체 등 특정 조직체 내부 구성원 간의 관계를 규정하고 효율을 도모하는 윤리 • 공직자, 의사, 교육자 등의 직업에서 강조되는 윤리

④ 일반적인 직업윤리
- 소명의식: 자신이 맡은 일은 하늘에 의해 맡겨진 일이라고 생각하는 태도
- 천직의식: 자신의 일이 자신의 능력과 적성에 꼭 맞는다고 여기고 그 일에 열성을 가지고 성실히 임하는 태도
- 직분의식: 자신이 하고 있는 일이 사회나 기업을 위해 중요한 역할을 하고 있다고 믿고 자신의 활동을 수행하는 태도
- 책임의식: 직업에 대한 사회적 역할과 책무를 충실히 수행하고 책임을 다하는 태도
- 전문가의식: 자신의 일이 누구나 할 수 있는 것이 아니라 해당 분야의 지식과 교육을 밑바탕으로 성실히 수행해야만 가능한 것이라 믿고 수행하는 태도
- 봉사의식: 직업활동을 통해 다른 사람과 공동체에 대하여 봉사하는 정신을 갖추고 실천하는 태도

참고 직업윤리의 기본 원칙
- 객관성의 원칙: 업무의 공공성을 바탕으로 공사를 명확히 구분하고, 모든 것을 숨김없이 투명하게 처리하는 원칙
- 고객 중심의 원칙: 고객에 대한 봉사를 최우선으로 생각하고 현장 중심, 실천 중심으로 일하는 원칙
- 전문성의 원칙: 전문가로서의 능력과 의식을 가지고 자기 업무에 책임을 다하며, 능력을 연마하는 원칙
- 정직과 신용의 원칙: 업무와 관련된 모든 것을 숨김없이 정직하게 수행하고, 본분과 약속을 지켜 신뢰를 유지하는 원칙
- 공정경쟁의 원칙: 법규를 준수하고, 경쟁원리에 따라 공정하게 행동하는 원칙

⑤ 한국인의 직업윤리 덕목
책임감, 성실함, 정직함, 신뢰성, 창의성, 협조성, 청렴함 순으로 강조

2) 개인윤리와 직업윤리의 조화

① 개인윤리와 직업윤리의 관계
직업윤리는 개인윤리에 비해 특수성을 가지며, 두 윤리는 조화를 이루기도 하고 충돌하기도 함

② 개인윤리와 직업윤리의 조화
- 업무상 개인의 판단과 행동이 사회적 영향력이 큰 기업시스템을 통하여 다수의 이해관계자와 관련됨
- 수많은 사람이 관련되어 고도화된 공동의 협력을 요구하므로 맡은 역할에 대한 책임완수와 정확하고 투명한 일처리가 필요함
- 규모가 큰 공동의 재산, 정보 등을 개인의 권한하에 위임·관리하므로 높은 윤리의식이 요구됨
- 직장이라는 특수 상황에서 갖는 집단적 인간관계는 가족관계나 개인적 선호에 의한 친분관계와는 다른 측면의 배려가 요구됨
- 기업은 경쟁을 통하여 사회적 책임을 다하고 더 강한 경쟁력을 키우기 위하여 조직원 개개인의 역할과 능력을 경쟁 상황에서 꾸준히 향상시켜 줘야 함
- 특수한 직무 상황은 개인적 덕목 차원의 일반적인 상식과 기준으로는 규제할 수 없는 경우가 많음

③ 개인윤리와 직업윤리의 충돌
- 개인윤리가 보통 상황에서의 일반적 원리규범이라면 직업윤리는 보다 구체적 상황에서의 실천규범이라고 할 수 있음
- 업무수행상 직업윤리와 개인윤리가 충돌할 경우 둘의 균형이 중요함
- 행동기준으로는 직업윤리가 우선되며, 한편으로는 기본적 윤리기준에 입각한 개인윤리를 준수하고 공인으로서의 직분을 수행하려는 지혜와 노력이 필요함

하위능력 ❶ 근로윤리

1. 근면한 태도

1) 근면의 의미

① 고난의 극복
② 비선호의 수용 차원에서 개인의 절제나 금욕을 반영
③ 장기적·지속적인 행위 과정으로서 인내를 요구

2) 근면의 종류

① **외부로부터 강요당한 근면**
삶을 유지하기 위해 열악한 노동 조건하에서 오랜 시간 동안 기계적으로 일했던 것
② **자진해서 하는 근면**
능동적·적극적 태도를 바탕으로 자신의 것을 창조하며 조금씩 자신을 발전시키고 시간의 흐름에 따라 자아를 확립시키는 것

3) 우리사회의 근면성

① **근면의 양면성**
- 한국 사회 내부의 긍정적·부정적 측면을 함께 반영함
- 해방 후 한국 사회의 근대화와 경제 개발을 이끈 주요 동력으로 인식되는 반면 국가와 공동체의 번영이 개인보다 중시됨에 따른 노동의 극대화와 과도한 자기계발, 노동 중독 등은 개인의 삶의 질을 저해하는 원인으로 꼽힘

② **농업적 근면성**
- 농업 기반 사회에서 근면은 미덕이고, 다른 사람보다 부지런한 것이 곧 일을 잘하는 것이며, 남들이 일할 때 가만히 있는 것 자체가 악덕으로 여겨짐
- 미래 사회에서는 단순히 열심히 오래 일하는 것이 아니라 창의성이 중요함

③ **근면의 발전 방향**
조직, 타인 등 외부로부터 요구되는 일과 노동을 수행하기 위한 근면보다 개인의 성장과 자아의 확립, 나아가 행복하고 자유로운 삶을 살기 위한 근면으로 구현되어야 함

2. 정직한 행동

1) 정직의 의미

① **사전적 의미**
마음에 거짓이나 꾸밈이 없이 바르고 곧음
② **인간 사회에서의 정직**
사회시스템은 구성원 간에 신뢰가 있어야 운영 가능하며, 정직은 그 신뢰를 형성하고 유지하는 데 필요한 기본적·필수적 규범

2) 우리 사회의 정직성

① 전통적 가치와 정직

- 유교의 전통적 가치는 우리 사회에 덕행을 실천할 수 있는 규범적 틀을 마련하였다는 점에서 긍정적이나 관계에 기초한 가치를 강조함으로써 가족주의와 연고주의, 집단주의의 배타적 이익 추구 행태, 부정부패와 비리 행위로 연결되기도 함
- 관계지향적인 유교의 전통적 가치는 '정직'이라는 규범적 의미를 이해하는 행위와 '정직 행동'을 선택하는 행위 사이에 괴리를 발생시킴

② 한국 사회의 도덕적 위기

- 한국 사회는 현대 사회에 필요한 도덕성을 제대로 육성하지 못한 채 근대적 가치 속에서 도덕적 위기에 직면하고 도덕적 발전 방향을 상실하였다는 평가를 받기도 함
- 우리 사회의 심각한 도덕적 위기 문제는 근본적으로 정직성의 문제를 의미함

3. 성실한 자세

1) 성실의 의미

① 사전적 의미

'정성스럽고 참됨'으로, '성(誠)'은 정성스럽고 순수하고 참됨을, '실(實)'은 알차고 진실함을 의미

② 성실성

심리학자들에 따르면 성실성은 책임감이 강하고, 목표를 이루기 위해 목표지향적 행동을 촉진하며, 행동의 지속성을 갖게 하는 성취지향적인 성질

2) 우리 사회의 성실성

① 성실의 위축

창조, 변혁, 개혁, 혁신 등의 가치가 강조되는 현대 사회에서 성실의 덕목은 시대정신에 뒤지는 개인의 낡은 생활방식으로, 그 범위가 도덕적 영역으로 위축되는 경향을 보임

② 사회적 자본

사회구성원들이 협력하여 공동목표를 효율적으로 추구할 수 있게 하는 자본을 사회적 자본이라 하는데, 최근 현대 사회의 주요 사회적 자본으로 성실의 중요성이 부각됨

하위능력 ❷ 공동체윤리

1. 봉사와 책임의식

1) 봉사와 책임의식의 의미

① 사전적 의미
국가나 사회 또는 남을 위하여 자신을 돌보지 아니하고 힘을 바쳐 애씀

② 봉사의 의미 변화
원래 상대방에게 도움이나 물건을 제공하는 일을 통틀어 부르는 말이었으나 현재는 자원봉사에 가깝게 한정되어 사용

③ 직업인에게 봉사의 의미
- 일 경험을 통해 타인과 공동체에 대하여 봉사정신을 갖고 실천하는 태도
- 고객의 가치를 최우선으로 하는 고객서비스의 개념

④ 책임의식의 의미
직업의 사회적 역할과 책무를 충실히 수행하고 책임지며, 맡은 업무를 반드시 수행해 내는 태도

⑤ 직업적 역할수행
- 모든 직업인은 생계뿐만 아니라 자신이 속한 조직의 번영과 자신이 살고 있는 사회의 발전을 위해 봉사정신과 강한 책임의식을 갖고 직업활동에 임해야 함
- 직업세계에서 다른 직종보다 더 많은 이익을 얻는 집단은 그렇지 않은 집단에게 자신들의 이익을 분배하는 사회 환원 의식을 가져야 함

⑥ 서비스(SERVICE)의 7가지 의미
- S(Smile & Speed): 서비스는 미소와 함께 신속하게 하는 것
- E(Emotion): 서비스는 감동을 주는 것
- R(Respect): 서비스는 고객을 존중하는 것
- V(Value): 서비스는 고객에게 가치를 제공하는 것
- I(Image): 서비스는 고객에게 좋은 이미지를 심어 주는 것
- C(Courtesy): 서비스는 예의를 갖추고 정중하게 하는 것
- E(Excellence): 서비스는 고객에게 탁월하게 제공되어져야 하는 것

⑦ 고객접점 서비스
- 고객과 서비스 요원 사이의 15초 동안의 짧은 순간에서 이루어지는 서비스로서 이 순간을 진실의 순간(MOT: moment of truth) 또는 결정적 순간이라고 함
- 고객접점에 있는 최일선 서비스 요원이 책임과 권한을 가지고 최선의 선택임을 고객에게 입증시켜야 함
- 곱셈법칙이 작용하여 고객이 여러 번의 결정적 순간에서 단 한 명에게 0점의 서비스를 받는다면 모든 서비스가 0이 되어버림

2) 기업의 사회적 책임

① 기업의 사회적 책임 등장
- 최근 기업은 단순히 이윤을 추구하는 형태에서, 자신들이 벌어들인 이익의 일부를 사회로 환원하는 개념인 기업의 사회적 책임(CSR, Corporate Social Responsibility)을 강조하는 형태로 변화
- 우리나라의 많은 기업은 그동안 이윤 추구를 명분으로 정상적인 경영활동의 범위를 벗어나 부도덕한 행위를 반복하여 광범위한 사회문제 영역에서 비판적 여론과 사회적 저항에 직면하고 있음
- 기업의 부도덕한 행위는 사회 전체의 윤리적인 문제로 이어질 수 있음

② 기업의 사회적 책임 4단계

1단계	경제적 책임	이윤 극대화, 고용 창출 등의 책임
2단계	법적 책임	회계의 투명성, 성실한 세금 납부, 소비자의 권익 보호 등의 책임
3단계	윤리적 책임	환경·윤리경영, 제품 안전, 여성·현지인·소수인종에 대한 공정한 대우 등의 책임
4단계	자선적 책임	사회공헌활동 또는 자선·교육·문화·체육활동 등에 대한 기업의 지원

③ 제조물책임(PL)

- 제조물의 결함으로 인한 손해에 대해 제조업자나 판매업자에게 배상책임을 지게 하는 것
- 종래에는 피해자가 제조업자의 잘못(고의 또는 과실)을 직접 입증해야 했으나, PL은 피해자가 단순히 제조물에 '결함이 있다'는 객관적인 사실만을 입증하면 됨

2. 준법성

1) 준법의 의미

① 민주 시민으로서 지켜야 하는 기본 의무이자 생활 자세

② 민주 사회의 법과 규칙을 준수하는 것은 시민으로서의 권리를 보장받고, 다른 사람의 권리를 보호해 주며, 사회 질서를 유지하는 역할을 함

2) 우리 사회의 준법의식

① 우리 사회는 민주주의와 시장경제를 지향하나 그것이 제대로 정착될 만한 사회적·정신적 토대는 갖추지 못함

② 선진국과 경쟁하기 위해서는 개개인의 의식 변화와 더불어 체계적 접근과 단계별 실행을 통한 제도적·시스템적 기반의 확립이 필요함

3. 예절과 존중

1) 예절의 의미

① 예절의 의미

일정한 문화권에서 오랜 생활습관을 통해 하나의 공통된 생활방식으로 정립되어 관습적으로 행해지는 사회계약적인 생활규범

② 생활문화권과 예절

- 생활문화권은 사람들이 무리 지어 하나의 문화를 형성하며 사는 일정한 지역으로, 같은 문화권에 사는 사람들이 가장 편리하고 바람직한 방법이라 여겨 모두 그렇게 행하는 생활 방법이 곧 예절이 됨
- 예절은 언어문화권과 밀접한 관계가 있어 민족과 나라에 따라 언어가 다른 것처럼 예절도 국가와 겨레에 따라 달라짐

③ 예절의 근본정신

- 모든 예절은 인간에 대한 존중, 즉 인간에 대한 깊은 믿음과 사랑을 근본정신으로 삼음
- 예절은 다양한 형식으로 나타나지만 그 근본정신은 절대 변하지 않음

2) 일터에서의 예절

① 에티켓과 매너

- 에티켓은 사람 간에 마땅히 지켜야 할 규범으로 형식적 성격이 강하고, 매너는 그 형식을 나타내는 방식으로 방법적 성격이 강함
- 직장예절은 에티켓과 매너의 차이점을 일반화한 비즈니스 에티켓과 매너의 총칭

② 기본적인 직장예절

인사	• 사람이 사람다움을 나타내는 행위로, 다른 사람을 사귈 때 가장 기본적인 예절 • 정성과 감사하는 마음, 예의 바르고 정중한 태도, 진실한 자세를 보여야 함
악수	• 비즈니스에서 가장 일반적으로 사용하는 인사법 • 오른손을 사용해야 함 • 우리나라에서는 가볍게 절을 하면서 악수하고, 서양에서는 허리를 세운 채 악수함 • 윗사람이 아랫사람에게, 여성이 남성에게, 선배가 후배에게, 상급자가 하급자에게 청함
네티켓	• 네트워크(Network)와 에티켓(Etiquette)의 합성어로, 통신상의 예절을 뜻함 • 이메일, SNS 등을 올바르게 사용하면 강력한 비즈니스 도구가 됨 • 글에는 사람의 표정이나 음성이 포함되어 있지 않아 읽는 사람에 따라 해석이 달라져 오해가 생기기도 함 • 개인의 프라이버시 침해, 정보 유출, 범죄, 허위정보의 유통, 해킹 등 정보화의 역기능을 각별히 유의해야 함

3) 상호 존중 문화

① 예절의 핵심

- 예절의 핵심은 상대를 존중하는 마음
- 존중은 자신과 다른 사람을 소중히 여기고 그 권리를 배려하는 자세이며 말과 행동, 서로를 대하는 태도에 반영되어 있음
- 최근 갑질 행위, 직장 내 괴롭힘, 성차별과 성폭력 등의 사회 문제는 타인의 기본 인권조차 존중하지 않는 심각한 실태를 보여 줌

② 직장 내 괴롭힘

- 업무와 관련된 상황에서 피해자로 하여금 괴로움을 느끼게 하는 모든 언행
- 폭력, 폭언과 같이 명백한 괴롭힘뿐만 아니라 사적 업무의 지시, 회식 참여나 음주·흡연 등의 강요, 능력 이하 또는 적은 양의 업무만 주는 경우, 지나친 업무 감시, 실적을 뺏거나 인정해 주지 않는 경우 등 그 유형이 다양함

③ 성희롱

- 업무와 관련하여 성적 언동 등으로 굴욕감을 느끼게 하거나 성적 언동 등을 조건으로 고용상 불이익을 주는 행위
- 형사처벌 대상 범죄행위인 성추행, 성폭행과 구분되어 형사처벌 대상은 아니나 성희롱 행위에 대해 회사는 필요한 인사·징계조치를 해야 하며, 피해자는 가해자에게 민사상 손해배상을 청구할 수 있음
- 법률상에서는 가해자가 의도적으로 성희롱을 했는지 아닌지가 아니라 피해자가 성적 수치심이나 굴욕감을 느꼈는지 아닌지를 기준으로 삼음

④ 한국의 기업문화

- 공동체의 단합을 중요시하는 경향이 있어, 조직이 우선인 기업에서는 가치관이 각각 다른 개인들에게 정해진 답을 강요함
- 개인의 다양성을 인정하지 않는 조직은 업무 효율의 저하를 넘어서 더 큰 문제에 부딪힘
- 모욕적이고 타인을 비하하는 언어 등 부적절한 언동을 삼가고, 사회적·윤리적으로 비난 받는 행위를 하지 않으며, 동료·상하·거래처 간에 존중과 신뢰를 쌓기 위해 노력해야 함

4. 비즈니스 매너

1) 인사예절

상황	주의사항
악수	• 오른손을 사용하고, 손을 너무 강하게 잡지 않을 것 • 서로 통성명하며 간단한 인사를 주고받는 정도의 시간 안에 끝낼 것 • 상대를 바로 바라보며 미소 지을 것 • 윗사람이 아랫사람에게, 여성이 남성에게 청할 것 • 다른 사람에게 소개되었을 때, 자기 자신을 직접 소개할 때, 작별 인사를 할 때 등 거의 모든 경우에 있어 적절한 행동
소개	• 직장 내 서열, 나이, 직위를 고려하여 타당성 있는 순서에 따라 소개할 것 • 나이가 어린 사람을 연장자에게, 자신이 속한 회사의 관계자를 타 회사의 관계자에게, 동료를 고객에게, 비임원을 임원에게 소개할 것 • 반드시 성과 이름을 함께 말하고, 항상 사용하는 Dr. 또는 Ph.D. 등의 칭호를 함께 언급하며, 정부 고관의 직급명은 퇴직한 경우라도 항상 사용
명함 교환	• 일어서서 정중하게 인사한 뒤 회사명과 이름을 밝히며 건넬 것 • 자신의 이름이 상대방을 향하게 하여 왼손으로 받치고 오른손으로 건넬 것 • 명함은 반드시 명함지갑에서 꺼내고 받은 명함도 명함지갑에 보관할 것 • 명함을 받으면 바로 호주머니에 넣지 말고 테이블이나 명함지갑 위에 올려 둔 뒤 대화 도중 상대방 이름을 잊었을 때 참고할 것 • 손아랫사람이 손윗사람에게 먼저 건네고, 상사와 함께 있을 경우 상사가 먼저 건넬 것 • 하위에 있는 사람이 먼저 꺼내는데, 상위자에 대해서는 왼손으로 가볍게 받쳐 내는 것이 예의이며, 동위자나 하위자에게는 오른손으로만 쥐고 건넴 • 쌍방이 동시에 명함을 꺼낼 때는 왼손으로 서로 교환하고 오른손으로 옮겨 받음

2) 전화예절

태도나 표정을 보여줄 수 없으므로 목소리가 상냥하고, 발음이 정확해야 함

상황	주의사항
전화를 걸 때	• 전화를 걸기 전 상대방의 전화번호·소속·직급·성명 등을 미리 확인할 것 • 용건과 통화에 필요한 서류 등은 미리 준비할 것 • 전화가 연결되면 담당자를 확인한 후 자신을 소개할 것 • 용건은 간결하고 정확하게 전달할 것 • 정상적인 업무가 이루어지고 있는 근무 시간에 걸고, 업무 종료 5분 전은 피할 것 • 전화를 끊기 전 통화 내용을 다시 한번 정리하여 확인할 것 • 담당자가 없을 경우 전화번호를 남길 것 • 직접 전화를 걸고, 원하는 상대와 통화할 수 없는 경우 남길 메시지를 준비할 것 • 전화달라는 메시지를 받으면 가능한 48시간 안에 답할 것
전화를 받을 때	• 전화벨이 3~4번 울리기 전에 받을 것 • 받은 즉시 본인이 누구인지 말하고, 말할 때 상대방의 이름을 함께 사용할 것 • 언제나 펜과 메모지를 곁에 두어 메시지를 받아 적을 수 있게 할 것 • 회사명과 부서명, 이름을 말한 뒤 상대방의 용건을 정확하게 확인할 것 • 용건에 바로 답하기 어려울 경우 양해를 구한 뒤 회신 가능한 시간을 약속할 것 • 담당자가 없을 경우 그 이유를 간단히 설명하고 통화 가능한 시간을 알려 줄 것 • 담당자가 없을 경우 용건을 확인하여 대신 처리할 수 있으면 처리하고, 전화를 끊은 후 담당자에게 정확한 메모를 전달할 것

3) 이메일 예절

① 서두에 소속과 이름을 밝히고, 업무 성격에 맞는 형식을 갖추어 간결하고 명확하게 작성할 것
② 제목은 반드시 쓰고, 간결하면서 핵심을 알 수 있도록 작성할 것
③ 메시지는 가능한 한 간결하게 작성하여 수신자가 빠르게 읽고 제대로 응답할 수 있도록 할 것
④ 올바른 철자와 문법을 사용할 것

5. 직장 내 괴롭힘

1) 판단 요소 – 행위자, 피해자, 행위 장소

구분	내용
행위자	• 근로기준법 제2조 제1항 제2호에 따른 사용자(사업주 또는 사업 경영 담당자, 그 밖에 근로자에 관한 사항에 대하여 사업주를 위해 행위하는 자)가 해당됨 • 파견근로의 경우 파견사업주와 사용사업주 모두 해당 • 근로자도 행위자가 될 수 있으며, 피해자와 같은 사용자와 근로관계를 맺고 있는 근로자일 것
피해자	• 사업장 내 모든 근로자
행위 장소	• 사내는 물론 외근 출장지, 회식, 기업행사, 사적 공간과 사내 메신저, SNS 등 온라인 공간도 해당

2) 판단 요소 – 행위요건

① 직장에서의 지위 또는 관계 등의 우위를 이용할 것
- 피해자가 저항하거나 거절하기 어려울 개연성이 높은 상태
- 지위의 우위뿐만 아니라 개인 대 집단, 소수 대 다수, 연령, 학벌, 성별, 출신지역의 우위 등 사실상 우위를 점하고 있는 모든 관계를 포함
- 직장에서의 지위나 관계 등의 우위를 이용한 행위가 아니라면 해당하지 않음

② 업무상 적정 범위를 넘는 행위일 것
- 지시나 주의, 명령 행위가 폭행이나 폭언을 수반하는 등 사회 통념상 상당하지 않다면 업무상 적정 범위를 넘었다고 볼 수 있음
- 문제되는 행위가 업무상 필요하더라도 사업장 내 동종·유사 업무를 수행하는 근로자에 비해 합리적인 이유 없이 대상 근로자에게 이루어졌다면 사회 통념상 상당하지 않다고 볼 수 있음

③ 신체적·정신적으로 고통을 주거나 근무환경을 악화시키는 행위일 것
- 해당 행위로 인해 피해자가 능력 발휘에 간과할 수 없을 정도의 지장이 생기는 경우
- 행위자의 의도와 무관하게 해당 행위로 피해자가 신체적·정신적 고통을 받았거나 근무환경이 악화되었다면 인정될 수 있음

6. 직장 내 성희롱 예방

1) 성희롱의 정의

직장 내 성희롱이 성립하기 위해서는 ① 성희롱의 당사자 요건을 충족하고, ② 지위를 이용하거나 업무와 관련 있고, ③ 성적 언동 또는 이를 조건으로 하는 행위이며 ④ 고용상 불이익을 주거나 성적 굴욕감을 유발하여 고용환경을 악화시키는 경우에 해당해야 함

2) 당사자 요건

구분	내용
가해자	• 남녀고용평등법상 고용 및 근로조건에 관한 결정권한을 가지고 있는 사업주나 직장상사를 비롯하여 동료근로자와 부하직원까지 포함되나, 거래처 관계자나 고객 등 제3자는 제외 • 남녀차별금지 및 구제에 관한 법률상 성희롱 가해자의 범위에는 학교나 정부 각 부처 및 그 산하기관, 지방행정기관의 공무원 및 일반직원 등 공공기관 종사자뿐만 아니라 남녀고용평등법상 직장 내 성희롱 가해자의 범위에 포함되지 않는 거래처 관계자나 고객도 포함 • 가해자는 대부분 남성이지만 여성이 가해자가 될 수도 있음
피해자	• 모든 남녀근로자는 피해자가 될 수 있음 • 피해자는 대부분 여성근로자이지만 남녀근로자(협력업체 및 파견근로자 포함) 모두 해당 • 현재 고용관계가 이루어지지 않더라도 장래 고용관계를 예정하는 모집·채용 과정의 채용희망자(구직자)도 포함 • 고객과 거래처 직원은 피해자의 범위에서 제외

3) 지위 남용과 업무 관련성

① '지위를 이용하거나 업무와 관련 있을 것'이라는 요건에 의해 성희롱 또는 직장 내 성희롱을 직장 내에서 일어나는 것에 한정하지는 않음

② 사적인 만남이더라도 업무를 빙자하여 상대방을 불러내는 등 업무와 관련 있다고 판단되면 성희롱 또는 직장 내 성희롱에 해당

대표기출유형

유형 ❶ 직업인이 갖춰야 할 윤리의식을 묻는 문제

- 직업인의 근면·성실한 태도, 기업경영에 필요한 윤리규정 및 윤리의식을 묻는 문제가 출제된다.
- 법률에 근거하여 윤리적 판단을 하는 문제와 제시된 상황에 대한 가치판단 및 대처법을 묻는 문제가 출제된다.
- 직업인이 갖춰야 할 윤리의식 이론을 숙지한다.

우리는 각자 사회 구성원으로서 직업생활을 영위하고 살아가기 때문에 직업생활을 원만하게 하기 위해서는 직업인 사이의 도리를 지켜야 한다. 다음 〈사례〉에서 A 본부장과 C 공장장이 갖추어야 할 직업윤리를 바르게 연결한 것은?

〈사례〉

A 본부장은 거래처의 단가 인하 요구를 결재해 준 사실을 매출 보고서에서 빼자고 B 팀장에게 제안하였다. 본부장 자신이 전결한 건으로 대표이사에게는 보고되지 않았지만, 최근 매출이 계속 나빠지고 있고, 누가 책임질 수 있는 것도 아니기 때문이다.

C 공장장은 운영하는 공장에 폐수 처리 시설을 의무적으로 설치해야 하는데, 비용 절감을 위해 폐수를 정화하지 않고 하천으로 무단 방류했다. 지난번처럼 들키지 않는다면 아무도 모를 것이라고 생각해 당분간 계속할 생각이다.

	A 본부장	C 공장장
①	정직	준법성
②	근면	책임의식
③	성실	봉사
④	정직	책임의식
⑤	성실	준법성

|정답 및 해설| ①

A 본부장이 갖추어야 할 직업윤리는 정직이고, C 공장장이 갖추어야 할 직업윤리는 준법성이다.

더 알아보기

근로윤리와 공동체윤리

원만한 직업생활을 위해 직업인이 갖추어야 할 직업윤리에는 근로윤리와 공동체윤리가 있다. 근로윤리는 일에 대한 존중을 바탕으로 근면하고 성실하고 정직하게 업무에 임하는 자세이며, 공동체윤리는 인간존중을 바탕으로 봉사하며, 책임감 있게 규칙을 준수하고, 예의 바른 태도로 업무에 임하는 자세이다.

근로윤리	근면	• 고난의 극복 • 비선호의 수용 차원에서 개인의 절제나 금욕을 반영 • 장기적·지속적인 행위 과정으로서 인내를 요구
	정직	• 마음에 거짓이나 꾸밈이 없이 바르고 곧음 • 사회 시스템은 구성원 간 신뢰가 있어야 운영 가능하며, 정직은 그 신뢰를 형성하고 유지하는 데 필요한 기본적·필수적 규범
	성실	• '정성스럽고 참됨'으로 풀이되며, '성(誠)'은 정성스럽고 순수하고 참됨을, '실(實)'은 알차고 진실함을 의미 • 책임감이 강하고, 목표를 이루기 위해 목표지향적 행동을 촉진하며, 행동의 지속성을 갖게 하는 성취지향적인 성질
공동체윤리	봉사	• 일 경험을 통해 타인과 공동체에 대하여 봉사정신을 갖고 실천하는 태도 • 고객의 가치를 최우선으로 하는 고객서비스의 개념
	책임의식	• 직업의 사회적 역할과 책무를 충실히 수행하고 책임지며, 맡은 업무를 반드시 수행해 내는 태도
	준법성	• 민주 사회의 법과 규칙을 준수하는 것은 민주 시민으로서 지켜야 하는 기본 의무이자 생활 자세 • 시민으로서의 권리를 보장받고, 다른 사람의 권리를 보호해 주며, 사회 질서를 유지하는 역할
	예절	• 일정한 문화권에서 오랜 생활 습관을 통해 하나의 공통된 생활방식으로 정립되어 관습적으로 행해지는 사회계약적인 생활 규범

유형 ❷ 직업인이 지켜야 할 예절을 묻는 문제

- 악수할 때, 명함을 주고받을 때, 전화를 걸고 받을 때, 이메일을 주고받을 때 등 지켜야 할 비즈니스 매너를 묻는 문제가 출제된다.
- 제시된 사례 중 직장 내 성희롱에 해당하는 사례를 고르는 문제가 출제된다.
- 비즈니스 매너 이론을 숙지한다.
- 직장 내 성희롱 이론을 학습하고, 직장 내 성희롱에 해당하는 실제 사례를 숙지한다.

인사는 가장 기본이 되는 예절이기 때문에 직장에서는 상황과 상대에 따라 적절하게 해야 한다. 다음 상황에 적절한 인사방법을 바르게 연결한 것은?

인사	상황
(가) 목례	출근하면서 복잡한 엘리베이터에서 후배에게 인사하였다.
(나) 보통례	김호진 대리는 거래처 사람을 만나 반갑게 인사하였다.
(다) 묵례	장례식장에 있는 분향소에 입장하면서 유가족을 위로하면서 예를 갖추었다.
(라) 정중례	해외지사로 발령받고 출국하기 전에 사장님께 인사하였다.

㉠ 인사를 생략한다.
㉡ 인사말과 함께 상체를 15도 정도 숙여 가볍게 인사한다.
㉢ 인사말과 함께 상체를 30도 정도 숙여 인사한다.
㉣ 인사말과 함께 상체를 45도 정도 숙여 인사한다.
㉤ 인사말과 함께 상체를 90도 정도 숙여 인사한다.
㉥ 말없이 고개만 숙여 인사한다.

	(가)	(나)	(다)	(라)
①	㉠	㉡	㉣	㉥
②	㉡	㉡	㉣	㉣
③	㉡	㉢	㉥	㉣
④	㉥	㉢	㉤	㉤
⑤	㉥	㉢	㉥	㉤

|정답 및 해설| ③

(가)는 목례, (나)는 보통례, (다)는 묵례, (라)는 정중례를 해야 하는 상황이다.
㉡ 가벼운 인사나 친한 사람들 사이에서 주로 사용하는 목례이다.
㉢ 고객 응대나 처음 만나는 사람에게 인사할 때 주로 사용하는 보통례이다.
㉣ 상사나 중요한 사람에게 인사할 때 사용하는 정중례이다.
㉥ 장례식장 분향소에 조문객이 갖춰야 할 예절이다.
㉠, ㉤은 인사예절에 적합하지 않은 행동이다.
따라서 (가)-㉡, (나)-㉢, (다)-㉥, (라)-㉣이 맞다.

더 알아보기

인사의 종류

인사에는 목례, 보통례, 정중례 세 가지가 있다. 일반적으로 인사는 15~30도에서 상대와 상황에 따라 적당히 활용해야 한다. 여기서 각도는 머리가 아니라 허리 각도이다.

구분	목례(가벼운 인사)	보통례(보통 인사)	정중례(정중한 인사)
상대	가까운 동료 또는 하급, 하루에 몇 번 마주친 낯선 어른이나 상사	어른이나 상사, 고객	국민, 국가원수, 집안어른, 면접관
방법	15도 상체 숙이고 발끝 2~3m 앞을 응시	30도 상체 숙이고 1m 앞을 응시	45도 상체 숙이고 1m 앞을 응시
상황	근무 중 부탁할 때, 대화 중 인사할 때, 동료나 상사를 2회 이상 만났을 때, 화장실이나 목욕탕 등 다수 이용 장소에서 만났을 때	마중하거나 배웅할 때, 외출이나 귀가할 때, 만나거나 헤어질 때, 고객 응대 등 일상생활에서 많이 하는 인사	감사나 사죄를 표현할 때, 어른을 맞이하거나 전송할 때, 공식 석상에서 처음 인사할 때, 면접 때 등 가장 공손한 인사

참고 목례와 묵례
- 목례(目禮)는 '눈짓으로 가볍게 하는 인사'를 의미하고 묵례(默禮)는 '말없이 고개만 숙이는 인사'를 뜻함
- 목례는 안면이 있는 사람과 좁은 곳에서 서로 마주치게 될 때 쓰이며, 묵례는 장례식장에서 분향하고 유가족에게 예를 갖출 때 쓰임

적중예상문제

난이도 ★★☆

01 **사회생활은 수많은 사람과 관계를 맺고 상호작용을 하기 때문에 사람과 사람 사이에 지켜야 할 윤리적 규범을 따라야 한다. 다음 중 윤리에 대한 설명으로 옳은 것끼리 묶은 것은?**

> ㉠ 윤리는 한자어로 '인륜 윤(倫)', '다스릴 리(理)'이며, 인간 사회에 필요한 올바른 질서를 뜻한다.
> ㉡ 동양 사회에서 윤리는 태어날 때부터 갖는 필연적 관계인 천륜(天倫)과 같은 의미이다.
> ㉢ 윤리적인 인간은 자기 개인의 이익보다 공동의 이익을 추구하고, 도덕적 가치 신념을 중요하게 여긴다.
> ㉣ 인간은 혼자서 살 수 없는 존재이며, 다른 사람들과 어울려 살기 위해 윤리가 필요하다.
> ㉤ 모든 윤리적 가치는 만고불변의 진리이며 시공간을 초월해 존재한다.
> ㉥ 윤리규범은 공동생활과 협력이 필요한 인간생활에서 형성되는 '공동 행동의 룰'을 기반으로 형성된다.

① ㉠, ㉡, ㉣, ㉤
② ㉠, ㉢, ㉣, ㉥
③ ㉡, ㉢, ㉣, ㉤
④ ㉢, ㉣, ㉤, ㉥
⑤ ㉢, ㉤, ㉥

난이도 ★★★

02 **박 과장과 김 대리가 다니고 있는 회사는 최근 경영사정이 좋지 않다. 이 때문에 거래처 공개 입찰과 관련한 이번 프레젠테이션에 전사적인 노력을 쏟았다. 드디어 프레젠테이션 당일, 해당 분야 전문가인 박 과장은 자신을 보조해 줄 김 대리의 차를 타고 공개 입찰장으로 가고 있었다. 그런데 신호대기를 하던 중 박 과장은 바로 앞에서 초등학생이 뺑소니로 차에 치이는 것을 보았다. 이때, 박 과장의 대응으로 가장 적절한 것은?**

① 생명이 가장 중요하기 때문에 프레젠테이션을 포기하고 아이를 살린다.
② 회사에 보고하고 아이를 데리고 병원으로 간다.
③ 김 대리에게 아이를 병원에 데려다 달라고 맡기고 프레젠테이션을 하러 간다.
④ 현재 본사에 있는 동료에게 대신 프레젠테이션에 참석해 달라고 부탁한다.
⑤ 바이어에게 연락해 상황을 설명하고 프레젠테이션 시간을 미룬다.

난이도 ★☆☆

03 직업은 사회적 역할의 분배인 직분(職分)을 뜻하는 '직(職)'과 일 또는 행위를 의미하는 '업(業)'의 합성어로서 직업이라는 용어는 사회적 책무로서 개인이 맡아야 하는 직무와 생계를 유지하거나 과업을 위하여 수행하는 노동 행위라는 이중적 의미를 내포하고 있다. 다음 중 직업이 갖추어야 할 속성을 바르게 연결한 것은?

(가) 대가를 받더라도 억지로 갇혀서 일을 했다면 직업이 될 수 없습니다.
(나) 직업을 통해 생활에 필요한 경제적 보상을 얻을 수 있어야 합니다.
(다) 아무리 사명감을 갖고 일해도 하루 이틀 일하는 건 직업이라고 할 수 없습니다.
(라) 꾸준히 수입을 얻더라도 불법적인 행위라면 직업으로 인정받지 못합니다.
(마) 개인이 사회에 대해 부담하는 봉사의 연대의무를 직업을 통해서 실현해야 합니다.

	(가)	(나)	(다)	(라)	(마)
①	경제성	자발성	사회성	계속성	윤리성
②	경제성	사회성	계속성	자발성	윤리성
③	자발성	사회성	계속성	윤리성	경제성
④	자발성	경제성	계속성	윤리성	사회성
⑤	자발성	경제성	사회성	윤리성	계속성

난이도 ★★★

04 귀하는 신입사원을 대상으로 하는 근무 태도 및 사내 예절 교육을 담당하고 있다. 교육 자료를 준비하던 귀하는 바람직한 근무 태도에 대해 설명하기 위해 근면한 직원의 사례를 첨부하려고 한다. 다음 중 귀하가 교육 자료에 포함할 사례로 가장 적절한 것은?

① 진급을 위해 업무시간 중에도 열심히 외국어와 컴퓨터 자격증 시험을 준비하는 직원
② 회식도 업무의 연장으로 생각하여, 다음 날 업무에 지장이 있더라도 회식 자리에 끝까지 남는 직원
③ 매일 해야 하는 일을 목록으로 정리하고, 이에 따라 업무를 완료하여 야근을 거의 하지 않는 직원
④ 문제가 발생했을 때 상사에게 보고해 해결 방법을 얻으려 하기보다는 묵묵히 스스로 처리하는 직원
⑤ 업무가 끝나더라도 상사가 퇴근하지 않으면 자리에 앉아 잡다한 업무라도 정리하는 직원

난이도 ★★☆

05 귀하의 부서는 이번 하반기 감사에서 조사를 받게 되었다. 거래처로부터 선물을 받을 경우 회사에 보고해야 한다는 것을 알면서도 거래처 바이어의 선물을 받고 보고하지 않았던 것이 밝혀졌기 때문이다. 귀하의 부서 직원들은 관련 조사에서 다음과 같은 진술을 하였다. 다음 중 비윤리적 행위의 유형 중에서 거짓말을 저지르고 있는 사람은?

① 오 사원: 얼마 되지도 않는 선물 때문에 왜들 이러는 건지 모르겠네요.
② 최 대리: 우리만 그러는 게 아닌데, 왜 우리만 딱 걸린 거지?
③ 유 과장: 나는 정말 그게 잘못된 일인 줄 몰랐어. 알았다면 바로 보고했겠지.
④ 박 대리: 거래처에서 선물을 받는 건 관행인데, 굳이 잡아낼 필요가 있었나 싶네.
⑤ 성 차장: 우리가 거래처에서 선물 받았다고 해서 누구한테 피해 준 것도 없잖아.

난이도 ★★★

06 30년간 발전회사에 다니다가 퇴직을 앞둔 김 부장은 신입사원 교육에서의 강연을 의뢰받았다. 다음 중 김 부장이 강연에서 강조한 직업윤리의 덕목으로 가장 적절한 것은?

> 제가 고등학교를 갓 졸업하고 입사할 때만 하더라도 저는 오로지 가난한 집안을 일으켜야 한다는 생각만 가지고 있었습니다. 직장은 저에게 단순히 돈벌이에 불과했지요. 하지만 대리급 리더십 교육에서 안정적인 전기 공급이 얼마나 사회에 이바지하는 일인지를 알게 된 뒤부터는 조금 달라졌습니다. 저는 제 일에 자부심을 갖고 일하게 되었습니다. 제 일이 단순히 경제적 이익을 얻기 위한 수단이 아니라 우리 사회 전체의 발전에도 매우 중요한 역할을 한다는 것을 알게 되었기 때문이죠.

① 소명의식 ② 천직의식 ③ 봉사의식
④ 전문가의식 ⑤ 직분의식

난이도 ★★★

07 다음은 직업윤리의 5대 원칙에 대한 내용이다. 직업윤리의 기본 원칙과 〈보기〉의 사례를 바르게 연결한 것은?

> 다양한 직업환경의 특성상 모든 직업에 공통으로 요구되는 윤리 원칙을 추출할 수 있으며 그것을 직업윤리의 5대 원칙이라고 한다.
> - 객관성의 원칙: 업무의 공공성을 바탕으로 공사 구분을 명확히 하고, 모든 것을 숨김없이 투명하게 처리하는 원칙이다.
> - 고객 중심의 원칙: 고객에 대한 봉사를 최우선으로 생각하고 현장 중심, 실천 중심으로 일하는 원칙이다.
> - 전문성의 원칙: 자기 업무에 전문가로서 능력과 의식을 가지고 책임을 다하며, 능력을 연마하는 원칙이다.
> - 정직과 신용의 원칙: 업무와 관련된 모든 것을 숨김없이 정직하게 수행하고, 본분과 약속을 지켜 신뢰를 유지하는 원칙이다.
> - 공정경쟁의 원칙: 법규를 준수하고, 경쟁 원리에 따라 공정하게 행동하는 원칙이다.

〈보기〉

㉠ A 신문사는 공정하고 객관적으로 뉴스를 전달하기를 포기했다. 흥미 위주의 자극적인 기사만 주목받고 광고가 붙는 현실에 맞게 기자가 구미에 맞는 취재원만 인터뷰하고 관련 단체, 관련 기관의 제공 자료만을 받아쓰고 있다.

㉡ 공공기관 경영공시는 공공기관운영법에 따라 모든 공공기관이 공공기관 경영정보 공개시스템인 알리오를 통해 경영에 관한 주요 정보를 공시하는 제도로서 공공기관 운영의 투명성을 제고하기 위해 시행되었다. 국민들은 알리오를 통해 매년 공공기관 경영의 주요 정보를 종합적으로 파악할 수 있다. 알리오는 2006년 구축되었으며, 2022년 모바일 페이지를 전면 개편하고, 통계 데이터를 추가 제공하는 등 다시 한번 시스템이 개선되었다.

㉢ 배달앱 업체들이 앞다퉈 구독 서비스를 도입하면서 경쟁이 치열해지고 있다. 후발 업체가 유료 멤버십 회원을 위한 할인 제도를 도입하자, 기존 업체들은 일정 금액 이상 주문 시 배달비를 무료로 이용할 수 있는 구독 서비스와 할인 쿠폰을 뿌리며 고객 이탈을 막고 있다.

	㉠	㉡	㉢
①	공정경쟁의 원칙	전문성의 원칙	고객 중심의 원칙
②	전문성의 원칙	공정경쟁의 원칙	전문성의 원칙
③	고객 중심의 원칙	공정경쟁의 원칙	객관성의 원칙
④	객관성의 원칙	정직과 신용의 원칙	고객 중심의 원칙
⑤	정직과 신용의 원칙	객관성의 원칙	고객 중심의 원칙

[08-09] 다음을 읽고 각 물음에 답하시오.

[공직자의 이해충돌방지법 주요 내용]

1. 목적

공직자의 직무수행과 관련한 사적 이익 추구를 금지함으로써 공직자의 직무수행 중 발생할 수 있는 이해충돌을 방지하여 공정한 직무수행을 보장하고 공공기관에 대한 국민의 신뢰를 확보하는 것

2. 적용대상

1) 공공기관: 국회, 법원, 중앙행정기관, 지자체, 공직유관단체, 공공기관, 교육청, 국·공립학교 등 모든 공공기관
2) 공직자: 공무원, 공직유관단체·공공기관 임직원, 국공립학교장·교직원 등 공직자(단, 사립학교 교직원, 언론인은 제외)

3. 신고 및 제출 의무

1) 사적이해관계자의 신고 및 회피·기피 신청(제5조): 공직자가 직무관련자가 사적이해관계자임을 알게 된 경우 안 날로부터 14일 이내에 이해충돌방지담당관에게 신고 및 회피 신청
2) 공공기관 직무 관련 부동산 보유·매수 신고(제6조): 각종 부동산 관련 업무를 하는 공공기관의 공직자는 본인, 배우자, 본인과 생계를 같이하는 직계존비속 등이 소속 공공기관의 직무 관련 부동산을 보유한 사실을 알게 된 날로부터 14일 이내, 매수 후 등기를 완료한 날로부터 14일 이내에 신고
3) 고위공직자의 민간 부문 업무활동 내역 제출(제8조): 공직자는 임용 전 3년 이내에 민간 부문에서 업무활동을 한 경우, 임용일 30일 이내에 이해충돌방지담당관에게 민간 부문 업무활동 내역을 제출
4) 직무관련자와의 거래 신고(제9조): 공직자가 공직자 자신이나 가족, 특수관계사업자가 자신의 직무관련자 간의 사적 거래를 하는 행위를 알게 된 경우 안 날로부터 14일 이내 이해충돌방지담당관에게 신고
5) 퇴직자 사적 접촉 신고(제15조): 공직자가 소속 공공기관의 퇴직자(최근 2년 이내)인 직무관련자와 골프, 여행, 사행성 오락을 하는 경우, 사적 접촉 전에 이해충돌방지담당관에게 신고

4. 제한 및 금지 행위

1) 직무 관련 외부활동의 제한(제10조): 직무관련자에게 사적으로 노무나 조언 자문 등을 제공하고 대가를 받거나 소속기관의 직무와 관련된 지식이나 정보를 타인에게 제공하고 대가를 받는 행위 금지, 소속기관의 상대방을 대리하거나 조언 자문 또는 정보를 제공하는 행위 금지
2) 가족 채용 제한(제11조): 공공기관 산하기관과 자회사를 포함해 소속 고위공직자 및 채용업무를 담당하는 공직자의 가족(배우자나 직계혈족 및 형제자매, 생계를 같이하는 직계혈족의 배우자, 생계를 같이하는 배우자의 직계혈족 및 배우자의 형제자매) 채용 제한
3) 수의계약 체결 제한(제12조): 공공기관 산하기관, 자회사를 포함해 소속 고위공직자 및 계약업무를 법령상·사실상 담당하는 공직자, 해당 공공기관을 소관하는 상임위 소속 국회의원, 그리고 이 중 어느 하나에 해당하는 공직자의 배우자 또는 생계를 같이하는 직계존비속, 그들이 대표자인 법인과 단체, 그들과 관계된 특수관계사업자의 수의계약 체결 제한
4) 공공기관 물품 등의 사적 사용·수익 금지(제13조): 공공기관이 소유하거나 임차한 물품, 차량, 선박, 항공기, 건물, 토지, 시설 등을 사적인 용도로 사용 수익하거나 제3자로 하여금 사용 수익하게 하는 행위 금지
5) 직무상 비밀 등 이용 금지(제14조): 공직자가 직무 수행 중 알게 된 비밀 또는 소속기관의 미공개 정보를 이용해 공직자 본인이나 제3자의 재물·재산상 이익 취득 금지

5. **업무총괄**
국민권익위원회는 이해충돌방지 제도 운영을 총괄하며 관련 제도개선, 교육·홍보, 신고처리 및 신고자 보호·보상 등을 담당

6. **위반행위 신고 접수 및 사건처리**
누구든지 이 법의 위반행위를 해당 공공기관(또는 감독기관), 감사원, 수사기관, 국민권익위원회에 신고 가능

※ 출처: 국민권익위원회(2022-05-18 보도자료)

난이도 ★★★

08 다음은 「공직자의 이해충돌방지법」에 대한 강의 후 제시된 O/X 문제이다. 다음 중 X에 해당하는 문항은 총 몇 개인가?

문제		O/X
Q1	직무관련자가 사적이해관계자임을 알게 된 경우, 담당 공직자는 이를 신고하거나 해당 직무를 회피해야 한다.	
Q2	공공기관은 계약업무를 담당하는 공직자의 배우자와 수의계약을 체결해서는 안 된다.	
Q3	공공기관뿐만 아니라 산하기관이나 자회사에도 소속 고위공직자의 배우자나 자녀를 채용해서는 안 된다.	
Q4	공공기관에 소속된 모든 공직자는 부동산을 보유하거나 매수할 때 반드시 신고해야 한다.	
Q5	해당 공공기관에서 전년도에 퇴직한 직무관련자와 골프를 친 경우 14일 이내에 신고해야 한다.	
Q6	이해충돌방지법을 위반한 경우 해당 공공기관이나 수사기관, 국민권익위원회에 신고할 수 있다.	
Q7	공직자의 이해충돌방지법은 국가·지방공무원, 공직유관단체·공공기관 임직원, 각급 국립·공립학고장과 교직원 등 공직자를 대상으로 한다.	

① 6개 ② 4개 ③ 3개 ④ 2개 ⑤ 1개

난이도 ★☆☆

09 다음 중 빈칸에 들어갈 내용을 바르게 짝지은 것은?

> 공직자의 이해충돌방지에 관한 업무는 (A)이/가 총괄하며, 위반행위가 발생한 경우 해당 공공기관 또는 감독기관, (B), 수사기관, 국민권익위원회에 신고할 수 있다.
> 공직자의 이해충돌방지법은 국가·지방공무원, 공직유관단체·공공기관 임직원, 각급 국립·공립학교장과 교직원 등 공직자를 대상으로 하며, 사립학교 교직원, (C)은 제외된다.

	A	B	C
①	감사원	인사혁신처	대기업 임직원
②	감사원	법제처	대기업 임직원
③	국민권익위원회	인사혁신처	언론인
④	국민권익위원회	법제처	언론인
⑤	국민권익위원회	감사원	언론인

[10-11] 다음은 직장 내 전화 예절을 지키기 위해 주의해야 할 사항이다. 각 물음에 답하시오.

상황	주의사항
전화 걸기	• 전화를 걸기 전에 먼저 내용을 준비한다. • 전화를 건 이유를 숙지하고 이와 관련하여 대화를 나눌 수 있도록 준비한다. • 정상적인 업무가 이루어지고 있는 근무 시간에 건다. • 비서나 다른 사람에게 메시지를 남길 수 있도록 준비한다. • 전화는 직접 건다. • 전화를 해달라는 메시지를 받았다면 48시간 안에 답한다. • 하루 이상 자리를 비우게 되면 메시지를 남겨놓는다.
전화 받기	• 전화벨이 3~4번 울리기 전에 받는다. • 당신이 누구인지 즉각 밝힌다. • 천천히, 명확하게 예의를 갖추고 말한다. • 목소리에 미소를 띠고 말한다. • 말을 할 때 상대방의 이름을 함께 사용한다. • 언제나 펜과 메모지를 곁에 두어 메시지를 받아 적을 수 있도록 한다. • 주위의 소음을 최소화한다. • 긍정적인 말로 전화 통화를 마치고 전화를 건 상대방에게 감사의 표시를 한다.
스마트폰	• 상대방에게 통화를 강요하지 않는다. • 상대방이 장거리 요금을 지불하게 되는 경우를 피한다. • 운전하면서 사용하지 않는다. • 스마트폰을 빌려달라고 부탁하지 않는다.

난이도 ★☆☆

10 다음 대화에서 이장호 사원의 문제점으로 볼 수 없는 것은?

박세리 과장: 누구 전화 좀 받아주세요. 제가 지금 전화를 받을 상황이 아니에요.
이장호 사원: (전화벨이 한참 울린 후). 네, 회계부 이장호 사원입니다. 박 과장님 지금 전화를 받으실 수 없습니다. 메모 남겨 드릴까요? 아 네.
(전화 통화가 끝난 후)
박세리 과장: 아까 전화 받으면서 메모 얘기하던데, 메모 어디 있어요?
이장호 사원: 아, 다시 전화하신다고 했습니다.
박세리 과장: 언제쯤 전화한다고 했나요?
이장호 사원: 그건 잘 모르겠습니다.
박세리 과장: 어딘지는 물어봤어요?
이장호 사원: 아니요. 곧 다시 전화하신다고 하길래……
박세리 과장: 오늘 중요한 전화 올 게 있는데. 누군지도 안 물어보고, 언제인지도 모르면 어떻게 합니까?
이장호 사원: 죄송합니다. 따로 지시가 없으셔서……
박세리 과장: 전화 그렇게 받으면 안 됩니다. 기본적인 예의를 지켜야죠.

① 말을 할 때 상대방의 이름을 함께 사용하지 않았다.
② 전화벨이 3~4번 울리기 전에 받지 않았다.
③ 전화를 받을 때 자신의 소속과 성명을 밝히지 않았다.
④ 통화를 시작하고 마무리할 때 감사 인사를 하지 않았다.
⑤ 상대방이 누구인지 물어보지 않았다.

난이도 ★★☆

11 **다음 중 직장 내 전화 예절을 바르게 지킨 사람은?**

① 최 사원: 가급적 근무 시간에만 연락을 하고 점심시간이나 퇴근 시간 이후에는 일체 전화하지 않았다.
② 이 사원: 담당자가 자리를 비워 대신 전화를 받으며, 담당자의 스마트폰 번호를 바로 알려주었다.
③ 오 사원: 주위 소음이 심한 곳에서 업무 관계자가 전화한 경우, 상대를 배려해 전화를 받지 않았다.
④ 박 사원: 운전 중 고객으로부터 스마트폰으로 전화가 와 다시 연락하겠다고 간단하게 답하고 끊었다.
⑤ 김 사원: 협력 기관 담당자와 업무협의를 하던 중 메모가 필요해 상대에게 양해를 구하고 펜과 메모지를 찾아서 적으면서 통화했다.

난이도 ★★☆

12 사회생활을 하다 보면 다양한 경조사를 치르게 되고 방문해야 하는 일이 생긴다. 특별한 행사인 만큼 경조사별 격식에 맞는 매너가 필수적으로 요구된다. 다음 중 경조사에 적절한 행동이 아닌 것은?

> ㉠ 예식 시작 20~30분 전 도착해 축의금을 내고 신랑·신부에게 인사했다.
> ㉡ 식장 내 객석은 왼쪽이 신부, 오른쪽이 신랑으로 고정되어 있으니 반드시 구분해서 갔다.
> ㉢ 장례식장에 들어서면서 조객록에 서명부터 하고 상주에게 가볍게 묵례한 후 분향을 하였다.
> ㉣ 장례식에 가서 유족들에게 돌아가신 이유를 상세히 물어보며 진심으로 위로했다.
> ㉤ 장례식에 입고 갈 검은색 정장이 없어 회색 양복에 흰 와이셔츠와 검은색 넥타이를 착용하였다.
> ㉥ 문상을 가면서 진한 화장을 지우고 귀걸이도 빼고 검은색 스타킹을 신었다.

① ㉠, ㉢　② ㉡, ㉣　③ ㉢, ㉥　④ ㉣, ㉤　⑤ ㉤, ㉥

난이도 ★★☆

13 직업관은 '어떤 개인이나 사회 집단이 직업 또는 일에 대해 갖는 관념이나 느낌, 판단'을 지칭하는 용어로서 직업의식, 직업 가치관, 진로 의식 등 다양한 개념들과 함께 사용되고 있다. 직업관은 직업 기능적인 2가지와 직업 목표적인 8가지를 포함해 총 10가지가 있는데, 다음 글에 나타난 두 사람의 직업관으로 적절한 것은?

(가) 넷플릭스의 인기 요리 대결 프로그램 '흑백요리사'에서 준우승한 재미교포 쉐프 에드워드 리는 탁월한 요리실력, 친절한 태도, 도전정신뿐만 아니라 사회에 기여한 부분에서도 큰 감명을 주었다. 그에게 요리에서 중요한 것은 단순히 맛있는 음식을 만드는 것뿐만 아니라, 요리를 통해 사람들과 소통하고 그들의 마음을 움직이는 것이라고 말한다. 또 요리하는 과정을 즐기며, 다른 쉐프들과 함께 요리의 아름다움을 나누기 위해 이 프로그램에 도전했다고 한다.
한국계 미국인으로 뉴욕에서 태어나 뉴욕의 다양한 문화적 음식경험 속에서 자라며 자연스럽게 요리사의 길을 가게 되었다. 미슐랭 스타 레스토랑에서 경력을 쌓았으며, 켄터키주 루이빌에 레스토랑 '610 매그놀리아'를 열어 독창적인 남부 요리와 한국적 감성을 결합한 요리들로 주목을 받았다. 여러 요리 대회에서 우승한 후 요리를 통해 인종, 성별, 사회적 불평등을 해소하는 활동에 큰 관심을 갖고 다양한 프로젝트를 진행해 왔다. 특히 흑인, 여성, 코로나 피해자들을 도우며 그들의 삶에 긍정적인 변화를 이끌어냈다.

(나) 50년간 전통기법을 고수하는 대장장이 외길 인생을 살아온 안성대장간 신인영 선생은 경기도 무형문화재 60호로 지정되었다. 13세 되던 해인 1966년 처음 대장일을 배우기 시작해 체계적인 교육과 뛰어난 재능으로 17세에 최연소 야장이 됐으며, 지난 50년 동안 전통제철 기술인 흙접쇠와 건축철물, 지역별 농기구 및 청동칼을 제작할 수 있는 독보적인 장인으로서 훼손된 국가문화재를 복원하는 일에 힘쓰고 있다.
특히 지역마다 다른 생활용구와 농기구를 전통 기법으로 제작할 수 있으며, 이에 대한 전문지식과 숙련된 기능을 구현할 수 있는 기능을 보유하고 있다. 그는 자신이 하는 일은 하늘이 주신 것이라 생각하고 앞으로도 계속 우리 전통을 보전하여 후대에 남길 것이라고 말했다.

- 직업 기능: 생업적 직업관, 소명적 직업관
- 직업 목표: 결과 지향적 직업관, 과정 지향적 직업관, 물질 지향적 직업관, 정신 지향적 직업관, 업적주의적 직업관, 귀속주의적 직업관, 개인 중심 직업관, 집단 중심 직업관

	(가)	(나)
①	과정 지향적 직업관, 정신 지향적 직업관	소명적 직업관, 업적주의적 직업관
②	과정 지향적 직업관, 귀속주의적 직업관	소명적 직업관, 업적주의적 직업관
③	소명적 직업관, 정신 지향적 직업관	과정 지향적 직업관, 정신 지향적 직업관
④	소명적 직업관, 업적주의적 직업관	과정 지향적 직업관, 귀속주의적 직업관
⑤	정신 지향적 직업관, 업적주의적 직업관	정신 지향적 직업관, 업적주의적 직업관

난이도 ★★★

14 신입사원 성식은 엘리베이터에서부터 회의실, 차량까지 본인이 어디에 자리를 잡아야 할지 몰라 곤란을 겪었다. 함께 일하는 동료가 상황에 따라서 어디에 위치했는지 물어봤다. 성식이 자리를 제대로 잡은 상황은 무엇인가?

① 회의실에서 출입문에서 가장 먼 자리에 앉았다.
② 3명이 택시를 탔을 때 택시기사 바로 뒷자리에 앉았다.
③ 팀장님이 운전하는 차량에 선배 2명과 함께 탔을 때는 팀장님 바로 뒷자리에 앉았다.
④ 엘리베이터에서 상사가 버튼 앞에 설 수 있게 하고 그 뒤에 섰다.
⑤ 사내 체육대회에 가는 버스에서 운전기사 바로 뒷자리에 앉았다.

난이도 ★★★

15 고객 AS팀을 이끄는 유동수 팀장은 업무가 끝나고 항상 직원들의 행동을 모니터링해서 잘못한 점을 알려주었다. 다음 직원의 행동에 대해 유동수 팀장이 지적한 직원은 몇 명인가?

이 사원: 상사를 고객에게 먼저 소개한 후 고객을 상사에게 소개했습니다.
윤 사원: 미팅이 끝나고 고객이 악수를 청하지 않자 먼저 손을 내밀어 악수를 청했습니다.
박 사원: 고객이 무리한 요구를 하더라도 인내심을 갖고 차근차근 설명하여 고객을 납득시켰습니다.
최 사원: 고객을 안내할 때는 고객의 오른쪽 두세 걸음 뒤에서 걸어가면서 안내했습니다.
곽 사원: 앞으로 당기는 문의 경우 문을 앞으로 당겨서 열어 놓아 고객이 먼저 들어가도록 했습니다.
홍 사원: 명함 지갑에서 명함을 꺼내고 상대방에게 받은 명함도 명함 지갑에 넣었습니다.
남 사원: 고객에게 자신의 명함을 건넬 때 상대방이 이름을 볼 수 있는 방향으로 건넸습니다.

① 2명 ② 3명 ③ 4명 ④ 5명 ⑤ 6명

난이도 ★★★

16 직업윤리를 실천하기 위해서는 서비스(Service)의 의미를 이해하고, 이를 적용할 수 있어야 한다. 서비스(Service)라는 단어에는 7가지의 의미가 내포되어 있다. 다음 중 고객에게 서비스를 어떻게 제공해야 하는지 설명한 것으로 옳지 않은 것은?

[SERVICE의 7가지 의미]

- S(Smile & Speed): 미소를 지으며 신속하게 제공해야 한다.
- E(Emotion): 고객에게 감동을 주어야 한다.
- R(Respect): ____________________
- V(Value): ____________________
- I(Image): ____________________
- C(Courtesy): ____________________
- E(Excellence): ____________________

① R(Respect): 고객을 존중해야 한다.
② V(Value): 고객에게 가치를 제공해야 한다.
③ I(Image): 고객에게 좋은 이미지를 심어 준다.
④ C(Courtesy): 고객이 안심하고 편한 마음을 갖게 한다.
⑤ E(Excellence): 고객에게 탁월한 서비스를 제공한다.

난이도 ★★★

17 다음은 식품회사 품질관리팀의 회식 때 직원들이 나눈 대화 내용이다. 직장에서 근무할 때 지켜야 할 예절에 대해 가장 바르게 이해하고 있는 사람은?

A 대리: 요즘 신입사원들은 5분밖에 지각을 안 했다면서 슬그머니 자리에 앉는 경우가 종종 있습니다. 이럴 때 상사에게 솔직하게 사유를 이야기하는 게 맞는 건데 말이죠.
B 사원: 제가 통화 중일 때 상사가 출근하면 가볍게 묵례를 하더라도, 상사가 통화 중에 제가 출근할 때는 방해하지 말고 조용히 자리에 앉는 게 맞겠죠.
C 과장: 자리를 비울 경우 행선지나 용건을 반드시 상사에게 보고해야 하지만, 돌아왔을 때까지 굳이 다시 알릴 필요는 없어요.
D 주임: 퇴근시간 15분 전에는 슬슬 퇴근준비를 해야죠. 다들 적어도 출근시간 15분 전까지는 도착해서 정리 정돈하고 일과를 시작하잖아요.
E 부장: 외출지에서 퇴근시간을 넘기더라도 반드시 귀사해서 상사에게 보고하고 퇴근해야 해요.

① A 대리 ② B 사원 ③ C 과장 ④ D 주임 ⑤ E 부장

난이도 ★★★

18 주요 공기업의 재무건전성이 악화되어 국민경제의 부담이 되면서 공공기관의 도덕적 해이에 대한 관심이 집중되고 있다. 공공기관은 도덕적 해이의 유혹에 빠지기 쉽기 때문에 개인적 이익을 앞세우기보다는 조직의 목적에 충실해야 한다는 윤리적 책무가 최고의 덕목이 되어야 한다. 다음 중 도덕적 해이에 대한 설명으로 옳지 않은 것은?

① 도덕적 일탈행위와 같은 의미로 사적 영역에서 도덕적 의무를 다하지 않는 행위가 포함된다.
② 예산 절감을 위해 노력하지 않거나 성과와 무관한 성과급 지급 등 방만경영 행태가 포함된다.
③ 자신의 승진만 신경 쓰고 부서의 성과에 관심을 두지 않는 등 의도적인 자기 이익 실현 행위가 포함된다.
④ 법률 위반과 달리 직무를 충실히 수행하지 않는 행위에 한정된다.
⑤ 상급기관에 결정을 미루고 결정에 대한 책임을 지기를 피하려고 한다.

난이도 ★★★

19 다음은 ESG 경영 환경에서 적용되는 다양한 국내외 표준 중 하나인 ISO 26000에 대한 내용이다. ISO 26000의 쟁점 사항을 7대 핵심 주제와 올바르게 연결한 것은?

[ISO 26000]

ISO 26000은 모든 조직의 사회적 책임(Social Responsibility)을 다루기 위해 2010년 11월 1일 공표됐다. ISO는 'International Organization for Standardization'의 약자로, 각국 표준 제정 단체들의 대표 기구인 국제표준화기구를 뜻한다.

조직의 의사결정 및 비즈니스 활동 시 이익의 사회 환원 목표를 규정한 것으로 일부 기업의 비윤리적 이슈를 계기로 만들어졌으며 미국, 프랑스, 독일, 영국, 덴마크, 남아공, 일본 등 세계 40여 개국은 앞다퉈 각국의 국가표준으로 도입하였다. 우리나라에서는 2012년 8월 'KS A ISO 26000'이란 이름의 한국산업표준으로 자리하고 있다.

ISO 26000이 제안하는 사회적 책임의 7대 핵심 주제는 조직 거버넌스, 인권, 노동 관행, 환경, 공정한 운영 관행, 소비자 쟁점, 지역사회 참여와 발전이다. 구체적으로는 다음과 같다.

[ISO 26000 7대 핵심 주제]

1. **조직 거버넌스:** 조직이 목표를 추구하기 위해 결정하고 실행하는 시스템이다. 거버넌스 시스템은 조직의 규모와 유형뿐만 아니라 조직이 운영되는 환경, 정치, 경제, 사회, 문화 맥락에 따라 다양하게 나타난다.
2. **인권:** 모든 인간에게 부여된 기본권리를 뜻한다. 인권은 '시민권과 정치적 권리(자유권, 생명권, 자유권, 법 앞의 평등, 표현의 자유 등)'와 '경제적, 사회적 및 문화적 권리(노동권, 의료권, 교육을 받을 권리, 사회적 권리 등)'로 구분할 수 있다.
3. **노동 관행:** 조직이 직접 혹은 조직을 대신해 조직 내에서 수행하는 업무와 관련된 모든 정책 및 관행을 포함하며, 조직에 고용된 노동자와 조직이 직·간접적으로 통제권을 가지고 있는 작업장에서 조직이 갖는 책임을 의미한다.
4. **환경:** 환경적 책임은 인류의 생존과 발전을 위해 꼭 필요하며, 사회적 책임의 중요한 측면으로 다른 핵심 주제와 쟁점에 밀접하게 연계된다. ISO 14000 시리즈 같은 표준은 조직이 시스템 방식으로 환경 쟁점을 다루는 것을 돕는 도구로 사용 가능하다.
5. **공정한 운영 관행:** 조직이 다른 조직과의 관계에서 윤리적 행동을 하는 것과 관련된다. 여기에는 조직과 조직의 파트너, 고객, 경쟁자, 소속 협회, 정부 기관과의 관계 등이 포함된다.
6. **소비자 이슈:** 소비자와 고객에 대한 책임은 제품과 서비스를 제공하는 조직에 있으며, 소비자 이슈는 사적인 목적으로 제품을 구매하는 소비자에게 적용된다.
7. **지역사회 참여와 발전:** '지역사회'는 조직과 물리적으로 가깝거나 조직의 영향 영역 내에서 근접한 주거지 또는 다른 사회적 정주지를 의미한다.

	7대 핵심주제	쟁점 사항
①	인권	사회적 대화
②	노동관행	근로에서의 근본원칙과 권리
③	공정한 운영 관행	소비자 서비스, 지원 및 불만과 분쟁해결
④	소비자 이슈	재산권 존중
⑤	지역사회 참여와 발전	고용창출과 기능개발

난이도 ★★★

20 **성희롱은 피해자의 업무수행을 방해하고 업무능력을 저하시키게 되어 생산성을 저하시키는 결과를 초래한다. 따라서 일 경험을 통한 관계 속에서 우리는 모욕적이고 타인을 비하하는 언어 등 부적절한 언어와 행동을 삼가고, 상호 존중과 신뢰를 쌓도록 노력해야 한다. 다음은 성희롱에 관한 설명이다. 잘못된 내용을 모두 고른 것은?**

㉠ 성희롱은 '업무와 관련하여 성적 언어나 행동 등으로 굴욕감을 느끼게 하거나 성적 언동 등을 조건으로 고용상 불이익을 주는 행위'이다.
㉡ 육체적 유형, 언어적 유형, 시각적 유형, 기타 사회 통념상 성적 굴욕감을 유발하는 것으로 인정되는 언어나 행동, 성역할에 기반한 성희롱으로 나눌 수 있다.
㉢ 성희롱은 과도한 행위인 경우 형사처벌을 받을 수 있고, 피해자는 가해자에게 민사상 손해배상을 청구할 수 있다.
㉣ 법률적인 기준은 피해자가 '성적 수치심이나 굴욕감을 느꼈는지 아닌지'가 중요하다.
㉤ 직장 내 성희롱은 반드시 업무시간 내 또는 근무 장소에서 이루어져야 하며, 그렇지 않은 경우 다른 법적 조치가 필요하다.
㉥ 이성 간뿐만 아니라 동성 간에도 피해자가 수치심과 성적인 굴욕감을 느꼈다면 성희롱이 성립된다.

① ㉠, ㉢ ② ㉡, ㉣ ③ ㉢, ㉤ ④ ㉣, ㉥ ⑤ ㉤, ㉥

정답해설편 p.104

단/기/합/격
해커스공기업

NCS

전략과목

통합 기본서

13320
9 788969 655769
ISBN 978-89-6965-576-9

2025 최신판

1위 해커스

주간동아 2024 한국고객만족도 교육
(온·오프라인 취업) 1위

단/기/합/격

해커스공기업 NCS 통합 기본서

한국전력공사·한국철도공사(코레일)·
국민건강보험공단·IBK기업은행 등
공사 공단 및 금융권 필기 전형 대비

베스트셀러 1위

윤종혁·김소원·김태형·복지훈·최수지·김동민·해커스 취업교육연구소 공저

모의고사

모듈형+피듈형+PSAT형

5회분

(온라인 1회분 포함)

특별제공

- 김소원의 수리능력 3초 풀이법 강의
- 실력 점검 테스트 해설강의
- NCS 온라인 모의고사
- 무료 바로 채점 및 성적 분석 서비스

- 가이드북에 없는 NCS 필수 암기 노트 PDF
- 초단기 완성 NCS 6개 영역 모듈 이론 요약 노트 PDF
- 공기업 인성검사&면접 합격 가이드 PDF

해커스잡 | ejob.Hackers.com 본 교재 인강(할인쿠폰 수록)

교보문고 취업/수험서 베스트셀러 공기업/공사/공무원 분야 1위(2025.01.03. 온라인 주간 베스트 기준)

단/기/합/격

해커스공기업

NCS

통합 기본서

모듈형+피듈형+PSAT형

모의고사

해커스

목차

1권 필수과목편

교재 학습법 6
NCS 채용 가이드 10
NCS 합격 가이드 18
실력 점검 테스트&학습 가이드 22
맞춤 학습 플랜 34

1. 의사소통능력
핵심이론정리 38
대표기출유형 74
적중예상문제 82
고난도 PSAT형 문제 128

2. 수리능력
핵심이론정리 136
대표기출유형 152
적중예상문제 158
고난도 PSAT형 문제 180

3. 문제해결능력
핵심이론정리 196
대표기출유형 210
적중예상문제 218
고난도 PSAT형 문제 240

4. 자원관리능력
핵심이론정리 258
대표기출유형 268
적중예상문제 278
고난도 PSAT형 문제 314

2권 전략과목편

5. 자기개발능력
핵심이론정리 6
대표기출유형 20
적중예상문제 26

6. 대인관계능력
핵심이론정리 40
대표기출유형 60
적중예상문제 66

7. 정보능력
핵심이론정리 82
대표기출유형 100
적중예상문제 106

8. 기술능력
핵심이론정리 142
대표기출유형 156
적중예상문제 164

9. 조직이해능력
핵심이론정리 182
대표기출유형 204
적중예상문제 212

10. 직업윤리
핵심이론정리 246
대표기출유형 258
적중예상문제 262

3권 모의고사편

실전모의고사 1회 의·수·문·자 통합형 6

실전모의고사 2회 의·수·문·자 통합형 44

실전모의고사 3회 전 영역 통합형 84

실전모의고사 4회 전 영역 통합형 128

4권 정답해설편

1권 필수과목편

실력 점검 테스트 4

1. 의사소통능력 8
2. 수리능력 17
3. 문제해결능력 28
4. 자원관리능력 45

2권 전략과목편

5. 자기개발능력 60
6. 대인관계능력 65
7. 정보능력 73
8. 기술능력 84
9. 조직이해능력 90
10. 직업윤리 104

3권 모의고사편

실전모의고사 1회 의·수·문·자 통합형 110

실전모의고사 2회 의·수·문·자 통합형 120

실전모의고사 3회 전 영역 통합형 130

실전모의고사 4회 전 영역 통합형 143

수험번호	
성명	

실전모의고사 1회

의·수·문·자 통합형

□ **시험 유의사항**

* 총 40문항으로 구성되어 있으며 50분 이내에 풀어야 합니다.
* 의사소통능력(10문항), 수리능력(10문항), 문제해결능력(10문항), 자원관리능력(10문항) 문제가 차례대로 나오게 됩니다.
* 시작과 종료 시각을 정한 후, 실전처럼 모의고사를 풀어보세요.
  ______시______분 ~ ______시______분 (총 40문항/50분)

01 다음 문장 중 어법에 맞고 자연스러운 것은?

① 김 사원, 과장님께서 빨리 오시랍니다.
② 보도자료와 신문기사는 분명히 틀린 것이다.
③ 이 영화는 행복한 내용의 결말로 끝맺고 있다.
④ 성공을 하기까지에는, 많은 비용과 노력, 그리고 긴 시간이 든다.
⑤ 그 강연의 핵심은 준비된 자만이 밝은 미래를 얻을 수 있다는 것이다.

02 다음 설명에 해당하는 한자성어는 무엇인가?

처지를 바꾸어 생각하여 상대방의 입장에서 이해하려는 태도

① 以心傳心(이심전심)
② 安貧樂道(안빈낙도)
③ 易地思之(역지사지)
④ 遺臭萬年(유취만년)
⑤ 溫故知新(온고지신)

03 다음 중 서로 반대되는 의미를 가진 한자성어끼리 묶인 것은?

① 苛政猛於虎(가정맹어호) – 善政美於花(선정미어화)
② 難兄難弟(난형난제) – 大同小異(대동소이)
③ 溫故知新(온고지신) – 日就月將(일취월장)
④ 權不十年(권불십년) – 水滴石穿(수적석천)
⑤ 衣錦之榮(의금지영) – 錦衣還鄕(금의환향)

04 다음을 읽고 중소벤처기업 지원 사업 계획에 대한 설명으로 옳지 않은 것을 고르면?

중소벤처기업부는 2024년도 중소벤처기업 지원 사업 계획을 발표하며, 중소기업의 지속 가능한 성장을 위한 다양한 지원 방안을 마련했다. 이번 계획은 창업 활성화, 기술 혁신, 판로 개척, 인력 양성, 수출 지원 등 다섯 가지 주요 분야로 구성되며, 각 분야의 세부 프로그램을 통해 중소벤처기업의 경쟁력 강화를 목표로 하고 있다.

우선, 금융 지원 부문에서는 중소기업의 자금 조달을 원활히 하기 위해 다양한 금융 지원 프로그램을 마련하였다. 시설 및 운전자금 대출, 신용보증 지원, 긴급경영안정자금 융자 등을 통해 기업이 필요로 하는 자금을 지원하고, 기업의 성장 단계에 맞춘 정책 자금 지원을 강화한다. 특히, 혁신창업사업화자금과 신성장기반자금, 신시장진출지원자금 등 기업의 성장 잠재력에 따라 맞춤형 자금을 제공하여 지속적인 성장을 도모할 예정이다.

기술개발 지원 부문에서는 창업성장기술개발(R&D), 중소기업기술혁신개발, 스마트 제조혁신 기술개발사업 등을 통해 중소기업의 기술 혁신을 지원한다. 이를 통해 중소기업이 4차 산업혁명 기술을 적극적으로 도입하고, 기술력 기반의 제품 개발을 추진할 수 있도록 한다. 또한, 산학연Collabo R&D를 통해 산학연 협력 프로젝트를 활성화하고, 기업의 기술 역량을 강화하여 글로벌 시장 진출을 돕는 한편, 스마트공장 보급확산 및 기술 유출 방지를 위한 체계적인 지원 방안도 마련했다. 인력 지원 측면에서는 중소기업 특성화고 인력양성사업, 인력양성대학 기술사관 육성, 청년연계형 내일채움공제 등 다양한 인력 양성 프로그램을 운영하여, 중소기업이 필요로 하는 전문 인력을 공급하고 청년 고용 창출에 기여하고자 한다. 이를 통해 중소기업의 인력 수급 문제를 해결하고, 인재 육성 및 장기근속을 유도하여 기업과 인력이 동반 성장할 수 있는 구조를 구축한다.

또한, 판로 지원 부문에서는 중소기업이 공공기관 및 대기업과의 거래를 확대할 수 있도록 다양한 판로 개척 프로그램을 운영한다. 기술개발제품의 공공기관 실증 지원 사업, 기술개발제품 우선구매 제도 등을 통해 중소기업 제품의 판로를 지원하고, 혁신제품의 시장 진입을 촉진한다. 이를 통해 중소기업의 기술력을 바탕으로 한 제품이 시장에서 성공적으로 자리 잡을 수 있도록 다양한 지원을 제공한다.

수출 지원 부문에서는 중소기업의 글로벌 시장 진출을 돕기 위한 수출바우처, 수출컨소시엄, 전자상거래수출 시장진출, 해외규격인증획득지원사업 등 다양한 프로그램을 운영한다. 이들 프로그램을 통해 수출 초보기업부터 글로벌 강소기업에 이르기까지 수출 역량을 강화하고, 중소기업이 세계 시장에서 경쟁력을 갖출 수 있도록 종합적인 지원을 제공할 계획이다. 이번 2024년도 중소벤처기업 지원 사업은 기술 개발부터 판로 개척, 인력 양성, 수출 지원에 이르기까지 중소기업의 성장을 위한 전방위적인 지원 체계를 구축하고 있다. 중소벤처기업부는 이번 계획을 통해 중소기업의 성장 동력을 강화하고, 경제 활성화와 일자리 창출에 기여하겠다고 밝혔다.

① 2024년도 지원 사업에는 신성장기반자금, 혁신창업사업화자금 등 다양한 맞춤형 자금 지원 프로그램이 포함되어 있다.

② 스마트공장 보급확산 및 기술 유출 방지 지원은 중소기업의 4차 산업혁명 기술 도입을 촉진하는 데 중점을 둔다.

③ 수출 지원 부문에서는 전자상거래수출 시장진출과 수출바우처 프로그램을 운영하여 글로벌 진출을 지원한다.

④ 기술개발 지원 부문에서는 전통 제조업 중심의 기술 개발만을 지원하며, 4차 산업혁명 기술 도입은 제외된다.

⑤ 인력 지원 부문에서는 청년연계형 내일채움공제와 특성화고 인력양성사업 등을 통해 전문 인력을 양성한다.

05 다음 보도자료를 읽고 이해한 내용으로 가장 적절하지 않은 것은?

정부가 도심항공 모빌리티(UAM) 분야의 2025년 상용화를 목표로 올해 8월부터 6개 민간 컨소시엄이 참여하는 실증비행 테스트를 착수한다. 또한 미래의료 기술과 관련해 올해 상반기 중 K-바이오 백신 펀드 5,000억 원 조성 등으로 감염병 백신 및 치료제 개발을 위한 투자를 확대해 나갈 방침이다. 추○○ 경제부총리 겸 기획재정부 장관은 20일 정부세종청사에서 주재한 비상경제장관회의에서 이와 같은 내용의 '신성장 4.0 전략 2023년 추진계획 및 연도별 로드맵'을 설명했다. 이날 추 부총리는 "미래형 모빌리티·스마트 물류 등 다양한 프로젝트들을 본격 추진하기 위한 2023년 추진계획을 마련해 금년 중 30여 개(상반기 중 20여 개)의 세부대책을 추진할 계획"이라고 밝혔다.

그러면서 "이 과정에서 민간기업 등의 역량과 자원을 최대한 활용하고, 국민들이 체감할 수 있는 가시적 성과를 창출해 내겠다"고 덧붙였다. 이에 정부는 이번 15대 프로젝트별 주요 추진사항과 관련해 올해 안에 내 30+α개 주요 대책을 발표하고, 세부 과제별 별도 추진계획을 마련해 지속 보완·구체화할 계획이다.

정부는 연내 자율주행 통신방식 결정과 정밀도로지도 3,400km 추가 구축 등을 추진한다. 미래 핵심기술인 양자기술의 경우 선진국과의 기술격차 축소를 위해 20큐비트 양자컴퓨터개발 및 시연을 올해 하반기로 앞당기도록 한다. 아울러 돌봄·교육·의료 등 국민생활에 AI를 도입하는 '전국민 AI 일상화 프로젝트'를 오는 6월까지 마련해 전국적으로 추진해 나가기로 했다. 또한 온실가스 실질 배출량이 0(net-zero)인 도시 '넷제로 시티'는 올해 하반기 중 대상지 10개소를 선정, 실행계획 수립 등을 거쳐 2026년부터 조성해 나갈 계획이다.

스마트그리드의 경우 기존 주유소에서 전기를 직접 생산·충전하는 에너지 슈퍼스테이션이 2027년까지 500개 이상 확대될 수 있도록 관련 규제를 조속히 개선할 방침이다. 오는 8월까지 미래형 모빌리티는 조기 상용화를 위해 UAM 개활지 실증을 하고, C-ITS 통신방식은 연내 결정한다. 먼저 UAM은 민간기업 등이 참여하는 K-UAM 실증사업을 추진하고, 올해 하반기 중에 과감한 규제특례 등을 포함한 UAM법을 제정한다. 자율주행은 실증성과 등을 고려해 C-ITS 통신방식 연내 결정하고 자율차 성능 인증제도와 Lv4 제작기준·보험 등 제도 마련에 착수한다. 또한 정밀도로지도 3,400km를 추가해 올해 누적 3만km를 구축한다. 아울러 이통사 등 16개 기관이 참여하는 C-ITS 데이터와 산·학·연·관 53개 기관이 참여하는 정밀도로지도는 데이터 기반 서비스로 제공한다.

우주탐사는 우주항공청 개청과 누리호 3차 발사 등 대형 프로젝트를 추진하고, 민간 우주산업 육성 등으로 우주개발을 추진한다. 이에 특별법 제정을 통해 올해 말 우주항공청을 출범하고 대형 우주탐사 프로젝트를 추진한다. 공공기술의 민간이전 등으로 민간 체계종합기업을 육성한다.

양자과학기술과 관련해 올해 하반기 중에 20큐비트 양자컴퓨터를 조기 시연하고 50큐비트 양자프로세서(CPU역할) 개발을 추진한다. 민관 협업방식으로 수소에너지 관련 신소재 개발에 특화된 양자시뮬레이터 개발에 착수하며 초기시장 창출에 기여할 수 있는 양자센서 시작품 개발도 착수한다. 미래의료 기술은 백신·치료제 R&D를 올해 83개 신규로 추진하고, 디지털 치료기기 임상·허가 가이드라인 2건 개발하며 건강정보 고속도로를 6월 중 개통한다. 특히 민간 중심으로 필수예방접종제 등 백신·치료제를 개발하고 우수기업 성장 지원을 위해 5,000억 원 규모의 K-바이오백신 펀드를 조성할 계획이다.

에너지 신기술은 원전 기술(SMR·MSR)과 태양광 탠덤 셀 기술, 청정수소 생산기술, 해상풍력 구조물 설계기술 등 개발에 착수한다. 내 삶 속의 디지털을 위해 국산 AI 반도체 활용 데이터센터를 구축하고 AI 일상화 프로젝트를 추진하며 5G 특화망 모델 4종을 추가로 발굴한다. 차세대 물류는 로봇·드론 배송 상용화를 위한 제도 정비와 국내 최초 완전자동화 항만 개장 등 인프라를 구축한다. 특히 민간 주도로 로봇과 드론 등을 활용한 차세대 물류서비스를 개발하고, 일상 안착을 위해 법·제도 정비한다. 로봇·드론 무인배송 허용, 실외배송로봇 정의, 주행용 영상촬영 허용 등 관련법의 연내 개정을 추진한다.

탄소중립도시는 Net-Zero City 대상지 10곳 선정과 함께 추진전략을 마련하고 농촌 에너지 효율화 방안도 올해 안에 마련한다. 수직농장 전문기업과 스마트온실 시공기술 보유 기업 등과 함께 민간주도 수직농장·스마트온실 사업모델 마련에 착수하고, 연내 푸드테크육성법 제정 및 대체식품 가이드라인을 마련한다. 스마트그리드는 공공 ESS를 구축하고, 주택 등 500만 호와 아파트 66만 호에 지능형 전력계량 시스템(AMI)을 보급하며 에너지 슈퍼스테이션 확산을 위한 규제개선을 추진한다.

※ 출처: 기획재정부(2023-02-20 보도자료)

① 올해 8월부터 도심항공 모빌리티(UAM) 분야의 실증비행 테스트를 시작한다.
② 정부는 올해 안에 50개 주요 대책을 발표할 계획이다.
③ '넷제로 시티'는 2026년부터 시작하여 온실가스 실질 배출량이 0인 도시를 조성할 계획이다.
④ 양자과학기술과 관련해서 50큐비트 양자 프로세서의 개발을 추진하고, 양자컴퓨터는 올해 하반기에 조기 시연할 계획이다.
⑤ 에너지 슈퍼스테이션은 2027년까지 100개 이상 확대될 계획이다.

06 다음 중 중력파에 대한 설명으로 옳지 않은 것은?

2015년 9월 14일, 미국의 레이저 간섭계 중력파 관측소(LIGO)는 역사적인 발견을 했다. 바로 두 개의 블랙홀이 충돌하며 발생한 중력파를 감지한 것이다. 중력파는 아인슈타인이 1915년 일반상대성이론을 통해 예측한 것으로, 공간과 시간이 왜곡되면서 파동 형태로 전파되는 현상이다. 이번 발견은 중력파가 실제로 존재함을 입증한 첫 사례로, 우주에 대한 새로운 관측 도구를 제공해주었다.

중력파는 빛이나 다른 전자기파와는 달리, 우주를 가로지르며 물질에 의해 거의 방해받지 않는다. 이 때문에 중력파를 통해 우리는 블랙홀이나 중성자별처럼 매우 밀도가 높은 천체나 폭발적인 천체 사건을 탐지할 수 있다. 예를 들어, 두 개의 중성자별이 서로를 향해 돌다가 결국 충돌하여 하나로 합쳐지는 과정에서 발생하는 엄청난 에너지를 가진 중력파는 우리가 관측하기 어려운 천체의 정보를 전달해줄 수 있다.

중력파는 시공간의 미세한 변형을 의미하며, 이는 기존의 천문학적 관측 방식과는 다른 특성을 지닌다. 빛을 이용한 관측은 주로 별이나 은하에서 방출되는 전자기파를 탐지하여 천체의 물리적 특성을 연구하지만, 중력파는 시공간 자체의 변화를 감지하기 때문에 은밀히 숨겨져 있던 우주의 비밀을 밝혀내는 데 큰 도움을 준다. 예를 들어, 두 블랙홀이 충돌하는 과정에서 발생하는 중력파는 블랙홀의 질량과 회전 속도, 충돌 후 형성된 블랙홀의 성질 등을 파악할 수 있게 해준다.

중력파를 감지하기 위해서는 매우 정밀한 장비가 필요하다. LIGO는 길이 4km의 두 레이저 간섭계를 이용해 시공간의 변화를 감지한다. 이때, 중력파가 지나가면서 시공간이 늘어나거나 줄어들면 레이저의 간섭무늬가 변화하게 되고, 이를 통해 중력파의 존재를 확인할 수 있다. 하지만 중력파는 매우 미세한 변화를 일으키기 때문에, 탐지 장비가 지구의 지진이나 바람 같은 환경 요인의 영향을 받지 않도록 최대한 외부 요인을 차단해야 한다. 이 때문에 LIGO는 지구의 고요한 장소에 위치해 있으며, 극도로 민감한 장비들로 구성되어 있다.

중력파 탐지는 우주 탐사의 새로운 시대를 열었다고 할 수 있다. 기존의 전자기파 탐지 방식으로는 볼 수 없었던 우주의 어두운 부분, 즉 블랙홀, 중성자별 등과 같은 천체를 관측할 수 있게 되었기 때문이다. 이를 통해 우리는 우주의 탄생과 진화, 그리고 현재 상태에 대해 더 깊이 이해할 수 있게 되었다. 중력파를 통해 밝혀진 정보는 단순히 천문학에 국한되지 않고, 물리학, 우주론 등 다양한 학문 분야에도 중요한 단서를 제공해준다.

2017년에는 두 중성자별의 충돌로 인해 발생한 중력파와 이에 따른 전자기파를 동시에 탐지하여, 천체물리학의 새로운 장을 열었다. 이러한 다중 메신저 천문학(multi-messenger astronomy)은 중력파와 전자기파, 중성미자 등을 모두 활용하여 우주 현상을 다각도로 분석할 수 있게 해준다. 이를 통해 우리는 우주의 극한 환경과 그 속에서 벌어지는 사건들을 더 깊이 이해할 수 있게 된다.

중력파 탐사는 앞으로도 다양한 성과를 가져올 것으로 기대된다. 현재 유럽의 '비르고(Virgo)'나 일본의 '카미오칸데(KAGRA)'와 같은 중력파 탐지기가 LIGO와 협력하여 더욱 정밀한 관측을 진행하고 있으며, 미래에는 더 높은 감도를 가진 차세대 탐지기들이 개발될 예정이다. 이와 같은 기술 발전을 통해 우리는 블랙홀의 기원, 우주의 구조, 중력의 본질 등 지금까지 밝혀지지 않았던 우주의 신비를 풀어갈 수 있을 것이다.

① 중력파는 아인슈타인의 일반상대성이론에서 예측된 것으로, 시공간의 왜곡이 파동 형태로 전파되는 현상이다.

② 중력파는 우주를 가로지르며 물질에 의해 방해받지 않으므로, 밀도가 낮은 천체의 움직임을 주로 탐지하는 데 사용된다.

③ LIGO는 레이저 간섭계를 이용해 중력파로 인한 시공간의 변화를 감지하는 장비로, 2015년에 최초로 중력파를 발견했다.

④ 중력파를 통해 블랙홀과 중성자별 같은 고밀도 천체의 물리적 특성을 파악할 수 있다.

⑤ 다중 메신저 천문학은 중력파, 전자기파, 중성미자 등 여러 신호를 활용하여 우주 현상을 분석하는 학문이다.

07 다음을 읽고 양자 컴퓨팅에 대한 설명으로 옳지 않은 것은?

양자 컴퓨팅은 전통적인 컴퓨터가 0과 1의 이진법으로 정보를 처리하는 것과 달리, 양자비트를 사용하여 더 복잡한 연산을 수행할 수 있다. 양자 컴퓨터는 큐비트(qubit)를 사용하여 여러 상태를 동시에 표현하는 초월적 병렬성을 제공하며, 이를 통해 고전 컴퓨터로는 불가능한 계산을 수행할 수 있다. 예를 들어, 큐비트의 얽힘(entanglement) 현상은 두 입자 간에 정보가 순간적으로 공유되는 것을 의미하며, 이는 병렬 연산에서 큰 이점을 제공한다.

양자 컴퓨팅의 가장 대표적인 알고리즘으로는 쇼어의 알고리즘(Shor's Algorithm)이 있다. 이 알고리즘은 소인수분해 문제를 매우 빠르게 해결할 수 있어, 현재의 암호화 체계를 위협할 수 있다. 또한, 그로버의 알고리즘(Grover's Algorithm)은 데이터베이스 검색 문제에서 고전 컴퓨터보다 훨씬 빠른 검색 속도를 제공한다. 이러한 알고리즘들은 양자 컴퓨터의 연산 능력을 극대화하여 미래의 정보 처리 기술에 혁신적인 변화를 가져올 것으로 기대된다.

그러나 양자 컴퓨팅은 아직 해결해야 할 많은 기술적 과제를 안고 있다. 큐비트의 상태는 외부 환경의 작은 변화에도 쉽게 붕괴되는 '디코히런스(decoherence)' 문제를 겪는다. 이를 극복하기 위해 큐비트의 안정성을 높이고 오류를 보정하는 방법이 필요하다. 현재 연구자들은 이를 해결하기 위해 오류 정정 코드와 양자 상태의 안정화를 위한 다양한 기술을 개발하고 있다.

양자 컴퓨팅은 암호학, 금융, 물질과학 등 다양한 분야에 응용될 수 있다. 예를 들어, 신약 개발에서는 수백만 가지의 화합물 중에서 특정 화합물이 목표하는 효능을 가질 확률을 계산하는 데 양자 컴퓨팅을 활용할 수 있다. 또한, 금융에서는 최적의 포트폴리오 구성을 위한 시뮬레이션을 빠르게 수행할 수 있어 투자 전략의 효율성을 극대화할 수 있다.

양자 컴퓨팅이 현실화되기 위해서는 하드웨어와 소프트웨어의 동시 발전이 필수적이다. 이를 통해 양자 컴퓨터의 실용화가 이루어지면, 기존의 컴퓨팅 패러다임을 넘어서는 혁신적 기술 발전이 가능할 것이다.

① 양자 컴퓨터는 큐비트의 얽힘 현상을 이용하여 병렬 연산을 수행할 수 있다.
② 쇼어의 알고리즘은 양자 컴퓨터가 소인수분해 문제를 빠르게 해결할 수 있게 한다.
③ 양자 컴퓨팅은 디코히런스 문제를 겪지 않으며, 외부 환경 변화에 민감하지 않다.
④ 그로버의 알고리즘은 데이터베이스 검색 문제에서 고전 컴퓨터보다 빠른 검색 속도를 제공한다.
⑤ 양자 컴퓨팅은 신약 개발과 금융 분야에 응용될 수 있다.

08 다음 안내문을 읽고 바르게 이해하지 못한 것은?

[2024학년도 국·공·사립유치원 유아모집 온라인 안내]

1. 서비스 개요
   가. '처음학교로'는 온라인으로 유아의 유치원 입학 절차를 진행하는 입학관리시스템입니다. 국·공·사립유치원 전국에 걸쳐 이 시스템을 사용하게 됩니다.

2. 서비스 시작
   가. 2024학년도 유아모집 온라인 서비스는 2023. 11. 1. 09:00부터 시작됩니다.

3. 신청 방법
   가. '처음학교로' 회원가입 후, 유아 정보를 등록하여 3개 희망 유치원까지 접수 가능합니다.
   나. 우선모집: 해당 자격 확인 필요. 법정저소득층, 국가보훈대상자, 북한이탈주민 가정 유아는 온라인으로 자격 검증 가능
   다. 일반모집: 사전 접수 및 본 접수 기간에 접수. 중복 선발 제한 있음

4. 새로운 서비스
   가. 2024학년도부터 온라인과 현장에서 교차 원서접수 가능
   나. 모바일 학부모 서비스 시간 확대 및 국민건강보험공단과의 연계 간소화
   다. 관심 유치원 등록 시 모집인원 변동 알림 서비스 제공

5. 접속 안내
   가. 동시 접속자가 많을 경우 접속 지연이 발생할 수 있습니다. 선발 결과는 개인용 컴퓨터 및 모바일에서 10분 간격으로 확인 가능합니다.

6. 교육부는 꾸준한 서비스 개선을 통해 처음학교로를 사용자 중심의 플랫폼으로 만들어 나갈 것을 약속드립니다.

7. 문의처: 교육부 유아교육정책과: 044-203-6452 // 한국교육학술정보원: 053-714-0365

① '처음학교로'는 유아의 유치원 입학 절차를 진행하는 시스템이다.
② 2024학년도 유아모집 온라인 서비스는 2023년 11월 1일부터 시작한다.
③ 우선모집대상자는 법정저소득층, 국가보훈대상자, 북한이탈주민 가정 유아이며 동사무소에서 접수 가능하다.
④ 관심 유치원 등록 시 모집인원 변동이 있으면 알림이 온다.
⑤ 선발 결과는 개인용 컴퓨터와 모바일에서 둘 다 확인 가능하다.

09 다음 글을 읽고 사회복지제도에 대한 설명으로 옳지 않은 것을 고르면?

사회복지제도는 모든 국민이 기본적인 삶의 질을 유지하고, 사회적 위험에 대비할 수 있도록 지원하는 중요한 제도이다. 이러한 제도는 다양한 경제적, 사회적 문제에 대처하기 위해 만들어졌으며, 대표적인 예로 국민건강보험, 국민연금, 기초생활보장 등이 있다. 이러한 제도는 국민의 건강과 경제적 안정성을 보장함으로써 사회적 평등을 실현하고, 사회 전체의 안정성과 지속 가능성을 유지하는 데 기여한다.

사회복지제도는 국민이 기본적인 생활을 영위할 수 있도록 국가가 마련한 보호와 지원의 체계이다. 이는 경제적 약자, 노인, 아동, 장애인, 실업자 등 사회적 취약계층을 대상으로 하며, 이들이 생활고나 사회적 위험에 빠졌을 때 최소한의 생활을 보장해준다. 예를 들어, 국민건강보험은 국민이 질병이나 부상으로 인해 큰 의료비 부담을 겪지 않도록 보장해주는 제도이다. 국민연금은 노후를 대비해 일정 연령 이상이 되었을 때 매달 연금을 지급받아 안정적인 생활을 할 수 있게 한다.

사회복지제도는 19세기 산업화 과정에서 빈곤, 실업, 질병 등 다양한 사회적 문제가 대두되면서 등장하였다. 특히 독일의 오토 폰 비스마르크는 세계 최초로 사회보험 제도를 도입하여 노동자들의 삶을 보호하고, 사회적 불안을 해소하려 했다. 이후 각국은 경제 발전과 사회 변화에 따라 사회복지제도를 확립하고 발전시켜왔다. 한국에서는 1977년 국민건강보험 도입을 시작으로 국민연금, 고용보험, 산재보험 등 다양한 사회복지제도가 마련되었으며, 이를 통해 국민의 사회적 안전망을 강화해왔다.

사회복지제도는 국민의 생활 안정을 도모하고, 사회적 격차를 해소하는 중요한 역할을 한다. 사회적 위험에 대비할 수 있는 안전망이 없다면 개인은 갑작스러운 실직, 질병, 사고 등에 의해 심각한 경제적 위기를 겪을 수 있다. 이러한 위험은 개인뿐만 아니라 사회 전체에도 큰 불안정을 초래할 수 있다. 예를 들어, 건강보험이 없는 상황에서는 질병이 경제적 파탄으로 이어질 수 있으며, 연금이 없는 상황에서는 노후 빈곤이 사회적 문제로 대두될 수 있다. 따라서 사회복지제도는 국민의 생활을 보호하고, 사회 전체의 안정을 도모하는 데 필수적이다.

국민건강보험공단은 대한민국의 대표적인 사회보장제도인 국민건강보험을 운영하는 기관으로, 모든 국민이 적정한 의료 서비스를 받을 수 있도록 지원하고 있다. 건강보험은 의료비 부담을 줄이고, 국민 건강을 증진하는 중요한 역할을 한다. 최근 건강보험공단은 국민의료비 부담 경감을 위해 필수 의료서비스를 확대하고, 비급여 항목을 줄이는 등 다양한 개혁을 추진하고 있다. 또한, 건강보험료 부과체계를 개편하여 형평성을 제고하고, 건강보험의 지속 가능성을 확보하기 위한 다양한 정책을 시행하고 있다.

사회복지제도는 국가의 경제 상황과 사회적 변화에 따라 다양한 도전에 직면하고 있다. 인구 고령화와 저출산 문제는 연금 제도의 재정적 지속 가능성을 위협하며, 사회보험의 부양 부담을 증가시킨다. 또한, 비정규직 노동자와 자영업자 등 사회안전망의 사각지대에 있는 계층을 위한 보장 강화가 필요하다. 따라서 정부는 사회복지제도의 지속 가능한 발전을 위해 재정 건전성을 확보하고, 사회적 불평등을 완화할 수 있는 종합적인 정책을 마련해야 한다.

미래의 사회복지제도는 기술 발전과 경제 환경 변화에 맞춰 새로운 복지 모델을 개발할 필요가 있다. 예를 들어, 디지털 기술을 활용한 복지 서비스의 제공, 빅데이터를 활용한 맞춤형 복지 정책 수립 등이 필요하다. 또한, 청년층의 사회 진입을 지원하고, 고령화 사회에 대비한 장기적 복지 체계를 구축하는 것이 중요하다.

결론적으로, 사회복지제도는 국민의 삶의 질을 높이고, 사회적 안정과 지속 가능성을 확보하는 중요한 제도이다. 국가와 사회는 끊임없는 개혁과 발전을 통해 모든 국민이 평등하게 혜택을 받을 수 있는 사회복지제도를 구축해야 할 것이다.

① 사회복지제도는 경제적 약자, 노인, 아동 등 사회적 취약계층을 보호하고, 생활 안정성을 도모하기 위해 마련된 제도이다.
② 국민건강보험은 국민의료비 부담을 줄이고, 모든 국민이 적정한 의료 서비스를 받을 수 있도록 지원하는 제도이다.
③ 국민연금은 1977년 도입되어 현재까지도 국민의 노후 생활 안정을 위해 중요한 역할을 하고 있다.
④ 인구 고령화와 저출산 문제는 연금 제도의 재정적 지속 가능성을 위협하며, 사회보험의 부양 부담을 증가시킨다.
⑤ 디지털 기술을 활용한 복지 서비스 제공과 맞춤형 복지 정책 수립은 미래 사회복지제도의 중요한 과제로 제시되고 있다.

10 다음 글을 읽고 난 후의 반응으로 올바르지 않은 것은?

정치 체제는 한 사회의 정치적 권력이 어떻게 구성되고 작동하는지를 결정하는 틀을 의미한다. 대표적인 정치 체제로는 민주주의, 권위주의, 전체주의 등이 있으며, 이들 각각은 권력의 집중과 분배 방식에 따라 다른 특성을 보인다. 이러한 정치 체제는 그 사회의 역사적, 문화적 배경에 따라 발전하며, 시대적 변화에 따라 재구성되기도 한다.

민주주의는 국민의 의사와 참여를 기반으로 하는 정치 체제이다. 이 체제에서는 국민이 주권을 갖고 있으며, 이를 바탕으로 정부를 구성하고 정책을 결정한다. 민주주의는 크게 직접 민주주의와 대의 민주주의로 나뉘는데, 직접 민주주의는 국민이 직접 정책 결정을 하는 체제이고, 대의 민주주의는 국민이 선출한 대표가 정책을 결정하는 체제이다. 현대 사회에서는 주로 대의 민주주의가 적용되고 있으며, 국민은 선거를 통해 자신을 대신할 대표자를 선출하고, 그들을 통해 정치적 의사 결정을 한다.

민주주의의 주요 원칙으로는 자유, 평등, 법치주의가 있다. 자유는 개인이 정치적, 사회적, 경제적 활동에서 자율적으로 행동할 수 있는 권리를 의미하며, 평등은 모든 국민이 법 앞에서 동등한 대우를 받는 것을 뜻한다. 법치주의는 정부의 모든 행위가 법에 따라 이루어져야 한다는 원칙으로, 이를 통해 권력의 남용을 방지하고 국민의 권리를 보호한다.

정치 체제는 사회의 변화와 함께 변동한다. 예를 들어, 20세기 초의 유럽은 왕정과 제국주의가 지배적인 정치 체제였으나, 두 차례의 세계대전을 겪으면서 민주주의와 공화주의가 확산되었다. 이러한 변화는 전쟁의 참화와 정치적, 경제적 불안정이 국민에게 심각한 피해를 주었기 때문에, 국민들은 민주주의를 통해 안정적이고 평화로운 사회를 구축하고자 했다.

그러나 민주주의 체제도 다양한 도전에 직면하고 있다. 대표적인 예로, 포퓰리즘(populism)과 같은 정치적 현상이 있다. 포퓰리즘은 '국민의 의사'를 내세우며, 기존의 정치 엘리트나 제도를 비판하는 정치 운동으로, 이는 대중의 불만과 분노를 자극하여 정치적 지지를 얻으려 한다. 이러한 정치적 흐름은 민주주의의 핵심 원칙인 다원주의와 상충할 수 있으며, 사회의 분열과 갈등을 심화시킬 위험이 있다.

또한, 권위주의 체제는 민주주의 체제에 도전하는 또 다른 정치적 경향이다. 권위주의 체제에서는 정치권력이 소수의 엘리트에게 집중되어 있으며, 국민의 정치적 권리가 제한된다. 이러한 체제는 경제적 발전을 우선시하거나 정치적 안정성을 강조하며, 민주주의의 자유와 평등을 제한하는 경향을 보인다. 현대 사회에서는 중국과 같은 국가가 권위주의 체제를 유지하면서도 경제적 발전을 이루어내어, 민주주의와 다른 정치적 모델로 제시되고 있다.

정치 체제는 한 사회의 구조와 방향을 결정하는 중요한 요소이며, 그 발전과 변화는 사회적, 정치적 안정에 큰 영향을 미친다. 민주주의는 국민의 자유와 평등을 보장하고, 권력의 남용을 방지하는 데 효과적이지만, 포퓰리즘이나 권위주의와 같은 도전에 직면하고 있다. 이러한 정치적 현상들을 이해하고 대응하는 것은 민주주의의 지속 가능성을 확보하는 데 필수적이다. 앞으로도 정치 체제는 시대적 변화와 요구에 따라 다양한 방식으로 변화하고 발전할 것이다.

① 민주주의 체제에서는 국민이 선출한 대표를 통해 정치적 의사 결정을 하며, 이를 대의 민주주의라고 한다.
② 법치주의는 정부의 모든 행위가 법에 따라 이루어져야 한다는 원칙으로, 권력의 남용을 방지하고 국민의 권리를 보호하는 데 기여한다.
③ 권위주의 체제는 정치권력이 소수의 엘리트에게 집중되어 있으며, 국민의 정치적 권리가 민주주의 체제와 유사하게 보장된다.
④ 포퓰리즘은 기존의 정치 엘리트나 제도를 비판하며, 대중의 불만과 분노를 자극하여 정치적 지지를 얻으려는 정치적 흐름이다.
⑤ 20세기 초 유럽에서는 왕정과 제국주의가 지배적인 정치 체제였으나, 두 차례의 세계대전 이후 민주주의와 공화주의가 확산되었다.

11 갑은 A 브랜드의 가방을 사려고 금액을 비교해 보았다. 매장의 금액을 확인해 보니, 온라인 쇼핑몰에서의 금액에 비해 10,200원이 더 저렴했다. 집에서 매장까지 왕복하는 데에는 3,000원의 자동차 유류비가 소요되고, 온라인 쇼핑몰에서 구매 시 2,500원의 배송비가 추가로 든다. 가방을 구매하는 데 드는 총비용을 비교해 보니 매장에서 살 때가 온라인 쇼핑몰 구매비용에 비해 10% 더 저렴하다면, 온라인 쇼핑몰에서 구매하는 비용은 총 얼마인가?

① 98,000원 ② 97,500원 ③ 97,000원 ④ 94,500원 ⑤ 92,500원

12 공장에 일정한 속도로 물건이 생산되는 기계가 있다. 작업자 4명이 생산된 물건을 모두 포장하는 데 30분이 걸리고, 작업자 8명이 포장하면 10분이 걸린다고 한다. 이 공장의 물건을 5분 만에 모두 포장하려고 할 때, 필요한 최소한의 작업자는 몇 명인가? (단, 한 명당 일의 양은 같고, 이미 생산된 물건이 있다.)

① 12명 ② 13명 ③ 14명 ④ 15명 ⑤ 16명

13 원가가 동일한 세 종류의 상품 A, B, C가 있다. A, B, C를 1개 팔면 각각 원가의 a%, b%, 5%의 이익이 남고, A, B를 각각 100개씩, C를 200개 팔았을 때, 전체 원가의 6%의 이익이 남는다. A, B를 각각 150개씩, C를 100개 팔면 전체 원가의 몇 %의 이익이 남게 되는가?

① 4.5% ② 5% ③ 5.5% ④ 6% ⑤ 6.5%

PSAT 기출(2012)

14 다음 〈표〉는 어느 해 주식 거래일 8일 동안 A 사의 일별 주가와 〈산식〉을 활용한 5일이동평균을 나타낸 것이다. 이에 대한 〈보기〉의 설명 중 옳은 것을 모두 고르면?

〈표〉 주식 거래일 8일 동안 A 사의 일별 주가 추이

(단위: 원)

거래일	일별 주가	5일이동평균
1	7,550	−
2	7,590	−
3	7,620	−
4	7,720	−
5	7,780	7,652
6	7,820	7,706
7	7,830	(　　)
8	(　　)	7,790

〈산식〉

$$5일이동평균 = \frac{해당거래일\ 포함\ 최근\ 거래일\ 5일\ 동안의\ 일별\ 주가의\ 합}{5}$$

[예] 6거래일의 5일이동평균 $= \frac{7,590+7,620+7,720+7,780+7,820}{5} = 7,706$

〈보기〉

ㄱ. 일별 주가는 거래일마다 상승하였다.
ㄴ. 5거래일 이후 5일이동평균은 거래일마다 상승하였다.
ㄷ. 2거래일 이후 일별 주가가 직전거래일 대비 가장 많이 상승한 날은 4거래일이다.
ㄹ. 5거래일 이후 해당거래일의 일별 주가와 5일이동평균 간의 차이는 거래일마다 감소하였다.

① ㄱ, ㄴ　② ㄴ, ㄷ　③ ㄷ, ㄹ　④ ㄱ, ㄴ, ㄷ　⑤ ㄴ, ㄷ, ㄹ

15 다음 자료는 2017~2019년 엔지니어링 분야별 사업자 현황 및 상위 17개 항목을 나타낸 자료이다. 이에 대한 설명으로 옳지 않은 것은?

〈표〉 2017~2019년 엔지니어링 분야별 사업자 현황

(단위: 개)

순위	2017		2018		2019	
1	토질지질	1,700	토질지질	1,816	토질지질	1,903
2	구조	1,479	구조	1,579	구조	1,680
3	도로공항	1,362	도로공항	1,478	도로공항	1,532
4	상하수도	1,049	상하수도	1,131	상하수도	1,159
5	도시계획	1,016	도시계획	1,075	정보통신	(A)
6	조경	974	정보통신	1,047	도시계획	1,122
7	정보통신	940	조경	1,041	조경	1,091
8	수자원개발	888	수자원개발	935	수자원개발	958
9	교통	678	교통	726	교통	751
10	수질관리	608	수질관리	647	수질관리	673
11	전기설비	542	전기설비	597	전기설비	662
12	농림	501	농림	554	농림	607
13	설비	432	설비	478	설비	520
14	농어업토목	395	일반산업기계	432	일반산업기계	452
15	일반산업기계	394	농어업토목	407	농어업토목	407
16	항만해안	309	항만해안	331	항만해안	341
17	전기전자응용	232	전기전자응용	238	측량지적	249
	합계	15,571	합계	16,716	합계	17,557

※ 출처: KOSIS(산업통상자원부, 엔지니어링사업자현황)

① 주어진 시기의 상위 10개 항목은 동일하다.
② 2019년 전기전자응용 분야가 차지하는 비율은 2% 미만이다.
③ 매년 토질지질 이외의 항목이 차지하는 비율은 90% 이하이다.
④ 주어진 시기 중 정보통신이 차지하는 비율이 가장 큰 해는 2017년이다.
⑤ 주어진 시기의 순위가 매년 동일하지 않은 항목은 7개이다.

PSAT 기출(2023)

16 다음 〈표〉는 '갑'국 A~J 지역의 시의원 후보자 및 당선자에 관한 자료이다. 이에 대한 설명으로 옳지 않은 것은?

〈표〉 '갑'국 시의원 지역별 성별 후보자 및 당선자 수

(단위: 명)

구분 / 성별 / 지역	후보자		당선자	
	여성	남성	여성	남성
전체	120	699	17	165
A	37	195	8	36
B	12	64	1	18
C	7	38	1	11
D	9	50	2	12
E	5	34	0	10
F	4	19	0	6
G	34	193	4	47
H	7	43	0	12
I	3	50	1	10
J	2	13	0	3

※ 1) 여성(남성) 당선율 $= \frac{\text{여성(남성) 당선자 수}}{\text{여성(남성) 후보자 수}}$

2) 후보자(당선자) 성비 $= \frac{\text{남성 후보자(당선자) 수}}{\text{여성 후보자(당선자) 수}}$

3) 후보자(당선자) 성비는 여성 후보자(당선자)가 있는 지역만 대상으로 산출함

① 전체 남성 당선율은 전체 여성 당선율의 2배 이하이다.
② 여성 당선율이 남성 당선율보다 높은 지역은 2개이다.
③ 당선자 성비가 가장 낮은 지역은 A이다.
④ 후보자 성비가 10 이상인 지역은 I뿐이다.
⑤ 여성 후보자가 가장 많은 지역의 여성 당선율은 남성 후보자가 가장 적은 지역의 남성 당선율보다 높다.

17 다음 자료는 에너지 생산량에 대한 내용이다. 자료에 대한 설명으로 옳지 않은 것을 고르면?

[2015~2018년 1차 에너지 및 신재생 에너지 생산량]

(단위: 천toe, toe)

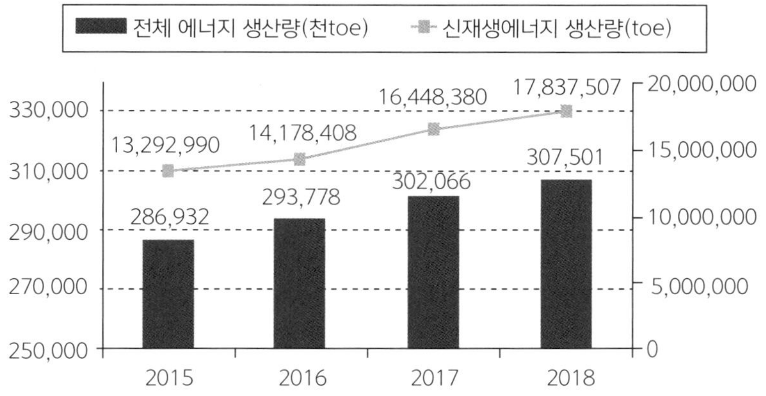

[2015~2018년 신재생 에너지 항목별 차지비중]

(단위: %)

구분	2015	2016	2017	2018
태양열	0.2	0.2	0.2	0.2
태양광	6.4	7.7	9.2	11.1
풍력	2.1	2.5	2.8	2.9
수력	3.4	4.3	3.7	4.0
해양	0.8	0.7	0.6	0.6
지열	1.0	1.1	1.1	1.2
수열	0.0	0.0	0.0	0.1
바이오	20.8	19.5	21.9	24.9
폐기물	63.5	61.7	56.9	50.9
연료전지	1.7	1.7	1.9	2.1
IGCC	0.0	0.5	1.7	2.0

※ 출처: KOSIS(한국에너지공단, 신재생에너지보급실적조사)

① 태양열 에너지 생산량은 매년 전년대비 증가하였다.
② 신재생 에너지 생산량의 상위 5개 항목은 매년 동일하다.
③ 신재생 에너지 중 바이오와 폐기물을 제외한 항목의 비중의 합은 매년 증가한다.
④ 폐기물 에너지 생산량은 매년 전년대비 감소하였다.
⑤ 2016~2018년 1차 전체 에너지 생산량은 매년 전년대비 5% 이하의 증가율을 보인다.

18 다음 〈표〉는 주요 국가별 기계 및 건설 기술 도입 추이 현황을 나타낸 자료이다. 자료에 대한 설명으로 옳지 않은 것은?

〈표〉 2018년 국가별 기계 및 건설 기술 도입 추이 현황

(단위: 만 달러)

합계 금액 순위	구분	기술 도입 금액			비중(%)
		합계	기계	건설	
1	미국	36,245	34,376	1,869	21.0%
2	독일	33,474	33,203	271	19.4%
3	프랑스	25,986	25,692	294	15.0%
4	중국	21,343	20,334	1,009	12.3%
5	일본	17,460	15,511	1,949	10.1%
6	영국	7,081	6,667	414	4.1%
7	네덜란드	1,452	1,174	278	0.8%
–	기타	29,821	25,870	3,951	17.3%
–	합계	172,862	162,827	10,035	100.0%

※ 출처: KOSIS(과학기술정보통신부, 기술무역통계)

① 2018년 기계 및 건설 기술 도입 금액 조사 대상 국가는 최소 30개 이상이다.
② 주어진 자료에서 기계 기술 도입 금액과 건설 기술 도입 금액 각각의 순위를 정확히 알 수 있는 것은 미국과 일본이다.
③ 2018년 기계 및 건설 기술 도입 금액 상위 5개 국가의 기계 기술 도입 금액 합은 2018년 전체 기계 기술 도입 금액의 75% 이상이다.
④ 2018년 기계 및 건설 기술 도입 총금액 상위 7개 국가만 고려했을 때 기계 기술 도입 금액 순위와 건설 기술 도입 금액 순위가 동일한 국가는 없다.
⑤ 2018년 기계 및 건설 기술 도입 금액 상위 7개 국가 중 기계 및 건설 기술 도입 금액에서 기계 기술 도입 금액이 차지하는 비중이 90% 이하인 곳은 2개 국가이다.

19 다음 〈표〉는 A 국의 2008~2018년 폐렴으로 인한 사망자 수를 나타낸 자료이다. 자료에 대한 설명으로 옳지 않은 것은?

〈표〉 2008~2018년 폐렴으로 인한 사망자 현황

(단위: 명)

구분	남성		여성		전체	
	사망자 수	인구 10만 명당 사망자 수	사망자 수	인구 10만 명당 사망자 수	사망자 수	인구 10만 명당 사망자 수
2008	2,795	11.3	2,666	10.8	5,461	11.1
2009	3,206	12.9	3,117	12.6	6,323	12.8
2010	3,817	15.3	3,614	14.5	7,431	14.9
2011	4,321	17.2	4,285	17.1	8,606	17.2
2012	5,203	20.7	5,111	20.3	10,314	20.5
2013	5,411	21.4	5,398	21.4	(　　)	21.4
2014	6,120	24.1	5,901	23.2	(　　)	23.7
2015	7,582	29.8	7,136	28.0	14,718	28.9
2016	8,586	33.6	7,890	30.8	16,476	32.2
2017	10,067	39.4	9,311	36.3	19,378	37.9
2018	12,111	47.3	11,169	43.5	23,280	45.4

※ 인구 10만 명당 사망자 수 = (사망자 수 / 총인구수) × 10만 명

① 2011년의 총인구수는 5,000만 명 이상이다.
② 전체 사망자 수의 전년 대비 증가율은 2012년이 2017년보다 높다.
③ 주어진 자료에서 폐렴 사망자 수는 매년 남성이 여성보다 많다.
④ 2016년의 총인구수는 2008년보다 감소하였다.
⑤ 주어진 자료에서 폐렴 사망자 수는 매년 증가하였다.

20 다음 자료에 대한 분석으로 옳은 것은?

사회학자 A는 성별 임금 격차 지수와 성별 교육 격차 지수를 개발하여 갑~병국의 성 불평등 현상을 분석하였다. 그림의 성별 임금 격차 지수는 경제적 측면에서, 성별 교육 격차 지수는 사회적 측면에서 성 불평등 정도를 나타낸다. 단, 갑~병국의 지수별 분석 대상 성비는 모두 1:1이다.

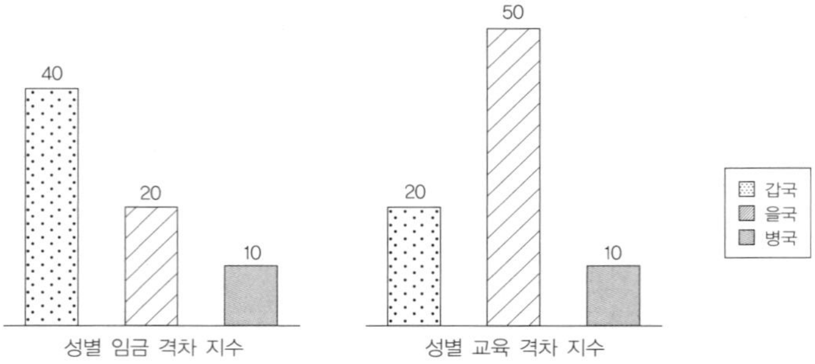

※ 1) 성별 임금 격차 지수 = $\frac{\text{남성 근로자 평균 임금} - \text{여성 근로자 평균 임금}}{\text{근로자 전체 평균 임금}} \times 100$

2) 성별 교육 격차 지수 = $\frac{\text{남성 평균 교육 연수} - \text{여성 평균 교육 연수}}{\text{국민 전체 평균 교육 연수}} \times 100$

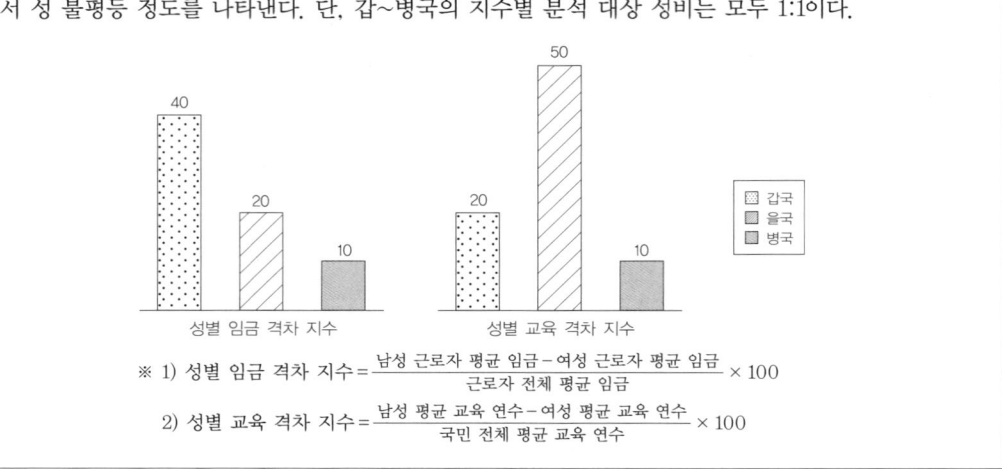

① 갑국의 남성 근로자 평균 임금은 여성 근로자 평균 임금의 1.5배이다.

② 을국의 남성 평균 교육 연수는 여성 평균 교육 연수의 3배이다.

③ 병국의 남성 근로자 평균 임금 대비 여성 근로자 평균 임금의 비율은 갑국의 남성 평균 교육 연수 대비 여성 평균 교육 연수의 비율보다 작다.

④ 남성 근로자 평균 임금 대비 여성 근로자 평균 임금의 비율은 을국이 갑국보다는 작지만 병국보다는 크다.

⑤ 갑~병국 중 경제적 측면에서 성 불평등이 가장 심한 국가와 사회적 측면에서 성 불평등이 가장 심한 국가는 동일하다.

PSAT 기출(2022)

21 다음 글을 근거로 판단할 때, 乙이 계산할 금액은?

甲~丁은 회전 초밥을 먹으러 갔다. 식사를 마친 후, 각자 먹은 접시는 각자 계산하기로 했다. 초밥의 접시당 가격은 다음과 같다.

[초밥의 접시당 가격]

(단위: 원)

빨간색 접시	1,500
파란색 접시	1,200
노란색 접시	2,000
검은색 접시	4,000

이들은 각각 3가지 색의 접시만 먹었으며, 각자 먹지 않은 접시의 색은 서로 달랐다. 이들이 먹은 접시 개수를 모두 세어 보니 빨간색 접시 7개, 파란색 접시 4개, 노란색 접시 8개, 검은색 접시 3개였다. 이들이 먹은 접시에 대한 정보는 다음과 같다.

- 甲은 빨간색 접시 4개, 파란색 접시 1개, 노란색 접시 2개를 먹었다.
- 丙은 乙보다 파란색 접시를 1개 더 먹었으며, 노란색 접시는 먹지 않았다.
- 丁은 모두 6개의 접시를 먹었으며, 이 중 빨간색 접시는 2개였고 파란색 접시는 먹지 않았다.

① 7,200원 ② 7,900원 ③ 9,400원
④ 11,200원 ⑤ 13,000원

22 초등학교를 졸업한 지 20년 만에 현숙을 포함한 같은 반 친구였던 8명이 모교의 초대를 받았다. 서로 이야기를 나누어 보니 서로 다른 직업을 가지고 있었다. 오랜만에 동심으로 돌아간 친구들이 둘씩 짝을 이뤄 이인삼각 경기를 하였다. 아래 경기 결과에 의할 때 다음 중 옳은 것은? (단, 만기는 역술인이 아니다.)

[경기 결과]

1. 발레리나가 된 미애가 들어온 바로 뒤에 역술인이 들어왔다.
2. 가수가 들어온 바로 뒤에 디자이너가 들어왔다.
3. 1위를 한 철이가 들어온 다음다음으로 현역 군인과 우혁이 들어왔다.
4. 만기와 호동은 같은 팀이었는데 클럽을 운영하는 친구에게 졌다.
5. 현직 교수인 친구가 들어온 다음다음으로 가정주부와 혜영이 들어왔다.
6. 희준은 3등을 했다.

① 철이와 혜영은 역술인에게 졌다.
② 만기와 호동은 발레리나를 하는 친구에게 이겼다.
③ 디자이너와 가정주부는 같은 팀이 아니었다.
④ 희준은 현역 군인이고 혜영은 가수이다.
⑤ 가수를 하는 친구가 이긴 팀은 가정주부가 속해 있는 팀뿐이다.

PSAT 기출(2017)

23 다음 연구용역 계약사항을 근거로 판단할 때, 〈보기〉에서 옳은 것만을 모두 고르면?

[연구용역 계약사항]

□ 과업수행 전체회의 및 보고
- 참석대상: 발주기관 과업 담당자, 연구진 전원
- 착수보고: 계약일로부터 10일 이내
- 중간보고: 계약기간 중 2회
  - 과업 진척상황 및 중간결과 보고, 향후 연구계획 및 내용 협의
- 최종보고: 계약만료 7일 전까지
- 수시보고: 연구 수행상황 보고 요청 시, 긴급을 요하거나 특이사항 발생 시 등
- 전체회의: 착수보고 전, 각 중간보고 전, 최종보고 전

□ 과업 산출물
- 중간보고서 20부, 최종보고서 50부, 연구 데이터 및 관련 자료 CD 1매

□ 연구진 구성 및 관리
- 연구진 구성: 책임연구원, 공동연구원, 연구보조원
- 연구진 관리
  - 연구 수행기간 중 연구진은 구성원을 임의로 교체할 수 없음. 단, 부득이한 경우 사전에 변동사유와 교체될 구성원의 경력 등에 관한 서류를 발주기관에 제출하여 승인을 받은 후 교체할 수 있음

□ 과업의 일반조건
- 연구진은 연구과제의 시작부터 종료(최종보고서 제출)까지 과업과 관련된 제반 비용의 지출행위에 대해 책임을 지고 과업을 진행해야 함
- 연구진은 용역완료(납품) 후에라도 발주기관이 연구결과와 관련된 자료를 요청할 경우에는 관련 자료를 성실히 제출하여야 함

〈보기〉

ㄱ. 발주기관은 연구용역이 완료된 후에도 연구결과와 관련된 자료를 요청할 수 있다.
ㄴ. 과업수행을 위한 전체회의 및 보고 횟수는 최소 8회이다.
ㄷ. 연구진은 연구 수행기간 중 책임연구원과 공동연구원을 변경할 수 없지만, 연구보조원의 경우 임의로 교체할 수 있다.
ㄹ. 중간보고서의 경우 그 출력과 제본 비용의 지출행위에 대해 발주기관이 책임을 진다.

① ㄱ, ㄴ　　② ㄱ, ㄷ　　③ ㄱ, ㄹ　　④ ㄴ, ㄷ　　⑤ ㄷ, ㄹ

24 주식회사 H는 한국, 미국, 중국, 폴란드, 멕시코 5개 국가에 생산 공장을 갖고 있다. 각 공장에서는 모두 TV, 컴퓨터, 냉장고, 에어컨, 핸드폰을 생산한다. 주식회사 H는 각 제품의 사후관리를 위하여 생산 과정에서 제품마다 제품번호를 〈조건〉과 같은 체계를 가지고 생성한다. 그런데 어느 날 주식회사 H의 판매 직원이 제품번호에 오류가 발생하였음을 알아냈다. 그 잘못된 제품번호는 '533320779154'였다. 다음 중 잘못된 제품번호를 바르게 수정하는 방법으로 옳은 것은?

〈조건〉

생산자번호	생산국가번호	생산제품번호	확인번호
533(주식회사 H)	318(한국) 319(미국) 320(중국) 321(폴란드) 322(멕시코)	77915(TV) 77916(컴퓨터) 77917(냉장고) 77918(에어컨) 77919(핸드폰)	0부터 9까지 정수

- 예를 들어 제품번호 '533/322/77919/□'는 멕시코 공장에서 생산된 핸드폰을 나타낸다.
- 확인번호는 제품코드의 오류를 방지하기 위해 기재되며 제품번호마다 숫자 3과 1을 반복하여 곱하여 더한 값을 10의 배수가 되게 하는 값이다. 예를 들어, 위의 제품번호의 확인번호를 구하는 방법은 다음과 같다.

$5\times\underline{3}+3\times\underline{1}+3\times\underline{3}+3\times\underline{1}+2\times\underline{3}+2\times\underline{1}+7\times\underline{3}+7\times\underline{1}+9\times\underline{3}+1\times\underline{1}+9\times\underline{3}+\square\times\underline{1}$
$=10$의 배수가 되도록 $\square$의 값을 설정

① 생산국가번호를 중국에서 한국으로 바꿔줘야 한다.
② 생산제품번호를 TV에서 컴퓨터로 바꿔줘야 한다.
③ 생산국가번호를 중국에서 폴란드로 바꿔줘야 한다.
④ 생산제품번호를 TV에서 에어컨으로 바꿔줘야 한다.
⑤ 생산국가번호를 중국에서 멕시코로 바꿔줘야 한다.

PSAT 기출(2009)

25 환경부의 인사실무 담당자는 환경정책과 관련된 특별위원회를 구성하면서 외부 환경 전문가를 위촉하려 한다. 현재 거론되고 있는 외부 전문가는 A, B, C, D, E, F이다. 이 여섯 명의 외부 인사에 대해서 담당자는 다음의 조건을 충족시키는 선택을 해야 한다. 만약 B가 위촉되지 않는다면, 몇 명이 위촉되는가?

- 만약 A가 위촉되면, B와 C도 위촉되어야 한다.
- 만약 A가 위촉되지 않는다면, D가 위촉되어야 한다.
- 만약 B가 위촉되지 않는다면, C나 E가 위촉되어야 한다.
- 만약 C와 E가 위촉되면, D는 위촉되어서는 안 된다.
- 만약 D나 E가 위촉되면, F도 위촉되어야 한다.

① 1명 ② 2명 ③ 3명 ④ 4명 ⑤ 5명

26 다음 전제에 의할 때 반드시 옳은 결론은?

- 전제 1: 정의로운 사람은 정신력이 강하다.
- 전제 2: 쾌활한 사람 중에 정의로운 사람이 있다.
- 결론: ____________________

① 정신력이 강한 사람은 모두 쾌활하다.
② 어떤 쾌활한 사람은 정신력이 강하지 않다.
③ 쾌활한 사람은 모두 정신력이 강하다.
④ 정신력이 강한 사람 중에 쾌활한 사람이 있다.
⑤ 정신력이 강한 사람 중에 쾌활하지 않은 사람이 있다.

PSAT 기출(2010)

27 다음 글을 읽고, 〈보기〉의 A, B, C에 해당하는 금액을 바르게 짝지은 것은?

카지노를 경영하는 사업자는 아래의 징수 비율에 해당하는 금액(납부금)을 '관광진흥개발기금'에 내야 한다. 만일 납부기한까지 납부금을 내지 않으면, 체납된 납부금에 대해서 100분의 3에 해당하는 가산금이 1회에 한하여 부과된다. (단, 가산금에 대한 연체료는 없다.)

[납부금 징수 비율]

- 연간 총매출액이 10억 원 이하인 경우: 총매출액의 100분의 1
- 연간 총매출액이 10억 원을 초과하고 100억 원 이하인 경우: 1천만 원 + (총매출액 중 10억 원을 초과하는 금액의 100분의 5)
- 연간 총매출액이 100억 원을 초과하는 경우: 4억 6천만 원 + (총매출액 중 100억 원을 초과하는 금액의 100분의 10)

〈보기〉

카지노 사업자 甲의 연간 총매출액은 10억 원, 사업자 乙의 경우는 90억 원, 사업자 丙의 경우는 200억 원이다.

- 甲이 납부금 전액을 체납했을 때, 체납된 납부금에 대한 가산금은 (A)만 원이다.
- 乙이 기한 내 납부금으로 4억 원만을 냈을 때, 체납된 납부금에 대한 가산금은 (B)만 원이다.
- 丙이 기한 내 납부금으로 14억 원만을 냈을 때, 체납된 납부금에 대한 가산금은 (C)만 원이다.

	A	B	C
①	30	30	180
②	30	30	3,180
③	30	180	180
④	180	30	3,180
⑤	180	180	3,180

PSAT 기출(2008)

28 다음 글을 읽고 자신과 동일한 모계친족집단에 속하는 사람을 〈보기〉에서 모두 고르면?

> 친족은 혈연과 인척관계에 의하여 무한히 확대될 수 있는 사람들을 포함하고 있어서, 각 개인은 많은 사람과 친족관계를 맺을 수 있다. 그러나 실제로 각 개인이 이 많은 사람과 함께 하나의 집단을 형성하는 것은 아니며, 같은 조상의 자손이라고 인정하는 친족원만으로 친족집단을 구성한다. 개인을 그 혈통에 따라 형성된 친족집단의 일원으로 귀속시키는 것을 출계라고 부르며, 여기에 적용되는 원칙을 출계율(出系律)이라고 한다. 바꾸어 말한다면 출계율이란 혈통을 따지는 규칙 또는 원칙이다.
>
> 출계를 따지는 원칙 중 여자계통을 따라 출계를 따지는 것을 모계율이라고 부른다. 모계율에 따르면, 각 세대의 형제·자매들은 그들의 어머니의 모계친족집단에 소속된다. 그러나 다음 세대에서 여자형제의 자녀들은 이 모계집단에 그대로 남지만, 남자형제의 자녀들은 그들의 어머니들의 모계집단에 소속되므로 여기에서 제외된다. 이것을 우리나라의 친족호칭으로 표현한다면, 제1세대에 속하는 어머니의 모계집단은 제2세대의 딸에서 제3세대의 외손녀로, 그리고 제4세대에서는 외손녀의 딸로 이어져 나가지만, 각 세대의 남자형제들은 이 모계집단에 소속되지만 그들의 자식들은 제외된다.

〈보기〉

ㄱ. 외할머니의 남자형제의 딸
ㄴ. 어머니의 여자형제의 아들
ㄷ. 외할머니의 여자형제의 딸
ㄹ. 어머니의 남자형제의 아들

① ㄱ, ㄹ　② ㄴ, ㄷ　③ ㄴ, ㄹ　④ ㄱ, ㄴ, ㄷ　⑤ ㄱ, ㄷ, ㄹ

29 다음 글을 근거로 판단할 때 옳은 것은?

- →는 자연수의 맨 앞 숫자를 맨 뒤로 보내라는 기호이다.
  (예 → 4321 = 3214)
- ←는 자연수의 맨 뒤 숫자를 맨 앞으로 보내라는 기호이다.
  (예 ← 4321 = 1432)
- → 또는 ←를 적용하여 0이 맨 앞 숫자가 되면 그 0을 제거한다.
- 기호가 연속된 경우에는 숫자에 가까운 기호부터 차례대로 적용한다.
  (예 → ← 4321 = → 1432 = 4321)

① → 43의 결과는 홀수이다.
② 두 자리 자연수에 → ←를 적용하면 원래 수와 같다.
③ 세 자리 자연수에 → → →를 적용하면 원래 수와 같다.
④ 두 자리 자연수에 → ←를 적용한 결과와 ← →를 적용한 결과는 다르다.
⑤ 두 자리 자연수 A가 있을 때 (→ A)+A의 결과는 11의 배수이다.

30 갑, 을, 병, 정의 직업은 순서와는 무관하게 각각 변호사, 변리사, 회계사, 계리사이며, 중복되지 않는다. 각자 어떤 직업을 가지고 있는지 물었더니 다음과 같이 대답했다. 4명 모두가 하나는 참을, 다른 하나는 거짓을 말했다. 다음 중 옳은 것은?

갑: 나는 변호사이고, 정은 계리사이다.
을: 나는 변호사이고, 병은 변리사이다.
병: 나는 변리사이고, 갑은 계리사이다.
정: 나는 계리사이고, 을도 계리사이다.

① 정은 회계사이다.
② 병은 회계사이다.
③ 갑은 계리사이다.
④ 정은 계리사이다.
⑤ 을은 변리사이다.

31 다음은 ○○기업의 인적자원관리 사례이다. 아래의 사례를 토대로 할 때, ○○기업이 강조하고 있는 인적자원관리 원칙으로 옳은 것은?

> ○○기업의 인사정책 중 핵심은 'Star system'이라고 볼 수 있다. 말 그대로 '스타'를 중요하게 여기고, '스타'의 육성에 중점을 두는 정책이다.
>
> 회사의 성과를 가장 극대화하는 방법은 모든 업무분야와 직급별로 최고의 인재를 배치하는 것이라는 사실을 모르는 관리자는 없다. 따라서 모든 관리자는 능력 있는 인적자원을 육성하거나 영입하여 회사 전체의 성과를 극대화하고자 한다. 하지만 일반적인 인사정책으로는 이러한 '스타'를 계속 영입하거나 회사에 묶어 둘 수 없다는 것을 ○○기업은 알고 있었고, 그에 따라 운영하고 있는 정책이 바로 'Star system'이다.
>
> 'Star system'은 단순 명료하다. 최대한의 자율성을 보장하고, 최대한의 지원을 해주며, 결과는 누구보다도 객관적으로 평가하고, 보상은 만족할 수 있는 만큼을 약속한다. 누구도 할 수 있는 말이지만, 누구나 실현할 수 있는 일은 아니다. ○○기업 또한 많은 시행착오를 거친 끝에 현재의 'Star system'을 정착시킬 수 있었다. 그 결과 소규모 영상 제작 업체에서 지금은 글로벌 플랫폼, 스트리밍 서비스, 콘텐츠 크리에이터로 탈바꿈할 수 있었다. 물론 'Star system'뿐만 아니라 데이터 활용 등의 여러 가지 요인도 있었지만, 인적자원관리의 핵심은 'Star system'이라는 것을 그 누구도 부정할 수 없다.

① 적재적소주의 ② 능력주의 ③ 균형주의
④ 종업원 안정의 원칙 ⑤ 공정 보상의 원칙

32 다음 중 자원관리의 기본 과정에 대한 내용으로 적절하지 않은 것은?

① 자원관리의 기본 과정은 자원을 효율적으로 관리하기 위한 관리 순서를 의미하며, 그 순서는 '파악 → 수집 → 계획 → 수행'의 단계로 구분된다.

② 한정된 자원을 효율적으로 관리하기 위해서는 가장 먼저 업무에 필요한 자원의 종류에는 어떤 것들이 있으며, 각 자원이 얼마나 필요한지 그 정확한 양을 파악해야 한다. 그래야 다양한 업무를 준비할 때, 불필요하게 많은 양의 자원을 준비하여 낭비가 발생하거나 업무가 불가능할 정도로 적은 자원을 준비하는 불상사를 막을 수 있기 때문이다.

③ 자원이 얼마나 필요한지 확인했으면, 필요한 수량만큼 자원을 수집해야 한다. 이 경우 과도하게 많은 양은 아니지만 일정 수준의 여유분을 함께 확보해야 업무를 진행하면서 발생하는 돌발적인 상황에도 유연하게 대처할 수 있다.

④ 자원의 수집이 끝나면 수집된 각 자원은 언제, 어디서, 어떻게, 얼마나 활용했을 때 가장 큰 효과를 얻을 수 있을지에 대한 고민을 통해 실질적인 자원의 활용 계획을 수립해야 한다. 이때 계획이 얼마나 잘 짜였는지에 따라 불필요하게 소모되는 자원 없이 준비된 자원으로 큰 효율의 결과물을 얻어낼 수 있게 된다.

⑤ 업무 계획을 세웠으면 그에 따라 업무를 수행하게 된다. 하지만 실제로 업무를 수행하다 보면 돌발적인 변수들이 계속 발생하여 계획대로 수행이 불가능한 경우도 발생한다. 그럴 경우 그때그때 임기응변으로 자유롭게 계획을 수정해 가면서 유연하게 대처하는 자세가 필요하다. 너무 경직된 자세로 계획을 대하게 되면 돌발 상황에 대비하지 못해서 전체 계획이 틀어질 수 있다.

33 아래의 내용을 토대로 했을 때, B 씨가 A 씨에게 해 준 조언으로 적절하지 않은 것은?

> ○○공사 같은 부서 입사 동기인 A 씨와 B 씨는 회사에서의 평가가 정반대이다. B 씨는 항상 업무를 기한에 맞춰 마무리해서 믿음을 주지만, A 씨는 항상 하루 이틀 늦게 마무리해서 상사에게 혼나는 게 일상이다. 그래서 항상 상사는 A 씨에게 업무를 맡겨 놓고도 불안해하며 매일매일 확인하곤 한다.
>
> 이런 평가는 인사평가 점수에도 바로 적용되어 B 씨는 항상 좋은 점수를 받고, A 씨는 항상 낮은 점수를 받아 입사는 같이했지만 지금은 A 씨는 여전히 사원이고, B 씨는 작년에 대리로 진급했다.
>
> 그런데 막상 사무실에서의 모습을 보면 이런 결과는 쉽게 납득하기 어렵다. A 씨는 아침에 누구보다 일찍 출근해서 하루 종일 바쁘게 뛰어다니고, 늦게까지 일하거나 주말에도 출근하는 경우가 다반사지만 B 씨의 일상은 항상 평온하다. 출근시간에 맞춰 조금 여유 있게 출근하고, 주말에는 대학원 수업을 들으면서 석사 학위도 취득했다.
>
> 결국 A 씨는 B 씨에게 조언을 구하기로 마음먹고 어떻게 해야 B 씨처럼 일을 잘할 수 있는지, 그리고 어떻게 해야 여유롭게 일을 할 수 있는지 물어보았고, B 씨는 다음과 같은 조언해 주었다.
>
> B: (   )

① 업무를 할 때 계획을 세워서 진행하면 조금 더 효율적으로 시간을 활용할 수 있어.

② 업무를 할 때 눈앞에 닥친 업무를 바로 처리하지 말고 업무 리스트를 만들고 우선순위를 나눠서 우선순위가 높은 업무부터 차근차근 처리해 봐.

③ 시간계획을 꼼꼼하게 세워서 업무를 진행해 봐. 혹시라도 낭비되는 시간이 발생할 수도 있으니 여유시간이 생기지 않도록 빈틈없이 계획을 세워서 실천하면 도움이 될 거야.

④ 꼭 스스로 처리해야만 하는 일이 아니라면 다른 사람에게 업무를 나눠줄 필요도 있어. 중요하지 않은 일이라면 다른 사람에게 권한을 위임해서 업무가 원활히 처리되도록 해 봐.

⑤ 업무별로 소요되는 시간에 대해서 정확하게 파악해 봐. 업무계획을 세우는 데 큰 도움이 될 거야.

[34-35] 다음 자료를 보고 각 물음에 답하시오.

[임동근 과장의 상황]

○○공사 서울 본사에 근무 중인 임동근 과장은 뉴욕 지사로 출장 업무가 예정되어 있다. 7월 3일 9시에 출국하여 현지 시각 기준 7월 3일 17시에 뉴욕 지사에서 시작하는 회의에 참석하기 위한 일정을 수립 중이다. 뉴욕 공항에서 뉴욕 지사까지는 1시간이 소요되며, 회의 준비를 위해 늦어도 회의 시작 30분 전까지는 뉴욕 지사에 도착해야 하는 상황이다. ○○공사는 ☆☆항공과의 협약에 의해 출장 시에는 ☆☆항공의 비행기만 탑승 가능한 상황이고, 가능한 한 경비를 최소화하라는 지시에 따라 일정을 수립할 예정이다. 업무는 휴식시간을 포함하여 회의 시작 시각을 기준으로 74시간 후에 모두 종료되며, 업무가 종료되는 즉시 뉴욕 지사에서 뉴욕 공항으로 이동하여 한국에서 뉴욕으로 출발 시에는 가능한 한 경비를 최소화하고 뉴욕에서 한국으로 출발 시에는 금액에 제한 없이 최대한 한국에 빨리 도착할 수 있는 항공편을 이용할 예정이다.

[비행기 노선 정보]

출발지	도착지	소요 시간	비용(원)	항공사
인천	뉴욕	14시간 10분	1,870,000	☆☆항공
인천	뉴욕	14시간 20분	1,674,000	◇◇항공
인천	애틀랜타	13시간 20분	1,426,000	☆☆항공
애틀랜타	뉴욕	2시간 10분	316,000	☆☆항공
인천	상해	2시간 30분	246,000	☆☆항공
상해	뉴욕	16시간 10분	887,000	☆☆항공

※ 1) ○○공사는 ☆☆항공과의 협약에 의해 10% 할인 및 빠른 체크인 서비스를 받을 수 있음
2) 각 공항에서 환승 시 소요되는 시간은 2시간으로 모두 동일함
3) 주중 및 주말의 비용 차이는 발생하지 않음
4) 모든 노선은 출발지와 도착지가 서로 반대인 경우에도 동일한 시간이 소요되며, 비용 또한 동일함
5) 비행 소요 시간 및 공항과 지사 사이를 이동하는 시간 외 소요되는 시간은 없다고 가정함

[GMT]

애틀랜타/뉴욕	런던	상해	서울
−5	0	+8	+9

[환율 정보]

구분	7월 3일	7월 21일	8월 21일
매매기준율	1,200원/달러	1,210원/달러	1,240원/달러
환전 수수료율	5%	7%	6%

※ 1) ○○공사의 임직원은 △△카드사와의 협약에 의해 외환 사용 후 결제금액 산출 시 우대율 100%를 적용받을 수 있음
2) 서울 현지 시각 기준 매달 7일까지 사용한 금액은 당월 21일을 기준으로 최종 금액을 산출하고, 8일 이후 사용 금액은 익월 21일을 기준으로 최종 금액을 산출함

34 **제시된 상황을 토대로 임동근 과장이 출장을 다녀오는 데 필요한 총 비행기 탑승 요금은 얼마인가?** (단, 환승 소요 시간을 제외한 비행기 대기 시간 및 탑승 수속에 소요되는 시간은 고려하지 않는다.)

① 2,702,700원 ② 3,003,000원 ③ 3,250,800원
④ 3,397,400원 ⑤ 3,612,000원

35 **위의 일정대로 출장을 다녀온 임동근 과장은 출국일에 시중 은행에서 별도의 우대율 없이 제시된 매매기준율과 환전 수수료율을 기준으로 환전하여 출국길에 면세점에서 환전한 달러화를 이용하여 평소 필요했던 지갑을 구매하려고 했지만, 비행 시간이 촉박한 관계로 구매하지 못하고 귀국 직후 인터넷을 통해 해외 사이트에서 본인의 △△카드를 이용하여 지갑을 직접 구매했다. 아래의 지갑 판매 정보를 토대로 했을 때, 임동근 과장이 지갑을 출국길에 면세점에서 구매했을 경우에 비해 귀국 직후 해외 사이트에서 구매함에 따라 발생한 손해 또는 이득 금액은 얼마인가?** (단, 공항으로의 이동 시간 및 비행 시간 외 소요 시간은 고려하지 않는다.)

[지갑 판매 정보]

7월 3일 면세점 판매 금액	귀국 직후 해외 사이트 판매 금액
130달러	134달러

① 1,090원 이득 ② 1,660원 이득 ③ 2,360원 이득
④ 1,660원 손해 ⑤ 2,360원 손해

36 ○○공사는 홍보 행사에 활용하기 위한 판촉물을 제작하기 위해 ☆☆판촉물 제작업체에 아래와 같은 요청 메일을 보냈다. 아래의 [요청 메일]과 ☆☆판촉물 제작업체의 [안내 페이지]를 참고했을 때, ○○공사가 ☆☆ 판촉물 제작업체에 지불해야 하는 총비용은 얼마인가?

[요청 메일]

안녕하세요. ○○공사 홍보팀에 근무하고 있는 차수영 대리입니다. 이번에 홍보 행사를 진행하면서 사용할 판촉물의 제작을 위해 연락드렸습니다.

가로 153mm × 세로 215mm 사이즈로 제작 요청드리며, 디자인도 함께 부탁드립니다. 참고로 디자인을 할 때 색상은 3가지 이상, 5가지 미만을 사용해 주시기를 부탁드리며, 필수로 포함되어야 하는 문구 및 이미지는 파일로 첨부하여 송부드렸으니 참고하시길 바랍니다.

총 400매를 제작해야 하고, 2주 뒤에 열리는 행사에 사용해야 하므로 금주 금요일까지 최종 디자인 시안을 송부 부탁드리며, 완성된 판촉물은 차주 금요일에 저희가 방문하여 수령하도록 하겠습니다.

일정 조율이 필요하거나 문의가 있으신 경우 회신 바랍니다. 감사합니다.

[안내 페이지]

1. 판촉물 제작 시 아래의 요금표에 따라 가격이 책정됩니다.

구분	A3	A4	A5
가로(mm)	297	210	148
세로(mm)	420	297	210
기본 가격(원/매)	2,000	1,500	1,000

※ 정해진 규격 외의 사이즈로 제작을 원할 경우 A3, A4, A5의 기본 사이즈에서 가로, 세로 각 ±10mm 범위 내에서 선택 가능하며, 1매당 500원의 추가 요금이 발생함

2. 디자인이 완료된 판촉물의 경우 색상의 구성에 따라 비용이 차등 적용됩니다.

구분	흑백	5색 미만	5색 이상
추가 금액	없음	기본 가격의 10%	기본 가격의 20%

3. 디자인 비용
   - 300매 미만: 15만 원의 추가 요금이 발생함
   - 300매 이상: 기본 가격의 30%가 추가 요금으로 발생함
   - 디자인 시안 작업은 최소 1주일이 소요되는 작업으로, 1주일 미만의 일정으로 진행이 필요한 경우 1매당 200원의 추가 요금이 발생함

4. 배송비(100매당)
   - 도서산간 지역은 5,000원, 그 외의 지역은 3,000원이 책정됩니다.

5. 부가세(VAT)
   - 모든 금액은 부가세(VAT)가 포함되지 않은 금액이며, 최종 금액 산출 시 10%의 부가세가 가산됩니다.

① 704,000원 ② 800,000원 ③ 860,000원 ④ 880,000원 ⑤ 946,000원

37 ○○공사는 오늘 A~G 7개의 회의를 진행할 예정이다. 제시된 〈조건〉과 회의별 참석 대상자를 토대로 했을 때 모든 회의를 진행하기 위해 필요한 총 소요 시간은 최소 몇 시간인가?

〈조건〉

- 회의는 모든 필수 참석 대상자가 참석해야만 진행할 수 있다.
- 모든 회의 진행 시간은 1시간으로 동일하다.
- 참석자는 회의 중간에 자리를 비울 수 없다.
- 동시에 여러 회의가 진행될 수는 있지만, 한 명의 참석자가 여러 회의에 참석할 수는 없다.

[회의별 참석 대상자]

구분	갑 팀장	을 팀장	병 팀장	정 팀장	무 팀장	기 팀장	경 팀장
A 회의	○	–	○	–	△	○	–
B 회의	–	○	△	○	○	–	–
C 회의	△	–	○	△	–	△	○
D 회의	○	○	–	○	–	○	–
E 회의	–	○	–	–	○	–	–
F 회의	○	△	○	–	○	△	△
G 회의	–	△	–	○	–	○	○

※ ○: 필수 참석 대상, △: 가능한 한 참석 요청, –: 참석 대상자 아님

① 2시간 ② 3시간 ③ 4시간 ④ 5시간 ⑤ 6시간

[38-39] 다음 자료를 보고 각 물음에 답하시오.

[○○회사 지점 간 이동 경로]

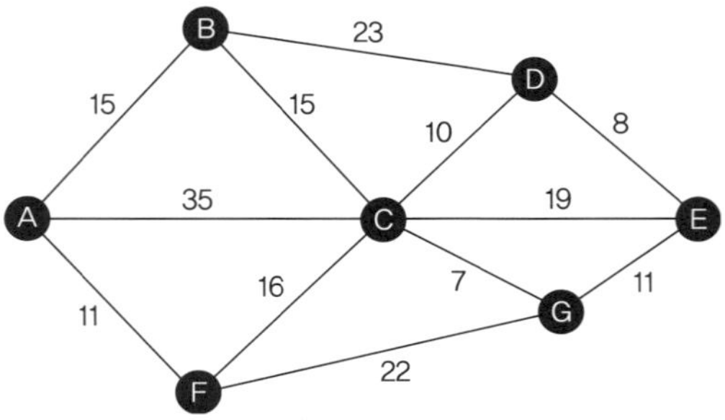

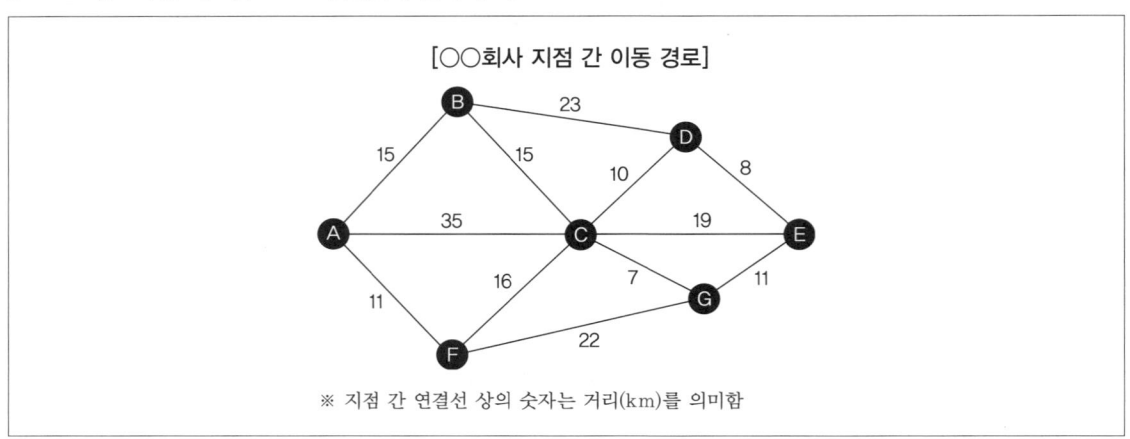

※ 지점 간 연결선 상의 숫자는 거리(km)를 의미함

38 **○○회사 A 지점에서 근무하고 있는 성호 씨는 D 지점과 G 지점, 그리고 E 지점에 방문하여 업무를 처리해야 하는 상황이다. 하루에 1곳의 지점에만 방문할 수 있고, 방문 후에는 반드시 본인이 근무하고 있는 사무실로 돌아와서 보고서를 작성해야 할 때, 성호 씨가 업무를 처리하기 위해 이동한 거리는 총 얼마인가?** (단, 성호 씨는 시간 단축을 위해 항상 최단 거리로만 이동했다.)

① 114km ② 115km ③ 178km ④ 228km ⑤ 230km

39 **다음은 A 지점에서 근무하는 마케팅 부서원들의 이번 주 지점 방문 기록이다. 아래의 지점 방문 기록과 A 지점 업무용 차량 정보를 토대로 했을 때, 이번 주 ○○회사에서 A 지점 마케팅 부서원들에게 지급할 유류비는 총 얼마인가?** (단, 모든 부서원은 지점 방문 시 최단 거리로만 이동했으며, 유류비는 이동 거리와 지급 기준 유가를 토대로 산출한다.)

[이번 주 A 지점 마케팅 부서원 지점 방문 기록]

성명	방문 지점	방문 사유	사용 차량	비고
유지민 과장	C 지점	홍보 책자 전달	병	홍보 책자 전달 후 사무실 복귀
서영호 대리	D 지점	회의 참석	갑	회의 후 D 지점에 차량 반납 후 귀가
김민정 사원	E 지점	회의 참석	을	회의 후 D 지점에 차량 반납 후 귀가
김성호 사원	G 지점	회의 참석	갑	회의 후 사무실 복귀

[A 지점 업무용 차량 정보]

차량 구분	갑	을	병	정
사용 연료	경유	휘발유	경유	휘발유
연비	16.5km/L	12.0km/L	8.0km/L	9.7km/L

※ 유류비 지급 기준 유가는 경유가 1,320원/L, 휘발유가 1,530원/L임

① 23,780원 ② 24,870원 ③ 25,390원 ④ 26,430원 ⑤ 27,080원

40 **인사팀에서 인재개발 업무를 담당하고 있는 최정훈 과장은 이번에 새로 선발한 신입사원들의 교육 진행을 담당할 업체를 선정하고자 한다. 다음의 교육 진행 시 고려사항을 만족하는 업체 중 총비용이 가장 저렴한 업체로 선정한다고 할 때, 최정훈 과장이 지불해야 하는 총비용은?** (단, 교육비용, 숙박비용, 식비 외의 비용은 고려하지 않는다.)

[교육 진행 시 고려사항]

1. 교육은 신입사원 54명을 대상으로 진행한다.
2. 총 교육 일정은 3주로 하며, 월요일~금요일에만 교육을 진행한다. (5일/주)
3. 원활한 교육 진행을 위해 매주 일요일부터 합숙을 진행하며, 금요일 교육 종료 후 귀가한다.
4. 신입사원 교육 중에는 교육을 담당하는 사내 교육 담당자 6인이 동반 합숙을 진행한다.
5. 식사는 일요일 저녁, 월요일~목요일 아침/점심/저녁, 금요일 아침/점심을 제공한다.
6. 일요일 저녁 강남역에서 합숙 장소로 이동하는 셔틀버스와 금요일 저녁 합숙 장소에서 강남역으로 이동하는 셔틀버스를 제공할 수 있는 업체로 선정한다.

[업체별 정보]

구분	교육비용	숙박비용	식비	셔틀버스 제공 여부	최대 숙박 가능 인원	비고
A 업체	243,000원	347,000원	6,300원	O	64명	60인 이상 교육 진행 시 10% 할인
B 업체	218,000원	353,000원	7,200원	O	55명	50인 이상 교육 진행 시 10% 할인
C 업체	198,500원	297,000원	8,000원	X	50명	-
D 업체	236,000원	336,000원	7,500원	O	75명	-
E 업체	222,000원	313,000원	6,700원	X	60명	-

※ 1) 교육비용과 숙박비용은 1인당 전체 일정에 대한 비용이며, 식비는 1인당 1끼 식사에 대한 비용임
2) 사내 교육 담당자는 교육비용은 지불하지 않지만, 숙박비용과 식비는 동일하게 지불함
3) 숙박인원이 최대 숙박 가능 인원 초과 시 교육 진행이 불가능함

① 45,856,800원 ② 48,858,000원 ③ 50,952,000원
④ 53,154,000원 ⑤ 56,275,000원

정답해설편 p.110

수험번호	
성명	

실전모의고사
2회

의·수·문·자 통합형

□ **시험 유의사항**

* 총 40문항으로 구성되어 있으며 50분 이내에 풀어야 합니다.
* 의사소통능력(10문항), 수리능력(10문항), 문제해결능력(10문항), 자원관리능력(10문항) 문제가 차례대로 나오게 됩니다.
* 시작과 종료 시각을 정한 후, 실전처럼 모의고사를 풀어보세요.
  ____시____분 ~ ____시____분 (총 40문항/50분)

01 다음 중 아래 문서를 수정하기 위해 떠올린 생각으로 적절하지 않은 것은?

기 관 명

수신자 ○○○ 기관장

(경 유)

제 목 제21회 사회복지학부 워크숍 실시계획(안)

○○대학교 사회복지학부에서는 제21회 사회복지학부 워크숍을 아래와 같이 실시하고자 하오니 결재하여 주시기 바랍니다.

1. 사 업 명: 제21회 사회복지학부 워크숍
2. 일 시: 2023년 5월 1일-3일
3. 장 소: ○○○○수련관 (주소)
4. 참가인원: ○○○명(1학년: ○○명, 2학년: ○○명…)
5. 내 용: 제21회 사회복지학과 워크숍 계획서 참고
6. 예산과목: 사업비/사업비/제21회 워크숍
7. 소요예산: 금 29,000,000

관	항	목	금액(원)	산출근거
사업비	사업비	워크숍	29,000,000	숙소 비용 5,000원×200명×20실=20,000,000원
				식 대 5,000원×200명×6식=6,000,000원 운 영 비 300,000원×10회=3,000,000원

첨부: 제21회 사회복지학부 워크숍 계획서 1부.

발 신 명 의

담당 팀장 사무국장 관장

협조자

시 행 성사복20-1 호(2023. . . .) 접 수 ( )

우 139-000 경기도 고양시 일산동구 ○○동 /홈페이지

전화 031) /전송 /이메일 /공개

① 금액을 표시할 때는 아라비아 숫자 다음에 괄호를 하고 한글로 기재해야 해.

② 날짜를 쓸 때는 연, 월, 일의 글자를 생략하고 마침표로 대신해야 해.

③ 세부사항에 대해서는 -아래- 또는 -다음-으로 구분해 주어야 해.

④ 문서 마지막에는 반드시 '끝.'을 표기해서 마무리해야 해.

⑤ 날짜 다음에는 반드시 괄호를 통해 요일을 표시해야 해.

02 다음은 설문조사 협조 안내문을 작성한 것이다. ㉠~㉥을 고치기 위한 의견으로 적절한 것은?

> **[근로자들의 여가와 삶의 만족도에 관한 조사]**
>
> 안녕하십니까?
>
> 이 설문지는 근로자들의 여가활동과 삶의 만족도 간 관계를 ㉠ 파악하고자 작성된 것입니다. 모든 조사 결과는 숫자로 나타나기 때문에 개인 신상 정보는 ㉡ 절대 노출되지 않으며, ㉢ 절대 설문의 목적으로만 사용됩니다. 또한 각 질문은 ㉣ 옳고 그른 정답이 없으므로 질문을 잘 읽은 후 한 문항도 빠짐없이 솔직하게 ㉤ 답해주시기 바랍니다.
>
> 조사에 ㉥ 적극적인 협조를 부탁드립니다. 감사합니다.

① ㉠은 정확한 의미 전달을 위해 '파악시키고자'로 수정하는 것이 적절하다.
② '절대'는 부정과 결합하는 표현이므로 ㉡은 적절하지만 ㉢은 '반드시'로 교체해야 한다.
③ ㉣은 의미상 중복된 표현이 있으므로 '정답'으로 수정하는 것이 적절하다.
④ ㉤은 본용언과 보조용언이 결합되어 있으므로 '답해 주시기'로 띄어 쓰는 것이 적절하다.
⑤ ㉥은 중의적 의미를 해소하기 위해 앞 단어와 자리를 바꾸는 것이 적절하다.

03 다음 중 아래 글을 읽고 추론한 내용으로 적절한 것은?

전통적인 통화 정책은 정책 금리를 활용하여 물가를 안정시키고 경제 안정을 도모하는 것을 목표로 한다. 중앙은행은 경기가 과열되었을 때 정책 금리 인상을 통해 경기를 진정시키고자 한다. 정책 금리 인상으로 시장 금리도 높아지면 가계 및 기업에 대한 대출 감소로 신용 공급이 축소된다. 신용 공급의 축소는 경제 내 수요를 줄여 물가를 안정시키고 경기를 진정시킨다. 반면 경기가 침체되었을 때는 반대의 과정을 통해 경기를 부양시키고자 한다.

금융을 통화 정책의 전달 경로로만 보는 전통적인 경제학에서는 금융감독 정책이 개별 금융 회사의 건전성 확보를 통해 금융 안정을 달성하고자 하는 미시 건전성 정책에 집중해야 한다고 보았다. 이러한 관점은 금융이 직접적인 생산 수단이 아니므로 단기적일 때와는 달리 장기적으로는 경제 성장에 영향을 미치지 못한다는 인식과, 자산 시장에서는 가격이 본질적 가치를 초과하여 폭등하는 버블이 존재하지 않는다는 효율적 시장 가설에 기인한다. 미시 건전성 정책은 개별 금융 회사의 건전성에 대한 예방적 규제 성격을 가진 정책 수단을 활용하는데, 그 예로는 향후 손실에 대비하여 금융 회사의 자기자본 하한을 설정하는 최저 자기자본 규제를 들 수 있다.

이처럼 전통적인 경제학에서는 금융감독 정책을 통해 금융 안정을, 통화 정책을 통해 물가 안정을 달성할 수 있다고 보는 이원적인 접근 방식이 지배적인 견해였다. 그러나 글로벌 금융 위기 이후, 금융 시스템이 와해되어 경제 불안이 확산되면서 기존의 접근 방식에 대한 자성이 일어났다. 이 당시 경기 부양을 목적으로 한 중앙은행의 저금리 정책이 자산 가격 버블에 따른 금융 불안을 야기하여 경제 안정이 훼손될 수 있다는 데 공감대가 형성되었다. 또한 금융 회사가 대형화되면서 개별 금융 회사의 부실이 금융 시스템의 붕괴를 야기할 수 있게 됨에 따라 금융 회사 규모가 금융 안정의 새로운 위험 요인으로 등장하였다. 이에 기존의 정책으로는 금융 안정을 확보할 수 없고, 경제 안정을 위해서는 물가 안정뿐만 아니라 금융 안정도 필수적인 요건임이 밝혀졌다. 그 결과 미시 건전성 정책에 거시 건전성 정책이 추가된 금융감독 정책과 물가 안정을 위한 통화 정책 간의 상호 보완을 통해 경제 안정을 달성해야 한다는 견해가 주류를 형성하게 되었다.

거시 건전성이란 개별 금융 회사 차원이 아니라 금융 시스템 차원의 위기 가능성이 낮아 건전한 상태를 말하고, 거시 건전성 정책은 금융 시스템의 건전성을 추구하는 규제 및 감독 등을 포괄하는 활동을 의미한다. 이때, 거시 건전성 정책은 미시 건전성이 거시 건전성을 담보할 수 있는 충분조건이 되지 못한다는 '구성의 오류'에 논리적 기반을 두고 있다. 거시 건전성 정책은 금융 시스템 위험 요인에 대한 예방적 규제를 통해 금융 시스템의 건전성을 추구한다는 점에서, 미시 건전성 정책과는 차별화된다.

거시 건전성 정책의 목표를 효과적으로 달성하기 위해서는 경기 변동과 금융 시스템 위험 요인 간의 상관관계를 감안한 정책 수단의 도입이 필요하다. 금융 시스템 위험 요인은 경기 순응성을 가진다. 즉 경기가 호황일 때는 금융 회사들이 대출을 늘려 신용 공급을 팽창시킴에 따라 자산 가격이 급등하고, 이는 다시 경기를 더 과열시키는 반면, 불황일 때는 그 반대의 상황이 일어난다. 이를 완화할 수 있는 정책 수단으로는 경기 대응 완충자본 제도를 들 수 있다. 이 제도는 정책 당국이 경기 과열기에 금융 회사로 하여금 최저 자기자본에 추가적인 자기자본, 즉 완충자본을 쌓도록 하여 과도한 신용 팽창을 억제시킨다. 한편 적립된 완충자본은 경기 침체기에 대출 재원으로 쓰도록 함으로써 신용이 충분히 공급되도록 한다.

① 글로벌 금융 위기 이전에는, 금융이 단기적으로 경제 성장에 영향을 미치지 못한다고 보았다.
② 글로벌 금융 위기 이전에는, 개별 금융 회사가 건전하다고 해서 금융 안정이 달성되는 것은 아니라고 보았다.
③ 글로벌 금융 위기 이전에는, 경기 침체기에는 통화 정책과 더불어 금융감독 정책을 통해 경기를 부양시켜야 한다고 보았다.
④ 글로벌 금융 위기 이후에는, 정책 금리 인하가 경제 안정을 훼손하는 요인이 될 수 있다고 보았다.
⑤ 글로벌 금융 위기 이후에는, 경기 변동이 자산 가격 변동을 유발하나 자산 가격 변동은 경기 변동을 유발하지 않는다고 보았다.

04 다음 중 〈보기〉의 ㉠과 ㉡의 예문으로 적절하지 않은 것은?

〈보기〉

소리는 같으나 뜻이 다른 단어를 ㉠'동음이의어'라 하고, 두 가지 이상의 뜻을 지닌 단어를 ㉡'다의어'라 한다. 사전에서 동음이의어는 각각의 표제어로 다루어 뜻을 풀이하며, 다의어는 표제어 하나를 여러 가지 뜻으로 풀이한다.

① ㉠: 책이 닳지 않도록 싸서 준비해라.
옷값이 싸서 손님이 많구나.
② ㉠: 그는 아침이 되어서야 서울로 갔다.
나는 이번에 들어온 신입사원에게 무척 호감이 갔다.
③ ㉡: 문앞에서 그와 부딪히는 바람에 컵을 깼다.
그 선수는 마침내 세계 기록을 깼다.
④ ㉡: 친구들에게 나쁜 소문을 내지 마라.
나는 망설인 끝에 그 회사에 입사지원서를 냈다.
⑤ ㉡: 매장에 놓을 거울을 옆 가게에서 얻었다.
내가 그토록 바라던 친구를 얻었다.

05 다음 안내문에 보강해야 할 내용으로 적절한 것은?

[대한민국 쌀 수요 증대를 위한 세미나 안내]

1) **주제**: "미래 식량, 쌀의 가치와 활용 방안"
2) **일시**: 202X. 12. 7.(토) 13:00~17:00
3) **장소**: 서울 ○○○콘퍼런스룸 A 홀
4) **대상**: 농업 관련 종사자, 식품업계 전문가, 유통 관계자, 정책 담당자 및 쌀 산업에 관심 있는 모든 분들
5) **행사 순서**

1부 13:00~13:50

쌀 산업의 현재와 미래

□□□ 교수(농업경제학 전문가)

- 국내외 쌀 시장 동향과 수요 변화 분석
- 기후 변화와 식량 안보: 쌀의 중요성

2부 14:00~14:50

쌀 소비 확대를 위한 혁신적 방안

□□□ 박사(식품영양학 교수)

- 쌀을 활용한 새로운 식품 개발 트렌드
- 소비자 맞춤형 쌀 제품 마케팅 전략

3부 15:00~15:50

쌀의 영양학적 가치와 건강식으로서의 가능성

□□□ 대표(쌀 가공식품 기업 CEO)

- 웰빙 시대, 건강 식재료로서 쌀의 재발견
- 비건, 글루텐 프리, 기능성 식품으로서의 쌀 활용

4부 16:00~16:50

성공 사례 발표 및 토론

□□□ 마케팅 이사(소비자 트렌드 연구원)

- 쌀 소비 확대에 성공한 기업 및 지역 사례 발표
- 연사들의 패널 토론: 쌀 산업의 지속 가능성을 위한 정책 제언

6) **참가비**: 무료(사전 등록 필수)
7) **등록 방법**: 202X년 12월 1일까지 세미나 공식 홈페이지에서 온라인 또는 문의처에 유선 등록
8) **신청 링크**: www.ricefuture12345.com
9) **문의**: ○○연구소 사무국(seminar@riceresearch.org)
10) **주최**: 한국쌀연구소, 농업진흥청
11) **참가 혜택**: 세미나 참가자에게 쌀 활용 레시피북 및 자료집 제공,
우수 참가자 추첨을 통한 쌀 제품 기념품 증정

쌀의 가치를 재조명하고, 새로운 소비 기회를 창출할 수 있는 이번 세미나에 많은 관심과 참여 부탁드립니다.

① 토론 패널 명단
② 세미나 개최 목적
③ 주최 측의 당부의 말
④ 세미나의 주요 내용
⑤ ○○연구소 사무국 전화번호

[06-07] 다음 보도자료를 읽고 각 물음에 답하시오.

정부가 여름철 폭염으로 인한 건강피해를 최소화하기 위해 20일부터 오는 9월 30일까지 '온열질환 응급실 감시체계'를 운영, 폭염의 건강영향을 감시한다.
질병관리청은 전국 500여 개 응급실 운영 의료기관이 관할 보건소 및 시·도 등과 협력해 응급실에 내원한 온열질환자를 파악한 후 질병청 누리집에 일일 현황정보를 매일 제공한다고 20일 밝혔다.
온열질환은 열로 인해 발생하는 급성질환이다. 뜨거운 환경에 장시간 노출 시 두통, 어지러움, 근육경련, 피로감, 의식저하 등의 증상을 보이고 방치 시에는 생명이 위태로울 수 있는 질병으로 열사병과 열탈진이 대표적이다.
지난해 온열질환 응급실 감시체계를 통해 파악한 온열질환자는 모두 1,376명이고, 이 중 사망자는 20명이었다.
성별로는 남자가 75.9%로 여자 24.1%보다 많았고, 연령별 인구 10만 명당 수는 80세 이상에서 7.6명으로 가장 많았다. 사망자도 남자가 75%로 많았고, 주로 실외 논·밭에서 발생했다.
추정 사망자는 2011년 온열질환 감시체계 운영 시작 이후 2018년 48명에 이어 지난해가 2번째로 많았다. 사인은 모두 열사병으로 추정됐다.
시·도별로는 경기 271명, 경남 126명, 경북 124명, 서울 121명, 전남 110명 순이었다. 발생장소는 실외 작업장이 40.3%인 555명으로 가장 많았다.
따라서 폭염에 노출돼 체온 40℃ 초과, 의식장애·혼수상태, 피부 건조, 오한 등 열사병 증상이 의심되는 경우 즉시 병원으로 이송해 조치해야 한다.
백○○ 질병관리청장은 "올여름은 평년보다 무더운 날씨를 보일 때가 많을 것이라는 기상청의 기후 전망에 따라 갑작스러운 더위로 인한 온열질환에 대한 대비가 필요하다"며 "온열질환 응급실 감시체계 운영을 통해 폭염으로 인한 건강피해를 조기에 인지해 신속히 대응할 수 있도록 발생현황 정보를 적시에 제공하겠다"고 밝혔다.

※ 출처: 정책브리핑(2022-05-20 보도자료)

06 다음 중 위 보도자료의 제목으로 적절한 것은?

① 열사병과 열탈진의 차이와 예방책
② 폭염 대비 '온열질환 응급실 감시체계' 가동
③ '온열질환 응급실 감시체계'의 의의와 한계
④ 온열질환 취약계층에 대한 지원 강화의 필요성
⑤ 온열질환별 주요 증상과 예방법 및 응급조치 요령

07 다음 중 위 보도자료를 읽고 난 후의 반응으로 적절하지 않은 것은?

① 온열질환은 제때 치료받지 않을 경우 사망에까지 이를 수 있는 무서운 병이군.
② 지난해 온열질환으로 인해 사망한 환자 수는 사망자 수가 가장 많았던 해보다 절반 이하이군.
③ 온열질환은 여성보다는 남성에게 주로 발생하지만, 치사율은 여성이 상대적으로 높군.
④ 대한민국 정부는 온열질환 감시체계를 10년 이상 운영하면서 현황을 파악해왔군.
⑤ 열사병 증상을 보일 경우 의식이 있더라도 병원으로 옮겨 치료를 받도록 해야겠군.

08 다음 중 〈보기〉의 상황에서 이 과장이 최 대리에게 해야 할 의사표현방법으로 적절한 것은?

〈보기〉

김 부장: 이 과장, 이번 사업계획서 수정 건 말이야. 이 과장이 맡아서 처리해야 할 것 같아.
이 과장: 저는 이미 검토를 마쳤고, 세부 수정안을 최 대리에게 넘겼습니다.
김 부장: 아까 복도에서 최 대리에게 얘기를 들었는데, 최 대리는 새로 부서배치를 받은 상황이라 세부 수정안에 대한 이해가 부족한 모양이야. 다시 한번 업무지시가 명확히 이루어져야겠어.

① 샌드위치 화법을 통해 상대가 부드럽게 받아들이도록 해야 한다.
② 신중한 태도로 예를 들거나 비유의 방식을 사용해서 표현해야 한다.
③ 상대의 사정을 고려하고, 상대가 응하기 쉽게 구체적으로 표현해야 한다.
④ 우회적인 표현을 쓰고, 거절에 대해 사과한 후 거절의 이유를 설명해야 한다.
⑤ 강압적인 표현보다는 청유형 표현을 통해 상대방의 압박감을 덜어주어야 한다.

09 다음 보도자료의 제목으로 가장 적절한 것은?

공정거래위원회(위원장 한○○, 이하 '공정위')는 은행 및 상호저축은행(이하 '저축은행')에서 사용하는 총 1,748개의 약관을 심사하여 이 중 79개 조항(14개 유형)이 금융거래 고객의 권익을 침해한다고 판단하여 금융위원회(이하 '금융위')에 시정을 요청하였다.

* 2023년 제·개정된 은행약관 1,166개, 저축은행약관 582개 중 은행 75개(11개 유형), 저축은행 4개(3개 유형) 약관조항이 불공정하여 시정 대상

공정위는 매년 은행·저축은행, 여신전문금융회사 및 금융투자업자 등 금융기관에서 새롭게 제·개정되는 금융거래 약관에 대한 심사를 진행해오고 있으며, 금융거래 고객의 권익을 보다 신속하게 보호하기 위하여 먼저 심사가 완료된 은행·저축은행 분야부터 불공정 약관 시정을 요청하였다.

[불공정 약관 유형(14개 유형, 총 79개 조항)]

〈은행〉
① 자의적으로 서비스를 중단·제한할 우려가 있는 조항(28개 조항)
② 고객의 부작위에 대하여 의사표시를 의제하는 조항(12개 조항)
③ 계약해지 사유를 추상적·포괄적으로 정한 조항(10개 조항)
④ 은행에 대한 부당한 면책 조항(7개 조항)
⑤ 개별통지를 생략하거나, 통지의 수단 또는 효력발생시기가 부적절한 조항(6개 조항)
⑥ 은행의 책임범위를 제한하거나 고객의 책임범위를 포괄적으로 정한 조항(5개 조항)
⑦ 은행에게 상계권(채무변제 충당권)을 포괄적으로 부여한 조항(2개 조항)
⑧ 가압류를 거래승인 취소 사유로 정한 조항(2개 조항)
⑨ 은행의 경과실 책임을 면제하는 조항(1개 조항)
⑩ 급부의 내용을 은행이 일방적으로 정할 수 있게 한 조항(1개 조항)
⑪ 제3자에게 제공할 수 있는 기업신용정보를 포괄적으로 정한 조항(1개 조항)

〈저축은행〉
① 급부의 내용을 저축은행이 일방적으로 정하거나 변경할 수 있게 한 조항(2개 조항)
② 저축은행의 자의적인 보증채무 이행 조항(1개 조항)
③ 고객의 기한의 이익을 부당하게 상실시키는 조항(1개 조항)

대표적인 불공정 약관 유형으로, 은행이 자의적으로 서비스를 중단하거나 제한할 수 있게 하여 고객에게 예측할 수 없는 피해를 입힐 수 있는 조항이 문제되었다. 이 중에는 "기타 은행에서 정한 사유"와 같이 계약 당시에는 고객이 예측할 수 없는 추상적·포괄적인 사유로 은행이 임의로 서비스를 제한할 수 있게 한 경우가 있었다.

* A 은행 전자금융서비스 특약: "기타 은행에서 정한 사유로 입출금이 제한되는 경우" 서비스 제한 가능

그리고 고객의 부작위에 대하여 의사표시가 표명된 것으로 간주하는 조항이 문제되었다. 의사표시 의제조항은 고객의 작위 또는 부작위가 있는 경우 의사표시가 표명 또는 표명되지 아니한 것으로 본다는 뜻을 명확하게 따로 개별 고지하는 경우에 예외적으로 허용될 수 있다. 그러나 해당 조항은 약관에 개별 고지하도록 하는 내용 없이 의사표시가 의제되도록 정하고 있어 고객이 모르는 사이에 원치 않는 효과가 발생할 수 있으므로 부당하다고 판단하였다.

* B 은행 ○○○○페이서비스 약관: "이 약관을 변경할 경우 은행은 …(중략)… 가입고객이 적용 예정일까지 이의를 제기하지 않았을 때에는 변경된 약관을 승인한 것으로 간주됩니다"

또한 고객의 권리 또는 의무에 중대한 영향을 미치는 사안인지와 관계없이 개별통지 절차를 생략하는 조항이 문제되었다. 이 약관은 통지 대상이 불특정 다수라는 사정만으로 웹사이트 게시로 갈음하거나 사전통지 없이도 장기미사용을 이유로 거래가 자동중단되도록 정하는 등 고객의 절차상 권리가 제한되어 부당하다고 판단하였다.

* C 은행 ○○○회원 약관: "은행은 불특정 다수 회원에 대한 통지의 경우 웹사이트 등에 게시함으로써 개별통지에 갈음할 수 있습니다"

* D 은행 자동송금거래약관: "최근 1년 동안 송금전용계좌를 통하여 자동송금 거래가 없는 경우 장기미사용으로 이 거래는 자동중단되며"

그 밖에도 급부의 내용을 은행·저축은행이 일방적으로 정하거나 변경할 수 있게 한 조항에 대해서도, 급부는 계약의 핵심적인 내용으로서 당사자 일방이 임의로 결정하거나 변경하여서는 안 되므로 부당하다고 판단하였다.

* E은행 수입거래약정서: "수입자가 결제자금을 원화로 납입하는 경우, 수입환어음의 결제시기는 수입자의 납입일자에 불구하고 은행의 외화사정 등에 의하여 결제통화를 매입할 수 있는 날로 한다"

* F저축은행 사채보증약정서: "갑이 …(중략)… 사전구상권을 행사하는 경우 사전구상금은 기일에 지급할 사채원리금을 사전구상일로부터 기일전일까지의 기간에 대하여 상사법정금리로 상호저축은행이 정한 방법에 따라 할인한 금액으로 합니다"

이번 시정요청을 통해 불공정 약관 다수가 시정되어* 은행·저축은행의 책임은 강화되고 은행·저축은행을 이용하는 소비자 및 중소기업 등 금융거래 고객들이 불공정 약관으로 입을 수 있는 피해가 예방될 것으로 기대된다.

* 금융당국은 은행에 약관 변경을 권고하고, 각 은행이 약관을 개정하는데 통상 3개월 소요

공정위는 현재 심사 진행 중인 여신전문금융 및 금융투자 분야에서의 불공정 약관도 연내 신속하게 시정 요청하는 한편, 금융업계가 불공정 약관을 반복 사용하지 않도록 금융당국과 지속적으로 긴밀히 협력*해 나갈 계획이다.

* 공정위·금감원 공동으로 금융업계 대상 불공정 약관 개선을 위한 간담회·설명회 개최('23.2월, '24.3월)

※ 출처: 공정거래위원회(2024-10-20 보도자료)

① 은행 및 상호저축은행의 불공정 금융약관 시정 요청
② 은행 및 상호저축은행의 불공정 약관 심사 주요 내용
③ 건전한 금융문화 정착을 위한 시중은행 영업동향 점검
④ 공정위, 각 금융기관의 금융거래약관 개정내용 검토 실시
⑤ 정부당국, 금융거래 고객들의 피해예방을 위한 지원방안 마련 촉구

10 다음 보도자료를 읽고 추론한 내용으로 적절한 것은?

> 국립정신건강센터(센터장 곽○○)는 대한신경정신의학회와 협력하여 우리나라 국민의 문화적, 정서적 특성을 반영한 '한국인 정신건강(우울, 불안, 스트레스) 척도'를 개발했다고 밝혔다.
>
> 한국인 정신건강 척도는 우울(National Depression Scale; NDS), 불안(National Anxiety Scale; NAS), 스트레스(National Stress Scale; NSS) 3종으로, 각각 11~12문항으로 구성되어 있다.
>
> 이번에 개발된 한국인 정신건강 척도는 외국에서 개발되어 한국어로 번안해 사용되던 기존 정신건강 척도와 달리, 한국인의 문화적, 정서적 특성을 반영한 것이 특징으로, 문항을 쉽게 이해하고 응답할 수 있도록 환자들이 증상을 호소하며 주로 사용하는 용어를 활용하여 개발되었다.
>
> 그동안 번안된 정신건강 척도 사용으로 인한 ▲사용료 지급이나 ▲저작권 문제로 인한 법적 분쟁, ▲한국인의 정서와 행동양식을 반영하는 데에 한계가 있어, 학계를 중심으로 한국의 문화, 정서적 특성을 반영하고 무상으로 사용할 수 있는 정신건강 척도 개발의 필요성이 꾸준히 제기되었다.
>
> 한국인의 정신건강 문제를 효과적으로 평가하기 위한 이번 정신건강 평가도구의 개발은 보건복지부 국립정신건강센터 연구개발사업의 연구비 지원을 통해 이루어졌다.
>
> 연구책임자인 □□병원 박○○ 연구소장은 "국립정신건강센터와 대한신경정신의학회 및 학계 전문가들의 적극적인 참여로 이번 정신건강 척도가 개발되었으며, 향후 정신건강 진료 현장 및 공공 서비스 기관에서도 유용하게 사용될 것으로 기대된다."라고 밝혔다.
>
> 국립정신건강센터 정신건강연구소 박△△ 연구소장은 "많은 전문가와 학회의 노력으로 이번 한국인 정신건강 척도가 개발될 수 있었다. 이번 한국인 정신건강 척도는 대한신경정신의학회의 인증을 받은 공인된 도구로서 건강보험 적용과 임상현장 활용·확산을 위해 학회와 지속해서 노력하겠다."라고 밝혔다.
>
> 한국인 정신건강 척도는 2024년 10월 18일(금) 2024년 대한신경정신의학회 추계학술대회에서 개최되는 심포지엄을 통해 최초로 공개된다. 심포지엄에서는 '한국인 정신건강 척도'를 주제로, ▲한국인 정신건강 척도 개발 배경 및 의의, ▲한국인 우울, 불안, 스트레스 척도 지침서 소개, ▲한국인 정신건강 척도 활용계획 및 전략의 내용이 발표된다.
>
> 한국인 정신건강(우울, 불안, 스트레스) 척도의 각 지침서는 국립정신건강센터 누리집(ncmh.go.kr)을 통해서 받아볼 수 있으며, 누구나 무상으로 사용할 수 있다. 또한, 국립정신건강센터는 한국인 아동 정신건강(우울, 불안) 척도도 개발 중으로 2026년 상반기 발표 예정이다.

※ 출처: 보건복지부(2024-10-18 보도자료)

① 이번에 만들어진 정신건강 척도는 민관합작 투자로 이루어졌다는 데 의의가 있어.
② 새롭게 만든 정신건강 척도는 기존의 법률적, 경제적 문제가 발생하지 않을 수 있겠군.
③ 기존 정신건강 척도는 번역 과정을 거치면서 한국인의 특성을 반영하지 못한 문제가 있었군.
④ 기존 정신건강 척도와 달리 새롭게 만든 정신건강 척도는 아동 정신건강도 측정할 수 있어서 유용하겠군.
⑤ 국립정신건강센터에서는 우리나라 국민의 인종적, 신체적 특성을 반영한 '한국인 정신건강 척도'를 개발했군.

11 **강 A와 강 B의 상류에 갑자기 폭우가 쏟아지기 시작하여 강 A와 강 B가 만나는 지점 C에 위치한 마을은 홍수의 위험에 처할 수 있다. 이때, 강 A와 강 B의 상류에서는 수위가 즉각적으로 변하지만, 지점 C에서는 강 A에서 유입되는 강물로 2시간 후 수위가 1m 높아지고 강 B에서 유입되는 강물로 5시간 후 수위가 2m 높아진다. 지점 C는 대피령 발령 수위에서 현재 2.5m의 여유가 있는 상태이며 앞으로 몇 시간 동안 이와 같은 폭우가 계속된다고 가정할 때, 대피령을 발령해야 할 시점은?** (단, 대피령 발령 수위에 이르기 직전에 즉각 경보를 발령하며, 수위는 일정한 속도로 높아진다.)

① 1시간 56분 후 ② 2시간 32분 후 ③ 2시간 46분 후
④ 3시간 32분 후 ⑤ 3시간 56분 후

12 **판매액의 20%를 이익으로 남기는 어떤 제품을 판매하려고 한다. 제품 10개를 판매할 경우 총 판매액은 90만 원이지만, 구매자가 구매 후 5일 이내에 결제할 경우 판매액의 5%를, 10일 이내에 결제할 경우 판매액의 3%를 할인해 주며, 10일이 경과한 후에는 할인 혜택이 없다. 제품에 대한 결제가 구매 후 5일 이내에 $\frac{1}{3}$, 10일 이내에 $\frac{1}{3}$, 10일이 경과한 후에 $\frac{1}{3}$씩 나누어 이루어진다면 판매자가 얻게 될 총 판매 이익은 얼마인가?**

① 95,000원 ② 138,000원 ③ 156,000원
④ 165,000원 ⑤ 180,000원

13 **유리는 오픈마켓에서 휴대폰 케이스를 판매하기 위해 공장에서 도매로 휴대폰 케이스를 구매하여 다음과 같이 400개를 판매하였다. 유리는 초기 투자금 대비 총 몇 %의 이익을 얻었는가?** (단, 소수점 첫째 자리에서 반올림한다.)

ㄱ. 유리는 공장에서 도매 금액으로 휴대폰 케이스 400개를 구매하였고, 휴대폰 케이스 구매 금액의 10%에 해당하는 금액만큼 오픈마켓에 등록비로 지불했다. 이외 다른 초기 투자금은 없다.
ㄴ. 휴대폰 케이스 도매 금액에 50%의 이익을 더해 정가를 정했다.
ㄷ. 휴대폰 케이스 400개 중 200개는 정가에 판매하였다.
ㄹ. 나머지 200개 중 150개는 정가에서 20%를 할인하여 판매하였고, 남은 50개는 정가에서 40%를 할인하여 모두 판매하였다.

① 약 16% ② 약 17% ③ 약 18% ④ 약 19% ⑤ 약 20%

14 다음 〈표〉는 산업 분류별 총괄 자료 중 일부이다. 자료에 대한 설명으로 옳지 않은 것은?

〈표〉 산업 분류별 현황

(단위: 개, 명, 백만 원)

구분	사업체 수	종사자 수	남	여	매출액	영업비용	영업이익
전산업	3,874,156	20,889,239	12,097,073	8,792,166	5,311,196,484	4,961,774,627	349,421,857
농업	2,416	26,084	18,345	7,739	8,699,648	8,182,475	517,173
임업	484	7,514	6,149	1,365	886,961	836,111	50,850
어업	389	5,892	4,768	1,124	1,347,259	1,334,057	13,202
광업	2,006	15,663	13,599	2,064	3,814,232	3,437,466	376,766
제조업	428,643	4,102,259	3,038,999	1,063,260	1,702,252,565	1,572,771,035	129,481,530
건설업	133,797	1,317,337	1,146,643	170,694	342,546,358	328,114,251	14,432,107
정보통신업	42,425	562,946	394,715	168,231	143,698,337	(A)	9,943,876
부동산업	131,079	464,340	301,146	163,194	94,961,054	84,285,083	10,675,971
교육 서비스업	175,800	1,563,848	575,435	988,413	115,023,297	(B)	4,412,964

※ 매출액 – 영업비용 = 영업이익

※ 출처: KOSIS(통계청, 경제총조사)

① 한 사업체당 평균 종사자 수는 농업이 광업보다 크다.
② 영업비용은 정보통신업이 교육서비스업보다 크다.
③ 각 산업별 종사자 수에서 여성이 차지하는 비율은 부동산업이 정보통신업보다 크다.
④ 한 사업체당 평균 영업이익은 교육서비스업이 어업보다 크다.
⑤ 전산업의 매출액 중 영업비용은 90% 이상을 차지한다.

15 다음 <표>와 <그림>은 A 항구의 수입·수출·환적·연안화물의 품목별 처리량 순위와 처리화물 현황에 대한 자료이다. 이에 대한 <보기>의 설명 중 옳지 않은 것만을 모두 고르면?

<표> 2022년 수입·수출·환적·연안화물의 품목별 처리량 순위

(단위: 만 톤)

구분 / 순위	수입화물		수출화물		환적화물		연안화물	
	품목	처리량	품목	처리량	품목	처리량	품목	처리량
1	원유 석유류	8,192	원유 석유류	3,953	화학제품	142	원유 석유류	1,518
2	화학제품	826	차량부품	1,243	원유 석유류	93	화학제품	285
3	광석류	384	화학제품	811	차량부품	20	시멘트	183
4	철강제품	255	시멘트	260	광석류	2	철강제품	148
5위 이하		707		522		3		151
계	–	10,364	–	6,789	–	260	–	2,285

※ A 항구의 처리화물은 수입화물, 수출화물, 환적화물, 연안화물로만 구성됨

<그림> 2019~2022년 처리화물 현황

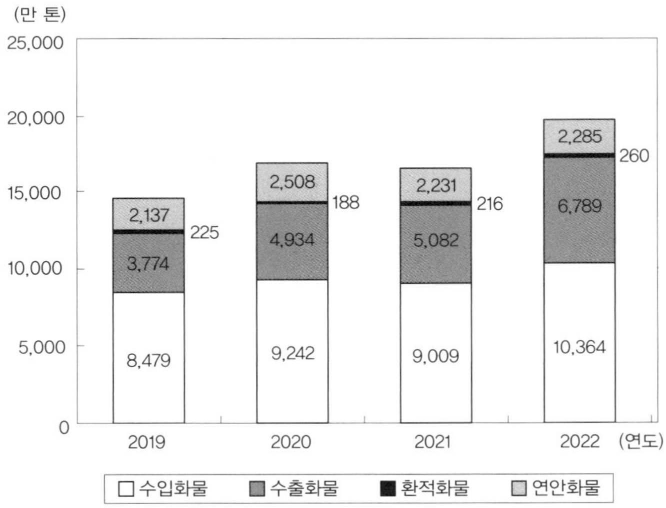

<보기>

ㄱ. 2022년 광석류의 수입화물 처리량 대비 광석류의 수출화물 처리량은 80% 이하이다.
ㄴ. 수입화물 처리량은 매년 전체 처리량의 절반 이하이다.
ㄷ. 2021년 대비 2022년의 처리량 증가율은 수출화물이 수입화물보다 크다.
ㄹ. 2022년 차량부품의 전체 처리량은 화학제품의 전체 처리량보다 많다.

① ㄱ, ㄷ ② ㄱ, ㄹ ③ ㄴ, ㄹ ④ ㄱ, ㄴ, ㄷ ⑤ ㄴ, ㄷ, ㄹ

PSAT 기출(2023)

16 다음 〈표〉는 2022년 A~E 국의 연구개발 세액감면 현황에 관한 자료이다. 이에 대한 〈보기〉의 설명 중 옳은 것만을 모두 고르면?

〈표〉 2022년 A~E 국의 연구개발 세액감면 현황

(단위: 백만 달러, %)

구분 국가	연구개발 세액감면액	GDP 대비 연구개발 세액감면액 비율	연구개발 총지출액 대비 연구개발 세액감면액 비율
A	3,613	0.2	4.97
B	12,567	0.07	2.85
C	2,104	0.13	8.15
D	4,316	0.16	10.62
E	6,547	0.13	4.14

〈보기〉

ㄱ. GDP는 C 국이 E 국보다 크다.
ㄴ. 연구개발 총지출액이 가장 큰 국가는 B 국이다.
ㄷ. GDP 대비 연구개발 총지출액 비율은 A 국이 B 국보다 높다.

① ㄱ ② ㄴ ③ ㄷ ④ ㄴ, ㄷ ⑤ ㄱ, ㄴ, ㄷ

PSAT 기출(2024)

17 다음 〈그림〉은 2015~2023년 '갑'국의 해외직접투자 규모와 최저개발국 직접투자 비중에 관한 자료이다. 이에 대한 설명으로 옳은 것은?

〈그림〉 해외직접투자 규모와 최저개발국 직접투자 비중

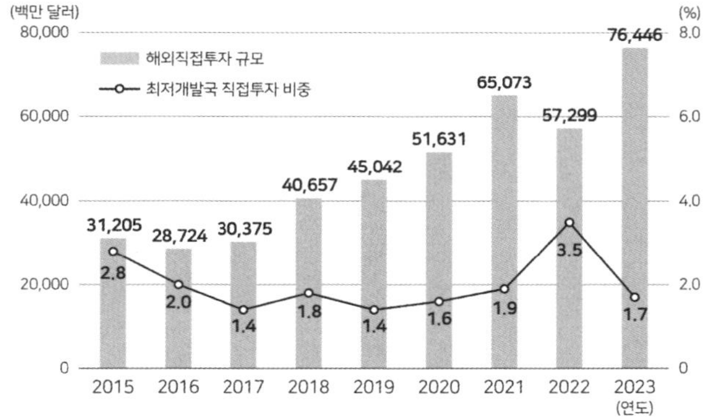

※ 최저개발국 직접투자 비중(%) = $\frac{\text{최저개발국 직접투자 규모}}{\text{해외직접투자 규모}} \times 100$

① 최저개발국 직접투자 규모는 2023년이 2015년보다 크다.
② 2021년 최저개발국 직접투자 비중은 전년보다 감소하였다.
③ 2018년 최저개발국 직접투자 규모는 10억 달러 이상이다.
④ 2023년 해외직접투자 규모는 전년 대비 40% 이상 증가하였다.
⑤ 2017년에 해외직접투자 규모와 최저개발국 직접투자 비중 모두 전년 대비 증가하였다.

18 다음 〈표〉와 〈그림〉은 2021~2023년 갑국 유리/요업 산업의 온실가스 배출량 및 기판유리 생산량에 관한 자료이다. 자료에 대한 설명으로 옳은 것을 모두 고르면?

〈표〉 업체 및 연도별 온실가스 배출량

(단위: 천tCO2eq)

구분	배출량				예상배출량
	2021	2022	2023	3년 평균 (2021~2023)	2024
A	1,024	987	967	993	950
B	528	521	( )	535	312
C	323	309	276	303	215
D	280	265	263	269	205
E	220	228	232	227	160
F	200	190	155	182	92
G	154	( )	148	153	146
H	99	102	96	99	110
I	91	91	92	92	83
J	85	78	81	81	77
기타	28	25	23	25	22
전체	( )	2,954	2,890	2,959	2,372

〈그림〉 업체 A~J의 3년 평균(2021~2023년) 온실가스 배출량 및 기판유리 생산량

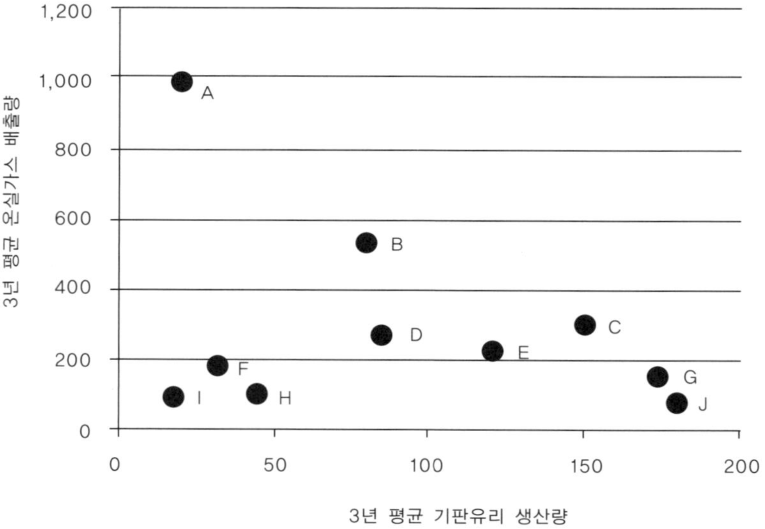

※ 온실가스 배출 효율성(%) = (3년 평균 기판유리 생산량 / 3년 평균 온실가스 배출량) × 100

ㄱ. 2021~2023년 동안 매년 온실가스 배출량은 상위 2개 업체가 해당 연도 전체 온실가스 배출량의 50% 이상을 차지한다.
ㄴ. A~J 업체 중에서 2021~2023년 3년 평균 온실가스 배출 효율성은 A 업체가 가장 높고 J 업체가 가장 낮다.
ㄷ. 2021~2023년 동안 B 업체와 G 업체는 매년 온실가스 배출의 증감 추이가 반대이다.
ㄹ. 2024년 온실가스 예상 배출량의 전년도 배출량 대비 감소율은 F 업체가 B 업체보다 크다.

① ㄱ, ㄴ ② ㄱ, ㄷ ③ ㄱ, ㄹ ④ ㄴ, ㄷ ⑤ ㄷ, ㄹ

19 **다음은 갑국의 고소득층과 저소득층의 남녀 간 평균 임금 격차 추이를 나타낸 자료이다. 이에 대한 분석으로 옳은 것은?** (단, 고소득층과 저소득층 모두에서 남성 평균 임금은 지속적으로 상승하였다.)

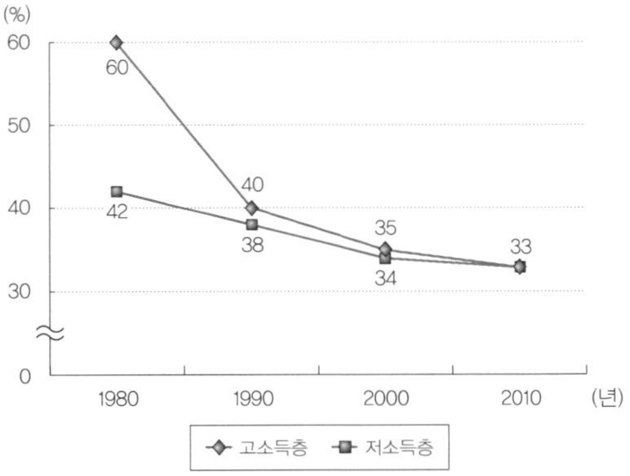

※ 남녀 간 평균 임금 격차(%) = {(남성 평균 임금 – 여성 평균 임금) ÷ 남성 평균 임금} × 100

① 1980년에 고소득층에서 여성 평균 임금은 전체 평균 임금의 40%이다.
② 1990년에 저소득층 여성 평균 임금은 10년 전과 비교하여 4% 증가하였다.
③ 1990년 대비 2000년에 고소득층에서 남성 평균 임금의 상승률이 여성 평균 임금의 상승률보다 크다.
④ 2010년에 고소득층과 저소득층의 남녀 간 평균 임금의 차이는 같다.
⑤ 1980년, 2010년 모두 저소득층에서 여성 평균 임금은 남성 평균 임금의 50%를 넘는다.

20 다음 〈표〉는 A 기업 지원자의 인턴 및 해외 연수 경험과 합격 여부에 관한 자료이다. 이에 대한 〈보기〉의 설명 중 옳은 것을 모두 고르면?

〈표〉 A 기업 지원자의 인턴 및 해외 연수 경험과 합격 여부

인턴 경험	해외 연수 경험	합격 여부		합격률(%)
		합격(명)	불합격(명)	
있음	있음	53	414	11.3
	없음	11	37	22.9
없음	있음	0	16	0.0
	없음	4	139	2.8

※ 1) 합격률(%) = {합격자 수 / (합격자 수 + 불합격자 수)} × 100
2) 합격률은 소수점 둘째 자리에서 반올림함

〈보기〉

㉠ 해외 연수 경험이 있는 지원자가 해외 연수 경험이 없는 지원자보다 합격률이 높다.
㉡ 인턴 경험과 해외 연수 경험이 모두 있는 지원자의 합격률은 인턴 경험만 있는 지원자 합격률의 2배 이상이다.
㉢ 인턴 경험이 있는 지원자가 인턴 경험이 없는 지원자보다 합격률이 높다.
㉣ 인턴 경험과 해외 연수 경험이 모두 없는 지원자와 인턴 경험만 있는 지원자 간 합격률 차이는 30%p보다 크다.

① ㉠, ㉡ ② ㉠, ㉢ ③ ㉡, ㉢ ④ ㉡, ㉣ ⑤ ㉢, ㉣

21 택배기사는 가운, 나무, 다영에게 각각 책, CD, DVD 중 하나씩을 배송하려고 한다. 세 사람은 각각 A, B, C 아파트 중 한 곳에 살고 있다. 택배기사의 배송 내역이 아래와 같을 때, 나무가 사는 아파트와 배송받은 물건을 바르게 연결한 것은?

- 택배가 배송된 것은 나무와 B 아파트에 사는 사람 그리고 CD를 받은 사람으로 총 3명이다.
- 가운이는 A 아파트에 살고 있지 않고, 다영이는 C 아파트에 살고 있지 않다.
- 책을 배송받은 것은 A 아파트에 사는 사람이 아니다.
- DVD를 배송받은 것은 가운이가 아니다.
- 책을 배송받은 것은 다영이가 아니다.

① A, CD ② A, DVD ③ B, 책 ④ C, 책 ⑤ C, DVD

PSAT 기출(2023)

22 다음 글과 〈대화〉를 근거로 판단할 때, 甲~戊 중 가장 늦은 시각까지 향수의 향이 남아 있는 사람은?

> 향수를 만드는 데 사용되는 향료는 천연향료와 합성향료로 나눌 수 있다. 천연향료에는 꽃, 잎, 열매 등의 원료에서 추출한 식물성 향료와 사향, 용연향 등의 동물성 향료가 있다. 합성향료는 채취하기 어렵거나 소량 생산되는 천연향료의 성분을 화학적으로 합성한 것이다. 오늘날 향수의 대부분은 천연향료와 합성향료를 배합하여 만들어진다.
>
> 천연향료는 다양한 방법을 통해 얻을 수 있는데, 다음 3가지 방법이 대표적이다. 첫째, 가장 널리 쓰이는 방법은 수증기 증류법이다. 이는 향수 원료에 수증기를 통과시켜서 농축된 향의 원액인 향유를 추출하는 방법이다. 이 방법은 원료를 고온으로 처리하기 때문에 열에 약한 성분이 파괴된다는 단점이 있으나, 한꺼번에 많은 양을 값싸게 얻을 수 있다는 장점이 있다. 둘째, 압착법은 과일 껍질 등과 같은 원료를 압착해서 향유를 얻는 방법이다. 열에 비교적 강하며 물에 잘 녹지 않는 향료에는 수증기 증류법이 이용되지만, 감귤류처럼 열에 약한 것에는 압착법이 이용된다. 셋째, 흡수법은 지방과 같은 비휘발성 용매를 사용하여 향유를 추출하는 방법이다. 원료가 고가이고 향유의 함유량이 적으며 열에 약하고 물에 잘 녹는 경우에는 흡수법이 이용된다.
>
> 한편, A 국에서 판매되는 향수는 EDC, EDT, EDP, Parfum으로 나뉜다. 이는 부향률, 즉 향료의 함유량 정도에 따른 구분이다. 향수는 부향률이 높을수록 향이 강하고 지속시간이 길다. 먼저 EDC(Eau De Cologne)는 부향률이 2~5%로 지속시간이 1~2시간이다. 향의 지속시간이 가장 짧고 잔향이 거의 없으며, 향이 가볍고 산뜻하다. EDT(Eau De Toilette)는 부향률이 5~15%로 3~5시간 지속되며 일반적으로 가장 많이 사용된다. EDP(Eau De Parfum)는 부향률이 15~20%로 5~8시간 지속된다. 풍부한 향을 가지고 있으며, 오랜 시간 향이 유지되는 것을 선호하는 사람들에게 알맞다. Parfum은 부향률이 20~30%로 8~10시간 지속되며, 가장 향이 강하고 오래간다.

〈대화〉

甲: 나는 오늘 오후 4시에 향수를 뿌렸어. 내 향수에는 EDC라고 적혀 있었어.
乙: 난 오늘 오전 9시 30분에 향수를 뿌렸는데, 우리 중 내가 뿌린 향수의 향이 가장 강해.
丙: 내 향수의 부향률은 18%라고 적혀 있네. 나는 甲보다 5시간 전에 향수를 뿌렸어.
丁: 난 오늘 오후 2시에 戊와 함께 향수 가게에 들렀어. 난 가자마자 EDT라고 적힌 향수를 뿌렸고, 戊는 나보다 1시간 뒤에 EDP라고 적힌 걸 뿌렸어.

① 甲 ② 乙 ③ 丙 ④ 丁 ⑤ 戊

PSAT 기출(2024)

23 다음 글을 근거로 판단할 때 옳은 것은?

A 마을에 사는 5명(甲~戊)은 서로 나이가 다르다. 이들은 자신보다 연상인 사람의 나이는 모르지만, 연하인 사람의 나이는 알고 있다.

A 마을 사람들은 연상인 사람에 대해서는 아래 표에 따라 칭하는 말을 붙인다.

화자 \ 칭하는 대상	여자	남자
여자	우후	우히
남자	이후	이히

甲~丁은 아래와 같은 대화를 나누었다.

甲: 戊 우후가 몇 살이지?
乙: 글쎄, 모르겠네. 甲, 네가 나보다 1살 어린 건 기억나는데.
丙: 乙 이히가 모르는 것도 있네.
丁: 내 나이는 모르는 사람이 없지. 戊 이후도 내 나이를 알고 있어.

① 甲은 丙에게 '우히'를 붙인다.
② 丁은 丙에게 '이후'를 붙인다.
③ 丙과 戊의 나이 차는 2살 이하이다.
④ 甲~戊 중 여자가 남자보다 더 많다.
⑤ 甲~戊 중 두 번째로 나이가 많은 사람은 乙이다.

24 다음 글을 읽고 판단할 때, 〈보기〉에서 옳은 것을 모두 고르면?

행정심판은 행정청의 위법 또는 부당한 공권력의 행사·불행사 등으로 인해서 권리·이익이 침해받아 행정상의 법률관계에 관한 쟁송이 있는 경우 사법기관이 아닌 행정기관이 이를 심리·재결하는 절차를 말한다.

재결이란 행정심판 청구를 심의하여 결정을 내리는 일로서, 행정행위에 대한 이의 신청이나 소원(訴願) 또는 재결 신청에 대해 권한 있는 행정기관이 내리는 판정을 말한다. 즉, 행정심판위원회가 행정심판의 청구에 대하여 심리한 후 그 청구에 대하여 각하·기각·인용 여부 등을 결정하는 것을 말한다. 재결에는 각하재결, 기각재결, 인용재결, 사정재결 등이 있다. 일반적으로 행정심판 청구의 대상이 되는 처분을 행한 행정청의 바로 위 상급 행정기관이 재결청이 되지만, 처분청 자체가 재결청이 되거나 소관 행정 감독 기관이 되는 수도 있다.

각하재결은 심판 청구가 요건을 갖추었는지 검토한 후, 청구가 부적법하다고 인정될 때에 내리는 결정이다. 각하재결은 재판의 기초가 되는 사실관계 및 법률관계를 명확히 하기 위하여 법원이 증거나 방법 따위를 심사하는 행위인 심리를 하지 않고 청구를 배척한다.

기각재결은 심판 청구가 요건을 갖추었지만, 청구의 내용이 이유 없다고 인정하여 청구를 배척하는 결정이다. 각하재결과는 다르게 심리가 이루어진다.

인용재결은 청구의 내용이 이유 있다고 받아들이는 재결이다. 즉 청구요건도 충족하며, 심리도 이루어지고 청구에 대한 타당한 이유가 존재해야 한다.

사정재결은 심판 청구의 내용이 이유 있다고 인정되지만, 그 처분을 취소, 변경하는 것은 공공복리에 어긋난다고 인정될 때 그 심판 청구를 기각하는 결정이다. 이때 행정청은 청구인에게 상당한 구제 방법을 강구해야 한다.

〈보기〉

ㄱ. 서울 시민인 甲은 서울 지방 경찰청장으로부터 부당한 면허취소 처분을 당했다. 이에 甲은 법원에 부당한 처분을 취소해달라는 행정심판을 청구할 수 있다.

ㄴ. 환경을 매우 아끼는 환경보호 시민단체의 대표 乙은 고속철도 터널 공사로 인해 천연기념물로 지정된 야생동물인 반달곰의 유일한 서식지인 X 지역이 오염되는 것을 염려하여 공사착공 취소를 해당관청에 청구하였으나, 부당하게 거부당하여 '반달곰과 반달곰의 친구들'이라는 청구인 자격으로 행정심판을 청구하였다. 이에 청구인 요건이 갖추어지지 않았다는 이유로 기각재결을 받았다.

ㄷ. X 시의 시장이 X 시에서의 광산 채굴에 대한 영업 허가를 해 줌으로써 지하수가 고갈되고, 이로 인해 인근 토지가 침하되며 지하수와 토양이 심하게 오염되는 수인한도를 넘는 피해를 받은 丙은 채굴에 대한 영업 허가 취소를 구하는 청구를 X 시가 속한 Y 도의 도지사에게 하여 이유 있다는 판단으로 인용재결을 받았다.

ㄹ. 모텔을 운영하고 있는 丁은 청소년보호법의 규정에 따라 미성년자의 출입이 금지되고 있음을 알고 미성년자로 보이는 A와 B에게 신분증을 요구했으나, 미성년자 A와 B는 정밀하게 위조된 신분증을 제시하였고, 이를 믿은 丁은 출입을 허가했는데 후에 A와 B가 미성년자라는 사실이 경찰에게 밝혀져 행정청으로부터 6개월간의 영업정지 처분을 받게 되었다. 이에 억울한 丁은 행정심판으로 영업정지의 취소를 청구하였고 이유 있다 판단되어 사정재결을 받아 영업을 재개하게 되었다.

① ㄱ　② ㄴ, ㄷ　③ ㄷ　④ ㄷ, ㄹ　⑤ ㄴ, ㄹ

PSAT 기출(2016)

25 다음 글을 근거로 판단할 때, 〈보기〉에서 옳은 것만을 모두 고르면?

- '○○코드'는 아래 그림과 같이 총 25칸(5×5)으로 이루어져 있으며, 각 칸을 흰색으로 채우거나 검은색으로 채우는 조합에 따라 다른 코드가 만들어진다.

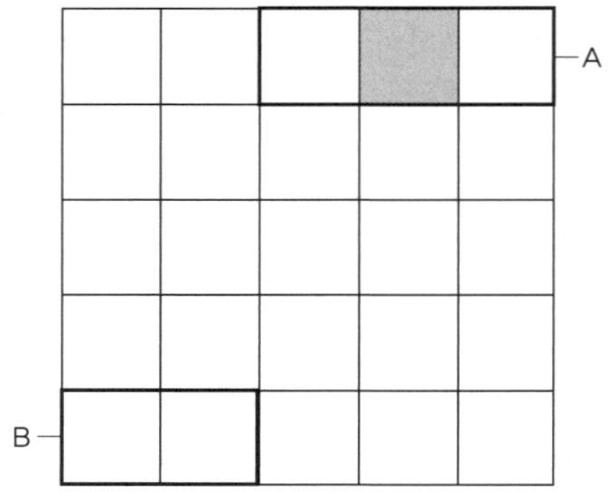

- 상단 오른쪽의 3칸(A)은 항상 '흰색-검은색-흰색'으로 ○○코드의 고유표시를 나타낸다.
- 하단 왼쪽의 2칸(B)은 코드를 제작한 지역을 표시하는 것으로 전 세계를 총 4개의 지역으로 분류하고, 甲 지역은 '흰색-흰색'으로 표시한다.

※ 코드를 회전시키는 경우는 고려하지 않음

〈보기〉

ㄱ. 甲 지역에서 만들 수 있는 코드 개수는 100만 개를 초과한다.
ㄴ. 甲 지역에서 만들 수 있는 코드와 다른 지역에서 만들 수 있는 코드는 최대 20칸이 동일하다.
ㄷ. 각 칸을 기존의 흰색과 검은색뿐만 아니라 빨간색과 파란색으로도 채울 수 있다면, 만들 수 있는 코드 개수는 기존보다 100만 배 이상 증가한다.
ㄹ. 만약 상단 오른쪽의 3칸(A)도 다른 칸과 마찬가지로 코드 만드는 것에 사용토록 개방한다면, 만들 수 있는 코드 개수는 기존의 6배로 증가한다.

① ㄱ, ㄴ　　② ㄱ, ㄷ　　③ ㄴ, ㄹ　　④ ㄱ, ㄷ, ㄹ　　⑤ ㄴ, ㄷ, ㄹ

PSAT 기출(2024)

26 다음 글과 〈상황〉을 근거로 판단할 때, 甲이 2024년에 받게 될 탄소중립포인트는?

- A 시는 주민의 전기, 상수도, 도시가스 사용량 감축률에 따라 다음년도에 탄소중립포인트를 지급하는 온실가스 감축 제도를 운영하고 있다.
- 탄소중립포인트 지급기준은 다음과 같다.

(단위: 포인트)

감축률	전기	상수도	도시가스
5% 이상 10% 미만	600	75	300
10% 이상 15% 미만	750	150	600
15% 이상	1,000	200	800

- 감축률(%) $= \frac{\text{직전년도 월평균 사용량} - \text{당해년도 월평균 사용량}}{\text{직전년도 월평균 사용량}} \times 100$

〈상황〉

A 시 주민 甲의 2022년 및 2023년 전기, 상수도, 도시가스 월평균 사용량은 다음과 같다.

연도	전기(kWh)	상수도(m^3)	도시가스(m^3)
2022	400	11	60
2023	350	10	51

① 1,425 ② 1,625 ③ 1,675 ④ 1,700 ⑤ 1,750

[27-28] 물건의 가치를 평가하는 것은 주관적이기 때문에 가능하면 그 물건의 가치를 높게 평가하는 사람에게 판매 혹은 양도하는 것이 보다 이익이다. 유산을 상속할 때에도 마찬가지인데, 다음은 이를 적용하여 정한 유산 상속 방법을 정리한 것이다. 각 물음에 답하시오.

첫째, 상속받은 재산은 팔지 않고 상속자 모두가 만족하도록 분배하는 것이 기본 취지이다.
둘째, 상속자 각자가 생각하는 재산의 가치를 적어 내고, 각자의 몫을 요구한다.
셋째, 상속되는 각각의 재산은 그 재산을 가장 높게 평가한 사람에게 우선 배정하고, 자기의 몫과 재산의 차액을 현금으로 지불한다.
넷째, 지불할 금액이 양(+)인 사람이 지불하는 돈으로 지불할 금액이 음(−)인 사람에게 그 몫을 채워 주고, 남은 금액은 균등하게 나누어 준다.

27 위 내용에 따라 아래의 〈사례〉를 정리할 때 가~마에 들어갈 숫자를 바르게 연결한 것은?

〈사례〉

상속자 A, B, C에게 각각 집, 땅이 얼마의 가치가 있는지 적어 내도록 하였더니 다음과 같았다.

구분	A	B	C
집	2,600	2,300	2,500
땅	460	550	800
합계	3,060	2,850	3,300

재산을 각각 균등하게 가진다는 전제가 있다면, A는 자신이 판단한 가치의 1/3인 1,020만큼 가져야 불만이 없을 것이다. 마찬가지로 판단한다면 B는 (가), C는 (나)만큼 가져야 한다.

이제 집, 땅을 각각 가장 높은 가치로 판단하는 사람에게 배분하기로 한다. 그렇다면 집은 A에게, 땅은 C에게 일단 배분하게 될 것이다. A는 자신이 본래 가져야 할 재산을 1,020이라고 생각하였는데, 집을 가지게 되었으므로 그 차액에 해당하는 만큼인 (다)을 현금으로 반납해야 한다. C의 경우는 자신이 (나)만큼 가져야 한다고 생각했는데 땅을 받은 셈이므로, 아직 (라)을 더 받아야 한다고 생각할 것이다. B는 (가)을 받아야 하는데도 아직 아무것도 받지 못했으므로, (가)을 받을 권리를 계속 가진다고 생각하고 있다.

다음으로 할 일은 A가 반납한 (다)만큼의 현금을 B와 C에게 각각 배분하는 것이다. 그런데 B와 C가 자신이 받아야 한다고 생각한 돈을 받고 나서도 (마)만큼의 돈이 남는다. 그 이유는 각각의 재산을 가장 높은 가치로 평가하는 사람에게 판매한 것과 같은 결과를 낳는 과정을 거쳤기 때문이다. 여기에서 발생한 차액 (마)은 누구에게도 일방적으로 귀속되면 안 되는 금액이므로, A, B, C가 골고루 나누어 가지면 된다. 결과적으로 이 셋이 상속받은 물건과 위 방법으로 받거나 반환한 금액을 전부 금액으로만 환산하면 A는 1,130, B는 1,060, C는 1,210이 되는 것이다.

	가	나	다	라	마
①	950	1,020	1,580	300	110
②	950	1,100	2,040	1,400	330
③	1,023.33…	950	2,040	300	330
④	950	1,100	1,580	300	330
⑤	1,023.33…	1,100	1,580	1,400	110

28 두 상속자 갑과 을은 부모님으로부터 물려받은 집, 농장, 서화가 각자에게 얼마의 가치가 있는지 적어 보았더니 다음과 같았다. 이 재산을 갑과 을에게 위 방법에 따라 각각 분배하는 경우 〈보기〉에서 옳은 것을 모두 고르면?

구분	갑	을
집	3,000	2,920
농장	8,600	8,500
서화	1,000	1,180

〈보기〉

ㄱ. 갑은 집을, 을은 농장과 서화를 상속받게 된다.
ㄴ. 갑과 을이 상속받은 물건과 위 방법으로 받거나 반환한 금액을 모두 금액으로만 환산하면 갑과 을이 받은 정도는 같다.
ㄷ. 자신이 받아야 한다고 생각한 것보다 상속을 많이 받은 사람이 반납한 현금을, 자신이 받아야 한다고 생각한 것보다 상속을 적게 받은 사람이 받아가고 나면 남은 금액은 180이 된다.

① ㄴ ② ㄷ ③ ㄱ, ㄷ ④ ㄴ, ㄷ ⑤ ㄱ, ㄴ, ㄷ

29 다음은 관직을 맡고 있는 5명이 모여 나눈 대화이다. 이들은 문과나 무과 가운데 하나에 급제하였으며 각각 어느 과에 급제하였는지, 그 급제 순서는 어떤지에 대한 것은 다음 대화와 같다. 다음 중 이들 가운데 문과의 가장 선배와 무과의 가장 후배를 순서대로 나열한 것은? (단, 을이 문과라면 병도 문과이다.)

갑: 을, 자네는 나보다 늦게 급제하였지?
을: 네, 그리고 병과 다른 과에 급제한 무보다 늦었습니다.
병: 나는 정과 같은 시기에 서로 다른 과에 급제하였다네.
정: 무, 자네가 갑의 문과 선배지?
무: 네, 하지만 급제 시기만 보면 제가 병보다 늦습니다.

① 갑, 병 ② 을, 정 ③ 무, 을 ④ 을, 무 ⑤ 정, 을

PSAT 기출(2007)

30 A 시 소재 회사에 근무하는 갑은 B 시에서 오후 3시에 개최되는 회의에 참석하고자 한다. 〈표 1〉과 〈표 2〉의 조건이 주어졌을 때, 오전 11시에 회사에서 출발하여 회의시간에 늦지 않게 도착하기 위한 방법 중 최저운임으로 갈 수 있는 방법과 최단시간에 도착할 수 있는 방법이 바르게 짝지어진 것은?

〈표 1〉 교통수단별 소요시간 및 운임(도시 내)

A 시		교통수단	소요시간(분)	운임(원)	B 시		교통수단	소요시간(분)	운임(원)
출발지	도착지				출발지	도착지			
회사	공항	a	40	1,500	공항	회의장	a	35	1,500
		b	30	6,000			b	25	5,000
		c	30	1,500			c	35	2,000
	고속버스 터미널	a	25	1,000	고속버스 터미널		a	50	2,000
		b	15	3,000			b	30	6,000
		c	20	1,000			c	30	1,500
	역	a	30	1,000	역		a	30	1,000
		b	20	4,000			b	20	4,000
		c	15	1,000			c	30	2,000

〈표 2〉 교통수단별 소요시간 및 운임(도시 간)

구간	교통수단	소요시간(분)	운임(원)	비고
A 시 → B 시	비행기	90	60,000	탑승수속시간 35분 추가 소요
	고속버스	210	40,000	
	기차	140	50,000	

	최저운임 도착방법	최단시간 도착방법
①	c → 기차 → a	c → 기차 → b
②	a → 고속버스 → c	c → 기차 → b
③	a → 비행기 → c	b → 비행기 → c
④	a → 기차 → a	c → 비행기 → b
⑤	c → 고속버스 → c	b → 비행기 → b

31 다음 사례를 읽고, 문제가 발생한 원인으로 가장 적절한 것을 고르면?

> 모처럼 여유가 생긴 김○○ 대리는 부서에서 사용하고 있는 서류함을 정리했다. 작년 상반기부터 올해 상반기까지 진행된 프로젝트에 관련된 서류들과 현재 진행 중인 프로젝트의 서류들이 어지럽게 널려 있는 서류함을 보고 서류를 하나씩 확인하면서 깔끔하게 종류별로 정리했고, 회의록, 보고서, 기획안 등 주제별로 열심히 모든 서류를 구분해 놓으니 서류함이 깔끔하게 정리되어 업무 효율도 올라갈 것이라고 생각했다.
> 하지만 막상 결과는 너무나도 다르게 나타났다. 당장 필요한 서류를 찾기 위해서 여러 서류를 꺼내어 확인해야 했고, 주변 사람들 또한 불편을 토로했다.

① 서류의 특성을 제대로 이해하지 못해 잘못된 지정석을 마련했다.
② 현재 사용하는 서류와 단순히 보관만 해 둘 서류를 구분하지 않았다.
③ 동일한 물건들을 같은 곳에 배치하지 않았다.
④ 서류가 훼손되지 않도록 적절한 조치를 하지 않았다.
⑤ 서류를 제목에 따라 '가나다' 순으로 일정한 규칙을 가지고 정리하지 않았다.

32 **다음은 ☆☆공사 필기시험 선발 기준과 필기시험에 응시한 학생들의 결과표이다. 아래의 내용을 토대로 했을 때, 이들 중 필기시험 합격자는?** (단, 가점을 합산한 최종 점수가 가장 높은 학생을 합격자로 한다.)

[☆☆공사 필기시험 선발 기준]

1. 필기시험은 직업기초능력, 직무수행능력(전공), 직무수행능력(상식) 3과목으로 구성된다.

구분	배점	내용	비고
직업기초능력	100	• NCS 직업기초능력: 5개 영역(총 50문항) – 의사소통능력, 수리능력, 문제해결능력, 자원관리능력, 조직이해능력 ※ 해당 영역의 근본적인 능력을 평가하는 간단한 문항부터 직무 맥락적 상황을 포함하는 긴 문항까지 다양한 형태의 문제 출제 가능	70%
직무수행능력		(전공) • 지원분야별 해당 기초전공지식(총 25문항) – 사무: 법학, 행정학, 경제학, 경영학(회계학 포함) – 기술: 해당 전공분야 전공지식 ※ 직무수행과 관련성 있는 전공지식 중심의 문항 출제	25%
		(상식) • 회사 상식, 한국사 및 일반 상식(총 5문항)	5%

※ 각 항목은 100점 만점을 기준으로 하며, 가중치에 따라 합산하여 최종 점수를 산출함

2. 아래 항목 각호에 해당하는 경우 가산점을 부여한다.

구분	배점	내용
가점	10	• 장애인, 취업지원대상자(관련 법에 의거 10% 해당자) • 고급자격 및 면허 보유자(국내 취득 자격/면허만 인정) – 사무: 변호사(대한변호사), 변리사, 공인회계사(KICPA) – 기술: 변리사, 해당 응시분야 기술사
	5	• 기초생활수급자 • 고급자격 및 면허 보유자(국내 취득 자격/면허만 인정) – 사무: 세무사, 노무사, 감정평가사
	3	• 영어 스피킹 성적 보유자 – TOEIC Speaking 160점 이상 또는 OPIc IH 이상(AL 또는 IH) 취득자

※ 1) 가점은 배점이 다른 항목은 중복 가능하며, 동일 배점 항목의 경우 1가지 항목만 반영함
ex) TOEIC Speaking 170점, OPIc AL 보유자: 가점 3점 부과
2) 가점은 필기시험 항목별 가중치에 따른 최종 점수에 합산하며, 가점을 합산한 필기시험 최종 점수는 100점을 초과할 수 있음

[응시자별 취득 점수]

(단위: 점)

응시자	직업기초능력	직무수행능력		비고
		전공	상식	
A	78	82	80	기초생활수급자
B	84	78	60	TOEIC Speaking 140점
C	80	82	40	OPIc AL
D	78	82	60	TOEIC Speaking 160점
E	85	80	100	OPIc IM3

① A ② B ③ C ④ D ⑤ E

33 다음은 인사팀에서 불만 처리 업무를 담당하고 있는 귀하가 이번 달에 취합한 불만사항이다. 이 중 귀하가 가장 나중으로 미뤄서 처리해야 하는 불만은?

① 관리그룹에 근무하는 갑 사원은 굉장히 내성적이고 소심한 성격을 가지고 있으며, 업무적인 성과는 뛰어나지만 사람을 대하는 데 많이 서투르다. 하지만 관리그룹의 중간관리자인 A 과장은 회사생활을 함에 있어서 사람 사이의 유대관계가 그 무엇보다 중요하다고 생각하는 사람이며, 그에 따라 갑 사원과 업무 외적인 부분에서 마찰이 자주 발생하고 있다. 갑 사원은 상사의 강압적인 태도를 버티는 게 너무 힘이 들어서 인사팀에 불만을 해결해 줄 것을 요청했다.

② 품질그룹에 근무하는 을 사원은 원칙을 매우 중요시하는 사람이다. 업무를 할 때도 매뉴얼에 맞춰 업무를 진행해야 한다는 소신을 가지고 있다. 하지만 같이 일하는 파트너 B 사원은 업무를 할 때에는 어느 정도의 융통성이 반드시 필요하다고 생각하고 있다. 둘은 함께 업무를 하면서 의견 충돌로 인해 다투는 경우가 자주 발생되었지만, 관리자는 서로 잘 타협하라는 말 외에 별다른 해결책을 제시하지 않았기에 을 사원은 인사팀에 해결 방안을 제시해 줄 것을 요청했다.

③ 재무그룹에 근무하는 병 과장은 일명 '만년과장'이다. 소심하고 내성적인 성격 탓에 C 그룹장과 개인적인 친분을 쌓지 못했고, 특별히 성과를 드러내지 않는 성격 탓에 항상 제대로 된 평가를 받지 못했다. 그래도 4년 전까지 함께 근무하던 D 그룹장은 객관적으로 평가를 해서 병 과장도 적절한 평가 점수를 받을 수 있었지만, C 그룹장은 친분이나 드러난 성과를 토대로 평가하기 때문에 제대로 된 평가를 받지 못하고 있다. 병 과장은 현재 그룹장과의 문제를 얘기하며 인사팀에 해결 방안을 제시해 줄 것을 요청했다.

④ 기술그룹에 근무하는 정 대리는 평소 성실한 태도로 업무에 임하고, 그 성과도 매우 뛰어나다. 하지만 업무의 특성상 해외지사로 출장을 매우 자주 나가서 가족과 보내는 시간이 줄어드는 상황에 불만을 가지고 있다. 모든 부서원이 비슷한 상황임을 알고 있기 때문에 부서 내에서 불만을 해결할 방안을 찾지 못하고 인사팀에 해외 출장을 줄여 달라고 요청했다. 하지만 출장을 제외한 모든 점에서 현재 부서 업무에 만족하는 정 대리는 부서 변경은 원치 않고 있다.

⑤ 환경안전그룹에 근무하는 무 사원은 항상 자신의 일을 미루는 E 사원에게 불만을 가지고 있다. 누구나 개인적인 사정이 있을 수 있다는 것은 인정하지만, 업무시간에도 본인의 업무를 자신이나 다른 사람에게 미루는 E 사원을 이해할 수 없으며, 이를 묵인하는 그룹장도 이해할 수 없다. 부서 안에서 해결이 어려울 것이라고 생각한 무 사원은 인사팀에 불만을 얘기하고 해결을 요청했다.

34 **갑시에 거주 중인 박찬영 씨는 을시로 출장이 예정되어 있다. 박찬영 씨는 개인 차량을 이용하여 갑시에서 을시로 이동 가능한 2가지 경로 중 왕복 유류비와 통행료의 합이 더 저렴한 도로를 이용하여 출장을 다녀올 예정이다. 박찬영 씨가 을시로 출장을 다녀오는 데 필요한 유류비와 통행료의 총합은 얼마인가?** (단, 박찬영 씨는 항상 제한 속도에 맞춰 이동했다고 가정하고, 유류비는 공인연비와 기준 유가를 이용하여 산출한다.)

[갑시와 을시 사이 통행 가능 도로]

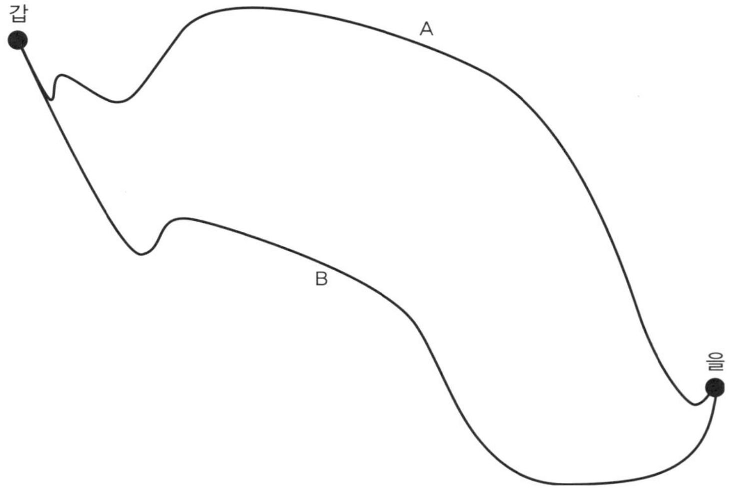

도로명	도로 구분	통행료	거리	제한 속도
A 도로	자동차 전용 도로	2,000원	77.2km	100km/h
B 도로	일반 도로	0원	107.2km	80km/h

※ 통행료와 거리는 편도 기준임

[박찬영 씨 차량 정보]

사용 연료	공인연비
휘발유	12.0km/L

※ 1) 휘발유 기준 유가: 1,680원/L
2) 50km/h 이하 또는 100km/h 이상 주행 시 실제 연비는 공인연비의 80%로 감소됨

① 15,008원 ② 15,510원 ③ 27,020원 ④ 30,016원 ⑤ 31,020원

[35-36] 다음 자료를 보고 각 물음에 답하시오.

[상황]

B 사의 가정용 인터넷과 IPTV를 이용하고 있는 정승철 씨는 20X2년 3월 21일 B 사와의 3년 약정 계약이 만료되어 새로운 업체로의 변경 또는 약정 연장을 고민하고 있다. 그에 따라 아래와 같이 업체별로 화질, 응답속도, 콘텐츠 실용성에 대해 100점 만점으로 평가하여 점수를 책정하고, 업체별 요금 및 혜택을 정리해 두었다. 화질과 응답속도를 가장 중요시하기 때문에 해당 항목들에 35%의 가중치를 두고, 콘텐츠 실용성에 30%의 가중치를 두어 점수를 산출할 예정이며, 제공 채널 수가 100개 이상인 경우 산출된 점수에 3점의 가산점을 부여하고 제공 채널 수가 100개 미만 90개 이상인 경우 산출된 점수에 1점의 가산점을 부여하여 최종 점수를 산출할 예정이다.

[업체별 평가 점수]

구분	A 사	B 사	C 사	D 사
화질	91점	89점	91점	89점
응답속도	87점	88점	92점	90점
콘텐츠 실용성	88점	87점	87점	87점
채널 수	98개	103개	87개	99개

※ 가산점을 포함한 최종 점수는 100점을 초과할 수 있음

[업체별 요금 및 혜택]

구분	A 사	B 사	C 사	D 사
가입비(원)	14,700	16,500	24,000	21,500
장비 대여비(원/월)	3,200	4,700	1,500	1,800
월 요금(원/월)	45,000	41,000	39,000	39,500
신규 가입 혜택 (캐시백)	30만 원	25만 원	27만 원	32만 원
약정 연장 혜택	월 요금 3,000원 추가 할인	월 요금 5,000원 추가 할인	월 요금 10% 추가 할인	1) 채널 수 10개 추가 2) 최신장비 무상대여

※ 1) 모든 업체에서 가입비와 장비 대여비는 신규 가입 시에만 부과됨(단, 가입비는 최초 1회에 한해 부과되는 금액이며, 장비 대여비는 매월 부과되는 금액임)
2) 모든 업체에서 3년 약정 시 장비 대여비는 100%, 월 요금은 20% 할인됨
3) 모든 업체에서 신규 가입 혜택은 신규로 3년 약정 가입 시에만 받을 수 있음
4) 모든 업체에서 3년 약정 가입 후 1년 이내 해지 시 제공된 신규 가입 혜택 또는 약정 연장 혜택과 할인 금액을 전액 반환해야 함(단, 1년 이후 해지 시 신규 가입 혜택은 반환하지 아니함)

35 정승철 씨는 위의 상황과 업체별 평가 점수를 토대로 최종 점수가 90점 이상인 업체로 3년 약정 계약을 진행하려고 한다. 최종 점수가 90점 이상인 업체가 두 군데 이상일 경우 3년간 지불해야 하는 비용이 더 저렴한 업체를 선택한다고 할 때, 정승철 씨가 3년간 지불해야 하는 총비용은 얼마인가?

- 신규 가입 시 총 비용 산출 방법: (가입비 + 장비 대여비 + 월 요금) – 신규 가입 혜택
- 약정 연장 시 총 비용 산출 방법: 월 요금에 3년 약정에 따른 할인을 적용한 후, 약정 연장 혜택을 적용하여 산출

① 811,300원 ② 877,200원 ③ 916,400원
④ 1,000,800원 ⑤ 1,010,700원

36 위의 방법에 따라 선택한 업체와 20X2년 3월 22일 3년 약정 계약을 체결한 정승철 씨는 개인적인 사정에 따라 20X2년 9월 21일 계약을 해지했다. 이때 정승철 씨가 지불해야 하는 총 반환금은 얼마인가?

① 284,000원 ② 296,800원 ③ 307,400원
④ 314,600원 ⑤ 325,800원

37 ○○공사 서울본사에서 근무하고 있는 정 대리는 내일 부산지사로 출장이 예정되어 있다. 부산지사에서의 업무는 오전 11시 회의를 시작으로 1박 2일로 예정되어 있으며, 오전 11시 회의에 정상적으로 참석하기 위해 적어도 30분 전에는 부산지사에 도착하도록 스케줄을 수립할 예정이다. 출장비 지급 기준과 교통수단별 소요시간을 토대로 교통수단을 선택할 예정이며, 이용 가능한 교통수단이 여러 가지가 있다면, 편도 비용이 가장 저렴한 수단을 이용할 예정이다. 다음 중 정 대리가 이용하기에 가장 적절한 교통수단은? (단, 정 대리는 왕복 동일한 교통수단을 이용할 예정이며, 출장비 지급 기준을 초과하는 교통수단은 선택하지 않는다.)

[출장비 지급 기준]

1. 국내 당일 출장의 경우 1일 교통비는 15만 원을 초과하지 않도록 한다.
   1-1. 단, 제주도 출장의 경우 그 한도를 20만 원으로 한다.
2. 국내 1박 2일 이상의 출장의 경우 왕복 교통비가 15만 원을 초과하지 않도록 한다.
   2-1. 단, 제주도 출장의 경우 그 한도를 20만 원으로 한다.

[교통수단별 소요시간]

교통수단	배차 정보	소요시간			편도 비용
		집 → 서울 (터미널/역/공항)	서울 → 부산	부산 (터미널/역/공항) → 부산지사	
고속버스	05:30 이후 10분 단위	20분	4시간 40분	40분	37,000원
KTX	07:40 이후 20분 단위	30분	2시간 40분	20분	54,000원
비행기	07:10 이후 50분 단위	40분	55분	30분	70,000원
택시	제한 없음	4시간 10분			200,000원
자차 이용	제한 없음	4시간 10분			-

※ 1) 비행기 이용 시 출발/도착 전후 수속에 각각 30분씩 소요됨
2) 자차 이용 시 비용은 정 대리 개인 차량 정보를 기준으로 산출함
(집 → 부산지사 편도 거리: 420km, 사용유: 휘발유, 연비: 12km/L, 기준 유가: 1,800원/L)

① 고속버스 ② KTX ③ 비행기 ④ 택시 ⑤ 자차 이용

38 ○○회사는 공정 투자를 통해 2개월 안에 제품 제조 시간을 최대한 단축하고자 한다. 아래의 ○○회사 공정 작업표와 투자별 정보, 조건을 토대로 했을 때, ○○회사가 공정 투자를 통해 단축 가능한 총 공정 소요 일수와 총 투자 금액을 올바르게 짝지은 것은? (단, 2개월은 60일로 계산한다.)

[공정작업표]

(단위: 일)

공정	A	B	C	D	E	F	G	H	I	J
소요 일수	4	3	6	1	2	3	4	3	2	1
선행 공정	–	A	–	C	B	D	E, F	G	G	H, I

※ 개별 공정은 동시 진행이 가능하나, 선행 공정이 있는 경우 선행 공정 종료 후 진행 가능함

[투자별 정보]

(단위: 천만 원, 명, 일)

투자 항목	효과	투자 금액	개조 필요 인력	소요 일수
갑	A 공정 및 A 공정의 연계 공정 소요 일수 50% 감소	8	29	48
을	C, D, F 공정의 소요 일수 50% 감소	14	50	57
병	G 공정의 소요 일수 25% 감소	6	28	42
정	G 공정의 연계 공정 소요 일수 50% 감소	8	21	33
무	H 공정의 소요 일수 50% 감소	6	21	36

※ 1) 연계 공정은 특정 공정 직후에 진행되는 공정으로, 특정 공정을 선행 공정으로 하는 공정을 의미함
예) A → B → C 순서로 공정이 진행되는 경우 A 공정의 연계 공정은 B 공정임
2) 소요 일수는 주말 및 공휴일을 포함한 일정임

〈조건〉

1. 총 투자 금액은 3억 원을 초과할 수 없다.
2. ○○회사에서 공정 개조를 위해 투입 가능한 인력은 최대 100명이다.
3. 개조 인력을 필요 인력보다 더 많이 투입하여도 소요 일수에 변동은 없다.
4. 동시에 여러 공정 개조는 가능하지만, 투입 인력이 부족하면 공정 개조 진행은 불가능하다.
5. 공정 효율은 총 공정 소요 일수가 짧을수록 높으며, 총 공정 소요 일수 외의 사항은 고려하지 않는다.
6. 효과가 동일한 경우 투자 금액이 저렴한 항목을 선택한다.

투자 금액	단축 일수
① 26천만 원	5.5일
② 28천만 원	5일
③ 28천만 원	5.5일
④ 30천만 원	6일
⑤ 30천만 원	10일

[39-40] 다음 자료를 보고 각 물음에 답하시오.

[사무실 및 거래처 지도]

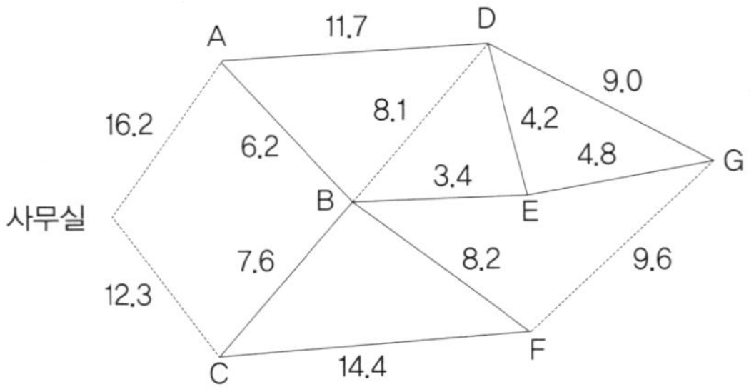

※ 1) 지도상 제시된 숫자는 지점별 거리를 의미함(단위: km)
2) 지도에 제시된 경로 외에는 이동이 불가능하다고 가정함

[도로 정보]

구분	자동차 전용도로	일반도로
제한 속도	120km/h	80km/h

※ 점선 구간은 '자동차 전용도로'를 의미하며, 실선 구간은 '일반도로'를 의미함

39 사무실에 근무 중인 인철은 사무실에서 출발해서 A부터 G까지 총 7개의 거래처를 방문하고 다시 사무실로 돌아오는 업무 계획을 수립하고 있다. 유류비를 최소화하기 위해 최단거리 경로로 계획을 수립한다고 할 때, 오늘 하루 인철이 이동하는 총 거리는 몇 km인가?

① 73.4km ② 74.0km ③ 74.6km ④ 75.2km ⑤ 75.8km

40 위와 같이 계획을 수립했던 인철은 오늘 급하게 처리해야 할 업무가 생겨서 가능한 빠른 시간 안에 모든 업무를 처리하고 다시 사무실로 돌아올 수 있도록 최소 소요시간 경로로 계획을 변경하였다. 각 거래처 방문 업무는 40분씩 소요되었으며, 이동 및 업무 외 소요된 시간은 없다고 할 때, 오전 8시에 사무실에서 출발한 인철이 다시 사무실에 도착한 시간은 몇 시인가? (단, 이동 중에는 항상 이용하는 도로의 제한 최고 속도와 동일한 속도로 이동했으며, 최종 결괏값에서 초 단위 이하는 절사한다.)

① 오후 1시 23분 ② 오후 1시 25분 ③ 오후 1시 27분
④ 오후 1시 29분 ⑤ 오후 1시 31분

정답해설편 p.120

수험번호	
성명	

실전모의고사 3회

전 영역 통합형

ㅁ 시험 유의사항

* 영역 구분 없이 총 60문항으로 구성되어 있으며 70분 이내에 풀어야 합니다.
* 시작과 종료 시각을 정한 후, 실전처럼 모의고사를 풀어보세요.

시 분 ~ 시 분 (총 60문항/70분)

01 ○○제조 회사는 회사 체질 개선을 위해 진단을 받고 컨설팅 업체의 조언에 따라 개선 가능한 부분을 확인하여 일부 공정의 시간을 단축하고 개별 공정 소요시간을 최적화하는 작업을 진행했다. 그로 인해 발생 가능한 결과로 적절하지 않은 것은?

① 전체 공정이 효율적으로 운영됨에 따라 소요되는 시간을 단축함으로써 비용이 절감되고, 상대적으로 이익이 늘어날 수 있다.
② 기존 운영에 비해 여유시간이 사라짐에 따라 공정 자체는 효율적으로 운영되고 이익의 증가는 기대할 수 있지만, 위기가 발생했을 경우 대응이 어려워질 수 있다.
③ 동일한 시간 동안 더 효율적으로 업무를 할 수 있게 됨에 따라 전체적인 생산성이 개선되는 효과를 얻을 수 있다.
④ 생산 제품의 품질 향상 또는 비용 절감에 따른 가격 인하 여력이 발생함에 따라 시장점유율을 높이는 기회가 될 수 있다.
⑤ 최적화된 시간 활용에 따라 제품의 품질 향상 또는 생산량 증가를 기대해 볼 수 있다.

02 다음 중 ㉠~㉤을 고쳐 쓰기 위한 방안으로 적절하지 않은 것은?

> 역모기지(Reverse Mortgage System)는 모기지(Mortgage)의 ㉠ 반대개념으로써 자신이 소유하고 있는 주택을 담보로 하여 대출금을 계약기간 동안 매월 ㉡ 분산하여 지급받는 제도를 뜻한다. 즉 모기지의 경우에는 주택자금을 필요로 하는 수요자가 금융기관에서 구입하고자 하는 주택의 가치에 상응하는 자금을 빌린 뒤 주택을 사고 새로 구입한 주택을 담보로 하여 원리를 상환해 나가는 반면, 역모기지는 고령자가 소유하고 있는 주택이나 택지를 담보로 하여 연금과 같은 형태로 노후생활자금을 지급하고, 이들의 사망 후에 담보로 제공된 부동산을 처분하여 ㉢ 상환한다.
> ㉣ 그러나 대출이 이루어지기 위해서는 모기지의 경우에는 이용자의 미래상환능력 및 신청시점까지의 신용기록이 중요하게 고려되며 이때 주택 소유권은 추가적인 담보의 역할을 하게 된다. 하지만 역모기지의 경우, 주택 소유권을 기초로 대출계약이 성립되기 때문에 대출신청자의 신용상태 및 상환능력보다는 미래의 특정시점에 예상되는 주택 가치에 근거하여 대출금액이 ㉤ 결정된다.

① ㉠은 정확한 의미 표현이 가능하도록 '반대개념으로서'로 수정한다.
② ㉡은 문맥의 의미에 맞게 '분할'로 수정한다.
③ ㉢은 주어와 호응하지 않으므로 '상환하는 주택담보연금제도이다'로 수정한다.
④ ㉣은 앞뒤 문장을 자연스럽게 연결하기 위해 '따라서'로 수정한다.
⑤ ㉤은 띄어쓰기 원칙에 따라 '결정 된다'로 수정한다.

03 다음 상황에서 이현석 사원이 해야 할 노력으로 적절하지 않은 것은?

정부의 친환경 정책의 추진과 더불어 본사 이전에 대한 불안감이 고조되어 ○○정유의 신입직원들의 이직이 잇따르고 있다. 한때 대학생 선호 10대 기업에 포함되었지만, 구성원들이 연봉까지 낮춰 다른 기업이나 국책연구소 등으로 '이직 러시'를 이루고 있다.

○○정유는 국내 최고의 정유회사로 각 분야의 공학 인재들이 몰렸고, 대우도 최상위였다. 그러나 친환경 정책을 추진한 현 정부 들어 위상이 눈에 띄게 추락했다. 경영진은 대외적으로 구성원 동의 없이 본사 이전은 없다고 공언했지만, 2년여간 불투명한 추진 과정 탓에 신구 직원 간 갈등의 골도 깊어진 것으로 알려졌다.

전략기획팀 이현석 사원도 이미 몇 달 전부터 이직을 준비하고 있다. 대학에서 경영학을 전공하고 입사 후 경영전략을 세우는 데 매력을 느껴서 테크노 MBA까지 마쳤지만, 정유회사의 특성상 엔지니어 출신 직원들의 결정대로 되는 경우가 많아 자신에게 이 일이 맞는지에 대한 고민이 생기기 시작했다. 거기에 최근 이슈가 더해져 헤드헌터를 통해 다른 회사를 알아보고 있다. 하지만 현재 업무가 적성에 안 맞다는 생각이 들어 아직 어떤 일을 해야 할지 결정을 못 하고 있다.

① 일을 작은 단위로 나누어 수행하고 성공경험을 축적해 만족감과 자긍심을 느껴야 한다.
② 마인드컨트롤을 통해 자신을 의식적으로 관리하는 방법을 깨달아야 한다.
③ 지속적인 자기암시를 통해 일에 대한 자신감을 얻고 흥미와 적성을 가진다.
④ 사내 교육 프로그램이나 활동을 통해 조직문화를 잘 이해하려고 노력한다.
⑤ 흥미나 적성을 고려해 알맞은 직업을 도출하면 직장 내에서 성공이 보장된다는 생각을 가진다.

04 다음 보도자료를 읽고 건강보험료 부과체계 개편에 대한 설명으로 옳지 않은 것은 무엇인가?

국민건강보험공단은 건강보험료 부과체계 2단계 개편을 2024년 9월부터 예정대로 시행한다. 이번 개편은 기존의 건강보험료 부과체계의 형평성을 강화하고, 재산과 소득 기준에 따른 공정한 보험료 산정을 목표로 한다. 특히, 지역가입자의 건강보험료 부담을 완화하고, 건강보험 재정의 안정성을 높이기 위해 다각적인 방안을 추진 중이다.

이번 2단계 개편의 주요 내용은 크게 세 가지로 요약될 수 있다. 첫째, 지역가입자의 재산공제 한도를 대폭 확대하여 보험료 부담을 줄인다. 이를 통해 경제적으로 취약한 지역가입자들의 보험료 부담이 완화될 것으로 기대된다. 둘째, 사업소득 및 금융소득 등 다양한 소득 원천에 대한 평가 방식을 개선하여 소득 파악의 정확성을 높인다. 이로 인해 고소득자의 소득 누락 문제를 해소하고, 소득에 비례하는 공정한 보험료 부과가 가능해진다. 셋째, 직장가입자와 지역가입자 간의 보험료 부과 형평성을 확보하기 위해, 소득 중심의 부과체계로 전환함으로써 체계적인 보험료 산정이 가능해졌다.

이번 개편은 기존 건강보험료 부과체계가 직장가입자와 지역가입자 간의 보험료 부담 불균형을 초래한다는 지적에서 시작되었다. 특히, 지역가입자의 경우 재산과 자동차 등에 의한 부과 방식이 지나치게 복잡하고, 소득 기준에 비해 높은 부담을 안고 있다는 문제점이 있었다. 따라서 정부는 이러한 문제를 해결하고자 건강보험료 부과체계를 개편하여 소득 중심의 보다 합리적인 보험료 산정을 목표로 하고 있다.

2단계 개편이 시행되면, 약 83만 명의 지역가입자가 보험료 경감을 받을 것으로 예상된다. 또한, 건강보험의 재정 안정성이 강화되어, 국민건강보험공단의 재정 건전성 확보에도 기여할 것이다. 이를 통해 국민 모두가 보다 공정한 기준으로 보험료를 부담하게 되고, 건강보험 제도에 대한 신뢰가 더욱 높아질 것으로 기대된다.

건강보험공단은 이번 개편에 따른 국민의 이해를 돕기 위해 다양한 홍보 활동을 진행하고, 보험료 산정 과정에서 발생할 수 있는 혼란을 최소화하기 위한 상담 및 안내 서비스를 제공할 예정이다. 특히, 소득 및 재산 신고의 정확성을 높이기 위한 시스템 개선과 교육 프로그램을 강화하여 개편된 부과체계가 원활히 정착될 수 있도록 지원할 계획이다. 국민건강보험공단은 이번 개편을 통해 국민의 경제적 부담을 줄이고, 공정한 사회보장제도를 실현하는 데 앞장설 것을 다짐하며, 앞으로도 지속적으로 국민의 의견을 수렴하여 건강보험 제도를 발전시켜 나갈 것이다.

① 2단계 개편은 소득 중심의 보험료 산정 체계를 강화하여 지역가입자의 재산공제 한도를 대폭 확대하였다.
② 이번 개편은 기존 건강보험료 부과체계의 형평성을 강화하고, 고소득자의 소득 누락 문제를 해결하기 위한 것이다.
③ 개편 이후 약 83만 명의 지역가입자가 보험료 경감을 받을 것으로 예상된다.
④ 직장가입자의 보험료 부담을 줄이기 위해 부과 기준을 완화하고, 재산과 자동차 기준을 추가하였다.
⑤ 건강보험공단은 개편에 따른 혼란을 줄이기 위해 상담 및 안내 서비스를 제공할 예정이다.

05 다음 전제에 의할 때 반드시 옳은 결론은?

- 전제 1: 티셔츠 중에는 하얀 것이 있다.
- 전제 2: 깨끗한 것 중에 하얗지 않은 것이 없다.
- 결론: ______________________

① 티셔츠 중에 깨끗한 것이 있다.
② 깨끗한 티셔츠는 없다.
③ 하얗지 않은 깨끗한 티셔츠가 있을 수도 있다.
④ 깨끗하지만 티셔츠가 아닌 하얀 것은 있을 수 없다.
⑤ 깨끗하고 하얀 티셔츠가 있을 수도 있다.

06 키슬러의 대인관계 유형은 지배성 차원과 친화성 차원에 따라 8가지로 구분된다. 대인관계 8가지 유형 중 〈보기〉의 적절한 보완점에 해당하는 것은?

[대인관계 8가지 유형]

- 지배형: 대인관계에서 주도적이고 자신감이 넘치며 자기주장이 강해 타인을 통제하고자 하는 경향이 있다.
- 실리형: 대인관계에서 실리적인 이익을 추구하는 성향으로 이해관계에 예민하고 치밀하며 성취 지향적이다.
- 냉담형: 대인관계에서 이성적이고 냉철하며 의지력이 강하고, 타인과 거리를 두는 경향이 있다.
- 고립형: 혼자 있거나 혼자 일하는 것을 좋아하며 감정을 잘 드러내지 않는다.
- 복종형: 대인관계에서 수동적이고 의존적이며 타인의 의견을 잘 따르고 주어지는 일을 순종적으로 잘한다.
- 순박형: 대인관계에서 단순하고 솔직하며 겸손하고 너그러운 경향이 있다.
- 친화형: 대인관계에서 따뜻하고 인정이 많으며 타인을 잘 배려하고 도와주는 자기희생적인 태도를 보인다.
- 사교형: 대인관계에서 외향적이고 쾌활하며 타인과 대화하기를 좋아하고 인정받고자 하는 욕구가 강하다.

〈보기〉

- 따뜻하고 인정이 많은 성격이다.
- 다른 사람을 배려하며 잘 도와준다.
- 부탁하면 잘 거절하지 못하며, 불행한 사람을 보면 과도하게 도와주려고 한다.
- 남을 즐겁게 해주려고 지나치게 노력하며, 자신보다 다른 사람의 필요를 앞세운다.

① 긍정적인 감정을 부드럽게 표현하는 기술을 배워야 한다.
② 팀원들과 정서적 거리를 유지하는 것이 필요하다.
③ 다른 팀원들의 입장을 배려하는 노력이 필요하다.
④ 타인의 의견을 잘 경청하고 수용하는 자세가 필요하다.
⑤ 다른 사람에 대한 불편함에 대해 깊이 생각해 봐야 한다.

07 다음은 공공기관의 도덕적 해이 수준을 구성하는 4가지 요인 중 하나에 대한 설명이다. 이 요인의 세부항목에 해당하는 것으로 옳은 것은?

> 이 개념은 책임회피, 피동성, 무관심, 무기력, 무소신 등이 복합적으로 포함된다. 공공기관 직원들은 모험회피성향, 낮은 동기부여 등의 개인적 요인과 함께 외부통제의 강화, 내부규제의 엄격성, 관리부서의 잦은 교체 등 조직적인 요인을 갖고 있다. 따라서 새로운 업무에 소극적이고, 변화보다는 현상유지에 집중하며, 상관 지시에 대해 무비판적으로 의존하는 행태를 쉽게 보인다.

> ㉠ 조직의 성과와 상관없이 개인의 성과급 증가를 요구한다.
> ㉡ 개인의 성과에 도움이 되지 않는 부서 간 협업에 관심이 없다.
> ㉢ 근무시간 중 사적 업무를 본다.
> ㉣ 규정 외에는 관심을 갖지 않는다.
> ㉤ 기관은 정부지침대로 경영하면 된다.
> ㉥ 새로운 업무처리방식을 고민하지 않는다.

① ㉠, ㉢ ② ㉠, ㉣ ③ ㉡, ㉥ ④ ㉢, ㉤ ⑤ ㉣, ㉥

08 재훈이는 배를 타고 강을 오르내리면서 작업을 하고 있다. A, B, C 지점에서 작업을 해야 하는데, 상류로 거슬러 올라갈 때는 원래 배의 속도에서 −5km/h, 하류로 내려갈 때는 원래 배의 속도에서 +5km/h로 이동한다. 재훈이가 A 지점에서 출발해서 A − C − B의 순서로 작업을 진행했고, 작업시간을 제외한 이동시간이 1시간이었을 때, 재훈이가 탄 배의 속도는 얼마인가?

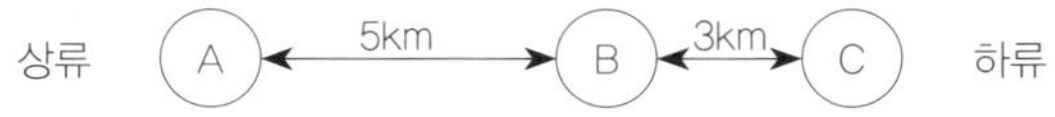

① 11km/h ② 12km/h ③ 13km/h ④ 14km/h ⑤ 15km/h

09 지난 3년간 귀하의 부하직원으로 일해온 최 대리는 누구에게도 뒤지지 않는 영업능력을 가지고 있다. 그러나 최근 귀하는 팀원들이 최 대리에 대해서 반감을 가지고 있으며, 최 대리와 함께 업무를 진행하는 것에 대해 힘들어한다는 사실을 알게 되었다. 최 대리의 평소 행동 중 팀워크를 저해하는 것은?

① 분기마다 영업실적 5% 향상을 팀 목표로 내세우며 팀원들을 독려한다.
② 일단 부하직원에게 맡긴 일에 대해서는 마무리할 때까지 관여하지 않는다.
③ 자신이 잘못한 일이라면 직책과 상관없이 상대에게 솔직하게 말한다.
④ 내가 없으면 우리 팀은 돌아가지 않는다는 자부심으로 일한다.
⑤ 부하직원과 얘기할 때도 절대 반말을 사용하지 않는다.

10 자기개발이 중요하다는 것에 공감하더라도 자기개발을 방해하는 여러 가지 장애요인 때문에 실행하는 일은 쉽지 않다. 자기개발의 방해요인 중 내재적 요인에 해당하는 것은?

① 입사 3년 차 A는 바쁜 일상을 탓하며 이런저런 핑계를 대다 보니 새로 도입된 회계관리 프로그램을 배울 시간이 없다.
② 기획부에 근무하고 있는 B는 부서를 옮기고 나서 새로 주어진 업무가 많아서 아침에 수강하던 영어강의를 중단하였다.
③ 얼마 전 ○○지사로 옮긴 C는 출퇴근 시간이 두 배로 늘어 퇴근 후 체력관리를 위해 하던 수영을 잠시 멈췄다.
④ 신입사원 D는 일과 학업을 병행하려는 의지는 있는데 아직 첫 월급을 받지 못해 대학원 등록을 미루게 되었다.
⑤ 기관사로 일하고 있는 E는 컴퓨터활용능력을 향상시키기 위해 학원에 다니고 싶지만 교대 근무로 인해 아직 못하고 있다.

11 퇴직 후 치킨 가게를 운영하고 있는 귀하는 종종 직장생활에 적응하지 못하는 손님들을 보게 된다. 대부분 자신이 좋아하는 일을 하고 싶다고 하지만 딱히 이직을 생각하거나 현실을 개선할 마음은 없는 것 같다. 귀하는 그런 사람들에게 자신의 경험을 바탕으로 일을 잘하면 칭찬받을 수 있고 일을 좋아하게 된다는 조언을 했다. 귀하가 했던 조언 중 조직에 대한 설명으로 가장 적절하지 않은 것은?

① "이 가게에 있는 모두가 같은 공간과 시간을 공유하고 있으니, 우리도 조직을 이룬 겁니다."
② "직장은 단순히 물리적 장소가 아닙니다. 직업인들이 일을 하면서 만족을 얻기도 하고, 좌절감을 경험하기도 하는 심리적 공간이기도 합니다."
③ "돈만 벌려고 회사에 다닌다고 생각하지 마세요. 조직은 구성원들에게 만족감을 주고 서로 협동하게 하는 사회적 기능도 합니다."
④ "대표적인 조직인 기업은 제품이나 서비스를 생산하여 이윤을 극대화하기 위해 만들어졌습니다."
⑤ "기업이 돈만 밝히는 곳은 아닙니다. 정보화 시대가 도래함에 따라 창조적인 지적활동이 새로운 가치를 창출하는 데 기초가 되어 기업도 구성원들의 능력개발을 위해 노력하고 있어요."

12 업무의 성격에 따라 다양한 소프트웨어가 활용되고 있다. 다음 빈칸(㉠~㉤)에 들어갈 소프트웨어를 순서대로 바르게 나열한 것은?

- (㉠): 사용자가 컴퓨터를 사용할 수 있도록 하드웨어를 제어하고 소프트웨어를 위한 기반 환경을 제공하는 프로그램
- (㉡): 특정한 응용 분야에 사용하기 위해 개발된 프로그램
- (㉢): 사용자가 컴퓨터를 좀 더 쉽게 사용할 수 있도록 도와주는 프로그램
- 워드프로세서: 책이나 신문, 잡지 등 여러 형태의 문서를 작성, 편집, 저장, 인쇄할 수 있는 프로그램
- 스프레드시트: 전자 계산표 또는 표 계산 프로그램
- (㉣): 보고, 회의, 상담, 교육 등에서 정보를 전달하는 데 널리 활용되는 프로그램
- 데이터베이스 관리 시스템: 대량의 자료를 관리하고 내용을 구조화하여 검색, 자료 관리 작업을 효과적으로 실행하는 프로그램
- (㉤): 그림을 그리거나 그림 또는 사진 파일을 불러와 편집하는 프로그램

① 시스템 소프트웨어, 응용 소프트웨어, 프레젠테이션, 유틸리티 프로그램, 그래픽 소프트웨어
② 시스템 소프트웨어, 응용 소프트웨어, 유틸리티 프로그램, 프레젠테이션, 그래픽 소프트웨어
③ 응용 소프트웨어, 시스템 소프트웨어, 유틸리티 프로그램, 프레젠테이션, 그래픽 소프트웨어
④ 응용 소프트웨어, 시스템 소프트웨어, 프레젠테이션, 유틸리티 프로그램, 그래픽 소프트웨어
⑤ 유틸리티 프로그램, 응용 소프트웨어, 시스템 소프트웨어, 프레젠테이션, 그래픽 소프트웨어

13 ○○회사 품질보증부서에 근무 중인 임동근 과장은 해외지사 품질 벤치마킹 업무를 위한 출장 계획을 수립하고자 한다. 아래의 〈상황〉을 토대로 판단했을 때, 임동근 과장이 출장을 다녀와서 출장 보고서를 상신해야 하는 날짜는? (단, 이동은 업무 종료와 동시에 진행되며, 어떠한 지연도 없는 것으로 한다.)

[6월 달력]

일	월	화	수	목	금	토
		1	2	3	4	5
6	7	8	9	10	11	12
13	14	15	16	17	18	19
20	21	22	23	24	25	26
27	28	29	30			

※ 6월 6일: 현충일

〈상황〉

품질보증부서에 근무 중인 임동근 과장은 최근 한국지사의 제품 품질 측정 프로세스가 해외지사의 프로세스에 비해 정확성이 떨어진다는 조사 결과를 바탕으로 정확성 개선을 위해 해외지사 벤치마킹을 위한 출장을 계획하고 있다. ○○회사는 베트남과 미국 시애틀에 각각 지사를 운영하고 있으며, 임동근 과장은 6월 3일 오전 08시 인천공항에서 베트남지사로 먼저 이동하여 벤치마킹을 위한 회의 및 프로세스 확인 업무를 휴식시간 및 휴일을 포함하여 총 29시간 진행할 예정이다. 이후 해당 업무가 종료된 즉시 미국 시애틀지사로 이동하여 벤치마킹을 위한 회의 및 프로세스 확인 업무를 휴식시간 및 휴일을 포함하여 총 90시간 진행한 뒤 한국지사로 복귀하고자 한다. 한국 귀국 이튿날 출근할 예정이며, 벤치마킹 결과는 출근 하루 뒤에 보고서로 상신해야 한다. ○○회사의 모든 지사는 주말이나 공휴일에는 별도의 업무를 진행하지 않는다.

[GMT]

구분	그리니치	베트남	한국	시애틀
GMT	0	+7	+9	−8

[이동 소요시간]

구분	인천공항 → 베트남지사	베트남지사 → 시애틀지사	시애틀지사 → 인천공항
이동 소요시간	7시간	17시간	14시간

※ 이동 소요시간에는 비행기를 통한 이동과 공항에서 각 지사로의 이동이 모두 포함됨

① 6월 10일　② 6월 11일　③ 6월 14일　④ 6월 15일　⑤ 6월 16일

14 직업윤리는 근로윤리와 공동체윤리로 구분할 수 있다. 근로윤리는 직업생활에서 일에 대한 존중을 바탕으로 근면 성실하고 정직하게 업무에 임하는 자세이며, 공동체윤리는 인간존중을 바탕으로 봉사하며 규칙을 준수하고 책임 있고 예의 바른 태도로 업무에 임하는 자세를 의미한다. 다음 중 직업윤리에 대해 바르게 설명한 것은 몇 개인가?

근로윤리	상사의 눈치를 보며 야근하는 경우는 강요당한 근면에 해당한다.
	사회구성원 간 신뢰를 형성하는 데 가장 기본적이고 필수적인 규범은 성실이다.
	정직은 목표 지향적인 행동을 추구하도록 동기를 부여한다.
공동체윤리	봉사는 고객의 가치를 최우선으로 하는 고객 서비스 개념으로도 설명할 수 있다.
	모든 업무를 정해진 시간에 끝내며, 공사 구분을 명확하게 하기만 하면 책임감이 강한 사람이다.
	준법의식은 자신과 타인의 권리를 보호하고 사회 질서를 유지하는 역할을 한다.
	예절은 사람들 간의 약속이 체계화된 규범이며, 단순히 개인에 대한 호감을 넘어 성과에까지 지대한 영향을 미친다.

① 2개 ② 3개 ③ 4개 ④ 5개 ⑤ 6개

15 A 마을의 11번가에는 다섯 집이 왼쪽부터 일렬로 늘어서 있으며 순서에 관계없이 가운, 나영, 다훈, 라임, 마음이가 살고 있다. 우체부가 편지를 배달하기 위해 도착했을 때 누구의 집인지 알 수 있는 단서가 없었는데 소풍을 가던 다섯에게 물어보았을 때 다음과 같은 대답을 들을 수 있었다.

> **가운:** 우리 집은 다훈의 집보다 오른쪽에 있어.
> **나영:** 우리 집은 왼쪽에서 두 번째에 있어.
> **다훈:** 라임의 집이 우리 집보다 왼쪽에 있어.
> **라임:** 다훈의 집과 마음의 집은 좀 떨어져 있어.

이 정보만으로는 모두의 집의 위치를 알아낼 수 없어서 그 마을의 갑, 을, 병에게 물어보았다. 그런데 갑은 거짓만을 말하고 을은 진실만을 말하며 병의 말을 듣고 모든 집의 위치를 알 수 있었다. 그렇다면 다음 〈보기〉 중 갑, 을, 병의 말이 될 수 있는 것을 순서대로 바르게 나열한 것은?

〈보기〉

ㄱ. 라임의 집이 처음은 아니야.
ㄴ. 가운의 집이 제일 오른쪽이야.
ㄷ. 다훈의 집이 가운데이고 나영은 마음의 이웃집에 살지.
ㄹ. 나영의 집은 다훈의 집보다 오른쪽에 있어.
ㅁ. 다훈의 집은 가운의 집과 이웃이야.

	갑	을	병
①	ㄷ	ㅁ	ㄴ
②	ㅁ	ㄷ	ㄹ
③	ㄹ	ㅁ	ㄷ
④	ㄴ	ㄹ	ㅁ
⑤	ㄱ	ㅁ	ㄷ

16 다음 규정에 근거할 때 금년도에 받을 연가보상비가 높은 순서대로 나열한 것은?

제○○조(연가일수)
공무원의 재직기간별 연가일수는 다음과 같다.

재직기간	연가일수
1년 이상 2년 미만	9
2년 이상 3년 미만	12
3년 이상 4년 미만	14
4년 이상 5년 미만	17
5년 이상 6년 미만	20
6년 이상	21

제○○조(연가보상비)
① 전조에 따른 연가를 공무상 허가할 수 없거나 해당 공무원이 연가를 사용하지 아니한 경우에는 예산의 범위에서 연가일수에 해당하는 연가보상비를 지급하는 것으로 연가를 갈음할 수 있다. 다만, 교육공무원(방학이 없는 기관에 근무하는 자는 제외한다)에 대하여는 이를 지급하지 아니한다.
② 연가보상비를 지급할 수 있는 연가대상일수는 최대 20일을 초과할 수 없다.
③ 연가보상비는 당해연도 현재 월봉급액을 기준으로 다음과 같이 계산하여 지급하되, 징계처분·휴직·그 밖의 사유로 봉급이 감액 지급되는 경우에는 감액되기 전의 월봉급액을 기준으로 한다.
※ 연가보상비 = 당해연도 현재 월봉급액 × 1 / 30 × 연가보상일수

구분	갑	을	병	정
월봉급액	450만 원	400만 원	360만 원	400만 원
재직기간	3년 6개월	10년	6년	4년 3개월
직렬	일반직	교육(중등교사)	일반직	일반직
전년도 연가사용일수	3일	1일	0일	3일
금년도 연가사용일수	0일	2일	3일	2일

① 갑, 을, 병, 정　② 을, 정, 병, 갑　③ 갑, 정, 병, 을
④ 병, 정, 갑, 을　⑤ 병, 갑, 정, 을

17 다음 〈보기〉에서 설명하고 있는 활동은 수평적인 조직문화를 만들기 위해 다양한 구성원의 참여와 협력을 이끌어낸다. 이 활동을 무엇이라고 하는가?

> 〈보기〉
>
> 이 활동은 집단 구성원 간 혹은 집단 간 소통과 협력을 원활하게 하여 시너지가 생기도록 도와준다. 이에 조직 구성원들은 효과적인 기법과 절차에 따라 적극적으로 참여하고 상호작용하여 목적을 원활하게 달성할 수 있다.
>
> 이 활동을 통해 조직 구성원들은 부서 간 협력증진, 브레인스토밍, 노-사-정 정책합의 등 다양한 일을 할 수 있다. 최근에는 이 활동의 중요성이 더욱 부각되고 있다. 세상은 날이 갈수록 복잡해지고 조직원들의 입장도 더 첨예하게 갈라져서 갈등과 대립이 심화되고 있기 때문이다.

① 브레인스토밍 ② 델파이기법 ③ 모의실험
④ 퍼실리테이션 ⑤ 팀빌딩

18 Windows는 전 세계에서 가장 널리 사용되는 운영체제(OS) 중 하나로 특히 공공기관에서는 압도적인 비율로 사용되고 있다. Windows를 더욱 효과적으로 활용하는 방법 중 하나가 바로 단축키를 이용하는 것이다. 다음은 Windows에서 가장 유용하게 사용되는 단축키들이다. 단축키와 역할을 잘못 연결한 것을 모두 고르면?

> ㉠ [⊞]+[D]: 모든 창을 한 번에 최소화
> ㉡ [⊞]+[L]: 컴퓨터 잠금
> ㉢ [⊞]+[S]: 화면의 일부분 캡처
> ㉣ [⊞]+방향키: 현재 작업 중인 창을 옮기거나 분할
> ㉤ [Alt]+[F4]: 현재 실행 중인 프로그램 창 순서대로 전환
> ㉥ [Alt]+[Enter]: 선택한 아이템의 속성 보기

① ㉠, ㉢ ② ㉡, ㉤ ③ ㉢, ㉤ ④ ㉣, ㉥ ⑤ ㉤, ㉥

19 ○○물산에 다니는 이상희 사원은 새로운 업무를 맡으면서 자기개발의 필요성을 절감하고 있다. 자기개발을 위해 자신의 가치, 신념, 흥미, 적성 등을 파악하는 자아인식이 필요하다는 조언에 따라 이를 수행하고자 한다. 다음 중 이상희 사원이 정리한 자아를 인식하는 방법과 그 예시를 바르게 짝지은 것은?

㉠ 반성 및 피드백 ㉡ 내가 아는 나를 확인 ㉢ 다른 사람과의 대화 ㉣ 비전 및 목적 정립 ㉤ 표준화된 검사 척도

ⓐ 생애진로검사, 인적성검사, 직업흥미검사를 한다. ⓑ 자신이 생각하는 바람직한 상사, 동료 및 부하직원은 어떻게 행동하는지 생각해 본다. ⓒ 타인에게 자신을 평소 어떤 사람이라고 생각하는지 물어본다. ⓓ 타인에게 자신을 처음 보고 어떤 느낌이 들었는지 물어본다. ⓔ 타인이 생각하는 나를 이해하기 위해 자신이 관심을 가지고 열정적으로 하는 일은 어떤 것인지 적는다.

① ㉠ – ⓒ　② ㉡ – ⓑ　③ ㉢ – ⓐ　④ ㉣ – ⓔ　⑤ ㉤ – ⓓ

20 경력정체는 조직 내에서 승진이 정체되거나 책임 있는 직위로 이동이 막히게 되는 상태를 말한다. 경력정체에 대한 설명으로 바르지 못한 것은?

① 수직적인 승진 가능성이 감소하는 객관적 경력정체와 개인이 중요하게 여기는 주관적 요인들에 의한 평가에서 비롯되는 주관적 경력정체로 구분된다.
② 객관적 경력정체는 동일 직위에 머문 연수나 상대적 기간에 의해 측정된다.
③ 관료제 조직의 경우 상위 직급이 한정되어 있기 때문에 누구나 객관적 경력정체에 빠질 수 있다.
④ 객관적인 경력정체 상태이면 누구나 주관적 경력정체를 느끼며 근로의욕이 저하된다.
⑤ 경력정체 유형 중 이상형은 경력정체의 책임을 자신이 지어야 한다고 인식하고 능동적으로 행동한다.

21 ○○회사는 신제품 개발 중, 제품에 탑재될 배터리를 선택하고자 한다. 배터리 성능 정보와 특성별 평가점수를 토대로 산출한 최종 점수가 가장 높은 배터리를 선택하여 2,500대 분량을 계약하려고 할 때, ○○회사가 선택하기에 가장 적합한 배터리는 무엇인가?

[배터리 성능 정보]

항목 \ 배터리	A	B	C	D	E
가격(원/개)	4,000	3,800	4,200	4,400	3,600
무게(g)	65	62	68	70	55
용량(mAh)	4,100	4,000	4,200	4,500	3,800
충전 속도(W)	35	35	25	20	30

[특성별 평가점수]

항목 \ 점수	5	4	3	2	1
가격	3,500원 미만	3,500원 이상 3,800원 미만	3,800원 이상 4,100원 미만	4,100원 이상 4,400원 미만	4,400원 이상
무게	55g 미만	55g 이상 60g 미만	60g 이상 65g 미만	65g 이상 70g 미만	70g 이상
용량	4,500mAh 이상	4,500mAh 미만 4,300mAh 이상	4,300mAh 미만 4,100mAh 이상	4,100mAh 미만 3,900mAh 이상	3,900mAh 미만
충전 속도	35W 이상	35W 미만 30W 이상	30W 미만 25W 이상	25W 미만 20W 이상	20W 미만

※ 1) 최종 점수는 무게와 용량 점수에 각 30%의 가중치를 두고, 충전 속도와 가격에 각 20%의 가중치를 두어 환산하며 5점 만점을 초과할 수 없음

2) 최종 점수가 가장 높은 배터리가 2개 이상일 경우 용량 > 무게 > 충전 속도 > 가격 순서로 점수가 높은 배터리를 선택함

① A 배터리 ② B 배터리 ③ C 배터리 ④ D 배터리 ⑤ E 배터리

22 협상이 이루어지기까지는 준비에서부터 집행에 이르기까지 몇 가지 단계를 거치게 된다. 다음은 협상 과정의 5단계와 단계별 설명이다. <보기>에서 단계별 순서를 바르게 연결한 것은?

협상 시작 → 상호 이해 → 실질 이해 → 해결 대안 → 합의문서

<보기>

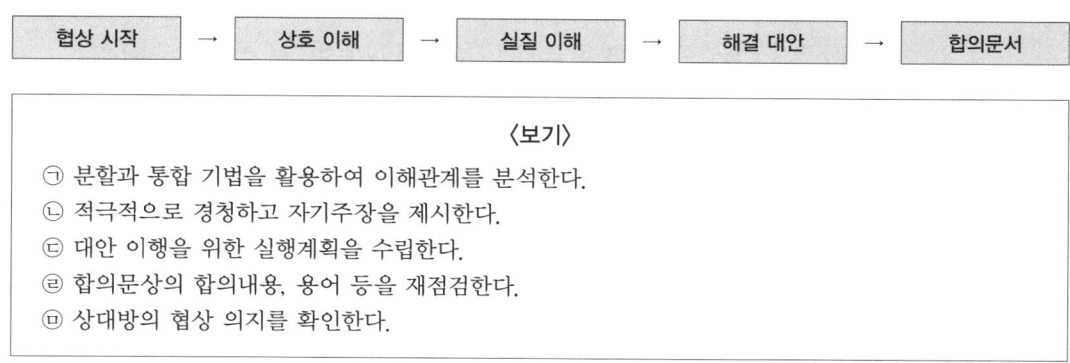

㉠ 분할과 통합 기법을 활용하여 이해관계를 분석한다.
㉡ 적극적으로 경청하고 자기주장을 제시한다.
㉢ 대안 이행을 위한 실행계획을 수립한다.
㉣ 합의문상의 합의내용, 용어 등을 재점검한다.
㉤ 상대방의 협상 의지를 확인한다.

① ㉡ - ㉠ - ㉢ - ㉤ - ㉣
② ㉢ - ㉤ - ㉡ - ㉠ - ㉣
③ ㉢ - ㉣ - ㉤ - ㉡ - ㉠
④ ㉣ - ㉤ - ㉡ - ㉠ - ㉢
⑤ ㉤ - ㉡ - ㉠ - ㉢ - ㉣

23 S 음료 회사 마케팅팀은 영업팀 전체 임직원 88명을 대상으로 탄산음료, 커피, 주스에 대한 음료 선호도를 조사했다. 조사 결과, 탄산음료를 좋아하는 직원은 40명이지만 탄산음료만 좋아하는 직원은 20명, 주스를 좋아하는 직원은 12명이지만 주스만 좋아하는 직원은 4명이었다. 또한, 커피만 좋아하는 직원이 23명이고, 커피를 좋아하는 직원의 수는 커피를 좋아하지 않는 직원의 수와 정확히 같았다. 세 종류의 음료를 모두 좋아하는 직원이 3명이라면 세 종류의 음료를 모두 좋아하지 않는 직원은 총 몇 명인가?

① 10명 ② 12명 ③ 14명 ④ 16명 ⑤ 18명

PSAT 기출(2023)

24 다음 〈표〉는 연료 연소에 따른 세계 및 2018년 기준 상위 10개국(A~J) 온실가스 배출량에 관한 자료이다. 이에 대한 〈보기〉의 설명 중 옳지 않은 것만을 모두 고르면?

〈표〉 연료 연소에 따른 세계 및 2018년 기준 상위 10개국(A~J) 온실가스 배출량

(단위: 백만 tCO2eq.)

국가	2018년				2019년			
	전체	석탄	석유	가스	전체	석탄	석유	가스
세계	34,248.8	15,082.6	11,540.0	7,098.1	34,233.9	14,891.5	11,541.9	7,267.2
A	9,866.4	7,862.0	1,409.0	533.3	10,028.3	7,938.8	1,451.6	580.7
B	4,987.5	1,269.4	2,078.6	1,603.2	4,821.3	1,077.8	2,043.1	1,662.7
C	2,372.0	1,648.2	597.3	81.7	2,371.9	1,638.8	605.2	83.1
D	1,612.7	428.9	308.3	839.4	1,652.1	433.1	318.6	855.4
E	1,099.8	431.7	400.3	229.4	1,065.8	426.1	384.4	219.9
F	704.4	274.4	235.5	171.5	653.9	219.3	241.3	170.1
G	611.1	316.9	161.3	114.3	590.7	300.9	162.0	110.3
H	591.4	5.1	194.8	391.3	588.6	5.3	191.4	391.7
I	579.2	58.3	283.2	234.2	579.6	53.9	286.6	235.6
J	551.4	224.6	235.8	82.5	596.3	277.5	223.0	88.7

〈보기〉

ㄱ. 2018년에는 적어도 31개 이상의 국가에서 연료 연소에 따른 온실가스를 배출한다.

ㄴ. 2019년 세계의 연료 연소에 따른 온실가스 배출량 중 석탄, 석유, 가스가 차지하는 비중은 99.5% 이상이다.

ㄷ. A~J 국 중 2019년 석탄, 석유, 가스 모든 부문에서 각각 연료 연소에 따른 온실가스 배출량이 전년 대비 증가한 국가에서는, 2019년 석탄 부문과 석유 부문에서 연료 연소에 따른 온실가스 배출량이 세계에서 차지하는 비중도 각각 전년 대비 증가하였다.

① ㄱ ② ㄴ ③ ㄷ ④ ㄱ, ㄷ ⑤ ㄴ, ㄷ

25 하타무라 요타로 도쿄대 명예교수는 누구나 경험하는 실패에 대한 지식을 공유하고 연구하는 '실패학'의 창시자이다. 그는 실패의 속성을 명확히 알고 실패를 체계적으로 분석하고 이를 교훈 삼아 새로운 성공의 토대로 삼고자 하였다. 하타무라 요타로 교수는 일반적인 실패의 원인을 10가지로 분류하였는데, 다음 중 실패로 이어지기 쉬운 5가지 원인에 대한 설명을 바르게 연결한 것은?

A. 세상에는 아직도 그 누구도 모르는 것이 존재해서 그 영향을 받아 실패하는 경우
B. 이미 예방책과 해결법이 있는데도 공부가 부족하여 실패하는 경우
C. 신경만 쓰면 막을 수 있는데도 방심하는 바람에 실패하는 경우
D. 정해진 약속이나 순서를 지키지 않아서 실패하는 경우
E. 판단 근거로 사용한 기준이나 판단에 이르기까지의 순서가 틀려서 실패하는 경우

	A	B	C	D	E
①	미지	오판	조사 및 검토 부족	무지	차례 미준수
②	오판	조사 및 검토 부족	가치관 불량	부주의	차례 미준수
③	미지	무지	부주의	차례 미준수	오판
④	조사 및 검토 부족	미지	기획 불량	조건의 변화	오판
⑤	무지	조사 및 검토 부족	가치관 불량	오판	부주의

26 ○○건설회사 기술연구소에 소속되어 있는 귀하는 신기술 개발을 위한 학회 세미나에 참석하였다. 기조연설자는 신기술 개발에 앞서 우선 기술의 특성을 잘 알아야 한다며 기술의 특성을 언급하기 시작하였다. 이때, 귀하가 기조연설의 내용을 정리한 것 중 가장 적절하지 않은 것은?

• 기술 분류
1) 노하우(Know-how)
– 특허권을 수반하지 않는 과학자, 엔지니어 등의 체화된 기술
– 경험적이고 반복적인 행위에 의해 습득 가능
① 기술을 설계 및 생산, 사용하기 위해 필요한 정보, 기술, 절차 등을 갖는 데 필요
2) 노와이(Know-why)
② 어떻게 기술이 성립하고 작용하는가에 관한 원리적 측면에 중심을 둔 개념
– 이론적인 지식으로서 과학적인 탐구에 의해 습득 가능
→ 기술은 원래 노하우의 개념이 강했으나 시간이 흐르면서 노하우와 노와이가 결합

• 기술 특성
③ 추상적 이론, 지식을 위한 지식, 본질에 대한 이해를 강조
④ 정의 가능한 문제의 해결을 위해 순서화되고 이해 가능한 노력으로 간주
⑤ 사회는 기술 개발에 영향을 주고 사회적, 역사적, 문화적 요인은 기술이 어떻게 활용되는가를 결정

27 다음 Python code와 대화 내용을 토대로 했을 때, 괄호 안에 들어갈 내용으로 가장 적절한 것은?

[Python code]

```
>>>a = [1, 2, 3]
>>>a.insert(2, 4)
>>>print(a)
```

태형: 왜 그래? 무슨 일 있어?
해공: Python으로 코딩 공부를 하면서 간단한 코드를 만들어 봤는데, 생각한 대로 결과가 나오지 않네. 이유를 모르겠어.
태형: 이렇게 코드를 작성한 걸 보니 a라는 리스트를 [1, 2, 3]으로 선언한 다음에 리스트에 내용을 추가하려고 하는구나?
해공: 맞아. 그런데 생각한 리스트가 아니라 엉뚱한 리스트가 나와.
태형: Python은 기본적으로 Zero indexing이야. 모든 항목은 0부터 시작이라는 거지. 그러니까 작성한 코드의 출력값은 (   )이 되겠네.
해공: 그래서 그런 거였구나. 고마워!

① [1, 2, 3, 2, 4]　② [2, 3, 1, 2, 3]　③ [1, 4, 2, 3]
④ [1, 2, 4, 3]　⑤ [1, 2, 3, 4]

28 인사부에 소속된 차경수 대리는 직장 내 윤리 교육을 위한 자료를 정리하고 있다. 다음 직업윤리에 대한 O/X 문제 중에서 X에 해당하는 문항은 총 몇 개인가?

	문제	O/X
Q1	직업윤리란 직업을 가진 사람이라면 반드시 지켜야 할 윤리규범으로, 어느 직장에 다니느냐에 따라 달라진다. 따라서 어느 회사의 직원인지에 따라 달라진다.	
Q2	모든 사람은 직업의 성격에 따라 각각 다른 직업윤리를 가질 수밖에 없다. 고도화된 현대사회에서 직업인으로서 지켜야 할 윤리에는 공통보편적 윤리와 특수윤리가 있다.	
Q3	직업윤리란 개인윤리와 분리되는 윤리로, 각자가 직업에 종사하는 과정에서 요구되는 특수한 윤리규범이다.	
Q4	직업윤리가 기본적으로는 개인윤리를 바탕으로 성립되는 규범이기는 하지만, 상황에 따라 양자는 서로 충돌하거나 배치되는 경우가 발생하기도 한다. 이러한 상황에서 직업인이라면 직업윤리를 우선해야 한다.	
Q5	직업인은 기본적 윤리기준에 충실하여 개인적 윤리를 준수하고 공인으로서의 직분을 실천하려는 노력이 필요하다.	

① 0개　② 1개　③ 2개　④ 3개　⑤ 4개

29 다음 안내문을 읽고 이해한 내용으로 가장 적절하지 않은 것은?

[한국 문화 체험 메타버스 콘텐츠 아이디어 공모전 안내문]

1. 개요

빠르게 변화하는 확장 가상세계 환경 속에서 한국 문화를 체험하고 가치를 확산할 수 있는 문화·체육·관광 분야 콘텐츠 개발 아이디어를 찾는 공모전

2. 공모일정

(1) 접수: 2022. XX. XX.~2022. XX. XX.

(2) 평가: 1차 서류, 2차 발표심사 예정(세부 일정 홈페이지 공지)

3. 지원내용

(1) 지원대상: 프로젝트 15건

(2) 지원기간: 12주

(3) 지원프로그램

① 문화체육관광부장관 표창(총 1점)

② 프로젝트당 2천만 원 상당의 콘텐츠 제작비 지원

③ 프로젝트별 맞춤 1:1 전문가 멘토링 지원

④ 네트워킹 홍보지원

4. 공모대상

전 국민(개인, 기업, 기관, 단체)

5. 공모분야

문화·체육·관광 분야 전 장르

예) 문화예술, 대중문화(엔터테인먼트), 스포츠, 관광, 게임 또는 융·복합분야

6. 접수방법

www.메타아이디어공모전.kr(온라인으로만 접수 가능, 방문 접수 불가)

공모양식 다운로드 후 PPTX 파일로 접수 가능(PDF 접수 불가)

7. 문의처

공모전 사무국(E-mail: metacont22@gmail.com)

※ 출처: 문화체육관광부(2022-07-25 보도자료)

① 한국 문화 체험 메타버스 콘텐츠 아이디어 공모전에 당선되면 석 달간 지원을 받을 수 있다.

② 공모전에 당선되면 15건의 프로젝트에 대해 총 2천만 원 상당의 콘텐츠 제작비를 지원받을 수 있다.

③ 공모대상은 전 국민으로, 남녀노소 및 개인과 단체를 불문하고 지원할 수 있다.

④ 공모분야는 문화예술, 대중문화(엔터테인먼트), 스포츠, 관광, 게임 또는 융·복합분야 전 장르이다.

⑤ 공모전 접수는 공모양식을 다운로드하여 온라인으로만 접수 가능하다.

30 다음은 신입사원이 △△지사를 견학한 후 제출한 보고서의 일부이다. 귀하는 사내 문서 관련 결재 규정을 살펴보던 중 신입사원이 작성한 보고서의 결재 양식이 잘못되었다는 것을 알게 되었다. 이때, 결재 양식을 바르게 고치기 위해 반영해야 할 사항으로 가장 적절한 것은?

△△지사 견학보고서			결재	과장	부장	사장
20XX년	3월	25일		과장서명	부장서명	전결

견학일자	3월 20일~3월 24일		
부서명	본사 관리부	작성자	김○○ (인)

일자	견학내용	특이사항
3/20	– △△지사, □□기업과 업무 협약식 체결 – 민원 업무처리에 대한 본사 시스템 이용	
3/21	– △△지사, 임직원을 대상으로 사내 커뮤니티 활용방안 교육 – △△지사, 사내 협업 증진을 위해 외부강사 초청 강연 개최	
3/22	– △△지사 총무부는 사원들끼리 사이가 좋아 보기 좋음	

[사내 문서 관련 결재 규정]

- 업무 결재의 경우 최고결재권자(사장)를 포함한 이하 직책자의 결재를 받아야 하는 것이 원칙이다. 단, 기획서, 보고서, 기안문 등의 문서 관련 결재의 경우 부장 전결사항에 해당한다.
- 전결사항에 대해서도 위임받은 자를 포함한 이하 직책자의 결재를 받아야 한다.
- 결재 양식 표시내용
  ① 위임전결하는 경우에는 전결하는 사람의 서명란에 "전결" 표시를 한 후 서명하여야 한다.
  ② 서명 또는 "전결" 표시를 하지 아니하는 사람의 서명란은 만들지 아니하거나 상향대각선으로 표시한다.

① 사장 서명란에 사장서명과 부장서명이 모두 들어가도록 한다.
② 사장 서명란의 상향대각선을 삭제하고, 부장서명이 들어가도록 한다.
③ 사장 서명란의 "전결" 표시와 상향대각선을 모두 삭제한다.
④ 사장 서명란의 "전결" 표시를 부장 서명란으로 옮긴다.
⑤ 사장 서명란의 "전결" 표시를 부장 서명란으로 옮기고, 옆에 최종 결재란을 만들어 사장서명이 들어가도록 한다.

31 코로나19 사태가 장기화되면서 전 세계적으로 화장품 소비가 감소하고 내수시장 침체까지 겹치면서 화장품 제조사들이 어려움을 겪고 있다. 새로운 트렌드와 환경변화에 맞춰 화장품 산업이 경쟁력을 확보하기 위해서 국내 화장품 산업에 대한 정확한 분석이 필요한 상황이다. 이에 국내 대표 화장품 제조사인 ○○화장품은 국내 화장품 산업에 대한 SWOT 분석을 통해 대응전략을 제시하였다. 다음 SWOT 전략 중 적절한 것을 모두 고르면?

강점(Strength)	• 상대적으로 저렴한 가격 경쟁력 • 참신한 제품 개발 능력 • 글로벌 상위의 생산시설 보유
약점(Weakness)	• 유럽·북미 시장에서의 낮은 인지도 • 대기업 및 면세점 채널에 편중 심화 • 색조·향수 분야의 낮은 경쟁력
기회(Opportunity)	• 한류 열풍으로 인한 한국산 제품 관심 증가 • 중국·동남아 시장의 지속적 성장 • 노년층·남성 소비자 증가 기대
위협(Threat)	• 글로벌 업체의 아시아 진출로 경쟁 심화 • 고물가·고환율·고금리 등 '3고(高)' 상황 장기화 • 성장 둔화로 인한 소비심리 위축

외부환경 \ 내부환경	강점(Strength)	약점(Weakness)
기회(Opportunity)	㉠ 노년층의 취향을 반영한 안티에이징 신제품을 빠르게 출시하여 국내 안티에이징 시장을 선점함	㉡ 세계적으로 인기 있는 아이돌 그룹을 모델로 활용하고, 남성 전용 제품군을 확대함
위협(Threat)	㉢ 가격 경쟁력이 뛰어난 ODM 업체들과 손잡고 중남미 시장을 비롯해 새로운 시장을 개척함	㉣ 에어쿠션·CC크림 등에 이은 새로운 유형의 제품을 개발하고 해외 투자 확대 전략으로 경쟁력을 강화함

① ㉠, ㉡　② ㉡, ㉢　③ ㉠, ㉡, ㉢
④ ㉡, ㉢, ㉣　⑤ ㉠, ㉡, ㉢, ㉣

PSAT 기출(2023)

32 다음 <표>는 '갑' 마을의 2013~2022년 인구 및 가구 변화에 관한 자료이다. 이에 대한 설명으로 옳지 않은 것은?

〈표〉 인구 및 가구 변화

(단위: 명, 가구)

구분 연도	남성 인구	여성 인구	외국인 인구	고령 인구	가구
2013	209	184	21	30	142
2014	249	223	22	34	169
2015	271	244	24	37	185
2016	280	252	26	38	190
2017	287	257	27	40	193
2018	289	261	25	42	196
2019	294	264	28	44	198
2020	303	270	32	46	204
2021	333	297	33	47	226
2022	356	319	35	53	246

※ 총인구 = 남성 인구 + 여성 인구

① 가구당 여성 인구는 2015년 이후 매년 감소하였다.
② 전년 대비 2022년 고령 인구 증가율은 전년 대비 2022년 총인구 증가율보다 높다.
③ 전년 대비 외국인 인구가 감소한 해와 전년 대비 총인구 증가폭이 가장 작은 해는 같다.
④ 전년 대비 총인구 증가율은 2014년이 가장 높다.
⑤ 전년 대비 가구 수 증가폭이 가장 큰 해와 전년 대비 남성 인구 증가폭이 가장 큰 해는 같다.

PSAT 기출(2022)

33 다음 글을 근거로 판단할 때, '사무관'을 옳게 암호화한 것은?

A 암호화 방식은 단어를 [자모변환표]와 [난수표]를 이용하여 암호로 변환한다.

[자모변환표]

ㄱ	ㄲ	ㄴ	ㄷ	ㄸ	ㄹ	ㅁ	ㅂ	ㅃ	ㅅ	ㅆ	ㅇ	ㅈ	ㅉ	ㅊ	ㅋ	ㅌ	ㅍ	ㅎ	ㅏ
120	342	623	711	349	035	537	385	362	479	421	374	794	734	486	325	842	248	915	775
ㅐ	ㅑ	ㅒ	ㅓ	ㅔ	ㅕ	ㅖ	ㅗ	ㅘ	ㅙ	ㅚ	ㅛ	ㅜ	ㅝ	ㅞ	ㅟ	ㅠ	ㅡ	ㅢ	ㅣ
612	118	843	451	869	917	615	846	189	137	789	714	456	198	275	548	674	716	496	788

[난수표]

484496112135348641056095137458625153864418913…

- 우선 암호화하고자 하는 단어의 자모를 초성(첫 자음자) – 중성(모음자) – 종성(받침) 순으로 나열하되, 종성이 없는 경우 초성–중성으로만 나열한다. 예를 들어 '행복'은 'ㅎㅐㅇㅂㅗㄱ'이 된다.
- 그다음 각각의 자모를 [자모변환표]에 따라 대응하는 세 개의 숫자로 변환한다. 예를 들어 '행복'은 '915612374385846120'으로 변환된다.
- 변환된 숫자와 [난수표]의 숫자를 가장 앞의 숫자부터 순서대로 하나씩 대응시켜 암호 숫자로 바꾼다. 이때 암호 숫자는 그 암호 숫자와 변환된 숫자를 더했을 때 그 결괏값의 일의 자리가 [난수표]의 대응 숫자와 일치하도록 하는 0~9까지의 숫자이다. 따라서 '행복'에 대한 암호문은 '579884848850502521'이다.

① 015721685634228562433
② 015721685789228562433
③ 905721575679228452433
④ 015721685789228805381472
⑤ 905721575679228795281472

34 산업재산권은 산업활동과 관련된 정신적 창작물이나 창작 방법에 대해 인정하는 독점적 권리로, 일정 존속기간이 지나면 이용·실시하도록 함으로써 기술 진보와 산업 발전을 추구한다. 다음에 해당하는 산업재산권을 순서대로 고르면?

(A) 산업 제품의 독창적이고 장식적인 외관 형상의 보호를 위하여 등록을 통해서 허용되는 권리이다.
(B) 실용적인 창작을 보호하기 위한 제도로서 물품의 형상, 구조 및 조합이 대상이다.
(C) 제조회사가 자사 제품의 신용을 유지하기 위해 제품이나 포장에 표시하는 상호나 마크이다.

	(A)	(B)	(C)
①	상표권	특허권	디자인권
②	디자인권	실용신안권	상표권
③	디자인권	특허권	실용신안권
④	실용신안권	저작권	상표권
⑤	상표권	실용신안권	저작권

35 팀장인 귀하가 이끌고 있는 A 팀은 '올해의 우수 팀'에 도전하기로 결정하고, 회사에 어필하기 위해 효과적인 팀의 면모를 보여 주는 사례를 제시하기로 했다. 다음 A 팀 팀원들이 제시하는 사례 중 효과적인 팀의 특징으로 보기 어려운 것은?

① 우리 팀은 갈등이 팀 발전을 방해하는 주요 원인으로 인식하고 갈등 발생을 원천 봉쇄한다.
② 우리 팀은 각 팀원의 특성을 인정하고, 모든 팀원이 리더의 역할을 수행할 기회를 제공한다.
③ 우리 팀은 실패에 대한 걱정 없이 새로운 업무수행 방식을 시도한다.
④ 우리 팀은 팀원 각자의 역할이 무엇인지 잘 알고 있고, 어디까지 책임질지도 파악하고 있다.
⑤ 우리 팀은 서로 간에 항상 솔직하게 대화하고, 적극적으로 아이디어를 내도록 유도한다.

36 귀하는 ○○은행의 자금결제실에 근무하고 있다. 그런데 최근에 넘어온 결제 건에서 금액계산이 잘못된 오류를 발견하였다. 새롭게 시행되는 개인 고객의 정보보호 강화와 관련 시스템 구축 건으로 매우 중요한 업무였으므로 상사에게 보고하기 전에 급하게 담당자에게 전화를 연결해서 수정하고 싶었지만 업무의 담당자가 누구인지 알 수 없어 당황했다. 이 사건 이후 귀하는 조직구조이해의 중요성을 공감하고 동료들의 조언을 듣고 있다. 다음 중 가장 적절한 조언을 하고 있는 사람은?

> 최 부장: 구성원들이 자신의 업무만 성실하게 수행해 봐. 그러면 전체 조직목표는 그냥 자연스럽게 달성된다니까.
> 오 사원: 군대에서는 누구나 업무가 분명하잖아요. 규칙과 규정들이 왜 존재합니까? 엄격한 위계질서가 존재해야 군대지요.
> 박 과장: 누가 그 업무를 담당하고 있는지 모를 때는 규정부터 봤어야지. 어디서 찾기는. 회사 홈페이지에 상세히 나와 있잖아.
> 송 대리: 급변하는 환경 변화에 효과적으로 대응하기 위해 기능적 조직구조가 필요합니다. 그래야 고객별로 신속하게 적응할 수 있으니까요.

① 최 부장 ② 오 사원 ③ 박 과장
④ 송 대리 ⑤ 없음

PSAT 기출(2015)

37 다음 <보기>를 읽고 옳은 것을 고르면?

〈보기〉

A 회사에서 문건 유출 사건이 발생하여 관련자 다섯 명을 소환하였다. 다섯 명의 이름을 편의상 갑, 을, 병, 정, 무라 부르기로 한다. 다음은 관련자들을 소환하여 조사한 결과 참으로 밝혀진 내용들이다.

ㄱ. 소환된 다섯 명이 모두 가담한 것은 아니다.
ㄴ. 갑과 을은 문건 유출에 함께 가담하였거나 함께 가담하지 않았다.
ㄷ. 을이 가담했다면 병이 가담했거나 갑이 가담하지 않았다.
ㄹ. 갑이 가담하지 않았다면 정도 가담하지 않았다.
ㅁ. 정이 가담하지 않았다면 갑이 가담했고 병은 가담하지 않았다.
ㅂ. 갑이 가담하지 않았다면 무도 가담하지 않았다.
ㅅ. 무가 가담했다면 병은 가담하지 않았다.

① 가담한 사람은 '갑', '을', '병' 세 사람뿐이다.
② 가담하지 않은 사람은 '무' 한 사람뿐이다.
③ 가담한 사람은 '을'과 '병' 두 사람뿐이다.
④ 가담한 사람은 '병'과 '정' 두 사람뿐이다.
⑤ 가담한 사람은 '갑', '을', '병', '무' 이렇게 네 사람이다.

38 기술능력은 기술직 종사자에게만 요구되는 것이 아니라 모든 직업인이 지녀야 할 능력이다. 따라서 부족한 기술능력을 습득하기 위해서는 계속 노력해야 한다. 다음 중 A~D에 해당하는 기술능력 향상 방법을 바르게 연결한 것은?

(A) 최신 기술의 흐름을 반영한 실무 중심의 기술교육이 가능하다.
(B) 최신 실습장비, 시청각 시설 등 교육에 필요한 각종 부대시설을 활용할 수 있다.
(C) 교육자와 피교육자 사이에 친밀감을 조성하며 시간의 낭비가 적다.
(D) 원하는 내용을 원하는 시간만큼 원하는 순서대로 학습하는 것이 가능하다.

	(A)	(B)	(C)	(D)
①	상급학교 진학	전문연수원 방문	OJT	e-learning
②	상급학교 진학	전문연수원 방문	벤치마킹	e-learning
③	전문연수원 방문	상급학교 진학	벤치마킹	OJT
④	전문연수원 방문	상급학교 진학	OJT	e-learning
⑤	OJT	벤치마킹	OJT	전문연수원 방문

39 컴퓨터는 공업과 상업 등 각 분야에서 널리 활용될 뿐만 아니라 중요한 역할을 담당하고 있다. 다음은 컴퓨터를 활용한 시스템에 대한 설명이다. 순서대로 바르게 연결한 것은?

㉠ 금전등록기와 컴퓨터를 결합해 편의점이나 백화점 등에서 매출액 계산, 원가 및 재고 관리에 활용되는 시스템
㉡ 생산에서 소비까지 전 과정을 컴퓨터로 처리하는 거래
㉢ 기업의 경영 관련 정보를 수집·전달·처리·저장·이용해 의사결정을 지원하는 시스템
㉣ 전자상거래에서 데이터를 효율적으로 교환하기 위해 지정한 데이터와 문서의 표준화시스템

	㉠	㉡	㉢	㉣
①	POS	EC	MIS	EDI
②	OA	POS	DSS	EDI
③	POS	EDI	MIS	DSS
④	EDI	CAM	EC	OA
⑤	CAD	EDI	OA	POS

40 다음 글을 읽고 판단하였을 때, ○○기업이 얻을 수 있는 효과로 옳지 않은 것은?

○○공사는 20X3년 2월 신규 업무 시스템 개발에 성공했다. 신규 업무 시스템은 기존 임직원들이 직접 조사하던 자료를 AI가 직접 조사하고 정리하여 결과를 제공하는 시스템으로 이 시스템이 도입되면서 업무 효율이 극적으로 향상되었다. 기존에 임직원들이 업무를 수행할 때에는 필요한 인력도 많았으며, 업무 소요시간도 1달에 2일 이상 소요가 되었으나, 시스템 도입 후 필요할 때면 언제든지 클릭 한 번으로 5분 만에 필요한 자료를 제공받을 수 있게 되었다. 그 결과 전체적인 업무 프로세스가 효율적으로 바뀌었으며, 업무 소요 시간 또한 극단적으로 단축할 수 있게 되었다. 신규 업무 시스템은 이처럼 ○○공사가 효율적으로 시간 자원을 관리하는 데 큰 기여를 하고 있다.

① 고용 인원 감축
② 생산성 향상
③ 가격 인상
④ 점유율 향상
⑤ 위험 감소

41 귀하는 업무수행에 필요한 정보를 얻기 위해 건설협회 사이트에 가입하려고 하던 중 누군가가 이미 귀하의 주민등록번호로 회원가입을 했다는 것을 알게 되었다. 이에 사이트 운영자에게 확인한 결과 회원 추천 시 제공되는 마일리지를 얻기 위해 주위 사람이 귀하의 주민등록번호를 도용한 것임이 밝혀졌다. 다음 중 개인정보 유출을 방지하기 위한 방법이 아닌 것은?

① 정체가 불분명한 사이트는 최대한 멀리해야 한다. 지나치게 많은 개인정보를 입력하도록 유도한다면 가입을 다시 한번 생각해보는 것이 좋다.
② 평상시 비밀번호는 주기적으로 바꾸는 것이 좋다. 대부분의 경우 동일한 ID와 비밀번호를 몇 년씩 사용하는 경우가 많은데 이럴수록 ID와 비밀번호가 노출되기 쉽다.
③ 이용 목적에 부합하는 정보를 요구하는지 확인해야 한다. 특별한 설명 없이 학력, 결혼 여부, 월급, 자동차 소유 여부 등에 대한 정보를 요구한다면 가입을 재고해봐야 한다.
④ 가입 해지를 할 때는 해지 즉시 개인정보가 삭제되는지 여부를 확인하고, 해지 후에도 확인해야 한다.
⑤ 남들이 쉽게 유추할 수 없도록 해야 하므로 비밀번호는 최대한 생소하고 복잡한 것으로 설정해야 한다. 또한, 전자금융거래의 비밀번호와 거래계좌(통장) 비밀번호는 같게 하면 편리하다.

42 김 대리는 실적 부진이 걱정되어 상사인 오 차장에게 실적을 조작해 줄 것을 부탁하고 있다. 두 사람의 대화를 통해 알 수 있는 김 대리에게 부족한 근로윤리에 대한 설명으로 옳은 것은?

김 대리: 오늘까지 해서 겨우 계약 목표를 달성했습니다. 죄송한데 지난주에 한 것으로 실적에 반영해 주시면 안 될까요? 이번 달에도 실적이 부진하면 내년 연봉 계약에 악영향을 끼칠 것 같아요.
오 차장: 그건 곤란합니다. 평가규정에 따르면 이번 계약분은 다음 달에 반영해야 해요.
김 대리: 부탁드릴게요. 거래처에도 얘기해서 말 맞춰놨습니다. 물량 맞추느라고 저 일주일 동안 야근했어요.
오 차장: 얼마 전 진호근 사원이 실적 조작했다가 징계받았던 거 몰라요? 원칙이 한 번 무너지면 다시 수습할 수 없어요.
김 대리: 그래도 이번만 부탁드릴게요.

① 직업에 대한 사회적 역할과 책무를 충실히 수행하고 책임지려는 태도
② 마음에 거짓이나 꾸밈이 없이 바르고 곧음
③ 민주 시민으로서 지켜야 하는 기본 의무이며 생활 자세
④ 정성스럽고 참되며, 알차고 진실된 것
⑤ 국가나 사회 또는 남을 위하여 자신을 돌보지 아니하고 몸과 마음을 다하여 일하는 것

43 다음 글을 읽고 자유의지와 결정론에 대한 설명으로 바르지 않은 것은 무엇인가?

자유의지와 결정론은 철학에서 오랜 기간 논의되어 온 주제로, 인간이 자신의 행동과 선택을 스스로 결정할 수 있는가에 대한 질문을 다룬다. 결정론에 따르면, 모든 사건은 이전의 사건에 의해 필연적으로 결정되며, 이는 인간의 행동도 예외가 아니다. 반면, 자유의지는 인간이 외부 요인에 의해 결정되지 않고 자율적으로 행동을 선택할 수 있다는 견해이다. 이 두 입장은 서로 상충되며, 인간의 도덕적 책임과 윤리적 판단에도 중요한 함의를 갖는다.

결정론은 모든 사건이 이전 상태와 법칙에 따라 필연적으로 일어난다고 주장한다. 예를 들어, 물리적 세계의 사건들은 자연법칙에 의해 결정되며, 인간의 뇌와 신경계 역시 물리적 법칙에 따라 작동하기 때문에 인간의 생각과 행동 역시 자연법칙에 의해 결정된다는 것이다. 이러한 입장에서 인간의 행동은 물리적 법칙과 외부 요인의 산물로 볼 수 있다. 이로 인해 인간이 자신의 행동을 자유롭게 선택할 수 없으며, 모든 선택은 이미 정해진 결과라는 결론에 이르게 된다.

결정론은 크게 세 가지로 분류될 수 있다. 첫째, 양상 결정론은 모든 사건이 반드시 일어날 수밖에 없다고 주장한다. 이는 필연성의 원리로, 현재의 상태가 과거의 상태와 법칙에 의해 유일하게 결정된다는 의미이다. 둘째, 인과 결정론은 모든 사건이 인과적 연쇄 속에서 일어나며, 하나의 사건이 반드시 다른 사건을 초래한다는 원리를 따른다. 셋째, 논리적 결정론은 미래의 사건이 이미 진리로 결정되어 있으며, 현재의 상태와 상관없이 모든 사건이 논리적으로 고정되어 있다는 견해이다.

결정론에 반대되는 입장은 자유의지이다. 자유의지론자들은 인간이 자신의 선택과 행동을 외부 요인이나 과거의 사건에 의존하지 않고 자율적으로 결정할 수 있다고 주장한다. 예를 들어, 우리가 두 가지 선택지 사이에서 고민하다가 특정 선택을 하는 것은 우리의 의지와 판단에 따른 결과라는 것이다. 이러한 입장에서 자유의지는 도덕적 책임의 근거가 된다. 만약 우리의 행동이 스스로의 의지에 의해 결정되지 않는다면, 우리는 우리의 행동에 대해 도덕적 책임을 질 수 없게 된다.

하지만 결정론과 자유의지의 상충은 쉽게 해결되지 않는다. 예를 들어, 양립 가능론은 결정론과 자유의지가 동시에 성립할 수 있다고 주장한다. 양립 가능론자들은 인간의 행동이 결정론적 법칙에 따라 일어날지라도, 우리가 그 행동을 선택한 과정이 우리의 욕망과 의지에 따라 이루어졌다면 그것은 자유로운 행동이라고 본다. 이와 대조적으로, 비양립 가능론은 결정론과 자유의지가 동시에 존재할 수 없다고 주장하며, 인간이 진정으로 자유로운 존재가 되기 위해서는 모든 결정론적 요인에서 벗어나야 한다고 본다.

현대 철학자들은 자유의지와 결정론의 논쟁을 다양한 방식으로 확장하고 있다. 특히, 신경과학과 인지과학의 발달로 인해 인간의 행동이 뇌의 신경 작용에 의해 결정된다는 연구 결과가 나오면서, 결정론적 입장이 강화되었다. 예를 들어, 리벳의 실험에서는 인간이 의사 결정을 내리기 전에 이미 뇌에서 그 결정을 준비하는 활동이 일어난다는 사실이 밝혀져 자유의지의 존재에 의문을 제기했다. 이러한 실험 결과는 인간의 의사 결정이 무의식적이고 결정론적 과정의 결과일 수 있다는 점을 시사한다.

그러나 이에 대한 반론도 존재한다. 일부 철학자들은 뇌의 활동과 의식적 결정을 엄밀히 구분해야 하며, 의식적인 판단과 선택이 여전히 중요한 역할을 한다고 주장한다. 또한, 도덕적 판단과 사회적 책임을 고려할 때, 인간의 자유의지를 완전히 부정하는 것은 윤리적 문제를 일으킬 수 있다는 점에서 신중한 접근이 필요하다.

자유의지와 결정론의 논쟁은 단순히 철학적 사변에 그치지 않고, 인간의 존재와 행위, 그리고 도덕적 책임에 대한 심오한 질문을 제기한다. 결정론적 세계관에서 인간의 모든 행동은 필연적 결과로 볼 수 있으며, 이는 우리의 자유와 책임에 대해 근본적인 도전을 던진다. 반면, 자유의지를 옹호하는 입장은 인간이 자신의 행동을 자율적으로 선택할 수 있다고 믿으며, 도덕적 책임을 강조한다. 이 논쟁은 철학뿐만 아니라 과학, 윤리, 법학 등 다양한 분야에서 지속적으로 논의되고 있으며, 인간이란 무엇인가에 대한 깊은 성찰을 요구한다.

① 양상 결정론은 현재의 상태가 과거의 상태와 법칙에 의해 유일하게 결정된다는 원리를 주장한다.
② 자유의지론자들은 인간이 외부 요인이나 과거 사건에 의존하지 않고 자율적으로 선택할 수 있다고 본다.
③ 리벳의 실험은 인간이 의사 결정을 내리기 전에 뇌가 이미 그 결정을 준비한다는 사실을 밝혀내어 결정론의 근거가 되었다.
④ 비양립 가능론은 결정론과 자유의지가 동시에 성립할 수 있다고 주장하며, 인간이 선택을 통해 자신의 운명을 결정할 수 있다고 본다.
⑤ 양립 가능론은 인간의 행동이 결정론적 법칙에 따라 일어나도 욕망과 의지에 따라 행동을 선택할 수 있다고 본다.

44 다음 〈표〉와 〈그림〉은 2018년 A 대학의 학생상담 현황에 대한 자료이다. 이에 대한 〈보기〉의 설명 중 옳은 것을 모두 고르면?

〈표〉 상담자 및 학년별 상담 건수

(단위: 건)

구분	1학년	2학년	3학년	4학년	합
교수	1,085	1,020	911	1,269	4,285
상담직원	154	97	107	56	414
진로컨설턴트	67	112	64	398	641
전체	1,306	1,229	1,082	1,723	5,340

〈그림 1〉 상담 횟수별 학생 수

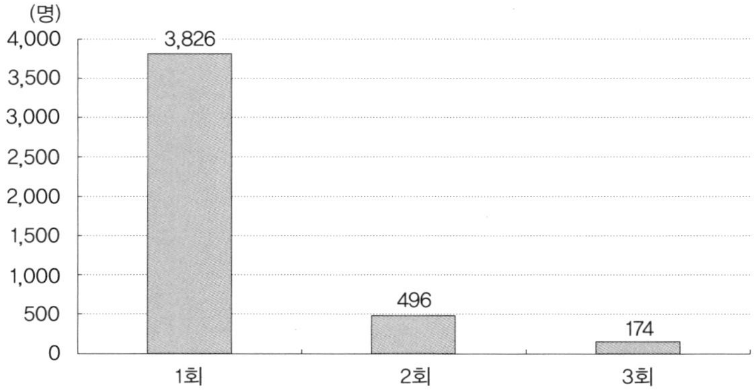

〈그림 2〉 전체 상담 건수의 유형별 구성비

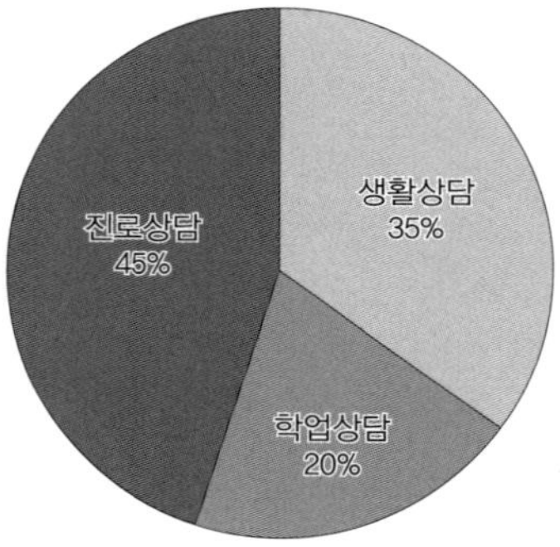

〈보기〉

㉠ 학년별 전체 상담 건수 중 상담직원의 상담 건수가 차지하는 비중이 큰 학년부터 순서대로 나열하면 1학년, 2학년, 3학년, 4학년 순이다.

㉡ 진로컨설턴트가 상담한 유형이 모두 진로상담이고, 상담직원이 상담한 유형이 모두 생활상담 또는 학업상담이라면, 교수가 상담한 유형 중 진로상담이 차지하는 비중은 30% 이상이다.

㉢ 상담 건수가 많은 학년부터 순서대로 나열하면 4학년, 1학년, 2학년, 3학년 순이다.

㉣ 최소 한 번이라도 상담을 받은 학생 수는 4,600명 이하이다.

① ㉠, ㉡　② ㉡, ㉢　③ ㉢, ㉣　④ ㉠, ㉢, ㉣　⑤ ㉡, ㉢, ㉣

45 귀하는 거래처에서 온 바이어와 신제품 거래에 대해 논의하기 위해 만났다. 계약은 무난하게 체결되었지만, 자리에 함께 있었던 상사로부터 귀하의 실수로 인해 자칫 꼬투리를 잡힐 뻔했다는 소리를 들었다. 그날 귀하가 했던 행동 중 예절에 어긋나는 것은?

상사인 김 부장과 대리인 귀하는 먼저 약속 장소에 도착해서 거래처 바이어를 기다렸다. 바이어 A(부장), 바이어 B(대리)가 들어오는 것을 보고 귀하는 일어나 악수를 청하며 맞이하였다. 그리고 ① 착석한 후 바이어 A가 명함을 건네기를 기다렸다가 받은 뒤 자신의 명함을 건넸다. ② 바이어 A에게 명함을 건넬 때는 왼손으로 가볍게 받쳐 내고, 받을 때는 두 손으로 받았다. ③ 받은 명함은 바로 넣지 않고 내용을 확인한 후 명함 지갑에 넣었다. ④ 바이어 B와는 동시에 명함을 교환하면서 오른손으로 건네고 왼손으로 받았다. ⑤ 미팅이 끝난 후 명함에 간단하게 상대방의 특징을 메모하였다.

46 다음은 ○○공단의 임직원 행동강령이다. ○○공단의 기술자격운영1부에서 근무하고 있는 직원 A의 행동 중 임직원 행동강령에 위배되는 것은?

제17조의3(직무 관련 영리행위 등 금지) ① 임직원은 직무와 관련하여 다음 각 호의 행위를 해서는 아니 된다. 다만, 다른 규정에 따라 허용되는 경우에는 그러하지 아니하다. 1. 직무관련자에게 사적으로 노무 또는 조언·자문을 제공하고 대가를 받는 행위 2. 자신이 소속된 기관이 쟁송 등의 당사자가 되는 직무이거나 소속된 기관에게 직접적인 이해관계가 있는 직무인 경우에 소속기관의 상대방을 대리하거나 상대방에게 조언·자문 또는 정보를 제공하는 행위 3. 외국의 정부·기관·법인·단체를 대리하는 행위. 다만, 소속기관의 장이 허가한 경우는 제외한다. 4. 직무와 관련된 다른 직위에 취임하는 행위. 다만, 소속기관의 장이 허가한 경우는 제외한다. 5. 소속기관의 장이 공정하고 청렴한 직무수행을 저해할 우려가 있다고 판단하여 정하는 직무 관련 행위 ② 소속기관의 장은 소속 임직원의 행위가 제1항 각 호의 어느 하나에 해당한다고 인정하는 경우에는 그 행위를 중지하거나 종료하도록 해당 임직원에게 명하여야 한다.

① 인력부족으로 경영전략수립에 난항을 겪고 있는 협력업체에 시장분석 자료를 제공하고, 수수료를 받았다.
② ○○공단과 계약 불이행으로 소송 중인 업체에 근무하는 대학 선배로부터 관련 정보를 제공해 달라는 부탁을 받았지만 응하지 않았다.
③ 중국 상하이 무역회사의 대표를 맡아달라는 지인의 부탁을 받았지만 거절했다.
④ ○○공단 이사장의 허가를 받고 포장기술사 자격시험 교재 출제위원을 맡았다.
⑤ 포장기술사 자격시험 교재를 직접 출간하려고 했으나 ○○공단 이사장의 지시에 따라 중지했다.

47 귀하는 한 자동차부품회사의 5년 차 영업사원이다. 얼마 전 신입사원을 대상으로 한 워크숍에서 강사로 나서 업무에 대한 열정에 대해 열변을 토하다가 한 신입사원의 "저, 선배님. 왜 굳이 그렇게까지 해야 되나요?"라는 질문에 말문이 막히고 말았다. 최근 기업의 인사담당자들을 대상으로 한 조사에서도 신입사원들의 대인관계능력, 조직이해능력, 문제해결능력 등이 기대 수준에 미치지 못하는 것으로 나왔다. 귀하가 조직이해능력 향상을 위해 설명한 내용 중 가장 적절하지 않은 것은?

① 조직은 다양한 요소들로 구성되어 있습니다. 따라서 조직을 이해하려면 조직의 단면만을 보고 판단해서는 안 됩니다.
② 조직은 환경과 영향을 주고받고 있기 때문에 조직 내적 환경뿐만 아니라 조직 외적 환경까지 이해해야 합니다.
③ 여러분이 갖춰야 할 조직이해능력은 한 조직의 구성원으로서 조직의 구조와 목적, 체제 구성요소, 규칙, 규정 등 자신이 속한 조직의 체제를 이해하는 능력을 뜻합니다.
④ 이제 인사규정, 총무규정, 회계규정 같은 규칙과 규정을 배울 겁니다. 이런 것들은 회사의 목표나 전략에 따라 수립되기 때문에 여러분들의 활동범위를 제약할 겁니다.
⑤ 조직문화도 신경 써야 합니다. 조직문화는 구성원들에게 일체감과 정체성을 부여하고 회사를 안정적으로 유지되게 합니다.

48 현재 재혁은 취업을 준비하고 있다. 다음 중 재혁이 해당하는 경력 단계와 이 단계에서 해야 할 행동을 바르게 짝지은 것은?

> 대학원 졸업을 앞둔 재혁은 오늘 ○○제철 면접을 보고 집으로 가는 중이다. 일주일 동안 열심히 준비했는데 10분 만에 끝나버려 허탈하기도 하고 내일 보는 △△중공업 AI면접이 걱정스럽기도 하다. 자기소개서를 작성하고 면접을 준비하고 있지만 지금 왜 이걸 하고 있는지 의문이 들 때가 종종 있다.
> 돌이켜보면 논문에 집중하느라 별다른 취업 준비를 못하기도 했지만, 학교에서 취업코칭을 해주었던 강사도 직무분석이나 작성법을 알려주기만 할 뿐이었다. 게다가 재혁은 정작 본인이 뭘 하고 싶은지에 대해서는 진지하게 고민해본 적이 없다는 생각이 들었다. 왜 대학원에 들어가 열심히 공부하고, 어학 스펙을 준비하기 위해 노력했을까 좀 허무하다.

ⓐ 직업선택
ⓑ 조직입사
ⓒ 경력초기

㉠ 자신이 선택한 경력분야에서 원하는 조직의 일자리를 얻으며, 직무를 선택한다.
㉡ 환경 변화에 대처하는 데 어려움을 겪게 되고 퇴직을 고려하게 된다.
㉢ 자신에게 적합한 직업이 무엇인지를 탐색하고 선택한 후 필요한 능력을 키운다.
㉣ 조직에 적응하고 승진하기 위해 조직의 분위기를 파악하고, 규칙과 규범을 익히는 시기를 가진다.
㉤ 그동안 자신이 성취한 것을 재평가하고 생산성을 유지하는 데 노력하게 된다.

① ⓐ – ㉢ ② ⓐ – ㉣ ③ ⓑ – ㉠ ④ ⓑ – ㉡ ⑤ ⓒ – ㉤

49 다음 안내문을 보고 바르게 이해하지 못한 것은?

[2025 대한민국 숙박세일 페스타 안내문]

1. 행사 개요

가. 행사 기간: 2025. 10. 27.~2025. 11. 24.

나. 쿠폰 사용 기간: 2025. 10. 27.~2025. 11. 24.

다. 할인 내용: 5만 원 이상 숙박시설 이용 시 3만 원 할인

2. 주요 내용

가. 49개의 온라인 여행사 및 3만여 개의 국내 숙박시설 참여

나. 할인권은 1인 1매로 선착순 제공, 수량 소진 시 종료

다. 잔여 할인권 32만 장 배포 예정

라. 참여 온라인 여행사 채널을 통해 할인권 발급 및 사용 가능

마. 다양한 추가 할인 혜택 및 이벤트 제공

바. 매일 오전 10시부터 다음 날 오전 7시까지 할인권 발급

3. 유의 사항

가. 미등록 불법 숙박시설 및 대실에서는 할인권 사용 불가

나. 2006년 1월 1일 이후 출생 미성년자는 발급받을 수 없음

다. 사용하지 않거나 예약을 취소한 경우 할인권 자동 소멸, 단 재발급 가능

4. 추가 정보

가. 문의: 문화체육관광부 관광산업정책관 관광산업정책과(044-203-2870)

① 할인권은 1인당 1매 제공되며, 선착순으로 제공된다.
② 49개의 온라인 여행사와 3만여 개의 국내 숙박시설이 이번 행사에 참여한다.
③ 할인권은 매일 오후 3시부터 다음 날 오전 10시까지 발급된다.
④ 미등록 불법 숙박시설에서는 할인권 사용이 불가하다.
⑤ 사용하지 않거나 예약을 취소한 경우 할인권은 자동으로 소멸되지만, 재발급이 가능하다.

50 인사부 김○○ 실장은 경력직 사원의 교육훈련을 계획하다가 OJT(On-the-Job-Training)와 Off-JT(Off-the-Job-Training) 중에서 어떤 것을 할지 고민 중이다. 경력직의 경우 신입사원과 달리 실무 경험이 있으며, 선발된 인원도 적어 별도로 훈련시간을 가져야 할지, OJT로 각 부서에 맡길지 쉽게 판단하기 어려운 상황이다. 다음 중 OJT와 Off-JT의 특징에 대한 설명으로 옳지 않은 것은?

① OJT는 훈련받은 내용을 실제 업무에 바로 활용할 수 있지만 상사로부터 잘못된 관행을 전수받을 수 있다.
② OJT는 훈련받는 개인의 특성과 능력에 맞춘 훈련이 가능하다.
③ OJT는 업무로 바쁜 직원에게 부담을 주어 일과 훈련을 모두 소홀히 하게 되는 결과가 나타날 수 있다.
④ Off-JT는 동시에 여러 직원에게 통일된 교육을 하므로 비용이 적게 발생한다.
⑤ Off-JT는 교육을 위해 자리를 비우는 직원으로 인해 부서에 남아 있는 직원의 업무 부담이 가중될 수 있다.

51 산업재해는 기업뿐만 아니라 노동자 개인에게도 막대한 고통과 손실을 주기 때문에 사고의 원인을 잘 분석하여 적절한 대책을 수립해야 한다. 다음에 나열된 산업재해 원인을 바르게 연결한 것은?

(A) 보호 장비의 미착용, 위험물 취급 부주의, 불안전한 상태 방치 등
(B) 작업 준비 불충분, 인원 배치 부적당, 작업 지시 부적당 등
(C) 안전 수칙의 오해, 훈련의 불충분, 안전 지식의 불충분 등

	(A)	(B)	(C)
①	교육적 원인	기술적 원인	불안전한 상태
②	불안전한 행동	기술적 원인	교육적 원인
③	작업관리상 원인	불안전한 행동	교육적 원인
④	불안전한 행동	작업관리상 원인	교육적 원인
⑤	기술적 원인	작업관리상 원인	불안전한 상태

PSAT 기출(2011)

52 다음을 근거로 판단할 때 甲이 최종적으로 지불해야 하는 금액은 얼마인가?

甲은 프로젝트를 도와준 동료들의 취향에 맞추어 음료를 대접하고자 한다. 동료들의 취향은 다음과 같다.

A	녹차 큰 잔
B	노른자를 추가한 쌍화차 작은 잔
C	식혜 작은 잔
D	수정과 큰 잔

[차림표]

구분	작은 잔(원)	큰 잔(원)
녹차	2,500	2,800
식혜	3,500	3,800
수정과	3,800	4,200
쌍화차	3,000	3,500
유자차	3,500	3,800

추가	금액(원)
꿀	500
대추와 잣	600
노른자	800

- 오늘의 차: 유자차(균일가 3,000원)
- 찻집 2주년 기념행사: 총금액 20,000원 초과 시 5% 할인
- 회원 특전
  - 10,000원 이상 결제 시 회원 카드를 제시하면 총결제금액에서 1,000원 할인
  - 적립금이 2,000점 이상인 경우, 현금처럼 사용 가능(1점당 1원, 100원 단위로만 사용 가능하며, 타 할인 혜택 적용 후 최종 금액의 5%까지만 사용 가능)
- 할인 혜택은 중복 적용 가능

甲은 유자차 작은 잔을 마실 예정이며, 자신의 회원 카드를 제시하려고 한다. 甲의 회원 카드 적립금은 3,800점이며, 적립금을 최대한 사용할 예정이다.

① 14,000원 ② 14,500원 ③ 15,000원 ④ 15,500원 ⑤ 16,000원

53 다음 〈표〉는 2019년 상반기 월말종가기준 C 사, L 사의 주가와 주가지수에 대한 자료이다. 이에 대한 설명으로 〈보기〉에서 옳은 것을 모두 고르면?

〈표〉 C 사, L 사의 주가와 주가지수(2019년 1~6월)

구분		1월	2월	3월	4월	5월	6월
주가(원)	C 사	4,500	( )	5,300	5,400	4,900	4,400
	L 사	7,500	( )	7,900	6,200	7,400	( )
주가지수		100.00	( )	110.00	( )	( )	100.00

※ 1) 주가지수 $= \frac{\text{해당 월 C 사의 주가} + \text{해당 월 L 사의 주가}}{\text{1월 C 사와 L 사 주가의 합}} \times 100$

2) 주가 수익률(%) $= \frac{\text{해당 월의 주가} - \text{전월의 주가}}{\text{전월의 주가}} \times 100$

〈보기〉

ㄱ. 3~6월 중 주가지수가 가장 낮은 달에 C 사의 주가는 2019년 들어 전월 대비 가장 큰 폭으로 상승했다.
ㄴ. L 사의 주가는 5월 이후 전월 대비 매월 상승하고 있다.
ㄷ. 2월의 C 사 주가 수익률이 20%이며, 주가지수가 3월과 동일할 때 L 사의 주가 수익률은 4%이다.
ㄹ. 4~6월 중 C 사의 주가 수익률이 가장 낮은 달에 L 사의 주가 수익률도 가장 낮다.

① ㄱ, ㄴ　② ㄴ, ㄷ　③ ㄷ, ㄹ　④ ㄴ, ㄹ　⑤ ㄱ, ㄹ

54 우리는 무의식적으로 잘못된 의사결정을 하는 경우가 많다. 이를 방지하기 위해서는 의사결정의 오류를 정확하게 파악해야 한다. 다음 사례에서 나타나는 의사결정의 오류에 대응하는 방법으로 적절한 것은?

> △△홈쇼핑은 차별화된 제품을 기반으로 연일 매진을 달성하고 있다. 지난달에는 특정 시기에만 출하되는 희귀 품종인 '환상복숭아'를 소개해 6,000세트를 판매하는 대기록을 세웠다. 환상복숭아는 겉은 천도복숭아 같지만 속은 백도복숭아의 말랑한 식감과 높은 당도를 자랑하는 과일로, 생산량이 천도복숭아 생산량의 1%에 불과하다는 소문에 큰 인기를 끄는 신품종이다.
> 이번 달에는 '레이니어 체리'를 선보여 방송 30분 만에 매진을 기록했다. 레이니어 체리는 재배가 까다로워 프랑스 현지에서도 생산량이 전체 체리 생산량의 5%에 불과하다. 국내에서 흔하지 않은 상품이라 방송 전부터 사전 알림 건수만 1,000건이 넘었고 약 6,000세트가 판매되었다.
> △△홈쇼핑은 이런 인기에 프리미엄 과일 세트를 시리즈로 기획 중이며 앞으로도 고품질의 과일을 다양하게 준비할 예정이다.

① 상대의 호의를 무조건 받아들이지 않는다.
② 꼭 필요한지 확인하고 그렇지 않으면 무시한다.
③ 많은 사람이 하는 것을 무의식적으로 따라 하지 않는다.
④ 자신에게 호감을 주는 상대의 권유를 경계한다.
⑤ 권위에 맹종하여 따라가지 않는다.

55 ○○공사에 근무 중인 김동욱 대리는 업무를 효율적으로 진행하기 위해 물적자원의 효율적인 관리 방법을 토대로 컴퓨터 파일을 정리하기 시작했다. 다음 김동욱 대리의 행동 중 적절하지 않은 것은?

① 동일한 프로젝트에 관련된 파일이라도 회의록, 보고서, 분석자료 등 용도에 따라 폴더를 구성하여 정리하였다.
② 일상적으로 진행되는 업무에 관련된 파일과 프로젝트에 관련된 파일은 별도로 구분된 폴더에 정리하였다.
③ 메일 또는 공유 폴더를 통해 전달받은 파일은 전달받은 순서에 따라 일자별로 폴더를 만들어서 해당 폴더에 정리하였다.
④ 종료된 프로젝트에 관련된 파일은 프로젝트별로 파일을 구분한 뒤 프로젝트 종료 시기를 기입한 후 압축하여 정리하였다.
⑤ 최근 진행하고 있는 프로젝트 관련 파일은 바탕화면에 폴더를 만들어서 별도로 보관하였다.

56 고객서비스에서 고객에 대한 직원의 태도는 매우 중요하다. 대부분의 고객은 품질에 대한 만족감과 동시에 직원의 친절함 및 인상 등을 평가한다. 고객만족도를 향상시키고, 지속적인 상품 구매를 유도하기 위해 고객 응대 시 상담원이 갖춰야 할 자세로 옳지 않은 것은?

① 고객의 불평을 감사하게 생각하고, 서비스를 개선하기 위해 활용한다.
② 고객의 관리를 위해 고객 정보나 취향을 데이터시트에 기록하고, 지속적인 관계 유지를 위한 노력을 기울여야 한다.
③ 자신 있는 태도와 음성으로 전문적인 상담을 통해 고객의 신뢰를 확보해야 한다.
④ 설득력 있는 대화와 유용한 정보 제공을 통해 고객의 구매 의사 결정에 도움을 주어야 한다.
⑤ 수익을 많이 올릴 수 있는 높은 가격의 상품을 중심으로 설명한다.

57 귀하는 프로그램을 구동하기 위해 아래와 같은 간단한 알고리즘을 만들었다. 최종 출력값은 얼마인가?

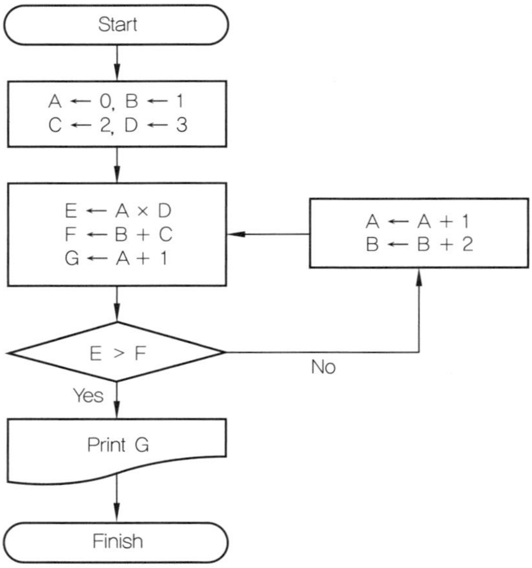

① 1　　② 2　　③ 3　　④ 4　　⑤ 5

58 다음은 예산 자원 관리에 관한 교육 자료이다. 아래의 자료를 읽은 뒤의 반응으로 옳지 않은 것은?

> 직장에서 과제나 프로젝트를 수행할 때, 효율적으로 예산을 관리하기 위해서는 가장 먼저 업무를 시작하기 전에 해당 업무에 소요될 것으로 예상되는 비용을 정확하게 판단하는 것이 필요하다. 이때 주의할 점은 예산을 무조건 아끼는 것이 좋은 것은 아니라는 점이다. 우리가 가진 한정적인 예산을 적절하게 배분하여 최대한 많은 효과를 낼 수 있도록 활용하는 것이 중요하다. 예산을 너무 낮게 책정한다면, 우리는 필요한 만큼의 성과를 내기 위해 예상보다 많은 비용을 지불해야 하는 상황이 발생할 수도 있다. 반대로 예산을 너무 과도하게 책정한다면, 다른 과제나 프로젝트의 수행에 투자할 여력이 없어질 수도 있는 것이다.
>
> 이처럼 정확한 비용을 책정했다면, 이후 이를 예산안을 편성하여 통제하에 관리하는 행동을 함으로써 우리는 예산을 효율적으로 관리할 수 있게 된다. 이때, 관리자는 주 단위 또는 월 단위로 책정한 예산 대비 실제 집행 실적에 대한 자료를 작성함으로써 예산을 효율적으로 관리할 수 있다. 하지만 많은 관리자들이 이러한 관리 과정을 간과하고 자유롭게 예산을 집행하여 지출이 초과하는 경우가 발생하기도 한다. 그러므로 관리자는 예산의 계획과 집행 내용을 지속적으로 비교·확인해야 한다.

① 예산을 효율적으로 활용하려면 얼마나 필요한지를 정확하게 파악할 필요가 있구나.
② 예산을 적절하게 편성하는 것은 중요하지만 실제 필요한 비용보다 너무 적게 책정하면 예상 외의 지출로 인해 적자가 발생할 수도 있겠다.
③ 예산을 많이 편성하는 것이 좋은 일만은 아니었구나. 실제 필요한 비용보다 너무 많은 예산을 프로젝트에 편성하면 회사 전체로 봤을 때는 경쟁력이 손실될 수도 있겠어.
④ 예산 관리라는 건 필요한 예산을 계획하는 행동만이 아니라 집행하고 그 모든 과정을 통제하는 행동을 포함하는 거구나.
⑤ 예산을 계획하고 집행하는 단계는 철저하게 분리해서 꾸준히 관심을 가지고 관리해야 효율적으로 예산 관리를 할 수 있겠어.

59 컨설팅팀 정현채 책임 애널리스트는 BCG 매트릭스와 SWOT 분석을 이용해 반도체 제조 장비를 생산하는 A 기업을 분석하고 있다. 다음 중 기업 분석과 환경 분석에 대한 내용으로 옳지 않은 것은?

① BCG 매트릭스 분석에서 시장점유율이 높고 시장성장률이 낮은 Cash cow 사업을 다수 보유하고 있는 것은 A 기업의 장점이다.
② A 기업이 진행하고 있는 사업은 퇴거장벽이 높으므로 이는 기회요인이다.
③ A 기업이 주력으로 밀고 있는 제품을 소수의 유통 기업이 대량 구매하고 있는 것은 위협요인이다.
④ SWOT 분석에서 SO 위치에 속한 경우에는 성장전략을 추구하여 시장에서의 입지를 더욱 공고히 해야 한다.
⑤ 외부환경이 목표달성에 불리하고, 내부 약점이 많은 경우에는 방어전략이 필요하다.

60 다음은 귀하와 A 사원이 나눈 대화이다. 다음 중 A 사원과 B 대리가 겪고 있는 갈등에 대한 설명으로 가장 적절한 것은?

> A 사원: 지난 몇 주간 영업점별 판매실적, 재고 현황, 거래처 평가 등에 이르기까지 수많은 자료를 철저하게 분석했습니다. 그러나 정작 상사인 B 대리로부터 가장 중요한 자료를 받지 못했습니다. 그래서 보고서 작성이 늦었습니다. 죄송합니다.
>
> 귀　하: 이 문제에 대해 왜 B 대리에게 직접 말하지 않은 거죠? 지금이라도 B 대리에게 보고서 작성에 필요한 자료를 편하게 받을 수 있는 방법에 대해 논의하고 싶다고 말하세요. 매주 고객불만 현황 관련 자료가 필요한데, B 대리를 귀찮게 하지 않고서는 자료를 구하는 것이 쉽지 않다고 자세하게 설명하세요.
>
> A 사원: B 대리는 저와 논의하려고 노력하지만, 우선업무라 할 수 있는 긴급 프로젝트를 처리하느라 늘 시간적 여유가 없는 것 같습니다.
>
> 귀　하: 그렇다면 B 대리의 그런 상황에 대해 어떻게 생각하세요?
>
> A 사원: 최대한 다양한 정보를 바탕으로 각 영업점의 성과와 성장률, 인센티브 등을 평가해야 하기 때문에 당연히 이 자료를 B 대리에게서 얻어야 한다고 생각합니다. 그런데 저는 B 대리에게 이 문제에 대해서 한 번도 말하지 않은 것 같습니다.
>
> 귀　하: 그렇다면 A 사원에게 그 자료가 얼마나 중요한지를 B 대리가 확실히 알 수 있도록 해야겠네요. 더불어 그것의 중요성을 B 대리가 알고 있는지 확인하세요. 이것이 가장 중요하겠습니다.
>
> A 사원: 예, 알겠습니다. B 대리도 호의적인 반응을 보일 것입니다.
>
> 귀　하: 또한, A 사원과 B 대리의 자료 전달 및 의견 교환이 이루어질 수 있도록 매주 일정한 시간에 짧은 회의를 가지는 것이 좋겠어요. 물론 서면으로 업무가 이루어진다면 좋겠지만, 시간이 없는 B 대리의 상황을 고려한다면 직접 얼굴을 보고 업무에 대해 논의하는 것이 더 좋을 것 같습니다. 논의를 통해 서로 업무가 얼마나 만족스러운지 알아보며, 추후 더 좋은 방법을 강구해보는 것도 잊지 마세요.

① 갈등의 두 가지 쟁점 중 감정적 문제에 해당한다.
② 귀하는 A 사원에게 수용형 갈등해결법을 추천했다.
③ A 사원은 회피전략을 통해 긍정적인 결과를 얻을 수 있다.
④ 갈등의 유형 중에서 해결할 수 있는 갈등에 속한다.
⑤ 윈-윈(Win-Win) 갈등 관리법이 도입될 예정이다.

정답해설편 p.130

수험번호	
성명	

실전모의고사 4회

전 영역 통합형

□ **시험 유의사항**

* 영역 구분 없이 총 60문항으로 구성되어 있으며 70분 이내에 풀어야 합니다.
* 시작과 종료 시각을 정한 후, 실전처럼 모의고사를 풀어보세요.

시 분 ~ 시 분 (총 60문항/70분)

01 밑줄 친 단어가 맞춤법에 어긋나는 것은?

① 지나가는 길에 잠깐 들러서 인사드리겠습니다.
② 요즈음은 집에서 김치를 담아 먹지 않는 경우가 많다.
③ 정성을 들여 제사상을 차리고 조상에게 차례를 올려야 한다.
④ 시험 문제가 비록 어려워도 집중력을 발휘하면 답을 맞힐 수 있다.
⑤ 직접 찾아뵈어야 마땅하나 편지로 인사를 갈음함을 양해해 주시기 바랍니다.

02 ○○공사 한국 본사에 근무 중인 귀하는 서울 시각 기준 6월 17일 화요일 오전 9시 30분에 급박한 문제가 발생하여 밴쿠버, 리마, 토론토, 상파울루 지사의 담당자들과 급한 회의를 진행해야 하는 상황이다. 아래 제시된 도시별 GMT와 조건을 토대로 판단할 때, 서울 시각 기준으로 귀하가 회의를 진행할 수 있는 가장 빠른 시간은 몇 시인가?

[도시별 GMT]

도시	밴쿠버	리마	토론토	상파울루	그리니치	서울
GMT	−7	−5	−4	−3	0	+9

〈조건〉

1. ○○공사의 본사와 지사의 업무시간은 현지 시각 기준 09~18시를 기준으로 하며, 12~13시는 점심시간으로 업무를 하지 않는다.
2. 회의는 1시간 동안 진행되며, 모든 지사 담당자들이 참석할 수 있어야 한다.
3. 상파울루 지사 담당자는 현지 시각 기준 6월 17일 화요일 오후 3시부터 1시간 동안 회의가 예정되어 있다.
4. 귀하는 급한 회의 진행을 위해 별도로 업무 시간 제약을 하지 않는다.

① 6월 17일 오후 11시
② 6월 18일 오전 0시
③ 6월 18일 오전 2시
④ 6월 18일 오전 5시
⑤ 6월 18일 오전 7시

03 ○○기업에서 근무하는 김수철 과장은 중국에서 대규모 개발 프로젝트를 맡을 예정이다. 하지만 업무량이 많아 중국어를 공부할 시간이 부족해 걱정이다. 김수철 과장이 자기개발 계획 수립에 어려움을 느끼는 원인으로 가장 적절한 것은?

① 자기정보 부족
② 주변 상황의 제약
③ 일상생활의 요구사항
④ 외부 작업정보 부족
⑤ 내부 작업정보 부족

04 현대 사회의 급변하는 환경과 조직의 실정에 적합한 리더십 유형으로 떠오르고 있는 변혁적 리더십(Transformational leadership)에 대한 설명으로 옳지 않은 것은?

① 직원들을 미래의 리더로 육성하고, 조직의 비전을 이해하도록 하는 리더십이다.
② 리더가 직원에게 특별한 관심을 가지고, 자긍심과 신념을 부여한다.
③ 구성요소에는 카리스마적 리더십, 영감적 리더십, 개별적 배려, 지적 자극이 있다.
④ 조직 참여의 기대가 적은 경우에 적합하며, 조건적 보상과 예외관리에 초점을 둔다.
⑤ 최고 관리층에게 초점을 맞춘 리더십 연구이다.

PSAT 기출(2023)

05 다음 글을 근거로 판단할 때 옳은 것은?

A~E 간에 갖고 있는 상대방의 연락처에 대한 정보는 다음과 같다.

- A는 3명의 연락처를 갖고 있는데, 그중 2명만 A의 연락처를 갖고 있다. 그런데 A의 연락처를 갖고 있는 사람은 총 3명이다.
- B는 2명의 연락처를 갖고 있는데, 그 2명을 제외한 2명만 B의 연락처를 갖고 있다.
- C는 A의 연락처만 갖고 있는데, A도 C의 연락처를 갖고 있다.
- D는 2명의 연락처를 갖고 있다.
- E는 B의 연락처만 갖고 있다.

① A는 B의 연락처를 갖고 있다.
② B는 D의 연락처를 갖고 있다.
③ C의 연락처를 갖고 있는 사람은 3명이다.
④ D의 연락처를 갖고 있는 사람은 A뿐이다.
⑤ E의 연락처를 갖고 있는 사람은 2명이다.

06 다음 중 〈보기〉의 밑줄 친 부분에 대한 설명으로 적절하지 않은 것은?

> 〈보기〉
>
> 외국어 사용능력이 뛰어날수록 외국인과의 의사소통이 원활한 것은 사실이지만 반드시 고급외국어능력을 갖춰야만 의사소통이 가능한 것은 아니다. 기초외국어능력이 조금 부족하더라도 비언어적 의사소통의 특징과 외국인과의 대화 예절을 정확히 알고 있다면 원활한 일 경험에 도움이 된다. 외국어가 유창해도 외국인의 몸짓과 표정 등의 의미를 알아채지 못하거나 상대방의 문화를 이해하지 못한다면 의사소통이 원만히 이루어지지 않을 수 있다. 따라서 기초외국어능력을 기르는 것뿐만 아니라 표현 방식에 대한 이해능력을 향상해야 한다.

① 상대방의 말에 맞장구를 치거나 고개를 끄덕이며 대화에 집중하고 있음을 표현한다.
② 올바른 자세와 풍부한 표정으로 의사소통에 적극적으로 참여하고 있음을 강조한다.
③ 팔, 다리를 꼬지 않는 개방적인 자세로 상대와의 거리감을 최소화한다.
④ 상대방에게 이름이나 호칭을 어떻게 할지 먼저 묻는다.
⑤ 말하기 속도와 어조를 높여 자신감과 열정을 강조한다.

07 ○○연구원에 새로 입사한 김수진 연구원은 인사예절에 서툴러 곤란을 겪을 때가 많다. 이를 해결하기 위해 인사예절에 관한 자료를 찾아 자신의 실수에 대해 확인해 보았다. 다음 중 김수진 연구원이 실수한 사례로 옳은 것은?

① 출근길에 혼잡한 엘리베이터에서 만난 상사에게 가볍게 묵례를 했다.
② 고객과 대화하는 도중에 상사가 들어오는 것을 보고 일어나서 상체를 30도 정도 숙이면서 "안녕하세요."라고 인사했다.
③ 출장을 가기 전에 상사에게 상체를 30도 정도 숙이면서 "다녀오겠습니다."라고 인사했다.
④ 첫 출근 시 연구원장님께 상체를 45도 정도 숙이면서 정중하게 인사했다.
⑤ 아침에 만났던 동료를 지나가다가 다시 만났을 때 상체를 15도 정도 굽히면서 가볍게 인사했다.

08 농도 30% 소금물 30g이 들어있는 A 용기에는 물을 일정량 더 넣고, 농도 6.25% 소금물 32g이 들어있는 B 용기에는 열을 가해 일정량의 물을 끓인 후 소금을 더 넣었더니 A 용기와 B 용기의 농도가 같아졌다. A 용기에 더 넣은 물의 양, B 용기의 끓여서 증발한 물의 양, 그리고 B 용기에 더 넣어준 소금의 양이 모두 동일하다고 할 때, 해당되는 동일한 양은 얼마인가?

① 5g ② 6g ③ 7g ④ 8g ⑤ 9g

09 '소통하는 기업'이라는 모토로 시작된 프로젝트로 팀원 간 파티션이 사라지고 여러 팀이 같이 업무를 진행하는 중인 ○○증권은 현재 타 팀원 간 갈등으로 새로운 문제에 직면해 있다. 이러한 갈등을 해결하기 위해 박 센터장은 원론으로 돌아가 갈등이란 무엇인지 고민 중이다. 다음 중 갈등에 대한 설명으로 옳지 않은 것은?

① 갈등은 긍정적 측면과 부정적 측면을 함께 가지고 있으므로 적정 수준의 갈등을 유지하는 것이 중요하다.
② 부서 간 업무의 높은 상호 의존성은 갈등 상황을 발생시키는 원인이 될 수 있다.
③ 의사결정을 연기하는 회피전략(lose-lose)은 단기적으로 갈등을 진정시키는 전략이다.
④ 토머스가 제시한 대인적 갈등관리 방안에서 상대방과 자신의 이익의 중간 정도를 만족시키는 경우는 협동전략(win-win)이다.
⑤ 갈등해결을 위한 방법 중 경쟁전략(win-lose)은 상대방의 이익을 희생하고 자신의 이익을 추구하려는 형태이다.

10 인사혁신처에 근무하고 있는 조상진 과장은 조해리의 창(Johari's Window)을 바탕으로 최근 입사한 최민호 사원과 얼마 전 승진한 박수정 과장의 분석 보고서를 만들었다. 다음 중 최민호 사원과 박수정 과장이 해당하는 조해리의 창 영역을 바르게 연결한 것은?

구분	내가 아는 나	내가 모르는 나
타인이 아는 나	공개된 자아(Open self)	눈먼 자아(Blind self)
타인이 모르는 나	숨겨진 자아(Hidden self)	아무도 모르는 자아(Unknown self)

- 최민호 사원: 신중한 성격의 최 사원은 다른 사람들의 이야기를 잘 경청하지만, 자신만의 비밀을 간직하고 있다.
- 박수정 과장: 자신의 감정이나 동기를 주변 사람들에게 잘 이야기하며, 원만한 인간관계를 형성하고 운영하는 중간관리자이다.

	최민호 사원	박수정 과장
①	공개된 자아	눈먼 자아
②	공개된 자아	숨겨진 자아
③	눈먼 자아	숨겨진 자아
④	숨겨진 자아	공개된 자아
⑤	숨겨진 자아	아무도 모르는 자아

11 매트릭스 조직은 각 기능부서의 전문성을 최대한 발휘할 수 있는 기능 조직과 주어진 목표를 단기간에 달성하기에 적합한 프로젝트 조직을 결합한 하이브리드 조직이다. 다음은 매트릭스 조직을 이해하기 위해 기능 조직과 프로젝트 조직을 비교한 내용이다. 다음 중 두 조직을 비교한 내용으로 옳지 않은 것은?

① 기능 조직의 의사결정구조는 중앙집권적이지만, 프로젝트 조직은 분권적이다.
② 기능 조직의 의사전달방식은 계층적이지만, 프로젝트 조직은 자율적이다.
③ 기능 조직의 지휘체계는 단일이지만, 프로젝트 조직은 이중이다.
④ 기능 조직은 업무배분이 효율적이지만, 프로젝트 조직은 비효율적이다.
⑤ 기능 조직은 업무책임감이 낮지만, 프로젝트 조직은 높다.

12 귀하는 자료 작성을 하던 중 현재 작업 중인 워크시트에서 품질보증3G 워크시트로 넘어가서 [A1] 셀의 내용을 삭제하려고 한다. 마우스를 사용하지 않고 원하는 셀의 위치로 이동하기 위한 단축키가 바르게 짝지어진 것은?

	A	B	C	D	E	F	G	H	I	J	K
1	구분	1월	2월	3월	4월	5월	6월	7월	8월	9월	10월
2	생산 가능 수(개)	134,664	122,304	134,664	129,600	135,408	129,600	135,408	134,664	131,760	134,664
3	총 불량 수(개)	12,648	12,768	14,880	13,680	16,368	13,680	11,904	9,672	18,720	13,392
4	총 불량률(%)	9.39	10.44	11.05	10.56	12.09	10.56	8.79	7.18	14.21	9.94
5	Blister(개)	2,976	2,688	3,720	2,880	5,208	2,160	2,976	2,976	720	2,976
6	Blister(%)	2.21	2.20	2.76	2.22	3.85	1.67	2.20	2.21	0.55	2.21
7	Zirconia(개)	5,208	3,360	4,464	5,040	6,696	7,200	1,488	2,232	5,760	5,208
8	Zirconia(%)	3.87	2.75	3.31	3.89	4.95	5.56	1.10	1.66	4.37	3.87
9	Pt(개)	1,488	2,688	1,488	2,160	1,488	1,440	744	1,488	5,760	2,232
10	Pt(%)	1.10	2.20	1.10	1.67	1.10	1.11	0.55	1.10	4.37	1.66
11	Crack(개)	744	2,016	744	1,440	744	720	3,720	744	1,440	744
12	Crack(%)	0.55	1.65	0.55	1.11	0.55	0.56	2.75	0.55	1.09	0.55
13	ADG(개)	2,232	2,016	4,464	2,160	2,232	2,160	2,976	2,232	5,040	2,232
14	ADG(%)	1.66	1.65	3.31	1.67	1.65	1.67	2.20	1.66	3.83	1.66
15											

◀ ▶ 품질보증1G | 품질보증2G | 품질보증3G | 품질보증4G | +

① Ctrl + Page Down, Ctrl + Home
② Ctrl + →, Alt + Home
③ Ctrl + Page Up, Shift + Home
④ Alt + Page Down, Ctrl + Home
⑤ Alt + →, Alt + Home

13 귀하는 아랍에미리트를 경유하여 프랑스로 휴가를 다녀와서 남아있는 각국의 화폐를 환전해 두고자 한다. 다음 달 미국 샌프란시스코로 출장이 예정되어 있어서 남은 금액을 모두 미국 달러로 환전하려고 할 때, 아래 정보를 토대로 귀하가 환전 후 보유하게 될 달러의 총액은 얼마인가? (단, 최종 결괏값의 소수점 셋째 자리에서 반올림한다.)

[보유 화폐 수량]

유럽(EUR - 유로)	아랍에미리트(AED - 디르함)
200	3,000

[A 은행 환율 정보]

구분	기준 환율	환전 수수료율
원 - USD	1,450	10%
원 - EUR	1,400	
원 - AED	400	

※ 1) 귀하는 A 은행에서 환전을 진행하며, 월급 통장을 A 은행으로 설정해 두어 환전 시 우대율 90%를 적용 받을 수 있음
2) 국내에서 외화를 다른 종류의 외화로 직접 환전은 불가하며, 원화로 환전 후 다른 종류의 외화로 환전할 수 있음

① 900.82달러
② 1,000.48달러
③ 1,100.66달러
④ 1,200.38달러
⑤ 1,300.24달러

14 다음은 부정청탁 및 금품 등 수수의 금지에 관한 법률, 즉 김영란법에 대한 내용과 ○○기관 전문자격국 직원 A, B, C가 외부 출제위원과의 미팅을 준비하던 중 나눈 대화이다. 다음 중 괄호 안에 들어갈 내용으로 가장 적절한 것은?

[부정청탁 및 금품 등 수수의 금지에 관한 법률]

이른바 '김영란법'으로 불리는 부정청탁 및 금품 등 수수의 금지에 관한 법률은 부정부패를 막기 위해 공무원 등이 직무 관련성이 없는 사람에게 100만 원 이상의 금품이나 향응을 받으면 대가성이 없어도 형사처벌할 수 있게 만든 법이다. 대상자는 공직자, 언론사 임직원, 사립학교와 유치원의 임직원, 사학재단 이사장과 이사 등으로, 배우자도 포함된다. 그리고 원활한 직무수행, 사교·의례·부조 등의 목적으로 공직자에게 제공되는 금품에 상한액을 설정하였다. 2018년 1월 개정안에 따르면 식사·다과·주류·음료 등 음식물은 3만 원, 금전 및 음식물을 제외한 선물은 5만 원(농축수산물에 한하여 10만 원까지 허용)으로 제한하며, 축의금·조의금 등 경조사비는 현금 5만 원이 기준이나, 5만 원짜리 화환을 추가 제공하거나 화환만 10만 원짜리를 제공하는 것을 허용한다.

A: 미팅 때마다 출제위원님께서 우리가 먹을 간식을 준비해 오시는데, 매번 얻어먹기만 해서 미안한 마음이 들어.
B: 그분이 늘 간식을 가져오신 거야?
A: 몰랐어? 그분 미팅할 때마다 본인이 드실 간식뿐만 아니라 다른 직원들 간식도 꼭 챙겨 오시잖아. 그분이 주시는 간식 진짜 맛있더라.
B: 그거 김영란법에 문제 되는 거 아니야?
C: ( )

① 출제위원님께 정중히 사양하고 우리가 먹을 것은 우리가 직접 챙기자.
② 간식 하나에 5,000원도 안될 텐데 그게 큰 문제가 될까?
③ 가끔 먹는 건 괜찮지 않을까? 우리가 달라고 부탁한 것도 아니잖아.
④ 우리가 부탁하는 입장인데, 우리가 출제위원님께 드려야 하는 게 맞는 것 같아.
⑤ 회의에 참석한 사람들 다 같이 먹으니까 문제 되지 않을 거야.

PSAT 기출(2024)

15 **다음 글을 근거로 판단할 때, 가장 많은 액수를 지급받을 예술단체의 배정액은?**

□□부는 2024년도 예술단체 지원사업 예산 4억 원을 배정하려 한다. 지원 대상이 되는 예술단체의 선정 및 배정액 산정·지급 방법은 다음과 같다.

- 2023년도 기준 인원이 30명 미만이거나 운영비가 1억 원 미만인 예술단체를 선정한다.
- 사업분야가 공연인 단체의 배정액은 '(운영비 × 0.2) + (사업비 × 0.5)'로 산정한다.
- 사업분야가 교육인 단체의 배정액은 '(운영비 × 0.5) + (사업비 × 0.2)'로 산정한다.
- 인원이 많은 단체부터 순차적으로 지급한다. 다만 예산 부족으로 산정된 금액 전부를 지급할 수 없는 단체에는 예산 잔액을 배정액으로 한다.
- 2023년도 기준 예술단체(A~D) 현황은 다음과 같다.

단체	인원(명)	사업분야	운영비(억 원)	사업비(억 원)
A	30	공연	1.8	5.5
B	28	교육	2.0	4.0
C	27	공연	3.0	3.0
D	33	교육	0.8	5.0

① 8,000만 원
② 1억 1,000만 원
③ 1억 4,000만 원
④ 1억 8,000만 원
⑤ 2억 1,000만 원

16 다현은 여러 기업의 필기시험에 응시하였는데 그중 A, B, C 세 회사에 합격하였다. 세 회사는 다음 단계로 면접시험을 치르는데 어떤 기업의 면접시험에 응시할 것인지에 대해 〈보기〉와 같은 규칙을 세웠다. 이에 의할 때 다음 중 반드시 옳은 것은?

〈보기〉

- A와 C 모두 응시하지는 않는다.
- A만 응시하거나 B만 응시하는 경우는 없다.

① C에 응시하지 않으면 A에는 응시한다.
② A에 응시하지 않으면 B에도 응시하지 않는다.
③ B와 C에 동시에 응시하지 않는 경우는 없다.
④ B에 응시하지 않으면 A에도 응시하지 않는다.
⑤ B에 응시하면 C에는 응시하지 않는다.

17 ○○화장품 판매 회사는 상장을 앞두고 있다. 기업의 홍보가 활발해지고, 알려지기 시작하자 다방면으로 공격받고 있다. 경영개발1팀 정 팀장은 경영전략을 위해 매주 회사의 내부사정과 외부환경을 분석하고, 직원들과 회의를 하며 의견을 나눈다. 이때 다양한 기법을 이용해 분석을 하지만 그중에서 SWOT 분석을 가장 선호하는 편이다. 정 팀장이 애용하는 SWOT 분석에 대한 설명으로 옳지 않은 것은?

① SWOT 분석은 경영전략 추진 과정 중 내·외부환경을 분석하는 단계에서 쓰이는 마케팅 전략 기법이다.
② 외부환경 분석 시 동일한 상황이 전개되더라도 기업에게 긍정적으로 전개되면 기회요인이 되고 부정적으로 전개되면 위협요인이 된다.
③ SWOT 분석에 사용되는 4요소 중 약점은 내부환경 분석에서 경쟁기업과 비교할 때 약점으로 인식되는 것이 무엇인지를 찾아내는 것이다.
④ 기업의 약점을 극복해서 시장의 기회를 적극적으로 활용하는 전략은 WT전략이다.
⑤ 기업 자체보다는 기업을 둘러싸고 있는 외부환경을 강조하는 측면에서 TOWS로 부르기도 한다.

18 다음 글에 제시된 상황에 가장 적절한 조언은 무엇인가?

2년 차 김대호 씨는 아직도 작은 실수를 자주 해 문제가 되고 있다. 신입사원 때부터 실수를 했지만 당시에는 상사들도 괜찮다고 격려해 주었다. 하지만 2년 차인데 아직도 실수를 할 때는 그냥 넘어가지 않고 지적한다. 김대호 씨는 이럴 때마다 자존감이 낮아지고 변명하고 감추기 급급하다.

① 자신에게 적절한 경력개발 목표를 세워보는 게 필요해.
② 본인의 가치관과 성격에 대해 정확하게 파악해야 되겠군.
③ 실수를 했을 때 그냥 넘어가지 말고 깊이 있게 성찰하는 게 좋겠어.
④ 직업성격검사를 받아보면 문제가 뭔지 알 수 있을 거야.
⑤ 상사들과의 인간관계에 어떤 문제가 있는지 알아보는 게 어때?

19 다음 사례에 나타난 두 불만고객에 대해 올바른 대처방안을 묶은 것은?

(가) 백화점 가전매장에 신혼부부가 혼수품을 사기 위해 방문했다. 부부는 매장에 전시된 TV를 둘러보면서 구형 모델이 아니냐며 최신 모델을 보여달라고 하였다. 판매직원이 카탈로그를 보여주면서 최근에 출시된 제품이라는 걸 알려주자 자신들이 TV에 대해 잘 안다며 전시제품을 다시 포장해서 판매하는 게 아니냐며 새 제품을 보여달라고 요구하고 있다.
(나) 스테이크 전문점을 찾은 한 손님이 스테이크의 양이 정량보다 적다고 불만을 토로했다. 매니저가 친절하게 정량이 맞다며 확인시켜주자 잠잠하더니 이번에는 자리가 왜 구석이냐며 따지고 있다. 다시 매니저가 웃으며 빈자리가 없어 옮겨질 수 없다고 사과하자 이번에는 비웃는다며 불쾌하다는 반응이다. 이후에도 음식에서 냄새가 난다는 등 불평을 계속하고 있다.

㉠ 자신의 생각을 솔직히 드러낼 수 있도록 유도하고 적절한 문제해결 방안을 제시함
㉡ 고객의 입장을 충분히 이해하고 있음을 알려준 후 고객의 요구가 무리한 요구임을 납득할 수 있도록 차근차근 설명함
㉢ 고객의 의견을 경청하고 미안하다는 뜻을 나타내는 대응법을 활용함
㉣ 고객의 능력에 대한 칭찬과 감탄의 말로 응수, 대화 중에 반론을 하거나 자존심을 건드리는 행위는 금물
㉤ 칭찬해 주고 맞장구쳐 주거나 큰소리가 날 경우에는 장소를 바꾸어서 기분을 전환시키고 낮은 목소리로 응대하면 효과적

① ㉠, ㉢　　② ㉡, ㉣　　③ ㉢, ㉣　　④ ㉣, ㉤　　⑤ ㉤, ㉢

20 기업의 업무는 협상의 연속이며, 협상이란 갈등 상태에 있는 이해당사자들이 대화와 논쟁을 통해서 서로를 설득하여 문제를 해결하려는 정보전달 과정이자 의사결정 과정이다. 다음에 제시된 협상의 의미를 바르게 연결한 것은?

> ⓐ 선호하는 것이 서로 다른 이해당사자들이 모두가 수용 가능한 대안을 찾기 위한 과정
> ⓑ 상대방으로부터 자신의 욕구를 충족하기 위한 최선의 것을 얻기 위해 상대를 설득하는 커뮤니케이션 과정
> ⓒ 둘 이상의 당사자가 갈등 상태에 있는 쟁점에 대해서 합의를 찾기 위한 과정
> ⓓ 우리가 얻고자 하는 것을 가진 사람의 호의를 쟁취하기 위한 것에 관한 지식이며 노력의 분야
> ⓔ 서로 간의 입장 차이로 상반되는 이익을 조정하고 공통되는 이익을 증대시키는 과정

> ㉠ 의사결정 차원
> ㉡ 교섭 차원
> ㉢ 갈등해결 차원
> ㉣ 지식과 노력 차원
> ㉤ 의사소통 차원

① ⓐ – ㉢ ② ⓑ – ㉤ ③ ⓒ – ㉠ ④ ⓓ – ㉡ ⑤ ⓔ – ㉣

21 제조원가가 400원인 베어링을 소매상에게는 정가의 70%에, 도매상에게는 정가의 60%에 판매하려고 한다. 제조업자, 소매상, 도매상은 최종 소비자에게 모두 같은 가격으로 베어링을 판매하고 있으며, 최종 소비자에게 판매할 경우 제조업자의 순이익이 소매상의 순이익의 2.5배일 때, 도매상이 베어링 500개를 판매한다면 그 수익은 얼마인가?

① 150,000원 ② 190,000원 ③ 240,000원 ④ 270,000원 ⑤ 320,000원

[22-23] 다음은 A 보안업체에서 사용하고 있는 프로그래밍 언어의 일부이다. 아래의 내용을 보고 각 물음에 답하시오.

[시스템 상태 및 조치]

– 모니터 화면 –

Checking system is running.
Monitoring system type is CDT.
Data Labeling process type is C:

Checking……

Problem founded at 43$27$_A_0
Problem founded at 25$14$_B_2
Sorting index……

Level of security: ____________

항목	세부사항
Monitoring system type	– CDT: 확인된 문제 중 CV값이 가장 큰 값을 기준으로 함 – CPM: 확인된 모든 문제의 CV값의 합을 기준으로 함
Data Labeling process type	– C: CV값을 '치명도×해결 기간'으로 산출 – D: CV값을 '발생 위치 값×해결 기간'으로 산출 – E: CV값을 '치명도+해결 기간'으로 산출
Problem founded	– 문제 치명도: 가장 앞의 숫자 – 문제 발생 위치: $와 $ 사이에 나타나는 숫자 – 문제 발생 유형: $ 뒤의 알파벳 – 해결 기간: 알파벳 뒤의 숫자

판단 기준	시스템 상태	출력값(Level of security)
CDT: CV값이 0 이하 CPM: CV값이 0 이하	최상	NMSF
CDT: CV값이 0 초과 20 이하 CPM: CV값이 0 초과 40 이하	상	RTSF
CDT: CV값이 20 초과 40 이하 CPM: CV값이 40 초과 80 이하	중	LBDG
CDT: CV값이 40 초과 60 이하 CPM: CV값이 80 초과 100 이하	하	NWDG
CDT: CV값이 60 초과 CPM: CV값이 100 초과	시스템 차단	EMBL

22 귀하가 Monitoring system을 돌린 결과 화면이 아래와 같다. 현재의 Security level로 출력될 값으로 옳은 것은?

```
Checking system is running.
Monitoring system type is CPM.
Data Labeling process type is E:

Checking……

Problem founded at 45$16$_A_5
Problem founded at −25$14$_D_2
Problem founded at −15$4$_B_3
Problem founded at 20$15$_C_7
Sorting index……

Level of security: ____________________
```

① NMSF ② RTSF ③ LBDG
④ NWDG ⑤ EMBL

23 귀하가 Monitoring system을 돌린 결과 화면이 아래와 같다. 현재의 Security level로 출력될 값으로 옳은 것은?

```
Checking system is running.
Monitoring system type is CPM.
Data Labeling process type is C:

Checking……

Problem founded at 25$16$_A_5
Problem founded at −15$14$_D_3
Problem founded at −45$4$_B_2
Problem founded at 20$15$_C_0
Sorting index……

Level of security: ____________________
```

① NMSF ② RTSF ③ LBDG
④ NWDG ⑤ EMBL

24 1990년대 인터넷이 상용화되면서 시작된 네트워크 혁명으로 인해 우리는 전 세계의 사람들과 소통이 가능해지며 상호 영향이 보편화되었다. 네트워크 혁명은 순기능만이 아니라 역기능도 수반한다. 다음 네트워크 혁명의 순기능과 역기능에 대한 설명 중 옳은 것은?

> ㉠ 인터넷의 등장으로 디지털 격차, 인터넷 게임 중독, 범죄 사이트의 활성화 등 네트워크 혁명의 역기능이 시작되었다.
> ㉡ 네트워크 혁명의 역기능은 순기능과 따로 분리되어 해결책을 찾기가 어렵지는 않다.
> ㉢ 네트워크 혁명의 대표적인 역기능인 정보기술을 이용한 감시를 '빅브라더'라고 한다.
> ㉣ 누구나 접근 가능한 개방시스템의 특성 때문에 네트워크 혁명의 역기능이 발생한다.
> ㉤ 최근에는 법적·제도적 기반을 구축하는 한편, 사회 전반에 걸쳐 정보화 윤리 의식을 강화하고 있다.

① ㉠, ㉡, ㉣　② ㉠, ㉢, ㉤　③ ㉡, ㉢, ㉣
④ ㉡, ㉣, ㉤　⑤ ㉢, ㉣, ㉤

25 브레인라이팅은 브레인스토밍의 단점을 보완하여 종이에 아이디어를 작성하는 방식의 아이디어 창출 기법이다. 브레인라이팅에 대한 설명 중 바르지 못한 것의 개수는?

> • 목소리가 큰 사람에게 휘둘리지 않는다.
> • 소극적인 사람이라도 발언에 참여하게 유도한다.
> • 참가자 간에 서로 자극하는 상승효과를 기대할 수 없다.
> • 많은 구성원들로 이루어진 조직에서만 시행될 수 있다.
> • 짧은 시간 동안 대량의 아이디어를 모을 수 있다.
> • 말로 할 때보다 전달력이 떨어질 수 있다.
> • 옆 사람의 아이디어를 더욱 향상시킬 수 있다.

① 2개　② 3개　③ 4개　④ 5개　⑤ 6개

26 ○○공사 인재개발원은 전 직원의 기술능력 향상을 위한 교육 과정을 준비하고 있다. '기술능력 지도지침'에는 기초직업능력으로서 기술능력의 개념이 정리되어 있다. 괄호 안에 들어갈 용어를 바르게 연결한 것은?

> (㉠)에 대한 사전적 정의는 '과학이론을 실제 적용하여 자연의 사물을 인간 생활에 유용하도록 가공하는 수단'이다. 이렇게 (㉠)을 가능하게 하는 (㉡)은 '보편적인 진리나 법칙의 발견을 목적으로 한 체계적인 지식'이다. 이러한 정의에 따라 (㉡)은 인간이 원하는 방식으로 활용하도록 해 주는 상호 연관적인 지식임을 알 수 있다. 이러한 까닭으로 (㉠)이 (㉡)의 응용이라고 정의한다. (㉠)은 (㉡)과 같이 추상적인 이론보다는 실용성과 효용, 디자인을 강조하는 반면, (㉡)은 추상적 이론, 지식을 위한 지식, 본질에 대한 이해를 강조하였다.
> (㉠)은 Know-how와 Know-why로 나눌 수 있는데, Know-how란 흔히 특허권을 수반하지 않는 과학자, 엔지니어 등이 가지고 있는 체화된 기술을 말하며, Know-why는 어떻게 기술이 성립하고 작용하는가에 관한 원리적 측면에 중심을 둔 개념이다.
> (㉢)은 직업에 종사하기 위해 모든 사람이 필요로 하는 능력이며, 이것을 넓은 의미로 확대해 보면 (㉣)이라는 개념으로 사용될 수 있다. (㉣)은 모든 사람이 광범위한 관점에서 기술의 특성, 기술적 행동, 기술의 힘, 기술의 결과에 대해 어느 정도의 지식을 가지는 것을 의미한다. (㉣)을 갖춘 사람은 기술학의 특성과 역할을 이해하고, 기술 관련 이익을 가치화하고 위험을 평가할 수 있으며, 기술과 관련한 윤리적 딜레마에 합리적으로 반응할 수 있는 특징을 보인다.
> (㉤)은 현대 기술의 특성을 이해하는 데에 매우 중요한 개념이다. 개별 기술이 네트워크로 결합해서 (㉤)을 만드는 점은 과학에서는 볼 수 없는 기술의 독특한 특성이기도 하다. (㉤)은 인공물의 집합체만이 아니라 회사, 투자회사, 법적 제도, 정치, 과학, 자연자원을 모두 포함하는 것이기 때문에, (㉤)에는 기술적인 것(The technical)과 사회적인 것(The social)이 결합해서 공존하고 있다. 이러한 의미에서 사회기술시스템(Sociotechnical system)이라고 불리기도 한다.

	㉠	㉡	㉢	㉣	㉤
①	과학	기술	기술능력	기술교양	기술시스템
②	기술	과학	기술능력	기술교양	기술시스템
③	기술	과학	기술선택	기술능력	기술혁신
④	기술	기술능력	기술선택	기술혁신	기술시스템
⑤	기술능력	기술	기술혁신	기술교양	기술선택

[27-28] 다음 자료를 보고 각 물음에 답하시오.

	A	B	C	D	E	F	G	H	I	J	K
1	구분	면접관 A	면접관 B	면접관 C	면접관 D	면접관 E	총점	합격 여부		구분	점수
2	갑	9	7	7	5	8	36			병	10
3	을	8	10	6	6	6	36				
4	병	7	6	8	10	8	39				
5	정	7	5	5	6	10	33				
6	무	10	9	8	8	8	43				
7	기	8	7	6	8	10	39				
8	평균	8.2	7.3	6.7	7.2	8.3	37.7				

27 점수 데이터를 정리 중인 귀하는 OFFSET함수를 활용하여 위와 같이 [J2] 셀과 [K2] 셀에 병 면접자가 면접관 D로부터 받은 점수를 표시하고자 한다. 다음 중 귀하가 입력할 수식이 바르게 연결된 것은?

	[J2] 셀	[K2] 셀
①	=OFFSET(A4, 0)	=OFFSET(A4, 4)
②	=OFFSET(A1, 3, 0)	=OFFSET(A1, 3, 4)
③	=OFFSET(A1, 0, 3)	=OFFSET(A1, 4, 3)
④	=OFFSET(A4, 4, 0)	=OFFSET(A4, 5, 4)
⑤	=OFFSET(A4, 0, 0)	=OFFSET(A4, 4, 0)

28 귀하는 면접관 A~E 5명의 총점을 토대로 합격자를 선출하고자 한다. [H2] 셀에 함수식을 작성하고 드래그 기능을 활용해 [H3] 셀에서 [H8] 셀까지 입력하려고 하며, 총점의 평균보다 총점이 높은 경우 합격, 총점의 평균보다 총점이 낮은 경우 불합격으로 표시하고자 할 때, 귀하가 [H2] 셀에 입력할 함수식으로 가장 적절한 것은?

① =IF(G2 > G8, 합격, 불합격)
② =IF(G2 > G8, "합격", "불합격")
③ =IF(G2 > G$8, 합격, 불합격)
④ =IF(G2 > G$8, "합격", "불합격")
⑤ =IF(G$2 > G$8, "합격", "불합격")

29 다음 중 이대영 사원의 행동을 통해 알 수 있는 조직문화의 기능은?

> 이대영 사원은 한 달 전에 J 제약회사에 입사한 열정 넘치는 신입사원이다. 그동안 일을 배우고 새로운 조직문화에 적응하며 조직의 일원으로 바쁘게 지내왔다.
>
> 그가 속한 J 제약회사는 전통적으로 업계 1위를 유지하던 기업인데, 현재 2년째 라이벌인 P 제약회사에 밀려 업계 2위에 머물러 있다. 이에 J 제약회사의 목표는 1위 탈환이다.
>
> 강요가 있는 것도 아니고, 특별한 보상이 있는 것도 아닌데, 이대영 사원은 1위 탈환이 자신의 목표인 것처럼 팀원들과 함께 스스로의 시간을 희생하면서 매일 필요 이상으로 업무를 진행하여 기업의 목표 달성에 기여하고 있다.

① 조직의 안정성 유지
② 조직구성원의 행동지침
③ 조직의 몰입 향상
④ 조직의 일탈화 방지
⑤ 조직구성원들에게 정체성 제시

30 오늘 첫 출근한 신입사원들이 임원진과의 점심 식사 자리에 참석하게 되었다. 임원 중 한 명이 신입사원들에게 직업인이 갖추어야 할 기본자세인 책임의식에 대해 설명해 보라고 했을 때, 다음 중 가장 적절한 답변을 한 사람은?

> A: 일을 통해 자신의 존재를 실현하고 사회적 역할을 담당하므로 자기 직업에 긍지와 자부심을 갖고 성실하게 임하는 마음가짐이 있어야 합니다.
> B: 사람은 직업을 통해 다른 사람에게 도움을 주고 사회에 기여한다는 마음가짐을 가져야 합니다.
> C: 전체 시스템이 원활하게 작동할 수 있도록 하고 자신으로 인해 피해를 보는 사람이 없도록 자신이 맡은 분야에서 전문적인 능력과 역량을 갖추고 지속적으로 자기개발을 하는 것입니다.
> D: 법규를 준수하고 직무상 요구되는 윤리기준을 준수해야 하며, 공정하고 투명하게 업무를 처리해야 합니다.
> E: 모든 일은 반드시 다른 사람과의 긴밀한 협력이 필요하므로 직무를 수행하는 과정에서 관계된 사람과 서로 신뢰하고 협력하며 원만한 관계를 유지해야 합니다.

① A ② B ③ C ④ D ⑤ E

31 다음은 프로젝트 공사에 관한 입찰 조건에 대한 내용이다. 입찰진행사항 및 기준을 이해한 내용으로 가장 적절하지 않은 것은?

[입찰진행사항 및 기준]

1. 입찰서 제출
   1) 마감 일시: 20XX년 XX월 XX일(금) 17:00까지(우편접수 불가)
   2) 제출 서류:
      a-1. 총 공사 금액을 포함한 기본내역서 ALT.1(전산파일 포함) 1부(사용인감 날인 후 밀봉)
      a-2. 총 공사 금액을 포함한 대안내역서 ALT.2(전산파일 포함) 1부(사용인감 날인 후 밀봉)
      ※ 1) 내역서는 건축주가 제시한 '공종별 내역구성기준'을 준수해야 함
         2) 상기 a-2.는 필수 제출 서류가 아닌 선택사항임
      b. 공사수행계획서 1부(전산파일 포함)
         (조직도, 현장소장 이력서 그리고 Master 공정표를 기본으로 포함하되, 공사수행을 위한 기술적 사항을 최대한 포함하고 대안내역서 제출 시에는 간략한 VE 내용 요약서를 포함한다.)
      c. 사용인감계 및 인감증명서 각 1부
         모든 제출서류는 입찰자의 공식공문을 갑지로 한 대표이사 직인이 날인된 형태로 제출한다.

2. 우선협상대상자 선정
   1) 제출된 입찰서는 건축주 자체 검토 방법에 따라 공정하게 선정할 것이며 입찰자는 이에 이의를 제기할 수 없다.
      - 입찰자는 입찰서를 제출함으로써 본 안내서의 내용에 이의 없이 동의한 것으로 간주한다.
      - 본 현장설명회에 참석한 업체에 한하여 입찰서를 제출할 수 있다.
      - 입찰에 참여한 입찰자가 입찰 참가 자격이 없는 것으로 확인되거나, 입찰안내서에 의한 입찰지침 등 제반 조건을 위반하였을 경우는 입찰 자격을 박탈하며, 선정된 이후라도 그 선정을 무효로 한다.
   2) 우선협상대상자 선정 여부는 20XX년 X월 중에 입찰자에게 개별 통보한다. 단, 건축주의 사정에 따라 일정이 변경될 수 있다.
      - 본 입찰은 우수한 품질의 건축물을 신축하기 위해 최적의 가격 입찰을 지향하며, 건축주가 금액을 포함한 내부의 객관적 기준으로 업체 간 평가를 진행한다.
      - 평가 과정 중 건축주가 복수의 입찰대상자를 대상으로 하는 금액조정 절차를 진행할 수 있다.
      - 우선협상대상자 또는 최종 선정된 입찰업체와 계약체결 이전에 사업계획의 변경, 관련법령의 변경 등 불가항력적인 사유 등으로 계약을 체결하지 못하는 중대한 사유가 발생한 경우에 건축주는 입찰을 취소할 수 있으며, 입찰업체는 그에 대한 이의제기나 손해배상 등을 청구할 수 없다.
   3) 본 현장설명 및 입찰안내서는 계약서에 준하는 효력을 갖는다.

① 입찰서의 제출 서류의 내역서는 반드시 건축주가 제시한 공종별 내역구성기준을 준수해야 한다.
② 총 공사 금액을 포함한 대안내역서는 필수 제출 서류이기 때문에 반드시 구비해야 한다.
③ 제출된 입찰서의 선정은 건축주 자체 검토 방법에 따라 이루어지며 입찰자는 이의를 제기할 수 없다.
④ 건축주는 평가하는 과정 중에 복수의 입찰대상자를 대상으로 하는 금액조정 절차를 진행할 수 있다.
⑤ 우선협상대상자는 입찰자에게 개별 통보되며 일정은 건축주의 사정에 따라 변경될 수 있다.

32 ○○공사에 근무하고 있는 이하니 씨는 사무실에 1년간 비치할 공기청정기를 구매하고자 한다. 이하니 씨가 정리한 공기청정기 정보와 공기청정기 선택 조건을 토대로 판단할 때, 이하니 씨가 구매하기에 가장 적합한 공기청정기는?

[공기청정기 정보]

구분	공기정화능력	사용 편의성		에너지 소비효율	렌탈 보증금 (원)	렌탈 비용 (원/월)
		소음	필터 교체 편의성			
갑	A	D	C	B	164,000	8,800
을	A	C	C	B	153,000	9,300
병	C	B	A	A	147,000	7,200
정	B	B	B	B	168,000	8,900
무	C	A	B	A	154,000	9,400

※ A: 5점, B: 4점, C: 3점, D: 2점, E: 1점

[공기청정기 선택 조건]

1. 공기청정기는 공기정화능력, 사용 편의성, 에너지 소비효율을 각 5:3:2의 비율로 환산한 점수를 총점으로 하여 총점이 4점 이상인 공기청정기를 선택한다.
   - 사용 편의성은 소음과 필터 교체 편의성을 6:4의 비율로 환산하여 산출한다.
   - 총점이 4점 이상이더라도, 평가 기준 항목 중 1개 이상이 D 이하일 경우 선택하지 않는다.
2. 총점이 4점 이상인 공기청정기가 2대 이상일 경우, 렌탈 보증금과 총 대여 기간 동안 지불해야 하는 렌탈 비용의 합에 따라 가산점을 차등 적용하여 총점이 가장 높은 공기청정기를 선택한다.
   - 렌탈 보증금과 총 대여 기간 동안 지불해야 하는 렌탈 비용의 합이 가장 적은 공기청정기에 가산점 2점, 두 번째로 적은 공기청정기에 가산점 1점을 부여한다.
   - 총점은 1번 조건에 언급된 방법으로 산출한 점수에 가산점을 합산하여 산출하며, 가산점을 고려하여 총점은 5점을 초과할 수 없다.
   - 가산점을 포함한 총점이 동일한 경우 렌탈 보증금을 제외한 렌탈 비용이 더 저렴한 공기청정기를 선택한다.

① 갑 공기청정기　② 을 공기청정기　③ 병 공기청정기
④ 정 공기청정기　⑤ 무 공기청정기

PSAT 기출(2023)

33 다음 글과 〈상황〉을 근거로 판단할 때, 〈방식 1〉과 〈방식 2〉에 따른 결승점을 옳게 짝지은 것은?

신설된 어느 스포츠 종목은 두 팀이 대결하는 경기로, 1점씩 득점하며 경기 종료 시 더 많은 득점을 한 팀이 승리한다. 이 종목의 '결승점'을 정의하는 방식으로 다음 두 가지가 있다.

〈방식 1〉

상대 팀의 점수보다 1점 많아지는 득점을 한 후, 경기 종료 시까지 동점이나 역전을 허용하지 않고 승리할 때, 그 득점을 결승점으로 정의한다.

〈방식 2〉

승리한 팀의 득점 중 자기 팀의 점수가 상대 팀의 최종 점수보다 1점 많아질 때의 득점을 결승점으로 정의한다.

〈상황〉

두 팀 A, B가 맞붙어 다음과 같은 순서로 득점을 하고 경기가 종료되었다. (A, B는 득점한 팀을 나타낸다)

A–A–B–B–B–A–B–A–A–A–B

	방식 1	방식 2
①	A의 세 번째 득점	A의 두 번째 득점
②	A의 다섯 번째 득점	A의 다섯 번째 득점
③	A의 다섯 번째 득점	A의 여섯 번째 득점
④	A의 여섯 번째 득점	A의 다섯 번째 득점
⑤	A의 여섯 번째 득점	A의 여섯 번째 득점

34 공공분야 지능 정보화를 위한 ICT 기반 공공서비스 촉진사업은 유망 ICT 기술을 공공부문에 선도 적용하여 공공서비스를 혁신하고 ICT 신기술 시장 수요를 조기에 창출하는 사업이다. ICT 기반 공공서비스 촉진사업에는 다양한 4차 산업혁명 기술이 적용되고 있는데, 다음 사례에 적용된 4차 산업혁명 기술로 적절한 것은?

> 과학기술정보통신부는 사회보장정보원과 함께 '머신러닝 기반 사회서비스 바우처 부정수급 탐지시스템 구축' 사업을 추진해 머신러닝으로 복지 바우처를 부정으로 받는 사례를 적발하는 서비스를 진행할 계획이다.
> 한국우편사업진흥원과 '머신러닝 기반 간편 주소관리 서비스' 사업을 통해 머신러닝으로 이사 등 주소 변경을 탐지, 이용자의 주소를 최신 정보로 자동 변경하는 시스템도 구축할 계획이다.

① 빅데이터(Big data) ② 클라우드(Cloud) ③ 사물인터넷(IoT)
④ 인공지능(AI) ⑤ 가상현실(VR)

35 외식업에 종사하는 소상공인들이 고객관리에 대한 강의를 수강한 후 토론하고 있다. 다음 중 고객서비스에 대해 제대로 이해하고 있는 사람은?

> A: 고객의 불만만 잘 처리하는 것으로 끝낼 게 아니라 고객의 욕구를 파악하는 것도 중요합니다. 그래야 같은 문제가 다시 발생하지 않을 거예요.
> B: 지금 하고 있는 방식을 개선시키기보다 더 완성도 높은 고객서비스를 배워야겠어요. 아무리 노력해도 우리 같은 소상공인은 한계가 있잖아요.
> C: 직원들에게도 이 강의를 수강하게 해야겠어요. 고객 응대도 제대로 못 하면서 왜 이리 바라는 것들은 많은지 모르겠네요.
> D: 고객서비스가 중요하긴 하지만 그래도 음식 맛이 가장 중요하죠. 손님들은 맛있으면 또 찾게 되잖아요.

① A ② B ③ C ④ D ⑤ 없음

36 미국 기업 중 최초로 시가총액 2조 달러를 넘어선 애플은 스마트폰을 직접 만들어 파는 회사가 아니다. 스마트폰의 핵심 개발능력과 디자인만 회사에 두고 제조는 폭스콘에 맡기고, 판매와 유통은 각국의 이동통신사를 활용하고 있다. 다음 중 애플 같은 유형의 조직에 대한 설명으로 옳지 않은 것은?

① 새로운 가치 창출이 용이하며 시장 상황에 맞는 유연한 대응이 가능해진다.
② 외부조직을 이용하게 되면 규모의 경제를 활용하기 어려워 가격경쟁력을 상실하게 된다.
③ 관리자들이 직원들에 대한 직접 관리가 어렵고 충성심을 기대할 수 없다.
④ 장비나 유통시설 등에 대한 투자 없이도 사업이 가능하다.
⑤ 협력업체와의 관계 유지 및 갈등 해결에 많은 시간이 소요된다.

37 다음은 국내 신규 박사 학위 취득자 성별, 전공계열별, 연령별 분포를 나타낸 자료이다. 이에 대한 설명으로 옳지 않은 것은?

[국내 신규 박사 학위 취득자 전공 및 성별 분포]

(단위: 명)

구분	2016		2017		2018		2019	
	남성	여성	남성	여성	남성	여성	남성	여성
인문계열	357	368	317	393	313	384	273	431
사회계열	1,024	649	1,117	658	1,047	692	1,084	761
공학계열	2,441	332	2,521	411	2,488	401	2,673	412
자연계열	891	513	909	601	866	553	878	620
의약계열	581	537	627	602	519	530	564	590
교육/사범계열	172	304	123	350	119	347	151	388
예술/체육계열	264	263	277	317	240	307	253	355
계	5,730	2,966	5,891	3,332	5,592	3,214	5,876	3,557

[2019년 국내 신규 박사 학위 취득자 전공 및 연령별 분포]

(단위: 명)

구분	인문계열	사회계열	공학계열	자연계열	의약계열	교육/사범 계열	예술/체육 계열
30세 미만	32	141	167	63	96	28	65
30세 이상 35세 미만	198	625	951	483	311	187	147
35세 이상 40세 미만	168	452	778	378	344	145	186
40세 이상 45세 미만	175	265	531	198	183	87	160
45세 이상 50세 미만	115	217	408	232	177	42	24
50세 이상	16	145	250	144	43	50	26

※ 출처: KOSIS(한국직업능력개발원, 국내신규박사학위취득자조사)

① 남성의 국내 신규 박사 학위 전공 중 취득자 수가 적은 하위 3개 계열은 매년 동일하다.
② 2019년에 공학계열 박사 학위를 취득한 30대 남성은 최소 1,300명 이상이다.
③ 2019년 의약계열 신규 박사 학위 취득자의 전년 대비 증가율은 여성이 남성보다 높다.
④ 2019년에 의약계열 박사 학위를 취득한 여성 중 40세 미만은 40% 이상이다.
⑤ 신규 박사 학위 취득자의 여성 대비 남성의 수는 공학계열이 매년 가장 크다.

38 다음 글을 근거로 판단할 때, 식목일의 요일은?

> 다음은 가원이의 어느 해 일기장에서 서로 다른 요일의 일기를 일부 발췌하여 날짜순으로 나열한 것이다.
>
> (1) 4월 5일 ○요일
> 오늘은 식목일이다. 동생과 한 그루의 사과나무를 심었다.
> (2) 4월 11일 ○요일
> 오늘은 아빠와 뒷산에 가서 벚꽃을 봤다.
> (3) 4월 □□일 수요일
> 나는 매주 같은 요일에만 데이트를 한다. 오늘 데이트도 즐거웠다.
> (4) 4월 15일 ○요일
> 오늘은 친구와 미술관에 갔다. 작품들이 멋있었다.
> (5) 4월 □□일 ○요일
> 내일은 대청소를 하는 날이어서 오늘은 휴식을 취했다.
> (6) 4월 □□일 ○요일
> 나는 매달 마지막 일요일에만 대청소를 한다. 그래서 오늘 대청소를 했다.

① 월요일　② 화요일　③ 목요일
④ 금요일　⑤ 토요일

39 귀하는 다음과 같이 표를 작성하고 Excel의 정렬 기능을 활용하여 정리하고자 한다. [A2:A11] 셀을 선택한 뒤 ㄱㅎ↓ 버튼을 누르고 '선택 영역 확장'을 선택하여 정렬했을 때, 그 결괏값으로 적절한 것은?

	A	B
1	이름	점수
2	갑	97
3	을	96
4	병	85
5	정	87
6	무	80
7	기	93
8	경	79
9	신	65
10	임	88
11	계	76

①

	A	B
1	이름	점수
2	정	87
3	임	88
4	을	96
5	신	65
6	병	85
7	무	80
8	기	93
9	계	76
10	경	79
11	갑	97

②

	A	B
1	이름	점수
2	갑	97
3	경	96
4	계	85
5	기	87
6	무	80
7	병	93
8	신	79
9	을	65
10	임	88
11	정	76

③

	A	B
1	이름	점수
2	갑	97
3	경	79
4	계	76
5	기	93
6	무	80
7	병	85
8	신	65
9	을	96
10	임	88
11	정	87

④

	A	B
1	이름	점수
2	정	97
3	임	96
4	을	85
5	신	87
6	병	80
7	무	93
8	기	79
9	계	65
10	경	88
11	갑	76

⑤

	A	B
1	이름	점수
2	계	65
3	갑	76
4	기	79
5	병	80
6	을	85
7	신	87
8	경	88
9	무	93
10	임	96
11	정	97

40 다음 중 ㉮~㉲의 설명에 해당하는 예로 틀린 것은?

[사이시옷의 표기]

1. 우리말로 된 합성어 중에서
㉮ ㄱ. 앞말이 모음으로 끝난 경우에 뒷말의 첫소리가 된소리로 나는 경우
㉯ ㄴ. 뒷말의 첫소리 'ㄴ, ㅁ' 앞에서 'ㄴ' 소리가 덧나는 경우
㉰ ㄷ. 뒷말의 첫소리 모음 앞에서 'ㄴㄴ' 소리가 덧나는 경우

2. 우리말과 한자어로 된 합성어 중에서
ㄱ. 뒷말의 첫소리가 된소리로 나는 경우
㉱ ㄴ. 뒷말의 첫소리 'ㄴ, ㅁ' 앞에서 'ㄴ' 소리가 덧나는 경우
㉲ ㄷ. 뒷말의 첫소리 모음 앞에서 'ㄴㄴ' 소리가 덧나는 경우

① ㉮ 귓밥
② ㉯ 훗날
③ ㉰ 나뭇잎
④ ㉱ 제삿날
⑤ ㉲ 예삿일

41 직장 내 괴롭힘이 심각한 상황에 이르자 '직장 내 괴롭힘 금지'를 명시한 근로기준법 개정안이 공포되었다. 다음 〈보기〉에서 직장 내 괴롭힘의 사례로 옳지 않은 것을 모두 고르면?

[직장 내 괴롭힘 금지법]

'직장 내 괴롭힘 금지'를 포함한 근로기준법 개정 내용을 통칭한다. 직장 내 괴롭힘이란 사용자 또는 근로자가 직장에서 지위나 관계 등의 우위를 이용하여 업무상 적정범위를 넘어 다른 근로자에게 신체적, 정신적 고통을 주거나 근무환경을 악화시키는 행위를 말한다. 정당한 이유 없이 성과를 인정하지 않거나 의사결정 과정에 배제시키는 등의 집단 따돌림, 개인사에 대한 뒷담화나 회식 강요 등도 괴롭힘에 해당한다. 괴롭힘 행위의 발생 장소로 인정될 수 있는 곳은 외근·출장지 등 업무수행이 이루어지는 곳, 회식이나 기업 행사 현장, 사내 메신저·SNS 등 온라인상의 공간, 사적 공간이 있다. 직장 내 괴롭힘의 판단은 당사자와의 관계, 행위 장소 및 상황, 행위에 대한 피해자의 반응, 행위 내용 및 정도, 행위 기간(일회적, 단기간, 지속적) 등 구체적인 사정을 참작하여 종합적으로 판단한다.

〈보기〉

㉠ 팀장이 명확한 지시 없이 보고서를 수차례 다시 작성하라고 부하 직원에게 지시했다.
㉡ 상사가 모바일 메신저 단체 채팅방에서 업무상 실수를 공개적으로 지적해 모욕감을 주는 언행을 반복적으로 했다.
㉢ 상사가 퇴근 후 매일 개인 운동 트레이너 역할을 시키고, 운동 후 마사지하도록 지시했다.
㉣ 직장에서 승승장구하는 후배가 특정 상사의 지시만 계속 무시하고 공개적으로 반발했다.
㉤ 상습적으로 지각하는 부하 직원의 출근시간을 따로 기록해 지적했다.

① ㉠, ㉡ ② ㉠, ㉤ ③ ㉡, ㉢ ④ ㉢, ㉣ ⑤ ㉢, ㉤

42 다음 〈표〉는 '갑'국의 4대 범죄 발생 건수 및 검거 건수에 대한 자료이다. 이에 대한 설명으로 옳지 않은 것은?

〈표 1〉 2019~2023년 4대 범죄 발생 건수 및 검거 건수

(단위: 건, 천 명)

구분 / 연도	발생 건수	검거 건수	총인구	인구 십만 명당 발생 건수
2019	15,693	14,492	49,194	31.9
2020	18,258	16,125	49,346	( )
2021	19,498	16,404	49,740	39.2
2022	19,670	16,630	50,051	39.3
2023	22,310	19,774	50,248	44.4

〈표 2〉 2023년 4대 범죄 유형별 발생 건수 및 검거 건수

(단위: 건)

구분 / 범죄 유형	발생 건수	검거 건수
강도	5,753	5,481
살인	132	122
절도	14,778	12,525
방화	1,647	1,646
계	22,310	19,774

① 인구 십만 명당 4대 범죄 발생 건수는 매년 증가한다.

② 2020년 이후 전년 대비 4대 범죄 발생 건수 증가율이 가장 낮은 연도와 전년 대비 4대 범죄 검거 건수 증가율이 가장 낮은 연도는 동일하다.

③ 4대 범죄 발생 건수 대비 검거 건수 비율은 매년 80% 이상이다.

④ 2023년 강도와 살인 발생 건수의 합이 4대 범죄 발생 건수에서 차지하는 비중은 2023년 강도와 살인 검거 건수의 합이 4대 범죄 검거 건수에서 차지하는 비중보다 크다.

⑤ 발생 건수 대비 검거 건수의 비율은 '강도'가 '살인'보다 높다.

43 귀하는 우연히 상사의 책상에 놓인 다이어리에서 그룹 경영단 회의 내용의 일부를 보게 되었다. 다음 메모 내용을 보고 귀하가 동료에게 던질 수 있는 말로 가장 적절한 것은?

> 1. 사장단 지시사항
>   - 경영 상황이 어려운 계열사인 ○○베이커리를 지원할 것
>   예 유통 계열사인 △△마트 납품 시 수수료 인하
>   기존에 △△마트에 입점해 있는 베이커리 매장 확장 리모델링 등
>   - 회의 종료 후 재차 당부
>
> 2. ○○베이커리 경영실적
>   - 상반기까지 어려웠지만, 그룹지원 등으로 하반기 실적이 대폭 개선됨
>   → 앞으로 이런 추세가 지속되도록 해야 함
>   - 그룹 차원의 지원 재차 당부

① 공사 구분을 명확히 하고, 투명하게 처리해야 하는 거 아니야?
② 고객에 대한 봉사를 최우선으로 생각하고 현장 중심으로 처리해야 하잖아.
③ 경쟁력 있는 분야에 집중해서 전문성을 키워야지 이래저래 너무 잡다한 일까지 신경 쓰는군.
④ 업무에 관하여 모든 것을 숨김없이 정직하게 수행해야 한다고 배웠잖아.
⑤ 법규를 준수하고, 경쟁원리에 따라 공정하게 해야 하는 거 아닌가?

44 ○○공사는 지난 20여 년간 조직에 헌신해온 팀장들을 대상으로 애자일 리더십이라는 주제로 워크숍을 진행하였다. 애자일 리더십은 조직, 팀이라는 시스템의 경쟁력을 강화하기 위해 분권화된 통제(Distributed control)를 강조하며, 이를 위해 직원이 좀 더 많은 권한을 바탕으로 최적의 결정을 내릴 수 있는 환경을 창출하는 것이 중요한 목표이다. 하지만 갑작스럽게 임파워먼트가 도입되면 혼란을 야기할 수 있기 때문에 먼저 팀의 현재 상황을 진단하기 위해 조직심리학자 브루스 터크만(Bruce Tuckman)이 제시한 팀의 발전 과정에 대해 이해해야 한다. 다음에 제시된 팀이 해당하는 팀의 발전 과정에 대한 설명으로 옳은 것은?

> 이 팀은 경영진으로부터 어려운 미션을 부여받으면 팀 회의를 소집해서 어떻게 일을 처리해야 할지부터 의논한다. 일반적으로는 팀장이 대략적인 목표와 방향성을 설정한 다음 팀원들에게 각각 업무를 배분하는데, 이 팀은 자발적으로 모든 일이 이루어진다. 1시간 만에 팀원들이 작성한 드래프트를 바탕으로 2차 회의가 진행되고, 팀원들 간의 토론을 통해서 방향 설정과 역할 배분이 자연스럽게 이루어진다.
>
> 팀장이 일방적으로 지시하고 업무를 배분하고 감독하는 모습은 이 팀에서는 절대 찾을 수 없다. 그리고 모두가 팀 업무에 관해서는 전문가이기 때문에 부처나 상부기관에서 어떤 무리한 요구를 해도 즉각적으로 대응할 수 있다.
>
> 팀장 입장에서는 다소 불편한 점도 있다. 복잡한 사안에 대해서 의사결정을 내릴 때 본인의 고집이 잘 통하지 않는다는 것이다. 그러나 치열한 토론을 통해서 이루어진 의사결정이니 팀원들의 적극적인 실행과 책임감이 뒤따를 수밖에 없다.

① 도전적이거나 갈등을 야기할 수 있는 심각한 주제에 대한 논의는 회피하며, 논의는 주로 과제의 범위를 정하고 그것에 접근하는 방법에 집중하여 이루어진다.
② 팀원들은 안전하고 예측할 수 있는 행동에 대한 안내와 지침이 필요하기 때문에 리더에게 상당히 의지한다.
③ 리더십, 구조, 권한, 권위에 대한 문제 전반에 걸쳐서 경쟁심과 적대감이 나타난다.
④ 팀의 리더십은 팀원 모두의 역할이 되고, 진정한 임파워먼트가 실현된다.
⑤ 경험과 역량이 쌓이면서 팀이 업무를 수행하는 방식이 안정되고 서로에 대한 이해도가 높아지면서 신뢰가 강화된다.

45 ○○회사는 고객사인 △△업체로부터 다음 달 말까지 을 제품 500개를 납품해 달라는 요청을 받았다. ○○회사의 생산 공정 정보를 토대로 판단할 때, ○○회사가 다음 달 제품 생산을 위해 지출해야 하는 부품 생산 비용은 얼마인가?

○○회사의 생산 공정 정보는 다음과 같다.

[부품별 생산 공정]

생산 라인	1라인	2라인	3라인	4라인
부품명	A 부품	B 부품	C 부품	D 부품

※ 모든 생산 라인은 부품을 50개 단위로만 생산 가능함

[제품 1개당 필요 부품 수]

(단위: 개, 원)

구분	A 부품	B 부품	C 부품	D 부품	조립 비용
갑 제품	3	2	1	5	2,000
을 제품	2	5	3	4	3,000
병 제품	1	4	7	2	1,500

[부품별 재고 수량]

(단위: 개)

A 부품	B 부품	C 부품	D 부품
260	720	280	760

[부품별 생산 단가]

(단위: 천 원)

부품 명	A 부품	B 부품	C 부품	D 부품
금액	10	15	27	23

※ 생산 단가는 1개당 가격임

① 8,600만 원 ② 9,332만 원 ③ 9,556만 원
④ 9,700만 원 ⑤ 10,225만 원

[46-47] 다음은 코로나19 대확산 이후 일자리 변화에 대한 분석자료이다. 다음을 읽고 각 물음에 답하시오.

2021년 상반기부터 코로나19 확산으로 인한 고용 침체에서 서서히 회복세를 드러내기 시작했다. 산업적으로는 상대적으로 코로나19의 영향을 덜 받은 비대면 서비스업 고용 증가가 눈에 띈다. 건설업과 제조업은 업종 상황이 회복되어 고용도 함께 증가하고 있고, 사회서비스업 중에서도 공공일자리사업과 관련해 고용이 늘고 있다.

2021년 하반기부터 경제·사회적 여건은 전반적으로 양호한 흐름을 보이면서 노동시장도 희망적인 전망을 보이고 있다. 소득이 회복되면서 소비심리도 살아나 대면 서비스를 중심으로 민간소비가 회복될 것으로 예상된다. 코로나19 재확산 등 비상 상황만 아니라면 고용시장은 살아날 것이 확실하다.

만일 코로나19가 변이의 등장과 함께 재확산되어 사회적 거리두기 단계가 더욱더 강화되면, 여행, 식당 등 대면 서비스 중심의 민간소비가 다시 충격을 받게 된다. 이는 글로벌 경제의 타격과 함께 내수시장의 위축으로 이어져 고용 전망은 다시 하향세로 갈 위험이 존재한다. 따라서 이에 대비하는 정부의 지속적 노력이 요구된다.

국제노동기구(ILO)는 2020년 코로나19로 인해 전 세계 일자리 2억 6천만 개가 사라졌다고 밝혔다. 노동시간으로는 전년에 비해 9% 감소한 것이고, 2008년 금융위기 때와 비교하면 일자리 규모는 4배 이상 손실되었다. 전 세계 노동시장에서 국가별 양극화는 더욱 문제가 심각하다. 전 세계 부양책의 85%가 선진국에 집중되었고, 개발도상국은 이미 심각한 격차를 보이는 재정능력에 채무 부담까지 더해졌다.

선진국은 뚜렷한 회복세를 보이는 반면, 개도국은 방역 악화로 노동시간이 더욱 줄어들고 있다. 백신 접종률에 따라 노동시간은 영향을 받는데, 백신 접종률이 10%p 향상되면 노동시간 손실은 약 1.9% 감소될 수 있다. 따라서 개도국에 백신을 지원하지 않으면 전 세계 노동시장은 회복될 수 없다. 또한 코로나19의 회복세를 분석하면서 의료·돌봄·환경·디지털 분야에 대한 사회적 수요가 확인됐으며, 이에 대한 전략적 투자가 좋은 일자리를 공급한다는 사실을 확실히 알게 되었다.

46 두 분석자료를 통해 노동시장을 전망할 때, 바르지 못한 것은?

① 코로나19가 완전히 종식되면 고용시장은 바로 이전 상황을 회복할 것이다.
② 코로나19가 재확산되더라도 비대면 서비스업은 큰 영향을 받지 않을 것이다.
③ 노동시장이 회복되기 위해서는 정부가 경기 회복을 위해 재정지출을 확대하는 정책이 필요하다.
④ 개발도상국에 백신을 지원하는 것은 해당 국가의 노동시장에만 영향을 끼치지 않는다.
⑤ 새로운 산업이 성장하고 그에 따른 새로운 일자리가 증가할 것이다.

47 **코로나19가 가져온 큰 변화로 인해 요즘 직장인들은 불안감을 많이 느끼고 있다. 다음 중 변화하는 환경에 맞는 경력개발능력이 필요한 이유가 나머지와 다른 것은?**

① 코로나19는 직업관에도 영향을 끼쳐 안정적인 회사에 소속되기보다 독립적으로 혼자 일하려는 사람이 증가하였다.
② 조직 내부적으로 재택근무를 확산할 가능성이 커 여기에 맞는 경력목표와 전략이 필요하다.
③ 극단적인 절약으로 부를 축적해 일찍 은퇴하겠다는 '파이어족'이 등장하였다.
④ 조직문화에 신경 쓰지 않고 워라밸을 추구하기 위해 안정적인 직장을 그만두는 경우도 많다.
⑤ 일자리의 의미가 '평생직장'에서 '평생직업'으로 변화하고 있다.

48 **국내 굴지의 멀티플렉스 영화관에서 일하고 있는 박 대리는 기계처럼 주어진 일만 하는 것이 아니라 자신만의 경력을 살리면서 일하고 싶다는 생각에 MBA 과정에 도전하기로 하였다. 처음 부여된 과제는 마이클 포터의 산업구조 분석 모델(5 Forces model)을 이용하여 자신이 다니는 기업을 분석하는 것이다. 다음 분석 자료 중 박 대리가 다니고 있는 기업에 기회가 될 수 있는 요소로 가장 적절한 것은?**

㉠ 영화관 사업은 근접 지역 고객 확보를 위해 지점 수가 많아야 하나 초기 투자비용이 많이 들기 때문에 쉽게 시작하기 어려운 사업이다.
㉡ 산업의 특성상 동일한 콘텐츠와 유사한 서비스를 제공하기 때문에 타사 대비 차별화할 수 있는 포인트가 적다.
㉢ 영화 관람객은 자신에게 주어진 시간과 상황에 따라 각기 다른 영화관을 선택할 수 있으므로 단골 확보가 어렵다.
㉣ 영화관 계열사를 보유하고 있는 대형 배급사와는 협상 과정에서 우위를 점하기 어렵다.
㉤ 태블릿이나 스마트폰을 이용해 영화를 즐기는 사람들이 많아지고 있다.

① ㉠ ② ㉡ ③ ㉢ ④ ㉣ ⑤ ㉤

49 다음 보도자료를 읽고 순서대로 바르게 나열한 것은?

(가) 한편, 과기정통부 송□□ 정보통신산업정책관은 1일 차 콘퍼런스 개막 세션에 참석하여 '한국의 디지털 전략'을 주제로 5세대 이동통신(5G) 최초 상용화, 인공지능 및 데이터 등 핵심 인프라 고도화 등 그간의 주요 성과와 다양한 정책 노력, 향후 정책 방향 등을 소개하는 기조연설을 하였다.

(나) 송□□ 정보통신산업정책관은 "GSMA가 이번 스타트업 행사를 최초로 외부기관인 본투글로벌센터와 공동으로 기획한 것은 국내 스타트업의 기술력과 성장 가능성 등이 글로벌 시장에서 높게 평가받고 있다는 의미"라면서, "이번 행사가 국내 유망 디지털 스타트업이 우수한 기술력과 제품을 글로벌 기업 및 투자자들에게 선보이고, 글로벌 기업과의 협업 및 투자기회를 발굴할 수 있는 좋은 기회가 될 것으로 기대한다"고 밝혔다.

(다) 과학기술정보통신부(장관 이○○, 이하 '과기정통부')는 8월 2일부터 3일까지 싱가포르에서 세계이동통신 사업자 연합회(이하 GSMA)와 공동으로 'Mobile 360 Asia Pacific 2022'를 개최하였다고 밝혔다. 'Mobile 360 Asia Pacific 2022'는 GSMA가 '16년부터 매년 개최 중인 모바일 및 디지털 전환 분야의 기술·산업 트렌드를 공유하는 세계적인 콘퍼런스로, 아시아·태평양 지역 통신사, 산업계, 벤처캐피털(VC), 정부 관계자 등 1,000여 명이 참석하였다.

(라) 올해에는 '디지털 국가 건설(Building Digital Nations)'을 주제로 1일 차 콘퍼런스와 2일 차 스타트업 세션으로 나뉘어 개최되었다. 특히, 스타트업 세션은 국내외 혁신기술 스타트업들의 투자유치와 기술협업을 지원하기 위해 과기정통부 산하 스타트업 해외진출 지원 전문기관인 본투글로벌센터(정보통신기술 혁신기술 스타트업의 글로벌 진출을 위해 회계·법률 컨설팅, 해외 마케팅, 해외 투자유치, 국제기구 연계 등 지원('22년 150개 사))가 GSMA와 공동으로 개최하였으며, GSMA가 최초로 외부기관과 공동으로 기획한 행사이다.

(마) 스타트업 세션은 국내외 스타트업의 혁신기술 및 제품 발표, 전시·시연 등 홍보, 글로벌 통신사·벤처캐피털 등과의 1:1 네트워킹 행사 등으로 진행되었다. 이번에 참가한 국내 16개 사 스타트업들은 인공지능 반도체, 자율주행 로봇, 스마트시티, 핀테크, 메타버스 등 유망 분야에서 국내 통신사로부터 대규모 투자를 유치했거나, 공동 사업을 추진하는 등 국내에서 이미 기술력을 인정받은 기업들이다. 특히, 구매 의사결정 권한이 있는 아태 지역 통신사(버라이존, 싱텔, 소프트뱅크 등) 임원급이 대거 참석하여, 국내 유망 스타트업들에게 실질적인 해외시장 진출 기회를 제공할 것으로 기대된다.

※ GSMA(Global System for Mobile communications Association): 전 세계 이통사 및 단말기 제조사 등 950여 개 회원사로 구성되어 있으며, 모바일 분야 최대 콘퍼런스·전시회인 MWC를 주관함
※ 출처: 과학기술정보통신부(2022-08-03 보도자료)

① (라) – (마) – (다) – (가) – (나)
② (라) – (마) – (가) – (나) – (다)
③ (다) – (마) – (라) – (가) – (나)
④ (다) – (라) – (마) – (가) – (나)
⑤ (다) – (나) – (가) – (라) – (마)

50 다음 〈표〉는 우리나라 7대 도시의 주차장 수용 가능 차량 대수 현황이다. A부터 K까지의 데이터는 소실된 상태일 때, 〈보기〉의 설명 중 옳은 것을 모두 고르면?

〈표〉 7대 도시 주차장 수용 가능 차량 대수 현황

(단위: 대)

구분	노상주차장			노외주차장			부설 주차장	전체
	유료	무료	소계	공영	민영	소계		
7대 도시	248,234	206,460	454,694	108,234	232,029	340,263	4,481,351	5,276,308
서울	196,302	0	196,032	39,746	83,144	122,890	2,312,538	2,631,730
부산	A	B	83,278	D	59,468	C	474,241	629,749
대구	8,397	81,917	90,314	9,953	26,535	36,488	F	E
인천	3,362	43,918	47,280	13,660	17,899	31,559	469,977	548,816
광주	815	12,939	13,754	2,885	17,112	19,997	231,977	265,728
대전	I	7,849	H	J	13,907	23,758	K	G
울산	1,192	14,018	15,210	19,377	13,964	33,341	217,794	266,345

※ 전체 주차장은 노상주차장, 노외주차장, 부설주차장으로만 구성됨

〈보기〉

㉠ 대전의 공영 노외주차장의 수용 가능 차량 대수는 7대 도시 공영 노외주차장의 평균 수용 가능 차량 대수보다 많다.

㉡ 대구, 인천, 광주는 각각 노상주차장 중 유료 주차장 수용 가능 차량 대수가 차지하는 비중이 노외주차장 중 공영 주차장 수용 가능 차량 대수가 차지하는 비중보다 낮다.

㉢ 서울의 부설주차장 수용 가능 차량 대수는 전국 부설주차장 수용 가능 차량 대수의 50% 이상을 차지한다.

㉣ 각 도시의 전체 주차장 수용 가능 차량 대수 중 노외주차장 수용 가능 차량 대수가 차지하는 비중은 부산이 광주보다 높다.

① ㉠, ㉡　② ㉠, ㉢　③ ㉡, ㉢　④ ㉡, ㉣　⑤ ㉢, ㉣

51 자기개발의 중요성을 인식하더라도 인간은 감정을 가지고 있어 자기개발에 적극적인 태도를 가지기도 하지만 소극적인 태도인 경우도 있다. 매슬로는 인간의 욕구를 5단계로 구분한 위계적 욕구 단계를 제안하였다. 이에 대한 설명 중 틀린 것을 모두 고르면?

> ㉠ 욕구의 위계적 계층은 고정되어 있다기보다는 상대적으로 나타나는 것으로서, 욕구위계는 순서대로 일어난다.
> ㉡ 하위 욕구가 충족되지 못한다고 해서 즉각적인 위기 상황에 처하지 않는 반면, 상위 욕구가 충족되지 못한 경우 위급한 반응이 일어날 수도 있다.
> ㉢ 하위에 있는 욕구일수록 그 강도가 세고, 우선순위가 높은 반면, 상위에 있는 욕구일수록 그 강도가 약하고 우선순위가 낮아지는 경향을 보인다.
> ㉣ 하위에 있는 욕구를 충족시키기 위해서는 사회적·경제적·정치적 환경이 어느 정도 뒷받침되어야 한다.
> ㉤ 최하위인 생리적 욕구는 가장 근본적이고 핵심적인 욕구로 성장을 향한 긍정적 동기의 발현이라는 점에서 바람직한 동기라고 할 수 있다.
> ㉥ 인간의 욕구 중 가장 높은 수준에 있으며, 자기를 계속 발전하게 하고자 자신의 잠재력을 최대한 발휘하려는 욕구는 자아실현의 욕구이다.

① ㉠, ㉡, ㉣　② ㉠, ㉢, ㉥　③ ㉡, ㉣, ㉤
④ ㉢, ㉣, ㉤　⑤ ㉢, ㉤, ㉥

52 이전 직장에서 상사인 과장에게 일방적인 명령만 받던 유호영 씨는 수직적 의사소통 구조에 회의적인 생각이 들어 이직하였다. 다행히 수평적인 소통을 강조하는 새로운 직장에서는 기계적 조직에서 탈피하기 위해 다양한 교육프로그램을 운영하고 있다. '조직이론의 현재와 미래'라는 강의를 수강하고 있는 유호영 씨는 기계적 조직의 문제점을 파악하기 위해 막스 베버가 제시한 이념적 조직형태인 관료제 이론을 공부하고 있다. 다음 중 관료제의 특징에 대한 설명으로 가장 적절하지 않은 것은?

① 직무의 전문화와 세분화된 분업을 바탕으로 업무능률성을 높이는 긍정적 효과에 반해 부처 할거주의가 나타나기도 한다.
② 흔히 공적 조직에서 발견되는 보편성을 특징으로 하기 때문에 민간 기업에도 종종 나타난다.
③ 주로 소수의 상관과 다수의 부하로 구성되어 수직적인 권력구조로 된 피라미드 형태를 취하고 있다.
④ 주어진 업무를 효율적으로 달성하기 위해 조직 차원에서 변화에 순응한다.
⑤ 직무는 문서에 의거하여 수행하며, 그 결과도 문서로 기록·보존된다.

53 특수수사대에 미술품 암시장에서 어떤 작품이 불법으로 거래된다는 정보가 입수되었다. 용의자는 지현, 성율, 수혁, 장호로 네 명이고, 이들은 각각 고흐, 드가, 클림트, 르누아르 네 화가의 작품 가운데 2점씩을 소유하고 있다. 이들이 모이는 장소에 도청기를 설치하였는데 수신 상태가 좋지 않아 다음과 같은 정보만 얻을 수 있었다. 같은 작가의 그림을 2점 가지고 있는 사람은 없다고 할 때, 다음 중 옳지 않은 것은?

> ...(수신 상태 불량)
> 우리 중 가지고 있는 그림의 작가의 조합이 같은 사람은 없군요.
> ...(수신 상태 불량)
> 그럼 드가의 작품은 두 분만 가지고 계시군요.
> ...(수신 상태 불량)
> 르누아르의 그림을 가지지 않은 분은 한 분뿐입니다.
> ...(수신 상태 불량)
> 그 작가의 그림은 장호 님만 가지고 있네요.
> ...(수신 상태 불량)
> 드가의 작품을 가지신 두 분께서 정작 클림트의 작품은 없으시군요.

① 고흐의 작품을 가진 사람 가운데 클림트의 작품을 가진 사람이 있다.
② 만약 지현과 성율이 르누아르의 작품을 가졌다면 수혁은 고흐의 작품과 드가의 작품을 가지고 있다.
③ 클림트의 작품을 가진 사람은 르누아르의 작품을 가지고 있다.
④ 르누아르의 작품을 가지지 못한 사람은 클림트의 작품과 드가의 작품 가운데 한 가지는 가지고 있다.
⑤ 장호는 고흐의 작품과 드가의 작품을 모두 가지고 있지 않다.

[54-55] 다음 자료를 보고 각 물음에 답하시오.

전자제품 제조회사인 ○○회사는 다년간의 시장 분석을 통해 서로 경쟁 관계에 있는 XX회사와의 홍보 제품에 따른 수익체계와 분기별 예상 소비자 선호 제품에 대한 예상 수익 변화 관련 표를 다음과 같이 작성하였다.

[○○회사와 XX회사의 수익체계 예상]

(단위: 천억 원/분기)

XX회사 \ ○○회사	TV	세탁기	냉장고	노트북
TV	(3, −2)	(−2, −1)	(6, 5)	(4, 7)
세탁기	(2, 4)	(4, 5)	(6, 3)	(7, 5)
냉장고	(4, 3)	(7, 1)	(4, 8)	(4, 9)
노트북	(−1, 2)	(5, 3)	(2, 10)	(8, 6)

※ 1) 괄호 안의 숫자는 (XX회사의 한 분기 예상 수익, ○○회사의 한 분기 예상 수익)을 의미함
2) 각 회사는 매 분기 지정된 1개의 제품만 홍보한다고 가정함

[분기별 예상 소비자 선호 제품]

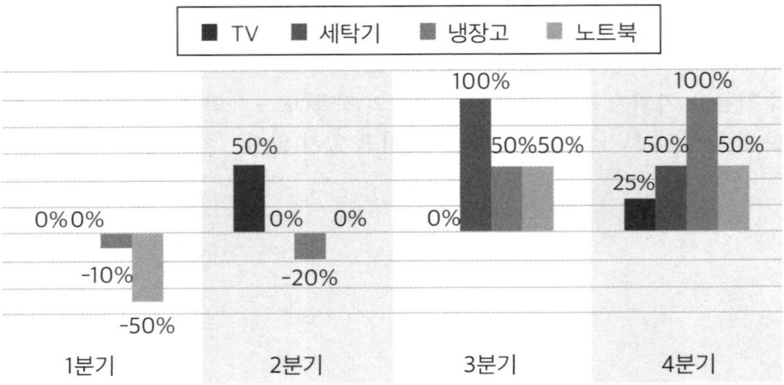

※ 해당 분기에 예상 소비자 선호 제품을 홍보할 경우 예상 수익이 제시된 그래프의 수치만큼 변화함

54 시기를 고려하지 않고 ○○회사와 XX회사가 각각 하나의 제품을 홍보할 때, 두 회사 예상 수익의 합이 가장 큰 경우는 ○○회사와 XX회사가 각각 어느 제품을 홍보하는 경우인가?

	○○회사	XX회사
①	냉장고	노트북
②	냉장고	냉장고
③	노트북	세탁기
④	노트북	냉장고
⑤	노트북	노트북

55 ○○회사의 홍보 담당자인 귀하는 XX회사가 내년에 1년 동안 TV 홍보에 전념할 것이라는 정보를 입수한 후 내년 1년 총 예상 수익이 XX회사보다 많고, 자사의 예상 수익을 극대화하기 위한 홍보 제품을 선정하고자 한다. ○○회사 또한 1년간 1개의 제품만을 홍보한다고 할 때, ○○회사의 내년 1년 총 예상 수익은 얼마인가?

① 26.0천억 원
② 28.0천억 원
③ 30.0천억 원
④ 31.5천억 원
⑤ 33.0천억 원

56 벤치마킹은 우수한 기업의 성공한 기술이나 경영방식 등을 익혀 자사의 환경에 맞게 재창조하는 경영기법이다. 인천경제자유구역(IFEZ) 스마트시티 운영센터는 방범, 방재, 교통·환경, 도시민정보 등 공공서비스를 제공하고 있으며, 세계 스마트시티의 벤치마킹 명소로 해외 46개국 주요 인사들의 방문이 잇따르고 있다. 기술력을 전 세계에서 인정받고 있는 스마트시티 운영센터를 방문하는 방문객들이 하고 있는 벤치마킹으로 가장 적절한 것은?

① 경쟁적 벤치마킹 – 직접적 벤치마킹
② 글로벌 벤치마킹 – 직접적 벤치마킹
③ 비경쟁적 벤치마킹 – 직접적 벤치마킹
④ 경쟁적 벤치마킹 – 간접적 벤치마킹
⑤ 글로벌 벤치마킹 – 간접적 벤치마킹

57 다음 글을 읽고 이해한 내용으로 가장 적절한 것은?

정부가 도시재생사업의 효과를 극대화하기 위해 성과중심으로 사업체계를 개편한다. 이를 위해 기존 5개 사업유형을 '경제재생', '지역특화재생' 등 2가지 유형으로 통·폐합할 방침이다. 또 경제재생을 위해 쇠퇴한 원도심에 경제적 파급효과가 큰 거점시설을 조성하는 혁신지구 사업을 적극 추진하기로 했다. 국토교통부는 27일 이 같은 내용을 포함, 경제거점 조성과 지역특화재생을 골자로 하는 '새정부 도시재생 추진방안'을 마련·발표했다.

정부는 도시재생사업의 기본방향으로 ▲ 쇠퇴지역 경제거점 조성을 통한 도시공간 혁신 도모, ▲ 지역별 맞춤형 재생사업을 통한 도시경쟁력 강화, ▲ 지역과 민간의 적극적인 참여를 통한 지역균형발전 선도 등을 제시했다. 우선 사업효과 극대화를 위해 성과중심으로 사업체계를 개편한다. 기존에 경제기반형, 중심시가지형, 일반근린형, 주거지지원형, 혁신지구 등 5개로 이뤄진 사업유형을 경제재생과 지역특화재생 등 2가지 유형으로 통·폐합한다.

국토부는 신규사업은 매년 40곳 내외로 선정해 선택과 집중을 통해 규모 있는 사업을 지원한다는 방침이다. 또 도시재생활성화계획 대신 '사업'을 직접 평가해 완성도 높은 사업을 지원, 경제 활성화 및 일자리 창출 등의 사업효과를 극대화할 계획이다. 기존사업은 추진실적 평가를 반영해 매년 국비 지원 규모를 결정하고 부진사업은 지원예산을 감축한다.

이와 함께 경제재생을 위해 쇠퇴한 원도심에 경제적 파급효과가 큰 거점시설을 조성하는 혁신지구 사업을 추진하기로 했다. 혁신지구는 쇠퇴지역에 주거·업무·상업 등 도시기능을 복합개발하는 사업으로, 재정·기금 등을 지원하고 용적률 완화 등 도시·건축 특례를 부여한다. 아울러 국토부는 지역특화재생을 위해 지역별 고유자원을 활용한 도시브랜드화를 추진하고 창업공간 조성, 중심·골목상권 활성화 등 지역 맞춤형 사업을 추진한다. 이를 위해 지역의 역사, 문화 등 고유자원을 활용한 스토리텔링 강화, 관광·문화거점 조성과 방문코스 개발 등 도시브랜드화를 추진한다.

지역 자원을 활용한 스토어 브랜드 개발, 특화거리 조성, 상권 컨설팅 등 공간 조성과 프로그램을 통합 지원해 중심·골목상권 활성화에도 나선다. 또 민간참여 활성화를 위해 사업 구상단계부터 공공과 민간이 협업하는 '민·관 협력형 리츠(REITs)' 사업을 확대 추진한다. 이를 위해 사업 기획설계 및 금융구조화 컨설팅 등을 지원하고 민간이 제시한 공사비 검증절차를 제도화한다. 민간이 특정입지에 사업을 기획하고 공공에 우선 제안하는 민간제안형 리츠도 적극 발굴할 계획이다.

사업 리스크 완화 및 민간참여 활성화를 위해 도시재생사업 등과 결합 시에는 국비지원과 공간지원리츠를 통한 선매입 등도 지원한다. 주택정비사업이 어려운 노후 주거지는 시급한 곳부터 빈집 등을 활용해 주차장, 복지시설 등 도시재생기반시설을 확충한다. 효과적인 마을 경관 개선 등을 위해 집수리와 골목길 정비를 연계 지원할 계획이다. 이와 함께 국토부는 지자체가 지역의 전문성을 활용해 다양한 사업추진체계를 선택할 수 있도록 지방정부의 자율성을 강화하기로 했다. 사업특성·지역여건 등에 따라 필요시 도시재생지원센터, 협의체 및 자문기구 등을 탄력적으로 구성·운영할 수 있도록 절차를 간소화한다.

주민 역량강화를 위한 프로그램 사업은 지자체 자율적으로 추진하도록 전환하고 중앙정부는 전문가 및 지자체 공무원 교육, 거점대학 전문인력 양성사업을 중점 추진한다. 국토부는 도시재생사업 기획단의 조직도 정비했다. 도시재생정책과는 도시정비정책과로, 도시재생역량과는 도시정비경제과로, 도시재생경제과는 도시정비산업과로 각각 명칭이 변경됐다. 아울러 국토부는 올해 40여 곳의 신규사업 중 혁신지구 및 인정사업 10여 곳은 중앙 공모로 선정하고 지역특화재생 및 우리동네살리기 30여 곳은 시·도 공모로 선정할 계획이다. 사업유형 통·폐합 등에 따라 기존 대비 사업당 국비지원액은 상승하게 된다. 중앙 공모로 선정하는 혁신지구 사업은 5년 250억 원, 인정사업은 3년 50억 원을 지원하고 시·도 공모로 선정하는 특화재생 사업은 4년 150억 원, 우리동네살리기 사업은 4년 50억 원을 지원한다. 시·도 공모사업의 경우 시·도 총액예산 내에서 시·도가 자율적으로 사업을 선정할 수 있다. 사업특성 등을 고려, 지원 기준액의 130%까지 국비가 지원된다.

중앙 공모는 기존과 추진절차는 동일하며 8~9월에 사전컨설팅, 9월에 사업 접수, 9~11월에 실현가능성 및 타당성 평가, 11월 관계부처 협의, 12월 도시재생특별위원회 심의 및 사업선정 등의 절차로 진행된다. 시·도 공모는 신속한 사업선정 및 절차 간소화 등을 위해 기존의 시·도 선정평가와 중앙의 실현가능성 및 타당성 평가를 통합해 추진한다. 8~9월 사전컨설팅, 9월 사업 접수, 9~11월 선정평가, 12월 특별위원회 심의 및 사업선정 등의 순서로 이뤄질 예정이다. 사업을 신청하고자 하는 지자체는 접수기한 내에 관련 서류, 도면 등을 도시재생종합정보체계(www.city.go.kr) 누리집 등을 통해 제출해야 한다.

※ 출처: 정책브리핑(2022-07-27 보도자료)

① 도시재생사업의 효과를 극대화하기 위해 경제기반형, 중심시가지형, 일반근린형, 주거지지원형, 혁신지구 등 5개로 이뤄진 사업유형을 경제재생과 주거지지원, 지역특화재생유형으로 통·폐합한다.
② 도시재생활성화계획 대신 '사업'을 직접 평가해 완성도 높은 사업을 지원하고 부진사업은 지원예산을 늘려 더욱 활성화할 예정이다.
③ 지역특화재생을 위해 지역 맞춤형 사업을 추진하며, 이를 위해 민·관 협력형 리츠 사업을 우선 추진하여 재정을 확보한다.
④ 도시재생사업을 신청하고자 하는 지자체는 9월 내에 관련 서류, 도면 등을 도시재생종합정보체계 누리집 등을 통해 제출해야 한다.
⑤ 주택정비사업이 어려운 노후 주거지는 시·도 공모를 통해 새로운 계획을 세울 생각이다.

58 **성희롱은 위계질서 또는 권력의 불평등에서 발생하는 문제로 우리 사회가 나서서 해결해야 한다. 하지만 막상 발생하면 무엇을 어떻게 해야 할지 몰라 혼란스러운 경우가 많다. 따라서 자신의 권리를 지키기 위해서는 관련 법적 지식이 필요하다. 다음 직장 내 성희롱에 대한 내용으로 옳지 않은 것은?**

① 성희롱은 행위자의 고의성과 무관하게 피해자가 행위자의 성적 언동 등으로 성적 굴욕감 또는 혐오감을 느꼈으면 성립된다.
② 성희롱은 개인의 성적 자기 결정권을 침해하는 범죄로서 행위자 개인이 「성폭력처벌법」과 「형법」 등의 적용을 받아 처벌받는다.
③ 성희롱은 동성 간에도 피해자가 수치심과 성적인 굴욕감을 느꼈다면 성립이 된다.
④ 직장 내 성희롱은 반드시 업무시간 내 또는 근무 장소에서 이루어져야 인정되는 것은 아니다.
⑤ 성희롱 가해자는 사업주나 직장 상사를 비롯하여 동료 근로자와 부하직원까지 포함된다.

PSAT 기출(2023)

59 다음 〈표〉는 동일한 화폐단위를 사용하는 A~F 국의 커피·콜라 지수 및 C 국 기준 국가별 상대가격에 관한 자료이다. 이에 대한 〈보기〉의 설명 중 옳은 것만을 모두 고르면?

〈표〉 A~F 국의 커피·콜라 지수 및 C 국 기준 국가별 상대가격

구분	커피 · 콜라 지수	C 국 기준 국가별 상대가격	
		콜라	커피
A	140	75	㉠
B	144	㉡	120
C	150	100	100
D	100	120	80
E	130	150	130
F	120	75	60

※ 1) 커피·콜라 지수 = (해당 국가의 커피 가격 ÷ 해당 국가의 콜라 가격) × 100
2) C 국 기준 국가별 커피(콜라) 상대가격 = (해당 국가의 커피(콜라) 가격 ÷ C 국의 커피(콜라) 가격) × 100

〈보기〉

ㄱ. A~F 국 중 커피 가격이 C 국의 콜라 가격보다 낮은 국가는 1개이다.
ㄴ. ㉠은 100보다 크고, ㉡은 100보다 작다.
ㄷ. C 국의 콜라 가격이 2,500원일 때, A, B, C, D, F 국 중 커피 가격이 E 국의 콜라 가격보다 높은 국가는 D 국뿐이다.

① ㄱ　② ㄴ　③ ㄱ, ㄴ　④ ㄱ, ㄷ　⑤ ㄱ, ㄴ, ㄷ

60 다음은 산업재해에 자주 적용되는 하인리히 법칙에 대한 설명이다. 하인리히 법칙에 대한 설명 중 옳지 않은 것은?

> '하인리히 법칙(Heinrich's law)'은 미국 트래블러스 보험사에서 일하던 허버트 윌리엄 하인리히(Herbert William Heinrich)가 업무상 산업재해 관련 사례를 분석하고, 통계를 적용하여 만든 경험적 법칙이다. 그는『산업재해 예방: 과학적 접근』이라는 책을 통해 산업재해로 중상자가 1명 발생하면 그 전에 같은 원인으로 발생한 경상자가 29명, 잠재적 부상자가 300명 있었다는 사실을 밝혀냈다.
> 하인리히 법칙은 큰 사고가 나기 전 그와 관련한 경미한 사고가 나타난다는 의미를 담고 있다. 큰 재해와 작은 재해, 사소한 사고의 발생 비율이 1:29:300이라는 점에서 1:29:300 법칙이라고도 불린다.
> 하인리히 법칙이 사고의 확산 과정을 양적으로 보여 준다면, 사고 확산의 연쇄성을 설명하기 위해 하인리히는 또 하나의 이론인 '도미노 이론'을 주장하였다. 하인리히는 대형사고 발생까지 여러 단계의 사건이 도미노처럼 순차적으로 일어나기 때문에 앞선 단계에서 적절히 대처하면 재앙을 막을 수 있다고 주장했다.
> 도미노 이론은 사고 발생 전보다 근본적인 요인을 강조한다. 제1요인은 인간의 유전적 원인 또는 사회적으로 바람직하지 못한 현상들을 말하며, 제2요인은 제1요인에 의해 발생하는 인간의 결함, 제3요인은 제2요인에 따른 불안전한 행동과 기계적·물리적 위험이다. 하인리히의 주장에 따르면 비교적 관리와 제거가 용이한 제3요인을 적극적으로 관리하면 연쇄반응의 고리를 끊을 수 있다.

① 산업재해와 관련하여 근로자들에게 경각심을 일깨우기 위해 교육에서 가장 먼저 언급된다.
② 충분히 개연성이 있었던 경미한 재해가 반복되는 과정 속에서 산업재해가 발생함을 보여 준다.
③ 대부분의 대형사고는 갑자기 일어나는 것이 아니라 예고된 재앙이며, 무사안일주의가 큰 사고로 이어진다는 뜻이다.
④ 우리나라는 산업재해 사망은 OECD 국가 중에서 1위이지만, 재발방지 노력으로 산업재해 전체 통계는 OECD 하위권이다.
⑤ 하인리히는 사고 확산의 연쇄성을 설명하기 위해 사고 발생 전보다 근본적인 요인을 강조하는 '도미노 이론'을 주장하였다.

정답해설편 p.143

자르는 선

해커스잡

실전모의고사 1회 의·수·문·자 통합형

성 명	

수 험 번 호					
⓪	⓪	⓪	⓪	⓪	⓪
①	①	①	①	①	①
②	②	②	②	②	②
③	③	③	③	③	③
④	④	④	④	④	④
⑤	⑤	⑤	⑤	⑤	⑤
⑥	⑥	⑥	⑥	⑥	⑥
⑦	⑦	⑦	⑦	⑦	⑦
⑧	⑧	⑧	⑧	⑧	⑧
⑨	⑨	⑨	⑨	⑨	⑨

응 시 분 야

감 독 관 확 인

의사소통능력		수리능력		문제해결능력		자원관리능력	
1	① ② ③ ④ ⑤	11	① ② ③ ④ ⑤	21	① ② ③ ④ ⑤	31	① ② ③ ④ ⑤
2	① ② ③ ④ ⑤	12	① ② ③ ④ ⑤	22	① ② ③ ④ ⑤	32	① ② ③ ④ ⑤
3	① ② ③ ④ ⑤	13	① ② ③ ④ ⑤	23	① ② ③ ④ ⑤	33	① ② ③ ④ ⑤
4	① ② ③ ④ ⑤	14	① ② ③ ④ ⑤	24	① ② ③ ④ ⑤	34	① ② ③ ④ ⑤
5	① ② ③ ④ ⑤	15	① ② ③ ④ ⑤	25	① ② ③ ④ ⑤	35	① ② ③ ④ ⑤
6	① ② ③ ④ ⑤	16	① ② ③ ④ ⑤	26	① ② ③ ④ ⑤	36	① ② ③ ④ ⑤
7	① ② ③ ④ ⑤	17	① ② ③ ④ ⑤	27	① ② ③ ④ ⑤	37	① ② ③ ④ ⑤
8	① ② ③ ④ ⑤	18	① ② ③ ④ ⑤	28	① ② ③ ④ ⑤	38	① ② ③ ④ ⑤
9	① ② ③ ④ ⑤	19	① ② ③ ④ ⑤	29	① ② ③ ④ ⑤	39	① ② ③ ④ ⑤
10	① ② ③ ④ ⑤	20	① ② ③ ④ ⑤	30	① ② ③ ④ ⑤	40	① ② ③ ④ ⑤

자르는 선

해커스잡

실전모의고사 2회 의·수·문·자 통합형

성명	

수험번호					
⓪	⓪	⓪	⓪	⓪	⓪
①	①	①	①	①	①
②	②	②	②	②	②
③	③	③	③	③	③
④	④	④	④	④	④
⑤	⑤	⑤	⑤	⑤	⑤
⑥	⑥	⑥	⑥	⑥	⑥
⑦	⑦	⑦	⑦	⑦	⑦
⑧	⑧	⑧	⑧	⑧	⑧
⑨	⑨	⑨	⑨	⑨	⑨

응시분야

감독관 확인

의사소통능력		수리능력		문제해결능력		자원관리능력	
1	① ② ③ ④ ⑤	11	① ② ③ ④ ⑤	21	① ② ③ ④ ⑤	31	① ② ③ ④ ⑤
2	① ② ③ ④ ⑤	12	① ② ③ ④ ⑤	22	① ② ③ ④ ⑤	32	① ② ③ ④ ⑤
3	① ② ③ ④ ⑤	13	① ② ③ ④ ⑤	23	① ② ③ ④ ⑤	33	① ② ③ ④ ⑤
4	① ② ③ ④ ⑤	14	① ② ③ ④ ⑤	24	① ② ③ ④ ⑤	34	① ② ③ ④ ⑤
5	① ② ③ ④ ⑤	15	① ② ③ ④ ⑤	25	① ② ③ ④ ⑤	35	① ② ③ ④ ⑤
6	① ② ③ ④ ⑤	16	① ② ③ ④ ⑤	26	① ② ③ ④ ⑤	36	① ② ③ ④ ⑤
7	① ② ③ ④ ⑤	17	① ② ③ ④ ⑤	27	① ② ③ ④ ⑤	37	① ② ③ ④ ⑤
8	① ② ③ ④ ⑤	18	① ② ③ ④ ⑤	28	① ② ③ ④ ⑤	38	① ② ③ ④ ⑤
9	① ② ③ ④ ⑤	19	① ② ③ ④ ⑤	29	① ② ③ ④ ⑤	39	① ② ③ ④ ⑤
10	① ② ③ ④ ⑤	20	① ② ③ ④ ⑤	30	① ② ③ ④ ⑤	40	① ② ③ ④ ⑤

자르는 선

해커스잡

실전모의고사 3회 전 영역 통합형

성 명	

수 험 번 호					
⓪	⓪	⓪	⓪	⓪	⓪
①	①	①	①	①	①
②	②	②	②	②	②
③	③	③	③	③	③
④	④	④	④	④	④
⑤	⑤	⑤	⑤	⑤	⑤
⑥	⑥	⑥	⑥	⑥	⑥
⑦	⑦	⑦	⑦	⑦	⑦
⑧	⑧	⑧	⑧	⑧	⑧
⑨	⑨	⑨	⑨	⑨	⑨

응 시 분 야

감 독 관 확 인

1	①	②	③	④	⑤	21	①	②	③	④	⑤	41	①	②	③	④	⑤
2	①	②	③	④	⑤	22	①	②	③	④	⑤	42	①	②	③	④	⑤
3	①	②	③	④	⑤	23	①	②	③	④	⑤	43	①	②	③	④	⑤
4	①	②	③	④	⑤	24	①	②	③	④	⑤	44	①	②	③	④	⑤
5	①	②	③	④	⑤	25	①	②	③	④	⑤	45	①	②	③	④	⑤
6	①	②	③	④	⑤	26	①	②	③	④	⑤	46	①	②	③	④	⑤
7	①	②	③	④	⑤	27	①	②	③	④	⑤	47	①	②	③	④	⑤
8	①	②	③	④	⑤	28	①	②	③	④	⑤	48	①	②	③	④	⑤
9	①	②	③	④	⑤	29	①	②	③	④	⑤	49	①	②	③	④	⑤
10	①	②	③	④	⑤	30	①	②	③	④	⑤	50	①	②	③	④	⑤
11	①	②	③	④	⑤	31	①	②	③	④	⑤	51	①	②	③	④	⑤
12	①	②	③	④	⑤	32	①	②	③	④	⑤	52	①	②	③	④	⑤
13	①	②	③	④	⑤	33	①	②	③	④	⑤	53	①	②	③	④	⑤
14	①	②	③	④	⑤	34	①	②	③	④	⑤	54	①	②	③	④	⑤
15	①	②	③	④	⑤	35	①	②	③	④	⑤	55	①	②	③	④	⑤
16	①	②	③	④	⑤	36	①	②	③	④	⑤	56	①	②	③	④	⑤
17	①	②	③	④	⑤	37	①	②	③	④	⑤	57	①	②	③	④	⑤
18	①	②	③	④	⑤	38	①	②	③	④	⑤	58	①	②	③	④	⑤
19	①	②	③	④	⑤	39	①	②	③	④	⑤	59	①	②	③	④	⑤
20	①	②	③	④	⑤	40	①	②	③	④	⑤	60	①	②	③	④	⑤

자르는 선

해커스잡

실전모의고사 4회 전 영역 통합형

성 명	

수 험 번 호					
⓪	⓪	⓪	⓪	⓪	⓪
①	①	①	①	①	①
②	②	②	②	②	②
③	③	③	③	③	③
④	④	④	④	④	④
⑤	⑤	⑤	⑤	⑤	⑤
⑥	⑥	⑥	⑥	⑥	⑥
⑦	⑦	⑦	⑦	⑦	⑦
⑧	⑧	⑧	⑧	⑧	⑧
⑨	⑨	⑨	⑨	⑨	⑨

응 시 분 야

감 독 관 확 인

1	①	②	③	④	⑤	21	①	②	③	④	⑤	41	①	②	③	④	⑤
2	①	②	③	④	⑤	22	①	②	③	④	⑤	42	①	②	③	④	⑤
3	①	②	③	④	⑤	23	①	②	③	④	⑤	43	①	②	③	④	⑤
4	①	②	③	④	⑤	24	①	②	③	④	⑤	44	①	②	③	④	⑤
5	①	②	③	④	⑤	25	①	②	③	④	⑤	45	①	②	③	④	⑤
6	①	②	③	④	⑤	26	①	②	③	④	⑤	46	①	②	③	④	⑤
7	①	②	③	④	⑤	27	①	②	③	④	⑤	47	①	②	③	④	⑤
8	①	②	③	④	⑤	28	①	②	③	④	⑤	48	①	②	③	④	⑤
9	①	②	③	④	⑤	29	①	②	③	④	⑤	49	①	②	③	④	⑤
10	①	②	③	④	⑤	30	①	②	③	④	⑤	50	①	②	③	④	⑤
11	①	②	③	④	⑤	31	①	②	③	④	⑤	51	①	②	③	④	⑤
12	①	②	③	④	⑤	32	①	②	③	④	⑤	52	①	②	③	④	⑤
13	①	②	③	④	⑤	33	①	②	③	④	⑤	53	①	②	③	④	⑤
14	①	②	③	④	⑤	34	①	②	③	④	⑤	54	①	②	③	④	⑤
15	①	②	③	④	⑤	35	①	②	③	④	⑤	55	①	②	③	④	⑤
16	①	②	③	④	⑤	36	①	②	③	④	⑤	56	①	②	③	④	⑤
17	①	②	③	④	⑤	37	①	②	③	④	⑤	57	①	②	③	④	⑤
18	①	②	③	④	⑤	38	①	②	③	④	⑤	58	①	②	③	④	⑤
19	①	②	③	④	⑤	39	①	②	③	④	⑤	59	①	②	③	④	⑤
20	①	②	③	④	⑤	40	①	②	③	④	⑤	60	①	②	③	④	⑤

단/기/합/격

해커스공기업

NCS 통합 기본서

모의고사

함께 학습하면 좋은 교재

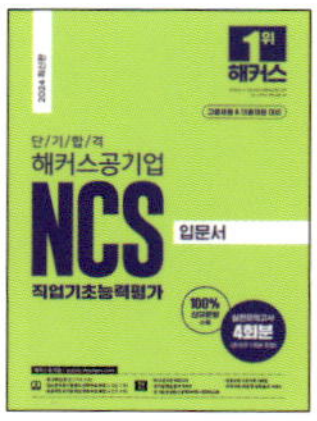

단기 합격
해커스공기업 NCS
직업기초능력평가
입문서

해커스공기업
NCS 모듈형
통합 기본서
이론+실전모의고사

해커스공기업 PSAT
기출로 끝내는 NCS
의사소통
집중 공략

해커스공기업 PSAT
기출로 끝내는 NCS
수리·자료해석
집중 공략

해커스공기업 PSAT
기출로 끝내는 NCS
문제해결·자원관리
집중 공략

해커스공기업 NCS
통합 봉투모의고사
모듈형/피듈형/
PSAT형+전공

해커스공기업
휴노형·PSAT형 NCS
기출동형모의고사

해커스공기업 NCS
피듈형 통합
봉투모의고사

해커스공기업 NCS
모듈형 통합
봉투모의고사

해커스 한 권으로
끝내는 만능
일반상식

해커스
공기업 논술

해커스 따라하면
합격하는 공기업
면접 전략

"쉽고 빠른 합격의 비결, 해커스!
QR찍고, 더 많은 해커스 취업 교재를 확인하세요."

13320
9 788969 655769
ISBN 978-89-6965-576-9

2025 최신판

1위 해커스

주간동아 2024 한국고객만족도 교육 (온·오프라인 취업) 1위

단/기/합/격

해커스공기업

NCS 통합 기본서

한국전력공사·한국철도공사(코레일)·국민건강보험공단·IBK기업은행 등
공사 공단 및 금융권 필기 전형 대비

베스트셀러 1위

윤종혁 · 김소원 · 김태형 · 복지훈 · 최수지 · 김동민 · 해커스 취업교육연구소 공저

해설집

모듈형+피듈형+PSAT형

단/기/합/격

해커스공기업

NCS

통합 기본서

모듈형+피듈형+PSAT형

해설집

해커스

목차

1권 필수과목편

교재 학습법 6
NCS 채용 가이드 10
NCS 합격 가이드 18
실력 점검 테스트&학습 가이드 22
맞춤 학습 플랜 34

1. 의사소통능력
핵심이론정리 38
대표기출유형 74
적중예상문제 82
고난도 PSAT형 문제 128

2. 수리능력
핵심이론정리 136
대표기출유형 152
적중예상문제 158
고난도 PSAT형 문제 180

3. 문제해결능력
핵심이론정리 196
대표기출유형 210
적중예상문제 218
고난도 PSAT형 문제 240

4. 자원관리능력
핵심이론정리 258
대표기출유형 268
적중예상문제 278
고난도 PSAT형 문제 314

2권 전략과목편

5. 자기개발능력
핵심이론정리 6
대표기출유형 20
적중예상문제 26

6. 대인관계능력
핵심이론정리 40
대표기출유형 60
적중예상문제 66

7. 정보능력
핵심이론정리 82
대표기출유형 100
적중예상문제 106

8. 기술능력
핵심이론정리 142
대표기출유형 156
적중예상문제 164

9. 조직이해능력
핵심이론정리 182
대표기출유형 204
적중예상문제 212

10. 직업윤리
핵심이론정리 246
대표기출유형 258
적중예상문제 262

3권 모의고사편

실전모의고사 1회 의·수·문·자 통합형 6
실전모의고사 2회 의·수·문·자 통합형 44
실전모의고사 3회 전 영역 통합형 84
실전모의고사 4회 전 영역 통합형 128

4권 정답해설편

1권 필수과목편
실력 점검 테스트 4
1. 의사소통능력 8
2. 수리능력 17
3. 문제해결능력 28
4. 자원관리능력 45

2권 전략과목편
5. 자기개발능력 60
6. 대인관계능력 65
7. 정보능력 73
8. 기술능력 84
9. 조직이해능력 90
10. 직업윤리 104

3권 모의고사편
실전모의고사 1회 의·수·문·자 통합형 110
실전모의고사 2회 의·수·문·자 통합형 120
실전모의고사 3회 전 영역 통합형 130
실전모의고사 4회 전 영역 통합형 143

PDF
가이드북에 없는 NCS 필수 암기 노트
초단기 완성 NCS 6개 영역 모듈 이론 요약 노트
공기업 인성검사&면접 합격 가이드
모든 PDF 자료는 해커스잡 사이트(ejob.Hackers.com)에서 무료로 다운받으실 수 있습니다.

National Competency Standards

1권 | 필수과목편

실력 점검 테스트

p.22

01	02	03	04	05	06	07	08	09	10
문제해결	수리	조직이해	수리	의사소통	정보	정보	자원관리	문제해결	조직이해
④	⑤	③	②	①	①	④	①	②	①
11	12	13	14	15	16	17	18		
자원관리	의사소통	문제해결	조직이해	수리	정보	자원관리	의사소통		
④	④	②	⑤	④	④	③	④		

01 문제해결능력 정답 ④

세 번째 명제와 첫 번째 명제를 연결하면 주황색을 좋아하지 않는 사람은 빨간색을 좋아하지 않는다는 것을 알 수 있다. 두 번째 명제의 대우는 '빨간색을 좋아하지 않으면 초록색을 좋아하지 않는다.'인데 이를 앞서 도출한 명제와 연결하면 주황색을 좋아하지 않는 사람은 초록색을 좋아하지 않는다는 것을 알 수 있다.

02 수리능력 정답 ⑤

문제에 주어진 근거를 수식으로 표현하면,
현재 A의 나이를 a라고 하면, x년 후 남편의 나이는 $43+x$, A의 나이는 $a+x$이며, 자녀들의 나이는 각각 $10+x$, $8+x$, $5+x$이고 자녀들 나이의 합은 $23+3x$이다.
x년 후 부부 나이의 합이 자녀 나이의 합의 2배이므로
$(43+x)+(a+x)=2\times(23+3x) \rightarrow a=3+4x$(①번 식)으로 정리되고, x년 후 남편의 나이가 자녀들 나이의 합보다 2살 적으므로
$43+x=(23+3x)-2 \rightarrow x=11$이다.
$x=11$을 ①번 식에 대입하면 $a=47$이다.
따라서 A의 현재 나이는 47세이다.

03 조직이해능력 정답 ③

4P는 제품(Product), 유통경로(Place), 판매가격(Price), 판매촉진(Promotion)을 뜻한다.

04 수리능력 정답 ②

대장암 진료 환자 수가 가장 많은 지역은 7,486명인 경기이며 경기의 피부암 등록 환자 수는 1,504명으로 인천 341명의 5배 이하이므로 옳지 않은 설명이다.

① 모든 지역의 모든 암 유형에 대하여 등록 환자 수보다 진료 환자 수가 더 많으므로 위암과 식도암 등록 환자 수의 합보다 진료 환자 수의 합이 더 많다.
③ 제시된 지역별로 간암 등록 환자 수는 식도암과 피부암 등록 환자 수를 합친 수보다 항상 크다.
④ 제시된 지역의 전체 등록 환자 수가 가장 적은 중증(암)은 식도암이며 식도암의 진료 환자 수는 울산이 60명으로 12명인 세종의 5배이다.
⑤ 부산의 위암 진료 환자 수는 2,535명으로 울산의 피부암 등록 환자인 149명의 약 17배이다.

05 의사소통능력 정답 ①

국내 통화량이 증가하여 유지될 경우 장기에는 실질 통화량이 변하지 않으므로 '장기 환율도 변함이 없을 것이다.'라는 부분이 잘못되었다. 2문단 마지막 부분에 통화량이 증가하면 물가는 상승하고 장기 환율도 상승할 것이라고 이야기하고 있다.

② 물가가 경직될수록 금리가 하락한다고 이야기하였으므로 물가가 신축적이 되면 금리가 하락하는 폭이 작다는 것을 추론할 수 있다.
③ 2문단에서 물가가 경직되면 물가의 조정 속도는 단기적으로 경직성이 있고, 장기적으로 신축성이 있다고 하였고, 환율은 조정 속도가 단기적으로도 신축적으로 조정될 수 있기 때문에 오버슈팅이 일어난다고 이야기하고 있다.
④ 환율의 오버슈팅은 통화량의 증가로 물가가 신축적인 경우에 예상되는 환율 상승과 금리 하락에 따른 자금의 해외 유출이므로 자금의 해외 유출이 클수록 환율의 오버슈팅은 커진다고 볼 수 있다.
⑤ 3문단에서 오버슈팅이 길어질수록 물가 경직성이 크다고 이야기하고 있다.

06 정보능력 정답 ①

백과사전, 메타데이터, 편람은 2차 자료에 해당한다.
㉠ 백과사전은 예술, 문화, 경제, 사회 등 다방면의 지식을 정리한 사전으로 2차 자료에 해당한다.

㉡ 메타데이터는 다른 데이터를 정의하고 설명해 주는 데이터로 2차 자료에 해당한다.
㉣ 편람은 편리하게 볼 수 있게 간추린 책자로, 영어로 핸드북(handbook)이나 매뉴얼(manual)이라고 하며 2차 자료에 해당한다.

더 알아보기

1차 자료와 2차 자료

정보학에서는 이용자가 정보를 찾을 때 흔히 접할 수 있는 완성된 형태의 자료인 1차 자료와 1차 자료를 효과적으로 탐색하기 위해, 또는 탐색이 쉽도록 정보를 가공한 자료인 2차 자료로 구분한다.

1차 자료	• 원래의 연구 성과가 기록된 자료 • 단행본, 학술지와 학술지 논문, 학술회의자료, 연구보고서, 기술보고서, 정부간행물, 학위논문, 특허정보, 표준 및 규격자료, 레터, 출판 전 배포자료, 신문, 잡지, 웹 정보자원 등
2차 자료	• 1차 자료를 효과적으로 찾아보기 위한 자료, 혹은 1차 자료에 포함되어 있는 정보를 압축 및 정리하여 읽기 쉬운 형태로 제공하는 자료 • 사전, 백과사전, 편람, 연감, 서지데이터베이스, 색인, 목록, 초록, 메타데이터 등

07 정보능력 정답 ④

Excel 행의 확장은 Excel의 버전에 따라 다르다. 기존 버전은 최대 65,000행까지 확장이 가능하며, 최근 버전은 최대 1,048,576행까지 확장이 가능하다.

08 자원관리능력 정답 ①

항목별 가중치와 가점/감점을 감안하여 최종 점수를 산출하면 다음과 같다.

이름	역량평가 점수	업적평가 점수	가점/감점	최종 점수
갑	92	95	+1	92×0.6+95×0.4+1=94.2
을	94	91		94×0.6+91×0.4=92.8
병	93	95	−1	93×0.6+95×0.4−1=92.8
정	93	92	+1	93×0.6+92×0.4+1=93.6
무	94	96	−2	94×0.6+96×0.4−2=92.8

따라서 최종 점수가 가장 높은 사람은 갑이므로 갑이 진급자로 선발된다.

09 문제해결능력 정답 ②

상황의 내용을 정리하면 다음과 같다.
1. 발표시간: 2020년 2월 24일 오후 2시부터 오후 5시까지 총 3시간
2. 발표 내용: 슬라이드 20면

이 기준에 따라 정리하면 다음과 같다.
1. 참석 수당: 총 3시간 발표이므로 기본료 10만 원+초과 1시간 5만 원으로 총 15만 원
2. 원고료: 슬라이드 2면을 A4 1면으로 한다고 되어 있으므로 슬라이드 20면=A4 10면으로 총 10만 원

따라서 참석 수당과 원고료로 받은 총금액은 참석 수당 15만 원+원고료 10만 원=25만 원이다.
한편 참석 수당과 원고료는 기타소득세와 주민세를 원천징수하는데 각각을 정리하면 다음과 같다.
1. 기타소득세
  • 지급기준액: 25만 원
  • 필요경비: 25만 원×60%=15만 원
  • 소득세율: 20%
  따라서 기타소득세=(25만 원−15만 원)×20%=2만 원
2. 주민세: 기타소득세의 10%이므로 2천 원

따라서 원천징수하는 금액은 기타소득세 2만 원+주민세 2천 원=2만 2천 원이다.
결국 A 기관이 원천징수 후 甲에게 지급하는 금액은 25만 원−2만 2천 원=228,000원이다.

10 조직이해능력 정답 ①

명목집단법의 3단계 중 마지막 단계에 대한 설명이다. 명목집단법은 첫 단계로 안건에 대해 자신의 아이디어를 리스트로 작성하고, 두 번째 단계로 돌아가며 발표한 후 취합하여 하나의 도표에 기록한다. 마지막 단계에서는 수집된 아이디어들을 대상으로 무기명 투표를 진행하여 최종안으로 결정한다.

더 알아보기

명목집단법

토론이나 의사소통을 하지 않고 서면으로 자유롭게 대안을 제시하여 여러 대안들을 마련하고 그중 하나를 선택하는 데 초점을 두는 집단의사결정 기법이다. 아이디어를 제시하는 것에 대한 막연한 두려움으로 소극적인 태도를 취하거나 타이밍을 놓쳐 의견을 말하지 못하는 것 같은 브레인스토밍의 한계를 극복하기 위해 고안되었다. 명목상으로는 집단 안에서 작업을 하지만, 실제로는 각자가 개인적으로 작업을 하고 있다는 의미에서 명명되었다. 집단의사결정임에도 불구하고 의사결정이 진행되는 동안 팀원들 간의 토론이나 비평이 허용되지 않기 때문에 '명목'이라는 용어가 사용되며 영문 머리글자를 따서 'NGT'라고도 한다. 집단 그룹 의사결정 시 발생할 수 있는 집단사고의 문제점을 해결할 수 있는 좋은 방법이다. 시간도 오래 들지 않고 모든 구성원들의 의견을 받아볼 수 있는 장점을 가지고 있다. 최근에는 기술의 발전으로 전자회의 방식으로 진행되기도 한다.

브레인스토밍의 4가지 규칙

여러 명이 한 가지의 문제를 놓고 아이디어를 비판 없이 제시하여 그중에서 최선책을 찾아내는 대표적인 집단의사결정방법이다. 보통 5~7명으로 팀을 구성해 아이디어를 내고 더 좋은 아이디어로 발전시킴으로써 '두뇌 폭풍(brain storm)'을 일으킨다. 다음과 같은 규칙을 준수하는 것이 중요하다.
• '비판 보류(Withhold criticism)' 원칙: 다른 사람이 아이디어를 제시할 때는 비판하지 않는다.
• '어떠한 아이디어도 환영(Welcome wild ideas)' 원칙: 문제에 대한 제안은 자유롭게 이루어질 수 있다.

- '질보다 양(Go for quantity)' 원칙: 아이디어는 많이 나올수록 좋다.
- '아이디어 결합 및 개선(Combine and improve ideas)' 원칙: 모든 아이디어가 제안되고 나면 이를 결합하고 해결책을 마련한다.

11 자원관리능력 정답 ④

① 월요일 14~16시: 제조그룹장과 기술그룹장이 해당 시간에 스케줄이 있으므로 불가능하다.
② 화요일 16~18시: 제조그룹장이 오후 반차로 근무를 하지 않으므로 불가능하다.
③ 목요일 09~11시: 09~10시에 제조그룹장이 회의 스케줄이 있으므로 불가능하다.
⑤ 금요일 13~15시: 기술그룹장이 오후 반차로 근무를 하지 않으므로 불가능하다.

12 의사소통능력 정답 ④

'6+6 부모 육아휴직제'의 육아휴직 급여 상한액은 월 최대 200만~450만 원으로, 이는 기존의 '3+3 부모 육아휴직제'에서 상향 조정된 금액이다. 이 제도의 도입은 부모가 자녀를 돌보는 기간 동안 경제적인 부담을 덜어주고, 동시에 아이와 보다 많은 시간을 보낼 수 있도록 지원하는 정책이다. 이는 저출산 문제의 해결과 동시에 가족 간의 유대를 강화하는 데에도 기여할 것으로 기대되므로 ④는 잘못된 정보를 담고 있다.

13 문제해결능력 정답 ②

'다'와 '마'가 B 팀에 속한다고 하였고 세 번째와 네 번째 조건을 고려해보면 다음과 같은 표를 완성시킬 수 있다.

A 팀	아
B 팀	다, 마
C 팀	바

두 번째 조건을 고려해보면, '가'는 반드시 두 명의 외국인과 같은 팀에 속해야 한다. B 팀의 경우 이미 한국인인 '다'가 포함되어 있으므로 '가'가 들어갈 수 없다. 그리고 남은 A 팀, C 팀에는 외국인이 한 명씩 배정되어 있다. 따라서 남은 사람 중에서 외국인인 '사'와 '자' 중에 한 명과 팀이 된다.
마지막 조건을 살펴보면 '가'의 경우 '바'와는 같은 팀에 속할 수 없으므로 A 팀에 들어가야 한다.

A 팀	가, 아
B 팀	다, 마
C 팀	바

첫 번째 조건의 경우 각 팀에는 적어도 한 명의 한국인이 들어가야 하므로 C 팀에는 '나'와 '라' 중 한 명 혹은 두 명이 들어가야 하는데, 마지막 조건을 살펴보면 '라'는 '바'와 한 팀이 될 수 없으므로 C 팀에는 '나'가 들어가고, '라'는 B 팀에 들어가야 한다.

A 팀	가, 아
B 팀	다, 라, 마
C 팀	나, 바

다시 마지막 조건을 고려해보면 '사'는 '바'와 같은 팀이 될 수 없으므로 A 팀에 들어갈 수밖에 없고, 마지막 남은 '자'의 경우 C 팀에 들어간다.

A 팀	가, 사, 아
B 팀	다, 라, 마
C 팀	나, 바, 자

위의 완성된 표를 살펴보면 A 팀에 속해야 할 사원은 가, 사, 아가 된다.

14 조직이해능력 정답 ⑤

대인관계 등 대인적 요인은 위생요인이 맞지만, 승진과 같은 성장·발전요인은 동기요인이다. 박 대리는 위생요인이 아닌 동기요인의 만족이 필요하다. 또한 위생요인은 만족이 아닌 불만요인의 제거를 설명하는 용어이다.

① 매슬로는 욕구에는 순서가 있다고 보고, 이를 5가지로 계층화하여 설명하였다. 그중 존경 욕구나 자아실현 욕구는 상위 계층의 욕구이다.
② 앨더퍼의 ERG 이론은 매슬로의 욕구 단계 이론에서 발전하여 욕구를 3단계로 계층화하였다.
③ 앨더퍼의 ERG 이론에 따르면 두 가지 이상의 욕구가 동시에 작용 가능하며 욕구의 좌절-퇴행도 가능하다. 이에 따라 두 가지 욕구가 실현되면 더욱 강한 만족감을 얻을 수 있다.
④ 허츠버그의 2요인 이론은 욕구를 동기요인과 위생요인으로 구분하여 설명한다. 일에 불만 없이 적응을 잘하고 있으므로 박 대리는 위생요인보다 동기요인의 실현이 필요한 상황이다.

15 수리능력 정답 ④

무역경영을 목적으로 체류하는 인원이 가장 많은 나라는 150명인 미국이며, 미국의 유학 자격 등록 인원은 총 1,057명으로 전체 체류 인원 대비 유학 자격 등록 인원 비율은 1,057 / 2,392 × 100 ≒ 44.2%로 40% 이상이므로 옳은 설명이다.

① 일본 남성의 경우 기업투자를 목적으로 체류하는 인원이 가장 많다.
② 전체 여성 등록 외국인 수가 가장 적은 나라는 캐나다이며 캐나다의 E-3 자격 등록 외국인 수는 남성 12명, 여성 0명으로 같지 않다.
③ 종교, 무역경영을 목적으로 체류하는 인원의 합은 네팔 59+12+37+4=112명, 몽골 22+7+29+59=117명으로 몽골이 더 많다.
⑤ 미국의 유학 자격 등록 인원 중 남성 비율은 {361 / (361+696)} × 100 ≒ 34.2%, 일반연수 자격 등록 인원 중 남성 비율은 {64 / (64+127)} × 100 ≒ 33.5%로 전자가 더 크다.

16 정보능력 정답 ④

RV 값은 48, CV 값은 24, PV 값은 10, RP 값은 0으로 할당되었다. RV－CV＝48－24＝24이므로 PV 값인 10보다 크다. 따라서 CV 값에는 24＋5＝29가 할당되고, RP 값에는 0＋1＝1이 할당된다. 그리고 다시 한번 RV－CV 비교 과정을 반복한다.
RV－CV＝48－29＝19이므로 PV 값인 10보다 크다. 따라서 CV 값에는 29＋5＝34가 할당되고, RP 값에는 1＋1＝2가 할당된다. 그리고 다시 한번 RV－CV 비교 과정을 반복한다.
RV－CV＝48－34＝14이므로 PV 값인 10보다 크다. 따라서 CV 값에는 34＋5＝39가 할당되고, RP 값에는 2＋1＝3이 할당된다. 그리고 다시 한번 RV－CV 비교 과정을 반복한다.
RV－CV＝48－39＝9이므로 PV 값인 10보다 작다. 따라서 CV 값에는 39－1＝38이 할당되고, RP 값에는 3×2＝6이 할당된다. 그리고 다시 한번 RV－CV 비교 과정을 반복한다.
RV－CV＝48－38＝10이므로 PV 값인 10과 같고, 이때의 RP 값은 6이므로 최종 출력값은 6이다.

17 자원관리능력 정답 ③

사전 답사와 타당성 평가 업무를 가장 빠른 시간 안에 마무리할 수 있는 순서는 '라－가－다－나－마－바'이며, 이 경우 소요 시간은 다음과 같다.

구분	1	2	3	4	5	6	7	8	9	10	11	12	13	14	15	16	17	18	19	20	21	22
사전 답사	라	가	가	다	다	다	다	나	나	나	나	나	마	마	마	마	바	바	바	바		
타당성 평가		라	라	라	가	가	가	가	다	다	다	다	다	나	나	나	나	마	마	마	바	바

따라서 최소 예상 소요시간은 22일이다.

18 의사소통능력 정답 ④

(나)의 첫 문장에서 과거 이야기를 통해 내용을 환기시키고 있고, 마지막에는 한국이 어떻게 달라졌는지에 대한 내용으로 뒤에 나올 내용을 제기하고 있으므로 가장 처음에 나오는 문단이 될 수 있다. (가)는 코로나19 이후 한국이 어떻게 변했는지에 대해 이야기하고 있으므로 (나) 뒤에 올 수 있는 문단이다. (마)는 국제사회에서의 한국의 위상에 대해 이야기하고 있고, (다)는 '또한'이라는 단어가 등장하여 앞의 내용을 발전시키는 내용으로 수출에 대해 이야기하고 있으므로 (마) 뒤에 올 수 있다. (라)는 수출에 대한 사례가 나오고 있으므로 (다) 뒤에 올 수 있는 문단이 된다. 따라서 (나)－(가)－(마)－(다)－(라)－(바) 순서로 나열되어야 한다.

1. 의사소통능력

적중예상문제

p.82

01	02	03	04	05	06	07	08	09	10
②	③	④	①	②	⑤	③	④	③	③
11	12	13	14	15	16	17	18	19	20
③	④	③	③	③	①	②	②	③	④
21	22	23	24	25	26	27	28	29	30
③	①	③	④	①	②	②	②	③	②
31	32	33	34	35	36	37	38	39	40
④	②	⑤	②	③	②	④	③	①	④
41	42	43	44	45					
④	③	⑤	①	③					

01 문서이해능력 정답 ②

'문서의 정보 및 현안문제 파악하기' 단계에서는 문서에 포함된 핵심 정보, 데이터, 사실 등을 정확하게 이해하고 파악하는 것이 중요하다. 이를 위해 문서에서 제시하는 데이터나 사실을 체크리스트로 만들어, 중요한 정보를 명확하게 파악하고 이해하는 활동이 해당 단계와 가장 밀접하게 관련되어 있다고 지문에서 밝히고 있으므로 ②가 정답이 된다.

02 문서이해능력 정답 ③

문서에서 발신과 수신을 확인해 보면 총무부가 각 부서에 보낸 문서임을 알 수 있다.
따라서 제시된 문서는 회사 내에서 주고받는 문서로, 업무 협조를 구하거나 의견을 전달하기 위해 작성하는 문서인 기안서이다.

03 문서이해능력 정답 ④

보고서는 특정한 일에 관한 현황이나 진행 상황, 연구, 검토 결과 등을 보고하기 위해 작성하는 문서로 설득의 목적을 가진 문서가 아니다.
따라서 설득 가능성을 높이고자 상대의 요구사항을 파악하려고 노력하는 것은 적절하지 않다.

① 보고서의 목적에 해당하므로 적절하다.
② 보고서를 작성할 때는 예상 질문을 사전에 추출하고 그에 대한 답을 미리 준비해야 하므로 적절하다.
③ 보고서는 주로 상사에게 제출하는 특징이 있어 핵심 내용을 간결하게 표현해야 하고 제출 전 최종 점검이 필요하므로 적절하다.
⑤ 보고서를 작성할 때는 도표나 그림을 활용하여 복잡한 내용을 표현하는 것을 권하고 있으므로 적절하다.

04 문서이해능력 정답 ①

각 공문서의 설명에 해당하는 문서는 법규문서, 지시문서, 공고문서, 민원문서이다.

05 문서작성능력 정답 ②

㉠ 문서에는 시각장애인 등의 편의 도모를 위해 음성정보 또는 영상정보 등이 수록되거나 연계한 바코드 등을 표기할 수 있다. 이 경우 바코드는 문서 상단의 '행정기관명' 표시줄의 오른쪽 끝에 표기한다.
㉡ 숫자를 표기할 때에는 아라비아 숫자로 쓴다.

06 문서작성능력 정답 ⑤

발신주의는 문서의 효력이 상대방에게 문서를 발신한 시점에서 발생한다는 원칙을 가지고 있다. 즉, 문서를 발송한 시점에서 그 문서의 효력이 발생하게 된다는 것으로, 이는 신속한 거래에 유리하다는 장점을 가지고 있지만, 상대방이 문서의 내용을 아직 알지 못하는 상황에서도 문서의 효력이 발생한다는 단점도 동반한다.
반면, ⑤에서 설명하는 "문서가 상대방에게 도달한 시점에서 효력이 발생"하는 주의는 도달주의에 해당한다. 도달주의는 문서가 상대방에게 실제로 도달하여 그 내용을 인지할 수 있는 상황이 형성된 시점에서 문서의 효력이 발생하는 것이다. 이로써 상대방이 문서의 내용을 알 수 있는 공정한 시점을 기준으로 문서의 효력이 발생하게 된다.
따라서 ⑤는 발신주의의 정의를 잘못 설명하고 있으므로 옳지 않은 설명이다.

07 문서작성능력 정답 ③

날짜는 '연·월·일'을 숫자로 표기해야 하며, 연·월·일의 글자는 생략하고 그 자리에 마침표를 찍어 표시한다.

08 문서작성능력 정답 ④

붙임에 첨부되는 자료는 제목과 부수를 합쳐서 쓰지 않고, 따로 나눠서 써야 한다.
따라서 귀하가 조언할 내용으로 가장 적절한 것은 ④이다.

① 제목은 제목만 보더라도 내용을 파악할 수 있어야 하므로 적절하지 않다.
② 기획서는 '기획 목적 → 내용 → 기대효과'로 구성되어야 하므로 목적과 기대효과는 분리해서 써야 하기 때문에 적절하지 않다.
③ 기획서에는 진행 과정에 대한 내용과 결론이 자세하게 기재되어야 하므로 적절하지 않다. 진행 과정이나 결론을 생략해도 되는 것은 제안서이다.
⑤ '끝.'은 붙임이 있을 경우 붙임 맨 뒤에 한 칸을 띄우고 표기해야 하므로 적절하지 않다.

09 문서작성능력 정답 ③

결재권자가 출장 중이나, 100만 원 이상의 금액에 대해서는 대결권자의 서명을 배제하기로 했다고 하였으므로 규정 3은 적용될 수 없고(규정 3에서 결재권자가 결재할 수 없을 때 대결권자가 결재를 진행한다는 내용은 예외 규정을 의미한다. 그러나 100만 원 이상의 금액에 대해서는 대결권자의 서명을 배제한다고 언급하고 있기 때문에 예외 규정을 그대로 적용하기는 어렵다.) 구매 금액이 120만 원으로 100만 원을 초과하므로, 규정 4에 따라 반드시 결재권자의 서명이 필요하며 대결 및 전결이 불가하다.

① 대결 표시를 포함하고 있으나, 규정 4에서는 금액이 100만 원을 초과할 경우 대결이나 전결 처리가 불가하다고 명시되어 있으므로 옳지 않다.
② 전결로 처리할 수 있는 경우는 50만 원 초과 100만 원 이하일 때에만 해당되어 120만 원인 이 문서는 전결 대상도 아니므로 옳지 않다.
④ 결재 서명란에 "전결" 표시를 추가하고 전결권자가 서명하는 방식으로 처리하는 것을 제안하고 있으나, 규정에 따라 100만 원을 초과하는 경우에는 반드시 결재권자의 서명이 필요하여 전결 처리가 불가하므로 옳지 않다.
⑤ 규정 5는 전결 시 적용되는 사항으로, 현재 120만 원의 문서는 전결이 아닌 결재권자의 서명이 필요한 상황이므로 이 조건은 고려 사항이 아니다.

10 문서작성능력 정답 ③

제시된 대화를 통해 정례보고서 결재의 경우 부장 전결사항이나, 부장의 출장으로 차장 대결사항이 되었다는 것을 확인할 수 있다.
따라서 전결자인 부장의 서명란에 '전결'이 표시되고, 대결자인 차장의 서명란에 '대결'과 차장서명이 함께 표시된 ③이 가장 올바르다.

11 문서이해능력 정답 ③

설명서는 명령문보다 평서문으로 작성해서 정보가 부족한 독자가 해당 내용을 쉽고 편하게 이해할 수 있도록 해야 한다. 그러나 해당 설명서의 경우 명령형 문장을 쓰고 있으므로 '평서문으로 작성되어 있어 읽기가 편하다'는 반응은 적절하지 않다.

① 군더더기 표현 없이 내용을 정확히 전달하고 있으므로 적절하다.
② 설명서는 제품의 작동 방법이나 과정을 설명하기 위해 작성한 문서이므로 적절하다.
④ 전문용어를 사용하지 않고 있으므로 적절하다.
⑤ 설명서는 내용이 복잡할 경우 도표를 통해 시각화하여 이해를 돕는 것이 바람직하므로 적절하다.

12 경청능력 정답 ④

직원 2의 마지막 발화 내용을 보면 상대방의 말을 듣고 있기는 하나 게시물의 내용부터 정하자는 자신의 의견에 반대되는 메시지를 회피하면서 직원 1, 3과의 대화 내용을 온전히 받아들이지 못하는 모습을 보이고 있다.
따라서 '걸러내기'로 인해 경청의 방해를 받는 것으로 볼 수 있다.

13 문서이해능력 정답 ③

1문단에서 국토교통부는 '기존 건축물의 에너지 성능개선 기준' 개정안을 행정예고할 계획이라고 밝혔고, 7문단에서 이번 개정에 따라 전 세계적으로 확산하고 있는 기후위기에 공공부문부터 적극적으로 대응하게 될 것으로 기대된다며 공공부문이 선도적 역할을 할 것이라고 이야기하고 있으므로 제시된 보도자료의 주제로 가장 적절하다.

① 2문단에서 지금까지의 녹색건축물 전환 인정 기준은 2015년 마련된 기준으로, 상향된 국가온실가스감축목표 등을 반영하지 못해 이를 현실화할 필요성이 대두됐다고 이야기하고 있으므로 절차 간소화를 추가해서 발표했다는 내용은 잘못된 내용이다.
② 2문단과 3문단에서 국토교통부가 건축물의 에너지 성능개선 기준 개정안에서 녹색건축물 전환 인정 기준을 높이고 절차를 간소화한다고 이야기하고 있지만, 글 전체를 포괄할 수 없으므로 적절하지 않다.
④ 3문단에서 녹색건축물 전환 인정 기준이 기존 에너지효율인증 3등급에서 1등급으로 상향되었다고 이야기하고 있지만, 글 전체를 포괄할 수 없으므로 적절하지 않다.
⑤ 6문단에서 개정안 전문은 국토부 누리집에서 확인할 수 있고, 개정안에 대해 의견이 있는 경우 우편, 팩스, 국토부 누리집을 통해 제출할 수 있다고 이야기하고 있지만, 글 전체를 포괄할 수 없으므로 적절하지 않다.

14 의사표현능력 정답 ③

<보기>는 의사소통의 종류 중 언어적인 의사소통에 관한 내용이다.

ㄴ. 언어적인 의사소통은 화자와 청자 간의 즉각적인 대응이 가능하므로 유연성이 있다는 장점이 있다.

ㄹ. 언어적인 의사소통은 경청능력과 의사표현능력을 요구한다는 특징이 있다.

ㄱ, ㄷ, ㅁ. 문서적인 의사소통에 대한 설명이다.

15 의사표현능력 정답 ③

확실한 의사표현을 위해서 반복적으로 전달해야 하므로 적절하지 않은 내용이다.

16 의사표현능력 정답 ①

<보기>의 이 기법은 과한 요구를 해야 할 때 작은 요구를 먼저 말해서 상대가 부탁에 응하게 한 뒤 점차 도움의 내용을 늘려가는 '문 안에 한 발 들여놓기 기법'이다.

② 처음에 무리한 요구를 해서 거절을 당한 후 비교적 간단한 요구를 말해 상대가 거절하기 힘든 상황을 만드는 기법이다.
③ 익숙하지 않은 사물을 여러 번 보여 줄수록 사람들이 그 사물에 대해 좋은 평가를 한다는 것을 이용하는 기법이다.
④ 뛰어난 성취를 이뤄낸 사람이 저지른 약간의 실수가 오히려 그를 진정성 있고 믿을 만한 사람으로 생각하게 만든다는 것을 이용하는 기법이다.
⑤ 이름이 알려진 스타의 매력으로 형성된 후광으로 그가 말하는 것은 모두 옳다고 믿는 것을 이용하는 기법이다.

17 문서이해능력 정답 ②

보도자료의 개요에서 "환경부는 전국 지자체를 대상으로 2023년도 환경교육도시를 공모한 결과, 부산광역시·제주특별자치도 등 광역지자체 2곳과 수원시·시흥시·광명시·창원시·통영시 등 기초지자체 5곳으로 총 7곳을 선정했다고 26일 밝혔다."라는 것과 3문단 "올해 7곳을 추가 선정으로, 인천광역시 등 지난해 환경교육도시 6곳을 포함해 총 13곳으로 늘어났다."는 것으로 미루어보아 7곳을 추가지정한 것을 알 수 있다.

① 1문단에서 환경교육도시 공모는 총 17곳이 신청했다는 것을 알 수 있어 17곳으로 지정된 것은 아님을 알 수 있다.
③ 2문단에서 환경교육도시 공모 선정의 기준을 이야기하고 있지만 전체의 내용을 담는 제목이 될 수 없다.
④ 3문단에 지난해 환경교육도시 6곳이 있다고 했으므로 6곳으로 늘어났다는 내용은 잘못되었다.
⑤ 환경교육도시로 선정되지 못한 지자체의 내용은 나와 있지 않다.

18 문서이해능력 정답 ②

보도자료의 주요 내용은 산업통상자원부가 2023년도를 대상으로 국내 청정수소 생산 인프라를 확대하기 위해 수전해와 탄소 포집 기술을 활용한 수소생산기지 구축사업을 공고한 것으로, 주제로 가장 적절한 것은 ②가 될 수 있다.

① 주제의 일부만을 포함하고 있어 전체 내용을 포괄하지 못하므로 주제가 될 수 없다.
③ 보도자료의 일부 내용만을 강조하고 있어 전체적인 내용을 반영하지 못하므로 주제가 될 수 없다.
④ 지문 내용의 특정 부분에 초점을 맞춘 것으로 전체 내용을 포괄하지 않으므로 주제가 될 수 없다.
⑤ 지문에서 직접적으로 언급되지 않은 경제적 효과에 대한 내용을 주제로 제시하므로 적절하지 않다.

19 문서이해능력 정답 ③

지문에서는 신혼부부 특별공급의 비율이 확대되었다고 언급하고 있으므로 이 내용은 지문과 일치하지 않는다.

① 지문에서는 주택청약 제도 개편으로 무주택 기간의 가중치 증가와 다자녀 가구에 대한 혜택 강화가 이루어졌다고 언급하고 있으므로 이 내용은 지문과 일치한다.
② 지문에서는 개편 이후 부부가 각각 청약 신청이 가능하게 되어 주택 구입 기회가 증가했다고 설명하고 있으므로 이 내용은 지문과 일치한다.
④ 지문에서 다자녀 특별공급 기준이 3자녀에서 2자녀로 완화되었다고 명시하고 있으므로 이 내용은 지문과 일치한다.
⑤ 지문에서는 주택청약 제도의 변화가 주택 시장의 수급 균형을 조정할 수 있다고 설명하고 있으므로 이 내용은 지문과 일치한다.

20 문서이해능력 정답 ④

이번 기본계획의 목표 연도는 2040년이 아닌 2034년까지를 대상으로 하며, 수소 경제 활성화 역시 2040년을 목표로 한 별도의 계획이 아닌, 제5차 신재생에너지 기본계획 내에서 수소를 신재생에너지의 보완 수단으로 활용하는 방향을 제시하고 있으므로 옳지 않은 설명이다.

21 문서이해능력 정답 ③

C는 직장 내 괴롭힘의 "업무상 적정 범위"에 대한 요건을 잘못 이해하고 있다. C는 행위가 "사회 통념상 용납하기 어려운 수준이라도 업무상 필요성이 인정된다면 적정 범위를 넘지 않으므로 직장 내 괴롭힘으로 볼 수 없다"고 해석하고 있다. 이는 직장 내 괴롭힘 판단 기준을 오해한 것으로, 실제 법적 판단 기준과 차이가 있다. 직장 내 괴롭힘의 '업무상 적정 범위' 요건에 대한 올바른 이해는 다음과 같다.

- 사회 통념에 반하는 행위 여부 판단: 직장 내 괴롭힘의 요건 중 하나로 "업무상 적정 범위를 넘어선 행위여야 한다"는 것이 있다. 즉, 문제시되는 행위가 업무상 필요성이 인정되지 않거나, 필요성이 있더라도 사회 통념상 과도하거나 부적절한 경우에 직장 내 괴롭힘으로 인정될 수 있다.
- 업무상 필요성과 행위의 양상: 행위가 아무리 업무상 필요성을 갖춘 것으로 보이더라도 그 행위 양상이 과도하거나 폭언·폭행 등 부적절한 형태를 띤다면 이는 사회 통념상 용납되기 어려운 것으로 간주되어 "적정 범위를 넘는 행위"에 해당할 수 있다. 예를 들어, 과도한 폭언이나 물리적 폭력은 업무상 필요와 무관하게 괴롭힘으로 인정될 여지가 크다.
- C의 해석 오류: C의 해석은 업무상 필요성만 인정되면 사회 통념상 부적절한 행위도 허용된다는 오해에서 비롯된다. 그러나 실제로는 업무상 필요성이 있더라도, 그 행위의 방식이 사회 통념에 비추어 적정하지 않다면 직장 내 괴롭힘으로 인정될 수 있다. 즉, 직장 내 괴롭힘으로 인정되려면 업무 필요성이 아닌 행위의 양태와 그 적절성도 함께 판단해야 한다.

따라서 C의 답변은 "업무상 필요성"이 있다고 하더라도, 행위의 사회적 적절성 여부 역시 중요한 판단 요소임을 놓친 오류라 할 수 있다.

22 문서이해능력 정답 ①

'우리동네살리기' 사업은 도시재생 뉴딜사업 유형 중 하나로, 소규모 주거지역을 대상으로 주민들의 정주 여건 개선과 공동체 회복을 주된 목표로 삼고 있으며, 노후 주거지의 생활여건 개선과 마을 공동체 활성화를 핵심으로 한다. <보기>에 제시된 프로젝트는 1970년대 지어진 노후 주택이 밀집해 있고 젊은 층의 인구 유출로 고령화가 심각한 지역의 문제를 해결하기 위해 마을 단위의 소규모 정비사업을 실시했음을 알 수 있다. 노후 주택 개보수 지원, 마을 작은 도서관 설치, 노인복지센터 리모델링 등을 통해 주거환경과 생활편의시설을 개선했으며, 마을회관과 주민 운영 텃밭 조성을 통해 주민 커뮤니티 활성화를 도모했다. 이처럼 소규모 주거지역에서 주거환경 개선과 생활편의시설 확충, 주민 공동체 회복이라는 성과를 이룬 점은 우리동네살리기 사업의 특징과 일치한다.
따라서 <보기>에 제시된 프로젝트는 도시 재생 사업의 유형 중 '우리동네살리기'에 해당한다.

23 문서이해능력 정답 ③

규제샌드박스는 한시적으로 규제를 면제하거나 유예해 주는 제도이며, 영구적으로 면제해 주는 것이 아님을 보도자료에서 명시하고 있으므로 보도자료와 일치하지 않는다.

① 보도자료에서 규제샌드박스 운영 개선방안은 신기술과 신산업의 발전을 촉진하기 위한 목적으로 마련되었다고 언급하고 있으므로 보도자료와 일치한다.
② 중립적 조정기구가 규제개혁위원회 산하에 설치되어 이견 조정과 심의 기간 지연을 방지한다는 내용은 보도자료와 일치한다.
④ 성과 평가 시스템이 반기별로 성과를 점검하여 우수 사례와 미흡 사례를 선정한다고 보도자료에서 설명하고 있으므로 보도자료와 일치한다.
⑤ 정부가 자율적인 안전기준 수립을 허용하여 실증 중 발생할 수 있는 문제를 해결하려는 계획을 보도자료에서 언급하고 있으므로 보도자료와 일치한다.

24 문서이해능력 정답 ④

지문에서는 KHNP가 2031년까지 소형 모듈 원자로(SMR) 개발을 완료할 계획이라고 명시하고 있으므로 지문과 일치하지 않는다.

① 지문에서는 KHNP가 체코 정부로부터 약 24조 원 규모의 두코바니 원전 두 기 건설 프로젝트를 수주했다는 내용이 나오므로 지문과 일치한다.
② 지문에는 KHNP가 2028년까지 원자력 기반 수소 생산을 목표로 하고 있다는 내용이 명확히 언급되어 있으므로 지문과 일치한다.
③ 지문에서는 사울(Saeul) 원전 4호기가 2024년에 완공될 예정이라고 명시하고 있으므로 지문과 일치한다.
⑤ 지문에서 KHNP는 원전 운영에 있어 환경과 안전을 최우선으로 고려하며 방사성 폐기물 관리와 자연재해 대비 안전 시스템 개선 등 최첨단 기술을 적용하고 있다고 언급하고 있으므로 지문과 일치한다.

25 문서이해능력 정답 ①

2021년에 대한 콘서트 이야기는 언급되지 않았으므로 안내문에는 없는 내용이다.

26 문서이해능력 정답 ②

조건부 운전면허 발급 개정법을 살펴보면 상습적인 음주운전을 방지하기 위한 조치로 2023년 10월 25일부터 음주운전 방지장치 부착이 필수화된다고 이야기하였으므로 선택 사항이 될 수 없다.

27 문서이해능력 정답 ②

기초생활보장제도의 수급자로 선정되려면 소득인정액 기준과 부양의무자 기준 모두를 충족해야 한다고 하였으므로 적절하지 않다.

① 본문에서 지난 40여 년간의 시혜적 단순보호차원의 생활보호제도로부터 저소득층에 대한 국가책임을 강화하는 종합적 빈곤대책으로 전환되었다고 하였다.
③ 생계급여 선정기준은 기준 중위소득의 30% 이하가 되어야 하므로 3,683,150원의 30%라면 1,104,945원 이하면 된다.
④ 수급자로 선정되려면 소득인정액 기준과 부양의무자 기준을 둘 다 충족해야 하는데, 기준 중위소득의 30% 이하로 생계급여 선정기준에 포함되고, 부양의무자가 없어 부양의무자 기준을 충족하므로 적절하다.
⑤ 부양의무자 기준에 포함되는 내용이다.

28 문서이해능력 정답 ②

'4. 보증대상자금'에 따르면 내집마련디딤돌대출의 경우 전용면적 85m² 이하(수도권을 제외한 읍, 면 지역은 100m² 이하)이고, 주택가격 3억 원 이하의 주택을 구입하는 데 소요된 자금을 말하므로 수도권은 전용면적 85m² 이하의 주택을 구입해야 한다.

29 문서이해능력 정답 ③

KA704 이륙 실패 사고 분석 보고서에서 이륙 스케줄이 촉박하고 조종사의 피로 누적이 사고의 원인임을 알 수 있으며 파일럿과의 인터뷰에서 조종사가 부족하다고 해서 외국인 조종사를 채용하는 것은 도움이 되지 않는다고 하였으므로 적절하지 않다.

① 항공법 시행규칙에서 비행시간이 19~20시간일 경우 24시간 이상의 휴식시간이 보장되어야 한다.
② 항공법 시행규칙에서 국제민간항공기구에서는 조종사 인력 부족 현상에 맞추어 권고 규정을 만 65세부터 만 67세까지 개정하였다.
④ 항공법 시행규칙에서 항공법은 국제민간항공기구에서 채택한 표준과 방식을 따르는 것임을 밝히고 있다.

30 문서이해능력 정답 ②

보고서의 '국제적인 수소시장 활성화' 부분에서 주요 국가별 수소 연구개발 예산 변화를 확인할 수 있다. 이 그래프에 따르면, 한국은 2022년에 수소 연구개발 예산으로 130백만 달러를 지출하였다. 그러나 ②에서는 한국이 2022년에 150백만 달러를 지출하였다고 제시되어 있어, 이 정보는 보고서의 내용과 일치하지 않는다.

[31-32]

31 문서이해능력 정답 ④

제2조 ②에 의해 임대인과 임차인은 「입주 및 퇴거 시 세대점검표」에 이상 유무를 체크한 후 각각 날인하여 임차인이 퇴거할 때까지 보관해야 하고 임차인 퇴거 시 동일 점검표를 활용하여 시설물 상태의 변동 및 임차인의 과실 유무 등을 체크해야 함을 알 수 있다.
따라서 입주 및 퇴거 시 세대점검표를 임대인과 임차인은 각 1부씩 가지고 있어야 하므로 총 4부가 필요한 것은 아니다.

① 이 글은 ○○의 임대주택에 대한 임대사업자와 임차인의 수선비 부담 및 시설물 원상복구에 관한 기준에 해당되므로 개인 간 임대차 계약이 이루어지는 경우에 적용되는 것은 아님을 알 수 있다.
② 제2조 ①에서 임대인은 임대차 계약 전에 세부 계약내용을 임차인에게 충분히 설명하고, 확인서에 임차인의 서명을 받아야 함을 알 수 있으므로 적절하다.
③ 제2조 ①과 ②에서 계약 전 임대인은 임차인에게 세부 계약내용을 설명했다는 사실을 서명으로 확인받아야 하고, 입주 시 「입주 및 퇴거 시 세대점검표」를 작성해서 각각 한 부씩 가지고 있어야 하므로 계약 전후로 의사소통이 이루어져야 함을 알 수 있다.
⑤ 제3조 ②에서 임차인은 시설물의 2차 피해가 수반되는 누수 등의 결함 발생(발견) 즉시 임대인에게 점검 및 보수를 요구하여 피해가 확산되지 않도록 조치하여야 한다는 것을 알 수 있고, ④에서 임차인이 이에 해당하는 의무를 소홀히 하여 발생한 추가적인 보수사항에 대하여는 임차인이 비용을 부담한다는 것을 확인할 수 있으므로 적절하다.

32 경청능력 정답 ②

갑의 마지막 말에서 임차기간동안 발생하는 모든 결함을 결국 임차인이 책임져야 하는 것으로 이해했음을 알 수 있다. 이는 시설물의 2차 피해가 수반되는 결함이 발생했을 때 이를 즉시 임대인에게 알리지 않았다는 조건을 간과한 것이므로 상대방의 메시지를 온전하게 받아들이지 않는 과정에서 발생하는 '걸러내기'에 해당한다.

① 짐작하기: 상대방의 말을 듣고 받아들이기보다 자신의 생각에 맞는 단서들을 찾아 자신의 생각을 확인하는 것
③ 판단하기: 상대방에 대한 부정적인 선입견 때문에, 또는 상대방을 비판하기 위해 상대방의 말을 듣지 않는 것
④ 언쟁하기: 상대의 설명을 무시하고 자신의 생각만 늘어놓거나 지나치게 논쟁적인 태도를 취하는 것
⑤ 슬쩍 넘어가기: 문제점이나 상대방의 부정적 감정을 회피하기 위해 유머를 사용하거나 초점을 비껴가는 것

[33-34]

33 문서이해능력 정답 ⑤

제시문에서는 고대인에게 있어서의 놀이, 자본주의 사회에서의 놀이, 디지털 혁명 이후 인터넷 시대의 놀이의 특징을 시대 변화에 따라 분석하고 있으므로 ⑤가 적절하다.

① 제시문에서는 '놀이'라는 하나의 중심 화제에 대해 서술하고 있으며, 장단점에 대한 언급도 없으므로 적절하지 않다.
② 시대에 따른 놀이의 특징에 대한 필자의 관점을 확인할 수는 있으나, 다른 관점과의 비교가 제시된 것은 아니므로 적절하지 않다.
③ 제시문에서는 경험적 사례가 제시되어 있지 않을뿐더러 개념의 타당성에 관한 내용도 확인할 수 없으므로 적절하지 않다.
④ 제시문에서는 특정 이론이나 이론의 통합, 새로운 이론의 도출을 확인할 수 없으므로 적절하지 않다.

34 의사표현능력 정답 ②

효과적인 의사표현을 위해서는 듣는 이가 자신의 메시지를 어떻게 받아들였는지 피드백을 받는 것이 필요하므로 ②가 적절하다.

① 전달하고 싶은 의도, 생각, 감정이 무엇인지 분명히 인식해야 하므로 생각과 의견을 즉흥적으로 제시하는 것은 적절하지 않다.
③ 확실한 의사표현을 위해서는 반복적으로 전달해야 하므로 한 번만 얘기하는 것은 적절하지 않다.
④ 발표상황에서는 표정, 몸짓 등의 비언어적 표현을 잘 활용해야 하므로 몸을 움직이지 않는 것은 적절하지 않다.

⑤ 발표상황에서는 청중을 고려하여 적절한 발표 속도를 유지해야 하므로 가능한 한 발표 속도를 높이는 것은 적절하지 않다.

35 문서이해능력 정답 ③

신용정보회사등이 개인신용정보를 수집하는 때에는 해당 신용정보주체의 동의를 받아야 한다. 다만, 다음 각호의 어느 하나에 해당하는 경우에는 그러하지 아니하다. "법령에 따라 공시(公示)되거나 공개된 정보, 출판물이나 방송매체 또는 「공공기관의 정보공개에 관한 법률」 제2조 제3호에 따른 공공기관의 인터넷 홈페이지 등의 매체를 통하여 공시 또는 공개된 정보, 신용정보주체가 스스로 사회관계망서비스 등에 직접 또는 제3자를 통하여 공개한 정보. 이 경우 대통령령으로 정하는 바에 따라 해당 신용정보주체의 동의가 있었다고 객관적으로 인정되는 범위 내로 한정한다."라고 규정하고 있다.

36 문서작성능력 정답 ②

어떤 불확실한 사실의 실현 가능성에 대한 의문을 나타내는 어미는 '-ㄹ는지'이므로 적절하다.

① 의외의 뜻을 나타내는 단어인 '웬일'이 적절하다.
③ 부사 뒤에 부사형 접미사는 '-이'가 붙으므로 '곰곰이'가 적절하다.
④ '되었다'의 준말에 해당하므로 '됐다'가 적절하다.
⑤ 의견이나 일의 성질, 형편, 상태 따위가 어떻게 되어 있든을 의미하는 단어인 '하여튼'이 적절하다.

37 문서작성능력 정답 ④

'연구하도록'에서 어간의 끝음절 '하' 앞에 울림소리 'ㅜ'가 있으면 '하'의 'ㅏ'가 줄고 'ㅎ'이 다음 음절의 첫소리 'ㄷ'과 어울려 거센소리 'ㅌ'이 된다.
따라서 '연구토록'이 적절하다.

① '하마터면'과 같은 부사는 소리대로 적어야 하므로 '하마터면'이 적절하다.
② '생각하건대'에서 어간의 끝음절 '하' 앞에 안울림소리인 'ㄱ'이 있으면 '하'는 탈락되어 아주 줄며, 아주 줄 적에는 준 대로 적어야 하므로 '생각건대'가 적절하다.
③ '앞 문장의 내용이나 흐름과 상관없이 화제를 바꾸거나 본래의 화제로 돌아갈 때 이어 주는 말'의 의미는 '아무튼'이 적절하다.
⑤ '시험 삼아'라는 의미의 부사는 '한번'이므로 붙여 써야 한다. '한 번'은 1회라는 의미에서 횟수를 나타낸다.

38 문서작성능력 정답 ③

'반드시'는 틀림없이, 꼭이라는 의미의 부사로 긍정문에서 사용되어야 한다.
따라서 ③은 부사어와 서술어의 호응이 적절하게 이루어진 문장이다.

① '멀리서 온'이 친구들을 수식하는지, 친구들과 형제들을 모두 수식하는지 중의적으로 해석되므로 적절하지 않다.
② '여건(與件)'은 '주어진 조건'이라는 뜻이므로 '주어진 여건'은 '줄 여(與)'와 '주어진'이 중복 사용된 부적절한 표현이다.
④ '결정되어지다'는 이미 피동의 뜻을 더하는 접미사 '되다'가 결합한 표현에 피동의 의미를 가지는 '-어지다'를 추가로 붙인 이중 피동이므로 '결정되어야'가 적절하다.
⑤ 비교 대상이 나와 축구인지 아니면 내가 좋아하는 정도와 아버지가 좋아하는 정도인지 명확하지 않으므로 적절하지 않다.

39 문서작성능력 정답 ①

동일한 대상에 대해 그것의 명칭이 다를 수 있다는 것은 대상과 언어표현 사이의 필연성이 없다는 측면에서 '언어의 자의성'에 대한 예로 볼 수 있다.

② 언어는 서로 다른 개별적이고 구체적인 특징들 중에서 공통점을 추출해서 개념화한다는 측면에서 '언어의 추상성'에 관한 예문이다.
③ 언어를 통해 연속적으로 이어진 외부세계를 불연속적인 것으로 표현한다는 측면에서 '언어의 분절성'에 관한 예문이다.
④ 언어는 사회적 약속이라는 측면에서 '언어의 사회성'에 관한 예문이다.
⑤ 시대의 흐름에 따라 언어의 의미가 달라진다는 측면에서 '언어의 역사성'에 관한 예문이다.

40 문서작성능력 정답 ④

'막연한 의문이 있는 채로 그것을 뒤 절의 사실이나 판단과 관련시키는 데 쓰는 연결 어미'에 해당하여 붙여 써야 하므로 적절하지 않다.

① '다만 어떠하거나 어찌할 따름이라는 뜻을 나타내는 말'을 의미하는 의존 명사이므로 띄어 쓰는 것이 적절하다.
② "그것만이고 더는 없음' 또는 '오직 그렇게 하거나 그러하다는 것'을 나타내는 보조사'에 해당하므로 붙여 쓰는 것이 적절하다.
③ '어떤 일이 있었던 때로부터 지금까지의 동안을 나타내는 말'에 해당하는 의존 명사이므로 띄어 쓰는 것이 적절하다.
⑤ '막연한 의문이 있는 채로 그것을 뒤 절의 사실이나 판단과 관련시키는 데 쓰는 연결 어미'에 해당하므로 붙여 쓰는 것이 적절하다.

41 문서작성능력 정답 ④

〈보기〉는 각각 ㉠ 비음화, ㉡ 유음화, ㉢ 된소리되기, ㉣ 자음축약, ㉤ 자음군 단순화가 일어나고 있다.
④ '맏형'은 'ㄷ'과 'ㅎ'이 만나 [마텽]으로 발음되므로 자음축약이 일어난 단어이다. '숱하다'는 음절의 끝소리 규칙에 의해 [숟하다]가 된 뒤 자음축약(거센소리되기)에 의해 [수타다]로 발음된다.

① '국민'은 'ㄱ'과 'ㅁ'이 만나 [궁민]으로 발음되므로 비음화가 일어난 단어이다. 그러나 '솜이불'은 ㄴ첨가가 일어나 [솜니불]로 발음된다. 비음화가 일어난 단어가 아니다.
② '설날'은 'ㄹ'과 'ㄴ'이 만나 [설랄]로 발음되므로 유음화가 일어난 단어이다. '목걸이'는 [목거리]로 발음된다. 이는 연음(음운의 이동)된 것이다.

③ '같이'는 구개음화에 의해 [가치]로 발음된다. '값싸다'는 [갑싸다]로 발음되는데 음절의 끝소리 규칙만 적용되었다.
⑤ '묶다'는 [묵따]로 발음되는데 이는 음절의 끝소리 규칙이 적용되고 된소리되기가 일어난 것이다. 자음군 단순화가 일어나지 않았다. '넓죽하다'는 [넙쭈카다]로 발음되는데 자음군 단순화, 자음축약(거센소리되기), 된소리되기가 일어난 것이다.

42 문서작성능력

정답 ③

'손이 크다'는 '씀씀이가 후하고 크다. 수단이 좋고 많다'라는 의미이다. 해당 문장에는 '사귀어 아는 사람이 많아 활동하는 범위가 넓다'라는 의미의 '발이 넓다'를 쓰는 것이 적절하다.

① 머리(를) 숙이다: 굴복하거나 저자세를 보이다.
② 눈(을) 돌리다: 관심을 돌리다.
④ 발(이) 묶이다: 몸을 움직일 수 없거나 활동할 수 없는 형편이 되다.
⑤ 입에 거미줄 치다: 가난하여 먹지 못하고 오랫동안 굶다.

43 문서작성능력

정답 ⑤

'전인미답(全人未踏)'은 '이제까지의 세상 사람이 누구도 아직 가 보지 못하거나 해 보지 못함'이라는 의미로 <보기>의 밑줄 친 부분에 가장 적절한 한자성어이다.

① 사필귀정(事必歸正): 무슨 일이든 결국 옳은 이치대로 돌아감
② 유일무이(唯一無二): 오직 하나뿐이고 둘도 없음
③ 진퇴유곡(進退維谷): 앞으로도 뒤로도 나아가거나 물러서지 못함
④ 절차탁마(切磋琢磨): 옥돌을 자르고 줄로 쓸고 끌로 쪼고 갈아 빛을 낸다는 뜻으로, 학문이나 인격을 갈고닦음

44 문서작성능력

정답 ①

'이용'은 '대상을 필요에 따라 이롭게 쓰다'의 뜻이고, '사용'은 '일정한 목적과 기능에 맞게 쓰다'의 뜻이다. '자가용 이용'과 '지하철 이용'은 여러 교통수단 중에서 이롭고 유리한 쪽을 선택하는 행위를 의미하므로 '이용'을 써야 하지만, ㉠은 맥락상 이어폰의 본래 기능을 쓴다는 의미이므로 '사용'을 써야 한다.

45 문서작성능력

정답 ③

'맞추다'는 '1. 가지런히 하여 어긋남이 없게 하다. 2. 정해진 기준과 일치하게 하다. 3. 보조를 같이하다'의 의미를 가진 단어이며, '옳게 답을 하다'라는 의미를 가진 '맞히다'의 비표준어이다.

① '거치다'는 '스쳐지나거나 잠깐 들르다'의 의미이며, '걷히다'는 '(어떤 사람이나 단체가 다른 사람이나 단체에게서 돈이나 물품을) 달라고 해서 모으다'의 의미인 '걷다'의 피동형이다.
② '그러므로'는 '그러니까(이유)'의 의미이며, '그럼으로'는 '그렇게 하는 것으로(수단)'의 의미이다.
④ '이따가'는 '시간이 조금 지난 뒤에'의 의미이며, '있다가'는 '떠나거나 벗어나지 아니하고 머물다'의 의미인 '있다'의 활용형이다.
⑤ '노라고'는 '자기 나름대로 꽤 노력했음을 나타내는 연결 어미'이며, '느라고'는 '목적이나 원인이 됨을 나타내는 연결 어미'이다.

고난도 PSAT형 문제

p.128

01	02	03	04	05	06				
⑤	②	②	⑤	①	⑤				

01 문서이해능력 정답 ⑤

제시문에서는 조세전가의 원리와 과정에 대해 설명하고 있다. 특히 4문단을 통해 조세가 부과되면 소비자와 생산자 양측의 실제 부담 비중이 제품의 가격 변화에 어떤 반응을 보이는가에 따라 달라진다고 하였으므로, 소비자나 생산자가 제품의 가격 변화 상황에서 각각 소비량과 생산량을 통제하는 정도에 따라 조세부담 비중이 달라진다는 것을 알 수 있다.

① 조세전가가 발생하면 수요 공급량만이 아닌 부과된 조세를 생산자와 소비자 중 어느 한쪽에서 부담하는 방식으로 새로운 가격이 형성된다.
② 소비자에게 조세가 부과되면 소비자가 담당할 조세 중 일부가 생산자에게 전가된다.
③ 조세전가는 부과된 조세액의 일부가 타인에게 전가되는 것을 의미하므로 물품세의 단위당 조세액 변화와는 무관하다.
④ 조세전가의 혜택은 소비자 또는 생산자의 부담 비중에 따라 소비자가 누릴 수도 있고 생산자가 누릴 수도 있다.

02 문서이해능력 정답 ②

2문단에서 계획적 진부화의 이유 중 하나로 중고품 시장에서 거래되는 기존 제품과의 경쟁을 피할 수 있다는 것을 들고 있다. 따라서 '계획적 진부화는 기존 제품과 동일한 중고품의 경쟁력을 높인다'는 것은 제시문의 내용과 일치하지 않는다.

① 3문단에서 소비자 입장에서는 계획적 진부화로 인해 기존 제품과 크게 다를 것 없는 신제품 구입으로 불필요한 지출과 실질적인 손실이 발생할 수 있음을 확인할 수 있으므로 '계획적 진부화로 소비자들은 불필요한 지출을 할 수 있다'는 것을 알 수 있다.
③ 2문단에서 계획적 진부화의 세 번째 이유로 소비자들의 취향이 급속히 변화하는 상황에서 소비자를 만족시킬 수 있다는 점을 들고 있으므로 '계획적 진부화는 소비자들의 요구에 대응하기 위하여 수행되기도 한다'는 것을 알 수 있다.
④ 2문단에서 계획적 진부화의 첫 번째 이유로 신제품을 출시한 뒤 인상된 가격을 매길 수 있기 때문이라는 점을 들고 있으므로 '계획적 진부화를 통해 기업은 기존 제품보다 비싼 신제품을 출시할 수 있다'는 것을 알 수 있다.
⑤ 2문단에서 제품의 노후화나 손상 등의 요인이 아닌 빠른 변화를 요구하는 소비자들의 심리적 특성에 맞춰 계획적 진부화가 이루어질 수 있음을 확인할 수 있으므로 '계획적 진부화로 인하여 제품의 실제 사용 기간은 물리적으로 사용 가능한 수명보다 짧아질 수 있다'는 것을 알 수 있다.

03 문서이해능력 정답 ②

4문단에서 통과 조건을 만족하지 못한 이론도 새로운 이론을 고안하도록 과학자를 추동하는 역할을 했기 때문에 과학적 진보에 기여한 이론임을 확인할 수 있으므로 제시문의 내용과 일치한다.

① 2문단에서 새로운 이론은 여러 현상을 통합하여 설명할 수 있는 단순한 개념 틀을 제공해야 함을 확인할 수 있을 뿐, 단순하면서 통합적인 개념 틀을 제공하는 이론이 통과 조건을 만족하는지는 알 수 없다.
③ 4문단에서 통과 조건을 만족하지 못하고 반증된 이론도 새로운 이론을 고안하도록 과학자를 추동하는 역할을 하기 때문에 과학적 진보에 기여하는 이론임을 확인할 수 있으므로 반증된 이론은 과학자들이 새로운 이론을 고안하도록 추동하는 역할을 하지 못한다는 것은 제시문의 내용과 일치하지 않는다.
④ 3문단에서 통합적 설명 조건을 만족하면서 동시에 새로운 현상의 예측 조건을 만족한 이론이 과학적 진보에 기여하게 됨을 확인할 수 있을 뿐, 새로운 현상의 예측 조건을 만족하지 못하는 이론은 통합적 설명 조건을 만족하지 못하는지는 알 수 없다.
⑤ 3문단에서 통합적 설명 조건을 만족하면서 동시에 새로운 현상의 예측 조건을 만족한 이론이 과학적 진보에 기여하게 됨을 확인할 수 있으므로 통합적 설명 조건과 새로운 현상의 예측 조건 중 하나만 만족하는 이론도 과학적 진보에 기여한다는 것은 제시문의 내용과 일치하지 않는다.

04 의사표현능력 정답 ⑤

제시문에서 경쟁 기업을 올바로 이해하기 위해서는 사전에 치밀한 계획을 세워 체계적으로 분석하는 태도가 필요하다는 것을 언급하고 있다.
따라서 이에 대한 반대 논리는 직감에 의한 판단과 즉각적인 깨달음이 될 것이므로 반론의 근거가 되기에 가장 적절하다.

①, ③ 철저한 자기분석이나 경쟁자에 대한 민감한 태도는 오히려 제시문의 논지와 맥락이 상통하므로 반론의 근거가 되기 어렵다.

[05-06]

05 문서이해능력 정답 ①

제시문에서는 중앙은행의 통화 정책이 이자율이나 통화량 조절을 통해 물가 안정과 같은 경제적 목적을 달성하는 것임을 밝히고 있다. 그러나 통화 정책의 목적을 유형별로 나누어 제시한 것은 아니다.

② 2문단에서 중앙은행이 경기 침체 국면에 들어선 후 기준 금리를 인하하는 경우를 예로 들어 중앙은행의 통화 정책이 선제적으로 이루어져야 함을 밝히고 있다.
③ 1문단에서 중앙은행이 채권을 매수하는 경우와 매도하는 경우를 통해 공개 시장 운영이 경제 전반에 영향을 미치는 과정을 인과적으로 설명하고 있다.
④ 1문단에서 통화 정책 수단인 공개 시장 운영의 의미를 밝히고 있다.
⑤ 3, 4문단에서 준칙주의와 재량주의를 통해 준칙을 지켜야 하는지에 대한 견해 차이를 제시하고 있다.

06 문서이해능력 정답 ⑤

〈보기〉의 경제학자 병은 경기를 예측하고 있었으므로 선제적으로 통화 정책을 운용해야 한다. 또한 이자율(기준금리)이 하락하면 물가 상승률이 올라가고, 이자율(기준금리)이 상승하면 물가 상승률이 떨어지므로 기준 금리와 물가 상승률이 반비례 관계임을 알 수 있다.
이에 따라 '물가 상승률이 매 분기 2%를 유지'하려면 1, 2분기에서 미리 기준 금리를 인하해야 '정책 외부 시차'가 발생하면서 2, 3분기에 3%로 제시된 물가 상승률을 낮출 수 있다. 이때 2, 3분기의 물가상승률을 1%p 떨어뜨려서 2%로 유지하기 위해서는 기준 금리가 1.5%p 올라야 가능하다.
따라서 중앙은행이 기준 금리를 1월 1일에 5.5%로 인상하면 '정책 외부 시차'가 발생하여 2분기의 물가 상승률이 2%로 조정될 것이다. 그리고 4월 1일에도 이를 5.5%로 유지한다면 '정책 외부 시차'에 따라 3분기 물가 상승률도 2%를 유지하게 된다.

2. 수리능력

적중예상문제

p.158

01	02	03	04	05	06	07	08	09	10
③	②	②	⑤	⑤	④	③	⑤	②	⑤
11	12	13	14	15	16	17	18	19	20
②	①	④	③	②	③	③	④	③	③
21	22	23	24	25	26	27	28	29	30
④	③	④	③	③	①	②	④	③	③
31	32	33	34	35	36	37	38	39	40
④	②	⑤	②	②	④	①	②	②	②

01 기초연산능력 정답 ③

11% 소금물의 양을 X라 하고, 7% 소금물의 양을 Y라 하여 방정식을 세워보면 소금물의 양은 X+Y=500, 소금의 양은 $\frac{11}{100}$X+$\frac{7}{100}$Y=$\frac{10}{100}$×500이 되어, Y=125가 된다.
따라서 사용한 7% 소금물의 양은 125g이다.

02 기초연산능력 정답 ②

소금물의 농도=$\frac{소금의\ 양}{소금물의\ 양}$×100임을 적용하여 구한다.
소금을 넣으면 소금물의 양도 증가한다. 추가로 넣어야 하는 소금의 양을 x라고 하면
$\frac{x}{14+x}\times100=30\% \rightarrow x=6$
이에 따라 수영장 물의 염도를 30%로 맞추려면 총 6톤의 소금을 넣어야 하나 이미 1톤의 소금을 넣었으므로 5톤만 추가로 넣으면 된다.
따라서 추가로 넣어야 하는 소금의 양은 5톤이다.

03 기초연산능력 정답 ②

C 비커에 담겨 있는 소금물의 양을 xg이라고 하면, 세 비커에 담겨 있는 소금물 양의 합은 180+80+x=400이므로, C 비커에 담겨 있는 소금물의 양은 140g이 된다.
C 비커의 소금물에 들어 있는 소금의 양을 yg이라고 하고, A, B, C 비커의 소금물에 들어 있는 소금의 합을 나타내면
$0.05\times180+0.125\times80+y=0.10\times400 \rightarrow 9+10+y=40$
$\rightarrow y=21$
따라서 C 비커에 담겨 있던 소금물의 농도는 $\frac{21}{140}\times100=15\%$이다.

04 기초연산능력 정답 ⑤

1호차가 행사장까지 이동하는 데 걸린 시간을 x시간이라고 할 때 2호차가 회사에서 행사장까지 이동하는 데 걸린 시간은 $x+\frac{1}{3}$(시간)이다.
1호차와 2호차가 이동한 거리는 동일하므로 $70x=60(x+\frac{1}{3})$이고, $x=2$(시간)이다.
따라서 행사장까지의 거리는 70×2=140km이다.

05 기초연산능력 정답 ⑤

A는 출발하여 30분을 달리고 10분을 휴식했으며 가는 데 걸린 시간이 총 43분이므로, 휴식 후에 달린 1km의 구간은 3분 동안 달린 것이다.
이때의 속력은 $\frac{1km}{3분}=\frac{20km}{60분}$=20km/h이다.
따라서 휴식 이후 달린 속도인 20km/h의 속력으로 전체 9km를 돌아온다면 시간은 $\frac{9}{20}$h이므로 27분이다.

06 기초연산능력 정답 ④

본사에서 대전의 출장지까지의 거리가 180km이므로 왕복하면 총 360km이다. 지난달의 왕복 평균 연비가 15km/L였다면 360÷15=24L를 사용했으며, 당시 휘발유 시세를 적용하면 24×1,500=36,000원이 소요되었다.
이번 달 출장 시 왕복 평균 연비가 12km/L라면 360÷12=30L를 사용했으며, 이번 달 출장일의 휘발유 시세를 적용하면 30×1,600=48,000원이 소요되었다.
따라서 지난달 출장에 비해 추가로 사용한 유류비는 총 12,000원이다.

07 기초연산능력 정답 ③

A는 전반부 1,500m를 달리는 동안 평균 15km/h의 속력으로 달렸다.
15km/h는 15,000m/60min이고, 이는 250m/min이므로, A가 전반부 1,500m를 달리는 데 총 6분이 소요되었다. 전체 3,000m를 달리는 데 걸린 시간이 12분 40초이므로, 후반부 1,500m를 달리는 데 소요된 시간은 6분 40초이고, 이때 속력은 1,500m/400s =225m/min=13.5km/h이다.

08 기초연산능력 정답 ⑤

서울에서 출발한 KTX 열차가 천안아산역까지 이동하는 데 걸린 시간$\left(=\frac{\text{거리}}{\text{속력}}\right)$은 $\frac{96}{160}$h이므로 약분하여 $\frac{3}{5}$h이다. 대전에서 출발한 새마을호 열차가 천안아산역까지 이동한 거리는 159.8−96=63.8km이고, 시간은 KTX 열차와 동일하게 $\frac{3}{5}$h가 걸린 것이므로 새마을호 열차의 평균 속력$\left(=\frac{\text{거리}}{\text{시간}}\right)$은 $63.8\times\frac{5}{3}\fallingdotseq 106$km/h이다.

09 기초연산능력 정답 ②

작업 A의 총 일의 양은 10과 15의 공배수 30으로 가정하고, 작업 B의 총 일의 양은 15와 24의 공배수 120으로 가정한다.
작업량 30으로 가정한 A를 갑과 을 둘이 함께 하면 10일이 걸리므로 둘이 함께 1일에 하는 일의 양은 3이고, 갑이 혼자 하면 15일이 걸리므로 갑이 1일에 하는 일의 양은 2이다. 따라서 작업 A를 을이 1일에 하는 일의 양은 1이 되며, 혼자서 끝내려면 30÷1=30일이 걸린다.
작업량 120으로 가정한 B는 갑과 을 둘이 함께하면 15일이 걸리므로 둘이 함께 1일에 하는 일의 양은 8이고, 을이 혼자 하면 24일이 걸리므로 을이 1일에 하는 일의 양은 5이다. 이에 따라 작업 B를 갑이 1일에 하는 일의 양은 3이 되며, 혼자서 끝내려면 120÷3=40일이 걸린다.
따라서 먼저 끝나는 사람과 나중에 끝나는 사람이 걸린 시간 차이는 40−30=10일이다.

10 기초연산능력 정답 ⑤

C의 1일당 일의 양을 c로 가정한다. A와 B가 같이 일을 한 일수는 4일이므로 처음 4일 동안 한 일은 $(\frac{1}{24}+\frac{1}{60})\times4=\frac{7}{30}$이다. 남은 일 $1-\frac{7}{30}=\frac{23}{30}$에 대하여 B와 C가 23일 동안 같이 하였으므로 $(\frac{1}{60}+c)\times23=\frac{23}{30}$이고, $c=\frac{1}{60}$이다.
따라서 C가 단독으로 하였을 때 걸리는 시간은 60일이다.

11 기초연산능력 정답 ②

A 마개만 열어 물을 모두 빼는 데 6시간이 걸리면, 1시간 동안 A 마개만 열어 물을 빼는 양은 전체의 $\frac{1}{6}$이 된다.
B 마개만 열어 물을 모두 빼는 데 x시간이 걸린다고 하면, 1시간 동안 전체의 $\frac{1}{x}$만큼 물을 뺄 수 있으며, A 마개와 B 마개를 동시에 열어 물을 뺀다면
$\left(\frac{1}{6}+\frac{1}{x}\right)\times2.4=1\rightarrow x=4$
이에 따라 B 마개만 열어 물을 모두 빼는 데 4시간이 걸린다.
또한 C 마개만 열어 물을 모두 빼는 데 y시간이 걸린다고 하면, 1시간 동안 전체의 $\frac{1}{y}$만큼 물을 뺄 수 있으며, A, B, C 마개를 동시에 열어 물을 뺀다면
$\left(\frac{1}{6}+\frac{1}{4}+\frac{1}{y}\right)\times2=1\rightarrow y=12$
따라서 C 마개만 열어 물을 모두 빼는 데 걸리는 시간은 12시간이다.

12 기초연산능력 정답 ①

연립방정식으로 문제를 풀 수 있다.
찬희가 1시간 동안 만든 초콜릿의 개수를 x, 수영이가 1시간 동안 만든 초콜릿의 개수를 y라고 하면 구하고자 하는 답은 $x+y$가 된다.
첫째 날에 만든 초콜릿의 개수는 $8x=9y+11$이고,
둘째 날에 만든 초콜릿의 개수는 $2x+4y=34$이다.
이 두 식을 연립하면 $x=7$, $y=5$가 되므로 $x+y=12$가 된다.
따라서 찬희와 수영이가 1시간 동안 만들어 내는 초콜릿은 총 12개이다.

13 기초연산능력 정답 ④

두부의 구매 수량을 a라 하고, 사과의 구매 수량을 b라 했을 때, 총 구매 수량은 16개이므로 할인을 고려하지 않고 방정식을 세워보면 아래와 같다.
a+b=16
3,500a+1,500b=28,400
이 경우 연립방정식의 해가 정수가 나오지 않으므로 할인한 경우를 가정하여 다시 방정식을 세워보면 아래와 같다.
a+b=16
3,500a+1,500×0.8×b=3,500a+1,200b=28,400
→ b=12
따라서 A가 구입한 사과의 개수는 12개이다.

14 기초연산능력 정답 ③

커피 한 잔을 3천 원에 판매할 때의 원가를 x라고 하면, 지난달 이익은 $3{,}000-x$이다.
현재의 이익은 $3{,}800-(x+300)$이며, 지난달 이익에서 25%가 올랐으므로
$(3{,}000-x)\times\frac{100+25}{100}=3{,}800-(x+300)\rightarrow x=1{,}000$
따라서 현재 커피 한 잔의 원가는 1,000원에 300원을 더한 1,300원이다.

15 기초연산능력 정답 ②

A 상품 투자금액을 a, B 상품 투자금액을 b라고 하면
a+b=40
0.45a−0.15b=12
→ a=30, b=10
따라서 갑이 B 상품에 투자한 금액은 10억 원이다.

16 기초연산능력 정답 ③

합격 기준 점수를 x로 두면, 전체 응시자 평균 점수는 $x-4$, 불합격자의 평균 점수는 $\frac{x}{2}$, 합격자들의 평균 점수는 $x+5$이다.
합격자 80명, 불합격자 20명이므로 $80(x+5)+20\times\frac{x}{2}=100(x-4)$이다.
따라서 $x=80$이다.

17 기초연산능력 정답 ③

합격한 인원을 a명이라고 할 때 불합격 인원은 응시 인원 6,000×0.8=4,800명 중에 a명을 제외한 (4,800−a)명이다.
응시생 전체 점수 합=합격자 점수 합+불합격자 점수 합이므로
55×4,800=63a+48(4,800−a)이다.
따라서 a=2,240이고, 불합격 인원은 4,800−2,240=2,560명이므로 불합격 인원은 합격 인원보다 2,560−2,240=320명 많다.

18 기초연산능력 정답 ④

식당에 있는 탁자의 개수를 x라고 하면
7명씩 앉았을 때 탁자 1개만 3명이 앉고 탁자 2개가 비었으므로 7명씩 앉은 탁자의 개수는 $x-3$이다.
5명씩 앉았을 때 28명의 학생이 앉을 좌석이 모자랐으므로
$7(x-3)+3=5x+28 \rightarrow x=23$
따라서 이 학교의 전교생은 5×23+28=143명이다.

19 기초연산능력 정답 ③

사탕의 개수를 x개라고 하면
32명에게 3개씩 최대한 똑같이 나누어준 뒤 일부가 남았으므로 사탕 개수로 가능한 것은
$32\times3 < x < 32\times4$
$96 < x < 128$
또한, B도 같은 개수의 사탕 x개를 1개 먹고 난 뒤 25명에게 5개씩 최대한 똑같이 나누어주고 몇 개 남았으므로 사탕 개수로 가능한 것은
$25\times5 < x-1 < 25\times6$
$126 < x < 151$
따라서 두 부등식에 모두 해당하는 정수는 127뿐이므로 B의 사탕의 총 개수는 127개이다.

20 기초연산능력 정답 ③

의자의 수를 x, 임직원의 수를 y라고 하면
한 의자에 6명씩 앉으면 10명이 앉을 의자는 없으므로
$6\times x+10=y$ … ⓐ
7명씩 앉으면 의자 1개가 남으므로 의자 1개에 앉을 수 있는 인원 수인 7명만큼은 남고, 마지막 의자는 1명만 앉아 있을 수도, 2~7명이 앉아 있을 수도 있기 때문에, 임직원의 수는
$7\times(x-1)-6 \leq y \leq 7\times(x-1)$ … ⓑ
ⓐ를 ⓑ에 대입하여 정리하면
$7x-13 \leq 6x+10 \leq 7x-7 \rightarrow 17 \leq x \leq 23$
이때 y는 x값에 따라 $112 \leq y \leq 148$이 된다.
따라서 시상식에 참석한 임직원은 최대 148명이다.

더 알아보기

148명이 한 의자에 7명씩 앉으면 21개 의자에 꽉 차고, 22번째 의자에 1명이 앉으며 23번째 의자는 비어 있게 된다.

21 기초연산능력 정답 ④

현재 아이 나이를 x라 하면, 현재 부부 나이 합은 $7x$이고, 5년 전은 $7x-10=12(x-5)$가 되므로 x(아이나이)=10, $7x$(부부 나이 합)=70이 된다.
y년 후 부부 나이의 합이 아이 나이의 4배이므로 $70+2y=4(10+y) \rightarrow y=15$
따라서 지금부터 15년 후이므로 아이가 25살 때이다.

22 기초연산능력 정답 ③

처음 간식 상자에 들어있던 비스킷은 a개, 에너지바는 b개일 때
a+b=100
$\frac{a}{2}\times16+\frac{b}{4}\times40=912$
따라서 a=44, b=56이므로 에너지바는 비스킷보다 12개 더 많다.

23 기초통계능력 정답 ④

6개 자리에 각각 3자리씩 임원−직원−임원−직원−임원−직원, 또는 직원−임원−직원−임원−직원−임원 순서대로 앉아야 하므로 3!×3!×2=72가지이다.

24 기초통계능력 정답 ③

6명이 원형 테이블에 앉는 모든 경우의 수는 (6−1)!=120가지이다. 이 중 신입사원 2명이 이웃하는 경우의 수를 구하면 신입사원을 한 명으로 가정하여 배열하고, 신입사원끼리 좌우 위치가 바뀌는 경우는 가능하므로 4!×2=48가지이다.
따라서 신입사원 2명이 서로 이웃하지 않는 경우의 수는 120−48=72가지이다.

25 기초통계능력 정답 ③

연희가 허들을 넘을 확률이 $\frac{4}{5}$이므로 허들을 넘지 못할 확률은 $\frac{1}{5}$이 된다.

재영이가 허들을 넘을 확률이 $\frac{5}{6}$이므로 허들을 넘지 못할 확률은 $\frac{1}{6}$이 된다.

재영이가 더 많은 허들을 넘을 확률은 재영이가 허들 2개를 넘을 때 연희는 허들을 하나도 넘지 못하거나 1개를 넘을 확률과 재영이가 허들 1개를 넘을 때 연희는 허들을 하나도 넘지 못할 확률의 합과 같다.

- 재영이가 허들 2개를 넘을 때:

  $\frac{5}{6}\times\frac{5}{6}\times\left(\frac{1}{5}\times\frac{1}{5}+\frac{4}{5}\times\frac{1}{5}\times2\right)=\frac{1}{4}$

- 재영이가 허들 1개를 넘고 1개는 넘지 못할 때:

  $\frac{5}{6}\times\frac{1}{6}\times2\times\left(\frac{1}{5}\times\frac{1}{5}\right)=\frac{1}{90}$

  (허들 1개를 넘고 1개는 넘지 못하는 경우의 수가 2가지이므로 2를 곱해준다.)

따라서 재영이가 더 많은 허들을 넘을 확률은 $\frac{1}{4}+\frac{1}{90}=\frac{47}{180}$이다.

26 기초통계능력 정답 ①

A 사의 제품 생산량은 $\frac{2}{10}$, B 사의 제품 생산량은 $\frac{5}{10}$, C 사의 제품 생산량은 $\frac{3}{10}$이므로

A 사의 제품 불량률은 $\frac{2}{10}\times\frac{4}{100}=\frac{8}{1,000}$,

B 사의 제품 불량률은 $\frac{5}{10}\times\frac{2}{100}=\frac{10}{1,000}$,

C 사의 제품 불량률은 $\frac{3}{10}\times\frac{3}{100}=\frac{9}{1,000}$이므로 제품 전체 불량률은 $\frac{8+10+9}{1,000}=\frac{27}{1,000}$이다.

따라서 불량 부품 중 해당 부품이 C 사의 불량품일 확률은 $\frac{9}{27}=\frac{1}{3}$이다.

27 기초통계능력 정답 ②

평균, 편차, 분산, 표준편차 등의 기본적인 통계 개념을 이용하여 확인한다.

평균은 데이터의 총합을 변량의 개수로 나눈 것으로 A 팀의 평균은 $\frac{10+20+30+40+50+60+70+80+90}{9}=50$점이다. 편차는 각 데이터에서 평균을 뺀 값이고, 분산은 편차 제곱의 합의 평균값을 의미한다. 이에 따라 A 팀의 분산은

$\frac{(-40)^2+(-30)^2+(-20)^2+(-10)^2+0^2+10^2+20^2+30^2+40^2}{9}≒666.67$

이고, B 팀의 분산은

$\frac{(-4)^2+(-3)^2+(-2)^2+(-1)^2+0^2+1^2+2^2+3^2+4^2}{9}≒6.67$이다.

이때, 표준편차는 분산의 제곱근이므로 A 팀의 표준편차는 약 $\sqrt{666.67}$이고, B 팀의 표준편차는 약 $\sqrt{6.67}$로 A 팀의 표준편차가 B 팀보다 크다.

③ B 팀의 데이터는 평균값 50점에 가깝게 분포되어 있는 반면, A 팀의 데이터는 평균값과 차이가 크게 분포되어 있기 때문에 B 팀의 평균값이 A 팀보다 점수를 대표하기에 적합하다고 볼 수 있다.

④ 중앙값은 크기순으로 배열했을 때 정중앙에 위치하는 값으로 A 팀과 B 팀의 중앙값은 50점이므로 같다.

28 기초통계능력 정답 ④

시험 성적 결과를 순서대로 정리하면 다음과 같다.

점수	72	74	76	78	79	82	84	88	89	92	94
인원	1	1	2	2	2	4	1	2	1	3	1

성적 분포 중 최빈값은 4명인 82점이다. 중앙값은 전체 자료를 크기 순서대로 나열했을 때 중앙에 위치하는 값을 의미하고, 각 점수의 인원수를 고려하여 모든 점수를 순서대로 나열하게 되면 총 20명 중 72점에서 79점까지 8명, 84점에서 94점까지 8명이 존재하므로 82점 4명이 중앙 위치에 나열된다.

자료의 개수가 짝수일 때는 가운데 두 값의 평균으로 중앙값을 구하므로 중앙값은 $\frac{82+82}{2}=82$점이다.

따라서 최빈값(82점)과 중앙값(82점)의 합은 164점이다.

빠른 문제 풀이 Tip

순서 없이 나열되어 있는 수치를 정리해야 할 때는 최솟값과 최댓값을 찾아 양쪽 끝에 배치한 후 정리하는 것이 효율적이다.

29 기초통계능력 정답 ③

시험점수가 같은 학생은 A, E, F뿐이므로 학생 A의 시험점수는 9점임을 알 수 있다.

산술평균이 8.5점이므로 시험점수의 총합은 $8.5\times6=51$점이고, 학생 B, C, D의 시험점수의 합은 $51-(9\times3)=24$점임을 알 수 있다.

최댓값은 10점이므로 학생 B, C, D 중 시험점수가 10점인 학생이 있음을 알 수 있다.

나머지 〈조건〉에서 시험점수는 모두 자연수이고, 학생 D가 학생 C보다 시험점수가 4점이 높으므로 이에 따라 가능한 조합을 예상해본다. 학생 C의 시험점수가 6점이면 학생 D의 시험점수는 10점이 되고, 학생 B, C, D의 시험점수의 합은 24점이 되어야 하므로 학생 B의 시험점수는 $24-6-10=8$점이 된다.

따라서 학생 A의 시험점수는 9점, 학생 B의 시험점수는 8점, 학생 C의 시험점수는 6점이다.

빠른 문제 풀이 Tip

두 번째 〈조건〉에서 학생 A의 시험점수가 9점임을 알 수 있으므로 ①, ②가 소거된다. 다섯 번째 〈조건〉에서 학생 C와 학생 D의 시험점수 차이가 4점이므로 가능한 조합을 예상해볼 때, ③, ④, ⑤ 중 C가 6점이라고 한 선택지가 두 개이므로 6점을 먼저 대입하여 풀이 시간을 단축한다.

30 도표분석능력 정답 ③

투자 건수와 투자 금액의 연도별 증감 추이는 같지만, 투자 건수와 투자 금액의 전년 대비 변화량과 전년도 값의 비율은 같지 않으므로 옳지 않은 설명이다.

① 투자 건수가 세 번째로 많은 해는 2020년이고, 2020년의 투자 금액인 150억 달러는 2019년부터 2022년까지 투자 금액의 평균인 (100+150+350+70)/4=167.5억 달러보다 적다.
② 2019년 투자 건수의 전년 대비 감소율은 {(56−33)/56}×100≒41.1%, 2022년 투자 건수의 전년 대비 감소율은 {(51−26)/51}×100≒49.0%이므로 2019년 투자 건수의 전년 대비 감소율은 2022년보다 낮다.
④ 2022년 투자 건수의 전년 대비 감소율은 {(51−26)/51}×100≒49.0%로 50% 이하이다.
⑤ 연도별 건당 평균 투자 금액은 2018년이 680/56≒12.14억 달러, 2019년이 100/33≒3.03억 달러, 2020년이 150/38≒3.95억 달러, 2021년이 350/51≒6.86억 달러, 2022년이 70/26≒2.69억 달러이다. 연도별 건당 평균 투자 금액은 연도별 투자 건수와 같이 전년 대비 감소, 증가, 증가, 감소하는 추이를 보인다.

빠른 문제 풀이 Tip

② 2019년 투자 건수의 전년 대비 감소율은 {(56−33)/56}×100=2,300/56이고, 2022년 투자 건수의 전년 대비 감소율은 {(51−26)/51}×100=2,500/51로 2022년보다 2019년에 감소율의 분자는 작고, 분모는 크므로 감소율은 2022년보다 2019년에 더 낮다.

31 도표분석능력 정답 ④

가. 2018년에서 2022년 사이에 소비량이 감소한 유류제품 A, B, D, E의 감소량을 비교하면, A는 95,025−61,707=33,318천 BBL, B는 71,358−62,707=8,651천 BBL, D는 164,742−128,073=36,669천 BBL, E는 166,790−132,168=34,622천 BBL이다. 이에 따라 2018년 대비 2022년 소비량이 가장 많이 감소한 D가 중질유이다.
나. 제트유의 전년 대비 소비량의 증감패턴은 2019년부터 전년 대비 '감소, 증가, 감소, 증가'의 형태를 띠고 있으며, 이와 동일한 형태를 띠고 있는 B가 휘발유이다.
다. 전년 대비 소비량의 증감패턴이 '감소, 증가, 감소, 감소'의 형태를 띠고 있는 A가 등유이다.
라. 중질유인 D는 2021년을 제외한 모든 해에 유류제품 소비량에서 2위를 차지하고, 2021년에는 1위를 차지했으므로 2021년에 순위가 2위인 E가 경유이다.
마. 2021년에 소비량이 전년 대비 증가한 유류제품은 C, D, E지만 D는 중질유이고, E는 경유이므로 C가 LPG이다.
따라서 A는 등유, B는 휘발유, C는 LPG, D는 중질유, E는 경유이다.

32 도표분석능력 정답 ②

가. 2014년 공무원 직장협의회 가입자 수가 전년 대비 감소한 A, E가 지방교육청 또는 헌법기관이다.
나. 전체 공무원 직장협의회에서 기관별 공무원 직장협의회가 차지하는 비중이 매년 가장 큰 B가 중앙행정기관이다.
다. A를 제외한 나머지 기관의 2015년 공무원 직장협의회 가입자 수가 2011년 대비 모두 감소하였으며, 이 중 공무원 직장협의회 가입자 수가 1,820−183=1,637명으로 가장 많이 감소한 C가 광역자치단체이다.
라. 2015년 공무원 직장협의회 수 대비 가입자 수 비율은 A가 150/1=150, B가 7,897/108≒73, C가 183/4≒46, D가 17,042/32≒533, E가 47/3≒16으로 가장 작은 E가 지방교육청이다. 이에 따라 A가 헌법기관이다.
마. 공무원 직장협의회 수가 2012년부터 전년 대비 감소하다가 2014년부터는 전년 대비 증가한 기관은 B, D이지만 B는 중앙행정기관이므로 D가 기초자치단체이다.
따라서 A는 헌법기관, B는 중앙행정기관, C는 광역자치단체, D는 기초자치단체, E는 지방교육청이다.

33 도표분석능력 정답 ⑤

ㄷ. 연도별 합격률을 구해보면 다음과 같다.
- 2017년: (45/1,525)×100≒3.0%
- 2018년: (32/1,771)×100≒1.8%
- 2019년: (48/1,742)×100≒2.8%
- 2020년: (50/1,779)×100≒2.8%
- 2021년: (24/1,763)×100≒1.4%
- 2022년: (37/1,696)×100≒2.2%
- 2023년: (45/1,670)×100≒2.7%

따라서 2017년 이후 합격률이 가장 높았던 해는 2017년이다.

ㄹ. 연도별 퇴직 임직원 수를 구해보면 다음과 같다.
- 2018년: 1,254+32−1,278=8명
- 2019년: 1,278+48−1,317=9명
- 2020년: 1,317+50−1,324=43명
- 2021년: 1,324+24−1,340=8명
- 2022년: 1,340+37−1,372=5명
- 2023년: 1,372+45−1,397=20명

따라서 2018년 이후 퇴직 임직원 수가 가장 많았던 해는 2020년이다.

ㄱ. 퇴직 임직원 수는 2018년 8명, 2019년 9명, 2020년 43명, 2021년 8명, 2022년 5명, 2023년 20명으로 매년 퇴직 임직원 수가 신규채용 합격자 수보다 적다. 또한 매년 총 임직원 수가 증가하는 것만으로도 매년 퇴직 임직원 수보다 신규채용 합격자 수가 더 많다는 것을 알 수 있다.
ㄴ. 신규채용 합격자 수는 2018년과 2021년에 전년 대비 감소하였으나, 총 임직원 수는 매년 증가하였으므로 증감 추이는 동일하지 않다.

34 도표분석능력 정답 ②

전체 화재발생 건수 중 '부주의'가 차지하는 비중은 2020년에 $\frac{19,186}{38,659}\times 100 \fallingdotseq 49.6\%$, 2021년에 $\frac{16,875}{36,267}\times 100 \fallingdotseq 46.5\%$로 2020년이 2021년보다 크다.

① 대부분의 발화요인이 2020년 대비 2021년 소폭 증가하거나 감소한 반면, '제품 결함'은 $\frac{168-101}{101} \times 100 ≒ 66.3\%$ 증가하였다.
③ 화재발생 건수가 많은 것부터 순서대로 나열했을 때, 상위 3개 발화요인은 '부주의', '전기적 요인', '기계적 요인'으로 2020년과 2021년이 동일하다.
④ 2021년 화재발생 건수가 전년 대비 감소한 발화요인은 '기계적 요인', '교통사고', '부주의', '방화', '미상'으로 5개이다.
⑤ 2021년 전체 화재발생 건수의 전년 대비 감소율은 $\frac{38,659-36,267}{38,659} \times 100 ≒ 6.2\%$이므로 6% 이상 감소하였다.

35 도표분석능력 정답 ②

㉡ 면적 = 인구 / 인구밀도이므로 D의 면적은 2,629,000 / 2,602 ≒ 1,010km^2로 옳은 설명이다.

㉠ 2018년 대비 2019년에 감소한 인구가 2019년 전체 인구에서 차지하는 비중은 B가 {(3,498 – 3,471) / 3,471} × 100 ≒ 0.78%이고, C가 {(2,457 – 2,444) / 2,444} × 100 ≒ 0.53%로 B가 C보다 더 높으므로 옳지 않은 설명이다.
㉢ B의 면적은 3,498,000 / 4,566 ≒ 766km^2이고, C의 면적은 2,457,000 / 2,779 ≒ 884km^2로 C의 면적이 B의 면적보다 넓으므로 옳지 않은 설명이다.

36 도표분석능력 정답 ④

2016년에 전년 대비 투자비가 가장 적게 증가한 분야는 제지 목재 분야이며 2015년 에너지 절감률은 (17 / 1,293) × 100 ≒ 1.3%로 1.5% 이하이다.

① 에너지 사용량은 섬유 분야에서 유일하게 2015년 대비 2016년에 감소하였다.
② 요업 분야의 에너지 절감률은 2015년에 (149 / 5,558) × 100 ≒ 2.7%, 2016년에 (177 / 5,944) × 100 ≒ 3.0%로 증가하였다.
③ 섬유 분야의 융자비율은 2015년에 (61 / 212) × 100 ≒ 28.8%, 2016년에 (35 / 168) × 100 ≒ 20.8%로 감소하였다.
⑤ 금속 분야의 에너지 사용량은 2015년에 (37,988 / 70,167) × 100 ≒ 54.1%, 2016년에 (40,723 / 73,616) × 100 ≒ 55.3%로 매년 50% 이상이다.

37 도표분석능력 정답 ①

1980년 '유소년 부양비'는 A 지역이 74.0%, B 지역이 82.4%이고 전국은 79.9%이다. A 지역과 B 지역의 유소년 인구수가 동일하게 구성되어 있다면 두 지역으로 구성된 전국의 평균은 두 지역 비율의 평균(= 산술평균)이 되어야 한다. 반면, A 지역과 B 지역 중 어느 한 지역의 인구수가 더 많다면 전국의 평균 비율은 인원수가 더 많은 지역에 치우치게 된다. (= 가중평균)
예를 들어, A 반 학생 총 50명의 평균 점수가 70점, B 반 학생 총 50명의 평균 점수가 90점이라면 A 반과 B 반을 합한 100명의 평균 점수는 80점이 되고(= 산술평균), A 반 학생 총 40명의 평균 점수가 70점, B 반 학생 총 60명의 평균 점수가 90점이라면 A 반과 B 반을 합한 100명의 평균 점수는 82점으로 인원수가 더 많은 B반의 평균 점수에 더 가까운 결과가 나오는 것이다. (= 가중평균)
A 지역과 B 지역의 유소년 인구수가 동일하게 구성되어 있다면 전국의 비율은 두 지역의 평균인 78.2%가 되어야 한다. 그러나 79.9%는 평균인 78.2%에서 B 지역의 82.4%에 조금 더 치우친 결과이므로 가중평균 개념에 의해 A 지역보다 B 지역의 가중치가 더 크다는 것을 의미한다.
따라서 전체에서 유소년 인구가 차지하는 비중은 A 지역이 B 지역보다 적으므로 옳은 설명이다.

② 2000년 A 지역에서 '유소년 인구와 노년 인구의 합'이 '부양인구'보다 크다면 '총 부양비' 식에 의해 분자가 분모보다 큰 것이 되므로 '총 부양비'는 100보다 크게 나와야 한다. 그러나 2000년 A 지역의 총 부양비는 53.8%이므로 분자(유소년 인구와 노년 인구의 합)가 분모(부양 인구)보다 작다.
③ 2020년 B 지역의 유소년 부양비는 28.0%이고, 노년 부양비는 22.0%로 유소년 부양비가 더 크므로 유소년 인구가 노년 인구보다 많다.
④ A 지역의 노년 부양비는 1980년에 3.9%, 2020년에 7.5%로 노년 부양비가 커졌으므로 분자(노년 인구)의 증가율이 분모(부양 인구)의 증가율보다 크다.
⑤ 지역별 2000년 대비 2020년 유소년 부양비의 감소율은 다음과 같다.
- A: $\frac{49.9-29.5}{49.9} \times 100 ≒ 40.9\%$
- B: $\frac{60.8-28.0}{60.8} \times 100 ≒ 53.9\%$

따라서 2000년 대비 2020년 유소년 부양비의 감소율은 B 지역이 A 지역보다 크다.

38 도표분석능력 정답 ②

2016년에 기술사, 기능장, 기사, 산업기사 자격증을 취득한 인원의 합은 1,350 + 6,589 + 82,070 + 48,963 = 138,972명이고, 이 인원이 모두 여자라고 하더라도 같은 해 여자 기능사 이상 자격증 취득 인원인 166,226명보다 166,226 – 138,972 = 27,254명 적다. 따라서 2016년에 적어도 27,254명의 여자는 기능사 자격증을 취득했으므로 옳은 설명이다.

① 기능사 이상 자격증 취득 인원은 2013년에 305,096 + 155,219 = 460,315명, 2014년에 305,291 + 139,725 = 445,016명, 2015년에 336,069 + 164,514 = 500,583명, 2016년에 365,525 + 166,226 = 531,751명, 2017년에 378,330 + 162,253 = 540,583명, 2018년에 382,795 + 164,086 = 546,881명, 2019년에 417,645 + 176,853 = 594,498명으로 매년 증가하지는 않는다.
③ 2013~2019년 기능장 자격증 취득 인원의 증감 추이는 '감소, 증가, 증가, 감소, 감소, 감소'이며, 같은 기간 기능사 자격증 취득 인원의 증감 추이는 '감소, 증가, 증가, 증가, 감소, 증가'로 동일하지 않다.

④ 전체 기능사 이상 자격증 취득 인원 중 여자가 차지하는 비중은 2013년에 (155,219 / 460,315) × 100 ≒ 33.7%, 2014년에 (139,725 / 445,016) × 100 ≒ 31.4%, 2015년에 (164,514 / 500,583) × 100 ≒ 32.9%, 2016년에 (166,226 / 531,751) × 100 ≒ 31.3%, 2017년에 (162,253 / 540,583) × 100 ≒ 30.0%, 2018년에 (164,086 / 546,881) × 100 ≒ 30.0%, 2019년에 (176,853 / 594,498) × 100 ≒ 29.7%로 매년 30% 미만은 아니다.

⑤ 전년 대비 2015년 자격 등급별 신규 취득 인원의 증가율을 살펴보면 기술사는 {(1,079 – 1,084) / 1,084} × 100 ≒ –0.5%, 기능장은 {(3,677 – 3,654) / 3,654} × 100 ≒ 0.6%, 기사는 {(73,627 – 54,060) / 54,060} × 100 ≒ 36.2%, 산업기사는 {(49,178 – 46,634) / 46,634} × 100 ≒ 5.5%, 기능사는 {(373,022 – 339,584) / 339,584} × 100 ≒ 9.8%이다. 따라서 전년 대비 2015년 신규 취득 인원의 증가율이 가장 높은 자격증은 기사 자격증이다.

빠른 문제 풀이 Tip

④ 비중 30%는 분자가 분모 10%의 3배가 되는 것이므로 항상 30% 미만인지를 확인해야 하는 경우 반례가 되는 분자가 분모 10%의 3배보다 큰 경우가 있는지 확인한다. ①에서 구한 남녀 전체 합을 이용하여 분모로 설정하는 것도 가능하고 대략적인 계산을 통해 확인해도 된다. 만 자리까지 유연한 반올림으로 정리해 보면 2013년은 남자가 약 30.5, 여자는 약 15.5이므로 합은 46이므로 전체 기능사 이상 자격증 취득 인원 중 여자가 차지하는 비중은 15.5/46가 되는데, 이때 46의 10%는 4.6이므로 30%는 4.6 × 3 = 13.8이다. 따라서 30%인 13.8보다 분자 15.5가 더 크므로 2013년도는 30% 이상임을 알 수 있다.

39 도표분석능력

정답 ②

30~39세 캐나다 국적 여성 등록 외국인 331명 중 D-8 비자는 최소 322 – 309 = 13명이 보유 중이고, $\frac{13}{331}$ × 100 ≒ 3.9%이므로 5% 이하일 수 있다.

① D-7 비자를 보유한 30~39세 미국 국적 남성 등록 외국인은 적어도 326 – 311 = 15명 이상이다.

③ 미국 국적 등록 외국인 중 20세 이상 남성의 비율은 $\frac{268+345+285+175+124}{1,446}$ × 100 ≒ 82.8%이고, 여성의 비율은 $\frac{247+311+287+185+115}{1,416}$ × 100 ≒ 80.9%이므로 모두 80% 이상이다.

④ 캐나다 국적 등록 외국인 중 기업투자 비자 보유자는 최소 제시된 자료에서 확인할 수 있는 322명이고, 이는 $\frac{322}{1,256+1,263}$ × 100 ≒ 12.8%이므로 10% 이상이다.

⑤ 연령대별 등록 외국인 증감의 추이는 미국 국적 남·여, 캐나다 국적 남·여 모두 '증가, 증가, 증가, 감소, 감소'로 동일하다.

40 도표분석능력

정답 ②

㉠ 울산의 총 전입인구인 16,577명이 총 전출인구인 16,346명보다 많아 인구는 점차 증가하게 될 것이므로 옳은 설명이다.

㉢ 전출입 인구 차이가 1,000명 이상인 서울과 부산만 비교하면, 서울의 전출입 인구 차이는 150,647 – 148,820 = 1,827명이고, 부산은 45,567 – 44,356 = 1,211명으로 전출입 인구 차이가 가장 큰 곳은 서울이므로 옳은 설명이다.

㉡ 지역별 총 전출인구 중 다른 지역으로의 전입인구 비율은 지역별 총 전출인구에서 해당 지역으로 다시 전입한 인구를 뺀 나머지 인구에 대한 비율을 의미한다. 서울의 비율은 {(148,820 – 140,927) / 148,820} × 100 ≒ 5.3%인 반면, 대전의 비율은 {(20,433 – 18,491) / 20,433} × 100 ≒ 9.5%이므로 서울이 가장 높지 않다.

㉣ 대구는 총 전출인구가 총 전입인구보다 많으므로 인구는 감소하고, 인천은 총 전입인구가 총 전출인구보다 많으므로 인구는 증가하게 될 것이다.

고난도 PSAT형 문제

p.180

01	02	03	04	05	06	07	08	09	10
②	①	④	②	②	③	②	④	③	②
11	12	13	14	15					
③	③	③	②	⑤					

01 기초통계능력 정답 ②

성과급 지급 기준에 따라 가중치를 반영하여 '가' 팀의 분기별 성과평가 결과 점수 및 성과급을 계산하면 다음과 같다.

- 1/4분기: $\frac{(80 \times 4)+(80 \times 4)+(60 \times 2)}{10}$=76점(C 등급)이고 성과급은 80만 원이다.
- 2/4분기: $\frac{(80 \times 4)+(60 \times 4)+(80 \times 2)}{10}$=72점(C 등급)이고 성과급은 80만 원이다.
- 3/4분기: $\frac{(100 \times 4)+(80 \times 4)+(100 \times 2)}{10}$=92점(A 등급)이고 성과급은 100만 원이며, A 등급을 받았으므로 직전분기 차감액의 50%를 지급받을 수 있으므로 최종 성과급은 100+10=110만 원이다.
- 4/4분기: $\frac{(80 \times 4)+(80 \times 4)+(80 \times 2)}{10}$=80점(B 등급)이고 성과급은 90만 원이다.

따라서 '가' 팀에게 지급될 1년 총 성과급은 80+80+110+90=360만 원이다.

02 도표분석능력 정답 ①

ㄱ. 경기 북부 지역의 도시가스 사용 비율은 66.1%이고, 등유 사용 비율은 3.0%로 실제 가구 수는 66.1/3.0 ≒ 22.0배이므로 옳은 설명이다.

ㄴ. 서울과 인천 지역의 도시가스 사용 비율이 LPG, 등유, 열병합, 기타 난방 연료 사용 비율보다 월등히 높으므로 옳은 설명이다.

ㄷ. 서울과 인천 지역의 전체 가구 수가 제시되어 있지 않아 지역난방을 사용하는 가구 수를 비교할 수 없다.

ㄹ. 경기 남부 지역의 지역난방 사용 비율은 67.5%로 경기 북부 지역의 지역난방 사용 비율인 27.4%보다 높다.

03 도표분석능력 정답 ④

작업 횟수가 5회 이상 10회 미만인 응답자 대비 작업 횟수가 10회 이상 15회 미만인 응답자의 비율은 남성이 $\frac{9.2}{22.5}$ ≒ 0.41, 여성이 $\frac{6.2}{19.9}$ ≒ 0.31이므로 남성이 더 크다.

① 설문조사에 응답한 남성과 여성의 모수를 모르기 때문에 절댓값은 비교가 불가능하다.

② 설문에 참여한 15~19세와 남성의 모수를 모르기 때문에 절댓값은 비교가 불가능하다.

③ 최소 1회라도 10kg의 물건을 드는 작업을 하는 사람은 [100−'없음'에 응답한 비율]이므로 20~29세, 30~39세, 40~49세 연령대에서 75% 이하이다.

⑤ 연령대별 설문조사에 응답한 사람의 전체 수를 모르기 때문에 실제 사람 수는 비교가 불가능하다.

04 도표분석능력 정답 ②

ㄱ. 2023년 11월 전세가격 지수가 모두 100 이상으로 7개 도시 모두 아파트 평균 전세가격이 상승하였음을 알 수 있으므로 옳은 설명이다.

ㄷ. 전세수급 동향 지수는 ('부족' 응답비율−'충분' 응답비율)+100이고, 7개 도시의 아파트 전세수급 동향 지수는 모두 100 이상으로 '부족'이 '충분'보다 더 많음을 알 수 있으므로 옳은 설명이다.

ㄴ. 제시된 〈표〉는 2022년 11월 평균 전세가격 대비 2023년 11월 평균 전세가격 지수를 나타낸 자료로 상승률은 알 수 있으나 실제 전세가격 상승액은 알 수 없으므로 옳지 않은 설명이다.

ㄹ. 광주의 전세수급 동향 지수는 101.3으로 '부족' 응답비율이 '충분' 응답비율보다 1.3%p 더 많음을 알 수 있다. '부족' 응답비율이 60% 이상이라면 '충분' 응답비율은 40% 이하가 되어 '부족'과 '충분' 응답비율의 차이가 20%p 이상이므로 옳지 않은 설명이다.

빠른 문제 풀이 Tip

각주에 제시된 정보의 양이 많으므로 먼저 각주의 내용을 이해하고 문제를 풀이한다.

05 도표분석능력 정답 ②

가격의 상승률은 가격지수로도 확인할 수 있다. 2018년 대비 2023년 가격 상승률은 $\frac{120.6-95.0}{95.0} \times 100$ ≒ 26.9%이므로 옳은 설명이다.

① 가격지수 100일 때 가격은 5,276원이므로 가격지수가 80.0이면 5,276 × 0.8 ≒ 4,220원이다. 따라서 짜장면 가격은 4,000원 이상이므로 옳지 않은 설명이다.

③ 2018년에 비해 2023년 판매단위당 가격이 2배 이상인 짜장면 주재료 품목은 2,250원에서 6,000원으로 오른 양파와 4,000원에서 15,000원으로 오른 청오이로 2개이므로 옳지 않은 설명이다.

④ 2020년 식용유 1,800mL, 밀가루 2kg, 설탕 2kg의 가격 합계는 (3,980 × 2) + (1,280 × 2) + (1,350 × 2) = 13,220원이다. 따라서 15,000원 미만이므로 옳지 않은 설명이다.
⑤ 매년 판매단위당 가격이 상승한 짜장면 주재료 품목은 없으므로 옳지 않은 설명이다.

빠른 문제 풀이 Tip

② 2023년 가격지수는 120.6으로 지수 100 기준으로 이미 20% 이상 증가한 수이다. 따라서 2018년 가격지수인 95.0 기준으로 120.6은 당연히 20% 이상 증가한 수임을 알 수 있다.

06 도표분석능력 정답 ③

계열별로 진학자 수가 20%씩 증가한다면 전체 진학자 수 150명이 20% 증가하는 것이므로 150 × 1.2 = 180명이다. 이때 전체 진학률은 $\frac{180}{2,000}$ × 100 = 9.0%이므로 옳지 않은 설명이다.

① A 계열의 취업률은 $\frac{500}{800}$ × 100 = 62.5%로 B 계열의 취업률 57.1%보다 높으므로 옳은 설명이다.
② 먼저, C 계열의 진학률은 $\frac{40}{500}$ × 100 = 8.0%이다. 진로 미결정 비율은 B 계열이 100 − (57.1 + 7.1) = 35.8%이고, C 계열이 100 − (40 + 8) = 52.0%이다. 따라서 진로 미결정 비율은 B 계열이 C 계열보다 낮으므로 옳은 설명이다.
④ 계열별로 취업자 수가 10%씩 증가한다면 전체 취업자 수 1,100명이 10% 증가하는 것이므로 1,100 × 1.1 = 1,210명이다. 이때 전체 취업률은 $\frac{1,210}{2,000}$ × 100 = 60.5%이므로 옳은 설명이다.
⑤ 진학률은 A 계열이 7.5%, B 계열이 7.1%, C 계열이 8.0%로 C 계열이 가장 높으므로 옳은 설명이다.

07 도표분석능력 정답 ②

ㄱ. 2018년 '전년 이월' 건수는 258 − 168 = 90건이고, 2016년과 2018년 '심판대상' 중 '전년 이월'의 비중은 2016년이 (96 / 322) × 100 ≒ 29.8%, 2018년이 (90 / 258) × 100 ≒ 34.9%로 2018년이 2016년보다 높으므로 옳은 설명이다.
ㄷ. 2017년 이후 '해당 연도 접수' 건수가 전년 대비 증가한 연도는 2019년과 2020년뿐이므로 2개 연도의 전년 대비 증가율을 구한다. 2019~2020년 '해당 연도 접수' 건수의 전년 대비 증가율은 2019년이 {(204 − 168) / 168} × 100 ≒ 21.4%, 2020년이 {(252 − 204) / 204} × 100 ≒ 23.5%로 2020년이 가장 높으므로 옳은 설명이다.

ㄴ. 다음 연도로 이월되는 건수는 2020년이 341 − 210 = 131건으로 가장 많으므로 옳지 않은 설명이다.
ㄹ. '재결' 건수는 2019년이 186건으로 가장 적고, '해당 연도 접수' 건수는 2018년이 168건으로 가장 적으므로 옳지 않은 설명이다.

빠른 문제 풀이 Tip

ㄱ. 비중을 직접 계산하는 것보다 분수의 크기를 비교하면 답을 빠르게 구할 수 있다. '심판대상' 중 '전년 이월'의 비중을 분수식으로 표현하면 2016년이 $\frac{96}{322}$, 2018년이 $\frac{90}{258}$이다. 이때 $\frac{96}{322}$은 분모값이 분자값의 3배 이상이지만, $\frac{90}{258}$은 분모값이 분자값의 3배 미만이므로 분수의 크기는 2018년이 2016년보다 크다는 것을 빠르게 확인할 수 있다.

08 도표분석능력 정답 ④

ㄱ. A 지역의 보육시설 공급률은 (231 / 512) × 100 ≒ 45.1%이고, A 지역의 보육시설 이용률은 (196 / 512) × 100 ≒ 38.3%이며, 차이는 45.1 − 38.3 ≒ 6.8%p이므로 옳은 설명이다.
ㄴ. 영유아 인구수가 10만 명 이상인 지역 A, B, E, G, I 중에서 보육시설 공급률이 50% 미만인 지역은 보육시설 정원에 2배를 한 값보다 영유아 인구수가 더 많은 A와 B 지역 2곳이므로 옳은 설명이다.
ㄹ. C 지역의 보육시설 공급률이 50%라면 보육시설 정원이 43천 명이 되어 정원충족률은 (35 / 43) × 100 ≒ 81.4%이므로 옳은 설명이다.

ㄷ. 영유아 인구수가 가장 많은 E 지역의 보육시설 이용률은 (283 / 726) × 100 ≒ 39.0%이고, 가장 적은 J 지역의 보육시설 이용률은 (25 / 35) × 100 ≒ 71.4%로 이용률의 차이는 71.4 − 39.0 ≒ 32.4%p이므로 옳지 않은 설명이다.

09 도표분석능력 정답 ③

처리주체 '공공'에서 '매립'의 비율은 $\frac{286}{1,143}$ × 100 ≒ 25.0%이고 처리주체 '자가'에서 '매립'의 비율은 $\frac{1}{21}$ × 100 ≒ 4.8%로 '공공'이 '자가'보다 높으므로 옳은 설명이다.

① 전체 처리실적 중 '매립'의 비율은 $\frac{291}{2,270}$ × 100 ≒ 12.8%이므로 옳지 않은 설명이다.
② 처리방법 중 '재활용'은 '공공'이 403만 톤, '위탁'이 870만 톤으로 '위탁'의 처리실적이 더 많으므로 옳지 않은 설명이다.
④ 처리주체가 '위탁'인 폐기물 중 '재활용'의 비율은 $\frac{870}{1,106}$ × 100 ≒ 78.7%이므로 옳지 않은 설명이다.
⑤ '소각' 처리 생활계 폐기물 중 '공공'의 비율은 $\frac{447}{565}$ × 100 ≒ 79.1%이므로 옳지 않은 설명이다.

빠른 문제 풀이 Tip

① 전체 처리실적인 2,270의 15%는 약 227(10%)과 약 113(5%)의 합으로 약 340이다. 따라서 291은 15% 미만인 것을 알 수 있다.
③ 286은 1,143에서 약 114(10%)의 2배인 228(20%)보다 큰 수이므로 $\frac{286}{1,143}$은 대략 20% 이상임을 알 수 있다. 그러나 1은 21의 10%보다도 작은 수이므로 $\frac{1}{21}$은 10% 이하이다. 따라서 '매립'의 비율은 '공공'이 '자가'보다 높다는 것을 간단히 판단할 수 있다.

10 도표분석능력 정답 ②

ㄱ. 전출한 직원보다 전입한 직원이 많은 팀은 A, B, C, F로, 이 팀들의 전입 직원 수의 합인 16+13+13+15=57명은 기업 내 전체 전출입 직원 수인 75명의 (57/75)×100=76%이므로 옳은 설명이다.
ㄹ. 동일한 사업부 내에서 전출입한 직원 수는 17+15=32명으로 기업 내 전체 전출입 직원 수인 75명의 50%인 75×0.5=37.5명보다 적으므로 옳은 설명이다.

ㄴ. 직원을 가장 많이 전출한 E 팀에서 전출한 직원 수인 20명의 40%는 8명인 반면, 전입 직원 수가 가장 많은 A 팀으로 배치된 E 팀 직원 수는 6명이다.
ㄷ. 식품 사업부에서 외식 사업부로 전출한 직원 수인 18명은 외식 사업부에서 식품 사업부로 전출한 직원 수인 25명보다 적다.

11 도표분석능력 정답 ③

인구(만 명)는 연구개발비/인구 만 명당 연구개발비이다. 이때 연구개발비는 단위가 십억 원이고, 인구 만 명당 연구개발비의 단위는 백만 원이므로 2009년 인구는 37,929,000/7,781≒4,875만 명이고, 2010년 인구는 43,855,000/8,452≒5,189만 명이다. 따라서 2009년에 비해 2010년 '갑'국 인구는 증가하였으므로 옳은 설명이다.

① 연구개발비의 공공부담 비중은 계속 증가하다가 2010년에 28.0%로 전년대비 감소하였으므로 옳지 않은 설명이다.
② 전년대비 인구 만 명당 연구개발비 증가량은 2007년이 6,460−5,662=798백만 원, 2008년이 7,097−6,460=637백만 원, 2009년이 7,781−7,097=684백만 원, 2010년이 8,452−7,781=671백만 원으로 2007년에 가장 많이 증가하였으므로 옳지 않은 설명이다.
④ 전년대비 연구개발비 증가액은 2007년이 31,301−27,346=3,955십억 원, 2008년이 34,498−31,301=3,197십억 원, 2009년이 37,929−34,498=3,431십억 원, 2010년이 43,855−37,929=5,926십억 원으로 2008년에 가장 작으므로 옳지 않은 설명이다.
⑤ 연구개발비의 전년대비 증가율은 2009년이 9.9%로 가장 작고, 연구개발비의 민간부담 비중은 전체 100.0%에서 공공부담 비중을 뺀 값이다. 따라서 민간부담 비중은 2006년이 100.0−24.3=75.7%로 가장 크므로 옳지 않은 설명이다.

빠른 문제 풀이 Tip

③ 연구개발비와 인구 만 명당 연구개발비의 단위는 다르나 비교 대상 간의 단위가 동일하므로 단위를 고려하지 않고 문제를 풀 수 있다.

12 도표분석능력 정답 ③

'갑'국 전체 군인의 1인당 월지급액은 군인수 비중을 반영한 가중평균으로 구할 수 있다. 2013년 11월 '갑'국 전체 군인의 1인당 월지급액은 (105,000×30)+(120,000×20)+(125,000×30)+(100,000×20)/100=113,000원이므로 옳지 않은 설명이다.

① 2013년 12월에 1인당 월지급액이 모두 동일한 액수만큼 증가한다면 11월 1인당 월지급액이 가장 적은 해병대가 전월대비 증가율이 가장 높으므로 옳은 설명이다.
② 2013년 12월에 1인당 월지급액이 해군이 10% 증가한다면 전월대비 120,000×0.1=12,000원 증가하고, 해병대가 12% 증가한다면 전월대비 100,000×0.12=12,000원 증가하게 되어 증가분은 같으므로 옳은 설명이다.
④ 2013년 11월 육군, 해군, 공군의 월지급액을 모두 합하면 (105,000×30)+(120,000×20)+(125,000×30)=9,300,000원이고, 해병대 월지급액 100,000×20=2,000,000원의 4배 이상이므로 옳은 설명이다.
⑤ 2013년 11월 공군과 해병대의 월지급액 차이는 (125,000×30)−(100,000×20)=1,750,000원이고, 육군과 해군의 월지급액 차이 (105,000×30)−(120,000×20)=750,000원의 2배 이상이므로 옳은 설명이다.

13 도표분석능력 정답 ③

ㄱ. 2018년 도서관 수는 3년 전 대비 679 → 791개로 증가하였고, 도서관 1개당 보유 도서 수도 57,100,000/679≒84,094권에서 70,600,000/791≒89,254권으로 증가하였으므로 옳은 설명이다.
ㄹ. 2018년의 전년 대비 증가율은 도서관 수가 {(791−758)/758}×100≒4.4%, 총 좌석 수가 {(248−244)/244}×100≒1.6%, 총 보유 도서 수가 {(706−651)/651}×100≒8.4%, 연간 대출 도서 수가 {(985−949)/949}×100≒3.8%로 총 보유 도서 수의 전년 대비 증가율이 가장 크므로 옳은 설명이다.

ㄴ. 도서관 1개당 보유 도서 수가 가장 많은 해는 76,100,000/840≒90,595권인 2019년이며, 연간 대출 도서 수가 가장 많은 해는 2015년으로 동일하지 않다.
ㄷ. 2019년의 도서관 수의 전년 대비 증가율은 {(840−791)/791}×100≒6.2%로 총 보유 도서 수의 전년 대비 증가율인 {(761−706)/706}×100≒7.8%보다 작다.

14 도표분석능력 정답 ②

2022년 41~60세를 제외한 나머지 연령대의 여자 연구책임자 수는 2,339−(978+299)=1,062명이고, 2022년 이학 또는 인문사회 전공인 여자 연구책임자 수는 701+544=1,245명이므로 41~60세 여자 연구책임자 중 이학 또는 인문사회 전공자는 적어도 1,245−1,062=183명 이상이므로 옳지 않은 설명이다.

① 31~40세의 연구책임자 수와 51~60세 연구책임자 수의 차이는 2020년에 4,334−3,708=626명, 2022년에 4,958−4,541=417명이므로 2020년이 더 크다.
③ 2020년부터 2022년까지 전체 연구책임자 수는 19,633명, 21,227명, 21,473명으로 꾸준히 증가하였다.
④ 2020~2022년 사이 21~30세 남자 연구책임자 수는 164−64=100명 증가하였고, 여자 연구책임자 수는 251−24=227명 증가하였으므로 여자가 더 많이 증가하였다.
⑤ 2022년 41~50세를 제외한 나머지 연령대의 남자 연구책임자 수는 19,134−9,813=9,321명이고, 2022년 공학 전공인 남자 연구책임자 수는 11,680명이므로 41~50세 남자 연구책임자 중 공학 전공자는 적어도 11,680−9,321=2,359명 이상이다.

15 도표분석능력 정답 ⑤

2020년 발생한 열차충돌 사고 1건이 천재지변으로 인한 발생이라면 <표>에 제시된 사고 원인 중 '기타'에 해당한다. 2019년 열차탈선 사고 6건은 '취급부주의, 차량결함, 기타' 원인으로 나뉘게 되고, 2020년 열차탈선 사고 3건은 '취급부주의, 차량결함, 정비보수검사미비' 원인으로 나뉘게 되며, 2021년 열차탈선 사고 12건은 모두 '취급부주의'일 수도 있고, '취급부주의, 차량결함, 시설결함'으로 나뉠 수도 있다.
따라서 '취급부주의'는 매년 열차탈선 사고를 일으킨 공통된 원인이 되므로 옳지 않은 설명이다.

① <표>에 제시된 사고 원인 중 사고 건수가 표기된 '취급부주의', '차량결함', '시설결함', '정비보수검사미비' 총 4종류와 2019년 기타 2건, 2020년 기타 1건 중 기타 원인이 모두 각각 다른 원인이라는 가정을 하더라도 최대 7종류이다.
② 2019년 사고 종류는 열차탈선 사고 6건이 전부이며, 이 중 2건이 '차량 결함'이 원인이므로 비중은 $\frac{2}{6}$이다. 2021년 사고는 총 17건이고 열차탈선 사고는 12건이다. 2021년 '차량 결함' 원인 2건이 모두 열차탈선 사고에 대한 원인이라고 가정하더라도 $\frac{2}{12}$이고, 이보다 낮을 수 있다. 따라서 비중은 $\frac{2}{6}$에서 $\frac{2}{12}$ 이하로 절반 이하로 감소하였으므로 옳은 설명이다.
③ 2019~2021년 동안 발생한 모든 열차사고는 6+4+17=27건이고, 그중 열차충돌 건수는 1+5=6건이다. 따라서 $\frac{6}{27} \times 100 ≒ 22.2\%$이다.
④ 2021년 열차탈선 사고 12건 중 '차량결함' 2건, '시설결함' 3건의 원인에 모두 해당한다고 하더라도 나머지 7건은 '취급부주의' 원인에 해당할 수밖에 없으므로 절반 이상이다.

적중예상문제

p.218

01	02	03	04	05	06	07	08	09	10
⑤	⑤	③	③	③	①	④	⑤	③	②
11	**12**	**13**	**14**	**15**	**16**	**17**	**18**	**19**	**20**
③	①	④	④	⑤	④	③	⑤	④	⑤
21	**22**	**23**	**24**	**25**	**26**	**27**	**28**	**29**	**30**
⑤	⑤	③	②	②	②	①	①	③	⑤

01 언어추리 명제 정답 ⑤

주어진 정보를 정리하면 다음과 같다.

1. A O → B X
2. B O → E X
3. C O → A X
4. D X → B O
5. E X → C O

한편, 각 선택지가 주어진 전제를 통해 도출할 수 있는 결론인지 판단하기 위해서는 선택지의 명제가 다음의 3가지 요건을 갖추고 있는지 보면 된다.

1. 각 선택지 명제의 대우를 포함하여 살펴볼 때, 선택지의 전건이 주어진 전제에 있을 것
2. 각 선택지 명제의 대우를 포함하여 살펴볼 때, 선택지의 후건이 주어진 전제에 있을 것
3. 주어진 전제에서 각 선택지의 전건과 후건을 찾을 수 있는 경우 선택지의 전건으로부터 선택지의 후건이 연결되는 것이 주어진 전제에서 확인될 것

따라서 각 선택지가 이 세 가지 요건을 갖추고 있는지 살펴보아 도출 가능한 결론인지 정리하면 다음과 같다.

⑤ 5명제의 대우에서 C가 참가하지 않는다는 것을 전건으로 할 수 있고, 4명제의 대우에서 D가 참가한다는 것을 후건으로 할 수 있으며, 5명제의 대우와 2명제의 대우와 4명제의 대우를 순서대로 연결하면 전건과 후건이 연결되어 C가 참가하지 않으면 D는 참가한다는 결론이 도출된다.

① 제시된 명제에서는 A가 참가하지 않는다는 것을 전건으로 하는 명제가 없으므로 결론으로 도출할 수 없다.
② 제시된 명제에서는 D가 참가하지 않는다는 것을 후건으로 하는 명제가 없으므로 결론으로 도출할 수 없다.
③ 제시된 명제에서는 A가 참가한다는 것을 후건으로 하는 명제가 없으므로 결론으로 도출할 수 없다.
④ 5명제에서 E가 참가하지 않는다는 것을 전건으로 할 수 있고 4명제의 대우에서 D가 참가한다는 것을 후건으로 할 수 있으나 이 둘을 연결할 수 없으므로 결론을 도출할 수 없다.

02 언어추리 명제 정답 ⑤

제시된 내용을 명제로 정리해 본다. 다만, 문장을 명제로 정리할 때는 'P만 Q이다' 형태의 명제는 'Q → P'로 나타내야 하고, 'P or Q → R' 형태의 명제는 'P → R'과 'Q → R'로 분리가 가능하므로, 이를 토대로 제시된 내용은 다음과 같이 정리할 수 있다.

1. 키 O → 인사팀 O
2. 키 X → 열정적 O
3. 2000년대생 X → 키 O
4. 인사팀 O → 경제학 X

4-1. 열정적 X → 경제학 X

한편, 각 선택지가 주어진 전제를 통해 도출할 수 있는 결론인지 판단하기 위해서는 선택지의 명제가 다음의 3가지 요건을 갖추고 있는지 보면 된다.

1. 각 선택지 명제의 대우를 포함하여 살펴볼 때, 선택지의 전건이 주어진 전제에 있을 것
2. 각 선택지 명제의 대우를 포함하여 살펴볼 때, 선택지의 후건이 주어진 전제에 있을 것
3. 주어진 전제에서 각 선택지의 전건과 후건을 찾을 수 있는 경우 선택지의 전건으로부터 선택지의 후건이 연결되는 것이 주어진 전제에서 확인될 것

따라서 각 선택지가 이 세 가지 요건을 갖추고 있는지 살펴보아 도출 가능한 결론인지 정리하면 다음과 같다.

⑤ 4명제의 대우와 4-1명제의 대우에서 경제학 전공인 사람을 전건으로 할 수 있고, 3명제의 대우에서 2000년대생을 후건으로 할 수 있으며, 4명제의 대우와 1명제의 대우와 3명제의 대우를 순서대로 연결하면 선택지의 전건과 후건이 연결되어 경제학 전공인 사람은 2000년대생이라는 결론이 도출된다.

① 제시된 명제에서는 경제학 전공이 아닌 사람을 전건으로 하는 명제가 없으므로 결론으로 도출할 수 없다.
② 제시된 명제에서는 열정적이지 않은 사람을 후건으로 하는 명제가 없으므로 결론으로 도출할 수 없다.
③ 제시된 명제에서는 경제학 전공인 사람을 후건으로 하는 명제가 없으므로 결론으로 도출할 수 없다.

④ 1명제에서 키가 큰 사람을 전건으로 할 수 있고 3명제의 대우에서 2000년대생을 후건으로 할 수 있으나 전건과 후건을 연결할 수 없으므로 결론으로 도출할 수 없다.

03 언어추리 명제 정답 ③

마지막 조건에 따라 경우의 수를 정리하면 다음과 같다.

구분	인사	감사	물류	총무	비서	마케팅
경우 1	O	O				
경우 2	X	X				

두 번째 조건의 대우에서 인사팀장이 참석하지 않으면 총무팀장이 참석하지 않고 네 번째 조건에서 총무팀장이 참석하지 않으면 비서실장도 참석하지 않는다고 하였으므로 이를 두 번째 경우에 적용하여 정리하면 다음과 같다.

구분	인사	감사	물류	총무	비서	마케팅
경우 1	O	O				
경우 2	X	X		X	X	

그런데 첫 번째 조건에서 3명이 참석한다고 하였으므로 경우 2는 첫 번째 조건에 위배된다. 한편 세 번째 조건의 대우에서 감사실장이 참석하면 마케팅팀장도 참석하는 것이므로 이를 첫 번째 경우에 적용하여 정리하면 다음과 같다.

구분	인사	감사	물류	총무	비서	마케팅
경우 1	O	O				O
~~경우 2~~	~~X~~	~~X~~		~~X~~	~~X~~	

첫 번째 조건에서 3명만 참석한다고 하였으므로 물류팀장, 총무팀장, 비서실장은 참석하지 않게 되는데 이는 다른 조건에도 위배되지 않으므로 결국 워크숍에 참석하지 않는 사람은 물류팀장, 총무팀장, 비서실장임을 알 수 있다.

04 언어추리 논리퀴즈 정답 ③

조건들 가운데 네 번째 조건의 경우의 수가 가장 적으므로 이를 기준으로 경우의 수를 정리하면 다음과 같다.

순위	1	2	3	4	5
경우 1	무	을			
경우 2		무	을		
경우 3			무	을	
경우 4				무	을

세 번째 조건에서 을, 병, 정의 순위가 연속이라고 하였는데 그것이 가능한 것은 경우 1과 경우 2뿐이다. 각각의 경우의 수를 정리하면 다음과 같다.

순위	1	2	3	4	5
경우 1	무	을	병	정	
경우 1-1	무	을	정	병	
경우 2		무	을	병	정
경우 2-1		무	을	정	병

각 경우의 빈칸은 자연히 갑이 들어가게 되는데 첫 번째 정보에서 병의 점수가 갑의 점수보다 높다고 하였으므로 이것이 가능한 경우는 경우 1과 경우 1-1뿐이다. 이를 정리하면 다음과 같다.

순위	1	2	3	4	5
경우 1	무	을	병	정	갑
경우 1-1	무	을	정	병	갑

이 두 경우는 남은 조건인 두 번째 조건에도 충족하므로 두 경우 모두 가능하고, 선택지 가운데 이와 일치하는 것은 ③뿐이다.

05 언어추리 논리퀴즈 정답 ③

세 번째 조건에서 물류팀 대표인 A가 1위를 차지했다고 하였고, 3위까지 상금이 수여되는데 D는 상금을 받았으므로 D는 4위나 5위는 아니며, 5위를 차지한 것은 비서팀 대표도 E도 아니라고 하였으므로 이를 정리하면 다음과 같다.

구분	1	2	3	4	5
이름	A			~~D~~	~~D, E~~
부서	물류				~~비서~~

두 번째 조건에서 C가 비서팀 대표 바로 앞 순위로 들어왔다고 하였는데 C와 비서팀 대표의 순위로 가능한 것은 순서대로 2, 3위인 경우나 3, 4위인 경우만 가능하다. 각각의 경우를 순서대로 살펴보면 다음과 같다.

[경우 1] C가 2위, 비서팀 대표가 3위인 경우

구분	1	2	3	4	5
이름	A	C		~~D~~	~~D, E~~
부서	물류		비서		~~비서~~

마지막 조건에서 감사팀 대표가 D 바로 다음으로 들어왔다고 하였으므로 D는 3위, 감사팀은 4위가 된다.

구분	1	2	3	4	5
이름	A	C	D	~~D~~	~~D, E~~
부서	물류		비서	감사	~~비서~~

E는 5위가 될 수 없으므로 E는 4위이고, 자연히 B는 5위가 된다.

구분	1	2	3	4	5
이름	A	C	D	E	B
부서	물류		비서	감사	

네 번째 조건에서 B는 인사팀 대표가 아니라고 하였으므로 B는 기획팀 대표가 되고 자연히 C는 인사팀 대표가 된다.

구분	1	2	3	4	5
이름	A	C	D	E	B
부서	물류	인사	비서	감사	기획

[경우 2] C가 3위, 비서팀 대표가 4위인 경우

구분	1	2	3	4	5
이름	A		C	~~D~~	~~D, E~~
부서	물류			비서	~~비서~~

마지막 조건에서 감사팀 대표가 D 바로 다음으로 들어왔다고 하였으므로 D는 2위, 감사팀은 3위가 된다.

구분	1	2	3	4	5
이름	A	D	C	~~D~~	~~D, E~~
부서	물류		감사	비서	~~비서~~

E는 5위가 될 수 없으므로 E는 4위이고, 자연히 B는 5위가 된다.

구분	1	2	3	4	5
이름	A	D	C	E	B
부서	물류		감사	비서	

네 번째 조건에서 B는 인사팀 대표가 아니라고 하였으므로 B는 기획팀 대표가 되고 자연히 D는 인사팀 대표가 된다.

구분	1	2	3	4	5
이름	A	D	C	E	B
부서	물류	인사	감사	비서	기획

두 경우 모두 성립하므로 이를 정리하면 다음과 같다.

구분		1	2	3	4	5
경우 1	이름	A	C	D	E	B
	부서	물류	인사	비서	감사	기획
경우 2	이름	A	D	C	E	B
	부서	물류	인사	감사	비서	기획

이를 토대로 선택지를 살펴본다.

③ 경우 1, 2 모두 인사팀 대표는 2위를 차지했으므로 반드시 옳은 내용이다.

① 비서팀 대표는 경우 1에서는 3위로 상금을 받지만, 경우 2에서는 4위로 상금을 받을 수 없으므로 반드시 옳은 내용은 아니다.

② 경우 1, 2 모두 B는 기획팀 대표이므로 반드시 옳지 않은 내용이다.

④ 경우 1, 2 모두 기획팀 대표는 5위를 차지했으므로 반드시 옳지 않은 내용이다.

⑤ 경우 1, 2 모두 D는 E보다 순위가 높으므로 반드시 옳지 않은 내용이다.

06 언어추리 논리퀴즈 정답 ①

각 정보를 그림으로 나타내면 다음과 같다.

가	나	다

가와 다를 합하면 다음과 같은 그림이 완성된다.

나에서 이학부 교수의 왼쪽으로 다른 교수가 연이어 앉아야 하는데 이에 가능한 위치는 그림에서 오른쪽과 그 위쪽뿐이다. 이를 토대로 위 그림에 나를 결합하면 다음과 같다.

남은 한 명의 교수는 어문학부 교수이고, 라 조건에 의해 이미 떨어져 앉은 어문학부 외에 나머지 학부의 조교와 교수는 연이어 앉아야 한다. 이를 정리하면 다음과 같다.

이를 토대로 살펴보면 ①만이 옳다는 것을 확인할 수 있다.

07 언어추리 논리퀴즈 정답 ④

첫 번째 조건에서 상훈은 지현의 바로 왼쪽에 앉고 세 번째 조건에서 지현의 바로 뒤에 도영이 앉는다고 하였으므로 경우의 수를 정리하면 다음과 같다.

경우 1			경우 2		
상훈	지현			상훈	지현
	도영				도영

두 번째 조건에서 연우가 준혁보다 무대에 가까이 앉는다고 하였으므로 연우는 1열임을 알 수 있고 준혁의 바로 앞에 앉지는 않는다고 하였으므로 각 경우에 이를 적용하면 다음과 같다.

경우 1			경우 2		
상훈	지현	연우	연우	상훈	지현
준혁	도영	진영	진영	준혁	도영

이를 토대로 선택지를 살펴본다.

④ 여섯 명이 앉을 수 있는 경우의 수는 위 2가지이므로 반드시 거짓이다.

① 두 경우 모두 상훈의 뒤에는 준혁이 앉으므로 반드시 옳다.

② 경우 1에서는 도영이 진영보다 왼쪽에 앉지만 경우 2에서는 진영이 도영보다 왼쪽에 앉으므로 반드시 옳다고 할 수는 없다.

③ 상훈과 연우는 모두 1열에 앉으므로 반드시 옳다.

⑤ 경우 1에서는 지현의 양옆에 좌석이 있지만 경우 2에서는 지현의 왼쪽에만 좌석이 있으므로 반드시 옳다고 할 수는 없다.

08 언어추리 논리퀴즈
정답 ⑤

첫 번째 조건에서 기획팀의 순위가 3위는 아니라고 하였으므로 다음과 같이 정리할 수 있다.

구분	1위	2위	3위	4위	5위
작년	기획	총무	인사	물류	영업
올해			~~기획~~		

이와 마찬가지로 2, 3, 4번 조건을 정리하면 다음과 같다.

구분	1위	2위	3위	4위	5위
작년	기획	총무	인사	물류	영업
올해	~~인사~~	~~영업,~~ ~~물류,~~ ~~인사~~	~~기획,~~ ~~인사~~	~~영업,~~ ~~인사~~	

문제의 마지막에 작년의 순위와 같은 순위를 기록한 팀은 없다고 하였으므로 이를 정리하면 다음과 같다.

구분	1위	2위	3위	4위	5위
작년	기획	총무	인사	물류	영업
올해	~~인사,~~ ~~기획~~	~~영업,~~ ~~물류,~~ ~~인사,~~ ~~총무~~	~~기획,~~ ~~인사,~~ ~~인사~~	~~영업,~~ ~~인사,~~ ~~물류~~	~~영업~~

올해 2위는 기획팀만 가능하고, 인사팀은 1, 2, 3, 4위가 불가능하므로 5위만 가능하다.

구분	1위	2위	3위	4위	5위
작년	기획	총무	인사	물류	영업
올해	~~인사,~~ ~~기획~~	기획	~~기획,~~ ~~인사,~~ ~~인사~~	~~영업,~~ ~~인사,~~ ~~물류~~	인사

올해 기획팀은 2위이므로 올해 4위는 총무팀만 가능하고 1위와 3위는 물류팀과 영업팀 중 한 팀인 것까지만 알 수 있으므로 이를 정리하면 다음과 같다.

구분	1위	2위	3위	4위	5위
작년	기획	총무	인사	물류	영업
올해	물류 / 영업	기획	영업 / 물류	총무	인사

⑤ 이에 의하면 작년에 포상금을 받지 못한 물류팀과 영업팀은 올해는 반드시 포상금을 받게 되었다는 것을 알 수 있으므로 반드시 거짓이다.

① 올해 기획팀의 순위는 2위로 작년 인사팀의 순위인 3위보다 높으므로 반드시 옳은 내용이다.
② 올해 인사팀의 순위는 5위로 작년 기획팀의 순위인 1위보다 높지 않으므로 반드시 옳은 내용이다.
③ 올해 총무팀은 포상금을 받지 못하였으므로 반드시 옳은 내용이다.
④ 올해 영업팀의 순위는 1위 혹은 3위로 작년 총무팀의 순위인 2위보다 높을 수도 있고 높지 않을 수도 있으므로 반드시 거짓인 내용은 아니다.

09 언어추리 논리퀴즈
정답 ③

조건 3, 4, 5, 7에 의해서 G는 '나 1' 에 위치하고, 파란색 티셔츠를 입고 있다. 또한 A가 빨간색 티셔츠를 입고 '가 1' 에 위치함을 알 수 있다. 그리고 조건 6, 7에 의해 F는 검은색 티셔츠를 입고 '나 2'에 위치하며, '나 3'에는 초록색 티셔츠를 입은 사람이 앉아 있음을 알 수 있다. 그리고 조건 4, 5, 8을 통해 '가 3'에는 파란색 티셔츠를 입은 사람이, '가 4'에는 검은색 티셔츠를 입은 사람이, '나 4'에는 빨간색 티셔츠를 입은 사람이 앉아 있음을 알 수 있다. 여기서 조건 1, 2에 의해 '가 3'에는 C가 앉아 있고, '나 3'에는 D가 앉아 있음을 알 수 있다. 따라서 다음과 같이 '가 4'와 '나 4'를 제외하고 모든 좌석을 확정할 수 있다.

앞

A(빨강)	G(파랑)
H(초록)	F(검정)
C(파랑)	D(초록)
(검정)	(빨강)

뒤

따라서 선택지 중 반드시 참인 것은 ③뿐이고, ②, ⑤는 알 수 없으며, ①, ④는 거짓이다.

10 언어추리 논리퀴즈
정답 ②

네 번째 조건에 따라 B 연습실을 월요일에 이용하는 것은 3반이고, 다섯 번째 조건과 일곱 번째 조건에 따라 A 연습실을 목요일에 이용하는 것은 2반, 수요일에 이용하는 것은 3반임을 알 수 있다. 한편 여덟 번째 조건에서 월요일에는 1반이, 목요일에는 3반이 연습하지 않는다고 하였으므로 이를 정리하면 다음과 같다.

구분	1반	2반	3반	4반
A 연습실	~~월요일~~	목요일	수요일	
B 연습실	~~월요일~~		월요일	
C 연습실	~~월요일~~		~~목요일~~	

이에 따라 A 연습실을 1반이 이용하는 요일은 화요일이 되고, 4반이 이용하는 요일은 월요일이 된다. 한편 C 연습실을 3반이 이용하는 요일은 화요일이 된다.

구분	1반	2반	3반	4반
A 연습실	화요일	목요일	수요일	월요일
B 연습실	~~월요일~~		월요일	
C 연습실	~~월요일~~		화요일	

세 번째 조건에서 C 연습실은 1반이 4반보다 먼저 이용한다고 하였는데 C 연습실은 1반이 월요일에 이용할 수 없고, 화요일에는 3반이 이용하므로 1반은 수요일, 4반은 목요일에 C 연습실을 이용한다. 자연히 C 연습실을 월요일에 이용하는 것은 2반임을 알 수 있다.

구분	1반	2반	3반	4반
A 연습실	화요일	목요일	수요일	월요일
B 연습실	~~월요일~~		월요일	
C 연습실	수요일	월요일	화요일	목요일

1반은 B 연습실을 목요일에만 이용할 수 있는데, 여섯 번째 조건에서 B 연습실은 2반이 4반보다 먼저 이용한다고 하였으므로 2반은 화요일, 4반은 수요일에 B 연습실을 이용한다.

구분	1반	2반	3반	4반
A 연습실	화요일	목요일	수요일	월요일
B 연습실	목요일	화요일	월요일	수요일
C 연습실	수요일	월요일	화요일	목요일

따라서 ㄱ은 목요일, ㄴ은 월요일, ㄷ은 목요일, ㄹ은 화요일이므로, (ㄱ)~(ㄹ)에 들어갈 내용이 바르게 연결된 것은 ②이다.

11 언어추리 논리퀴즈 정답 ③

제시된 내용에 따라 표를 만들어 채워보면 다음과 같다.

유명 인사	작년	올해
범근	ㄱ	지성
ㄴ	ㄷ	ㄹ
ㅁ	승엽	태환
ㅂ	호동	승엽

여기서 ㄱ에는 5번 조건에 따라 지성이 들어갈 수 없으므로 태환이 들어가야 하고 ㄷ에는 지성, ㄹ에는 호동이 들어가야 한다.

유명 인사	작년	올해
범근	태환	지성
ㄴ	지성	호동
ㅁ	승엽	태환
ㅂ	호동	승엽

호동은 만기를 만난 적이 없으므로 만기가 들어갈 수 있는 곳은 ㅁ뿐이다.

유명 인사	작년	올해
범근	태환	지성
ㄴ	지성	호동
만기	승엽	태환
ㅂ	호동	승엽

1번 조건의 뒷부분에서 지성이 작년에 찾아간 사람이 동열은 아니라고 하였으므로 ㄴ에 동열이 들어갈 수 없다. 따라서 ㄴ에는 주엽, ㅂ에는 동열이 들어가야 한다.

유명 인사	작년	올해
범근	태환	지성
주엽	지성	호동
만기	승엽	태환
동열	호동	승엽

이를 토대로 선택지를 살펴본다.
③ 호동이 작년에 만난 사람은 동열이다.

① 작년에 지성은 주엽을 찾아갔다.
② 만기가 작년에 만난 사람은 승엽이다.
④ 태환이 작년에 만난 사람은 범근이며 범근을 올해 만난 사람은 지성이다.
⑤ 올해 승엽이 찾아간 사람은 동열이다.

12 언어추리 논리퀴즈 정답 ①

병이 정은 거짓을 말하고 있다고 하였으므로 병이 진실이면 정은 거짓을 말한 것이 되고 병이 거짓이면 정은 진실을 말한 것이 된다. 두 경우 모두 병과 정 가운데 진실을 말하는 사람이 한 명, 거짓을 말하는 사람이 한 명 있다. 그런데 문제에서 한 명만 진실을 말한다고 하였으므로 진실을 말하는 사람은 병 또는 정이 될 것이고 이에 따라 갑, 을, 무는 항상 거짓을 말하고 있음을 알 수 있다. 이 가운데 갑이 승진하지 못했다고 말한 무의 말이 거짓이므로 승진한 사람은 갑이 된다.

13 언어추리 논리퀴즈 정답 ④

승진한 사람이 한 명이라고 하였으므로 각각이 승진했다고 가정한 다섯 가지 경우의 수에 대해 다섯 명의 진술이 진실인지 거짓인지를 파악하여 어떤 경우에 거짓이 세 명이 되는지 살펴보는 것이 좋다.
먼저 갑의 진술을 보면 갑과 정은 승진하지 못하였다고 하였는데 이는 갑이 승진한 경우나 정이 승진한 경우에는 거짓이지만 을, 병, 무가 승진한 경우에는 진실이 된다. 이를 정리하면 다음과 같다.

승진가정 / 진술	갑	을	병	정	무
갑: 갑 X and 정 X	F	T	T	F	T
을: 병 O					
병: 정 F					
정: 갑 O or 무 O					
무: 갑 X					

을은 병이 승진하였다고 하였으므로 병이 승진한 경우에는 을의 진술이 진실이 되고 나머지가 승진한 경우에는 을의 진술은 거짓이 된다.

승진가정 / 진술	갑	을	병	정	무
갑: 갑 X and 정 X	F	T	T	F	T
을: 병 O	F	F	T	F	F
병: 정 F					
정: 갑 O or 무 O					
무: 갑 X					

병은 정이 거짓을 말한다고 하였는데 이는 정의 진술의 진실, 거짓 여부에 따라 결정되므로 정의 진술을 먼저 보자. 정은 갑과 무 가운데 승진한 사람이 있다고 하였으므로 갑이 승진한 경우나 무가 승진한 경우에는 정의 진술은 진실이 되지만 을, 병, 정이 승진한 경우에는 정의 진술은 거짓이 된다.

승진가정 / 진술	갑	을	병	정	무
갑: 갑 X and 정 X	F	T	T	F	T
을: 병 O	F	F	T	F	F
병: 정 F					
정: 갑 O or 무 O	T	F	F	F	T
무: 갑 X					

병은 정이 거짓을 말한다고 하였으므로 정의 진술이 진실이면 병의 진술은 거짓이 되고 정의 진술이 거짓이면 병의 진술은 진실이 된다.

진술 \ 승진가정	갑	을	병	정	무
갑: 갑 X and 정 X	F	T	T	F	T
을: 병 O	F	F	T	F	F
병: 정 F	F	T	T	T	F
정: 갑 O or 무 O	T	F	F	F	T
무: 갑 X					

무는 갑이 승진하지 못하였다고 하였으므로 갑이 승진한 경우에는 무의 진술은 거짓이 되고 나머지가 승진한 경우에는 무의 진술은 진실이 된다.

진술 \ 승진가정	갑	을	병	정	무
갑: 갑 X and 정 X	F	T	T	F	T
을: 병 O	F	F	T	F	F
병: 정 F	F	T	T	T	F
정: 갑 O or 무 O	T	F	F	F	T
무: 갑 X	F	T	T	T	T
거짓을 말한 사람 수	4	2	1	3	2

문제에서 세 명이 거짓을 말하였다고 하였는데 정이 승진한 경우에만 거짓을 말한 사람 수가 세 명이 된다.
따라서 승진한 사람은 정이다.

14 언어추리 논리퀴즈 정답 ④

두 명이 자료를 준비해 오기로 하였으므로 준비하는 사람으로 가능한 경우는 AB, AC, AD, BC, BD, CD의 여섯 가지이다. 만약 AB가 준비해 오기로 한 사람이라면, A의 말은 거짓, B의 말은 거짓, C의 말은 진실, D의 말은 거짓이 된다. 이때, C 한 명만 진실을 말한 것이 되어 두 명이 진실을 말한다는 조건에 모순되므로 자료를 준비해 오기로 한 사람은 AB는 아니다. 이와 같이 위의 여섯 가지 경우를 가정하여 각 진술의 진실과 거짓 여부를 표로 정리하면 다음과 같다.

진술 \ 준비가정	AB	AC	AD	BC	BD	CD
A: A X	F	F	F	T	T	T
B: C O	F	T	F	T	F	T
C: B O	T	F	F	T	T	F
D: D X and A T	F	F	F	T	F	F
F의 개수	3	3	4	0	2	2

이에 따라 준비해 오기로 한 사람으로 가능한 경우는 BD 또는 CD이다.
따라서 확실하게 자료를 준비해 오기로 한 사람은 D이다.

15 언어추리 논리퀴즈 정답 ⑤

각각의 진술을 정리하면 다음과 같다.

구분	진술 1	진술 2
민석	B 팀 승	B 팀 5점
소현	A 팀 승	A 팀 4점
주호	1점 차	B 팀 6점 이상
새빛	합 11점	A 팀 승

어떤 팀이 승리했는지에 대한 내용이 많으므로 A 팀이 승리한 경우와 그렇지 않은 경우로 나누어 살펴본다.
[경우 1] A 팀이 승리한 경우
A 팀이 승리했다면 민석의 진술 1은 거짓, 소현의 진술 1은 진실, 새빛의 진술 2는 진실이 되며 각각의 진술이 하나는 진실, 하나는 거짓이라고 하였으므로 민석의 진술 2는 진실, 소현의 진술 2는 거짓, 새빛의 진술 1은 거짓이 된다. 이 가운데 민석의 진술 2가 진실이므로 B 팀의 점수가 5점임을 알 수 있고, 소현의 진술 2가 거짓이므로 A 팀의 점수는 4점이 아님을 알 수 있으며, 새빛의 진술 1이 거짓이므로 양 팀 점수의 합은 11점이 아님을 알 수 있다. 이를 정리하면 다음과 같다.

구분	진술 1	진술 2	정보
민석	B팀 승: F	B팀 5점: T	B팀 5점
소현	A팀 승: T	A팀 4점: F	A팀 4점 아님
주호	1점 차	B팀 6점 이상	
새빛	합 11점: F	A팀 승: T	합 11점 아님

B 팀의 점수가 5점이므로 주호의 두 번째 진술은 거짓이 되고, 자연히 주호의 첫 번째 진술이 진실이 되어 양 팀의 점수 차가 1점 차라는 것을 알 수 있다. A 팀이 승리했다고 가정했는데 B 팀이 5점이면 A 팀의 점수는 6점이 되어 합이 11점이 되어 버리므로 새빛의 첫 번째 진술이 진실이 되는 모순이 발생한다. 따라서 A 팀이 승리하였다는 가정은 거짓이 된다.
[경우 2] B 팀이 승리한 경우
B 팀이 승리했다면 민석의 진술 1은 진실, 소현의 진술 1은 거짓, 새빛의 진술 2는 거짓이 되며 각각의 진술이 하나는 진실, 하나는 거짓이라고 하였으므로 민석의 진술 2는 거짓, 소현의 진술 2는 진실, 새빛의 진술 1은 진실이 된다. 이 가운데 민석의 진술 2가 거짓이므로 B 팀의 점수가 5점이 아님을 알 수 있고, 소현의 진술 2가 진실이므로 A 팀의 점수는 4점임을 알 수 있으며, 새빛의 진술 1이 진실이므로 양 팀 점수의 합은 11점임을 알 수 있다. 이를 정리하면 다음과 같다.

구분	진술 1	진술 2	정보
민석	B 팀 승: T	B 팀 5점: F	B 팀 5점 아님
소현	A 팀 승: F	A 팀 4점: T	A 팀 4점
주호	1점 차	B 팀 6점 이상	
새빛	합 11점: T	A팀 승: F	합 11점

A 팀의 점수가 4점이고, 양 팀 점수의 합이 11점이며, B 팀이 승리했다고 가정하였으므로 B 팀의 점수는 7점이 된다. 그러면 주호의 진술 1은 거짓이 되고, 진술 2가 진실이 되어 다음과 같이 문제의 조건과 모순되는 부분이 없이 정리된다.

구분	진술 1	진술 2	정보
민석	B팀 승: T	B팀 5점: F	B팀 5점 아님
소현	A팀 승: F	A팀 4점: T	A팀 4점
주호	1점 차: F	B팀 6점 이상: T	B팀 6점 이상
새빛	합 11점: T	A팀 승: F	합 11점

따라서 A:B=4:7로 B 팀이 승리했음을 알 수 있다.

16 상황판단 의사결정 정답 ④

ㄷ. 보증금 3천만 원에 차임이 월 19만 원인 주택을 임대하였으므로 3천만 원+19만 원×100=4천 9백만 원이 거래금액이 될 듯하나, 3)에 의하면 합산 금액이 5천만 원 미만이므로 월 단위의 차임액에 70을 곱하여 3천만 원+19만 원×70=4,330만 원이 된다. 이 경우 수수료율이 4/1,000이므로 한 사람이 부담하는 중개 수수료는 17만 3,200원이다.

ㄹ. 보증금 5천만 원에 차임이 월 40만 원인 주택을 임대하였다면 5천만 원+40만 원×100=9천만 원이 거래금액이 되며, 이 경우 수수료율이 4/1,000이므로 수수료는 36만 원이 되나 한도액이 30만 원이므로 한 사람이 부담하는 중개 수수료는 30만 원이다.

ㄱ. 2억 원×4/1,000=80만 원이며 매도인과 매수인 쌍방이 부담하므로 중개 수수료의 합은 160만 원이다.

ㄴ. 임대가가 6억 원으로 3억 원 이상에 해당하므로 2)의 중개 수수료 한도 내에서 중개의뢰인과 중개업자가 별도 체결하는 계약에 따르는데, 한도인 8/1,000의 범위 내인 6/1,000을 수수료로 책정하였으므로 적법하고 한 사람이 부담하는 중개 수수료는 6억 원×6/1,000=360만 원이다.

17 상황판단 의사결정 정답 ③

집에서 서울외곽순환도로 입구까지 시속 40km로 1시간 주행하므로 거리는 40km, 서울외곽순환도로를 시속 80km로 30분간 주행하므로 서울외곽순환도로를 주행하는 거리는 40km, 서울외곽순환도로 출구에서 회사까지 시속 40km로 1시간 주행하므로 거리는 40km이다. 따라서 이를 합하면 전체 거리는 120km가 되고 왕복 출퇴근 거리는 240km이다.

한편, 연비향상장치 장착 전의 경비를 계산하면 휘발유의 연비가 리터당 10km이므로 한 번 출퇴근 시 24L가 필요하고 1L당 휘발유 가격이 1,000원이므로 하루 출퇴근 시 필요한 경비는 24,000원이다.

ㄷ. 다음 달 출근일수가 25일로 늘어나는 경우 연비향상장치를 장착하기 전의 다음 달 경비는 24,000원×25일=600,000원인 반면 연비향상장치를 장착한 후에는 연비가 10km에서 12km로 상승하므로 연비향상장치를 장착한 후의 다음 달 경비는 $\frac{10}{12}$을 곱한 수치인 24,000원×25일×$\frac{10}{12}$=500,000원이 된다. 따라서 한 달간 절감되는 경비는 100,000원인데 이는 연비향상장치 가격과 같다.

ㄱ. 전체 거리 120km를 출퇴근하므로 왕복 240km가 된다.

ㄴ. 연비향상장치를 장착하기 전의 다음 달 경비는 24,000원×20일=480,000원인 반면 연비향상장치를 장착한 후의 다음 달 경비는 24,000원×20일×$\frac{10}{12}$=400,000원이므로 한 달간 절감되는 경비는 80,000원이다.

ㄹ. 휘발유 가격이 1,200원으로 상승하는 경우 하루 출퇴근 시 필요한 경비는 24L×1,200원=28,800원이고 20일 동안의 경비는 28,800원×20일=576,000원이다. 이때 연비향상장치를 장착한 후의 다음 달 경비는 28,800원×20일×$\frac{10}{12}$=480,000원이므로 연비향상장치 장착으로 절감되는 경비는 576,000−480,000=96,000원이다. 이는 연비향상장치 가격보다 낮다.

18 상황판단 의사결정 정답 ⑤

'가, 나, 다, 라'가 간선노선이므로 모두 두 자리 숫자일 것이라는 것을 감안하면서 노선번호를 먼저 생각해 본다. 간선노선, 보조간선노선 모두 두 자리 숫자이므로 각 노선의 번호 부여 규칙에 맞도록 첫 자리, 끝자리 숫자를 고려하면 다음과 같다.

우선 간선노선 중 '가'와 '나'는 동서를 연결하는 경우로, 남에서 북으로 가면서 숫자가 증가하고 끝자리에는 0을 부여해야 하므로 '가'는 20, '나'는 10이다. 간선노선 중 '다'와 '라'는 남북을 연결하는 경우로, 서에서 동으로 가면서 숫자가 증가하고 끝자리에는 5를 부여해야 하므로 '다'는 15, '라'는 25이다.

한편, 보조간선노선 중 '마'는 남북을 연결하는 모양에 근접한다. 이 경우 첫 자리는 남쪽 시작점의 간선노선 첫 자리를 부여한다고 하였으므로 '다'의 첫 자리인 1이 된다. 또한, 끝자리는 5를 제외한 홀수를 부여하므로 '마'의 노선번호로 가능한 것은 11, 13, 17, 19이다. 보조간선노선 중 '바'는 동서를 연결하는 모양에 근접한다. 이 경우 첫 자리는 동서를 연결하는 간선노선 가운데 해당 보조간선노선의 바로 아래쪽에 있는 간선노선의 첫 자리를 부여한다고 하였으므로 '나'의 첫 자리인 1이 된다. 또한, 끝자리는 0을 제외한 짝수를 부여하므로 '바'의 노선번호로 가능한 것은 12, 14, 16, 18이다.

따라서 '가'는 20, '나'는 10, '다'는 15, '라'는 25이고, '마'는 11, 13, 17, 19 중 하나, '바'는 12, 14, 16, 18 중 하나이므로 가장 올바른 것은 ⑤이다.

19 상황판단 의사결정 정답 ④

우선 인수를 기준으로 각 자리에 앉는 사람들이 어떤 카드를 가지게 되는지 살펴보면 다음과 같다.

[배치 규칙]에 따라 인수는 1번 카드를 가지고 인수의 왼쪽에 앉은 사람은 12번 카드를 가지게 된다. 다시 12번의 왼쪽에 앉은 사람은 2번 카드를, 그 왼쪽은 11번 카드를 가지게 되는데 이를 계속 반복하였을 때 결과는 다음과 같다.

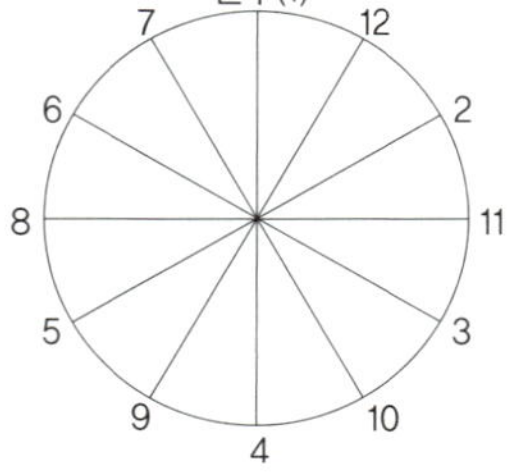

한편 마지막으로 카드를 받은 사람은 7번 카드를 가지고, 이 사람과 인수가 가위바위보를 해 7번 카드를 가진 사람이 이기면 1~6번을 가진 사람이 A 차에, 7~12번을 가진 사람이 B 차에 탑승하고, 인수가 이기면 짝수를 가진 사람이 A 차에, 홀수를 가진 사람이 B 차에 탄다. 이를 토대로 〈보기〉를 하나씩 확인한다.

ㄱ. 맞은편에 앉은 사람들이 가진 카드는 항상 서로 홀짝 여부가 다르다. 이에 따라 인수가 이길 경우 자신의 맞은편에 앉은 사람과 같은 차에 탈 수 있는 경우는 없으므로 항상 옳은 설명이다.

ㄷ. 인수는 1번, 4시 자리에 앉은 사람은 3번, 8시 자리에 앉은 사람은 5번 카드를 가지게 된다. 이때, 7번 카드를 가진 사람이 이길 경우 3명 모두 7번보다 숫자가 작은 카드를 가지고 있어 A 차에 타게 되고, 인수가 이길 경우 3명은 모두 홀수 번호 카드를 가지고 있어 B 차에 타게 되므로 항상 옳은 설명이다.

ㄹ. 3시, 7시, 11시 자리에 앉은 사람이 가지게 되는 카드는 순서대로 11번, 9번, 7번이다. 3개의 번호 모두 홀수이므로 B 차에 타게 되고, 인수가 질 경우에도 7 이상의 숫자이므로 B 차에 타게 된다. 이에 따라 3명은 가위바위보의 결과에 관계없이 B 차에 타게 되므로 항상 옳은 설명이다.

ㄴ. 인수의 바로 양옆에 앉은 사람은 7번과 12번 카드를 가진다. 7번 카드를 가진 사람이 이길 경우 둘 다 B 차에 타게 되므로 옳지 않은 설명이다.

[20-21]

20 상황판단 의사결정 정답 ⑤

ㄱ. 라운드가 진행되면서 A, B, C 3명이 남았는데 A와 B 2명이 팀을 이루어 A는 무조건 O를 쓰고 B는 무조건 X를 쓰기로 한다면 C가 O를 선택하면 A와 C가 탈락하고, C가 X를 선택하면 B와 C가 탈락하므로 C는 반드시 탈락한다.

ㄴ. 라운드가 진행되면서 7명이 남은 경우 첫 번째 라운드에서 나올 수 있는 상황은 6:1, 5:2, 4:3의 세 가지이다. 첫 번째로 6:1인 경우 1명의 우승자가 결정되고 대회는 종료된다. 두 번째로 5:2인 경우 2명이 공동 우승으로 결정되고 대회는 종료된다. 세 번째로 4:3인 경우 3명이 다음 라운드에 진출한다. 다음 라운드에서 3명은 2:1로 나뉘어 1명의 우승자가 결정된다. 따라서 두 번의 라운드를 거쳐서 우승자가 결정되었다면 2명의 공동 우승은 있을 수 없고 1명만이 우승자가 될 수 있다.

ㄷ, ㄹ. 참가자가 아무리 많더라도 적은 쪽의 수가 1명 혹은 2명인 경우라면 1라운드에서 대회가 끝날 수도 있다.

21 상황판단 의사결정 정답 ⑤

모두 진실을 말하였다면 O가 14표, X가 15표일 것이다. 남자가 거짓을 말한 경우와 여자가 거짓을 말한 경우를 나누어 생각해본다.

우선, 만약 남자가 거짓을 말했다면 O가 13표, X가 16표가 되므로 X를 적은 사람들이 전부 탈락할 것이다. 그렇다면 남성이면서 X라고 거짓으로 투표한 남자는 탈락하고 진실로 X에 투표한 여성들도 전부 탈락하게 된다.

다음으로, 만약 여자가 거짓을 말했다면 O가 15표, X가 14표가 되므로 O를 적은 사람들이 전부 탈락할 것이다. 그렇다면 여성이면서 O라고 거짓으로 투표한 여자는 탈락하고 진실로 O에 투표한 남성들도 전부 탈락하게 된다. 이를 토대로 선택지를 살펴본다.

⑤ 남자가 거짓을 말한 경우 거짓을 말한 사람은 탈락하고 여성들이 전부 탈락하므로 남성들만 남는다. 여자가 거짓을 말한 경우 거짓을 말한 사람은 탈락하고 남성들이 전부 탈락하므로 여성들만 남는다. 따라서 성별에 관계없이 거짓을 말한 사람은 탈락하고 거짓을 말한 사람의 진짜 성별을 가진 사람들만 남게 되므로 옳은 설명이다.

① 거짓을 말한 사람이 남자라면 그 사람도 탈락하므로 옳지 않은 설명이다.
② 거짓을 말한 사람이 남자라면 그 사람은 탈락하고 여성들이 전부 탈락하므로 옳지 않은 설명이다.
③ 거짓을 말한 사람이 여자라면 그 사람은 탈락하고 남성들이 전부 탈락하므로 옳지 않은 설명이다.
④ 거짓을 말한 사람이 여자라면 그 사람도 탈락하므로 옳지 않은 설명이다.

22 상황판단 의사결정 정답 ⑤

각각의 부리 형태에 따라 발생 가능한 유전자 쌍을 나열해 보면 다음과 같다.

부리 형태	유전자 쌍
W형	ww, wx, wy, wn
X형	xx, xn
Y형	yy, yn
XY형	xy
N형	nn

⑤ XY형과 X형을 부모로 가진 X형 암컷의 유전자는 xx, xn이 가능하고 양친 모두 W형인 Y형 수컷의 유전자는 yy, yn이 가능하다. 그런데 이 둘을 교배하여 태어난 개체는 X형과 Y형이 모두 가능하므로 옳지 않은 내용이다.

① 모친이 W형이므로 w 유전자가 포함되어 있고 N형 부친은 n 유전자만을 가지고 있다. 이때 모친의 w 유전자와 부친의 n 유전자가 조합되면 모친과 같은 W형이 가능하므로 옳은 내용이다.
② 모친의 모친(부친)은 xx, xn이 가능하고, 모친의 부친(모친)은 yy, yn이 가능하므로 모친은 xy, xn, yn, nn이 가능하고 부친은 nn만이 가능하다. 이때 모친의 n과 부친의 n을 물려받는 경우 부친과 같은 N형이 될 수 있으므로 옳은 내용이다.
③ 양친 모두 X형인 X형 암컷의 유전자는 xx, xn이 가능하고 양친 모두 Y형인 수컷의 유전자는 yy, yn이 가능하다. 이때 양친으로부터 각각 n을 물려받는 경우 N형인 경우도 가능하므로 옳은 내용이다.

④ 양친 모두 XY형인 X형 암컷의 유전자는 xx만 가능하고, 양친 모두 XY형인 Y형 수컷의 유전자는 yy만이 가능하다. 그런데 이 둘을 교배하여 태어난 개체는 모친으로부터 x유전자만 물려받고 부친으로부터 y유전자만 물려받아 xy유전자 쌍을 갖게 되어 부리 형태는 반드시 XY만이 가능하다. 따라서 부모 어느 쪽과도 같은 부리 형태일 수 없으므로 옳은 내용이다.

23 상황판단 의사결정 정답 ③

경기 결과에 따라 티켓별 손익의 최댓값과 최솟값을 정리하면 다음과 같다.

경기 결과 / 티켓	대한민국 승	무승부	대한민국 패	최댓값	최솟값
티켓 1	6	4	−4	6	−4
티켓 2	3	−2	4	4	−2
티켓 3	−1	3	2	3	−1

- A: A는 각 티켓별 최댓값 가운데 가장 큰 값을 갖는 방식을 선호할 것이다. 따라서 6, 4, 3 가운데 가장 큰 값을 갖는 티켓 1을 선택할 것이다.
- B: B는 각 티켓별 최솟값 가운데 가장 큰 값을 갖는 방식을 선호할 것이다. 따라서 −4, −2, −1 가운데 가장 큰 값을 갖는 티켓 3을 선택할 것이다.
- C: C는 각 결과가 발생할 확률이 동일할 것 같다고 하였으므로 이에 의해 각 티켓에 따른 경기결과별 손익의 기댓값을 계산하면 다음과 같이 티켓 1을 선택할 것이다.

경기 결과 / 티켓	대한민국 승	무승부	대한민국 패	계산	산출
티켓 1	6	4	−4	$\frac{6+4-4}{3}$	$\frac{6}{3}$
티켓 2	3	−2	4	$\frac{3-2+4}{3}$	$\frac{5}{3}$
티켓 3	−1	3	2	$\frac{-1+3+2}{3}$	$\frac{4}{3}$

- D: 티켓 1을 선택했는데 대한민국이 패배한 경우를 살펴보자. 대한민국이 패배한 경우 최대 이익은 티켓 2를 선택하는 경우인 4인데 이때 티켓 1의 이익은 −4이므로 후회는 8이 된다.

경기결과 / 티켓	대한민국 승	무승부	대한민국 패
티켓 1			8
티켓 2			
티켓 3			

이와 같은 방식으로 모든 상황에서의 후회를 정리한 후 각 방식별 최대 후회를 나타내면 다음과 같다.

경기 결과 / 티켓	대한민국 승	무승부	대한민국 패	최대 후회
티켓 1	0	0	8	8
티켓 2	3	6	0	6
티켓 3	7	1	2	7

D는 모든 상황별로 후회를 계산한 후 각 티켓별 최대 후회를 비교해서 가장 후회가 적은 티켓을 선택한다고 하였는데 티켓 1의 최대 후회 값은 8, 티켓 2의 최대 후회 값은 6, 티켓 3의 최대 후회 값은 7이므로 이 가운데 가장 작은 값인 6의 최대 후회를 하는 티켓인 티켓 2를 선택한다.

따라서 A는 티켓 1, B는 티켓 3, C는 티켓 1, D는 티켓 2를 선택하게 되므로 이를 적절하게 나타낸 것은 ③이다.

24 상황판단 의사결정 정답 ②

이 문제를 풀기 위해서는 flow chart를 이용하는 것이 바람직하다. 우선 그 흐름을 나타내는 그림을 그리는 것이 중요한데 선행 작업에 따라 그림을 그린 후 각 작업별로 걸리는 시간을 앞에 적으면 다음과 같다.

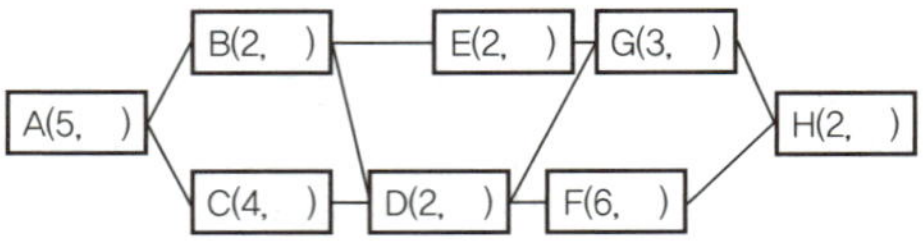

뒤에 누적적으로 걸리는 시간을 적되, 여러 경로를 통해 도달하는 경우 가장 늦은 시간을 기준으로 한다.

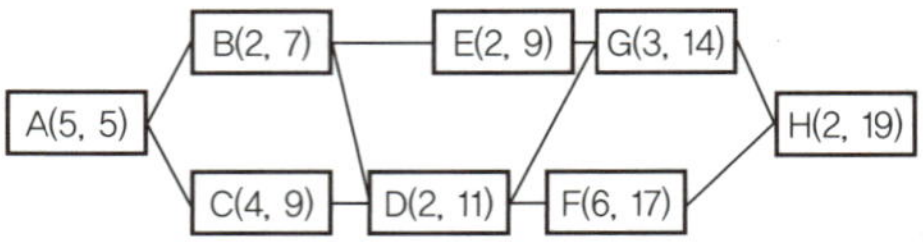

따라서 여행 계획에 필요한 최소한의 시간은 총 19일이 된다.

25 상황판단 의사결정 정답 ②

문제에서 각각의 선호를 반영하여 같은 숙소에 배정할 수 없는 사람을 선으로 연결하여 그래프를 그려보면 다음과 같다.

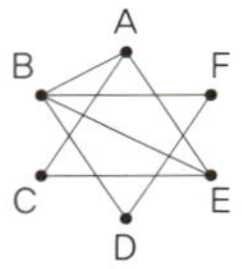

다음으로 가장 많은 사람과 선으로 연결되어 있는 사람부터 순서대로 숙소를 배정한다. 그림으로는 B가 4명으로 가장 많으므로 B에게 1번 숙소를 배정한다.

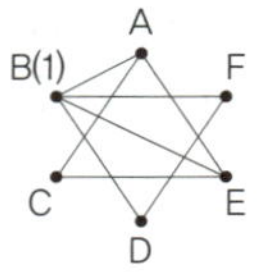

다음 A, E가 세 명과 연결되어 있으므로 이들에게 숙소를 배정해야 하는데 이 가운데에는 누구에게 먼저 배정해도 상관없다. A를 먼저 보면 B와 연결되어 있어 1번 숙소를 배정할 수 없으므로 새로운 2번 숙소를 배정한다. 그러면 E는 A, B와 모두 연결되어 있으므로 1, 2번이 아닌 또 다른 숙소인 3번을 배정해야 한다.

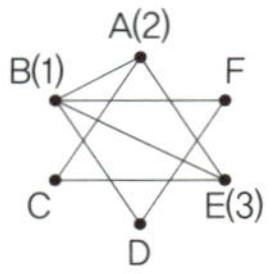

다음으로 2명과 연결되어 있는 C, D, F를 보자. C는 A, E와 연결되어 있으므로 2번 숙소와 3번 숙소에 배정할 수 없지만 B와는 연결되어 있지 않으므로 1번 숙소에 배정할 수 있다. D는 B와 연결되어 있어 1번 숙소는 불가능하지만 2, 3번이 모두 가능하므로 그 가운데 2번 숙소에 배정할 수 있고 자연히 F는 1번 숙소에 배정한 B와 2번 숙소에 배정한 D와 연결되어 있지만 3번 숙소에 배정한 E와는 연결되어 있지 않으므로 3번 숙소에 배정하면 된다. (D가 3번 숙소에 배정되고 F가 2번 숙소에 배정되는 것도 가능하다.)

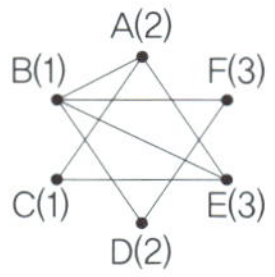

따라서 최소한으로 필요한 숙소는 3개임을 알 수 있다.

26 상황판단 제시문 정답 ②

당시 승경도가 유행하지 않았다면 이덕무가 《사소절》에서 승경도를 아이들의 정신을 소모하고 뜻을 어지럽히고, 공부와 품행에 악영향을 미치고 경쟁 조장 및 사기를 기르는 놀이라고 평가하여 우려했을 가능성이 희박하므로 참인 설명이다.

① 승경도가 관직체계를 내용으로 삼고 있으므로 이를 통해 일반 사회에서 놀이를 즐기려면 그 시대는 관직체계가 완성되어 일반에 개방된 사회일 가능성이 높으므로 참인 설명이다.
③ 현재 승경도는 오각형의 윤목을 사용하여 나온 수대로 말을 이동한다고 하였는데 윷을 이용하면 도, 개, 걸, 윷, 모가 나오는 대로 말을 이동하면 되므로 윤목이 없는 경우 윷을 이용하여 진행할 수 있으므로 참인 설명이다.
④ 승경도의 제작에 관해 《용재총화》에서는 승가의 성불도를 이용하였다는 내용이, 《임하필기》에서는 중국의 투자선격을 이용하였다는 내용이 있기는 하지만 이들로부터 중국의 성불도를 기초로 하였을 것이라고 추측하기 어려우므로 거짓인 설명이다.
⑤ 일제강점기하의 조사대상 지역이었던 225개 지역 중 정월에 승경도를 집중적으로 한 지역은 70개이며, 이 수치는 전체의 1/3을 넘지 못하므로 거짓인 설명이다.

27 상황판단 제시문 정답 ①

라틴어의 '브루투스, 너마저'라는 문장은 1595년의 《요크공 리처드의 진실의 비극》에 나타나는데 이는 셰익스피어의 《헨리 6세 제3부》의 개작이라고 하였다. 하지만 이 문장에서 《헨리 6세 제3부》에 '브루투스, 너마저'라는 문장이 들어가 있었다는 것을 추론하는 것은 무리가 있다.
따라서 그리스어의 '아들아, 너마저'를 라틴어의 '브루투스, 너마저'로 바꾼 것은 셰익스피어의 생각이라고 볼 근거는 빈약하므로 가장 적절하지 않다.

② 제시문에서 가장 오래된 문헌은 플루타르코스의 《영웅전》인데 여기서는 시저가 아무 말 없이 죽었다고 되어 있으므로 시저는 임종 시 아무 말도 하지 않았을 가능성이 더 높다.
③ 죽음 직전의 시저가 그리스어로 말했다는 설은 플루타르코스 이후인 스에트니우스 때 나타난다.
④ 셰익스피어가 《영웅전》에 의거하였다면 1599년에 쓴 《줄리어스 시저》에 시저가 '브루투스, 너마저'라고 말하는 장면을 넣지 않았을 것이다.
⑤ 영어로 쓰인 영국의 희곡 《요크공 리처드의 진실의 비극》에 라틴어의 '브루투스, 너마저'라는 문장이 나타났다고 하였는데, 일반인이 모르는 문장이라면 일반 사람들이 보는 연극에 알아듣기 힘든 다른 언어를 넣었을 가능성은 적다. 따라서 라틴어의 '브루투스, 너마저'라는 문장은 16세기 말경의 영국에서 비교적 잘 알려져 있었을 것이다.

28 상황판단 제시문 정답 ①

가. 업무상 과실치사상죄의 업무는 생명과 신체에 대한 위험을 수반하며, 형법상 보호 가치 없는 업무도 포함된다고 하였다. 따라서 무면허인 을의 성형수술은 업무상 과실치사상죄의 업무가 된다. 따라서 을에게는 업무상 과실치사죄가 성립된다. 한편 업무방해죄의 업무는 보호할 가치가 있어야 하는데 을의 무면허 의료행위는 보호할 가치가 있는 업무로 보기 힘들다. 따라서 병의 업무 방해 행위는 형법상 업무방해죄가 성립되지 않는다.
나. 회사 운영권의 양도, 인수 여부가 불분명하여 이를 다투는 중이라면 양수인이 임원 변경등기를 모두 마친 상황이라 하더라도 이것만으로는 보호할 가치가 있는 정도에 이른 업무라고 보기 힘들다. 따라서 양도인의 행위는 업무방해죄가 성립되지 않는다.
다. 백화점 입주 상인들의 점거농성행위가 보호받을 업무라고 보기 힘들고 화재 예방 등 건물의 안전한 유지 관리를 위한 정당한 권한행사의 범위 내에 해당하므로 대표이사의 단전 조치는 업무방해죄가 성립되지 않는다.

29 상황판단 제시문 정답 ③

ㄱ. A의 법령위반 행위에 대해 결의한 다른 이사인 B는 아무런 행위를 하지 않았고, 당연히 이의를 한 기재가 의사록에 없는 자이므로 결의에 찬성한 것으로 추정된다. 그런데 동조 2항에서 결의에 찬성한 이사도 전항의 책임이 있다고 하였으므로 B는 책임이 있는 자에 해당한다.
ㄷ. 지배주주라는 영향력을 이용하여 다른 이사에게 업무집행을 지시한 자로서, 업무집행지시자 등의 책임 조항의 1호에 해당되어 D는 이사로 추정되므로 D는 손해배상의 책임이 있는 자에 해당한다.
ㄹ. 규정에서는 '명칭을 사용하여'라고 규정한 점에서 상무라는 명칭을 사용한 F는 업무집행지시자 등의 책임 조항의 3호에 적용되는 주체이다. 또한, 허위로 회계처리한 것은 법령위반 행위로서 손해배상 책임의 요건에 해당되고, 이 경우 회사에 대한 책임의 이사와 동일하게 보기 때문에 이사가 아닌 상무 F라도 손해배상의 책임이 있는 자에 해당한다. 문제에서 실제로 동등한 정도의 의사결정권한이 없다는 것은 법률상 고려할 대상으로 볼 수 없다.

ㄴ. '법정한도를 넘은 사채발행'은 법정한도를 어긴 것으로 법령을 위반한 행위에 해당하지만, [법률 규정]에서 말하고 있는 손해배상의 책임 주체는 이사이므로 최대주주인 C는 책임이 있는 자에 해당하지 않는다. 한편 업무집행지시자 등의 책임 조항에서 이사가 아닌 다른 주체에게 책임을 물을 여지를 두고 있지만 ㄴ.의 경우에는 여기에도 해당하지 않는다.

ㅁ. 업무를 집행하였다는 점에서 업무집행지시자로서 손해배상 책임을 진다고 생각할 수 있지만, 위의 세 가지 조항에 따라 손해배상 책임을 지우기 위해서는 '甲 회사의' 이사이거나 업무집행지시자 등의 책임 조항에 해당하는 지위를 가지고 있어야 하는데, G는 乙 회사의 이사이지만 甲 회사에서는 평사원일 뿐이므로 책임이 있는 자에 해당하지 않는다.

30 상황판단 제시문 정답 ⑤

네 번째 조문에서는 10% 이상 소유금지인데 이 경우는 8%이므로 네 번째 조문에 해당하지 않고, 4촌 이내인 경우 업무를 맡을 수 없다고 하였는데 이 경우는 5촌이므로 이 역시 금지되지 않는다. 한편 다섯 번째 조문에서는 특채로 채용된 경우에는 지분을 소유할 수 있으므로 다섯 번째 조문에도 해당하지 않는다. 여섯 번째 조문에서는 4촌 이내인 경우 특채로 채용될 수 없다고 하였지만 이 경우는 5촌이므로 여섯 번째 조문에도 해당하지 않는다.

따라서 법률 규정에 의해 금지되지 않는 경우이다.

① 큰아버지는 4촌 이내이기 때문에 네 번째 조문에 따라 회사 지분의 10% 이상을 소유할 수 없다.
② 사기업의 이사 본인이 아니라 그 아들이므로 마지막 조문에는 해당하지 않으나 두 번째 조문에서 각 주주가 20%를 소유하지 못한다는 조항에 따라 22%를 소유할 수 없다.
③ 특채로 채용되었으므로 다섯 번째 조문 단서에 해당하여 지분을 소유할 수는 있으나 이 역시 두 번째 조문에 해당하여 25%를 소유할 수 없다.
④ 세 번째 조문에서 6촌 이내의 혈연지간의 지분의 합은 29%를 넘을 수 없다고 하였는데 정과 정의 친동생은 2촌 관계이므로 세 번째 조문에 해당하고 지분의 합이 30%이므로 허용될 수 없다.

고난도 PSAT형 문제

p.240

01	02	03	04	05	06	07	08	09	10
②	④	④	④	①	③	③	①	⑤	④
11	**12**	**13**	**14**	**15**	**16**	**17**	**18**	**19**	**20**
⑤	④	①	③	④	②	③	⑤	④	⑤

01 언어추리 명제 정답 ②

제시된 내용을 정리하면 다음과 같다.

1. 갈색 O or 키 큼 O
2. 갈색 O → 안경 O
3. 안경 O or 왼손 O
4. 갈색 O → 안경 X
5. 안경 X → 키 큼 X

2명제와 4명제를 묶어서 생각할 때, 머리가 갈색이면 안경을 쓰면서 동시에 안경을 쓰지 않아야 하는데 그것은 불가능하므로 머리는 반드시 갈색이 아님을 알 수 있다.

머리가 갈색이 아니므로 1명제에 의해 키가 크다는 것을 알 수 있고 키가 크다는 것을 알았기 때문에 5명제의 대우에 의해 안경을 쓴다는 것을 알 수 있다. 그런데 안경을 쓴다고 해서 3명제에 의하더라도 왼손잡이인지는 알 수 없으므로 결국 범인에 대해 알 수 있는 것은 다음과 같이 정리된다.

구분	머리 갈색	키 큼	안경	왼손잡이
여부	X	O	O	알 수 없음

따라서 반드시 참인 것은 ②가 된다.

02 언어추리 명제 정답 ④

제시된 조건을 정리하면 다음과 같다.

1. 회의는 다음 주 개최
2. 월 X
3. (화 O and 목 O) or 월 O
4. 금 X → 화 X

4-1. 금 X → 수 X

2번 조건에서 월요일에는 회의를 개최하지 않는다고 하였는데 3번 조건에 의하면 월요일에 개최하지 않으면 화요일과 목요일에 개최함을 알 수 있다.

일	월	화	수	목	금	토
	X	O		O		

4번 조건의 대우에서 화요일에 회의를 개최하면 금요일에도 개최한다는 것을 알 수 있으므로 빈칸을 마저 채우면 다음과 같다.

일	월	화	수	목	금	토
	X	O		O	O	

나머지 조건으로는 일요일, 수요일, 토요일에 회의를 개최하는지 여부를 알 수 없다.

따라서 회의를 반드시 개최해야 하는 날의 수는 화요일, 목요일, 금요일 3일이다.

03 언어추리 명제 정답 ④

제시된 정보를 정리하면 다음과 같다.

1. A O → B O
2. A X → D X and E X
3. B O → C O or A X
4. D X → A O and C X

A에 관한 언급이 많으므로 A가 채택되는 경우와 그렇지 않은 경우로 나누어보면 다음과 같다.

[경우 1] A가 채택되지 않는 경우

2명제에 의해 D와 E가 채택되지 않는데 그러면 4명제에 의해 다시 A가 채택되어야 한다. 그러면 A가 채택되는 경우 A가 채택되지 않는다는 것이 되는데 이는 불가능하므로 A는 반드시 채택되어야 한다.

[경우 2] A가 채택되는 경우

1명제에 의해 B가 채택되고 3명제에 의해 C도 채택된다.

4명제의 대우에 의해 D가 채택되는데 지금까지의 정보로는 E가 채택되는지는 알 수 없다.

기업	A	B	C	D	E
채택	O	O	O	O	

따라서 반드시 채택되는 업체는 A, B, C, D 4개가 된다.

04 언어추리 논리퀴즈 정답 ④

우선 제시된 정보를 도식화해보면 다음과 같이 나타낼 수 있다.

1. B > F
2. $\frac{E}{F} > G > D$
3. B ≠ 1
4. D > A
5. G > C

2번 조건을 기준으로 1번 조건을 결합하여 F의 앞에 B를 위치시키고 4번 조건을 결합하여 D의 뒤에 A를 위치시킬 수 있다. 한편 G의 뒤에 C가 있다고 하였으므로 이를 종합하여 표현하면 $\frac{E}{B>F} > G > \frac{D>A}{C}$로 표시할 수 있다.

한편 3번 조건에서 B는 처음에 올 수 없다고 하였으므로 E가 첫 번째가 될 수밖에 없고 이를 종합하면 E > B > F > G > $\frac{D>A}{C}$로 정리된다. 이에 의하면 순서가 정해지지 않은 부분은 D와 C, A가 있는 부분이다. 따라서 선택지에서도 이 셋의 순서를 세울 수 있는 것을 찾으면 된다.

④ D와의 계약은 A와의 계약과 인접하여 이루어지지는 않았다는 내용이 추가되면 C의 자리가 D와 A의 사이로 정해지므로 7건의 계약 순서를 정확하게 배열할 수 있는 결정적인 단서가 된다.

05 언어추리 논리퀴즈

정답 ①

'가'~'다'에서 상생은 물 → 나무 → 불 → 흙 → 금 → 물의 순서로 이루어지며, 이를 왕조의 순서와 연결하면 조선 다음으로 불의 기운을 가진 정 씨가 세상을 연다고 하였으므로 조선은 나무의 기운을, 고려는 물의 기운을, 신라는 금의 기운을 가지고 있음을 알 수 있다. 그리고 이를 5수와 연결하면 불의 숫자는 7이고, 조선은 8, 고려는 6, 신라는 9에 대응되므로 이를 종합해보면 다음과 같다.

왕조	신라	고려	조선	–	–
5행	금(金)	물(水)	나무(木)	불(火)	흙(土)
5수	9	6	8	7	5

한편, '라'와 '마'에서 사대문과 4신을 연결하면 주작은 붉은(火) 봉황을 의미하고 숭례문과 연결되고, 흥인문은 청룡을 뜻하고 인(仁)은 목(木)과 연결된다고 하였다. 또한, 흥인문과 돈의문, 숭례문과 소지문이 청룡과 백호, 주작과 현무가 마주 보는 것과도 연결되며, 상극의 원리를 적용하면 물(水)이 불(火)을, 금(金)이 나무(木)를 마주 보고 있다고 하였으므로 이를 종합해보면 다음과 같다.

	소智문 – 현무 – 水	
돈義문 – 백호 – 金	보信각	흥仁문 – 청룡 – 木
	숭禮문 – 주작 – 火	

위의 두 표를 종합해보면 다음과 같다.

왕조	신라	고려	조선	–	–
5행	금(金)	물(水)	나무(木)	불(火)	흙(土)
5수	9	6	8	7	5
5상	의	지	인	예	신
4신	백호	현무	청룡	주작	–

따라서 바르게 짝지은 것은 ①이다.

06 언어추리 논리퀴즈

정답 ③

각각의 진술을 정리하면 다음과 같다.

- A: A와 E만 봄, B T
- B: D O, E가 봄
- C: D X, E T
- D: 세 명이 봄, B X
- E: A X and E X, E는 못 봄

이들 진술 가운데 서로 맞지 않는 진술의 쌍을 보자.
먼저 A의 첫 번째 진술과 D의 첫 번째 진술이 맞지 않기 때문에 이 둘 중에 최소 한 명은 거짓을 말하고 있다.
다음으로 B의 첫 번째 진술과 C의 첫 번째 진술이 맞지 않기 때문에 이 둘 중에 최소 한 명은 거짓을 말하고 있다.
그런데 문제에서 거짓은 두 명이라고 하였으므로 A와 D 중에 한 명, B와 C 중에 한 명이 거짓을 말하고 있음을 알 수 있고 자연히 여기에 속하지 않은 E는 진실을 말한 것이 된다. 따라서 E의 말에 의해 A와 E는 쓰레기를 무단투기하지 않았고 E는 아무도 보지 못한 것이 된다.
한편 E가 아무도 보지 못했으므로 E가 보았다고 말한 A와 B는 거짓이 되고 C와 D는 진실이 된다. C의 말이 참이므로 D는 쓰레기를 무단투기하지 않았고, D의 말이 참이므로 B도 쓰레기를 무단투기하지 않았다.
따라서 이를 정리하면 A, B, D, E는 쓰레기를 무단투기하지 않았으므로 쓰레기를 무단투기한 사람은 C만이 가능하다.

07 언어추리 논리퀴즈

정답 ③

3명이 각각 반은 진실을 말하고 반은 거짓을 말한다고 하였으므로 각각의 진술 두 개 중 하나는 진실, 하나는 거짓이 된다.
각각의 진술 중 A가 교육을 받지 않았다는 것이 공통된 진술이므로 A가 교육을 받은 경우와 받지 않은 경우로 나누어 생각해본다.
[경우 1] A가 교육을 받은 경우
A의 제1진술, B와 C의 제2진술이 거짓이므로 나머지는 진실이 된다.

구분	제1진술	제2진술
A의 진술	F	T
B의 진술	T	F
C의 진술	T	F

이를 근거로 A, B, C의 교육 여부를 살펴보면 다음과 같다.

구분	제1진술	제2진술
A의 진술	A – 받음	C – 받지 않음
B의 진술	B – 받음	A – 받음
C의 진술	C – 받지 않음	A – 받음

따라서 A – 받음, B – 받음, C – 받지 않음으로 정리할 수 있다.
[경우 2] A가 교육을 받지 않은 경우
A의 제1진술, B와 C의 제2진술이 진실이므로 나머지는 거짓이 된다.

구분	제1진술	제2진술
A의 진술	T	F
B의 진술	F	T
C의 진술	F	T

이를 근거로 A, B, C의 교육 여부를 살펴보면 다음과 같다.

구분	제1진술	제2진술
A의 진술	A – 받지 않음	C – 받음
B의 진술	B – 받지 않음	A – 받지 않음
C의 진술	C – 받음	A – 받지 않음

따라서 A – 받지 않음, B – 받지 않음, C – 받음으로 정리할 수 있다.

이를 토대로 〈보기 2〉를 살펴본다.

ㄷ. 위의 두 경우를 살펴보면 모두 함께 교육을 받은 경우는 없다.

ㄱ. A가 교육을 받지 않은 경우(경우 2), C 한 사람만 교육을 받은 것이 된다.

ㄴ. A가 교육을 받은 경우(경우 1), A와 B 두 사람만 교육을 받은 것이 된다.

08 상황판단 의사결정 정답 ①

두 번째 지정 기준에서 전문의 수가 2명 이하인 경우는 제외한다고 하였으므로 乙이 제외되고, 가장 가까이 있는 기존 산재보험 의료기관까지의 거리가 1km 미만인 경우는 제외한다고 하였으므로 이에 해당하는 戊도 제외된다. 이 둘을 제외하고 배점을 정리하면 다음과 같다.

신청 병원	인력 점수 (전문의 수)	경력 점수 (전문의 평균 임상경력)	행정처분 점수 (행정처분을 받은 적이 있는 의사 수)	지역별 분포 점수 (가장 가까이 있는 기존 산재보험 의료기관까지의 거리)	총합
甲	8	7×2=14	2	(8+14)×20% =4.4	28.4
丙	10	5×2=10	10	(10+10)×(−20%) =−4	26
丁	8	20 (최대 20점)	2	(8+20)×(−20%) =−5.6	24.4

따라서 점수가 가장 높은 甲이 선정된다.

09 상황판단 의사결정 정답 ⑤

2단계에서 안전성 점수에는 2배의 가중치를, 홍보효과 점수에는 1.5배의 가중치를 부여한다고 하였으므로 이를 정리하면 다음과 같다.

구분	A	B	C	D	E
인프라	13	12	18	23	12
안전성	36	40	34	28	38
홍보효과	24	25.5	19.5	30	28.5

C, D는 △△대회를 2회 이상 개최한 적이 있는 곳인데 3단계에서 △△대회를 2회 이상 개최한 적이 있는 곳에 대해서는 합산점수에서 10점을 감점한다고 하였으므로 이를 반영하여 총점을 정리하면 다음과 같다.

구분	A	B	C	D	E
인프라	13	12	18	23	12
안전성	36	40	34	28	38
홍보효과	24	25.5	19.5	30	28.5
△△대회 감점			−10	−10	
총점	73	77.5	61.5	71	78.5

이 가운데 최종 점수가 가장 높은 상위 2곳을 개최지로 선정한다고 하였으므로 개최지로 선정되는 곳은 B, E이다.

10 언어추리 논리퀴즈 정답 ④

첫 번째 규칙에 의해 갑과 을은 서로 다른 팀에 배정되어야 한다.

1팀	갑 (1학년)			
2팀	을 (2학년)			

세 번째 규칙에 의해 같은 화학과 2학년인 A와 B는 서로 다른 팀에 배정되어야 한다.

1팀	갑 (1학년)	A(B) (2학년)		
2팀	을 (2학년)	B(A) (2학년)		

두 번째 규칙에 의해 2팀에는 더 이상 2학년이 들어갈 수 없다. 따라서 물리학과의 가(2학년)가 속할 수 있는 팀은 1팀뿐이다.

1팀	갑 (1학년)	A(B) (2학년)	가 (2학년)	
2팀	을 (2학년)	B(A) (2학년)		

따라서 ④가 답이 된다.
다른 칸도 마저 채워보면 다음과 같다.
세 번째 규칙에 의해 같은 물리학과 1학년인 나와 다는 서로 다른 팀에 배정되어야 한다.

1팀	갑 (1학년)	A(B) (2학년)	가 (2학년)	나(다) (1학년)
2팀	을 (2학년)	B(A) (2학년)		다(나) (1학년)

남은 자리에는 C가 들어가면 된다.

1팀	갑 (1학년)	A(B) (2학년)	가 (2학년)	나(다) (1학년)
2팀	을 (2학년)	B(A) (2학년)	C (1학년)	다(나) (1학년)

A와 B, 나와 다의 위치가 유동적이므로 나머지 선택지는 반드시 옳은 내용이라고 할 수는 없다.

11 상황판단 의사결정 정답 ⑤

제시된 내용에 의해 차가 막히는 경우와 막히지 않는 경우의 비용을 정리하면 다음과 같다.

구분 / 교통수단	막히지 않을 경우			막힐 경우		
	이용 비용	시간 비용	합계	이용 비용	시간 비용	합계
전철	1,000	6,000	7,000	1,000	6,000	7,000
버스	1,200	3,000	4,200	1,200	9,000	10,200
자가용	5,000	0	5,000	8,000	6,000	14,000

한편, 막힐 확률을 반영하여 기댓값을 정리하면 다음과 같다.

구분 / 교통수단	월, 금			화, 수, 목			토, 일		
	50%	50%	합계	70%	30%	합계	100%	0%	합계
전철	7,000 × 50% =3,500	7,000 × 50% =3,500	7,000	7,000 × 70% =4,900	7,000 × 30% =2,100	7,000	7,000 × 100% =7,000	7,000 × 0% =0	7,000
버스	4,200 × 50% =2,100	10,200 × 50% =5,100	7,200	4,200 × 70% =2,940	10,200 × 30% =3,060	6,000	4,200 × 100% =4,200	10,200 × 0% =0	4,200
자가용	5,000 × 50% =2,500	14,000 × 50% =7,000	9,500	5,000 × 70% =3,500	14,000 × 30% =4,200	7,700	5,000 × 100% =5,000	14,000 × 0% =0	5,000

이를 토대로 선택지를 살펴보자.

⑤ 수요일에 전철을 타고 가는 경우 비용은 7,000원이고 버스를 타고 가는 경우 비용은 6,000원으로 이 둘의 차이는 1,000원이므로 1,200원 이상이라는 내용은 옳지 않다.

① 토요일과 일요일에는 전철을 타는 것이 7,000원으로 가장 비경제적이다.

② 월요일에는 전철을 타는 것이 7,000원으로 가장 경제적이다.

③ 화요일에는 버스를 타는 것이 6,000원으로 가장 경제적이다.

④ 평일 가운데 월요일과 금요일은 자가용이 9,500원으로 가장 비경제적이고 화요일과 수요일과 목요일도 자가용이 7,700원으로 가장 비경제적이다.

12 상황판단 의사결정 정답 ④

총 예산이 6억 원인 점, 지원 순서가 단순히 '소요 광고비 × 2020년도 총매출'이 작은 순이 아니라 우선 지원대상 사업분야가 우선이라는 점, 지원 한도가 총매출을 감안해야 한다는 점 등이 복잡하게 얽혀 있으므로 조건을 놓치지 않도록 주의하면서 문제를 풀도록 한다.

첫 번째 조건에 의해 2020년도 총매출이 500억 원 이상인 A와 B는 제외되며 우선 지원대상 사업분야에 해당하는 기업은 D, E, G임을 알 수 있다. 두 번째 조건을 정리하기 위해 '소요 광고비 × 2020년도 총매출'을 산출해야 하는데 이를 정리하면 다음과 같다.

기업	2020년도 총매출(억 원)	소요 광고비(억 원)	사업 분야	소요 광고비 × 2020년도 총매출(억 원)	우선 지원대상 여부	비고
A	600	1	백신	600	O	총매출 500억 원 이상으로 제외
B	500	2	비대면	1,000	O	총매출 500억 원 이상으로 제외
C	400	3	농산물	1,200	X	
D	300	4	인공지능	1,200	O	
E	200	5	비대면	1,000	O	
F	100	6	의류	600	X	
G	30	4	백신	120	O	

지원 순서는 우선 지원대상 사업분야에 해당하지 않는 기업보다 우선 지원대상에 해당하는 사업분야가 우선이고, 각 분야 내에서는 '소요 광고비 × 2020년도 총매출'이 작은 기업이 우선이므로 이에 따라 순위를 정리하면 우선 지원대상 사업분야인 D, E, G 중에서는 G > E > D 순이고 우선 지원대상 비해당 사업분야에서는 F > C 순이다. 결국 전체 순서를 정리하면 G > E > D > F > C가 된다.

세 번째 조건에 의하면 지원금 상한액은 1억 2천만 원이고 해당 기업의 2020년도 총매출이 100억 원 이하인 경우에는 상한액의 2배인 2억 4천만 원까지 지원할 수 있으나 지원금은 소요 광고비의 2분의 1을 초과할 수 없다는 점을 감안하여 G > E > D > F > C 순으로 지원금을 정리하면 다음과 같다.

- G: 2020년도 총매출이 100억 원 이하이므로 지원금 상한액은 2억 4천만 원이다. 하지만 지원금은 소요 광고비 4억 원의 2분의 1인 2억 원을 초과할 수 없으므로 받을 수 있는 지원금은 2억 원이다.
- E: 2020년도 총매출이 100억 원 초과이므로 지원금 상한액은 1억 2천만 원이다. 이는 소요 광고비 5억 원의 2분의 1인 2.5억 원을 초과하지 않으므로 받을 수 있는 지원금은 1억 2천만 원이다.
- D: 2020년도 총매출이 100억 원 초과이므로 지원금 상한액은 1억 2천만 원이다. 이는 소요 광고비 4억 원의 2분의 1인 2억 원을 초과하지 않으므로 받을 수 있는 지원금은 1억 2천만 원이다.
- F: 2020년도 총매출이 100억 원 이하이므로 지원금 상한액은 2억 4천만 원이다. 이는 소요 광고비 6억 원의 2분의 1인 3억 원을 초과하지 않으므로 받을 수 있는 지원금은 2억 4천만 원이다. 하지만 총 예산은 6억 원이라고 하였고 앞의 G, E, D가 받은 지원금을 제외하면 남은 지원금은 6억 원 − 4억 4천만 원 = 1억 6천만 원이다.

따라서 기업 F가 받는 지원금은 1억 6천만 원이다.

13 상황판단 의사결정 정답 ①

ㄱ. 甲은 34세이고, 소득 7분위, 직전 학기 14학점 이수, 평균 B 학점의 자격요건을 지녔으며, X 학자금 대출을 신청하기 위해서는 신청 연령 35세 이하, 성적 기준 직전 학기 12학점 이상, 평균 C 학점 이상, 소득 1~8분위에 해당해야 하는데, 甲은 모든 요건에 합치하여 대출받을 수 있으므로 옳은 설명이다.

ㄴ. X 학자금 대출 대상인 乙의 한 학기 등록금이 300만 원일 경우 X 학자금 대출에서는 최대 등록금 전액과 학기당 생활비 150만 원을 대출받을 수 있어 乙은 한 학기당 최대 등록금 300만 원과 생활비 150만 원을 합한 450만 원까지 대출받을 수 있으므로 옳은 설명이다.

ㄷ. Y 학자금은 금융채무불이행자, 저신용자의 경우 대출받을 수 없어 50세인 丙이 소득 9분위, 장애인 등의 요건을 갖추었더라도 신용 요건에 관계없이 Y 학자금을 대출받을 수 있는 것은 아니다.

ㄹ. X 학자금은 기준소득을 초과하는 소득 발생 이전에는 상환을 유예할 수 있지만 Y 학자금은 졸업 직후 매월 상환해야 하므로 대출금액이 동일하다고 하더라도 졸업 후 소득이 발생하지 않은 경우 X 학자금 대출과 Y 학자금 대출의 매월 상환 금액은 다를 수 있다.

14 상황판단 의사결정 정답 ③

K 국의 주민세액은 자본 금액과 종업원 수에 따라 정해진다. K 국에서 주민세를 부과하는 기준을 위에서부터 차례대로 1, 2, 3-1, 3-2, 4-1, 4-2, 5로 정의하면, 법인 甲은 자본 금액이 200억 원으로 주민세 부과 기준의 1, 3-1에 해당될 수 있고, 법인 乙은 자본 금액이 20억 원으로 주민세 부과 기준의 4-2, 5에 해당될 수 있으며, 법인 丙은 종업원 수가 200명으로 주민세 부과 기준의 1, 2, 3-2, 4-2, 5에 해당될 수 있다. 이를 토대로 〈보기〉의 내용을 살펴보면 다음과 같다.

ㄱ. 甲이 해당 가능한 경우 중 주민세액이 가장 적은 경우는 3-1이며, 납부 금액은 20만 원이므로 옳은 설명이다.

ㄹ. 甲, 乙, 丙의 주민세액이 최대 금액이 되는 경우는 甲이 1에 해당하여 500,000원을 납부하고, 乙이 4-2에 해당하여 100,000원을 납부하고, 丙이 1에 해당하여 500,000원을 납부할 때이며, 이를 합한 주민세 최대 금액의 합계는 110만 원이므로 옳은 설명이다.

ㄴ. 乙의 종업원이 50명일 경우 주민세 부과 기준의 5에 해당하여 乙이 납부해야 하는 주민세는 5만 원이므로 옳지 않은 설명이다.

ㄷ. 丙이 해당되는 기준 중 주민세액이 가장 적은 경우는 5이며, 납부 금액은 5만 원이므로 옳지 않은 설명이다.

15 상황판단 의사결정 정답 ④

A는 2쪽짜리 보도자료인데 중요도가 상이므로 인쇄 규칙 두 번째의 두 번째 문장에 따라 A4용지 한 면에 1쪽씩 인쇄한다. 따라서 A4용지 2장을 사용한다.

B는 34쪽짜리 보도자료인데 중요도가 중이므로 인쇄 규칙 두 번째의 첫 번째 문장에 따라 한 면에 2쪽씩 인쇄한다. 따라서 A4용지 17장을 사용한다.

C는 5쪽짜리 보도자료인데 중요도가 하이므로 인쇄 규칙 두 번째의 첫 번째 문장에 따라 한 면에 2쪽씩 인쇄하고 인쇄 규칙 세 번째에 따라 양면 인쇄한다. 따라서 A4용지 2장을 사용한다.

D는 3쪽짜리 설명자료인데 중요도가 상이지만 보도자료가 아니므로 인쇄 규칙 두 번째의 두 번째 문장이 아니라 첫 번째 문장에 해당한다. 따라서 A4용지 2장을 사용한다.

따라서 A, B, C, D 순으로 $2+17+2+2=23$장을 사용하게 된다.

16 상황판단 의사결정 정답 ②

제시된 〈상황〉에 따르면 5명 모두 자신을 제외한 나머지 4명의 정확한 생일은 모르지만 3월생이 2명, 6월생이 1명, 9월생이 2명이라는 사실을 알고 있다. 이에 따라 〈대화〉에서 추론할 수 있는 내용을 정리하면 다음과 같다.

- 민경: 지나야, 네 생일이 5명 중에서 제일 빠르니?
  지나: 그럴 수도 있지만 확실히는 모르겠어.
  → 지나는 3월생이 2명 있다는 것을 알고 있어 지나의 생일이 6월이나 9월인 경우 아니라고 대답했어야 했으나, 확실히는 모르겠다고 하였으므로 지나는 3월생임을 알 수 있다.

이름	지나	정선	혜명	민경	효인
생일	3월				

- 정선: 혜명아, 네가 지나보다 생일이 빠르니?
  혜명: 그럴 수도 있지만 확실히는 모르겠어.
  → 혜명은 지나의 생일이 3월이라는 것을 알고 있어 혜명의 생일이 6월이나 9월이면 아니라고 대답했어야 했으나, 확실히는 모르겠다고 하였으므로 혜명이도 3월생임을 알 수 있다.

이름	지나	정선	혜명	민경	효인
생일	3월		3월		

- 지나: 민경아, 넌 정선이가 몇 월생인지 알겠니?
  민경: 아니, 모르겠어.
  → 3월생 2명이 모두 밝혀졌으므로 정선, 민경, 효인이 6월생 1명과 9월생 2명임을 알 수 있고, 민경이가 6월생이면 정선과 효인은 9월생임을 알 수 있다. 이때, 민경은 정선이가 몇 월생인지 모르겠다고 하였으므로 민경이는 6월생이 아닌 9월생임을 알 수 있다.

이름	지나	정선	혜명	민경	효인
생일	3월		3월	9월	

- 혜명: 효인아, 넌 민경이보다 생일이 빠르니?
  효인: 그럴 수도 있지만 확실히는 모르겠어.
  → 남은 6월생 1명과 9월생 1명 중 효인이가 6월생이면 9월생인 민경이보다 생일이 빠르다고 대답했어야 했으나, 확실히는 모르겠다고 하였으므로 효인이는 9월생임을 알 수 있다.

이름	지나	정선	혜명	민경	효인
생일	3월	6월	3월	9월	9월

따라서 정선이는 6월생이다.

17 상황판단 의사결정 정답 ③

[A 사업의 상황별 대안의 기대이익]을 바탕으로 각 대안의 최대 기대이익과 최소 기대이익을 정리하면 다음과 같다.

구분	상황 S_1	상황 S_2	상황 S_3	최대 기대이익	최소 기대이익
대안 A_1	50	16	-9	50	-9
대안 A_2	30	19	5	30	5
대안 A_3	20	15	10	20	10

한편, A 사업의 후회를 정리하면 다음과 같다.

구분	상황 S_1	상황 S_2	상황 S_3	최대 후회
대안 A_1	0	3	19	19
대안 A_2	20	0	5	20
대안 A_3	30	4	0	30

이를 토대로 선택지를 살펴본다.

ㄴ. 각 대안의 최소 기대이익을 비교하면 대안 A_3의 기대이익이 10으로 가장 크므로 기준 Ⅱ로 대안을 선택한다면, 대안 A_3을 선택하게 된다.
ㄹ. 각 대안의 최대 후회를 비교하면 대안 A_1의 최대 후회가 19로 가장 작으므로 기준 Ⅲ으로 대안을 선택한다면, 대안 A_1을 선택하게 된다.

ㄱ. 각 대안의 최대 기대이익을 비교하면 대안 A_1의 기대이익이 50으로 가장 크므로 기준 Ⅰ로 대안을 선택한다면, 대안 A_1을 선택하게 된다.
ㄷ. 상황 S_2에서 대안 A_2의 후회는 0이다.

18 상황판단 제시문 정답 ⑤

ㄱ. 막대한 R&D 역량이 강점이므로 연비를 개선하는 것은 강점 S에 해당한다. 이로 인해 휘발유의 부족이라는 위협을 회피할 수 있으므로 ST 전략에 해당한다.
ㄹ. 한 곳의 생산 공장만 보유하고 있다는 약점 W가 존재하는 상황에서 생산량 감축은 수요 침체에 따른 위협 T를 회피하는 전략이므로 타당하다.
ㅁ. 국내 다른 지역이나 해외에 공장을 분산 설립하는 것은 한 곳의 생산 공장만 보유하고 있는 약점인 W를 보완하여 새로운 해외시장의 출현이라는 기회 O를 살리는 전략이므로 타당하다.
ㅂ. 경유용 레저 차량 생산은 대부분의 차량 부품 자체 생산이라는 강점 S를 가지고 휘발유 부족이라는 위협 T를 회피하므로 타당하다.

ㄴ. 소형 레저용 차량에 대한 수요가 증대하는 것이 기회 O인데 대형 레저용 차량 생산은 기회를 살리는 전략이 아니므로 O에 해당하지 않는다.
ㄷ. 현재 기회 O에는 소형이나 저가형 레저용 차량에 대한 수요 증대가 있을 뿐 안전한 레저용 차량에 관한 내용은 없다. 따라서 이는 약점을 보완하거나 기회를 살리는 전략에 해당하지 않는다.
ㅅ. 내수 확대에 집중하는 것은 새로운 해외시장의 출현이라는 기회를 살리지 못하므로 타당하지 못하다.

19 상황판단 제시문 정답 ④

자음 ㅇ은 물소리이고 첫 번째 문단에서 겨울이 수라고 하였으므로 자음 'ㅇ'은 겨울에 해당한다고 볼 수 있으나 모음 ㅓ는 가을소리라고 되어 있으므로 계절상으로 겨울에 해당한다는 내용은 옳지 않다.

① 마지막 문단에서 '기본 자음을 각각 오행에 대입하였으며...'라고 되어 있고 순서대로 물소리 'ㅇ', 나무소리 'ㄱ', 불소리 'ㄴ', 흙소리 'ㅁ', 쇳소리 'ㅅ'이 소개되어 있으므로 기본 자음은 ㄱ, ㄴ, ㅁ, ㅅ, ㅇ이라고 추론할 수 있다.
② 첫 번째 문단에서 '『주역』의 천지인(天地人) 삼재(三才)와 음양오행원리로 설명할 수 있다. 즉 중성의 기본 모음자 'ㆍ'는 하늘의 둥근 모양을, 'ㅡ'는 땅의 평평한 모양을, 'ㅣ'는 사람이 서 있는 모양을 각각 본뜬 것이다.'라는 부분에서 추론 가능하다.
③ 마지막 문단에서 '오음(五音)은 오행의 상생순서에 따라 나온다.'라고 되어 있고 순서대로 물소리[水] 'ㅇ', 나무소리[木] 'ㄱ', 불소리[火] 'ㄴ', 흙소리[土] 'ㅁ', 쇳소리[金] 'ㅅ'이 나오므로 오행의 상생순서는 수 → 목 → 화 → 토 → 금이라는 것을 알 수 있다.
⑤ 마지막 문단에서 '기본 자음을 각각 오행에 대입하였으며, 나머지 자음은 이 기본자에 획을 더하여 만든 것이다.'라고 되어 있으므로 한글 자음은 자음의 기본자와 그 기본자에 획을 더한 것으로 구성되어 있다는 것을 알 수 있다.

20 상황판단 제시문 정답 ⑤

두 번째 조문 3항 후단에서 명령을 받은 자는 특별한 사유가 없으면 명령에 따라야 한다고 하였으므로 이를 반대해석하면 특별한 사유가 있는 경우에는 그 명령을 따르지 않을 수 있다는 것을 알 수 있다.

① 첫 번째 조문 3호에서 "방제"란 산림병해충이 발생하지 아니하도록 예방하거나, 이미 발생한 산림병해충을 약화시키거나 제거하는 모든 활동을 말한다고 하였으므로 산림병해충이 발생하지 않도록 예방하는 활동은 방제에 해당하지 않는다는 내용은 옳지 않다.
② 두 번째 조문 2항에서 산림청장, 시·도지사, 시장·군수·구청장 또는 지방산림청장은 산림병해충이 발생할 우려가 있거나 발생하였을 때에는 예찰·방제에 필요한 조치를 할 수 있다고 하였으므로 산림병해충이 발생할 우려가 있는 경우, 예찰에 필요한 조치를 하여야 하는 주체는 수목의 판매자가 아니라 산림청장, 시·도지사, 시장·군수·구청장 또는 지방산림청장임을 알 수 있다.
③ 두 번째 조문 5항에서 시·도지사 등은 3항 각 호의 조치이행에 따라 발생한 농약대금, 인건비 등의 방제비용을 예산의 범위에서 지원할 수 있다고 하였으므로 산림병해충 발생으로 인한 조치 명령을 이행함에 따라 발생한 인건비는 시·도지사 등의 지원 대상이 아니라는 내용은 옳지 않다.
④ 두 번째 조문 4항에서 해당 기관의 게시판 및 인터넷 홈페이지 등에 10일 이상 공고를 하여야 하는 경우를 설명하고 있는데 이는 두 번째 조문 3항 2호에 해당하는 경우이어야 한다. 그런데 산림병해충이 발생한 종묘에 대해 관할 구청장이 소독을 명한 경우는 3항 2호가 아니라 3항 3호이므로 이 경우에는 구청장이 소독을 명한 경우라도 그 내용을 구청 게시판 및 인터넷 홈페이지에 10일 이상 공고하여야 하는 의무가 있는 경우가 아니다.

4. 자원관리능력

적중예상문제

p.278

01	02	03	04	05	06	07	08	09	10
③	②	④	②	④	②	②	⑤	④	②
11	12	13	14	15	16	17	18	19	20
⑤	①	③	④	⑤	④	①	③	②	②
21	22	23	24	25	26	27	28	29	30
⑤	②	⑤	⑤	④	②	⑤	⑤	②	②
31	32	33	34	35	36	37	38	39	40
②	④	③	②	③	②	②	④	①	⑤

[01-02]

01 물적자원관리능력 정답 ③

화요일과 금요일 오전에는 학교 근로장학생으로 도서관에서 아르바이트를 진행 중이므로, 수업 시간이 중복되는 성인 교육론과 조직 개발론은 수강할 수 없다. 또한 졸업 요건을 충족하기 위해서는 전공 과목을 5과목 이상 수강해야 하는데, 현재 시간표상 전공 과목은 4과목뿐이므로, A 씨는 교양 과목인 심리학개론은 수강할 수 없다. 남아있는 리더십 개발론과 조직 커뮤니케이션은 모두 전공 선택 과목이므로 과목 구분으로는 우선순위를 선정할 수 없고, 두 개의 수업 중 조직 커뮤니케이션의 수업 종료 시각이 16시로 리더십 개발론의 수업 종료 시각인 17시보다 빠르므로 A 씨가 신청하기에 가장 적합한 과목은 조직 커뮤니케이션이다.

02 물적자원관리능력 정답 ②

아르바이트 일정은 조정 가능하지만, 여전히 A 씨는 졸업 요건을 만족하기 위해선 전공 과목을 5과목 이상 수강해야 하므로 심리학개론은 수강할 수 없다. 남은 4개 과목의 최종 점수를 주어진 기준에 따라 산출해 보면 다음과 같다.

과목명	과제 난이도	시험 난이도	만족도 평가	흥미	최종 점수
성인 교육론	3	2	5	4	3×0.2+2×0.2+5×0.3+4×0.3=3.7
리더십 개발론	5	2	4	5	5×0.2+2×0.2+4×0.3+5×0.3=4.1
조직 커뮤니케이션	5	3	4	3	5×0.2+3×0.2+4×0.3+3×0.3=3.7
조직 개발론	4	5	3	3	4×0.2+5×0.3+3×0.3+3×0.3=3.6

따라서 A 씨가 신청하기에 가장 적합한 과목은 최종 점수가 가장 높은 리더십 개발론이다.

03 물적자원관리능력 정답 ④

7월 14일 전 모든 물품의 재고 수량은 0개였다고 했으며, 재고는 입고와 출고에 의해서만 변화한다고 했으므로, 7월 19일 입고가 진행되기 전 재고 수량은 7월 14일~7월 18일 사이의 입고와 출고를 통해서 산출할 수 있다.
재고량은 현재 남아있는 물품의 양이므로 (총입고량 − 총출고량)을 통해서 산출할 수 있다. 따라서 7월 19일 입고를 진행하기 전 각 물품의 재고량을 구하면 아래와 같다.

- 물품 A: (75+25+30+15+45)−(33+30+15+10+38) =190−126=64개
- 물품 B: (20+20+25+40+33)−(5+33+20+30+21) =138−109=29개
- 물품 C: (28+22+30+55+38)−(8+40+15+20+29) =173−112=61개

물품 A의 재고량은 64개, 물품 B의 재고량은 29개, 물품 C의 재고량은 61개이므로, 각 물품의 재고량을 100개로 맞추기 위해서 물품 A는 100−64=36개, 물품 B는 100−29=71개, 물품 C는 100−61=39개를 추가로 구입해야 한다.
물품 A의 가격은 1개당 1,700원, 물품 B의 가격은 1개당 2,300원, 물품 C의 가격은 1개당 3,100원이므로 추가 물품 구매를 위해 지불해야 하는 비용은 아래와 같다.

- 물품 A: 36×1,700=61,200원
- 물품 B: 71×2,300=163,300원
- 물품 C: 39×3,100=120,900원

따라서 추가 물품 구매를 위해 지불해야 하는 총비용은 61,200+163,300+120,900=345,400원이다.

04 예산관리능력 정답 ②

과업세부도에서 가장 위의 하반기 워크숍 항목이 1단계에 해당하고, 그 아래에 위치한 진행 계획, 식사 준비, 각종 기자재, 세팅, 뒷정리 항목은 2단계에 해당하며, 구체성에 따라 이후 3단계, 4단계로 구분된다.

더 알아보기

과업세부도

과업세부도는 예산을 편성하는 일 외에 팀원들에게 할당된 일을 적절히 관리하는 데에도 활용된다. 할당된 과업에 따른 책임자와 참여자를 명시하여 관리함으로써 업무 추진에 차질이 생기는 것을 막을 수 있다.

[05-06]

05 자원관리능력 소개 정답 ④

자원에 대한 인식 부재는 물적자원에만 국한되지 않으며, 자신이 가진 시간이나, 인맥 등과 같은 자원이 소중한 자원이라는 것을 깨닫지 못하는 경우에도 발생하는 자원 낭비 유형이다.

06 자원관리능력 소개 정답 ②

필요한 자원의 종류와 양을 파악할 때는 정확한 수량을 파악하는 것이 중요하지만, 부족한 자원을 수집할 때는 '여유분'을 고려하여 필요한 수량보다 조금 더 많이 수집해야 돌발적인 상황에 유연한 대처가 가능해진다.

07 예산관리능력 정답 ②

다운로드 속도가 500Mbps 이상인 업체로 선정한다고 했으므로 100Mbps 밖에 되지 않는 B 업체는 선정 대상에서 제외된다. 나머지 업체 중 망 안정성이 C 등급 이하인 업체는 선택하지 않는다고 했으므로 D 업체 또한 제외된다.

따라서 선택 가능한 업체는 A 업체, C 업체, E 업체가 된다. 이 중 3년간 총 비용이 가장 저렴한 업체를 선정한다고 했고, 비용은 3년 약정 계약 시 할인은 가입비를 제외한 월 요금만 할인된다고 했으므로, 모든 업체의 비용을 정리하면 다음과 같다.

- A 업체: 32,000+27,000×36×0.8=809,600원
- C 업체: 34,000+30,000×36×0.7=790,000원
- E 업체: 31,000+26,000×36×0.9=873,400원

따라서 김태영 씨가 선택해야 할 업체는 C 업체이며, 계약기간 동안 지불해야 할 총 비용은 790,000원이다.

08 시간관리능력 정답 ⑤

주어진 문제는 시간 매트릭스에 따라 업무를 구분했을 때, 업무 우선순위를 나열하는 형식의 문제이다. 기본적으로 시간 매트릭스에 따라 업무를 구분한다면 '(중요하고 긴급한 일), (중요하지만 긴급하지 않은 일), (중요하지는 않지만 긴급한 일), (중요하지 않고 긴급하지도 않은 일)'의 4가지로 구분이 가능하다.

일반적으로 가장 우선순위가 높은 일은 (중요하고 긴급한 일)이고, 가장 우선순위가 낮은 일은 (중요하지 않고 긴급하지도 않은 일)이다. 하지만 (중요하지만 긴급하지 않은 일)과 (중요하지는 않지만 긴급한 일)의 우선순위는 상황에 따라 달라질 수 있다. 현재 문제에서는 특별한 상황이나 어떤 업무를 더 높은 우선순위로 두라는 지문이 없다.

따라서 (중요하고 긴급한 일)인 신제품 시장 반응 확인을 가장 높은 우선순위로 두고, (중요하지 않고 긴급하지도 않은 일)인 입사 동기와의 커피 약속을 가장 낮은 우선순위로 두는 것을 기본으로 하고, 하반기 워크숍 준비와 ○○회사 B/M 응대의 경우 순서가 서로 바뀔 수도 있다.

선택지 중 ⑤가 (신제품 시장 반응 확인 → ○○회사 B/M 응대 → 하반기 워크숍 준비 → 입사 동기와의 커피 약속)으로 올바른 우선순위를 가지고 있음을 확인할 수 있으며, 그 외 선택지에서 (신제품 시장 반응 확인 → 하반기 워크숍 준비 → ○○회사 B/M 응대 → 입사 동기와의 커피 약속)이 없으므로 ⑤를 정답으로 볼 수 있다.

[09-10]

09 예산관리능력 정답 ④

시기를 고려하지 않는다고 했으므로 소비자 선호 제품에 따른 예상 수익의 변화는 고려하지 않는다. 주어진 수익 체계표에 따라 선택지의 각 경우 갑 회사와 을 회사의 예상 수익의 합을 정리하면 다음과 같다.

- 갑(냉장고), 을(세탁기) → (4, 6) → 갑 예상 수익 4백억 원+을 예상 수익 6백억 원 = 10백억 원
- 갑(세탁기), 을(TV) → (7, 3) → 갑 예상 수익 7백억 원+을 예상 수익 3백억 원 = 10백억 원
- 갑(TV), 을(냉장고) → (7, 4) → 갑 예상 수익 7백억 원+을 예상 수익 4백억 원 = 11백억 원
- 갑(TV), 을(세탁기) → (7, 8) → 갑 예상 수익 7백억 원+을 예상 수익 8백억 원 = 15백억 원
- 갑(세탁기), 을(냉장고) → (5, 6) → 갑 예상 수익 5백억 원+을 예상 수익 6백억 원 = 11백억 원

따라서 두 회사의 예상 수익이 가장 큰 경우는 갑 회사는 TV를 주력 홍보 상품으로 하고, 을 회사는 세탁기를 주력 홍보 상품으로 하는 경우이다.

10 예산관리능력 정답 ②

갑 회사는 내년에 TV 홍보에만 전념한다고 했으므로 기본 수익 체계표와 분기별 소비자 선호 제품에 따른 변화를 표로 나타내면 다음과 같다.

을 회사 홍보 제품	기본 수익 체계표	분기 / 소비자 선호 제품	1/4 냉장고	2/4 TV	3/4 세탁기	4/4 냉장고, 세탁기
냉장고	(7, 4)	→	(7, 6)	(10.5, 4)	(7, 4)	(7, 6)
세탁기	(7, 8)	→	(7, 8)	(10.5, 8)	(7, 12)	(7, 12)
TV	(4, 5)	→	(4, 5)	(6, 7.5)	(4, 5)	(4, 5)

따라서 1/4분기에는 을 회사의 예상 수익이 갑 회사의 예상 수익보다 높아지는 세탁기와 TV 중 을 회사의 예상 수익이 더 높은 세탁기를 선택해야 하고, 2/4분기에는 을 회사의 예상 수익이 갑 회사의 예상 수익보다 높아지는 경우가 TV를 선택하는 경우밖에 없으므로 TV를 선택해야 한다.
3/4분기에는 을 회사의 예상 수익이 갑 회사의 예상 수익보다 높아지는 세탁기와 TV 중 을 회사의 예상 수익이 더 높은 세탁기를 선택해야 하고, 4/4분기에는 을 회사의 예상 수익이 갑 회사의 예상 수익보다 높아지는 세탁기와 TV 중 을 회사의 예상 수익이 더 높은 세탁기를 선택해야 한다.
따라서 세탁기, TV, 세탁기, 세탁기 순서가 된다.

11 예산관리능력 정답 ⑤

NCS에서 예산의 구분은 직접비와 간접비로 구분된다. 직접비는 '물건을 생산하거나 서비스를 창출하는 데 직접적으로 소모된 것으로 여겨지는 비용'이라고 정의되며, 간접비는 '물건을 생산하거나 서비스를 창출하는 데 직접적으로 소모된 것으로 여겨지는 비용 외의 비용'으로 정의된다.
구체적인 직접비 항목으로는 재료비, 원료와 장비, 시설비, 여행(출장) 및 잡비, 인건비 등을 포함하고 있으며, 간접비 항목으로는 보험료, 건물 관리비, 광고비, 통신비 등을 포함하고 있다.
따라서 주어진 표에서 직접비 항목은 직원 출장비, 장비비, 인건비 총 3가지 항목임을 알 수 있고, 그중 직원 출장비는 1명당 금액이라고 했으며 총 2명에 대한 출장비를 산출해야 하므로 총 비용은 (620,000 × 2) + 4,540,000 + 13,420,000 = 19,200,000원이 된다.

12 물적자원관리능력 정답 ①

현재 날짜는 20X5년 4월 23일이고, 찾으려는 자료는 20X1년 4월 13일에 작성된 '프로젝트 보고 자료'이다. 서류 보관소 관리 기준 1번 항목을 보면 작성일 기준 1년이 초과되는 서류는 서류 보관소에 보관한다고 했는데, 이관 업무는 매달 1일을 기준으로 한다고 되어 있다.
따라서 20X1년 4월 13일에 작성된 '프로젝트 보고 자료'는 1년이 지난 시점인 20X2년 4월 13일에 서류 보관소로 이관할 서류에 해당이 되는데, 이관 업무는 매달 1일을 기준으로 한다고 했으므로 20X2년 5월 1일에 서류 보관소로 이관이 된다.
따라서 해당 자료는 20X5년 4월 23일을 기준으로 본다면 2년 11개월 22일이 지난 자료에 해당하고, 따라서 보관 위치는 A~C 열 사이가 된다. 보관 위치는 회전대응 보관 원칙에 따른다고 했으므로 서류 보관소에 보관하는 자료인 회계 장부, 프로젝트 기획 자료, 프로젝트 보고 자료 3가지 중 가장 열람 빈도가 높은 문서는 A~C 열 중 출입구에서 가장 가까운 A 열에 보관되고, 가장 열람 빈도가 낮은 문서는 C 열에 보관된다.
평균 열람 빈도를 보면 회계 장부는 1년에 1회, 프로젝트 기획 자료는 1년에 3회, 프로젝트 보고 자료는 분기당 1회라고 되어 있는데, 분기는 3개월이므로, 12개월에 4회, 즉 평균 열람 빈도가 1년에 4회가 된다.
따라서 주어진 자료 중 가장 열람 빈도가 높다고 볼 수 있으므로 김준영 씨가 찾는 자료가 보관되어 있는 위치는 A 열이 된다.

13 시간관리능력 정답 ③

문제에서 7월 28일이 금요일이라고 했으므로 8월 1일은 화요일이 된다. 또한 8월은 31일까지 있으므로 이를 토대로 몇 번의 공정을 진행할 수 있는지 계산해야 한다. ○○업체는 주말과 공휴일에는 업무를 하지 않는다고 했으므로 업무를 하지 않는 날을 계산해 보면 8월 5일과 6일이 토요일과 일요일이 되고, 7씩 더한 날인 12일과 13일, 19일과 20일, 26일과 27일 모두 주말이 된다. 따라서 8월 중 주말은 총 8일이 된다.
또한 8월 1일이 화요일이므로 광복절인 8월 15일 또한 화요일임을 알 수 있고, 주말 외에 하루의 공휴일을 고려해야 한다는 것을 확인할 수 있다.
따라서 8월에는 총 31일 중 주말 8일, 공휴일 1일을 제외한 22일 동안 업무를 할 수 있다.
다음으로는 공정 작업표를 PERT의 형태로 바꾸면 아래와 같다.

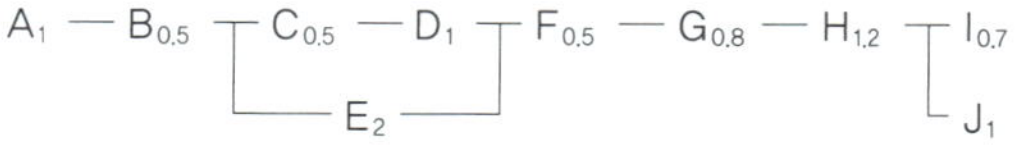

이렇게 작성된 PERT를 해석해 보면 A와 B는 연달아서 진행되므로 1.5일이 소요되고, 이후 C와 E가 동시에 시작되는데, F는 D와 E가 모두 종료된 시점에 시작할 수 있다. 그러므로 C+D=1.5일, E=2일 중 더 늦게 끝나는 E가 종료된 후에 시작됨을 알 수 있다. 따라서 F는 A가 시작되고 3.5일 후에 시작할 수 있으며, 이후 F, G, H는 연달아서 진행되므로 A~H까지 종료되는 데 총 6일이 소요된다. 이후 I와 J가 동시에 시작되는데, 모든 공정이 종료되어야 제품이 완성된다고 했으므로 더 늦게 끝나는 J 공정이 끝나야 제품 생산이 완료됨을 알 수 있다. 따라서 전체 공정의 최소 소요시간은 7일이 된다.
따라서 총작업 가능일인 22일 동안 7일이 소요되는 공정은 최대 3번까지 진행이 가능하고, 불량을 고려했을 때 1회 공정 당 200 × 0.9 = 180개의 양품이 생산되므로 총 3회 공정에 따라 생산 가능한 제품 수량은 180 × 3 = 540개이다. 제작이 완료된 제품은 모두 판매된다고 가정했으므로 8월 예상 매출은 540 × 476,000 = 257,040,000원이다.

14 예산관리능력 정답 ④

현재의 대화는 2월 18일에 이루어지고 있으며, 신형섭 차장은 다음 달에 진급이 예정되어 있으므로 3월에 신형섭 차장의 직급은 부장이 된다. 중국 광저우에서 개최되는 ESG 포럼은 3월 7일 화요일부터 3월 9일 목요일까지 예정되어 있지만 광저우 지사에서 회의도 예정되어 있어 총출장은 3월 6일 월요일부터 3월 9일 목요일까지 3박 4일이다. 또한 출장 인원은 3월 기준 부장으로 진급하는 신형섭 차장과 이상엽 과장, 김주연 과장 3명이 된다.
출장비 지급 규정에서 출장비는 교통비, 숙박비, 식비를 포함한다고 했으므로 각 항목을 산출하면 다음과 같다.
우선 교통비는 이동에 필요한 제반 비용을 모두 포함한다고 했으나, 광저우 현지에서의 이동은 모두 지사에서 제공을 해준다고 했기에 별도의 비용이 소요되지 않으므로 교통비는 항공료만을 산출하면 된다. 출장 당일 부장 직급인 신형섭 차장은 Business Class를 이용하고 그 외 2명은 Economy Class를 이용하므로 편도 기준 680,000 + 324,000 × 2 = 1,328,000원이며, 따라서 왕복 항공료는 1,328,000 × 2 = 2,656,000원이다.

숙박비와 식비는 정액 지급이 원칙이므로 총 3박 4일 일정 동안 아래와 같다.

- 숙박비: 320,000 × 3 + 250,000 × 3 + 250,000 × 3 = 2,460,000원
- 식비: 150,000 × 4 + 90,000 × 4 + 90,000 × 4 = 1,320,000원

따라서 숙박비와 식비의 합은 2,460,000 + 1,320,000 = 3,780,000원이고, 항공료 2,656,000원까지 합산한 총출장비는 3,780,000 + 2,656,000 = 6,436,000원이다.

15 인적자원관리능력 정답 ⑤

주어진 조건에 따르면 기술부서의 회의 참석 대상자는 서영호 과장, 김민정 대리 2명이고, 제조부서의 회의 참석 대상자는 박재상 과장, 홍서연 대리 2명이며, 기획부서의 회의 참석 대상자는 민윤기 과장 또는 김태형 과장 중 1명과 임동근 대리이다. 따라서 회의 참석 인원은 총 6명이고, 빔 프로젝터가 있는 회의실에서 진행해야 하므로 사용 가능한 회의실은 비너스와 세턴이다.
모든 회의 참석 대상자가 참석 가능하면서 비너스 회의실 또는 세턴 회의실을 사용할 수 있는 일정 중 가장 빠른 일정은 목요일 16~18시이다.

① 월요일 16~18시에는 임동근 대리가 참석할 수 없다.
② 수요일 10~12시에는 서영호 과장, 김민정 대리, 박재상 과장, 홍서연 대리, 김태형 과장, 임동근 대리가 참석 가능하지만, 비너스 회의실과 세턴 회의실이 모두 예약되어 있으므로 회의를 진행할 수 없다.
③ 수요일 15~17시에는 기획부서 민윤기 과장과 김태형 과장이 모두 참석이 불가능하다.
④ 목요일 15~17시에는 서영호 과장, 김민정 대리, 박재상 과장, 홍서연 대리, 김태형 과장, 임동근 대리가 참석 가능하지만, 비너스 회의실과 세턴 회의실이 모두 예약되어 있으므로 회의를 진행할 수 없다.

16 인적자원관리능력 정답 ④

중국과 러시아 각 지사에 파견 보낼 인력 60명씩 채용이 필요하고, 채용 예산 고려 시 지사별 최대 70명까지 채용할 수 있으므로 필요 채용 인원은 최소 120명~최대 140명이다.
④에서는 중국어와 러시아어에 능통한 사람에게 가산점을 준다고 했으므로 질적 배치에 대한 언급이 적절하게 되어 있으며, 해외에 적응을 잘할 수 있는 사람을 선발해야 한다고 했으므로 적성 배치 또한 언급이 적절하게 되어 있다. 마지막으로 적어도 120명 정도는 채용해야 한다고 했으므로 양적 배치 또한 언급이 적절하게 되어 있다.

① 해외지사이지만 영어권 국가가 아닌 중국과 러시아이므로 질적 배치에 맞지 않다.
② 최소 120명을 선발해야 하는데 60명을 선발한다고 했으므로 양적 배치에 맞지 않다. 또한 적성 배치에 대한 언급이 없다.
③ 통역 인력에 대해 명확히 제시되어 있지 않으며, 적성 배치에 대한 언급이 없다.
⑤ 필요한 직군 외에 선발한다는 것은 질적 배치에 맞지 않다. 또한 적성 배치에 대한 언급이 없다.

17 시간관리능력 정답 ①

[부서원 정보]를 토대로 할 때, 총부서원의 수는 1+2+4+5+4=16명이다. 하지만 조건 3번에 따르면 부서장은 별도로 과제 수행 인원에 편성하지 않는다고 했으므로, 실제로 과제에 편성이 가능한 인원은 15명이라는 것을 알 수 있다. 그 외 모든 부서원의 업무 능력은 동일하고, 모든 과제에 투입할 수 있다고 했으므로, 우선 소요 기간이 가장 긴 과제를 먼저 진행하면서 함께 진행할 수 있는 과제를 찾아본다.
소요 기간이 가장 긴 과제는 D 과제로 24일이 소요되고, 필요 인원은 9명이다. 따라서 D 과제를 진행하는 동안 여유 인원은 총인원 15명 중 D 과제에 편성된 9명을 제외한 6명이 되고, 필요 인원이 6명 이하인 과제만 D 과제와 동시 진행이 가능하다. 해당 조건을 만족하는 과제는 C 과제뿐이므로 D 과제를 진행하는 동안 C 과제도 함께 진행이 가능하다. 따라서 D 과제가 진행되는 24일 안에 D 과제뿐 아니라 C 과제도 마무리할 수 있다.
D 과제가 마무리된 후 남은 과제 A, B, E 중 가장 소요 기간이 긴 E 과제를 진행하면서 함께 진행할 수 있는 과제를 찾아본다. E 과제는 17일이 소요되고, 필요 인원은 8명이다. 따라서 E 과제를 진행하는 동안 여유 인원은 총인원 15명 중 E 과제에 편성된 8명을 제외한 7명이 되고, 필요 인원이 7명 이하인 과제만 E 과제와 동시 진행이 가능하다. 해당 조건을 만족하는 과제는 남은 과제 A와 B 중 B 과제뿐이므로 E 과제를 진행하는 동안 B 과제도 함께 진행이 가능하다. 따라서 E 과제가 진행되는 17일 안에 E 과제뿐 아니라 B 과제도 마무리할 수 있다.
이후 마지막으로 남은 A 과제를 진행하면 모든 과제가 마무리된다. 이를 표로 그리면 아래와 같다.

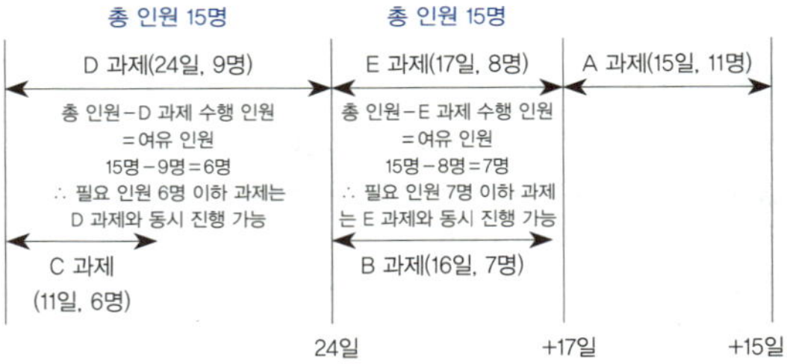

따라서 모든 과제를 진행하기 위해 필요한 최소 기간은 업무일 기준 24 + 17 + 15 = 56일이다.

18 시간관리능력 정답 ③

가장 먼저 팀원들의 시간 계획을 고려해서 계획을 수립하는 것은 적절한 시간 관리 방법이다.
하지만 1분 단위로 쪼개서 계획을 수립하면 돌발상황에 대응할 수 없기 때문에 옳지 않다. 60:40 Rule을 지키면서 적절한 여유 시간을 확보해야 돌발상황에도 대처할 수 있고 업무를 계획대로 수행할 수 있다.
또한 팀원들보다 스스로의 업무 성과가 뛰어나다고 판단하여 다른 팀원의 몫까지 스스로 도맡아 업무를 수행하는 것은 적절하게 권한위양을 하지 않는 것으로 일 중독자의 전형적인 패턴이고, 이는 시간 낭비 행동에 포함된다.

다만, 중요하고 긴급한 일이 발생했을 때, 자기개발과 같은 중요하지만 긴급하지 않은 일을 뒤로 미루는 것은 적절한 시간 관리 방법이라고 볼 수 있다.
따라서 ⓐ, ⓓ는 옳고 ⓑ, ⓒ는 옳지 않다.

19 시간관리능력 정답 ②

제시된 '나는 안정적으로 노후 생활을 하기 위해 여러 가지 준비를 하겠다.'라는 목표는 객관적으로 제시된 목표가 없어서 스스로도 목표 달성에 대해 가늠할 수가 없게 되고, 중도에 포기하는 경우가 많아질 수 있다.
따라서 목표는 수치화, 객관화시켜서 측정이 가능한 척도를 세워야 한다는 M-Measurable(측정 가능하도록)에 대한 내용을 설명하고 있는 것이라고 볼 수 있다.

20 시간관리능력 정답 ②

주어진 지문은 시간의 특성에 대해서 설명하고 있다. 시간의 큰 특징 중 하나는 시간이 절대적으로는 모든 사람에게 동일하게 주어지는 자원이라는 것이다. 하지만 시간의 특성상 그 시간을 어떻게 활용하는지에 따라서 그 가치는 크게 달라질 수 있다. 이는 지문 중 두 번째 문단에서 확인할 수 있다. 두 번째 문단에는 '어떻게 흘러가는지에 따라 성과는 달라진다. 치열하게 고민하고 발전을 위해 노력하는 1분과 초조하게 버스 시간을 기다리는 1분을 비교해 보면 서로 같은 1분이지만 그 가치는 판이하다'라고 되어 있다.
따라서 시간이 언제나 동등한 가치를 가지는 자원이라는 설명은 잘못된 설명이다.

[21-22]

21 예산관리능력 정답 ⑤

각 업체별 총 소요시간을 계산해 보면 아래와 같다.
갑 업체는 제작에 16일이 소요되고, 배송에는 2일이 소요된다. 제작 의뢰를 받은 당일부터 제작을 시작한다고 했으므로 7월 2일 목요일부터 제작을 시작한다. 매주 토요일이 휴무일이므로, 제작을 완료하기까지 총 3번의 토요일을 거치게 되어 최종 제작이 완료되는 날은 7월 20일 월요일이 된다. 이후 7월 21일 화요일 배송을 시작하면 7월 22일 수요일 배송이 완료된다.
을 업체는 제작에 14일이 소요되고, 배송에는 2일이 소요된다. 제작 의뢰를 받은 당일부터 제작을 시작한다고 했으므로 7월 2일 목요일부터 제작을 시작한다. 매주 토요일과 일요일이 휴무일이므로, 제작을 완료하기까지 총 3번의 토요일과 일요일을 거치게 되어 최종 제작이 완료되는 날은 7월 21일 화요일이 된다. 이후 7월 22일 수요일 배송을 시작하면 7월 23일 목요일 배송이 완료된다.
병 업체는 제작에 16일이 소요되고, 배송에는 2일이 소요된다. 제작 의뢰를 받은 당일부터 제작을 시작한다고 했으므로 7월 2일 목요일부터 제작을 시작한다. 매주 일요일이 휴무일이므로, 제작을 완료하기까지 총 3번의 일요일을 거치게 되어 최종 제작이 완료되는 날은 7월 20일 월요일이 된다. 이후 7월 21일 화요일 배송을 시작하면 7월 22일 수요일 배송이 완료된다.
정 업체는 제작에 17일이 소요되고, 배송에는 1일이 소요된다. 제작 의뢰를 받은 당일부터 제작을 시작한다고 했으므로 7월 2일 목요일부터 제작을 시작한다. 매주 화요일이 휴무일이므로, 제작을 완료하기까지 총 2번의 화요일을 거치게 되어 최종 제작이 완료되는 날은 7월 20일 월요일이 된다. 이후 7월 21일 화요일 배송을 시작하여 당일 배송이 완료된다.
무 업체는 제작에 16일이 소요되고, 배송에는 1일이 소요된다. 제작 의뢰를 받은 당일부터 제작을 시작한다고 했으므로 7월 2일 목요일부터 제작을 시작한다. 매주 토요일과 일요일이 휴무일이므로, 제작을 완료하기까지 총 3번의 토요일과 일요일을 거치게 되어 최종 제작이 완료되는 날은 7월 23일 목요일이 된다. 이후 7월 24일 금요일 배송을 시작하여 당일 배송이 완료된다.
따라서 선정 가능한 업체는 정 업체뿐이며, 정 업체에 지불할 비용은 8,000 × 0.9 × 1,000 = 7,200,000원이다.

22 예산관리능력 정답 ②

제작 및 배송 기한이 기존 7월 21일 화요일에서 7월 23일 목요일로 연장되었으므로, 앞선 문제의 풀이에 따라 선정 가능한 업체는 갑, 을, 병, 정 총 4곳이 된다. 이 중 가장 저렴한 업체로 선정한다고 했으므로 각 업체의 비용을 계산하면 다음과 같다.

- 갑: (7,000 + 700 + 150) × 0.85 × 1,000 = 6,672,500원
- 을: (6,500 + 500) × 1,000 = 7,000,000원
- 병: (7,500 + 300) × 0.85 × 1,000 = 6,630,000원
- 정: 8,000 × 0.9 × 1,000 = 7,200,000원

따라서 가장 저렴한 병 업체로 선정해야 하며, 지불해야 하는 비용은 6,630,000원이다.

23 예산관리능력 정답 ⑤

주어진 문제는 예산 자원 중에서 책정 비용과 실제 비용 사이의 관계를 알고 있는지 확인하는 문제이다. 상황을 통해서 본다면 애플리케이션을 개발하는 비용은 5억 원이라는 것을 알 수 있다. 이는 '실제 비용'이라고 볼 수 있다.
그 아래의 [업체별 정보]는 각 업체가 애플리케이션 개발을 위해 확보한 '책정 비용'이다. 따라서 A 업체는 (책정 비용 > 실제 비용)이므로 유동 자금이 줄어들어 경쟁력이 손실된다. 다음 B 업체는 (책정 비용 = 실제 비용)이므로 가장 이상적인 형태이며, C 업체는 (책정 비용 < 실제 비용)이므로 적자가 발생할 수 있다.
따라서 C 업체를 선정한다면 적자로 인해 업체에 문제가 생길 수 있기 때문에 업체의 동향을 예의 주시할 필요가 있는 것이다.
하지만 ⑤에서는 C 업체가 경쟁력이 손실된다고 하고 있기 때문에 올바른 평가라고 할 수 없다.

24 시간관리능력 정답 ⑤

동경 75도에 위치한 A 국이라고 했으므로 A 국의 GMT는 75 ÷ 15 = 5이므로 +5가 된다. 여기서 B 국은 경도 기준 105도만큼 서쪽에 위치했다고 했으므로 B 국의 GMT는 105 ÷ 15 = 7이므로 5 − 7 = −2가 된다. C 국은 B 국에서도 경도 기준 45도만큼 서쪽에 위치한다고 했으므로 C 국의 GMT는 45 ÷ 15 = 3이므로 −2 − 3 = −5가 된다. 정리하자면 A 국의 GMT는 +5, B 국의 GMT는 −2, C 국의 GMT는 −5가 된다.

김영호 대리가 A 국에서 4월 24일 오후 5시에 메일을 보냈다고 했는데, 이 시간은 B 국 기준 4월 24일 오전 10시가 되고, C 국 기준 4월 24일 오전 7시가 된다. B 국 기준 시간으로는 4월 24일 오후 12시이며, 이미 김주현 과장이 비행기에 탑승한 이후가 되므로 김주현 과장은 C 국에 도착해서 메일을 확인할 수 있다. 김주현 과장이 C 국에 도착하는 시간은 소요시간과 시차를 고려했을 때, C 국 기준 오전 10시 40분이 된다. 따라서 김주현 과장이 메일을 확인할 수 있는 시간은 C 국 기준 오전 10시 40분이 되고, 이는 A 국 기준 시간으로 바꾸어 본다면 오후 8시 40분이 된다.
따라서 김영호 대리가 메일을 보낸 시점부터 김주현 과장이 메일을 확인하기까지 소요되는 시간은 3시간 40분이 된다.

25 인적자원관리능력 　정답 ④

- A: 명함은 단지 받아서 보관하는 목적이 아니라, 자신의 인맥을 만들기 위한 도구로 활용되어야 한다. 그러기 위해서는 중요한 사항을 명함에 메모하는 것이 필요하므로 잘못된 내용이다.
- B: 인적자원을 적합한 위치에 배치한 뒤 성과를 바르게 평가하고 평가 결과를 토대로 적절한 보상을 한다는 인적자원 배치 원칙은 '능력주의'이므로 잘못된 내용이다.
- D: 직무 배당, 승진, 상벌, 근무 성적의 평가, 임금 등을 처리할 때 공정해야 한다는 인사관리원칙은 '공정 인사의 원칙'이므로 잘못된 내용이다.

더 알아보기

인적자원관리

- 명함에 메모해 두면 좋은 정보: 언제 어디서, 무슨 일로 만났는지에 관한 내용, 소개자의 이름, 학력이나 경력, 상대의 업무 내용이나 취미 및 기타 독특한 점, 전근 및 전직 등의 변동사항, 가족사항, 거주지와 기타 연락처, 대화를 나누고 나서의 느낀 점이나 성향
- 적재적소주의: 팀의 효율성을 높이기 위해 팀원의 능력이나 성격 등과 가장 적합한 위치에 배치하여 팀원 개개인의 능력을 최대로 발휘할 수 있도록 하는 것
- 공정 보상의 원칙: 근로자의 인권을 존중하고 공헌도에 따라 노동의 대가를 공정하게 지급해야 한다는 원칙

[26-27]

26 시간관리능력 　정답 ②

이동 속도가 항상 60km/h로 동일하다고 했으므로 최단 시간 경로는 결국 최단 거리 경로와 동일하다. 주어진 지도에서 삼각형법을 사용하면 하나의 경로를 삭제할 수 있다. 아래의 그림에서 보다시피 A에서 B로 바로 가는 경로의 거리가 8.2km인데, C를 거쳐서 이동하는 경로의 거리도 3.2+5.0=8.2km이다. 따라서 A에서 B로 바로 가는 경로는 불필요한 경로가 된다.

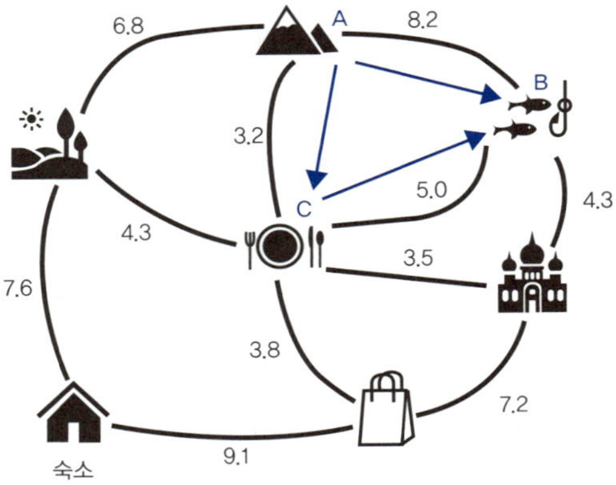

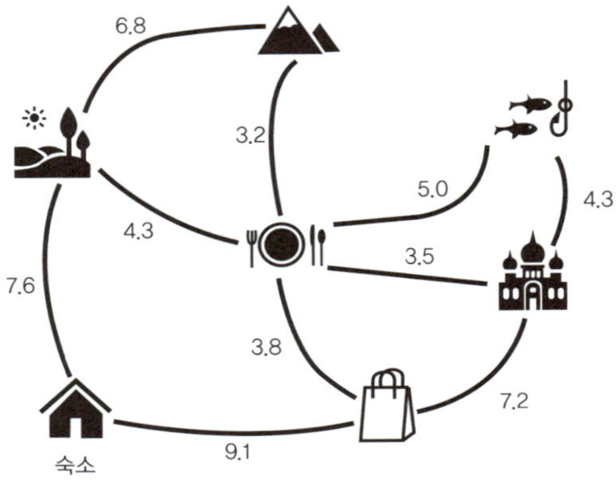

남은 지도에서 '외곽이 최단 경로'라는 규칙을 활용하면 쉽게 최단 거리 경로를 구할 수 있다.

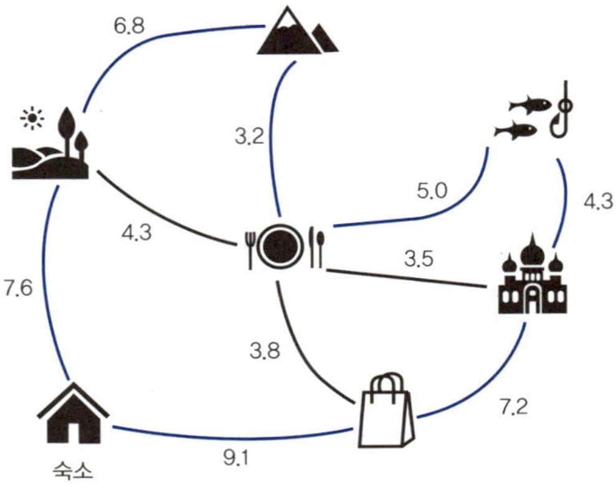

그러므로 이동 거리의 총합은 7.6+6.8+3.2+5.0+4.3+7.2+9.1=43.2km가 되고, 이동 속도가 항상 60km/h로 동일하다고 했으므로 총 이동 시간은 (43.2÷60)시간이고, 분 단위로 바꾸기 위해 60을 곱해주면 43.2분이 된다. 43.2분은 43분+0.2분이고, 0.2분은 60×0.2초이므로 12초가 되므로 이동 소요 시간은 43분 12초가 된다.

따라서 8시에 출발해서 여섯 군데를 관광하는 데 소요되는 시간 12시간과 이동 소요 시간 43분 12초를 더하면 다시 숙소에 돌아오는 시간은 20시 43분 12초가 된다.

27 예산관리능력

정답 ⑤

앞선 문제를 통해 민주가 여행을 위해 이동한 거리는 43.2km라는 것을 확인할 수 있었다. 여기에 추가로 조건에서 렌터카를 대여해서 숙소로 이동한 거리 30km와 마지막에 렌터카를 반납하기 위해 이동한 거리 30km를 더하면 총이동 거리는 103.2km임을 알 수 있다.
따라서 민주가 이용한 차량의 연비는 12.0km/L이고, 민주가 주유한 주유소의 휘발유 공시 가격은 1,720원/L이므로 민주가 주유를 하기 위한 비용은 103.2 ÷ 12.0 × 1,720 = 14,792원이 된다.

28 예산관리능력

정답 ⑤

먼저 은진이가 백화점에서 옷을 구매하는 경우 지불해야 하는 비용을 구하면 정가 485,000원에서 10% 할인된 금액으로 구매할 수 있으므로 485,000 × 0.9 = 436,500원이 된다.
다음으로 면세 구역에서 구매하면서 지불한 비용을 구하면 우선 정가 300달러에서 20달러를 할인받는 쿠폰을 적용하면 280달러에 구매를 하게 된다. 시중 은행에서 환전한 금액으로 옷을 구매했다고 했으므로 [은진이의 시중 은행 환전 정보]를 토대로 달러를 원화로 바꾸어 생각해 볼 수 있다.
은진이는 매매 기준율 1,380원/달러로 환전했고, 이때 환전 수수료율은 4%이며, 우대율은 75%였다. 우대율이 75%이므로 적용되는 환전 수수료율은 나머지인 25%이고 4% × 25% = 1%가 되므로, 적용 수수료율은 1%가 된다. 따라서 은진이가 환전했을 때 적용 환율은 1,380 × 1.01 = 1393.8원/달러이다.
그러므로 은진이가 최종적으로 지불한 280달러는 원화 가치로 환산하면 1,393.8 × 280 = 390,264원과 같다.
따라서 436,500원짜리를 390,264원에 구매했으므로 436,500 − 390,264 = 46,236원을 절약했음을 알 수 있다.

29 시간관리능력

정답 ②

공항에서 1시간 거리에 떨어져 있는 독일 지사에서 4월 23일 오후 3시에 시작되는 회의에 참석한다고 되어 있고, 회의 시작 30분 전에는 도착할 수 있도록 계획을 수립한다고 했으므로, 독일 공항에 도착하는 시간은 독일 현지 시간 기준으로 늦어도 오후 1시 30분에는 도착해야 한다. 또한 조건에 오후 1시보다 일찍 도착하지 않도록 계획을 수립한다고 했으므로 도착 가능 시간은 4월 23일 오후 1시~오후 1시 30분 사이가 된다.
독일과 서울의 시차가 7시간이고, 서울이 독일보다 빠르다고 했으므로 이를 활용하여 비행편별 독일 도착 시간을 구하면 아래와 같다.

비행편	A	B	C	D	E
도착 시간	4/23 14:05	4/23 13:30	4/23 14:20	4/23 13:15	4/23 14:45

따라서 선택 가능한 비행편은 B와 D인데, 가능한 비행기가 여러 대라면 최대한 일찍 도착하는 비행편을 선택한다고 했으므로 D를 선택해야 하며, 귀하가 독일 공항에 도착하는 독일 현지 기준 시간은 4월 23일 13시 15분이 된다.

[30-31]

30 예산관리능력

정답 ②

사무실과 회의실 모델링 모형 제작을 위해 필요한 재료를 살펴보면 일반 재료는 우드락 15 + 10 = 25장, 목재 5장, 아크릴 3 + 1 = 4장, 모형 재료는 책상 20개, 의자 24 + 20 = 44개, 테이블 1 + 4 = 5개, 화분 4 + 1 = 5개가 각각 필요하다.
이 중 재고로 확보되어 있는 수량을 빼면 우드락 25 − 5 = 20장, 목재 5 − 5 = 0장, 아크릴 4 − 2 = 2장, 책상 20개, 의자 44 − 4 = 40개, 테이블 5개, 화분 5개가 된다. 확인된 수량을 토대로 가격을 계산해 보면 우드락 20 × 1,650 = 33,000원, 아크릴 2 × 2,800 = 5,600원, 책상 20 × 4,700 = 94,000원, 의자 40 × 2,100 = 84,000원, 테이블 5 × 1,800 = 9,000원, 화분 5 × 500 = 2,500원이므로 총 필요 예산은 33,000 + 5,600 + 94,000 + 84,000 + 9,000 + 2,500 = 228,100원이다.

31 예산관리능력

정답 ②

공개경쟁 입찰에 참여하기 위해 필요한 수량은 디자인 평면도 4장, 3D 렌더링 도면 4장, 그리고 모델링 모형 2개이다. 현재까지 완성되어 있는 디자인 평면도와 3D 랜더링 도면이 각 1장씩이므로, 추가로 제작이 필요한 수량은 디자인 평면도 3장, 3D 렌더링 도면 3장, 모델링 모형 2개이다.
업체별 가격을 비교해 보면 A 업체는 3 × 78,000 + 3 × 102,000 + 2 × 447,000 = 1,434,000원, B 업체는 3 × 84,000 + 3 × 100,000 + 2 × 512,000 = 1,576,000원이고, 임시 계약 근로자는 3 × 90,000 + 3 × 99,000 + 2 × 407,000 = 1,381,000원이 된다.
따라서 임시 계약 근로자와 계약하게 되고, 금액은 1,381,000원이 된다.

32 예산관리능력

정답 ④

성과 등급 기준이 되는 총점은 1차 평가 점수에 35%의 가중치를 두고 2차 평가 점수에 65%의 가중치를 두어 산출한다고 했으므로 A 부서의 부서원별 점수를 산출하면 아래와 같다.

이름	총점	등급
김도윤	95 × 0.35 + 86 × 0.65 = 89.15	A
이서영	85 × 0.35 + 93 × 0.65 = 90.2	S
박지훈	94 × 0.35 + 88 × 0.65 = 90.1	S
최은별	88 × 0.35 + 65 × 0.65 = 73.05	B
정현우	93 × 0.35 + 88 × 0.65 = 89.75	A

위의 결과를 토대로 각 직원이 받는 성과급을 구하면 아래와 같다.

이름	성과급
김도윤	560만 원 × 120% = 6,720,000원
이서영	510만 원 × 150% = 7,650,000원
박지훈	460만 원 × 150% = 6,900,000원
최은별	420만 원 × 100% = 4,200,000원
정현우	340만 원 × 120% = 4,080,000원

따라서 가장 많은 성과급을 지급받는 부서원은 이서영 과장이고, 7,650,000원을 지급받는다.

33 물적자원관리능력 정답 ③

백현우 과장의 출장 일정은 3월 5일 수요일에 체크인하여 3월 9일 일요일에 체크아웃하는 4박 5일 일정이라고 했으므로, 백현우 과장은 호텔에서 수요일, 목요일, 금요일, 토요일의 4박을 숙박하게 된다. 모든 호텔은 일요일~목요일 숙박은 주중 가격으로 책정하고, 금요일~토요일 숙박은 주말 가격으로 책정한다고 했으므로, 백현우 과장의 숙박비는 주중 2박 + 주말 2박으로 책정해야 한다.
백현우 과장은 평점이 3점 이상인 숙소를 선택한다고 했으므로 B 호텔은 선택할 수 없으며, 지사와의 거리가 30km 이하인 호텔 중 선택한다고 했으므로 E 호텔은 선택할 수 없다. 따라서 선택 가능한 호텔은 A 호텔, C 호텔, D 호텔 3개이다. 이 중 지사까지의 왕복 교통비와 숙박비의 총합이 가장 저렴한 숙소를 선택한다고 했는데, 수요일부터 토요일까지 매일 지사로 출근한다고 했으므로 교통비 4일 치와 4박 숙박비의 합이 가장 저렴한 숙소를 선택해야 한다.
먼저 교통비를 살펴보면 100m당 0.05달러가 소요된다고 했으므로 0.1km당 0.05달러가 소요되고, 이를 토대로 왕복 교통비를 고려해야 한다. 숙박비는 위에서 살펴본 것처럼 주중 2박, 주말 2박에 대한 비용을 고려해야 한다. 이를 토대로 각 항목을 산출하면 아래와 같다.

구분	교통비	숙박비	합계
A 호텔	204 × 2 × 0.05 × 4 = 81.6	110 × 2 + 130 × 2 = 480	561.6
C 호텔	124 × 2 × 0.05 × 4 = 49.6	(140 × 2 + 180 × 2) × 0.8 = 512	561.6
D 호텔	216 × 2 × 0.05 × 4 = 86.4	120 × 2 + 150 × 2 = 540	626.4

따라서 A 호텔과 C 호텔이 총비용 561.6달러로 가장 저렴한 숙소가 되는데, 비용이 동일하다면 평점이 더 높은 숙소를 선택한다고 했으므로 백현우 과장이 예약할 숙소는 C 호텔이 된다.

[34-35]

34 시간관리능력 정답 ②

Johnson's Rule을 활용하는 문제이다. Johnson's Rule을 활용하기 위한 3개의 조건을 만족하는지 살펴보면, 1) 설계 업무와 제작 업무의 순서가 명확하게 구분되어 있고, 2) 설계 업무를 하는 팀과 제작 업무를 하는 팀이 각 1개씩 있으며, 3) A~F 모형의 제작에 있어서 우선순위를 두지 않고 한 번에 2개 이상의 설계나 제작 업무를 동시에 진행할 수 없다고 되어있다. 따라서 모든 조건을 만족하므로 Johnson's Rule을 사용할 수 있다.

- 1단계: 공정에 상관없이 처리 시간이 가장 짧은 작업 선택
  → D 모형의 설계 작업과 C 모형의 제작 작업
- 2단계: 선택된 작업이 선행공정일 경우 우선 처리할 작업으로, 후행공정일 경우 나중에 처리할 작업으로 우선순위 결정
  → D – _ – _ – _ – _ – C
- 3단계: 우선순위 결정 완료된 물품을 제외하고 공정에 상관없이 처리 시간이 가장 짧은 작업 선택
  → A 모형의 설계 작업과 F 모형의 제작 작업
- 4단계: 선택된 작업이 선행공정일 경우 우선 처리할 작업으로, 후행공정일 경우 나중에 처리할 작업으로 우선순위 결정
  → D – A – _ – _ – F – C

따라서 위의 단계를 반복적으로 진행하면 최종 결과 'D – A – E – B – F – C'를 구할 수 있다.

35 시간관리능력 정답 ③

5월 18일 수요일에 작업을 시작한다고 했으며, 앞선 문제의 순서대로 소요 시간을 구하면 아래의 표에서 확인할 수 있듯 총 21일이 소요된다는 것을 알 수 있다.

	1	2	3	4	5	6	7	8	9	10	11	12	13	14	15	16	17	18	19	20	21
설계	D	A	A	E	E	E	B	B	B	B	B	B	F	F	F	F	F	C	C	C	
제작		D	D	D	A	A	A	A	E	E	E	E	B	B	B			F	F		C

평일에만 업무를 진행한다고 했으며, 주말 외 공휴일은 고려하지 않는다고 했으므로 5월 18일 수요일을 포함하여 21일째가 되는 날의 요일을 구하면 답을 구할 수 있다. 1주일에 평일은 5일로 구성되어 있다. 따라서 시작 요일부터 업무일 기준 6일째가 되는 날은 시작 요일과 동일한 요일이다. 11일째, 16일째, 21일째 모두 시작 요일과 동일한 요일이라는 것을 알 수 있으므로, 21일이 소요되는 업무가 종료되는 요일은 시작 요일과 동일한 수요일이다.

36 인적자원관리능력 정답 ②

최종 점수가 85점 이상이면서 외국어 평가 점수가 75점 이상인 사람 중 선발한다고 했으므로 외국어 평가 점수가 74점인 최민서 대리는 선발 대상이 될 수 없다.
최종 점수는 근태 평가 30%, 업무 평가 40%, 외국어 평가 30%의 가중치로 합산하며, 업무 평가 점수는 역량 : 업적 = 6 : 4의 비율로 합산하여 산출한다고 했으므로 각 임직원의 최종 점수를 산출하면 아래와 같다.

임직원	점수
김하준	90 × 0.3 + (86 × 0.6 + 87 × 0.4) × 0.4 + 78 × 0.3 = 84.96점
김전일	83 × 0.3 + (90 × 0.6 + 93 × 0.4) × 0.4 + 80 × 0.3 + 2 = 87.38점
이다영	85 × 0.3 + (79 × 0.6 + 94 × 0.4) × 0.4 + 78 × 0.3 = 82.9점
박지수	90 × 0.3 + (88 × 0.6 + 83 × 0.4) × 0.4 + 83 × 0.3 − 1 = 85.3점

따라서 최종 점수가 85점 이상인 임직원은 김전일 과장과 박지수 대리 2명인데, 이 중 직급이 높은 인원을 선발한다고 했으므로 해외 연수 대상자로 선발되는 임직원은 김전일 과장이 된다.

37 인적자원관리능력 정답 ②

주어진 문제는 조건을 토대로 선발 가능한 조합을 선택하는 문제로, 이러한 유형의 문제는 선택지를 활용하여 소거법으로 풀이하는 것이 보다 쉬운 방법이다.

주어진 조건 첫 번째는 동일 직급을 3명 이상 파견 대상자로 선발할 수 없다는 것이다. [표]의 직급을 보면 차장은 경 1명, 과장은 갑과 정, 그리고 기 3명, 대리는 을과 무 2명, 사원은 병과 신 2명이다. 따라서 첫 번째 조건은 갑, 정, 기 세 사람을 동시에 파견 대상자로 선발할 수 없다는 조건과 동일한데, 주어진 선택지 중 갑, 정, 기 세 사람이 모두 포함된 선택지는 ③이다. 따라서 ③은 정답이 될 수 없다.

두 번째 조건은 모든 직급을 각각 1명 이상 파견 대상자로 선발해야 한다는 조건이다. 이 중 가장 먼저 살펴볼 것은 차장인 경이다. 경은 유일한 차장 직급이므로 반드시 포함되어야 하는 사람이고, 따라서 경이 포함되지 않은 ①은 정답이 될 수 없다. 나머지 다른 선택지들은 모두 차장~사원을 1명 이상씩 포함하고 있다.

마지막 조건은 파견 이력이 있는 임직원을 2명 이상 파견 대상자로 선발할 수 없다는 조건인데, 파견 이력이 있는 임직원은 을, 정, 그리고 기 3명이다. 따라서 을, 정 그리고 기 중 2명 이상이 포함된 선택지는 정답이 될 수 없다. ④는 을과 정이 포함되어 있고, ⑤는 을과 기가 포함돼 있으므로 정답이 될 수 없다.

따라서 가능한 선택지는 ②이다.

38 인적자원관리능력 정답 ④

최종 점수는 필기 점수에 30%의 가중치를 두고, 면접 점수에 70%의 가중치를 두어 산출한 점수에 경력, 자격증, 제2외국어에 따른 가점을 합산하여 산출한다고 했으므로 우선 주어진 가산점 항목을 체크해야 한다.

우선 경력이 있는 안영이, 한석률, 하성태가 각각 1점의 가점을 얻을 수 있으며, 관련 자격증이 2개 이상인 안영이, 장백기, 장그래가 각각 1점의 가점을 얻을 수 있다. 또한 제2외국어 중 스페인어, 일본어, 중국어를 할 수 있는 장백기, 한석률, 장그래가 각각 1점의 가점을 얻을 수 있다. 이를 토대로 표를 다시 구성하면 아래와 같다.

지원자	필기 점수	면접 점수	경력 유무	관련 자격증	제2외국어
안영이	85점	93점	1점	1점	0점
장백기	95점	87점	0점	1점	1점
한석률	78점	94점	1점	0점	1점
장그래	92점	90점	0점	1점	1점
하성태	88점	89점	1점	0점	0점

이를 토대로 가중치에 따른 최종 점수를 산출하면 아래와 같다.

지원자	최종 점수
안영이	85×0.3+93×0.7+2=92.6점
장백기	95×0.3+87×0.7+2=91.4점
한석률	78×0.3+94×0.7+2=91.2점
장그래	92×0.3+90×0.7+2=92.6점
하성태	88×0.3+89×0.7+1=89.7점

따라서 최종 점수가 가장 높은 2명은 안영이와 장그래이다. 최종 점수가 서로 동점일 경우에는 관련 자격증 개수 > 가점 인정 제2외국어 유무 > 경력 유무 순서로 판단하여 우선순위가 높은 지원자를 선발한다고 했는데, 안영이와 장그래의 관련 자격증 수는 2개로 동일하고, 제2외국어에서 안영이는 프랑스어를 가지고 있지만, 가점 인정 제2외국어가 아니고, 장그래는 가점으로 인정되는 스페인어를 가지고 있으므로, 최종 합격자로 선발될 사람은 장그래이다.

[39-40]

39 인적자원관리능력 정답 ①

문제에서 20X5년 3월 성과급을 가장 많이 지급받는 임직원을 구하라고 하였으며, 20X5년 3월 성과급은 20X4년 성과 등급에 따라 결정이 되므로 20X4년 평가결과를 토대로 성과 등급을 산출해야 한다. 성과 등급 기준 S 등급은 상위 20% 이상이라고 했는데, 총 5명 중 상위 20%이므로 1명에 해당한다. A 등급은 상위 20% 미만~상위 40% 이상이라고 했으므로 총 5명 중 1명에 해당한다(상위 40%는 총 2명인데, 그중 1명은 S 등급이므로 A 등급은 1명이 된다.). 그리고 남은 인원은 B 등급이므로 총 5명 중 3명이 B 등급이 된다.

성과 점수는 직급에 따라 산출 방식이 서로 다르므로 과장 이상 직급과 과장 미만 직급을 따로 계산해야 한다. 주어진 공식에 따라 계산한 성과 점수는 아래와 같다.

이름	직급	산출 공식	성과 점수
박재민	과장	(상반기 평가 점수+하반기 평가 점수)×0.9	(90+91)×0.9=162.9
김수연	과장	(상반기 평가 점수+하반기 평가 점수)×0.9	(92+88)×0.9=162.0
이태훈	대리	상반기 평가 점수×0.8+하반기 평가 점수	90×0.8+92=164.0
최영준	사원	상반기 평가 점수×0.8+하반기 평가 점수	89×0.8+90=161.2
정소민	사원	상반기 평가 점수×0.8+하반기 평가 점수	88×0.8+83=153.4

그러므로 S 등급은 점수가 가장 높은 이태훈 대리가 되고, A 등급은 박재민 과장이며, 김수연 과장, 최영준 사원, 정소민 사원은 B 등급이 된다. 이에 따라 성과급 지급 비율을 산출할 수 있는데, 이태훈 대리는 산업안전기사가 있으므로 산출한 성과급 지급 비율인 12%에 1%p를 가산하여 13%를 지급해야 한다. 이를 토대로 각 임직원이 지급받는 성과급을 산출하면 아래와 같다.

이름	성과급
박재민	7,200만 원×12%=864만 원
김수연	6,900만 원×11%=759만 원
이태훈	5,800만 원×13%=754만 원
최영준	5,500만 원×10%=550만 원
정소민	4,800만 원×10%=480만 원

따라서 20X5년 3월 성과급을 가장 많이 지급받는 임직원은 박재민 과장이다.

40 예산관리능력 정답 ⑤

20X5년 성과 평가가 가장 높은 임직원이 20X6년 3월에 지급받는 성과급이 얼마인지 구해야 하므로 우선 20X5년 성과 평가가 가장 높은 임직원을 구하고 20X4년 평가 결과와 계약 연봉을 토대로 20X5년 계약 연봉을 산출하여 최종적으로 20X6년 3월에 지급받는 성과급을 구해야 한다. 20X5년에도 직급에 변화는 없으므로 20X4년 성과 등급을 산출할 때와 동일하게 점수를 산출하면 아래와 같다.

이름	직급	산출 공식	성과 점수
박재민	과장	(상반기 평가 점수+하반기 평가 점수)×0.9	(88+80)×0.9 =151.2
김수연	과장	(상반기 평가 점수+하반기 평가 점수)×0.9	(80+82)×0.9 =145.8
이태훈	대리	상반기 평가 점수×0.8+하반기 평가 점수	87×0.8+92 =161.6
최영준	사원	상반기 평가 점수×0.8+하반기 평가 점수	88×0.8+90 =160.4
정소민	사원	상반기 평가 점수×0.8+하반기 평가 점수	90×0.8+88 =160.0

따라서 20X6년 3월 성과급을 산출해야 하는 임직원은 이태훈 대리가 된다. 이태훈 대리는 앞선 문제에서 구한 것처럼 20X4년 성과 등급이 S 등급이고, 그에 따라 연봉 인상률은 10%가 된다. 20X4년 계약 연봉이 5,800만 원이었으므로 20X5년 계약 연봉은 10%가 인상된 6,380만 원이 되고, 20X5년 성과 등급 또한 S 등급이고, 산업안전기사를 보유하고 있으므로 6,380만 원의 13%인 8,294,000원을 지급받는다.

고난도 PSAT형 문제

p.314

01	02	03	04	05	06	07	08	09	10
③	⑤	②	①	①	①	①	③	③	⑤

01 인적자원관리능력 정답 ③

1주일의 기준은 월요일부터 일요일이므로 4주 차는 18일부터 24일에 해당한다. 이 중 ○○공사 창립기념일인 19일과 토요일인 23일, 일요일인 24일은 휴일에 해당하므로 4주 차 평일 기본 근무 시간은 4×8=32시간이다.
4주 차 평일 총 근무 시간을 살펴보면 18일은 07:20~19:20이므로 12시간을 근무했지만, 해당 시간 내에 점심시간과 저녁시간이 모두 포함되므로 인정 근무 시간은 10시간이다.
20일은 05:40~18:00에 근무했지만, 평일에는 06:00 이전 출근 시 06:00 출근으로 간주한다고 했으므로 06:00~18:00로 근무한 시간을 산출해야 한다. 따라서 점심시간을 제외한 인정 근무 시간은 11시간이다.
21일은 06:20~15:30에 근무했으므로 점심시간을 제외한 인정 근무 시간은 8시간 10분이며, 22일은 10:00~16:30에 근무했으므로 점심시간을 제외한 인정 근무 시간은 5시간 30분이다.
따라서 4주 차 평일 총 근무 시간은 10시간+11시간+8시간 10분+5시간 30분=34시간 40분이 되고, 평일 초과 근무는 4주 차 평일 기본 근무 시간인 32시간을 제외한 2시간 40분이 된다.
평일 초과 근무는 1시간 단위로 상신이 가능하다고 했으므로 상신 가능한 평일 초과 근무 시간은 2시간이고, 1시간당 직급과 무관하게 20,000원을 지급한다고 했으므로 평일 초과 근무 수당은 2시간×20,000원=40,000원이다.
휴일 근무 시간은 ○○공사 창립기념일인 19일에 4시간, 토요일인 23일에 점심시간을 제외하고 3시간이므로 총 7시간이다.
휴일 초과 근무 수당은 1시간당 통상 임금 16,400원에 50%를 가산한 금액을 지급한다고 했으므로 1시간당 금액은 16,400×1.5=24,600원이다. 이에 따라 휴일 초과 근무 수당은 7시간×24,600원=172,200원이 된다.
따라서 귀하가 신청할 초과 근무 수당의 총액은 40,000+172,200=212,200원이다.

02 물적자원관리능력 정답 ⑤

업체별 기본적인 평가 점수에 가점과 감점 사항을 정리하면 아래의 표와 같다.

현황 업체	평가 점수	임직원 수 감점	신뢰도 평가 가점	최근 2개 프로젝트 가점	가장 최근 프로젝트 감점
A	70		+10		−10
B	85	−10			−10
C	75				
D	65			+10	

따라서 최종 점수를 산출해 보면 A 70점, B 65점, C 75점, D 75점이 되고, 최종 점수가 75점 이상인 업체만 거래 대상으로 선정한다고 했으므로 ○○공사가 거래 대상으로 선정할 업체는 C와 D 두 곳이다.

03 물적자원관리능력 정답 ②

용역 사업자 선정 과정에서 기술 평가 등급이 D 등급인 업체는 선정하지 않는다고 했으므로 주어진 업체 중 무 업체는 선정할 수 없다.
기술 평가 등급 점수는 가장 높은 A 등급부터 가장 낮은 D 등급으로 4개의 등급으로 구분한다고 했으며, A 등급이 4점이고 등급이 낮아질 때마다 1점씩 점수가 감소한다고 했으므로 표로 구성하면 아래와 같다.

기술 평가 등급	A	B	C	D
점수	4	3	2	1

사업 기간 점수는 10년 이상을 8점으로 하고, 사업 기간 구분이 감소할 때마다 1점씩 점수가 감소한다고 했으므로 표로 구성하면 아래와 같다.

사업 기간	10년 이상	10년 미만 9년 이상	9년 미만 8년 이상	8년 미만 7년 이상	7년 미만
점수	8	7	6	5	4

실적 건수 점수는 14건 이상을 5점으로 하고, 실적 건수 구분이 감소할 때마다 1점씩 점수가 감소한다고 했으므로 표로 구성하면 아래와 같다.

실적 건수	14건 이상	14건 미만 12건 이상	12건 미만 10건 이상	10건 미만 8건 이상	8건 미만
점수	5	4	3	2	1

따라서 주어진 항목을 토대로 무 업체를 제외하고 나머지 업체별 점수를 산출하면 아래의 표와 같다.

입찰 업체	기술 평가 점수	사업 기간 점수	실적 건수 점수
갑	2	7	4
을	3	7	4
병	4	6	2
정	4	6	3

기술 평가 점수와 사업 기간 점수의 가중치가 각 30%이고, 실적 건수 점수의 가중치가 40%이므로, 이를 토대로 최종 점수를 산출하면 아래와 같다.

입찰 업체	최종 점수
갑	$2\times0.3+7\times0.3+4\times0.4=4.3$
을	$3\times0.3+7\times0.3+4\times0.4=4.6$
병	$4\times0.3+6\times0.3+2\times0.4=3.8$
정	$4\times0.3+6\times0.3+3\times0.4=4.2$

따라서 최종 점수가 가장 높은 업체는 을 업체이므로 입찰 업체로 선정될 업체는 을 업체이다.

04 인적자원관리능력 정답 ①

관리팀의 경우 필수 조건이 없으므로 1지망에 관리팀을 지망한 갑, 병, 무는 모두 관리팀에 배치한다. 구매팀은 필수 조건이 토익 850점 이상이므로 지원자 을, 정, 경 중 1지망에서 구매팀에 배치 가능한 사람은 을뿐이다. 환경안전팀은 환경공학 전공이 필수 조건이므로 1지망 환경안전팀 지원자 기, 신 중 환경안전팀에 배치 가능한 사람은 기뿐이다.

남아 있는 요구 인원수는 관리팀 1명, 구매팀 1명, 환경안전팀 1명이며, 남아 있는 신입 직원은 정, 경, 신 3명이다. 2지망을 살펴 보면 정은 환경안전팀, 경과 신은 관리팀에 지원했다. 환경안전팀에 지원한 정은 전공이 환경공학이므로 환경안전팀에 배치한다. 남아 있는 경, 신 두 명의 점수를 관리팀이 요구한 가중치에 따라 산출하면 다음과 같다.

- 경: $88\times0.3+95\times0.2+89\times0.5=89.9$점
- 신: $91\times0.3+87\times0.2+90\times0.5=89.7$점

따라서 관리팀에 배치해야 하는 신입직원은 경이며, 남은 신은 필수 조건에는 부합하지 않지만 마지막으로 남은 자리인 구매팀에 배치해야 한다.

따라서 부서별 필수 조건에 부합하지 않더라도 강제 할당한 경우는 없다고 한 ①은 옳지 않은 내용이다.

05 물적자원관리능력 정답 ①

○○피자 가게가 준비한 재료를 사용하여 오늘 하루 만들 수 있는 모든 피자가 다 판매된다고 가정했으므로, 오늘 하루 피자를 판매하여 얻을 수 있는 최대 금액은 오늘 최대로 생산 가능한 피자의 수량을 구해서 산출할 수 있다.

준비한 재료는 밀가루 39kg, 페퍼로니 6kg, 양송이버섯 7.5kg, 모차렐라 치즈 34kg, 토마토소스 22kg인데, 필요한 재료의 단위가 g이므로 준비한 재료를 g 단위로 변경하여 표를 수정하면 아래와 같다.

구분	밀가루	페퍼로니	양송이 버섯	모차렐라 치즈	토마토 소스
재료 재고	39,000g	6,000g	7,500g	34,000g	22,000g
A 피자	200g	50g		200g	100g
B 피자	180g		100g	150g	100g

A 피자 120판을 사전 주문 받았다고 했으므로 A 피자 120판을 만드는 데 사용한 재료의 양과 A 피자 120판을 만들고 난 후 남은 재료의 양을 포함하여 표를 수정하면 아래와 같다.

구분	밀가루	페퍼로니	양송이 버섯	모차렐라 치즈	토마토 소스
재료 재고	39,000g	6,000g	7,500g	34,000g	22,000g
A 피자	200g	50g		200g	100g
A 피자 120판 생산 시 필요량	24,000g	6,000g	0g	24,000g	12,000g
A 피자 120판 생산 후 재고량	15,000g	0g	7,500g	10,000g	10,000g
B 피자	180g		100g	150g	100g

A 피자 120판을 생산 및 판매한 후 남은 재고를 살펴볼 때 페퍼로니 재고량이 0g이므로 더 이상 A 피자를 생산 및 판매할 수가 없는 상황이다. 하지만 B 피자는 생산 시 페퍼로니가 필요하지 않기 때문에 생산이 가능한 상황이므로, 남은 재고로 B 피자를 최대 몇 판 생산 가능한지 산출해야 한다. 밀가루, 양송이버섯, 모차렐라 치즈, 토마토소스 각각 개별로 B 피자를 최대 몇 판이나 생산 가능한지 살펴보면 아래와 같다.

구분	밀가루	페퍼로니	양송이 버섯	모차렐라 치즈	토마토 소스
A 피자 120판 생산 후 재고량	15,000g	0g	7,500g	10,000g	10,000g
B 피자	180g		100g	150g	100g
B 피자 최대 생산량	83.333… 판		75판	66.666… 판	100판

위의 결과를 토대로 살펴보면 소수점은 피자가 완성될 수 없는 것을 의미하므로 밀가루만 고려했을 때는 최대 83판까지 생산이 가능하며, 양송이버섯만 고려했을 때는 최대 75판, 모차렐라 치즈만 고려했을 때는 최대 66판, 토마토소스만 고려했을 때는 최대 100판을 생산할 수 있다. 이는 반대로 말하면 66판을 생산하고 나면 밀가루와 양송이버섯, 그리고 토마토소스는 아직 남아 있는 상태지만, 모차렐라 치즈가 모두 소진되어 더 이상 B 피자를 생산할 수 없다는 것을 의미한다. 따라서 B 피자는 최대 66판까지 생산 가능하다.

따라서 ○○피자 가게가 오늘 하루 피자를 판매하여 얻을 수 있는 최대 금액은 A 피자 120판과 B 피자 66판을 판매하는 금액이다. A 피자는 1판당 17,000원, B 피자는 1판당 18,500원이므로 총판매금액은 $17{,}000\times120+18{,}500\times66=3{,}261{,}000$원이다.

06 예산관리능력 정답 ①

상반기 자재 단가는 1개당 800,000원이고, 하반기에는 상반기 대비 20% 가격 인상이 있다고 했으므로 960,000원이 된다. 하반기에 활용할 자재를 상반기에 구매할 경우 10개까지는 개당 100,000원, 10개 초과 20개 이하까지는 개당 200,000원, 20개를 초과하는 경우 개당 300,000원의 재고 관리비가 발생한다고 했으므로 이를 토대로 각 의견을 계산해 보면 다음과 같다.

- A 대리: 800,000 × 120 + 100,000 × 10 + 200,000 × 10 + 300,000 × 20 + 960,000 × 60 = 162,600,000원
- B 대리: 800,000 × 100 + 100,000 × 10 + 200,000 × 10 + 960,000 × 80 = 159,800,000원
- C 대리: 800,000 × 90 + 100,000 × 10 + 960,000 × 90 = 159,400,000원

따라서 가장 저렴한 의견을 제시한 사람은 C 대리이며, 금액은 1,594십만 원이다.

07 예산관리능력 정답 ①

각 프로젝트의 수를 살펴보면 S형 프로젝트는 A형 프로젝트 전체 중 10%라고 했으므로 S형 프로젝트 100건, A형 프로젝트 900건, B형 프로젝트 500건, C형 프로젝트 20건이 된다.
S형 프로젝트는 모든 프로젝트 성과 금액이 8,000만 원을 초과한다고 했으므로 지급률은 100%가 된다. 또한 500만 원을 추가로 지급한다고 했으므로 S형 프로젝트에 지급되는 보조금은 100 × (1,000만 원 + 500만 원) = 15억 원이 된다.
A형 프로젝트는 전체 1,000건 중 80%인 800건이 성과 금액이 8,000만 원을 초과하는데, 그중 100건은 S형 프로젝트에 해당하므로 성과 금액이 8,000만 원을 초과하는 A형 프로젝트는 700건, 8,000만 원 이하인 A형 프로젝트는 200건이 된다. 이에 따라 지급되는 보조금은 700 × 1,000만 원 + 200 × 500만 원 = 80억 원이 된다.
B형 프로젝트는 전체 500건 중 60%인 300건이 성과 금액이 8,000만 원을 초과하고, 40%인 200건은 성과 금액이 8,000만 원 이하이다. 따라서 지급되는 보조금은 300 × 1,500만 원 + 200 × 750만 원 = 60억 원이 된다.
C형 프로젝트는 전체 20건 중 50%인 10건은 성과 금액이 8,000만 원을 초과하고, 나머지 10건은 성과 금액이 8,000만 원 이하이다. 따라서 지급되는 보조금은 10 × 3,000만 원 + 10 × 1,500만 원 = 4.5억 원이 된다.
따라서 전체 프로젝트에 지급되는 보조금의 총합은 15억 원 + 80억 원 + 60억 원 + 4.5억 원 = 159.5억 원이다.

08 예산관리능력 정답 ③

총지원 예산은 50억 원이며, 예상 성과 등급이 A 등급 이상이거나 리스크 발생 가능성이 50% 미만인 프로젝트팀을 선정한다고 되어 있으므로 선정 가능한 프로젝트팀은 예상 성과 등급이 A 등급 이상인 을 프로젝트팀과 병 프로젝트팀, 그리고 리스크 발생 가능성이 50% 미만인 정 프로젝트팀 3팀이다.
예상 성과가 높은 프로젝트팀부터 순차적으로 지급한다고 했으므로 을, 병, 정 프로젝트팀 중 을 프로젝트팀이 가장 우선순위가 높고 그다음이 병, 마지막이 정 프로젝트팀이다. 따라서 먼저 을 프로젝트팀에 지원할 예산을 산출하면 아래와 같다.
을 프로젝트팀은 사업 분야가 지원이므로 배정액은 (운영비 × 0.6) + (사업비 × 0.4)이다. 따라서 (1.0십억 원 × 0.6) + (2.8십억 원 × 0.4) = 0.6십억 원 + 1.12십억 원 = 1.72십억 원이다. 총지원 예산이 50억 원이라고 했으므로 을 프로젝트팀을 지원하고 남은 예산은 50억 원 − 17.2억 원 = 32.8억 원이 된다.
다음 우선순위인 병 프로젝트팀은 사업 분야가 제조이므로 배정액은 (운영비 × 0.4) + (사업비 × 0.6)이다. 따라서 (2.5십억 원 × 0.4) + (2.0십억 원 × 0.6) = 1.0십억 원 + 1.2십억 원 = 2.2십억 원이다. 을 프로젝트팀을 지원하고 남은 예산이 32.8억 원이라고 했으므로 병 프로젝트팀을 지원하고 남은 예산은 32.8억 원 − 22억 원 = 10.8억 원이 된다.
마지막으로 정 프로젝트팀은 사업 분야가 지원이므로 배정액은 (운영비 × 0.6) + (사업비 × 0.4)이다. 따라서 (1.8십억 원 × 0.6) + (3.8십억 원 × 0.4) = 1.08십억 원 + 1.52십억 원 = 2.6십억 원이다. 하지만 을, 병 프로젝트팀을 지원하고 남은 예산이 10.8억 원밖에 없으므로 정 프로젝트팀이 지원받을 수 있는 금액은 10.8억 원이 된다.
따라서 가장 많은 프로젝트 예산을 배정받는 팀은 병 프로젝트팀이며, 그 금액은 22억 원이다.

09 예산관리능력 정답 ③

주어진 조건에 따라 최종근무점수를 산출하면 다음과 같다.

- 갑: 38 × 0.4 + 42 × 0.3 + 38 × 0.3 − 1 = 38.2
- 을: 45 × 0.4 + 38 × 0.3 + 42 × 0.3 + 1 = 43.0
- 병: 40 × 0.4 + 43 × 0.3 + 40 × 0.3 + 2 = 42.9
- 정: 40 × 0.4 + 45 × 0.3 + 44 × 0.3 = 42.7
- 무: 45 × 0.4 + 43 × 0.3 + 42 × 0.3 − 1 = 42.5

따라서 지급률에 따라 각 직원별 성과금을 산출하면 다음과 같다.

- 갑: 400만 원 × 100% = 400만 원
- 을: 200만 원 × 200% = 400만 원
- 병: 230만 원 × 150% = 345만 원
- 정: 300만 원 × 150% = 450만 원
- 무: 250만 원 × 100% = 250만 원

직급에 따라 갑의 최대 성과금 지급 가능액은 600만 원이므로 성과금 지급액이 400만 원이 되고, 을의 최대 성과금 지급 가능액은 최대 360만 원이므로 성과금 지급액이 360만 원이 된다. 병의 최대 성과금 지급 가능액은 420만 원이므로 성과금 지급액이 345만 원이 되고, 정의 최대 성과금 지급 가능액은 550만 원이므로 성과금 지급액은 450만 원이 된다. 무의 최대 성과금 지급 가능액은 450만 원이므로 성과금 지급액은 250만 원이 된다.
따라서 성과금 지급액이 가장 많은 직원은 정으로 450만 원이고, 성과금 지급액이 가장 적은 직원은 무로 250만 원이 되고, 차액은 200만 원이 된다.

10 예산관리능력 정답 ⑤

A 업체는 기념품 1개 제작에 4시간이 소요되며 직원은 6명이고, 하루에 8시간을 근무한다. 따라서 기념품을 하루에 최대 8 ÷ (4 ÷ 6) = 12개를 제작할 수 있다.
B 업체는 기념품 1개 제작에 7시간이 소요되며 직원은 8명이고, 하루에 7시간을 근무한다. 따라서 기념품을 하루에 최대 7 ÷ (7 ÷ 8) = 8개를 제작할 수 있다.
C 업체는 기념품 1개 제작에 6시간이 소요되며 직원은 10명이고, 하루에 9시간을 근무한다. 따라서 기념품을 하루에 최대 9 ÷ (6 ÷ 10) = 15개를 제작할 수 있다.

D 업체는 기념품 1개 제작에 3시간이 소요되며 직원은 5명이고, 하루에 6시간을 근무한다. 따라서 기념품을 하루에 최대 6 ÷ (3 ÷ 5) = 10개를 제작할 수 있다.
A 업체와 C 업체는 토요일과 일요일에 휴무를 갖고, B 업체와 D 업체는 일요일에만 휴무를 갖는다. 이에 따라 월~금에는 A~D 4개 업체가 모두 제작하므로 12 + 8 + 15 + 10 = 45개가 제작되고, 토요일에는 B, D 업체만 제작하므로 8 + 10 = 18개가 제작되고, 일요일에는 제작되지 않는다.
6월 4일 월요일에 제작 의뢰한다고 했으므로 다음날인 6월 5일 화요일부터 제작이 진행된다. 따라서 제작 수량은 아래와 같다.

6/5 (화)	6/6 (수)	6/7 (목)	6/8 (금)	6/9 (토)	6/10 (일)	6/11 (월)	6/12 (화)
45	45	45	45	18	0	45	45

이에 따라 6월 12일 화요일까지 제작된 총 수량은 288개가 되고, 290개를 맞추기 위해 6월 13일 수요일에도 2개가 제작되어야 한다. 이때 총 비용을 최소화한다고 했으므로, 가장 저렴한 업체에 제작을 의뢰해야 하고, 가장 저렴한 업체가 D 업체이므로 D 업체에 추가로 2개의 제작을 의뢰해야 한다.
따라서 D 업체가 제작한 총 수량은 총 7일간 10개씩 제작하고 2개를 추가로 제작해야 하므로 72개를 제작해야 하고, 1개당 6,800원이므로 비용은 72 × 6,800 = 489,600원이다.

5. 자기개발능력

적중예상문제

p.26

01	02	03	04	05	06	07	08	09	10
⑤	④	③	②	②	③	②	①	④	④
11	12	13	14	15	16	17	18	19	20
②	②	②	⑤	①	②	⑤	②	④	⑤

01 자기개발능력 소개 정답 ⑤

㉠ 자기개발에서 개발의 주체는 타인이 아니라 자기이다. 자기를 개발한다고 하는 것은 스스로 계획하고 실행한다는 의미이며, 자기개발의 객체도 자기이므로 스스로 자신의 능력, 적성, 특성 등을 이해하고, 목표성취를 위해 자신을 관리하며 개발하는 것으로 이해될 수 있다.

㉡ 자기개발은 개별적인 과정으로서 자기개발을 통해 지향하는 바와 선호하는 방법 등이 사람마다 다르다. 따라서 개인은 자신의 이해를 바탕으로, 앞으로 닥칠 환경변화를 예측하고, 자신에게 적합한 목표를 설정하며, 자신에게 알맞은 자기개발 전략이나 방법을 선정하여야 한다.

㉢ 자기개발은 직장인이나 취업준비생만 하는 것이 아니라 모든 사람이 해야 하는 것이다. 자기개발은 자신을 개발하여 효과적으로 업무를 수행하고, 현대사회와 같이 급속하게 변화하는 환경에 적응하고자 하며, 자신이 설정한 목표를 달성하고, 보다 보람되고 나은 삶을 영위하고자 노력하는 사람이라면 누구나 해야 한다.

㉣ 자기개발은 생활 가운데 이루어져야 한다. 자기개발은 특정 교육프로그램을 이수하는 것이 될 수도 있지만, 이것보다도 자신이 현재 하고 있는 직무 혹은 지향하는 직업세계와 관련하여 자신의 역할과 능력을 점검하고 개발계획을 수립하며, 시간을 관리하고, 대인관계를 맺으며, 감정을 관리하고, 의사소통을 한다.

㉤ 자기개발은 직장생활 동안만이 아니라, 평생에 걸쳐서 이루어지는 과정이다. 직장생활을 둘러싸고 있는 환경은 끊임없이 변화하고 있으며 지속적으로 학습할 것을 요구한다. 따라서 실생활에서 적응하기 위해서는 지속적인 자기개발이 필요하다.

㉥ 자기개발은 일과 관련하여 이루어지는 활동이다. 현재 직업을 가지고 있지 않더라도 직업을 탐색하고 이를 준비하는 과정을 거친다. 우리는 대부분 일과 관련하여 인간관계를 맺으며, 일과 관련하여 우리의 능력을 발휘하고 개발하고자 한다.

02 자기개발능력 소개 정답 ④

업무 생산성 향상이라는 목표를 성취하기 위해 자신이 해야 할 행동을 생각 및 조정하고 있으므로 자기관리와 관련된 사항으로 가장 적절하다.

①, ② 직업생활과 관련하여 자신의 가치, 신념, 흥미, 적성, 성격 등 자신이 누구인지 파악하는 자아인식과 관련된 사항이다.

③, ⑤ 일생에 걸쳐서 지속적으로 이루어지는 일과 관련된 경험인 경력에 대한 목표와 전략을 수립하고, 이를 실행 및 피드백하는 경력개발과 관련된 사항이다.

03 자기개발능력 소개 정답 ③

자기개발 계획을 수립할 때 5~7년 뒤를 설계하는 장기목표를 세우고, 장기목표를 이룩하기 위한 기본 단계인 1~3년 정도의 단기목표를 세워야 하므로 A 부장의 조언은 적절하지 않다. 또한 현재 직무와 관련된 일을 지속하는 경우와 현재 직무와 관계없는 일을 탐색하여 수행하는 경우 모두 현재 직무 상황과 이에 대한 만족도가 자기개발 계획을 수립하는 데 중요한 역할을 한다는 점에서 현재 직무를 고려해야 하므로 D 대리의 조언은 적절하지 않다.
따라서 귀하가 받아들이기 어려운 조언을 한 사람은 2명이다.

- B 차장: 우리가 맺고 있는 인간관계를 고려하여 자기개발 계획을 수립해야 하며, 다른 사람과의 관계를 발전시키는 것이 하나의 자기개발 목표가 될 수 있다.
- C 과장: 자신을 브랜드화하는 방법은 다른 사람과 차별화된 특징을 부각시키기 위해 지속적인 자기개발을 하며 알리는 것(PR, Public Relations)이다. 자신을 PR하는 구체적인 방법으로는 소셜 네트워크와 인적 네트워크 활용, 경력 포트폴리오 구성 등이 있다.
- E 주임: 효율적으로 자기개발 계획을 실행하고 노력의 낭비를 막기 위해서는 애매모호한 방법이 아닌 구체적인 방법으로 계획해야 한다.

04 자기개발능력 소개

정답 ②

하위 욕구부터 순서대로 ㉡ 생리적 욕구, ㉣ 안정의 욕구, ㉠ 사회적 욕구, ㉤ 존경의 욕구, ㉢ 자기실현의 욕구로 연결된다.

더 알아보기

매슬로의 욕구 5단계

↑ 상위 욕구	자기실현의 욕구	• 자신의 잠재적 역량을 최대한 발휘하고자 하는 욕구 • 자기만족을 느끼는 단계로 사람마다 큰 차이가 있음 • 자기발전을 이루고 자신의 잠재력을 극대화함
	존경의 욕구 (존중·명예 욕구)	• 스스로 자긍심을 가지려는 욕구와 타인으로부터 인정받고자 하는 욕구를 포함한 긍지와 존경에 대한 욕구 • 명예욕, 권력욕, 자존감 등 주목과 인정을 추구
	사회적 욕구 (애정 욕구)	• 남녀 간 사랑, 가족 간 사랑, 사회집단의 소속감, 친구와의 우정, 동료들과의 연대감, 애정을 원하는 욕구 • 사회 집단과의 상호작용을 통한 원활한 인간관계 유지 추구
	인정의 욕구 (안전 욕구)	• 안정, 보호, 공포로부터의 해방, 질서에 대한 욕구 • 평정과 질서를 유지하려는 신체적·경제적·정서적 안정 추구
하위 욕구 ↓	생리적 욕구	• 의식주, 배설, 종족 번식 본능 등 본능적 욕구 • 가장 기본적인 욕구로, 우선순위가 가장 강함

05 자아인식능력

정답 ②

A는 과제를 완수하고 목표를 달성할 수 있다는 신념인 능력 차원의 예시이다. B는 자신이 세상에서 경험하는 일들과 거기에 영향을 미칠 수 있다고 느끼는 정도인 통제감 차원의 예시이다. C는 다른 사람들이 자신을 가치 있게 여기며 좋아한다고 생각하는 정도인 가치 차원의 예시이다.

더 알아보기

자아존중감(self-esteem)

자아존중감이란 개인의 가치에 대한 주관적인 평가와 판단을 통해 자기결정에 도달하는 과정이다. 스스로에 대한 긍정적 또는 부정적 평가를 통해 가치를 결정짓는 것으로, 이러한 가치 판단은 자신의 정체성 형성에 영향을 주는 중요한 요소이다. 자아존중감은 주변의 의미 있는 타인에게 영향을 받으며, 환경에 적응할 수 있도록 도움을 줘 긍정적인 자아형성에 매우 중요하다. 다음의 세 차원에 대해 자신을 긍정적으로 판단하는 사람을 자아존중감이 '높은' 사람, 반대로 전반적인 차원에서 자신을 부정적으로 판단하는 사람을 자아존중감이 '낮은' 사람이라고 본다.

구분	개념	예
가치 차원	내가 나를 가치 있다고 생각해서 얼마나 긍정적으로 판단하고 좋아하는지, 혹은 다른 사람들이 자신에 대해 얼마나 가치 있다고 여기고 좋아하는지에 대한 평가	• 나는 나 자신이 좋아. • 주위 사람들이 나를 좋아해.
능력 차원	나에게 맡겨진 과제나 내가 정한 목표를 완수하고 성취할 수 있다고 생각하는 믿음	• 나는 맡은 일을 항상 잘하지. • 나는 내가 하고 싶은 일을 끝까지 잘 해낼 수 있어.
통제감 차원	내가 내 주변에서 벌어지는 상황에 영향을 미칠 수 있고 통제할 수 있다고 느끼고 믿는 정도	• 지금 내가 이걸 해낸다면 상황이 좋아질 거야. • 난 뭘 해도 운이 없어 안 되는 거 같아.

06 자아인식능력

정답 ③

최정호 사원이 다른 사람들의 이야기를 경청하여 자신에 대해 성찰하려고 노력하는 부분은 자신은 모르지만 타인은 알고 있는 영역인 '보이지 않는 창'에 해당한다. 갈등이 생길까봐 자신에 대해 공개하기를 꺼리는 것은 자신은 알지만 타인은 모르는 영역인 '숨겨진 창'에 해당된다.

따라서 영역의 창을 순서대로 연결한 것은 '보이지 않는 창' – '숨겨진 창'이다.

더 알아보기

조해리의 창

조해리의 창은 자신이 아는 것과, 다른 사람이 아는 것이라는 두 가지 관점으로 자신을 인식할 수 있는 모델이며, 이를 통해 직업인은 열린 창, 보이지 않는 창, 숨겨진 창, 미지의 창을 모두 파악할 수 있다.

	자신이 아는 부분	자신이 모르는 부분
다른 사람이 아는 부분	열린 창 (Open Window)	보이지 않는 창 (Blind Window)
다른 사람이 모르는 부분	숨겨진 창 (Hidden Window)	미지의 창 (Unknown Window)

'열린 창'이 커질수록 다른 사람과 잘 소통하게 되고 자신의 강점을 잘 발휘하면서 생활할 수 있다. '열린 창'을 키우는 방법은 크게 두 가지인데 하나는 다른 사람의 피드백(feedback)을 통해 '보이지 않는 창'을 움직이는 것이다. 상대가 주는 피드백을 얼마나 잘 수용하고 자신의 것으로 만드느냐에 따라 나를 성장시켜 나갈 수 있다. 또 다른 하나는 자기 자신을 개방해서 '숨겨진 창'을 움직이는 것이다. 다른 사람에게 나에 관해 얘기를 하며 내 모습을 드러내는 것을 말한다.

구분	개념	예
열린 창 (공개된 자아)	자신도 알고 타인도 아는 영역으로, 굳이 따로 노출하지 않아도 사람들이 쉽게 알 수 있는 부분이다. 이 영역이 클수록 자기 개방과 피드백이 원활하며, 다른 사람과의 공감대 형성이 수월하여 인간관계가 원만하다.	의식적으로 하는 말과 행동, 이름, 성별, 나이, 외모, 직업정보 등
보이지 않는 창 (눈먼 자아)	자신은 모르지만 타인은 알고 있는 영역으로, 남의 이야기를 통해 새롭게 나의 성격을 발견하는 경우에 해당한다. 이 영역의 범위가 크면 감정 표현은 자유롭지만 다소 자기 주장이 강하다는 지적을 받을 수 있다. 의사소통 과정에서 이 영역에 대해 언급하면 갈등을 유발할 소지가 있다.	자신의 매너, 자신의 성격, 자신에 관하여 다른 사람이 느끼는 감정 등
숨겨진 창 (숨겨진 자아)	자신은 알지만 타인은 모르는 영역으로, 본인 스스로 공개하는 것을 꺼리고 비밀에 부치는 부분이다. 이 영역이 넓으면 자기 이해가 충만하고 민감하지만, 자신에 대한 타인의 평가를 수용하는 데는 어려움이 있다. 타인이 이 영역을 알게 되면 갈등이 생길 수 있다.	나만의 비밀, 욕망, 단점, 약점, 성적, 애정관계, 소득정보, 취향 등
미지의 창 (아무도 모르는 자아)	자신도 모르고 타인도 모르는 영역으로, 대인 관계에서는 드러나지 않는 무의식의 세계에 해당한다. 내면세계에 존재하되 겉으로 나타나지 않아 갈등의 여지가 없어 보이지만 가장 첨예한 갈등이 잠복하여 있을 수 있다.	어린 시절의 경험, 트라우마 등

07 자아인식능력 정답 ②

흥미와 적성을 개발하기 위해서는 일을 너무 큰 단위가 아닌 작은 단위로 구분하여 수행함으로써 작은 성공의 경험들을 축적하고, 이를 통해 조금씩 성취감을 느껴야 하므로 가장 적절하지 않다.

① 흥미와 적성을 개발하는 방법 중 조금씩 성취감을 느끼기와 관련 있다.
③ 흥미와 적성을 개발하는 방법 중 마인드컨트롤을 하기와 관련 있다.
④ 흥미와 적성을 개발하는 방법 중 기업의 문화 및 풍토를 고려하기와 관련 있다.
⑤ 흥미와 적성을 개발하는 방법 중 마인드컨트롤을 하기와 관련 있다.

08 자아인식능력 정답 ①

자신의 직업에서 이루어지는 활동 등에 대해 관심과 애착을 느끼는 것은 직업흥미이다.
반성적 성찰을 통해서는 다른 일을 하는 데 필요한 노하우를 축적할 수 있고, 지속적인 성장의 기회를 마련할 수 있으며, 신뢰감을 형성할 수 있고, 창의적인 사고능력을 개발할 수 있다.

09 자기관리능력 정답 ④

㉠은 5단계 반성 및 피드백, ㉡은 4단계 수행, ㉢은 3단계 일정 수립, ㉣은 1단계 비전 및 목적 정립, ㉤은 2단계 과제 발견에 대한 설명이다. 자기관리는 자신에 대한 이해를 바탕으로 비전과 목표를 수립하며, 이에 대한 과제를 발견하고, 자신의 일정을 수립하고 조정하여 자기관리를 수행하고, 이를 반성하여 피드백하는 과정으로 이루어진다.
따라서 ㉣ – ㉤ – ㉢ – ㉡ – ㉠ 순서로 연결되어야 한다.

더 알아보기

자기관리 과정

[1단계] 비전 및 목적 정립	자신에게 가장 중요한 것 파악, 가치관·원칙·삶의 목적 정립, 삶의 의미 파악
[2단계] 과제 발견	현재 주어진 역할 및 능력, 역할에 따른 활동 목표, 우선 순위 설정
[3단계] 일정 수립	하루, 주간, 월간 계획 수립
[4단계] 수행	수행과 관련된 요소 분석, 수행 방법 찾기
[5단계] 반성 및 피드백	수행결과 분석, 피드백

10 자기관리능력 정답 ④

○○도는 ○○도 의회가 향후에 잘못된 의사결정을 하지 않도록 의사결정 결과를 평가하고 피드백해야 한다.

더 알아보기

합리적인 의사결정 과정

1단계	문제의 근원을 파악하기
2단계	의사결정 기준과 가중치를 결정하기
3단계	의사결정에 필요한 정보를 수집하기
4단계	가능한 모든 대안을 탐색하기
5단계	각 대안을 분석 및 평가하기
6단계	최적안 선택하기
7단계	의사결정 결과를 평가하고 피드백하기

11 자아인식능력 정답 ②

㉠은 영아기(0~1세)에 대한 설명이다. 신뢰 대 불신의 단계로, 아기가 세상에 대한 신뢰 관계를 수립하는 시기이다. 부모(혹은 주 양육자)가 아기의 필요를 충족시키며 돌봐주면, 아기는 세상에 대한 신뢰를 배우고, 이는 장래에 타인과 관계를 맺을 때 기초가 된다. 하지만 돌봄을 받지 못하거나 방치될 경우 세상을 불신하고 다음 발달 단계에 부정적인 영향을 미칠 수 있다.

ⓛ은 청년기(18~40세)에 대한 설명이다. 친밀감 대 고립감의 단계로, 친밀한 관계를 형성하고 유지하려는 욕구를 가진다. 이때 성공적으로 친밀감을 형성하면 타인과의 깊은 관계를 통해 정서적 만족을 느끼나, 실패하거나 고립을 경험하면 정서적 외로움과 고립감을 느끼게 된다. 따라서 이 단계에서는 자신과 타인 간의 경계를 설정하고 상호 신뢰와 존중을 바탕으로 관계를 형성하도록 돕는 것이 중요하다.

더 알아보기

에릭슨의 심리·사회적 발달 8단계

에릭 에릭슨(Erik Erikson)은 심리·사회적 발달 이론으로 잘 알려진 심리학자로, 영아기부터 노년기까지 발달 단계를 전 생애에 걸쳐 8단계로 나누어 설명하였다. 이 이론은 프로이트의 정신분석 이론을 확장하고 수정한 것으로, 개인이 일생 동안 경험하는 다양한 심리적 도전과 사회적 상호작용을 중점적으로 다루고 있다. 영아기(0~1세)는 신뢰 대 불신 단계로 유아가 세상에 대한 신뢰 관계를 수립하는 시기이다. 유아기(1~3세)는 자율성 대 수치심 단계로 자신의 의지와 통제력을 발달시킨다. 아동기(3~6세)는 주도성 대 죄의식 단계로 주도적으로 자신의 삶에 관여함으로써 목표감과 가치를 추구한다. 학령기(6~12세, 후기 아동기)는 인지적, 사회적 기술을 연마하여 역량감을 키우는 근면성 대 열등감 단계이다. 청소년기(12~18세)는 다양한 실험을 통해 자신의 위치를 파악하는 자아정체감 대 역할혼미의 단계이다. 청년기(18~40세, 성인 초기)는 친밀한 대인 관계를 형성하는 친밀감 대 고립감 단계이며, 장년기(40~65세, 중년기)는 다음 세대를 위해 생산을 하고 희생을 하는 생산성 대 자기침체의 단계이다. 마지막으로 노년기(65세 이상)는 자신의 인생을 평가하고 삶이 의미 있었음을 인식하는 자아통합 대 절망의 단계라고 보았다.

12 자기관리능력 정답 ②

업무수행 성과를 높이기 위해서는 회사와 팀의 업무 지침을 따르되, 그 안에서 자신만의 일하는 방식을 발견해야 하므로 가장 적절하지 않다.

더 알아보기

업무수행 성과를 높이기 위한 행동전략

- 일을 미루지 않기
- 비슷한 업무를 묶어서 한 번에 처리하기
- 다른 사람과 다른 방식으로 일하기
- 회사나 팀의 업무 지침 준수하기
- 역할 모델 설정하기

[13-14]

13 자기관리능력 정답 ②

거절의 의사결정에는 이 일을 거절함으로써 발생할 문제와 거절하지 못하고 그 일을 수락했을 때의 기회비용을 따져 보고, 거절하기로 결정하였다면 이를 추진할 수 있는 의지가 필요하다. 거절의 의사결정을 하고 이를 표현할 때는 다음을 유의해야 한다.

- 상대방의 말에 귀를 기울여서 문제의 본질을 파악한다.
- 거절의 의사결정은 빠를수록 좋다. 오래 지체할수록 상대방은 긍정적인 대답을 기대하게 되고, 의사결정자는 거절하기 더욱 어려워진다.
- 거절할 때는 분명한 이유를 만든다.
- 거절할 때는 대안을 제시한다.

14 경력개발능력 정답 ⑤

공공기관 운영에 관한 법률 제37조(임직원의 겸직제한)에 따르면 공기업·준정부기관의 상임임원과 직원은 그 직무 외의 영리를 목적으로 하는 업무에 종사하지 못한다. 공기업·준정부기관의 상임임원이 그 임명권자나 제청권자의 허가를 받은 경우와 공기업·준정부기관의 직원이 기관장의 허가를 받은 경우 비영리 목적의 업무를 겸할 수 있다. 공기업 직원의 겸업은 해당 기업 기관장에게 재량권이 부여되어 있어 회사마다 다소 차이가 있다.

15 경력개발능력 정답 ①

나경이는 정확한 정보를 토대로 적성에 맞는 적합한 직무를 선택하는 '직업선택' 단계, 직업과 조직에 적응해 가며 역량을 증대시키고 꿈을 추구해 나가는 '경력초기' 단계, 경력초기를 재평가하고 좀 더 업그레이드된 꿈으로 수정하는 '경력중기'의 순서대로 경력개발을 하고 있다.

더 알아보기

경력개발 단계

경력개발 단계는 일반적으로 직업선택(직업 탐색, 필요 능력 준비) → 조직입사(환경과 자신의 특성 고려해 직무 선택) → 경력초기(적응, 규칙과 규범 파악) → 경력중기(재평가, 생산성 유지) → 경력말기(퇴직 고려)로 나누어진다.

경력개발 단계	특징
직업선택 (0~25세)	• 최대한 여러 직업의 정보를 수집하여 탐색 후 나에게 적합한 최초의 직업선택 • 관련 학과 외부 교육 등 필요한 교육 이수
조직입사 (18~25세)	• 자신의 능력을 개발하고, 원하는 조직에서 일자리 얻음 • 자신의 특성과 환경적 특성을 고려해 정확한 정보를 토대로 적성에 맞는 적합한 직무 선택
경력초기 (25~40세)	• 조직의 규칙과 규범에 대해 배움 • 조직에 적응하고 승진하기 위하여 조직의 분위기 파악 • 역량(지식, 기술, 태도)을 증대시키고 꿈을 추구해 나감
경력중기 (40~55세)	• 경력 초기를 재평가하고 좀 더 업그레이드된 꿈으로 수정함 • 성인 중기에 적합한 선택을 하고 생산성을 유지하기 위해 노력
경력말기 (55세~퇴직)	• 지속적으로 열심히 일함 • 환경 변화에 대처하는 데 어려움을 겪게 되고 퇴직 고려 • 퇴직 준비의 자세한 계획(경력 중기부터 준비하는 것이 바람직)

16 경력개발능력 정답 ②

경력개발은 자신과 환경과의 상호작용을 통해서 이루어지기 때문에 환경에 대한 적극적인 탐색이 매우 중요하다. 진로심리검사는 표준화된 검사를 이용한 자기탐색에, '고용24'를 이용하는 것은 직업관련 홈페이지 탐색을 이용한 환경탐색에 해당한다.
따라서 2단계 '자신과 환경 이해'에 해당한다.

더 알아보기

자기탐색과 환경탐색 방법

경력개발 2단계에서는 경력목표를 설정하는 데 도움이 될 수 있도록 자신의 능력, 흥미, 적성, 가치관 등을 파악하고, 직무와 관련된 주변 환경의 기회와 장애요인에 대하여 정확하게 분석한다.

자기 탐색	• 자기인식관련 워크숍 참여 • 평가기관의 전문가 면담 • 표준화된 검사 • 일기 등을 통한 성찰 과정
환경 탐색	• 회사의 연간 보고서 • 특정 직무와 직업에 대한 설명 자료 • 전직 및 경력 상담 회사 및 기관 방문 • 주변 지인과의 대화 • 직업관련 홈페이지 탐색: 각종 기관에서 운영하는 직업정보(Know), 자격정보(Q-net), 취업알선 정보(고용24), 직업교육훈련정보(고용24, Career-net)

17 경력개발능력 정답 ⑤

㉠은 해당되는 유형이 없다. ㉡은 절망형, ㉢은 방어형, ㉣은 성과미달형, ㉤은 이상형에 해당된다.

더 알아보기

경력정체(Career Plateau)의 유형

경력정체의 유형은 현실인식과 행동유형이라는 두 가지 차원에 의해 각각 이상형, 성과미달형, 방어형, 절망형으로 구분된다. 현실인식은 구성원이 경력정체 현상을 인정하고 경력 정체 이유를 파악하는지 여부를 뜻하며, 행동유형은 현재의 상태를 극복하기 위해 능동적 혹은 부정적으로 대처하는 방법을 말한다.

이상형	경력정체의 책임을 자신이 져야 한다고 인식하며 능동적인 행동성향을 갖는다. 경력정체의 원인, 해결방안에 대해 정확하게 인식하고 자기개발 노력을 하는 등 경력정체 현상을 극복하기 위해 능동적으로 움직인다.
성과미달형	경력정체의 원인을 정확하게 인식하고 있지만 수동적인 행동성향을 갖고 있다. 원인이 자신에게 있음을 알고 있지만 역량 강화 등 개선하기 위한 노력 투입에는 소극적이다.
방어형	경력정체에 대해 왜곡된 인식을 갖고 있으며, 능동적인 행동성향을 갖고 있다. 자신이 아니라 타인이나 조직 때문에 발생했다고 여기고 조직이나 동료들에 대한 부정적 행동에 쉽게 관여한다.
절망형	경력정체에 대해 왜곡된 인식을 갖고 있으며 수동적인 행동성향을 갖고 있다. 책임을 조직이나 타인에게 전가하면서 정체된 상황을 극복하기 위한 대안을 찾는 데에도 소극적이며 무기력함을 보인다.

18 경력개발능력 정답 ②

직무환경의 변화로 전문인력의 필요성이 증대된 것은 내부환경에 해당한다.

더 알아보기

경력개발의 필요성

외부환경	• 종업원은 자기 삶을 위해 기업을 수시로 옮겨 다님 • 삶의 질을 추구하는 경향으로 조직을 우선으로 강조하기 어렵게 됨 • 사회 구성원의 가치관은 집단주의에서 개인주의로 매우 빠르게 변하고 있음 • 우리나라 기업은 성장이 둔화되었고, 국제화에 따른 무한경쟁 시대에 접어듦
내부환경	• 직무환경의 변화로 전문인력의 필요성이 증대됨 • 분권화로 인한 업무방식의 변화로 팀 조직을 통한 업무활성화를 지향하고 있음
환경변화	• 삶의 질 추구, 중견사원 이직 증가, 인력난 심화, 빠른 변화
조직변화	• 경영전략변화, 직무환경 변화, 승진적체, 능력주의 문화
개인요구	• 전문성 축적 및 성장요구 증가, 개인의 고용시장 가치 증대

19 경력개발능력 정답 ④

제시된 지문은 평상시에 느끼는 긍정적 정서의 수준을 높게 유지해야 역경과 위기를 잘 극복할 수 있다는 내용이다.
자신의 상황에 감사하는 마음과 미래를 낙관적으로 생각하고 끊임없이 노력하는 미래지향적 태도가 필요하다고 하였으므로 진로탄력성의 구성요소 중 '긍정적 태도'에 대한 설명이다.

20 경력개발능력 정답 ⑤

자기효능감은 '성공 경험 – 대리적 경험 – 언어적 설득 – 생리적 상태' 순으로 영향력이 약해진다.
따라서 자기효능감에 가장 큰 영향력을 미치는 것은 과거의 수행에 따른 성공 경험이므로 간접 경험이 가장 큰 영향을 준다는 것은 옳지 않은 설명이다.

더 알아보기

자기효능감(Self-efficacy)

스탠퍼드대 앨버트 반두라 심리학과 교수가 1977년 창안한 개념으로, 어떤 일을 성공적으로 수행할 능력이 있다고 믿는 기대·확신을 뜻하며, 다양한 상황에서 자기효능감이 영향을 미친다고 알려져 있고, 능력 유무와 상관없이 자기효능감이 높으면 더 높은 성과를 낼 수 있다.
자기효능감에 영향을 주는 4가지 요인은 다음과 같다.

성공 경험	작은 도전을 통해 성취감을 쌓아감
대리적 경험	타인의 성공을 통해 간접적으로 경험함
언어적 설득	다른 사람의 직접적인 격려나 질책
생리적 상태	신체적 증상을 어떻게 자각할지에 달림

6. 대인관계능력

적중예상문제

p.66

01	02	03	04	05	06	07	08	09	10
③	③	②	②	⑤	⑤	②	①	①	②
11	**12**	**13**	**14**	**15**	**16**	**17**	**18**	**19**	**20**
④	②	①	②	①	②	⑤	⑤	⑤	①

01 리더십능력 정답 ③

제시된 지문은 보스와 리더의 차이점을 보여 주는 한 예화이다. 즉, 보스는 뒤에서 명령하고, 두려움을 주어 복종을 요구하는 반면, 리더는 앞에서 솔선수범하여 이끄는 역할을 한다.

따라서 ㉠, ㉡, ㉢에 들어갈 말은 순서대로 '리더십, 리더십, 부하'이다.

더 알아보기

리더십과 멤버십

흔히 조직이 성공하기 위해서는 리더십을 잘 발휘하는 리더와 멤버십을 잘 발휘하는 탁월한 멤버가 있어야 한다. 하지만 리더십과 멤버십은 분명히 서로 다른 개념임에도 불구하고 두 개념은 독립적인 관계가 아니라 상호 보완적이며 필수적인 관계이다.

리더십 (Leadership)	특별한 비결이 필요하고 신비로운 사람만이 보유한 것이 아니라, 모든 조직구성원이 각자의 위치에서 가질 수 있는 것이다. 리더십이란 '조직의 공통된 목적을 달성하기 위하여 개인이 조직원들에게 영향을 미치는 과정'을 의미한다.
멤버십 (Membership)	조직의 구성원으로서 자격과 지위를 갖는 것으로 훌륭한 멤버십은 팔로워십(Followership)의 역할을 충실하게 수행하는 것이라 할 수 있으며, 결국 멤버십과 팔로워십은 같은 개념이라 할 수 있다. 리더를 따르는 사람은 일반적으로 헌신, 전문성, 용기, 정직하고 현명한 평가 능력이 있어야 하며, 리더의 결점이 보일 때에는 이를 올바르게 지적하되 덮어 주는 아량이 있어야 한다.

02 협상능력 정답 ③

의사소통 차원에서 볼 때, 협상이란 이해당사자들이 자신들의 욕구를 충족시키기 위해 상대방으로부터 최선의 것을 얻어내고자 상대방을 설득하는 커뮤니케이션 과정이다. 노동조합과 회사가 갈등상태에 있을 때, 갈등을 해결하기 위해 커뮤니케이션 과정을 거치게 된다. 커뮤니케이션이 원활하고 상대방 설득이 원활하게 진행될 때, 임금협상도 원활히 진행되고 좋은 결과를 얻겠지만, 의사소통 과정을 차단하고 단절할 때 임금협상은 더 이상 진전되지 못한다.

따라서 사례는 상대방을 설득하기 위한 목적으로 하는 커뮤니케이션 과정의 협상이 부족하므로 의사소통 차원의 협상이 부족하다.

더 알아보기

협상(Negotiation)

갈등상태에 있는 이해당사자들이 대화와 논쟁을 통해서 서로를 설득하여 문제를 해결하려는 정보전달 과정이자 의사결정 과정이다. 협상의 의미는 크게 의사소통 차원, 갈등해결 차원, 지식과 노력 차원, 의사결정 차원, 교섭 차원에서 살펴볼 수 있다.

의사소통 차원	이해당사자들이 자신들의 욕구를 충족시키기 위해 상대방으로부터 최선의 것을 얻어내려 상대방을 설득하는 커뮤니케이션 과정
갈등해결 차원	갈등관계에 있는 이해당사자들이 대화를 통해서 갈등을 해결하고자 하는 상호 작용 과정
지식과 노력 차원	우리가 얻고자 하는 것을 가진 사람의 호의를 쟁취하기 위한 것에 관한 지식이며 노력의 분야
의사결정 차원	선호가 서로 다른 협상당사자들이 합의에 도달하기 위해 공동으로 의사결정하는 과정
교섭 차원	둘 이상의 이해당사자들이 여러 대안 가운데서 이해당사자들 모두가 수용가능한 대안을 찾기 위한 의사결정 과정

03 리더십능력 정답 ②

㉠은 독재적 리더십, ㉡은 민주적 리더십, ㉢은 변혁적 리더십, ㉣은 거래적 리더십, ㉤은 위임적 리더십에 대한 내용이다.

더 알아보기

리더십의 유형

독재적 리더십	정책의사결정과 대부분의 핵심정보를 독점하는 리더십
민주적 리더십	구성원들의 합의에 의해 의사결정하고 이끄는 리더십

변혁적 리더십	구성원들의 가치관, 정서, 행동규범 등을 변화시켜 조직을 바람직한 방향으로 변혁시키는 리더십
거래적 리더십	리더와 부하 간의 교환거래 관계에 바탕을 둔 리더십
위임적 리더십	의사결정을 부하직원에게 전적으로 맡기는 리더십
서번트 리더십	구성원들의 잠재력을 끌어낼 수 있게 앞에서 끌어주는 리더십
카리스마적 리더십	리더의 천부적인 능력을 믿고 스스로 복종하게 하는 리더십

04 대인관계능력 소개 정답 ②

이태림 과장은 자신과 비슷한 임원희 사원을 좋게 평가하고 다른 성향인 태현실 사원을 부정적으로 평가하였다. 이는 절대적인 기준이 아니라 자신과 비교하여 평가하였기 때문에 ㉠ 대비오류에 해당한다. 오세훈 대리의 높은 창의성 요소가 성격이 완전히 다른 성실성과 리더십에 연쇄적으로 영향을 미쳐 후한 점수를 받게 되었으므로 이는 ㉡ 연쇄효과이다.

05 협상능력 정답 ⑤

분배적 협상은 협상해야 하는 쟁점이 하나뿐일 때 발생하나 쟁점이 여러 개일 경우 통합적 협상으로 발전할 수 있다. 쟁점이 하나인 경우엔 무조건 분배적 협상이 될 수밖에 없으나, 하나의 쟁점을 세분화시키거나 다른 쟁점을 협상 테이블에 끌어오는 등의 방식으로 쟁점이 복수가 되면 통합적 협상으로 전환된다.

① 통합적 협상은 한 번에 두 가지 이상 쟁점의 협의가 이루어지며, 협상 테이블에서 다루는 이슈가 여러 개일 때 일어날 수 있다.
② 통합적 협상은 파이 자체의 크기를 키울 수 있는 협상이며, 서로의 이해관계 내에서 최대의 이익을 얻을 수 있도록 협력할 때 달성될 수 있다. 자원이 제한되어 있을 때는 분배적 협상이 좋고, 반대로 자원이 풍부할 때는 통합적 협상이 사용된다.
③ 통합적 협상은 상대방의 관심사, 필요, 선호를 염두에 두고 상호 수용 가능한 결과에 도달하는 것을 강조한다.
④ 분배적 협상은 상호 신뢰와 협력이 부족할 때 경쟁적 커뮤니케이션을 선택한다.

더 알아보기

분배적 협상과 통합적 협상

협상(negotiation)은 다른 이해관계를 가진 당사자들이 상호 갈등을 해결하고 상호 수용 가능한 해결책을 찾기 위해 노력하는 과정이다. 일반적인 유형의 협상은 분배적 협상과 통합적 협상이 있다. 분배적 협상은 한 쪽이 이기고 다른 쪽이 패하는 협상이라면, 통합적 협상은 양쪽이 상호 수용 가능한 해결책을 찾고 무언가를 얻는 협상이라고 할 수 있다.

분배적 협상 (distributive negotiation)	통합적 협상 (integrative negotiation)
• 돈, 자산 등과 같이 한정된 자원을 분배할 때 사용되는 경쟁적 협상 전략 • 파이를 더 많이 나눠 가지기 위한 협상 • 당사자 간의 관계가 최우선 순위가 아닌 경우 사용(당사자 간의 이해관계보다 각각의 입장에 초점) • 제로섬(zero-sum) 조건에서 이루어지며, 노사 간의 임금 교섭에서 가장 많이 이용	• 당사자들이 분쟁을 해결하기 위해 win-win 해결책을 모색하는 협력적 협상 전략 • 파이 크기를 키워서 서로의 이익을 극대화하는 협상 • 당사자들이 서로 장기적인 관계를 발전시키는 것을 우선시할 때 사용 • 장기적인 관계를 수립할 수 있고 협력이 지속해서 이어진다는 점에서 모든 조건이 동일하다면 분배적 협상보다 바람직한 것으로 여겨짐

[06-07]

06 갈등관리능력 정답 ⑤

임영희 차장은 무관심으로 똘똘 뭉친 '나몰라형', 성시영 과장은 사사건건 참견하는 '나잘난형', 박현영 전무는 끝없이 쏟아내는 '속사포형'에 해당된다.

07 갈등관리능력 정답 ②

두 사람의 갈등을 해소하기 위해서는 오세영 대리의 유형에 대해 먼저 알아야 한다. 오세영 대리는 의사결정이 신중하고 매사에 철저함과 동시에 유연성이 부족한 완전무결형에 해당한다. 그래서 시간을 다투는 일을 할 때 갈등이 발생할 소지가 크다. 따라서 명쾌함으로 갈등을 해소하는 것이 도움이 된다. 그들의 의견을 끝까지 들어주고 업무의 핵심을 정확히 이해시켜야 한다. 또한, 결과에 대한 책임을 분명히 인지시키고 스스로 계획을 세울 수 있도록 하는 것이 좋다.

①은 속사포형, ③은 권위주의형, ④는 나잘난형, ⑤는 나몰라형에 대한 대응전략에 해당한다.

더 알아보기

5가지 갈등유형

하나의 목표를 향해 달려가는 조직 안에서도 각자 다른 특성을 지닌 조직원들이 공존하게 되면 갈등은 필연적으로 발생할 수밖에 없다. 따라서 내가 조직 내에서 갈등을 일으키는 사람인지, 또 나를 둘러싼 조직원들은 어떤 유형인지 파악한다면 수월하게 갈등을 해결할 수 있다.

갈등유형	특징
나잘난형	• 자부심이 높고 모든 면에서 자기 자신을 높게 평가하는 유형 • 자신이 알고 있는 것이 옳은 것이고 이를 주변에 알려주는 것이 의무라고 생각한다. 게다가 이로 인해 다른 사람들이 불편해 한다는 사실을 인정하지 않는다. 이들과 일할 때 거부감을 보이거나 무관심할 경우 갈등이 발생한다.

속사포형	• 남의 이야기에 귀 기울이지 않고 자기주장만 반복하는 유형 • 다른 사람이 어떻게 보거나 뭐라고 하든지 신경을 쓰지 않기 때문에 갈등 상황에 놓이면 오히려 목소리가 커진다. 이런 유형은 자기주장이 강해 다른 사람들을 통제하고 지배하려고 한다. 또 아무 하고 싸우려는 태도를 갖추고 있어 주위에서 다가가기 힘들어한다. • 대인 간 갈등 중 가장 표면적으로 드러나는 유형이며, 이러한 유형의 공격에 바로 대응하면 해결할 수 없는 갈등 상황으로 악화된다.
나몰라형	• 이성적이고 침착하며 관심 밖의 일에는 무관심한 유형 • 개인주의 성향이 강하고 주어진 의무에는 충실한 편이다. 고성과를 내고 인정받는 사람들이 이런 유형인 경우가 많다. • 관심 밖의 일에 무관심하기 때문에 갈등이 발생 안 할 수도 있지만 오히려 다른 갈등을 유발하는 원인이 되기도 한다. 자신의 의무가 아닌 것을 상대가 요구하거나 무리한 것을 강요하면 마찰이 발생한다.
완전무결형	• 깊이 생각하고 고민하다가 의사결정이 늦고 유연성이 부족한 유형 • 무슨 일이든 완벽하게 준비되어야만 시작한다. 신중하게 결정하고 매사에 철저하지만, 변화에 적응하는 데 어려움이 있다. • 실수가 적지만 지나치게 신중해 오히려 갈등이 발생한다. 특히 촌각을 다투는 일이나 여러 사람이 함께 협력해야 하는 일을 할 때 갈등이 일어날 가능성이 높다.
권위주의형	• 과도하게 걱정하고 의심하며, 언제나 자신이 옳다고 여기는 유형 • 모든 일을 대충 넘기지 않을 만큼 도덕적 잣대가 높다. 보수적이면서 의심이 많아 항상 확실한 데이터와 근거를 요구한다. • 타인의 행동과 성과를 인정하지 않고 문제점을 쉽게 찾는다. 따라서 상대의 장점이나 노력을 인정하지 않으려고 하고 칭찬에 인색하다. 아무리 노력해도 늘 실망하는 태도를 보여 상대방이 대부분 자포자기해 버린다.

갈등유형별 대응방안

갈등유형	대응방안
나잘난형	• 업무의 경계를 명확하게 해 쓸데없이 경계를 넘어오지 않게 한다. • 구체적인 대안을 요구해 참견하기보다 깊이 있는 고민으로 이어지게 유도하는 것도 필요하다.
속사포형	• 온화하고 관용을 갖고 대한다. • 객관적 관점의 중재자를 활용해야 한다. 더 큰 갈등으로 확대되는 것을 막아줄 완충작용이 필요하다.
나몰라형	• 타인과 협력하는 것을 부담스럽게 느끼기 때문에 초기에 계획 단계에서 참여시켜 의견을 내고 공유하게 해야 관계가 개선된다. • 가벼운 대화를 통해 감정적 교류를 하는 것도 시도해야 한다.
완전무결형	• 갈등을 해소하기 위해 명쾌하게 대응한다. 의견을 끝까지 들어주고 업무의 핵심을 정확히 이해시켜야 한다. • 결과에 대한 책임을 명확히 알게 하고 스스로 계획을 수립하게 한다.
권위주의형	• 동의를 유도하는 것이 무엇보다 중요하다. 이를 위해 일단 인정해 주고 점진적으로 변화하게 할 실행 방안을 마련해야 한다.

08 리더십능력 정답 ①

㉢, ㉣, ㉥은 리더에 대한 설명이고 ㉠, ㉡, ㉤은 관리자에 대한 설명이다. 리더와 관리자의 가장 큰 차이는 비전의 유무(有無)에 있다. 관리자의 역할이 자원을 관리·분배하고 당면한 문제를 해결하는 것이라면, 리더의 역할은 비전을 선명하게 구축하고 그 비전이 팀 구성원의 협력 아래 실현되도록 환경을 만들어 주는 것이다.

㉠ 리더는 비참한 실패로 끝나고 말았다고 해도 실패는 성공의 첫 걸음임을 알고 있으므로 위험 감수를 마다하지 않는다.
㉡ 리더는 선명한 비전을 구축하고 그 비전이 팀 구성원의 협력을 통해 실현될 수 있도록 환경을 제공해 주는 역할을 한다.
㉢ 관리자는 주로 사람이나 물건을 관리하는 것에 관심을 가진다.
㉣ 관리자는 목표의 설정, 달성에 필요한 체제를 구축하는 데 중점을 둔다.
㉤ 리더는 올바른 일을 하기 위해 '무엇을 할까(What to do?)'에 초점을 맞춘다.
㉥ 관리자는 자신의 성공으로 이어진 것에 의지하고, 기존의 기술을 더욱 닦고, 입증된 행동을 도입하는 경우가 많다.

더 알아보기

리더와 관리자

리더는 사람을 '지도'하는 지도자라면, 관리자는 사람을 '관리'하는 매니저이다.

리더	관리자
• 비전을 선명하게 구축하고 그 비전이 팀 구성원의 협력 아래 실현되도록 환경을 만들어 주는 역할을 한다. • 올바른 일을 하기 위해 '무엇을 할까(What to do?)'에 초점을 맞춘다. • 실현 가능하다고 생각하는 것에 대해 비전을 달성하기 위해 부하를 격려하여 더 큰 프로젝트를 움직인다. • 일이 잘될 때도 더 좋아지는 방법이 있다는 것을 알고 있다. • 비참한 실패로 끝나고 말았다고 해도 실패는 성공의 첫 걸음임을 알고 있으므로 위험 감수를 마다하지 않는다.	• 자원을 관리·분배하고 당면한 문제를 해결하는 역할을 한다. • 일을 올바르게 하기 위해 '어떻게 할까(How to do?)'에 초점을 맞춘다. • 부하의 목표를 설정하고, 이것들을 측정, 달성하는 데 중점을 둔다. • 지금 잘하고 있는 것을 계속 유지하며 기존의 시스템과 프로세스 개선에 임한다. • 위험을 최소화하고 문제를 방지하고 해결하도록 노력한다. • 단기 목표를 목표로 노력보다 정기적인 평가와 승인을 구한다.

• 크고 멀리 있는 목표물을 조준하고, 즉시 대가를 얻을 수 없어도 동기를 계속 유지한다. • 매일 새로운 것을 배워야 뒤처지지 않는 것을 안다. • 비전의 실현에 관련된 모든 사람을 중시한다. • 자신다움을 소중히 하고, 자신의 브랜드 확립에 적극적으로 임한다. • 사람들에 초점을 맞춰 그들과 수평적으로 관계하면서 신뢰를 통해 혁신하고 창조해 나간다.	• 자신의 성공으로 이어진 것에 의지하고, 기존의 기술을 더욱 닦고, 입증된 행동을 도입하는 경우가 많다. • 목표의 설정, 달성에 필요한 체제를 구축하는 데 중점을 둔다. • 뛰어난 사람의 능력이나 행동을 흉내내 자신의 것으로 한다. • 시스템에 초점을 두고 사람들과 수직적으로 관계하면서 통제에 의존해 현상을 유지·관리한다.

09 팀워크능력 정답 ①

장인호 대리는 조직의 운영 방침에 민감하고, 조직 내 사건을 균형 잡힌 시각으로 보면서 규정과 규칙에 따라 행동하기는 하지만, 개인의 이익을 극대화하기 위해 흥정에 능하며 적당한 열의와 평범한 수완으로 업무를 수행하는 실무형 팔로워이다.
따라서 목표를 먼저 정하고 다른 사람의 신뢰를 회복할 수 있도록 해야 하며, 다른 사람들의 목표 달성을 돕는 데서 시작하는 것이 바람직하다.

②, ③은 수동형, ④는 소외형, ⑤는 순응형에게 필요한 충고이다.

더 알아보기

팔로워십 유형(멤버십 유형)

소외형	자립적인 사람, 일부러 반대 의견 제시, 냉소적이고 부정적임
순응형	팀플레이를 하고 리더나 조직을 믿고 헌신하며, 획일적 태도와 행동에 익숙함
실무형	조직의 운영 방침에 민감하며, 사건을 균형 잡힌 시각으로 봄, 개인의 이익 극대화하는 흥정에 능숙
수동형	판단 및 사고를 리더에 의존, 지시가 있어야 행동, 노력해도 소용없다고 생각하며 제 몫을 못 함
주도형	독립적으로 사고하고 역할을 적극적으로 실천하며, 가장 이상적인 멤버십 유형(모범형)

10 팀워크능력 정답 ②

팀은 형성기 – 격동기 – 규범기(안정기) – 성취기 순으로 발전하며 A 팀은 규범기(안정기), B 팀은 성취기, C 팀은 형성기, D 팀은 격동기에 해당한다.

더 알아보기

팀의 발전 단계
조직심리학자 브루스 터크만(Bruce Tuckman)은 팀의 발전 단계를 4단계로 제시하였다. 다만, 모든 팀이 성취기에 도달하는 것은 아니며, 팀의 발전 단계 또한 순차적으로 진행되지 않는다.

[1단계] 형성기	• 도전적이거나 갈등을 야기할 수 있는 심각한 주제에 대한 논의는 회피함 • 팀원들은 서로 공손한 태도를 유지하며, 리스크가 적은 평범한 업무를 선호함 • 안전하고 예측할 수 있는 행동에 대한 안내와 지침이 필요하기 때문에 리더에게 상당히 의지함 • 다음 단계로 성장하기 위해 팀원들은 비위협적인 주제에 안주할 생각을 접고 마찰의 가능성을 각오해야 함
[2단계] 격동기	• 경쟁과 마찰이 특징이며 리더십, 구조, 권한, 권위에 대한 문제 전반에 걸쳐서 경쟁심과 적대감이 나타남 • 팀원 대부분이 팀에 적응하기 시작하는 단계로, 팀원 간 경쟁이 심화되어 갈등이 생기거나 팀 운영 방식에 불만을 갖는 팀원들이 발생하여 의사결정이 지연되고 팀의 생산성이 매우 낮음 • 다음 단계로 전진하기 위해 효과적으로 경청하고 의사소통을 할 수 있는 능력을 통해 팀원들이 문제해결에 나서게 해야 함
[3단계] 규범기 (안정기)	• 팀원 간 신뢰관계와 공동의 목표가 형성되어 결속력이 강화됨 • 팀원들은 서로의 의견 차이를 존중하고 지속적으로 생산적인 업무 수행 방법 등을 탐색하며, 리더는 팀원들이 자발적으로 업무 생산성을 높일 수 있도록 적절히 개입함 • 팀원들은 상호 간의 마찰을 해결함으로써 얻는 만족감과 공동체 의식을 경험하기 시작하며, 본격적인 팀의 성과가 나타날 수 있음 • 이 단계에서도 팀원 간의 의사소통이 가장 중요한 기능을 함
[4단계] 성취기	• 리더의 특별한 관리·감독이 없어도 모든 구성원이 동기부여가 되고 업무에 대한 지식과 노하우를 갖춤으로써 높은 성과를 이룸 • 팀원들은 대단히 과제지향적이자 인간지향적이며, 조화를 이루고 사기충천하며, 팀에 충성심을 보임 • 전체적인 목표는 문제해결과 일을 통한 생산성이며, 이는 팀이 이를 수 있는 최적의 단계로 이끎

11 대인관계능력 소개 정답 ④

상대방의 입장에서 양보하고 배려하는 노력은 타인의 마음속에 저축하는 가장 중요한 방법이 된다. 다른 사람들에 대한 이해와 양보는 그들과의 유대관계를 강화하고 당신에 대한 인격과 신뢰를 쌓게 되는 것이다. 나의 작은 희생과 양보가 계속 쌓여 나중에는 큰 이익으로 돌아올 수 있는 것이다.

① 책임을 지고 약속을 지키는 것은 중요한 감정 예입 행위이며 약속을 어기는 것은 중대한 인출 행위이다. 약속을 지키기 위해 최선을 다해야 하며, 만약 불가능한 상황이 발생하면 상대방에게 나의 상황을 충분히 설명하여 약속 이행을 연기해야 한다.

② 진지한 사과는 진정 대단한 용기와 내적인 안정감, 그리고 자신의 감정을 지배할 수 있는 자만이 할 수 있으나, 아무리 진지할지라도 반복되는 사과는 불성실한 사과와 마찬가지로 받아들여져 신용에 대한 인출이 된다. 사람들은 실수를 기꺼이 용서하지만, 실수의 반복은 그 사람에 대한 또 다른 인식을 가져오며, 반복의 횟수만큼 감정은행 계좌의 인출도 점점 커진다.

③ 약간의 친절과 공손함은 매우 중요하며, 반대로 작은 불손, 작은 불친절, 하찮은 무례 등은 막대한 인출을 가져온다. 사람들은 매우 상처받기 쉽고 내적으로 민감하다. 그래서 인간관계에서의 커다란 손실은 사소한 것으로부터 비롯된다. 사소한 일에 대해 관심을 기울이지 않으면 우리의 감정은행 계좌는 금세 인출되고 말 것이다.

⑤ 상대방에 대한 칭찬과 감사의 표시는 상호 신뢰 관계를 형성하고 사람의 마음을 움직이게 하는 중요한 감정 예입 행위이다. 그러나 상대방에 대한 불만과 불평은 커다란 인출을 가져온다. 대인관계의 손상은 서로 신뢰가 무너지고 불신과 불만이 쌓일 때 비롯된다.

더 알아보기

감정은행계좌 예입 수단

상대방에 대한 이해와 배려	가장 중요한 예입수단, 상대방의 입장을 먼저 이해하고 배려하는 노력 → 유대 강화, 인격과 신뢰 형성
사소한 일에 대한 관심	약간의 친절과 공손함, 사람은 매우 쉽게 상처받고 내적으로 민감, 나이·경험·외적 이미지와 무관
약속 이행 및 언행일치	책임을 지고 약속을 지키는 것, 언행일치 → 신뢰 → 많은 종류의 예입 기초, 정직 그 이상의 의미
칭찬하고 감사하는 마음	칭찬과 감사의 표시 → 상호 신뢰 관계 형성
진정성 있는 태도	신뢰 관계 형성에 매우 중요, 진지한 사과 → 예입, 반복되는 사과(= 불성실한 사과) → 인출

12 팀워크능력 정답 ②

박 주임의 발언은 '내가'라는 자아의식의 과잉으로, 팀워크를 저해하는 대표적인 요소이다.

더 알아보기

팀워크 유지 요소와 저해 요소

팀워크를 유지하는 요소	팀워크를 저해하는 요소
• 팀원 간에 공동의 목표의식과 강한 도전의식을 가짐 • 팀원 간의 상호 신뢰와 존중 • 서로 협력하면서 각자의 역할과 책임을 다함 • 솔직한 대화로 서로를 이해 • 강한 자신감으로 상대방의 사기를 드높임	• 조직에 대한 이해 부족 • 자기중심적인 이기주의 • '내가'라는 자아의식의 과잉 • 질투나 시기로 인한 파벌주의 • 그릇된 우정과 인정 • 사고방식의 차이에 대한 무시

13 팀워크능력 정답 ①

최현아 팀장은 인내심과 자제력 부족, 잦은 대립과 갈등 반복의 특징을 보이기 때문에 반목형에 해당된다.

더 알아보기

부적응적 인간관계 유형

회피형	경시형	인간관계를 무의미하다고 여기며 학업, 예술 활동 등 인간관계 외의 활동을 중시하는 유형
	불안형	인간관계 형성을 원하나, 관계에 대한 불안과 두려움으로 고립된 생활을 하는 유형
피상형	실리형	인간관계를 이득을 얻기 위한 거래관계로 여겨 실리적 목적만을 중시하는 유형
	유희형	인간관계는 항상 즐거워야 한다고 여기며, 깊고 친밀한 관계를 불편해하는 유형
미숙형	소외형	대인관계 기술이 미숙해 따돌림을 당하는 경우가 많은 유형
	반목형	인간관계에서 대립과 갈등을 반복적으로 자주 경험하는 유형
탐닉형	의존형	자신을 나약하게 여겨 항상 타인에게 결정을 미루고 전적으로 의지하는 유형
	지배형	혼자가 되는 것에 불안을 느끼고 상대를 지휘하고 통솔할 때 만족을 느끼는 유형

14 협상능력 정답 ②

설득 방법으로 'See(보고)–Feel(느끼고)–Change(변화한다)' 전략을 사용할 수 있다. 즉, 설득전략을 사용하여 갈등관리를 순조롭게 하고, 설득전략을 통해 협상의 목적을 성공적으로 달성할 수 있다.

더 알아보기

설득전략

See–Feel–Change 전략	'See'는 시각화하고 직접 보게 하여 이해시키는 전략, 'Feel'은 스스로 느끼게 하여 감동시키는 전략, 'Change'는 변화시켜 설득에 성공한다는 전략
상대방 이해 전략	설득에 장애가 되는 요인을 척결하고, 상대방에 대한 이해를 선행해 협상 과정상의 갈등해결을 용이하게 하는 전략
호혜관계 형성 전략	협상당사자 간에 어떤 혜택들을 주고받은 호혜관계가 형성되어 그 협상 과정상의 갈등해결을 용이하게 하는 전략
헌신과 일관성 전략	협상상대방의 기대에 헌신적이고 일관성 있게 부응하여 행동하는 전략
사회적 입증 전략	사람은 과학적 이론보다 자신의 동료나 이웃의 말이나 행동에 의해서 쉽게 설득되기 때문에 '입소문'을 통해서 설득하는 전략
연결 전략	갈등 문제와 갈등관리자를 연결하는 것이 아니라 갈등을 야기한 사람과 관리자를 연결함으로써 협상을 용이하게 하는 전략
권위 전략	직위나 전문성, 외모 등을 활용하여 협상을 용이하게 하는 전략

희소성 해결 전략	인적, 물적자원 등의 희소성을 해결함으로써 협상 과정상의 갈등해결을 용이하게 하는 전략
반항심 극복 전략	억압하면 할수록 더욱 반항하게 될 가능성이 커지므로 이를 피함으로써 협상을 용이하게 하는 전략

15 협상능력

정답 ①

㉠과 ⓓ 모두 강압전략에 해당한다. 그 외 협상전략은 다음과 같다.

㉡ 회피전략 ㉢ 협력전략 ㉣ 유화전략 ㉤ 회피전략
ⓐ 유화전략 ⓑ 회피전략 ⓒ 협력전략 ⓔ 협력전략

더 알아보기

협상전략의 특징과 유용한 경우

협상전략	특징	유용한 경우
협력전략 (문제해결 전략)	• 문제를 해결하는 합의에 이르기 위해서 협상 당사자들이 서로 협력한다. • 자신들의 목적이나 우선순위에 대한 정보를 서로 교환하여 이를 통합하여 문제를 해결하고자 노력한다. • 자신이 가지고 있는 것 가운데서 우선순위가 낮은 것에 대해서는 상대방에게 양보한다. • 성공을 거두기 위해서는 협상 참여자들은 신뢰에 기반을 둔 협력을 진행해야 한다. (신뢰적 협력전략)	• 협상 당사자들이 서로에 대한 정보를 많이 공유하고 있을 경우 • 협상 당사자 간에 신뢰가 쌓여 있는 경우 • 우호적 인간관계의 유지가 중요한 경우
유화전략 (양보전략)	• 상대방의 욕구와 주장에 자신의 욕구와 주장을 조정하고 순응시켜 굴복한다. • 상대방과의 우호 관계를 지속하기 위해서 자신의 입장이나 이익보다는 상대방의 이익과 입장을 고려하여 상대방에게 돌아갈 결과에 더 큰 관심을 가지고 상대방의 주장에 순순히 따른다.	• 결과보다는 상대방과의 인간관계 유지를 선호하는 경우 • 상대방과의 충돌을 피하고자 하는 경우 • 자신의 이익보다는 상대방의 이익을 고려해야 하는 경우 • 단기적으로는 손해를 보더라도 장기적 관점에서 이익이 되는 경우
회피전략 (무행동 전략)	• 상대방에게 돌아갈 결과나 자신에게 돌아올 결과에 대해서 전혀 관심을 가지지 않을 때 사용할 수 있다. • 협상을 계속 진행하는 것이 자신에게 불리하게 될 가능성이 있을 때나 협상 상황이 자신에게 불리하게 전개되고 있을 때, 협상 국면을 전환하고자 할 때 사용할 수 있다.	• 자신이 얻게 되는 결과나 인간관계 모두에 관심이 없는 경우 • 협상의 가치가 매우 낮은 경우 • 상대방에게 심리적 압박감을 주어 필요한 것을 얻어내려 하는 경우 • 협상 이외의 방법으로 쟁점 해결이 가능한 경우
강압전략 (경쟁전략)	• 인간관계를 중요하게 여기지 않고 어떠한 수단 방법을 동원해서라도 자신의 입장과 이익 극대화를 관철하는 것에만 관심이 있다. • "I Win, You Lose" 전략으로 인해 제로섬(zero-sum)의 결과가 산출될 수 있다. • 일방적인 의사소통으로 일방적인 양보를 받아낸다.	• 인간관계를 중요하게 여기지 않는 경우 • 자신의 이익을 극대화해야만 하는 경우 • 상대방보다 자신의 힘이 강한 경우 • 상대방과의 인간관계가 나쁘고 신뢰가 전혀 없는 경우

16 리더십능력

정답 ②

리더십의 각 단계는 이전 단계를 기반으로 하기 때문에, 리더는 단계를 건너뛸 수 없으며 상위 단계의 리더십은 하위 단계를 포함해야 한다.

더 알아보기

리더십 5단계

리더십 전문가인 존 맥스웰(John C. Maxwell)이 제안한 것으로, 리더가 조직 내에서 어떻게 성장하고 발전할 수 있는지를 나타내는 모델이다. 각 단계는 리더의 영향력과 리더십 스타일의 변화를 반영하며, 높은 단계로 올라갈수록 리더십의 질이 향상된다. 1단계는 누구에게나 주어지는 것이고, 2~4단계는 노력을 통해서만 높은 단계로 올라갈 수 있으며, 5단계는 오랜 시간 동안 1~4단계를 잘 보낸다면 자동으로 주어진다.

[1단계] 지위·직위 (Position)	리더십의 기본 단계로, 리더가 공식적인 직책이나 타이틀에 의해 권위를 얻는 상태를 말한다. 이 단계에서 리더는 직위에 기반한 권위에 의존하게 되며, 실질적인 영향력은 제한적이다.
[2단계] 허용 (Permission)	리더가 사람들과의 관계를 통해 권위를 얻는 단계이다. 이 단계에서 사람들은 리더를 직위가 아닌 인간적인 매력과 관계 때문에 따르게 된다. 리더십의 중심은 관계 구축과 의사소통이며, 이는 조직 내의 분위기와 팀워크를 향상시키는 데 도움이 된다.

[3단계] 성과 (Production)	리더가 구체적인 성과를 통해 권위를 얻는 단계이다. 리더는 목표를 달성하고 조직에 실질적인 기여를 하며, 이로 인해 팀원들은 리더를 신뢰하고 따른다. 이 단계에서 리더는 단순히 관계를 유지하는 것에 그치지 않고, 조직의 목표를 달성하기 위해 적극적으로 행동한다.
[4단계] 인물 개발 (People Development)	리더가 다른 사람들을 개발하고 성장시키는 데 집중하는 단계이다. 이 단계에서 리더는 멘토링, 피드백 제공 등을 통해 팀원들이 리더로 성장할 수 있도록 돕는다. 이는 조직의 지속적인 발전과 성장에 기여하며, 리더는 팀원들의 성공을 통해 자신의 리더십을 더욱 확립하게 된다.
[5단계] 인격 (Person-hood)	리더십의 최고 단계로, 리더가 자신의 리더십을 통해 탁월한 영향력을 발휘하는 상태를 의미한다. 이 단계에서 리더는 조직 내외에서 존경받고, 지속적인 리더십 개발과 혁신을 추구하며, 다른 사람들을 이끌고 영감을 주는 역할을 한다.

17 고객서비스능력 정답 ⑤

고객만족에 대해 제대로 알고 있는 사람은 아무도 없다.

- A: 고객만족을 측정할 때 많은 사람이 오류를 범할 수 있는데, 모든 고객이 동일한 수준의 서비스를 원하고 필요해한다고 가정하는 유형이 대표적이다.
- B: 고객만족은 마케팅 관련 부서에만 책임을 두지 않고 경영자를 포함해 전 부서가 모두 참여해야 하는 전사적 활동이다.
- C: 고객이 원하는 것을 알고 있다고 생각하는 것도 흔히 발생하는 오류 중 하나이다.
- D: 고객만족조사에서 가장 먼저 이뤄져야 할 것은 조사분야 및 대상 설정이다. 고객만족조사는 조사분야 및 대상 설정, 조사목적 설정, 조사방법 및 횟수, 조사결과 활용 계획 순으로 진행된다.

더 알아보기

고객만족조사

고객만족 조사 목적	• 고객만족을 높이기 위해서는 고객의 불만을 잘 처리하고 고객의 욕구를 파악해야 한다. 고객만족조사의 목적은 고객의 주요 요구를 파악하여 가장 중요한 고객요구를 도출하고, 자사가 가지고 있는 자원을 토대로 경영 프로세스의 개선에 활용함으로써 경쟁력을 증대시키는 것이다.
고객만족 측정 시 오류 유형	• 고객이 원하는 것을 알고 있다는 착각 • 적절한 측정 프로세스 없이 조사를 시작함 • 비전문가로부터 도움을 얻음 • 포괄적인 가치만을 질문함 • 중요도 척도의 오용 • 모든 고객이 동일한 수준의 서비스를 원하고 필요해한다고 가정함
고객만족 조사 계획	• 조사분야 및 대상 설정 → 조사목적 설정 → 목적 달성을 위한 조사방법 및 횟수 계획 수립 → 조사결과에 대한 활용 계획 수립

18 협상능력 정답 ⑤

서희는 자신이 가지고 있는 것 중 우선순위가 낮은 것에 대해서는 상대방에게 양보하는 협력적 과정을 통해서 문제를 해결하였다. 협상 당사자들의 목적과 우선순위에 대한 정보를 서로 교환하여 이를 통합해 문제를 해결하는 협력전략을 이끌어냈다.

①, ④ 유화전략(양보전략)에 대한 설명이다.
② 회피전략(무행동전략)에 대한 설명이다.
③ 강압전략(경쟁전략)에 대한 설명이다.

더 알아보기

협상전략의 개념과 협상전술

협상전략	개념	협상전술
협력전략 (문제해결 전략)	협상 참여자들이 협동과 통합으로 문제를 해결하고자 하는 협력적 문제해결전략(Win-Win)	협동적 원인탐색, 정보수집과 제공, 쟁점의 구체화, 대안 개발, 개발된 대안들에 대한 공동평가, 협동하여 최종안 선택 등
유화전략 (양보전략)	상대방이 제시하는 것을 일방적으로 수용하여 협상의 가능성을 높이려는 전략(Lose-Win)	유화, 양보, 순응, 수용, 굴복, 요구사항의 철회 등
회피전략 (무행동 전략)	협상을 피하거나 잠정적으로 중단하거나 철수하는 전략(Lose-Lose)	협상 회피, 무시, 상대방의 도전에 대한 무반응, 협상안건을 타인에게 넘겨주기, 협상으로부터 철수 등
강압전략 (경쟁전략)	힘에 있어서 자신이 상대방보다 우위에 있을 때 자신의 이익을 극대화하기 위한 공격적 전략(Win-Lose)	위압적인 입장 천명, 협박과 위협, 협박적 설득, 확고한 입장에 대한 논쟁, 협박적 회유와 설득, 상대방 입장에 대한 강압적 설명요청 등

19 협상능력

정답 ⑤

플린치(flinch)는 '깜짝 놀라다'라는 뜻으로 깜짝 놀라는 반응을 보여줌으로써 협상에서 유리한 결과를 유도하는 협상기법이다.

더 알아보기

협상기법

플린치(Flinch) 기법	• '깜짝 놀라다'라는 뜻으로 깜짝 놀라는 반응을 보여줌으로써 협상에서 유리한 결과를 유도하는 기법 • '상대방의 말을 되풀이하는 정도의 반응'으로 유리한 결과를 얻는 소극적 플린칭과 거기에 '책상을 치거나, 벌떡 일어나는 등의 한두 가지 행동을 더 해서' 유리한 결과를 가져오는 적극적 플린칭 2가지로 나눌 수 있다.
니블링 (Nibbling)	• '쥐가 음식을 갉아 먹듯 조금씩 갉아먹는다'는 뜻으로, 협상을 마무리하고 추가적으로 작은 무언가를 요구하는 행위를 말한다. 예를 들어 손님이 사과값을 지불함으로써 동시에 작은 귤 하나를 덥석 잡는 것이 대표적이다.
미러링 (Mirroring)	• 거울 속에 비친 것처럼 상대방의 언어나 비언어의 일부 또는 전부를 그대로 따라하는 기법
살라미(Salami) 전술	• 협상에서 큰 덩어리의 현안을 잘게 잘라서 쟁점화하고 하나씩 해결해 나가면서 많은 실리를 챙기는 기술 • 살라미는 이탈리아에서 즐겨 먹는 염장 건조 소시지로 짭짤하고 딱딱하여 얇게 썰어 먹는 게 일반적이다. 노련한 협상가일수록 자신의 모든 요구 사항을 한 번에 쏟아내지 않는다.
나 전달법 (I-Message)	• '나'를 주어로 자신의 생각과 감정을 솔직하게 표현하는 기법 • 상대방의 행동에 초점을 맞추어 그 행동에 대해 비난하고 평가하는 '너 전달법'과 달리, 나를 중심으로 만들어진 주장과 표현은 상대방의 공격으로부터 좀 더 안전하게 만든다.
권한위임 전략 (Delegated Authority Strategy)	• 협상의 우위를 점하기 위해 실무자에게 최종결정권한이 있을 때조차도 상위 권한자가 최종 결정권이 있는 것처럼 행동하는 기법 • 일반적으로 리더십의 권한위임은 중요한 업무를 부하에게 할당하고, 결정에 대한 책임을 위임하며, 업무 수행에서의 범위와 판단의 자율성을 증대시키고 관리자의 승인 없이 행동할 수 있는 권한을 부여하는 것을 말한다. 협상학의 권한위임은 실제로는 내가 모든 것을 결정할 권한이 있는데도 '없는 척'하는 것을 말한다.
굿가이-배드가이 (Good guy, Bad guy) 전술	• 목표를 달성하기 위해 협상참여자 간 역할을 강경파와 온건파로 나눠서 협상에 임하는 기법 • 굿가이는 전반적인 커뮤니케이션을 이끄는 역할을 하고, 배드가이는 회의적이고 보수적인 역할을 담당한다. 상대방에게 인심을 잃지 않으면서도 자신의 입장을 관철할 수 있다.
벨리업 (Belly-up) 전술	• 상대가 방심하게 만들거나 동정심을 유도할 목적으로 일부러 어수룩한 척, 허점투성이인 척하는 기법 • 일부러 와이셔츠 단추나 넥타이를 삐뚤게 매거나 실수로 테이블의 컵을 쓰러뜨리는 등의 행동을 해서 상대를 방심하게 만든다. '양의 탈을 쓴 늑대(Wolf in sheepskin) 전술'이라고도 한다.
더블 바인드 (Double-Bind) 기법	• '이러지도 저러지도 못하는 상황'을 의미하며, 상대에게 감정적으로 강요하지 않으면서도 상대가 쉽게 거절하지 못하게 하는 기법 • 상대가 '아니요', '안 돼요'와 같이 거절하기보다 스스로 선택할 수 있는 주도권을 줌으로써 감정적인 승리감을 맛볼 수 있게 한다.

20 고객서비스능력

정답 ①

고객이 통화 품질, 휴대폰 요금, 서비스 등 사소한 것에 대해 불평하고 있으므로 고객의 불만 표현 유형 중 트집형에 속한다. 트집형은 고객의 이야기를 경청하며, 고객에게 사과하거나 맞장구치고, 고객을 치켜세움으로써 설득하는 것이 효과적이다.

② 빨리빨리형에 알맞은 대응 방안이다.
③ 거만형에 알맞은 대응 방안이다.
④ 의심형에 알맞은 대응 방안이다.
⑤ 고객의 불만 표현 유형이 무엇인지와 상관없이 알맞지 않은 대응 방안으로, 특히 빨리빨리형에게 사용하지 않아야 하는 대응 방안이다.

7. 정보능력

적중예상문제

p.106

01	02	03	04	05	06	07	08	09	10
②	②	①	①	③	①	③	③	②	⑤
11	12	13	14	15	16	17	18	19	20
⑤	③	②	②	②	②	③	③	⑤	③
21	22	23	24	25	26	27	28	29	30
⑤	②	④	②	①	⑤	②	②	④	⑤
31	32	33	34	35	36	37	38	39	40
④	④	⑤	①	①	⑤	②	①	⑤	⑤
41	42	43	44	45	46	47	48	49	50
③	②	④	③	②	④	③	④	③	①

01 정보처리능력 정답 ②

정보활용에 있어서 밀려와서 쌓이기만 하기 때문에 입수한 자리에서 판단하여 처리하면 미련 없이 버려도 되는 정보는 '정적정보'가 아닌 '동적정보'인 경우가 대부분이다.

02 정보처리능력 정답 ②

자료(Data)는 단순한 사실의 나열, 정보(Information)는 의미 있는 자료(데이터), 지식(Knowledge)은 가치 있는 정보이다.
따라서 ㉠ 정보, ㉡ 자료, ㉢ 자료, ㉣ 지식, ㉤ 정보, ㉥ 지식에 해당된다.

더 알아보기

자료, 정보, 지식

구분	개념	예시
자료	객관적 실제의 반영으로, 그것을 전달할 수 있도록 기호화한 것(가치 판단 불가능)	고객의 주소와 성별, 이름, 나이, 전화번호, 보유 스마트폰 기종, 스마트폰 활용 횟수, 고객의 차량 종류, 차량 사용 횟수, 고객의 방문 횟수 등
정보	자료를 특정 목적과 문제해결에 도움이 될 수 있도록 가공한 것(하나 이상의 규칙 부여)	중년층의 평균 스마트폰 활용 횟수, 중년층의 보유 스마트폰 기종, 중년층의 성별에 따른 선호 디자인, 중년층의 차량 종류, 9월 한 달간 일 평균 매출 등
지식	정보를 집적하고, 체계화하여 장래의 일반적인 사항에 대비하여 보편성을 갖도록 한 것(일반화)	휴대폰 디자인에 대한 중년층의 취향, 중년층을 주요 타깃으로 한 신종 휴대폰 개발, 차량 디자인에 대한 중년 남성 및 여성층의 취향, 중년층을 주 고객으로 한 차량의 판매 전략, 특정 요일의 매출 하락 이유, 매출을 늘리기 위한 신메뉴 개발 방안 등

03 정보능력 소개 정답 ①

최수현 대리는 정보원, 정보활동의 주체, 정보의 수집 시점, 정보 수집의 효용성을 고려하여 정보를 기획하였다. 팀장은 정보수집 방법에 대해서는 지시하지 않았다.

더 알아보기

정보처리 과정

정보는 기획, 수집, 관리, 활용의 절차 및 과정에 따라 처리되는데, 정보의 기획이란 정보활동의 첫 단계로서 정보관리의 가장 중요한 단계이며 보통은 5W2H에 맞게 기획한다.

5W2H

WHAT(무엇을?)	정보의 입수 대상을 명확히 함
WHERE(어디에서?)	정보의 소스(정보원)를 파악함
WHEN(언제까지?)	정보의 요구(수집) 시점을 고려함
WHY(왜?)	정보의 필요 목적을 염두에 둠
WHO(누가?)	정보활동의 주체를 확정함
HOW(어떻게?)	정보의 수집 방법을 검토함
HOW MUCH(얼마나?)	정보수집의 비용성(효용성)을 중시함

04 컴퓨터활용능력 정답 ①

기억용량 단위는 KB – MB – GB – TB – PB 순으로 커진다.

② 1GB는 1,024 × 1,024 × 1,024 Bytes이다.
③ 1TB는 1,024 × 1,024 × 1,024 × 1,024 Bytes이다.
④ 연산속도 단위는 ms – μs – ns – ps – fs 순으로 빨라진다.
⑤ 1as는 10^{-18}초이다.

더 알아보기

컴퓨터의 기억 용량 단위

단위	Byte	KB	MB	GB	TB	PB
저장 용량	8Bit	1,024 Byte	1,024 KB	1,024 MB	1,024 GB	1,024 TB

← 작음 큼 →

컴퓨터의 처리 속도 단위

단위	ms	μs	ns	ps	fs	as
처리 속도	10^{-3}	10^{-6}	10^{-9}	10^{-12}	10^{-15}	10^{-18}

← 느림 빠름 →

05 컴퓨터활용능력 정답 ③

[Windows 작업 관리자]의 단축키는 Ctrl + Shift + Esc이다.

① 케이블 연결 외에도 Windows 또는 웹 브라우저가 정상적으로 설치되어 있는지 점검할 수 있다.
④ [프린터 속성] 대화상자의 [고급] 탭의 [인쇄를 빨리 끝낼 수 있도록 문서 스풀] 중에서 [바로 인쇄 시작]을 선택하는 것도 가능하다.

06 컴퓨터활용능력 정답 ①

임의의 폴더 내에서 모든 파일을 선택하는 방법에는 Ctrl + A를 누르거나, 메뉴 모음의 [편집] → [모두 선택]을 선택하거나, 도구 모음의 [구성] → [모두 선택]을 선택하는 방법이 있다.

② 임의의 파일을 다른 드라이브의 폴더로 드래그할 때 Ctrl을 누른 상태라면 파일은 복사, Shift를 누른 상태라면 파일은 이동된다.
③ 선택된 데이터는 잘라 내기(Cut), 복사(Copy)를 하면 임시 기억공간인 클립보드에 보관된다. 클립보드의 내용은 여러 번 붙여 넣을 수 있지만, 가장 최근에 저장된 것 하나만 기억하며, 시스템을 재시작하면 클립보드에 저장된 데이터는 지워진다.
④ 탐색기에서 파일과 폴더를 삭제하는 방법에는 메뉴 모음의 [파일] → [삭제]를 선택하거나, 키보드의 Delete를 누르거나, Shift + Delete를 누르는 방법이 있다. 또한, 마우스로 휴지통으로 끌어다 놓는 방법도 있지만, Ctrl + Delete를 누를 경우에는 아무런 변화가 없다.
⑤ 비연속적인 파일을 선택할 때는 Ctrl을 누른 상태에서 해당되는 파일을 하나씩 클릭하고, 연속적인 파일을 선택할 때는 Shift를 누른 상태에서 파일을 클릭한다.

07 컴퓨터활용능력 정답 ③

Ctrl + Shift + Esc가 작업관리자 실행이고, Ctrl + Alt + Del은 작업관리자 창 표시 또는 윈도우 재부팅이다.

08 컴퓨터활용능력 정답 ③

정식으로 대가를 지불하고 사용해야 하는 상용 소프트웨어가 수의계약에 적합하다.

① 셰어웨어(데모버전): 제조사들이 정식 프로그램의 홍보 및 구매를 유도하려는 목적으로, 기능 또는 사용 기간에 제한을 두어 무료로 배포하는 소프트웨어
② 공개 소프트웨어: 개발자가 소스를 공개한 소프트웨어로, 무료로 누구나 자유롭게 사용하고 수정 및 재배포가 가능한 소프트웨어
④ 베타버전: 정식 프로그램을 출시하기 전에 테스트 및 오류 수정을 목적으로 일반인에게 무료로 배포하는 소프트웨어
⑤ 패치버전: 이미 제작하여 배포된 프로그램의 오류 수정이나 성능 향상을 위해 프로그램의 일부 모듈을 변경하여 무료로 배포하는 소프트웨어

09 정보처리능력 정답 ②

이름, 주민등록번호, 운전면허정보, 주소, 전화번호, 생년월일, 성별, 국적 등은 일반 정보에 해당한다. 신용 정보는 대부 상황, 저당, 신용카드, 담보 설정 여부 등이 해당된다.

더 알아보기

개인정보의 분류

일반 정보	이름, 주민등록번호, 운전면허정보, 주소, 전화번호, 생년월일, 성별, 국적 등
가족 정보	가족의 이름, 직업, 생년월일, 주민등록번호, 출생지 등
교육 및 훈련 정보	최종학력, 성적, 기술자격증/전문면허증, 이수훈련 프로그램, 상벌사항 등
병역 정보	군번 및 계급, 제대유형, 주특기, 근무부대 등
부동산 및 동산 정보	소유주택 및 토지, 자동차, 저축현황, 현금카드, 주식 및 채권, 수집품 등
소득 정보	연봉, 소득의 원천, 소득세 지불 현황 등
기타 수익 정보	보험가입현황, 수익자, 회사의 판공비 등
신용 정보	대부상황, 저당, 신용카드, 담보설정 여부 등
고용 정보	고용주, 회사주소, 상관의 이름, 직무수행 평가 기록, 훈련기록, 상벌기록 등
법적 정보	전과기록, 구속기록, 이혼기록 등
의료 정보	가족병력기록, 과거 의료기록, 신체장애, 혈액형 등
조직 정보	노조가입, 정당가입, 클럽회원, 종교단체 활동 등

10 컴퓨터활용능력 정답 ⑤

스미싱은 문자메시지(SMS)와 피싱(Phishing)의 합성어로, 문자메시지를 이용하여 악성 앱이나 악성코드를 휴대전화에 유포한 후 휴대전화 소액결제 관련 정보나 개인정보를 가로채는 수법이다.

더 알아보기

스미싱

문자메시지(SMS)와 피싱(Phishing)의 합성어로, 메시지에 삽입된 인터넷주소로 접속하면 악성코드가 설치돼 피해자가 모르는 사이에 소액결제 피해를 발생시키거나 개인정보를 탈취하는 수법이다.

보이스피싱에 비해 들어가는 품이 적기에 단기간 내 불특정 다수를 피해자로 만들 수 있다는 점에서 더욱 고도화된 악랄한 범죄 방식이다. 최근에는 보이스피싱에 더해 스미싱의 방법으로 전기통신금융사기의 트렌드가 넘어가는 추세로 보인다.

택배 주소지를 입력하는 방식 등에서 최근 과태료나 청첩장, 부고장 형식의 URL을 클릭하는 순간부터 시작되는 점을 감안해 출처가 불분명한 문자의 URL 또는 전화번호를 함부로 누르지 않아야 한다. 또 휴대전화에는 신분증 사진이나 보안카드, 비밀번호 등 개인정보를 보관함에 주의를 기해야 한다.

11 정보처리능력 정답 ⑤

순서대로 랜섬웨어, 트로이목마, 애드웨어에 대한 설명이다.

더 알아보기

악성코드

컴퓨터, 서버, 클라이언트, 컴퓨터 네트워크에 악영향을 끼칠 수 있는 모든 소프트웨어를 총칭하며, 악성 소프트웨어 또는 멀웨어(malware)라고도 한다.

바이러스	• 사용자 컴퓨터 내에서 사용자 몰래 프로그램이나 실행 가능한 부분을 변형해 자신 또는 자신의 변형을 복사하는 프로그램 • 가장 큰 특성은 복제와 감염이고, 다른 네트워크의 컴퓨터로 스스로 전파되지는 않음
웜	• 인터넷 또는 네트워크를 통해서 컴퓨터에서 컴퓨터로 전파되는 악성 프로그램 • 바이러스와 달리 스스로 전파되는 특성이 있는데, 윈도우나 응용 프로그램의 취약점을 이용하여 이메일이나 공유 폴더를 통해 스스로 전파됨
웜 바이러스	• 웜과 바이러스의 감염방법을 동시에 갖춘 악성 프로그램
트로이목마	• 컴퓨터에 직접적인 피해를 주지는 않지만, 악의적인 공격자가 컴퓨터에 침투하여 사용자의 컴퓨터를 조종할 수 있는 프로그램 • 컴퓨터 바이러스와 달리 자기 자신을 다른 파일에 복사하지 않음
스파이웨어	• '스파이(spy)'와 '소프트웨어(software)'의 합성어로, 자신이 설치된 시스템의 정보를 원격지의 특정한 서버에 주기적으로 보내는 프로그램 • 사용자가 주로 방문하는 사이트, 검색어 등 취향을 파악하기 위한 것도 있지만 패스워드 등과 같은 특정 정보를 원격지에 보내는 스파이웨어도 존재함
애드웨어	• 광고(advertisement)와 소프트웨어(software)의 합성어로, 특정 소프트웨어를 실행할 때 또는 설치 후 자동적으로 광고가 표시되는 프로그램 • 프리웨어(freeware)를 설치할 때 사용자의 동의를 얻고 함께 설치되는 합법적인 애드웨어도 있지만, 사용자의 동의 없이 몰래 설치되는 불법적인 애드웨어의 경우 스파이웨어에 해당함
랜섬웨어	• '몸값(ransom)'과 '소프트웨어(software)'의 합성어로, 파일을 암호화한 후 암호키를 대가로 피해자에게 몸값을 요구하는 프로그램 • 이메일, 웹사이트, P2P 사이트 등을 통해 주로 퍼지며 워너크라이(Wanna Cry), 크립토락커(Crypto Locker), 케르베르(Cerber) 등이 대표적임

12 컴퓨터활용능력 정답 ③

IPv4 주소 체계의 주소 부족 문제를 해결하기 위해서 개발된 IPv6는 128비트 주소 체계로 기존의 IPv4에 비해 4배나 많은 정보를 수용할 수 있으며, IPv4 주소 체계와의 호환성이 좋고 주소의 확장성·융통성·연동성이 우수하다.

유니캐스트(Unicast), 멀티캐스트(Multicast), 브로드캐스트(Broad-cast) 주소 유형을 제공하는 IPv4와 달리 IPv6는 유니캐스트(Unicast), 멀티캐스트(Multicast), 애니캐스트(Anycast) 3가지 주소 유형을 제공하므로 맞는 설명이다.

① IPv4는 8비트씩 4부분으로 총 32비트로 구성된 반면 IPv6는 16비트씩 8부분으로 총 128비트로 구성되어 있다.

② 10진수로 표현되고 점(.)으로 구분하는 것은 IPv4에 대한 설명이며, IPv6는 주소의 각 부분을 콜론(:)으로 구분하며, 16진수(0~9와 A~F)로 표현한다.

④ IPv6는 IPv4와의 호환성이 뛰어나다.

⑤ IPv4는 약 43억 개(2^{32})의 주소가 이용 가능한 반면, IPv6는 거의 무한대(43억×43억×43억×43억 개, 2^{128})의 주소 할당이 가능하다. 또한, 예전 통신기기는 IPv4 방식만 제공하지만 최근 출시된 통신기기의 경우 IPv6 방식도 지원한다.

13 컴퓨터활용능력 정답 ②

(A)는 사물인터넷(IoT)에 대한 설명이며, (B)는 스마트그리드(Smart Grid)에 대한 설명이다.

인공지능(AI)은 인간의 학습능력과 추론능력, 지각능력, 자연언어의 이해능력 등을 컴퓨터 프로그램으로 실현한 기술이며, 스마트시티(Smart City)는 첨단 정보통신기술(ICT)을 이용해 도시 교통, 환경, 안전, 주거, 복지 서비스 등의 문제를 해결하고자 하는 새로운 형태의 도시 모델이자 사업이다. 마이크로그리드(Micro Grid)는 소규모 지역에서 전력을 자급자족할 수 있는 소규모 독립형 전력망이며, 빅데이터(Big data)는 생성량·주기·형식 등이 방대한 디지털 환경의 데이터이다.

14 컴퓨터활용능력 정답 ②

큐레이션 기능이 아닌 '해시태그(#)'에 대한 설명이다.

더 알아보기

IT 관련 용어

- 해시태그(Hashtag, '#'): 본래 인터넷 게시물의 분류를 위해 도입된 것으로, 특정 단어나 주제와 관련 있는 콘텐츠라는 것을 표현하는 기능을 하기 때문에 관심 분야 검색에 용이하고 '#특정단어' 형식으로 나타남
- 큐레이션 서비스(Curation service): 개인의 취향을 분석해 적절한 콘텐츠를 추천해 주는 서비스로 정보과잉시대가 도래하면서 인기를 끌고 있음
- 비콘(Beacon): 블루투스 4.0 기술을 기반으로 최대 70m 이내의 장치들과 교신이 가능한 근거리 통신기술로, NFC(근거리 무선 통신)보다 가용범위가 넓고 GPS(위성항법장치)보다 위치파악이 정교함
- 사물인터넷(IoT): Internet of Things의 약자로 기존의 유선통신을 기반으로 한 인터넷이나 모바일 인터넷보다 한 단계 진화하여 생활 속 사물들을 유·무선 네트워크로 연결하여 사람의 개입 없이 상호 간에 정보를 공유하는 환경
- 핀테크(Fintech): '파이낸셜(Financial)'과 '기술(Technique)'의 합성어로 모바일 결제·송금 등 금융과 IT의 융합형 산업
- 암호화폐(Cryptocurrency): 사용자가 암호를 해독하면 발행하는 가상화폐로 사용자는 주민등록번호나 이름 등 별도의 개인정보 저장 없이 온라인 계정을 만드는 것만으로 암호 해독을 시작할 수 있으며, 대표적인 암호화폐로는 비트코인(Bitcoin)이 있음
- 실버서퍼(Silver surfer): 노년층을 뜻하는 'Silver'와 인터넷을 이용하는 사람을 뜻하는 'Surfer'의 합성어로 인터넷이나 스마트폰과 같은 스마트기기에 관심을 가지고 능숙하게 조작하는 고령층을 의미함
- 옴니채널(Omni-channel): 여러 유통채널을 유기적으로 결합하여 온라인과 오프라인의 경계를 없앤 통합 쇼핑 개념

15 정보처리능력 정답 ②

1, 8, 9번째가 옳은 내용이다.

- 이메일을 사용할 때 메시지는 가능한 짧게 요점만 작성한다.
- 이메일을 사용할 때 제목은 메시지 내용을 함축해 간략하게 써야 한다.
- 이메일을 보내고 문자를 보내 확인하게 한다.
- 온라인 채팅을 할 때는 마주 보고 이야기하는 마음가짐으로 임한다.
- 게시판을 사용할 때 글의 내용은 간결하게 요점만 작성한다.
- 공개 자료실에는 가급적 압축하여 자료를 올린다.

16 컴퓨터활용능력 정답 ②

앞 Sheet로 이동하는 단축키는 Ctrl+Page Up이고 해당 Sheet의 [A1] 셀로 커서를 옮기는 단축키는 Ctrl+Home이다. 다음 Sheet로 이동하는 단축키는 Ctrl+Page Down이고, 함수 마법사를 불러오는 단축키는 Shift+F3이며, 마지막으로 저장 단축키는 Ctrl+S이다.

따라서 단축키가 적절하게 연결된 것은 ㉠, ㉢, ㉥이다.

17 컴퓨터활용능력 정답 ③

Alt+Esc, Ctrl+Delete, Ctrl+V, F2가 잘못 설명되었다.

- Alt+Esc는 열린 창을 순서대로 순환하는 단축키이다. 시작 메뉴를 여는 단축키는 Ctrl+Esc이다.
- Ctrl+Delete는 커서 오른쪽의 단어를 삭제하는 단축키이다. 선택한 항목을 휴지통으로 이동하지 않고 삭제하는 단축키는 Shift+Delete이다.
- Ctrl+V는 선택한 항목을 붙여 넣는 단축키이다. 작업 실행을 취소하는 단축키는 Ctrl+Z이다.
- F2는 선택한 항목의 이름을 바꾼다. 파일 탐색기에서 파일 또는 폴더를 검색하는 것은 F3이다.

따라서 잘못된 부분은 모두 4개이다.

더 알아보기

Windows 바로 가기 키(단축키)

단일키	• F2: 선택한 항목의 이름 바꾸기 • F3: 파일 탐색기에서 파일 또는 폴더 검색하기 • F5(또는 Ctrl+R): 활성 창을 새로 고치기 • F10: 활성 앱의 메뉴 모음 활성화하기 • Esc: 현재 작업을 중지하거나 나가기 • Print Screen: 전체 화면의 스크린샷을 생성하고 클립보드에 복사하기
Ctrl	• Ctrl+A: 문서나 창에 있는 모든 항목 선택하기 • Ctrl+C(Ctrl+Insert): 선택한 항목 복사하기 • Ctrl+D(또는 Delete): 선택한 항목을 삭제하고 휴지통으로 이동하기 • Ctrl+E: (대부분의 앱에서) 검색 열기 • Ctrl+R(또는 F5): 활성 창 새로 고치기 • Ctrl+V(Shift+Insert): 선택한 항목 붙여넣기 • Ctrl+W: 탭 닫기 • Ctrl+X: 선택한 항목 잘라내기 • Ctrl+Z: 작업 실행 취소하기 • Ctrl+Tab: 웹브라우저에서 탭을 오른쪽으로 이동하기 • Ctrl+Shift+Tab: 웹브라우저에서 탭을 왼쪽으로 이동하기 • Ctrl+Alt+Tab: 화살표 키를 사용하여 열려 있는 모든 앱 사이 전환하기 • Ctrl+Alt+Delete: 강제 종료하기 • Ctrl+Delete: 커서 오른쪽의 단어 삭제하기 • Ctrl+Esc: 시작 메뉴 열기 • Ctrl+Shift+Esc: 작업 관리자 열기 • Ctrl+Shift+T: 잘못해서 닫은 탭 복원 • Ctrl+숫자(1, 2, 3…): 웹브라우저에서 원하는 탭으로 이동 • Ctrl+F4: 활성 문서 닫기

Shift	• Shift+Delete: 선택한 항목을 휴지통으로 이동하지 않고 삭제하기 • Shift+화살표: 화면에서 화살표 방향으로 둘 이상의 항목을 선택하거나 문서의 텍스트 선택하기 • Shift+Space bar: 전체 행 선택하기
Alt	• Alt+Esc: 열린 순서대로 항목을 순환하기 • Alt+Enter: 선택한 항목의 속성 표시하기 • Alt+Tab: 열려 있는 앱 간에 전환하기 • Alt+F4: 활성 항목을 닫거나 활성 앱 종료하기 • Alt+Space bar: 활성 창에 대한 바로 가기 메뉴 열기 • Alt+←: 뒤로 이동하기 • Alt+→: 앞으로 이동하기 • Alt+Page Up: 한 화면 위로 이동하기 • Alt+Page Down: 한 화면 아래로 이동하기
Windows 로고키	• ⊞+D: 바탕화면을 표시하거나 숨기기 • ⊞+L: PC를 잠그거나 계정 전환하기 • ⊞+M: 바탕화면의 모든 창 최소화하기 • ⊞+Home: 활성 창을 제외한 모든 창 최소화하기 • ⊞+Shift+M: 바탕화면에서 최소화된 창 복원하기 • ⊞+S: 검색 열기 • ⊞+Shift+S: 화면 일부의 스크린샷(윈도우 캡처 도구 열기) • ⊞+T: 작업 표시줄의 앱 순환하기 • ⊞+Tab: 열린 모든 창 표시 및 가상 데스크톱 바로가기 • ⊞+Print Screen: 전체 화면 스크린샷을 파일에 저장하기 • ⊞+숫자(1, 2, 3…): 작업표시줄의 프로그램 순서대로 실행하기 • ⊞+←: 열린 창을 화면에 일정 비율로 분할하여 이동하기

18 정보처리능력 정답 ③

정보를 가명처리함으로써 추가 정보의 사용과 결합이 필요한 정보 또한 개인정보보호법상 개인정보이다.

①, ④ 개인정보는 '살아'있는 '개인'에 관한 정보로서 사망자나 법인의 정보는 개인정보보호법의 대상이 아니다.
② 개인정보는 해당 정보만으로는 특정 개인을 알아볼 수 없더라도 다른 정보와 쉽게 결합하여 알아볼 수 있는 정보이다.
⑤ 개인정보는 개인의 내밀한 영역에 속하는 정보에 국한되지 않고 공적생활에서 이미 형성되었거나 이미 공개된 정보까지도 포함한다.

더 알아보기

개인정보보호법

개인정보	• 성명, 주민등록번호 및 영상 등을 통하여 개인을 알아볼 수 있는 정보 • 해당 정보만으로는 특정 개인을 알아볼 수 없더라도 다른 정보와 쉽게 결합하여 알아볼 수 있는 정보 • 앞의 두 가지에 따라 가명처리함으로써 원래의 상태로 복원하기 위한 추가 정보의 사용·결합 없이는 특정 개인을 알아볼 수 없는 정보(가명정보)
정보주체	• 처리되는 정보에 의하여 알아볼 수 있는 사람으로서 그 정보의 주체가 되는 사람
공공기관	• 국회, 법원, 헌법재판소, 중앙선거관리위원회의 행정사무를 처리하는 기관, 중앙행정기관(대통령 소속 기관과 국무총리 소속 기관 포함) 및 그 소속 기관, 지방자치단체 • 그 밖의 국가기관 및 공공단체 중 대통령령으로 정하는 기관
적용대상	• 공공 민간부문의 모든 개인정보처리자료
보호범위	• 동사무소 민원신청서류 등 종이문서에 기록된 개인정보 외의 컴퓨터 등에 의해 처리되는 정보, 가명처리 된 개인정보도 보호대상에 포함
개인정보의 처리 제한	• 사상·신념, 노동조합, 정당의 가입·탈퇴, 정치적 견해, 건강, 성생활 등 정보주체의 사생활을 침해할 우려가 있는 정보 처리 금지 • 고유식별정보는 법령에서 구체적으로 처리를 요구한 경우를 제외하고 원칙적으로 처리 금지
정보주체의 권리 보장	• 정보주체는 개인정보처리자에게 자신의 개인정보에 대한 열람, 정정·삭제, 처리정지 등을 요구 가능 • 정보주체는 개인정보처리자의 고의 또는 중대한 과실로 인하여 개인정보가 분실, 도난, 유출, 위조, 변조 또는 훼손된 경우 손해에 대한 배상을 요청할 수 있음

19 컴퓨터활용능력 정답 ⑤

컴퓨터에 현실 속 사물의 쌍둥이를 만들고, 현실에서 발생할 수 있는 상황을 컴퓨터로 시뮬레이션함으로써 결과를 미리 예측하는 기술은 디지털 트윈이다.

더 알아보기

디지털 트윈(digital twin)

실재 사물을 가상 세계에 동일하게 3차원 모델로 구현하고, 시뮬레이션을 기반으로 한 분석, 예측, 최적화 등을 적용하여 의사결정을 지원하는 기술이다. 쉽게 말해 컴퓨터에 현실 속 사물의 쌍둥이를 만들고, 현실에서 발생할 수 있는 상황을 컴퓨터로 시뮬레이션함으로써 결과를 예측하는 기술이다.
2002년에 미국 마이클 그리브스 박사가 제품생애주기관리(PLM)의 이상적 모델로 설명하면서 등장했으며, NASA의 존 비커스 박사가 디지털 트윈으로 명명하였다. 미국 제너럴 일렉트릭(GE)이 자사의 엔진, 터빈 등 제품에 디지털 트윈 모델을 적용하면서 널리 알려졌다.

현장에 가지 않고도 산업 현장에서의 작업 절차를 미리 검증할 수 있고, 알고리즘을 적용해 돌발 사고를 최소화할 수 있다. 제조업뿐 아니라 다양한 산업·사회 문제를 해결할 수 있는 기술로 주목받는다.

20 정보처리능력 정답 ③

개인정보를 잘못 관리한 사례는 총 3개이다.

ⓒ 비밀번호는 영문, 숫자, 특수기호 등을 조합하여 유추가 어렵도록 설정하고, 주기적으로 변경해야 한다.

ⓔ 사이트별 비밀번호를 다르게 설정해야 한다.

ⓗ 출처 및 첨부파일이 의심스러운 이메일은 열람하지 않고 삭제해야 한다.

더 알아보기

개인정보 관리방법

- 개인정보는 믿을만한 곳에 꼭 필요한 것만, 최소한으로 제공한다.
- SNS나 커뮤니티, 게시판에 전화번호·가족정보·집 정보 등 개인정보를 올리지 않는다.
- 사이트 회원 가입 시 이용약관을 꼭 읽고, 이용 목적에 부합하는 정보를 요구하는지 확인한다.
- 공공장소에서 메신저 등을 사용할 경우나 자리를 비울 경우 로그아웃을 한다.
- 개인 컴퓨터에는 비밀번호를 설정하여 사용한다.
- 중요한 자료는 비밀번호를 설정하여 저장한다.
- 메일을 통해 자료를 주고받을 때는 첨부파일에 비밀번호를 설정한다.
- 공유폴더의 사용은 최소화하며, 필요한 경우 비밀번호를 설정한다.
- 비밀번호는 영문, 숫자, 특수기호 등을 조합하여 8자리 이상으로 유추가 어렵도록 설정하고, 주기적으로 변경한다.
- 출처 및 첨부파일이 의심스러운 이메일은 열람하지 않고 삭제한다.
- 출처가 불분명한 메일의 링크나 첨부파일을 클릭·실행하지 않는다.
- 정품소프트웨어를 사용하며, 웹사이트 방문 시 설치하는 프로그램은 신뢰성을 확인한 후 설치한다.
- 자동 업데이트가 가능한 백신 소프트웨어를 설치하고, 실시간 감시기능을 사용한다.
- 운영체제에서 제공하는 자동 업데이트 및 방화벽 기능을 사용한다.
- 개인정보 문제 발생 시 반드시 해당 기관 또는 사업자의 '개인정보보호책임자'에게 연락하거나 관련 기관에 신고한다.

21 컴퓨터활용능력 정답 ⑤

ⓔ 첫 번째 슬라이드부터 슬라이드 쇼 시작하기 단축키는 [F5]이다. [Shift]+[F5]는 현재 슬라이드에서 슬라이드 쇼 시작하기 단축키다.

ⓗ 현재 창 닫기 단축키는 [Ctrl]+[F4]이다. [Ctrl]+[F5]는 전체 슬라이드 목록 표시하기 단축키다.

따라서 잘못된 부분은 ⓔ, ⓗ이다.

더 알아보기

파워포인트 단축키

- [Ctrl]+[M]: 새 슬라이드 추가하기
- [Ctrl]+[N]: 새 프레젠테이션 만들기
- [Ctrl]+[O]: 프레젠테이션 열기/최근 파일 열기
- [Ctrl]+[W]: 프레젠테이션 닫기
- [Ctrl]+[J]: 양쪽 정렬
- [Ctrl]+[L]: 왼쪽 정렬
- [Ctrl]+[R]: 오른쪽 정렬
- [Ctrl]+[T]: 글꼴 대화상자 열기
- [Ctrl]+[Alt]+[M]: 새 메모 삽입하기
- [Ctrl]+[G]: 선택한 개체 그룹화하기
- [Ctrl]+[Shift]+[G]: 선택한 그룹의 그룹 해제하기
- [F1]: 도움말
- [Ctrl]+[F1]: 리본 메뉴 숨기기
- [Ctrl]+[Shift]+[F1]: 전체화면 보기
- [F5]: 슬라이드 쇼 시작하기
- [Shift]+[F5]: 현재 슬라이드에서 슬라이드 쇼 시작하기
- [Alt]+[F5]: 발표자 보기로 전환하기
- [Ctrl]+[F5]: 전체 슬라이드 목록 표시하기
- [Ctrl]+[F4]: 현재 창 닫기
- [Ctrl]+[Shift]+[>]: 글자 크기 키우기
- [Ctrl]+[Shift]+[<]: 글자 크기 줄이기

22 컴퓨터활용능력 정답 ②

[Tab]을 누르면 셀 포인터가 오른쪽 셀로 이동하고, [Shift]+[Tab]을 누르면 왼쪽 셀로 이동한다.

① [Alt]+[F2]의 기능이다.

③ [Ctrl]+[Enter]의 기능이다.

④ [Ctrl]+[Home]의 기능이다.

⑤ [Home]의 기능이다.

23 컴퓨터활용능력 정답 ④

[Ctrl]+[Home]은 [A1] 셀로 이동하는 단축키이다.

① [Alt]+[Enter]는 셀 내에서 줄 바꾸는 단축키이다.

② [Alt]+[Page Up]은 한 화면 왼쪽으로 이동하는 단축키이다.

③ [Home]은 행의 첫 번째 셀로 이동하는 단축키이다.

⑤ [Ctrl]+[Page Up]은 이전 워크시트로 이동하는 단축키이다.

더 알아보기

엑셀 이동 단축키

- [Enter]: 다음 행
- [Alt]+[Enter]: 셀 내에서 줄 바꿈
- [Shift]+[Enter]: 바로 위 행
- [Tab]: 오른쪽 셀
- [Shift]+[Tab]: 왼쪽 셀
- [Ctrl]+[Enter]: 지정한 셀에 동일 데이터 입력
- [Home]: 행의 첫 번째 셀로 이동
- [End]: 행의 마지막 셀로 이동

- Ctrl+Home: A1 셀로 이동
- Ctrl+End: 전체 마지막 셀로 이동
- Alt+Page Up: 한 화면 왼쪽 이동
- Alt+Page Down: 한 화면 오른쪽 이동
- Ctrl+Page Up: 이전 워크시트로 이동
- Ctrl+Page Down: 다음 워크시트로 이동

24 컴퓨터활용능력 정답 ②

=ROUND(DAVERAGE(A1:F11, D1, A1:A5), 1)에서 =DAVERAGE(A1:F11, D1, A1:A5)는 A1:F11에 해당하는 표에서 D1(문제해결능력) 항목 점수 중 A1:A5(갑, 을, 병, 정)에 해당하는 점수의 평균을 구하라는 의미의 함수이다. 따라서 이 부분을 먼저 계산해 보면 (76+85+86+80)/4=81.75이다.
따라서 위의 수식은 =ROUND(81.75, 1)로 바뀌고, ROUND함수는 원하는 값을 반올림하여 원하는 자릿수까지 나타내라는 의미의 함수이므로 81.75를 소수점 첫째 자리까지 나타내기 위해 반올림하면 81.8이 된다.

25 컴퓨터활용능력 정답 ①

지정한 행의 같은 열에서 데이터를 추출하는 함수는 HLOOKUP 함수이다. '정호석'의 상여금을 구해야 하므로 첫 번째 인수는 E1(정호석)이 되어야 하고, 추출할 데이터 범위는 B1:H4이므로 두 번째 인수는 B1:H4이다. 그중 상여금은 네 번째 행에 있으므로 세 번째 인수는 4가 되어야 하고, 정확하게 일치하는 값을 찾도록 하기 위해 네 번째 인수는 0을 입력해야 한다.
따라서 [C7] 셀에 입력할 함수식으로 적절한 것은 '=HLOOKUP(E1, B1:H4, 4, 0)'이다.

26 컴퓨터활용능력 정답 ⑤

SUM은 합계, LARGE는 k번째로 큰 값, SMALL은 k번째로 작은 값을 구하는 함수이므로 출력값은 SUM(87, 87)=174이다.

① COUNTA(B2:D4)=9, MAXA(B2:D4)=100
→ SUM(9, 100)=109
② SMALL(C2:C4, 2)=87, LARGE(C2:C4, 2)=87
→ AVERAGE(87, 87)=87
③ COUNTA(B2, D4)=2, LARGE(C2:C4, 2)=87
→ AVERAGE(2, 87)=44.5
④ COUNTA(B2, D4)=2, MINA(B2, D4)=83
→ SUM(2, 83)=85

27 컴퓨터활용능력 정답 ②

RIGHT함수는 텍스트의 오른쪽 끝에서부터 지정한 개수만큼 문자를 추출할 때 사용하는 함수이다. 최지우 주임의 사원번호 오른쪽 끝에서부터 세 자리는 200 미만인 '117'이므로 거짓일 때 추출되는 값인 '관리본부'가 입력된다.
따라서 직원의 성명과 소속이 바르게 짝지어진 것은 '최지우 – 관리본부'이다.

28 컴퓨터활용능력 정답 ②

총무부의 연봉 합계를 구하기 위해서는 엑셀 시트에서 총무부에 해당하는 연봉을 모두 더해야 한다. 이에 따라 지정한 범위의 셀 값 중 조건에 만족하는 셀의 합을 구하는 SUMIF함수를 사용하는 것이 적절하며, 총무부 직원의 연봉 합계액을 구하기 위한 함수식은 SUMIF함수의 식인 '=SUMIF(지정한 범위, 조건식, 합을 구할 범위)'를 적용하면 '=SUMIF(D3:D14, "총무부", E3:E14)'가 된다.

29 컴퓨터활용능력 정답 ④

DAY함수는 날짜에서 일자만 추출해서 결괏값을 얻고자 할 때 사용하는 함수이다.

더 알아보기

날짜 관련 엑셀 함수

- DAY(일련 숫자): 날짜에서 일만 표시하는 함수
- DAYS: 두 날짜 사이의 일수를 반환하는 함수
- TODAY: 현재 날짜(today)를 알려주는 함수
- DATE(연도, 월, 일): 일련 숫자를 특정 날짜(date)로 변환하는 함수
- DATEVALUE(날짜): 텍스트로 표현된 날짜를 일련숫자로 변환하는 함수
- MONTH(날짜가 표기된 셀): 특정 날짜의 월로 변환하는 함수
- YEAR(날짜가 표기된 셀): 특정 날짜의 연도로 변환하는 함수

30 컴퓨터활용능력 정답 ⑤

REPLACE함수는 'REPLACE(old_text, start_num, num_chars, new_text)' 형태로 구성된다. 따라서 기존 text인 [A2] 셀을 지정하고, 성은 남겨두어야 하므로 2번째 글자부터 시작하는 것으로 설정한 뒤, 따라오는 2글자를 교체하려고 하므로 '2'를 입력하고, 교체하려는 텍스트인 '○○'을 입력해야 한다.
따라서 [B2] 셀에 입력할 함수식으로 적절한 것은 '=REPLACE(A2, 2, 2, "○○")'이다.

①, ② EXCHANGE라는 함수는 존재하지 않는다.
③ '=REPLACE(A2, 2, 1, "○")'을 입력할 경우 이름이 2글자인 최정은 최○이라는 결괏값이 도출되며, 이름이 3글자인 이경종은 이○종 형태로 변경된다.
④ '=REPLACE(A2, 2, 2, "○")'을 입력할 경우 이름이 2글자인 최정은 최○이라는 결괏값이 도출되며, 이름이 3글자인 이경종은 이○ 형태로 변경된다.

31 컴퓨터활용능력 정답 ④

총액과 납부자 수는 SUM, 성산동 기부액은 VLOOKUP, 최고액 지역의 기부액은 MAX, 최저액 지역의 기부액은 MIN을 함수로 사용하여 계산한다.

① MAX(C5:D14)
② MIN(C5:D14)
③ SUM(D5:D14), SUM(E5:E14)
⑤ VLOOKUP($G$5, $C$5:$D$14, 2, 0)

32 컴퓨터활용능력 정답 ④

엑셀의 드래그 기능을 사용할 때 드래그에 따른 함수식의 변화를 방지하는 기호는 "$"이다. 예를 들어 $A$1의 경우 가로, 세로 어느 방향으로 드래그를 하더라도 모든 함수식에서 $A$1로 고정된다. 하지만 $A1의 경우 세로로 드래그할 경우 $A2, $A3, $A4, …로 변하게 된다.
따라서 문제와 같이 세로로 드래그를 하면서 [B8] 셀을 고정해야 하는 경우 B$8처럼 숫자 앞에 "$" 기호를 넣어야 한다.

33 컴퓨터활용능력 정답 ⑤

LARGE(지정한 범위, k)는 지정범위 중에서 몇 번째로 큰 값인지를 나타낸다. (2, 5, 6, 7) 중에서 두 번째로 큰 것은 6이다.
⑤ LARGE(범위, n번째): 범위 중 n번째로 큰 값을 나타낸다.

① LEFT(문자열, 왼쪽 추출 개수): 문자열의 왼쪽부터 지정한 개수만큼 표시한다.
② REPLACE(텍스트 1, 시작위치, 개수, 텍스트 2): 텍스트 1의 시작 위치에서 개수로 지정된 문자를 텍스트 2로 변경한다.
③ SUBSTITUTE(텍스트, 인수 1, 인수 2): 텍스트에서 인수 1을 인수 2로 변경한다.
④ LEN(텍스트): 문자의 개수를 나타낸다.

더 알아보기

엑셀 함수

- IF(조건, 참, 거짓): 특정조건을 지정하여 만족하면 참에 해당하는 값, 아니면 거짓에 해당하는 값 표시
- SUM(셀 범위): 지정된 셀 범위의 합계를 구하는 함수
- COUNT(셀 범위): 지정된 셀 범위에서 숫자(날짜 포함)가 입력된 셀의 개수를 구하는 함수
- AVERAGE(셀 범위): 지정된 셀 범위의 평균(숫자)을 구하는 함수
- RANK(순위를 구하려는 수, 데이터 범위, 순위 결정 방법): 수의 목록 중 어떤 수의 순위를 구하는 함수
- RIGHT(문자열, 추출할 문자 개수): 문자열의 오른쪽에서 특정 수만큼의 문자를 표시해 주는 함수
- MID(문자열, 시작위치, 추출할 문자 개수): 문자열의 특정 위치에서 특정수만큼의 문자를 표시해 주는 함수
- LEFT(문자열, 추출할 문자 개수): 문자열의 왼쪽에서 특정수만큼의 문자를 표시해 주는 함수
- POWER(밑수, 거듭제곱 횟수): 거듭제곱을 구하는 함수
- REPLACE(텍스트 1, 시작위치, 개수, 텍스트 2): 텍스트의 특정 부분을 원하는 텍스트로 변경할 수 있는 함수(텍스트 1의 시작위치에서 개수로 지정된 문자를 텍스트 2로 변경)
- SUBSTITUTE(텍스트, 인수 1, 인수 2): 문자열에서 원하는 문자를 찾아 다른 문자로 변경하는 함수(텍스트에서 인수 1을 인수 2로 변경)
- LEN(텍스트): 문자의 개수를 나타내는 함수

34 컴퓨터활용능력 정답 ①

COUNTIFS함수는 여러 조건을 만족하는 셀의 개수를 산출하는 함수로, 범위 1, 조건 1, 범위 2, 조건 2 …의 순서로 함수식을 작성해야 한다는 점과 범위 1과 범위 2의 크기가 같아야 한다는 점에 유의해야 한다.
문제에 주어진 조건대로 함수식을 작성하면 첫 번째 범위는 인원별 의사소통능력 통과 여부인 [C2:C11]이 되고, 조건은 "O"가 된다. 두 번째 범위는 인원별 문제해결능력 통과 여부인 [E2:E11]이 되고, 조건은 "O"가 된다. 세 번째 범위는 인원별 자원관리능력 통과 여부인 [G2:G11]이 되고, 조건은 "O"가 된다. 네 번째 범위는 인원별 정보능력 통과 여부인 [I2:I11]이 되고, 조건은 "O"가 된다. 따라서 이를 함수식으로 정리하면 '=COUNTIFS(C2:C11, "O", E2:E11, "O", G2:G11, "O", I2:I11, "O")'가 된다.
COUNTIF함수는 하나의 조건을 만족하는 셀의 개수를 반환하는 함수이고, COUNT함수는 지정한 범위에서 숫자가 포함된 셀의 개수를 반환하는 함수이다.

35 컴퓨터활용능력 정답 ①

DCOUNT함수는 목록이나 데이터베이스 영역에서 지정한 조건에 맞는 숫자의 합을 구하는 함수로, D는 database의 약자이다. 'DCOUNT(database, field, criteria)'로 구성되며 주어진 database에서 무선 키보드 항목은 2개이므로 결괏값은 2가 출력된다.

36 컴퓨터활용능력 정답 ⑤

평균과 등수를 구할 때 사용하는 함수는 각각 AVERAGE함수와 RANK함수이다. 일반적인 수식은 '=AVERAGE(B11:E11)', '=RANK(F10, F2:F21)'이지만, [F2] 셀과 [G2] 셀에 함수식을 입력한 후 드래그 기능을 통해 채워 넣었다고 하였으므로 범위를 고정시켜야 한다. 엑셀에서 범위를 고정시키는 기호는 '$'이며 등수를 구하기 위해 참조해야 할 범위가 고정되어야 하므로, [F2] 셀과 [G2] 셀에 들어갈 함수식은 '=AVERAGE(B2:E2)', '=RANK(F2, F$2:F$21)'이 되고 드래그 기능을 통해 아래의 셀을 채우면 A에 들어갈 함수식은 '=AVERAGE(B11:E11)'이고, B에 들어갈 함수식은 '=RANK(F10, F$2:F$21)'이다.

37 컴퓨터활용능력 정답 ②

미주는 모든 문서의 가장 마지막 끝 바로 밑에 작성이 되고, 각주는 해당 페이지의 최하단에 작성이 된다. 문제와 같이 미주와 각주가 동시에 보이는 페이지는 가장 마지막 페이지가 될 수밖에 없으므로 미주는 작성된 내용의 바로 밑에 위치하고, 각주는 해당 페이지의 가장 아래에 위치하게 된다.
따라서 '선행연구'라는 항목에 주석을 표시한 것은 해당 페이지의 가장 아래에 위치하는 '각주'에 해당한다.

① 미주: 주석을 표시하는 기능은 맞으나 각주와 달리 문서의 바로 하단에 표시되며, 제시된 문서에서 '조직시민행동'과 '윤리적 리더십'에 대한 주석이 미주에 해당한다.
③ 머리글: 문서의 가장 상단에 따로 공간을 할애하여 내용을 작성하는 기능을 말한다.

④ 바닥글: 문서의 가장 하단에 따로 공간을 할애하여 내용을 작성하는 기능을 말한다.
⑤ 색인: 문서 내에서의 중요한 용어나 항목을 페이지 번호와 함께 나열하는 기능을 말한다.

38 컴퓨터활용능력 정답 ①

한글에서 지우기 기능을 하는 단축키는 Ctrl+E이다. Alt+L은 글자 모양을 여는 단축키이다.

더 알아보기

한글 단축키

• 서식 메뉴

글자 모양	Alt+L
문단 모양	Alt+T
문단 번호/글머리표	Ctrl+K, N
스타일	F6
문단 번호 속성 삽입/해제	Ctrl+Shift+Insert
스타일 적용	Ctrl+1, 2, … 0
글씨 크게	Ctrl+]
글씨 작게	Ctrl+[
자간 넓게	Alt+Shift+W
자간 좁게	Alt+Shift+N
장평 좁게	Alt+Shift+J
장평 넓게	Alt+Shift+K
밑줄	Alt+Shift+U
진하게	Alt+Shift+B
기울임	Alt+Shift+I

• 편집 메뉴

되돌리기	Ctrl+Z
다시 실행	Ctrl+Shift+Z
오려 두기	Ctrl+X
복사하기	Ctrl+C
붙이기	Ctrl+V
골라 붙이기	Ctrl+Alt+V
모양 복사	커서 두고 Alt+C
복사한 모양 붙이기	블록 상태 Alt+C
지우기	Ctrl+E
모두 선택	Ctrl+A
블록 설정	F3

• 쪽 메뉴

편집 용지	F7
머리말/꼬리말	Ctrl+N+H
쪽 번호 매기기	Ctrl+N+P
감추기	Ctrl+N+S
구역	Ctrl+N+G
쪽 나누기	Ctrl+Enter
단 나누기	Ctrl+Shift+Enter
다단 설정 나누기	Ctrl+Alt+Enter
구역 나누기	Alt+Shift+Enter

• 파일 메뉴

새 문서	Alt+N
문서마당	Ctrl+Alt+N
불러오기	Alt+O
최근 작업 문서	Alt+F3
저장하기	Alt+S / Ctrl+S
다른 이름으로 저장하기	Alt+V
인쇄	Alt+P / Ctrl+P
끝	Alt+X
문서 닫기	Ctrl+F4
용지	F7

39 컴퓨터활용능력 정답 ⑤

ALTER는 DDL(Data Definition Language)에 속하는 명령어이다. SQL(Structured Query Language)이란 데이터베이스를 조작하기 위한 언어이다.

더 알아보기

SQL 명령어

명령어	개념	카테고리별 분류
DDL	데이터를 만들어보자 (Data Definition Language)	만들고(CREATE), 수정하고(ALTER), 삭제하고(DROP), 초기화(TRUNCATE)
DML	데이터를 조작해보자 (Data Manipulation Language)	읽고(SELECT), 쓰고(INSERT), 수정하고(UPDATE), 지운다(DELETE)
DCL	데이터를 누가 사용할 수 있게 할지 정하자 (Data Control Language)	사용권한을 부여하거나(GRANT), 사용권한을 제거(DENY), 권한 부여, 제거한 것을 취소(REVOKE)
TCL	데이터를 한꺼번에 정확하게 처리하자 (Transaction Control Language)	완료(COMMIT)하고, 실패하면 원래대로 되돌리고(ROLLBACK)

[40-41]

40 정보처리능력 정답 ⑤

사용하고 있는 Monitoring system code가 JE이므로, 현재 JEUS monitoring system을 사용하고 있음을 알 수 있다. JEUS monitoring system의 경우 FRE 항목에 6, RIS 항목에 4의 가중치를 두고 최종 Value 값을 산출하므로 현재 최종 Value 값은 $7 \times 0.6 + 8 \times 0.4 = 4.2 + 3.2 = 7.4$점이 된다. 7.4점은 6점 초과 8점 이하에 포함되므로 Error code는 HFP가 된다.

Feedback code는 [Monitoring system type code]_[가중치가 높은 Error value code]_[가중치가 낮은 Error value code]_[최종 Value 값에 따른 Error code]로 구성되므로 JE_FRE_RIS_HFP가 된다.

41 정보처리능력 정답 ③

시스템 상태 메시지에 HA monitoring system이라고 표기되어 있으므로 현재 monitoring system은 HADES monitoring system이다. 이 경우 RIS 항목에 6, FA 항목에 4의 가중치를 두어 최종 Value 값을 산출하므로 최종 Value 값은 $4 \times 0.6 + 6 \times 0.4 = 2.4 + 2.4 = 4.8$점이다. 단, 주어진 Input code 입력 기준은 JEUS monitoring system 기준이고, HADES monitoring system의 경우 최종 Value 값 기준이 JEUS monitoring system에 비해 1점씩 낮다. 따라서 최종 Value 값이 5.8점이므로 NMM_IOY는 선택할 수 없고, EFI_N과 EFI_IOM도 해당하지 않는다. 또한 FA 점수가 6점이므로 EFI_N과 EFI_IOM은 선택할 수 없다.

따라서 2가지 기준을 모두 만족하는 FA_OML과 FA_TML 중에서 우선순위가 높은 항목은 FA_OML이다.

[42-44]

42 정보처리능력 정답 ②

Error는 Application의 Backup File에서 확인되었으므로 object_name은 AP가 되고, filed_type은 BF가 된다. 이때, critical_value는 object_name_value가 4이고, filed_type_value가 9이므로 $4^2 + \sqrt{9} = 16 + 3 = 19$이다. 해당 Error의 Duration time은 8시간이므로 duration_time은 03이 된다.

따라서 Error Code는 Error_Code_AP_BF_19_03이다.

43 정보처리능력 정답 ④

Error는 Background Program의 Debugging File에서 확인되었으므로 object_name은 BP가 되고, filed_type은 DF가 된다. 이때, critical_value는 object_name_value가 7이고, filed_type_value가 16이므로 $7^2 + \sqrt{16} = 49 + 4 = 53$이다. 해당 Error의 Duration time은 32시간이므로 duration_time은 04가 된다.

따라서 Error Code는 Error_Code_BP_DF_53_04이다.

44 정보처리능력 정답 ③

현재 발생한 Error는 4개이고 duration_time에 따른 code를 보았을 때, Error_Code_BP_EF_51_02보다 duration_time이 긴 error는 Error_Code_SP_BF_84_03 1개뿐이다. 따라서 디버깅해야 하는 Error_Code_BP_EF_51_02의 priority는 '02'이다. 다음으로 Critical value를 살펴보면 Error_Code_BP_EF_51_02보다 critical value가 큰 error는 Error_Code_SP_BF_84_03 1개뿐이다. 따라서 디버깅해야 하는 Error_Code_BP_EF_51_02의 intensity는 '92'이다.

따라서 입력해야 하는 Debugging code는 Debug_Code_02_92가 된다.

45 정보처리능력 정답 ②

제시된 결과는 2진수 $1000110001101101_{(2)}$이다. 이를 10진수로 변환하면 $1 \times 2^{15} + 1 \times 2^{11} + 1 \times 2^{10} + 1 \times 2^6 + 1 \times 2^5 + 1 \times 2^3 + 1 \times 2^2 + 1 \times 2^0 = 35,949$가 되고, 이를 다시 16진수로 변환하기 위해 35,949을 16으로 나누면 몫은 2,246이고, 나머지는 13이 된다. 13은 16진수로 D이므로 16진수의 오른쪽에서 첫 번째 자리는 D가 된다. 2,246을 16으로 나누면 몫은 140이고, 나머지는 6이 된다. 따라서 16진수의 오른쪽에서 두 번째 자리는 6이 된다. 140을 16으로 나누면 몫은 8이 되고, 나머지는 12가 된다. 12는 16진수로 C이므로 16진수의 오른쪽에서 세 번째 자리는 C가 되고, 가장 왼쪽은 8이 된다.

따라서 $8C6D_{(16)}$이 되므로 귀하가 입력할 코드는 8C6D이다.

빠른 문제 풀이 Tip

제시된 2진수 $1000110001101101_{(2)}$를 4자리씩 끊어서 16진수로 변환한다.

4자리씩 끊어보면 1000/1100/0110/1101이 되고, 각 2진수를 16진수로 바로 변환해 보면 $1000_{(2)} = 1 \times 2^3 = 8_{(16)}$, $1100_{(2)} = 1 \times 2^3 + 1 \times 2^2 = 12_{(10)} = C_{(16)}$, $0110_{(2)} = 1 \times 2^2 + 1 \times 2^1 = 6_{(16)}$, $1101_{(2)} = 1 \times 2^3 + 1 \times 2^2 + 1 \times 2^0 = 13_{(10)} = D_{(16)}$이다.

따라서 귀하가 입력할 코드는 8C6D이다.

[46-47]

46 정보처리능력 정답 ④

체크섬은 바코드 짝수 번째 숫자의 합에 3을 곱한 값과 홀수 번째 숫자의 합을 더한 후, 그 값에 추가로 더하여 10의 배수로 만드는 최소 숫자이다.

짝수 번째 숫자의 합은 $9+1+1+1+8+4=24$이고, 홀수 번째 숫자의 합은 $6+0+0+9+1+4=20$이다.

따라서 $(24 \times 3) + 20 = 92$에 추가로 더하여 10의 배수인 100이 되게 하는 '8'이 적절하다.

47 정보처리능력 정답 ③

[EAN-13 코드 생성 방식]에 따라 1) 국가코드: 한국(880) → 2) 업체코드: ♤♤회사(1411) → 3) 상품코드: 빙과류 튜브 A(22166) 순으로 배열된다. 바코드 짝수 번째 숫자와 홀수 번째 숫자를 연산한 값은 (19 × 3) + 21 = 78이므로 마지막 자리인 체크섬은 2이다.
따라서 '8801411221662'가 적절하다.

① 한국 ♤♤회사에서 생산된 빙과류 바 B의 바코드이다.
② 한국 ♧♧회사에서 생산된 빙과류 튜브 A의 바코드이다.
④ 중국 ♤♤회사에서 생산된 빙과류 바 B의 바코드이다.
⑤ 한국 ○○회사에서 생산된 초콜릿류 바초콜릿 A의 바코드이다.

[48-50]

48 컴퓨터활용능력 정답 ④

제시된 코드는 power(a, n)이라는 함수를 정의해서 'a'를 'n'제곱한 값을 계산하기 위한 코드이다. 'n'이 1이라면 'a'를 반환하는 재귀의 base case로 두고, 'n'이 1이 아니라면 power 함수를 통해 재귀적으로 'a'를 'n'번 곱하는 것을 만들기 위한 코드를 편성해야 한다. 간단히 말하자면 'n'이 2일 경우 'a'를 2번 곱하는 코드를 만들어야 한다는 것이다.
a × power(a, n − 1)을 본다면 'n'이 2일 때, a × power(a, 1)이 된다. power(a, 1)은 'n'이 1인 경우이므로 a의 값을 도출하게 되고 따라서 a × a가 되어 a를 2번 곱한 값을 출력하게 되는 것이다.

① a × power(a − 1, n)의 경우 'n'이 2로 고정되므로 a × (a − 1) × (a − 1) × (a − 1) ……이 된다.
② n × power(a, n − 1)의 경우 'n'이 2일 때는 n을 도출하고 'n'이 1로 줄어들면 a가 도출되므로 2 × a가 출력된다.
③ a × power(a, n + 1)의 경우 'n'이 계속 커지므로 a × a × a × a × a ……이 된다.
⑤ power(a, n)의 경우 같은 코드가 계속 반복되기만 할 뿐 특별한 값을 도출하지 못한다.

49 컴퓨터활용능력 정답 ③

제시된 코드는 power(a, n)이라는 함수를 정의해서 'a'를 'n'번 곱한 값을 계산하기 위한 코드이다. x를 1로 지정한 뒤 for 구문을 사용하여 'n'번 반복하여 'x'에 'a'를 곱해주는 방식으로 'a'를 'n'제곱한 값을 계산하는 코드를 형성해야 하는 것이다.
따라서 'n'이 2라면 최초 x는 1이므로 x = x × a라는 구문에 따라 x = a가 된다. 제시된 코드의 for 구문에 따라 해당 작업은 반복되고, x = a인 상태에서 x × a는 a × a로 정의되어 a를 2번 곱한 값이 되는 것이다. 정의된 함수에서 range가 (1, n + 1)이므로 'n'이 1이면 range (1, 2)가 되어 해당 작업은 1번 수행하는 것이다. 따라서 x = 1일 때, x = x × a를 한 번만 수행하므로 x = a가 출력되고 'n'이 2가 되면 range(1, 3)이 되어 해당 작업을 2번 수행하여 a의 제곱이 출력된다.

50 컴퓨터활용능력 정답 ①

3의 4제곱을 나타낼 수 있는 반복함수 알고리즘이기 때문에 a = 3, n = 4로 정의했으며, 작성되어 있는 반복함수 코드에 따라 X = 1을 정의하였다. i를 range n 안에서 반복한다고 정의되어 있으므로 최초 i = 1로 정의하고 i <= n을 만족하는지에 따라 반복 여부를 결정하는 알고리즘을 형성하였다. 최종 출력값은 X이므로 i <= n을 만족한다면 X = X × a를 진행하여 X 값에 a를 곱한 값을 입력해 주어야 한다. 가장 처음에 i = 1이고 n = 4이므로 1 <= 4를 만족한다.
따라서 X = 1 × 3 = 3을 입력한다. 또한 계속 반복을 하는 것이 아니므로 i = i + 1코드를 이용하여 i 값에 변화를 준다. 그러면 i = 1 + 1 = 2가 입력되고, 다시 i <= n을 만족하는지 확인해 보면 2 <= 4이므로 만족한다는 것을 확인할 수 있다. 따라서 $X = 3 \times 3 = 3^2$을 입력하고, i = 2 + 1 = 3이 입력된다.
다시 i <= n을 만족하는지 확인해 보면 3 <= 4이므로 만족한다는 것을 확인할 수 있다. 따라서 $X = 3^2 \times 3 = 3^3$을 입력하고, i = 3 + 1 = 4가 입력된다.
다시 i <= n을 만족하는지 확인해 보면 4 <= 4이므로 만족한다는 것을 확인할 수 있다. 따라서 $X = 3^3 \times 3 = 3^4$을 입력하고, i = 4 + 1 = 5가 입력된다.
다시 i <= n을 만족하는지 확인해 보면 5 <= 4이므로 만족하지 않음을 확인할 수 있고 현재의 X 값인 3^4이 출력된다.

8. 기술능력

적중예상문제

p.164

01	02	03	04	05	06	07	08	09	10
①	①	②	⑤	③	②	③	②	②	⑤
11	**12**	**13**	**14**	**15**	**16**	**17**	**18**	**19**	**20**
②	④	②	③	③	②	⑤	①	④	②

01 기술능력 소개 정답 ①

기술능력이 뛰어난 사람은 문제점을 평가하는 것이 아니라 기술적 해결에 대한 효과성을 평가한다. 또 인식된 문제를 위한 다양한 해결책을 개발하고 평가하며, 주어진 한계 속에서 제한된 자원을 가지고 일한다.

ⓛ, ⓡ, ⓑ, ⓢ은 기술교양을 지닌 사람들의 특징이다.

더 알아보기

기술능력이 뛰어난 사람의 특징

기술능력이 뛰어난 사람은 적절한 체계를 선택하는 데 현명한 의사결정을 할 수 있고, 효과적으로 기술적 지식, 기술적 과정, 기술적 조건들을 활용할 수 있다. 기술능력이 뛰어난 사람들의 특징은 다음과 같다.

- 실질적 해결이 필요한 문제를 인식한다.
- 인식된 문제를 위해 다양한 해결책을 개발하고 평가한다.
- 실제적 문제를 해결하기 위해 지식이나 기타 자원을 선택하고 최적화하여 적용한다.
- 주어진 한계 속에서 그리고 제한된 자원을 가지고 일한다.
- 기술적 해결에 대한 효용성을 평가한다.
- 여러 상황 속에서 기술의 체계와 도구를 사용하고 배울 수 있다.

기술교양을 갖춘 사람의 특징

기술교양은 모든 사람들이 광범위한 관점에서 기술의 특성, 기술적 행동, 기술의 힘, 기술의 결과에 대해 어느 정도의 지식을 가지는 것을 의미하며, 기술능력을 넓은 의미로 확대한 개념으로 사용될 수 있다. 일반적으로 기술교양을 지닌 사람들은 다음과 같은 특징을 가진다.

- 기술학의 특성과 역할을 이해한다.
- 기술체계가 설계되고, 사용되고, 통제되는 방법을 이해한다.
- 기술과 관련된 이익을 가치화하고 위험을 평가할 수 있다.
- 기술에 의한 윤리적 딜레마에 대해 합리적으로 반응할 수 있다.

02 기술능력 소개 정답 ①

산업재해 조사표에 따르면 재해자 즉 지게차 운전자는 기계를 잘못 사용하고 불안정한 상태를 방치했기 때문에 직접적 원인 중에는 불안전한 행동(인적 원인)에 해당된다. 또한 작업계획서를 작성하지 않아서 안전 수칙을 오해하거나 작업방법의 교육이 불충분한 거로 볼 수 있어 간접적 원인으로는 교육적 원인에 해당된다.

더 알아보기

산업재해의 원인

산업재해의 원인은 크게 직접적인 원인과 간접적인 원인(기본적 원인)으로 구분된다. 직접적인 원인은 사고 발생에 시간상으로 가장 가까운 원인으로 1차 원인이라고도 하는데, 통상적으로 인적 원인(불안전한 행동)과 물적 원인(불안전한 상태)으로 분류한다. 간접적인 원인은 크게 교육적, 기술적, 작업 관리상 원인으로 나누며, 정신적 원인(태만, 반항, 긴장, 공포 등)과 신체적 원인(수면 부족, 각종 질병, 스트레스, 피로 등)을 추가하기도 한다.

대분류	소분류	예시
직접적 원인	불안전한 행동 (인적 원인)	위험 장소 접근, 안전장치 기능 제거, 보호 장비의 미착용 및 잘못 사용, 운전 중인 기계의 속도 조작, 기계·기구의 잘못된 사용, 위험물 취급 부주의, 불안전한 상태 방치, 불안전한 자세와 동작, 감독 및 연락 잘못 등
	불안전한 상태 (물적 원인)	시설물 자체 결함, 전기 시설물의 누전, 구조물의 불안정, 소방기구의 미확보, 안전 보호 장치 결함, 복장·보호구의 결함, 시설물의 배치 및 장소 불량, 작업 환경 결함, 생산 공정의 결함, 경계 표시 설비의 결함 등

간접적 원인 (기본적 원인)	교육적 원인	안전 지식의 불충분, 안전 수칙의 오해, 경험이나 훈련의 불충분과 작업관리자의 작업 방법의 교육 불충분, 유해 위험 작업 교육 불충분 등
	기술적 원인	건물·기계 장치의 설계 불량, 구조물의 불안정, 재료의 부적합, 생산 공정의 부적당, 점검·정비·보존의 불량 등
	작업 관리상 원인	안전 관리 조직의 결함, 안전 수칙 미지정, 작업 준비 불충분, 인원 배치 및 작업 지시 부적당 등

03 기술능력 소개 정답 ②

교수자와 동료들 간의 인간적인 접촉이 상대적으로 적고 중도 탈락률이 높은 것은 전문 연수원을 통한 기술 과정 연수가 아닌 e-learning을 활용한 기술교육에 대한 설명이므로 가장 적절하지 않다.

04 기술이해능력 정답 ⑤

㉣ 혁신 과정의 불확실성과 모호함은 기업 내에서 많은 논쟁과 갈등을 유발할 수 있다.
㉤ 기술혁신은 상호의존성을 갖고 있어서 하나의 기술이 개발되면 그 기술이 다른 기술 개발에 영향을 미칠 수 있다.
㉥ 기술혁신은 기업의 기존 조직 운영 절차나 제품구성, 생산방식, 나아가 조직의 권력구조 자체에도 새로운 변화를 야기함으로써 조직의 이해관계자 간의 갈등이 구조적으로 존재하게 된다. 이 과정에서 조직 내에 이익을 보는 집단과 손해를 보는 집단이 생길 수 있으며, 이들 간에 기술 개발의 대안을 놓고 상호대립하고 충돌하여 갈등을 일으킬 수 있다.

㉠, ㉡, ㉢은 옳은 설명이다. 기술혁신은 기존의 기술적 특성과는 다른 특성을 가지며, 성공적인 기술혁신은 기업이 업계 선두로 나아가게 한다.

더 알아보기

기술혁신의 특성

1. 기술혁신은 그 과정 자체가 매우 불확실하고 장기간의 시간을 필요로 한다.	• 소비자의 수요, 기술 개발의 결과 등은 예측하기가 어렵기 때문에 기술 개발의 목표, 일정, 비용 지출, 수익 등에 대한 사전계획을 세우기 어렵다. • 기술혁신의 성공이 사전의 의도나 계획보다는 우연에 의해 이루어지는 경우도 많다. • 기술 개발에 대한 기업의 투자가 구체적인 성과로 나타나기까지는 비교적 장시간을 필요로 한다.
2. 기술혁신은 지식 집약적인 활동이다.	• 새로운 지식과 경험은 빠른 속도로 축적되고 학습되지만, 기술개발에 참가한 엔지니어의 지식은 문서화되기 어려워 쉽게 전파될 수 없다. • 연구개발에 참여한 연구원과 엔지니어들이 떠나는 경우 기술과 지식의 손실이 크게 발생하여 기술 개발을 지속할 수 없는 경우가 종종 발생한다.
3. 혁신 과정의 불확실성과 모호함은 기업 내에서 많은 논쟁과 갈등을 유발할 수 있다.	• 기술혁신은 기업의 기존 조직 운영 절차나 제품구성, 생산방식, 나아가 조직의 권력구조 자체에도 새로운 변화를 야기해 조직의 이해관계자 간의 갈등이 구조적으로 존재하게 된다. • 조직 내에서 이익을 보는 집단과 손해를 보는 집단이 생길 수 있으며, 이들 간에 기술 개발의 대안을 놓고 상호대립하고 충돌하여 갈등을 일으킬 수 있다.
4. 조직의 경계를 넘나드는 특성을 갖고 있다.	• 기술혁신은 연구개발 부서 단독으로 수행될 수 없다. • 기술을 개발하는 과정에서도 생산 부서나 품질관리 담당자 혹은 외부 전문가들의 자문을 필요로 하기도 한다. • 기술혁신은 상호의존성을 갖고 있어서 하나의 기술이 개발되면 그 기술이 다른 기술 개발에 영향을 미칠 수 있다.

05 기술이해능력 정답 ③

• A: 안전 관리 조직 단계에서는 경영자가 사업장의 안전 목표를 설정하고 안전 관리 책임자를 선정하며, 선정된 안전 관리 책임자는 안전 계획을 수립한 후 이를 시행·감독해야 하므로 ㄴ이 적절하다.
• B: 시정책의 선정(기술 공고화) 단계에서는 분석한 원인을 토대로 기술적 개선, 인사 조정 및 교체, 공학적 조치 등 적절한 시정책을 선정해야 하므로 ㄱ이 적절하다.
• C: 시정책 적용 및 뒤처리 단계에서는 안전에 대한 교육 및 훈련 실시, 안전시설 및 장비의 결함 개선, 안전 감독 실시 등의 선정된 시정책을 적용해야 하므로 ㄷ이 적절하다.

따라서 A~C에 들어갈 내용을 바르게 연결한 것은 ③이다.

더 알아보기

산업재해의 예방대책 5단계

안전 관리 조직	경영자가 안전 목표를 설정하고 안전 관리 책임자를 선정하며, 안전 계획을 수립한 후 이를 시행 및 감독함
사실의 발견	사고 조사, 안전 점검, 현장 분석, 작업자 제안 및 여론 조사, 관찰 및 보고서 연구 등을 통하여 사실을 발견함
원인 분석	재해 발생 장소, 재해 형태, 재해 정도, 관련 인원, 직원 감독의 적절성, 공구 및 장비 상태 등을 정확히 분석함

기술 공고화	원인 분석을 토대로 적절한 시정책, 즉 기술적 개선, 인사 조정 및 교체, 교육, 설득, 공학적 조치 등을 선정함
시정책 적용 및 뒤처리	안전에 대한 교육 및 훈련 실시, 안전시설 및 장비의 결함 개선, 안전 감독 실시 등의 선정된 시정책을 적용함

[06-07]

06 기술이해능력

정답 ②

㉠은 기술 경쟁, ㉡은 기술 이전, ㉢은 기술 공고화, ㉣은 발명·개발·혁신의 단계에 대한 설명이다. 발명·개발·혁신의 단계와 기술 이전의 단계에서는 시스템을 디자인하고 초기 발전을 추진하는 기술자의 역할이 중요하다. 이 기술자들은 발명에도 능하고 동시에 사업에도 능한 '발명가 겸 기업가'이다. 반면에 기술 경쟁의 단계에서는 기업가의 역할이 더 중요하게 부상하며, 시스템이 공고해지면 자문 엔지니어와 금융전문가의 역할이 중요해진다.

더 알아보기

기술시스템의 발전 단계

1단계	발명·개발·혁신의 단계	• 기술시스템이 탄생하고 성장 • 시스템을 디자인하고 초기 발전을 추진하는 기술자(발명가 겸 기업가)의 역할이 중요
2단계	기술 이전의 단계	• 성공적인 기술이 다른 지역으로 이동 • 시스템을 디자인하고 초기 발전을 추진하는 기술자(발명가 겸 기업가)의 역할이 중요
3단계	기술 경쟁의 단계	• 기술시스템 사이의 경쟁 • 기업가의 역할이 중요
4단계	기술 공고화 단계	• 경쟁에서 승리한 기술시스템의 관성화 • 자문 엔지니어와 금융전문가의 역할이 중요

07 기술이해능력

정답 ③

기술시스템은 인공물의 집합체만이 아니라 회사, 투자회사, 법적 제도, 정치, 과학, 자연자원을 모두 포함하는 것이기 때문에, 기술시스템에는 기술적인 것(the technical)과 사회적인 것(the social)이 결합해서 공존하고 있다. 이러한 의미에서 기술시스템은 사회기술시스템(sociotechnical system)이라고 불리기도 한다.

① 개별 기술이 네트워크로 결합해서 기술시스템을 만드는 점은 과학에서는 볼 수 없는 기술의 독특한 특성이다.
② 모든 기술에 공통으로 해당하는 기술의 원리와 절차를 이해하는 것은 기술을 전문적으로 연구하는 전문가에게도 힘든 일이다. 오히려 미래에는 가장 기본이 되는 기술의 원리나 절차, 그리고 모든 기술에 공통적으로 해당하는 특성이라고 볼 수 있는 기술시스템을 알고 있는 것이 더욱 중요하다.
④ 개발단계는 실험 환경을 더욱 복잡하게 하여 발명품이 실제 세계에서 적용할 수 있도록 하는 과정이다. 혁신단계에서는 개발된 기술을 바탕으로 실제적인 생산과 판매가 이루어지며 이를 통해 복잡한 기술시스템이 만들어진다. 발명, 개발, 혁신의 단계를 거치면서 특정한 기술시스템이 탄생하는 셈이다.
⑤ 발명에는 급진적인 발명과 보수적인 발명이 있는데, 전자는 새로운 시스템의 시작을 가능하게 하며 후자는 기존의 시스템을 개선하거나 확장하는 데 기여한다.

08 기술이해능력

정답 ②

기술혁신 전 과정이 성공적으로 수행되기 위해서는 혁신에 참여하는 핵심 인력들이 아이디어 창안, 챔피언, 프로젝트 관리, 정보 수문장, 후원의 다섯 가지 역할을 수행해야 한다.
따라서 ㉡에는 기업가가 아닌 '챔피언'이 들어가야 한다.

09 기술능력 소개

정답 ②

기술능력이 뛰어나다는 것이 반드시 직무에서 요구되는 구체적인 기능을 소유하고 있다는 것만을 의미하지는 않는다. 각 개인은 구체적인 일련의 장비 중 하나를 '수리하는 사람'으로서 전문가가 될 필요는 없다. 실질적 해결이 필요한 문제를 인식해야 한다. 따라서 나래의 발표 내용은 적절하지 않다.
기술능력은 직무의 구체화 기술을 위한 훈련 프로그램을 통해서가 아니라, 전반적인 직업적·기술적 프로그램을 통해서 학습해야 한다. 기술능력이 뛰어난 사람은 반드시 직무에서 요구되는 구체적인 기능만을 소유하고 있지는 않는다. 따라서 세윤의 발표 내용도 역시 적절하지 않다.

더 알아보기

기술능력이 뛰어난 사람의 특징

- 실질적 해결이 필요한 문제를 인식한다.
- 인식된 문제를 위한 다양한 해결책을 개발 및 평가한다.
- 실제적 문제를 해결하기 위해 지식이나 기타 자원을 선택 및 최적화시키며 적용한다.
- 주어진 한계 속에서 제한된 자원을 가지고 일한다.
- 기술적 해결에 대한 효용성을 평가한다.
- 여러 상황 속에서 기술의 체계와 도구를 사용하고 배운다.

[10-11]

10 기술선택능력

정답 ⑤

타이머 버튼을 누르면 작동 시간이 '1시간, 4시간, 8시간, 타이머 없음'으로 순환된다.

① 공기질 표시기의 LED 표시등은 빨간색(나쁨), 호박색(보통), 파란색(양호)의 세 가지 수준 중 하나를 나타낸다.
② 절전 모드가 활성화되면 플라스마는 비활성화된다.
③ 전원 버튼을 눌러 전원을 켜면 약 4분 동안 주변의 공기질을 감지한 후 스마트 센서가 정상 작동된다.
④ 팬 속도 버튼을 누르면 낮음, 중간, 높음, 터보 순으로 순환하여 설정된다.

11 기술선택능력 정답 ②

필터 교체 표시기의 LED 표시등은 필터 교체 시기를 알려준다. 필터 교체 후 전원 버튼을 눌러 전원을 켜고, 필터 재설정 버튼을 5초간 눌러준다. 그다음 팬 속도 버튼을 눌러 원하는 팬 속도인 터보로 설정한다.

[12-13]

12 기술선택능력 정답 ④

제4조의2에 따르면 지방자치단체는 정부의 정책에 적극 협조하고, 관할 지역의 산업재해를 예방하기 위한 대책을 수립·시행하여야 한다.
제4조의2, 제4조의3에 따르면 지방자치단체에 관할 지역의 산업재해 예방을 위한 대책을 수립·시행하도록 책무를 부여하고, 지방자치단체의 장은 관할 지역 내에서의 산업재해 예방을 위하여 자체 계획의 수립, 교육, 홍보 및 안전한 작업환경 조성을 지원하기 위한 사업장 지도 등 필요한 조치를 할 수 있도록 근거를 마련하였다.

①, ②, ③, ⑤는 제4조에 따라 정부가 이행할 책무를 진다.

13 기술선택능력 정답 ②

제7조에 따르면 고용노동부장관은 산업재해 예방에 관한 기본계획을 수립하여야 한다.

14 기술선택능력 정답 ③

A는 대상 결정, B는 성과차이 분석, C는 개선계획 수립이다. 순서대로 ㉣ 1단계 범위 결정, ㉦ 2단계 측정범위 결정, ㉤ 3단계 대상 결정, ㉡ 4단계 벤치마킹, ㉢ 5단계 성과차이 분석, ㉠ 6단계 개선계획 수립, ㉥ 7단계 변화 관리에 대한 설명이다.

더 알아보기

벤치마킹의 주요 단계

[1단계] 범위 결정	벤치마킹이 필요한 상세 분야 정의, 목표와 범위 결정, 수행할 인력들 결정
[2단계] 측정범위 결정	상세 분야에 대한 측정항목 결정, 측정항목이 벤치마킹의 목표를 달성하는 데 적정한가 검토
[3단계] 대상 결정	비교분석의 대상이 되는 기업/기관들 결정, 대상 후보별 벤치마킹 수행의 타당성을 검토하여 최종적인 대상 및 대상별 수행방식 결정
[4단계] 벤치마킹	직접 또는 간접적인 벤치마킹 진행
[5단계] 성과차이 분석	벤치마킹 결과를 바탕으로 성과차이를 측정항목별로 분석
[6단계] 개선계획 수립	성과차이에 대한 원인 분석 진행, 개선을 위한 성과목표 결정, 성과목표를 달성하기 위한 개선계획 수립
[7단계] 변화 관리	개선목표 달성을 위한 변화사항을 지속적으로 관리, 개선 후 변화사항과 예상했던 변화사항 비교

벤치마킹의 프로세스

계획 단계	자사의 핵심 성공 요인, 핵심 프로세스, 핵심 역량 등 파악
자료 수집 단계	내부 데이터 수집, 자료 및 문헌조사, 외부 데이터 수집
분석 단계	데이터 분석, 근본 원인 분석 결과 예측, 동인 판단 등
개선 단계	향상된 프로세스를 조직에 적응시켜 지속적인 향상 유도

15 기술선택능력 정답 ③

㉠은 상표권, ㉡은 실용신안권, ㉢은 특허권, ㉣은 디자인권에 대한 내용이다.

더 알아보기

산업재산권의 종류

산업재산권	보호대상	존속기간	출원대상
특허권	새로운 발명	20년	물건/방법
실용신안권	기존 제품/기술 개선	10년	물건
디자인권	제품의 외관 디자인	20년	물품
상표권	제품/브랜드 대표 로고, 이름 등	10년 (갱신 가능)	표장

16 기술선택능력 정답 ②

저작인접권은 음반제작자와 가수, 연구자 등 실연자의 권리로 작사가, 작곡가, 편곡자의 몫인 저작권과 차이가 있다.

더 알아보기

지식재산권

산업 재산권	• 특허권: 기술적 창작인 원천 핵심 기술(대발명) • 실용신안권: Life-cycle이 짧고 실용적인 주변 개량 기술(소발명) • 디자인권: 심미감을 느낄 수 있는 물품의 형상, 모양 • 상표권: 타 상품과 구별할 수 있는 기호, 문자, 도형
저작권	• 협의저작권: 문화, 예술분야 창작물 • 저작인접권: 실연, 음반제작자, 방송사업자 권리
신지식 재산권	• 첨단산업저작권: 반도체 집적회로 배치설계, 생명공학, 식물신품종 • 산업저작권: 컴퓨터 프로그램, 인공지능, 데이터베이스 • 정보재산권: 영업 비밀, 멀티미디어, 뉴미디어 등

디지털 콘텐츠의 법적 논란

디지털 콘텐츠 저작권에 관한 법은 저작권법, 전자거래기본법, 정보통신망법, 온라인 디지털 콘텐츠 산업 발전법 등이 존재하는데, 저작권법 제51조 또는 제53조에 의하면 디지털 콘텐츠가 순수 저작물로 판단될 경우 저작권 등록이 가능하고 권리를 요구할 수도 있으나 NFT는 복제나 재가공이 가능해 이와 관련된 저작권과 소유권은 아직 법적으로 보호받지 못하고 있고, 디지털 콘텐츠는 원본이 따로 없기 때문에 NFT로 저작권을 보유한다고 하더라도 원본 복제를 막을 순 없으며 국제적으로 어느 국가도 NFT의 디지털 저작권을 보장하고 있지 않다.

17 기술선택능력 정답 ⑤

최신 기술로 진부화될 가능성이 적은 기술을 선택해야 한다. 대부분의 기술은 진부화되며 어느 순간 신기술에 의해 대체된다. 이에 따라 기존 기술의 진부화에 능동적, 전향적으로 대처해야 한다.

더 알아보기

기술선택을 위한 우선순위 결정

- 제품의 성능이나 원가에 미치는 영향력이 큰 기술
- 기술을 활용한 제품의 매출과 이익 창출 잠재력이 큰 기술
- 쉽게 구할 수 없는 기술
- 기업 간에 모방이 어려운 기술
- 기업이 생산하는 제품 및 서비스에 보다 광범위하게 활용할 수 있는 기술
- 최신 기술로 진부화될 가능성이 적은 기술

진부화

진부화(陳腐化, obsolescence)는 상태가 정상이고 여전히 정상 동작할 수 있음에도 불구하고 물건, 서비스, 관행을 더 이상 유지하지 않거나 강등시킬 때 발생하는 상태를 말한다.

프랑스 경제학자 세르주 라투슈는 새 상품을 사도록 유도하는 '진부화'를 기술 발전에 따라 기존 제품이 폐기되는 '기술적 진부화', 광고와 유행을 이용해 디자인만 약간 바꾼 채 새것이라며 여전히 유용한 물건은 버리게 만드는 '심리적 진부화', 수명을 제한하는 결함을 인위적으로 기술에 삽입하는 '계획적 진부화' 세 가지로 구분하였다.

그중에서 계획적 진부화(計劃的 陳腐化)는 의도적으로 제한된 수명의 제품을 만들고, 그 기간이 지나면 그 제품을 더 쓰지 못하게 하는 경영 전략이다. 스마트폰이 대표적인 사례로 꼽히는데, 신제품 출시 기간에 맞춰 자연스레 스마트폰 사용주기가 2년 내외로 정해진 것으로 알려졌다.

18 기술선택능력 정답 ①

같은 회사의 다른 공장에 직원을 파견하기 때문에 같은 회사 내의 타 부서를 비교 대상으로 하는 내부적 벤치마킹이면서 직접 방문하는 직접적 벤치마킹이 적절하다.

더 알아보기

벤치마킹의 종류

구분	종류	특징
수행 방식	직접적 벤치마킹	필요로 하는 정확한 자료의 입수 및 조사가 가능하며 Contact point의 확보로 벤치마킹 이후에도 계속적으로 자료의 입수 및 조사가 가능한 장점이 있는 반면, 벤치마킹 수행과 관련된 비용 및 시간이 많이 소요되며 적절한 벤치마킹 대상을 선정하는 데 한계가 있다는 단점이 있음
	간접적 벤치마킹	벤치마킹 대상의 수에 제한이 없으며, 비용 또는 시간을 상대적으로 많이 절감할 수 있다는 장점이 있는 반면, 벤치마킹 결과가 피상적이며 정확한 자료의 확보가 어렵고, 특히 핵심 자료의 수집이 상대적으로 어렵다는 단점이 있음
비교 대상	내부적 벤치마킹	자료 수집이 용이하며 다각화된 우량기업의 경우 효과가 큰 반면, 관점이 제한적일 수 있고 편중된 내부 시각에 대한 우려가 있다는 단점이 있음
	경쟁적 벤치마킹	경영 성과와 관련된 정보 입수가 가능하며, 업무·기술에 대한 비교가 가능한 반면, 윤리적인 문제가 발생할 소지가 있으며, 대상의 적대적 태도로 인해 자료 수집이 어렵다는 단점이 있음
	비경쟁적 벤치마킹	혁신적인 아이디어의 창출 가능성은 높은 반면, 다른 환경의 사례를 가공하지 않고 적용할 경우 효과를 보지 못할 가능성이 높음
	글로벌 벤치마킹	접근 및 자료 수집이 용이하고 비교 가능한 업무·기술 습득이 상대적으로 용이한 반면, 문화 및 제도적인 차이로 발생하는 효과에 대한 검토가 없을 경우 잘못된 분석 결과가 발생할 가능성이 높음

19 기술선택능력 정답 ④

디지털 전환에 필요한 기술은 쉽게 구할 수 없어야 하고, 보다 광범위하게 활용할 수 있어야 한다.
따라서 ㉣, ㉥은 옳지 않은 내용이다.

더 알아보기

기술선택을 위한 우선순위 결정

- 제품의 성능이나 원가에 미치는 영향력이 큰 기술
- 기술을 활용한 제품의 매출과 이익 창출 잠재력이 큰 기술
- 쉽게 구할 수 없는 기술
- 기업 간에 모방이 어려운 기술
- 기업이 생산하는 제품 및 서비스에 보다 광범위하게 활용할 수 있는 기술
- 최신 기술로 진부화될 가능성이 적은 기술

20 기술적용능력 정답 ②

적정기술이 활용된 대표적인 예이다. 적정기술은 그 사회 공동체의 문화적, 정치적, 환경적 면들을 고려해 개발도상국의 삶의 질 향상과 빈곤 퇴치 등을 위해 적용되는 기술이다. 해당 지역에서 지속적인 생산과 소비가 가능하도록 만들어진 기술이며, 첨단기술과 하위기술의 중간 정도 기술로 볼 수 있으므로 중간기술, 대안기술, 국경 없는 과학기술 등으로도 불린다.

더 알아보기

융합기술

2001년 12월 미국과학재단과 상무부는 학계, 산업계, 행정부의 과학기술 전문가들이 참여한 워크숍을 개최하고 〈인간 활동의 향상을 위한 기술의 융합〉이라는 제목의 보고서를 작성하였다. 이 보고서는 4대 핵심기술인 나노기술(NT), 생명공학기술(BT), 정보기술(IT), 인지과학(Cognitive science)이 상호 의존적으로 결합되는 것(NBIC)을 융합기술(CT)이라 정의하고 기술융합으로 르네상스 정신에 다시 불을 붙일 때가 되었다고 천명하였다. 인간 활동의 향상을 위해 중요한 융합기술로는 다음 네 가지가 언급된다.

제조, 건설, 교통, 의학, 과학기술 연구에서 사용되는 새로운 범주의 물질, 장치, 시스템	이를 위해서는 나노기술과 정보기술의 역할이 매우 중요하다. 미래 산업은 생물학적 과정을 활용하여 신소재를 생산하므로 재료과학 연구가 수학, 물리학, 화학, 생물학에서 핵심적인 연구가 된다.
나노 규모의 부품과 공정의 시스템을 가진 물질 중에서 가장 복잡한 생물 세포	나노기술, 생명공학기술, 정보기술의 융합연구가 중요하다. 정보기술 중에서 가상현실(VR) 과 증강현실(AR) 기법은 세포 연구에 큰 도움이 된다.
유비쿼터스 및 글로벌 네트워크 요소를 통합하는 컴퓨터 및 통신시스템의 기본 원리	컴퓨터 하드웨어의 신속한 향상을 위해 나노기술이 필요하다. 또한 인지과학은 인간에게 가장 효과적으로 정보를 제시하는 방법을 제공한다.
사람의 뇌와 마음의 구조와 기능	생명공학기술, 나노기술, 정보기술과 인지과학이 뇌와 마음의 연구에 새로운 기법을 제공한다. NBIC 융합기술의 상호관계를 다음과 같이 표현하고 있다. "인지과학자가 (무엇인가를) 생각하면, 나노기술자가 조립하고, 생명공학기술자가 실현하며, 정보기술자가 조정 및 관리한다."

9. 조직이해능력

적중예상문제

p.212

01	02	03	04	05	06	07	08	09	10
③	①	②	⑤	①	①	①	④	④	④
11	**12**	**13**	**14**	**15**	**16**	**17**	**18**	**19**	**20**
②	③	②	②	②	⑤	②	②	⑤	②
21	**22**	**23**	**24**	**25**	**26**	**27**	**28**	**29**	**30**
①	④	③	②	④	⑤	①	②	⑤	①
31	**32**	**33**	**34**	**35**	**36**	**37**	**38**	**39**	**40**
④	①	①	③	②	②	①	①	④	①
41	**42**	**43**	**44**	**45**	**46**	**47**	**48**	**49**	**50**
⑤	⑤	①	④	③	②	⑤	③	②	②

01 조직이해능력 소개 정답 ③

(가) 시민단체는 공식조직이면서 비영리조직, 공동체에 해당된다.
(나) 취미모임은 비공식조직, 공동체에 해당된다.
(다) 기업은 공식조직이면서 영리조직, 기능체에 해당된다.

더 알아보기

조직의 유형

공식화 정도	공식조직(조직화), 비공식조직(인간관계)
영리성	영리조직(이윤), 비영리조직(공익 추구)
퇴니스	공동체(구성원의 만족), 기능체(행정서비스, 방위 등)

02 조직이해능력 소개 정답 ①

㉠ 조직목표는 장기적 방향성과 단기적 목표로 구분할 수 있다. 이는 조직이 존재하는 이유와 관련된 장기적 관점의 조직 사명과 사명을 달성하기 위한 단기적 관점의 세부목표를 가리킨다.
㉡ 조직목표는 조직이 달성하려는 미래의 상태이며 대기업과 정부부처, 종교단체를 비롯하여 작은 가게에 이르기까지 모든 조직이 규모와 존속 기간에 관계없이 가지고 있는 것이다.

더 알아보기

조직목표의 기능과 특징

조직목표의 기능	조직목표의 특징
• 조직이 존재하는 정당성과 합법성 제공 • 조직이 나아갈 방향 제시 • 조직구성원 의사결정의 기준 • 조직구성원 행동수행의 동기 유발 • 수행평가 기준 • 조직설계의 기준	• 공식적 목표와 실제적 목표가 다를 수 있음 • 다수의 조직목표 추구 가능 • 조직목표 간 위계적 상호 관계가 있음 • 가변적 속성 • 조직의 구성요소와 상호 관계를 가짐

03 조직이해능력 소개 정답 ②

(A)에는 '환경 변화 인지', (B)에는 '조직 변화 방향 수립'이 들어간다.
따라서 조직구성원들이 현실에 안주하려는 경향이 있으면 해당 조직에 영향을 미치는 변화를 인식하는 것이 어렵다는 내용의 ②가 가장 적절하다.

①, ③, ⑤는 '조직 변화 방향 수립' 단계, ④는 '변화 결과 평가' 단계에 대한 설명이다.

04 경영이해능력 정답 ⑤

경영의 구성요소에는 일반적으로 경영목적과 조직구성원, 자금, 경영전략의 4요소가 있다. 조직의 체제는 조직목표, 조직구조, 업무 프로세스, 조직문화, 규칙 및 규정 등으로 이루어진다.

더 알아보기

경영의 구성요소와 조직체제의 구성요소

경영의 구성요소	• 경영목적: 조직의 목적을 달성하기 위한 방법이나 과정, 경영자 수립 • 조직구성원(인적자원): 조직에서 일하는 구성원, 인적자원의 배치 및 활용이 중요 • 자금: 경영을 하는 데 사용할 수 있는 돈, 경영의 방향과 범위가 한정됨 • 경영전략: 조직이 환경변화에 적응하기 위하여 경영활동을 체계화하는 것
조직체제의 구성요소	• 조직목표: 조직이 달성하고자 하는 장래의 상태로, 조직이 존재하는 정당성과 합법성을 제공함 • 조직구조: 조직 내 부문 사이에 형성된 관계로, 조직목표를 달성하기 위한 조직구성원들의 상호작용을 보여줌 • 업무 프로세스: 조직에 유입된 인풋 요소들이 최종 산출물로 만들어지기까지 구성원 간의 업무 흐름이 어떻게 연결되는지 보여줌 • 조직문화: 조직구성원들이 공유하는 생활양식이나 가치로, 조직구성원들의 사고와 행동에 영향을 미치며 일체감과 정체성을 부여하고 조직을 안정적으로 유지시킴 • 규칙 및 규정: 조직의 목표나 전략에 따라 수립되며, 조직구성원들의 활동 범위를 제약하고 일관성을 부여함

05 경영이해능력 정답 ①

제시된 사례에는 경영의 4요소인 경영목적, 조직구성원, 자금, 전략 중 조직구성원이 빠져 있다. 수지는 인간존중이라는 경영목적에 따라 전략을 마련하고, 자금을 모으는 것과 더불어 근로자를 모집 및 채용해야 하지만, 아직 조직구성원을 모집하지 못했다.

② 경영의 구성요소 중 경영목적에 대한 설명이다.
③ 조직체제의 구성요소 중 업무 프로세스에 대한 설명이다.
④ 경영의 구성요소 중 자금에 대한 설명이다.
⑤ 경영의 구성요소 중 전략에 대한 설명이다.

06 경영이해능력 정답 ①

㉠ 의사결정적 역할, ㉡ 대인적 역할, ㉢ 의사결정적 역할, ㉣ 의사결정적 역할, ㉤ 정보적 역할과 연결되는 내용이다.

더 알아보기

민츠버그의 경영자 역할

대인적 역할	상징자 혹은 지도자로서 대외적으로 조직을 대표하고, 대내적으로 조직을 이끄는 리더로서의 역할
정보적 역할	조직을 둘러싼 외부환경의 변화를 모니터링하고, 이를 조직에 전달하는 정보전달자로서의 역할
의사결정적 역할	조직 내 문제를 해결하고 대외적 협상을 주도하는 협상가, 분쟁조정자, 자원배분자로서의 역할

07 조직이해능력 소개 정답 ①

로버트 카츠에 의하면 인간적 능력은 모든 경영관리계층에서 공통적으로 필요로 하는 중요한 요인이다.

㉡ 최고경영자는 주로 전략적 의사결정을 하므로 개념화 능력이 중요하다.
㉢ 일선경영자(하위경영자)에게 요구되는 업무적 능력은 최고경영자에게 요구되는 전략적 의사결정에 비해 정형적이고 단순한 경향이 있다.
㉣ 상하 간의 의사소통과 부문 간의 상호조정 등을 주로 담당하는 경영자는 중간경영자이다.
㉤ 하위경영자는 생산 현장에서 지휘·감독하는 역할을 주로 하므로 기술적 능력이 필요하다.

08 경영이해능력 정답 ④

제시된 자료는 시장을 효과적으로 공략하고 유리한 마케팅 전략을 세우기 위해 소비자의 연령, 관심 등에 따라 시장을 세분화(Segmentation)하고 주요 타깃을 설정(Targeting)하여, 목표 시장에 적절하게 제품을 포지셔닝(Positioning)하는 전략인 'STP'와 관련 있다.

① 3C: 고객(Customer), 기업(Company), 경쟁사(Competitor)를 중심으로 시장 환경을 분석하는 기법
② 4P: 제품(Product), 가격(Price), 유통경로(Place), 판매촉진(Promotion)을 중심으로 마케팅 효과의 극대화를 추구하는 방법
③ BCG 매트릭스: 시장성장률과 시장점유율에 따라 사업을 Star, Cash cow, Question mark, Dog 총 4가지로 구분하는 사업포트폴리오 분석 기법
⑤ SWOT 분석: 기업 내부의 강점(Strength)과 약점(Weakness), 기업을 둘러싼 외부의 기회(Opportunity)와 위협(Threat)이라는 4가지 요소를 규정하고 이를 토대로 기업의 경영전략을 수립하는 기법

09 경영이해능력 정답 ④

경영전략의 추진과정은 전략목표를 설정하고, 내·외부 환경을 분석하며, 경영전략을 도출하고, 이를 실행하여, 평가하는 과정으로 이루어진다.

더 알아보기

경영전략 추진과정

[1단계] 전략목표 설정	• 미래에 도달하고자 하는 미래의 모습인 비전을 규명하고, 미션(전략목표) 설정 • 전략목표를 설정하면 전략대안들을 수립하고 실행 및 통제하는 관리과정을 거침
[2단계] 환경분석	• 최적의 대안을 수립하기 위하여 조직의 내·외부 환경 분석 • 조직의 내·외부 환경을 분석하는 방법으로는 SWOT 분석이 가장 많이 활용
[3단계] 경영전략 도출	• 조직전략, 사업전략, 부문전략으로 구분 – 조직전략: 조직의 사명을 정의하는 가장 상위단계 전략 – 사업전략: 사업수준에서 각 사업의 경쟁적 우위를 점하기 위한 방향과 방법 – 부문전략: 기능부서별로 사업전략을 구체화하여 세부적인 수행방법 결정 • 경영전략의 예로는 원가우위전략, 차별화전략 등이 있음
[4단계] 경영전략 실행	• 경영전략이 수립되면 이를 실행하여 경영목적 달성
[5단계] 평가 및 피드백	• 결과를 평가하여 피드백, 전략목표 및 경영전략 재조명

10 경영이해능력 정답 ④

SMART 기법은 성공적인 목표 수립과 실행에 필요한 조건을 제시하므로 ④는 적절하지 않다.

SMART 기법에는 현실적인 목표 설정(Realistic) 혹은 자신과 관련된 목표 설정(Relevant)이 포함되는데, 현실적인 목표 설정은 자신의 능력이나 상황을 고려해 현실적으로 목표를 수립해야 한다는 것이고, 자신과 관련된 목표 설정은 자신의 신념과 목표 의식에 맞게 목표를 수립해야 한다는 것이다.

① 시간을 염두에 둔 목표 설정(Time-bounded/Timely)에 대한 설명이다.
② 측정 가능한 목표 설정(Measurable)에 대한 설명이다.
③ 달성 가능한 목표 설정(Achievable/Acceptable)에 대한 설명이다.
⑤ 구체적 목표 설정(Specific)에 대한 설명이다.

더 알아보기

SMART 기법

Specific(구체적 목표 설정), Measurable(측정 가능한 목표 설정), Achievable/Acceptable(달성 가능한 목표 설정), Realistic/Relevant(현실적인/자신과 관련된 목표 설정), Time-bounded/Timely(시간을 염두에 둔 목표 설정)의 알파벳 첫 글자로 이루어진 약자로, 1981년 11월 경영 컨설턴트 조지 도란이 '경영학 저널'을 통해 소개하면서 유명해졌다.

구분	관련 질문
구체적 목표 설정 (Specific)	• 무엇을 왜 달성하고 싶은가? • 목표 달성을 위해 필요한 조건이나 제약은 무엇인가?
측정 가능한 목표 설정 (Measurable)	• 목표를 얼마만큼 달성할 것인가? • 목표 달성 여부를 어떻게 측정할 수 있는가?
달성 가능한 목표 설정 (Achievable/Acceptable)	• 목표를 어떻게 이룰 수 있는가? • 목표 달성에 어떤 제약이 있는가?
현실적인/자신과 관련된 목표 설정 (Realistic/Relevant)	• 현실적으로 무리한 목표는 아닌가? • 기간 내에 달성할 수 있는가? • 목표를 달성할 가치가 있는가? • 장기적 목표를 달성하는 데 도움이 되는가?
시간을 염두에 둔 목표 설정 (Time-bounded/Timely)	• 언제까지 목표를 이룰 것인가? • 목표를 이루는 데 얼마나 걸리는가?

11 체제이해능력 정답 ②

제시된 조직도는 기계적 조직으로, ㉠ 분업이 어려운 과제, ㉣ 분화된 채널, ㊅ 성과 측정의 어려움은 유기적 조직의 특성이다.

기계적 조직의 특성은 ㉡ 표준운영절차, ㉢ 공식적 대면 관계, ㉤ 높은 공식화 수준, ㉥ 분명한 책임 관계, ㉦ 계층제이다.

더 알아보기

기계적 조직과 유기적 조직의 특성

구분		기계적 조직	유기적 조직
조직특성	직무범위	좁음 (한계가 명확함)	넓음 (한계가 불명확함)
	공식화 수준	높음 (표준운영절차(SOP))	낮음
	책임성	분명함	모호함
	의사소통	계층제	분화·개방
	통솔범위	좁음	넓음
	환경에의 적응	느림	빠름(신속)
	대표적 조직	관료제	학습조직
	대면관계	공식적/몰인간적	비공식적/인간적

상황조건	조직목표	명확한 목표 및 과제	모호한 목표 및 과제
	과제 성격	분업적 과제	분업이 어려운 과제
	성과 측정	용이함	곤란함
	환경 상황	안정적 상황	불안정한 상황

12 경영이해능력 정답 ③

탐색 단계에서 발생할 수 있는 내용이므로 ③이 가장 적절하지 않다.

더 알아보기

탐색 단계

조직 내의 기존 해결 방법 중에서 문제의 해결 방법을 찾는 과정으로, 조직 내 관련자와의 대화나 공식적인 문서를 참고하여 이루어질 수 있는 반면 이전에 없었던 완전히 새로운 문제는 이에 대한 해결안을 설계해야 하며, 이 경우에는 의사결정자들이 모호한 해결 방법만 가지고 있기 때문에 다양한 의사결정 기법을 통해 시행착오적 과정을 거치면서 적합한 해결 방법을 찾아가야 한다.

13 경영이해능력 정답 ②

- A: 조직의 의사결정은 개인의 의사결정에 비해 복잡하고 그 효과는 불확실하므로 옳지 않은 설명이다.
- F: 사회적 압력과 순응이 부정적 결과로 이어지면 집단사고를 초래할 수 있는데, 집단의사결정은 사고의 다양성으로 새로운 이슈에 대한 고찰이 가능하므로 옳지 않은 설명이다.

더 알아보기

집단의사결정의 특징

- 조직 내에서 개인이 단독으로 의사결정을 내리는 경우도 있지만 집단이 의사결정을 하기도 한다.
- 한 사람이 가진 지식보다 집단이 가진 지식과 정보가 더 많아 효과적인 결정을 할 수 있다.
- 다양한 집단구성원이 가진 능력이 각기 달라 각자 다른 시각으로 문제를 볼 수 있어 다양한 견해를 가지고 접근할 수 있다.
- 의사결정에 참여한 사람들이 결정 사항을 수월하게 수용하고, 의사소통의 기회도 향상된다.
- 의견이 불일치하는 경우 의사결정을 내리는 데 시간이 많이 소요되며, 특정 구성원에 의해 의사결정이 독점될 가능성이 있다.

14 경영이해능력 정답 ②

ⓛ 경영참가의 마지막 단계로, 경영자의 일방적인 경영권은 인정되지 않는 것은 공동의사결정제도이다.

ⓞ 근로자들이 주인의식과 충성심을 가지게 되고, 성취동기를 유발할 수 있으며, 퇴직 후에 생활자금을 확보할 수 있는 방법은 자본참가이다.

더 알아보기

경영참가제도의 유형

경영참가	경영자의 권한인 의사결정과정에 근로자 또는 노동조합이 참여 • 공동의사결정제도: 의사결정 참가 유형에는 정보참가 단계(경영자층이 경영 관련 정보를 근로자에게 제공하고 근로자들은 의견만 제출), 협의참가 단계(노사 간 서로 의견을 교환하여 토론하며 협의, 경영자가 시행), 결정참가 단계(근로자와 경영자가 공동으로 결정하고 결과에 대하여 공동의 책임, 일방적인 경영권 불인정)가 있는데, 공동의사결정제도는 결정참가 단계에 해당함 • 노사협의회제도: 노사 대표로 구성되는 합동기구로서 생산성 향상, 근로자 복지 증진, 교육훈련, 기타 작업환경 개선 등을 논의
이윤참가	경영성과에 대하여 배분, 구성원의 몰입과 관심을 향상 • 이윤분배제도: 생산의 판매 가치나 부가가치의 증대를 기준으로 성과배분
자본참가	근로자가 조직 재산의 소유에 참여, 주인의식과 충성심을 가지고 성취동기 유발하며 퇴직 후 생활자금 확보 • 종업원지주제도: 근로자가 경영방침에 따라 회사의 주식 취득 • 노동주제도: 노동제공을 출자의 한 형식으로 간주하여 주식 제공

[15-16]

15 체제이해능력 정답 ②

○○금융그룹이 채택하고자 하는 조직의 형태는 매트릭스 조직으로, 기능별 조직 또는 사업별 조직 형태에 프로젝트 조직을 결합시킨 형태의 조직이다. 특정 사업의 수행을 위한 것으로 해당 분야의 전문성을 지닌 직원들이 본연의 업무와 특정 사업을 동시에 수행하는 형태로 운영될 수 있다.

16 체제이해능력 정답 ⑤

매트릭스 조직은 업무상 경계가 모호하나 두 조직에 속해 있어 명확한 업무 지시가 어렵다.

매트릭스 조직은 전통적인 명령 통일의 원칙을 무시하고 한 개인이 두 상급자의 지시를 받으며 보고하게 된다. 조직 특성상 기존의 기능별, 사업별 조직구조보다는 부서 간 경계가 모호한 부분이 있기 때문에 각 단위부서 간 자발적으로 상호 협력하려는 자세와 타 부서에 대한 신뢰가 뒷받침되어야 한다. 이를 통해 일차원적 조직구조에 비해 신축성이 있고, 조정과 규모의 경제라는 장점을 창출할 수 있다.
매트릭스 조직이 성공적으로 운영되기 위해서는 부서 간 원활한 의사소통이 필요하다. 각 단위부서에서 타 부서의 업무 협조에 대해 적극적으로 도움을 주려고 노력하고 때로는 기꺼이 희생하기도 하는 자세가 필요하기 때문이다.

매트릭스 조직 운영은 난도가 높으며 이에 걸맞은 기업문화와 인사제도, 성과측정, 전략수립 수단이 필요하다. 매트릭스 최하단에 놓인 직원들의 적절한 업무량 배분과 매트릭스 상단 기능별 리더들의 사고 혁신이 전제돼야 한다. 그렇지 않으면 어설픈 관료제의 중첩이라는 리스크에 빠지게 될 가능성이 높다.

더 알아보기

매트릭스 조직

장점	• 고객의 이중적인 요구에 대응하도록 조정 • 여러 제품 라인에 인적자원을 공유 • 불안정한 환경 변화에 융통성 있는 대응 • 기술 개발에 대한 적절한 기회 제공 • 소수 제품 라인과 중규모 조직에 적합
단점	• 이중보고 체계로 혼란 야기 • 인간관계 기술에 대한 교육 필요 • 빈번한 회의와 조정 과정 필요 • 권력 균형 유지에 노력 소요

[17-18]

17 경영이해능력 정답 ②

직장생활을 통해 알고 있는 전문 용어와 폭넓은 지식은 이유나 부장의 내부 요인 중 강점(S)에 해당하므로 적절하다.

① 퇴직금과 적금 등의 충분한 자원 및 남편의 신뢰는 외부 요인인 기회(O)에 해당하므로 적절하지 않다.
③ 타고난 체력 부족은 내부 요인인 약점(W)에 해당하므로 적절하지 않다.
④ 정년 퇴직자를 위한 정부의 지원은 외부 요인인 기회(O)에 해당하므로 적절하지 않다.
⑤ AI 애플리케이션 개발로 인한 통역 기회 감소는 외부 요인인 위협(T)에 해당하므로 적절하지 않다.

18 경영이해능력 정답 ②

SWOT 분석은 그 자체로 간단명료하게 정리되기 때문에 쉽게 문제점을 파악할 수 있고, 기업의 내부와 외부를 동시에 판단할 수 있다.

더 알아보기

SWOT 분석의 한계점

- 환경인식의 기법이나 예측, 분석방법이 제대로 갖춰지지 않으면 자의적인 선별과 해석으로 중요한 환경요소를 간과할 수 있다.
- 기업능력을 검토하는 데 있어 강점과 약점을 명확하게 인식하거나 해석하기 어렵다.
- 시간에 따라 강점과 약점이 변화하므로 반복적으로 SWOT 분석을 실시해야 한다.
- 환경의 기회요인과 위협요인을 인식하기 어렵다.
- 각 대안이 서로 어떤 상관·보완관계가 있는지, 환경돌파를 통한 대안인지 구분하기 어렵다.

19 체제이해능력 정답 ⑤

(가)는 매트릭스 조직, (나)는 네트워크 조직, (다)는 팀 조직, (라)는 사업부 조직이다.

더 알아보기

조직구조의 형태

구분	정의	특징
기능 조직	• 관리자가 담당하는 일을 전문화하여 기능별로 전문가를 두어 그 업무를 전문적으로 지휘·감독하는 관료제 구조 • 명확하고 세분화된 과업을 기준으로 단위조직을 구성하며, 의사결정단계를 세분화하고 공식화하여 운영	• 단순하고 안정적인 환경에서 통제와 안전을 중요시하는 조직에 적합 • 공식적 의사소통이 선호되고 의사결정도 공식적 권한체계를 따르는 수직적으로 집권화된 구조 • 환경변화에 대한 적응력 부족
팀 조직	• 팀장 중심으로 팀원 간 동등한 책임하에 문제해결하는 조직 • 상호보완적인 기능을 가진 소수의 사람들이 공동의 목표를 달성하기 위해 공동의 접근 방법을 가지고 신축성 있게 상호작용하며 결과에 대해 공동책임	• 수평적 조직구조로 의사결정단계를 축소하여 신속한 결정 가능 • 외부환경변화를 민감하게 감지하고 빠르게 의사결정 • 내부적으로 능력 중심의 동기부여와 전문가 육성 가능 • 고위층의 권한 축소로 팀의 자율성 확보 • 내부통제력과 결속력 약화 • 업무의 가변성으로 인해 안정성 결여
사업부 조직	• 생산, 마케팅, 재무, 인사 등의 독자적인 관리권한을 부여하여 각 부서가 독립적으로 운영되는 분권적 조직 • 제품이나 고객 또는 지역별로 나눠진 사업부들이 본사로부터 사업활동에 필요한 권한을 부여받아, 이익책임단위로서 각기 자율적으로 구매·생산·판매활동을 수행	• 사업부별 성과책임 강조 • 자원의 효율적 배분 및 사업 간 리스크 관리 용이 • 환경변화에 쉽게 적응 • 성과에 대한 책임소재가 분명해져 업무에 대한 높은 주인의식 유도 • 지나치게 재무성과 및 양적 성과에 치중하게 되는 경향이 있어 혁신능력 배양 및 사회적 행동에 대한 강조 미약 • 사업부들 사이에 불필요한 경쟁관계가 형성되어 부서 간 협력 어려움

매트릭스 조직	• 조직 내에서 종적관리와 횡적관리가 효율적으로 이루어질 수 있도록 기능조직과 제품조직이 동시에 한 부서에 속하도록 설계된 조직 • 기능조직 또는 사업부조직 형태에 프로젝트팀 조직이 결합하여, 기능관리자와 제품관리자에게 동시에 보고하고 두 사람의 통제를 받도록 설계	• 환경변화가 야기하는 복잡한 의사결정에 효과적 • 고객의 이중적인 요구에 대응토록 조정 • 기능과 제품 간 통합기술 개발기회 • 부문 간 갈등 야기 가능 • 구성원의 이해 및 협조 부족 시 비효과적 • 불안정한 환경 변화에 융통성 있는 대응 • 이중 보고 체계로 혼란 야기 • 권력 균형 유지에 노력 소요
네트워크 조직	• 서로 독립된 조직들이 상호 협력적 네트워크를 구축한 조직 (아웃소싱, 협력업체) • 서로 독립성을 유지하는 조직들이 상대방이 보유하고 있는 자원을 자신의 자원인 것처럼 활용하기 위해 수직적·수평적·공간적 신뢰관계로 연결	• 환경변화에 기민하게 대응 • 핵심역량만을 보유하고 나머지 활동은 네트워크화함으로써 슬림한 조직 운영 가능 • 장비나 유통시설 등에 대한 투자 없이도 사업 가능 • 외부 네트워크 형성 시 잠재적 경쟁자 배양 우려 • 협력업체와의 관계 유지, 갈등 해결에 많은 시간 소요 • 종업원의 충성심과 기업문화가 약함

20 체제이해능력 정답 ②

매트릭스 조직은 기능부서의 기술적 전문성과 사업부서의 신속한 대응성을 동시에 필요로 하여 형성된 조직이므로 적절하지 않다.

① 사업부 조직은 부서 내 조정은 용이하지만, 부서 간 조정이 곤란하여 부서 간 경쟁이 지나칠 경우에는 조직 전반에 부정적 결과를 초래하기도 하므로 적절하다.
③ 기능별 조직은 의사결정의 상위 집중화로 인해 최고관리층의 업무 부담이 증가하기도 하므로 적절하다.
④ 프로젝트 조직은 해산을 전제로 임시로 편성된 조직으로 프로젝트가 종료되면 각자 원래 부서로 돌아가므로 적절하다.
⑤ 네트워크 조직은 핵심역량 외 기능은 외부와의 계약관계를 통해 수행하므로 조정과 감시비용이 증가하고 주인-대리인 문제가 발생할 가능성이 높으므로 적절하다.

21 업무이해능력 정답 ①

A는 조직체제의 구성요소 중 하나인 '조직의 규칙과 규정'에 대해 설명하였다. 조직문화는 업무를 수행하는 대강의 가이드라인 역할을 하지만, 조직에는 다양한 업무가 있으며, 업무에 따라 이를 수행하는 절차나 과정이 다르다.

22 업무이해능력 정답 ④

〈보기〉는 조직의 효과성에 대한 네 가지 경쟁적인 모형을 도출한 경쟁가치모형이다.

① ERG이론: 생존욕구(E), 관계욕구(R), 성장욕구(G)의 약자로, 심리학자 알더퍼가 인간의 욕구에 대해 매슬로우의 욕구단계설을 발전시켜 주장한 이론이다.
② 욕구충족요인 이원론: 허즈버그의 욕구충족요인 이원론은 조직구성원에게 불만을 주는 요인(위생요인)과 만족을 주는 요인(동기요인)은 상호독립되어 있다는 것을 제시한다. 대표적인 위생요인으로는 보수, 작업 조건 등이 있고, 동기요인에는 책임감, 성취감 등이 있다.
③ 공직동기이론: 공공부문의 종사자들은 물리적, 금전적 보상보다는 봉사동기와 공익을 우선시하는 동기를 가지고 있다는 이론이다.
⑤ 형평성이론: 아담스는 업무에서 형평하게 취급받으려고 하는 욕망이 개인으로 하여금 동기를 갖게 한다고 주장한다. 이 이론은 개인이 자신의 직무와 보상을 준거인물과 비교하여 불형평성을 느끼면 이를 해소하는 방향으로 동기가 유발된다고 주장한다.

더 알아보기

경쟁가치모형

조직의 효과성에 대한 네 가지 경쟁적인 모형을 도출한 모형이다. 조직이 내부와 외부 중 어디에 초점을 두고 있는지, 조직구조가 통제를 강조하는지 아니면 변화와 융통성을 강조하는지를 기준으로 조직의 효과성에 대한 모형을 도출하였다.

초점(지향) / 구조	인간(내부)	조직(외부)
유연성(융통성)	[인간관계모형 – 집단문화] 조직 그 자체보다 구성원을 중시, 유연한 구조 중시	[개방체제모형 – 개발문화] 조직구성원보다 조직 자체를 중시, 구조의 유연성 중시
통제	[내부과정모형 – 계층문화] 조직 그 자체보다는 구성원을 중시, 조직의 안정 강조	[합리적목표모형 – 합리문화] 조직 구성원보다 조직 그 자체를 중시, 안정을 강조

23 업무이해능력 정답 ③

(가)는 개발문화, (나)는 계층문화, (다)는 집단문화, (라)는 합리문화의 특징이다.

더 알아보기

조직문화 유형

조직문화는 조직 내 구성원들이 공유하고 있는 가치관, 신념, 이데올로기, 관습 등을 포함한 것으로 조직 전체 및 구성원들의 행동에 영향을 미친다. 조직이 유연하고 자유로운지 아니면 조직이 안정이나 통제를 추구하는지, 조직이 내부의 단결이나 통합을 추구하는지 아니면 외부의 환경에 대한 대응성을 추구하는지의 2가지 차원에 따라 집단문화(관계지향문화, 인간관계모형), 개발문화(혁신지향문화, 개방체계모형), 합리문화(과업지향문화, 합리적목적모형), 계층문화(위계질서문화, 내부과정모형) 4가지로 구분한다.

구분	집단문화	개발문화	합리문화	계층문화
주요 특징	회사가 매우 개인적인 장소이며, 직원들은 마치 대가족 같이 많은 것을 공유	회사가 매우 역동적이며, 직원들은 위험을 감수하고 모험을 꺼리지 않음	회사는 결과를 매우 중시하며, 직원들은 경쟁적이고 성과달성에 힘씀	회사는 매우 통제적이고 조직화된 곳으로, 직원들의 업무는 내부 절차에 의해 통제됨
리더십	조언자, 촉진자, 양육자로서의 역할	기업가정신, 혁신, 위험감수	합리적이고, 적극적이며, 결과지향적인 것	조정, 조직화, 원활하게 움직이는 효율성
조직 경영 방식	팀워크, 합의, 참여	위험감수, 혁신, 자유, 독특성	경쟁심 고취, 높은 기대, 성과 중심적	고용안정, 규칙준수, 예측가능성, 안정성
응집력	충성과 상호 신뢰 바탕	최첨단 기술에 대한 강조 등 기술혁신과 개발 바탕	목표달성, 성취에 대해 강조하며, 적극성과 경쟁 승리가 공통 주제	회사 내부의 규율과 안정적이고 원활히 운영되는 조직 유지
전략적 강조점	• 인적자원 개발 중요시 • 높은 신뢰도, 개방성, 참여도 강조	• 새로운 자원을 발굴하고, 도전하는 것 중시 • 새로운 시도와 기회창조 높이 평가	• 경쟁과 성과 중시 • 시장에서 목표달성과 경쟁에서 이기는 것 강조	• 영속성과 안정성 강조 • 효율성, 통제, 원활한 운영 중요
성공 기준	인적자원 개발, 팀워크, 헌신도, 동료에 대한 배려	독특하고 새로운 상품개발 등 개발자나 혁신자로서의 모습	시장 경쟁에서 이기고, 앞서가는 등 경쟁적인 시장을 이끌어 가는 것	효율성(신뢰성 있는 납품, 원활한 일정관리, 저비용 생산 등)

24 업무이해능력

정답 ②

6본부, 6실, 15처, 9지역본부로 구성되었다.
따라서 잘못된 설명은 ㉡ 1개이다.

25 업무이해능력

정답 ④

㉢ 제도·절차, ㉣ 전략, ㉤ 구조·조직은 하드웨어이고, ㉠ 리더십스타일, ㉡ 기술, ㉥ 공유가치, ㉦ 구성원·인재는 소프트웨어이다.

더 알아보기

맥킨지 7S 모형(7S Factors)

세계적 기업인 맥킨지(McKinsey)가 개발한 것으로, 조직문화를 구성하고 있는 7-S는 공유가치(Shared Value), 리더십스타일(Style), 구성원(Staff), 제도·절차(System), 구조(Structure), 전략(Strategy), 기술(Skill)을 말한다. 7개 영역은 식별과 관리가 쉬운 하드웨어와 관리하기 어렵지만 조직의 기초이며 지속적인 경쟁 우위 창출 가능성이 큰 소프트웨어로 구분된다.

구분	7S	개념
하드 웨어	제도·절차 (System)	조직 운영의 의사결정과 일상 운영의 틀이 되는 각종 시스템
	전략 (Strategy)	조직의 장기적인 목적과 계획을 달성하기 위한 장기적인 행동지침
	구조 (Structure)	조직의 전략을 수행하는 데 필요한 틀로, 구성원의 역할 및 그들 간의 상호관계를 지배하는 공식요소
소프트 웨어	리더십스타일 (Style)	구성원들을 이끌어 나가는 전반적인 조직관리 스타일
	기술 (Skill)	하드웨어 및 소프트웨어 기술을 모두 포함하는 요소로, 기업의 경영과 운영에 적용되는 관리기술과 운영기법
	구성원 (Staff)	조직의 인력 구성과 구성원들의 능력과 전문성, 가치관과 신념, 욕구와 동기, 지각과 태도 그리고 그들의 행동 패턴 등
	공유가치 (Shared value)	기업의 창업이념, 목표 등 조직구성원들의 행동이나 사고를 특정 방향으로 이끌어 가는 원칙이나 기준

26 경영이해능력

정답 ⑤

ISO 26000은 환경, 인권, 노동 등에 관한 기업의 사회적 책임에 대한 국제표준이며, ISO 14001은 모든 산업분야 및 활동에 적용할 수 있는 환경경영에 대한 국제규격이다. ISO 9001은 제품 생산과 유통 과정의 국제규격을 정의한 소비자 중심의 품질보증 제도인 ISO 9000 시리즈 중 제품 및 서비스의 생산·공급 과정에 대한 품질보증 체계를 말한다. ISO 22000은 식품안전은 물론 발전적인 식품안전경영시스템을 구축하고 있음을 인증하는 국제규격이며, ISO 9001 품질경영시스템을 바탕으로 HACCP의 7원칙과 12절차를 모두 포함하고 있다.

더 알아보기

ISO 경영시스템표준

- ISO 9000: 제품 생산과 유통 과정의 국제규격을 정의한 소비자 중심의 품질보증 제도

- ISO 9001: ISO 9000 시리즈 중 제품 및 서비스의 생산·공급 과정에 대한 품질보증 체계
- ISO 13485: 의료기기 품질경영시스템
- ISO 14000: 국제 환경 표준화 인증 규격
- ISO 14001: ISO 14000 시리즈 중 환경경영 체제에 관한 국제표준인 환경경영시스템
- ISO 22000: 식품 안전에 관한 표준인 식품안전경영시스템
- ISO 26000: 환경, 인권, 노동 등에 관한 기업의 사회적 책임에 대한 국제표준
- ISO 27001: 정보보호 분야에서 가장 권위 있는 정보보호경영시스템
- ISO 45001: 안전보건 경영시스템 표준인 안전보건경영시스템
- ISO 50001: 기술 측면과 경영 측면이 조화된 에너지관리 시스템 표준인 에너지경영시스템

27 업무이해능력 정답 ①

제시된 업무수행 시트는 1919년에 미국의 간트가 창안한 작업진도 도표인 간트 차트(Gantt chart)이다.
간트 차트의 장점은 단계별로 업무를 시작해서 끝나는 데 걸리는 시간을 바(Bar) 형식으로 표시하여 전체 일정을 한눈에 볼 수 있고, 단계별로 소요되는 시간과 각 업무활동 사이의 관계를 보여줄 수 있다는 점이므로 ①이 가장 적절한 설명이다.

②, ③은 워크플로시트(Work flow sheet), ④, ⑤는 체크리스트(Check list)에 대한 설명이다.

28 업무이해능력 정답 ②

소비자 선호 조사와 신제품 판매 계획 수립은 영업부의 업무이다.
따라서 ㉡ – ㉣이 같은 부서의 업무끼리 연결되었다.

㉠ 퇴직 신청 처리는 인사부의 업무이다.
㉢ 재무제표 검토 및 결산확인은 회계부의 업무이다.
㉤ 복리후생제도 개선방안은 인사부의 업무이다.
㉥ 신제품 출시 발표회 준비는 총무부의 업무이다.

더 알아보기

업무의 종류

부서	역할	주요 업무
총무부	전체적이고 일반적인 행정 실무	주주총회 및 이사회개최 관련 업무, 의전 및 비서업무, 집기비품 및 소모품의 구입과 관리, 사무실 임차 및 관리, 국내외 출장 업무 협조, 복리후생 업무, 법률자문과 소송관리, 사내외 홍보 광고업무
인사부	인적자원관리, 인적자원개발	조직기구의 개편 및 조정, 업무분장 및 조정, 인력수급계획 및 관리, 직무 및 정원의 조정 종합, 노사관리, 평가관리, 상벌관리, 인사발령, 교육체계 수립 및 관리, 임금제도, 복리후생제도, 복무관리, 퇴직관리
기획부	경영전략 전반 계획	경영계획 및 전략 수립, 전사기획업무 종합 및 조정, 중장기 사업계획의 종합 및 조정, 경영정보 조사 및 기획보고, 종합예산수립 및 실적관리, 단기사업계획 종합 및 조정, 사업계획, 손익추정, 실적관리 및 분석
회계부	의사결정에 유용한 재무정보 제공	회계제도의 유지 및 관리, 재무상태 및 경영실적 보고, 결산 관련 업무, 재무제표 분석 및 보고, 법인세, 부가가치세, 국세 지방세 업무자문 및 지원, 보험가입 및 보상업무, 고정자산 관련 업무
영업부	영업에 관한 업무	판매 계획, 판매예산의 편성, 시장조사, 광고 선전, 견적 및 계약, 제조지시서의 발행, 외상매출금의 청구 및 회수, 제품의 재고 조절, 거래처로부터의 불만처리, 제품의 애프터서비스, 판매원가 및 판매가격의 조사 검토

29 경영이해능력 정답 ⑤

전문가에게 설문을 전하고 의견을 받아 수정하는 절차를 거치는 방법은 전자회의 기법이 아닌 델파이 기법이므로 가장 적절하지 않다.

더 알아보기

집단의사결정 기법

브레인스토밍 (Brainstorming)	여러 명이 한 가지의 문제를 놓고 아이디어를 무작위로 개진하여 그중 최선책을 찾아내는 방법
명목집단법 (Nominal Group Technique)	여러 대안을 자유롭게 서면으로 제시하여 구성원들의 마음속에 있는 바를 끄집어내는 방법
지명반론자법 (Devil's advocate method)	둘로 나눈 집단 중 한 집단이 제시한 의견에 대해 반론자로 지명된 집단의 반론을 듣고 토론을 한 후 수정·보완의 과정을 통해 대안을 도출하는 방법이며, 이때 지명반론자는 반드시 집단일 필요가 없으며 2~3명도 반론자의 역할이 가능함
변증법적 토의 기법 (Dialectical inquiry model)	찬성 의견과 반대 의견으로 대립되는 토론 집단을 나누어 토론을 진행하는 과정에서 합의를 형성해 보다 온전한 대안을 선택하는 기법
델파이 기법 (Delphi method)	전문가들에게 개별적으로 설문을 전하고 의견을 받아서 반복하여 수정하는 절차를 거쳐 의사결정을 내리는 방법
전자회의 기법 (Electronic meeting)	명목집단법을 정교한 컴퓨터 기술과 결합시킨 방법

30 경영이해능력 정답 ①

델파이기법은 미국 랜드 연구소에서 개발된 것으로, 전문가들을 대상으로 설문을 반복해서 특정 주제에 대한 합의를 도출해 집단사고를 방지하는 접근 방식이다.

② 브레인스토밍: 비판이 없는 가운데 전문가들의 의견을 자유분방하게 수렴하는 집단 자유토의기법으로, 구성원 간 비판을 금하고 질보다 양을 중시하는 특징이 있다.
③ 지명반론자기법: 작위적으로 반론을 제기하는 집단(반론자 역할)을 지정해 제안과 이에 대한 반론 과정을 통해 의사결정을 유도하는 방식이다.
④ 명목집단법: 관련자들이 서면으로 대안에 대한 아이디어를 제출하도록 하고, 모든 아이디어가 제시된 이후 제한된 토의를 거쳐 투표로 의사결정을 하는 방법이다. 집단구성원 간 의사소통이 이뤄지지 않기 때문에 명목적으로만 집단이 된다.
⑤ 게임이론: 불확실한 상황에서 목적이 상충되는 다수의 의사결정자가 존재하는 경우 자신의 합리적 선택을 위한 대안을 분석한 이론이다.

31 경영이해능력 정답 ④

(A), (E)는 자사 제품이나 서비스를 다른 기업과는 구별되는 독특한 것으로 인식시키는 차별화전략이다. (B), (C)는 기업이 보유하고 있는 자원을 특정 집단이나 지역적으로 한정된 시장만을 목표로 하는 집중화전략이다. (D)는 제품이나 서비스를 생산하는 데 투입되는 비용인 원가를 줄여 판매가격을 낮추는 원가우위전략이다.

32 경영이해능력 정답 ①

㉠ 신규 진입자의 위협이 아니라 기존 경쟁자의 경쟁강도 결정요인이기 때문에 부적절한 설명이다.
㉣ 서비스의 차별화로 고객의 충성도를 확보할 경우 신규 진입자는 막대한 마케팅 비용을 써야 하기에 신규 진입자에게 높은 진입장벽으로 작용하므로 부적절한 설명이다.

더 알아보기

산업구조 분석 모델(5 Forces model)

산업에 영향을 주는 5가지 요소에 대한 관계 분석을 통해 산업의 수익률을 분석하는 방법론이다. 신규 진입자(잠재적 진입자)의 위협, 대체재의 위협, 구매자의 교섭력, 공급자의 교섭력, 경쟁자의 경쟁강도(기존 경쟁자 간의 경쟁 정도)라는 5가지 경쟁 요인이 강하면 기업의 협상력이 약해져서 이익이 감소하고, 약하면 기업의 협상력이 강해져서 초과이윤을 얻을 수 있는 가능성이 증가한다.

5가지 경쟁 요인	경쟁 우위 요인
신규 진입자(잠재적 진입자)의 위협	절대적인 원가 우위, 규모의 경제, 목적적 제품차별화, 상표인지도(브랜드력), 소요 자본량, 선점 우위 효과, 정부 정책, 필수 원자재 확보
대체재의 위협	대체재의 상대적 가격, 교체비용, 대체재에 대한 구매자 성향
구매자의 교섭력	구매자 집중도 VS 기업 집중도, 구매자 집단 크기, 기업 교체비용에 대한 구매자의 교체비용, 구매자 정보, 후방 통합 능력, 대체재의 존재, 가격/총구매량, 제품차별화 정도, 상표인지도(브랜드력), 질/성과에 대한 영향, 구매자 이익, 의사 결정자의 인센티브
공급자의 교섭력	산업 내 전체 구매에 대한 상대적 비용, 투입요소의 차별화, 산업 내 공급자 및 기업들의 교체비용, 공급자 매출 비율에서의 크기, 대체투입요소의 존재, 공급자의 집중, 원가 또는 차별화에 대한 투입요소의 영향, 산업 내 기업에 의한 후방 통합의 위협과 대비된 전방 통합의 위협
기존 경쟁자의 경쟁강도(산업 내 경쟁)	산업 성장률, 고정비용/부가가치, 초과설비, 제품차별화, 상표인지도, 교체비용, 집중 및 균형, 정보 차원의 복잡성, 경쟁자의 다양성, 기업의 전략적 이해관계, 철수장벽

33 경영이해능력 정답 ①

맥그리거의 Y 이론만 상위차원의 욕구이론에 해당하며, 나머지는 모두 하위욕구에 해당한다.

더 알아보기

동기부여이론 간 상호 관계

맥그리거	매슬로우	엘더퍼	허즈버그	아지리스
• X 이론	• 생리적 욕구 • 안전욕구	• 생존욕구(E)	• 위생(불만) 요인	• 미성숙인
• Y 이론	• 사회적 욕구 • 존경욕구 • 자아실현 욕구	• 관계욕구(R) • 성장욕구(G)	• 만족(동기) 요인	• 성숙인

34 경영이해능력 정답 ③

소유경영자는 주로 소규모의 기업 경영에서 흔히 볼 수 있는 유형이며, 전문경영자는 소유경영자에 비해 임기 내 실적을 위해 단기적 성과에 집착하는 경향이 있다.

35 체제이해능력 정답 ②

㉠, ㉢, ㉣은 유기적 조직의 특징에 해당한다.
㉠ 구성원들이 비공식적인 경로를 통해 수평적으로 의사소통하는 것은 유기적 조직의 특징이다.
㉢ 업무 조정이 다른 구성원과의 상호작용을 통해 이루어지는 것은 유기적 조직의 특징이다.
㉣ 업무가 고정적이지 않고 조직 구성원에게 많은 권한이 위임되는 것은 유기적 조직의 특징이다.

더 알아보기

기계적 조직과 유기적 조직

구분	기계적 조직	유기적 조직
업무와 권한	조직 구성원의 업무와 권한이 분명하게 구분되고 각 역할에 명확한 책임이 부여됨	조직 내 하부 구성원에게 권한이 위임되고 업무가 유동적임
조직 환경	안정적인 환경 내에서 반복적인 업무를 하는 조직에 효율적임	시장 및 기술 환경 등이 급변하는 조직에 효율적임
의사 소통	공식적인 경로를 통해 상하 간의 수직적인 의사소통이 이루어짐	비공식적인 경로를 통해 상호 간의 수평적인 의사소통이 이루어짐
업무 조정	상사의 조정에 따라 개인의 업무가 달라지며 상사는 그 조정에 대한 책임을 짐	다른 구성원과의 상호작용을 통해 개인의 업무가 조정됨
특징	수직적 권력구조, 집권화, 통제성, 엄격한 조직체계, 명령과 복종 중시	수평적 권력구조, 분권화, 자율성, 유연한 조직체계, 자율과 책임 중시
사례	군대조직, 기능별조직	프로젝트, 매트릭스, 팀, 아메바, 네트워크, 오케스트라 조직, 사업별조직

36 경영이해능력 정답 ②

○○안전공사의 상황에 적용할 수 있는 이론은 허츠버그의 2요인 이론(욕구충족요인 이원론)이다. 허츠버그의 2요인 이론은 조직구성원에게 불만을 주는 위생요인과 만족을 주는 동기요인이 상호 독립되어 있다는 것을 제시한 이론이다.

⑤ 현실에서 위생요인이나 동기요인은 개인의 특성, 개인이 처한 상황 등에 따라 미치는 영향이 다르다. 하지만 허츠버그의 2요인 이론에서는 개인차에 대한 고려 없이 동일한 영향이 미치는 것으로 보아 이론상 한계가 있다.

37 경영이해능력 정답 ①

윤리경영은 막연히 기업은 도덕적이어야 한다는 생각에서 벗어나, 관행이나 비용구조를 윤리적인 기준에 적합하도록 조절하여 기업의 경쟁력을 향상시키고 경제적 부가가치를 극대화하는 것을 의미하므로 가장 적절하지 않다.

더 알아보기

기업의 사회적 책임

기업이 이윤추구 외에 법령과 윤리를 준수하고, 기업의 이해관계자의 요구에 대응함으로써 사회적으로 긍정적인 영향을 미치는 책임 있는 활동으로, 경제적 책임, 법적 책임, 윤리적 책임, 자선적 책임 등으로 구분된다.

경제적 책임	이윤창출을 통해 기업의 영속성을 유지해야 하는 의무
법적 책임	기업의 경영활동을 함에 있어 제반 법규를 준수해야 하는 의무
윤리적 책임	법적으로 강요되지 않아도 사회통념에 의해 형성된 윤리적 기준을 자발적으로 따라야 하는 의무
자선적 책임	경영활동과 직접 관련이 없는 문화활동, 기부, 자원봉사 등에 대한 의무

윤리경영 시스템

윤리경영을 실현하기 위해서는 가치체계, 임직원의 공감대 조성, 실행조직 구성으로 이어지는 시스템이 필요하며, 가치체계로는 사원들의 행동지침에 제시되는 기업행동헌장이, 임직원의 공감대 조성을 위해서는 윤리경영 교육이, 실행조직 구성을 위해서는 윤리경영 준수 여부 감독 조직이 필요하다.

38 업무이해능력 정답 ①

㉠ 어떤 경우에 있어서는 직접적인 해결보다 일단 갈등상황에서 벗어나는 회피전략이 더욱 효과적일 수 있으므로, 갈등의 해결이 중대한 분열을 초래할 가능성이 있을 때에는 충분한 해결시간을 가지고 서서히 접근하도록 한다.

㉢ 적정수준의 스트레스는 사람들을 자극하여 개인의 능력을 개선하고 최적의 성과를 내게 하므로 스트레스가 반드시 해로운 것은 아니다.

더 알아보기

업무의 방해요소

방문, 인터넷, 전화, 메신저	• 업무계획과 관계없이 갑자기 찾아오며, 업무에 도움되는지 선별 필요 • 무조건적으로 단절하는 것은 비현실적이며 바람직하지도 않음 • 하루 일과 중 메일 확인시간, 외부 방문시간, 메신저 접속 시간을 정해 놓고 효과적으로 통제하도록 함
갈등관리	• 개인적인 갈등이 아니더라도, 집단적 갈등, 타 조직과의 갈등 등이 발생 • 갈등은 업무시간을 지체하게 하고, 정신적인 스트레스를 가져오지만 새로운 시각에서 문제를 바라보게 하고, 다른 업무에 대한 이해를 증진시켜주며, 조직의 침체를 예방해 주기도 함 • 갈등해결에 있어 가장 중요한 것은 대화와 협상으로, 의견 일치에 초점을 맞추고, 양측에 도움이 되는 해결 방법을 찾도록 함 • 갈등해결이 중대한 분열을 초래할 가능성이 있을 경우 충분한 해결시간을 가지고 서서히 접근하는 것이 효과적

스트레스	• 새로운 기술, 과중한 업무, 인간관계, 경력개발 등에 대한 부담으로 발생 • 과중한 업무 스트레스는 개인뿐만 아니라 조직에도 부정적인 결과를 가져오지만, 적정수준의 스트레스는 사람들을 자극해 개인의 능력을 개선하고 최적의 성과를 냄 • 시간관리를 통해 업무 과중을 극복하고, 운동을 하거나 전문가의 도움을 받는 것이 필요함 • 조직 차원에서 직무를 재설계하거나 역할을 재설정하고, 심리적 안정을 찾을 수 있도록 사회적 관계 형성을 장려해야 함

39 경영이해능력 정답 ④

제시된 내용을 통해 달러화의 가치가 올라서 원/달러 환율이 상승하고 있다는 것을 알 수 있다. 이로 인해 우리나라 기업의 수출이 증가하여, 국제 수지가 개선된다.

- 창수: 달러화가 절상되면 달러화 부채가 많은 인도네시아, 브라질 등 신흥국은 이자와 원리금 상환 부담이 커지기 때문에 경제에 타격을 받을 가능성이 커진다.
- 진국: 달러화가 절상되면 원화를 달러로 바꿀 때 손해를 보기 때문에 부모님의 경제적 부담은 커진다.
- 현영: 달러화가 절상되면 달러로 환전할 때 더 많은 원화가 필요해져 이에 부담을 느끼는 사람들이 미국 여행을 포기하고 국내 여행으로 전환할 가능성이 커진다.
- 효재: 달러화가 절상되면 상대적으로 원화의 자산 가격이 하락하기 때문에 외국인 투자자는 한국에 투자한 자금을 회수하여 경기가 호조를 보이고 있는 미국에 투자할 가능성이 커지므로 외국인 투자 자금이 유출될 가능성이 커진다.
- 웅렬: 달러화가 절상되면 급격한 투자 자금 유출을 방어하기 위해 우리나라의 금리도 인상될 가능성이 크고 이로 인해 대출 이자에 대한 부담이 가중된 주택 수요자들의 구매 심리가 위축되므로 주택 신규 계약이 감소할 가능성이 커진다.

40 경영이해능력 정답 ①

제시된 내용을 통해 달러화와 엔화에 대해 모두 원화 가치가 상승하고 있음을 알 수 있다. 달러화와 엔화에 대한 원화 가치의 상승(환율 하락)은 기업의 수출을 감소시켜, 국제 수지가 악화되는 원인이 된다. 일본 여행을 미루게 되면 원화 가치가 평가 절상되어 여행 경비를 줄일 수 있다.

41 경영이해능력 정답 ⑤

A 사는 사회, B 사는 사회, C 사는 환경, D 사는 지배구조에 가치를 두고 ESG경영을 실천하고 있다. 반면 E 사는 고객만족경영을 실천하고 있다.

더 알아보기

ESG경영

환경(Environment), 사회(Social), 지배구조(Governance)의 약자로, 기업 경영활동의 지속가능성(Sustainability)을 달성하기 위한 3가지 핵심 구성요소이다. 기업의 사회적 책임이 강조되면서 영업이익, 재무제표 등 재무적 가치뿐만 아니라 지속가능경영, 동반성장 등 비재무적 가치도 함께 중요시되고 있다. CSR(Corporate Social Responsibility), CSV(Creating Shared Value)의 형태로 반세기 전부터 논의돼 왔으며, 이제는 전 세계적인 트렌드로 확산되며 이에 따른 모든 사회구성원들의 관심과 함께 기업의 선택이 아닌 생존과 성장의 핵심 요소로 부상하고 있다.

ESG 용어는 2004년 유엔글로벌콤팩트(UNGC)의 보고서에서 공식적으로 처음 사용되었으며, 2010년에는 국제표준화기구가 기업의 사회적 책임에 대한 국제표준인 ISO 26000을 제정하였다. 2021년 산업통상자원부가 ESG경영을 지원하기 위한 K-ESG 가이드라인을 발표하였으며, 기획재정부는 공공기관 공시항목에 ESG 요소를 포함시켰다.

환경(E)은 기업의 경영활동 과정에서 발생하는 환경 영향 전반을 포괄하는 요소들이 포함되며, 최근 기후변화와 관련된 탄소중립, 재생에너지 사용 등이 중요한 요소로 부각되고 있다.

사회(S)는 임직원, 고객, 협력회사, 지역사회 등 다양한 이해관계자에 대한 기업의 권리와 의무, 책임 등의 요소가 포함되고, 최근 인권, 안전·보건 등에 대한 이슈가 화두이다.

지배구조(G)는 회사의 경영진과 이사회, 주주 및 회사의 다양한 이해관계자의 권리와 책임에 대한 영역으로 이사회의 다양성, 임원 급여, 윤리경영 및 감사기구 등이 강조된다.

고객만족경영

고객만족을 궁극적인 경영목표로 삼는 경영기법으로, 1980년대 후반부터 미국, 유럽 등지에서 주목받기 시작하였다. 고객의 입장에서 생각하고 고객을 만족시켜야 기업이 생존할 수 있다고 본다. 당장의 시장점유율 확대나 원가절감보다 궁극적으로 고객만족을 추구한다. 고객만족을 높이기 위해서는 상품의 품질뿐 아니라 제품의 기획·설계·디자인·제작·사후 서비스 등 모든 과정을 고객 중심으로 설계하는 것뿐 아니라 사원들의 복지 향상과 일체감 조성 등 기업에 대한 사원만족도 필수 요소이다.

42 경영이해능력 정답 ⑤

㉠은 Question mark, ㉡은 Star, ㉢은 Cash cow, ㉣은 Dog에 대한 설명이다.

43 경영이해능력 정답 ①

시장성장률은 높지만 시장점유율이 낮은 'Question mark' 사업의 경우 일단 투자하기로 결정한다면 상대적 시장점유율을 높이기 위해 많은 투자금액이 필요하다. 안정적인 현금 확보가 가능한 것은 시장점유율은 높지만 시장성장률이 낮은 'Cash cow' 사업이다.

더 알아보기

BCG 매트릭스

자금의 투입, 산출 측면에서 사업이 처한 현재 상황을 파악하여 알맞은 처방을 내리기 위한 분석도구로, 성공적인 순환경로는 'Question mark → Star → Cash cow → Dog' 순이다.

구분	개념	전략	제품수명 주기
Question mark	시장점유율은 낮지만 시장성장률이 높은 사업	성장 또는 철수전략	도입기
Star	시장점유율과 시장성장률 모두 높은 사업	성장전략 (지속적 투자)	성장기
Cash cow	시장점유율은 높지만 시장성장률이 낮은 사업	현상유지적 성장전략	성숙기
Dog	시장점유율과 시장성장률 모두 낮은 사업	철수 또는 회수전략	쇠퇴기

[44-45]

44 업무이해능력 정답 ④

전결 사항으로 열거되지 아니한 사항으로 그 전결 사항과 유사한 사항은 당해 전결권자가 전결할 수 있으므로 적절하지 않다. 당해(當해)는 일이 있는 바로 그해를 말한다.

① 결재는 결재권자가 결재란에 서명 또는 날인으로 하고 필요에 따라 결재 일시를 기재하므로 적절하다.
② 전결은 최고결재권자의 결재를 생략하고 그 권한을 위임받은 자가 자신의 책임하에 최종적으로 의사결정 및 판단을 하는 행위를 말하며 결재가 불필요한 직책자의 결재란은 상향대각선으로 표시하므로 적절하다.
③ 대결은 결재권자 또는 전결권자가 상당 기간 부재중이거나 긴급하게 처리해야 할 문서의 경우 그 직무를 대행하는 자가 자신의 책임하에 최종적으로 의사결정 및 판단하는 것을 말하며 중요 문서 대결 시에는 기존의 결재권자에게 사후 보고해야 하므로 적절하다.
⑤ 별표 '위임전결사항'에 따르면 사장 결재 사항 시행 조치의 전결권자는 부문장과 처장 2명이므로 적절하다.

45 업무이해능력 정답 ③

1,000만 원 이상~3,000만 원 미만 예산 계획의 전결권자는 처장이므로 1,200만 원의 예산 계획을 부문장에게 결재받은 C는 적절하게 결재받지 않았다.

① [별표]에 따르면 해당 업무의 전결권자에 팀장, 처장, 부문장이 해당하므로 적절하다.
② 국내 출장의 전결권자는 팀장이므로 적절하다.
④ 민원현황 관리의 전결권자는 팀장이므로 적절하다.
⑤ 기록물 관리의 전결권자는 부문장이므로 적절하다.

46 경영이해능력 정답 ②

코로나19 백신 개발 기업들은 자신들이 미리 알고 있던 임상 결과를 활용해 주식거래를 하였기 때문에, 정보가 불균형한 상황을 이용해 상대방의 이익에는 반하지만 자신에게는 유리한 행동을 하여 '모럴 해저드(도덕적 해이)'라는 비판을 받고 있다.

①, ④는 외부경제, ③, ⑤는 역선택의 사례이다.

더 알아보기

정보의 비대칭성

전통적인 경제학이 가정하는 완전경쟁시장은 경제 주체들이 완전한 정보를 갖고 거래에 참여하지만, 현실에서는 불완전한 정보가 일반적이기 때문에 거래 당사자들이 가진 정보가 양적 또는 질적으로 차이 나는 상황이 발생하는 것으로, 정보의 비대칭성의 유형은 크게 감춰진 특성과 감춰진 행동으로 나눌 수 있으며, 이는 역선택과 도덕적 해이라는 문제를 야기한다.

역선택	정보를 덜 가진 쪽이 가장 바람직하지 않은 상대와 거래하게 될 가능성이 큰 상황을 가리키는 것으로, 정보의 감추어진 특성 때문에 품질이 떨어지는 재화나 서비스가 거래되는 시장을 겉만 그럴듯하고 실속이 없다는 의미로 개살구시장 또는 레몬시장이라고 부른다. 비대칭적 정보로 인한 역선택은 시장 스스로의 대응으로 해결할 수 있는데, 보험사가 가입자에게 건강진단서를 제출하게 하거나 고지의무를 지키도록 하는 것처럼 정보를 적게 가진 쪽이 상대방의 감춰진 특성을 알아내기 위해 노력하는 것이다. 반대로 정보를 가진 쪽은 자신의 이익에 도움이 된다면 감춰진 정보를 알리기 위해 노력하는데, 일례로 구직자가 이력서와 자기소개서를 제출하는 것이 있다.
도덕적 해이 (Moral hazard)	정보를 가진 쪽이 자신에게는 이익이 되지만 상대의 이익에는 반하는 행동을 하는 것으로, 도덕적 해이를 극복하는 방안으로는 유인 설계가 있는데, 이는 주인의 입장에서 대리인이 최선의 결과를 가져올 수 있도록 적절한 유인책을 제시하는 것이다.

외부경제

외부효과는 시장의 가격 결정으로 자원배분이 효율적으로 이루어지지 않기 때문에 발생하는 현상으로, 시장실패의 한 원인이 되며 긍정적인 외부효과는 외부경제, 부정적인 외부효과는 외부불경제라고 지칭한다. 외부경제는 한 사람의 행위가 제3자에게 이득을 주는 현상으로, 외부경제가 존재하는 경우에 자원이 사회적으로 바람직한 수준보다 적게 생산(소비)된다. 질병에 대한 예방접종은 사회적으로 바람직하지만, 사회적 최적 수준의 소비·생산이 이루어지지 않아서 외부경제의 효과를 장려하기 위해서는 보조금을 지급할 필요가 있다. 대표적인 예로는 전염병 등에 대한 예방접종의 정부 지원이 있다.

[47-48]

47 경영이해능력 정답 ⑤

게임의 한 참여자에게 우월전략이 있을 경우에 그 참여자는 우월전략을 선택하는 것이 합리적이지만 모든 게임에 우월전략이 존재하는 것은 아니므로 옳지 않은 설명이다.

더 알아보기

'게임이론' 관련 용어

- 게임이론(Theory of games): 자신의 선택과 기회뿐만 아니라 함께 게임하는 다른 사람들, 즉 경기자들이 하는 선택에 의해 게임의 결과가 결정되는 경쟁 상황을 분석하는 데 이용되는 수학 이론
- 죄수의 딜레마(Prisoner's dilemma): 자신의 이익만을 고려한 선택으로 인해 자신과 상대 모두에게 나쁜 결과를 유발하는 상황
- 제로섬 게임(Zero-sum game): 승자의 이득과 패자의 손실을 합한 총합이 제로(0)가 되는 게임
- 우월전략(Strategic dominance): 상대방의 전략 선택과 관계없이 자신의 이익이 최대가 되는 전략
- 보수행렬(Payoff matrix): 게임이론에서 게임 참가자가 얻는 보수가 전략 선택에 따라 어떻게 달라지는지 나타낸 행렬

48 경영이해능력 정답 ③

두 사람 모두 마스크를 착용하지 않을 때 행동 변화에 대한 이득과 비용이 모두 발생하지 않아 내쉬균형을 이룬다.

더 알아보기

내쉬균형(Nash equilibrium)

게임의 각 참여자가 다른 참여자들의 전략을 주어진 것으로 예상하고 자신에게 최적의 전략을 선택할 때, 그 결과가 균형을 이룰 수 있는 최적 전략의 조합을 말한다. 다시 말해 상대의 행동을 고려해 최선의 선택을 할 때 서로가 자신의 선택을 바꾸지 않는 상태이다. 각자 자신에게 가장 이득이 되는 선택을 내렸지만, 결국 가장 불리한 결과를 가져오게 된다. 이러한 상황을 '죄수의 딜레마'라고 한다. 각자 자신의 이익만을 고려하다 보니 서로에게 가장 불리한 상황이 만들어진 것이다.

49 국제감각 정답 ②

이슬람교도는 종교적으로 허락되는 할랄식품만 먹고, 금지된 하람식품은 먹지 않는다. 일반적으로 순대는 돼지 창자로 만들며, 떡갈비도 쇠고기와 돼지고기를 반반 섞어 만들기도 하므로 첫째 날 저녁 식사 메뉴는 이슬람교도인 바이어의 식사 메뉴로 가장 적절하지 않다.

더 알아보기

할랄(Halal)식품과 하람(Haram)식품

구분	내용	종류
할랄 식품	신이 허락했다는 종교적 의미를 가지는 것으로, 제품의 유통과 보관 과정에서 철저한 검증을 거쳤다는 의미의 안심 마크가 있는 식품	• 취하는 성분이 없는 식품 • 소, 양, 산양, 낙타, 사슴, 고라니, 닭, 오리 등 • 우유(소, 낙타, 산양의 젖) • 벌꿀 • 생선(민물고기 제외) • 신선한 야채(신선한 상태로 냉동한 야채) • 신선한 과일, 말린 과일 • 대추야자, 포도, 올리브, 석류 등 • 땅콩, 캐슈너트, 헤이즐넛, 호두 등 견과류와 콩류 • 밀, 쌀, 호밀, 보리, 귀리 등 곡물류
하람 식품	할랄식품과 반대되는 개념으로 금지된 음식이라는 의미를 가지며, 금지된 식재료뿐만 아니라 이러한 재료를 사용한 식품 등도 포함됨	• 포도주, 에틸알코올, 화주 등 술과 알코올성 음료 • 돼지고기와 그 부산물 • 피와 그 부산물 • 육식동물 • 개, 고양이 • 민물고기 • 뱀 등 파충류와 곤충 • 동물의 사체, 도살 전에 죽은 동물 • 이슬람법에 따라 도살되지 않은 할랄 동물 • 그 밖에 할랄인지 하람인지 구분하기 어려운 식품

50 국제감각 정답 ②

일식 식사예절은 좌선의 정신이나 다례(茶禮)의 영향을 받아 찻잔을 들고 마시듯 왼손으로 밥그릇이나 국그릇을 들고 먹고, 숟가락 없이 젓가락만을 사용한다. 초밥은 기본적으로 손으로 먹지만 요즘에는 젓가락으로 먹어도 무관하다. 하지만 한입 베어 물고 남은 것을 그릇에 가져가는 행동은 피하는 것이 좋다.
따라서 올바른 일식 식사예절에 대해 말한 사람은 윤 부장, 이 과장이다.

- 박 차장: 나이와 상관없이 대접을 받는 사람이 상석에 앉아야 하므로 옳지 않은 설명이다.
- 오 대리: 음식을 싹싹 비우는 것을 음식이 부족하다고 여기는 것은 중국의 식사예절이다. 일본에서는 음식을 남기면 더 먹고 싶다는 의미이기 때문에 남기지 않아야 하므로 옳지 않은 설명이다.
- 서 과장: 상대방의 술잔이 다 비기 전에 술을 따르는 것이 일식 식사예절이므로 옳지 않은 설명이다.

더 알아보기

일본과 중국의 식사예절

일본	• 나이와 상관없이 대접을 받는 사람이 상석에 앉음 • 상대방의 술잔이 다 비기 전에 술을 따라야 함 • 식사할 때는 젓가락만 사용하고 된장국은 젓가락으로 휘저어서 국그릇에 입을 대고 마심 • 음식을 남기는 것은 더 먹고 싶다는 의미이므로 남기지 않아야 함 • 생선회, 튀김 등은 작은 접시를 받치고 입가로 가져가 먹음 • 꼬치는 통째로 들고 먹지 않고, 잘 빠지지 않을 때는 돌려 비틀어 뺀 다음 젓가락으로 집어 먹음 • 초밥은 꼭 젓가락으로 먹지 않아도 되며, 물수건에 손을 닦으면서 먹어도 됨
중국	• 초대한 사람이 자리를 미리 정해 놓는 것이 기본이며, 초대한 사람에게 자신의 자리가 어디인지 물어보고 앉아야 함 • 회전 테이블은 시계 방향으로 돌리되 상석부터 돌려야 함 • 음식을 전부 비우면 음식이 부족해 만족스럽지 못했다는 의미이므로 조금 남기는 것이 좋음 • 술을 마실 때 잔이 비어 있거나 반 잔 정도 남아 있으면 첨잔함 • '건배'는 잔을 모두 비우는 것을 뜻하므로 '건배'라는 말을 자제하거나 양해를 구한 뒤 적당히 마시는 것이 좋고, 술에 취할 때까지 마시지 않음 • 밥그릇을 손으로 받치고 젓가락으로 먹으며, 죽이나 국 종류를 먹을 때만 숟가락을 사용함 • 음식을 덜 때는 반드시 공용 숟가락이나 젓가락을 사용하고, 자기 접시에 덜어 놓고 먹어야 함 • 생선 요리의 경우 메인 접시에 있는 생선은 뒤집지 않고, 뼈나 가시는 보이지 않게 입에서 빼내 자신의 그릇에 둠

10. 직업윤리

적중예상문제

p.262

01	02	03	04	05	06	07	08	09	10
②	③	④	③	③	⑤	④	④	⑤	③
11	**12**	**13**	**14**	**15**	**16**	**17**	**18**	**19**	**20**
①	②	①	③	①	④	①	①	⑤	③

01 직업윤리 소개 정답 ②

윤리의 '윤(倫)'은 동료, 친구, 무리, 또래 등의 인간 집단 등을 뜻하기도 하고 길, 도리, 질서, 차례, 법 등을 뜻하기도 한다. 윤리의 '리(理)'는 다스린다, 바르다, 원리, 이치, 밝히다 등의 여러 가지 뜻이 있다. 결국 윤리는 인간과 인간 사이에서 지켜져야 할 도리를 바르게 하는 것이다.

ⓒ 동양 사회에서는 예로부터 인간관계를 천륜과 인륜 두 가지로 나누어 왔다. 천륜은 인간으로서는 생명과 같이 필연적인 부자관계와 같은 관계를 말하며, 인륜은 후천적으로 인간 사회에서 맺는 관계를 말한다. 동양 사회에서 윤리는 후천적으로 사회에서 맺은 관계인 인륜(人倫)과 같은 의미이므로 옳지 않은 설명이다.

ⓜ 모든 윤리적 가치는 만고불변의 진리가 아니라 시대와 사회상황에 따라 조금씩 다르게 변화되므로 옳지 않은 설명이다.

02 직업윤리 소개 정답 ③

직업윤리가 개인윤리를 바탕으로 성립된다 하여도 상황에 따라 양자 충돌하는 경우가 발생할 수 있다. 이때, 직업인이라면 직업윤리를 우선하되 기본적 윤리기준에 충실하여 개인의 윤리를 준수할 수 있도록 지혜와 노력을 발휘해야 한다.

제시된 상황을 봤을 때 프레젠테이션은 다른 사람이 대신하기 어려운 상황이지만, 아이의 생명을 지키기 위해 병원에 데려다 주는 것은 자신이 아닌 김 대리에게 부탁할 수 있는 상황이다.

따라서 아이를 김 대리에게 부탁하고 자신이 맡은 프레젠테이션을 하러 가는 것이 가장 합리적인 대응이라고 할 수 있다.

03 직업윤리 소개 정답 ④

직업이 갖추어야 할 속성은 계속성, 경제성, 윤리성, 사회성, 자발성 등으로 설명할 수 있으며, (가) 자발성, (나) 경제성, (다) 계속성, (라) 윤리성, (마) 사회성에 대한 설명이다.

더 알아보기

직업의 속성

계속성	월간, 주간, 일간 등 주기적으로 일을 하거나, 계절 또는 명확한 주기가 없어도 계속 행해지며, 현재 하고 있는 일을 계속할 의지와 가능성이 있어야 한다.
경제성	직업이 경제적 거래 관계가 성립되는 활동이어야 한다. 따라서 무급 자원봉사나 전업 학생 혹은 노력이 전제되지 않는 자연 발생적인 이득의 수취나 우연하게 발생하는 경제적 과실에 전적으로 의존하는 활동은 직업으로 보지 않는다.
윤리성	비윤리적인 영리 행위나 반사회적인 활동을 통한 경제적 이윤 추구는 직업활동으로 인정되지 않는다.
사회성	모든 직업활동이 사회 공동체적 맥락에서 의미 있는 활동이어야 한다.
자발성	속박된 상태에서의 제반 활동은 경제성이나 계속성의 여부와 상관없이 직업으로 보지 않는다.

04 근로윤리 정답 ③

업무수행에 있어 근면한 태도란 정해진 근무시간을 준수하며, 부지런하고 능동적으로 행동하는 것이다.

따라서 매일 해야 하는 일을 목록으로 정리함으로써 자신이 해야 하는 일과 마감 기한을 정확히 파악하고 업무시간을 효율적으로 사용하여 불필요한 야근을 하지 않는 것이 가장 적절하다.

05 직업윤리 소개 정답 ③

자신의 입장과 처지를 보호하기 위해 자신의 행동에 윤리적 문제가 있는 줄 몰랐다는 변명을 하고 있으므로 비윤리적 행위의 유형 중 거짓말에 해당한다. 우리 사회에서 나타나고 있는 거짓말 중에는 남에게 피해를 주기 위한 거짓말보다는 자기들의 입장과 처지를 보호하기 위한 보호적 거짓말이 많다.

①은 비윤리적 행위 유형 중 도덕적 타성, ②, ④, ⑤는 모두 비윤리적 행위 유형 중 도덕적 태만에 해당한다.

06 직업윤리 소개 정답 ⑤

제시된 자료는 김 부장이 대리급 리더십 교육에서 자신의 일이 사회적으로 얼마나 중요한 일인지 깨닫게 되었다는 내용이므로 자신이 하고 있는 일이 기업이나 사회를 위해 중요한 역할을 하고 있다고 믿고 자신의 활동을 수행하는 태도인 '직분의식'과 관련 있다.

① 소명의식: 자신의 일이 하늘에 의해 맡겨진 일이라고 생각하는 태도
② 천직의식: 자신의 일이 자신의 능력과 적성에 꼭 맞는다고 여기고 그 일에 열성을 가지고 성실히 임하는 태도
③ 봉사의식: 직업활동을 통해 다른 사람과 공동체에 대해 봉사하는 정신을 갖추고 실천하는 태도
④ 전문가의식: 자신의 일이 누구나 할 수 있는 것이 아니라 해당 분야의 지식과 교육을 밑바탕으로 성실히 수행해야만 가능한 것이라 믿는 태도

07 직업윤리 소개 정답 ④

뉴스 기사는 기자의 주관을 배제하고 객관적으로 작성하는 것이 원칙이다. A 신문사는 제3자의 입장에서 취재하지 않아 객관성의 원칙이 부족함을 알 수 있다. 공공기관 경영정보 공개시스템 알리오는 경영의 투명성을 제고하기 때문에 업무와 관련된 모든 것을 숨김없이 정직하게 수행하는 정직과 신용의 원칙과 관련이 있다. 구독 서비스나 멤버십 제도는 기업이 고객 중심 마케팅을 강화하기 위한 목적으로 활용하는 제도이다. 기업 입장에서는 충성 고객 확보 및 관리를, 소비자 입장에서는 할인 및 다양한 혜택을 제공받을 수 있다. 따라서 고객 중심의 원칙에 맞는 내용이다.

더 알아보기

직업윤리의 5대 원칙

다양한 직업 환경의 특성상 모든 직업에 공통으로 요구되는 윤리 원칙이다.

객관성의 원칙	업무의 공공성을 바탕으로 공사 구분을 명확히 하고, 모든 것을 숨김없이 투명하게 처리하는 원칙
고객중심의 원칙	고객에 대한 봉사를 최우선으로 생각하고 현장 중심, 실천 중심으로 일하는 원칙
전문성의 원칙	자기 업무에 전문가로서 능력과 의식을 가지고 책임을 다하며 능력을 연마하는 원칙
정직과 신용의 원칙	업무와 관련된 모든 것을 숨김없이 정직하게 수행하고, 본분과 약속을 지켜 신뢰를 유지하는 원칙
공정경쟁의 원칙	법규를 준수하고, 경쟁원리에 따라 공정하게 행동하는 원칙

[08-09]

08 공동체윤리 정답 ④

• Q4: '3. 신고 및 제출 의무 – 2)'에 따르면 각종 부동산 관련 업무를 하는 공공기관의 공직자는 본인, 배우자, 본인과 생계를 같이하는 직계존비속 등이 소속 공공기관의 직무 관련 부동산을 보유·매수했다면 신고해야 한다.
• Q5: '3. 신고 및 제출 의무 – 5)'에 따르면 공직자는 소속 공공기관의 퇴직자(최근 2년 이내)인 직무관련자와 골프, 여행, 사행성오락을 하는 경우, 사적 접촉 전 이해충돌방지담당관에게 신고해야 한다. 단, 불가피한 사유가 있는 경우 사적 접촉 후 14일 이내에 신고해야 한다.

따라서 X에 해당하는 문항은 2개이다.

더 알아보기

「공직자의 이해충돌방지법」(2022. 5. 19.부터 시행)

이해충돌(정의)	공직자가 직무를 수행할 때 자신의 사적이해관계가 관련되어 공정하고 청렴한 직무수행이 저해되거나 저해될 우려가 있는 상황
사적이해 관계자	① 공직자 자신이나 그 가족(민법 제779조에 따른 가족) ② 공직자 자신이나 가족이 임원, 대표자 등으로 재직하고 있는 법인과 단체 ③ 공직자 자신이나 가족이 대리, 고문, 자문을 제공하는 개인, 법인, 단체 ④ 공직자로 채용, 임용되기 전 2년 이내에 재직했던 법인과 단체 또는 대리, 고문, 자문을 제공했던 개인이나 법인, 단체 ⑤ 공직자 자신 또는 그 가족이 합산해 발행주식 총수의 30%, 출자지분 총수의 30%, 자본금 총액의 50% 이상을 소유한 법인과 단체 ⑥ 최근 2년 이내에 퇴직하고, 퇴직일 전 2년 이내에 실장과 국장, 과장으로서 직무 담당 공직자를 지휘, 감독했던 퇴직 공직자 ⑦ 공직자를 지휘나 감독하는 상급자 ⑧ 최근 2년 이내에 1회 100만 원, 연간 300만 원을 초과하는 금전거래의 상대방
신고자 보호·보상	불이익 조치 금지, 신고자 등의 비밀보장의무, 특별보호조치 등 '공익신고자 보호법'의 내용을 직접 규정 또는 준용하여 신고자 보호
위반 행위 제재	부당이득의 환수, 몰수 및 추징, 징계 및 벌칙

09 공동체윤리 정답 ⑤

'5. 업무총괄'에서 국민권익위원회는 이해충돌방지 제도 운영을 총괄한다고 하였으므로 A는 국민권익위원회이다.
'6. 위반행위 신고 접수 및 사건처리'에서 누구든지 이 법의 위반행위를 해당 공공기관(또는 감독기관), 감사원, 수사기관, 국민권익위원회에 신고할 수 있다고 하였으므로 B는 감사원이다.
'2. 적용대상 – 2)'에서 사립학교 교직원이나 언론인은 공직자에서 제외된다고 하였으므로 C는 언론인이다.
따라서 빈칸에 들어갈 내용을 바르게 짝지은 것은 ⑤이다.

더 알아보기

「공직자의 이해충돌방지법」과 「청탁금지법」 적용 대상

공직자의 이해충돌방지법	부정청탁 및 금품 등 수수의 금지에 관한 법률(청탁금지법)
국회와 법원, 중앙행정기관, 지방자치단체, 지방의회, 공직유관단체, 교육청, 국·공립학교 임직원	국회와 법원, 중앙행정기관, 지방자치단체, 지방의회, 공직유관단체, 교육청, 국·공립학교 임직원, 사립학교 교직원, 언론인

[10-11]

10 공동체윤리 정답 ③

이장호 사원은 자신이 누구인지 말하는 것을 제외하고 모든 부분에서 전화 예절을 지키지 않았다.

11 공동체윤리 정답 ①

올바른 전화 예절은 정상적인 업무가 이루어지고 있는 근무 시간에 전화를 거는 것이다.

② 담당자의 개인 연락처를 함부로 말해서는 안 된다. 민원인에게 최적의 정보를 제공하기 위해서는 담당자가 직접 응대하는 것이 최선이다. 이를 위해 민원인의 연락처를 남겨달라고 요구하여, 담당자가 복귀한 후 가장 빠르게 연결될 수 있도록 처리한다.
③ 주위의 소음을 최소화하기 위해 조용한 장소를 찾게 되면 전화하겠다고 이야기하고 전화를 끊어야 한다.
④ 운전 중에는 위험하기 때문에 어떤 경우라도 스마트폰을 사용하지 않아야 한다.
⑤ 언제나 펜과 메모지를 곁에 두어 메시지를 받아 적을 수 있도록 해야 한다.

12 공동체윤리 정답 ②

㉡ 식장 내 객석은 왼쪽이 신랑, 오른쪽이 신부로 고정되어 있으나 인원수가 많이 차이 나면 적은 쪽으로 가는 게 좋다.
㉣ 유족에게 계속해서 말을 시키는 것은 실례가 되는 행동이다. 특히 고인의 사망원인, 경위 등을 상세히 물어보는 것은 큰 실례이다.

더 알아보기

경조사 예절

장례식	• 우선 엄숙한 마음 자세가 기본이다. 남자, 여자 상관없이 검은색 정장(무채색 계열), 흰색 셔츠(블라우스), 검은 양말(스타킹), 검은색 구두를 착용하는 것이 잘 알려진 조문 복장이다. 여자 조문객의 경우 진한 화장이나 화려한 디자인의 가방, 액세서리 등은 피하는 것이 좋다. • 조문 순서는 조객록 서명, 상주와 묵례, 분향과 헌화, 재배(두 번 큰절 후 일어서 반절), 조문(상주와 맞절), 부의금 전달 순이다. 분향을 할 때는 오른손으로 향을 잡고 왼손으로 오른손을 받친다. 단체로 빈소에 들어갈 때는 분향과 헌화는 대표 한 명만 하면 된다. 조의금 봉투를 작성할 때는 앞면에 부의(賻儀)나 근조(謹弔)가 적힌 봉투를 사용하며, 뒷면에는 본인 이름과 소속을 적는다. 소속을 기재하는 것은 필수는 아니나 이름은 좌측 하단에 기입한다.
결혼식	• 단정한 옷차림은 기본적인 매너이다. 여성은 네이비, 그레이 등 무난한 컬러의 원피스나 투피스를 선택하고, 남성은 짙은 색상의 정장에 밝은 넥타이를 착용한다. 웨딩드레스 같은 옷이나 과한 액세서리는 피하는 게 좋다. • 예식 시작 20~30분 전 도착해 축의금을 내고 신랑·신부에게 인사한다. 축의금은 가급적 새 지폐로, 관계의 친밀도에 따라 넣되 3, 5, 7만 원과 같이 홀수 단위, 혹은 10만 원으로 준비한다. • 식장 내 객석은 왼쪽이 신랑, 오른쪽이 신부로 고정되어 있으나 인원수가 많이 차이 나면 적은 쪽으로 가는 게 좋다.

13 공동체윤리 정답 ①

(가) 에드워드 리는 요리를 즐기는 '과정 지향적 직업관'과 요리를 통해 사회에 기여하는 가치를 중요하게 생각하는 '정신 지향적 직업관'을 갖고 있다.
(나) 신인영 선생은 자신이 하는 일은 하늘이 주신 것이라는 '소명적 직업관'과 우리 전통을 보전하겠다는 '업적주의적 직업관'을 갖고 있다.

더 알아보기

직업관

직업이란 개인이 생계를 위하여 사회 성원이 각자의 역량을 발휘하여 일정한 일에 지속적으로 종사하는 경제 및 사회 활동의 종류를 의미한다. '직'과 '업'의 합성어로서 직업이라는 용어는 사회적 책무로서 개인이 맡아야 하는 직무와 생계를 유지하거나 과업을 위하여 수행하는 노동 행위라는 이중적 의미를 내포하고 있다.
직업관은 '어떤 개인이나 사회 집단이 직업 또는 일에 대해 갖는 관념이나 느낌, 판단'을 지칭하는 용어로서 직업의식, 직업가치관, 진로 의식 등 다양한 개념들과 함께 혼재된 상태로 사용되고 있다.
직업관은 개인의 직업에 대한 태도와 행동에 영향을 미치는 중요한 요인이다. 직업 기능면 2가지와 직업 목표면 8가지를 포함해 총 10가지가 있다.

- 생업적 직업관: 직업을 생계유지 수단으로 봄
- 소명적 직업관: 직업을 하늘로부터 부여받은 일로 생각함
- 결과 지향적 직업관: 직업이 수행된 결과를 중요하게 생각함
- 과정 지향적 직업관: 일하는 과정을 중요하게 생각함
- 물질 지향적 직업관: 직업에서 얻는 물질적 보수를 중요하게 생각함
- 정신 지향적 직업관: 직업 활동을 수행하는 과정에서 발견하는 정신적 가치를 중요하게 생각함
- 업적주의적 직업관: 개인의 능력과 성취도를 중요하게 생각함
- 귀속주의적 직업관: 개인의 외적인 배경, 부모의 사회적 신분을 중요하게 생각함
- 개인 중심 직업관: 직업에서 형성되는 인간관계를 중심으로 개인의 욕구 충족을 중요하게 생각함
- 집단 중심 직업관: 집단 내에서 주어진 역할을 어떻게 수행하느냐를 중요하게 생각함

14 공동체윤리

정답 ③

상급자가 직접 운전하는 경우 운전자 바로 옆자리가 상석이고, 그 바로 뒷자리가 차석, 운전석 바로 뒷자리가 말석이다.

① 출입문에서 가장 먼 자리가 상석이고, 반대로 출입문에서 가까운 자리가 말석이다.
② 운전기사 대각선에 놓인 뒷자리가 최고 상석이고, 운전자 바로 뒷자리가 차석, 운전자 바로 옆자리가 말석이다.
④ 엘리베이터에서의 상석은 입구와 버튼에서 가장 먼 곳이고, 그다음 차석이 최고 상석의 오른쪽의 이동이 없는 자리이며, 층수를 누르거나 열림·닫힘 버튼을 조작하는 자리가 가장 말석이다.
⑤ 버스의 경우에는 창문과 가깝고 출입문과 거리가 있는 운전석 바로 뒷자리가 안정감이 있기에 상석이다.

더 알아보기

비즈니스 상석

회의실	보통 상석은 출입문에서 가장 먼 자리에 위치하고, 말석은 반대로 출입문에서 가까운 자리다. 회의실에서 상석은 테이블의 형태에 따라 달라지지만, 보통 벽을 등지고 앉은 자리, 출입문에서 먼 자리와 출입문을 바라보는 자리, 경치가 좋고 시야가 탁 트인 자리, 중앙자리를 기준으로 상석을 분류한다. 만일 보고를 위해 모인 자리라면 스크린 화면을 정면으로 마주 보는 자리가 상석이다.
식당	식당에서의 상석은 회의실과 유사하다. 출입문에서 먼 자리, 출입문을 바라보는 자리, 경치가 좋고 시야가 탁 트인 자리, 중앙 자리가 상석이며, 출입문과 가까운 곳은 말석이 된다.
자동차	자동차 내에서는 운전하는 사람이 누구냐에 따라 상석과 말석이 달라진다. 택시일 경우 운전하는 기사가 따로 있기 때문에 타고 내리기 편한 운전석의 대각선 자리가 상석이다. 하지만 본인 또는 동료가 직접 운전할 시 조수석이 상석이 된다.
버스	사내 체육대회나 행사에 단체로 갈 때 이용하는 버스에도 상석이 있다. 버스의 경우에는 창문과 가깝고 출입문과 거리가 있는 운전석 바로 뒷자리가 안정감이 있기에 상석이다.
엘리베이터	엘리베이터에서는 출입문과 버튼이 먼 쪽이 상석이다. 버튼을 누르고 승하차를 돕는 역할은 말단 직원이 하는 게 일반적이다.

15 공동체윤리

정답 ①

최 사원은 고객을 안내할 때는 고객의 오른쪽 두세 걸음 앞에서 걸어가면서 방향을 안내해야 했다. 또한 윤 사원이 고객에게 먼저 악수를 청하는 것은 결례이다.
따라서 유동수 팀장이 지적한 직원은 2명이다.

16 공동체윤리

정답 ④

C(Courtesy)는 '서비스는 예의를 갖추고 정중하게 하는 것'이라는 뜻이다. SERVICE의 S는 미소와 신속이고, E는 감동이며, R은 고객을 존중하는 것이다. V는 고객에게 가치를 제공하는 것이고, I는 좋은 이미지를 심어 주는 것이며, C는 예의를 갖추는 것이다. 마지막 E는 고객에게 탁월한 서비스를 제공하는 것이다.

더 알아보기

서비스(SERVICE)의 7가지 의미

- S(Smile & Speed): 서비스는 미소와 함께 신속하게 하는 것
- E(Emotion): 서비스는 감동을 주는 것
- R(Respect): 서비스는 고객을 존중하는 것
- V(Value): 서비스는 고객에게 가치를 제공하는 것
- I(Image): 서비스는 고객에게 좋은 이미지를 심어 주는 것
- C(Courtesy): 서비스는 예의를 갖추고 정중하게 하는 것
- E(Excellence): 서비스는 고객에게 탁월하게 제공되어야 하는 것

17 공동체윤리

정답 ①

일반적으로 직장에서 지켜야 하는 근무예절은 다음과 같다.

- 정규 출근시간 전에 도착하여 간단한 정리 정돈을 하고 하루의 일과계획을 점검한다.
- 부득이한 사정으로 결근·지각을 했을 경우에는 슬그머니 자리에 앉지 않고 상사에게 솔직하게 사유를 보고한다.
- 본인이 통화 중에 상사가 출근하거나, 상사가 통화 중에 본인이 출근할 때는 가볍게 묵례한다.
- 가급적 퇴근시간 전에 미리 퇴근준비를 하지 않는다.
- 친구, 친척은 퇴근 후 만나도록 하며, 근무 중 방문한 경우에는 만남을 짧게 끝낸다.
- 자리를 비울 경우에는 행선지, 용건, 귀사 예정시간 등을 반드시 상사에게 보고하고 허가를 받되, 화장실에 가는 경우까지 주위에 알릴 필요는 없다.
- 자리를 비웠다가 다시 돌아왔을 때에도 보고 후 업무에 임하도록 하고, 만약 외출지에서 퇴근시간을 넘길 경우에는 상사에게 전화를 걸어 현지 퇴근을 알린다.

따라서 근무예절에 대해 가장 바르게 이해하고 있는 사람은 'A 대리'이다.

18 직업윤리 소개

정답 ①

도덕적 일탈행위와도 차이가 있어 사적 영역에서 도덕적 의무를 다하지 않는 행위는 제외된다.

더 알아보기

도덕적 해이의 여섯 가지 특징

공직자의 사익 추구 행태로 정의되는 도덕적 해이는 정보 비대칭 상황에서 충분한 주의를 기울이지 않는 비도덕적 행위를 말한다.

- 법률 위반과 달리 직무를 충실히 수행하지 않는 행위에 한정된다. 따라서 적발하기도 입증하기도 힘든 면이 있다.
- 도덕적 일탈행위와 달라 사적 영역에서 도덕적 의무를 다하지 않는 행위는 제외된다.

- 조직의 기준에서 벗어나는 적극적·의도적인 자기 이익 실현 행위가 포함된다. 예를 들면 자신의 승진을 위해 조직의 성과에 무관심한 경우 등이 해당한다.
- 사익 추구가 아니더라도 최선을 다하지 않는 방만경영이 포함된다. 매출액과 무관한 성과급 지급, 근무 시간 중 사적 일 수행 등이 해당한다.
- 위험이 따르지만 실적을 올릴 수 있는 새로운 업무에 무관심한 소극적 행위이다. 무사안일 마인드나 복지부동은 조직 발전의 장애물로 인식된다.
- 결정하고 책임지지 않고 상급 기관에 결정을 미루고 기계적으로 따르는 행동 방식을 택한다.

19 직업윤리 소개 정답 ⑤

고용창출과 기능개발은 조직이 지리적으로 위치한 주거지와 관련되어 지역사회 참여와 발전의 쟁점사항이다.

① 사회적 대화는 조직의 직접 고용된 피고용자에 대한 책임을 의미하는 노동 관행의 쟁점사항이다.
② 근로에서의 근본원칙과 권리는 인간의 기본권리 중 사회적 권리에 해당되기 때문에 인권의 쟁점사항이다.
③ 소비자 서비스, 지원 및 불만과 분쟁해결은 소비자에게 적용되기 때문에 소비자 이슈의 쟁점사항이다.
④ 재산권 존중은 조직이 다른 조직을 다룰 때 윤리적 행동을 하는 것과 관련되어 공정한 운영 관행의 쟁점사항이다.

더 알아보기

ISO 26000의 7대 핵심주제 및 37대 쟁점 사항

핵심주제	쟁점
조직 거버넌스	의사 결정 프로세스와 구조
인권	실사, 인권 위험상황, 공모회피 / 고충처리, 차별과 취약그룹 / 시민권과 정치적 권리 / 경제, 사회 및 문화적 권리 / 근로에서의 근본원칙과 권리
노동관행	고용과 고용관계 / 근로조건과 사회적 보호 / 사회적 대화 / 근로에서의 보건과 안전 / 직장에서의 인적개발과 훈련
환경	오염방지 / 지속가능한 자원이용 / 기후변화 완화와 적응 / 환경보호, 생물다양성 및 자연서식지 복원
공정운영 관행	반부패 / 책임 있는 정치참여 / 공정경쟁 / 가치사슬 내에서의 사회적 책임 제고 / 재산권 존중
소비자 이슈	공정 마케팅, 사실적이고 치우치지 않은 정보 및 공정 계약관행 / 소비자의 보건과 안전보호 / 지속가능소비 / 소비자 서비스, 지원 및 불만과 분쟁해결 / 소비자 데이터 보호와 프라이버시 / 필수 서비스에 대한 접근 / 교육과 인식
지역사회 참여와 발전	지역사회 참여 / 교육과 문화 / 고용창출과 기능개발 / 기술개발과 접근성 / 부와 소득 창출 / 보건 / 사회적 투자

20 공동체윤리 정답 ③

㉢ 형사처벌 대상으로서의 범죄행위인 '성추행'이나 '성폭행'과는 구분되어 형사처벌 대상은 아니지만, 성희롱 행위에 대해 회사는 필요한 인사조치 또는 징계조치를 해야 하고, 피해자는 가해자에게 민사상 손해배상을 청구할 수 있다.
㉤ 직장 내 성희롱은 반드시 업무시간 내 또는 근무 장소에서 이루어져야 인정되는 것은 아니며, 상급자가 그 지위를 이용하거나 업무와 관련성이 있다면 퇴근 후 또는 근무 장소와 관련 없는 장소에서 이루어지더라도 직장 내 성희롱으로 인정된다.

더 알아보기

성희롱

성희롱은 '업무와 관련하여 성적 언어나 행동 등으로 굴욕감을 느끼게 하거나 성적 언동 등을 조건으로 고용상 불이익을 주는 행위'이다. 형사처벌 대상으로서의 범죄행위인 '성추행'이나 '성폭행'과는 구분되어 형사처벌 대상은 아니지만, 성희롱 행위에 대해 회사는 필요한 인사조치 또는 징계조치를 해야 하고, 피해자는 가해자에게 민사상 손해배상을 청구할 수 있다.
「양성평등기본법」, 「국가인권위원회법」, 「남녀고용평등법」에서 규율하는 성희롱은 형사처벌이 아닌, 조직 내 성희롱의 예방 및 근절을 목적으로 한다. 따라서 행위자의 고의성과 무관하게 피해자가 행위자의 성적 언동 등으로 성적 굴욕감 또는 혐오감을 느꼈으면 성희롱이 성립된다.
어떤 행위가 성희롱이냐 하는 데 있어서 법률적인 기준의 특징은 가해자가 '의도적으로 성희롱을 했느냐'를 중시하는 것이 아니라, 피해자가 '성적 수치심이나 굴욕감을 느꼈는지 아닌지'를 중요한 기준으로 삼는다. 성희롱은 가해자의 고의성, 의도성과 상관없으며 이성, 동성 간에도 피해자가 수치심과 성적인 굴욕감을 느꼈다면 성립이 된다.
직장 내 성희롱은 성적인 언어나 행동에 의하거나 이를 조건으로 하는 행동이다. 여기에는 육체적 유형, 언어적 유형, 시각적 유형, 기타 사회 통념상 성적 굴욕감을 유발하는 것으로 인정되는 언어나 행동, 성역할에 기반한 성희롱으로 나눌 수 있다. 또한 이를 조건으로 하는 행위란 이런 다양한 유형의 성적행위를 피해자인 상대방이 적극적으로 하여줄 것을 요구하거나 또는 소극적으로 참아줄 것을 바라는 것이라 할 수 있다.

National Competency Standards

3권 | 모의고사편

바로 채점 및 성적 분석 서비스

실전모의고사 1회

p.6

01 의사소통	02 의사소통	03 의사소통	04 의사소통	05 의사소통	06 의사소통	07 의사소통	08 의사소통	09 의사소통	10 의사소통
⑤	③	①	④	②	②	③	③	③	③
11 수리	12 수리	13 수리	14 수리	15 수리	16 수리	17 수리	18 수리	19 수리	20 수리
③	③	⑤	⑤	④	⑤	④	①	④	①
21 문제해결	22 문제해결	23 문제해결	24 문제해결	25 문제해결	26 문제해결	27 문제해결	28 문제해결	29 문제해결	30 문제해결
④	⑤	①	④	③	④	①	②	⑤	①
31 자원관리	32 자원관리	33 자원관리	34 자원관리	35 자원관리	36 자원관리	37 자원관리	38 자원관리	39 자원관리	40 자원관리
②	⑤	③	③	⑤	④	③	④	①	③

01 의사소통능력 정답 ⑤

주어인 '그 강연의 핵심'과 서술어인 '것이다'가 호응을 이룬 문장이므로 적절하다.

① 높임관계에 맞추어 '오라고 하십니다' 또는 '오라십니다'로 수정해야 한다.
② 문장의 의미상 '틀린'이 아니라 '다른'으로 수정해야 한다.
③ '결말'과 '끝맺고 있다'의 의미가 중복되므로 '이 영화는 행복한 내용으로 끝맺고 있다.'로 수정해야 한다.
④ 문장성분의 호응을 고려하여 '성공을 하려면 많은 비용과 노력이 들고 긴 시간이 걸린다.'로 수정해야 한다.

02 의사소통능력 정답 ③

'易地思之(역지사지)'는 '처지를 바꾸어 상대방의 입장에서 생각해 본다는 뜻으로, 상대방을 이해하려는 태도'를 나타낸다.

① 以心傳心(이심전심): 말로 하지 않아도 마음에서 마음으로 뜻이 전해짐
② 安貧樂道(안빈낙도): 가난 속에서도 도를 즐기며 편안하게 생활함
④ 遺臭萬年(유취만년): 더러운 이름을 후세에 길이 남긴다는 뜻으로, 불명예스럽고 추악한 명성이 오랫동안 남음
⑤ 溫故知新(온고지신): 옛것을 익히고 이를 통해 새로움을 배워 나감

03 의사소통능력 정답 ①

'苛政猛於虎(가정맹어호)'는 '가혹한 정치는 호랑이보다 더 무섭다는 뜻으로, 부당한 정치가 백성에게 끼치는 해악이 큼'을 비유하며, '善政美於花(선정미어화)'는 '아름다운 꽃처럼 훌륭한 정치'를 비유한다(문제의 예시로 만든 사자성어로 실제 한자성어는 아님).

② 難兄難弟(난형난제): 두 사람의 우열을 가리기 어려움
大同小異(대동소이): 크게 같고 조금 다르다는 뜻으로, 사소한 차이는 있지만 본질적으로 같음
③ 溫故知新(온고지신): 옛것을 익히고 새로움을 배움
日就月將(일취월장): 학문이 날로 발전함
④ 權不十年(권불십년): 권세는 십 년을 넘지 못한다는 뜻으로, 권력은 오래 지속되지 않음
水滴石穿(수적석천): 물방울이 바위를 뚫는다는 뜻으로, 적은 노력이라도 끊임없이 계속하면 큰 성과를 얻을 수 있음
⑤ 衣錦之榮(의금지영): 비단옷을 입고 돌아와 영광을 누린다는 뜻으로, 성공하여 돌아옴으로써 명예와 영광을 얻게 됨
錦衣還鄕(금의환향): 타향에서 성공하여 고향으로 돌아옴

04 의사소통능력 정답 ④

기술개발 지원 부문에서는 전통 제조업뿐만 아니라 4차 산업혁명 기술 도입을 위한 다양한 지원 프로그램도 포함되어 있다. 창업성장기술개발(R&D), 스마트 제조혁신 기술개발사업 등은 중소기업이 최신 기술을 도입하여 혁신적인 제품과 서비스를 개발할 수 있도록 지원하므로 옳지 않은 설명이다.

05 의사소통능력 정답 ②

2문단에서 "이번 15대 프로젝트별 주요 추진사항과 관련해 올해 안에 내 30+α개 주요 대책을 발표하고, 세부 과제별 별도 추진 계획을 마련해 지속 보완·구체화할 계획이다."라고 되어 있으므로 50개의 대책을 발표하는 것은 잘못된 내용이다.

06 의사소통능력 정답 ②

중력파는 밀도가 높은 천체, 예를 들어 블랙홀이나 중성자별 같은 고밀도 천체의 충돌이나 병합 과정에서 발생하는데, 이는 물질에 의해 방해받지 않고 우주를 가로질러 전파된다.
따라서 밀도가 낮은 천체보다는 블랙홀이나 중성자별 같은 고밀도 천체의 움직임을 탐지하는 데 주로 사용되므로 옳지 않은 설명이다.

07 의사소통능력 정답 ③

양자 컴퓨팅은 큐비트의 상태가 외부 환경 변화에 매우 민감하여 디코히런스 문제가 발생하며, 이를 해결하기 위해 오류 정정과 안정화 기술이 필요하므로 옳지 않은 설명이다.

08 의사소통능력 정답 ③

3. 신청 방법에서 우선모집은 해당 자격 확인 필요하며, 법정저소득층, 국가보훈대상자, 북한이탈주민 가정 유아는 온라인으로 자격 검증 가능하다고 되어 있으므로 동사무소에서 접수가 가능한 것은 아니다.

09 의사소통능력 정답 ③

국민연금은 1988년에 도입되었으며, 1977년에 도입된 것은 국민건강보험이므로 옳지 않은 설명이다.

10 의사소통능력 정답 ③

지문에서 권위주의 체제는 "정치권력이 소수의 엘리트에게 집중되어 있으며, 국민의 정치적 권리가 제한된다"고 명시하고 있다. 즉, 권위주의 체제는 정치적 권력이 소수에게 집중되어 있어 국민의 정치적 권리, 예를 들어 자유로운 의사 표현, 선거권 등의 권리가 민주주의 체제와는 다르게 제한되는 특징이 있다. ③에서 "국민의 정치적 권리가 민주주의 체제와 유사하게 보장된다"는 설명은 권위주의 체제의 특성에 맞지 않으며, 민주주의와 동일한 수준의 국민 권리 보장을 한다고 오해하게 만들 수 있다. 권위주의 체제에서는 일반적으로 국민의 정치적 참여가 제한되고, 엘리트 중심의 통치 방식이 유지된다. 이러한 체제는 정치적 안정이나 경제 발전을 강조하는 반면, 민주주의에서 보장되는 자유와 평등, 법치주의 같은 원칙을 제한하는 경우가 많다.

11 수리능력 정답 ③

매장 금액을 a라고 하고 온라인 쇼핑몰의 금액을 b라고 한다면, $a=b-10{,}200$이다.
매장에서 가방을 사는 데 드는 비용은 총 $a+3{,}000$이며, 온라인 쇼핑몰에서 주문 시 드는 총비용은 $b+2{,}500$이다. 매장의 총금액이 온라인 쇼핑몰의 총금액보다 10% 저렴하므로 $a+3{,}000=(b+2{,}500)\times0.9$가 되며, 두 식을 연립하면 $b=94{,}500$원이다.
따라서 온라인 쇼핑몰에서 가방을 구매하는 총비용은 배송비를 포함한 97,000원이 된다.

12 수리능력 정답 ③

이미 생산되어 있었던 물건 개수를 a, 1분당 기계가 추가로 생산하는 물건 개수를 b, 작업자 1명이 1분당 하는 일의 양을 c라고 가정한다. 30분간 생산되는 물건을 3명의 작업자가 모두 포장하는 것이므로 $a+30b=4\times30\times c$의 식을 세울 수 있고, 10분간 생산되는 물건을 8명의 작업자가 모두 포장하는 것이므로 $a+10b=8\times10\times c$의 식을 세울 수 있다.
두 식을 연립하여 c에 대해 정리하면, $b=2c$, $a=60c$가 된다.
물건을 5분 만에 포장할 때 필요한 작업자를 x명이라고 하면, $a+5b=5\times c\times x$이고, 위에서 정리한 $b=2c$, $a=60c$를 대입하면 $x=14$이다.
따라서 필요한 최소한의 작업자는 14명이다.

13 수리능력 정답 ⑤

A, B, C의 원가는 모두 동일하고 A, B를 각각 100개씩, C를 200개 팔았을 때, 전체 원가의 6% 이익이 남는 것이므로

$\frac{a}{100}\times100+\frac{b}{100}\times100+\frac{5}{100}\times200=\frac{6}{100}\times400$이고,
이를 정리하면, $a+b=14$이다.
A, B를 각각 150개씩, C를 100개 팔았을 때 전체 이익률 x%에 대한 식은

$\frac{a}{100}\times150+\frac{b}{100}\times150+\frac{5}{100}\times100=\frac{x}{100}\times400$이며,
이를 정리하면 $1.5(a+b)+5=4x$이다.
$a+b=14$이므로 대입하면 $x=6.5$%이다.

빠른 문제 풀이 Tip

처음부터 가중평균으로 식을 세우면 보다 간단히 정리할 수 있다.
A, B, C 각각 100개, 100개, 200개이므로 1:1:2의 가중치를 반영하여 식을 세우면 $\frac{a+b+(5\times2)}{4}=6$이다.
A, B, C 각각 150개, 150개, 100개인 경우도 3:3:2의 가중치를 반영하여 식을 세우면 $\frac{3a+3b+(5\times2)}{8}=x$로 세울 수 있다.

14 수리능력 정답 ⑤

ㄴ. 5일이동평균 = $\frac{\text{해당거래일 포함 최근 거래일 5일 동안의 일별 주가의 합}}{5}$

임을 적용하여 구한다. 7거래일의 5일이동평균은 (7,620+7,720+7,780+7,820+7,830) / 5=7,754원이고, 5일이동평균은 거래일마다 상승하였으므로 옳은 설명이다.

ㄷ. 8거래일의 5일이동평균은 7,790원이므로 4거래일부터 8거래일까지 5일 동안의 일별 주가의 합은 7,790×5=38,950원이고, 8거래일의 일별 주가는 38,950−(7,720+7,780+7,820+7,830)=7,800원이다. 따라서 2거래일 이후 일별 주가가 직전거래일 대비 가장 많이 상승한 날은 7,720−7,620=100원이 상승한 4거래일이므로 옳은 설명이다.

ㄹ. 5거래일 이후 해당거래일의 일별 주가와 5일이동평균 간의 차이는 5거래일이 7,780−7,652=128원, 6거래일이 7,820−7,706=114원, 7거래일이 7,830−7,754=76원, 8거래일이 7,800−7,790=10원으로 거래일마다 감소하였으므로 옳은 설명이다.

ㄱ. 일별 주가는 7거래일 7,830원에서 8거래일 7,800원으로 하락하였으므로 옳지 않은 설명이다.

빠른 문제 풀이 Tip

ㄱ, ㄷ. 8거래일의 5일이동평균이 7,790원이므로 편차를 통해 8거래일의 일별 주가를 구할 수 있다. 4거래일부터 5일 동안의 일별 주가인 7,720원, 7,780원, 7,820원, 7,830원, 8거래일 일별 주가와 8거래일의 5일이동평균과의 차이인 편차를 합하면 0이 되어야 한다. 7거래일까지의 일별 주가에 대한 각 편차를 나열해보면 −70, −10, +30, +40이고, 편차의 합은 −70−10+30+40=−10이다. 따라서 8거래일의 일별 주가는 편차가 +10이 되어야 하므로 7,790+10=7,800원이다.

ㄴ. 7거래일의 5일이동평균이 전일의 5일이동평균보다 상승했는지는 수치의 변화만으로 판단할 수 있다. 7거래일의 5일이동평균은 6거래일의 5일이동평균에 포함되는 2거래일의 일별 주가 7,590원이 제외되고, 7거래일의 일별 주가 7,830원이 포함되어 제외되는 값보다 포함되는 값이 더 크므로 평균값이 커진다는 것을 알 수 있다.

15 수리능력 정답 ④

주어진 시기 중 정보통신이 차지하는 비율은

2017년은 $\frac{940}{15,571}\times 100 \fallingdotseq 6.0\%$,

2018년은 $\frac{1,047}{16,716}\times 100 \fallingdotseq 6.3\%$,

2019년은 최소 도시계획보다는 높으므로 $\frac{1,122}{17,557}\times 100 \fallingdotseq 6.4\%$ 이상이다.

따라서 2019년이 가장 크다.

① 주어진 시기의 상위 10개 항목은 토질지질, 구조, 도로공항, 상하수도, 도시계획, 조경, 정보통신, 수자원개발, 교통, 수질관리로 동일하다.

② 2019년 전기전자응용 분야가 차지하는 비율은 측량지적 분야보다 작을 수밖에 없으므로 측량지적 분야가 차지하는 비율인 $\frac{249}{17,557}\times 100 \fallingdotseq 1.4\%$보다 작다.

③ 매년 토지지질 이외의 항목이 차지하는 비율은 (1−토지지질이 차지하는 비율)이기에
2017년은 $\{1-(1,700 / 15,571)\}\times 100 \fallingdotseq 89.1\%$,
2018년은 $\{1-(1,816 / 16,716)\}\times 100 \fallingdotseq 89.1\%$,
2019년은 $\{1-(1,903 / 17,557)\}\times 100 \fallingdotseq 89.2\%$이므로 90% 이하이다.

⑤ 주어진 시기의 순위가 매년 동일하지 않은 항목은 도시계획, 조경, 정보통신, 농어업토목, 일반산업기계, 전기전자응용, 측량지적 7개이다.

16 수리능력 정답 ⑤

여성 후보자가 가장 많은 지역은 A 지역으로 여성 당선율은 $\frac{8}{37}\times 100 \fallingdotseq 21.6\%$이고, 남성 후보자가 가장 적은 지역은 J 지역으로 남성 당선율은 $\frac{3}{13}\times 100 \fallingdotseq 23.1\%$이다. A 지역의 여성 당선율이 J 지역의 남성 당선율보다 낮으므로 옳지 않은 설명이다.

① 전체 남성 당선율은 $\frac{165}{699}\times 100 \fallingdotseq 23.6\%$이고, 전체 여성 당선율은 $\frac{17}{120}\times 100 \fallingdotseq 14.2\%$이다. 남성 당선율이 여성 당선율의 2배 이하이므로 옳은 설명이다.

② 각 지역별 남성 및 여성 당선율을 구하면 다음과 같다.

지역	여성 당선율	남성 당선율
A	$\frac{8}{37}\times 100 \fallingdotseq 21.6\%$	$\frac{36}{195}\times 100 \fallingdotseq 18.5\%$
B	$\frac{1}{12}\times 100 \fallingdotseq 8.3\%$	$\frac{18}{64}\times 100 \fallingdotseq 28.1\%$
C	$\frac{1}{7}\times 100 \fallingdotseq 14.3\%$	$\frac{11}{38}\times 100 \fallingdotseq 28.9\%$
D	$\frac{2}{9}\times 100 \fallingdotseq 22.2\%$	$\frac{12}{50}\times 100=24\%$
E	0%	$\frac{10}{34}\times 100 \fallingdotseq 29.4\%$
F	0%	$\frac{6}{19}\times 100 \fallingdotseq 31.6\%$
G	$\frac{4}{34}\times 100 \fallingdotseq 11.8\%$	$\frac{47}{193}\times 100 \fallingdotseq 24.4\%$
H	0%	$\frac{12}{43}\times 100 \fallingdotseq 27.9\%$
I	$\frac{1}{3}\times 100 \fallingdotseq 33.3\%$	$\frac{10}{50}\times 100=20\%$
J	0%	$\frac{3}{13}\times 100 \fallingdotseq 23.1\%$

여성 당선율이 남성 당선율보다 높은 지역은 A 지역, I 지역 2개이므로 옳은 설명이다.

③ 당선자 성비는 A 지역이 $\frac{36}{8}=4.5$로 가장 낮으므로 옳은 설명이다.

④ 후보자 성비가 10 이상인 지역은 $\frac{50}{3}\fallingdotseq 16.7$로 I 지역뿐이므로 옳은 설명이다.

17 수리능력 정답 ④

폐기물 에너지 생산량은 2015년에 13,292,990×0.635 ≒ 8,441,049toe, 2016년에 14,178,408×0.617 ≒ 8,748,078toe로 전년대비 증가하였다.

① 태양열 에너지 생산량의 비중은 매년 0.2%로 동일하지만 신재생 에너지 합계는 매년 증가하므로 그중 0.2%를 차지하는 태양열 에너지 생산량의 값도 매년 증가한다.
② 신재생 에너지 생산량의 상위 5개 항목은 태양광, 풍력, 수력, 바이오, 폐기물로 매년 동일하다.
③ 신재생 에너지 중 바이오와 폐기물의 비중의 합은 20.8+63.5=84.3%, 19.5+61.7=81.2%, 21.9+56.9=78.8%, 24.9+50.9=75.8%로 매년 감소한다. 따라서 바이오와 폐기물을 제외한 항목들의 비중의 합은 이와 반대로 증가한다.
⑤ 2016~2018년 총 1차 에너지 생산량의 전년대비 증가율은 2016년에 $\frac{293,778-286,932}{286,932}\times 100 \fallingdotseq 2\%$, 2017년에 $\frac{302,066-293,778}{293,778}\times 100 \fallingdotseq 3\%$, 2018년에 $\frac{307,501-302,066}{302,066}\times 100 \fallingdotseq 2\%$로 매년 5% 이하이다.

18 수리능력

정답 ①

해당 자료의 조사 대상 중 기타에 포함되는 국가들의 비중은 최대 7위의 0.8%이다. 기타 비중의 총합에서 해당 비중을 나누면 17.3/0.8≒21.6이므로 기타에 포함되는 국가는 최소 22개 이상이다.
따라서 자료의 7개국과 기타의 최소 22개국까지 총 29개국이 가능하므로 30개 미만일 수 있다.

② 주어진 자료에서 합계의 순위를 알 수 있는 국가 중 가장 낮은 순위는 1,452만 달러인 네덜란드이다. 기계 기술 도입 금액과 건설 기술 도입 금액이 각각 1,452만 달러를 넘어야 순위를 명확히 알 수 있으므로 해당하는 국가는 미국과 일본이다.
③ 2018년 기계 기술 도입 금액 중 상위 5개 국가가 차지하는 비중은 $\frac{34,376+33,203+25,692+20,334+15,511}{162,827}\times 100 \fallingdotseq 79.3\%$로 75% 이상이다.
④ 2018년 기계 및 건설 기술 도입 총금액 상위 7개 국가만 고려했을 때 기계 기술 도입 금액 순위는 1위 미국, 2위 독일, 3위 프랑스, 4위 중국, 5위 일본, 6위 영국, 7위 네덜란드 순이며, 건설 기술 도입 금액 순위는 1위 일본, 2위 미국, 3위 중국, 4위 영국, 5위 프랑스, 6위 네덜란드, 7위 독일 순이다. 따라서 기계 및 건설 기술 도입 금액 순위가 동일한 국가는 없다.
⑤ 2018년 기계 및 건설 기술 도입 총금액 상위 7개 국가 중 기계 및 건설 기술 도입 금액에서 기계 기술 도입 금액의 비중이 90% 이하인 곳은 일본 $\frac{15,511}{17,460}\times 100 \fallingdotseq 89\%$, 네덜란드 $\frac{1,174}{1,452}\times 100 \fallingdotseq 81\%$로 2개 국가이다.

19 수리능력

정답 ④

2008년의 인구수는 $\frac{5,461\times 10만}{11.1} \fallingdotseq 492\times 10만$,
2016년의 인구수는 $\frac{16,476\times 10만}{32.2} \fallingdotseq 512\times 10만$이다.
따라서 2016년 인구수는 2008년보다 증가하였다.

① 2011년의 인구 10만 명당 폐렴 사망자 수는 17.2명이기에 전체 인구는 $\frac{8,606\times 10만}{17.2} \fallingdotseq 500.3\times 10만$이므로 5,000만 명 이상이다.
② 전체 사망자 수의 전년 대비 증가율은 2012년 $\frac{10,314-8,606}{8,606}\times 100 \fallingdotseq 20\%$, 2017년 $\frac{19,378-16,476}{16,476}\times 100 \fallingdotseq 18\%$로 2012년이 더 높다.
③ 주어진 자료에서 폐렴 사망자 수는 매년 남성이 여성보다 크다.
⑤ 주어진 자료에서 폐렴 사망자 수는 2013년 5,411+5,398=10,809명, 2014년 6,120+5,901=12,021명이므로 매년 증가하였다.

20 수리능력

정답 ①

'지수'는 상대적 수치이므로 실제 '임금'이나 '교육 연수 기간'은 확인할 수 없다. 따라서 해석이 용이하도록 숫자를 설정하여 각 수치의 관계를 해석하도록 한다.
국가별 '성별 임금 격차 지수'와 제시된 식을 이용하여 남성과 여성의 평균 임금에 대한 값을 유추해 본다.
'갑국'은 성별 임금 격차 지수가 40이다. 해석이 용이하도록 근로자 전체 평균 임금(분모)을 100으로 가정한다면 '남성 근로자 평균 임금 – 여성 근로자 평균 임금(분자)'이 40이 되어야 한다. 남녀 전체 평균 임금이 100이고 그 차이가 40이 되려면, 남성 근로자 평균 임금은 120, 여성 근로자 평균 임금은 80인 경우가 된다.
→ 갑국의 성별 임금 격차 지수 $40=\frac{120-80}{100}\times 100$
위의 풀이와 같은 방법으로 '을국' 역시 근로자 전체 평균 임금을 100으로 가정하면 '남성 근로자 평균 임금 – 여성 근로자 평균 임금'은 20이 되어야 하며 평균이 100, 차이가 20이 되는 수를 구하면 남성 근로자 평균 임금은 110, 여성 근로자 평균 임금은 90이 된다.
'병국'의 경우 전체 평균 100, 차이가 10이 되는 수를 구하면 남성 105, 여성 95가 된다.
이를 정리하면 다음과 같다.
- '갑국' 근로자 평균 임금=남성 120, 여성 80
- '을국' 근로자 평균 임금=남성 110, 여성 90
- '병국' 근로자 평균 임금=남성 105, 여성 95

동일한 방법으로 '성별 교육 격차 지수'를 구해본다.
국민 전체 평균 교육 연수(분모)를 100으로 가정한다면, '갑국'은 성별 교육 격차 지수가 20이므로 '남성 평균 교육 연수–여성 평균 교육 연수(분자)'는 20이 되어야 한다. 두 수의 평균은 100, 차이는 20이 되는 수는 남성 평균 교육 연수 110, 여성 평균 교육 연수 90인 경우이다.
위의 풀이와 같은 방법으로 '을국' 역시 국민 전체 평균 교육 연수를 100으로 가정하면 '남성 평균 교육 연수–여성 평균 교육 연수'는 50이 되어야 하며, 두 수의 평균이 100, 차이는 50이 되는 수는 남성 평균 교육 연수 125, 여성 평균 교육 연수 75인 경우이다.
'병국'은 전체 평균 100, 차이가 10이 되는 수를 구하면 남성 105, 여성 95가 된다.
이를 정리하면 다음과 같다.
- '갑국' 평균 교육 연수=남성 110, 여성 90
- '을국' 평균 교육 연수=남성 125, 여성 75
- '병국' 평균 교육 연수=남성 105, 여성 95

① 갑국의 남성 근로자 평균 임금이 120일 때, 여성 근로자 평균 임금은 80으로 $\frac{120}{80}$=1.5배이므로 옳은 설명이다.

② 을국의 남성 평균 교육 연수가 125일 때, 여성 평균 교육 연수는 75이므로 $\frac{125}{75}$ ≒ 1.67배이다.

③ 병국의 남성 근로자 평균 임금 대비 여성 근로자 평균 임금의 비율은 $\frac{95}{105}$ ≒ 0.9이고, 갑국의 남성 평균 교육 연수 대비 여성 평균 교육 연수의 비율은 $\frac{90}{110}$ ≒ 0.82이므로 병국의 남성 근로자 평균 임금 대비 여성 근로자 평균 임금의 비율이 더 크다.

④ 남성 근로자 평균 임금 대비 여성 근로자 평균 임금의 비율은 갑국이 $\frac{80}{120}$ ≒ 0.67, 을국이 $\frac{90}{110}$ ≒ 0.82, 병국이 $\frac{95}{105}$ ≒ 0.9로 을국은 갑국보다 크고 병국보다 작다.

⑤ 경제적 측면에서 성 불평등이 가장 심한 국가는 성별 임금 격차 지수가 가장 큰 '갑국'이고, 사회적 측면에서 성 불평등이 가장 심한 국가는 성별 교육 격차 지수가 가장 큰 '을국'이다.

21 문제해결능력 정답 ④

네 명이 각각 먹은 접시 개수를 모두 세어 보니 빨간색 접시 7개, 파란색 접시 4개, 노란색 접시 8개, 검은색 접시 3개였다고 하였는데 문제에서 네 명이 각각 먹은 접시에 대한 정보를 표로 나타내면 다음과 같다.

구분	빨간색	파란색	노란색	검은색	합계
甲	4	1	2	0	
乙		a			
丙		a+1	0		
丁	2	0			6
합계	7	4	8	3	

각자 먹지 않은 접시의 색은 서로 달랐다고 하였으므로 乙이 먹지 않은 접시의 색은 빨간색이 되고, 검은색 접시를 먹지 않은 사람은 甲이므로 나머지는 검은색 접시를 먹었는데 乙, 丙, 丁이 먹은 검은색 접시는 모두 3개이므로 乙, 丙, 丁이 각각 1개씩 먹었음을 알 수 있다. 한편 파란색 접시는 총 4개를 먹었으므로 乙이 먹은 파란색 접시는 1개, 丙이 먹은 파란색 접시는 2개가 된다.

구분	빨간색	파란색	노란색	검은색	합계
甲	4	1	2	0	
乙	0	1		1	
丙		2	0	1	
丁	2	0		1	6
합계	7	4	8	3	

빨간색 접시는 모두 7개를 먹었으므로 丙이 먹은 빨간색 접시는 1개가 되고, 丁이 먹은 접시는 모두 6개이므로 丁이 먹은 노란색 접시는 3개이며, 이들이 먹은 노란색 접시는 총 8개이므로 乙이 먹은 노란색 접시는 3개가 된다.

구분	빨간색	파란색	노란색	검은색	합계
甲	4	1	2	0	
乙	0	1	3	1	
丙	1	2	0	1	
丁	2	0	3	1	6
합계	7	4	8	3	

乙은 파란색 접시 1개, 노란색 접시 3개, 검은색 접시 1개를 먹었는데 파란색 접시는 1,200원, 노란색 접시는 2,000원, 검은색 접시는 4,000원이므로 乙이 계산할 금액은 1,200×1+2,000×3+4,000×1=1,200+6,000+4,000=11,200원이다.

22 문제해결능력 정답 ⑤

6번에서 희준이 3등을 하였다고 했으므로 이를 토대로 하여 표를 만들어 채워본다.

순위	이름	직업
1		
2		
3	희준	
4		

3번에서 1위를 한 철이가 들어온 다음다음으로 현역 군인과 우혁이 들어왔다고 했으므로 현역 군인은 희준이 되고 희준과 우혁은 같은 팀이 된다.

순위	이름	직업
1	철이	
2		
3	희준	현역 군인
	우혁	
4		

5번에서 현직 교수가 들어온 다음다음으로 가정주부와 혜영이 들어왔다고 했으므로 현직 교수는 2위, 가정주부와 혜영은 4위가 된다.

순위	이름	직업
1	철이	
2		현직 교수
3	희준	현역 군인
	우혁	
4	혜영	
		가정주부

4번에서 만기와 호동이 같은 팀이었다고 했으므로 2위만이 가능하다. 그리고 미애는 발레리나라고 했으므로 미애가 들어갈 자리는 1위 자리밖에 없다. 1번에서 미애 뒤에 역술인이 들어왔다고 했으므로 만기와 호동 가운데 한 사람이 역술인인데 문제에서 만기는 역술인이 아니라고 했으므로 만기가 현직 교수, 호동이 역술인이 된다. 자연히 남은 현숙은 4위를 한 가정주부가 된다.

순위	이름	직업
1	철이	
	미애	발레리나
2	만기	현직 교수
	호동	역술인
3	희준	현역 군인
	우혁	
4	혜영	
	현숙	가정주부

4번에서 만기와 호동이 클럽을 운영하는 친구에게 졌다고 했으므로 철이가 클럽을 운영하고 있다. 또한 2번에서 가수가 들어온 바로 뒤에 디자이너가 들어왔다고 했으므로 우혁이 가수, 혜영이 디자이너임을 알 수 있다.

순위	이름	직업
1	철이	클럽 운영
	미애	발레리나
2	만기	현직 교수
	호동	역술인
3	희준	현역 군인
	우혁	가수
4	혜영	디자이너
	현숙	가정주부

이를 토대로 선택지를 살펴본다.

⑤ 가수를 하는 친구는 우혁인데 우혁은 가정주부인 현숙이 속해 있는 팀에게만 이겼으므로 옳은 내용이다.

① 혜영은 역술인에게 진 것이 맞지만 철이는 역술인에게 이겼다.
② 발레리나를 하는 친구는 미애인데 만기와 호동은 미애에게 졌다.
③ 디자이너인 혜영과 가정주부인 현숙은 같은 팀이다.
④ 희준은 현역 군인이 맞지만 혜영은 디자이너이다.

23 문제해결능력

정답 ①

ㄱ. '과업의 일반조건' 두 번째 중점의 '연구진은 용역완료(납품) 후에라도 발주기관이 연구결과와 관련된 자료를 요청할 경우에는 관련 자료를 성실히 제출하여야 함'이라는 부분에서 확인할 수 있다.

ㄴ. '과업수행 전체회의 및 보고' 두 번째 중점에서 착수보고 1회, 세 번째 중점에서 중간보고 2회, 네 번째 중점에서 최종보고 1회라고 하였으므로 도합 4회이고, 여섯 번째 중점에서 전체회의는 착수보고 전, 각 중간보고 전, 최종보고 전이라고 하였으므로 전체회의도 도합 4회이다. 이외에 수시보고도 있을 수 있으나 ㄴ에서는 과업수행을 위한 최소 횟수를 묻고 있으므로 위의 내용을 합산하면 전체회의 및 보고 횟수는 최소 8회이다.

ㄷ. '연구진 구성 및 관리'의 첫 번째 중점에서 연구진 구성에 연구보조원이 포함된다고 하였고, 두 번째 중점에서 '연구 수행기간 중 연구진은 구성원을 임의로 교체할 수 없음. 단, 부득이한 경우 사전에 변동사유와 교체될 구성원의 경력 등에 관한 서류를 발주기관에 제출하여 승인을 받은 후 교체할 수 있음'이라고 하였으므로 연구보조원이라고 하더라도 임의로 교체할 수는 없다.

ㄹ. '과업의 일반조건'의 첫 번째 중점에서 '연구진은 연구과제의 시작부터 종료(최종보고서 제출)까지 과업과 관련된 제반 비용의 지출행위에 대해 책임을 지고 과업을 진행해야 함'이라고 하였으므로 연구진이 책임을 져야 한다.

더 알아보기

계약서도 법조문과 성격이 유사하므로 요건, 효과 등을 주의 깊게 살펴보며 내용을 파악한다. 보기에 어떤 질문이 있는지 살펴본 후에 그 내용을 중심으로 지문을 읽어 내려가면 좀 더 수월하게 문제를 해결할 수 있다.

24 문제해결능력

정답 ④

제품번호를 구하는 방법은 3과 1을 반복하여 곱하는 것이다. 따라서 3과 1을 따로 계산하여 전체값을 알아내도록 한다. 문제에서 주어진 제품번호는 5333207791540이므로, 확인번호를 제외하고 확인번호를 산출하는 식을 따르면 다음과 같다.

$(5+3+2+7+9+5)\times3+(3+3+0+7+1)=31\times3+14=107$

이므로 10의 배수가 되기 위해서는 3이 더해지거나 7이 빠져야 한다. 그러나 지금의 확인번호는 4이므로, 전체 확인번호 산출식의 합은 111이다. 그러므로 1 혹은 11을 감소시키거나 9를 증가시키는 선택지를 골라야 한다.

④ 생산제품번호를 TV에서 에어컨으로 바꾸면 전체 확인번호의 값은 9가 늘어나게 된다. 따라서 확인번호의 계산식 값은 120이 되므로 올바른 수정이 된다.

① 생산국가번호를 중국에서 한국으로 바꾸면, 계산식에 따라 3이 감소하고 8이 증가하므로 결과적으로 5가 증가하게 된다. 따라서 확인번호의 계산식 값은 116이 되므로 옳지 않다.

② 생산제품번호를 TV에서 컴퓨터로 바꾸면 계산식에 따라 30이 증가하게 된다. 따라서 확인번호의 계산식 값은 114가 되므로 옳지 않다.

③ 생산국가번호를 중국에서 폴란드로 바꾸면 전체 확인번호의 값은 10이 증가하게 된다. 따라서 확인번호의 계산식 값은 112가 되므로 옳지 않다.

⑤ 생산국가번호를 중국에서 멕시코로 바꾸면 전체 확인번호의 값은 2가 증가하게 된다. 따라서 확인번호의 계산식 값은 113이 되므로 옳지 않다.

25 문제해결능력 정답 ③

제시된 내용을 정리하면 다음과 같다.

1. A O → B O and C O
2. A X → D O
3. B X → C O or E O
4. C O and E O → D X
5. D O or E O → F O

문제에서 B가 위촉되지 않는다고 하였으므로 1명제의 대우에 의해 A는 위촉되지 않고 2명제에 의해 D는 위촉되며 다시 5명제에 의해 F도 위촉됨을 알 수 있다.

전문가	A	B	C	D	E	F
위촉 여부	X	X		O		O

B가 위촉되지 않으므로 C가 위촉되거나 E가 위촉되어야 하며, D가 위촉되므로 4명제의 대우에 의해 C가 위촉되지 않거나 E가 위촉되지 않는다. 종합하면 C와 E 중 한 명은 위촉되고 한 명은 위촉되지 않는데 이를 경우로 나누어 나타내면 다음과 같다.

전문가		A	B	C	D	E	F
위촉 여부	경우 1	X	X	O	O	X	O
	경우 2	X	X	X	O	O	O

두 경우 모두 나머지 조건에도 어긋나지 않으므로 모두 가능하게 된다.
따라서 위촉되는 전문가는 3명이다.

26 문제해결능력 정답 ④

정의로운 사람을 '정의', 정신력이 강한 사람을 '정신력', 쾌활한 사람을 '쾌활'로 표시하여 아래와 같이 영역을 설정한 후 각 전제가 의미하는 바를 정리해 보자.

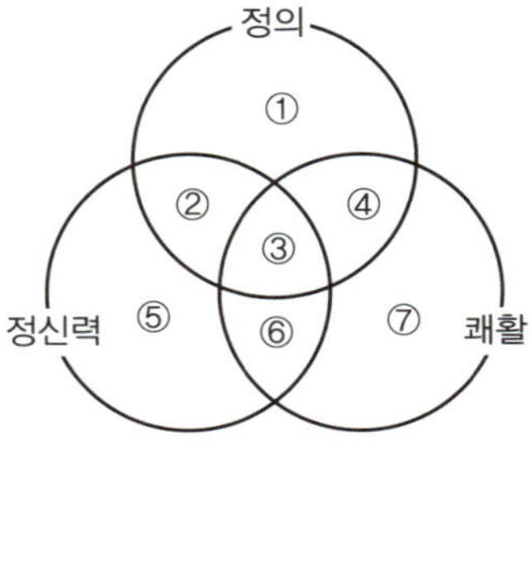

첫 번째 전제인 '정의로운 사람은 정신력이 강하다.'는 정의로운 사람 중에 정신력이 강하지 않은 사람이 없다는 의미이므로 1, 4번 영역이 존재하지 않는다는 의미이다. 한편 두 번째 전제인 '쾌활한 사람 중에 정의로운 사람이 있다.'는 쾌활한 사람 중에 정의로운 사람인 3, 4번 영역 중에 최소 한 군데가 존재한다는 의미이다. 이를 그림으로 정리하면 다음과 같다.

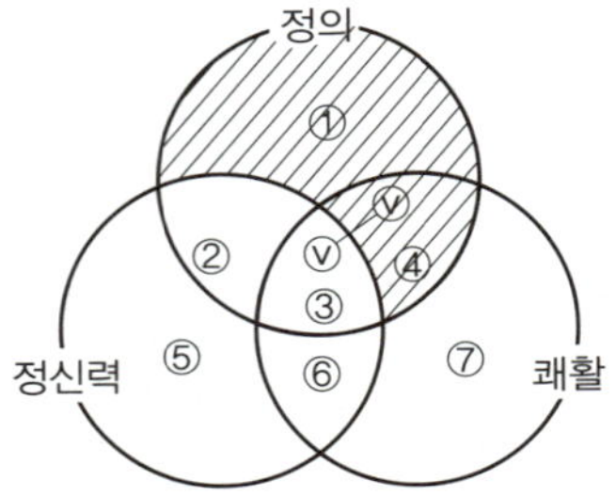

이에 의하면 1, 4번 영역은 존재하지 않는다는 의미이고 3번 영역은 반드시 존재한다는 의미이며, 나머지 영역은 존재하는지 그렇지 않은지 알 수 없다는 의미가 된다.
'정신력이 강한 사람 중에 쾌활한 사람이 있다.'는 것은 그림에서 3, 6번 영역 가운데 최소 한 군데는 존재한다는 의미인데 주어진 그림에서는 3번 영역이 존재하므로 도출이 가능하다.

① 정신력이 강한 사람은 모두 쾌활하다는 것은 정신력이 강한 사람 중에 쾌활하지 않은 사람이 없다는 의미이므로 1, 2번 영역이 존재하지 않는다는 의미인데 그림에서는 1번 영역은 존재하지 않지만 2번 영역이 존재하는지 여부가 불분명하므로 존재할 수도 있다. 따라서 결론으로 도출이 불가능하다.

② 어떤 쾌활한 사람은 정신력이 강하지 않다는 것은 쾌활한 사람 중에 정신력이 강하지 않은 사람이 있다는 의미이므로 4, 7번 영역 가운데 최소 한 군데가 존재한다는 의미인데 그림에서는 4번 영역은 존재하지 않고 7번 영역은 존재하는지 여부가 불분명하다. 따라서 결론으로 도출이 불가능하다.

③ 쾌활한 사람은 모두 정신력이 강하다는 것은 쾌활한 사람 중에 정신력이 강하지 않은 사람이 없다는 의미이므로 4, 7번 영역이 존재하지 않는다는 의미인데 그림에서는 4번 영역은 존재하지 않고 7번 영역은 존재하는지 여부가 불분명하므로 존재할 수도 있다. 따라서 결론으로 도출이 불가능하다.

⑤ 정신력이 강한 사람 중에 쾌활하지 않은 사람이 있다는 것은 2, 5번 영역 가운데 최소 한 군데가 존재한다는 의미인데 그림에서는 두 영역 모두 존재하는지 여부가 불분명하다. 따라서 결론으로 도출이 불가능하다.

27 문제해결능력 정답 ①

- 甲: 총매출액이 10억 원이므로 10억 원 이하 매출액 사업자에 해당한다. 따라서 납부금은 10억 원 × 1 / 100 = 1천만 원이며, 전액 체납하였으므로 가산금(A)은 1천만 원 × 3 / 100 = 30만 원이다.
- 乙: 총매출액이 90억 원이므로 10억 원 초과 100억 원 이하 매출액 사업자에 해당한다. 따라서 납부금은 1천만 원 + (80억 원 × 5 / 100) = 4억 1천만 원이며, 이 중 4억 원을 납부하였으므로 가산금(B)은 1천만 원 × 3 / 100 = 30만 원이다.

• 丙: 총매출액이 200억 원이므로 100억 원 초과 매출액 사업자에 해당한다. 따라서 납부금은 4억 6천만 원+(100억 원×10/100)=14억 6천만 원이며, 이 중 14억 원을 납부하였으므로 가산금(C)은 6천만 원×3/100=180만 원이다.

28 문제해결능력 정답 ②

ㄴ. 다음 세대의 여자형제의 자녀들은 모계집단에 그대로 남으므로 어머니의 여자형제의 아들은 모계친족집단에 소속된다.
ㄷ. 각 세대의 형제자매들은 그들의 어머니의 모계친족집단에 소속되므로 외할머니의 여자형제의 딸은 '외할머니의 여자형제'를 어머니로 하는 모계친족집단에 소속된다.

ㄱ. 다음 세대의 남자형제의 자녀들은 그들의 어머니들의 모계집단에 소속되므로 모계친족집단에서 제외된다. 따라서 외할머니의 남자형제는 모계친족집단에 소속되지만 그의 딸은 제외된다. (즉, 그의 딸은 '외할머니의 남자형제'의 부인의 모계친족집단에 소속된다.)
ㄹ. 다음 세대의 남자형제의 자녀들은 그들의 어머니들의 모계집단에 소속되므로 모계친족집단에서 제외된다. 따라서 어머니의 남자형제는 모계친족집단에 소속되지만 그의 아들은 제외된다. (즉, 그의 아들은 '어머니의 남자형제'의 부인의 모계친족집단에 소속된다.)

29 문제해결능력 정답 ⑤

두 자리 자연수 A를 10a+b로 나타냈을 때 이 자연수에 →를 적용한 (→ A)는 10b+a가 된다. 이 둘을 더하면 11a+11b가 되므로 이는 반드시 11의 배수임을 알 수 있다.

① → 43의 결과 34이므로 짝수이다.
② 두 자리 자연수의 각 자리에 0이 아닌 숫자가 들어가는 경우에는 → ←를 적용하면 원래 수와 같아지지만 일의 자리에 0이 들어가면 원래 수와 달라진다. 예를 들어 20에 → ←를 적용하는 경우 20에 가까운 기호인 →를 적용하면 02가 되는데 세 번째 규칙에 의해 0이 맨 앞 숫자가 되면 그 0을 제거하므로 한 자리 숫자인 2가 되고 2에 ←를 적용하면 여전히 2이므로 처음 숫자인 20과 다른 2가 나타나게 된다.
③ 세 자리 자연수의 각 자리에 0이 아닌 숫자가 들어가는 경우에는 → → →를 적용하면 원래 수와 같아지지만 십의 자리나 일의 자리에 0이 들어가면 원래 수와 달라진다. 예를 들어 320에 → → →를 적용하는 경우 순서대로 203, 32, 23이 되어 처음 숫자인 320과 다른 23이 나타나게 된다.
④ 두 자리 자연수를 편의상 ab라고 나타내면 → ←를 적용한 결과는 순서대로 ba, ab가 되고 ← →를 적용한 결과도 순서대로 ba, ab가 된다. 한편 b가 0인 경우에는 → ←를 적용한 결과는 순서대로 a, a가 되고 ← →를 적용한 결과도 순서대로 a, a가 되므로 어떤 경우에도 두 자리 자연수에 → ←를 적용한 결과와 ← →를 적용한 결과는 같을 수밖에 없다.

30 문제해결능력 정답 ①

문제에서 4명 모두의 진술이 하나는 참, 하나는 거짓이라는 규칙이 있으며, 갑과 정이 모두 정을 계리사라는 진술을 하였으므로 정이 계리사인 경우와 그렇지 않은 경우로 나눠 생각해 본다.
[경우 1] 정이 계리사인 경우
정이 계리사인 경우 갑의 2진술은 진실, 정의 1진술도 진실, 병의 2진술은 거짓임을 알 수 있다. 따라서 규칙에 따라 갑의 1진술은 거짓이 되므로 갑은 변호사가 아니고, 정의 2진술은 거짓이 되므로 을은 계리사가 아니며, 병의 1진술은 진실이 되므로 병은 변리사가 된다.

구분	1진술	2진술	정보
갑: 갑 변호사, 정 계리사	F	T	갑 변호사 아님
을: 을 변호사, 병 변리사			
병: 병 변리사, 갑 계리사	T	F	병 변리사
정: 정 계리사, 을 계리사	T	F	을 계리사 아님

병이 변리사이므로 을의 2진술은 진실이 되고 규칙에 따라 을의 1진술은 거짓이 되어 을은 변호사가 아니게 된다. 그런데 이렇게 되면 갑, 을은 변호사가 아니고 병은 변리사, 정은 계리사이므로 변호사인 사람이 없게 된다. 따라서 정이 계리사라는 가정은 옳지 않다.
[경우 2] 정이 계리사가 아닌 경우
정이 계리사가 아닌 경우 갑의 2진술은 거짓, 정의 1진술도 거짓임을 알 수 있다. 따라서 규칙에 따라 갑의 1진술은 진실이 되므로 갑은 변호사이고, 정의 2진술은 진실이 되므로 을은 계리사가 된다.

구분	1진술	2진술	정보
갑: 갑 변호사, 정 계리사	T	F	갑 변호사
을: 을 변호사, 병 변리사			
병: 병 변리사, 갑 계리사			
정: 정 계리사, 을 계리사	F	T	을 계리사

을이 계리사이므로 병의 2진술은 거짓이 되고, 병의 1진술은 진실이 되어 병은 변리사가 된다. 자연히 을의 2진술은 진실, 을의 1진술은 거짓이 되어 을은 변호사가 아님을 알 수 있다.

구분	1진술	2진술	정보
갑: 갑 변호사, 정 계리사	T	F	갑 변호사
을: 을 변호사, 병 변리사	F	T	을 변호사 아님
병: 병 변리사, 갑 계리사	T	F	병 변리사
정: 정 계리사, 을 계리사	F	T	을 계리사

이를 종합하면 갑, 을, 병 순서대로 변호사, 계리사, 변리사가 되고 나머지 회계사는 정이 됨을 알 수 있다.

31 자원관리능력 정답 ②

○○기업의 'Star system'의 핵심은 인적자원이 능력을 발휘할 수 있도록 시간과 장소, 기회를 제공하고 그에 따른 결과물을 공정하게 평가해서 적절하게 보상을 해주는 것이다.
따라서 능력주의와 그 내용이 일치한다고 볼 수 있다.

① 적재적소주의: 팀의 효율성을 높이기 위해 팀원을 그의 능력이나 성격 등과 가장 적합한 위치에 배치하여 팀원 개개인의 능력을 최대로 발휘해 줄 것을 기대하는 것
③ 균형주의: 모든 팀원에 대한 평등한 적재적소, 즉 팀 전체의 적재적소를 고려해야 한다는 것
④ 종업원 안정의 원칙: 직장에서 신분이 보장되고 계속해서 근무할 수 있다는 믿음을 갖게 하여 근로자가 안정된 회사생활을 할 수 있도록 해야 한다는 원칙
⑤ 공정 보상의 원칙: 근로자의 인권을 존중하고 공헌도에 따라 노동의 대가를 공정하게 지급해야 한다는 원칙

32 자원관리능력 정답 ⑤

많은 사람이 계획은 별도이며, 그때그때 상황에 맞춰서 하면 된다고 생각한다. 물론 계획에 얽매일 필요는 없지만 최대한 계획대로 수행하는 것이 바람직하며, 불가피하게 계획을 수정해야 하는 경우에는 전체 계획에 미칠 수 있는 영향을 고려해서 신중하게 수정해야 한다.

33 자원관리능력 정답 ③

현재 A 씨는 시간 활용을 잘하지 못해서 굉장히 비효율적인 회사생활을 하고 있다. 따라서 시간관리 방법에 대한 조언이 적절한데, 시간계획을 세울 때는 60:40 Rule에 따라서 20% 정도의 여유시간을 확보해야 계획을 원활히 수행할 수 있다.

[34-35]

34 자원관리능력 정답 ③

임동근 과장이 서울에서 뉴욕 지사로 이동하는 데 이용 가능한 ☆☆항공 항공편은 인천 → 뉴욕, 인천 → 애틀랜타 → 뉴욕, 인천 → 상해 → 뉴욕 3가지이고, 늦어도 회의 시작 30분 전에 도착해야 하므로 뉴욕 지사에 16시 30분까지 도착해야 한다.
인천 → 뉴욕 항공편을 이용할 경우 비행 소요 시간은 14시간 10분이다. 서울이 뉴욕보다 14시간 빠르므로 뉴욕 공항에 도착하는 현지 시각은 7월 3일 09시 10분이고, 뉴욕 공항에서 뉴욕 지사까지는 1시간이 소요되므로 뉴욕 지사에 7월 3일 10시 10분에 도착하므로 이용 가능하다.
인천 → 애틀랜타 → 뉴욕 항공편을 이용할 경우 비행 소요 시간은 총 15시간 30분이며, 중간에 환승 시간 2시간이 추가되어 총 소요 시간은 17시간 30분이다. 서울이 뉴욕보다 14시간 빠르므로 뉴욕 공항에 도착하는 현지 시각은 7월 3일 12시 30분이고, 뉴욕 공항에서 뉴욕 지사까지는 1시간이 소요되므로 뉴욕 지사에 7월 3일 13시 30분에 도착하므로 이용 가능하다.
인천 → 상해 → 뉴욕 항공편을 이용할 경우 비행 소요 시간은 총 18시간 40분이며, 중간에 환승 시간 2시간이 추가되어 총 소요 시간은 20시간 40분이다. 서울이 뉴욕보다 14시간 빠르므로 뉴욕 공항에 도착하는 현지 시각은 7월 3일 15시 40분이고, 뉴욕 공항에서 뉴욕 지사까지는 1시간이 소요되므로 뉴욕 지사에 7월 3일 16시 40분에 도착하므로 이용이 불가능하다.
따라서 서울에서 뉴욕 지사로 이동 시 이용 가능한 항공편 중 가장 저렴한 항공편은 인천 → 애틀랜타 → 뉴욕 항공편이며, 요금은 1,426,000 + 316,000 = 1,742,000원이며, ☆☆항공과의 협약에 의해 10% 할인을 받을 수 있으므로 1,742,000 × 0.9 = 1,567,800원이다.
귀국 시에는 금액에 제한 없이 서울에 가장 빨리 도착할 수 있는 ☆☆항공 항공편을 이용하므로 비행 소요 시간이 제일 짧은 뉴욕 → 인천 항공편을 이용하며, 요금은 1,870,000 × 0.9 = 1,683,000원이다.
따라서 임동근 과장이 출장을 다녀오는 데 필요한 총 비행기 탑승 요금은 1,567,800 + 1,683,000 = 3,250,800원이다.

35 자원관리능력 정답 ⑤

임동근 과장이 지갑을 출국길에 면세점에서 구매했을 경우의 금액은 130달러 × (1,200 × 1.05)원/달러 = 163,800원이다.
임동근 과장의 귀국일을 계산해 보면 7월 3일 17시에 시작하는 회의 시간을 포함하여 74시간의 업무 및 휴식시간 후 뉴욕 지사에서 출발한다고 했으므로 7월 6일 19시에 뉴욕 지사에서 출발하여 7월 6일 20시에 뉴욕 공항에서 비행기에 탑승 가능하다. 가장 빠른 비행기를 이용한다고 했으므로 비행 소요 시간은 14시간 10분이고, 서울에 도착하는 현지 시각은 시차를 고려했을 때, 7월 8일 00시 10분이 된다. 임동근 과장이 귀국 직후 인터넷을 통해 해외 사이트에서 지갑을 구매할 경우 8일 이후 사용 금액이므로 익월 21일인 8월 21일을 기준으로 금액이 산출된다. 매매기준율은 1,240원/달러이고, △△카드사와의 협약에 의해 우대율이 100% 적용되므로 총금액은 134달러 × 1,240원/달러 = 166,160원이 된다.
따라서 163,800 − 166,160 = −2,360원으로 2,360원 손해이다.

36 자원관리능력 정답 ④

차수영 대리가 제작 요청한 판촉물 사이즈는 가로 153mm × 세로 215mm 사이즈로 A5 사이즈보다 가로 5mm, 세로 5mm가 큰 사이즈이므로 1매당 500원이 추가된다. 또한 디자인을 요청하였고 주문 수량이 400매이므로 디자인 비용으로 1매당 A5 기본 가격 1,000원의 30%인 300원의 추가 요금이 발생한다. 이때, 금주 금요일까지 최종 디자인 시안을 송부해 달라고 했으므로 1주일 미만의 일정으로 디자인 시안 작업이 진행되었음을 알 수 있고, 이에 따라 1매당 200원의 추가 요금이 발생한다. 따라서 1매당 가격은 1,000 + 500 + 300 + 200 = 2,000원이며, 400매를 제작하므로 총금액은 2,000 × 400 = 800,000원이다. 모든 금액은 부가세가 포함되지 않은 금액이라고 했으므로 최종 금액은 800,000 × 1.1 = 880,000원이다.

37 자원관리능력 정답 ③

회의별 필수 참석 대상자는 다음과 같다.

구분	갑 팀장	을 팀장	병 팀장	정 팀장	무 팀장	기 팀장	경 팀장
A 회의	O		O			O	
B 회의		O		O	O		
C 회의			O				O
D 회의	O	O		O		O	
E 회의		O			O		
F 회의	O		O		O		
G 회의				O		O	O

따라서 A 회의와 B 회의는 동시에 진행 가능하고, C 회의와 D 회의도 동시에 진행 가능하며, F 회의와 G 회의 또한 동시에 진행 가능하다. A, B, C, D, F, G 회의와 별도로 E 회의가 진행되면 모든 회의를 진행하기 위해 필요한 총 소요 시간은 4시간이다.

[38-39]

38 자원관리능력 정답 ④

주어진 경로에서 우회 경로와의 관계를 고려하여 불필요한 경로를 삭제하면 다음과 같다.

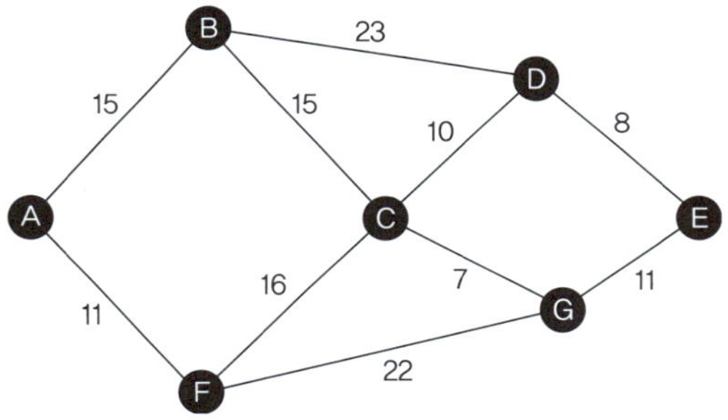

A 지점에서 D 지점까지의 최단 경로는 A → F → C → D이므로 이동한 거리는 11+16+10=37km이다. 또한 A 지점에서 G 지점까지의 최단 경로는 A → F → G이므로 이동한 거리는 11+22=33km이고, A 지점에서 E 지점까지의 최단 경로는 A → F → G → E이므로 이동한 거리는 11+22+11=44km이다.
A 지점에서 D, G, E 각 지점까지의 이동 거리의 총합은 37+33+44=114km이고, 총 이동 거리는 왕복이므로 성호 씨가 업무를 처리하기 위해 이동한 거리는 총 114×2=228km이다.

39 자원관리능력 정답 ①

유지민 과장은 C 지점 방문 뒤 사무실로 복귀하였으므로 총 이동 거리는 (11+16)×2=54km이고, 서영호 대리는 D 지점 방문 뒤 D 지점에 차량을 반납한 후 귀가했으므로 총 이동 거리는 11+16+10=37km이다. 김민정 사원은 E 지점 방문 뒤 D 지점에 차량을 반납한 후 귀가했으므로 총 이동 거리는 11+22+11+8=52km이고, 김성호 사원은 G 지점 방문 뒤 사무실로 복귀하였으므로 총 이동 거리는 (11+22)×2=66km이다.
갑 차량을 이용한 사람은 서영호 대리와 김성호 사원 두 명이므로 갑 차량의 이동 거리는 37+66=103km이고, 을 차량을 이용한 사람은 김민정 사원 한 명이므로 을 차량의 이동 거리는 52km이다. 마지막으로 병 차량을 이용한 사람은 유지민 과장 한 명이므로 병 차량의 이동 거리는 54km이다.
따라서 갑 차량 이용에 따른 유류비는 103/16.5×1,320=8,240원, 을 차량 이용에 따른 유류비는 52/12×1,530=6,630원, 병 차량 이용에 따른 유류비는 54/8×1,320=8,910원이다.
따라서 이번 주 ○○회사에서 A 지점 마케팅 부서원들에게 지급할 유류비는 총 8,240+6,630+8,910=23,780원이다.

40 자원관리능력 정답 ③

교육은 신입사원 54명을 대상으로 진행되고, 사내 교육 담당자 6인이 동반 합숙을 하므로 총 60인이 숙박을 한다. 따라서 최대 숙박 가능 인원이 60인 미만인 B 업체과 C 업체는 선택이 불가능하다. 또한 셔틀버스를 제공할 수 있는 업체로 선정하므로 셔틀버스를 제공하지 않는 E 업체도 선택이 불가능하다.
선택 가능한 A 업체와 D 업체의 비용을 살펴보면 교육비용은 교육을 받는 신입사원 54명에 대한 비용이고, 숙박비용은 사내 교육 담당자를 포함한 60명에 대한 비용이며, 식비는 사내 교육 담당자를 포함한 60명에게 일요일부터 금요일까지 1주일에 15끼를 제공하고, 총 교육 일정은 3주이므로 총 45끼에 대한 비용을 산출해야 한다.
A 업체는 60인 이상 교육 진행 시 10% 할인된다고 했지만, 교육은 54인에 대해 진행되므로 별도의 할인은 받을 수 없다. 따라서 총비용은 243,000×54+347,000×60+6,300×45×60=50,952,000원이다.
D 업체는 할인에 대한 별도의 내용이 없으므로 주어진 정보에 따라 총비용을 산출해 보면 236,000×54+336,000×60+7,500×45×60=53,154,000원이다.
따라서 총비용이 더 저렴한 업체는 A 업체이므로 최정훈 과장이 지불해야 하는 총비용은 50,952,000원이다.

실전모의고사 2회

p.44

01	02	03	04	05	06	07	08	09	10
의사소통	의사소통	의사소통	의사소통	의사소통	의사소통	의사소통	의사소통	의사소통	의사소통
⑤	③	④	②	⑤	②	③	⑤	①	②
11	12	13	14	15	16	17	18	19	20
수리	수리	수리	수리	수리	수리	수리	수리	수리	수리
③	③	④	④	③	④	①	②	⑤	②
21	22	23	24	25	26	27	28	29	30
문제해결	문제해결	문제해결	문제해결	문제해결	문제해결	문제해결	문제해결	문제해결	문제해결
⑤	⑤	⑤	③	②	②	④	④	⑤	①
31	32	33	34	35	36	37	38	39	40
자원관리	자원관리	자원관리	자원관리	자원관리	자원관리	자원관리	자원관리	자원관리	자원관리
②	⑤	④	④	②	⑤	⑤	④	③	②

01 의사소통능력 정답 ⑤

공문서를 작성할 때 날짜 다음에 반드시 괄호를 통해 요일을 표시해야 하는 것은 아니므로 적절하지 않다.

① 금액을 표시할 때는 금 29,000,000(금이천구백만원)과 같이 아라비아 숫자 다음에 괄호를 하고 한글로 기재해야 한다.
② 날짜를 쓸 때는 2023. 5. 1.–3.과 같이 연, 월, 일의 글자를 생략하고 마침표를 찍어야 한다.
③ 문서의 구체적인 사항에 대해서는 –아래–, –다음–과 같은 구분이 필요하다.
④ 문서의 마지막 부분에서는 반드시 '끝.' 자로 마무리해야 하며 첨부 문서가 있는 경우 '첨부: 제21회 사회복지학부 워크숍 계획서 1부. 끝.'과 같은 형태로 표기해야 한다.

02 의사소통능력 정답 ③

'정답'은 '옳은 답'이라는 의미이므로 '옳고 그른 정답'은 의미가 중복되어 단어의 경제성이 떨어지는 표현이다.
따라서 '정답'이라고만 쓰는 것이 적절하다.

① '시키다'는 사동의 의미를 가진 어휘인데 문맥상 사동의 의미가 불필요하므로 '파악시키고자'로 수정하는 것은 적절하지 않다.
② '절대'는 다양한 의미를 가진 다의어로 ㉡은 '어떤 일이 있더라도', ㉢은 '무슨 일이 있어도 반드시'의 의미로 사용되었다. ㉡과 달리 ㉢의 의미로 사용될 때는 반드시 부정과 결합해야 하는 것은 아니므로 적절하지 않다.
④ ㉣은 본용언과 보조용언이 결합되어 있는 것은 맞지만 이 경우 붙여 쓰는 것을 허용하므로 '답해 주시기'로 띄어 써야 하는 것은 아니다.
⑤ 앞 단어와 자리를 바꾸면 조사가 적극적이라는 것인지 협조가 적극적이라는 것인지 의미가 두 가지 이상으로 해석되므로 적절하지 않다.

03 의사소통능력 정답 ④

3문단에서 글로벌 금융 위기 이후, 경기 부양을 목적으로 한 중앙은행의 저금리 정책이 자산 가격 버블에 따른 금융 불안을 야기하여 경제 안정이 훼손될 수 있다는 데 공감대가 형성되었음을 확인할 수 있으므로 적절하다.

① 2문단에서 전통적인 경제학에서는 금융이 장기적으로 경제 성장에 영향을 미치지 못한다는 인식에 기인한다는 것을 확인할 수 있으므로 적절하지 않다.
② 2문단에서 전통적인 경제학에서는 금융감독 정책이 개별 금융 회사의 건전성 확보를 통해 금융 안정을 달성하고자 했음을 확인할 수 있으므로 적절하지 않다.
③ 3문단에서 전통적인 경제학에서는 금융감독 정책을 통해 금융 안정을, 통화 정책을 통해 물가 안정을 달성할 수 있다고 보는 이원적인 접근 방식을 확인할 수 있으므로 적절하지 않다.
⑤ 3문단에서 자산 가격 버블에 따른 금융 불안으로 인해 경제 안정이 훼손될 수 있다고 보았음을 확인할 수 있으므로 적절하지 않다.

04 의사소통능력 정답 ②

'가다'는 이동하다, 옮기다의 의미를 가진 단어이며 이와 같은 표제어에서 '관심이나 눈길 따위가 쏠리다.'의 의미를 확인할 수 있으므로 ②는 다의어 관계임을 알 수 있다.

① 싸다: 물건을 안에 넣고 보이지 않게 씌워 가리거나 둘러 말다.
싸다: 물건값이나 사람 또는 물건을 쓰는 데 드는 비용이 보통보다 낮다.
③ 깨다: 「1」 단단한 물체를 쳐서 조각이 나게 하다.
「2」 일이나 상태 따위를 중간에서 어그러뜨리다.
「3」 머리나 무릎 따위를 부딪치거나 맞거나 하여 상처가 나게 하다.
「4」 어려운 장벽이나 기록 따위를 넘다.

④ 내다: 「1」 이름이나 소문 따위를 알리다. '나다'의 사동사.
「2」 문제 따위를 출제하다. '나다'의 사동사.
「3」 흥미, 짜증, 용기 따위의 감정을 가지게 하거나 드러나게 하다. '나다'의 사동사.
「4」 문서, 서류, 편지 따위를 제출하거나 보내다.
⑤ 얻다: 「1」 거저 주는 것을 받아 가지다.
「2」 긍정적인 태도·반응·상태 따위를 가지거나 누리게 되다.
「3」 구하거나 찾아서 가지다.

05 의사소통능력 정답 ⑤

세미나 등록 방법으로 공식 홈페이지에서 온라인 또는 문의처에 유선 등록을 제시하고 있으므로 ○○연구소 사무국 전화번호 정보가 추가되어야 한다.

① 연사들이 토론 패널로 참석하는 것이므로 별도의 명단은 필요하지 않다.
② 제목에서 대한민국 쌀 수요 증대를 위한 세미나임을 밝히고 있다.
③ 마지막에서 "쌀의 가치를 재조명하고, 새로운 소비 기회를 창출할 수 있는 이번 세미나에 많은 관심과 참여 부탁드립니다." 와 같은 당부의 말을 확인할 수 있다.
④ 행사 순서에서 1~4부에 이르는 행사 내용을 확인할 수 있다.

[06-07]

06 의사소통능력 정답 ②

보도자료는 질병관리청에서 폭염으로 인한 건강피해를 최소화하기 위해 '온열질환 응급실 관리체계'를 가동하여 현황정보를 제공한다는 내용을 주요 골자로 하고 있으므로 ②가 보도자료의 제목으로 적절하다.

① 온열질환의 증상과 응급조치 방안을 소개하고 있기는 하나, 열사병과 열탈진의 차이점과 예방책에 대해서는 제시하고 있지 않으므로 적절하지 않다.
③ 온열질환 응급실 감시체계를 통해 폭염으로 인한 건강피해를 최소화할 수 있다는 의의를 확인할 수 있으나, 한계에 대해서는 언급되지 않으므로 적절하지 않다.
④ 온열질환 응급실 감시체계를 통해 폭염으로 인한 건강피해를 조기에 인지하고 신속히 대응하고자 하는 목표를 확인할 수 있을 뿐, 온열질환 취약계층에 대한 지원 관련 내용은 확인할 수 없으므로 적절하지 않다.
⑤ 열사병과 열탈진의 증상 및 응급조치 방안을 소개하고 있으나, 온열질환별 증상과 예방법 및 응급조치 요령을 제시하고 있는 것은 아니므로 적절하지 않다.

07 의사소통능력 정답 ③

보도자료를 통해 온열질환 환자 성별은 남자가 75.9%로 여자 24.1%보다 많고, 사망자도 남자가 75%를 차지한다는 내용을 확인할 수 있어 남성의 치사율이 여성보다 높다는 것을 알 수 있으므로 적절하지 않다.

① 보도자료를 통해 온열질환은 방치 시에 생명이 위태로울 수 있는 질병임을 확인할 수 있으므로 적절하다.
② 보도자료를 통해 온열질환으로 인한 사망자 수가 2018년 48명에 이어 지난해가 2번째로 많았음을 확인할 수 있고, 지난해 사망자 수는 20명이므로 사망자 수가 가장 많았던 해에 비해 절반 이하임을 알 수 있으므로 적절하다.
④ 보도자료를 통해 2011년부터 온열질환 감시체계가 운영되었음을 확인할 수 있으므로 적절하다.
⑤ 보도자료를 통해 의식장애나 혼수상태뿐만 아니라 체온 40℃ 초과, 피부 건조, 오한 등의 열사병 증상이 의심되는 경우 즉시 병원으로 이송해 조치해야 함을 확인할 수 있으므로 적절하다.

08 의사소통능력 정답 ⑤

명령이 필요한 상황에서는 강압적인 표현보다 청유형 표현으로 상대가 압박감을 느끼거나 감정이 상하지 않도록 해야 한다.

① 질책상황에 해당되는 내용이다.
② 충고상황에 해당되는 내용이다.
③ 부탁상황에 해당되는 내용이다.
④ 거절상황에 해당되는 내용이다.

09 의사소통능력 정답 ①

해당 보도자료는 1,748개 은행·저축은행약관을 심사하여 14개 유형의 불공정 약관을 시정 요청하고, 이어서 여신전문금융 및 금융투자 분야 불공정 약관도 순차적 시정 요청 계획을 밝히고 있으므로 제목으로는 '은행 및 상호저축은행의 불공정 금융약관 시정 요청'이 적절하다.

10 의사소통능력 정답 ②

제시문에서 기존의 사용료 지급이나 저작권 문제로 인한 법적 분쟁으로 인해 새로운 정신건강 척도 개발의 필요성이 제기되었음을 확인할 수 있다.
따라서 새로운 정신건강 척도는 이와 같은 문제가 발생하지 않도록 고려되었음을 추론할 수 있다.

① 제시문에서 정신건강 평가도구의 개발은 보건복지부 국립정신건강센터 연구개발사업의 연구비 지원을 통해 이루어졌음을 확인할 수 있으므로 민관합작 투자로 이루어졌다는 추론은 적절하지 않다.
③ 제시문에서 기존 정신건강 척도는 외국에서 개발되어 한국어로 번안해 사용되었음을 확인할 수 있으므로 번역 과정에서 한국인의 특성을 반영하지 못한 것이 아니라 개발 단계에서부터 한국인의 특성을 고려하지 않은 것으로 추론할 수 있다.
④ 제시문에서 한국인 아동 정신건강 척도는 2026년 상반기 발표 예정으로 개발 중임을 확인할 수 있으므로 아동 정신건강을 측정할 수 있다는 추론은 적절하지 않다.
⑤ 국립정신건강센터는 대한신경정신의학회와 협력하여 우리나라 국민의 문화적, 정서적 특성을 반영한 '한국인 정신건강 척도'를 개발했음을 확인할 수 있으므로 인종적, 신체적 특성을 반영한 척도를 개발했다는 추론은 적절하지 않다.

11 수리능력 정답 ③

강 A에서 유입되는 물의 양이 2시간 동안 1m라면 1시간당 50cm, 1분당 $\frac{50}{60}$cm이고, 강 B에서 유입되는 물의 양이 5시간 동안 2m라면 1시간당 40cm, 1분당 $\frac{40}{60}$cm이다. 이에 따라 두 강에서 C 지점으로 유입되는 물의 양은 1분당 $\frac{50}{60}+\frac{40}{60}=1.5$cm이다.

따라서 대피령 발령 수위에서 현재 2.5m 여유가 있으므로 대피령을 발령해야 할 시점은 250 / 1.5 = 약 166.6…분으로 약 2시간 46분 후이다.

12 수리능력 정답 ③

판매액의 20%를 이익으로 남기면 총 판매액 90만 원에 대한 이익은 90 × 0.2 = 18만 원이며, 이에 따른 제품 10개의 원가는 90 − 18 = 72만 원이다.
구매 후 5일 이내의 결제는 5% 할인, 10일 이내의 결제는 3% 할인되고, 30만 원씩 3번 결제하므로 구매자가 결제한 금액은 총 (30 × 0.95) + (30 × 0.97) + 30 = 87.6만 원이다.
따라서 판매자가 얻게 될 총 판매 이익은 876,000 − 720,000 = 156,000원이다.

13 수리능력 정답 ④

유리가 공장에서 구매한 휴대폰 케이스의 도매 금액을 x원이라고 하면, 50%의 이익을 더해 정한 정가는 $1.5x$원이다. 첫 번째 조건을 통해 유리는 휴대폰 케이스 400개를 구매한 비용 $400x$원과 오픈마켓 등록비로 휴대폰 케이스 400개 도매 금액의 10%인 $40x$원을 지불하였기 때문에 초기 투자금은 총 $440x$원이다. 이후 유리는 휴대폰 케이스 400개 중 200개는 정가에 판매하였고, 남은 200개 중 150개는 정가에서 20% 할인하여 판매하고, 그 이후 남은 50개는 정가에서 40% 할인하여 판매하였으므로 총 판매 금액은 $200 \times 1.5x + 150 \times 1.5x \times 0.8 + 50 \times 1.5x \times 0.6 = 525x$원이 되고, 초기 투자금은 $440x$원이기 때문에 총 이익은 $525x - 440x = 85x$원이 된다.

따라서 초기 투자금 대비 최종 이익은 $\frac{85x}{440x} \times 100 \fallingdotseq 19$%가 된다.

빠른 문제 풀이 Tip

총 판매 금액을 구할 때, 정가인 $1.5x$는 공통으로 들어가기 때문에 $1.5x(200 + 150 \times 0.8 + 50 \times 0.6) = 1.5x(200 + 120 + 30)$으로 계산하면 문제 풀이 시간을 단축할 수 있다.

14 수리능력 정답 ④

한 사업체당 평균 영업이익은 교육서비스업 4,412,964 / 175,800 ≒ 25.1백만 원/개, 어업 13,202 / 389 ≒ 33.9백만 원/개로 어업이 더 크다.

① 한 사업체당 평균 종사자 수는 농업 26,084 / 2,416 ≒ 10.8명/개, 광업 15,663 / 2,006 ≒ 7.8명/개로 농업이 더 크다.
② 정보통신업의 영업비용(A)은 143,698,337 − 9,943,876 = 133,754,461백만 원, 교육서비스업의 영업비용(B)은 115,023,297 − 4,412,964 = 110,610,333백만 원으로 정보통신업의 영업비용이 더 크다.
③ 각 산업별 종사자 수에서 여성이 차지하는 비율은 부동산업 $\frac{163,194}{464,340} \times 100 \fallingdotseq 35.1$%, 정보통신업 $\frac{168,231}{562,946} \times 100 \fallingdotseq 29.9$%이므로 부동산업이 더 크다.
⑤ 전산업의 매출액 중 영업비용이 차지하는 비율은 $\frac{4,961,774,627}{5,311,196,484} \times 100 \fallingdotseq 93.4$%로 90% 이상이다.

15 수리능력 정답 ③

ㄴ. 그래프에서 수입화물 처리량과 나머지 수출화물, 환적화물, 연안화물의 합을 비교해 보면 매년 수입화물 처리량이 수출화물, 환적화물, 연안화물의 합보다 크다.
- 2019년: 8,479 > 2,137 + 225 + 3,774
- 2020년: 9,242 > 2,508 + 188 + 4,934
- 2021년: 9,009 > 2,231 + 216 + 5,082
- 2022년: 10,364 > 2,285 + 260 + 6,789

따라서 매년 50% 이상을 차지한다.

ㄹ. 2022년 차량부품의 전체 처리량 중 수입화물과 연안화물의 차량부품은 최대 4순위인 철강제품 처리량보다 작다. 따라서 255(수입화물) + 1,243(수출화물) + 20(환적화물) + 148(연안화물) = 1,666만 톤이 차량부품 처리량의 최댓값이다. 화학제품 처리량은 826(수입화물) + 811(수출화물) + 142(환적화물) + 285(연안화물) = 2,064만 톤이므로 차량부품 처리량은 화학제품 처리량보다 많을 수 없다.

ㄱ. 2022년 광석류 수출화물 처리량의 최댓값은 주어진 자료에서 시멘트의 수출화물 처리량보다 작다. 따라서 2022년 광석류의 수입화물 처리량 대비 광석류의 수출화물 처리량은 $\frac{260}{384} \times 100 \fallingdotseq 67.7$%보다 작기 때문에 항상 80% 이하이다.

ㄷ. 2021년 대비 2022년의 처리량 증가율은 수출화물이 $\frac{6,789-5,082}{5,082} \times 100 \fallingdotseq 33.6$%로, 수입화물 $\frac{10,364-9,009}{9,009} \times 100 \fallingdotseq 15$%보다 크다.

16 수리능력 정답 ④

ㄴ. 연구개발 총지출액은 (연구개발 세액감면액) / (연구개발 총지출액 대비 연구개발 세액감면액 비율)로 구할 수 있다. 이를 계산하면 A 국이 3,613 / 4.97 ≒ 727백만 달러, B 국이 12,567 / 2.85 ≒ 4,409백만 달러, C 국이 2,104 / 8.15 ≒ 258백만 달러, D 국이 4,316 / 10.62 ≒ 406백만 달러, E 국이 6,547 / 4.14 ≒ 1,581백만 달러로 B 국이 가장 크므로 옳은 설명이다.

ㄷ. GDP 대비 연구개발 총지출액 비율은 (GDP 대비 연구개발 세액감면액 비율) / (연구개발 총지출액 대비 연구개발 세액감면액 비율)로 구할 수 있다. 이를 계산하면 A 국이 0.20 / 4.97 ≒ 0.04, B 국이 0.07 / 2.85 ≒ 0.02로 A 국이 B 국보다 높으므로 옳은 설명이다.

ㄱ. GDP는 (연구개발 세액감면액) / (GDP 대비 연구개발 세액감면액 비율)로 구할 수 있다. C 국 GDP는 2,104 / 0.13 ≒ 16,184백만 달러, E 국 GDP는 6,547 / 0.13 ≒ 50,362백만 달러로 C 국이 E 국보다 작으므로 옳지 않은 설명이다.

빠른 문제 풀이 Tip

ㄱ. C와 E의 연구개발 세액감면액은 약 3배 차이가 나지만 GDP 대비 연구개발 세액감면액 비율은 0.13으로 동일하다. 따라서 정확한 값을 계산하지 않아도 연구개발 세액감면액이 약 3배 더 큰 E의 GDP가 C보다 약 3배 더 큼을 알 수 있다.

ㄴ. B 국은 연구개발 세액감면액이 가장 크고, 연구개발 총지출액 대비 연구개발 세액감면액 비율이 가장 낮으므로 정확한 값을 계산하지 않아도 연구개발 총지출액이 가장 크다.

17 수리능력 정답 ①

최저개발국 직접투자 비중 = $\frac{\text{최저개발국 직접투자 규모}}{\text{해외직접투자 규모}} \times 100$이므로 최저개발국 직접투자 규모 = 최저개발국 직접투자 비중 × 해외직접투자 규모임을 적용하여 2015년과 2023년의 최저개발국 직접투자 규모를 구하면 다음과 같다.

- 2015년: 31,205 × 2.8% ≒ 874백만 달러
- 2023년: 76,446 × 1.7% ≒ 1,230백만 달러

따라서 최저개발국 직접투자 규모는 2023년이 2015년보다 크므로 옳은 설명이다.

② 2020년 최저개발국 직접투자 비중은 1.6%이고, 2021년 최저개발국 직접투자 비중은 1.9%로 전년보다 증가하였으므로 옳지 않은 설명이다.

③ 2018년 최저개발국 직접투자 규모는 40,657 × 1.8% ≒ 732백만 달러 = 7.32억 달러로 10억 달러 미만이므로 옳지 않은 설명이다.

④ 2023년 해외직접투자 규모의 전년 대비 증가율은 $\frac{76{,}446 - 57{,}299}{57{,}299} \times 100 ≒ 33.4\%$이므로 옳지 않은 설명이다.

⑤ 2017년 해외직접투자 규모는 전년 대비 증가하였으나, 최저개발국 직접투자 비중은 2016년 2.0%에서 2017년 1.4%로 감소하였으므로 옳지 않은 설명이다.

빠른 문제 풀이 Tip

① 2015년 해외직접투자 규모는 31,205백만 달러이고 2023년 해외직접투자 규모는 76,446백만 달러로 2023년이 2015년의 2배 이상이지만, 최저개발국 직접투자 비중은 2023년 1.7%, 2015년 2.8%로 2015년 비중이 2017년의 2배 이하이다. 따라서 계산을 하지 않아도 2023년의 최저개발국 직접투자 규모가 더 큰 값임을 알 수 있다.

③ 40,657백만 달러는 406.57억 달러이고, 1.8%를 대략 2%로 생각해보면 약 406억 달러의 2%는 약 8억 달러이다. 따라서 10억 달러 이하임을 간단히 알 수 있다.

④ 근사값을 사용하여 57,299는 약 57로, 76,446은 약 76으로 반올림처리하면 $\frac{76-57}{57} = \frac{19}{57}$로 정리할 수 있다. 57의 40%는 10%의 4배인 5.7 × 4 = 22.8이므로 19는 40% 이하임을 알 수 있다.

18 수리능력 정답 ②

- 2023년 B 업체 배출량: (535 × 3) − 528 − 521 = 556천tCO2eq
- 2022년 G 업체 배출량: (153 × 3) − 154 − 148 = 157천tCO2eq
- 2021년 총배출량: (2,959 × 3) − 2,954 − 2,890 = 3,033천tCO2eq

ㄱ. 매년 온실가스 배출량 상위 2개 업체인 A 업체와 B 업체의 배출량은 1,024 + 528 = 1,552천tCO2eq, 987 + 521 = 1,508천tCO2eq, 967 + 556 = 1,523천tCO2eq로 해당 연도 전체 온실가스 배출량의 50%인 1,516천tCO2eq, 1,477천tCO2eq, 1,445천tCO2eq보다 크다.

ㄷ. B 업체의 2023년 온실가스 배출량은 556천tCO2eq로 증감 추이는 감소/증가이며, G 업체의 2022년 온실가스 배출량은 157천CO2eq로 증감 추이는 증가/감소이다. 따라서 B 업체와 G 업체의 온실가스 배출의 증감 추이는 매년 반대이다.

ㄴ. A~J 업체 중에서 온실가스 배출 효율성은 A 업체가 가장 낮고 J 업체가 가장 높다.

ㄹ. 2024년 온실가스 예상 배출량의 전년도 배출량 대비 감소율은 F 업체 $\frac{155-92}{155} \times 100 ≒ 41\%$, B 업체 $\frac{556-312}{556} \times 100 ≒ 44\%$로 B 업체가 더 크다.

19 수리능력 정답 ⑤

1980년 저소득층의 남녀 간 평균 임금 격차 비율은 42%이다. 남녀 평균 임금 차이가 남성 평균 임금에서 차지하는 비율이 42%라는 의미이므로, 여성 평균 임금은 남성 평균 임금의 58%를 차지하는 것이다. 예를 들어, 남성 평균 임금이 100이라면, 남녀 평균 임금 차이가 42가 되어야 하므로 여성 평균 임금은 58이 된다. 동일한 의미에서 2010년 저소득층의 남녀 간 평균 임금 격차 비율이 33%이므로 여성 평균 임금은 남성 평균 임금의 67%를 차지한다.

따라서 1980년과 2010년 모두 저소득층에서 여성 평균 임금이 남성 평균 임금의 50%를 넘으므로 옳은 설명이다.

① 제시된 정보만으로 전체 평균 임금을 알 수 없으므로 판단할 수 없다.

② 연도별 남녀 간 평균 임금 격차 비율에 대한 정보와 남성 평균 임금이 지속적으로 상승하였다는 정보만 있을 뿐, 각각의 실제 임금이 얼마인지는 구할 수 없다. 따라서 다른 시점의 실제 금액 비교 및 임금의 실질적인 증가율은 알 수 없다.
③ 고소득층의 남녀 간 평균 임금 격차 비율은 1990년 40%, 2000년 35%로 격차 비율이 낮아졌다. 남성의 평균 임금 상승률이 여성보다 더 높았다면 남녀 평균 임금 격차의 비율은 높아져야 한다. 하지만 격차 비율이 낮아졌으므로 여성의 평균 임금 상승률이 남성보다 높다는 것을 유추할 수 있다.
④ 제시된 정보만으로 고소득층과 저소득층 남녀 각각의 실제 임금은 알 수 없다. 2010년에 남녀 간 평균 임금 격차 비율이 33%로 동일하지만, 실제 임금의 차이가 같은지는 판단할 수 없다.

20 수리능력 정답 ②

㉠ 해외 연수 경험이 있는 지원자의 합격률은 {(53+0)/(53+414+0+16)} × 100 ≒ 11.0%이고, 해외 연수 경험이 없는 지원자의 합격률은 {(11+4)/(11+37+4+139)} × 100 ≒ 7.9%이므로 옳은 설명이다.
㉢ 인턴 경험이 있는 지원자의 합격률은 {(53+11)/(53+414+11+37)} × 100 ≒ 12.4%이고, 인턴 경험이 없는 지원자의 합격률은 {(0+4)/(0+16+4+139)} × 100 ≒ 2.5%이므로 옳은 설명이다.

㉡ 인턴 경험과 해외 연수 경험이 모두 있는 지원자의 합격률은 11.3%이고, 인턴 경험만 있는 지원자의 합격률은 22.9%이므로 인턴 경험과 해외 연수 경험이 모두 있는 지원자의 합격률이 인턴 경험만 있는 지원자의 합격률보다 낮다.
㉣ 인턴 경험과 해외 연수 경험이 모두 없는 지원자의 합격률은 2.8%이고, 인턴 경험만 있는 지원자의 합격률은 22.9%이므로 합격률의 차이는 22.9−2.8=20.1%p이다.

빠른 문제 풀이 Tip

㉣ 합격률이 30%를 넘는 경우는 없으므로 합격률의 차이가 30%p 이상이 될 수 없음을 쉽게 알 수 있다.

21 문제해결능력 정답 ⑤

문제에는 사람의 이름, 배송 물건, 아파트의 세 가지 변수가 있는데 첫 번째 조건에 의해 나무, B 아파트에 사는 사람, CD를 받은 사람이 모두 다른 사람임을 알 수 있다. 이를 토대로 표를 그려보면 다음과 같다.

사람	나무		
아파트		B	
배송 물건			CD

가운이는 A 아파트에 살고 있지 않다고 하였으므로 가운이는 B 아파트나 C 아파트에 살 것이다. 우선 가운이가 C 아파트에 사는 경우부터 살펴본다.

[경우 1] 가운이가 C 아파트에 사는 경우
나무는 B 아파트에 살고 있지 않으므로 나무가 A 아파트에 살게 된다. 따라서 자연히 다영이는 B 아파트에 살게 된다.

사람	나무	다영	가운
아파트	A	B	C
배송 물건			CD

책을 배송받은 것은 다영이가 아니므로 책을 받은 것은 나무가 되고 자연히 DVD는 다영이가 받은 것이 된다.

사람	나무	다영	가운
아파트	A	B	C
배송 물건	책	DVD	CD

그런데 이렇게 되면 책을 배송받은 것은 A 아파트에 사는 사람이 아니라는 조건에 어긋나게 된다. 따라서 가운이는 C 아파트에 사는 것이 아니다.
[경우 2] 가운이가 B 아파트에 사는 경우
다영이는 C 아파트에 살고 있지 않으므로 다영이는 A 아파트에 살게 된다. 자연히 나무는 C 아파트에 살게 된다.

사람	나무	가운	다영
아파트	C	B	A
배송 물건			CD

DVD를 배송받은 것이 가운이가 아니므로 나무가 DVD를 배송받은 것이 되고 자연히 책은 가운이가 받은 것이 된다.

사람	나무	가운	다영
아파트	C	B	A
배송 물건	DVD	책	CD

나머지 조건에도 어긋나는 것이 없으므로 나무가 사는 아파트는 C이고 배송받은 물건은 DVD이다.

22 문제해결능력 정답 ⑤

각각이 향수를 뿌린 시각과 향수의 종류를 감안하여 유지시간을 정리하면 다음과 같다.

	뿌린 시각	종류	지속시간	유지시각
갑	16:00	EDC	1~2시간	17:00~18:00
을	09:30	Parfum	8~10시간	17:30~19:30
병	11:00	EDP	5~8시간	16:00~19:00
정	14:00	EDT	3~5시간	17:00~19:00
무	15:00	EDP	5~8시간	20:00~23:00

따라서 가장 늦은 시각까지 향수의 향이 남아있는 사람은 무이다.

23 문제해결능력 정답 ⑤

각각의 진술에서 알 수 있는 정보를 정리하면 다음과 같다.

- 甲: 戊를 우후라고 하였으므로 甲과 戊는 여성이다. 戊가 甲보다 나이가 많다.
- 乙: 乙이 戊의 나이를 모른다고 하였으므로 戊가 乙보다 나이가 많다. 乙보다 甲이 1살 어리다.
- 丙: 乙을 이히라고 하였으므로 乙과 丙은 남자이다. 乙이 丙보다 나이가 많다.
- 丁: 丁 나이를 모르는 사람이 없으므로 丁이 막내이다. 戊를 이후라고 하였으므로 丁은 남자, 戊는 여자이다.

乙의 말에 의해 戊 > 乙 > 甲의 순서를 알 수 있고 丙의 말에 의해 乙 > 丙의 순서를 알 수 있으며 丁의 말에 의해 丁이 막내임을 알 수 있다. 한편 乙보다 甲이 1살 어리다고 하였으므로 순서는 戊 > 乙 > 甲 > 丙 > 丁이 되며 乙보다 甲이 1살 어린 것은 알지만 나머지의 나이 차는 알 수 없다. 성별을 포함하여 이 내용을 정리하면 다음과 같다.

사람	戊	乙	甲 (乙－1살)	丙	丁
성별	여	남	여	남	남

이에 따라 선택지를 살펴보자.

⑤ 위 정리된 내용에 의하면 甲~戊 중 두 번째로 나이가 많은 사람은 乙이다.

① 甲은 여성이고 丙은 그보다 나이가 적은 남성이므로 甲은 丙에게 '우히'를 붙인다는 내용은 옳지 않다.

② 丁은 남성이고 丙은 그보다 나이가 많은 남성이므로 丁은 丙에게 '이히'를 붙인다.

③ 丙과 戊 사이에 2명이 있으므로 그들의 나이 차이는 세 살 이상이다.

④ 甲~戊 중 여자는 2명, 남자는 3명이므로 남자가 여자보다 더 많다.

24 문제해결능력 정답 ③

ㄷ. 인용재결은 청구요건을 적법하게 갖추고, 청구의 이유가 정당하다고 인정하여 그 청구를 받아들이는 결정이다. 또한 상급 행정기관이 재결청이 된다는 점에서 X 시 시장의 상급 행정기관인 Y 도의 도지사가 재결하였으므로 모든 요건을 충족한다.

ㄱ. 행정심판에 대한 정의와 행정심판의 주체를 잘 이해했는지를 묻고 있다. 행정심판은 행정청이 내린 결정에 대해, 행정기관이 잘못된 처분을 바로잡도록 한 제도이다. 따라서 행정심판은 법원이 아니라 행정기관에 청구해야 한다.

ㄴ. 각하재결은 청구요건이 제대로 갖추어지지 못하면 심리도 하지 않고 청구를 배척한다. '반달곰과 반달곰의 친구들'은 사람이라는 청구인 요건에 어긋난 것으로서 청구요건을 갖추지 못하였으므로 기각재결이 아닌 각하재결에 해당한다.

ㄹ. 사정재결은 심판 청구의 내용이 이유 있다고 인정되지만, 그 처분을 취소, 변경하는 것은 공공복리에 어긋난다고 인정될 때 그 심판 청구를 기각하는 결정이다. 이 경우는 영업이 재개되었으므로 사정재결을 받은 것이 아니라 인용재결을 받았다고 볼 수 있다.

25 문제해결능력 정답 ②

ㄱ. 제시된 코드는 5개 칸이 이미 정해져 있으므로 총 20개 칸만 사용할 수 있다. 따라서 전체 만들 수 있는 코드 개수는 2^{20}이다. 이는 $2^{10} \times 2^{10}$으로 나타낼 수 있는데 2^{10}은 1,024이므로 결국 2^{20}은 1,024 × 1,024이다. 1,000 × 1,000이 100만이므로 $2^{20} = 1{,}024 \times 1{,}024$는 100만 개를 초과한다.

ㄷ. 각 칸을 빨간색과 파란색으로도 채울 수 있다면 만들 수 있는 코드 개수는 4^{20}이 된다. 이는 $2^{20} \times 2^{20}$으로 나타낼 수 있는데 2^{20}이 100만보다 크므로 기존의 2^{20}보다 100만 배 이상 증가한다.

ㄴ. 코드에서 하단 왼쪽의 2칸(B)만이 甲 지역을 나타내는 것이므로 그 외의 칸은 다른 지역에서 만들 수 있는 코드와 동일할 수 있다. 따라서 23개 칸이 동일할 수 있다. 한편 B도 다른 지역이 나타낼 수 있는 경우의 수는 흰색 – 검은색, 검은색 – 흰색, 검은색 – 검은색이 있는데, 검은색 – 검은색을 제외하고는 한 칸이 흰색이므로 이 역시 甲 지역의 코드와 동일할 수 있다. 따라서 최대 24개 칸이 동일할 수 있다.

ㄹ. 3칸이 더 주어지는 경우 만들 수 있는 코드의 개수는 2^3인 8배만큼 증가한다.

빠른 문제 풀이 Tip

정확한 계산보다는 보기에서 묻는 것의 옳고 그름을 파악하는 것에 중점을 둔다. 예를 들어 100만 개를 초과하는지 묻는 경우에는 정확한 수치보다는 100만 개를 초과하는지 여부만 판단하거나, 계산식을 끝까지 계산하기보다는 두 계산식을 비교해서 옳고 그름을 판단한다.

26 문제해결능력 정답 ②

전기, 상수도, 도시가스의 2023년도 감축률을 계산하면 다음과 같다.

- 전기: $\frac{400-350}{400} \times 100 = \frac{50}{400} \times 100 = 12.5\%$
- 상수도: $\frac{11-10}{11} \times 100 = \frac{1}{11} \times 100 ≒ 9.1\%$
- 도시가스: $\frac{60-51}{60} \times 100 = \frac{9}{60} \times 100 ≒ 15\%$

따라서 전기는 750, 상수도는 75, 도시가스는 800포인트를 얻게 되므로 이를 합산하면 1,625포인트를 얻게 된다.

[27-28]

27 문제해결능력 정답 ④

- 가: B가 제시한 금액인 2,850의 1/3인 950이 되어야 한다.
- 나: C가 제시한 금액인 3,300의 1/3인 1,100이 되어야 한다.
- 다: A는 자신이 받아야 할 금액은 1,020인데 2,600의 집을 가졌으므로 그 차액인 1,580을 반납해야 한다.
- 라: C는 자신이 1,100만큼 받아야 하는데 800인 땅을 받았으므로 아직 300을 더 받아야 한다.
- 마: A가 반납한 1,580 가운데 B에게 주어야 할 돈은 950이고 C에게 주어야 할 돈은 300이다. 따라서 1,580 − 950 − 300 = 330이 남는다.

28 문제해결능력

정답 ④

위 방법에 따라 문제를 정리하면 다음과 같다.
집, 농장, 서화 가운데 집과 농장은 을보다 갑이, 서화는 갑보다 을이 높게 책정하였으므로 각각 상속받게 된다.

구분	갑	을
집	3,000	2,920
농장	8,600	8,500
서화	1,000	1,180
총액	12,600	12,600

갑의 입장에서는 자신이 받아야 한다고 생각한 금액은 전체 12,600의 절반인 6,300인데 3,000짜리 집과 8,600짜리 농장을 상속받았으므로 그 차액인 5,300을 반환해야 한다.
을의 입장에서도 자신이 받아야 한다고 생각한 금액은 전체 12,600의 절반인 6,300인데 1,180짜리 서화를 받았으므로 그 차액인 5,120을 받아야 한다.
갑이 반납한 5,300에서 을이 부족한 만큼인 5,120을 받아가고 나면 남은 금액은 180이 된다. 이 180은 누구에게도 일방적으로 귀속되면 안 되는 금액이므로 갑과 을이 90씩 동일하게 나누면 된다.
결국 갑은 집과 농장을 받고 5,300을 반납한 후에 90을 받았으므로 이를 전부 금액으로만 환산하면 3,000+8,600−5,300+90=6,390이 된다. 한편 을은 서화를 받고 5,120을 받은 후에 다시 90을 받았으므로 이를 전부 금액으로만 환산하면 1,180+5,120+90=6,390이 된다.

ㄴ. 갑과 을이 상속받은 물건과 위 방법으로 받거나 반환한 금액을 모두 금액으로만 환산하면 6,390으로 동일하다.
ㄷ. 자신이 받아야 한다고 생각한 것보다 상속을 많이 받은 사람은 갑인데, 갑이 반납한 현금은 5,300이다. 한편 자신이 받아야 한다고 생각한 것보다 상속을 적게 받은 사람은 을인데, 을이 5,120을 받아가고 나면 남은 금액은 180이 된다.

ㄱ. 갑은 집과 농장을, 을은 서화를 상속받게 된다.

29 문제해결능력

정답 ⑤

문제의 조건들을 하나씩 정리하면서 순서대로 살펴본다.
갑과 을의 대화를 볼 때 갑은 을보다 이른 시기에 급제하였고, 을은 무보다 늦다. 한편 정과 무의 대화에서 무는 병보다는 급제 시기가 늦다고 하였고, 무가 갑보다 선배라고 하였으므로 다음과 같은 순서를 알 수 있다.

병 > 무 > 갑 > 을

한편 병의 말에서 병과 정은 급제 시기가 같으면서 급제한 과가 다르다고 하였는데, 정의 말에서 무와 갑은 문과라는 것을 알 수 있다. 한편 을의 말에서 무와 병은 다른 과라고 하였으므로 병은 자연히 무과가 된다. 따라서 다음과 같이 정리된다.

<table>
<tr><th>종류</th><th colspan="4">순서</th></tr>
<tr><td>무과</td><td>병</td><td></td><td></td><td rowspan="2">을</td></tr>
<tr><td>문과</td><td>정</td><td>무</td><td>갑</td></tr>
</table>

문제의 마지막에 을이 문과라면 병도 문과라고 하였다. 이 문장의 대우를 살펴보면 병이 무과라면 을은 무과라는 것을 알 수 있는데 현재 병이 무과이므로 을도 무과가 되어야 한다.

<table>
<tr><th>종류</th><th colspan="4">순서</th></tr>
<tr><td>무과</td><td>병</td><td></td><td></td><td>을</td></tr>
<tr><td>문과</td><td>정</td><td>무</td><td>갑</td><td></td></tr>
</table>

따라서 문과의 가장 선배는 정, 무과의 가장 후배는 을이 된다.

30 문제해결능력

정답 ①

교통수단별 소요시간과 운임을 제시하고 최저운임으로 도착하는 방법과 최단시간에 도착하는 방법을 찾는 문제이다. 여기서 주의할 점은 최저운임으로 가는 경우에는 시간이라는 제약이 있는 반면 최단시간에 가는 경우에는 사용 가능한 예산이라는 제약은 없다는 것이다. 따라서 제약을 따로 생각하지 않아도 되며 숫자가 비교적 간단한 최단시간에 가는 경우를 먼저 찾아낸 후에 최저운임으로 가는 경우를 찾아야 할 것이다. 특히 이 경우에도 표에서 주어진 모든 경우를 조합하면서 최단시간을 찾는 것보다는 선택지의 5가지 경우만을 고려하는 것이 빠른 문제해결에 도움이 된다.
오전 11시에 출발하여 오후 3시 이전에 도착해야 한다고 하였으므로 소요시간은 240분을 초과해서는 안 된다. 최단시간 도착방법을 표로 정리하면 다음과 같다.

구분	A 시 내	A 시 → B 시	B 시 내	소요시간 (합)
비행기	30분 (b 또는 c)	90(+35)분	25분(b)	180분
고속버스	15분(b)	210분	30분 (b 또는 c)	255분
기차	15분(c)	140분	20분(b)	175분

따라서 최단시간 도착방법은 c → 기차 → b이다. 선택지 ①, ②가 동일하게 175분이 소요된다.
마찬가지로 최저운임 도착방법을 표로 정리하면 다음과 같다. (소요시간이 240분을 넘지 않도록 해야 한다.)

구분	A 시 내	A 시 → B 시	B 시 내	소요운임 (합)
비행기	1,500원 (a 또는 c)	60,000원	1,500원(a)	63,000원
고속버스	1,000원 (a 또는 c)	40,000원	1,500원(c)	42,500원
기차	1,000원 (a 또는 c)	50,000원	1,000원(a)	52,000원

앞의 최단시간 도착방법 표에서 알 수 있듯이 고속버스를 탄다면 아무리 빨리 도착하더라도 240분을 초과하므로 고속버스의 소요운임이 가장 적지만 고속버스는 제외된다. 따라서 고속버스 다음으로 비용이 저렴한 기차를 선택해야 한다. 선택지 ①, ④의 최저운임이 동일하게 5만 2천원이다.
따라서 최저운임 도착방법과 최단시간 도착방법을 모두 충족시키는 선택지는 ①뿐이므로 정답은 ①이다.

31 자원관리능력 정답 ②

서류함에 작년 상반기부터 지금까지 진행된 모든 서류가 있었고, 단순히 주제별로 서류를 구분하여 제작 시기와 프로젝트에 상관없이 서류가 섞이는 문제가 발생했다. 그 원인은 사용하는 물건과 보관하는 물건에 대한 구분이 이루어지지 않았기 때문이다.

32 자원관리능력 정답 ⑤

가중치와 가점을 고려해서 최종 점수를 산출해 보면 응시자별 점수는 다음과 같다.

응시자	최종 점수
A	78 × 0.7 + 82 × 0.25 + 80 × 0.05 + 5 = 84.1
B	84 × 0.7 + 78 × 0.25 + 60 × 0.05 = 81.3
C	80 × 0.7 + 82 × 0.25 + 40 × 0.05 + 3 = 81.5
D	78 × 0.7 + 82 × 0.25 + 60 × 0.05 + 3 = 81.1
E	85 × 0.7 + 80 × 0.25 + 100 × 0.05 = 84.5

따라서 점수가 가장 높은 E가 필기시험 합격자이다.

33 자원관리능력 정답 ④

다른 불만은 모두 사람에 대한 불만 또는 사람과 사람 사이의 불만으로 인사조치 등을 통해서 빠르게 해결이 가능하다. 하지만 정 대리의 불만은 당장 회사를 운영하는 운영 방침에 대한 내용이며, 정 대리가 다른 부서로 이동하는 것을 원하고 있지도 않은 상황이므로 바로 해결할 수 없는 불만이다.

34 자원관리능력 정답 ④

A 도로를 이용할 경우 편도 거리는 77.2km이고, 100km/h의 속도로 이동하므로 연비는 공인연비 12.0km/L의 80%인 9.6km/L가 된다. 따라서 유류비는 77.2km ÷ 9.6km/L × 1,680원/L = 13,510원이 된다. 여기에 통행료 2,000원을 추가하면 편도 총 비용은 15,510원이므로 왕복 총 비용은 15,510 × 2 = 31,020원이다.
B 도로를 이용할 경우 편도 거리는 107.2km이고, 80km/h의 속도로 이동하므로 연비는 공인연비 12.0km/L가 유지된다. 따라서 유류비는 107.2km ÷ 12.0km/L × 1,680원/L = 15,008원이고, 왕복 총 비용은 15,008 × 2 = 30,016원이다.
따라서 박찬영 씨는 B 도로를 이용하므로 을시로 출장을 다녀오는 데 필요한 유류비와 통행료의 총합은 30,016원이다.

[35-36]

35 자원관리능력 정답 ②

최종 점수가 90점 이상인 업체로 3년 약정 계약을 진행한다고 했으므로 주어진 조건에 따라 업체별 최종 점수를 산출하면 다음과 같다.

구분	화질	응답 속도	콘텐츠 실용성	가산점	최종 점수
A 사	91	87	88	+1	91 × 0.35 + 87 × 0.35 + 88 × 0.3 + 1 = 89.7
B 사	89	88	87	+3	89 × 0.35 + 88 × 0.35 + 87 × 0.3 + 3 = 91.05
C 사	91	92	87	0	91 × 0.35 + 92 × 0.35 + 87 × 0.3 = 90.15
D 사	89	90	87	+1	89 × 0.35 + 90 × 0.35 + 87 × 0.3 + 1 = 89.75

따라서 최종 점수가 90점 이상인 B, C 사 중 3년간 지불해야 하는 비용이 더 저렴한 업체를 선정해야 한다. C 사는 신규 가입이고, B 사는 약정 연장이므로 이를 토대로 총비용을 산출해 보면 다음과 같다.

- B 사: (41,000 × 0.8 − 5,000) × 36 = 1,000,800원
- C 사: 24,000 + 39,000 × 0.8 × 36 − 270,000 = 877,200원

따라서 정승철 씨가 선택할 업체는 C 사이며, 3년간 지불해야 하는 총비용은 877,200원이다.

36 자원관리능력 정답 ⑤

정승철 씨가 선택한 업체는 C 사이고, 20X2년 3월 22일부터 20X2년 9월 21일까지 총 6개월을 사용했으며, 해지 시점은 가입 후 1년 이내이므로 신규 가입 혜택 및 할인 금액을 전액 반환해야 한다. 반환해야 하는 비용은 장비 대여비 할인 금액 1,500 × 6 = 9,000원, 월 요금 할인 금액 39,000 × 0.2 × 6 = 46,800원, 신규 가입 혜택 27만 원이다.
따라서 정승철 씨가 지불해야 하는 총 반환금은 9,000 + 46,800 + 270,000 = 325,800원이다.

37 자원관리능력 정답 ⑤

택시의 경우 왕복 교통비가 40만 원으로 15만 원을 초과하므로 선택할 수 없다. 나머지 교통수단별 가능 여부와 가격을 확인해 보면 다음과 같다.

- 고속버스: 05:30 서울터미널 → 10:10 부산터미널 → 10:50 부산지사 / 37,000원
- KTX: 07:40 서울역 → 10:20 부산역 → 10:40 부산지사 / 54,000원
- 비행기: 07:10 서울공항 → 08:05 부산공항 → 08:35 수속 완료 → 09:05 부산지사 / 70,000원
- 자차 이용: 420 ÷ 12 × 1,800 = 63,000원

따라서 일정에 맞춰 도착이 가능한 교통수단은 비행기와 자차 이용, 2가지이며 둘 중 더 저렴한 교통수단은 자차 이용이다.

38 자원관리능력 정답 ④

공정작업표를 PERT의 형태로 변형하면 다음과 같다.

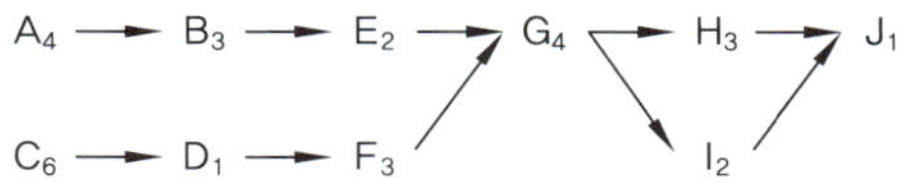

위의 PERT를 봤을 때, 투자 항목 '갑'의 효과는 0이다. A 공정과 B 공정의 소요 일수가 50% 감소하여 소요 일수는 7일에서 3.5일이 되지만, G 공정의 시작을 결정하는 것은 소요 일수가 10일인 C, D, F 공정이기 때문이다. 투자 항목 '을' 또한 단독으로 진행될 경우 C, D, F 공정의 소요 일수가 50% 감소하여 소요 일수는 10일에서 5일이 되지만, A, B, E 공정의 소요 일수가 9일이므로 총 1일의 단축 효과밖에 얻을 수 없다. 따라서 '갑'과 '을'의 투자가 동시에 이루어져야 A → B → E 공정의 소요 일수가 5.5일로 단축되고, C → D → F 공정의 소요 일수는 5일로 단축되어 총 소요 일수는 10일에서 5.5일로 4.5일 단축된다.
이때 들어가는 투자 금액은 총 22천만 원이고, 개조 필요 인력은 총 79명이며, 60일 안에 개조를 완료해야 하므로 남아 있는 투자 항목인 '병', '정', '무' 중 동시에 진행 가능한 투자 항목은 개조 필요 인력이 21명인 '정' 또는 '무'이다. 투자 항목 '정'을 진행할 경우 총 1.5일의 단축 효과를 얻을 수 있으며, 투자 항목 '무'를 진행할 경우 총 1일의 단축 효과를 얻을 수 있다.
따라서 ○○회사에서 실행해야 하는 투자 항목은 '갑', '을', '정' 3가지이고, 총 투자 금액은 30천만 원이며, 최종적으로 단축되는 공정 소요 일수는 4.5일+1.5일=6일이다.

[39-40]

39 자원관리능력 정답 ③

최단 거리 경로로 이동을 하는 경우 특별한 제한 조건이 없으므로 삼각형법을 활용할 수 있다. 삼각형법에 따라 경로를 삭제하면 남아있는 경로는 아래의 첫 번째 그림과 같아진다.

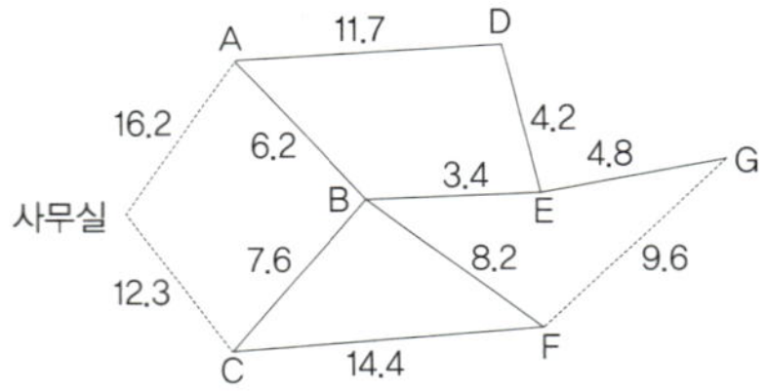

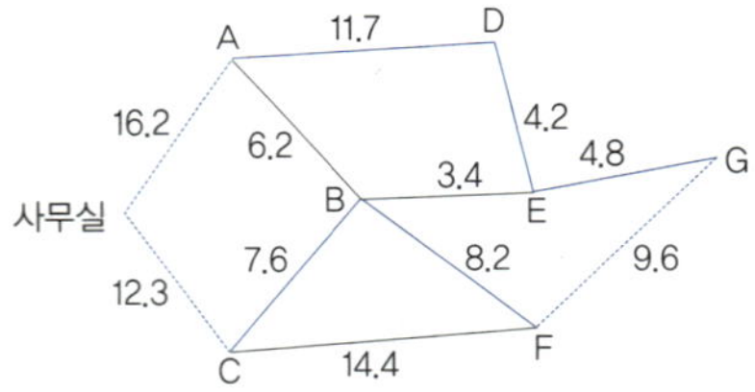

남아있는 경로에서 왕복을 하지 않으면서 외곽으로 경로를 연결하면 사무실 – A – D – E – G – F – C – 사무실이 된다. 이때 왕복을 하지 않으면서 B를 거치기 위해서는 위의 두 번째 그림의 경로에서 표시한 파란색 선과 같아진다.
따라서 최단 거리 경로는 사무실 – A – D – E – G – F – B – C – 사무실이 되고, 총 이동 거리는 16.2+11.7+4.2+4.8+9.6+8.2+7.6+12.3=74.6km이다.

40 자원관리능력 정답 ②

앞선 문제와 다른 조건은 경로별 속도가 바뀌었다는 점이고, 이를 토대로 소요시간을 계산해야 한다는 점이다. 그러나 소요시간을 계산해서 문제를 풀이하기에는 상당히 많은 계산이 필요하므로 서로 다른 속도를 하나의 속도로 통일하여 문제풀이를 단순화한다. 자동차 전용도로와 일반도로 제한 속도 사이의 관계를 살펴보면 자동차 전용도로 제한속도가 120km/h로 일반도로 제한속도인 80km/h의 1.5배임을 알 수 있다. 반대로 말하면 자동차 전용도로의 제한속도에 2/3를 곱하면 일반도로의 제한속도와 같아진다는 것이다. 다만, 이렇게 속도만 바꾸어 준다면, 이동 소요시간에도 변화가 발생하므로 이동 소요시간의 변화를 발생시키지 않고 속도를 동일한 수준으로 바꾸어 주기 위해서는 거리 또한 변화를 주어야 한다.
거리, 속력, 시간의 공식에서 속력과 거리를 같은 비율로 변경한다면 소요시간은 변화가 발생하지 않는다. 따라서 속력을 2/3로 줄이기 위해 거리 또한 2/3로 줄인다면 소요시간은 동일하다는 점을 이용한다. 이를 토대로 경로를 바꾸어 보면 아래와 같아진다.

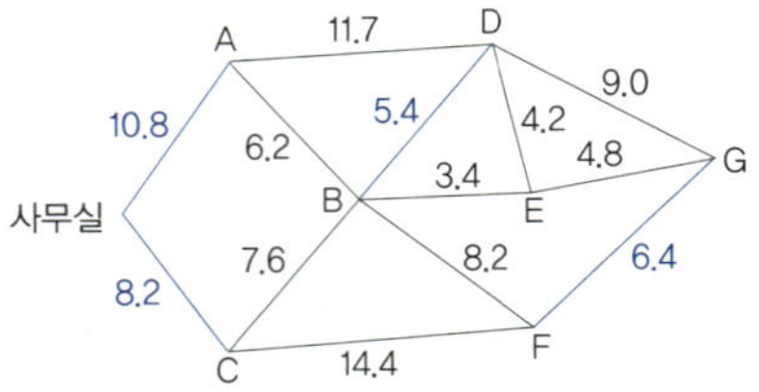

이렇게 변경된 경로는 모든 경로에서의 속력이 동일하고, 별도의 제한 조건이 없는 경로 찾기 문제와 같아진다. 따라서 삼각형법을 토대로 불필요한 경로를 삭제하면 아래의 첫 번째 경로와 같아지고, 왕복하지 않으면서 외곽을 연결하면 아래의 두 번째 파란색 경로가 된다.

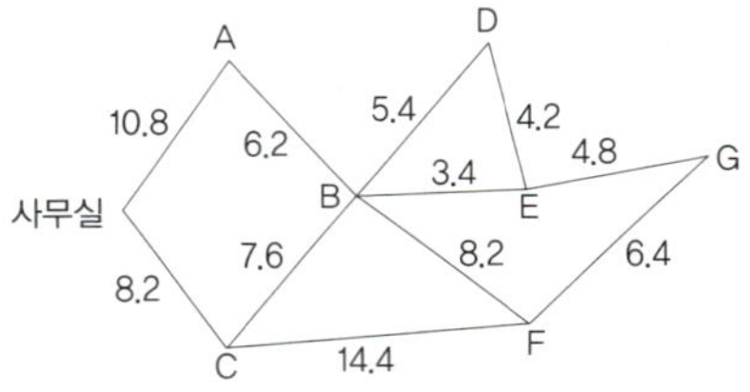

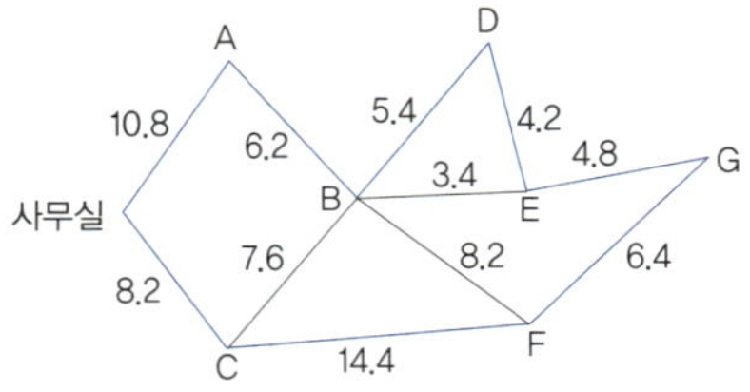

따라서 최단거리 경로는 사무실 – A – B – D – E – G – F – C – 사무실이 되고, 거리는 10.8 + 6.2 + 5.4 + 4.2 + 4.8 + 6.4 + 14.4 + 8.2 = 60.4km가 된다. 이는 모든 도로의 속도를 80km/h로 통일시키면서 변경된 거리로 문제에 제시된 경로의 거리와는 다르다는 점을 기억해야 한다. 현재의 경로는 모든 도로의 제한 속도가 80km/h이므로 총 소요시간은 60.4km ÷ 80km/h × 60min/h = 45.3분이다. 초 단위 이하는 절사한다고 했으므로 이동 소요시간은 45분이 되고, 7군데의 거래처 방문 업무를 수행하는 데 소요되는 시간 7 × 40분 = 280분을 더해주면 총 325분이 소요된다.

따라서 오전 8시에 사무실에서 출발한 인철이 다시 사무실에 도착하는 시간은 5시간 25분 후인 오후 1시 25분이 된다.

실전모의고사 3회

p.84

01	02	03	04	05	06	07	08	09	10
자원관리	의사소통	자기개발	의사소통	문제해결	대인관계	직업윤리	수리	대인관계	자기개발
②	⑤	⑤	④	⑤	②	⑤	①	④	①
11	12	13	14	15	16	17	18	19	20
조직이해	정보	자원관리	직업윤리	문제해결	문제해결	조직이해	정보	자기개발	자기개발
①	②	②	②	①	⑤	④	③	②	④
21	22	23	24	25	26	27	28	29	30
자원관리	대인관계	수리	수리	기술	기술	정보	직업윤리	의사소통	의사소통
①	⑤	⑤	②	③	③	④	③	②	④
31	32	33	34	35	36	37	38	39	40
조직이해	수리	문제해결	기술	대인관계	조직이해	문제해결	기술	정보	자원관리
③	①	②	②	①	⑤	②	①	①	①
41	42	43	44	45	46	47	48	49	50
정보	직업윤리	의사소통	수리	직업윤리	직업윤리	조직이해	자기개발	의사소통	기술
⑤	②	④	⑤	①	①	③	①	③	④
51	52	53	54	55	56	57	58	59	60
기술	문제해결	수리	자기개발	자원관리	대인관계	정보	자원관리	조직이해	대인관계
④	④	②	②	③	⑤	⑤	⑤	②	⑤

01 자원관리능력 정답 ②

기업이 시간을 관리했을 경우 얻을 수 있는 효과를 묻는 문제이다. 기업이 시간관리를 잘할 경우 생산성 향상, 가격 인상, 점유율 향상, 위기 감소의 효과를 얻을 수 있고, 이에 해당하지 않는 항목은 ②이다.

02 의사소통능력 정답 ⑤

'결정되다'는 '최종적으로 정해지거나 굳어지다'라는 의미의 동사로서 한 단어이므로 붙여 쓰는 것이 적절하다.

03 자기개발능력 정답 ⑤

흥미나 적성검사를 통해 자신에게 알맞은 직업을 도출할 수 있지만, 이러한 결과가 그 직업에서의 성공을 보장해 주는 것은 아니므로 흥미와 적성을 개발하기 위해서는 기업의 문화와 풍토를 고려해야 하고, 마인드컨트롤을 통한 자기관리와 자신감 확충, 작은 성공 경험들을 축적한 성취감 강화가 필요하다.

04 의사소통능력 정답 ④

이번 개편은 직장가입자의 보험료 부담을 줄이기 위한 것이 아니라, 소득 중심의 부과체계를 통해 지역가입자와 직장가입자 간의 형평성을 맞추는 데 중점을 두고 있다. 재산과 자동차 기준을 추가하는 것이 아니라, 오히려 기존의 복잡한 부과 기준을 소득 중심으로 단순화하는 것이다.

05 문제해결능력 정답 ⑤

아래와 같이 영역을 설정한 후 각 전제가 의미하는 바를 정리해보자.

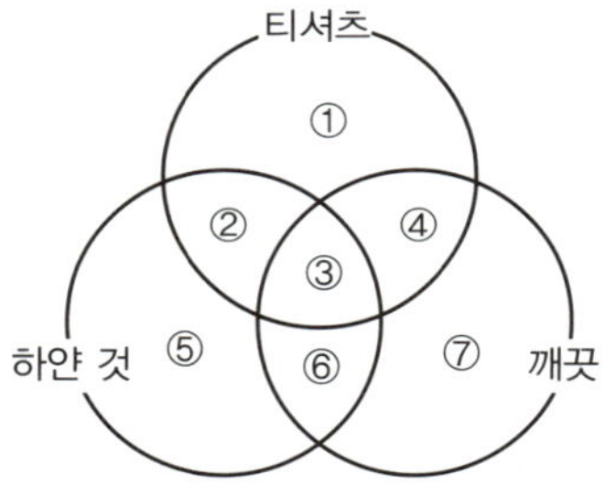

첫 번째 전제인 '티셔츠 중에는 하얀 것이 있다'는 것은 2, 3번 영역 중에 최소 한 군데가 존재한다는 의미이다. 한편 두 번째 전제인 '깨끗한 것 중에 하얗지 않은 것은 없다'는 것은 4, 7번 영역이 존재하지 않는다는 의미이다. 이를 그림으로 정리하면 다음과 같다.

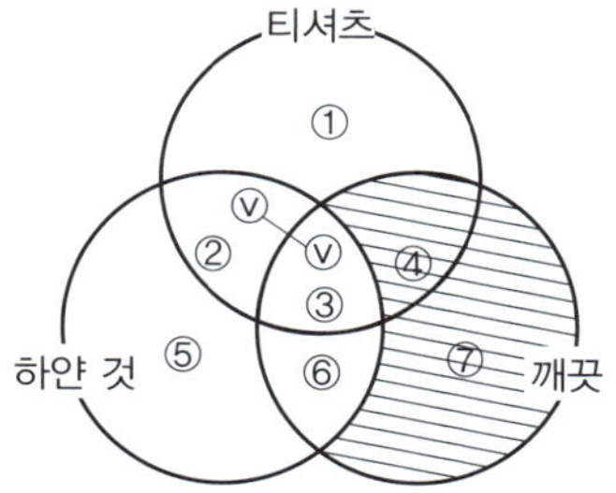

이에 의하면 4, 7번 영역은 존재하지 않는다는 의미이고 나머지 영역은 존재하는지 그렇지 않은지 알 수 없다는 의미가 된다. 다만 2, 3번 영역을 묶어서 본다면 반드시 존재한다는 의미가 된다.

⑤ 깨끗하고 하얀 티셔츠는 3번 영역을 의미하는데 이 영역은 v 표시가 연결된 것의 일부만 표시되어 있으므로 존재할 수도 있고 그렇지 않을 수도 있다. 따라서 깨끗하고 하얀 티셔츠가 있을 수도 있다는 내용은 옳다.

① 티셔츠 중에 깨끗한 것이 있다는 것은 3, 4번 영역 가운데 최소 한 군데가 존재한다는 의미인데 4번 영역은 존재하지 않고 3번 영역도 존재하는지 여부를 알 수 없으므로 올바른 결론이 아니다.
② 깨끗한 티셔츠는 없다는 것은 3, 4번 영역이 존재하지 않는다는 의미인데 4번 영역은 존재하지 않고 3번 영역도 존재하는지 여부를 알 수 없어 존재할 가능성이 있으므로 올바른 결론이 아니다.
③ 하얗지 않은 깨끗한 티셔츠가 있을 수도 있다는 것은 4번 영역이 존재할 수도 있다는 의미인데 4번 영역은 존재하지 않으므로 올바른 결론이 아니다.
④ 깨끗하지만 티셔츠가 아닌 하얀 것은 있을 수 없다는 것은 6번 영역이 존재할 수 없다는 의미인데 6번 영역은 존재할 가능성이 있으므로 올바른 결론이 아니다.

06 대인관계능력 정답 ②

〈보기〉는 인정이 많으며 타인을 잘 배려하고 도와주는 친화형의 특징에 해당된다.
따라서 타인과의 정서적 거리를 유지하는 노력이 필요하다.

① 대인관계에서 냉철하며 타인과 거리를 두는 냉담형의 보완점에 해당된다.
③ 대인관계에서 실리적인 이익을 추구하는 실리형의 보완점에 해당된다.
④ 자기주장이 강해 타인을 통제하고자 하는 경향이 있는 지배형의 보완점에 해당된다.
⑤ 타인과의 만남을 두려워하고 혼자 일하는 것을 좋아하는 고립형의 보완점에 해당된다.

더 알아보기

대인관계 양식의 특징과 보완점

유형	특징	보완점
지배형	• 대인관계에 자신이 있으며 자기주장이 강하고 타인에 대해 주도권 행사 • 지도력과 추진력이 있어서 집단적인 일을 잘 지휘함 • 강압적이고 독단적, 논쟁적이어서 타인과 잦은 마찰 • 윗사람의 지시에 순종적이지 못하고 거만하게 보일 수 있음	• 타인의 의견을 잘 경청하고 수용하는 자세 기를 것 • 타인에 대한 자신의 지배적 욕구를 깊이 살펴보는 시간 필요
실리형	• 대인관계에서 이해관계에 예민하고 치밀하며 성취 지향적 • 자기중심적이고 경쟁적이며 자신의 이익을 먼저 생각하기 때문에 타인에 대한 관심과 배려 부족 • 타인을 신뢰하지 못하고 불공평한 대우에 예민하며 자신에게 피해를 입힌 사람에게는 보복하는 경향성	• 타인의 이익을 배려하는 노력 필요 • 타인과의 신뢰를 형성하는 일에 깊은 관심을 갖는 것이 바람직
냉담형	• 이성적이고 냉철하며 의지력이 강하고 타인과 거리를 두며 대인관계를 맺는 경향성 있음 • 타인의 감정에 무관심하고 상처 주기 쉬움 • 따뜻하고 긍정적인 감정을 표현하기 어렵고 오랜 기간 깊게 사귀지 못함	• 타인의 감정 상태에 깊은 관심을 지니고 긍정적인 감정을 부드럽게 표현하는 기술 습득 필요
고립형	• 혼자 있거나, 혼자 일하는 것을 좋아하며 감정을 잘 드러내지 않음 • 타인을 두려워하고 사회적 상황을 회피하며 자신의 감정을 지나치게 억제 • 침울한 기분이 지속되고 우유부단하며 사회적으로 고립될 가능성 있음	• 대인관계의 중요성을 인식하고 좀 더 적극적인 노력 필요 • 타인에 대한 불편함과 두려움에 대해 깊이 생각해 보는 것이 바람직함
복종형	• 대인관계에서 수동적이고 의존적이며 타인의 의견을 잘 따르고 주어진 일을 순종적으로 잘함 • 자신감이 없고 타인의 주목을 받는 일을 피함 • 자신이 원하는 바를 타인에게 잘 전달하지 못함 • 어떤 일에 대한 자신의 의견과 태도를 확고하게 지니지 못하며 상급자의 위치에서 일하는 것을 매우 부담스러워함	• 자기표현, 자기주장 필요 • 대인관계에서 독립성을 키우는 것이 바람직함

순박형	• 단순하고 솔직하며 대인관계에서 너그럽고 겸손한 경향 • 타인에게 잘 설득당할 수 있어 주관 없이 타인에게 너무 끌려 다닐 수 있으며 잘 속거나 이용당할 가능성 높음 • 원치 않는 타인의 의견에 반대하지 못하고 화가 나도 타인에게 알리기 어려움	• 타인의 의도를 좀 더 깊게 들여다보고 행동하는 신중함 필요 • 자신의 의견을 표현하고 주장하는 노력 필요
친화형	• 따뜻하고 인정이 많으며 대인관계에서 타인을 잘 배려하여 도와주고 자기희생적인 태도를 취함 • 타인을 즐겁게 해주려고 지나치게 노력하며 타인의 고통과 불행을 보면 도와주려고 과도하게 나서는 경향 • 타인의 요구를 잘 거절하지 못하고 타인의 필요를 자신의 것보다 앞세우는 경향성	• 타인과의 정서적 거리를 유지하는 노력 필요 • 타인의 이익만큼 나의 이익도 중요함을 인식
사교형	• 외향적이고 쾌활하며 타인과 함께 대화하기 좋아하고, 인정받고자 하는 욕구가 강함 • 혼자서 시간 보내는 것을 어려워하며 타인의 활동에 관심이 많아 간섭하며 나서는 경향 • 흥분을 잘하고 충동적인 성향이 있으며 타인의 시선을 끄는 행동을 많이 하거나 자신의 개인적인 일을 타인에게 너무 많이 이야기함	• 타인에 대한 관심보다 혼자만의 내면적 생활에 좀 더 깊은 관심을 지닐 필요 • 타인으로부터 인정받으려는 자신의 욕구에 대해 깊이 생각해 봐야 함

07 직업윤리

정답 ⑤

도덕적 해이를 설명하는 이론 중 무사안일이론에 나온 개념이다. 흔히 관료들의 사익추구 행태로 정의되는 도덕적 해이는 위험이 따르지만 실적이 기대되는 신규 업무에 관심을 갖지 않는 복지부동이나 무사안일 등의 소극적 행위의 특징이 있다. 따라서 무사안일에 해당되는 세부항목에 해당하는 것은 ㉣과 ㉥이다. 그 외 ㉠은 방만경영, ㉡은 사익추구, ㉢은 방만경영, ㉤은 국가의존에 해당하는 세부항목이다.

더 알아보기

도덕적 해이 수준을 구성하는 4가지 요인과 세부항목

요인	세부항목
사익추구	• 부서예산을 최대한 확보한다. • 부서이익에 더 민감하다. • 조직목표보다 개인의 목표가 더 중요하다. • 조직의 매출액 증가보다 개인 보수인상이 급선무이다. • 조직의 발전보다 개인 승진이 더 중요하다. • 부서의 성과보다 개인의 성과에 더 집중한다. • 개인의 성과에 도움이 되지 않는 부서 간 협업에 관심이 없다.
방만경영	• 조직 복리증진을 최대한 강화한다. • 근무시간 중 사적 업무를 본다. • 근무시간 중 스트레스 해소 시간을 최대한 가진다. • 규정이 허용하는 한 향응은 문제가 없다. • 예산 절감보다 지출완료에 역점을 둔다. • 개인의 생산성을 높이려는 노력을 기울이지 않는다. • 조직의 성과와 상관없이 개인의 성과급 증가를 요구한다.
국가의존	• 적자가 생기면 중앙정부에서 보전한다. • 기관의 대다수 부채는 국가의 지시에 의한 것이다. • 기관은 정부지침대로 경영하면 된다. • 기관의 성과에 대한 최종 책임은 국가가 져야 한다. • 기관 자체 노력으로 경영성과를 올릴 수 있는 여지가 적다. • 기관 스스로 부채를 줄이려는 노력이 부족하다. • 중앙정부의 부당 간섭에 대해 당연시하는 경향이 있다.
무사안일	• 규정 외에는 관심을 갖지 않는다. • 신속한 일 처리는 손해이다. • 욕먹는 일을 하지 않는다. • 새로운 일을 벌이지 않는다. • 새로운 업무처리방식을 고민하지 않는다. • 힘든 일을 하지 않는다. • 골치 아픈 일을 해결하려고 나서지 않는다.

08 수리능력

정답 ①

재훈이가 A에서 C로 이동한 거리는 8km이고, 재훈이가 탄 배의 속도를 x라고 하면 A에서 C로 이동하는 속도는 상류에서 하류로 내려갈 때이므로 $x+5$km/h이다. 따라서 소요시간은 $8/(x+5)$이 된다. 재훈이가 C에서 B로 이동한 거리는 3km이고, 이동 속도는 하류에서 상류로 거슬러 올라갈 때이므로 $x-5$km/h이다. 따라서 소요시간은 $3/(x-5)$이 된다. 작업시간을 제외한 이동시간이 1시간이라고 하였으므로 $8/(x+5)+3/(x-5)=1$이 된다. 이 식을 계산해 보면 $\{8(x-5)+3(x+5)\}/(x^2-25)=1$이 되고, 분자를 계산하고 양변에 분모에 해당하는 x^2-25를 곱해 주면 $11x-25=x^2-25$가 되므로 $x=11$이 된다.
따라서 재훈이가 탄 배의 속도는 11km/h이다.

09 대인관계능력

정답 ④

내가 없으면 우리 팀은 돌아가지 않는다는 생각은 자아의식의 과잉 사례로 팀워크 저해 행동에 해당한다.

① 팀원들로 하여금 공동의 목표를 인식하고 강한 도전의식을 갖게 하고 있으므로 팀워크 향상 행동이다.
② 서로 협력하되 부하직원이 그 역할과 책임을 다할 수 있도록 하고 있으므로 팀워크 향상 행동이다.
③ 솔직한 대화로 상대를 이해시키고 있으므로 팀워크 향상 행동이다.
⑤ 반말을 사용하지 않음으로써 팀원에 대한 존중을 보여주고 있으므로 팀워크 향상 행동이다.

더 알아보기

팀워크 향상 및 저해 요소

팀워크 향상 요소	• 팀원 간 공동의 목표의식과 강한 도전의식 • 팀원 간 상호 신뢰 및 존중 • 서로 협력하면서 각자의 역할과 책임 수행 • 솔직한 대화로 서로 이해 • 강한 자신감으로 상대방의 사기 진작
팀워크 저해 요소	• 조직에 대한 이해 부족 • 자기중심적인 이기주의 • '내가'라는 자아의식의 과잉 • 질투나 시기로 인한 파벌주의 • 그릇된 우정과 인정 • 사고방식의 차이에 대한 무시

10 자기개발능력 정답 ①

자기개발 장애요인으로는 내재적 요인, 외재적 요인이 있고, 경제적 이유, 물리적 이유, 체력적인 이유 등이 있다. 하지만 바쁜 일상에 쫓겨 시간이 부족하다는 것은 내재적 요인으로 자신의 게으름이 방해하여 자기개발을 못하는 경우에 해당된다.

더 알아보기

자기개발 장애요인

자기개발의 중요성에 공감하더라도 자기개발을 실행하는 일은 쉽지 않다. 자기개발계획을 수립하고 이를 실현하는 데 방해가 되는 장애요인에는 내재적 요인과 외재적 요인이 있다.

내재적 요인으로는 게으름, 소극적 태도, 방법을 몰라서 등이 있고, 외재적 요인으로는 금전적인 이유, 거리가 멀어서, 직장환경 등이 있다. 그 밖에도 경제적인 이유(교육비 등), 물리적인 이유(시간 부족, 거리가 멀어서, 업무가 많아서 등), 체력적인 이유 등이 있다.

한편 자기개발 계획을 수립하는 데 장애요인으로는 자신이나 작업에 대한 정보 부족, 의사결정에 대한 자신감의 부족, 주변 환경의 문제가 있을 수 있다.

- 자기정보의 부족: 자신의 흥미, 장점, 가치, 라이프스타일을 충분히 이해하지 못함
- 내부 작업정보 부족: 회사 내의 경력기회 및 직무 가능성에 대해 충분히 알지 못함
- 외부 작업정보 부족: 다른 직업이나 회사 밖의 기회에 대해 충분히 알지 못함
- 의사결정 시 자신감의 부족: 자기개발과 관련된 결정을 내릴 때 자신감 부족
- 일상생활의 요구사항: 개인의 자기개발 목표와 일상생활

11 조직이해능력 정답 ①

조직은 두 사람 이상이 공동의 목표를 달성하기 위해 의식적으로 구성된 상호 작용과 조정을 행하는 행동의 집합체로, 단순히 사람들이 모였다고 해서 조직이라고 하지 않으므로 가장 적절하지 않다.

12 정보능력 정답 ②

순서대로 ㉠ 시스템 소프트웨어, ㉡ 응용 소프트웨어, ㉢ 유틸리티 프로그램, ㉣ 프레젠테이션, ㉤ 그래픽 소프트웨어에 대한 설명이다.

더 알아보기

프로그램의 종류

- 시스템 소프트웨어: 사용자가 컴퓨터를 사용할 수 있도록 하드웨어를 제어하고 소프트웨어를 위한 기반 환경을 제공하는 프로그램이다. 시스템 전체를 작동시키는 프로그램으로 대표적인 예로 운영체제(Operating System, OS)가 있다.
- 응용 소프트웨어: 특정한 응용 분야에 사용하기 위해 개발된 프로그램으로, 운영체제에서 실행되는 모든 소프트웨어를 뜻한다. 따라서 워드프로세서, 스프레드시트, 웹브라우저들 등도 응용 소프트웨어에 속한다.
- 유틸리티: 사용자가 컴퓨터를 좀 더 쉽게 사용할 수 있도록 도와주는 프로그램을 말하며, 본격적인 응용 소프트웨어라고 하기에는 크기가 작고 기능이 단순하다는 특징이 있다.

13 자원관리능력 정답 ②

임동근 과장은 6월 3일 08시에 인천공항에서 베트남지사로 출발했다. 이동시간은 7시간이 소요되므로, 베트남지사에 도착한 시간은 한국시간 기준 6월 3일 15시이다. 한국과 베트남의 시차는 2시간이고 한국이 더 빠르므로 베트남지사 도착시간은 베트남 현지시간 기준 6월 3일 13시이다. 휴식시간 및 휴일을 포함하여 29시간 동안 업무를 진행한다고 했으므로 업무가 종료되는 시간은 6월 4일 18시이다.

6월 4일 18시에 시애틀지사로 이동하게 되면 이동하는 데 17시간이 소요된다. 따라서 시애틀지사에 도착하는 시간은 베트남 현지시간 기준 6월 5일 11시이다. 베트남과 시애틀의 시차는 15시간이고, 베트남이 더 빠르므로 시애틀지사 도착시간은 시애틀 현지시간 기준 6월 4일 20시이다. 휴식시간 및 휴일을 포함하여 90시간 동안 업무를 진행한다고 했으므로 업무가 종료되는 시간은 시애틀 현지시간 기준 6월 8일 14시이다.

6월 8일 14시에 시애틀지사에서 인천공항으로 이동하면, 이동시간은 14시간이기 때문에 인천공항 도착시간은 시애틀 현지시간 기준 6월 9일 04시이다. 시애틀과 한국의 시차는 17시간이고 한국이 더 빠르므로 인천공항 도착시간은 한국 현지시간 기준 6월 9일 21시이다.

한국 귀국 이튿날 출근한다고 했으므로 임동근 과장이 한국지사로 출근하는 날짜는 6월 10일이며, 출근 하루 뒤 출장 보고서를 상신해야 하므로 출장 보고서 상신 날짜는 6월 11일이다.

14 직업윤리 정답 ②

근면은 외부로부터 강요당한 근면과 자진해서 하는 근면이 있다. 상사의 눈치를 보며 야근하는 경우는 외부 조건으로부터 강요당한 근면에 해당한다.

봉사는 원래 상대방을 위해 도움이나 물건을 제공해 주는 일을 통틀어 부르는 말이었으나, 현대 사회의 직업인에게 봉사란, 일 경험을 통해 다른 사람과 공동체에 대하여 봉사하는 정신을 갖추고 실천하는 태도를 의미하며, 나아가 고객의 가치를 최우선으로 하는 고객 서비스 개념으로도 설명할 수 있다.
준법의식은 민주 시민으로서 지켜야 하는 기본 의무이며 생활 자세로, 시민으로서의 권리를 보장받고, 다른 사람의 권리를 보호해주며 사회 질서를 유지하는 역할을 한다.
따라서 직업윤리에 대해 바르게 설명한 것은 총 3개이다.

- 정직: '마음에 거짓이나 꾸밈이 없이 바르고 곧음'이라는 뜻으로, 사회시스템은 구성원 서로가 신뢰하는 가운데 운영이 가능한 것이며, 그 신뢰를 형성하고 유지하는 데 필요한 가장 기본적이고 필수적인 규범이다.
- 성실: 사회 규범이나 법을 존중하고 충동을 통제하며 목표 지향적 행동을 조직하고 유지하며 목표를 추구하도록 동기를 부여하는 특징을 가진다.
- 책임의식: 긍정적 마인드를 바탕으로 모든 결과를 자신이 선택한 결과라 생각하는 태도이다. 책임감이 강한 사람은 업무의 완수를 위해 자신의 시간마저도 희생한다.
- 예절: 일정한 생활문화권에서 오랜 생활습관을 통해 하나의 공통된 생활 방법으로 정립되어 관습적으로 행해지는 사회계약적인 생활규범이다. 출근부터 퇴근에 이르기까지 모든 일터의 상황에서 요구되는 기본적인 직장예절이 있으며, 이런 예절은 단순히 개인에 대한 호감을 넘어 성과에까지 지대한 영향을 미친다.

15 문제해결능력 정답 ①

각각의 정보를 분석해 보면 다음과 같다.
- 가운: 다 > 가
- 나영: 나=2
- 다훈: 라 > 다
- 라임: 다훈과 마음은 이웃 아님

가운과 다훈의 정보를 연결하면 '라 > 다 > 가'가 되고 나영이 두 번째 집이라는 점, 그리고 라임의 힌트까지 연결하여 생각하면 다음의 두 가지만이 가능하다는 것을 알 수 있다.

1	2	3	4	5
라	나	다	가	마
마	나	라	다	가

이를 토대로 ㄱ부터 ㅁ의 내용을 살펴보자.
ㄱ. (병) 라임의 집이 처음이 아니라면 경우 2로 확정 지을 수 있으므로 병의 언급이 된다.
ㄴ. (병) 가운의 집이 제일 오른쪽이라면 경우 2로 확정 지을 수 있으므로 병의 언급이 된다.
ㄷ. (갑) 다훈의 집이 가운데라면 경우 1인데 이때 나영은 마음의 이웃집에 살지 않으므로 거짓이다. 따라서 갑의 언급이다.
ㄹ. (갑) 두 경우 모두 나영의 집은 다훈의 집보다 왼쪽에 있으므로 거짓이다. 따라서 갑의 언급이다.
ㅁ. (을) 다훈의 집은 두 경우 모두 가운의 집과 이웃이므로 진실이다. 따라서 을의 언급이다.

16 문제해결능력 정답 ⑤

- 갑: 3년 6개월간 재직했으므로 금년도 연가일수는 14일이다. 금년도 연가사용일수는 0일이므로 갑의 연가보상비는 450만 원 × 1/30 × 14일 = 210만 원이 된다.
- 을: 을은 교육공무원이므로 두 번째 조문 제1항에 의하여 연가보상비를 지급받지 못한다.
- 병: 6년간 재직했으므로 금년도 연가일수는 21일이다. 금년도 연가사용일수는 3일이므로 병의 연가보상비는 360만 원 × 1/30 × 18일 = 216만 원이 된다.
- 정: 4년 3개월간 재직했으므로 금년도 연가일수는 17일이다. 금년도 연가사용일수는 2일이므로 정의 연가보상비는 400만 원 × 1/30 × 15일 = 200만 원이 된다.

따라서 병(216만 원), 갑(210만 원), 정(200만 원), 을(0원)의 순서가 된다.

17 조직이해능력 정답 ④

조직 구성원 간 소통과 협력을 원활하게 하는 활동의 총체를 퍼실리테이션이라고 하며, 이런 일을 전문적으로 하는 사람을 퍼실리테이터라고 한다.

① 브레인스토밍: 비판이 없는 가운데 전문가들의 의견을 자유분방하게 수렴하는 집단자유토의기법으로, 질보다 양을 중시하는 특징이 있다.
② 델파이기법: 전문가들을 대상으로 설문을 반복해서 특정 주제에 대한 합의를 도출하는 접근 방식으로, 이를 통해 집단사고를 방지할 수 있다.
③ 모의실험: 실제 사회현상과 유사한 가상모형을 만들어 놓고, 그 모형에 조작을 가하여 얻은 실험 결과를 통해, 실제 현상의 특성을 규명하고 미래를 예측하는 기법이다.
⑤ 팀빌딩: 팀원들의 업무와 상호작용, 문제해결 능력을 향상시켜 조직의 효율을 높이려는 조직개발 기법이다.

18 정보능력 정답 ③

ⓒ ⊞+S는 윈도우 검색 단축키이고, 화면의 일부분 캡처 단축키는 ⊞+Shift+S이다.
ⓔ Alt+F4는 현재 프로그램 종료 단축키이고, 현재 실행 중인 프로그램 창 순서대로 전환하는 단축키는 Alt+Esc이다.

19 자기개발능력 정답 ②

자아를 인식하는 방법에는 내가 아는 나를 확인하는 방법, 다른 사람과의 대화를 통해 알아가는 방법, 표준화된 검사 척도를 이용하는 방법 등이 있고, ㉠과 ㉣은 자기관리 단계에 속하기 때문에 우선 제외되어야 한다. ㉡에 해당하는 예시는 ⓑ와 ⓔ, ㉢에 해당하는 예시는 ⓒ와 ⓓ, ㉤에 해당하는 예시는 ⓐ이다.
따라서 자아를 인식하는 방법과 그 예시를 바르게 짝지은 것은 ②이다.

20 자기개발능력

정답 ④

객관적인 경력정체 상태에 있다고 모두가 주관적 경력정체를 경험하지는 않는다. 객관적으로 승진 가능성이 없어 보여도 당사자 스스로 경력정체를 인식하지 않으면 경력정체에 따른 부정적 결과는 일어나지 않는다.

더 알아보기

경력정체(Career Plateau)

생애경력단계에서 어느 정도 안정된 위치를 획득한 개인이 진로 변경, 승진한계로 인한 성장욕구의 좌절, 능력 진부화라는 3대 이슈를 경험하면서 높은 지위로의 승진 의욕을 상실하는 현상을 말하며 '경력고원'이라고도 한다. 경력정체는 관점에 따라 크게 객관적 경력정체와 주관적 경력정체로 구분된다. 경력정체의 유형으로는 방어형, 절망형, 성과미달형, 이상형이 있다.

객관적 경력정체	• 구조적 경력정체(structural plateau)라고 하며 대개 수직적인 승진 가능성의 감소를 의미함 • 동일 직위에 머문 연수나 상대적인 기간에 의해 측정되며, 출생률이나 조직의 위계 등 복합적인 요인에 의해 발생함 • 수직적 조직 위계상 상위 직급의 개수는 제한적이기 때문에 최고경영진을 제외한 인력들은 누구나 이 경력정체에 빠질 수 있음 • 극복방안으로는 성장전략의 개선, 진로선택제도(이중경력제도)의 도입, 직능자격제도 등이 있음
주관적 경력정체	• 내용적 경력정체(content career plateau)라고 하며, 주로 직무상 도전의식이나 책임감을 느끼지 못하거나 맡은 직무로부터 자아 관련 욕구를 충족하지 못할 때 발생함 • 구성원 자신이 설정한 기준에 미달한다고 느끼거나 성공이나 발전 같은 주관적인 요인들로 인해 비롯되기도 함 • 자신의 경력이 정체되었다고 느끼는 구성원은 일반적으로 분노, 좌절감, 지루함을 느끼고, 근로의욕이 저하되며, 직무만족이나 조직몰입 수준도 상대적으로 낮은 것으로 보고됨 • 극복방안으로는 직무재설계, Job crafting 등이 있음

21 자원관리능력

정답 ①

제시된 평가 기준에 따라 항목 점수를 산출해 보면 다음과 같다.

평가항목(가중치) \ 배터리	A	B	C	D	E
가격(20%)	3	3	2	1	4
무게(30%)	2	3	2	1	4
용량(30%)	3	2	3	5	1
충전 속도(20%)	5	5	3	2	4

따라서 최종 점수를 산출해 보면 아래와 같다.

- A: $3 \times 0.2 + 2 \times 0.3 + 3 \times 0.3 + 5 \times 0.2 = 3.1$
- B: $3 \times 0.2 + 3 \times 0.3 + 2 \times 0.3 + 5 \times 0.2 = 3.1$
- C: $2 \times 0.2 + 2 \times 0.3 + 3 \times 0.3 + 3 \times 0.2 = 2.5$
- D: $1 \times 0.2 + 1 \times 0.3 + 5 \times 0.3 + 2 \times 0.2 = 2.4$
- E: $4 \times 0.2 + 4 \times 0.3 + 1 \times 0.3 + 4 \times 0.2 = 3.1$

따라서 최종 점수가 가장 높은 항목은 A, B, E 3개 항목이고 최종 점수가 가장 높은 배터리가 2개 이상일 경우 용량 > 무게 > 충전 속도 > 가격 순서로 점수가 높은 배터리를 선택한다고 했으므로 A, B, E 중 용량 점수가 가장 높은 A 배터리를 선택한다.

22 대인관계능력

정답 ⑤

㉠은 실질 이해, ㉡은 상호 이해, ㉢은 해결 대안, ㉣은 합의문서, ㉤은 협상 시작이다.
따라서 순서대로 연결하면 ㉤-㉡-㉠-㉢-㉣이 맞는 설명이다.

더 알아보기

협상 과정 5단계

일반적으로 협상 과정은 5단계와 3단계로 구분된다. 협상 과정의 5단계는 협상 시작, 상호 이해, 실질 이해, 해결 대안, 합의문서 등의 절차에 따라 이루어지며, 협상 과정의 3단계는 협상 전 단계, 협상 진행 단계, 협상 후 단계의 순서로 진행된다.

협상 시작	• 협상당사자들 사이에 상호 친근감 쌓음 • 간접적인 방법으로 협상의사를 전달함 • 상대방의 협상의지를 확인함 • 협상진행을 위한 체제를 짬
상호 이해	• 갈등문제의 진행상황과 현재의 상황을 점검함 • 적극적으로 경청하고 자기주장을 제시함 • 협상을 위한 협상대상 안건을 결정함
실질 이해	• 겉으로 주장하는 것과 실제로 원하는 것 구분하여 실제로 원하는 것을 찾아 냄 • 분할과 통합 기법을 활용하여 이해관계를 분석함
해결 대안	• 협상 안건마다 대안들을 평가함 • 개발한 대안들을 평가함 • 최선의 대안에 대해서 합의하고 선택함 • 대안 이행을 위한 실행계획을 수립함
합의문서	• 합의문을 작성함 • 합의문상의 합의내용, 용어 등을 재점검함 • 합의문에 서명함

23 수리능력

정답 ⑤

탄산음료와 커피를 좋아하고 주스를 좋아하지 않는 직원의 수를 A,
탄산음료와 주스를 좋아하고 커피를 좋아하지 않는 직원의 수를 B,
커피와 주스를 좋아하고 탄산음료를 좋아하지 않는 직원의 수를 C,
아무것도 좋아하지 않는 직원의 수를 D라고 하면, 다음과 같이 나타낼 수 있다.
탄산음료를 좋아하는 직원의 수는 20+A+B+3=40명,
주스를 좋아하는 직원의 수는 4+B+C+3=12명,
커피를 좋아하는 직원의 수는 커피를 좋아하지 않는 직원의 수와 같으므로 23+A+C+3=20+4+B+D가 되며,

커피를 좋아하는 직원의 수와 커피를 좋아하지 않는 직원의 수를 합치면 영업팀 전체 임직원의 수인 88명이 되므로 23+A+C+3=44명, 20+4+B+D=44명이다.
이를 정리하면 A+B=17, B+C=5, A+C=18, B+D=20이다. 처음 A, B, C에 관한 세 식을 연립하면 A=15, B=2, C=3이 되므로 D=18이 된다.
따라서 세 종류의 음료를 모두 좋아하지 않는 직원은 총 18명이다.

24 수리능력 정답 ②

ㄴ. 2019년 세계 연료 연소에 따른 온실가스 배출량 중 석탄, 석유, 가스가 차지하는 비중은 $\frac{14,891.5+11,541.9+7,267.2}{34,233.9} \times 100 \fallingdotseq 98.4\%$이므로 99.5% 이하이므로 옳지 않은 설명이다.

ㄱ. 2018년 A~J까지의 온실가스 배출량을 더하면, 9,866.4+4,987.5+2,372.0+1,612.7+1,099.8+704.4+611.1+591.4+579.2+551.4=22,975.9이다. 2018년 세계 전체 배출량은 34,248.8이므로 10위에 포함되지 않은 나머지 국가의 총합은 34,248.8−22,975.9=11,272.9이다. 10위 551.4의 배출량이 계속해서 나열된다는 가정을 하더라도 $\frac{11,272.9}{551.4} \fallingdotseq 20.4$이므로 최소 21개 국가가 추가로 더 있어야 한다. 따라서 10+21=31개국으로 적어도 31개 국가에서 연료 연소에 따른 온실가스를 배출한다고 해석할 수 있다.

ㄷ. A~J 국 중 2019년 석탄, 석유, 가스 모든 부문에서 각각 연료 연소에 따른 온실가스 배출량이 전년 대비 증가한 국가는 A, D이다. A, D 국의 2018년과 2019 석탄 부문과 석유 부문에서 연료 연소에 따른 온실가스 배출량이 세계에서 차지하는 비중은 다음과 같다.

- A 국: 2018년 석탄: $\frac{7,862}{15,082.6} \times 100 \fallingdotseq 52.1\%$,
  석유: $\frac{1,409}{11,540} \times 100 \fallingdotseq 12.2\%$
  2019년 석탄: $\frac{7,938.8}{14,891.5} \times 100 \fallingdotseq 53.3\%$,
  석유: $\frac{1,451.6}{11,541.9} \times 100 \fallingdotseq 12.6\%$
- D 국: 2018년 석탄: $\frac{428.9}{15,082.6} \times 100 \fallingdotseq 2.8\%$,
  석유: $\frac{308.3}{11,540} \times 100 \fallingdotseq 2.7\%$
  2019년 석탄: $\frac{433.1}{14,891.5} \times 100 \fallingdotseq 2.9\%$,
  석유: $\frac{318.6}{11,541.9} \times 100 \fallingdotseq 2.8\%$

따라서 A 국과 D 국 모두 석탄과 석유가 차지하는 비중이 전년 대비 증가하였으므로 옳은 설명이다.

25 기술능력 정답 ③

A는 미지, B는 무지, C는 부주의, D는 차례 미준수, E는 오판에 대한 설명이다.

더 알아보기

실패의 10가지 원인

무지	• 실패의 예방법이나 해결책이 알려져 있는데도 이를 알지 못하는 개인의 게으름 때문에 발생하는 실패
부주의	• 주의하면 별문제가 없는데, 이를 태만하거나 방심하여 발생하는 실패 • 무리하거나 시간에 쫓기는 경우일수록 주의가 필요함
차례 미준수 (순서 미준수)	• 결정된 약속사항이나 순서를 지키지 않아 발생하는 실패 • 특히 집단작업에서 한 사람이 이럴 경우 큰 사고의 원인이 되기도 함
오판	• 상황을 올바르게 받아들이지 않거나, 받아들였지만 판단을 그르친 경우에 발생하는 실패 • 판단의 근거로 사용한 기준이나 판단에 이르는 순서가 틀린 경우에 발생함 • 사례 없이 무심코 일을 진행하다가 많이 발생함
조사 및 검토 부족	• 당연히 알고 있어야 할 지식, 정보의 부족 또는 검토 부족으로 인해 발생하는 실패
조건의 변화	• 처음 설정한 제약조건이 시간에 따라 변화한 것에 제대로 대응하지 못할 때 발생하는 실패
기획 불량 (기획 부실)	• 기획 또는 계획 자체에 문제가 있는 경우에 발생하는 실패
가치관 불량	• 자기와 조직의 가치관이 주위 여건과 어긋날 때 발생하는 실패
조직운영 불량 (조직운영 부실)	• 조직이 일을 정확하게 진행할만한 능력이 없어서 발생하는 실패
미지(未知)	• 세상의 그 누구도 알지 못해서 발생하는 실패 • 인간은 역사적으로 이러한 실패 경험을 통해 해결의 실마리를 찾아옴

26 기술능력 정답 ③

기술은 추상적인 이론보다는 실용성, 효용성, 디자인을 강조하며, 추상적 이론, 지식을 위한 지식, 본질에 대한 이해를 강조하는 것은 과학에 대한 설명이므로 가장 적절하지 않다.

27 정보능력 정답 ④

a.insert(2, 4)는 a라는 리스트의 2번째 자리에 4라는 값을 넣으라는 의미이다. 하지만 Python은 Zero indexing이므로 0번째부터 시작하여 순서대로 0번째, 1번째, 2번째가 되어 2번째 자리는 1과 2 다음이 된다.
따라서 변경된 리스트는 [1, 2, 4, 3]이 되고 print(a)를 통해 출력되는 값 또한 [1, 2, 4, 3]이 된다.

28 직업윤리 정답 ③

- Q1: 직업윤리란 직업을 가진 사람이라면 모두 지켜야 할 공통적인 윤리규범으로, 어느 직장을 다니느냐에 따라 달라지지 않는다.
- Q3: 직업윤리란 개인윤리를 바탕으로 각자가 직업에 종사하는 과정에서 요구되는 특수한 윤리규범이고, 기본적으로는 직업윤리도 개인윤리의 연장선이라 할 수 있다.

따라서 X에 해당하는 문항은 총 2개이다.

29 의사소통능력 정답 ②

'3. 지원내용'에 따르면 프로젝트당 2천만 원 상당의 콘텐츠 제작비를 지원하므로 15건의 프로젝트에 대해 각각 2천만 원을 지원한다는 내용이므로 총 2천만 원을 지원하는 것은 아님을 알 수 있다.

30 의사소통능력 정답 ④

사내 문서 관련 결재 규정에 따르면 보고서 결재는 부장 전결사항이며, 전결자의 서명란에는 "전결" 표시와 함께 전결자의 서명이 들어가야 한다.
따라서 부장 서명란에 "전결" 표시와 부장서명이 들어가야 하므로 현재 사장 서명란에 들어가 있는 "전결" 표시를 부장 서명란으로 옮기는 ④가 가장 적절하다.

⑤ 최종 결재란을 만들어야 한다는 내용은 없다. 또한 최종 결재란이 있다면 부장 서명이 들어가도록 해야 한다.

31 조직이해능력 정답 ③

㉠은 시장의 기회를 활용하기 위해 강점을 적극 활용하는 SO(강점 – 기회) 전략, ㉡은 시장의 기회를 활용하여 약점을 극복하거나 제거하는 WO(약점 – 기회) 전략, ㉢은 시장의 위협을 회피하기 위해 강점을 활용하는 ST(강점 – 위협) 전략에 해당한다.

㉣ 강점인 참신한 제품 개발 능력을 활용해 에어쿠션·CC크림 등에 이은 새로운 유형의 제품을 개발하는 것은 약점을 극복하는 것과 무관하며, 해외 투자는 달러로 해야 하는데 고환율로 인해 투자 액수가 증가해 경쟁력이 약해져 위협을 극복하기 힘들다. 따라서 WT(약점 – 위협) 전략과 무관하다.

32 수리능력 정답 ①

2015년 이후 가구당 여성 인구는 2015년에 $\frac{244}{185} \fallingdotseq 1.319$명, 2016년에 $\frac{252}{190} \fallingdotseq 1.326$명, 2017년에 $\frac{257}{193} \fallingdotseq 1.332$명, 2018년에 $\frac{261}{196} \fallingdotseq 1.332$명, 2019년에 $\frac{264}{198} \fallingdotseq 1.333$명, 2020년에 $\frac{270}{204} \fallingdotseq 1.324$명, 2021년에 $\frac{297}{226} \fallingdotseq 1.314$명, 2022년에 $\frac{319}{246} \fallingdotseq 1.297$명으로, 2016~2019년 가구당 여성 인구는 전년 대비 증가하였으므로 옳지 않은 설명이다.

② 전년 대비 2022년 고령 인구 증가율은 $\frac{53-47}{47} \times 100 \fallingdotseq 12.8\%$, 전년 대비 2022년 총인구 증가율은 $\frac{(356+319)-(333+297)}{(333+297)} \times 100 = \frac{675-630}{630} \times 100 \fallingdotseq 7.1\%$이므로 옳은 설명이다.

③ 전년 대비 외국인 인구가 감소한 해는 2018년이고, 2018년 전년 대비 총인구 증가폭은 남성 인구 2명, 여성 인구 4명으로 총 6명 증가하였다. 다른 해보다 총인구 증가폭이 가장 작으므로 옳은 설명이다.

④ 전년 대비 2014년 총인구 증가율은 $\frac{(249+223)-(209+184)}{(209+184)} \times 100 = \frac{472-393}{393} \times 100 \fallingdotseq 20.1\%$이다. 다른 해는 남성 인구, 여성 인구 각각 전년 대비 20% 이상 증가한 해가 없어 2014년의 총인구 증가율이 가장 높으므로 옳은 설명이다.

⑤ 전년 대비 가구 수 증가폭이 가장 큰 해는 27가구 증가한 2014년이다. 2014년 남성 인구 역시 전년 대비 40명 증가하여 증가폭이 가장 크므로 옳은 설명이다.

33 문제해결능력 정답 ②

행복에서 첫 번째 글자의 모음이 'ㅏㅣ'가 아니라 'ㅐ'이므로 사무관의 세 번째 글자의 모음도 'ㅗㅏ'가 아니라 'ㅘ'일 것이다. 따라서 사무관을 제시된 대로 나열하면 'ㅅㅏㅁㅜㄱㅘㄴ'이 되며, 이를 자모변환표에 적용하면 479775537456120189623이 된다.
한편 행복의 자모변환표와 난수표를 정리하면 다음과 같다.

암호문	5	7	9	8	8	4	8	4	8	8	5	0	5	0	2	5	2	1
행복 자모 변환표	9	1	5	6	1	2	3	7	4	3	8	5	8	4	6	1	2	0
난수표	4	8	4	4	9	6	1	1	2	1	3	5	3	4	8	6	4	1

한편 문제에서 암호 숫자는 그 암호 숫자와 변환된 숫자를 더했을 때 그 결괏값의 일의 자리가 [난수표]의 대응 숫자와 일치하도록 하는 0~9까지의 숫자라고 하였는데, 이는 '(암호문의 수+자모변환표의 수)의 일의 자리=난수표의 수'라고 할 수 있다. 즉, 위의 표에서 암호문 가장 앞자리 숫자 세 개를 보면 5, 7, 9인데 자모변환표의 9, 1, 5를 더하면 각각 14, 8, 14가 되고 일의 자릿수는 각각 4, 8, 4가 되는데 그것이 난수표의 숫자가 되는 것이다. 이를 적용하기 위해 사무관의 자모변환표와 난수표를 정리하면 다음과 같다.

암호문																					
사무관 자모 변환표	4	7	9	7	7	5	5	3	7	4	5	6	1	2	0	1	8	9	6	2	3
난수표	4	8	4	4	9	6	1	1	2	1	3	5	3	4	8	6	4	1	0	5	6

앞서 정리한 내용을 첫 세 숫자에 적용해 보면 ( )+4의 일의 자리가 4가 되기 위해서는 0, ( )+7의 일의 자리가 8이 되기 위해서는 1, ( )+9의 일의 자리가 4가 되기 위해서는 5가 필요하다. 따라서 첫 세 숫자는 0, 1, 5가 된다. 이와 같은 방식으로 나머지를 모두 채우면 다음과 같다.

암호문	0	1	5	7	2	1	6	8	5	7	8	9	2	2	8	5	6	2	4	3	3
사무관 자모 변환표	4	7	9	7	7	5	5	3	7	4	5	6	1	2	0	1	8	9	6	2	3
난수표	4	8	4	4	9	6	1	1	2	1	3	5	3	4	8	6	4	1	0	5	6

따라서 '사무관'을 옳게 암호화한 것은 ②이다.

빠른 문제 풀이 Tip

사무관을 제시된 대로 나열하면 ㅅㅏㅁㅜㄱㅘㄴ이 되는데, 이는 일곱 개의 자모이므로 총 숫자의 개수는 21개가 되어 ④, ⑤ 선택지가 제외된다. 한편 첫 세 숫자를 정리하면 015가 되므로 ③ 선택지가 제외되는데, ①, ② 선택지의 숫자가 10번째에 처음 달라지고 이 부분은 네 번째 자모인 ㅜ에 해당하므로 ㅜ의 암호문이 7, 8, 9라는 것이 파악되면 ② 선택지를 정답으로 도출할 수 있다.

34 기술능력 정답 ②

(A)는 디자인권, (B)는 실용신안권, (C)는 상표권에 대한 설명이다.

35 대인관계능력 정답 ①

갈등이 나쁘거나 파괴적이지만은 않다는 점에서, 효과적인 팀은 갈등 발생 시 팀원 간의 상호 신뢰를 바탕으로 이를 개방적으로 다루고 건설적으로 해결함으로써 팀 발전을 도모하므로 가장 적절하지 않다.

더 알아보기

효과적인 팀의 의의

팀 에너지를 최대로 활용하는 고성과 팀을 말한다. 팀원들의 강점을 인식하고 이를 잘 활용하여 목표를 달성할 수 있다는 자신감에 차 있으며, 업무 지원과 피드백, 그리고 동기부여를 위해 구성원들이 서로 의존한다.

효과적인 팀의 특성

- 팀의 사명과 목표를 명확하게 기술함
- 창조적으로 운영함
- 결과에 초점을 맞춤
- 역할과 책임을 명료화함
- 조직화가 잘 되어 있음
- 개인의 강점을 활용함
- 리더십 역량을 공유하며 구성원 상호 간에 지원을 아끼지 않음
- 팀 풍토를 발전시킴
- 의견 불일치를 건설적으로 해결함
- 개방적으로 의사소통함
- 객관적인 결정을 내림
- 팀 자체의 효과성을 평가함

36 조직이해능력 정답 ⑤

현재 조직구조에 대한 이해의 중요성을 제대로 파악한 사람은 아무도 없다.

① 조직구성원들이 자신의 업무를 성실하게 수행한다고 하더라도 전체 조직목표에 부합되지 않으면 목표가 달성될 수 없기 때문에 이를 이해하고 있어야 하므로 적절하지 않은 조언이다.
② 군대의 경우 구성원들의 업무가 분명하게 정의되고 많은 규칙과 규제가 있으며, 상하 간 의사소통이 공식적인 경로를 통해 이루어지고 엄격한 위계질서가 있는 대표적인 기계적 조직이므로 옳은 내용이지만, 조직구조에 대한 이해에 도움이 되는 조언으로는 적절하지 않은 조언이다.
③ 조직도를 살펴보면 구성원들의 임무, 수행하는 과업, 일하는 장소 등 일하는 방식과 관련된 체계를 알 수 있으므로 규정이라고 한 것은 적절하지 않은 조언이다.
④ 급변하는 환경 변화에 효과적으로 대응하고 제품, 지역, 고객별 차이에 신속하게 적응하기 위해서는 기능적 조직구조보다는 분권화된 의사결정이 가능한 사업별 조직구조를 가지는 것이 좋으므로 적절하지 않은 조언이다.

37 문제해결능력 정답 ②

ㄴ에서 갑과 을은 모두 가담했거나 모두 가담하지 않았다고 하였으므로 각각의 경우를 정리하면 다음과 같다.
[경우 1] 갑, 을이 모두 가담하지 않은 경우

갑	을	병	정	무
X	X			

ㄹ에 의해 정이 가담하지 않았음을 알 수 있고, 정이 가담하지 않으면 ㅁ에서 갑은 가담해야 하는데 이미 갑은 가담하지 않았으므로 불가능한 상황이 된다. 따라서 갑, 을이 모두 가담하지 않는 경우는 불가능하다.
[경우 2] 갑, 을이 모두 가담하는 경우

갑	을	병	정	무
O	O			

ㄷ에서 을이 가담했다면 병이 가담했거나 갑이 가담하지 않았다고 하였는데 갑은 이미 가담했으므로 병이 가담했다는 것을 알 수 있다.

갑	을	병	정	무
O	O	O		

ㅁ의 대우에서 병이 가담했다면 정도 가담했다는 것을 알 수 있고, ㅅ의 대우에서 병이 가담했다면 무가 가담하지 않았다는 것을 알 수 있다.

갑	을	병	정	무
O	O	O	O	X

따라서 '갑', '을', '병', '정' 네 사람이 가담했다는 것을 알 수 있고 가담하지 않은 사람은 '무' 한 사람뿐이다.

38 기술능력 정답 ①

기술능력 향상 방법에는 전문연수원에서 제공하는 기술과정 연수, e-learning을 활용한 기술교육, 상급학교 진학을 통한 기술교육, OJT 등이 있다.

(A)는 상급학교 진학을 통한 기술교육, (B)는 전문연수원을 통한 기술과정 연수, (C)는 OJT(On-the-Job-Training)를 활용한 기술교육, (D)는 e-learning을 활용한 기술교육이다.

39 정보능력 정답 ①

㉠은 판매시점관리시스템(POS), ㉡은 전자상거래(EC), ㉢은 경영정보시스템(MIS), ㉣은 전자문서교환(EDI)에 대한 설명이다.

더 알아보기

컴퓨터의 활용

- 공장자동화(Smart Factory): 컴퓨터를 이용하여 제품의 수주에서부터 설계, 제조, 검사, 출하에 이르기까지 자동화한 제품 공정 과정
- 판매시점관리(POS): 편의점이나 백화점에서 매출액 계산, 원가·재고 관리 등에 컴퓨터를 활용하는 시스템
- 전자문서교환(EDI): 전자상거래에서 데이터를 효율적으로 교환하기 위하여 지정한 데이터와 문서의 표준화시스템
- 컴퓨터지원설계(CAD): 각종의 설계 계산을 행하고 자동적으로 도면을 작성하는 컴퓨터 시스템
- 컴퓨터지원제조(CAM): 컴퓨터를 이용해 설계된 데이터를 토대로 하는 생산시스템
- 경영정보시스템(MIS): 기업 경영정보를 총괄해 의사결정을 지원하는 시스템
- 의사결정지원시스템(DSS): 기업경영에 필요한 정보를 지원해 경영자가 신속한 의사결정을 할 수 있도록 돕는 시스템
- 사무 자동화(OA): 문서 작성과 보관은 물론 컴퓨터로 업무를 결재하는 전자 결재 시스템
- 전자 상거래(EC): 생산에서 소비까지 전 과정을 컴퓨터로 처리하는 거래

40 자원관리능력 정답 ①

기업이 시간 자원을 효율적으로 관리함에 따라 얻을 수 있는 효과는 총 4가지로 생산성 향상, 가격 인상, 점유율 향상, 위험 감소이다. 고용 인원 감축은 시간 자원 활용에 따른 효과로 볼 수 없다.

더 알아보기

개인의 시간 자원 관리 효과

- 균형적인 삶
- 스트레스 감소
- 생산성 향상
- 목표 성취

41 정보능력 정답 ⑤

지나치게 생소하고 복잡해 기억하기 어려운 비밀번호 사용은 지양하는 것이 좋으며 전자금융거래 비밀번호 및 거래계좌(통장) 비밀번호와는 다르게 설정해야 한다.

더 알아보기

비밀번호 관리 방법

- 주민등록번호나 생일, 전화번호, 연속 숫자 등과 같이 유추가 쉬운 정보나 지나치게 복잡하고 생소하여 쉽게 기억을 하기 어려운 비밀번호보다는 본인만이 바로 알아낼 수 있는 특별한 번호를 만들어 외우도록 한다.
- 전자금융거래의 비밀번호와 거래계좌(통장) 비밀번호를 다르게 설정하고 정기적으로 변경한다.
- 비밀번호가 노출되었다는 의심이 들 경우 즉시 비밀번호를 변경하고 금융회사에서 거래 내역을 조회한다.

42 직업윤리 정답 ②

김 대리에게 부족한 근로윤리는 '정직'이고, 사전에서 정직은 '마음에 거짓이나 꾸밈이 없이 바르고 곧음'으로 풀이하고 있다. 정직은 사회 구성원 간 신뢰를 형성하고 유지하는 데 필요한 가장 기본적이고 필수적인 규범이다.

①은 근면, ③은 준법, ④는 성실, ⑤는 봉사의 사전적 정의이다.

43 의사소통능력 정답 ④

비양립 가능론은 결정론과 자유의지가 동시에 존재할 수 없다고 주장하며, 인간이 진정으로 자유롭기 위해서는 모든 결정론적 제약에서 벗어나야 한다고 본다. 결정론과 자유의지가 동시에 성립할 수 있다고 주장하는 것은 양립 가능론의 입장이다.

44 수리능력 정답 ⑤

㉡ 전체 상담 건수 5,340건 중에서 45%가 진로상담이므로 진로상담 건수는 5,340 × 0.45 = 2,403건이다. 이 중 진로컨설턴트가 상담한 641건이 모두 진로상담이라면 2,403 − 641 = 1,762건은 교수가 상담한 것이므로 교수가 상담한 유형 중 진로상담이 차지하는 비중은 (1,762 / 4,285) × 100 ≒ 41.1%이므로 옳은 설명이다.

㉢ 상담 건수가 많은 학년부터 순서대로 나열하면 4학년, 1학년, 2학년, 3학년 순이므로 옳은 설명이다.

㉣ 최소 한 번이라도 상담을 받은 학생 수는 1회, 2회, 3회 상담 받은 학생이 모두 포함되어 3,826 + 496 + 174 = 4,496명이므로 옳은 설명이다.

㉠ 학년별 전체 상담 건수 중 상담직원의 상담 건수가 차지하는 비중은 1학년이 (154 / 1,306) × 100 ≒ 11.8%, 2학년이 (97 / 1,229) × 100 ≒ 7.9%, 3학년이 (107 / 1,082) × 100 ≒ 9.9%, 4학년이 (56 / 1,723) × 100 ≒ 3.3%로 비중이 큰 학년부터 순서대로 나열하면 1학년, 3학년, 2학년, 4학년 순이므로 옳지 않은 설명이다.

빠른 문제 풀이 Tip

㉠ 2학년과 3학년의 (상담직원의 상담 건수/전체 상담 건수)를 비교하면, 상담직원의 상담 건수는 3학년이 더 크고, 전체 상담 건수는 3학년이 더 작으므로 2학년보다 3학년의 비중이 더 높다는 것을 알 수 있다.

㉡ 교수가 상담한 진로상담 건수까지 구한 이후 비중 (1,762/4,285)를 직접 계산하는 대신 분모의 30%를 구하여 분자 1,762와 크기 비교하여 30%를 넘는지 판단할 수 있다. 4,285의 10%는 약 429이며 10%의 3배인 30%를 구하면 1,287로 대략 보아도 1,762는 30%를 넘는 것을 알 수 있다.

45 직업윤리 정답 ①

명함은 자리에 앉기 전에 서서 주고받아야 하며, 손아랫사람이 먼저 명함을 꺼내서 윗사람에게 건네야 한다.

따라서 착석 전에 명함 지갑에서 명함을 꺼내서 바이어 A에게 먼저 건넸어야 한다.

46 직업윤리 정답 ①

제시된 임직원 행동강령 제1항 제1호에 따르면 직무관련자에게 사적으로 노무 또는 조언·자문을 제공하고 대가를 받는 행위를 금지하고 있으므로 임직원 행동강령에 위배되는 행동이다.

② 제1항 제2호에 따르면 자신이 소속된 기관이 쟁송 등의 당사자가 되는 직무이거나 소속된 기관에게 직접적인 이해관계가 있는 직무인 경우에 소속기관의 상대방을 대리하거나 상대방에게 조언·자문 또는 정보를 제공하는 행위를 할 수 없다.

③ 제1항 제3호에 따르면 외국의 정부·기관·법인·단체를 대리하는 행위를 금지한다.

④ 제1항 제4호에 따르면 소속기관의 장이 허가한 경우 직무와 관련된 다른 직위에 취임하는 행위가 허용된다.

⑤ 제2항에 따르면 소속기관의 장은 금지된 영리행위를 하는 소속 임직원의 행위를 중지하거나 종료하도록 명할 수 있다.

47 조직이해능력 정답 ③

조직이해능력을 조직이해의 하위능력인 체제이해능력에 한정하여 설명하고 있으므로 가장 적절하지 않은 설명이다. 조직이해능력은 조직의 체제뿐만 아니라 국제감각, 경영 및 업무에 대한 이해능력 등을 모두 포함하는 개념이다.

48 자기개발능력 정답 ①

재혁이 고민하고 있는 내용을 살펴보면 조직입사 전 단계로 직업선택을 하는 단계로 볼 수 있다. 보통 태어나면서부터 25세까지 이 단계에 해당하며, 자신의 직업을 선택하기 위한 과정을 거친다.

㉠은 조직입사, ㉡은 경력말기, ㉣은 경력초기, ㉤은 경력중기에 대한 설명이다.

더 알아보기

직업인의 경력 단계

직업을 선택하고, 조직에 입사하여 직무와 조직의 규칙과 규범에 대해서 배우는 경력초기의 과정을 거치며, 자신이 그동안 성취한 것을 재평가하는 경력중기와 퇴직을 준비하는 경력말기를 거친다.

49 의사소통능력 정답 ③

안내문에 따르면 할인권은 매일 오전 10시부터 다음 날 오전 7시까지 발급된다. 그러나 ③에서는 할인권 발급 시간이 매일 오후 3시부터 다음 날 오전 10시라고 잘못 나와 있으므로 적절하지 않다.

50 기술능력 정답 ④

Off-JT(교육원훈련)는 교육훈련을 위해 마련된 장소에서 예정된 계획에 맞추어 전문가의 책임하에 실시되는 훈련이므로 훈련비용이 많이 발생한다.

더 알아보기

OJT와 Off-JT

구분	직장훈련 (On-the-Job-Training)	교육원훈련 (Off-the-Job-Training)
장점	• 훈련이 실제 업무에 활용 가능할 만큼 실제적 • 교육원훈련보다 비용이 저렴하고, 실시하기 용이함 • 개개인의 능력과 특성에 맞춘 훈련 가능 • 훈련을 받으면서 동시에 업무 진행 가능 • 동료들과의 친밀감 형성 가능	• 전문 교관의 전문적인 교육이 가능 • 동시에 많은 직원에게 통일된 훈련 가능 • 교육에만 전념할 수 있음
단점	• 훈련의 내용을 통일할 수 없음 • 여러 직원을 동시에 훈련할 수 없음 • 일과 훈련 모두 소홀히 할 가능성이 있음	• 시간, 비용 등 경제적 부담이 높음 • 교육훈련을 실제 업무에 바로 적용하기 곤란함

51 기술능력 정답 ④

(A)는 산업재해의 직접적 원인 중 불안전한 행동, (B)는 산업재해의 기본적 원인 중 작업관리상 원인, (C)는 산업재해의 기본적 원인 중 교육적 원인으로 분류된다.

더 알아보기

산업재해

의의	• 산업활동 중의 사고로 인해 사망하거나 부상을 당하고, 또는 유해 물질에 의한 중독 등으로 직업성 질환에 걸리거나 신체적 장애를 갖게 되는 것
원인	• 기본적 원인: 교육적 원인, 기술적 원인, 작업관리상 원인 • 직접적 원인: 불안전한 행동, 불안전한 상태
예방 과정	• 안전 관리 조직 • 사실의 발견 • 원인 분석 • 기술 공고화 • 시정책 적용 및 뒤처리

52 문제해결능력 정답 ④

- A: 녹차 큰 잔(2,800원)
- B: 노른자를 추가한 쌍화차 작은 잔(노른자 800원＋쌍화차 작은 잔 3,000원＝총 3,800원)
- C: 식혜 작은 잔(3,500원)
- D: 수정과 큰 잔(4,200원)
- 甲: 유자차 작은 잔(3,500원 → 오늘의 차이므로 3,000원)

따라서 총액은 17,300원이다.
이때 회원 특전을 적용하면 회원 카드를 제시할 것이므로 1,000원이 할인되고, 적립금이 2,000점 이상이므로 타 할인 혜택 적용 후 최종 금액의 5%까지 적립금 사용이 가능하다. 회원 할인 1,000원을 적용하면 16,300원이고, 이것의 5%는 815원이다. 이때 적립금은 100원 단위로만 사용 가능하므로 800원 할인이 추가 적용된다.
따라서 甲이 최종적으로 지불해야 하는 금액은 16,300원에서 800원 할인된 15,500원이다.

53 수리능력 정답 ②

ㄴ. 주가지수를 토대로 계산해 보면 L 사의 주가는 6월에 7,600원이며, 5월 이후 전월 대비 매월 상승 중이므로 옳은 설명이다.

ㄷ. 2월의 C 사 주가 수익률이 20%이며, 주가지수가 3월과 동일하다면 2월 C 사의 주가는 4,500×1.2＝5,400원이고, 2월의 주가지수가 110일 때 L 사의 주가는 13,200－5,400＝7,800원이다. 따라서 2월 L 사의 주가 수익률은 {(7,800－7,500)/7,500}×100 ≒ 4%이므로 옳은 설명이다.

ㄱ. 3~6월 중 주가지수가 가장 낮은 달은 {(5,400＋6,200)/(4,500＋7,500)}×100 ≒ 96.67%인 4월이며, 4월에 C 사의 주가는 5,400원으로, 전월 대비 100원 상승했다. 하지만 1월의 주가가 4,500원이고, 2월은 알 수 없지만 3월에 5,300원이므로, 2월 또는 3월에 100원보다 큰 폭의 주가 상승이 있었음을 알 수 있다.

ㄹ. 4~6월 중 C 사의 주가 수익률이 가장 낮은 달은 {(4,400－4,900)/4,900}×100 ≒ －10%인 6월이며 L 사의 주가 수익률이 가장 낮은 달은 {(6,200－7,900)/7,900}×100 ≒ －22%인 4월이다.

54 자기개발능력 정답 ②

제시된 사례에서 나타나는 의사결정의 오류는 희귀성의 법칙이다. 희귀성의 법칙이란 해당 상품이 특별한 상황에 놓이거나 희소가치가 높아지면 실질적인 가치보다 더욱 값어치가 높다고 생각하게 되는 것으로, 희귀성의 법칙에 대응하기 위해서는 나에게 꼭 필요한지 확인하고 그렇지 않으면 무시해야 한다.

① 상호성의 법칙에 대응하는 방법이다.
③ 사회적 증거의 법칙에 대응하는 방법이다.
④ 호감의 법칙에 대응하는 방법이다.
⑤ 권위의 법칙에 대응하는 방법이다.

더 알아보기

의사결정의 오류

숭배에 의한 논증 (동굴의 우상)	권위 있는 전문가의 말이 일반적으로 옳지만 고정 행동 유형으로 따르면 문제가 됨
상호성의 법칙	상대의 호의에 부담을 느껴 부당한 요구를 거절하지 못하면 문제가 됨
사회적 증거의 법칙	많은 사람이 하는 것을 무의식적으로 따르면 문제가 됨
호감의 법칙	호감을 주는 상대의 권유에 무의식적으로 따르면 문제가 됨
권위의 법칙	권위에 맹종하여 따르면 문제가 됨
희귀성의 법칙	꼭 필요하지 않지만 얼마 남지 않았다는 유혹에 넘어가면 문제가 됨

55 자원관리능력 정답 ③

물적자원을 관리할 때는 사용/보관 → 동일/유사 → 특성에 따른 구분을 해야 한다. 컴퓨터 파일 또한 이러한 규칙을 토대로 구분해야 하며, 전달받은 시기가 아니라, 해당 파일의 용도와 업무 연관성, 특성 등을 고려하여 폴더별로 구분해야 하므로 적절하지 않다.

56 대인관계능력 정답 ⑤

무조건 수익성을 추구하는 것은 적절하지 않으며, 고객의 특성을 파악하고 전문적인 상담과 정보를 제공하여 구매 의사 결정에 도움을 주고 구매행동을 일으키도록 해야 한다.

57 정보능력 정답 ⑤

처음에 A=0, B=1, C=2, D=3이므로 E=0×3=0, F=1+2=3, G=0+1=1이 된다. E>F를 만족하지 못하므로 A=0+1=1, B=1+2=3이 된다.
다시 돌아가서 E=1×3=3, F=3+2=5, G=1+1=2가 된다. E>F를 만족하지 못하므로 A=1+1=2, B=3+2=5가 된다.
다시 돌아가서 E=2×3=6, F=5+2=7, G=2+1=3이 된다. E>F를 만족하지 못하므로 A=2+1=3, B=5+2=7이 된다.
다시 돌아가서 E=3×3=9, F=7+2=9, G=3+1=4가 된다. E>F를 만족하지 못하므로 A=3+1=4, B=7+2=9가 된다.
다시 돌아가서 E=4×3=12, F=9+2=11, G=4+1=5가 된다. E>F를 만족하므로 이때의 G의 값인 5가 출력된다.

58 자원관리능력 정답 ⑤

예산을 계획하는 단계와 집행하는 단계는 지속적으로 비교·검토가 되어야 하는 단계로 철저하게 분리해서 관리해서는 효율적으로 관리할 수 없다.

59 조직이해능력 정답 ②

퇴거장벽이 높다는 것은 사업 실패 시 시장에서 빠져나오기 힘들다는 뜻이므로 위협요인이 된다. 독과점 기업이 지배하는 시장에 새로운 경쟁자가 자유로이 들어오는 데 어려움을 주는 요소인 진입장벽과 구분해야 한다.

③ 구매자가 소수가 되면 추후 협상 시 불리해질 수 있으므로 A 기업에는 위협요인이 된다.
⑤ 목적달성에 부정적인 외부요인인 위협과 목적달성에 부정적인 내부요인인 약점이 결합되면 방어/철수전략이 요구된다.

60 대인관계능력 정답 ⑤

A사원과 B대리의 의견 및 입장을 모두 반영하여 보고서 자료 전달이라는 목적을 달성하고자 하므로, 갈등과 관련된 모든 사람으로부터 의견을 받아서 문제의 본질적인 해결책을 얻는 윈-윈(Win-Win) 갈등 관리법이 도입된다고 할 수 있다.

① A사원과 B대리의 갈등은 업무에 대한 불일치로 발생하였으며, 갈등으로 인한 분노, 질투, 적대감 등은 드러나지 않고 있으므로 감정적 문제가 아닌 핵심 문제에 해당한다.
② A사원과 B대리의 갈등에 대해 귀하는 A사원에게 자료의 중요성에 대한 의견을 전달하고, 추후 지속적으로 논의하는 방안을 제시하였으므로 수용형 갈등해결법이 아닌 통합형 갈등해결법을 추천한 것이다.
③ A 사원은 B 대리와 서로 협력하여 문제를 해결해야 하기 때문에 협력전략이 필요하다.
④ A 사원은 본인이 중요하게 여기는 자료를 B 대리 때문에 해결하지 못했다고 생각하였으므로 해결할 수 있는 갈등이 아닌 불필요한 갈등에 해당한다.

실전모의고사 4회

p.128

01	02	03	04	05	06	07	08	09	10
의사소통	자원관리	자기개발	대인관계	문제해결	의사소통	직업윤리	수리	대인관계	자기개발
②	④	②	④	④	⑤	②	②	④	④
11	**12**	**13**	**14**	**15**	**16**	**17**	**18**	**19**	**20**
조직이해	정보	자원관리	직업윤리	문제해결	문제해결	조직이해	자기개발	대인관계	대인관계
③	①	②	①	④	④	④	③	⑤	②
21	**22**	**23**	**24**	**25**	**26**	**27**	**28**	**29**	**30**
수리	정보	정보	기술	기술	기술	정보	정보	조직이해	직업윤리
⑤	③	①	⑤	①	②	②	④	③	③
31	**32**	**33**	**34**	**35**	**36**	**37**	**38**	**39**	**40**
의사소통	자원관리	문제해결	기술	대인관계	조직이해	수리	문제해결	정보	의사소통
②	④	③	④	①	②	④	②	③	②
41	**42**	**43**	**44**	**45**	**46**	**47**	**48**	**49**	**50**
직업윤리	수리	직업윤리	대인관계	자원관리	자기개발	자기개발	조직이해	의사소통	수리
②	④	⑤	④	④	①	②	①	④	④
51	**52**	**53**	**54**	**55**	**56**	**57**	**58**	**59**	**60**
자기개발	조직이해	문제해결	자원관리	자원관리	기술	의사소통	직업윤리	수리	기술
③	④	①	⑤	④	②	④	②	①	④

01 의사소통능력 정답 ②

문맥상 '재료를 섞어 익도록 그릇에 넣다'의 의미인 '담그다'의 활용형 '담가'로 써야 맞는 말이다.

① '들르다'에 '-어서'가 붙은 것이므로 '들러서'가 적절하다.
③ '드리다'는 '(불공을) 드리다'와 같은 경우에는 '주다'의 높임으로 쓰인 것이지만, 여기에서는 '공을 들이다'와 같이 '어떤 일에 돈, 시간, 노력, 물자 따위를 쓰다'라는 의미로 사용되었으므로 '들여'가 적절하다.
④ '맞추다'로 잘못 쓰는 경우가 있는데, '맞추다'는 '틀리거나 어긋남이 없게 하다'의 뜻이다. '옳은 답을 대다'의 의미는 '맞히다'가 적절하다.
⑤ '교체하다, 대신하다'라는 의미의 '갈다'는 명사형 '갈음'으로 만들어 '교체, 대신'의 의미를 나타낼 수 있으므로 적절하다.

02 자원관리능력 정답 ④

주어진 GMT에 따르면 밴쿠버와 서울의 시차는 16시간, 리마와 서울의 시차는 14시간, 토론토와 서울의 시차는 13시간, 상파울루와 서울의 시차는 12시간으로, 서울 시각 기준 6월 17일 화요일 오전 9시 30분의 도시별 현지 시각은 다음과 같다.

도시	현지 시각
밴쿠버	6월 16일 월요일 오후 5시 30분
리마	6월 16일 월요일 오후 7시 30분
토론토	6월 16일 월요일 오후 8시 30분
상파울루	6월 16일 월요일 오후 9시 30분

따라서 바로 회의를 진행하는 것은 불가능하다.
또한 밴쿠버의 업무 담당자는 현지 시각 기준 6월 17일 화요일 오전 9시가 되어야 업무를 시작할 수 있고, 이때 다른 각 도시의 현지 시각을 살펴보면 다음과 같다.

도시	현지 시각
밴쿠버	6월 17일 화요일 오전 9시
리마	6월 17일 화요일 오전 11시
토론토	6월 17일 화요일 오후 12시
상파울루	6월 17일 화요일 오후 1시

이 경우 토론토 담당자가 점심시간에 해당하므로 회의를 진행할 수 없으며 1시간 뒤에는 리마의 담당자가 점심시간에 해당하여 회의를 진행할 수 없다.
2시간 뒤에는 밴쿠버, 리마, 토론토의 담당자는 회의 진행이 가능하지만, 상파울루의 담당자가 현지 시각 기준 6월 17일 화요일 오후 3시에 회의가 예정되어 있으므로 참석이 불가능하다.
3시간 뒤에는 밴쿠버 담당자가 점심식사 시간에 해당하므로 회의 진행이 불가능하고, 모든 인원이 참여 가능한 시간은 4시간 뒤인 밴쿠버 현지 시각 기준 6월 17일 화요일 오후 1시이다. 밴쿠버와 서울의 시차는 16시간이므로 밴쿠버 현지 시각 기준 6월 17일 화요일 오후 1시는 서울 기준 6월 18일 수요일 오전 5시가 된다.

03 자기개발능력 정답 ②

김수철 과장은 과중한 업무로 인해 시간이 부족해 자기개발 계획 수립에 어려움을 느끼고 있으므로 재정적 문제, 연령, 시간 등 주변 상황의 제약이 가장 적절하다.

더 알아보기

자기개발 계획 수립 장애요인

- 자기정보 부족: 자신의 흥미, 장점, 가치, 라이프스타일 등에 대한 무지
- 내부 작업정보 부족: 회사 내 경력기회 및 직무 가능성에 대한 무지
- 외부 작업정보 부족: 다른 직업, 회사 밖의 기회에 대한 무지
- 의사결정 시 자신감 부족: 자기개발과 관련된 결정을 내릴 때 자신감 부족
- 일상생활의 요구사항: 개인의 자기개발 목표와 일상생활 간의 갈등
- 주변 상황의 제약: 재정적 문제, 연령, 시간 등

04 대인관계능력 정답 ④

조직 참여의 기대가 적은 경우에 적합한 리더십은 거래적 리더십이며, 조건적 보상과 예외관리는 거래적 리더십의 구성요소이다. 변혁적 리더십은 구성원들의 적극적인 참여가 필요하다.

더 알아보기

변혁적 리더십

조직을 안정시키기보다는 변동시키려고 노력하는 최고 관리층의 변화추구적, 개혁적 리더십으로, 변혁적 리더는 현존하는 조직과 조직문화의 변화에 바탕을 두면서 기존의 조직문화를 변화시켜 새로운 문화로 바꾸어 나간다. 카리스마적 리더십, 영감적 리더십, 개별적 배려, 지적 자극으로 구성된다.

카리스마적 리더십	리더가 현 상태에 대한 각성을 표명하며, 직원들에게 자긍심과 신념을 부여
영감적 리더십	리더가 직원들에게 목표, 임무, 비전을 제시하고 추구하도록 격려
개별적 배려	개별적 조언을 제시하며 자기효능감 증진
지적 자극	가치, 상상력, 문제해결 및 인식 방향을 변화하고 자극

거래적 리더십

조건적 보상을 근거로 리더가 부하에게 영향력을 행사하는 리더십으로, 조건적 보상과 예외관리로 구성된다.

조건적 보상	리더가 제시한 기준에 부하가 부합했을 때 동기부여를 위해 인센티브나 보상을 제공
예외관리	부정적인 보상으로, 예외적인 사건 발생 시 리더가 개입하여 업무수행과 관련된 문제점을 구체적으로 제시하고 기준을 명확히 전달하여 과업을 바로 수행하도록 하는 방법

05 문제해결능력 정답 ④

각 등장인물을 왼쪽에, 그 사람이 가지고 있는 연락처를 위쪽에 위치하여 표를 그리면 다음과 같다.

인물 \ 연락처	A	B	C	D	E
A					
B					
C					
D					
E					

왼쪽에 해당 인물이 가지고 있는 연락처의 수, 위쪽에 해당 인물의 연락처를 가지고 있는 사람의 수를 포함하여 제시문의 내용을 정리하면 다음과 같다.

인물 \ 연락처	A(3명)	B(2명)	C	D	E
A(3명)					
B(2명)					
C	O	X		X	X
D(2명)					
E	X	O	X	X	

A의 연락처를 가지고 있는 사람이 총 3명이라고 하였는데 E는 A의 연락처를 가지고 있지 않으므로 A의 연락처를 가지고 있는 사람은 B, C, D이다. 한편 두 번째 조건에서 B는 자신의 연락처를 가지고 있는 두 사람의 연락처는 가지고 있지 않으며 B가 연락처를 가지고 있는 두 사람은 B의 연락처를 가지고 있지 않다는 것을 알 수 있으므로 B는 자신의 연락처를 가지고 있는 E의 연락처를 가지고 있지 않고 B의 연락처를 가지고 있지 않은 C의 연락처는 B가 가지고 있음을 알 수 있다. 이를 정리하면 다음과 같다.

인물 \ 연락처	A(3명)	B(2명)	C	D	E
A(3명)					
B(2명)	O		O		X
C	O	X		X	X
D(2명)	O				
E	X	O	X	X	

B는 A의 연락처를 가지고 있으므로 A는 B의 연락처가 없을 것이고 B가 가지고 있는 연락처는 2개이므로 B는 D의 연락처가 없을 것이다. 아울러 B가 연락처를 가지고 있지 않은 D는 B의 연락처를 가지고 있다는 것을 알 수 있다. 이를 정리하면 다음과 같다.

인물 \ 연락처	A(3명)	B(2명)	C	D	E
A(3명)		X			
B(2명)	O		O	X	X
C	O	X		X	X
D(2명)	O	O			
E	X	O	X	X	

A는 3명의 연락처를 가지고 있다고 하였으므로 B를 제외한 3명의 연락처를 가지고 있고 D는 2명의 연락처를 가지고 있다고 하였으므로 C와 E의 연락처는 없을 것이다. 이에 따라 완성된 표는 다음과 같다.

인물 \ 연락처	A(3명)	B(2명)	C	D	E
A(3명)		X	O	O	O
B(2명)	O		O	X	X
C	O	X		X	X
D(2명)	O	O	X		X
E	X	O	X	X	

따라서 D의 연락처를 가지고 있는 것은 A뿐임을 알 수 있다.

① A는 C, D, E의 연락처만을 가지고 있다.
② B는 A와 C의 연락처만을 가지고 있다.
③ C의 연락처를 가지고 있는 사람은 A, B 두 명이다.
⑤ E의 연락처를 가지고 있는 사람은 A 한 명이다.

06 의사소통능력 정답 ⑤

외국인과의 비언어적 의사소통 과정에서 높은 어조는 적대감과 대립감을, 빠른 속도는 공포와 노여움을 의미하므로 말하기 속도와 어조를 높이는 것은 적절하지 않은 태도이다.

07 직업윤리 정답 ②

고객과 대화 중에 인사를 할 때는 상체를 15도 정도 굽히는 목례를 하는 것이 좋다.

08 수리능력 정답 ②

A 용기는 소금물 30g, 소금 9g이며, B 용기는 소금물 32g, 소금 2g이다. A 용기에 더 넣은 물의 양=B 용기에서 증발된 물의 양=B 용기에 더 넣은 소금의 양=x로 설정하고, A 용기와 B 용기의 농도가 같아지는 의미의 식을 세우면 $\frac{9}{30+x}=\frac{2+x}{32+x-x}$이다.

따라서 $x=6$g이다.

09 대인관계능력 정답 ④

상대방과 자신의 이익의 중간 정도를 만족하는 결정을 내리는 해결방안은 협동전략이 아닌 타협전략(give and take)이다. 협동전략(win–win)은 두 당사자의 이해를 공동으로 추구하는 것이다.

① 갈등은 조직의 변화와 혁신적 분위기를 유도하는 등의 긍정적 측면도 함께 가지고 있으므로 현대 갈등관리 이론에서는 적정 수준의 갈등 유지를 중요하게 생각한다.
② 여러 팀이 함께 업무를 진행할 때, 높은 상호 의존성으로 인해 부딪히는 상황은 갈등을 유발하는 원인 중 하나이다.
③ 회피전략(lose–lose)은 갈등을 연기시키거나 문제를 피하는 것으로서 주로 단기적인 전략으로 이용하는 방안이다.
⑤ 경쟁전략(win–lose)은 다른 당사자를 희생시켜 목표를 달성하려는 전략이다.

더 알아보기

갈등대처전략
회피전략(lose–lose), 경쟁전략(win–lose), 순응/적응전략(lose–win), 타협전략(give and take), 협동전략(win–win)

10 자기개발능력 정답 ④

최민호 사원은 속이 깊고 신중하며, 수용적이라 경청은 잘하나 속마음을 잘 드러내지 않고 다소 계산적인 '숨겨진 자아'에 해당하고, 박수정 과장은 원만한 인간관계, 적절한 자기표현, 타인의 말 경청, 친밀감을 통해 호감을 얻어 인기가 많은 '공개된 자아'에 해당한다.

더 알아보기

조해리의 창
'내가 아는 나'와 '다른 사람이 아는 나'라는 두 가지 관점으로 자신을 인식할 수 있는 모델로, 이를 통해 직업인은 공개된 자아, 눈먼 자아, 숨겨진 자아, 아무도 모르는 자아를 모두 파악할 수 있다.

공개된 자아	• 원만한 인간관계, 적절한 자기표현, 타인의 말 경청, 친밀감을 통해 호감을 얻어 인기가 많음 • 지나친 수다로 경박해 보일 수도 있음
눈먼 자아	• 자기의 의견이나 기분을 잘 표현하며, 다른 사람의 반응에 둔감해 때로는 독선적으로 보일 위험이 있음
숨겨진 자아	• 속이 깊고 신중하며, 수용적이라 경청은 잘하나 속마음을 잘 드러내지 않고 다소 계산적임 • 적응력은 좋지만 내면이 고독함(다수의 현대인)
아무도 모르는 자아	• 소극적인 인간관계를 가지고 타인과의 접촉이 불편해 고립된 생활을 하는 경향이 있음 • 자기주관이 강하나 대체로 심리적 고민이 많음

11 조직이해능력 정답 ③

프로젝트 조직도 기능 조직과 마찬가지로 지휘체계는 단일이다.

더 알아보기

기능 조직과 프로젝트 조직

구분	기능 조직	프로젝트 조직
의사결정구조	중앙집권적	분권적
의사전달방식	계층적	자율적
지휘체계	단일	
업무배분	효율적	비효율적
업무책임감	낮음	높음
외부환경반응	낮음	높음

12 정보능력 정답 ①

Ctrl+Page Down을 누르면 다음(오른쪽) 워크시트로 이동하고, 그 다음 Ctrl+Home을 누르면 셀 포인터가 [A1] 셀로 이동한다.

② Ctrl+→: 셀 포인터를 워크시트의 가장 오른쪽 열인 XFD열로 이동
Alt+Home: 해당 단축키 없음
③ Ctrl+Page Up: 이전(왼쪽) 워크시트로 이동
Shift+Home: 현재 셀부터 행을 유지한 상태로 A 열까지 선택
④ Alt+Page Down: 현재 워크시트에서 한 화면 오른쪽으로 이동

13 자원관리능력 정답 ②

외화 – 외화의 직접 환전은 불가하다고 했으므로 우선 가지고 있는 금액을 원화로 환전해야 한다. 환전 수수료율이 10%이지만, 월급 통장을 A 은행으로 설정해 두어 환전 시 우대율 90%를 적용받을 수 있다고 했으므로 실제 적용되는 환전 수수료율은 10% × 10% = 1%가 된다.
이에 따라 200유로를 원화로 환전하면 200 × 1,400 × 0.99 = 277,200원이고, 3,000디르함을 원화로 환전하면 3,000 × 400 × 0.99 = 1,188,000원이다.
따라서 원화의 총액은 277,200 + 1,188,000 = 1,465,200원이며, 1,465,200원을 달러로 환전하면 1,465,200 ÷ (1,450 × 1.01) ≒ 1,000.48달러가 된다.

14 직업윤리 정답 ①

김영란법으로도 불리는 부정청탁 및 금품 등 수수의 금지에 관한 법률은 공직자의 부정한 금품 수수를 막겠다는 취지로 시행되었다.
따라서 출제위원으로부터 향응을 받은 것으로 오해할 여지가 있으므로 간식도 받지 않는 것이 가장 적절하다.

15 문제해결능력 정답 ④

첫 번째 조건에서 기준 인원이 30명 미만이거나 운영비가 1억 원 미만인 예술단체를 선정한다고 하였으므로 인원이 30명이고 운영비가 1억 원 이상인 A는 선정되지 못한다. 한편 B, C, D의 사업분야에 따른 선정방식을 적용하여 표를 정리하면 다음과 같다.

단체	사업 분야	운영비 (억 원)	사업비 (억 원)	배정액 (억 원)
A	인원 및 운영비 조건에 맞지 않아 선정되지 않음			
B	교육	2.0	4.0	(2.0 × 0.5) + (4.0 × 0.2) = 1.8
C	공연	3.0	3.0	(3.0 × 0.2) + (3.0 × 0.5) = 2.1
D	교육	0.8	5.0	(0.8 × 0.5) + (5.0 × 0.2) = 1.4

한편, 네 번째 조건에서 인원이 많은 단체부터 순차적으로 지급하지만 예산 부족으로 산정된 금액 전부를 지급할 수 없는 단체에는 예산 잔액을 배정액으로 한다고 하였으므로 순서대로 지급받는 금액을 살펴보면 인원이 33명으로 가장 많은 D가 1.4억, 그다음으로 인원이 많은 B가 1.8억을 지급받고 가장 인원이 적은 C는 2.1억을 배정받지만 남은 예산이 0.8억이므로 0.8억을 지급받게 된다.
따라서 가장 많은 액수를 지급받을 예술단체는 B이고 금액은 1억 8천만 원이 된다.

16 문제해결능력 정답 ④

첫 번째 보기에 따라 경우의 수를 정리하면 다음과 같다.

구분	A	B	C
경우 1	O		X
경우 2	X		O
경우 3	X		X

두 번째 보기에서 A만 응시하는 경우는 없다고 하였으므로 경우 1에서 B에는 반드시 응시해야 하고, B만 응시하는 경우도 없다고 하였으므로 경우 3에서 B에는 반드시 응시하지 않아야 한다. 경우 2에서 B에 응시하는지에 대한 여부를 알 수 있는 조건은 없으므로 경우 2는 B에 응시하는 경우와 응시하지 않는 경우 모두 가능하다. 이를 정리하면 다음과 같다.

구분	A	B	C
경우 1	O	O	X
경우 2-1	X	O	O
경우 2-2	X	X	O
경우 3	X	X	X

B에 응시하지 않는 경우는 경우 2-2와 경우 3인데 두 경우 모두 A에는 응시하지 않는다.

① C에 응시하지 않는 경우는 경우 1과 경우 3인데 이때 A에 응시하는지는 알 수 없다.
② A에 응시하지 않는 경우는 경우 2-1, 경우 2-2, 경우 3인데 이때 B에 응시하는지는 알 수 없다.
③ 경우 3에서는 B와 C에 모두 응시하지 않는 경우도 가능하다.
⑤ B에 응시하는 경우는 경우 1과 경우 2-1인데 이때 C에 응시하는지는 알 수 없다.

17 조직이해능력 정답 ④

기업의 약점을 극복함으로써 시장의 기회를 활용하는 전략은 WO(약점 – 기회) 전략이다. WT(약점 – 위협) 전략은 시장의 위협을 회피하고 기업의 약점을 최소화하는 전략이다. 한편 SO(강점 – 기회) 전략은 시장의 기회를 활용하기 위해 기업의 강점을 사용하는 전략이고, ST(강점 – 위협) 전략은 시장의 위협을 회피하기 위해 기업의 강점을 사용하는 전략이다.

① 조직을 운영할 때, 전략목표 설정–환경분석–경영전략 도출–경영전략 실행–평가 및 피드백 순으로 전략을 추진하는데, SWOT 분석 같은 마케팅 전략은 환경분석 단계에서 내·외부 환경을 분석하는 데 흔히 사용된다.

② 똑같은 상황이라도 각 기업마다 미치는 영향이 다르기 때문에 분석할 때 자기 기업에 유리한 경우에는 기회요인이 되고, 불리한 경우에는 위협요인이 된다.
⑤ 학자에 따라서는 기업 자체보다는 기업을 둘러싸고 있는 외부환경이 더 중요하다는 점을 강조하기 위해 위협·기회·약점·강점(TOWS) 순으로 부르기도 한다.

18 자기개발능력 정답 ③

우리는 어떤 실수를 저지르면 '다음에는 이렇게 하지 말아야지' 생각하고서는 매번 같은 실수를 반복하곤 한다. 제시문에서 김대호 씨가 작은 실수를 반복하는 이유는 어떤 문제가 발생했을 때 깊이 있는 성찰 없이 지나치기 때문이다.

①은 경력개발, ②는 자아인식, ④는 자아인식방법, ⑤는 자기개발 설계 전략에 관한 내용이다.

더 알아보기

성찰

성찰은 과거의 일이나 행동에 관하여 잘한 것과 잘못한 것을 생각해 보고 앞으로 성장하고자 하는 노력이다. 성찰을 통해 과거 및 현재의 부족한 부분을 보충할 기회를 얻는다.
직업인은 자신이 한 일에 대한 성찰을 통해 앞으로 다른 일을 하는 데 필요한 노하우를 축적할 수 있고, 지속적인 성장의 기회를 마련할 수 있으며, 다른 사람에게 신뢰감을 형성하는 원천을 얻게 되고, 창의적인 사고능력을 개발할 기회가 제공된다.
성찰은 어느 날 갑자기 되는 것이 아니라 지속적인 연습에 의해 몸에 익히게 되는 것이며, 계속된 성찰과 수많은 연습, 그리고 시행착오가 필요하다.

19 대인관계능력 정답 ⑤

(가)는 거만형, (나)는 트집형이기 때문에 각각 ⓜ, ⓒ이 적절하다.

㉠은 우유부단형, ㉡은 무조건 요구형, ㉣은 전문가형에 적합한 조언이다.

더 알아보기

불만고객 유형과 대처방법

유형	개념	대처방법
거만형	소위 뽐내는 고객이나 안하무인격으로 큰소리치는 고객 유형	칭찬해 주고 맞장구쳐 주거나 큰소리가 날 경우에는 장소를 바꾸어서 기분을 전환하고 낮은 목소리로 응대하면 효과적
전문가형	자신이 가지고 있는 확신에 대한 고집을 꺾지 않으려 하는 고객 유형	고객의 능력에 대한 칭찬과 감탄의 말로 응수, 대화 중에 반론을 하거나 자존심을 건드리는 행위는 금물
트집형	사사건건 트집을 잡아 불평하는 고객 유형	고객의 의견을 경청하고 미안하다는 뜻을 나타내는 대응법을 활용함
우유부단형	요점을 딱 부러지게 말하지 않고 빙빙 돌리는 고객 유형	자신의 생각을 솔직히 드러낼 수 있도록 유도하고 적절한 문제해결 방안을 제시함
무조건 요구형	원칙에 어긋난 일을 부탁하거나 터무니없는 요구를 하는 고객 유형	고객의 입장을 충분히 이해하고 있음을 알려준 후 고객의 요구가 무리한 요구임을 납득할 수 있도록 차근차근 설명함

20 대인관계능력 정답 ②

ⓑ는 의사소통 차원에 대한 내용이므로 바르게 연결되었다.

① ⓐ는 의사결정 차원에 대한 내용이다.
③ ⓒ는 교섭 차원에 대한 내용이다.
④ ⓓ는 지식과 노력 차원에 대한 내용이다.
⑤ ⓔ는 갈등해결 차원에 대한 내용이다.

더 알아보기

협상의 의미

- 의사소통 차원: 이해당사자들이 자신의 욕구를 충족하고 상대방으로부터 최선의 것을 얻어내기 위해 상대방을 설득하는 커뮤니케이션 과정
- 갈등해결 차원: 갈등관계에 있는 이해당사자들이 대화를 통해서 갈등을 해결하고자 하는 상호 작용 과정
- 지식과 노력 차원: 우리가 얻고자 하는 것을 가진 사람의 호의를 쟁취하기 위한 것에 관한 지식이며 노력의 분야
- 교섭 차원: 선호가 서로 다른 협상당사자들이 합의에 도달하기 위해 공동으로 의사결정을 하는 과정
- 의사결정 차원: 둘 이상의 이해당사자들이 여러 대안 가운데서 이해당사자들 모두가 수용 가능한 대안을 찾기 위한 의사결정 과정

21 수리능력 정답 ⑤

베어링의 정가를 x라고 하면 각자의 순이익은 다음과 같다.
- 제조업자: $x-400$원
- 소매상: $(1-0.7)\times x$원
- 도매상: $(1-0.6)\times x$원

이때 제조업자의 순이익이 소매상의 순이익의 2.5배라면
$x-400=(1-0.7)\times x\times 2.5 \rightarrow x=1{,}600$
이에 따라 정가가 1,600원인 베어링을 도매상이 판매한다면 개당 정가의 40%인 640원이 순이익이 된다.
따라서 도매상이 베어링 500개를 판매한다면 그 수익은 $640\times 500=320{,}000$원이다.

[22-23]

22 정보능력 정답 ③

Monitoring system type이 CPM이므로, 확인된 문제들의 CV값의 합을 기준으로 한다. Data Labeling process type이 E이므로 CV값은 '치명도+해결 기간'으로 구할 수 있다. 확인된 4개의 문제 각각의 CV값을 구해보면 첫 번째 문제는 45+5=50, 두 번째 문제는 −25+2=−23, 세 번째 문제는 −15+3=−12, 네 번째 문제는 20+7=27이므로 4개의 CV값 총합은 50−23−12+27=42이고, Monitoring system type이 CPM이므로, 출력값은 LBDG가 된다.

23 정보능력 정답 ①

Monitoring system type이 CPM이므로, 확인된 문제들의 CV값의 합을 기준으로 한다. Data Labeling process type이 C이므로 CV값은 '치명도×해결 기간'으로 구할 수 있다. 확인된 4개의 문제 각각의 CV값을 구해보면 첫 번째 문제는 25×5=125, 두 번째 문제는 −15×3=−45, 세 번째 문제는 −45×2=−90, 네 번째 문제는 20×0=0이므로 4개의 CV값 총합은 125−45−90+0=−10이고, Monitoring system type이 CPM이므로, 출력값은 NMSF가 된다.

24 기술능력 정답 ⑤

ⓒ 빅브라더는 조지 오웰의 소설 〈1984년〉에서 비롯된 용어로, 정보의 독점으로 국가권력이 사회를 통제하는 것을 일컫는다.

ⓓ 역기능의 발생 요인은 네트워크가 원격으로 온라인 침투가 용이하고 누구나 접근 가능한 개방시스템의 특성에 있다.

ⓔ 최근에는 네트워크 역기능에 대한 대응으로 법적·제도적 기반을 구축하는 한편, 사회 전반에 걸쳐 정보화 윤리 의식을 강화하고 있다.

㉠ 네트워크 혁명의 역기능은 반드시 인터넷 때문에 생겼다고 보기는 힘들다. 그전에도 정보 격차, 기술이 야기하는 실업 문제, TV 중독, 범죄자들 간의 네트워크 악용 등이 있었다. 문제는 인터넷이 사람들을 연결하고 정보의 유통을 용이하게 해 네트워크 혁명의 역기능이 쉽게 결합되고 증폭된다는 데 있다.

ⓑ 역기능은 네트워크의 순기능과도 잘 분리가 되지 않기 때문에 해결책을 찾기가 더욱 어렵다. 또한 네트워크의 역기능을 없애는 것은 쉬운 일이 아니며, 이에 대한 심사숙고가 필요하다.

더 알아보기

네트워크 혁명의 역기능

디지털 격차(digital divide), 정보화에 따른 실업의 문제, 인터넷 게임과 채팅 중독, 범죄 및 반사회적인 사이트의 활성화, 정보기술을 이용한 감시 등이 있다.

25 기술능력 정답 ①

브레인라이팅은 집단의 규모와 상관없이 진행되는데, 대집단을 4~5명으로 이루어진 소집단으로 세분하여 회의를 진행한다. 따라서 많은 구성원일 필요가 없기 때문에 네 번째 설명이 틀린 내용이다. 또한, 빠르게 아이디어를 적어서 넘겨야 하는 것에 압박감을 느껴서 질이 낮은 아이디어나 옆 사람과 엇비슷한 아이디어가 생성될 가능성이 있다. 따라서 옆 사람의 아이디어를 더욱 향상시킬 것을 확신하기 어려워 일곱 번째 설명이 틀린 내용이라고 할 수 있다. 참석자들에게는 옆 사람의 아이디어를 더욱 향상시켜 나가겠다는 마음가짐이 중요하다.

더 알아보기

브레인라이팅

진행방식	• 대집단을 4~5명으로 이루어진 소집단으로 세분하여 회의를 진행 • 아이디어를 적은 종이를 옆 사람에게 돌리면, 옆 사람은 이전 사람이 적은 아이디어를 발전시키거나 새로운 아이디어를 적어 그다음 사람에게 전달 • 안건에 대해 적힌 용지에 3개의 아이디어를 작성하고 다른 사람이 다시 3개를 추가(그 이상도 무방) • 과정이 완료될 때 모든 참가자가 그 아이디어를 소유
장점	• 발언에 소극적인 사람들의 의견 취합 가능 • 인원과 장소에 구애받지 않고 짧은 시간 동안 대량의 아이디어 수집 가능 • 브레인스토밍과는 달리 아이디어를 개별적으로 종이에 기록하기 때문에 지배적인 개인들의 영향 감소
단점	• 글로 아이디어를 표현하기 때문에 말로 할 때보다 전달력이 다소 떨어짐 • 옆 사람의 아이디어를 해석하는 데 시간이 오래 걸리거나 잘못 해석할 위험 • 빠르게 아이디어를 적어서 넘겨야 하는 것에 압박감을 느껴서 질이 낮은 아이디어나 옆 사람과 엇비슷한 아이디어가 생성될 가능 • 참가자 간에 서로 자극하는 상승효과를 기대할 수 없음

26 기술능력 정답 ②

20세기 중엽 이후부터 1970년대까지는 과학의 응용을 기술이라고 간주하였으나, 1970년대에 들어서는 '기술도 과학과 마찬가지로 지식'이라는 시각으로 변화하였다. 과학과 기술의 상호 작용은 지식이 사물에 응용되는 것이 아니라, 지식과 지식 사이의 상호 작용이라는 것이다.

- 기술능력: 직업에 종사하기 위해 모든 사람이 필요로 하는 능력이며, 기술교양의 개념을 보다 구체화한 개념
- 기술교양: 모든 사람이 광범위한 관점에서 기술의 특성, 기술적 행동, 기술의 힘, 기술의 결과에 대해 어느 정도의 지식을 가지는 것
- 기술시스템: 인공물의 집합체만이 아니라 회사, 투자회사, 법적 제도, 정치, 과학, 자연자원을 모두 포함하는 것
- 기술선택: 기업이 어떤 기술을 외부로부터 도입할 것인지 자체 개발하여 활용할 것인지를 결정하는 것

- 기술선택능력: 기본적인 직장생활에 필요한 기술을 선택하는 능력
- 기술혁신: 기존 제품의 개량, 신제품의 개발에 있어서 새로운 기술을 도입해 경쟁우위의 제품을 창출하는 기술적 진보

[27-28]

27 정보능력 정답 ②

OFFSET함수는 '=OFFSET(기준 셀, 행 방향으로 이동 수, 열 방향으로 이동 수, 참조 높이, 참조 너비)' 형태로 구성된다. 셀 1개의 값을 지정할 경우 참조 높이, 참조 너비에 해당하는 값은 입력하지 않아도 무방하다. 따라서 [A4] 셀에 있는 '병'이라는 값을 지정하기 위해서는 [A1] 셀을 기준 셀로 잡고 행 방향으로 3번 이동, 열 방향으로 0번 이동해야 하므로 '=OFFSET(A1, 3, 0)'이 된다. [E4] 셀에 있는 '10'이라는 값을 지정하기 위해서는 [A1] 셀을 기준 셀로 잡고 행 방향으로 3번 이동, 열 방향으로 4번 이동해야 하므로 '=OFFSET(A1, 3, 4)'가 된다.

28 정보능력 정답 ④

드래그 기능을 활용한다고 하였으므로 기준이 되는 총점의 평균값은 고정되어야 한다.
따라서 [G8] 셀을 G$8 또는 $G$8로 나타내야 하고, TRUE 또는 FALSE일 때 반환되는 값이 문자일 경우 큰따옴표를 표시해야 하므로 귀하가 입력할 함수식은 '=IF(G2 > G$8, "합격", "불합격")'이다.

29 조직이해능력 정답 ③

조직문화는 조직몰입을 높여 조직구성원들이 조직에 소속감을 느끼고 조직의 목표를 달성하기 위하여 자신의 노력과 능력을 기울이게 된다. 이대영 사원은 스스로 조직의 소속감을 느끼고서 조직의 목표를 위해 자신의 노력을 기울이고 있다.

① 조직의 안정성 유지: 조직이 안정적으로 유지될 수 있도록 기능하나, 조직이 변화해야 할 시기에 장애요인으로 작용하기도 한다.
② 조직구성원의 행동지침: 구성원의 사고방식과 행동양식을 규정하여, 구성원들은 조직에서 해오던 방식대로 업무를 처리하게 된다.
④ 조직의 일탈화 방지: 구성원을 조직에 적응하도록 하여 사회화하고 일탈적 행동을 통제하는 기능을 한다.
⑤ 조직구성원들에게 정체성 제시: 구성원들에게 일체감을 부여하며, 외부환경 변화 시 구성원의 결속력 강화에도 기여한다.

30 직업윤리 정답 ③

직업인의 기본자세 중 책임의식은 협력체제에서 각자가 자신의 책임을 충실히 수행하여 전체 시스템이 원만하게 돌아갈 수 있도록 하고 타인에게 피해를 주지 않는 것이므로 C의 설명이 가장 적절하다.

A는 소명의식과 천직의식, B는 봉사의식, D는 공평무사한 자세, E는 협동정신에 대해 설명하고 있다.

31 의사소통능력 정답 ②

총 공사 금액을 포함한 대안내역서는 필수 제출 서류가 아닌 선택사항이다.

32 자원관리능력 정답 ④

제시된 공기청정기 정보를 토대로 총점을 산출하면 다음과 같다.

구분	공기 정화 능력	사용 편의성		에너지 소비 효율	총점
		소음	필터 교체 편의성		
갑	5	2	3	4	5 × 0.5 + (2 × 0.6 + 3 × 0.4) × 0.3 + 4 × 0.2 = 4.02
을	5	3	3	4	5 × 0.5 + (3 × 0.6 + 3 × 0.4) × 0.3 + 4 × 0.2 = 4.2
병	3	4	5	5	3 × 0.5 + (4 × 0.6 + 5 × 0.4) × 0.3 + 5 × 0.2 = 3.82
정	4	4	4	4	4 × 0.5 + (4 × 0.6 + 4 × 0.4) × 0.3 + 4 × 0.2 = 4
무	3	5	4	5	3 × 0.5 + (5 × 0.6 + 4 × 0.4) × 0.3 + 5 × 0.2 = 3.88

이 중 갑 공기청정기는 소음 항목이 D 이하이므로 선택할 수 없고, 남은 4개의 공기청정기 중 총점이 4점 이상인 공기청정기는 을 공기청정기와 정 공기청정기 2개이다.
을 공기청정기의 총 비용은 153,000 + 9,300 × 12 = 264,600원이고, 정 공기청정기의 총 비용은 168,000 + 8,900 × 12 = 274,800원이다. 따라서 을 공기청정기에 가산점 2점, 정 공기청정기에 가산점 1점을 합산하면 총점은 5점을 초과할 수 없으므로 모두 5점 만점이 된다. 둘 중 렌탈 보증금을 제외한 렌탈 비용이 더 저렴한 공기청정기는 정 공기청정기이므로 이하니 씨가 구매하기에 가장 적합한 공기청정기는 정 공기청정기이다.

33 문제해결능력 정답 ③

〈상황〉을 참고로 각 팀의 득점 상황을 정리하면 다음과 같은 절차로 A 팀이 승리했음을 알 수 있다.

상황	1	2	3	4	5	6	7	8	9	10	11
득점	A	A	B	B	B	A	B	A	A	A	B
A:B	1:0	2:0	2:1	2:2	2:3	3:3	3:4	4:4	5:4	6:4	6:5

〈방식 1〉은 상대 팀의 점수보다 1점 많아지는 득점을 한 후, 경기 종료 시까지 동점이나 역전을 허용하지 않고 승리할 때, 그 득점을 결승점으로 정의한다고 하였는데 9번 상황에서 A가 B보다 1점 많아지는 득점을 한 후, 경기가 끝날 때까지 동점이나 역전을 당하지 않고 승리하였다. 따라서 〈방식 1〉에 따르면 9번 상황, 즉 A의 5번째 득점이 결승점이 된다.
〈방식 2〉는 승리한 팀의 득점 중 자기 팀의 점수가 상대 팀의 최종 점수보다 1점 많아질 때의 득점을 결승점으로 정의한다고 하였는데 상대 팀인 B 팀의 최종 점수가 5점이므로 A 팀의 점수가 6점이 될 때 A 팀의 결승점이 된다. 따라서 〈방식 2〉에 의하면 A 팀의 득점이 6점이 된 상황 10, 즉 A 팀의 6번째 득점이 결승점이 된다.

따라서 방식 1에 의하면 A 팀의 5번째 득점이 결승점이고 방식 2에 의하면 A 팀의 6번째 득점이 결승점이 된다.

34 기술능력 정답 ④

머신러닝은 인공지능(AI) 연구분야 중 하나로, 인간의 학습능력과 같은 기능을 컴퓨터에서 실현하고자 하는 기법/기술이다.

35 대인관계능력 정답 ①

고객 만족을 높이기 위해서는 고객불만 처리뿐만 아니라 고객의 욕구를 파악하는 것이 중요하다. 고객만족조사를 활용해서 이 문제를 해결할 수 있다.

- B: 고객 중심 기업은 기업이 실행한 서비스에 대해 계속적인 재평가를 실시함으로써 고객에게 양질의 서비스를 제공하도록 서비스 자체를 끊임없이 변화시키고 업그레이드한다.
- C: 생각보다 많은 기업의 대표들이 내부고객 만족에 대해 잘 모르는 경우가 많다. 실제로 내부고객인 직원들과 공감대 형성이 되지 않고 따로 노는 경우가 태반이다. 하지만 내부고객부터 만족해야 그 내부고객이 외부고객을 만족시켜줄 수 있다.
- D: 오늘날 많은 기업이 고객서비스를 주요 경쟁우위 수단으로 간주하고 '고객만족헌장'이나 '고객서비스헌장'을 정하고, 실천하기 위해 노력하고 있다.

36 조직이해능력 정답 ②

애플은 핵심역량만 내부에 보유하고, 나머지 활동은 외부조직을 활용하는 네트워크 조직이다. 네트워크 조직의 장점은 내부에서는 적은 비용으로 경영하고, 외부에서는 가격 대비 높은 기술력을 이용할 수 있다는 점이다.

①, ④는 네트워크 조직의 장점이고 ③, ⑤는 네트워크 조직의 단점이다.

더 알아보기

현재 애플은 제조업의 겉모습을 한 종합 서비스 기업으로 발전하고 있다. 2010년 기준 애플의 서비스 매출은 아이폰 매출의 7.5%에 불과했지만 2023년 말 기준으로 26%를 넘어섰다.

37 수리능력 정답 ④

2019년에 의약계열 박사 학위를 취득한 여성 590명 중 40세 미만은 최소 96+311+344−564=187명이다. $\frac{187}{590} \times 100 \fallingdotseq 31.7\%$이므로 40% 미만이다.

① 국내 신규 박사 학위를 취득한 남성의 수가 적은 하위 3개 계열은 매년 인문계열, 교육/사범계열, 예술/체육계열 3개 항목으로 동일하다.

② 2019년에 공학계열 박사 학위를 취득한 30대 남성은 최소 951+778−412=1,317명으로 1,300명 이상이다.

③ 2019년 의약계열 신규 박사 학위 취득자의 전년 대비 증가율은 남성이 $\frac{564-519}{519} \times 100 \fallingdotseq 9\%$, 여성이 $\frac{590-530}{530} \times 100 \fallingdotseq 11\%$로 여성이 더 크다.

⑤ 신규 박사 학위 취득자의 여성 대비 남성의 수는 공학계열이 $\frac{2,441}{332} \fallingdotseq 7.4$명, $\frac{2,521}{411} \fallingdotseq 6.1$명, $\frac{2,488}{401} \fallingdotseq 6.2$명, $\frac{2,673}{412} \fallingdotseq 6.5$명으로 유일하게 매년 6명 이상으로 가장 크다.

38 문제해결능력 정답 ②

제시된 일기의 내용에서 알 수 있는 정보를 정리하면 다음과 같다.

- 3번 일기: 11일과 15일 사이에 수요일이 있음을 알 수 있다.
- 6번 일기: 매달 마지막 일요일에만 대청소를 한다고 하였는데 그날 대청소를 했다고 하였으므로 6번 일기의 요일은 일요일이다.
- 5번 일기: 내일이 대청소를 하는 날이라고 했으므로 5번 일기의 요일은 토요일이다.

나머지 4월 5일, 11일, 15일의 요일을 알아야 하는데 문제에서 요구하는 식목일인 4월 5일의 요일을 a요일이라고 하면 4월 11일은 6일 뒤이므로 a−1요일, 4월 15일은 10일 뒤이므로 a+3요일이 된다.

그런데 문제에서 각 일기는 서로 다른 요일의 일기라고 하였으므로 a, a−1, a+3 가운데 수, 토, 일요일이 있어서는 안 된다. 이것이 가능한 것은 a가 화요일일 때뿐이다.

① a가 월요일이라면 11일인 a−1이 일요일이 되어 6번 일기의 일요일과 중복된다.

③ a가 목요일이라면 11일인 a−1이 수요일이 되어 3번 일기의 수요일과 중복된다.

④ a가 금요일이라면 11일인 a−1이 목요일이 되고 15일인 a+3일이 월요일이 되는데 그러면 11일과 15일 사이인 3번 요일이 수요일이 될 수 없다.

⑤ a가 토요일이라면 11일인 a−1이 금요일이 되고 15일인 a+3일이 화요일이 되는데 그러면 11일과 15일 사이인 3번 요일이 수요일이 될 수 없다.

39 정보능력 정답 ③

[ㄱ ㅎ↓] 버튼은 '텍스트 오름차순 정렬' 버튼으로 이 버튼을 누르면 가나다순으로 정렬된다. 이때, '선택 영역 확장'을 선택하면 B 열의 항목도 함께 변경된다.

따라서 결괏값으로 적절한 것은 ③이다.

40 의사소통능력 정답 ②

'훗날'은 '후(後)+날'로서, 우리말과 한자어의 합성어이므로 ㉣에 해당한다.

41 직업윤리 정답 ②

㉠ 보고서를 반복적으로 작성 요청한 행위는 업무 지시를 단순히 반복한다고 해서 적정 범위를 넘었다고 보기 어려우므로 직장 내 괴롭힘의 사례로 적절하지 않다.
㉤ 지각을 자주 하는 부하 직원을 지적하는 행위는 업무 효율을 해치는 직원의 근태 관리로 인정되므로 직장 내 괴롭힘의 사례로 적절하지 않다.

㉡ 직장에서의 지위 또는 관계 등의 우위를 이용하여 온라인상의 공간에서 집단 따돌림으로 정신적 고통을 준 것이므로 직장 내 괴롭힘의 사례에 해당한다.
㉢ 사적 공간에서 직장에서의 지위 또는 관계 등의 우위를 이용하여 업무의 적정범위를 넘어선 행위를 요구하였으므로 직장 내 괴롭힘의 사례에 해당한다.
㉣ 직장 내 괴롭힘은 업무 관계라면 후배든 상사든 모두 위반자가 될 수 있으며, 후배의 행위가 반복적이거나, 다른 후배들에게 영향을 미칠 수 있으므로 직장 내 괴롭힘의 사례에 해당한다.

42 수리능력 정답 ④

2023년 강도와 살인의 발생 건수 합은 5,753+132=5,885건으로 4대 범죄 발생 건수에서 차지하는 비중은 (5,885/22,310)×100 ≒ 26.4%이다. 같은 해 강도와 살인의 검거 건수 합은 5,481+122=5,603건으로 4대 범죄 검거 건수에서 차지하는 비중은 (5,603/19,774)×100 ≒ 28.3%이므로 옳지 않은 설명이다.

① 인구 십만 명당 4대 범죄 발생 건수=발생 건수/인구(십만 명)이고 자료의 총인구 단위는 천 명이므로 십만 명으로 정리하면 100으로 나눈 것과 같다. 2020년 총인구수는 49,346천 명 ≒ 493.5십만 명이므로 2020년 인구 십만 명당 발생 건수는 18,258/493.5 ≒ 37.0으로 매년 증가한다.
② 2020년 이후 전년 대비 4대 범죄 발생 건수 증가율이 가장 낮은 연도는 전년 대비 19,670−19,498=172건 증가하여 전년도 19,498건의 1%가 채 안 되는 2022년이다. 2022년의 검거 건수 역시 2021년 대비 16,630−16,404=226건 증가하여 전년도 16,404건의 1.5%가 안 되는 증가율로 가장 낮다.
③ 연도별 4대 범죄 발생 건수 대비 검거 건수의 비율은
2019년에 (14,492/15,693)×100 ≒ 92.3%,
2020년에 (16,125/18,258)×100 ≒ 88.3%,
2021년에 (16,404/19,498)×100 ≒ 84.1%,
2022년에 (16,630/19,670)×100 ≒ 84.5%,
2023년에 (19,774/22,310)×100 ≒ 88.6%로 매년 80% 이상이다.
⑤ 발생 건수 대비 검거 건수의 비율은 강도가 (5,481/5,753)×100 ≒ 95%이고, 살인이 (122/132)×100 ≒ 92%로 강도가 더 높다.

빠른 문제 풀이 Tip

② 정확히 계산하지 않고 1%, 1.5%, 2%의 기준을 찾아서 판단할 수 있다.
③ 발생 건수에서 20% 뺀 값과 검거 건수를 비교하면 검거 건수가 80% 이상인 것을 간단히 판단할 수 있다.

43 직업윤리 정답 ⑤

제시된 메모의 내용은 아무런 조건 없이 그룹 차원에서 특정 계열사를 지원해 준다는 내용으로 부당지원행위에 해당한다고 할 수 있다.
따라서 직업윤리의 기본 원칙 중 공정경쟁의 원칙과 관련 있는 질문이 가장 적절하다.

①은 객관성의 원칙, ②는 고객중심의 원칙, ③은 전문성의 원칙, ④는 정직과 신용의 원칙과 관련 있는 내용이다.

더 알아보기

부당지원행위
공정거래법상 사업자가 부당하게 계열회사 등에 과다한 경제상 이익이 되도록 자금이나 자산 등을 현저하게 유리한 조건으로 거래하는 행위로, 주로 동일 기업 집단 내의 계열사 간의 내부거래로 나타나므로 부당내부거래라고도 불리며, 적발되면 시정조치를 명하거나 과징금을 부과할 수 있다.

44 대인관계능력 정답 ④

4단계 성취기는 리더의 특별한 관리·감독이 없어도 모든 구성원이 동기부여가 되고 업무에 대한 지식과 노하우를 갖춤으로써 높은 성과를 이루는 시기이다. 팀의 리더십은 팀원 모두의 역할이 되고, 진정한 임파워먼트가 실현된다. 그리고 지속적인 개선과 발전에 대해서 모두가 책임감을 느끼게 된다.

①, ②는 형성기, ③은 격동기, ⑤는 규범기에 대한 설명이다.

더 알아보기

팀의 발전 과정
팀의 발전 과정은 다음의 4가지로 구분되며, 이 단계는 순차적으로 진행되지 않는다.

[1단계] 형성기 (Forming)	• 팀원의 관심사가 팀의 일원으로 인정받고 다른 팀원과의 불필요한 갈등을 피하는 것에 있어 도전적이거나 갈등을 야기할 수 있는 심각한 주제에 대한 논의는 회피함 • 팀원들은 서로 공손한 태도를 유지하며, 리스크가 적은 평범한 업무를 선호함 • 팀원들은 안전하고 예측할 수 있는 행동에 대한 안내와 지침이 필요하기 때문에 리더에게 상당히 의지함 • 다음 단계로 성장하기 위해 팀원들은 비위협적인 주제에 안주할 생각을 접고 마찰의 가능성을 각오해야 함

[2단계] 격동기 ·혼돈기 ·갈등기 (Storming)	• 경쟁과 마찰이 특징이며 리더십, 구조, 권한, 권위에 대한 문제 전반에 걸쳐서 경쟁심과 적대감이 나타남 • 팀원 대부분이 팀에 적응하기 시작하는 단계로, 팀원 간 경쟁이 심화하여 갈등이 생기거나 리더의 리더십 또는 팀 운영 방식에 불만을 품는 팀원들이 발생하여 의사결정이 지연되고 팀의 생산성이 매우 낮아짐 • 팀원 중 일부는 리더의 능력 또는 인내의 한계를 시험하는 행동을 취하기도 함 • 다음 단계로 전진하기 위해 팀원들은 시험과 검증의 자세에서 문제해결의 자세로 바꿀 수 있는 길을 찾아야 하며, 이를 위한 가장 효과적인 도구는 경청하고 의사소통할 수 있는 능력임
[3단계] 규범기 ·안정기 (Norming)	• 팀원 간 신뢰 관계와 공동의 목표가 형성되어 결속력이 강화됨 • 인간관계에 더욱 응집력이 생기며, 팀원 전체의 기여에 대해 더 잘 이해하고 인정함 • 팀원들은 서로의 의견 차이를 존중하고 지속적으로 생산적인 업무수행 방법 등을 탐색하며, 리더는 팀원들이 자발적으로 업무 생산성을 높일 수 있도록 적절히 개입함 • 팀원들은 서로 간의 마찰을 해결함에서 얻는 만족감과 공동체 의식을 경험하기 시작하며, 본격적인 팀의 성과가 나타날 수 있음 • 이 단계에서도 가장 중요한 기능은 팀원 간의 의사소통으로, 솔직하게 감정과 생각을 나누고, 서로 간에 피드백을 주고받으며, 과제와 관련된 대처사항을 체계적으로 조사하기 시작하면서 창의력과 생산성이 왕성해짐
[4단계] 성취기 (Performing)	• 리더의 특별한 관리·감독이 없어도 모든 구성원이 동기부여가 되고 업무에 대한 지식과 노하우를 갖춤으로써 높은 성과를 이루는 시기 • 기존의 성과에 만족하지 않고 더 큰 성과를 창출하는 것을 목표로 하며, 상호 신뢰도가 높고 개방적으로 소통함 • 누군가 지시하지 않더라도 팀원 각자가 자신이 해야 할 일을 찾아 업무를 수행함 • 팀원은 대단히 과제지향적이자 인간지향적이며, 조화를 이루고 사기충천하며, 팀으로서의 충성심을 보여 줌 • 팀원은 그들의 역량과 인간관계의 깊이를 확장함으로써 진정한 상호 의존성을 달성할 수 있어야 함 • 전체적인 목표는 문제해결과 일을 통한 생산성이며, 이는 팀이 이룰 수 있는 최적의 단계로 이끎 • 그렇지만 모든 팀이 성취기에 도달하는 것은 아님

45 자원관리능력 정답 ④

을 제품 1개를 생산하는 데 필요한 부품 수량을 토대로 500개를 생산하기 위해 필요한 부품의 수량을 살펴보면 아래와 같다.

구분	A 부품	B 부품	C 부품	D 부품
1개 생산	2	5	3	4
500개 생산	1,000	2,500	1,500	2,000

따라서 현재 재고를 고려했을 때 구매해야 하는 부품 수량은 아래의 표와 같다.

A 부품	B 부품	C 부품	D 부품
1,000－260 ＝740	2,500－720 ＝1,780	1,500－280 ＝1,220	2,000－760 ＝1,240

하지만 모든 부품은 50개 단위로만 생산이 가능하다고 했으므로 추가로 생산해야 하는 부품 수량은 A 부품 750개, B 부품 1,800개, C 부품 1,250개, D 부품 1,250개이다.
이에 따라 부품 생산에 필요한 비용을 정리하면 다음과 같다.

• A 부품: 750 × 10천 원＝7,500천 원＝750만 원
• B 부품: 1,800 × 15천 원＝27,000천 원＝2,700만 원
• C 부품: 1,250 × 27천 원＝33,750천 원＝3,375만 원
• D 부품: 1,250 × 23천 원＝28,750천 원＝2,875만 원

따라서 총 부품 생산 비용은 750＋2,700＋3,375＋2,875＝9,700만 원이다.

[46-47]

46 자기개발능력 정답 ①

코로나19가 완전히 종식되면 고용시장이 이전 상황으로 바로 회복될 것이라고 단정할 수 없다. 금융위기가 끝난 후에도 고용시장이 이전 상황을 회복하는 데 10년 이상 걸렸다. 단순하게 코로나19 사태로 없어진 일자리는 회복 국면에서 다시 생겨나고 노동자도 이 일터로 돌아가기 쉽다. 하지만 일하지도 않고, 구직활동도 하지 않는 비경제활동인구가 증가하고 이들이 장기실업상태로 빠지면 노동시장의 회복이 더뎌진다.

47 자기개발능력 정답 ②

②는 조직요구에 해당하며, 나머지는 개인 차원의 요구이다.

더 알아보기

경력개발능력이 필요한 이유

환경 변화	• 인력난 심화 • IT기술의 변화 • 워라밸 추구
조직요구	• 경영전략의 변화 • 승진 적체 • 직무환경의 변화
개인요구	• 발달단계에 따른 가치관 혹은 신념 변화 • 전문성 축적 및 성장 요구 증가 • 개인의 고용시장 가치 증대

48 조직이해능력 정답 ①

마이클 포터의 산업구조 분석 모델은 기존 경쟁자 간의 경쟁 정도, 잠재적 진입자의 위협, 대체재의 위협, 공급자들의 교섭력, 구매자들의 교섭력이라는 5가지 요인으로 산업의 경쟁력과 수익성을 분석하는 것으로, 각 요인의 힘이 강하면 기업에 위협이 되고, 힘이 약하면 기회로 작용한다.

㉠ 초기 투자비용이 많이 든다는 것은 일종의 진입장벽으로 작용해 잠재적 경쟁자의 진입 가능성을 낮추는 효과가 있어 기회로 전환될 가능성이 높으므로 가장 적절하다.

㉡ 기존 업체 간 경쟁이 치열하다는 것을 의미하므로 기업에 위협으로 작용할 가능성이 높으므로 적절하지 않다.
㉢ 구매자의 교섭력이 강하다는 의미이므로 기업에 위협으로 작용할 가능성이 높으므로 적절하지 않다.
㉣ 공급자의 교섭력이 강하다는 의미이므로 기업에 위협으로 작용할 가능성이 높으므로 적절하지 않다.
㉤ 대체재의 압력이 높은 편이라는 의미이므로 기업에 위협으로 작용할 가능성이 높으므로 적절하지 않다.

49 의사소통능력 정답 ④

보도자료는 개요 – 세부내용 – 정리 또는 개요(모두발언) – 세부내용 – 정리의 순서로 이루어진다. 개요는 어떤 행사나 사업에 대한 제목, 날짜, 주최와 주관 등을 이야기하는 것이므로 (다)가 맨 앞에 나와야 한다. 개요 다음으로는 세부내용이 나와야 하므로 행사 내용에 대해 설명하는 (라)와 (마), (가)가 (다) 다음에 나와야 한다. 마지막 정리 부분에는 송□□ 정보통신산업정책관이 행사에 대해 정리하여 이야기하는 (나)가 나와야 하므로 보도자료를 순서대로 바르게 나열한 것은 ④이다.

50 수리능력 정답 ④

㉡ 노상주차장 중 유료 주차장 수용 가능 차량 대수가 차지하는 비중은 대구가 (8,397 / 90,314) × 100 ≒ 9.3%, 인천이 (3,362 / 47,280) × 100 ≒ 7.1%, 광주가 (815 / 13,754) × 100 ≒ 5.9%로 노외주차장 중 공영 주차장 수용 가능 차량 대수가 차지하는 비중인 대구 (9,953 / 36,488) × 100 ≒ 27.3%, 인천 (13,660 / 31,559) × 100 ≒ 43.3%, 광주(2,885 / 19,997) × 100 ≒ 14.4%보다 모두 낮으므로 옳은 설명이다.
㉣ 부산의 노외주차장 수용 가능 차량 대수인 C는 629,749 − (83,278 + 474,241) = 72,230대이다. 전체 주차장 중 노외주차장 수용 가능 차량 대수가 차지하는 비중은 부산이 (72,230 / 629,749) × 100 ≒ 11.5%, 광주가 (19,997 / 265,728) × 100 ≒ 7.5%이므로 옳은 설명이다.

㉠ 대전의 공영 노외주차장의 수용 가능 차량 대수인 J는 23,758 − 13,907 = 9,851대이며, 7대 도시 공영 노외주차장의 평균 수용 가능 차량 대수인 108,234 / 7 = 15,462대보다 적다.
㉢ 자료에서는 7대 도시 수용 가능 차량 대수만 제시되어 전국 주차장에 대한 수용 가능 차량 대수는 알 수 없기 때문에 확인할 수 없는 내용이다.

51 자기개발능력 정답 ③

㉡ 상위 욕구가 충족되지 못한다고 해서 즉각적인 위기 상황에 이르는 것은 아니다. 반면, 하위 욕구가 충족되지 못한 경우 위급한 반응이 일어날 수도 있다. 매슬로의 욕구위계설에서는 위로 올라갈수록 각 욕구의 만족 비율이 낮아진다. 상위 욕구는 하위 욕구에서 볼 때 생존을 위해 절실히 필요로 하는 욕구가 아니다.
㉣ 상위의 욕구는 인생의 나중에 나타나며, 상위 욕구의 만족은 더 좋은 외적 환경을 요구한다. 상위 욕구가 충족되기 위해서는 더 많은 전제조건이 채워져야 하고, 더 나아가 매우 복잡한 사회적, 경제적, 정치적 조건도 충족되어야 한다.
㉤ 하위 4가지 욕구는 가장 근본적이고 핵심적인 욕구로 충분히 충족되지 않거나 부족할 경우 문제를 일으킬 수 있기 때문에 '결핍 욕구(deficiency needs)'로 분류된다. 매슬로는 앞선 4개의 욕구는 충족되지 않았을 경우에 생긴 긴장을 해소하려는 방향으로 욕구 해소의 동기가 작용하는 반면, 자아실현 욕구는 결핍 상태에서 출발하는 것이 아니라 성장을 향한 긍정적 동기의 발현이라는 점에서 바람직하고 성숙한 인간 동기라고 주장했다.

㉠ 욕구의 위계적 계층은 고정되어 있다기보다는 상대적으로 나타나는 것으로서 하위 계층의 욕구가 어느 정도 충족되면 상위 계층의 욕구가 나타난다. 욕구위계는 순서대로 일어나며, 모든 사람이 이와 같은 발달 과정을 거치면서 가장 높은 단계까지 가는 것은 아니다.
㉢ 하위의 욕구가 더 강하고 우선적이며, 상위의 욕구는 그 강도가 약하기 때문에 만족이 지연될 수 있다.
㉥ 자아실현 욕구는 자신의 잠재 가능성을 최대한으로 실현시키도록 노력하려는 최상위의 욕구이다. 매슬로는 모든 인간은 자아실현을 이루려는 욕구가 있고, 생리, 안전, 소속, 존중의 욕구가 단계적으로 충족된 후에야 자아실현의 욕구를 이룰 수 있다고 하였다.

더 알아보기

매슬로의 욕구 5단계

욕구 5단계	개념	예시
생리적 욕구	인간의 욕구 중 가장 기본적이고 강한 욕구	영양소의 섭취, 갈증의 해소, 휴식의 본능 등
인정의 욕구 (안전 욕구)	확실성, 예측성, 질서, 안전을 보장받고 싶어 하는 욕구	불안과 공포로부터 벗어난 안전성, 정규직으로의 갈망 등
사회적 욕구 (애정 욕구)	다른 사람과 애정적 관계를 맺으며, 어떤 준거집단에 응집력 있게 소속되고 싶은 소망, 어린 시절 충분한 애정을 받은 경험과 높은 상관관계	집단소속감, 함께할 친한 친구 보유 등
존경의 욕구 (존중·명예 욕구)	자기존중과 중요한 다른 사람으로부터 존중을 받고자 하는 욕구	집단에서 지위 상승감, 자아존중, 성취 등
자기실현의 욕구	자신의 잠재 가능성을 최대한으로 실현시키도록 노력하려는 욕구	자신의 정확한 인생목표 인지 등

52 조직이해능력 정답 ④

관료제는 기계적 조직의 원형(Prototype)이며, 탈관료제는 유기적 조직을 말한다. 관료제는 변화에 저항적이며 안정성을 추구하는 조직이므로 주어진 업무를 효율적으로 달성하기 위해 변화에 순응한다는 설명은 적절하지 않다.

① 부처 할거주의란 자신이 속한 부서나 집단이 최고라는 생각이나 행동으로 관료제의 역기능에 해당하므로 적절하다.
② 관료제는 공적 조직에 한정되는 것이 아니라 민간 조직에도 적용되는 조직구조이므로 적절하다.
③ 관료제는 수직적인 권력구조로 된 피라미드 형태로 구성되어 있으므로 적절하다.
⑤ 관료제의 특징 중 문서주의에 대한 내용이므로 적절하다.

더 알아보기

기계적 조직과 유기적 조직의 특징

조직구조는 조직 내의 부문 사이에 형성된 관계로, 조직목표를 달성하기 위한 조직구성원들의 유형화된 상호 작용과 이에 영향을 미치는 매개체이며, 의사결정 권한의 집중 정도, 명령계통, 최고경영자의 통제, 규칙과 규제의 정도 등에 따라 기계적 조직과 유기적 조직으로 구분할 수 있다.

구분	기계적 조직	유기적 조직
개념	• 구성원들의 업무가 분명하게 정의되고 많은 규칙과 규제가 있는 조직 • 대량생산기술을 가진 조직	• 의사결정 권한이 조직의 하부구성원들에게 많이 위임되어 있으며, 업무가 고정되지 않아 업무 공유가 가능한 조직 • 소량생산기술을 가진 조직
특징	• 상하 간 의사소통이 공식적인 경로를 통해 이루어지고 엄격한 위계질서가 존재함	• 비공식적인 상호 의사소통이 원활히 이루어지며, 규제나 통제의 정도가 낮아 변화에 맞춰 쉽게 변함
환경	• 안정적이고 확실한 환경	• 급변하는 환경
사례	• 군대, 정부 등 기능별 조직	• 프로젝트 조직 등

대부분의 조직은 조직의 최상층에 CEO가 있고, 그 아래로 조직구성원들이 단계적으로 배열되는 구조로, 급변하는 환경에 효과적으로 대응하고 제품, 지역, 고객별 차이에 신속하게 적응하기 위해서는 분권화된 의사결정이 가능한 사업별 조직구조 형태를 이루어야 하는데, 사업별 조직구조는 개별 제품, 서비스, 제품그룹, 주요 프로젝트나 프로그램 등에 따라 조직화된다.

53 문제해결능력 정답 ①

우선 세 번째 정보에 의해 르누아르의 그림을 가지지 않은 사람은 한 사람뿐이므로 다음과 같이 표를 만들 수 있다.

소유자	작가	
A	르누아르	ㄱ
B	르누아르	ㄴ
C	르누아르	ㄷ
D	ㅁ	ㄹ

다음으로 드가의 작품을 두 사람이 가지고 있다고 했는데 ㄱ, ㄴ, ㄷ 가운데 두 칸에 드가가 들어간다면 조합이 같은 사람이 없다는 첫 번째 조건에 배치되므로 ㄹ에는 반드시 드가가 들어가야 하고 ㄱ, ㄴ, ㄷ 가운데 하나에만 드가가 들어갈 수 있다.

소유자	작가	
A	르누아르	드가
B	르누아르	ㄴ
C	르누아르	ㄷ
D	ㅁ	드가

ㄴ과 ㄷ에는 드가가 들어갈 수 없고 또한 같은 작가의 그림을 2점 가지고 있는 사람도 없으므로 르누아르도 들어갈 수 없다. 따라서 ㄴ과 ㄷ에는 고흐와 클림트가 들어가야 한다.

소유자	작가	
A	르누아르	드가
B	르누아르	고흐
C	르누아르	클림트
D	ㅁ	드가

ㅁ에는 르누아르와 드가는 들어갈 수 없다. 또한 마지막 정보에서 드가의 작품을 가진 사람은 클림트의 작품은 없다고 하였으므로 ㅁ에 들어갈 수 있는 것은 고흐만이 가능하다.

소유자	작가	
A	르누아르	드가
B	르누아르	고흐
C	르누아르	클림트
D	고흐	드가

네 번째 조건에서 장호만이 가지고 있는 작가의 그림이 있다고 했는데 위의 표를 보면 클림트의 작품을 한 사람만이 가지고 있음을 알 수 있다. 따라서 C에는 장호가 들어간다.

소유자	작가	
A	르누아르	드가
B	르누아르	고흐
장호	르누아르	클림트
D	고흐	드가

이를 토대로 선택지를 살펴본다.
① 고흐의 작품을 가진 사람은 B와 D인데 둘 다 클림트의 작품을 가지고 있지 않다.

② 만약 지현과 성율이 르누아르의 작품을 가졌다면 이 둘은 A, B 가운데 하나에 들어가야 하고 수혁은 D에 들어가야 한다. 따라서 수혁은 고흐의 작품과 드가의 작품을 가지고 있다.
③ 클림트의 작품을 가진 사람은 장호인데 장호는 르누아르의 작품을 가지고 있다.
④ 르누아르의 작품을 가지지 못한 사람은 D인데 고흐의 작품과 드가의 작품을 가지고 있으므로 클림트의 작품과 드가의 작품 가운데 한 가지는 가지고 있다.
⑤ 장호는 르누아르의 작품과 클림트의 작품만 가지고 있을 뿐 고흐의 작품과 드가의 작품을 모두 가지고 있지 않다.

[54-55]

54 자원관리능력

정답 ⑤

시기를 고려하지 않는다고 했으므로 분기별 예상 소비자 선호 제품의 표는 고려하지 않고 [OO회사와 XX회사의 수익체계 예상] 표에 제시된 내용만 활용한다. 괄호에서 앞의 숫자는 XX회사의 한 분기별 예상 수익을 나타내고, 뒤의 숫자는 OO회사의 한 분기별 예상 수익을 나타낸다고 했으므로 두 회사 예상 수익의 합은 괄호 안에 있는 숫자의 합을 의미한다. 이를 정리하면 다음과 같다.

XX회사 \ ○○회사	TV	세탁기	냉장고	노트북
TV	1	-3	11	11
세탁기	6	9	9	12
냉장고	7	8	12	13
노트북	1	8	12	14

따라서 두 회사 예상 수익의 합이 가장 큰 경우는 두 회사 모두 노트북을 홍보하는 경우이다.

55 자원관리능력

정답 ④

XX회사가 내년 1년간 TV 홍보에 전념할 것이라고 했으므로 분기별 예상 소비자 선호 제품에 따른 예상 수익 변화를 고려한다면 다음과 같이 분기별 예상 수익을 산출할 수 있다.

XX회사 \ ○○회사	TV	세탁기	냉장고	노트북
TV	(3, -2)	(-2, -1)	(6, 5)	(4, 7)
1분기	(3, -2)	(-2, -1)	(6, 4.5)	(4, 3.5)
2분기	(4.5, -1)	(-1, -1)	(9, 4)	(6, 7)
3분기	(3, -2)	(-2, 0)	(6, 7.5)	(4, 10.5)
4분기	(3.75, -1.5)	(-1.5, -0.5)	(7.5, 10)	(5, 10.5)

따라서 ○○회사가 TV를 홍보한다면 1년간 XX회사의 총 예상 수익은 3+4.5+3+3.75=14.25천억 원이 되고, ○○회사의 총 예상 수익은 (-2)+(-1)+(-2)+(-1.5)=-6.5천억 원이 된다. 따라서 ○○회사의 1년 총 예상 수익이 XX회사의 1년 예상 수익보다 높아질 수 없다.

○○회사가 세탁기를 홍보한다면 1년간 XX회사의 총 예상 수익은 (-2)+(-1)+(-2)+(-1.5)=-6.5천억 원이 되고, ○○회사의 총 예상 수익은 (-1)+(-1)+0+(-0.5)=-2.5천억 원이 된다. 따라서 ○○회사의 1년 총 예상 수익이 XX회사의 1년 예상 수익보다 높으며, 총 예상 수익은 -2.5천억 원이다.

○○회사가 냉장고를 홍보한다면 1년간 XX회사의 총 예상 수익은 6+9+6+7.5=28.5천억 원이 되고, ○○회사의 총 예상 수익은 4.5 + 4 + 7.5 + 10 = 26천억 원이 된다. 따라서 ○○회사의 1년 총 예상 수익이 XX회사의 1년 예상 수익보다 높아질 수 없다.

○○회사가 노트북을 홍보한다면 1년간 XX회사의 총 예상 수익은 4+6+4+5=19천억 원이 되고, ○○회사의 총 예상 수익은 3.5+7+10.5+10.5=31.5천억 원이 된다. 따라서 ○○회사의 1년 총 예상 수익이 XX회사의 1년 예상 수익보다 높으며, 총 예상 수익은 31.5천억 원이다.

56 기술능력

정답 ②

스마트시티 운영센터는 전 세계에서 기술력을 인정받고 있기 때문에 최고로 우수한 성과를 보유한 동일 업종의 비경쟁적 기업을 대상으로 하는 글로벌 벤치마킹이면서 직접 방문하는 직접적 벤치마킹이다.

더 알아보기

벤치마킹

구분	종류	특징
수행 방식	직접적 벤치마킹	필요로 하는 정확한 자료의 입수 및 조사가 가능하며 Contact point의 확보로 벤치마킹 이후에도 계속적으로 자료의 입수 및 조사가 가능한 장점이 있는 반면, 벤치마킹 수행과 관련된 비용 및 시간이 많이 소요되며 적절한 벤치마킹 대상을 선정하는 데 한계가 있다는 단점이 있음
	간접적 벤치마킹	벤치마킹 대상의 수에 제한이 없으며, 비용 또는 시간을 상대적으로 많이 절감할 수 있다는 장점이 있는 반면, 벤치마킹 결과가 피상적이며 정확한 자료의 확보가 어렵고, 특히 핵심자료의 수집이 상대적으로 어렵다는 단점이 있음
비교 대상	내부 벤치마킹	자료 수집이 용이하며 다각화된 우량기업의 경우 효과가 큰 반면, 관점이 제한적일 수 있고 편중된 내부 시각에 대한 우려가 있다는 단점이 있음
	경쟁적 벤치마킹	경영성과와 관련된 정보 입수가 가능하며, 업무/기술에 대한 비교가 가능한 반면, 윤리적인 문제가 발생할 소지가 있으며, 대상의 적대적 태도로 인해 자료 수집이 어렵다는 단점이 있음
	비경쟁적 벤치마킹	혁신적인 아이디어의 창출 가능성은 높은 반면, 다른 환경의 사례를 가공하지 않고 적용할 경우 효과를 보지 못할 가능성이 높음
	글로벌 벤치마킹	접근 및 자료 수집이 용이하고 비교 가능한 업무/기술 습득이 상대적으로 용이한 반면, 문화 및 제도적인 차이로 발생되는 효과에 대한 검토가 없을 경우, 잘못된 분석 결과가 발생할 가능성이 높음

57 의사소통능력

정답 ④

8문단에서 9월에 사업 접수가 이루어질 예정이라고 하였고, 도시재생사업을 신청하고자 하는 지자체는 접수기한 내에 관련 서류, 도면 등을 도시재생종합정보체계 누리집 등을 통해 제출해야 한다고 하였으므로 적절한 내용이다.

① 2문단에서 경제기반형, 중심시가지형, 일반근린형, 주거지지원형, 혁신지구 등 5개로 이뤄진 사업유형을 경제재생과 지역특화재생 등 2가지 유형으로 통·폐합한다고 하였으므로 적절하지 않은 내용이다.

② 3문단에서 도시재생활성화계획 대신 '사업'을 직접 평가해 완성도 높은 사업을 지원하고, 기존사업은 추진실적 평가를 반영해 매년 국비지원 규모를 결정하고 부진사업은 지원예산을 감축한다고 하였으므로 적절하지 않은 내용이다.
③ 4문단에서 지역특화재생을 위해 지역 맞춤형 사업을 추진하며, 이를 위해 지역의 역사, 문화 등 고유자원을 활용한 스토리텔링 강화, 관광·문화거점 조성과 방문코스 개발 등 도시브랜드화를 추진한다고 하였으므로 적절하지 않은 내용이다.
⑤ 7문단에서 시·도 공모를 통해 선정하는 것은 지역특화재생 및 우리동네살리기 30여 곳이라고 하였으므로 적절하지 않은 내용이다.

58 직업윤리 정답 ②

성희롱은 「양성평등기본법」, 「국가인권위원회법」, 「남녀고용평등법」에서 규율되며, 형사처벌이 아닌 조직 내 성희롱의 예방 및 근절을 목적으로 한다. 반면 성폭력은 개인의 성적 자기 결정권을 침해하는 범죄로서 행위자 개인이 「성폭력처벌법」과 「형법」 등의 적용을 받아 처벌을 받는다.

더 알아보기

성희롱

개념 및 법적 기준	• '업무와 관련하여 성적 언어나 행동 등으로 굴욕감을 느끼게 하거나 성적 언동 등을 조건으로 고용상 불이익을 주는 행위'로, 어떤 행위가 성희롱이냐 하는 데 있어서 법률적인 기준의 특징은 가해자가 '의도적으로 성희롱을 했느냐'를 중시하는 것이 아니라, 피해자가 '성적 수치심이나 굴욕감을 느꼈는지 아닌지'를 중요한 기준으로 삼음
성희롱과 성폭력	• 형사처벌 대상으로서의 범죄행위인 '성추행'이나 '성폭행'과는 구분되어 형사처벌 대상은 아니지만, 성희롱 행위에 대해 회사는 필요한 인사 조치 또는 징계 조치를 해야 하고, 피해자는 가해자에게 민사상 손해배상을 청구할 수 있음
직장 내 성희롱	• 직장 내 성희롱이 성립되기 위해서는 ① 성희롱의 당사자 요건, ② 지위를 이용하거나 업무와의 관련성이 있을 것, ③ 성적인 언어나 행동, 또는 이를 조건으로 하는 행위일 것, ④ 고용상의 불이익을 초래하거나 성적 굴욕감을 유발하여 고용환경을 악화시키는 경우일 것을 들 수 있음
가해자	• 남녀고용평등법상 고용 및 근로조건에 관한 결정권한을 가지고 있는 사업주나 직장 상사를 비롯하여 동료 근로자와 부하직원까지 포함되나, 거래처 관계자나 고객 등 제3자는 제외됨 • 남녀 차별금지 및 구제에 관한 법률상 성희롱 가해자의 범위에는 학교나 정부 각 부처 및 그 산하기관, 지방행정기관의 공무원 및 일반직원 등 공공기관 종사자뿐만 아니라 남녀고용평등법상 직장 내 성희롱 가해자의 범위에 포함되지 않는 거래처 관계자나 고객도 포함됨 • 가해자는 대부분 남성이지만 여성이 가해자가 될 수도 있음
피해자	• 모든 남녀 근로자는 피해자가 될 수 있음 • 피해자는 대부분 여성 근로자이지만 남녀 근로자(협력업체 및 파견근로자 포함) 모두 해당됨 • 현재 고용관계가 이루어지지 않더라도 장래 고용관계를 예정하는 모집·채용 과정의 채용희망자(구직자)도 포함됨 • 고객과 거래처 직원은 피해자의 범위에서 제외됨

59 수리능력 정답 ①

표에서 A 국 커피(㉠) 값을 먼저 구해보면, A 국의 커피·콜라 지수가 140이므로 커피 가격은 콜라 가격의 1.4배가 되어 75×1.4=105이다.
그러나 표에 제시된 커피·콜라 상대가격 정보는 'C 국 기준 상대가격'이다. C 국 커피 실제 값 150을 100으로 기준 설정하여 나타낸 것과 동일하게 모든 국가는 각 국가별 '커피·콜라 지수'로 확인할 수 있는 커피 금액에서 ÷1.5를 한 값이 표에 제시되어 있다.
따라서 A 국의 커피 상대가격(㉠)도 105÷1.5=70이 된다.
C 국의 커피·콜라 지수가 150이므로 C 국의 콜라 가격이 100일 때, 커피 가격은 150이 된다. 나머지 국가는 C 국의 콜라 가격과 커피 가격을 기준으로 나타낸 상대가격이므로 100과 150 금액 및 커피·콜라 지수를 이용하여 각 국가별 커피 가격을 정리하면 다음과 같다. 그리고 이는 결국 커피, 콜라의 C 국 기준 상대금액이 아닌 각 국가의 실제 금액의 개념이 되는 것이므로 각 국가별로 커피·콜라 지수를 반영하여 계산하여도 같은 값을 의미한다.

구분	커피·콜라 지수	콜라	커피
A	140	75	105(=㉠ 70×1.5) 또는 (=75×1.4)
B	144	㉡=125 (=180÷1.44)	180(=120×1.5) 또는 (=125×1.44)
C	150	100	150(=100×1.5)
D	100	120	120(=80×1.5) 또는 (=120×1)
E	130	150	195(=130×1.5) 또는 (=150×1.3)
F	120	75	90(=60×1.5) 또는 (=120×0.75)

ㄱ. A~F 국 중 커피 가격이 C 국의 콜라 가격인 100보다 낮은 국가는 커피 가격 90인 F 국 1곳이므로 옳은 설명이다.
ㄴ. ㉠=70이고, ㉡=125이므로 옳지 않은 설명이다.
ㄷ. C 국의 콜라 가격이 2,500원이면 C 국의 커피 가격과 E 국의 콜라 가격은 동일하게 2,500×1.5=3,750원이다. 이때 D 국의 커피 가격은 $3,750 \times \frac{120}{150}$=3,000원으로 C 국보다 낮으며, B 국이 $3,750 \times \frac{180}{120}$=5,625원으로 E 국의 콜라 가격보다 높으므로 옳지 않은 설명이다.

빠른 문제 풀이 Tip

C 국의 커피·콜라 지수를 기준으로 커피 가격은 모두 1.5배가 되는 것을 알 수 있고, A 국의 커피는 커피·콜라 지수가 140임을 이용하여 구할 수 있다.
보기 ㄷ은 C 국의 콜라 가격 100을 기준으로 C 국의 커피와 E 국의 콜라 가격이 모두 150으로 동일하므로 A, B, C, D, F 국 중 커피 가격이 150보다 높은 곳을 찾으면 B 국뿐임을 쉽게 알 수 있다.

60 기술능력 정답 ④

하인리히 법칙에 따르면 산재사망 1위이면 산업재해도 1위여야 한다. 하지만 우리나라는 산재보험 적용대상이지만 산재로 처리하지 못하는 산재은폐가 광범위하게 퍼져 있고, 적용대상과 보상기준의 제한성 때문에 산업재해의 실질적인 규모가 드러나지 않고 있다.

단/기/합/격

해커스공기업

NCS 통합 기본서

해설집